Die Gesetze über die

Ressortverhältnisse

zwischen den Gerichten und den Verwaltungsbehörden in Preußen,

zusammengestellt und erläutert

durch

Dr. Theodor Oppenhoff,

Geheimen Oberjustizrat.

Zweite Auflage,

herausgegeben

von

Joseph Oppenhoff,

Amtsrichter.

Berlin

Druck und Verlag von Georg Reimer

1904.

Aus der Vorrede zur ersten Auflage.

Die Bestimmungen, welche die Ressortverhältnisse zwischen den Gerichten und Verwaltungsbehörden regeln, bieten für die Auslegung und Anwendung größere Schwierigkeiten dar, als irgend ein anderer Zweig unserer Gesetzgebung. Der Grund liegt teils in der Eigentümlichkeit des Gegenstands an sich, teils in dem Umstande, daß jene Bestimmungen nicht einem und demselben Gesetzbuche angehören, sondern in einer ganzen Reihe einzelner, zu den verschiedensten Zeiten ergangener Gesetze, Verordnungen, Deklarationen usw. zerstreut sind, und daß, bei aller Übereinstimmung, welche dieselben in den leitenden Grundgedanken durchweg bekunden, die bei ihrer Abfassung vorwaltenden Anschauungen und Richtungen dennoch auf ihre Form, und zum Teil auch auf ihren Inhalt nicht ohne Einfluß geblieben sind. Hierzu kommt noch für das Gebiet des Rheinischen Rechts, daß dort die wesentlich abweichenden Grundsätze der französischen Gesetzgebung wenigstens teilweise ihre Geltung behauptet haben, so daß in dieser Hinsicht eine genaue Sonderung nötig wird.

Gerade diese Schwierigkeiten waren es, welche den Verfasser veranlaßten, sich dem Studium dieses Zweiges der Gesetzgebung mit Vorliebe zu widmen, und welche ihn jetzt bestimmen, die Frucht mehrjähriger Beschäftigung in einem eingehenden Kommentare der Öffentlichkeit zu übergeben. Dabei hat er sich nicht verhehlt, daß der gegenwärtige Augenblick von manchem vielleicht als nicht sehr geeignet für das Erscheinen eines solchen Werks angesehen werden könnte, weil gerade jetzt vielfach Wünsche laut geworden sind, welche auf legislative Änderungen in dieser Materie hinzielen. Er teilt indessen dieses Bedenken nicht, da er die Überzeugung gewonnen hat, daß — wenn auch im einzelnen Abänderungen der erwähnten Art erfolgen mögen — doch eine Abweichung von den allgemeinen Hauptgrundsätzen, auf welchen das ganze System beruht, in keiner Weise zu erwarten steht, zumal eine solche nicht ohne eine vollständige Änderung der ganzen Organisation unserer gerichtlichen und verwaltenden Behörden ausführbar sein würde. Diese

Anschauung dürfte denn auch bereits durch die neuesten hier einschlagenden Gesetze ihre Bestätigung gefunden haben.

Unter den erläuterten Gesetzesstellen nehmen die bezüglichen Vorschriften der Verordnung vom 26. Dezember 1808 nicht bloß der Zeitfolge nach, sondern auch wegen ihres Inhaltes die erste Stelle ein. Sie erscheinen mit den in ihnen bezogenen resp. reproduzierten landrechtlichen Bestimmungen als die eigentliche Basis für das gesamte gegenwärtige Ressortwesen, indem sie für alle Beziehungen zwischen der administrativen Wirksamkeit und der Zivil- wie Strafrechtspflege die leitenden, auch in der Folgezeit durchweg maßgebend gebliebenen Gesichtspunkte aufstellen. Mußte daher die Erläuterung jener Vorschriften schon an sich einen verhältnismäßig großen Umfang in Anspruch nehmen, so boten dieselben gleichzeitig durch die in ihnen (cf. §§ 35, 36) enthaltene Hinverweisung auf die allgemeinen Grundsätze der Preußischen Landesverfassung sowohl als auf die geltenden Spezialgesetze einen geeigneten Anlaß dar, einesteils um die nicht unmittelbar gesetzlich ausgesprochenen, wohl aber durch die Praxis und Wissenschaft gutgeheißenen Elementarsätze der hier fraglichen Lehre wiederzugeben, anderenteils um eine Übersicht derjenigen einschlägigen Spezialgesetze zu liefern, deren besondere Kommentierung nicht als erforderlich erschien.

Gleiche Bedeutung mit der Verordnung von 1808 hat für das Gebiet des Rheinischen Rechts das sog. Ressortreglement vom 20. Juli 1818.

Die Gesetzgebung über das Verfahren in Auseinandersetzungssachen bildet ein in sich abgeschlossenes Ganzes, und ist nur insoweit in Betracht gezogen worden, als die Erläuterung anderer Gesetze dieses erheischte.

Bei der Ausarbeitung des Kommentars hat sich der Verfasser nicht, wie dieses in den verdienstvollen Schriften von Hartmann und Sydow geschehen ist, auf die Entscheidungen der höchsten Gerichtshöfe beschränkt, er hat vielmehr außer den Gesetzesmaterialien, soweit sie zugänglich waren, auch die Erlasse der Verwaltungsbehörden, in gleichem die sonstigen in Urteilssprüchen und in der Rechtslehre enthaltenen Quellen benutzt. Zur Vermeidung von Irrungen und Mißverständnissen ist darauf Bedacht genommen werden, daß in allen Fällen, wo eine Entscheidung durch die Rheinische Sondergesetzgebung bedingt wurde, dies erkennbar hervortrete. Die häufig gezogenen Parallelen mit den Grundsätzen des französischen Rechts dürften übrigens nicht bloß für dessen Gebiet, sondern auch für die anderen Landesteile von Interesse sein.

Aachen, den 1. Dezember 1862.

Th. F. Oppenhoff.

Zur zweiten Auflage.

Die vom Verfasser in der Vorrede zur ersten Auflage als notwendige Voraussetzung für eine grundsätzliche Änderung der Ressortverhältnisse bezeichnete Organisationsänderung ist in gewissem Umfange durch die Kreisordnung vom 13. Dezember 1872 begonnen worden und hat im wesentlichen durch das Landesverwaltungsgesetz vom 30. Juli 1883 ihren Abschluß gefunden. Die durch diese Gesetzgebung herbeigeführten Änderungen haben schon in den siebziger Jahren den Wunsch nach einer neuen Auflage dieses Buches hervorgerufen; der Verfasser mußte aber die dieserhalb bereits begonnenen Vorarbeiten sehr bald unterbrechen, weil die inzwischen von ihm übernommene Weiterführung des Oppenhoffschen Kommentars zum Strafgesetzbuch seine wenige freie Zeit vollständig in Anspruch nahm. Wenn troß der großen gesetzgeberischen Arbeiten der Zwischenzeit jetzt, nach mehr als 40 Jahren, eine im wesentlichen auf der ersten Auflage beruhende neue Auflage erscheinen kann, so ist der Grund hierfür darin zu finden, daß sich die Gesetzgebung über die Ressortverhältnisse im großen und ganzen als eine folgerichtige Weiterentwicklung der in Preußen seit der Verordnung vom 26. Dezember 1808 befolgten Grundsätze darstellt.

In der Bearbeitung ist die Methode der ersten Auflage beibehalten worden, daß nur die wichtigsten Gesetze besonders erläutert, diejenigen aber, bei denen eine besondere Kommentierung nicht erforderlich erschien, in den Anmerkungen zur Verordnung von 1808 oder an sonstigen passenden Stellen mitbesprochen sind; von den wichtigeren Gesetzen ist das Zuständigkeitsgesetz vom 1. August 1883 naturgemäß ebenfalls nur in Verbindung mit der früheren Gesetzgebung besprochen. Zur besseren Übersicht ist den einzelnen Paragraphen der Verordnung von 1808 eine kurze Inhaltsangabe beigegeben; im übrigen wird in dieser Beziehung auf das Verzeichnis der besprochenen Gesetze S. 530 verwiesen. — Bei allen neueren Gesetzen hat der Herausgeber davon abgesehen, auch diejenigen Bestimmungen zu erläutern, welche sich nicht auf die Ressortverhältnisse beziehen, da sonst der Umfang des Buches zu groß geworden sein würde.

Die in den Reichsgesetzen enthaltenen Ressortbestimmungen sind überall ebenfalls kurz besprochen; vgl. das genannte Verzeichnis S. 530.

Ronsdorf, den 8. Juni 1904.

Joseph Oppenhoff.

Inhalt.

Erklärung der Abkürzungen.

A.	bezeichnet	Anmerkung.
aaO.	"	am angeführten Orte.
Achenbach, GDB.	"	Achenbach, das gemeine deutsche Bergrecht, in Verbindung mit dem preußischen Berggesetz. 1871.
Achenbach, Rh. Bergpol.-Vorschr.	"	Achenbach, die Bergpolizei-Vorschriften des Rhein. Haupt-Bergdistrikts usw. 1859.
a. F.	"	alte Fassung.
AG.	"	Ausführungsgesetz.
AH., AppG.	"	Erkenntnis des Appellations-Gerichtshofs bezw. des Appellationsgerichts.
AKO.	"	Allerhöchste Kabinetsorder.
aM.	"	anderer Meinung.
Ann.	"	v. Kamptz, Annalen für die innere Staats-Verwaltung.
Arndt	"	in bergrechtlichen Sachen: Arndt, Kommentar zum Berggesetz, 2. Aufl.; in Zollstrafsachen: Arndt, das administrative Strafverfahren usw. in der Zeitschrift für die gesamte Strafrechtswissenschaft, herausgeg. von v. Liszt und v. Lilienthal, 5 S. 277 ff.
Arnsb. Arch.	"	Ulrich, Sommer u. Böle, Archiv. für Preuß. Recht. Arnsberg 1834—1854.
AV.	"	Armenverband.
Bödiker	"	Bödiker, die Zulässigkeit des Rechtsweges und die Kompetenzkonflikte in der Provinz Hannover. 1870.
Bonnenberg	"	Bonnenberg, das Strafverfahren in Zoll- und Steuersachen. 1894.
Brassert	"	Brassert, Kommentar zum Berggesetz. 1888.
v. Brauchitsch	"	v. Brauchitsch, die neuen Preußischen Verwaltungsgesetze. 15. Aufl., herausgeg. von Studt und Braunbehrens. 1897.
Cass.	"	Kassierendes Erkenntnis des Pariser Kassationshofs.
c. de proc. c.	"	code de procédure civile (Rheinische Bürgerliche Prozeßordnung).
c. d'instr. crim.	"	code d'instruction criminelle (Rheinische Kriminal-Prozeßordnung).
Dalloz	"	Dalloz, répertoire de législation, de doctrine et de jurisprudence.
v. Daniels (v. Dan.)	"	v. Daniels, Handbuch der für die Rheinprovinz verkündigten Gesetze usw. aus der Zeit der Fremdherrschaft. 1835—1845.
d. G.	"	eine Stelle des im Text wiedergegebenen Gesetzes.
DJurZtg.	"	Deutsche Juristenzeitung, herausgegeben von Laband, Stenglein, Staub.

Droop	bezeichnet	Droop, der Rechtsweg in Preußen. 1899.
E.	"	Entscheidungen (des gerade vorher genannten Gerichtshofs); beim Reichsgericht: Entscheidungen in Zivilsachen.
EG.	"	Einführungsgesetz.
EK.	"	Erkenntnis des Gerichtshofs zur Entscheidung der Kompetenzkonflikte.
Ergänz. (Erg.)	"	Gräff usw., Ergänzungen und Erläuterungen der Preuß. Rechtsbücher, 4. Ausg., herausgegeben von v. Rönne.
EStrafſ.	"	Entscheidungen des Reichsgerichts in Strafsachen.
Ex.-O.	"	Exekutionsordnung.
gen.	"	vorher genannt.
Goltd. Arch.	"	Goltdammer, Archiv für Preuß. Strafrecht. 1853 ff.
Gräff	"	Gräff, Handbuch des Preuß. Bergrechts, 2. Ausg. 1856.
Gruchot	"	Gruchot, Beiträge zur Erläuterung des Preuß. Rechts durch Theorie und Praxis. 1857 ff.
GS.	"	Gesetzsammlung.
Hartmann	"	Hartmann, das Verfahren bei Kompetenz-Konflikten usw. 1860.
Heinitz	"	Heinitz, Kommentar zum Preußischen Stempelsteuergesetz. 2. Aufl.. 1901.
Jbb.	"	v. Kamptz, Jahrbücher für die Preuß. Gesetzgebung usw.
Illing	"	Illing, Handbuch für preußische Verwaltungsbeamte.
JMBl.	"	Justizministerialblatt.
Johow	"	Johow, Jahrbuch für Entscheidungen des Kammergerichts.
JS.	"	Justizsenat.
i. S.	"	in Sachen.
JurWoch.	"	Juristische Wochenschrift, Organ des Deutschen Anwaltsvereins.
KG.	"	Kammergericht.
KH.	"	(Rhein.) Kassationshof bezw. Erkenntnis desselben.
KK.	"	Kompetenzkonflikt.
Klostermann, Komm.	"	Klostermann, Kommentar znm Berggesetz, 4. Auflage.
Klostermann, Übersicht	"	Klostermann, Übersicht der bergrechtl. Entscheid. d. K. Obertribunals. 1861.
Koch, Preuß. Zivilproz.	"	Koch, das Preuß. Zivil-Prozeßrecht. 2. bezw. 4. Aufl.
Koch, Preuß. Privatr.	"	Koch, Lehrbuch d. Preuß. gemeinen Privatrechts. 3. Aufl.
KompGH.	"	Gerichtshof zur Entscheidung der Kompetenzkonflikte.
Lette und v. Rönne	"	Lette und v. Rönne, die Landeskultur-Gesetzgebung des Preuß. Staats. 1853.
LG.	"	Erkenntnis eines Landgerichts.
Löbe	"	Löbe, das deutsche Zollstrafrecht, 2. Aufl. 1890.
Löwe	"	Löwe, Strafprozeßordnung. 8. Aufl., herausgeg. von Hellweg, 1894.
Löwenberg, Beiträge	"	Löwenbergs Beiträge zur Kenntnis der Motive der Preuß. Gesetzgebung. 1843.
LVG.	"	Gesetz über die allgemeine Landesverwaltung vom 30. Juli 1883.
m	"	mot.
ME.	"	Ministerial-Erlaß bezw. Entscheidung aus Anlaß eines älteren Kompetenzkonflikts.

MVfg., FMVfg., HMVfg., JMVfg., KMVfg., KrMVfg., JnnMVfg., LMVfg.	bezeichnet	Ministerialverfügung (Finanz-, Handels-, Justiz-, Kultus-, Kriegs-Ministerialverfügung, Verfügung des Ministers des Inneren, für Landwirtschaft usw.).
O.	"	Ordnung.
OLG.	"	Erkenntnis eines Oberlandesgerichts.
Oppenhoff, Berggeſ.	"	Theodor Oppenhoff, das Allgemeine Berggesetz für die Preußischen Staaten. 1870.
Oppenhoff, PrStGB.	"	Friedrich Oppenhoff, das Strafgesetzbuch für die Preußischen Staaten, 6. Aufl. 1869.
Oppenhoff, StGB.	"	Friedrich Oppenhoff, das Strafgesetzbuch für das Deutsche Reich. Fortgeführt von Th. Oppenhoff. 14. Aufl., herausgegeben von Delius, 1901.
Oppenhoff, Strafverfahren	"	Friedrich Oppenhoff, die Preuß. Gesetze über das öffentliche und mündliche Verfahren in Strafsachen. 1860.
OT.	"	Obertribunal bezw. Erkenntnis desselben.
OVG.	"	Erkenntnis des Oberverwaltungsgerichts.
Perrot	"	Perrot, Verfassung, Zuständigkeit und Verfahren der Gerichte der Preuß. Rheinprovinzen in bürgerl. Rechtssachen. 1842 ff.
Pl.	"	Plenarentscheidung.
Pol.-VO.	"	Polizeiverordnung.
PrFreiwGes.	"	Preußisches Gesetz über die freiwillige Gerichtsbarkeit v. 21. September 1899.
Primker	"	Primker, die Kompetenzkonflikte in Preußen. 1861.
PrVerwBl.	"	Preußisches Verwaltungsblatt, begründet von Binseel, herausgeg. von Hoffmann.
Rabe	"	v. Rabe, Sammlung Preußischer Gesetze und Verordnungen usw.
Rechtspr.	"	Rechtsprechung (des gerade vorher genannten Gerichtshofs).
Rechtspr. d. OLG.	"	Rechtsprechung der Oberlandesgerichte, herausgegeben von Mugdan und Falkmann.
Rej.	"	Erkenntnis des Pariser Kassationshofs, welches einen Rekurs verworfen hat.
RG.	"	Erkenntnis des Reichsgerichts.
Rh. A.	"	Archiv für das Zivil- und Kriminalrecht der K. Preuß. Rheinprovinzen. 1820 ff.
Rh. S.	"	Sammlung der in den Rheinprovinzen ergangenen Gesetze usw., v. Lottner, Leitner, Marquardt. 1834 ff.
ROHG.	"	Erkenntnis des Reichsoberhandelsgerichts.
v. Rönne	"	v. Rönne, das Staatsrecht der Preuß. Monarchie. 4. Aufl. 1881 ff.
RW.	"	Rechtsweg.
Scheele	"	Scheele, das Preuß. Wasserrecht. 1860.
Schlink	"	Schlink, Kommentar über die franz. Zivilprozeßordnung. 2. Aufl. 1856.
Sir.	"	Sirey, les codes annotés.
StGB.	"	Deutsches Strafgesetzbuch.
Stölzel	"	Stölzel, Rechtsweg und Kompetenzkonflikt in Preußen. 1901.
StPO.	"	Deutsche Strafprozeßordnung.
StRG.	"	Staatsratsgutachten.
Strieth.	"	Striethorst, Archiv für Rechtsfälle usw. 1851 ff.
Struckmann-Koch	"	Struckmann und Koch, Kommentar zur Zivilprozeßordnung.
s. v.	"	sub verbo.
Sydow	"	Sydow, die Zulässigkeit des Rechtswegs usw. 1860.

de Syo	bezeichnet	de Syo, das die Kirchenfabriken betr. Dekret v. 30. Dezember 1809 usw. 1861.
Tr. A.	"	Annalen für Rechtspflege usw. in den Preuß. Rheinprovinzen. Trier 1847 ff.
VMBl.	"	Ministerialblatt für die gesamte innere Verwaltung usw.
VO.	"	Verordnung.
Volkmar	"	Volkmar, die Jurisprudenz des Rhein. Kassationshofs. 1848.
v. Wilmowski-Levy	"	v. Wilmowski und Levy, Kommentar zur Zivilprozeßordnung.
Wegener	"	Wegener, Dienstinstruktion für die Preußischen Regierungen v. 23. Okt. 1817 usw. 1843.
Z. f. BR.	"	Brassert und Achenbach, Zeitschrift für Bergrecht. 1860 ff.
Zeitschr. für B. H. u. S.-Wesen	"	(Minister.) Zeitschrift für das Berg-, Hütten- und Salinenwesen (begonnen von R. v. Carnall).
Zentralbl. d. Abg.	"	Zentralblatt der Abgaben-, Gewerbe- und Handelsgesetzgebung und Verwaltung.
ZPO.	"	Deutsche Zivilprozeßordnung.
ZustGes.	"	Gesetz über die Zuständigkeit der Verwaltungs- und Verwaltungsgerichts-Behörden vom 1. August 1883.

Die mit * bezeichneten Erkenntnisse des Obertribunals und des Kompetenzgerichtshofs sind in Rheinischen Sachen ergangen.

Bezüglich der hier nicht genannten Schriftsteller wird auf die Literaturangaben am Kopfe der besprochenen Gesetze verwiesen.

Verordnung

wegen verbesserter Einrichtung der Provinzial-Polizei- und Finanzbehörden vom 26. Dezember 1808.

§§ 34—48.

[GS. für 1806—1810 S. 464 ff. und für 1817 S. 282 ff., Rabe 9 S. 467 ff.]

(Literatur: Ergänzungen und Erläuterungen der Preußischen Rechtsbücher von Gräff usw.; 4. Ausgabe 1858 ff., herausgegeben von v. Rönne, insbesondere zu Tit. 10, II. ALR. und § 1 der Einl. der AGO. — v. Rönne, Das Staatsrecht der Preuß. Monarchie, 4. Aufl. 1881 ff. — Wegener, Dienstinstruktion für die K. Preuß. Regierungen vom 23. Oktober 1817 usw., 1843. — Perrot, Verfassung, Zuständigkeit und Verfahren der Gerichte der Preuß. Rheinprovinzen in bürgerlichen Rechtssachen, 1842, I, S. 116—223. — Sydow, Die Zulässigkeit des Rechtswegs usw., 1860. — Hartmann, Das Verfahren bei Kompetenzkonflikten usw., 1860, Nachtrag 1863. — v. Sarwey, Das öffentliche Recht und die Verwaltungsrechtspflege, 1880. — Parey, Die Rechtsgrundsätze des Kgl. Preuß. Gerichtshofes zur Entscheidung der Kompetenzkonflikte, 1889. — Löning, Gerichte und Verwaltungsbehörden in Brandenburg-Preußen, im Verwaltungsarchiv 2 S. 217 ff., 437 ff.; 3 S. 94 ff. — Rosin, Das Polizeiverordnungsrecht in Preußen, 2. Aufl. 1895. — Ders., Der Begriff der Polizei usw. im Verwaltungsarchiv 3 S. 294 ff., besonders S. 320 ff. — Schulze, Preuß. Staatsrecht, besonders § 190. — Stölzel, Rechtsprechung des Gerichtshofs zur Entscheidung der Kompetenzkonflikte, 1897. Nachtrag, 1899. — v. Brauchitsch, Die neuen Preuß. Verwaltungsgesetze, 15. Aufl., 1897. — Droop, Der Rechtsweg in Preußen, 1899. — Stölzel, Rechtsweg und Kompetenzkonflikt in Preußen, 1901. — Zusammenstellung derjenigen Beschränkungen des Rechtswegs, welche nach dem Landesrechte für bürgerliche Rechtsstreitigkeiten über Materien des Bürgerlichen Gesetzbuches bestehen (Drucksachen des Reichstags, II. Session 1900/1903 Nr. 895).

Inhaltsverzeichnis.

(Die Überschriften der Verordnung sind in lateinischer, der Inhalt der Erläuterungen in deutscher Schrift wiedergegeben.)

§ 36 Abs. 2, § 37. RW. in Steuersachen.
§ 36 Abs. 3. Regelung durch besondere Gesetze.
[B. Wegen der Polizeisachen. §§ 38—40.]
C. In Ansehung der Finanzangelegenheiten.
§ 41. Allgemeines. — Gemeindeabgaben. — Bergwerkssachen. Modifikationen.
§ 42. Über das Verwaltungszwangsverfahren im allgemeinen und in Finanzangelegenheiten.
[3. Konkurrenz der Regierungen bei den Zivilprozessen. § 43.
4. Desgleichen bei Privatprozessen. § 44.]
5. Verfahren bei Polizei- und anderen Kontraventionen.
§ 45. Das Verwaltungsstrafverfahren. — Polizeiverordnungsrecht.
6. Befugnis der Regierungen bei Dienstvergehungen der ihr subordinierten Offizianten. Disziplinarsachen.
§ 46. Disziplinarsachen.
7. Modalitäten bei Prozessen und Untersuchungen gegen Regierungsoffizianten.
§ 47. Stellung der Regierung bei Klagen gegen Beamte.
8. Modalitäten bei Ausübung der exekutiven Gewalt der Regierungen.
§ 48. Die der Regierung zur Verfügung stehenden Exekutionsmittel und -arten.

Zu den §§ 34—48 im allgemeinen.

1. Die grundsätzliche Trennung der Justiz von der Verwaltung war in dem Sinne, wie sie heute aufgefaßt wird und zum großen Teile wenigstens zur Ausführung gelangt ist, der älteren Preußischen Gesetzgebung fremd, indem nicht allein die Gerichte mit mancherlei Geschäften rein administrativer Art, sondern auch die Verwaltungsbehörden mit vielen eigentlichen Justizsachen betraut waren. So bestanden namentlich bei den Kriegs- und Domänenkammern besondere Justizabteilungen, die sog. Kammer-Justizdeputationen, welche die Gerichtsbarkeit hinsichtlich aller Rechtssachen besaßen, die das Steuerwesen (mit Ausnahme der besonderen Behörden überwiesenen Akzisen und Zölle), die Landespolizei, die Gewerbe- und Kommunalangelegenheiten sowie die Dienstverhältnisse der den Kammern untergeordneten Beamten betrafen. Vgl. v. Duesberg in Jbb. 42 S. 14.

Bei solcher Lage der Dinge war für den Gesetzgeber weder der Anlaß noch die Möglichkeit geboten, allgemein gültige Merkzeichen über die Grenzen der gerichtlichen und verwaltenden Tätigkeit, die dem innern Wesen der Verhältnisse entnommen waren, festzustellen, und beschränkten sich daher die älteren Ressortbestimmungen (vgl. insbesondere Allgemeines Ressort-Reglement v. 19. Juni 1749, Regulative v. 12. Febr. 1782 und 20. Okt. 1783) im wesentlichen auf eine bloß äußere Verteilung der Geschäfte unter die beiderseitigen Behörden.

Die ersten Anfänge einer Änderung dieses Zustandes fallen schon in die Zeit vor dem Jahre 1808 (vgl. die Reglements v. 2. Apr. 1803 und 21. Juni 1804 für die sog. Entschädigungsländer bezw. für Ostpreußen und Litauen, Rabe 7 S. 348; 8 S. 102). Während jedoch diese Bestimmungen nur einzelne, und zwar zum Teil neu erworbene Landesteile betrafen, gebührt der VO. vom 26. Dez. 1808 das Verdienst, den Grundsatz der Trennung der Justiz von der Verwaltung für das ganze damalige Staatsgebiet zur Geltung gebracht und unter Benutzung des desfalls bereits in der früheren Gesetzgebung, namentlich den eben erwähnten Reglements v. 1803 und 1804 enthaltenen Materials die für das Ressortwesen leitenden Grundgedanken systematisch zusammengestellt zu haben.

Letzteres ist in den §§ 34—48 geschehen und zwar mit solchem Erfolge, daß dieselben trotz allen Wechsels in der Gesetzgebung noch bis zum heutigen Tage die eigentliche Grundlage für die Beurteilung der Ressortverhältnisse bilden, und daß die meisten der späteren einschlägigen Gesetze gewissermaßen nur die Anwendung und Ausführung der in jenen §§ ausgesprochenen allgemeinen Grundsätze inbezug auf die einzelne Rechtsgebiete enthalten. Ebenso Löning, Verwaltungsarchiv 3 S. 571, Schulze, Pr. Staatsrecht § 190 (1. Aufl. 2 S. 357). Die §§ 34 ff. besitzen daher nicht allein eine unmittelbare praktische Wirksamkeit von höchster Bedeutung, sondern sind auch als Quelle und Ausgangspunkt für die spätere Gesetzgebung von ungemeinem Gewicht. In letzterer Hinsicht verdienen namentlich auch die §§ 38—40, ungeachtet ihre gesetzliche Geltung seit dem Erlasse des Ges. v. 11. Mai 1842 nicht mehr fortbauert, noch jetzt Beachtung; die Bestimmungen des 1861 den Kammern vorgelegten, aber nicht Gesetz gewordenen Entwurfs betr. einige Abänderungen und Ergänzungen des Ges. v. 11. Mai 1842 bestanden sogar zum großen Teile in einem noch engeren Anschlusse an die §§ 38 ff. bezw. in der Rückkehr zu ihnen.

2. Sämtliche §§ 34 ff. sind 1817 als Beilage zur Geschäftsinstruktion für die Regierungen vom 23. Okt. 1817 nochmals publiziert worden und zwar im Anschlusse an § 11 jener Instruktion, welcher lautet:

„Die Regierungen sind befugt, ihren Verfügungen nötigenfalls durch gesetzliche Zwangs- und Strafmittel Nachdruck zu geben und sie zur Ausführung zu bringen, ohne daß eine Exemtion darüber zulässig ist. Sie werden in dieser Hinsicht auf diejenigen Bestimmungen der Verordnung wegen verbesserter Einrichtung der Provinzial-Polizei- und Finanzbehörden vom 26. Dez. 1808 verwiesen, welche dieser Instruktion im Auszuge angehängt sind, nach welchen sie überhaupt auch in den übrigen vorkommenden Fällen, namentlich bei Polizei-, Finanz- und Dienstvergehungen zu verfahren haben; wobei jedoch diejenigen Regierungen, in deren Verwaltungsbezirk annoch die unter der vorigen Landesherrschaft stattgefundene Gerichtsverfassnng besteht, bis dahin, daß eine andere von Uns angeordnet sein wird, ausgenommen werden.

Allgemeine Verbote und Strafbestimmungen dürfen aber sämtliche Regierungen nicht ohne höhere Genehmigung erlassen, es sei denn, daß das Verbot an sich schon durch ein Gesetz feststeht, in letzterem aber die Strafe nicht ausdrücklich bestimmt ist. In diesem Falle können sie innerhalb der Grenzen des Allgemeinen Landrechts T. II. Tit. 20 §§ 33, 35 und 240 die Strafe bestimmen und bekanntmachen.

Auch steht ihnen ohne Anfrage frei, schon bestehende Vorschriften von neuem in Erinnerung zu bringen und bekanntzumachen."

Dieser § 11 begrenzt gleichzeitig das örtliche Geltungsgebiet jener §§, indem er ihre Anwendbarkeit bezüglich derjenigen dem Staate seit 1808 neu einverleibten Landesteile, in denen noch die unter der früheren Landesherrschaft geltende Gerichtsverfassung fortbesteht, oder m. a. W. bezüglich der Länder des Gemeinen und Französischen Rechts, von der Anordnung einer anderen Gerichtsverfassung abhängig macht. (So wenigstens nach derjenigen Auslegung, welche dem § 11 in Löwenbergs Beiträgen 1 S. 596 ff. und in EK. 20. Okt. 1855, JMBl. S. 403 zu teil wird, wogegen freilich andere Entscheidungen — vgl. AH. Cöln 9. Mai 1832, 19. März 1834, Rh. A. 17, I. 102; 20, I. 90 — aus der Fassung des § gefolgert haben, daß die einstweilige Ausschließung der Anwendbarkeit obiger §§ keine allgemeine sein und sich namentlich nicht auf die dort den Gerichten beigelegte Zuständigkeit, sondern bloß auf die den Regierungen verliehene Exekutivgewalt beziehen solle.)

Für die Länder des Gemeinen Rechts ist inzwischen die Anordnung einer anderen Gerichtsverfassnng in den Bestimmungen der VO. v. 2. Jan. 1849 (GS. S. 1) zu finden, so daß die §§ 34 ff. seitdem auch dort Gesetzeskraft besitzen. So für Neuvorpommern und Rügen: EK. 20. Okt. 1855, 2. Okt. 1858 (JMBl. 55 S. 403; 59 S. 54). Für die Hohenzollernschen Lande folgt ihre Anwendbarkeit aus § 1 des Ges. v. 30. Apr. 1851 und § 6 der VO. v. 7. Jan. 1852.

Inbezug auf den Bezirk des früheren AH. Cöln ist jene Bedingung des § 11 zwar bis zum 1. Okt. 1879 nicht in Erfüllung gegangen; ebenso wenig wird man der beiläufigen Bemerkung in der AKO. v. 4. Dez. 1826 (GS. 27 S. 6), daß auch in der Rheinprovinz die Ressortverhältnisse der Verwaltungsbehörden nach der allgemeinen Instruktion beurteilt werden sollen, die Wirkung beilegen können, als ob der im § 11 gemachte Vorbehalt für diese Provinz ohne weiteres beseitigt sei. Vgl. Cremer in den Tr. Ann. 2, II. 10 (dort heißt es, die KO. rede nur von den Befugnissen der einzelnen Verwaltungsbehörden, nicht aber von den Beziehungen der letzteren zu den Gerichten und von deren Kompetenz). Trotzdem haben aber die meisten der mehrerwähnten §§, namentlich die §§ 35—37, 41, 42, 45 (Schlußsatz) und 48, auch dort Gesetzeskraft erlangt, und zwar durch das Ressort-Reglement v. 20. Juli 1818, welches teils jene §§ wörtlich in sich aufgenommen, teils auf sie Bezug genommen hat. [Der Gerichtsorganisation von 1879 wird man nicht mehr die Wirkung beilegen dürfen, die VO. v. 1808 ihrem ganzen Umfange in dem Oberlandesgerichtsbezirk Cöln zur Geltung gebracht zu haben, nachdem die einzelnen Bestimmungen dieser VO. durch das jüngere Gesetz v. 1818 dort bereits eingeführt waren. Ebenso Stölzel S. 108.]

Die VO. v. 1808 gilt ferner in den 1866 mit Preußen vereinigten Landesteilen. Zunächst wurde für das ehemalige Herzogtum Nassau und die Herzogtümer Schleswig und Holstein die Trennung der Rechtspflege von der Verwaltung in den VO. v. 22. Febr. und 26. Juni 1867 (GS. S. 273, 1073) ausgesprochen. Sodann wurden durch die VO. v. 16. Sept. 1867 (GS. S. 1515) die sämtlichen neuen Landesteile den unter dem ALR. stehenden Provinzen bezüglich der Zulässigkeit des RW. gleichgestellt. Durch diese VO. haben alle im Gebiet des ALR. bestehenden, die Zuständigkeitsgrenzen zwischen Gerichten und Verwaltungsbehörden ordnenden Bestimmungen, in welchen allgemeinen oder besonderen Gesetzen sie auch immer sich finden, in den neuen Provinzen Geltung erlangt; das Wort „allgemein" in Art. I und II trifft alle Bestimmungen, die für eine gewisse Materie und alle zu ihr gehörenden Fälle den RW. beschränken oder ausschließen; so: RG. 17. Juni 1892 (E. 30 S. 164) und die stete Rechtsprechung des KompGH., ferner Bödiker S. 7 ff. — Die VO. v. 16. Sept. 1867 ist durch Ges. v. 25. Febr. 1878 (GS. S. 97) auf den Kreis Herzogtum Lauenburg und durch VO. v. 22. März 1891 (GS. S. 39) auf Helgoland ausgedehnt worden.

3. [Außerdem hat ein Teil jener §§, und zwar nur ausnahmsweise in anderer Fassung, in den Anhang zur AGO. Aufnahme gefunden. So entspricht:

§ 34 d. G. den §§ 35, 248, 250 des Anhangs,
§ 43 d. G. dem § 239 des Anhangs,
§ 44 d. G. dem § 102 des Anhangs,
§ 45 (ohne den Schlußsatz) dem § 243 des Anhangs,
§ 47 d. G. den §§ 49, 252, 257, 52, 433, 436 des Anhangs.]

4. Im Gegensatze zu den §§ 34 ff. enthalten die übrigen Vorschriften der VO. von 1808 im wesentlichen die innere Organisation der Provinzial-Verwaltungsbehörden, die Umschreibung ihres Geschäftskreises und die in beiderlei Hinsicht getroffenen Änderungen der bisherigen Einrichtungen. Diese Vorschriften sind zwar in gewissem Sinne als veraltet zu betrachten, indem sie seit dem Erlasse der VO. wegen verbesserter Einrichtung der Provinzialbehörden vom 30. Apr. 1815 nicht mehr unmittelbar zur Anwendung gelangen. Sie kommen aber dessenungeachtet insofern noch gegenwärtig in Betracht, als sie das eigentliche und ursprüngliche Material zur Beantwortung der Frage liefern, was zu den Landeshoheits-, Landespolizei- und Finanz-Angelegenheiten im Sinne der §§ 34 ff. zu zählen sei, — vgl. OT. 9. Aug. 1841, 25. Nov. 1853 (E. 7 S. 133; Strieth. 11 S. 68), weshalb ihr Inhalt, soweit er hier interessiert, in der folgenden Anmerkung wiedergegeben wird.

5. Die VO. v. 1808 erstrebte hauptsächlich zweierlei, einmal, wie bereits erwähnt, die Trennung der Justiz von der Verwaltung, und sodann die Vereinigung der bisher unter verschiedenen nebengeordneten Behörden verteilten Verwaltungszweige in den Händen einer einzigen Provinzialbehörde, der Kriegs- und Domänenkammer, welche diesen Namen jedoch mit dem der Regierung (einer ehedem gerade umgekehrt für gewisse Landes-Justizkollegien beliebten Bezeichnung) vertauschen sollte.

Der ersterwähnten Grundidee zufolge wurden die Kammer-Justizdeputationen ebenso wie die Gerichtsbarkeit der Akzise- und Zolldirektionen, der Post-, Gestüts-, Lotterie-, Bergwerks- und Hüttenbehörden gänzlich aufgehoben und die den Landes-Polizei- und Finanzbehörden zeither zustehende Rechtspflege ohne Ausnahme den Gerichten überwiesen, so daß diese die ungeteilte Verwaltung des richterlichen Amts in rücksicht sämtlicher Angelegenheiten des Kameralressorts erhielten, sie mochten schon früher dazu gehört haben oder jetzt erst zugelegt werden, es mochte sich um Zivilansprüche oder um Kontraventionen handeln, Fiskus dabei interessiert sein oder nicht (§ 14), wogegen die nunmehrigen Regierungen, jener zweiten Grundidee gemäß, die Bestimmung erhielten, in ihren Bezirken den Vereinigungspunkt der gesamten innern Staatsverwaltung inbezug auf Landeshoheits-, Polizei- und Finanz-Angelegenheiten zu bilden.

Die VO. unterscheidet demzufolge bei den Regierungen eine dreifache Eigenschaft, die einer Landeshoheits-, einer Landespolizei- und einer Finanzbehörde, — eine Unterscheidung, die übrigens mit der Gliederung der Regierungen in verschiedene Abteilungen von jeher nur in einem höchst lockeren Zusammenhange stand und daher trotz der Veränderungen, die durch die VO. v. 30. Apr. 1815 und die verschiedenen Geschäftsinstruktionen betreffs des Wirkungskreises sowie der Zahl jener Abteilungen eintraten, und trotzdem, daß einzelne Verwaltungszweige im Laufe der Zeit wieder von dem Regierungsressort geschieden und auf andere Behörden übertragen wurden, sowie trotzdem endlich, daß die Regierungen selbst, welche ursprünglich bloß von den Ministerien des Innern und der Finanzen ressortierten (vgl. Publikandum v. 16. Dez. 1808), seit der Errichtung mehrerer neuen Zentralbehörden auch zu diesen in ein unmittelbares Unterordnungsverhältnis getreten sind, gegenwärtig noch ebenso wie ehedem dem gesamten Verwaltungssysteme der Regierungen zugrunde liegt.

Als Landeshoheits-Behörden sollen die Regierungen sämtliche vorbehaltene Rechte des Staats verwalten, die sich auf seine inneren Verhältnisse zu den Untertanen beziehen, weshalb vor sie gehören: die Landes-, Grenz-, Huldigungs-, Auswanderungs-, Abfahrts-, Abschoß-Sachen, die Erteilung der Pässe zu Reisen außerhalb Landes, die Standeserhöhungen, Legitimationen zu besserem Fortkommen, die Publikation der Edikte und Verordnungen, sofern solche nicht aus dem Justizdepartement allein ergehen, die Oberaufsicht über alle bereits vorhandenen oder noch zu errichtenden öffentlichen Anstalten, Gesellschaften und Korporationen, wogegen bei ihrem bisherigen Ressort verblieben außer der Rechtspflege die Lehnssachen, das Vormundschafts- und Hypothekenwesen, die Militärverfassung, die Münzfabrikation, die Bank- und Seehandlungs-Angelegenheiten (§§ 1, 2).

Als Landespolizei-Behörden sind den Regierungen die Angelegenheiten sowohl der Sicherheits- wie der Wohlfahrts-Polizei anvertraut, oder um mit den Worten der VO. zu reden, sie haben die Fürsorge für das Gemeinwohl der Untertanen in negativer wie positiver Hinsicht; sie sind daher nicht allein verpflichtet, allem vorzubeugen und solches zu entfernen, was dem Staate und seinen Bürgern Gefahr oder Nachteil bringen könnte, mithin die nötigen Anstalten zur Erhaltung der öffentlichen Ruhe, Sicherheit und Ordnung zu treffen, sondern auch dafür zu sorgen, daß das allgemeine Wohl erhöht werde und jeder Staatsbürger Gelegenheit habe, seine Fähigkeiten und Kräfte in moralischer sowohl als physischer Hinsicht auszubilden und innerhalb der gesetzlichen Grenzen auf die ihm zuträgliche Weise anzuwenden (§ 3).

Demzufolge steht den Regierungen in ihrer vorgedachten Eigenschaft auch die Aufsicht über Volksbildung, den öffentlichen Unterricht und Kultus zu (§§ 3, 5, 10), wie sie andererseits die polizeiliche Aufsicht über ständische und Gemeinde-Verfassung besitzen (§ 9), und eine gleiche Aufsicht über das Post- Bergwerks- sowie Hüttenwesen erhielten, während das administrative Detail des Post- und das technische des Bergwerkswesens den Post- bezw. Bergbehörden unabhängig von den Regierungen verblieb (§§ 7, 8). Ferner traten letztere an die Stelle der vormaligen Provinzial-Medizinal- und Sanitätskollegien, der Provinzial-Admiralitäts-, Kommerzial-, Wett- und Schiffahrtsbehörden, in gleichem der Provinzialbehörden für das Land-Armenwesen, soweit es sich um die landespolizeilichen Verwaltungszweige dieser Spezialbehörden handelte, wogegen die ortspolizeilichen derselben Behörden zu den Ortspolizei-Obrigkeiten, und die ihnen zuständig gewesene Rechtspflege zu den kompetenten Gerichten überging (§ 6).

Als Finanzbehörden haben die Regierungen, mit denen die Provinzial-Akzise- und Zolldirektionen vereinigt wurden, sämtliche Domänen, landesherrliche Forsten, Regalien und Steuern, überhaupt das gesamte öffentliche Einkommen und die daraus zu bestreitenden Ausgaben zu verwalten, sowie überdies die Fortifikations-Angelegenheiten, die Verpflegungs-, Einquartierungs-, Marsch-, Mobilmachungs- und Kantons-Sachen des Militärs, insoweit sie bisher Gegenstand der Kameral-Verwaltung waren, zu besorgen (§§ 4, 11). Hierhin wird auch die gemäß § 12 auf die Regierungen übergegangene Verwaltung der Kriegsmagazin-Angelegenheiten zu rechnen sein.

Die Verwaltung des gesamten Kommunal-, Sozietäts- und Korporations-Vermögens, in gleichem die Verwaltung der inneren Kommunal-, Sozietäts- und Korporations-Angelegenheiten soll dem § 13 gemäß, insoweit beides bisher zum Kammeralressort gehörte, für die Folge den einzelnen Kommunen, Sozietäten und Stiftungen selbst überlassen sein, den Regierungen jedoch die polizeiliche Aufsicht darüber vorbehalten bleiben.

[Nach der JMVfg. 26. Aug. 1809 (Rabe 10 S. 138) sind unter Stiftungen im Sinne des § 13 nur solche zu verstehen, welche öffentliche Zwecke verfolgen, z. B. Armenstiftungen, Erziehungs- und Witwenanstalten, indem hinsichtlich bloßer Familienstiftungen, d. h. der ihre Bestimmung in den Familiengliedern oder bestimmt genannten Personen begrenzenden Stiftungen, die Oberaufsicht den Justiz- bezw. vormundschaftlichen Behörden verblieben sei, wobei übrigens bemerkt werden muß, daß das ALR. eine obervormundschaftliche Aufsicht über letztere Stiftungen nirgends allgemein vorschreibt, die dort vorgeschriebene Einwirkung der Gerichte sich vielmehr auf die Vollziehung und Verlautbarung der Stiftungsurkunden, sowie die Aufnahme von Familienschlüssen beschränkt. Vgl. §§ 29—31, 46 II. 4 ALR. in Verbindung mit den Ges. v. 15. Febr. 1840 §§ 2, 20 und v. 5. März 1855 (GS. 175); dasselbe gilt auch jetzt vom BGB. §§ 80 ff., AG. z. BGB. Art. 1 ff. — Unterm 23. Dez. 1844 hat indessen das Staatsministerium über die Behandlung der Stiftungen überhaupt, mithin sowohl der öffentlichen, wie der Familien- und gemischten Stiftungen allgemeine, von obigem teilweise abweichende Verwaltungsgrundsätze in Vorschlag gebracht, welche durch AKO. v. 3. Jan. 1845 (JMBl. S. 31) genehmigt wurden und im wesentlichen darauf hinauslaufen, daß für alle drei Gruppen von Stiftungen bei Bestimmung der Behörde oder Korporation, welcher die Aufsicht oder Verwaltung zu überweisen, und welche in diesem Betracht unter keiner anderen Oberaufsicht steht, als worunter sie ohnehin gestellt ist, zunächst der Wille des Stifters entscheidet, daß dagegen, wenn die Sache nicht als durch dessen Willen entschieden betrachtet werden kann, die Wahrnehmung des öffentlichen Interesses der Verwaltung und die des Familieninteresses, sofern dieses überhaupt als unter einer Aufsicht stehend zu denken, den Gerichten vorbehalten ist, beim Zusammentreffen von Familien- und öffentlichen Interessen endlich die Angelegenheit in jedem einzelnen Falle durch ein Benehmen der höchsten Verwaltungschefs ihre Erledigung findet. — Für den Bezirk des AH. Cöln hat obige AKO. v. 3. Jan. 1845 übrigens keine Geltung: *OT. 2. Juli 1861 (Rh. A. 56, II. 69). Vgl. JMVfg. v. 8. Aug. 1823 (Rh. S. 2 S. 398)].

6. Wenn die §§ 34 ff. durchgängig nur den Gegensatz zwischen der Tätigkeit der Regierungen und der der Gerichte vor Augen haben, so ist daraus nicht etwa zu folgern, als sei in ihnen nicht eine grundsätzliche Regelung des Geschäftsbereichs von Rechtsprechung und Verwaltung überhaupt bezweckt, da ja nach der VO. von 1808 der Wirkungskreis der Regierungen ein ebenso ausschließlicher auf dem Verwaltungsgebiet sein sollte, wie der der Gerichte auf dem der Rechtsprechung. An dieser Grundidee der VO. von 1808 hat zwar die spätere Gesetzgebung nicht festgehalten; vielmehr sind im Laufe der Zeit mehrere Verwaltungszweige den Regierungen wieder abgenommen und besonderen Provinzialbehörden zugeteilt worden, so die Verwaltung der indirekten Steuern und Verkehrsabgaben, welche den Provinzialsteuer-Direktionen, so die Servis-, Garnison-, Ökonomie- und Garnisonbau-Angelegenheiten, welche den durch AKO. v. 1. Nov. 1820 neuerdings errichteten Militärindentanturen, so ein Teil der geistlichen Sachen sowie die gesamte Vermögensverwaltung, das Kassen- und Rechnungswesen der Gymnasien, gelehrten Schulen usw., von denen die einen den Konsistorien bezw. Ober-Präsidenten, die anderen den Provinzial-Schulkollegien, so die Ausübung des Aufsichtsrechts über die Privateisenbahnen, welche durch Gesetz v. 3. Nov. 1838 den Eisenbahnkommissarien übertragen wurden. Dies hat indessen an der Tragweite der §§ 34 ff. nichts geändert, da alles dasjenige, was dort von den Regierungen gesagt wird, in gleicher Weise von den an ihre Stelle getretenen Behörden und deren Verhältnis zu den Gerichten gilt. Vgl. AH. Cöln 10. Dez. 1825 (Rh. A. 8, I. 77); *EK. 3. Jan. 1857 (JMBl. S. 251).

Letzteres erleidet eine Ausnahme nur hinsichtlich derjenigen Angelegenheiten, welche von den Regierungen an die Auseinandersetzungsbehörden übergegangen sind, Angelegenheiten, deren zwar die VO. von 1808 in ihren oben bezogenen Bestimmungen nicht gedenkt, die aber die Geschäftsinstruktion von demselben Tage in § 2 l. (Rabe 9 S. 418) teils der Polizei-, teils der Finanzdeputation der Regierungen überwies. Indem nämlich jene Behörden, gleichzeitig an Stelle der Gerichte tretend, mit einer ausgedehnten Jurisdiktionsgewalt bekleidet wurden, gehören sie dem Kreise der eigentlichen Verwaltungsbehörden nicht an, sondern nehmen eine Mittelstellung ein, in welcher sie den ordentlichen Gerichten bald als Träger administrativer Befugnisse, bald das Ausnahmegerichte gegenüber stehen, weshalb die Grenzlinien, die in der VO. von 1808 zwischen der verwaltenden und richterlichen Wirksamkeit gezogen sind, für die unter ihnen und den Gerichten bestehenden Ressortverhältnisse selbstredend nicht passen. Diese Verhältnisse sowie diejenigen unter den Auseinandersetzungsbehörden einer- und den eigentlichen Verwaltungsbehörden andererseits bestimmen sich vielmehr nach der umfangreichen Sondergesetzgebung über die gutsherrlich-bäuerlichen Regulierungen, Gemeinheits-Teilungen usw., deren Erörterung in die Zwecke der gegenwärtigen Schrift nicht mit aufgenommen wurde.

7. Ferner sind die Bestimmungen der §§ 34 ff. nicht auf das Verhältnis der Gerichte zu den Provinzial-Verwaltungsbehörden zu beschränken, indem sie oder doch der größte Teil derselben entsprechend auch dann zur Anwendung kommen, wenn es sich um das Verhältnis der Gerichte zu den den Regierungen usw. vorgesetzten und den ihnen untergeordneten Behörden, ja selbst wenn es sich um gar keine unmittelbaren Staats-, sondern um Kommunal- oder rein kirchliche Behörden handelt. Vgl. die Erläuterungen zu § 36 d. G.

8. Da der Grundsatz der Trennung der Justiz von der Verwaltung weder durch die VO. von 1808 noch durch die spätere Gesetzgebung bis zur äußersten Folgerichtigkeit durchgeführt ist und namentlich den Gerichten noch mancherlei reine Verwaltungsangelegenheiten belassen sind, so tritt der Gegensatz zwischen der richterlichen und administrativen Tätigkeit sogar innerhalb des Kreises der Justizbehörden nicht selten hervor. Auch für solche Fälle ist die Anwendbarkeit der §§ 34 ff. nicht gänzlich ausgeschlossen — vgl. EK. 30. Mai 1857 (JMBl. 58 S. 134); JMVfg. 21. Febr. 1837 (Rh. S. 6 S. 93) — und in gewissem Betrachte gilt dies selbst von dem Verhältnisse der Gerichte zu dem Verwaltungs-Chef der Justiz, dem Justizminister, indem die Gerichte inbezug auf das Rechtsprechen von jenem nicht abhängig sind, sondern sich bei ihren Entscheidungen nur nach den Gesetzen zu richten haben, — vgl. AKO. v. 6. Sept. 1815 (GS. S. 198), § 86 der Verfassungsurkunde v. 31. Jan. 1850 — wogegen freilich Beschwerden, welche die Disziplin, den Geschäftsbetrieb oder Verzögerungen betreffen, hinsichtlich aller Rechtsangelegenheiten, desgleichen Beschwerden in Lehns-, Fideikommiß- und Familienstiftungssachen im Aufsichtswege, demnach in höchster Instanz durch den Justizminister zu erledigen sind. Vgl. § 85 AG. z. GVG., § 23 Ges. betr. Abänderung d. Disziplinargesetze v. 9. Apr. 1879 (GS. S. 345); v. Rönne 1 S. 460.

[Über die Frage, inwiefern die Regierungen gehalten seien, den Aufträgen des Justizministers zu genügen, s. MVfg. 25. Okt. 1834 (Ann. 35 S. 5). Diese aus Anlaß eines Einzelfalls ergangene Verfügung bejaht jene Frage ganz allgemein, doch sollen die Regierungen in solchen kaum zu erwartenden Fällen, wo ihnen der erteilte Auftrag über die Grenzen des Ressorts und der Befugnis des beauftragenden Ministers hinauszugehen scheine, zuvor an die ihnen vorgesetzten Disziplinar-Ministerien berichten.]

9. Was endlich das Verhältnis der Gerichte zur Oberrechnungskammer betrifft, so kommt hierbei nur die verwaltende Tätigkeit der ersteren zur Sprache, woraus schon folgt — vgl. unten A. 10 —, daß die §§ 34 ff. dieses Verhältnis nicht berühren. Für dasselbe ist das Ges. v. 27. März 1872 (GS. S. 278) maßgebend, dessen § 16 bestimmt, daß die Provinzial- und die ihnen gleichstehenden untergebenen Behörden jener Kammer in allen Angelegenheiten ihres Ressorts untergeordnet sind. Die Oberrechnungskammer ist befugt, ihren Verfügungen durch Strafbefehle die schuldige Folgeleistung zu sichern.

10. Die §§ 34 ff. betreffen lediglich das Verhältnis der Verwaltung zur Rechtsprechung. Die verwaltende und sonstige nicht eigentlich richterliche Tätigkeit der Gerichte, namentlich ihre Tätigkeit in Vormundschafts- und Hinterlegungs-, in Sportel- und Lehnssachen sowie die freiwillige Gerichtsbarkeit findet als Gegensatz zur Wirksamkeit der Verwaltungsbehörden in jenen §§ keine Berücksichtigung. Wie es auf den meisten dieser Gebiete an Anlässen zu Streitigkeiten zwischen der beiderseitigen Amtsgewalt fast gänzlich fehlt, so fehlt es auch an allgemeinen durch die Gesetzgebung festgestellten Normen für deren Beurteilung.

11. Anlangend nun das den §§ 34 ff. zugrunde liegende System, so ist auch hier die Dreiteilung der Regierungssachen in Hoheits-, Polizei- und Finanzsachen festgehalten und der Rechtsprechung in Zivil- wie in gewissen Kontraventionssachen gegenübergestellt. Die §§ 34 Abs. 2 und 45 ff. verbreiten sich nämlich über das Strafverfahren in Hoheits-, Polizei-, Finanz- und dienstlichen Angelegenheiten, und § 34 Abs. 2 behandelt insbesondere die Tätigkeit der Gerichte, die §§ 45 ff. die der Verwaltungsbehörden in diesen Sachen. Die übrigen §§ stellen dagegen im wesentlichen die Ressortverhältnisse zwischen der Verwaltung und der rein zivilistischen Tätigkeit der Gerichte fest und zwar die §§ 36, 37 in Hoheits-, die §§ 38—40 in

Polizei-, die §§ 41 ff. in Finanzangelegenheiten; § 48 endlich handelt von dem Verfahren und den Zwangsmitteln bei Vollstreckungen im Verwaltungswege. — Zum besseren Verständnisse des in jenen §§ verfolgten Ideengangs ist jedoch noch nachstehendes hervorzuheben. Die VO. von 1808 erkennt ebenso wie die französische Gesetzgebung, wenn auch nicht in gleich unumschränkter Weise (vgl. die Erläuterungen zu § 15 des Rhein. Ress.-Regl.), die gegenseitige Selbständigkeit und Unabhängigkeit der Justiz- und Verwaltungsbehörden an. Statt indessen diese Regel als Grundlage für die Beurteilung der Ressortverhältnisse an die Spitze zu stellen und ihr die näheren Bestimmungen darüber, wo sie zur Anwendung komme und wo sie eine Ausnahme erleide, folgen zu lassen, schlägt die VO. gewissermaßen den umgekehrten Weg ein, indem sie ihrer erst hintendrein im § 51*) gleichsam nur beiläufig und als einer mehr formelhaften Vorschrift erwähnt, und zum Ausgangspunkt einen anderen Satz wählt, nämlich die Gleichstellung des Fiskus mit Privatpersonen in Beziehung auf Rechtsangelegenheiten, bezw. die dieser Gleichstellung zugrunde liegende, nach § 14 auch hinsichtlich des Fiskus zur Anwendung gelangende Regel der richterlichen Zuständigkeit in Zivil- wie Kontraventionssachen (§ 34). Die auf § 34 folgenden §§ sind nun bestimmt, die zugunsten der Verwaltung bestehenden Ausnahmen bezw. Begrenzungen dieser Regel festzusetzen, und zwar die §§ 35 ff. diejenigen der Regel der Prozeßfähigkeit, welche dem § 34 Abs. 1 zugrunde liegt, die §§ 45 ff. diejenigen der richterlichen Zuständigkeit in Kontraventionssachen, welche in dem § 34 Abs. 2 ihre Anerkennung findet. Daher erklärt es sich, daß die Bestimmungen über das Strafverfahren in Hoheits-, Polizei- und Finanzsachen auseinandergerissen sind, §§ 34 und 45, und daß § 36, obgleich dem obigen System zufolge nur dazu bestimmt, die richterliche Zuständigkeit den Hoheitsrechten gegenüber zu begrenzen, gleichzeitig dem Zwecke gedient hat, eine Zusammenstellung noch anderer Fälle zu liefern, in denen der RW. unbedingt ausgeschlossen ist.

12. Schließlich noch einige Bemerkungen über die Zitierart. Bei ihrer außerordentlichen Wichtigkeit werden die §§ 34 ff. dem Anscheine nach verhältnismäßig selten angeführt. Dies rührt jedoch einfach daher, daß sie so häufig unter einem anderen Namen auftreten. Da sie als Anhang zur Regierungsinstruktion von 1817 nochmals publiziert wurden, so werden sie nicht selten als Stellen dieses Anhangs, nicht als Stellen aus der Verordnung von 1808 aufgeführt. Mitunter bezieht man auch statt einzelner von ihnen den auf sie im allgemeinen verweisenden § 11 jener Instruktion selbst. Meist ist alsdann § 42, § 45 a. E. oder § 48 der VO. gemeint. In der Rheinprovinz pflegt man statt der betr. §§ der VO. die mit ihnen gleichlautenden des Rhein. Ress.-Regl., z. B. statt des § 41 der VO. den § 15 des Ress.-Regl. zu beziehen. An Stelle der in den Anhang zur AGO. übergegangenen §§ wurden regelmäßig die entsprechenden dieses Anhangs bezogen.

Wird § 36 in Verbindung mit § 37 erwähnt, so ist unter § 36 regelmäßig Abs. 2 dieses §, welcher mit § 78 II. 14 ALR. wörtlich übereinstimmt, gemeint und das Zitat jener beiden §§ gleichbedeutend mit dem der §§ 78, 79 II. 14 ALR. Nicht selten findet man jedoch statt dieser Gesetzesstellen die Dekl. v. 18. Nov. 1828 (unten A. 261), wie statt § 36 Abs. 1 die Dekl. v. 16. Nov. bezw. 4. Dez. 1831 (unten A. 111) bezogen.

Fernere Eigentümlichkeiten in der Zitierweise sind die Folge des Verhältnisses, in welchem die Steuergesetzgebung zu den §§ 34, 45 d. G. u. die AKO. v. 31. Dez.

*) § 51 d. G. lautet:

Die Regierungen und die Landesjustizkollegien teilen sich gegenseitig die in ihrem Ressort ergehenden Verordnungen mit. Die bei einer Behörde einkommenden, zur andern gehörigen Eingaben müssen sofort, ohne besonderes Schreiben, abgegeben werden.

Beide Landeskollegien müssen sich durchaus in Ansehung ihrer gegenseitigen Geschäftsverwaltung keine Hindernisse in den Weg legen, oder Verfügungen erlassen, durch welche die der andern Behörde aufgehoben werden.

Glaubt eine von ihnen, daß die andere die Grenzen ihrer Befugnis überschritten habe, und bleiben die dagegen gemachten Vorstellungen ohne Erfolg, so sind sie verpflichtet, die Sache höheren Orts zur Sprache zu bringen und ihre Zweifel zur Entscheidung vorzutragen.

IV. Verhältnis der Regierungen in rechtlicher Beziehung.

1. Gerichtsstand und Instanzenzug bei fiskalischen Prozessen und Untersuchungen.

§ 34. Fiskus entsagt in Absicht der Zivilprozesse gänzlich seinem bisherigen privilegierten Gerichtsstande und ist daher bei demjenigen Gericht zu klagen oder sich einzulassen verbunden, vor welches die Sache gehören würde, wenn sie bloß zwischen Privatpersonen schwebte. Wird Fiskus als Beklagter in Anspruch genommen, so muß dies nur in dem Falle bei dem Obergerichte geschehen, wenn der Gegenstand des Streits unter unmittelbarer Verwaltung der Regierung stehet. Dieses findet ebenfalls bei den moralischen Personen statt, die mittelbar oder unmittelbar unter Verwaltung der Regierungen stehen.

Vergehungen gegen Hoheitsrechte und Landespolizeiverordnungen, imgleichen Dienstvergehungen gehören vor das kompetente Obergericht. Wegen der lokalpolizeilichen Kontraventionen behält es einstweilen bei der bisherigen Verfassung sein Bewenden. Über Defraudationen landes- und grundherrlicher Nutzungen, überhaupt wegen Vergehungen gegen Finanzgesetze, sind die Untergerichte zu erkennen berechtigt, im Fall die darauf gesetzte Strafe nicht funfzig Taler oder eine dieser gleich gestellte Gefängnisstrafe überschreitet.

Eine jede Sache, in welcher die Regierung von der ihr § 45 nachgelassenen Befugnis Gebrauch gemacht und eine vorläufige Resolution abgefaßt hat, gehet jedoch sogleich an das Obergericht über, wenn der Kontravenient auf förmliches rechtliches Gehör anträgt.

Der weitere Instanzenzug bleibt überall der ordentliche, wie er bisher bei jedem Gericht stattgefunden hat; die Sachen gehen daher nicht mehr an das Oberrevisionskollegium, die Oberrevisionsdeputation und

---

1825 D XII zu den §§ 42 u. 48 stehen. Endlich ist es seit dem Erlasse des Gesetzes über die Polizeiverwaltung v. 11. März 1850 üblich geworden, daß man, wenn es sich um die Verhängung von Vollzugsstrafen seitens der Polizeibehörden handelt, statt des § 48 d. G. den allgemeiner gehaltenen § 20 jenes Gesetzes in Bezug nimmt. Diese Verfahrungsweise hat unleugbar sehr wesentlich dazu beigetragen, daß die grundlegende Bedeutung der VO. so vielfach übersehen und der Sinn ihrer einzelnen untereinander in engem Zusammenhange stehenden, sich gegenseitig erläuternden Bestimmungen so häufig verkannt worden ist.

13. Der zuerst durch die VO. von 1808 ausgesprochene Grundsatz der Trennung der Justiz von der Verwaltung ist auch reichsgesetzlich festgestellt durch Satz 2 § 4 EG. z. GVG., welcher bestimmt, daß den Gerichten außer den Geschäften der Justizverwaltung keine andern Gegenstände der Verwaltung übertragen werden dürfen. Über den einschneidenden Einfluß, den die Gründung des Deutschen Reichs und die preußische Verwaltungsneuordnung auf dem hier behandelten Gebiete ausgeübt haben, vgl. A. 27 ff.

§. 34.

Inhalt:

I. Gerichtsstand des (Landes-)Fiskus.

14. § 34 versteht unter Fiskus nicht bloß dasjenige, was § 1 II. 14 ALR. als solchen bezeichnet, nämlich die Staatseinkünfte, sondern auch die Substanz des Staatsvermögens bezw. die das gesamte Staatsvermögen vertretende moralische Person.

15. Schon das ALR. stellte als Regel auf, daß privatrechtliche Streitigkeiten zwischen dem Fiskus und Privatpersonen usw. im RW. zu erörtern seien. Es gab jedoch dem Fiskus ganz allgemein einen privilegierten Gerichtsstand, § 81 ff.

die übrigen für die zweite und dritte Instanz über Rechtsangelegenheiten von besonderen Gegenständen angesetzte Spruchbehörden, als welche nach dem Publikando vom 16. d. M. bereits aufgehoben sind.

II. 14. Die genauere Begrenzung der desfallsigen Vorrechte enthielt § 126 I. 2 AGO. Wenngleich § 34 Abs. 1 letzteren § wesentlich abänderte, so ließ er dennoch einen Sondergerichtsstand wenigstens ausnahmsweise bestehen, und ist diese Ausnahme erst mit der neuen Ordnung des Gerichtswesens durch die VO. v. 2. Jan. 1849 weggefallen. Bez. des Bezirks des AH. Cöln, wo weder § 34 d. G. noch die VO. v. 2. Jan. 1849 Gesetzeskraft hatte, vgl. die Erläuterungen zu §§ 22 ff. Ress.-Regl. — Die Reichsjustizgesetze kennen keinen Ausnahmegerichtsstand des Fiskus; jedoch ist für mehrere Prozesse die ausschließliche Zuständigkeit des Landgerichts ohne Rücksicht auf den Wert des Streitgegenstands bestimmt worden, um dieselben im gewöhnlichen Instanzenzuge zur Entscheidung des Reichsgerichts gelangen zu lassen; vgl. § 70 GVG., § 39 AG. z. GVG.

16. Die im Eingang der A. 15 genannte Regel ist jetzt durch § 4 EG. z. ZPO. auch reichsgesetzlich festgelegt worden; vgl. A. 27. Nach diesem § ist die in einem Landesgesetze erfolgte Ausschließung des RW. dann unwirksam, wenn sie wegen der Person des Fiskus und nicht aus objektiven Gründen erfolgt ist; vgl. v. Wilmowski-Levy zu § 4.

17. Auch für den örtlichen Gerichtsstand des Fiskus ist jetzt die ZPO. maßgebend. Hiernach wird der allgemeine Gerichtsstand durch den Sitz der Behörde bestimmt, welche berufen ist, den Fiskus in dem Rechtsstreit zu vertreten, § 20 ZPO. Natürlich finden auch die Bestimmungen über besondere Gerichtsstände (so namentlich über den Gerichtsstand der belegenen Sache) sowie betr. Vereinbarung über die Zuständigkeit der Gerichte sinngemäße Anwendung.

II. Vertretung des Fiskus.

18. Wer den Fiskus zu vertreten berufen ist, bestimmen in Ermangelung reichsgesetzlicher Regelung die Landesgesetze. In Preußen erfolgt die Vertretung in der Regel, d. h. wenn die Klage gegen den Fiskus ohne nähere Bezeichnung der fiskalischen Station gerichtet wird, durch die betreffende Bezirksregierung bezw. den Regierungspräsidenten (§§ 1, 14 Instruktion v. 23. Okt. 1817, § 17 Rhein. Ressort-Regl.), in Angelegenheiten des mittelbaren Steuerwesens (einschl. Stempelsteuer) durch die Provinzialsteuerdirektion, in Bergwerksangelegenheiten durch das Oberbergamt. Die Bezirksregierung hat die Prozeßvertretung aber nur in den zu ihrem Geschäftskreis gehörigen Angelegenheiten; in denjenigen, deren Verwaltung dem Oberpräsidenten übertragen ist (§ 1 Nr. I Instruktion f. d. OPräs. v. 31. Dez. 1825, GS. 1826 S. 1), hat dieser auch das Recht zur Prozeßführung; wenn letzteres ihm auch nicht ausdrücklich beigelegt ist, so folgt es doch aus der Übertragung der Verwaltung: RG. 14. Nov. 1882, OLG. Cöln 29. Mai 1886 (Rh. Arch. 73, II. 54 betr. Provinzialfeuersozietäten, 77, II. 18 betr. Bau-, Schiffahrts- und Polizeiangelegenheiten am Rheinstrom); vgl. ferner Ges. v. 24. Mai 1861 § 3. — Der „Eisenbahnfiskus" wird vertreten durch die Eisenbahndirektion in allen Angelegenheiten innerhalb des Geschäftsbereiches ihrer Verwaltung: § 6 Abs. 1, 4 der Verwaltungsordnung f. d. Staatseisenbahnen v. 17. Dez. 1894 (GS. 95 S. 11). Über den Umfang dieses Vertretungsrechts s. RG. 2. Mai 1898 (JMBl. S. 275). — Für Rechtsstreitigkeiten in Angelegenheiten der Justizverwaltung werden gemäß Ges. v. 15. März 1885 (GS. S. 65), welches den § 86 AG. z. GVG. aufhob, die Anordnungen über die Vertretung des Fiskus vom Justizminister erlassen. Dies ist geschehen durch Vfg. 23. März 1885, 22. Dez. 1886 (JMBl. 85 S. 119; 86 S. 340), wonach die Vertretung der Staatsanwaltschaft bei demjenigen Oberlandesgericht obliegt, in dessen Bezirk die Justizbehörde ihren Sitz hat, zu deren Geschäftskreis die der Beteiligung des Fiskus an dem Rechtsstreite zugrunde liegende Angelegenheit gehört. Gegen diese ist auch die Klage zu richten, wenn es sich um Stempelbeträge handelt, die nach den für Gerichtskosten geltenden Grundsätzen einzuziehen sind: § 26 Stempelsteuerges. v. 31. Juli 1895, MVfg. 29. Febr. 1896 (JMBl. S. 63); vgl. auch OLG. Cöln 13. Mai 1895 (Rh. Arch. 89, I. 66). Bez. Vertretung der Justizbehörden im Verwaltungsstreitverfahren vgl. MVfg. 19. Jan. 1898 (JMBl. S. 29). — Vgl. ferner RG. 7. Jan. 1887 (EStraff. 15 S. 164, betr. Vertretung des Fiskus in Straffachen [§ 288 StGB.]) und im übrigen Fritze, Zu-

sammenstellung der Behörden, welche den preuß. Landes- und den deutschen Reichsfiskus im Prozesse zu vertreten befugt sind.

19. Übrigens muß, wenn eine Klage wider den Fiskus der Regierung gerichtet ist, auch der Fiskus bezw. das officium fisci der Regierung sowohl in der Klage als im Prozesse selbst und im Urteil als beklagter Teil genannt werden, wenn dagegen eine bestimmte fiskalische Station in Anspruch genommen wird, gegen diese sowohl die Klage wie das Urteil lauten, während Klagen wider die Regierung als solche zurückzuweisen sind, da letztere als solche weder in der Eigenschaft eines Klägers, noch in der eines Beklagten vor Gericht auftreten kann. So: JMVfg. 3. Sept. 1824 (Jbb. 24 S. 130), unter Hinweis auf § 28 I. 7 und § 12 I. 35 AGO.

20. Wenn nach dem vorgesagten und vorbehaltlich des in der JMVfg. 11. Mai 1827 (Ergänz. zu § 1 I. 35 AGO.) ausgesprochenen Satzes, daß Klagen einer fiskalischen Station wider die andere nicht zulässig sein sollen (und infolgedessen auch von einer Streitverkündung und Intervention zwischen zwei Stationen nicht die Rede sein kann; vgl. RG. 4. Okt. 1880, E. 2 S. 392), die einzelnen Stationen inbezug auf den Gerichtsstand und die Berechtigung zur Prozeßführung gewissermaßen als ebensoviele juristische Personen zu betrachten sind, so muß dennoch das Gegenteil inbezug auf das materielle Zivilrecht angenommen werden. Hier huldigt das Preußische Recht, in Übereinstimmung mit dem Gemeinen und Französischen, dem wichtigen Grundsatze, daß der Fiskus mit allen seinen Stationen nur eine juristische Person bilde. Dies ist zwar nicht unbestritten (vgl. die Belege in den Ergänzungen zu § 1 II. 14 ALR. u. Koch, Lehrb. des Preuß. Privatrechts 1 § 60); doch hat die bejahende Ansicht sowohl die Quellen zum ALR. wie die Rechtsprechung des Obertribunals und des Reichsgerichts entschieden auf ihrer Seite, vgl. Jbb. 52 S. 72, OT. (Pl.) 20. Okt. 1850 (JMBl. S. 435; dieser Pl.-Beschl., welcher sich übrigens darauf beschränkt, auszusprechen, daß einzelne Stationen gegeneinander keine Rechte besitzen können, macht wider Kochs Ausführung geltend, daß die Übernahme von Verpflichtungen unter verschiedenen Ministerien bloße Verwaltungsmaßregeln seien, die auch bei Güterverwaltungen von Privaten vorkämen), OT. 13. Okt. 1853 (Strieth. 10 S. 219); 8. Jan. 1856 (Rh. A. 51, II. 99; hier wurde erkannt, ein fiskalische Station könne sich nicht mit dem Einwande schützen, daß eine ihr obliegende Leistung für sie unmöglich geworden sei, sofern dasselbe nicht auch vom Fiskus überhaupt gelte), 14. März 1856 (Strieth. 20 S. 280; hier wurde angenommen, daß trotz der Einheit des Fiskus im allgemeinen die Genehmigung, welche der Domänenfiskus als Obereigentümer einem unter mehreren Erbpächtern zustande gekommenen Auseinandersetzungsrezesse erteilt hatte, den vom Forstfiskus wider die Erbpächter geltend gemachten, bei jener Genehmigung nicht zur Sprache gekommenen Eigentumsansprüchen nicht entgegenstehe). Vgl. ferner RG. 4. Okt. 1880 (E. 2 S. 392: das vom RG. aufgehobene Berufungsurteil hatte eine Klage abgewiesen, weil nicht die Gerichtskasse, sondern der Provinzialsteuerdirektor hätte verklagt werden müssen; das RG. entschied, daß nicht die Gerichtskasse, sondern Fiskus der Beklagte sei, der Einwand der mangelnden gesetzlichen Vertretung aber durch den rechtzeitig erfolgten Beitritt des Provinzialsteuerdirektors ausgeräumt sei); OLG. Cöln 11. April 1896 (Rh. A. 90, I. 192); Schulze, Pr. Staatsrecht 2 S. 172, v. Wilmowski-Levy § 20 A. 2 a. E. — Demzufolge sind [die §§ 368, 369 I. 16 ALR.], indem sie nach dem Vorgange der L. 1 Cod. 4. 31 zur Vermeidung von Verwirrungen in der Kassenverwaltung die Aufrechnung wider Forderungen des Fiskus auf den Fall beschränken, wo dieselbe Kasse, welche fordert, auch diejenige ist, die nach der bestehenden Einrichtung zu zahlen hätte, bezw. der jetzt an ihre Stelle getretene § 395 BGB. als Ausnahmebestimmungen aufzufassen. Ob dieselben auch wider den Fiskus, d. h. zur Beschränkung des von ihm selbst etwa auszuübenden Aufrechnungsrechts angerufen werden können, erscheint zweifelhaft. Die paritas rationis spricht zwar für die Bejahung, die Fassung des Gesetzes und seine Eigenschaft als Ausnahmegesetz jedoch für die Verneinung. Zu letzterer Ansicht bekennen sich z. B. Koch, Recht der Ford., 2 S. 636, Heinitz, Komm. z. Pr. Stempelsteuerges. § 26 A. 6 und OT. 22. Sept. 1842 (Präj. Nr. 2054; Präj. S. 91). In *OT. 22. März 1853 (Strieth. 8 S. 361) ist eine Mittelmeinung angedeutet, wonach nämlich, damit eine Aufrechnung zugunsten des Fiskus eintrete, die diesem Zwecke dienende Forderung zuvor von der einen Kasse der andern überwiesen werden müsse, und OT. 6. Mai 1816 (Simon u. v. Strampf Rechtssprüche 1 S. 142) hat

in einem solchen Falle die Unanwendbarkeit des gen. § 368 ausdrücklich anerkannt.

21. III. Zwangsvollstreckung. Eine Sonderstellung nehmen der Fiskus und die ihm untergeordneten juristischen Personen, Gemeinden usw. hinsichtlich der gegen sie gerichteten Zwangsvollstreckung ein. Diese hat nach AGO. § 33 I. 35, Anh. § 242; § 25 I. 24, Anh. § 153 nicht unmittelbar gegen den Fiskus, sondern in der Regel durch die Vermittelung der der beteiligten fiskalischen Station vorgesetzten Finanzbehörde bezw. der Staatsaufsichtsbehörde zu geschehen. Diese Bestimmungen sind durch § 15 Nr. 4 EG. z. ZPO. ausdrücklich aufrecht erhalten, soweit es sich um Geldforderungen handelt und soweit nicht dingliche Rechte verfolgt werden. Vgl. JMVfg. 22. April 1833, 8. Nov. 1809, 18. Juli 1881, 24. März 1882, 2. Nov. 1883 (Jbb. 41 S. 467; Rabe 10 S. 216; JMBl. 81 S. 160; 82 S. 59; 83 S. 332); Rh. Ressort-Regl. § 25 A. 229; ZustGes. §§ 17 Nr. 4, 33 Nr. 4; OVG. 22. Febr. 1879, 28. Sept. 1892 (E. 5 S. 86; 23 S. 377: das gelte nicht nur von der Vollstreckung gerichtlicher Erkenntnisse, sondern auch von der administrativen Exekution, z. B. auch von der Vollstreckung der polizeilichen Zwangsmittel des § 132 LVG.); v. Brauchitsch 1 S. 70; v. Wilmowsky-Levy S. 1115 A. 7. — Die Zwangsvollstreckung für den Fiskus usw. folgt den allgemeinen Grundsätzen, sodaß in Fällen, wo nur gegen Sicherheitsleistung vorläufig zu vollstrecken ist, auch der Fiskus von der Sicherheitsleistung nicht frei ist: v. Wilmowsky-Levy aaO.

22. IV. Reichsfiskus. Die in den vorstehenden Anmerkungen aufgestellten Grundsätze gelten auch für den Reichsfiskus. Vertreten wird derselbe durch den Reichskanzler bezw. das Reichskanzleramt und die innerhalb desselben bestehenden Reichsämter, soweit nicht, wozu es einer ausdrücklichen Gesetzesbestimmung bedarf, die Vertretung auf andere Organe übertragen ist. Vgl. RG. 9. April 1884 (E. 11 S. 93). Eine solche Übertragung ist erfolgt durch § 2 Ges. betr. Flößereiabgaben v. 1. Juni 1870, § 116 Militärpensionsges. v. 27. Juni 1871, § 13 Postges. vom 28. Oktober 1871, § 42 Rayonges. v. 21. Dez. 1871, §§ 151 ff. Reichsbeamtenges. v. 31. März 1873, § 1 Ges. über die Rechtsverhältnisse der zum dienstlichen Gebrauch einer Reichsverwaltung bestimmten Gegenstände v. 25. Mai 1873, § 34 Ges. betr. Kriegsleistungen v. 13. Juni 1873. — Bei Streitigkeiten über Zölle und Verbrauchsabgaben ist die Klage nicht gegen den Reichsfiskus, sondern gegen den Landesfiskus zu richten, vgl. A. 30. — In Sachen der Militärverwaltung ist der Reichsfiskus und nicht der Landesfiskus der richtige Beklagte. Vertreten wird derselbe jedoch, da es eine Reichsmilitärverwaltung nicht gibt, durch die einzelnen Kontingentsverwaltungen nach der für den betreffenden Bundesstaat maßgebend Behördengliederung. Für Preußen liegt hiernach die Vertretung der Korpsintendantur ob: MVfg. 4. Juli, 6. Aug. 1828 (Ann. 12 S. 204; Helldorf, Dienstvorschriften der Kgl. Preuß. Armee 2 Abt. 4 S. 446), RG. 9. März 1888, 24. Sept. 1889 (E. 20 S. 148; 24 S. 36), OLG. Cöln 8. März 1898 (Rh.A. 93, I. 196: der Kriegsminister ist nicht befugt, an Stelle des gesetzlichen einen andern Vertreter zu bestellen) und hinsichtlich der Pensionsansprüche der obersten Militärverwaltungsbehörde des Kontingents (§ 116 RMilPensionsges.), d. i. dem Kriegsministerium: RG. 5. Jan. 1903 (E. 53 S. 240); teilweise aM. RG. 1. Nov. 1898, OLG. Cöln 5. April 1898 (E. 42 S. 66; Rh. A. 93, I. 225: erklärten die unmittelbar unter dem Kriegsministerium stehenden Artilleriewerkstätten zur Vertretung befugt in Prozessen über Angelegenheiten, die zu ihrem Geschäftskreise gehören, z. B. in Prozessen über die von ihnen abgeschlossenen Lieferungsverträge). Vgl. ferner RG. 16. Dez. 1885 (E. 15 S. 37: entschied die Frage nicht grundsätzlich, weil für Ansprüche aus dem Gesetz über die Friedensleistungen die Legitimation der Intendantur durch das Gesetz selbst und die dazu ergangenen Ausführungsverordnungen begründet werde). Ob neben der Landeskontingentsverwaltung auch der Reichskanzler zur Vertretung des Fiskus befugt sei, ließ RG. 1888 unentschieden, während der Reichskanzler selbst die Frage verneinte. Bez. der Festungen hat RG. 13. Juni 1882 (E. 8 S. 1) die Landeskontingentsverwaltungen nicht für vertretungsberechtigt gehalten, weil es sich um Gegenstände handle, die nicht zu einer Landeskontingentsverwaltung gehörten, sondern sich im ausschließlichen Besitz des Deutschen Reiches befänden, zu dessen Vertretung nur der Reichskanzler berufen sei. Auf Grund der AKO. v. 3. Juli 1883 hat sodann RG. 7. März 1895 (E. 35 S. 13) für das gesamte Festungsbauwesen die Fortifikationen als Prozeßvertreter anerkannt. Vgl. v. Weinrich, Zur rechtlichen Stellung des deutschen Militärfiskus, in Gruchot 33 S. 161 ff.

2. Wegen Zulässigkeit von Zivilklagen über Angelegenheiten des Regierungsressorts.

Im allgemeinen.

§ 35. Über Gegenstände und Angelegenheiten indessen, welche nach den Gesetzen und allgemeinen Grundsätzen Unserer Staats- und Landesverfassung zur richterlichen Erörterung bisher schon nicht geeignet gewesen, kann auch fernerhin kein Prozeß zugelassen werden.

---

23. V. Die ferneren — das Strafverfahren in Hoheits-, Polizei- und Finanzangelegenheiten betreffenden — Bestimmungen des § 34 werden in den Erläuterungen zu § 45 miterörtert werden.

§ 35.

Inhalt:

I. Gesetzliche Bestimmungen über den RW.

24. Es ist bereits in A. 1 angedeutet worden, daß die grundsätzliche Trennung der Justiz von der Verwaltung für einzelne Landesteile schon vor dem Jahre 1808, nämlich durch die Regl. v. 2. April 1803 und 21. Juni 1804 annähernd versucht worden sei, und daß die hierdurch nötig gewordenen Bestimmungen dieser Reglements über die gegenseitigen Ressortbeziehungen zwischen Justiz- und Verwaltungskollegien den §§ 34 ff. der VO. von 1808 als Quelle gedient haben. Demzufolge dürfte es zum Verständnisse der letzteren beitragen, wenn die ihnen entsprechenden §§ jener Reglements vergleichshalber mitgeteilt werden. § 8 des Regl. von 1804, welcher mit dem § 7 desjenigen von 1803 fast wörtlich übereinstimmt und im wesentlichen das zusammenfaßt, was die VO. von 1808 in den §§ 35—37, 41 in Verbindung mit § 34 Abs. 1 ausführlicher entwickelt, lautet:

> „Bei welchen [den Kriegs- und Domänenkammern anvertrauten] Gegenständen und Angelegenheiten eine solche förmliche Erörterung im Wege des Rechts stattfinde, ist durch die allgemeinen Grundsätze Unserer Staats- und Landesverfassung und durch die darauf beruhenden gesetzlichen Vorschriften bestimmt. Hiernach können weder über wirkliche Majestäts- und Hoheitsrechte, noch gegen allgemeine in Gegenständen des Kameralressorts ergehende Verordnungen, noch über die Verbindlichkeit zur Entrichtung allgemeiner Anlagen und Abgaben, denen sämtliche Einwohner oder alle Mitglieder einer gewissen Klasse derselben nach der bestehenden Landesverfassung unterworfen sind, Prozesse zugelassen werden.
>
> ALR., Einl. §§ 70, 71, 72, 80; I., 11 § 4, 11; II., 13 § 5 ff.; 14 §§ 78—84; erster Anh. § 61.
>
> In allen solchergestalt nicht ausgenommenen Fällen soll aber selbst unser Fiskus, er sei Kläger oder Beklagter, verbunden sein, ohne weitere Rücksicht des Gegenstandes oder der Art des Geschäfts bei Unseren Landes-Justiz-Collegiis Recht zu nehmen, wobei es dem Ermessen der Kriegs- und Domänenkammern überlassen bleibt, die Klagen in erster Instanz bei den sonst kompetenten Untergerichten anbringen zu lassen."

Aus dieser Fassung geht dreierlei hervor, einmal, daß § 8 die Unzulässigkeil des RW. bei Streitigkeiten über Gegenstände des Verwaltungsressorts immer nur als Ausnahme betrachtet, sodann, daß er in den aufgeführten Fällen die Zahl dieser

Ausnahmen überhaupt oder doch der wichtigsten unter ihnen erschöpft wissen will, und endlich, daß sein erster Satz, welcher dem § 35 d. G. entspricht, im wesentlichen nur die Einleitung zu dem folgenden, den §§ 36 ff. entsprechenden enthält, mithin nicht etwas anderes oder mehreres besagen soll, als was in jenem zweiten Satze näher ausgedrückt wird. — Dieselbe Anschauung dürfte auch in den §§ 35 ff. im allgemeinen nicht aufgegeben worden sein, wenngleich die Zahl jener zugunsten der Verwaltung gemachten Ausnahmen durch die in den §§ 38—40 hinsichtlich der Landespolizeiangelegenheiten enthaltenen Vorschriften, von denen sich nur diejenige des § 39 in obigen Reglements — vgl. § 9 bezw. 8 derselben — wiederfindet, erheblich vermehrt und hierdurch dem Satze der gegenseitigen Unabhängigkeit der Verwaltungs- wie Justizbehörden größere Rechnung getragen worden ist. (Die Gegenüberstellung der sonstigen Bestimmungen jener Reglements und der VO. von 1808 wird den Erläuterungen zu den §§ 42 ff. vorbehalten.)

25. Selbst in seiner Anwendung auf die **Rheinprovinz** ist § 35 nur aus den Grundsätzen der allgemeinen Staats- und Landesverfassung Preußens zu beurteilen. Man kann daher aus § 35 das Fortbestehen der französischen Verwaltungsgrundsätze für die Rheinprovinz nicht herleiten: KH. 21. Juni 1838, 5. Febr. 1844, AH. Cöln 9. Mai 1832 (Tr. A. 5, I. 307; Rh. A. 36, II. 76; 17, I. 102).

26. Die allgemeinen Grundsätze der preußischen Staats- und Landesverfassung sind in **Beziehung auf die Ressortverhältnisse zwischen Justiz und Verwaltung** im wesentlichen dieselben geblieben. Namentlich ist in dieser Hinsicht keine durchgreifende Änderung durch die Verfassungsurkunde vom 31. Januar 1850 eingetreten, indem diese im Art. 96 gerade für jenes Gebiet auf die anderweitige Gesetzgebung verweist:

„Die Kompetenz der Gerichte und Verwaltungsbehörden wird durch das Gesetz bestimmt."

Gleichzeitig enthält dieser Art. 96 das ausdrückliche Anerkenntnis, daß eine Änderung in den zwischen jenen Behörden bestehenden Ressortverhältnissen nur auf dem Wege der Gesetzgebung, mithin weder durch Anordnungen der höheren Verwaltungschefs, noch auch, seitdem die Ausübung der gesetzgebenden Gewalt nicht mehr ausschließlich in den Händen des Königs beruht, ohne Mitwirkung der Kammern erfolgen könne. Namentlich werden solche Anordnungen durch sog. Ausführungsverordnungen (Art. 45 Verf.-Urk.) verfassungsgemäß nicht zu treffen sein. Vgl v. **Rönne** 1 S. 380, 429, 486. Aber wenn auch die allgemeinen Grundlagen noch dieselben sind, so haben doch die einzelnen gesetzlichen Bestimmungen im Laufe der Jahre einschneidende Veränderungen erlitten und zwar zunächst durch die Reichsgesetzgebung (A. 27 ff.) und später durch die preußische Verwaltungsneuordnung (A. 31).

27. **Reichsgesetzgebung.** An sich sind freilich die preußischen Ressortbestimmungen auch nach **der Gründung des Deutschen Reiches** in Geltung geblieben. § 13 GVG. bestimmt nämlich:

„Vor die ordentlichen Gerichte gehören alle bürgerlichen Rechtsstreitigkeiten und Strafsachen, für welche nicht entweder die Zuständigkeit von Verwaltungsbehörden oder Verwaltungsgerichten begründet ist oder reichsgesetzlich besondere Gerichte bestellt oder zugelassen sind."

Aus der Entstehungsgeschichte und der Fassung dieses § ergibt sich, daß die Zuständigkeit der Verwaltungsbehörden und Verwaltungsgerichte nicht nur durch Reichsgesetze, sondern auch durch bestehende oder zukünftige Landesgesetze begründet werden kann, und hierdurch ist die Geltung und Wirksamkeit der in den Einzelstaaten bestehenden Ressortgesetze grundsätzlich anerkannt. Vgl. RG. 1. Juli 1881, 26. April 1887 (E. 5 S. 34; 18 S. 123), 24., 31. Januar 1887 (EStraff. 15 S. 323), v. **Wilmowski-Levy** A. 1, 2 zu § 13, **Struckmann-Koch** A. 1 ff. zu § 13, **Hauser**, Zeitschr. 4 S. 242 ff., v. **Sarwey**, Verwaltungsrechtspflege S. 287. Die Landesgesetzgebung ist (abgesehen von dem in A. 29 gesagten) nur insoweit beschränkt, als reichsgesetzlich gewisse Grundsätze zugunsten des RW. aufgestellt sind, die von der Landesgesetzgebung beobachtet werden müssen. Es sind folgende:

a) Nach § 4 EG. z. ZPO. darf der RW. für bürgerliche Rechtsstreitigkeiten nicht aus dem Grunde ausgeschlossen werden, weil als Partei der Fiskus, eine Gemeinde oder eine andere öffentliche Korporation beteiligt ist, und nach § 9 GVG. darf der RW. wegen vermögensrechtlicher Ansprüche der Richter aus ihrem Dienstverhältnisse nicht ausgeschlossen werden. Diese Bestimmungen sind Ausnahmen von der allgemeinen Regel des § 13 GVG., daß **jeder** Rechtsstreit den ordentlichen Gerichten entzogen werden kann, und als solche eng auszulegen. Verboten ist demnach, wie auch die Entstehungsgeschichte des gen. § 4 bestätigt, nur die „Ausschließung" des RW., d. h. „die vollständige Fernhaltung der ordentlichen Gerichte von den fraglichen bürgerlichen Rechtsstreitigkeiten und die gänzliche Übertragung derselben auf Verwaltungsbehörden oder Verwaltungsgerichte", nicht auch die Beschränkung oder Erschwerung des RW.: gen. RG. 24., 31. Jan. 1887, ferner RG. 8. Febr. 1887 (E. 17 S. 416). Eine erlaubte Beschränkung kann darin bestehen, daß einzelne Streitpunkte der Verwaltung zur ausschließlichen, den Richter bindenden Entscheidung überlassen werden, oder darin, daß die Beschreitung des RW. von einer vorherigen Entscheidung oder von einer vorher einzuholenden Ermächtigung der Verwaltungsbehörde abhängig gemacht wird, oder daß letztere ermächtigt wird, fiskalische Gefälle unter Vorbehalt des RW. zwangsweise einzuziehen; vergl. z. B. RBeamtengef. §§ 150, 155; Gef. v. 24. Mai 1861 §§ 2, 5, 6; Rh. Reff. Regl. §§ 5, 7; § 42 Nr. 2 d. G.; gen. RG. Jan. u. Febr. 1887. Mit dieser einschränkenden Auslegung enthalten die gen. §§ 4 und 9 für Preußen nichts wesentlich neues, indem der Grundsatz des § 4 schon in § 34 d. G. ausgesprochen und der des § 9 schon durch das Ges. v. 24. Mai 1861 in vollstem Maße verwirklicht worden ist.

b) Eine weitere hierhin gehörige Bestimmung ist enthalten in § 17 GVG. und § 17 EG. dazu. Hierüber vgl. die Erläuterungen zur VO. v. 1. Aug. 1879.

c) Über § 11 EG. z. GVG. vgl. Ges. v. 13. Febr. 1854.

d) Der Schlußsatz des § 5 EG. z. ZPO. lautet: „Für vermögensrechtliche Ansprüche dritter darf jedoch die Zulässigkeit des RW. (gegen den Landesherrn usw.) nicht von der Einwilligung des Landesherrn abhängig gemacht werden." Eine derartige Bestimmung bestand in Preußen nicht; vgl. v. Wilmowski-Levy A. 2 zu § 5.

Abgesehen von diesen Vorschriften ist für die Bestimmung der Ressortverhältnisse lediglich die Landesgesetzgebung maßgebend und zwar in dem Umfange, daß sie jede Zivil- oder Strafsache den ordentlichen Gerichten entziehen kann. Über diese weitgehende, nicht unbedenkliche Bedeutung des § 13 GVG. vgl. auch Jastrow in DJurZtg. 3 S. 28.

28. Ist durch Landesgesetze der RW. verschlossen, so wird er nicht etwa dadurch zulässig, daß der Strafrichter auf Grund des § 261 Abs. 2 StPO. dem Angeklagten eine Frist zur Erhebung der Zivilklage bestimmt. Der Zivilrichter wird hierdurch nicht der Pflicht überhoben, seine Zuständigkeit in Gemäßheit des Gesetzes zu prüfen; die Verweisung auf den RW. setzt daher dessen Zulässigkeit voraus. So RG. 9. Apr. 1884 (E. 11 S. 92); vgl. VO. v. 1. Aug. 1879 zu § 4 und OT. 25. Apr. 1872 (Rechtspr. 13 S. 275, früh. preuß. Recht).

29. Das vorgesagte (A. 27) erleidet jedoch eine große Einschränkung hinsichtlich des Anwendungsgebietes der Landesgesetze. Auf den Gebieten nämlich, bez. deren die Gesetzgebung auf das Reich übergegangen ist — Art. 4 Reichsverf. — ist selbstredend die letztere auch maßgebend für die Zuständigkeitsverhältnisse zwischen Gerichten und Verwaltungsbehörden. Enthält das einzelne Reichsgesetz selbst besondere Vorschriften über die Zulässigkeit des RW., so sind diese natürlich auch dann maßgebend, wenn die Ansprüche aus diesem Gesetz, wie z. B. beim RStempelges. nicht gegen den Reichsfiskus, sondern gegen den Landesfiskus zu richten sind. Bestimmt das Reichsgesetz in dieser Hinsicht nichts, so sind für die Zulässigkeit des RW. nicht die in dem einzelnen Bundesstaat, dessen Gerichte zur Entscheidung im betreffenden Falle berufen sind, geltenden Bestimmungen entscheidend, sondern diejenigen Normen, die nach allgemeinen staatsrechtlichen Grundsätzen über die Abgrenzung der Gebiete der Justiz und Verwaltung und über die Frage bestehen, ob es sich um einen gerichtlich verfolgbaren Anspruch oder um eine Verwaltungsmaßregel handelt. Die Landesgesetze kommen endlich nur insoweit zur Anwendung, als in dem Reichsgesetz ausdrücklich auf sie verwiesen wird, sei es, daß die Regelung des Verfahrens in Streitfällen allgemein der Landesgesetzgebung überlassen ist (z. B. Ges. über den Unterstützungswohnsitz), sei es, daß inbezug auf die Zulässigkeit des RW. für Klagen aus Ansprüchen gegen das Reich die Vorschriften für anwendbar erklärt sind, die für den Bundesstaat, in dessen Gebiet diese Ansprüche zu erfüllen sind, maßgebend sein würden, wenn die nämlichen Ansprüche gegen diesen zu richten wären (z. B. § 34 Ges. betr. Kriegsleistungen). Vgl. RG. 1. Juli 1881 (E. 5 S. 34).

30. Eine besondere Besprechung verlangt die Frage, ob Reichs- oder Landesrecht für die Zulässigkeit des RW. entscheidend ist, bei den Streitigkeiten über die Entrichtung von Zöllen und Verbrauchsabgaben (Branntwein-, Spiritus-,

Zuckersteuer usw.). Wenn auch die Gesetzgebung über das gesamte Zollwesen dem Reiche zusteht und der Reinertrag der Zölle und Verbrauchsabgaben in die Reichskasse fließt (§§ 35, 38 RVerf.), so ist doch gemäß § 36 das. der einzelne Bundesstaat nach wie vor zur Erhebung und Verwaltung der Zölle usw. berechtigt und zwar nicht kraft Auftrags oder als Organ des Reichs, sondern kraft des ihm durch die RVerfassung beigelegten bezw. durch sie erhaltenen Rechts. Die Zollbehörden handeln demnach nicht als Organe des Reichs, sondern als Organe des Bundesstaates, und Ansprüche auf Erstattung zu Unrecht erhobener Beträge sind nicht gegen den Reichsfiskus, sondern gegen den Fiskus des Staates zu richten, der den Zoll erhoben hat. Hieraus folgt aber weiter, daß auch die Frage nach der Zulässigkeit des RW. für Klagen aus diesen Ansprüchen nach den Gesetzen des betr. Bundesstaates zu beantworten ist. Vgl. RG. 1. Juli 1881, 2. April, 20. Mai 1884 (E. 5 S. 34; 11 S. 65, 96), EK. 8. März 1884, 3. Juli 1886, 12. Apr. 1890, 14. Apr. 1894, 11. Mai 1895 (Rechtspr. S. 114 ff.; JMBl. 95 S. 34), OLG. Cöln 15. Dez. 1886 (Rh. A. 77, I. 67); Droop S. 33; Stölzel S. 136. Reichsgesetzliche Bestimmungen über diese Frage, die natürlich dem Landesrecht vorgehen würden (A. 29), sind nicht vorhanden; insbesondere ist auch durch § 12 Vereinszollges. v. 1. Juli 1869 der RW. nicht allgemein für die Ansprüche auf Rückerstattung zu Unrecht erhobener Zölle ausgeschlossen; durch diesen § sind vielmehr der Verwaltungsbehörde nur gewisse Streitigkeiten zolltechnischer Natur zugewiesen: RG. 21. Mai 1886 (E. 16 S. 37). Das rein negative Moment, daß reichsgesetzlich für die Zoll- und Verbrauchsabgaben der RW. nicht ausgeschlossen ist, ist bei abweichender landesrechtlicher Vorschrift nicht maßgebend; vgl. gen. RG. 2. Febr., 9. Apr. 1884, v. Wilmowski-Levy A. 2 zu § 13 GVG. — Für Preußen kommt demnach bei Zöllen usw. die VO. von 1808 zur Anwendung; vgl. A. 258. — Dasselbe galt früher von allen Reichsstempelabgaben, heute dagegen nur noch von der Wechsel- und der Spielkartenstempelsteuer. Hinsichtlich der übrigen ist zwar auch die Klage gegen den Landesfiskus zu richten, doch sind seit Erlaß des RGes. v. 3. Juni 1885 für die Zulässigkeit des RW. die Bestimmungen des RStempelgesetzes (jetzt in der Fassung v. 14. Juni 1900) maßgebend; vgl. A. 29, 271.

31. Kommen Verhältnisse verschiedener Bundesstaaten zur Sprache, so ist für die Frage, das Landesrecht welches Einzelstaates für die Zulässigkeit des RW. maßgebend sei, nicht die geographische Lage des Prozeßgerichts entscheidend. Es kommt vielmehr darauf an, wo das zur Beurteilung stehende Rechtsverhältnis nach seinen wesentlichen Elementen seinen Sitz hat So brachte RG. 16. Mai 1887 (Gruchot 31 S. 1139) in einem bei einem preußischen Gericht anhängigen Prozeß der Stadt Gotha gegen den (durch eine preußische Behörde vertretenen) Militärfiskus das koburg-gothaische Recht zur Anwendung, weil die die Verbrauchsabgabe erhebende Kommune und die die Befreiung von dieser Abgabe beanspruchenden Militärspeiseanstalten ihren Sitz im Herzogtum Gotha hatten. Vgl. ferner RG. 13. Jan. 1883, 27. Okt. 1886 (E. 12 S. 6; Bolze, Praxis des RG. 3 S. 8 Nr. 31).

32. Verwaltungsgesetzgebung. Eine tiefgreifende Veränderung auf dem hier behandelten Gebiete ist durch die Neuordnung der Kommunalverwaltung erfolgt, die mit der KreisO. v. 13. Dez. 1872 beginnend, jetzt für die ganze Monarchie zum Abschluß gelangt ist. Soweit dieselbe lediglich eine neue Ordnung der Behörden und insbesondere die Heranziehung der Staatsangehörigen zur Selbstverwaltung enthält, kommt sie für das Verhältnis der letzteren zu den ordentlichen Gerichten nicht in Betracht. Die Reform ging aber weiter: sie „bezweckt, den in dem öffentlichen Rechte begründeten Rechten der einzelnen einen gleichartigen Schutz zu gewähren, wie er den Privatrechten durch die Zivilgerichtsbarkeit zuteil geworden ist. In Fällen, in welchen jene Einzelrechte mit dem in den Staatsverwaltungsbehörden verkörperten Gesamtwillen in Kollision geraten, sollen nicht diese Behörden, sondern Organe, welche von der Verwaltung unabhängig sind, die Entscheidung treffen"; (v. Brauchitsch 1 S. VII). Diese Organe sind die Verwaltungsgerichte, wie sie durch das LVG. v. 30. Juli 1883 und das Ges. betr. die Verfassung der Verwaltungsgerichte und das Verwaltungsstreitverfahren vom 3. Juli 1875 / 2. Aug. 1880 in ihrer heutigen Gestalt geschaffen sind. Hiermit ist die bisher nur mehr ausnahmsweise bestehende Administrativjustiz (vgl. A. 286) in großem Umfange wieder eingeführt. Sollte nun auch die Tätigkeit der Verwaltungsgerichte als „Rechtskontrolle der öffentlichen Verwaltung" in erster Linie ein Gegengewicht gegen Verfügungen der Verwaltungsbehörden bilden, so läßt sich doch nicht

verkennen, daß die Neuordnung auch einschneidende Veränderungen in der bisherigen Abgrenzung der Ressortverhältnisse zwischen der Justiz und der Verwaltung bedingte. Denn auch abgesehen davon, daß es nicht angängig ist, die in dem öffentlichen Recht begründeten Rechte der einzelnen grundsätzlich für nicht prozeßfähig zu erklären, war einerseits durch manche Einzelgesetze die Entscheidung von Streitigkeiten über öffentlichrechtliche Ansprüche den ordentlichen Gerichten ausdrücklich zugewiesen, andrerseits ist die Grenze zwischen Rechten aus öffentlichem und aus Privatrecht so unbestimmt und der Zusammenhang von Rechten beider Art häufig so innig, daß notwendig die Verwaltungsgerichte eine Reihe von Streitigkeiten an sich ziehen mußten, die früher vor die ordentlichen Gerichte gehörten

Es mußten daher in dieser Schrift — unter Festhaltung des ursprünglichen Planes, die Grenzlinien zwischen den ordentlichen Gerichten und den Verwaltungsorganen zu bestimmen — naturgemäß und zwar in hervorragendem Maße auch die Vorschriften berücksichtigt werden, welche für die Abgrenzung der Verwaltungsgerichtsbarkeit von der Tätigkeit der ordentlichen Gerichte maßgebend sind. Dagegen sind im allgemeinen die Bestimmungen über die Ressortverhältnisse zwischen Verwaltungsbehörden und Verwaltungsgerichten, als über den Rahmen dieser Schrift hinausgehend, unberücksichtigt geblieben, und wenn im nachfolgenden vom Verwaltungswege oder von Verwaltungsbehörden im Gegensatze zum ordentlichen RW. gesprochen wird, so ist darunter in der Regel das Verfahren vor den Verwaltungsbehörden und den Verwaltungsgerichten zu verstehen.

Über die begriffliche Abgrenzung zwischen streitigen Verwaltungssachen und bürgerlichen Rechtsstreitigkeiten vgl. A. 44 ff.; im übrigen werden die durch die Verwaltungsgesetzgebung hervorgerufenen Änderungen bei Besprechung der einzelnen Gesetze erörtert. Hier sei nur noch im allgemeinen bemerkt, daß da, wo Verwaltungsgerichte oder Verwaltungsbehörden zuständig sind, der RW. gemäß § 13 GVG. verschlossen ist, auch wenn dies nicht ausdrücklich gesagt ist. Während das Zuständigkeitsges. v. 26. Juli 1876 (§ 4) die bestehenden Vorschriften über die Zulässigkeit des RW. unberührt ließ, hat die spätere Verwaltungsgesetzgebung diesen Standpunkt aufgegeben und die Regel des § 13 unbeschränkt eintreten lassen; überdies ist noch verschiedentlich, besonders in § 160 ZustGes. die Unzulässigkeit des RW. für viele Fälle ausdrücklich betont. Das nähere s. bei v. Brauchitsch 1 S. 211. Über den Begriff „Verwaltungsbehörde" im § 13 GVG. vgl. Berndt in Gruchot 38 S. 598 ff.

32a. Bürgerliches Gesetzbuch. Dagegen hat das am 1. Jan. 1900 in Kraft getretene BGB. das hier behandelte Gebiet ganz unberührt gelassen. Das BGB. enthält ausschließlich privatrechtliche Bestimmungen, während die Ressortgesetzgebung dem öffentlichen Recht angehört. Durch das preußische AG. z. BGB. Art. 89 sind daher auch die Vorschriften des ALR., soweit sie sich auf öffentliches Recht beziehen, ausdrücklich aufrechterhalten. Jene weiten Gebiete aber, wo Privatrecht und öffentliches Recht so eng miteinander verbunden sind, daß eine Regelung des einen ohne gleichzeitige Regelung des andern unausführbar ist, sind dem Landesrechte vorbehalten worden, EG. z. BGB. Art. 56—152. Die Einwirkung des BGB. auf unsere Frage ist daher unbedeutend und nur mittelbar. Vgl. Löning, DJur.-Ztg. 5 S. 9.

33. Zeitliche Geltung neuer Gesetze. Übrigens haben Gesetze über die Kompetenz- und Ressortverhältnisse insofern rückwirkende Kraft, als sie sofort zur Anwendung kommen, wenn auch der geltend zu machende Anspruch seine Entstehung einer früheren Zeit verdankt; vgl. EK. 5. Juni 1852, 15. Okt. 1859 (das diesen Satz auf die deklaratorische AKO. v. 4. Dez. 1831 anwendet; JMBl. 52 S. 278; 60 S. 326); LG. Köln 14. Dez. 1843 (Rh. A. 34, III. 42); MVfg. 3. Nov. 1843, 15. März 1847, 29. Aug. 1856 (VMBl. 43 S. 308; 47 S. 60; 56 S. 227); andererseits jedoch RG. 12. Dez. 1902 (E. 53 S. 186), das mit Rücksicht auf die Folgen der kurzen Einspruchsfristen des Verwaltungsverfahrens die rückwirkende Kraft als der Absicht und dem Inhalt des Kommunalabgabenges. v. 1893 nicht entsprechend bezeichnete. —

34. Dies gilt selbst dann, wenn das Verfahren schon nach Maßgabe des früheren Gesetzes eingeleitet war, bevor das neue Gesetz verkündigt wurde, auch ohne daß letzterem ausdrücklich rückwirkende Kraft beigelegt worden ist. Denn die Vorschriften über die Zuständigkeit der Gerichte gehören zu den Vorschriften über das Verfahren, die nach allgemeinen Grundsätzen auf alle noch nicht erledigten Sachen ihre Wirkung äußern. So die stete Übung des KompGH., der daher auch auf be-

reits schwebende Prozesse stets das neue Gesetz anwendet, mag dieses den RW. ausschließen oder begründen; vgl. EK. 8. Febr. 1862, 12. Juni, 11. Sept. 1869 (JMBl. 62 S. 224; 69 S. 185, 223). Ebenso RG. 3. Juli 1900 (E. 46 S. 168); [aM. dagegen RG. 26. Apr. 1900 (DJurZtg. 5 S. 301)]. Vgl. ferner A. 20 zur AKO. v. 4. Febr. 1823, und als Ausnahme von der Regel z. B. § 21 VO. v. 24. Jan. 1844, AKO. v. 20. Nov. 1820 (GS. S. 204). Dagegen hält Primker S. 29 die Frage, ob der RW. stattfinde, für eine materielle und spricht demgemäß wenigstens den Gesetzen, welche den RW. beschränken, die rückwirkende Kraft ab. Vgl. ferner EK. 8. Febr., 8. Nov. 1862 (JMBl. 62 S. 224; Rechtspr. S. 184: hier war das neue Gesetz nach Erhebung des KK. ergangen). Das erste dieser Erkenntnisse nahm ferner an, die Frage, ob und welcher Einfluß dem Umstande beizumessen sei, daß bereits vor der Verkündung eines den RW. eröffnenden Gesetzes die zufolge der früheren Gesetzgebung zuständige Verwaltungsbehörde endgültig entschieden habe, falle der richterlichen Prüfung anheim. Eine materielle neue Entscheidung ist in solchen Fällen in der Regel ausgeschlossen; vgl. EK. 20. April 1850 (JMBl. S. 216). — Für die 1866 erworbenen Landesteile ist in der VO. v. 16. Sept. 1867 (GS. S. 1515) den neuen Kompetenzvorschriften ausdrücklich rückwirkende Kraft beigelegt und die zuletzt berührte Frage in dem Sinne beantwortet worden, daß Ansprüche, über die vor der Verkündung der VO. im Verwaltungswege endgültig entschieden worden ist, sofern gegen diese Entscheidung nach den bisherigen Landesgesetzen der RW. nicht zulässig war, auch ferner nicht bei den Gerichten verfolgt werden können; vgl. Art. VII, VIII; gen. EK. 12. Juni 1869.

II. Die öffentlichrechtliche Natur der Bestimmungen über den RW.

35. Wie die gegenseitigen Ressortverhältnisse ein für allemal nicht anders als auf gesetzgeberischem Wege geregelt oder abgeändert werden können, ebensowenig können die darauf bezüglichen Bestimmungen für einen gegebenen Fall durch bloße Privatübereinkunft der beteiligten Parteien aufgehoben werden; es kann mithin auf solche Weise weder ein der administrativen Verfügung vorbehaltener Gegenstand dem RW. unterworfen, noch ein an sich prozeßfähiger Gegenstand demselben entzogen und der administrativen Entscheidung überwiesen werden, indem die Gesetze über das Ressortwesen keine Privatrechte betreffen, sondern der öffentlichen Ordnung angehören, hinsichtlich ihrer also der Grundsatz Anwendung findet: ius publicum privatorum pactis mutari nequit. Die erste Hälfte des obigen Satzes wird denn auch von keiner Seite bezweifelt; es ist vielmehr allgemein anerkannt, daß die gesetzlichen Einschränkungen des RW. zugunsten der Verwaltung keine bloß bedingte, sondern eine unbedingte Unzuständigkeit begründen, welche jede prorogatio fori ausschließt und vom Richter in jeder Lage des Prozesses von Amts wegen berücksichtigt werden muß. Nicht so verhält es sich mit der zweiten Hälfte jenes Satzes. Zwar besteht bei der Jurisprudenz wie Doktrin in Frankreich keine Meinungsverschiedenheit über die Unwirksamkeit einer Vertragsklausel, wonach etwa sich erhebende an sich zum RW. gehörige Streitigkeiten auf dem Verwaltungswege ihre Erledigung finden sollten. Vgl. Dalloz, m. compétence, n. 36; m. compétence administrative, n. 68, No. 2, ord. en cons. d'état, 29. März, 12. Apr. 1832, Rej. 11. März 1839 (Sir. 32, II. 318, 463; 39, I. 180). Auch huldigen *OT. 13. Dez. 1859 (Strieth. 38 S. 12), die dort mitgeteilten Konklusionen des Ob.-St.-Anwalts Oppenhoff sowie AppG. Breslau 24. Nov. 1859 (das. S. 22) der gleichen Ansicht, und hat dieselbe durch einen Aufsatz in Löwenbergs Beiträgen usw., 1 S. 576 ff. eine eingehende Begründung mit besonderem Hinblick auf die Preußische Gesetzgebung gefunden. (Löwenberg hat sich jene Frage zwar nicht in obiger Allgemeinheit vorgelegt, indem er nur die Frage zu beantworten beabsichtigt, ob der mit einer Staatsbehörde einen Vertrag schließende Private, unter Verzichtleistung auf den RW., etwaige Streitigkeiten über Auslegung oder Erfüllung des Vertrags im voraus der Entscheidung derselben ihm gegenüberstehenden Behörde unterwerfen könne. Inzwischen gehen seine Gründe weiter als das thema probandum, indem sie die progoratio fori an eine Verwaltungsbehörde als überhaupt und in allen Fällen unstatthaft nachweisen. Er führt u. a. an: die Prorogation des Forums sei schon unter verschiedenen Gerichten auf den Fall beschränkt, wo der zu befassende Richter dieselbe Gattung der Gerichtsbarkeit ausübe, zu der der Rechtshandel gehöre, § 161 I. 2 AGO.; den Verwaltungsbehörden stehe nun aber seit der VO. von 1808 gar keine Gerichtsbarkeit zu, und selbst wenn man in ihrer Befug-

nis, Verfügungen, Beschlüsse oder Entscheidungen in ihrem abgesonderten Kreise zu erlassen, eine Art Gerichtsbarkeit finden wollte, so würde doch diese Gerichtsbarkeit sich nicht auf privatrechtliche Streitigkeiten erstrecken, wie denn auch zur Zeit des Bestehens der Kammer-Justizdeputationen, ungeachtet ihnen eine Gerichtsbarkeit im eigentlichen Sinne des Wortes zugestanden habe, eine Prorogation zwischen Justiz- und Kammerkollegien durchaus unzulässig gewesen sei.) Dagegen bekennen sich die Preußischen Verwaltungsbehörden fast allgemein zu der entgegengesetzten Ansicht, und pflegen sogar in ihrer Eigenschaft als Aufsichtsbehörde für die Gemeinden usw. bei Verträgen, welche letztere mit Privaten schließen, die Verabredung solcher den RW. zugunsten der Entscheidung im Verwaltungswege ausschließenden Klauseln zu begünstigen. Diese andre Ansicht wird auch von *OT. 22. Febr. 1859 (Strieth. 32 S. 231, Rh. A. 55, II. 19) vertreten und deren Rechtfertigung durch den Hinweis auf die Befugnis der Parteien, Schiedsverträge abzuschließen, versucht, indem es keinen Unterschied begründe, ob man sich dem Schiedsrichterspruch eines Privaten oder dem einer Behörde unterwerfe. Indessen hat derselbe Senat jenes Gerichtshofes kurz darauf, in der bereits bezogenen, einen ganz gleichen Fall betreffenden Entscheidung vom 13. Dez. 1859 das mangelhafte dieser Beweisführung, die bereits Dalloz und Löwenberg, namentlich aber Oppenhoff aaO. bekämpfen, selbst anerkannt. In der Tat schafft man ein ganz anderes Rechtsverhältnis, als das von den Parteien bei solchen Vertragsklauseln wirklich gewollte, wenn man letztere auf die Grundsätze des Schiedsvertrags zurückführt. Unzweifelhaft kann die Wahl des Schiedsrichters auf eine Person fallen, welche zufälligerweise auch Beamter ist. Alsdann hat dieselbe aber nicht in dieser Eigenschaft, sondern gleich jedem andern gewählten als Privatschiedsrichter ihren Spruch zu fällen, und dieser unterliegt allen den Anfechtungsgründen bezw. Mitteln, aus bezw. mit welchen ein Schiedsrichterspruch überhaupt angefochten werden kann. Wenn dagegen die Beteiligten übereinkommen, daß dereinstige Streitigkeiten mit Ausschluß des RW. durch diese oder jene Verwaltungsbehörde geschlichtet werden sollen, so liegt der Vereinbarung gerade umgekehrt die Absicht zugrunde, daß die Behörde eben als solche entscheide, daß sie ihren Spruch mithin als einen Akt ihres amtlichen Wirkens betrachte, und daß derselbe, wenn er einer Anfechtung überhaupt unterliegen sollte, gleich jeder sonstigen Amtshandlung nur im Wege der Beschwerde bei der vorgesetzten Dienstbehörde anzufechten sei. Außerdem befindet sich aber auch, wie Oppenhoff scharf hervorhebt, eine Behörde, selbst wenn sie durch eine einzelne Person vertreten wird, in der rechtlichen Unmöglichkeit, als Einzelwesen und außerhalb ihres amtlichen Geschäftskreises zu handeln, da sie neben ihrer Eigenschaft als Organ der Staatsgewalt nicht noch die besondere Eigenschaft eines Einzelwesens hat, während sie andererseits aufhört, Behörde zu sein, so bald sie eine ihrem Berufe fremde Tätigkeit entwickelt. Denselben Standpunkt nehmen BOHG. 9. Mai 1871 (E. 2 S. 272) und das Reichsgericht ein, welch letzteres u. a. in folgenden zwei Entscheidungen zu dieser Frage Stellung genommen hat; beide betreffen die in den Reglements der Provinzialfeuersozietäten regelmäßig enthaltene Ausschließung des RW. zugunsten von Verwaltungsbehörden. Von diesen erkennt RG. 17. Jan. 1885 (E. 13 S. 407) an, daß eine öffentliche Behörde als solche nur innerhalb der ihr staatsseitig beigelegten Zuständigkeit tätig sein kann (ebenso RG. 17. Okt. 1902, E. 53 S. 1), erklärt aber unter Annahme eines Kompromisses im gegebenen Falle mit Rücksicht auf die landesherrliche Genehmigung des betr. Reglements die Behörde zur Ausübung des Schiedsrichteramts für befugt. Dagegen kann RG. 2./16. Apr. 1898 (DJurZtg. 3 S. 387) in dem in Frage stehenden Reglement einen wahren schiedsrichterlichen Vertrag nicht erkennen und erklärt die Ausschließung der ordentlichen Gerichte für unwirksam, da der allein maßgebende § 13 GVG. als Vorschrift des öffentlichen Rechts nicht durch Privatübereinkunft durchbrochen werden könne; insbesondere sei die Übereinkunft, daß eine bürgerliche Rechtsstreitigkeit der Entscheidung einer nicht kraft Gesetzes für dieselbe zuständigen Verwaltungsbehörde unterliegen solle, rechtlich unwirksam.

[Hierzu kam früher, daß die positive Gesetzgebung — § 169 I. 2 AGO.; Art. 1006 der Rh. B. PrO. — zur Gültigkeit eines Kompromisses die individuelle Bezeichnung des Schiedsrichters ausdrücklich erforderte oder doch als selbstverständlich voraussetzte, womit gleichfalls die Wahl einer Behörde sowie überhaupt irgend welcher moralischen Person nicht in Einklang stand. Für die Rheinprovinz insbesondere ist noch zu bemerken, daß nach Art. 1004 der B. PrO. den Gemeinden, öffentlichen Anstalten usw., bei deren Verträgen solche Abmachungen vorzugsweise häufig vorkommen, die Befugnis zum Abschlusse von Kompromissen im allgemeinen mangelte, selbst wenn sie mit Genehmigung der Aufsichtsbehörde handelten. Vgl. die Erläuterungen zu § 5 Rh. Ress.-Regl. und LG. Trier 8. Febr. 1841 (Tr. A. 1, I. 63).]

Die heutigen Vorschriften der ZPO. über das schiedsrichterliche Verfahren (§§ 1025 ff.) enthalten darüber, ob öffentliche Behörden zu Schiedsrichtern ernannt werden können, keine ausdrückliche Bestimmung; jedoch ist nach der Begründung S. 475 die Frage dahin zu beantworten, daß ein Kompromiß auf eine öffentliche Behörde als solche nicht ausgeschlossen sein soll, daß es sich aber nach den in den einzelnen deutschen Rechtsgebieten geltenden Vorschriften entscheidet, ob eine Behörde das Schiedsrichteramt übernehmen kann und darf. Für Preußen ist nach dem oben gesagten diese letztere Frage zu verneinen, in Übereinstimmung mit der Begründung zum Entwurf einer preußischen ProzeßO. S. 331 und dem Entwurf einer norddeutschen ZPO., Protokoll der Kommissionssitzungen Nr. 359 S. 2228 ff.; vgl. Gruchot 16 S. 26.

36. Nach denselben Gesichtspunkten beurteilt sich die mit der eben erörterten eng verwandte Frage, ob das Recht des Verwaltungszwangsverfahrens durch Privatverträge begründet oder über das gesetzliche Maß hinaus erweitert werden könne. Auch diese Frage ist daher — trotz der bei der Verwaltung durchgängig herrschenden entgegengesetzten Meinung (vgl. HMVfg. 1. März 1864, VMBl. S. 58) — entschieden zu verneinen (ebenso z. B. OT. 6. Febr. 1878, Rechtspr. 19 S. 58), selbstredend jedoch vorbehaltlich der durch die Gesetzgebung selbst in dieser Hinsicht gegebenen Ausnahmen, welche letzteren, weit entfernt, jene Regel im allgemeinen zu entkräften, sie gerade umgekehrt bestätigen. Vgl. AKO. v. 31. Dez. 1825 D. XII. zu § 42 d. G.

37. Noch weit unbedenklicher ist endlich eine Vereinbarung hinsichtlich der Ressortverhältnisse auf dem strafrechtlichen Gebiete unstatthaft, obgleich man auch hier jener grundsätzlichen Meinungsverschiedenheit mitunter begegnet. Vgl. z. B. LMVfg. 27. Juni 1850 (VMBl. S. 214). — Dagegen erkannte JnnMVfg. 11. Febr. 1845 (JMBl. S. 40) die Richtigkeit des obigen Satzes bei einem Einzelfalle an.

38. In den A. 35 ff. ist nur der Fälle gedacht worden, wo seitens der beteiligten Parteien eine von den Ressortbestimmungen abweichende Verabredung getroffen wird. Nicht minder unwirksam sind jedoch ähnliche Vereinbarungen unter den beiderseitigen Behörden, und überhaupt ist allen Verfügungen, die im Widerspruch mit jenen Bestimmungen von der einen oder der andern Behörde erlassen werden, jedwede Wirkung, die Zuständigkeit einer Behörde des andern Ressorts für den gegebenen Fall zu erweitern, abzusprechen. Hiernach verleiht eine zu Unrecht erfolgende Unzuständigkeitserklärung der Gerichte den Verwaltungsbehörden keineswegs die Befugnis, sich mit der Entscheidung einer eigentlichen Rechtssache zu befassen, wie andererseits die Gerichte in den zum RW. nicht geeigneten Sachen sich selbst dann für unzuständig erklären müssen, wenn die Parteien sich auch vorher an die Verwaltung gewandt haben und von dieser auf der RW. verwiesen sind, oder wenn eine vor Gericht angefochtene Verfügung von der Verwaltung ausdrücklich nur unter dem Vorbehalte des RW. erlassen wurde. Vgl. OT. (Pl.) 24. Juni 1841 (E. 7 S. 199); GK. 23. Juni 1858 (JMBl. 59 S. 8); A.H. Cöln 15. Juli 1852 (Rh. A. 47, I. 161). Anders dürfte vielleicht mit Rücksicht auf § 36 d. G. und § 5 der Einl. z. ALR. die Antwort lauten, wenn jener Vorbehalt in einem landesherrlichen Akte gemacht würde, vorausgesetzt, daß letzterer hiermit wirklich bezweckte, einen an sich nicht prozeßfähigen Gegenstand für den gegebenen Fall der richterlichen Entscheidung zu unterbreiten, und nicht etwa, wie wohl in der Regel anzunehmen ist, lediglich ausdrücken wollte, daß der richterlichen Entscheidung durch die Kundgebung des Allerh. Willens in keiner Weise, mithin auch nicht betreffs der Zuständigkeitsfrage vorgegriffen werden solle. Beispiele der letzteren Art liefern die durch OT. 11. März 1850 (E. 19 S. 420) und KH. 31. Dez. 1850 (Rh. A. 46, II. 15) entschiedenen Fälle. Vgl. auch Entsch. d. OT 13 S. 339; 15 S. 429. —

[Daß der Kreis der richterlichen Zuständigkeit inbezug auf einen bestimmten Fall nicht etwa dadurch erweitert werde, daß die Verwaltung von ihrem Rechte, einen KK. zu erheben, Gebrauch zu machen unterläßt, geht aus dem oben gesagten bereits zur Genüge hervor und fände an dieser Stelle keine Erwähnung, wenn nicht in einzelnen Entscheidungen die entgegengesetzte Ansicht vorwaltete. Vgl. A. 92 zur VO. v. 1. Aug. 1879.]

39. Wohl aber kann umgekehrt ein Übergriff in den Wirkungskreis des anderen Ressorts die mittelbare Folge haben, daß der Wirkungskreis der im gegebenen Falle zuständigen Behörde eine Beeinträchtigung erleide, sofern jener Übergriff nicht auf gesetzlichem Wege beseitigt wird, indem amtliche Akte, selbst wenn sie von einer unzuständigen Behörde ausgegangen sind, von den Behörden des anderen Ressorts nicht ohne weiteres unberücksichtigt gelassen werden dürfen. Auf dieser Möglichkeit beruht die bereits erwähnte, den höheren Verwaltungsbehörden zur Wahrung des administrativen Ressorts verliehene Befugnis, durch Erhebung eines KK. die inbezug auf eine rechtshängige Sache zwischen der Justiz und Verwaltung streitig gewordene Zuständigkeitsfrage zur Entscheidung eines eigens dazu bestellten Gerichtshofs zu bringen. Daß eine gleiche Befugnis hinsichtlich der bei den Verwaltungsbehörden schwebenden Angelegenheiten wenigstens nach der gegenwärtigen Gesetzgebung den Gerichten mangelt, erklärt sich wohl daher, daß unzuständiger Weise ergangene Verwaltungsakte meistenteils geringere oder leichter zu überwindende Schwierigkeiten bereiten als gerichtliche Erkenntnisse, indem sie niemals gleich diesen in dem Sinne rechtskräftig werden können, daß es überall an einem Staatsorgane fehle, um sie wieder aufzuheben. Die Befugnis zur Erhebung des KK. ist den Verwaltungsbehörden durch § 113 LVG. auch für die im Verwaltungsstreitverfahren zu verhandelnden Angelegenheiten gegeben worden. Auch den Verwaltungsgerichten gegenüber haben die Gerichte nicht die gleichen Befugnisse, und da die Entscheidungen der Verwaltungsgerichte der Rechtskraft in derselben Weise empfänglich sind, wie die der ordentlichen Gerichte, so trifft die vorangegebene Erklärung hier nicht zu. Richtiger ist wohl der Grund darin zu finden, daß die ordentlichen Gerichte nie von Amts wegen, sondern nur auf Antrag zur Entscheidung von Rechtsstreitigkeiten berufen sind, während die Verwaltungsbehörden in den meisten Fällen auch ohne Antrag einzugreifen befugt sind.

40. So lange die Verwaltung von der Befugnis, in einer rechtshängigen Sache den KK. zu erheben, keinen Gebrauch macht, unterliegt die Frage der Prozeßfähigkeit der selbständigen Beurteilung des befaßten Gerichts; es genügt daher keineswegs die bloße Behauptung der Verwaltung, daß der Streitgegenstand ihrer Entscheidung anheimfalle, um die Richter zu nötigen, sich der Entscheidung über jene Frage zu enthalten oder sich gar ohne weiteres für unzuständig zu erklären. Doch kann der Beklagte, wenn er die Unzulässigkeit des RW. geltend machen will, unter Berufung auf diese Einrede die Verhandlung zur Hauptsache verweigern; auch kann das Gericht abgesonderte Verhandlung über die Einrede anordnen; dann ist über sie besonders durch Urteil zu entscheiden; vgl. §§ 274 Nr. 2, 275, 504, 528, 566 ZPO. Erforderlich ist, daß die Unzulässigkeit des RW. auf Gesetz beruhe; die Behauptung, daß der RW. durch Vertrag unter den Parteien ausgeschlossen sei, ist keine Einrede der Unzulässigkeit des RW. im Sinne des § 274 Nr. 2. Vgl. VO. v. 1. Aug. 1879 A. 48, ferner RG. E. 8 S. 347, 397; 10 S. 367; 16 S. 336, 371; Gruchot 30 S. 1140 (betr. das Reglement einer Feuersozietät); Rh. A. 74, II. 3. Als Gesetze in diesem Sinne sind nach RG. 4. Mai 1893, 9. Nov. 1898 (E. 31 S. 235; 42 S. 307) auch die Statuten der durch landesherrliche Verordnung errichteten Zwangsgenossenschaften anzusehen, nicht aber die anderer Genossenschaften.

41. Ergibt diese stets von Amts wegen vorzunehmende Prüfung der Prozeßfähigkeit, daß der RW. unzulässig ist, so hat der Richter sich jeder Entscheidung zur Sache zu enthalten. Vgl. RG. 23. Dez. 1886 (E. 17 S. 176), wo mit Recht die Auffassung des Berufungsrichters zurückgewiesen wird, der mit Rücksicht auf die für unbedenklich erachtete sachliche Unbegründetheit des Klageanspruchs von der Entscheidung der Frage, ob der RW. zulässig sei, Abstand genommen hatte und „zugunsten der Klägerin" von der Zulässigkeit des RW. ausgegangen war; ferner RG. 28. Nov. 1899 (E. 45 S. 379), wo ein Urteil aufgehoben wurde, welches die Frage zwar prüfte, aber nicht entschied, weil der Richter zu derselben sachlichen Entscheidung kam, wie die vorher mit dieser Angelegenheit befaßt gewesene zuständige Verwaltungsbehörde; ferner RG. 28. Dez. 1900 (Gruchot 45 S. 646).

42. Jedes Urteil kann aus dem Grunde, weil es über einen ausschließlich zum Geschäftsbereich der Verwaltung gehörigen Gegenstand erkannt habe, von den Parteien im ordentlichen Instanzenzuge mittels Berufung und Revision angefochten

werden. Bez. des letzteren bestimmt § 547 ZPO., daß die auf die Unzulässigkeit des RW. gestützte Revision ohne Rücksicht auf den Wert des Beschwerdegegenstandes stattfinde; dagegen enthält § 547 keine Ausnahme von § 545, vgl. v. Wilmowski-Levy A. 2 zu § 507. Da der Richter seine Zuständigkeit von Amts wegen zu prüfen hat, so kann die Unzulässigkeit des RW. in der Revisionsinstanz auch vom Kläger geltend gemacht werden: RG. 23. Dez. 1886 (E. 17 S. 176).

III. Unterschied zwischen Rechts- und Verwaltungssachen.

43. Was nun den Gegensatz selbst betrifft, der zwischen Justiz- oder Rechts- und Verwaltungssachen besteht, so kann, wenn man denselben durch die Verschiedenheit der Normen charakterisieren will, nach denen die eine und die andere Behörde sich zu richten hat, mit v. Rönne (1. Aufl.) 1 S. 198 gesagt werden, daß Justiz- oder Rechtssachen diejenigen Angelegenheiten seien, die nach den geltenden rechtlichen Grundsätzen behandelt und entschieden werden müssen, Verwaltungssachen dagegen solche, die nach den Grundsätzen des Nutzens, der Zweckmäßigkeit oder tatsächlichen Notwendigkeit ihre Erledigung finden. Vgl. auch Pfeiffer, Praktische Ausführungen, 1 S. 213 ff.; 3 S. 181 ff.; 5 S. 201 ff.; Zachariä, Deutsches Staats- und Bundesrecht, 2. Aufl., §§ 147 ff., 175 ff.; Bödiker, Die Zulässigkeit des RW. usw. in der Provinz Hannover (1870) S. 13. Diese Unterscheidung, nach welcher die Beantwortung der Frage, ob eine Angelegenheit Rechts- oder Verwaltungssache sei, nicht bloß für die Zuständigkeit und die förmliche Behandlung der Sache sondern auch für deren sachliche Beurteilung von dem höchsten Gewichte ist, trifft jedoch bei den Administrativjustizsachen im engeren Sinne, d. h. bei solchen Sachen nicht zu, hinsichtlich welcher die spätere Gesetzgebung den Verwaltungsbehörden eine Art Gerichtsbarkeit, ein wirkliches Entscheidungsrecht über gewisse unter zwei Parteien sich erhebende Streitigkeiten verliehen hat. Vgl. A. 286 ff. Mitunter wird zwar aus dem Wesen der Administrativjustiz gefolgert, daß die Verwaltung auch bei solchen Angelegenheiten nur nach Verwaltungsgrundsätzen befinden könne. Diese Ansicht erscheint jedoch als in sich widersprechend und praktisch unausführbar. Das richtige ist vielmehr, daß bei Handhabung jener ausnahmsweisen Gerichtsbarkeit nach rechtlichen Grundsätzen entschieden werden müsse, insoweit der Streitgegenstand seiner Natur nach die Abwägung rechtlicher Umstände voraussetzt und mit sich bringt, und nach Verwaltungsgrundsätzen, insofern das Gegenteil der Fall ist. Vgl. auch AKO. v. 22. Aug. 1833 (Ergänz. zu §§ 3—10 I. 22 ALR.), wo die Ansicht ausdrücklich mißbilligt wird, als ob nur von den ordentlichen Gerichtshöfen nach den Grundsätzen des strengen Rechts entschieden werde, das Eigentum daher größeren Schutz bei dem gerichtlichen als bei demjenigen Verfahren finde, das die Gesetzgebung in besonders bestimmten Fällen der Entscheidung durch Verwaltungsbehörden überweise, indem auch die letzteren die zu ihrer Erörterung und Entscheidung gestellten Rechtsverhältnisse nicht nach Billigkeit, sondern ganz wie die Gerichtshöfe nach Recht entscheiden müßten, und das Gesetz gewisse Gegenstände nur dann und nur deshalb den ordentlichen Gerichten entziehe, wo und weil die Feststellung des rechtlichen Gesichtspunkts wesentlich von der richtigen Beurteilung solcher Momente abhänge, die in ihren Motiven und in allen ihren Einzelheiten den Verwaltungsbehörden gründlicher und vollständiger bekannt seien, als den Gerichten. — Das hier gesagte trifft heutzutage nach der Einrichtung einer umfassenden Verwaltungsgerichtsbarkeit, bei der ebenso wie bei den ordentlichen Gerichten nach strengen Rechtsgrundsätzen entschieden werden muß, in erhöhtem Maße zu.

44. Eine Unterscheidung der Rechts- und Verwaltungssachen nach ihrem Gegenstande läßt sich in allgemein gültiger Weise nicht geben, so oft dies auch auf dem Gebiete der Wissenschaft und Gesetzgebung versucht worden ist. Sydow liefert in der Einleitung seiner Schrift eine Übersicht der verschiedenen, von den deutschen Rechtslehrern zu solchem Behufe aufgestellten Systeme, und Mittermaier im 21.—23. Bande des Archivs für zivil. Praxis eine Zusammenstellung der einschlägigen Gesetzgebung; für die neuere Zeit ist die in Theorie und Praxis niedergelegte Auffassung wiedergegeben von Halbey im Verwaltungsarchiv 4 S. 129 ff. Inzwischen kann an dieser Stelle von einer näheren Besprechung jener Systeme und der Gesetzgebung des Auslandes gänzlich abgesehen werden, da es sich hier lediglich um die Gesichtspunkte handelt, welche für den Preußischen Staat und nach der für diesen geltenden positiven Gesetzgebung zur Beantwortung obiger Frage als

maßgebend zu erachten sind. Gemeinhin pflegt man nun den Satz aufzustellen, daß nach den Grundsätzen der Preußischen Verfassung und Gesetzgebung Rechtssachen solche seien, die einen Gegenstand des Privatrechts, und Verwaltungssachen solche, die einen Gegenstand des öffentlichen Rechts betreffen, ja man findet hierin ein so durchschlagendes Unterscheidungsmerkmal, daß man fast überall, wo die Gesetze den RW. ausdrücklich ausschließen, dies auf jenen Satz zurückführt und die Frage, ob richterliche Erörterung stattfinde oder nicht, als gleichbedeutend mit der anderen Frage behandelt, ob der Gegenstand privatrechtlicher oder öffentlichrechtlicher Natur sei. Abgesehen jedoch davon, daß letztere Frage gleichfalls wieder zu den mannigfachsten Meinungsverschiedenheiten führen kann, dürfte es überhaupt erheblichen Bedenken unterliegen, ob jener Satz, insofern er die richterliche Entscheidung bei Gegenständen des öffentlichen Rechts grundsätzlich ausschließt, in der positiven Gesetzgebung seine unmittelbare Begründung finde. Daß die landrechtliche Begriffsbestimmung von der bürgerlichen Gerichtsbarkeit — § 4 II. 17 —, welche freilich vorzugsweise den Gegensatz zur peinlichen Gerichtsbarkeit vor Augen hat, obigem Satze das Wort rede, wird zwar von keiner Seite behauptet, indem der dort gewählte Ausdruck „Streitigkeiten über Rechte und Eigentum", wie die in den §§ 79, 80 der Einleitung und im § 81 II. 14 gebrauchten Ausdrücke „vorfallende Streitigkeiten", „Rechtsstreitigkeiten" und „alle Streitigkeiten über Befugnisse und Obliegenheiten" offenbar weit eher gegen als für die Beschränkung des RW. auf privatrechtliche Angelegenheiten zu sprechen scheinen. Wohl aber geschieht solches inbezug auf § 1 der Einleitung zur AGO., der da sagt:

„Alle Streitigkeiten über Sachen und Rechte, welche einen Gegenstand des Privateigentums ausmachen, müssen, wenn kein gütliches Übereinkommen stattfindet, durch richterlichen Ausspruch entschieden werden."

Vgl. OT. 9. Aug. 1841, 9. Dez. 1856 (E. 7 S. 137, Strieth. 23 S. 139); EK. 31. Jan. 1858 (JMBl. S. 220); Grävell zu gen. § 1; Bödiker aaO. S. 15 und die Zusammenstellung bei Löning im Verwaltungsarchiv 3 S. 101 ff., der jedoch selbst die hier vertretene Ansicht teilt. (In ersterem jener Erkenntnisse heißt es, der Ausdruck „Privateigentum" des § 1, welcher den allgemeinen Grundsatz über die Zulässigkeit der richterlichen Entscheidung enthalte, könne nur Privatrechte im subjektiven Sinne, sowie im Gegensatz zu den Verhältnissen des öffentlichen Rechts bedeuten.) Wenn indessen aus gen. § 1 auch mit Grund gefolgert werden mag, daß die AGO. das Gebiet der privatrechtlichen Streitigkeiten ganz allgemein der richterlichen Entscheidung überweise, die privatrechtliche Natur eines Streites mithin für die Zuständigkeit der Gerichte entscheidend sei, so erscheint dennoch der auf die Gegenstände des öffentlichen Rechts gemachte Rückschluß, gleich jedem argumentum e contrario, sehr gewagt, wie solches in einzelnen Erkenntnissen wenigstens anerkannt wird. So sagt ein EK. 20. Apr. 1850 (JMBl. S. 191) geradezu, daß der im § 1 ausgesprochene Grundsatz die Frage unberührt lasse, wie es zu halten sei, wenn ein Streit nicht bloß privatrechtliche Verhältnisse betreffe, und EK. 9. Juni 1855 (das. S. 387) findet es mindestens bedenklich, in jener Vorschrift, die ebensowohl als ein Verbot der Selbsthülfe betrachtet werden könne, eine Abgrenzung der richterlichen und administrativen Zuständigkeit, sowie namentlich die Bestimmung zu finden, daß die Gerichte durchaus unzuständig zur Entscheidung von Streitigkeiten sein sollten, welche in das Gebiet des öffentlichen Rechts sich erstreckten; vgl. ferner EK. 12. Dez. 1872 (das. S. 299): da § 1 nicht bestimme, daß nur über privatrechtliche Streitigkeiten der RW. stattfinde, so müsse da, wo es an einer besondern gesetzlichen Bestimmung fehlt, auf die einschlägigen allgemeinen Grundsätze zurückgegangen werden; auf diese weise auch § 35 d. G. hin. — Gegen eine derartige Deutung sprechen aber insbesondere die §§ 35 und 36 d. G. Wenn irgendwo, so war hier der Ort, den Satz, daß Gegenstände des öffentlichen Rechts grundsätzlich nicht prozeßfähig seien, allgemein auszusprechen oder doch zu diesem Behufe auf den gen. § 1 hinzuweisen. Statt dessen stellt jedoch die VO., wie mehr erwähnt, die Zulässigkeit des RW. überall als Regel hin und behandelt die wohl sämtlich dem öffentlichen Rechte angehörigen Fälle des § 36 als Ausnahmen von dieser Regel, nicht also als die Anwendung einer anderen jener ersteren gegenüberstehenden Regel. Rechnet man endlich hinzu, daß die Gesetze bei manchen Gegenständen öffentlichrechtlicher oder gemischter Natur die Zulässigkeit der richterlichen Entscheidung ausdrücklich anerkennen, und daß namentlich das gesamte Strafrecht, dessen Handhabung doch zu allen Zeiten recht eigentlich als Attribut der Gerichte gegolten hat, einen Teil des öffentlichen Rechtes bildet, so dürfte es wohl richtiger sein, lediglich auf dem Boden der positiven Preußischen Gesetzgebung und abgesehen von allen abstrakten staatsrechtlichen Theorien, die Statthaftigkeit der richterlichen Entscheidung für alle Streitigkeiten über Mein und Dein, sowie überhaupt für alle streitigen Ansprüche, welche eine Beurteilung nach rechtlichen Grundsätzen zulassen, letztere mögen dem Privat- oder dem öffentlichen Rechte angehören, als Regel festzuhalten, und den Unterschied inbezug auf das Gebiet des einen wie des anderen Rechts bloß darin zu finden, daß der Ausnahmen von der Regel bei rein privatrechtlichen Angelegenheiten nur höchst wenige und geringfügige, bei öffentlichrechtlichen dagegen, teils infolge der §§ 36 ff. d. G., teils infolge von Einzelgesetzen, so viele und so weitgreifende bestehen, daß die Zahl dieser Ausnahmefälle ungleich größer ist, als die Zahl derjenigen Fälle, wo die Regel selbst zur Anwendung kommt. Beide Ansichten treffen daher im Ergebnis nahe zusammen, sie weichen aber immerhin in dem auch praktisch höchst wichtigen Punkte voneinander ab, daß nach der ersteren bei öffentlichrechtlichen Gegenständen jederzeit nur die Zuständigkeit der Verwaltungsbehörden begründet und der RW. ausgeschlossen ist, wenn die Gesetze nicht etwa gerade das Gegenteil vorschreiben, nach letzterer dagegen, welche namentlich Reichensperger in den Tr. A. 1, II. 73 vertritt, umgekehrt nur dann, wenn die ausschließliche Zuständigkeit der Verwaltung sowie die Unstatthaftigkeit der richterlichen Entscheidung auf ausdrücklicher Gesetzesvorschrift beruht. Dem sei indessen, wie ihm wolle, die zuerst erwähnte Ansicht ist jedenfalls die in der Preußischen Jurisprudenz vorherrschende und daher auch als solche im weiteren Verlaufe dieser Schrift berücksichtigt worden.

45. Rechts- und Verwaltungssachen nach ihrem Gegenstande zu trennen, kam auch bei Beratung der Reichsprozeßgesetze zur Sprache. Hier konnte jedoch ein Ergebnis schon aus dem Grunde nicht erzielt werden, weil der Inhalt des nicht zu umgehenden Begriffs „öffentliches Recht" nur aus dem Staatsrecht der einzelnen Bundesstaaten dargestellt werden konnte; vgl. v. Wilmowski-Levy A. 1 zu § 13 GVG. Grundsätze für diese Trennung sind daher in den genannten Gesetzen nicht aufgestellt worden, und indem § 13 GVG. bestimmt: „vor die ordentlichen Gerichte gehören alle bürgerlichen Rechtsstreitigkeiten" usw., hat er die Begriffsbestimmung der „bürgerlichen Rechtsstreitigkeiten" dem Staatsrecht der einzelnen Bundesstaaten überlassen. Vgl. RG. 14. Mai 1887 (E. 19 S. 70: als Zivilrechtssachen oder Verwaltungssachen sind nur diejenigen Sachen zu bezeichnen, die diesen Charakter entsprechend der Gesetzgebung des einzelnen Bundesstaates haben; einen allgemein gültigen Begriff für das eine oder andere, der für Reichsgesetze maßgebend wäre, gibt es nicht). Die Bedeutung des § 13 liegt (von den besondern Gerichten abgesehen) in den beiden Sätzen, daß nach der herrschenden Anschauung vor die ordentlichen Gerichte nur bürgerliche Rechtsstreitigkeiten gehören (A. 46) und daß die Landesgesetzgebung unbehindert bürgerliche Rechtsstreitigkeiten jeder Art der Zuständigkeit von Verwaltungsorganen zuweisen kann mit der Maßgabe, daß dadurch der ordentliche RW. verschlossen werden kann (A. 47).

46. Die Grundlage für die Bestimmung des Begriffs „Bürgerliche Rechtsstreitigkeit" als Voraussetzung für die Zulässigkeit des RW. bildet für Preußen nach wie vor § 1 Einl. z AGO.; vgl. Stölzel S. 45 A. 3, RG. 4. Dez. 1884 (E. 12 S. 281). Der Begriff ist nach der neueren Rechtsprechung — vgl. besonders RG. 22. Sept. 1888 (E. 22 S. 285) — wie folgt festgestellt. An sich ist entscheidend, ob der Anspruch seinem Inhalte nach dem Gebiet des Privatrechts angehört. In dieses Gebiet gehören neben familienrechtlichen Ansprüchen in erster Linie die vermögensrechtlichen Ansprüche. Hierbei ist es gleichgültig, ob der Titel, aus welchem sie hergeleitet werden, in Normen des bürgerlichen oder des öffentlichen Rechts wurzelt. Denn der Kreis der Privatrechte deckt sich nicht mit dem Kreis der auf privatrechtlichem Titel beruhenden, umfaßt vielmehr auch die aus öffentlichrechtlichen Verhältnissen hervorgehenden vermögensrechtlichen Ansprüche, und für die Zulässigkeit des RW. ist es unerheblich, ob der Streit aus Sätzen des öffentlichen oder des Privatrechts zu entscheiden ist. Ein die Regel des § 13 GVG. einschränkender allgemeiner Rechtssatz des Inhalts, daß Verpflichtungen aus einem öffentlichrechtlichen Verhältnisse nicht vor den Zivilgerichten verfolgbar seien, besteht weder für das Reich noch für Preußen. Dies ergeben u. a. die §§ 70, 9 GVG., wo mehrere Streitigkeiten über, aus einem Verhältnisse des öffentlichen Rechts her-

geleitete Ansprüche zu den bürgerlichen Rechtsstreitigkeiten gerechnet werden, und besonders § 9 läßt klar erkennen, daß hier nicht eine Ausnahme von der Regel aufgestellt werden sollte, sondern daß die Zulässigkeit des ordentlichen RW. auch für derartige Ansprüche als Regel vom Gesetzgeber ausdrücklich vorausgesetzt wird. Vgl. gen. RG. 1888, 1884, ferner RG. 2. Febr. 1884, 14. Mai 1887, 17. Sept. 1888, 8. Febr. 1890, 15. März, 14. Juli 1894, 24. Mai 1901 (E. 11 S. 71; 19 S. 70; 21 S. 101; 25 S. 330; 33 S. 39, 331; 49 S. 249f.), EK. 14. Dez. 1889, 16. Febr. 1895 (JMBl. 90 S. 88; Rechtspr. S. 318). Vgl. jedoch die folgende Anmerkung.

47. Von der durch § 13 GVG. ausdrücklich aufrecht erhaltenen Befugnis des Einzelstaats, bürgerliche Rechtsstreitigkeiten den ordentlichen Gerichten zu entziehen und Verwaltungsorganen zuzuweisen, ist in Preußen seit Schaffung der Verwaltungsgerichte sehr häufig Gebrauch gemacht worden. Der Gesetzgeber hat es hierbei vermieden, allgemeine Grundsätze für die Zuständigkeit der Verwaltungsgerichte aufzustellen; er hat sich vielmehr darauf beschränkt, die zuständige Behörde für jeden Fall besonders zu bezeichnen. Damit ist das Gebiet der Verwaltungsgerichtsbarkeit genau begrenzt und mit Rücksicht auf § 54 LVG. jede analoge Anwendung der einzelnen Vorschriften ausgeschlossen. Jedoch umfaßt die Verwaltungsgerichtsbarkeit die ihr zur Entscheidung überwiesenen Streitigkeiten nicht in allen Teilen. Indem nämlich § 7 LVG. und § 160 ZustGes. bestimmen, daß die Entscheidungen der Verwaltungsgerichte „unbeschadet aller privatrechtlichen Verhältnisse" ergehen, halten sie für diese privatrechtlichen Verhältnisse die Zuständigkeit der ordentlichen Gerichte aufrecht. In diesen Vorschriften ist aber, wie das in A. 46 gen. RG. 22. Sept. 1888 hervorhebt, das Wort „privatrechtlich" notwendig in einem engeren Sinne zu verstehen, als in der oben (A. 46) gegebenen Begriffsbestimmung für bürgerliche Rechtsstreitigkeiten, und im Anschluß hieran stellt das RG. den jetzt allgemein angenommenen Satz auf: Für die Grenzbestimmung zwischen der Zuständigkeit der Verwaltungsgerichte und der ordentlichen Gerichte ist entscheidend, ob die **Begründung** des Anspruchs aus öffentlichrechtlichen oder privatrechtlichen Verhältnissen hergeleitet wird; nur soweit der Anspruch auf privatrechtlichem Titel beruht, verbleibt er der Zuständigkeit der ordentlichen Gerichte. Soweit aber weder die Zuständigkeit der Verwaltungsgerichte in Frage steht, noch sonst die Zuständigkeit durch besondere Gesetze geordnet ist, muß es bei der oben genannten Regel bewenden, daß nicht die Art der Begründung (der Titel), sondern der sachliche Inhalt des Klageanspruchs für die Beantwortung der Frage, ob ein bürgerlicher Rechtsstreit vorliegt, maßgebend ist. Vgl. außer den in A. 46 angeführten Entscheidungen OLG. Cöln 16. Mai 1896 (Rh. A. 90, I. 262), ferner OVG. 21. Juni 1882 (E. 9 S. 167); **Droop** § 2.

48. Nach der oben als herrschend bezeichneten Ansicht lassen sich also die zugunsten der Verwaltung bestehenden **Beschränkungen des RW.** auf **zwei Gruppen** zurückführen, je nachdem sie nämlich schon aus der öffentlichrechtlichen Natur des Gegenstandes an sich gefolgert werden, oder aber gleichzeitig, wo nicht gar ausschließlich auf besonderer Vorschrift der Gesetze, insbesondere der §§ 36ff. d. G., beruhen. Von den Fällen der ersteren Art handeln die unmittelbar folgenden Anmerkungen, während betreffs derjenigen der zweiten Art das nähere den Erläuterungen zu den §§ 36ff. vorbehalten bleibt. An dieser Stelle wird, um einen Überblick zu gewähren, die Zusammenstellung der allgemeinen Sätze genügen, welche den Hauptinhalt jener §§ 36ff. in Verbindung mit denen des Ges. v. 11. Mai 1842 bilden, und also lauten:

In eigentlichen **Hoheitssachen** ist der RW. **grundsätzlich unstatthaft**, § 36 (die Einschränkungen, welche dieser Satz durch § 37 erleidet, betreffen bloß einzelne Hoheitsrechte und lassen die Grundregel als solche bestehen); — in **Polizeisachen** ist derselbe wenigstens **in der Regel** ausgeschlossen und nur ausnahmsweise gestattet, §§ 38ff. bezw. Ges. v. 11. Mai 1842; — in **Finanzangelegenheiten** endlich verbleibt es bei der Zulässigkeit des richterlichen Entscheidungsrechts als Regel, das Gegenteil bildet die Ausnahme, § 41. (Dieselben Sätze lassen sich, wenn man nicht, wie bisher geschehen, von der Regel der Zulässigkeit des RW., sondern vom Grundsatz der Trennung der Gewalten sowie der hieraus folgenden gegenseitigen Unabhängigkeit der Justiz- und Verwaltungsbehörden als dem obersten Satze ausgeht, auch so ausdrücken: die Unabhängigkeit der Verwaltungsbehörden kommt in Hoheitssachen (geringe Einschränkungen abgerechnet) vollkommen, in Polizeisachen wenigstens in der Regel, in Finanzsachen dagegen nur ausnahmsweise zur

---

Geltung. Von diesem Gesichtspunkte aus betrachtet, erscheinen daher die §§ 36 ff., insoweit sie den RW. beschränken, allerdings nicht als Ausnahmebestimmungen, sondern umgekehrt als Anwendungen der Regel, während das Gegenteil gerade hinsichtlich der zugunsten der richterlichen Zuständigkeit, namentlich im § 41 getroffenen Bestimmungen der Fall ist. Doch ist diese Auffassung, wie oft erwähnt, nicht diejenige, welche dem Geiste der VO. von 1808 entspricht.)

IV. Nichtprozeßfähige Ansprüche wegen der öffentlichrechtlichen Natur ihres Gegenstandes.

49. Zu den Fällen, in welchen die Unzulässigkeit des RW. schon aus der öffentlichrechtlichen Natur des Streitgegenstandes im allgemeinen hergeleitet wird, gehören zuvörderst solche, welche die Erörterung von Statusfragen dieser Art betreffen. Hierüber verbreitet sich u. a. die auf Grund der Allerh. Dekl. v. 6. Apr. 1839 Art. 18 erlassene JMInstr. v. 7. dess. (GS. 39 S. 133), um den Begriff des Ausdruckes „Standesverhältnisse" im § 1 der VO. v. 14. Dez. 1833 zu erläutern. Sie sagt, daß diejenigen Standesverhältnisse, welche hauptsächlich eine staatsrechtliche Bedeutung hätten, z. B. ob jemand von Adel, Mitglied einer Stadtgemeinde sei usw., an und für sich kein Gegenstand eines Rechtsstreits sein, vielmehr nur im Verwaltungswege oder durch Königliche Entscheidung festgestellt werden könnten, weshalb unter jenem Ausdrucke an obiger Stelle nur solche persönliche Zustände verstanden würden, welche an und für sich betrachtet geeignet seien, den Gegenstand einer privatrechtlichen Entscheidung zu bilden, z. B. Wahnsinns-, Prodigaltitäts- oder Todes-Erklärungen, Adoptionen usw. Auch OT. 26. Okt. 1857 (Strieth. 27 S. 88) hat in einem Falle, wo es sich um eine Standesfrage der ersteren Art handelte, erkannt, daß derselbe sich zum RW. nicht eigne. Ob solche dem öffentlichen Rechte anheimfallende Standesfragen nicht wenigstens insofern, als sie in einem an sich privatrechtlichen Streite zur Sprache kommen, der richterlichen Prüfung unterliegen, wird in A. 93 näher besprochen. [In Frankreich überweist man die Entscheidung über die streitig gewordene Staatsangehörigkeit und über den streitigen Anspruch auf den Genuß der politischen Rechte gerade umgekehrt den Gerichten, und zwar selbst dann, wenn der Streit sich bei einer Angelegenheit des administrativen Ressorts erhebt: Dalloz, m. compétence, n. 17. So muß z. B., wenn bei der Militär-Aushebung darüber gestritten wird, ob jemand Franzose oder Fremder sei, diese Vorfrage durch Richterspruch ihre Lösung finden: Art. 16, 17 Ges. v. 10. März 1818.] Über die Befugnis des Strafrichters, die Indigenatsfrage zu prüfen, vgl. A. 94.

50. Was insbesondere die Zugehörigkeit zum Adel betrifft, so ist kein Zweifel darüber, daß die allgemeine Frage, ob jemand zum Adelstand gehöre und berechtigt sei, das mit der Zugehörigkeit zu einer der verschiedenen Klassen dieses Standes verbundene Prädikat zu führen, dem öffentlichen Recht angehört und dem ordentlichen Rechtsweg entzogen ist. Vgl. EK. 16. Febr. 1895, 14. Okt. 1899 (JMBl. 95 S. 426; Rechtspr. Nachtr. S. 3); RG. 6. Apr. 1898, 31. Jan. 1901 (Gruchot 42 S. 982; JMBl. 02 S. 122). [In einem Rechtsstreit über einen vermögensrechtlichen Anspruch ist natürlich die Vorfrage, ob ein Teil vom Adel sei, vom Richter zu entscheiden; vgl. gen. RG. 1898 und unten A. 93]. Anders ist es dagegen bei Streitigkeiten über die Führung eines Namens, sie fallen nicht unter den Begriff Standes-

sachen. An sich gehören das Recht und die Pflicht, einen bestimmten Namen zu führen, dem Familienrecht und damit den Privatrecht an, Streitigkeiten hierüber, d. h. über die Frage, ob jemand zu einer bestimmten Familie gehört, können daher im RW. ausgefochten werden; hierbei ist es gleichgültig, ob es sich um einen adligen oder einen bürgerlichen Namen handelt. Dasselbe gilt von der Befugnis zur Führung der mit dem Namen verbundenen Titel und Wappen. Als aktiv legitimiert zur Klage gegen eine den Namen angeblich unbefugt führende Person ist jedes Familienglied zu erachten. Auch die Verfügungen des Heroldsamt, wenn sie lediglich das Namensrecht einer Person betreffen, stehen außerhalb seiner öffentlichrechtlichen Tätigkeit und entbehren sonach der amtlichen Autorität, sodaß ihre Anfechtung dem ordentlichen RW. nicht entzogen ist. Vgl. § 12 BGB., gen. EK. 1895, RG. 7. Mai 1880, 22. Okt. 1881, 11. Apr. 1892, 5. Apr. 1883, 8. März, 5. Apr. 1900 (E. 2 S. 145; 5 S. 171; 29 S. 125; JMBl. 84 S. 37; 1900 S. 652; JW. 1900 S. 422), OT. 4. Nov. 1861 (E. 46 S. 193), ferner München 27. Nov. 1897 (DJurZtg. 3 S. 104). Aber auch das Namensrecht gehört nicht ausschließlich dem Privatrecht an; soweit es sich bei der Führung eines bestimmten Namens um die im öffentlichen Rechte begründete Verpflichtung des einzelnen handelt, nur den durch Geburt oder Rechtsakt erworbenen Namen zu führen, liegt ein öffentlichrechtliches Verhältnis vor, dessen Beaufsichtigung lediglich den staatlichen Organen zusteht; wider deren Anordnungen ist der RW. nicht gegeben. Eine solche Anordnung liegt namentlich dann vor, wenn die zuständige Behörde die Führung eines bestimmten Namens dem dazu nach ihrer Ansicht nicht Berechtigten untersagt. Vgl. RG. 1. Jan. 1897, 9. März 1900 (E. 39 S. 303; JMBl. 00 S. 652). — Vgl. auch Rambohr in Gruchot 99 S. 1 ff., 94 ff. — Daß das Recht zum Gebrauche einer Handelsfirma dem Privatrechte angehört und deshalb prozeßfähig ist, unterliegt keinem Zweifel.

51. Einer herrschenden Rechtsprechung zufolge [vgl. z. B. EK. 10. Jan. 1852, 16. Sept. 1854, 4. Okt. 1856, 12. Apr. 1862, 13. Febr. 1874 (JMBl. 52 S. 70; 54 S. 423; 57 S. 24; 62 S. 283; 74 S. 113), OT. 30. Nov. 1852 (Strieth. 7 S. 325)] ist die richterliche Entscheidung über den Umfang eines Gemeindebezirks, gleichviel, ob es sich um die Feststellung der bereits bestehenden oder um die neue Begründung solcher Verhältnisse handelt, schon wegen des öffentlichrechtlichen Charakters der letzteren ausgeschlossen und demgemäß ebensowenig darüber statthaft, zu welchem Gemeindeverbande dieses oder jenes Grundstück gehöre oder ob eine Gemeinde die Grenzen ihres Bezirks überschritten habe, wie darüber, welchem Bezirke ein Grundstück noch erst zuzuschlagen sei usw. Vgl. ferner EK. 4. Juli 1863 (JMBl. S. 231: betr. die Zugehörigkeit zu einer bestimmten Katastergemeinde). (Inwiefern sich obiger Satz auch aus dem Aufsichtsrechte der Regierungen in Kommunalangelegenheiten bezw. aus § 36 herleiten lasse, s. unten A. 170.) Vgl. jetzt ZustGes. §§ 9, 26, Landgem.O. v. 3. Juli 1891, OVG. 25. Nov. 1891 (E. 22 S. 95). Aus demselben Grunde ist auch die gegen eine Gemeinde gerichtete Klage unzulässig, sie hätte einen Jagdpachtvertrag über ein bestimmtes Grundstück nicht abschließen dürfen, weil dasselbe nicht zum Gemeindebezirk gehöre; vgl. RG. 29. Jan. 1890 (Gruchot 34 S. 1129), § 105 Nr. 2 ZustGes. Dies ist jedoch nicht soweit auszudehnen, daß die Gerichte durchaus unzuständig seien, bei Gelegenheit eines wirklichen Eigentumsstreits zwischen zwei benachbarten Gemeinden zu untersuchen, was inbezug auf deren Abgrenzung geltendes Recht sei; vgl. gen. OVG. 1891, unten A. 93 und Dalloz, m. compétence administrative, n. 43, 147, 151; m. commune, n. 1902, wonach auch die französische Jurisprudenz anerkennt, daß die Bildung der Gemeindebezirke ausschließlich zum Geschäftsbereich der Verwaltung gehöre und desfallsige Streitigkeiten vor Gericht nicht zulässig seien, während Grenzregelungsprozesse zwischen zwei Gemeinden, insofern es sich um deren beiderseitiges Eigentum handelt, allgemein für statthaft erachtet werden.

52. Das eben gesagte gilt nicht bloß von politischen, sondern auch von kirchlichen Gemeinden und Pfarreien, vorbehaltlich jedoch der in den §§ 239, 240 II. 11 ALR. zugunsten des RW. enthaltenen Bestimmungen. So sagt EK. 30. Jan. 1858 (JMBl. S. 268), daß die Frage wegen Bildung der kirchlichen wie der politischen Gemeinden dem öffentlichen Rechte anheimfalle und darüber, was in dieser Beziehung von der Verwaltung bestimmt oder als feststehend angenommen werde, der RW. nicht zugelassen bezw. die gerichtliche Hülfe zur Erlangung eines entgegengesetzten Ergebnisses nicht angegangen werden könne, weshalb z. B. der Antrag, der Richter möge erkennen, daß Kläger zu einer gewissen Parochie nicht

gehöre, nicht prozeßfähig sei. Desgleichen erwog OT. 26. Okt. 1857 (Strieth. 27 S. 91), daß das Recht der Mitgliedschaft an einer Kirchengesellschaft keinen Gegenstand des Privateigentums im Sinne des § 1 der Einl. zur AGO. ausmache, sondern dem öffentlichen Rechte angehöre. KH. 17. März 1847 (Tr. A. 6, I. 68) sprach sich für das Gebiet der Rhein. Gesetzgebung in ähnlicher Weise aus: die Feststellung der Pfarreien bilde einen Gegenstand des öffentlichen Rechts, welcher lediglich zum Geschäftsbereich der geistlichen Oberen und der zuständigen Verwaltungsbehörde gehöre; dasselbe gelte von jeder etwa nötig werdenden Erläuterung oder Änderung inbezug auf solche Feststellungen, und dienten daher letztere für einzelne Personen oder Gemeinden nicht als privatrechtliche Titel, welche der richterlichen Auslegung mit der Wirkung unterlägen, daß daraus Privatrechte als endgültig und wohl erworbene ohne oder gar wider den Willen der zuständigen Verwaltungsbehörden geltend gemacht werden könnten. Dagegen nahm AH. Cöln 19. Juni 1840 (Rh. A. 30, I. 154) an, daß die Frage über den Umfang des Pfarrzwangs dem richterlichen Entscheidungsrecht so lange angehöre, als die kirchliche Staatsbehörde von dem ihr nach § 181 der Regierungs-Instruktion vom 23. Okt. 1817 zustehenden Rechte der Verteilung sowie Begrenzung der Parochien noch keinen Gebrauch gemacht habe. Vgl. außerdem A. 181 und AKO. v. 19. Juni 1836 A. 31.

53. Das vorgesagte gilt nicht nur für die örtliche Abgrenzung der Pfarreien, sondern auch dann, wenn jemand seine Zugehörigkeit zu einer Pfarrei deshalb bestreitet, weil er nicht Mitglied der betreffenden Religionsgemeinschaft sei. Denn die Frage nach dem Religionsstande ist eine Frage des öffentlichen Rechts und unterliegt nur der Entscheidung der (kirchlichen) Verwaltungsbehörden. So die ständige Rechtsprechung des KompGH., vgl. z. B. EK. 19. Juni, 14. Dez. 1901 (DJurZtg. 6 S. 511; 7 S. 155); aM. RG. 22. Sept. 1881, 16. März 1903 (E. 5 S. 300, DJurZtg. 8 S. 321). Dieser Grundsatz findet ebenso Anwendung, wenn es sich um die Zugehörigkeit einer Kirchengemeinde zur Landeskirche handelt: gen. EK. 14. Dez. 1901. Vgl. gen. AKO. v. 1836 A. 31.

54. Zufolge EK. 14. Jan. 1854, 30. Okt. 1858 (JMBl. 54 S. 180; 59 S. 149) fallen Streitigkeiten über die Benutzung der öffentlichen Wege, z. B. über die Befugnis, einen solchen Weg zu begehen, ebenmäßig dem öffentlichen Rechte anheim und sind daher gleichfalls nicht im RW. zu erörtern. AppG. Arnsberg 4. Dez. 1852 (Arnsb. Archiv 16 S. 226) nahm dies sogar in einem Falle an, wo es sich um einen öffentlichen Fußweg handelte, dessen Sperrung durch einen Privaten einer Stadtgemeinde den Anlaß zur Klage gegeben hatte. Hier wurde erwogen, daß die im Römischen Rechte bei Störung eines öffentlichen Wegs gegebene actio popularis gegenwärtig nicht mehr stattfinde, indem alle diejenigen Fälle, für welche Popularklagen gegeben gewesen nach der jetzigen Staatsverfassung aus dem Privatrechte gänzlich geschieden seien, für Verletzungen der dem Privatrechte entzogenen Sachen aber das Einschreiten von Amtswegen die Regel bilde, derartige Fälle mithin dem Gebiete der Polizei angehörten und nur von dieser geschützt werden könnten. Ähnlich erkannten RG. 23. Febr. 1880 (E. 1 S. 366: es liege nicht in der Kompetenz der Gerichte, auf Grund einer privatrechtlichen Eigentumsklage den Untertanen eine ihnen durch das öffentliche Recht verbürgte Befugnis zu entziehen oder zu beschränken oder ihnen dieselbe auf Grund einer konfessorischen Klage zuzusprechen) und EK. 14. Dez. 1889 (JMBl. 90 S. 95: im RW. könne nur dann über die Frage entschieden werden, wenn Kläger einen privatrechtlichen Anspruch auf Benutzung des Weges geltend mache, nicht aber, wenn er sein Benutzungsrecht lediglich auf die Öffentlichkeit des Weges stütze). Unzweifelhaft ist das oben gesagte richtig, soweit durch jene Popularklagen das öffentliche Interesse gewahrt werden sollte und sie daher von jedem Staatsbürger, auch dem nicht verletzten erhoben werden konnten; vgl. auch RG. 2. Febr. 1903 (E. 53 S. 384). Keineswegs folgt aber notwendig daraus, daß auch die Klage zum Schutze des Sonderinteresses der einzelnen Staatsangehörigen an der Benutzung eines öffentlichen Weges nicht mehr zulässig sei: diese muß vielmehr, wenn die Polizeibehörde die Beseitigung der den Gebrauch eines öffentlichen Weges beeinträchtigenden Anlagen nicht anordnen will, für statthaft erachtet werden, weil sie zum Schutz gegen unbefugte Eingriffe in das dem einzelnen zustehende Recht auf Benutzung öffentlicher Wege dient und zugleich auf Ersatz des durch solche Eingriffe entstandenen Schadens gerichtet ist, also nicht öffentliche Rechte, sondern einen privatrechtlichen Anspruch betrifft: RG. 23. Jan. 1880, 13. Jan. 1882, 21. Okt. 1885, 26. Sept. 1896 (E. 1 S.

155; 6 S. 162; 14 S. 262; Gruchot 40 S. 833). In dem durch das erste Erkenntnis entschiedenen Falle hatte die zuständige Verwaltungsbehörde selbst die Parteien auf den RW. verwiesen, weil ein amtliches Einschreiten zur Vermeidung polizeilicher Unzuträglichkeiten nicht geboten sei. Wollte man in solchen Fällen den RW. nicht zulassen, so hätte der Verletzte kein Mittel, etwaige Übergriffe der Nachbarn abzuwehren. § 56 ZustGes. steht dieser Auffassung nicht entgegen, da er die Frage überhaupt nicht trifft. Vgl. gen. RG. 1885, ferner OVG. 20. Febr. 1878 (E. 3 S. 186: eine Privatperson kann nicht die Klage im Verwaltungsstreitverfahren erheben, wenn sie glaubt, daß ein bestimmter Weg ein öffentlicher und für den öffentlichen Verkehr in Anspruch zu nehmen sei). Vgl. ferner OT. 29. Mai 1847 (Arnsb. Archiv 13 S. 419); hier hatten statt der Gemeinde einzelne Mitglieder derselben geklagt, und wurde nicht die richterliche Zuständigkeit, sondern nur die Aktivlegitimation der Kläger bestritten. Das OT. verwarf jedoch den desfallsigen Einwand, indem es besonders darauf hinwies, daß der fragliche Weg nach Angabe der Kläger keine Landstraße, kein öffentlicher Polizeiweg, sondern nur ein öffentlicher Gemeindeweg sei. Jedenfalls schließt der Umstand, daß ein über Privateigentum sich hinziehender Weg von der Landes-Polizeibehörde als öffentlicher Weg für Fußgänger und nur für diese in Anspruch genommen worden ist, den RW. über das streitige Recht der gleichzeitigen Benutzung desselben zum Reiten nicht aus: OT. 29. Nov. 1860 (Strieth. 39 S. 240). — Ebenso sind im RW. zu entscheiden Streitigkeiten, die dadurch entstehen, daß jemand das Recht in Anspruch nimmt, eine öffentliche Straße über den vom Eigentümer zu duldenden Gemeingebrauch hinaus zu benutzen; nur der letztere unterliegt der Regelung durch die Wegepolizei, während die Mehrbenutzung einen Eingriff in das Recht des Privateigentümers am Wege darstellt: Vgl. RG. 16. Jan. 1889 (Gruchot 33 S. 423 betr. Benutzung der städtischen Straßen durch Straßenbahnen usw.) — Im übrigen wird auf die Erläuterungen zu § 1 Ges. v. 11. Mai 1842 und auf A. 342 ff. verwiesen, wo auch erörtert wird, inwiefern die Frage, ob ein Weg als Privat- oder als öffentlicher Weg anzusehen sei, der richterlichen Entscheidung unterbreitet werden könne.

55. OT. 8. Juni 1850 (Präj. Nr. 2215, E. 19 S. 485) nahm an, daß aus § 11 II. 15 ALR. ein privatrechtlicher, vor dem Richter geltend zu machender Anspruch der Staatseinwohner auf Erfüllung der dem Staate betreffs Unterhaltung der Landstraßen obliegenden Verbindlichkeit nicht herzuleiten sei. Ebenso bez. der Fürsorge für die öffentlichen Ströme (§ 79 das.): RG. 4. Dez. 1902 (E. 53 S. 131).

55a. Zulässig ist dagegen eine gerichtliche Klage hinsichtlich des Rechts, eine Badeanstalt in einem öffentlichen Flusse zu halten, sofern dieses Recht als Sonderrecht an dem öffentlichen Strom anzuerkennen ist; denn dann stellt es sich als Privatrecht dar, das als solches privatrechtlichen Schutz im ordentlichen RW. genießt: RG. 30. Mai 1894 (Gruchot 38 S. 1042).

56. Die Feststellung von Fahrplänen und Frachttarifen bei Eisenbahnen kann nicht zum Gegenstand eines Prozesses gemacht werden und zwar auch dann nicht, wenn der geltend gemachte Anspruch die Erfüllung einer in der Konzessionsurkunde festgesetzten Verpflichtung der Bahnverwaltung bezweckt; vgl. EK. 13. Juni 1891 (Rechtspr. S. 491). Wohl ist eine Klage zulässig, mit der auf Grund eines privatrechtlichen Vertrages eine Tarifvergünstigung verlangt wird, da sie die Befugnis des Ministers, die Tarife festzusetzen, nicht berührt: EK. 14. Mai 1892 (das.). RG. 27. Okt. 1893 (E. 32 S. 133) hat sogar angenommen, daß vertragsmäßige Ansprüche auf das Anhalten bestimmter Eisenbahnzüge an bestimmter Stelle gegen die Bahnverwaltungen im RW. geltend gemacht werden können, da Verträge, durch welche bei Erbauung einer Eisenbahn dem Grundeigentümer für irgendwelche Leistungen als Entgelt vom Betriebsunternehmer die Anlegung von Bahnhöfen an bestimmten Stellen oder das Anhalten bestimmter Bahnzüge zugesichert wird, grundsätzlich der Vertragsfreiheit unterlägen und rein privatrechtliche Ansprüche unter den Vertragschließenden begründeten, die als solche dem RW. nicht entzogen seien; in der Regel werde aber eine solche Klage abgewiesen werden müssen, da die Erfüllung des streitigen Anspruchs dem Beklagten durch Eingreifen der obersten Verwaltungsbehörde unmöglich geworden sei. AM. Stölzel S. 272.

57. Ferner werden zu den dem RW. entzogenen Gegenständen des öffentlichen Rechts die Streitigkeiten gezählt, welche die öffentlichrechtliche Seite der Stellung der Staatsdiener, und zwar der unmittelbaren, wie der mittelbaren, z. B. der Gemeindebeamten, betreffen.

58. — so insbesondere diejenigen über die Anstellung oder Belassung im Amte oder die Entfernung aus demselben, die Klage mag vom Beamten oder gegen ihn erhoben werden, und ohne daß es eine Ausnahme begründete, wenn die ursprüngliche Dienstanstellung auf Grund eines schriftlichen Vertrags erfolgt sein sollte: EK. 25. Juni 1898, 5. Apr. 1851, 17. Dez. 1853 (Rechtspr. Nachtr. S. 4; JMBl. 51 S. 308; 54 S. 84); RG. 10. Febr. 1903 (E. 53 S. 423: ein an sich gültiger staatsrechtlicher Vertrag über eine zukünftige Anstellung gewähre kein im RW. erfolgbares Recht); vgl. auch AKO. v. 17. Dez. 1805 (Rabe 8 S. 427). Es mag dahin gestellt bleiben, ob dasselbe Ergebnis, zumal betreffs unmittelbarer Staatsbeamten, nicht auch aus § 36 d. G. folgt, insofern dieser unter den Hoheitsrechten, über welche kein RW. stattfinde, das Recht, Ämter und Würden zu verleihen, mit aufzählt. Jedenfalls folgt schon aus der positiven Vorschrift des § 96 II. 10 ALR., daß einem Beamten, dem die nachgesuchte Entlassung aus dem Staatsdienste versagt worden ist, gegen den versagenden Bescheid der RW. nicht zustehe; vgl. v. Rönne 3 S. 529. Darüber, daß obige Fragen als maßgebende Vorfragen in einem Prozeß über Gehalt usw. vom Richter entschieden werden können, vgl. A. 93. RG. 19. Apr. 1894 (Gruchot 38 S. 1125) geht noch weiter, indem es die Feststellungsklage über die Frage zuläßt, ob ein (städtischer) Beamter auf Lebenszeit angestellt und für den Fall der Entlassung zur Forderung seines Gehalts berechtigt sei; denn der Klageantrag gestatte nur die Auffassung, daß der Kläger sein Recht auf den Fortbezug des Gehalts auch für den Fall einer Entlassung oder Kündigung festgestellt wissen wolle: soweit es sich aber danach um die Feststellung handele, daß die Gehaltsansprüche des Klägers durch eine Kündigung nicht beseitigt werden dürften, müsse der RW. zugelassen werden. — Über das Verhältnis der richterlichen zur Disziplinar-Gewalt s. die Erläuterungen zu § 46 d. G. und über die Befugnis der Strafgerichte, Strafen auszusprechen, die den Verlust des Amtes zur Folge haben, s. die §§ 33, 35, 81—95 StrGB.

59. — desgleichen Streitkeiten über den Umfang der einem Beamten obliegenden Amtspflichten: EK. 2. Nov. 1850, 9. März 1867 (JMBl. 51 S. 35; 67 S. 342: betr. einen weltlichen Kirchenbeamten); v. Rönne 3 S. 463.

60. Zu den Amtspflichten in dem obengedachten Sinne gehört dagegen nicht die einem Elementarlehrer auf Grund allgemeiner Reglements angesonnene Verbindlichkeit des Beitritts zur Witwenkasse. Derartige Streitigkeiten beziehen sich lediglich auf die privatrechtliche Seite des Verhältnisses der mittelbaren Staatsdiener und sind daher prozeßfähig: EK. 14. Jan. 1854 (JMBl. S. 135). Dagegen erachtete EK. 12. Okt. 1872 (das. S. 295) in einem ganz ähnlichen, jedoch einen unmittelbaren Staatsdiener betreffenden Falle den RW. für ausgeschlossen; denn wenn auch der verlangte Beitritt zur Witwenkasse durch Kgl. Verordnung in einer Weise geregelt sei, die an sich die Zulassung des RW. als unbedenklich würde erscheinen lassen, so seien doch alle aus dem Wesen das Beamtenverhältnisses hervorgehenden Verpflichtungen nach den im § 35 genannten „allgemeinen Grundsätzen" der Staats- und Landesverfassung zur richterlichen Entscheidung nicht geeignet. Einen weiteren Fall, wo der RW. mit Rücksicht auf § 36 d. G. für ausgeschlossen erachtet wurde, s. A. 150.

61. Überhaupt aber ist das oben gesagte in solcher Allgemeinheit nur auf das Verhältnis zwischen dem Beamten und dem Staate, der Gemeinde usw. zu beziehen, demselben mithin nicht etwa die Ausdehnung zu geben, als ob dritte Personen unter keinerlei Umständen befugt seien, gegen einen Beamten auf Vornahme einer bestimmten Amtshandlung bei Gericht zu klagen. Vielmehr ist hier als Regel das Gegenteil anzunehmen, so oft die Begründung oder Feststellung gewisser Privatrechte durch die bestehenden Gesetze von einer Amtshandlung abhängig gemacht ist und die Erörterung über die Verbindlichkeit zur Vornahme derselben nicht auf das Gebiet des öffentlichen Rechts hinüberführt. Betreffs der früheren Rheinischen Hypothekenbewahrer stand dies sogar unmittelbar durch das Gesetz fest; vgl. AKO. v. 6. Okt. 1837. Ebensowenig unterlag es einem Zweifel, daß ein Rheinischer Zivilstandsbeamter, welcher die Abschließung einer Ehe (oder die Erteilung eines Auszugs aus den öffentlichen Registern) aus diesem oder jenem der Zivilgesetzgebung entnommenen Grunde verweigerte, vor Gericht belangt werden könne, damit über die erhobenen Anstände erkannt werde. Cons. d'ét. 16. Aug. 1808 (Dalloz, m. comp. admin., n. 139); Hücking im Rh. A. 77, IV. 19. Jedoch wird in der Regel bei der Verweigerung einer Amtshandlung der schon angedeutete Umstand

vorliegen, daß es sich um eine öffentlichrechtliche Entschließung einer Behörde handelt, die den RW. ausschließt; vgl. OLG. Cöln 20. Dez. 1895. RG. 29. Mai 1896 (Rh. A. 90, I. 41; II. 86). — Allgemein zulässig ist es endlich, vermeintliche Entschädigungsansprüche, die aus der Verletzung oder Verabsäumung einer Amtspflicht hergeleitet werden, gegen den Beamten im Prozeßwege geltend zu machen, und zwar sogar dann, wenn der amtliche Akt, bei welchem das den Ersatzanspruch begründende Versehen usw. vorgekommen sein soll, vor Gericht nicht angefochten werden kann, — vgl. OT. 16. Juni 1850 (E. 33 S. 157); EK. 12. Febr. 1859 (JMBl. S. 436) — vorbehaltlich jedoch dessen, was das Ges. v. 11. Mai 1842 in den § 1 und 6 bestimmt, und vorbehaltlich des den höheren Verwaltungsbehörden zufolge Ges. v. 13. Febr. 1854 zustehenden Rechts, durch Erhebung eines Konflikts die sachliche Prüfung der Frage, ob dem beklagten Beamten eine Pflichtverletzung zur Last falle, der Entscheidung des OVG. zu unterbreiten und von dem Ausfalle dieser Entscheidung die Statthaftigkeit des ferneren Prozeßverfahrens abhangen zu lassen. Dasselbe gilt auch von solchen Entschädigungsklagen, die ein Beamter gegen den Fiskus anstrengt z. B. wegen schuldhaften Versehen seiner Vorgesetzten bei Ausübung ihres Amtes: EK. 21. Mai 1898 (Rechtspr. Nachtr. S. 5).

62. Dagegen mag es als eine, obgleich keineswegs unbedenkliche Folge des in A. 58 gesagten betrachtet werden, wenn eine für die Rheinprovinz im J. 1821 ergangene MVerf. (Jbb. 18 S. 93) vorschreibt, daß, falls ein als Zeuge vorgeladener Verwaltungsbeamter erkläre, der Gegenstand des Verhörs betreffe ein Amtsgeheimnis, die Gerichte von einer desfallsigen ferneren Erörterung abzustehen hätten, bis die vorgesetzte Dienstbehörde, der allein die Entscheidung darüber zustehe, was Amtsgeheimnis sei, sich für die Zulässigkeit der verlangten Auskunftserteilung ausgesprochen habe. Vgl. Kr. Ordn. § 313 Nr. 2, 3/4; Oppenhoff Strafverfahren, § 20 A. 3, 14, 16; Rechtspr. d. OT. 1 S. 248. Heute ist die Pflicht zur Zeugnisverweigerung für alle öffentlichen Beamten durch § 376 ZPO. und § 53 StPO. festgestellt; der Richter ist nicht befugt, die Gründe der Genehmigungsversagung (Abs. 2) nachzuprüfen: RG. 18. Sept. 1882 (EStrafs. 7 S. 75). Jedenfalls ist das Gegenteil anzunehmen, d. h. die Beantwortung der Frage, was Amtsgeheimnis sei, den Gerichten zu überlassen, wenn es sich in einem Strafverfahren nicht um den Umfang dessen, worüber ein Beamter als Zeuge vernommen werden kann, sondern um Verhängung einer Strafe wegen Verletzung des Amtsgeheimnisses — vgl. §§ 332, 333 StrGB. — handelt.

63. Im Gegensatz zu den in A. 57 ff. erwähnten Streitigkeiten sind diejenigen, welche die finanzielle Seite der Beamtenstellung betreffen, ihrem Wesen nach privatrechtlicher Natur und daher prozeßfähig. Betreffs der aus dem Dienstvertrage hergeleiteten Gehalts und Pensionsansprüche der mittelbaren Staatsdiener stand dies zu allen Zeiten fest, und ist hinsichtlich gleicher Ansprüche der unmittelbaren Staatsbeamten wenigstens durch die neuere Gesetzgebung anerkannt worden, während freilich die älteren Gesetze hier den RW. ausdrücklich ausschlossen; vgl. die Erläuterungen zum Ges. v. 24. Mai 1861, ferner OLG. Cöln 1. Mai 1896 (Rh. A. 90, I. 234).

64. Das eben gesagte ist selbstredend nicht auf Gehalts- und Pensionsansprüche zu beschränken, sondern auch auf etwaige Entschädigungsforderungen für außerordentliche Dienstverrichtungen zu beziehen. Dreht sich jedoch der desfallsige Streit lediglich darum, ob die gerade fragliche Verrichtung in den Kreis der dem Beamten schon kraft seines Amtes obliegenden Handlungen falle, so kommt der in A. 59 besprochene Satz zur Anwendung, selbst wenn der betreffende Beamte bloß mittelbarer Staatsdiener ist oder doch keine Ansprüche wider die Staatskasse erhebt. Hiermit dürfte es zusammenhängen, wenn die InnMiVfg. 7. Febr., 2. Okt. 1842 (VMBl. S. 59, 333) den vermeintlichen Anspruch eines Stadtmagistrats auf die aus den Kassen der Kirchen und milden Stiftungen für die Rechnungsabnahme bisher bezogenen sog. Rechnungsgebühren und die eines Kreissteuereinnehmers auf Hebungsgebühren für die zu den Kreiskommunalfonds gehörigen Kapitalien für nicht prozeßfähig erklären, indem sich aus dem weiteren Inhalte der Verfügung ergibt, daß dieselben jene Ansprüche gleichzeitig als unbegründet betrachten, und zwar um deswillen, weil der Magistrat von Amtswegen verpflichtet sei, die Oberaufsicht über die zum Besten der Stadt bestehenden frommen Stiftungen zu führen, und weil es, in Ermangelung eines besonders hierfür bestellten Rendanten, zu den Obliegenheiten eines Kreissteuereinnehmers gehöre, die zur Bestreitung der Kreisbedürfnisse bestimmten Nebenfonds zu verwalten.

65. Außerdem besagt die JMVfg. 3. Oktober 1835 (Wegener S. 387), daß die Entschädigung, welche ein Schullehrer für außerordentliche Dienstverrichtungen während der Pfarrvakanz fordere, zwar insofern, als Privatpersonen dafür aufkommen sollten, dem RW. angehöre, daß aber die dessallsige Klage nicht zuzulassen sei, bevor die vorgesetzte Dienstbehörde die Forderung festgesetzt habe, und daß hinfüro alle Klagen wegen derartiger Forderungen, die ein Beamter im Dienste deserviert haben wolle, erst nach Beschaffung einer solchen administrativen Festsetzung zugelassen werden dürften; vgl. jedoch die Erläuterungen zum Ges. v. 24. Mai 1861 § 1ff.

66. Das Klagerecht (A. 63) wird durch Maßnahmen der Verwaltungsbehörde, auch wenn sie auf dem ihr zustehenden Oberaufsichtsrecht beruhen, nicht eingeschränkt: EK. 12. Okt. 1867 (JMBl. S. 437: einem Presbyterium war die Verwaltung der Kirchenkasse entzogen mit der ausdrücklichen Maßgabe, jede ungehörige Einmischung des beteiligten Pfarrers oder des Presbyteriums auszuschließen; trotzdem wurde der RW. sowohl gegen das Presbyterium als den kommissarischen Verwalter für zulässig erklärt).

67. Die Beamten, welche die Standesherren für die Ausübung der ihnen überlassenen untergeordneten Regierungsrechte ernennen, sollen zufolge § 57 der Allerh. Instruktion vom 30. Mai 1820 (GS. S. 81ff.) zugleich als Staatsdiener betrachtet werden und in Hinsicht auf Entlassung, Versetzung, Pensionierung, Suspension und Entsetzung sogar dieselben Rechte genießen, wie die unmittelbaren Staatsbeamten, weshalb auch das in A. 57ff. hinsichtlich der letzteren gesagte in gleicher Weise von solchen standesherrlichen Beamten gilt. Was dagegen diejenigen Diener betrifft, die von den Standesherren für ihren Haushalt, für die Verwaltung ihrer Domänen, Lehns- und Patrimonialgerechtsame, sowie für alle ihre Familien- oder Privatangelegenheiten aus eignen Mitteln angestellt und eidlich verpflichtet werden, so bestimmt § 61 das. ausdrücklich, daß deren Verhältnis zur Dienstherrschaft ein rein privatrechtliches sei und daß über die gegenseitigen Rechte wie Verbindlichkeiten, auch in Absicht der Entlassung oder Dienstveränderung, allein der Dienstvertrag und nötigenfalls das zuständige Gericht entscheiden solle.

68. Die Stellung eines Privatangestellten zu seinem Dienstherrn ist nicht allein inbezug auf die ausgesetzte Besoldung, sondern auch inbezug auf die Fortdauer oder Aufhebung des Dienstverhältnisses eine durchaus privatrechtliche, welche lediglich nach dem Dienstvertrage, und zwar bei entstehendem Streit durch den Richter beurteilt werden muß, selbst wenn der Angestellte nach anderer Seite hin einen öffentlichen Charakter bekleidet, wie dies namentlich bei den auf Lebenszeit angestellten Privatförstern der Fall ist. Vgl. OT. 9. Nov. 1844, 3. Jan. 1848 (E. 11 S. 176, 16 S. 5; hier war jedoch die Zuständigkeit nicht bestritten; der Streit beschränkte sich vielmehr auf die Frage, ob ein solcher Privatförster in Rücksicht auf seinen öffentlichen Charakter ein Recht auf Belassung in seiner Stelle dem dritten Gutserwerber gegenüber habe, was das OT. verneinte.)

69. A.H. Cöln 7. Febr. 1825 (Rh. A. 8, II. 50) sprach sich für die Unzulässigkeit des RW. in einem Falle aus, wo gegen den Fiskus auf Ersatz des dem Kläger teils vor, teils während der Eroberung der Rheinlande durch die verbündeten Mächte zugefügten Schadens geklagt worden war, weil die Frage, ob die Entschädigungspflicht infolge der später erfolgten Abtretung des Landes an Preußen auf diesen Staat übergegangen sei, außerhalb des Privatrechts liege, vielmehr den Staat als solchen und in seinen Beziehungen zu anderen Staaten betreffe; vgl. übrigens Art. 30 der Wiener Schlußakte vom 15. Mai 1820 (GS. S. 122), wonach, falls Forderungen von Privatpersonen nicht befriedigt werden können, weil die betreffende Verpflichtung unter mehreren Bundesgliedern zweifelhaft oder streitig ist, die Bundesversammlung auf Anrufen der Beteiligten zunächst eine gütliche Ausgleichung unter jenen Bundesgliedern, und beim Mangel einer solchen Einigung die rechtliche Entscheidung der streitigen Vorfrage durch eine Austrägalinstanz veranlassen soll.

70. Für Ansprüche gegen eine ausländische (nicht reichsdeutsche) Regierung, auch wenn sie rein privatrechtlicher Natur sind, ist der RW. vor den ordentlichen Gerichten unzulässig, da ihre Geltendmachung, soweit dafür die inländische Staatsgewalt angerufen wird, nach den allgemeinen Regeln des Völkerrechtes lediglich durch den Minister der auswärtigen Angelegenheiten auf diplomatischem Wege erfolgen kann. So: EK. 14. Jan. 1882 (Gruchot 26 S. 298); aM. (mit Recht) Stölzel S. 8. Vgl. Droop in Gruchot 26 S. 289ff.).

71. Nach *EK. 13. Nov. 1858 (JMBl. 59 S. 159) soll eine Klage unstatthaft sein, die gegen den Fiskus auf Erfüllung eines Staatsvertrags hinsichtlich der unter den vertragschließenden Staaten zugunsten dritter Personen eingegangenen Verpflichtungen von solchen dritten angestellt wird, indem dergleichen Verpflichtungen keinen privatrechtlichen Charakter hätten, sondern unter der Herrschaft des Völkerrechts ständen [?]. (Insoweit die Entscheidung gleichzeitig auf die AKO. v. 4. Dez. 1831 Bezug nimmt, wird ihrer unten A. 116 noch besonders gedacht werden.) — Ein OT. 11. März 1850 (Präj. Nr. 2186; E. 19 S. 414) nahm sogar an, daß die durch AKO. v. 23. Aug. 1821 als ein Statut der katholischen Kirche Preußens bestätigte Bulle de salute animarum inbezug auf die Ausstattung der katholischen Bistümer, Domkapitel und anderen kirchlichen Institute nur die vom päpstlichen Stuhle mit der preußischen Regierung getroffenen Vereinbarungen enthalte, die zwar völkerrechtliche Verbindlichkeiten zwischen den beiden Regierungen begründeten, den auszustattenden Instituten aber ein Klagerecht gegen den Staatsschatz nicht gewährten. In der Begründung dieser Entscheidung wird jedoch das Hauptgewicht darauf gelegt, daß jene Bulle zum großen Teile noch nicht zur Ausführung gelangt sei, indem sie im wesentlichen nur solche Bestimmungen enthalte, die ihrer Natur nach nicht wie sonst bei neuen Gesetzen sofort mit der Publikation auch die Grundlage neu entstehender Privatrechte werden könnten, sondern, um die Quelle solcher Rechte zu bilden, erst der Ausführung bedürften. Wie eine Erledigung etwaiger Meinungsverschiedenheiten über die Art der Ausführung im Wege des Prozesses zwischen beiden Regierungen unzulässig, darüber vielmehr nur ein schiedsrichterlicher Ausspruch denkbar sei, falls die Regierungen in dieser Beziehung etwas festgesetzt hätten, ebensowenig könne das klagende Domkapitel, welches auf keine Weise mehr Rechte habe, als der päpstliche Stuhl selbst, durch die eignen Gerichte des Landes die Regierung nötigen, ihm das zu bewilligen, was diese staatsvertragsmäßig bewilligt zu haben bestreite. Erst dann also, wenn die Ausführung jener Bestimmungen im einzelnen beendet sein werde, seien durch dieselben solche Rechte ins Leben gerufen, welche als Privatrechte gemäß § 1 der Einl. z. AGO. auf gerichtlichen Schutz Anspruch hätten. Ähnlich entschied RG. 5. Juni 1880 (E. 2 S. 340). Ob diese Folgerungen, welche an die Unterscheidung zwischen der ihrer Ausführung in einzelnen Punkten noch harrenden und der bis zum letzten Punkte ausgeführten Bulle geknüpft werden, durchaus stichhalten, dürfte freilich erheblichen Bedenken unterliegen. Das App.-Ger. zu Posen erachtete in obigem Falle die richterliche Entscheidung für statthaft, und ein EK. 11. März 1848 (JMBl. S. 184) hat in einem ganz gleichen Falle dasselbe entschieden. Hier war selbst von der betreffenden Provinzialbehörde der KK. nicht in obiger Weise begründet, sondern bloß darauf gestützt worden, daß die Verfügung, welche damals grade die Veranlassung zur Klage gegeben hatte, vom Oberpräsidenten in Ausübung des landesherrlichen jus circa sacra (§ 36 d. G.) ergangen sei, mithin auf dem RW. nicht angefochten werden könne. Der KompGH. betrachtete jedoch den Streitgegenstand als einen privatrechtlichen und verwarf demzufolge den KK. (Über das Recht des Richters zur Prüfung der völkerrechtlichen Gültigkeit sowie des Sinnes eines Staatsvertrags bei einem an sich prozeßfähigen Streite s. unten A. 93.)

72. Jedenfalls betrifft der Prozeß, in welchem eine Kirche vom Fiskus als dem Rechtsnachfolger eines Klosters Zuschüsse zur Dotation der Kirche sowie des Pfarrers beansprucht und diesen Anspruch teils auf ältere Verträge, teils auf Verjährung gründet, rein privatrechtliche zur richterlichen Entscheidung geeignete Verhältnisse, und zwar sowohl was die Begründung jener Rechtstitel, als was die Höhe der daraus hergeleiteten Forderung betrifft: *EK. 10. Jan. 1852, 9. Juni, 13. Okt. 1866, 8. Jan. 1870 (JMBl. 52 S. 171; 66 S. 282, 350; 70 S. 61). Die ME. 8. Mai 1839 (Arnsb. Archiv 7 S. 165) nahm zwar in einem solchen, auf Dotation eines zweiten Geistlichen gerichteten Prozesse das Gegenteil an, aber nur, weil der Streit lediglich das Bedürfnis mehrerer Geistlichen inbezug auf die Seelsorge betreffe, indem die Verpflichtung des Fiskus für den Fall eines wirklichen Bedürfnisses keineswegs streitig sei [?]. Übrigens hatten sich auch hier die OLG. Arnsberg und Münster für die richterliche Zuständigkeit ausgesprochen. Die beiden letztgenannten EK. betonen ausdrücklich, es handle sich in diesen Prozessen nicht um streitige Fragen über Kultusbedürfnisse der klagenden Kirche, deren Entscheidung unter Umständen der Regierung als Oberaufsichtsbehörde zustände, sondern lediglich um Feststellung und Begrenzung von Verpflichtungen, welche der Staatskasse

gegen eine bestimmte Kirche aus einem besondern privatrechtlichen Titel erwachsen seien.

73. Nicht minder privatrechtlich und daher prozeßfähig ist der Anspruch einer Gemeinde auf Räumung eines ihr angeblich gehörigen, von einer geistlichen Bruderschaft benutzten Lokals, trotz des Einwands, daß dieses Lokal ein geweihter, den Andachtsübungen für jedermann zugänglicher Ort sei: EK. 24. März 1849 (JMBl. S. 281).

74. Ebenso ist nach RG. 5. Nov. 1895 (Gruchot 41 S. 692) der RW. zulässig, wenn eine Stadtgemeinde das durch Vertrag oder Ersitzung erworbene Recht in Anspruch nimmt, die Kirchenglocken bei Feuersgefahr behufs Alarmierung zu läuten; denn wenn auch der Klageanspruch an sich auch unter den Gesichtspunkt eines öffentlichrechtlichen Anspruchs gebracht werden könne, so sei doch die Klage darauf gestützt, daß die Glocken seit unvordenklicher Zeit zum Läuten bei Feuersgefahr benutzt worden seien und daß die Stadt durch die Fortdauer dieses Zustandes einen erheblichen Vermögensvorteil habe; es handle sich somit um eine den besonderen Bedürfnissen der Stadtgemeinde dienende privatrechtliche Befugnis.

75. Nach EK. 10. Febr. 1866 (JMBl. S. 176) ist privatrechtlicher Natur der gegen den Pfarrer erhobene Anspruch des Kirchenpatrons auf Herausgabe der Schlüssel einer wegen Baufälligkeit außer Gebrauch befindlichen Kirche, insofern der Anspruch auf die dem Patron obliegende Verpflichtung zur baulichen Unterhaltung der Kirche und sein vermeintliches Anrecht an den Materialien des alten Kirchengebäudes gestützt wurde.

76. Ferner sind privatrechtlicher Natur die bei Auseinandersetzungen mit dem abgehenden Pfarrer oder dessen Erben vorkommenden Streitigkeiten — § 823 ff. II. 11 ALR. Die von mehreren Oberpräsidenten zur Ausführung des Art. 15 der Verfassungsurkunde inbezug auf die katholische Kirche erlassenen Regulative (vgl. v. Rönne, 1. Aufl. 1. S. 660) verweisen zwar solche Streitigkeiten zunächst an die bischöfliche Behörde, behalten jedoch den Beteiligten die Beschreitung des RW. ausdrücklich vor.

77. Desgleichen Streitigkeiten, die das Recht auf einen besonderen Kirchenstuhl zum Gegenstande haben, dieses Recht mag als Ausfluß des Patronatsrechts, oder als gewöhnliches jus in re aliena in Anspruch genommen werden; vgl. OT. 5. Jan. 1855, 31. März 1856, 29. Okt. 1858 (E. 30 S. 199; 32 S. 42; Strieth. 31 S. 90 ff.) In allen diesen Entscheidungen wurde die von keiner Seite bestrittene Prozeßfähigkeit als selbstverständlich vorausgesetzt. Doch ist auch die Frage der Prozeßfähigkeit zu wiederholten Malen geprüft und ausdrücklich zugunsten des RW. entschieden worden, jedoch nur insoweit, als es sich um das Vorhandensein der Berechtigung selbst, nicht also sofern es sich nur um die Stellung der Kirchenbänke handle, indem Streitigkeiten über den letzteren Gegenstand den innern Dienst der Kirche beträfen, welcher lediglich den Anordnungen der geistlichen Aufsichtsbehörde bezw. den Beschlüssen der kirchlichen Gemeindeorgane unter Genehmigung der Aufsichtsbehörde unterliege. Das letztere trifft auch zu, wenn im Interesse des Kultus die Berechtigung ganz entzogen wird; im RW. kann nur eine Entschädigung geltend gemacht werden. Vgl. AH. Cöln 25. Aug., 31. Dez. 1828, 26. März 1841, LG. Trier 12. Jan. 1851 (Rh. A. 12, I. 243; 13, I. 138; 31, I. 109; Tr. A. 7, I. 89), ferner EK. 18. März 1865, 14. Apr. 1866, 9. März 1867, 10. Nov. 1894, 14. Apr. 1883, 11. März 1899, 10. März 1900 (JMBl. 65 S. 134; 66 S. 249; 67 S. 155; 96 S. 35; Rechtspr. S. 238; Nachtr. S. 13; DJurZtg. 5. S. 399); RG. 5. Mai 1882, 29. Juni 1886, 19. Nov. 1889, 8. Dez. 1886, 1. Febr. 1897, 16. Dez. 1898 (E. 7 S. 136; 16 S. 159; 24 S. 174; Gruchot 31 S. 440, JurWoch. 97 S. 180 Nr. 54; 99 S. 108 Nr. 56); OLG. Cöln 8. Mai 1894 (Rh. A. 87, I. 231). Einzelne dieser Entscheidungen stützen sich auch auf § 1 Ges. v. 11. Mai 1842, z. B. RG. 1897; vgl. dagegen EK. 1900. Derartige Privatrechte auf bestimmte Kirchensitze kommen übrigens sowohl in den katholischen als in den evangelischen Kirchen sowie auch bei den Synagogen vor: gen. RG. 1882, 1886. Vgl. auch OVG. 10. Dez. 1884 (VMBl. 85 S. 22) wonach die Kirchenstuhlordnung als ein Teil der äußeren Ordnung des öffentlichen Gottesdienstes dem Schutze der Landespolizeibehörde und außerdem, soweit es sich um Aufrechthaltung der öffentlichen Ruhe und Ordnung handelt, dem Schutze der Ortspolizeibehörde unterliegt mit der Maßgabe, daß polizeiliche Anordnungen etwaigen richterlichen Urteilen über privatrechtliche Ansprüche gegenüber nur die Bedeutung zwischenzeitlicher Maßnahmen haben. Vgl. ferner Delius in Gruchot 34 S. 678 ff., 686.

78. Daß die sterblichen Ueberreste eines Menschen Gegenstand des Privateigentums und von Prozessen sein können, ist wenigstens in Frankreich wiederholt anerkannt worden (Gretry, Latour d'Auvergne), wenn auch das Recht, die Maßregeln zu deren Ausgrabung und Ueberlieferung vorzuschreiben, der Polizei vorbehalten ward; vgl. Dalloz, m. comp. admin. n. 217, 265; ferner OVG. 15. Febr. 1898 (E. 33 S. 448) sowie die folgende Anmerkung.

79. Streitigkeiten über Eigentum und Besitz an Begräbnisplätzen, über die Befugnis, ein Grab mit einem Denkmal zu versehen, u. ä. sind im allgemeinen trotz der in mehrfacher Beziehung hervortretenden öffentlichrechtlichen Eigenschaft der Vorschriften über Begräbniswesen zur gerichtlichen Entscheidung geeignet. Vgl. RG. 4. Dez. 1884 (E. 12 S. 280) und die dort genannten Entscheidungen des OT. und des KompGH. Desgleichen sind im RW. verfolgbar Ansprüche auf Benutzung eines Friedhofs. So entschied das gen. RG. 1884, daß jeder Eingepfarrte als Mitglied der Kirchengesellschaft ein gegen diese im Prozeßwege verfolgbares Recht auf die bestimmungsmäßige Benutzung des derselben gehörigen Friedhofs für sich und seine der nämlichen Parochie angehörenden Familienglieder habe. Ebenso RG. 8. Nov. 1900, 31. Jan. 1901 (Gruchot 45 S. 1174; DJurZtg. 6 S. 163), ferner RG. 4. Jan. 1902 (Gruchot 46 S. 1135: Recht auf „ehrliches Begräbnis"). AM. EK. 13. Dez. 1902 (DJurZtg. 8 S. 480: das Recht auf Benutzung des Korporationsvermögens stehe dem einzelnen Mitgliede der Korporation nicht als Individualrecht zu, sondern sei ein Ausfluß seines Verhältnisses zur Allgemeinheit; darum fehle es an einem Privatrecht und somit an der Voraussetzung für einen bürgerlichen Rechtsstreit; s. unten A. 182a. — Ist der Kirchhof Eigentum der Zivilgemeinde, so kommen die Grundsätze über die Teilnahme am Gemeindevermögen zur Anwendung, sodaß in diesem Falle das Verwaltungsstreitverfahren gegeben ist (§§ 18, 34 ZustGes.); vgl. OVG. 16. Sept. 1891 (E. 21 S. 126). RG. 21. Juni 1888 (Gruchot 32 S. 885) erachtete die Klage auf Wiederherstellung des früheren Zustandes für zulässig in einem Falle, wo der Beklagte aus einem fremden Grabe die Leiche hatte entfernen und die Leiche seines Vaters hatte beisetzen lassen; ob etwa die Polizeibehörde die Ausführung des ergehenden Urteils aus Gründen des öffentlichen Wohls untersagen werde, berühre die Frage der Zulässigkeit des RW. nicht. Einen privatrechtlichen Anspruch des Interessenten gegen die Behörde auf Gestattung der Ausgrabung einer Leiche hat RG. 23. Aug. 1886 (E. 16 S. 151) nicht anerkannt (gem. Recht). Der RW. wird natürlich in allen diesen Fällen dann meist ausgeschlossen sein, wenn eine polizeiliche Verfügung in der streitigen Angelegenheit ergangen und die Klage als gegen diese gerichtet zu erachten ist: Ges. v. 11. Mai 1842; vgl. auch A. 50 dazu. Vgl. ferner MVfg. 29. Jan. 1891 (VMBl. S. 32: außerhalb der Rheinprovinz sei im allgemeinen die Anweisung von Grabstellen kein Ausfluß des staatlichen Aufsichtsrechts oder eine Befugnis der Ortspolizeibehörde, sondern ein Akt der Verwaltung, der dem Eigentümer des Begräbnisplatzes gebühre); OVG. 3. Okt. 1877 (E. 3 S. 330: wird jemand von der Kirchengesellschaft gehindert, die auf einem öffentlichen Begräbnißplatze befindlichen Gräber seiner Angehörigen zu besuchen, so hat er polizeilichen Schutz in Anspruch zu nehmen; Klage im Verwaltungsstreitverfahren ist nicht zulässig). — Werden durch die Anlegung eines Friedhofs Privatrechte von Privatpersonen verletzt, so steht diesen zur Wahrung ihrer Rechte der RW. und nur der RW. offen; im übrigen fällt ihr Interesse zur Sache mit dem öffentlichen Interresse zusammen, das lediglich von der Polizeibehörde zu wahren und zu vertreten ist: OVG. 10. Juli 1878 (E. 4 S. 411); vgl. auch Rh. Ress.-Regl. A. 237. — Rein privatrechtlich und deshalb prozeßfähig ist der Anspruch auf die Gras- und Obstnutzung in einem wegen Ueberfüllung geschlossenen Friedhofe: EK. 13. Nov. 1880 (Rechtspr. S. 238).

80. Zufolge JMVfg. 7. Dez. 1841 (VMBl. 42 S. 13), die Disposition der Kirchen über Erbbegräbnisse nach dem Abgange der an denselben berechtigten Personen betreffend, ist ferner der Frage, ob den Testamentserben dieselben Rechte wie den gesetzlichen Erben einzuräumen seien, im Falle eines Streits im RW. zu entscheiden. Die MVfg. bemerkt übrigens gleichzeitig, daß solche Erbbegräbnisstellen kein Gegenstand zur Befriedigung der Gläubiger des Berechtigten seien, und daher z. B. nicht im Zwangswege verkauft werden könnten.

81. Daß Streitigkeiten, welche sich über die Gültigkeit einer Familienstiftungs-Urkunde oder über die aus einer solchen Stiftung abzuleitenden Ansprüche erheben, einen privatrechtlichen Charakter haben und daher prozeßfähig sind, folgt

ebensowohl aus dem Gesetze (§§ 31—33 II. 4 ALR; BGB. § 80ff.), wie aus allgemeinen Gründen. Vgl. RG. 20. Juni 1901 (Seufferts Arch., 3. F., 1 S. 385: der RW. ist zulässig gegen die Ablehnung einer Unterstützung, wenn er nicht durch die Verfassung der Stiftung ausgeschlossen ist). Selbst die Klage auf Absetzung eines nach der Stiftungsurkunde aus dem Kreise der Familie gewählten Verwalters, welche von dem Haupt der Familie angestellt nnd auf gröbliche Pflichtverletzung des Beklagten gestützt wird, betrifft einen prozeßfähigen und nicht etwa den Verwaltungsbehörden überwiesenen Gegenstand; vgl. OT. 9. Febr. 1852 (Strieth. 6 S. 37) und die dort sowie oben A. 5 bezogene AKO. v. 3. Jan. 1845. Ueber das Verhältnis der gerichtlichen Zuständigkeit zur Familien-Autonomie vgl. Ges. v. 15. Febr. 1840 bezw. jetzt Art. 2 AG. z. BGB. und OT. 25. Nov. 1850 (E. 20 S. 314), KG. 4. Mai 1903 (JMBl. S. 235). Durch die staatliche Genehmigung der Stiftung wird die Anfechtung der letzteren im ordentlichen RW. nicht ausgeschlossen; vgl. RG. 27. Juni 1881 (E. 5 S. 140).

82. Die Zulässigkeit des RW. ist auch nicht auf Streitigkeiten beschränkt, die reine Familienstiftungen betreffen; er findet vielmehr bei gemischten und selbst bei ausschließlich öffentlichen Stiftungen gleichfalls statt, so oft durch die Stiftungsurkunde Privatrechte begründet werden oder aus derselben vermeintlich abzuleiten sind, die bei den Stiftungsbehörden keine Anerkennung finden; denn aus der den letzteren eingeräumten größeren oder geringeren Selbständigkeit bei ihrer Verwaltung folgt nicht, daß sie auch die bezüglich derselben entstehenden Streitigkeiten, sofern die Verletzung eines Privatrechts behauptet werde, endgültig zu entscheiden hätten: EK. 7. März 1857 (JMBl. S. 299; jemand hatte gegen eine gemischte Stiftung ein Stipendium eingeklagt, auf dessen Genuß er, der Stiftungsurkunde zufolge, als Sohn eines städtischen Bürgers ein jus quaesitum zu besitzen behauptete, indem er das Vorhandensein von vorzugsberechtigten Anverwandten des Stifters bestritt; ungeachtet dieser Anspruch sonach gerade auf solche Bestimmungen der Urkunde gestützt wurde, welche kein Familieninteresse betrafen, so entschied der KompGH. dennoch zu Gunsten des RW.). Ebenso EK. 20. Apr. 1850, 22. Sept. 1860, 13. Dez. 1884 (Rechtspr. S. 479, 253, 197). Vgl. ferner RG. 25. Nov. 1879, 11. Febr. 1882 (E. 1 S. 86; 9 S. 206). Doch können Klagen dieser Art nur wider die Stiftungsbehörde selbst, nicht wider die derselben vorgesetzte Oberaufsichtsbehörde angestellt werden; vgl. unten A. 159.

83. Ähnliche Grundsätze hat der AH. Cöln hinsichtlich der Familienstiftungen im Bereiche des Rheinischen Rechts, namentlich der zu Gunsten der Familie in älterer Zeit errichteten Studienstiftungen ausgesprochen, so in den Erk. v. 28. Nov. 1856, 3. Mai 1860 (Rh. A. 52, I. 91; 55, I. 182); das erstere erwog, daß bei dem privatrechtlichen Charakter der Familienstiftungen das Verhältnis ihrer Verwalter, selbst wenn diese im übrigen eine öffentliche Stellung einnähmen, zur Gesamtfamilie sowohl wie zu den einzelnen zum Genuß berechtigten Familiengliedern sich nur nach den Grundsätzen des Privatrechts bestimme, weshalb die über die Vermögensverwaltung oder -verwendung entstehenden Streitigkeiten, insbesondere auch solche, zu denen eine Meinungsverschiedenheit über den Sinn der Stiftungsurkunde Anlaß gebe, auf prozessualem Wege zu erledigen seien; ferner in einem Erk. v. 1. Juli 1841 (das. 32, I. 12), welches in Übereinstimmung hiermit entschied, daß die Klage auf Teilnahme an den Wohltaten einer frommen Stiftung, angestellt von einem Familiengliede wider die die Stiftung verwaltende geistliche Behörde einen zum RW. geeigneten Gegenstand betreffe und mit den übrigen Obliegenheiten jener Behörde nichts gemein habe; desgleichen in einem Erk. v. 21. Febr. 1833 (das. 18, I. 36), wo angenommen wurde, daß zwar die bei dem Verwaltungsrate einer Studienstiftung beruhende Befugnis, über die persönliche Qualifikation des Titulars sowie über den Vorzug, der einem unter mehreren Berechtigten wegen persönlicher Qualifikation zu geben sei, zu entscheiden, alle richterliche Entscheidung ausschließe, daß jedoch die Verwaltung einem Bewerber, den sie als nicht zur Familie des Stifters gehörig zurückweise, vor Gericht Rede stehen müsse. Wider das ersterwähnte obiger Urteile wurde zwar der Kassationsrekurs ergriffen, dieser jedoch durch *OT. 18. Mai 1858 (Rh. A. 54, II. 47) als unbegründet verworfen. Ebenso erkannte auch der KompGH.: EK. 22. Okt. 1853 (Rechtspr. S. 252). Später ist jedoch beim Obertribunal bezüglich der Studienstiftungen eine durchaus entgegengesetzte Ansicht zur Geltung gelangt: *OT. 2. Juli 1861 (Rh. A. 56, II. 69), welches das bezogene AH. 3. Mai 1860 kassierte, folgert nämlich aus positiven Bestimmungen, insbesondere aus den

Dekr. v. 22. brum. XIV, 11. Dez. 1808 und 15. Nov. 1811, daß die Familien-Studienstiftungen im Bezirke des AH. Cöln gegenwärtig Teile des öffentlichen Vermögens der Unterrichtsanstalten bildeten, und daß die Verwaltung, wenn sie über die Vergebung einer solchen Stiftung Beschluß fasse, nicht als Bevollmächtigte des Stifters, sondern kraft eines ihr gesetzlich verliehenen Entscheidungsrechts handle, wider dessen Handhabung der RW. aus keinerlei Gründen angetreten werden könne. Auf derselben Auffassung scheint der AErl. v. 25. Mai 1868 betr. die Verwaltung der Gymnasial- und Stiftungsfonds zu Cöln (GS. S. 539) zu beruhen, der unter Bezugnahme auf das Dekr. v. 22. brum. XIV in § 11 den Rechtsmittelzug hinsichtlich der Entscheidung des Verwaltungsrats regelt, ohne des ordentlichen RW. Erwähnung zu tun.

84. Der Streit über das Eigentum an einem Stiftungsfonds ist gleichfalls prozeßfähig, und zwar selbst dann, wenn dieser Fonds, wie z. B. ein Armenfonds, bloß öffentlichen Zwecken dient: EK. 30. Jan. 1858 (JMBl. S. 220). Dasselbe dürfte von Streitigkeiten anzunehmen sein, die nur das Recht zur Verwaltung betreffen. Inbezug auf das Recht zur Verwaltung einer Seelenmessenstiftung, das zwischen der bischöflichen Behörde und einem Standesherrn streitig war, wurde die privatrechtliche Natur des Streitgegenstands durch AH. Cöln 19. Okt. 1847 (Rh. A. 43, I. 189) ausdrücklich anerkannt. Was dagegen die Verwaltung der Fonds öffentlicher Stiftungen anbelangt, so findet die entgegengesetzte Ansicht in obigem EK. 1858 eine gewisse Stütze, wenngleich es sich damals nach der Ansicht des KompGH. weniger um das Verwaltungs-, als um das Oberaufsichtsrecht handelte, und die Entscheidung außerdem durch die Besonderheit des Falles in dem Grade bedingt wurde, daß sie wohl keine so grundsätzliche Bedeutung hat, wie ihr in der Überschrift beigelegt wird. (Der Klageantrag lautete: daß der betr. Armenfonds rein kirchlicher Natur, deshalb der klagende Vorstand denselben selbständig zu verwalten befugt, die verklagten Gemeinden aber mit ihrem Anspruch auf die Verwaltung abzuweisen seien. Der KompGH. zog nun teils aus dieser Fassung der Klage, teils aus dem als erwiesen angenommenen Umstande, daß die Kläger in der gewöhnlichen Weise zur Verwaltung der Kommunalarmenpflege bestellt, seit Jahren als Lokalarmenbehörde behandelt und unter Aufsicht der Staatsbehörde gehalten worden seien, den Schluß, daß die Verfolgung dieses Prozesses die Entbindung der Kläger aus den Ressortverhältnissen und von den Aufsichtsrechten, denen sie bisher als Armenvorstand unterlegen hätten, in Frage stelle, und daß als dessen eigentlicher Gegenstand überhaupt nur die Abgrenzung und Feststellung des amtlichen Wirkungskreises der Kläger, deren amtliche Beziehung zur politischen Gemeinde und zur Staatsregierung bezw. zur bischöflichen Behörde zu betrachten sei, hieraus sich aber die Unzulässigkeit des RW. von selbst ergebe, indem alles dies auf ein öffentliches Rechtsverhältnis hinauslaufe).

85. AppG. Arnsberg 11. Okt. 1851 (Arnsb. Archiv 15 S. 634) nahm an, daß eine Klage auf Verteilung des Ertrags einer infolge Brandunglücks abgehaltenen Kollekte, angestellt von einigen Brandbeschädigten wider das bestellte Komitee, einen Gegenstand betreffe, der sich aus keinem privatrechtlichen Gesichtspunkte beurteilen lasse. Jedoch ergibt die nähere Begründung, daß jene Klage weniger als zum RW. nicht geeignet, denn als unbegründet verworfen worden ist.

86. Darüber, daß die Rechte und Verbindlichkeiten, welche aus korporativen Verhältnissen abgeleitet werden, zu den Privatrechten, und Streitigkeiten über die rechtlichen Folgen des Austritts eines Mitglieds aus der Korporation inbezug auf seine Pflicht, zu den Korporationsbedürfnissen beizutragen, zur Entscheidung der Gerichte gehören, beläßt das ALR. (§ 20 II. 11; § 103 II. 6) keinen Zweifel. So: EK. 24. Juni 1851 (JMBl. S. 274). Dieses Erkenntnis und ein zweites in demselben Sinne ergangenes vom 11. Dez. 1852 (das. 53 S. 86) betrafen die Folgen des Austritts aus einer Posener Judengemeinde. Im letztern wird erwogen, es handle sich um Rechte und Verbindlichkeiten, deren vertragsmäßige Aufhebung gesetzlich gestattet worden, die mithin innerhalb dieser Gestattung Gegenstände des Privatrechts seien. Möge auch die Verfassung der Judenschaft nach einer Seite hin in das Gebiet des öffentlichen Rechts gehören, so sei dies doch nicht mehr der Fall, als bei jeder anderen Gemeinde und öffentlichen Korporation, deren Verträge, von den verfassungsmäßigen Vertretern innerhalb ihrer gesetzlichen Befugnis geschlossen, bei entstehendem Streite unbedenklich der richterlichen Entscheidung unterlägen, weshalb von einer Anwendbarkeit der § 35, 36 d. G. keine Rede sein könne.

Vgl. auch MVfg. 24. Mai 1842 (VMBl. S. 189) und im allgemeinen v. Rönne 2 S. 204, wo es heißt, die vermögensrechtliche Seite der Korporationen gehöre dem Privatrechte an; im öffentlichen Rechte könne es sich nur darum handeln, ihre Entstehung und die Sicherung ihres Bestandes dem Staate gegenüber zu regeln, sowie die Art ihrer Vertretung im Staatsverkehre und der Verfolgung ihrer öffentlichen Zwecke zu bestimmeu; ferner RG. 4. Dez. 1884 (E. 12 S. 284). — Immerhin gehört aber, wie dies auch aus den letzteren Bezugstellen hervorgeht, ein erheblicher Teil der auf korporative Verhältnisse bezüglichen Streitigkeiten dem Gebiete des öffentlichen Rechts an. Inbetreff des näheren vgl. die Erläuteruugen zu den §§ 36 und 41, an deren Vorschriften die meisten desfallsigen Beschränkungen des RW. sich anknüpfen lassen.

87. Es gibt Fälle, wo bei Gegenständen von vorwiegend privatrechtlicher Natur zwar die Rechtsklage zulässig, die Besitzklage dagegen zu Gunsten der Verwaltung ausgeschlossen ist; vgl. § 42 d. G., § 1 Ges. v. 11. Mai 1842, § 2 Nr. 2 Rh. Ress.-Regl. u. die Erläuterungen zu diesen Bestimmungen. Fälle des Gegenteils kommen jedoch nicht vor und sind geradezu undenkbar, da es doch offenbar widersinnig sein würde, wenn der Gesetzgeber denselben gerichtlichen Schutz, den er sogar einem bloß tatsächlich bestehenden Zustande beließe, dem diesem Zustande entsprechenden Rechtsanspruche versagen sollte. So oft daher die Rechtsklage ausdrücklich ausgeschlossen ist, folgt die Unzulässigkeit der Besitzklage von selbst.

88. Ein an sich nicht prozeßfähiger Anspruch wird durch seine Anerkennung durch den Staat oder den sonstigen Verpflichteten nicht zum RW. geeignet, es sei denn, daß das Anerkenntnis selbst für einen neuen rechtsgültigen Vertrag (§ 37 I. 5 ALR.) angesehen werden kann und daher einen selbständig für sich bestehenden Rechtstitel darstellt. Vgl. unten A. 224; A. 19 zur AKO. v. 4. Febr. 1823; A. 22 zur AKO. v. 19. Juni 1836.

89. Dagegen wird die privatrechtliche Natur des Klagegrundes nicht dadurch aufgehoben, daß die Gesetze, aus denen die Verpflichtung des Beklagten hervorgeht, dem öffentlichen Recht angehören: EK. 8. Dez. 1877 (VMBl. 78 S. 14); vgl. A. 46.

90. Die Frage der Aktiv- und Passivlegitimation betrifft nicht die Zulässigkeit des RW.; ihre Prüfung steht dem ordentlichen Richter zu. Vgl. z. B. EK. 13. Mai 1865; 13. Juni 1868, 12. Juni 1869 (JMBl. 65 S. 179; 68 S. 345; 69 S. 199); VO. v. 1. Aug. 1879 zu § 4.

V. Bei Prüfung der Zulässigkeit des RW. zu beachtende Umstände.

91. Bei Beurteilung der Frage, ob der Gegenstand eines anhängigen Rechtsstreits prozeßfähig sei, können in der Regel nur solche tatsächlichen Umstände in Betracht gezogen werden, welche bei Anstellung der Klage bereits vorhanden waren, vorausgesetzt, daß der ursprüngliche Antrag unverändert bestehen bleibt. Wenigstens liegt eine derartige Anschauung dem EK. 25. Sept. 1852 (JMBl. S. 407 und *EK. 11. Dez. 1858 (Nr. 915, Rechtspr. S. 305) zugrunde. Dies wird indessen alsdann eine Ausnahme erleiden, wenn die erst später entstehenden Umstände nach prozessualischen Grundsätzen oder der besonderen Lage der Verhältnisse beim Erlasse der Entscheidung in Betracht kommen müssen, das ergehende Urteil daher auch hinsichtlich ihrer die Rechtskraft beschreiten würde. Ein Beispiel, wo der KompGH. auf Grund einer erst im Laufe des Prozesses und zwar gleichzeitig mit der Erhebung des KK. eingetretenen Tatsache den RW. für unstatthaft erklärte, liefert *EK. 6. Okt. 1855 (das. S. 301). Der Fall betraf eine Besitzstörungsklage, gerichtet wider Maßregeln, welche hinterher durch eine landespolizeiliche Verfügung aufrecht erhalten wurden und erst dadurch einen amtlichen Charakter annahmen. Diesen Standpunkt hat der KompGH. auch später beibehalten und in EK. 4. Juli 1863 (JMBl. S. 227) ausdrücklich betont, es könne nicht mit derjenigen Schärfe, wie dies das Kammergericht in seinem Gutachten hervorhebe, anerkannt werden, daß für die Entscheidung der KK. nur der bei Zustellung der Klage vorliegende Zustand maßgebend sein dürfe; der KompGH. habe vielmehr seine Entscheidung immer aus der Ganzheit der Sache, wie sie ihm vorlag, entnehmen zu müssen geglaubt und namentlich bei Verkehrsanlagen die Zuständigkeit der Verwaltungsbehörde anerkannt, wenn auch die Anlage durch eine außerhalb der Behörde stehende Person gemacht worden war, die geordnete Instanz aber der Wegschaffung der Anlage nach Erhebung der Klage oder gar erst in dem Konfliktsbeschlusse widersprach. In diesem und andern Erkenntnissen, z. B. 12. Okt. 1861, 14. März 1896, 19. Juni 1897 (JMBl. 62 S. 97;

Rechtspr. S. 318; Nachtr. S. 14) wird daher die Bedeutung einer erst während des Prozesses ergangenen polizeilichen Verfügung geprüft. Vgl. Ges. v. 11. Mai 1842 A. 60, VO. v. 1. Aug. 1879 zu §§ 12—16; Stölzel S. 23. — In gen. EK. 1855 wurde im Gutachten der Justizbehörde die Frage angeregt, ob nicht wenigstens für die bis zum Erlasse jenes landespolizeilichen Aktes aufgegangenen Prozeßkosten dem Rechtsverfahren der unbehinderte Fortgang belassen werden müsse. Der KompGH. sprach sich zwar in verneinendem Sinne aus, weil die Fortführung des Prozesses über den bloßen Kostenpunkt dem Geiste des Ges. v. 8. Apr. 1847 zuwiderlaufe, und mit Rücksicht auf § 18 das. zum größten Teile nutzlos, außerdem aber eine Entscheidung über die Kosten ohne Entscheidung in der Hauptsache, von der sie abhänge, nicht möglich sein würde. Abgesehen jedoch davon, daß diese Beweisführung im wesentlichen nur für solche Fälle berechnet ist, in denen ein KK. erhoben wurde, dürfte sie überhaupt nicht als überzeugend zu erachten sein. Die Anwendbarkeit des § 18 reicht offenbar nur soweit, als das Rechtsverfahren vom KompGH. für unstatthaft erklärt wird, weshalb die aus diesem § hergeleitete Folgerung, wenn sie sich auf den hier allein fraglichen Kostenteil mitbezogen haben sollte, eine petitio principii enthalten würde. Freilich bedingt die Entscheidung über jenen Kostenteil eine Würdigung der Hauptsache, aber nur insoweit, wie diese sich in der ursprünglichen Lage des Prozesses darstellte und daher ohnehin der richterlichen Entscheidung anheimfiel. Letzterer Umstand kann sonach gleichfalls den Richter nicht hindern, in obigem Falle ebenso wie in so manchen anderen, wo ein Prozeß im übrigen gegenstandslos geworden ist und bloß noch über den Kostenpunkt Streit besteht, eine Entscheidung zu treffen.

92. Von ungleich größerer Wichtigkeit ist die Frage, ob die Prozeßfähigkeit eines anhängigen Rechtsstreits sich einzig und allein nach dem Antrag bezw. der Begründung der Klage bemißt, oder ob, wie der eigentliche Streitgegenstand erst bei der Klagebeantwortung klar hervortritt und abgegrenzt wird, so auch die Frage, ob er der richterlichen oder der administrativen Entscheidung anheimfalle, nach den beiderseitigen Auslassungen der Parteien beantwortet werden muß. Der KompGH. hat sich in vielen Fällen mittelbar für die letztere Ansicht erklärt und damit ausgesprochen, daß der für die Zuständigkeitsverhältnisse unter verschiedenen Gerichten geltende Grundsatz, daß das forum sich lediglich nach der Klage bestimme, die Einlassung des Beklagten mithin für die Zuständigkeitsfrage ohne Einfluß bleibe, eine entsprechende Anwendung auf die Ressortverhältnisse zwischen Justiz und Verwaltung nicht zulasse. Vgl. z. B. EK. 25. Sept., 30. Okt. 1852 (JMBl. 52 S. 408; 53 S. 36; in dem letzteren heißt es, daß, weil eine Auslassung des Beklagten nicht erfolgt sei, nur das Klagefundament allein der Entscheidung über den KK. zugrunde gelegt werden könne), ferner 18. Dez. 1852 (Rechtspr. S. 95; diese Entscheidung legt sogar den Anträgen eines Hauptintervenienten gleiche Wirkung bei wie der Einlassung des Beklagten). Dagegen geht die neuere Rechtsprechung der ordentlichen Gerichte mit Recht davon aus, daß für die Zulässigkeit des RW. lediglich entscheidend ist, ob nach der Klagebegründung (am Schlusse der mündlichen Verhandlung) der geltend gemachte Anspruch sich als privatrechtlicher darstellt; ergibt sich im Prozeß, daß der Anspruch nur als öffentlichrechtlicher, aber nicht als privatrechtlicher besteht, so ist die Klage als unbegründet abzuweisen. Vgl. RG. 13. Jan. 1892, 22. Sept. 1893, 28. Dez. 1900, 9. März 1899 (E. 29 S. 163; Gruchot 37 S. 1075; 45 S. 643; JurWoch. 99 S. 320), (aM. dagegen RG. 12. Juni 1900, Gruchot 45 S. 1170); OLG. Cöln 24. Febr. 1897, 7. Mai 1900 (Rh. A. 92, I. 7; 96, I. 109); Stölzel S. 26ff., ferner EK. 11. März 1899 (Rechtspr. Nachtr. S. 21). Allerdings ist hierbei der Richter nicht an den Wortlaut der klägerischen Erklärungen gebunden, er hat vielmehr unter Berücksichtigung der obwaltenden Sachlage und aller sie begleitenden Umstände die wahre Willensmeinung des Klägers zu ermitteln; so RG. 31. Jan. 1901 (JMBl. 02 S. 122; hier wurde entgegen der Begründung der Klage, dem Wortlaut des Antrags und der ausdrücklichen Erklärung des Klägers, daß er nur das im ordentlichen RW. verfolgbare Recht auf einen bestimmten Familiennamen beanspruche, aus der Entstehungsgeschichte des Prozesses hergeleitet, daß Kläger die Anerkennung seiner Zugehörigkeit zum Adelsstand herbeiführen wolle und daß die gewählte Wortfassung seiner Erklärungen nur der Erkenntnis entsprungen sei, daß auf Anerkennung des Adels nicht im ordentlichen RW. geklagt werden könne). — Selbstredend wird, wenn aus der Natur des Klageanspruchs die Unstatthaftigkeit des gerichtlichen Verfahrens folgt, diese Folge nicht etwa da-

durch wieder aufgehoben, daß der Beklagte einredeweise zur Beseitigung jenes Anspruchs privatrechtliche Gründe geltend macht: EK. 12. März 1859 a. E. (JMBl. S. 452).

93. Hiermit ist inzwischen nicht beantwortet, wie es zu halten sei, wenn eine Frage, die für sich allein, sei es wegen ihres öffentlichrechtlichen Charakters im allgemeinen, sei es infolge ausdrücklicher Gesetzesvorschrift der administrativen Beurteilung anheimfallen würde, nicht zum unmittelbaren und eigentlichen Gegenstande eines Prozesses gemacht wird, sondern nur incidenter, bei Erörterung eines an sich unzweifelhaft prozeßfähigen Gegenstandes als maßgebende Vorfrage zur Sprache kommt. Die folgerichtige Durchführung des Grundsatzes der Trennung der Gewalten würde wohl dahin führen, daß in solchen Fällen Justiz und Verwaltung sich in die Entscheidung teilen, d. h. daß das Gericht zwar die Entscheidung zur Hauptsache an sich behalten, die Entscheidung über die Vorfrage aber der Verwaltung überlassen, oder wenn letztere bereits entschieden haben sollte, diese Entscheidung der seinigen zugrunde legen müsse. Und in der Tat ist man in Frankreich, wo jene Grundregel weit folgerichtiger und unumschränkter ausgebildet ist, als in Preußen, zu diesem Ergebnisse gelangt: Dalloz, m. question préjudicielle, n. 197 ff. Die bei der Preußischen Rechtsprechung herrschende Ansicht geht dagegen dahin, daß, wenn einmal die privatrechtliche Natur des Klageanspruchs und die richterliche Zuständigkeit feststehe, letztere sich — vorbehaltlich etwaiger, das Gegenteil ausdrücklich anordnender Gesetzesvorschriften (vgl. z. B. §§ 5, 6 Ges. v. 24. Mai 1861, § 6 Ges. v. 11. Mai 1842) — auf alle die Entscheidung bedingenden Fragen miterstrecke. So erkannte EK. 11. Juni 1853 (JMBl. S. 248 a. E.), daß, falls gegen die Entscheidung der Verwaltungsbehörde über den Pensionsanspruch eines vormaligen Gemeindebeamten die gesetzlich ausdrücklich zugelassene Berufung auf den RW. eingelegt werde, selbst darüber vor Gericht gestritten werden könne, ob der angeblich Pensionsberechtigte die Eigenschaft eines Gemeindebeamten überhaupt oder zu einer gewissen Zeit wirklich besessen habe. EK. 16. Sept. 1854 (JMBl. S. 432) erkannte nach demselben Grundsatze in einem Prozesse zwischen verschiedenen Gemeindegliedern über den Umfang ihrer Beteiligung an den Gemeindelasten, in welchem die Beklagten ihre Eigenschaft als Gemeindeglieder bestritten hatten. (Der KompGH. erwog hier ausdrücklich, daß kein Grund für ihn vorliege, den RW. wenigstens inbezug auf letztere dem öffentlichen Rechte angehörige Frage auszuschließen, mithin den KK. teilweise aufrecht zu erhalten, weil der Klagegegenstand selbst sich auf eine [früher] der richterlichen Entscheidung unterliegende Frage beschränke.) In gleicher Weise erachteten AH. Cöln 5. Jan. 1846, 11. Nov. 1841 (Rh. A. 39, I. 255; 32, I. 82) die richterliche Prüfung der Frage für zulässig, ob jemand Preußischer Untertan sei, falls diese Eigenschaft inbezug auf die Gültigkeit eines Testaments zur Sprache komme, bei welchem jener als Zeuge zugezogen worden. EK. 22. Okt. 1853 (JMBl. S. 423) erkannte zu Gunsten des RW. in einem Falle, wo zwischen zwei Gemeinden die Grenze ihrer beiderseitigen Bezirke streitig war, weil nicht die Zugehörigkeit zu einem Gemeindeverbande selbst, sondern die daraus hergeleiteten Eigentumsrechte, nämlich die Trift bezüglich sämtlicher Grundstücke der einen Gemeinde den eigentlichen Streitgegenstand bildeten. Ebenso wurde wiederholt zu Gunsten des RW. in Fällen erkannt, wo zwei Armenverbände im Sinne des § 34 des APfl.-Ges. v. 31. Dez. 1842 mit anderen stritten, obgleich die Entscheidung lediglich von der Beantwortung der streitigen Vorfrage abhing, ob das Gebäude, in welchem der Arme wohnte, zum Bezirke des einen oder anderen Verbandes gehöre: OT. 9. März 1855 (Strieth. 17 S. 72); EK. 4. Juli 1857 (JMB. 58 S. 63). Durch AH. Cöln 13. Juni 1831 (Rh. A. 16, I. 75) endlich wurde ausgesprochen, daß bei Beurteilung der der Regreßklage wider einen Verwaltungsbeamten zugrunde liegenden Tatsachen die Gerichte durch eine im Verwaltungswege vorausgegangene Entscheidung überall nicht gebunden seien. — Vgl. außerdem AH. Cöln 10. März 1826 (Rh. A. 9, I. 110); EK. 22. Nov. 1851, 9. Juni, 20. Okt. 1855, 8. März 1856, 14. Dez. 1867 (JMBl. 52 S. 102; 55 S. 384, 404; 56 S. 141; 68 S. 87; in EK. 1856 wird u. a. erwogen, kein Gesetz verbiete den Gerichten bei Streitigkeiten, deren Entscheidung zu ihrer Zuständigkeit gehöre, Verfügungen und Handlungen anderer Behörden mit zur Beurteilung zu ziehen, welche dabei unter den Parteien, sei es tatsächlich oder rechtlich zur Sprache kämen und auf das streitige Rechtsverhältnis irgendwie von Einfluß seien, wobei sich jedoch von selbst verstehe, daß eine solche gerichtliche Beurteilung in ihrer Wirkung sich nicht weiter erstrecke,

als es zur Feststellung des unter den Parteien streitigen Verhältnisses erfordert werde). Auch die neuere Rechtsprechung hat diese Auffassung stets beibehalten; vgl. z. B. EK. 16. Febr. 1895, 8. Jan., 21. Mai 1898 (Rechtspr. S. 318; Nachtr. S. 5), RG. 29. Jan. 1890, (Pl.) 27. Apr. 1898 (Gruchot 34 S. 1129; E. 41 S. 267), OVG. 28. Febr. 1883 (E. 9 S. 137), OLG. Cöln 27. Nov. 1897 (Rh. A. 93, I. 80), KG. 4. März 1903 (DJurZtg. 8 S. 370). — Die Wissenschaft stimmt mit dieser Gerichtsübung überein. So sagt Grävell 1 S. 82, daß, wenn ein Bestandteil des öffentlichen Rechts nicht selbst den Gegenstand eines Rechtsstreits bilde, sondern nur darüber gestritten werde, ob ein in Anspruch genommenes Privatrecht darin begründet oder dadurch aufgehoben sei, der Richter über diese Vorfrage allerdings entscheiden müsse, weil hiervon sein richterlicher Ausspruch abhange; auf solche Weise werde keine verbindliche Rechtsbestimmung über den zur Sprache gekommenen Teil des öffentlichen Rechts gegeben, sondern nur das formelle Recht des privatrechtlichen Gegenstandes ausgemacht. Vgl. ferner Stölzel § 5 und die Bezugstellen S. 37, v. Brauchitsch 1 S. 23 A. 9, Oppenhoff, Bergges. A. 187. — Auch die Gesetzgebung hat jene in der Rechtsprechung herrschende Ansicht in der Anwendung auf den besonderen Fall gutgeheißen, wo in einem Prozesse unter den Parteien über die völkerrechtliche Gültigkeit oder den Sinn eines Staatsvertrages, oder endlich darüber gestritten wird, welcher von mehreren zugleich in Betracht kommenden Staatsverträgen der Entscheidung zugrunde zu legen sei. Zwar schrieb eine VO. v. 25. Jan. 1823 vor, daß die Gerichte über diese mehr oder weniger sämtlich dem öffentlichen Rechte angehörigen Fragen die Äußerung des Min. der ausw. Angel. einzuholen und sich danach bei ihrer Entscheidung lediglich zu richten hätten. Diese VO. ist jedoch durch die VO. v. 24. Nov. 1843 wieder aufgehoben und statt dessen bestimmt worden, daß die Gerichte nur auf den Antrag einer Partei oder auch nach Befinden von Amtswegen bei jenem Ministererium die zum Zwecke der rechtlichen Beurteilung erforderliche Auskunft einholen sollten, woraus schon von selbst folgt, daß die in solchen Fällen erteilte Auskunft hinfüro nur noch die Bedeutung eines bloßen Gutachtens hat. Vgl. auch § 4 VO. v. 1. Aug. 1879 und § 148 ZPO. (Stölzel S. 36), ferner Rh. A. 53, III. 9.

94. Dasjenige, was A. 93 im Hinblick auf Zivilprozesse gesagt worden ist, gilt in gleicher Weise von strafrechtlichen Prozeduren, so daß man auch hier der grundsätzlichen Verschiedenheit zwischen den Anschauungen der preußischen und der französischen Praxis begegnet. Während nach der letzteren der Strafrichter beim Entstehen von Vorfragen des anderen Ressorts sein Erkenntnis bis zu deren Erledigung durch die Verwaltung auszusetzen hat (vgl. Dalloz, m. question préjud., n. 200 ff.), huldigt die Preußische Rechtsprechung dem Grundsatze, daß der Strafrichter sich vom Vorhandensein aller die Strafbarkeit bedingenden oder ausschließenden, tatsächlichen wie rechtlichen Umstände selbst überzeugen, mithin auch die an sich zum Geschäftskreis der Verwaltung gehörigen Vorfragen in den Bereich seiner eigenen Prüfung hineinziehen müsse und an die desfalls etwa bereits ergangene Entscheidung der Verwaltungsbehörde in keiner Weise gebunden sei. So muß z. B. der Strafrichter in Untersuchungen wegen falscher Anschuldigung oder Verläumdung die Wahrheit oder Unwahrheit der betreffenden Tatsachen der eigenen Prüfung unterwerfen, wenn auch die Entscheidung über die Tatsachen selbst einer anderen Behörde zustehen, wenn z. B. die Denunziation Disziplinarvergehen eines Verwaltungsbeamten zum Gegenstande haben sollte: Oppenhoff, StGB. § 146 A. 26, § 190 A. 10, Pr. StGB. § 133 A. 10. Ebenso entscheidet der Strafrichter bezw. Geschworne bei Anklagen im Sinne der § 243 Nr. 4, 250 Nr. 3 selbständig, ob der betreffende Weg als ein öffentlicher anzusehen sei, obgleich diese Frage, an sich betrachtet, in der Regel durch die Verwaltungsbehörden festzustellen ist. Desgleichen ist, wenn in Untersuchungen wegen unbefugter Annahme von Adelsprädikaten der Beschuldigte auf solche Prädikate ein Recht zu haben behauptet, dieser Einwand vom Strafrichter zu prüfen; die vom Minister des königl. Hauses oder vom Heroldsamt hierüber erteilte Auskunft besitzt für ihn keine unbedingt verbindliche Kraft. Die JMVfg. 16. Febr., 17. Okt. 1838 (Jbb. 51 S. 177; 52 S. 675) bezwecken nicht, die Entscheidung des Strafrichters in dieser Hinsicht zu beschränken, sondern die nicht hinreichend begründete Einleitung solcher Untersuchungen zu verhindern. Vgl. Oppenhoff, StGB. § 360 Nr. 8 A. 36, EK. 16. Febr. 1895 (JMBl. S. 426), RG. 1. Juni 1897 (E. 39 S. 303). In welcher Weise sich obiger Grundsatz bei Steuer- und Gewerbepolizei-Kontraventionen äußert, wird in den Erläu-

terungen zu § 36, Abs. 2 d. G. besprochen. — Dieser Satz schließt jedoch selbstredend nicht aus, daß bei denjenigen Momenten, die gesetzlich nur durch eine Tätigkeit der Verwaltung zur Entstehung kommen können, diese Tätigkeit für den Richter maßgebend ist. In solchen Fällen besteht die richterliche Prüfung gerade darin, zu untersuchen, ob ein administrativer Akt wirklich vorliege und von der zuständigen Behörde erlassen sei. So war es z. B. in der Rheinprovinz Sache der Regierungen, die bestehenden Vizinalwege zu ermitteln und die Eigenschaft der Vizinalität endgültig festzustellen, sodaß selbst, wenn eine solche Deklaration irrig war, das für einen solchen Weg erklärte Land jene Eigenschaft hinfüro dennoch besaß, woraus folgt, daß diese Eigenschaft vor dem Polizeirichter bei dereinstigen Kontraventionsfällen nicht mehr bestritten werden konnte. Vgl. die Erläuterungen zu § 2 Nr. 2 des Rh. Ress.-Regl. Andere Beispiele s. Oppenhoff, StGB. § 360 Nr. 10 A. 75, § 367 Nr. 13 A. 75, § 368 Nr. 8 A. 22; RG. 17. Jan. 1881 (Rechtspr. 2 S. 740: dem Strafrichter steht keine Prüfung der Frage zu, ob ein Patent mit Recht erteilt worden ist oder seine Gültigkeit wieder verloren hat; hierüber hat lediglich das Patentamt zu entscheiden); OT. 10. Juli 1868, 12. Nov. 1869 (Rechtspr. 9 S. 446; 10 S. 711: Die Gerichte sind nicht befugt, die Gründe einer durch die zuständige Behörde erfolgten Konzessionsentziehung oder der Zurücknahme der Approbation eines Arztes nachzuprüfen). Vgl. ferner Oppenhoff, Berggef. A. 1102. Im Falle des § 361 Nr. 2 StGB. hat der Strafrichter zu entscheiden, ob der Angeklagte ein Deutscher oder ein Ausländer ist; vgl. RG. 17. Juni 1882 (Rechtspr. 3 S. 362), Oppenhoff, StGB. A. 12. — Die oben als herrschend bezeichnete Ansicht hat auch in § 261 Abs. 1 StPO. Ausdruck gefunden. Diese Bestimmung ist, wenn sie auch nur von bürgerlichen Rechtsverhältnissen spricht, doch analog auch auf solche Vorfragen anwendbar, die dem Gebiet des öffentlichen Rechts angehören; vgl. Löwe, § 261 A. 9 und die Belege.

95. Wenn die Preußische Gerichtsübung die richterliche Zuständigkeit nach der in A. 93 und 94 besprochenen Richtung hin in weit größerem Umfange anerkennt, als die französische, so gibt sie auf der anderen Seite auch der Verwaltung in den zu ihrem Geschäftskreise gehörigen Angelegenheiten ganz gleiche Rechte und weicht dadurch wiederum von den hier ebenmäßig folgerichtigen Anschauungen der französischen Praxis ab. Bei letzterer steht es nämlich ebenso fest, daß alle privatrechtlichen Fragen, die sich bei Verwaltungssachen erheben, von der Verwaltung an die Gerichte verwiesen werden müssen, wie von den Preußischen Behörden allgemein angenommen wird, daß die Verwaltung selbst über solche Fragen mittelbar mit zu befinden habe. Ebenso die in A. 93 bezogenen Entscheidungen und Schriftsteller, OVG. 14. Dez. 1878 (E. 4 S. 287), und die Entscheidungen des Bundesamts f. d. Heimatwesen 12 S. 145, 18 S. 123, 27 S. 49 (bei Wohlers-Krech, RGes. ü. d. Unterstützungswohnsitz § 37 A. 8). So sind Beschwerden wider die Veranlagung zur Grundsteuer nach beiden Gesetzgebungen in der Regel nicht prozeßfähig. Stützt jedoch jemand seine Beschwerde darauf, daß er gar nicht Eigentümer des in Rede stehenden Grundstücks sei, so bildet dies in Frankreich eine Vorfrage, die im RW. ausgemacht sein muß, bevor die Verwaltung über die Beschwerde endgültig befinden kann, wogegen in Preußen sich die Verwaltung bei Prüfung der Beschwerde der Beantwortung jener Frage mitunterzieht. Vgl. außerdem die Erläuterungen zu § 36 Abs. 2 d. G. und § 8 des Rh. Ress.-Rgl.

96. Aus dem in A. 92 und 93 gesagten ist nicht zu folgern, daß die für die Hauptsache begründete richterliche Zuständigkeit auch auf die Entscheidung über Zwischenpunkte öffentlichrechtlicher Natur auszudehnen sei; vielmehr tritt die ausschließliche Zuständigkeit der Verwaltungsbehörden in ihre volle Wirksamkeit, wenn die Parteien neben der an sich prozeßfähigen Hauptklage oder zur Beseitigung derselben besondere, für sich bestehende nicht prozeßfähige Ansprüche in der Form selbständiger Anträge geltend machen. Demgemäß steht es dem Beklagten nicht zu, im Wege einer Widerklage einen nicht prozeßfähigen Anspruch zum Gegenstande gerichtlicher Erörterung zu machen. Die Einrede der Aufrechnung steht in dieser Beziehung mit der Widerklage auf gleicher Linie, wie denn auch umgekehrt — vgl. GK. 6. März 1852, 13. Juni 1874 (Rechtspr. S. 105; VMBl. 75 S. 44) — die zur Aufrechnung geltend gemachte Gegenforderung die Natur der gegenüberstehenden Forderung und deren Prozeßfähigkeit nicht zu ändern vermag. — Ebensowenig kann ein nicht prozeßfähiger Anspruch durch Streitverkündung zu einem schwebenden Prozesse (GK. 24. Juni 1851, 7. Okt. 1854, JMBl. 51 S. 272; 55 S. 19) oder

durch eine wahlweise auf einen prozeßfähigen Anspruch gerichtete Klage (EK. 13. Juni 1874, BMBl. S. 204) verfolgt werden.

97. Die Feststellungsklage ist betreffs eines nicht prozeßfähigen Gegenstandes gleichfalls unstatthaft: RG. 9. Dez. 1897, 19. Okt. 1899 (E. 40 S. 272; Gruchot 46 S. 416); s. jedoch A. 395 a. E. Vgl. auch EK. 4. Okt. 1856 (JMBl. S. 364 betr. die provocatio ad agendum).

98. Streitigkeiten über einen nicht prozeßfähigen Anspruch unterliegen selbst dann nicht dem RW., wenn dieser Anspruch nicht zwischen dem Gläubiger und Schuldner, sondern zwischen jenem und dritten Personen, z. B. andern Gläubigern des Schuldners streitig ist; jedoch ist das Gegenteil dann der Fall, wenn der Streit sich bloß auf das Vorzugsrecht der einen vor der andern Forderung erstreckt. Dieser Satz kommt zur Anwendung namentlich bei Zwangsversteigerungen, Verteilungs- und Konkursverfahren; er liegt bereits dem § 83 II. 14 ALR. zugrunde und ist noch bestimmter sowie allgemeiner in der Pr. KonkursO. v. 8. Mai 1855 ausgesprochen, deren § 234 besagte:

„Findet wegen einer Forderung der RW. nicht statt, — — so gehört die Erörterung und Entscheidung über die Richtigkeit der Forderung vor die dazu kompetente Behörde; das Konkursgericht entscheidet demnächst nur über das Vorrecht, sofern dasselbe streitig ist."

Dasselbe gilt für § 146 RKonk. O., wenn es hier auch nicht ausdrücklich gesagt ist: ist das etwa beanspruchte Vorrecht z. B. einer Steuerforderung streitig, so hat darüber nicht das Verwaltungsgericht, sondern das ordentliche im Abs. 2 des § 146 genannte Gericht zu entscheiden. Ebenso Sarwey-Bossert, Konk. O. (3. Aufl.) § 134 A. 8, v. Wilmowski, Konk. O. S. 379, Willenbücher, Konk. O. A. 14; vgl. ferner RG. 17. Febr., 22. Sept. 1894 (E. 32 S. 345; 34 S. 245), EK. 12. Jan. 1867 (Rechtspr. S. 501) und unten A. 386.

VI. Verjährung.

99. Inbetreff der Verjährbarkeit nicht prozeßfähiger Forderungen ist zu unterscheiden, ob die bezüglichen Gesetze den RW. unbedingt und für immer ausschließen, oder ob sie dies nur für einen im voraus begrenzten Zeitraum tun bezw. der Natur der Sache nach nur vorübergehende Bestimmungen enthalten. Für Fälle der letzteren Art gilt unbedenklich die Regel: agere non valenti non currit praescriptio. Vgl. § 210 BGB. Das umgekehrte ist dagegen bei Fällen der ersteren Art anzunehmen, da jene Regel nur solche Hindernisse tatsächlicher oder rechtlicher Natur voraussetzt, welche die Prozeßfähigkeit des Anspruchs an sich bestehen lassen, mithin nicht geeignet sind, um daraus die Unmöglichkeit der Verjährung für ewige Zeiten zu folgern. Fehlt es hiernach an einem Grunde wider die Verjährbarkeit der letzterwähnten Forderungen, so muß auch eine Unterbrechung der Verjährung derselben nach Analogie dessen, was von den gewöhnlichen Unterbrechungsmitteln gilt, erfolgen, wenn der Gläubiger sich behufs seiner Befriedigung an die zuständige Verwaltungsbehörde wendet, oder sofern dieser oder dem Staate selbst die Forderung und das Recht zu deren zwangsweiser Beitreibung zusteht, durch die zu letzterem Zwecke geschehenden Schritte. Diese Ansicht hat für das Gebiet das ALR. gesetzliche Bestätigung erhalten durch die §§ 8, 9 Ges. v. 31. März 1838:

„§ 8. Bei Abgaben, Leistungen und Zahlungen, die von einer Behörde eingezogen werden, die befugt ist, solche ohne vorgängige gerichtliche Entscheidung exekutivisch beizutreiben, tritt die Unterbrechung jeder Art der Verjährung durch die Zustellung des Zahlungsbefehls ein.

§ 9. Bei denjenigen Forderungen, bei welchen ein prozessualisches Verfahren vor Gericht nicht zulässig ist, wird jede Verjährung durch schriftliche Anmeldung des Anspruchs bei der komptetenten Verwaltungsbehörde unterbrochen."

Bestimmungen, welche sich nicht nur auf die kürzeren Verjährungen beziehen (vgl. Löwenberg, Beiträge I. S. 141) und von denen die des § 8 sogar auf prozeßfähige Ansprüche Anwendung findet, falls hinsichtlich derselben die Verwaltung das Recht der vorläufigen Exekution (§ 42 d. G.) besitzt. — Ähnliches dürfte aber auch für die Gebiete des gemeinen und französischen Rechts gelten, wenngleich die für ersteres Gebiet ergangene VO. v. 6. Juli 1845, welche im übrigen fast wörtlich mit jenem Ges. v. 1838 übereinstimmt, die §§ 8 und 9 der letzteren nicht wiederholt. In diesem Sinne erkannte Rej. 10. Apr. 1839 (Sir. 39 I. 869), daß, wenn die Voll-

Besonders aber A) rücksichts der Landeshoheitssachen und einiger Spezialfälle.

§ 36. Es findet derselbe daher weder über wirkliche Majestäts- und Hoheitsrechte, noch gegen allgemeine in Gegenständen der Regierungs-verwaltung ergangene Verordnungen,

ALR. Einl. § 70; T. I. Tit. 11 § 4—10; T. II. Tit. 13 § 5—16.

streckung eines Urteils von der Verwaltung abhängig sei, die dahin zielenden Schritte die actio iudicati unterbrächen, und Rej. 19. Aug. 1834 (Sir. 35 I. 432), daß der Antrag auf Annullierung eines Administrativaktes, gestellt bei der zur Entscheidung zuständigen höheren Verwaltungsbehörde und der beteiligten Partei zugestellt, inbezug auf die Unterbrechung der Verjährung dieselbe Wirkung ausübe, wie eine gerichtliche Klage. Auch beruht das für den ganzen Umfang des Staats erlassene bezw. später ausgedehnte Ges. v. 18. Juni 1840 (GS. S. 140) zum großen Teil auf den in den §§ 8 und 9 des Ges. v. 1838 enthaltenen Grundsätzen. — Inzwischen sind das Ges. v. 1838 und die VO. v. 1845 durch § 89 AG. z. BGB. aufgehoben worden; jedoch ist in Art. 8 § 2 Nr. 2 das. für die dort genannten Forderungen die Bestimmung des § 8 Ges. v. 1838 wiederholt bezw. erweitert, indem die Verjährung, außer durch die Unterbrechungsgründe des BGB., auch durch Erlaß einer Zahlungsaufforderung und durch Bewilligung einer nachgesuchten Stundung unterbrochen wird. Vgl. Begr. z. Entw. e. AG. z. BGB. § 8 (AbgHaus 1899, zu Nr. 34 S. 11). Für die Kommunalabgaben ist die entsprechende Bestimmung enthalten in § 88 Kommunalabgabenges. v. 14. Juli 1893, wo außer den vorstehenden noch die Verfügung der Zwangsvollstreckung als Unterbrechungsgrund genannt ist. Für die direkten Staatssteuern besteht eine entsprechende Bestimmung nicht, doch muß für sie nach dem oben gesagten dasselbe gelten. — § 9 Ges. v. 1838 ist zum Teil ersetzt durch § 220 BGB., wonach die Vorschriften der §§ 209 ff. entsprechende Anwendung finden, wenn der (an sich privatrechtliche) Anspruch vor einem Verwaltungsgericht oder einer Verwaltungsbehörde geltend zu machen ist. Der gerichtlichen Klage des § 9 „entspricht" in dieser Beziehung die schriftliche Anmeldung des Anspruchs bei der zuständigen Verwaltungsbehörde und die Erhebung der Klage im Verwaltungsstreitverfahren.

100. Ob die Verjährung eines nicht prozeßfähigen Anspruchs ebenso durch Anstellung einer gerichtlichen Klage unterbrochen werde, ob also dasjenige, was § 552 I. 9 ALR. und Art. 2246 c. c. von Anstellung einer Klage bei einem ungehörigen Richter bestimmen, analogerweise auch da gelte, wo eine gerichtliche Zuständigkeit überhaupt nicht besteht, erscheint mindestens zweifelhaft; § 9 Ges. v. 31. März 1838 dürfte der verneinenden Ansicht das Wort reden. Jedenfalls wird umgekehrt die Verjährung eines prozeßfähigen Anspruchs nicht dadurch unterbrochen, daß der Berechtigte, statt bei Gericht klagbar zu werden, sich an die seiner Meinung nach allein zuständige Verwaltungsbehörde wendet, wie solches in Frankreich durch Rej. 14. Jan. und Min. Entsch. 8. Nov. 1836 (Sir. 36, I. 780; 37, II. 64) ausdrücklich anerkannt wurde. OT. 29. Jan. 1856 (Strieth. 20 S. 100) steht hiermit nicht im Widerspruch, wenn es der Geltendmachung eines vor die ordentlichen Gerichte gehörigen Anspruchs bei einer Generalkommission die Wirkung einer beim ungehörigen Richter angestellten Klage beilegt, da die Auseinandersetzungsbehörde bekanntlich inbezug auf die gelegentlich einer Ablösungssache usw. vorkommenden Rechtsstreitigkeiten die Stellung von wirklichen Gerichten einnehmen. — Die neueren gesetzlichen Bestimmungen lassen darüber keinen Zweifel, daß beide Fragen zu verneinen sind; vgl. §§ 209, 220 BGB.

§ 36 Abs. 1 und § 37.

Rechtsweg in Landeshoheitssachen.

Inhalt:

noch über die Verbindlichkeit zur Entrichtung allgemeiner Anlagen und Abgaben, denen sämtliche Einwohner des Staats oder alle Mitglieder einer gewissen Klasse derselben nach der bestehenden Landesverfassuug unterworfen sind,

ALR. T. II. Tit. 14 § 78.

statt, und ebensowenig in den besonderen Fällen, wo die Gesetze ihn ausdrücklich ausgeschlossen haben, wie z. B.

erster Anhang zum ALR. § 61; AGO. T. I Tit. 43 § 6.

Modifikationen.

§ 37. Jedoch verstehet sich dieses nur unter den im

ALR. Einl. § 71; T. I. Tit. 11 § 11; T. II. Tit. 14 § 79

festgesetzten Modifikationen; und in den dahin gehörigen Fällen soll der Weg Rechtens niemanden versagt werden.

3. Schulangelegenheiten, A. 175 ff.
4. Kultusangelegenheiten, A. 180 ff.
5. Verhältnis der Aufsichtsbehörde zu dritten Personen, A. 190 ff.

I. Begriff und Aufzählung der Hoheitsrechte.

101. Die Erläuterung der im § 36 Abs. 1 angezogenen Gesetzesstellen, sowie die Darlegung ihres Verhältnisses zu den bezüglichen Artikeln der Verfassungsurkunde vom 31. Jan. 1850 gehört dem Staatsrechte an, weshalb in dieser Hinsicht auf die einschlagenden Werke im allgemeinen verwiesen wird. Wie dem bereits früher gesagten zufolge in den gegenseitigen Ressortverhältnissen zwischen Justiz und Verwaltung durch die Verfassungsurkunde keine wesentlichen Aenderungen eingetreten sind, so hat namentlich auch § 36 seine bisherige Geltung vollkommen bewahrt, ja im Art. 106 jener Urkunde eine neue Bestätigung erhalten.

102. Wenn hiernach die Beschränkungen, welche die landesherrliche Gewalt insbesondere hinsichtlich des Gesetzgebungs- und Besteuerungsrechts, durch die den Kammern verfassungsgemäß eingeräumte Mitwirkung an der Ausübung jener Rechte erlitten hat, auf dem hier erörterten Gebiete im allgemeinen nicht zur Sprache kommen, so ist doch soviel zu bemerken, daß etwaige Meinungsverschiedenheiten zwischen der Staatsregierung und der Landesvertretung über die Auslegung oder Anwendung der Verfassung der Entscheidung durch die inländischen Gerichte nicht unterliegen. Dies läßt sich wohl schon aus § 36, noch mehr aber aus dem von der Verfassungsurkunde selbst hierüber beobachteten Stillschweigen herleiten. Vgl. v. Rönne 1 S. 98, der jedoch hervorhebt, daß, wenn bei solchen Kollisionsfällen derjenige Teil, der ein Recht zu einer gewissen Handlungsweise nach seiner Auslegung in Anspruch nehme, hiernach verfahre und auf diese Weise Rechte der Staatsbürger berührt werden, die Gerichte allerdings in die Lage kommen könnten, jene Frage zu erörtern und darüber in Beziehung auf den bestimmten Fall zwischen den Privatparteien zu entscheiden.

103. Der Begriff „Majestäts- und Hoheits-Rechte" erläutert sich aus den im § 36 Abs. 1 angezogenen Stellen des ALR. Namentlich sind beide Ausdrücke im § 36 ebenso als völlig gleichbedeutend behandelt wie im ALR. selbst, welches z. B. das Besteuerungsrecht bald als Majestäts- bald als Hoheitsrecht bezeichnet (§ 15 II. 13; § 2 II 14). Demzufolge sind zu den „Majestäts- und Hoheits-Rechten" im Sinne des § 36 zu zählen: das Recht, Privilegien zu bewilligen und aus Gründen des gemeinen Wohls gegen Entschädigung wieder aufzuheben (§§ 70, 74 der Einl., § 7 II. 13), das Enteignungsrecht (§§ 4—11 I. 11), das Recht, Krieg zu führen und Frieden zu schließen, sowie Bündnisse und Verträge mit anderen Staaten zu errichten, das Recht, Gesetze und allgemeine Polizeiverordnungen zu geben, wieder aufzuheben und authentisch zu deklarieren, das Begnadigungsrecht, das Recht, Standeserhöhungen, Staatsämter und Würden zu verleihen, dasjenige, Münzen, Maß und Gewicht zu bestimmen, das der Oberaufsicht über Gesellschaften und öffentliche Anstalten, endlich das Besteuerungsrecht (§§ 5ff. II. 13). Wenn unter letzteren §§ der § 14 gewisser, dem Staatsoberhaupte zur Erfüllung seiner Pflichten beigelegten Einkünfte

und nutzbaren Rechte erwähnt, und wenn der Inbegriff dieser Rechte mit dem Besteuerungsrechte in der Staatsrechtslehre unter dem Ausdrucke „Finanzhoheit" zusammengefaßt wird, so kann hierbei (vom Besteuerungsrechte abgesehen) dennoch nicht von einem eigentlichen Hoheits- und Majestätsrechte im landrechtlichen Sinne die Rede sein, wie sich sowohl aus der Gegenüberstellung dieser Rechte in den §§ 14 und 15 das., als aus den folgenden Titeln des ALR. klar ergibt. Der Gesetzrevisor (Pens. XII. S. 95) will den § 14 ganz beseitigt wissen, da er keinen praktischen Rechtssatz, sondern nur ein als Motiv dienendes Prinzip enthalte. Der § 16 das. betrifft gleichfalls kein besonderes Hoheitsrecht, sondern schreibt bloß vor, daß, soweit die Besorgung gewisser zu den Rechten und Pflichten des Staats gehörenden Angelegenheiten den Staatsbeamten obliege, diesen innerhalb der Grenzen ihres Auftrags, ebenso wie dem Landesherrn selbst, Folge geleistet werden müsse.

104. Der landesherrlichen Polizeigewalt gedenkt das ALR. zwar im 13. Titel des 2. Teils, aber nicht unter den Hoheitsrechten, deren Aufzählung erst mit dem § 5 beginnt, sondern in den §§ 2, 3 (der Quelle des § 3 der VO. von 1808) bei Aufstellung der allgemeinen Grundsätze über die Rechte und Pflichten des Staats überhaupt. (Zwar nimmt der Gesetzrevisor, Pens. XII. S. 89 an, die Verfasser des ALR. hätten mit dem im § 6 das. erwähnten Rechte, allgemeine Polizeiverordnungen zu geben, nicht sowohl eine Spezies der gesetzgebenden Gewalt, als das Hoheitsrecht der Polizei bezeichnen wollen, jedoch schwerlich mit Grund.) Ebenso behandelt die VO. von 1808 die Landes-Polizeisachen nicht als eine Unterart der Landes-Hoheitssachen, sondern stellt sie ihnen als eine besondere Gattung von Verwaltungssachen gegenüber, wenn auch die Grenze zwischen beiden oft schwer zu finden ist. Vgl. OVG. 13. Jan. 1889 (E. 17 S. 415, Anm.), Rosin, Polizeiverordnungsrecht S. 136 ff. und Verwaltungsarchiv 3 S. 297.

105. Inzwischen darf man in den durch § 36 bezogenen Stellen des ALR. keine völlig erschöpfende Aufzählung der Hoheitsrechte im Sinne jenes § suchen. Vgl. z. B. §§ 33 ff. I. 8 und § 18 II. 17 ALR.

106. So unterliegt es keinem Zweifel, daß zu den Hoheitsrechten des § 36 auch die sog. Kirchenhoheit, das ius circa sacra, gehört, welches dem Staate bezw. Staatsoberhaupte sowohl der katholischen wie der evangelischen Kirche gegenüber noch jetzt zusteht. (Die durch Art. 15 der Verf. Urk. eingeführte sehr erhebliche Beschränkung ist inzwischen durch Aufhebung jenes Artikels wieder weggefallen.) (Über die Frage, ob die desfallsigen Bestimmungen des ALR., wie sie namentlich in den §§ 113 ff. II. 11 enthalten sind, als zum innern Staatsrechte gehörig, für das ganze Landesgebiet, mithin auch für die Rheinprovinz gelten, s. Abh. in den Jbb. 52 S. 417, AH. Cöln 10. Aug. 1847, KH. 30. Okt. 1848, Rh. A. 42, I. 135; 43, II. 76).

107. Ob dasselbe auch von dem sog. Kirchenregimente, dem ius sacrorum, anzunehmen, welches das Staatsoberhaupt über die evangelische Landeskirche ausübt, ist in verschiedener Weise zu beantworten, je nachdem man sich zu dem einen oder andern der über den Grund und die Entstehung dieses Rechtes aufgestellten Systeme bekennt. Die Anhänger des Territorialsystems, demzufolge die bisherige Kirchengewalt der katholischen Bischöfe bei der Reformation als herrenloses Gut an den Landesherrn als solchen fiel und ipso facto mit der Landeshoheit als untrennbarer Teil derselben vereinigt ward, werden jene Frage unbedenklich bejahen, während die Anhänger des Episkopalsystems, nach welchem die Kirchengewalt zwar ein der Landeshoheit anhängiges, aber für sich bestehendes und nicht aus jener hergeleitetes Recht ist, das dem Landesherrn nicht als solchem, sondern als oberstem Bischofe, sei es ex iure devoluto (Episkopalsystem im e. S.), sei es ex iure delegato (Kollegialsystem) zusteht, der verneinenden Ansicht sein müssen. Da es jetzt wohl als feststehend zu betrachten ist, daß die Redaktoren des ALR. dem Territorialsystem fern waren, sich vielmehr zum Kollegialsystem hinneigten, ohne darum das Episkopalsystem im e. S. völlig zu verwerfen (vgl. Abh. in den Jbb. 31 S. 25; v. Rönne 2 S. 373), so dürfte die letzterwähnte Auffassung auch inbezug auf die Deutung des § 36 den Vorzug verdienen. Die Verschiedenheit jener Ansichten hat inzwischen für die Zuständigkeitsfrage keine praktische Bedeutung. Denn wenn sich gleich nach dem Episkopal- und Kollegialsystem die Unzulässigkeit des RW. über die Kirchengewalt und deren Handhabung strenge genommen aus § 36 nicht herleiten läßt, so ist die Unabhängigkeit dieser Gewalt vom weltlichen Richter dennoch seit der ersten Entstehung der evangelischen Kirche jederzeit allgemein anerkannt worden; vgl. Jbb. 31 S. 54; 35 S. 262; v. Pfizer, über die Grenzen der Ver-

waltungs- und Zivil-Justiz, S. 151. Aus demselben Grunde interessiert hier die Streitfrage nicht, inwiefern die Fortdauer der landesherrlichen Kirchengewalt mit dem (inzwischen aufgehobenen) Art. 15 der Verf.-Urk. vereinbar sei (v. Rönne, 1. Aufl. 1 S. 660, 4. Aufl. 2 S. 392), indem die Unabhängigkeit der Kirchengewalt trotz eines Wechsels in der Person ihres Trägers dieselbe sein, mithin keinen Abbruch erleiden würde, wenn die Trennung des evangelischen Kirchen- vom weltlichen Regimente so vollständig zur Ausführung gelangen sollte, wie sie betreffs der katholischen Kirche bereits von früher her besteht. Daß dieselbe Unabhängigkeit vom weltlichen Richter der letzteren Kirche bezw. den in dieser das Regiment ausübenden Bischöfen gleichwenig versagt werden könne, bedarf kaum einer Erwähnung. Am allerwenigsten aber sind die Gerichte berufen, über Meinungsverschiedenheiten zwischen den Bischöfen und dem Landesherrn als Inhaber der Kirchenhoheit bezw. den in Ausübung derselben handelnden Behörden zu entscheiden: OT. 30. Apr. 1838 a. E. (E. 4 S. 148).

108. Die sog. niederen Regalien, regalia minora, im ALR. auch schlechtweg Regalien genannt, gehören zu den in § 36 erwähnten Hoheitsrechten unbedenklich nicht, wie sie denn auch im ALR. niemals als Hoheits-, sondern als zum gemeinen Staatseigentum gehörige Nutzungsrechte behandelt werden, die nach § 25 II. 14 den Domänen völlig gleichzuachten sind und von Privaten sowohl durch Übertragung als Ersitzung erworben werden können. Daß § 36 den Ausdruck „Hoheitsrechte" nicht in jenem weitern Sinne, welcher die niederen Regalien mitbegreift, verstanden wissen wolle, geht nicht allein aus der Verweisung auf die bezüglichen Stellen des ALR., sondern überdies aus der adjektivischen Bezeichnung „wirkliche" auf das unzweideutigste hervor. Streitigkeiten über Regalien sind daher Streitigkeiten über Privatrechte und im ordentlichen RW. zu entscheiden. Vgl. LG. Bonn 26. März 1856, OLG. Cöln 12. Apr. 1894 (Rh. A. 53, I. 138; 87, III. 29: hier handelte es sich um das Fährrecht des Staates). Über die sich hieraus für das Bergregal ergebenden Folgerungen vgl. unten A. 409ff., wo auch erörtert wird, inwiefern neben dem Bergregal eine Berghoheit als Hoheitsrecht in dem hier gebrauchten engeren Sinne bestehe.

109. Die landesherrliche Befugnis, das Meß- und Jahrmarktsrecht zu erteilen (§ 105 II. 8 ALR.), ist kein bloßes Regal, sondern ein wirkliches Hoheitsrecht: OT. 16. März 1846 (E. 13 S. 341).

110. Zweifelhafter könnte es sein, ob das in den § 192ff. II. 6 ALR. dem Staate zustehende Recht, über das Eigentum aufgehobener Gesellschaften als herrenloses, dem Staat anheimgefallenes Gut unter gewissen Voraussetzungen zugunsten des gemeinen Wohls zu verfügen — vgl. jetzt § 45 BGB. —, als ein Regal im Sinne des § 22 II 14 ALR. oder als wirkliches Hoheitsrecht zu betrachten sei. Doch spricht für letztere Ansicht, zu der sich EK. 11. Febr. 1854 (JMBl. S. 248) bekennt, der enge Zusammenhang jenes Rechts mit den in den §§ 189, 190 das. erwähnten, welche letzteren wohl unbedenklich den wirklichen Hoheitsrechten beizuzählen sind. Vgl. auch RG. 9. Juni 1899 (Rh. A. 95, II. 114). Ähnliches gilt von dem auf § 308 II. 11 ALR. und dem deklaratorischen Ges. v. 13. Mai 1833 (GS. S. 51) beruhenden Rechte des Staatsoberhaupts, über das Vermögen erloschener Parochien zu verfügen. Daß, wenn über das Dasein der für das Erlöschen einer Parochie aufgestellten Bedingungen Streit entsteht, die Entscheidung dem Landesherrn selbst zustehe, sagt jenes Gesetz ausdrücklich und schließt hiermit selbstredend die richterliche Entscheidung über diese Frage aus.

II. Deklaration von 1831.

111. Indem § 36 allgemein ausspricht, daß der RW. über Hoheitsrechte nicht stattfinde, bestimmt er zunächst und vor allem das Verhältnis der richterlichen zur landesherrlichen Gewalt. Für dieses Verhältnis kommen aber außerdem der bereits früher bezogene Art. 106 Abs. 2 der Verf.-Urk. und die Deklaration in Betracht, welche in dem durch AKO. v. 4. Dez. 1831 (GS. S. 255) genehmigten Staatsminist.-Berichte v. 16. Nov. 1831 enthalten ist, und also lautet:

Allerh. Kabinetsorder v. 4. Dez. 1831, betreffend die genauere Beobachtung der Grenzen zwischen landeshoheitlichen und fiskalischen Rechtsverhältnissen.

Da Ich die im Berichte des Staatsministeriums vom 16ten v. Mts. für die Gerichte abgefaßte Belehrung über den in vorgekommenen einzelnen

Fällen nicht beobachteten Unterschied zwischen landeshoheitlichen und fiskalischen Rechtsverhältnissen den Landesgesetzen und der Landesverfassung überall gemäß finde, so genehmige Ich dieselbe und will, daß sie auf gesetzlichem Wege bekannt gemacht werde. Das Staatsministerium hat daher den zurückerfolgenden Bericht nebst Meinem gegenwärtigen Befehl durch die Gesetzsammlung zur öffentlichen Kenntnis und zur Befolgung der Gerichte zu bringen.

Staatsministerialbericht v. 16. Nov. 1831:

Ew. Königlichen Majestät Allergnädigstem Befehle vom 9ten Juni d. J. zufolge sind wir über die Belehrung in Beratung getreten, welche den Landesgerichten in Beziehung auf den Unterschied zwischen landeshoheitlichen und fiskalischen Rechtsverhältnissen, der in mehreren Fällen mißverstanden worden ist, auf den Grund der Gesetze und Verfassung des Landes, nach den Allerhöchsten Bestimmungen erteilt werden soll, ohne die Berichtigung solcher Mißverständnisse von der Vollendung der Revision des Landrechts abhängig zu machen.

Wir verfehlen nunmehr nicht, unsern Bericht hierüber ehrfurchtsvoll zu erstatten.

Was zu den Hoheitsrechten des Staatsoberhaupts gehöre und was unter dem Fiskus zu verstehen sei, ist in den Titeln 13 und 14 des 2. Teils des Landrechts genau bestimmt, und die Gerichte dürfen nur hierauf hingewiesen werden, um die hin und wieder vorgefallene Verwechselung des Landesherrn und des Fiskus zu vermeiden. Auch ist, nach den uns vorliegenden Verhandlungen, darüber kein Zweifel angeregt, daß ein privatrechtlicher Widerspruch wider den Akt des Hoheitsrechts selbst nicht stattfinde, wohl aber ist behauptet worden, daß ein Anspruch aus den Folgen und Wirkungen dieses Akts nicht wider die Person des Landesherrn, sondern wider das Staatsvermögen, behufs der Entschädigung, zulässig sei. Aus dieser irrtümlichen Ansicht ist beispielsweise das Verfahren der Gerichte hervorgegangen, die sich für kompetent hielten, eine Klage wider den Fiskus auf Ersatz erlittener Kriegsbeschädigungen anzunehmen und über den Anspruch zu entscheiden. Allein so wenig der Souverän in Ausübung seiner Hoheitsrechte selbst von der Einwirkung irgend einer Gerichtsbarkeit abhängt, so wenig hat derselbe die Folgen dieses Gebrauchs seiner Rechte in einem gerichtlichen Verfahren zu verantworten, und die Meinung, als ob in solchen Fällen der Anspruch nicht wider den Souverän, sondern wider den Fiskus gerichtet sei, beruhet auf einer gänzlichen Verwechselung der Rechtsverhältnisse; denn teils kann eine rechtliche Verbindlichkeit des durch die fiskalische Behörde vertretenen Staatsvermögens, die aus einem Akte des Souveräns abgeleitet wird, nicht anders erörtert und entschieden werden, als daß das Recht des Souveräns, diesen Akt vermöge seiner Landeshoheit auszuüben, der gerichtlichen Kognition unterworfen wird, welches als unstatthaft anerkannt ist und bei der Unabhängigkeit des Souveräns, der als solcher keinen Gerichtsstand vor den Landesgerichten hat, unausführbar sein würde, teils ist weder der Fiskus verpflichtet, weil er die Handlung des Souveräns nicht zu verantworten hat, noch die fiskalische Behörde zur Einlassung auf den Prozeß legitimiert, weil sie nicht zur Vertretung der Hoheitsrechte des Souveräns bestellt ist. Hiernach sind namentlich die wider den Fiskus, in vermeintlicher Vertretung einer einzelnen Provinzial-Verwaltungsbehörde, angestellten Klagen auf Ersatz eines Schadens aus den Zufällen des Krieges und aus dem Besteuerungsrechte, sowie solche Ansprüche an den Fiskus der Kompetenz der Gerichte gesetzlich entzogen worden, deren Verhandlung vor Gericht die Folge gehabt haben würde, über das Hoheitsrecht des Staatsoberhaupts zum Abschluß von Verträgen mit fremden Staaten und zu Bestimmungen über die Maßgaben ihrer Erfüllung in privatrechtliche Erörterungen verfassungswidrig einzuschreiten. So viel wir übrigens aus den uns vorliegenden Verhandlungen ersehen, sind es einige Bestimmungen in der Einleitung zum Landrechte, die das Mißverständnis der Gerichte hauptsächlich veranlaßt haben. Wenn nämlich in den § 73 bis 75 verfügt wird, daß das Privatinteresse der einzelnen dem Gemeinwohl aufgeopfert, der einzelne dagegen für den erleidenden Verlust vom Staate entschädiget werden müsse, so hat man dieser Bestimmung hin und wieder den Sinn beigelegt, als ob der Landesherr sich verpflichtete, diejenigen zu entschädigen, deren Privatinteresse durch die Ausübung seiner Hoheitsrechte gefährdet wird. Allein davon abgesehen, daß eine solche Auslegung des Landrechts, dessen Vorschriften auf privatrechtliche Verhältnisse beschränkt sind (§ 1 der Einl.), über seine Grenzen hinaus zu einem unfruchtbaren und unausführbaren Resultate führen würde, wie sich namentlich bei Ausgleichung der Kriegsschäden und bei Vollziehung der Steuergesetze genügend ergibt, darf man nur nicht außer acht lassen, daß der Landesherr hier als Gesetzgeber zu seinen Untertanen spricht, um in den erwähnten Bestimmungen den einfachen Grundsatz zu finden: daß, wenn das Interesse der Gesamtheit der Einwohner des Staats eine Einrichtung in der Verwaltung erfordert, die das Privateigentum des einzelnen gefährdet, die Entschädigung aus dem Gesamtvermögen zu leisten sei. Dieser allgemeine Grundsatz wird an mehreren Stellen des Landrechts auf spezielle Rechtsverhältnisse angewendet, wie beispielsweise §§ 29—32 Tit. 8 p. I; §§ 4—11 Tit. XI. p. I. Jederzeit dagegen, wenn der Landesherr erforderlich gefunden hat, eine Maßregel der innern Verwaltung unmittelbar durch einen Akt der Gesetzgebung anzuordnen, und wenn hierbei ein Bedürfnis vorhanden gewesen ist, dem Privatinteresse vorzusehen, ist die Verpflichtung zum Schadensersatze aus dem Staatsvermögen besonders festgesetzt worden, wie z. B. im Zollgesetze vom 26. Mai 1818 § 19. In allen dergleichen Fällen findet daher entweder aus dem allgemeinen Grundsatze § 75 der Einleitung zum Landrechte oder aus speziellen Vorschriften des Gesetzgebers ein Entschädigungsanspruch an das Staatsvermögen im fiskalischen Zivilprozesse wider die betreffende Verwaltungsbehörde statt.

Auch die Vorschrift im § 80 der Einleitung zum Landrechte, nach welcher Rechtsstreitigkeiten zwischen dem Oberhaupte des Staats und seinen Untertanen bei den ordentlichen Gerichten erörtert und entschieden werden sollen, ist mißverstanden worden. Im vorhergehenden § 79 wird der Grundsatz aufgestellt: daß die Entscheidung vorfallender Streitigkeiten denjenigen Gerichten überlassen werden müsse, welche einem jeden Einwohner des Staats durch die Gesetze angewiesen sind. In § 80 wird dieser Grundsatz auf die privatrechtlichen Verhältnisse des Landesherrn angewendet, um auszudrücken, daß auch für diese kein spezieller und außerordentlicher Gerichtsstand stattfinden dürfe, daß also Prozesse des Landesherrn aus fiskalischen Rechten und Nutzungen (§§ 11 u. f. Tit. 14 p. II L. R., § 1 Tit. 35 Prozeßordnung) und aus Privathandlungen (§ 18 Tit. 13 p. II. L. R.) den ordentlichen Gerichten zu überweisen sind. Zwischen dem Oberhaupte des Staats als solchem und den Untertanen gibt es weder Rechtsstreitigkeiten zu entscheiden, noch ein Landesgericht, welches darüber zu entscheiden hätte.

Ew. Königlichen Majestät unterwerfen wir allergehorsamst, nach diesen auf den Landesgesetzen und der Landesverfassung gegründeten Belehrungen die Landesgerichte ohne Ausnahme Allerhöchst anzuweisen, daß sie innerhalb der durch die Gesetze und die Gerichtsordnung ihnen vorgezeichneten Grenzen das prozessualische Verfahren und die richterliche Entscheidung wider fiskalische Behörden in Vertretung der Staatsverwaltung auf Gegenstände des Privatrechts beschränken und sich enthalten, Gegenstände des Majestätsrechts auf das Gebiet privatrechtlicher Verfügungen zu ziehen.

Schon früher, und zwar in einer durch den Chef der Justiz vollzogenen Vfg. v. 18. Juli 1799 (Stengels Beitr. 15 S. 307) war der Satz ausgesprochen worden, daß kein Justizkollegium berechtigt sei, sich eine Erörterung anzumaßen, ob eine vom Landesherrn getroffene Verfügung in Ausübung gebracht werden solle, und daß die richterliche Entscheidung in Fällen, wo der Landesherr selbst Verfügungen getroffen, nur dann stattfinde, wenn derselbe dem Untertan rechtliches Gehör eröffne.

112. Die Deklaration von 1831 [welche auch für die Rheinprovinz und die 1866 erworbenen Landesteile gilt, wenn auch nur insoweit, als es sich um die Zuständigkeitsgrenzen zwischen Gerichts- und Verwaltungsbehörden handelt, vgl.

EK. 15. Okt. 1859, 14. Okt. 1899 (JMBl. 59 S. 329; Rechtspr. Nachtr. S. 7), RG. 6. Juni 1899, 18. März 1898 (E. 44 S. 225; Rh. A. 93, II. 112), OLG. Cöln 7. Mai 1900 (Rh. A. 96, I. 111), Anschütz im Verwaltungsarchiv 5 S. 84] beherrscht das hier fragliche Gebiet in dem Grade, daß § 36 vor ihr fast in den Hintergrund getreten ist und jedenfalls ohne sie nicht erörtert werden kann, weshalb in den folgenden Anmerkungen auf sie häufig zurückgegangen wird. Im allgemeinen ist von ihr zu bemerken, daß ihre Beziehung zur früheren Gesetzgebung und ihre Tragweite zu sehr widersprechenden Beurteilungen Anlaß gegeben hat. Perrot 1 S. 132 ff. läßt es zwar dahingestellt sein, ob die darin enthaltenen Sätze wirklich schon in der früheren Gesetzgebung ihre vollständige Begründung finden; er erblickt in ihr jedoch eine folgerichtige, den Grundsätzen des neueren Staatsrechts entsprechende Weiterentwicklung des in jener Gesetzgebung niedergelegten Materials und betrachtet sie gewissermaßen als den Abschluß einer Gesetzgebung, die infolgedessen nötig gewesen sei, daß die deutsche Landeshoheit als reines Erzeugnis der Geschichte, das nur allmählich auf Kosten der kaiserlichen Macht groß gewachsen, sehr im dunkeln gelegen habe; er hebt dabei hervor, wie über fast sämtliche Arten der im ALR. aufgezählten Majestätsrechte, namentlich aber über das Gesetzgebungs- und Besteuerungsrecht Prozesse zwischen deutschen Landesherren und ihren Untertanen beim Reichskammergerichte vorgekommen seien. Von anderer Seite ist dagegen sowohl die Folgerichtigkeit und staatsrechtliche Haltbarkeit der Deklaration wie deren Vereinbarkeit mit der bestehenden Preußischen Gesetzgebung heftig angefochten worden, namentlich von Klüber, Die Selbständigkeit des Richteramts, 1832, S. 129 ff., und Thöne, Fundam.-Lehren 1 S. 221, deren Ansichten in den Ergänzungen zum ALR. II. 13 näher dargelegt werden. Klüber nimmt sogar an, daß, weil der Bericht bloß zur Belehrung bekannt gemacht worden, die richterliche Beurteilung dadurch in den einzelnen Fällen nicht beschränkt werde [?], und Thöne, daß derselbe mindestens einschränkend ausgelegt werden müsse. Vgl. v. Rönne 1 S. 493; Löning, Verwaltungsarchiv 3 S. 109 A. 34, Anschütz aaO. S. 78. Über den Sinn des Berichts im allgemeinen s. ferner OT. 3. Apr. 1856 (E. 32 S. 164).

III. Zuständigkeit der Gerichte gegenüber Hoheitsakten.

113. Wie mit dem im Berichte ausgesprochenen Satze, daß zwischen dem Staatsoberhaupte als solchem und seinen Untertanen ein Rechtsstreit nicht möglich sei, § 80 der Einl. z. ALR. in Einklang zu bringen ist, ist bereits in dem Berichte selbst dargelegt. S. hierüber auch Perrot 1 S. 136 und v. Rönne 1 S. 154; der letztere hebt besonders hervor, daß auch die durch die Verfassungsurkunde anerkannte Unverletzlichkeit der Person des Königs seine Verbindlichkeit nicht ausschließe, vor den Zivilgerichten Recht zu geben, wenn an ihn Forderungen gemacht würden, zu denen er nicht in der Eigenschaft als Staatsoberhaupt, sondern durch Privathandlungen oder als Besitzer von Privatvermögen Veranlassung gegeben habe, indem der König ebenso wie die Mitglieder des königlichen Hauses aus ihren Privathandlungen und Geschäften den Landesgesetzen unterworfen seien. Vgl. § 5 EG. zu GVG., § 5 EG. z. ZPO.

114. Der Gesetzrevisor (Pens. XII S. 96) bemerkt zu § 36 insbesondere: Der Sinn dieser Bestimmung gehe nicht sowohl dahin, daß über den Umfang und Inhalt der Hoheitsrechte keine richterliche Entscheidung zugelassen werden solle (denn diese sei hier ganz undenkbar), als daß die Anordnungen, welche kraft eines Hoheitsrechts getroffen worden, nicht unter dem Vorwande, daß dadurch wohlerworbene Rechte beeinträchtigt würden, als verbindlich bestritten werden könnten. Nehme man die Bestimmung in diesem Sinne, so sei darin der Satz, „daß gegen allgemeine, in Gegenständen der Regierungsverwaltung ergangene Verordnungen kein Prozeß stattfinde," von selbst mitenthalten, „weil dergleichen Verordnungen Akte des Hoheitsrechts der Gesetzgebung seien. — Über die andere Frage, ob die Gerichte mit Rücksicht darauf, daß § 36 den RW. nur über Hoheitsrechte ausschließt, und hinsichtlich dessen, was als Hoheitsrecht zu betrachten, auf die bezüglichen Bestimmungen des ALR. verweist, nicht wenigstens befugt seien, zu untersuchen, ob einem landesherrlichen Akte eines der dort aufgeführten Hoheitsrechte auch wirklich zugrunde liege, und im Verneinungsfalle sich eine Gerichtsbarkeit über solche Akte wie die sich hieraus etwa ergebenden Entschädigungsansprüche zuzusprechen, verbreitet sich der Gesetzrevisor nicht. Perrot 1 S. 135 verneint auch diese Frage, indem er sich namentlich auf die Deklaration von 1831 stützt.

115. Letzteres erleidet aber jedenfalls eine Ausnahme, wenn aus dem landesherrlichen Akte selbst hervorgeht, daß der Landesherr nicht als Inhaber der Hoheitsrechte, sondern nur in einer fiskalischen Angelegenheit habe verfügen wollen, indem alsdann der dem § 41 d. G. zugrunde liegende Grundsatz zur Geltung gelangt: Gräff, Das Eigentum der katholischen Kirche usw., 1859, S. 179, *OT. 28. Juni 1853, Regnier, Plaidoyer usw., 1856, S. 4 und Anlagen, S. 181ff. (Die Jesuitenkirche zu Trier war durch AKO. v. 25. Febr. 1819 für Staatseigentum erklärt und der evangelischen Gemeinde zum Gebrauche überwiesen, demnächst aber durch eine spätere AKO. deren Rückgabe verfügt worden. Als demunerachtet das Bischöfliche Seminar die Eigentumsklage wider die evangelische Gemeinde anstellte, wurde die Einrede der Unzulässigkeit des RW. zwar vorgeschützt, jedoch in allen Instanzen verworfen. Das OT. erwog hierbei, daß die unter der Voraussetzung des Staatseigentums in den Allerh. Verfügungen getroffenen Bestimmungen keine landeshoheitlichen Anordnungen, sondern nur fiskalische Handlungen darstellten.) Ein Beispiel, wo der KompGH. eine Allerh. Entscheidung nicht als eine landesherrliche [d. h. wohl: landeshoheitliche] anerkannte, liefert EK. 12. Nov. 1859 (Sydow S. 57 a. E.).

116. Ein Fall, wo die Wahrung des fiskalischen Vorteils mit der Handhabung der Hoheitsrechte auf eigentümliche Weise in Verbindung gebracht wurde, lag dem *EK. 13. Nov. 1858 (JMBl. 59 S. 155) zugrunde. Der Preußische Staat hatte in der Wiener Kongreß-Akte mehreren anderen der vertragschließenden Staaten gegenüber die Abtretung eines gewissen Gebiets an einen Standesherrn übernommen. In einem zweiten, mit jenen Staaten 1819 geschlossenen Vertrage erkannten letztere an, daß jener seine Verpflichtung erfüllt habe, nachdem der Standesherr 1816 mit seiner Zustimmung auf andere Weise abgefunden worden war. Gestützt auf die Behauptung, daß der erwähnte Standesherr das Abkommen mit dem Preußischen Staat nicht habe schließen können, da dessen Gegenstand zum Fideikommißgut der Familie gehört habe, klagte der spätere Fideikommißinhaber gegen den Fiskus auf Erfüllung der Kongreß-Akte sowie auf Vernichtung der in jenem Abkommen enthaltenen Verzichtleistungen Von anderen Gründen abgesehen, deren bereits in A. 71 gedacht wurde, begründete der KompGH. hier die Unzulässigkeit des RW. in der Weise, daß, wenngleich der Antrag auf Vernichtung der Verzichtleistungen unter anderen Verhältnissen statthaft gewesen sein möchte, derselbe dennoch in vorliegender Sache unter die Stelle der Deklaration von 1831 falle, wonach solche Ansprüche an den Fiskus dem RW. entzogen seien, „deren Behandlung zur Folge haben würde, über das Hoheitsrecht des Staatsoberhauptes zum Abschluß von Verträgen mit fremden Staaten und zur Bestimmung über die Maßgaben ihrer Erfüllung in privatrechtliche Erörterungen verfassungswidrig einzuschreiten," indem gerade der durch die Abfindung erlangte Verzicht die Maßgabe der Erfüllung der Wiener Kongreß-Akte sei, welche im Jahre 1819 staatsvertragsmäßig anerkannt worden sei, jener Antrag mithin nichts anderes bezwecke, als hierin den Staatsvertrag von 1819 umzustoßen und die völkerrechtlich anerkannte Maßgabe der Erfüllung jener Akte noch dem RW. zu unterwerfen. Ebenso erkannten die in derselben Sache ergangenen EK. 13. Mai 1865, 10. Mai 1884 (das. S. 179; Rechtspr. S. 75). Vgl. ferner den ähnlich liegenden Fall in EK. 11. April 1896 (das. S. 86), sowie überhaupt die Entscheidungen in Rechtspr. d. KompGH. § 14.

117. EK. 3. Jan. 1857 (JMBl. S. 236) hält es hinsichtlich des Grundsatzes, daß Akte der Landeshoheit dem RW. nicht unterliegen, für gleichgültig, ob ein solcher Akt erst unter der Preußischen oder unter einer früheren Herrschaft erlassen sei. Der damals vorliegende sowie ein ganz ähnlicher Fall, bei welchem jedoch der landesherrliche Akt vom Preußischen Staatsoberhaupte ausdrücklich bestätigt worden, — vgl. EK. 11. Febr. 1854 (JMBl. S. 245ff.) — betrafen die Säkularisation von Kirchengut, die der König von Westfalen verfügt hatte. Der KompGH., welcher in dieser Säkularisation eine in Ausübung des ius eminens des Staates getroffene Maßregel erblickte, erklärte die richterliche Entscheidung über deren Rechtsbeständigkeit in beiden Fällen für unstatthaft. Ebenso entschied für die 1866 erworbenen Landesteile EK. 13. Nov. 1869 (Rechtspr. S. 29).

118. Die Unzulässigkeit der gerichtlichen Anfechtung eines Aktes der Landeshoheit ist eine unbedingte und der RW. wird nicht einmal durch die Berufung auf einen besonderen Rechtstitel eröffnet. In letzterer Hinsicht besteht ein grundsätzlicher Unterschied zwischen § 36 Abs. 1 einer- und den §§ 36 Abs. 2, 38 d. G.

bezw. § 2 Ges. v. 11. Mai 1842 und den meisten übrigen einschlägigen Bestimmungen andererseits.

119. Die Unbeschränktheit der Bestimmung des § 36 Abs. 1 äußert sich auch nach der Richtung hin, daß sie nicht bloß die Rechtsklage, sondern auch die Besitzklage ausschließt. Dies folgt sowohl aus der allgemeinen Fassung des § 36, als aus dem oben A. 87 gesagten, und es bedurfte daher keineswegs — wie in der InnMVfg. 31. Aug. 1844 (VMBl. S. 282) unter der irrigen Voraussetzung, daß die §§ 35—37 eine derartige Bestimmung vermissen ließen, geschieht — eines Zurückgehens auf das Gesetz v. 11. Mai 1842, um die Unzulässigkeit der Besitzklage hinsichtlich solcher Akte darzutun, auch abgesehen davon, daß die Anwendbarkeit des letzteren Gesetzes auf Akte der Landeshoheit nicht zugegeben werden kann.

120. Damit der RW. über einen Akt der Landeshoheit ausgeschlossen sei, bedarf es nicht etwa der für Abfassung und Publikation der Gesetze vorgeschriebenen Formen. Überhaupt kann die Frage, ob ein solcher Akt in dieser oder jener Form habe erlassen werden können, ebensowenig wie die andere Frage, ob die Voraussetzungen, von denen in demselben ausgegangen worden, zutreffende oder irrige gewesen seien, der richterlichen Prüfung unterzogen werden: EK. 14. Febr. 1854 (JMBl. S. 247); vgl. Anschütz aaO. S. 80.

121. Es begründet für die Zulässigkeit des RW. keinen Unterschied, ob der Staat bezw. Fiskus Partei ist, oder ob bloß unter Privaten gestritten wird (vgl. RG. 28. Febr. 1893, JMBl. S. 158), ferner, ob der landesherrliche Akt unmittelbar oder bloß mittelbar in einem zunächst einen anderen Gegenstand betreffenden Streite angefochten wird. Beispielsweise kann daher der Richter keine Erörterung darüber anstellen, inwiefern bei Erteilung einer landesherrlichen Genehmigung der Vorteil der Parteien in Erwägung gezogen sei: EK. 30. Okt. 1852, 18. Apr. 1857 (JMBl. 53 S. 68; 57 S. 389); OLG. Cöln 22. Dez. 1881 (Rh. A. 72, I. 71), AH. Cöln 22. Juli 1858 in S. der Kirche zu Loevenich g. Weisweiler. (In letzterem Urteile wurde, gleichzeitig übereinstimmend mit dem A. 120 gesagten, erkannt, daß die Veranlassung und die Gründe einer AKO, welche die nach dem (früheren) Ges. v. 13. Mai 1833 (GS. S. 50) § 2 erforderliche Genehmigung angeblich auf wahrheitswidrige Angaben der Beklagten hin versagt hatte, als eines Aktes der höchsten Staatsgewalt vom Richter nicht zur Erörterung gezogen werden dürften.)

122. Dagegen können die Gerichte sehr füglich in die Lage kommen, Streitigkeiten über die Deutung und die rechtlichen Folgen eines landesherrlichen Aktes, über seine Anwendbarkeit auf einen bestimmten Gegenstand oder über die Frage, ob der Akt durch einen späteren wieder aufgehoben sei, für den einzelnen Fall zu entscheiden. Ja es gehört recht eigentlich zum Wesen des richterlichen Berufs und füllt einen großen Teil der richterlichen Tätigkeit aus, dies bei solchen Akten zu tun, die zu den Akten der Landeshoheit im eigentlichsten Sinne gehören, nämlich bei den Gesetzen: EK. 9. Juni 1855, 13 Apr. 1861 (JMBl. 55 S. 386; 61 S. 284; im letzteren Falle hatten die Kläger aus der Säkularisation eines Klosters das Erlöschen eines diesem vermachten Nießbrauchs hergeleitet und dies auf dem RW. geltend gemacht; der KompGH. nahm hierbei u. a. auch auf § 194 II. 6 ALR. Bezug, indem die dort dem Stifter usw. erteilte Berechtigung im Streitfalle selbstredend der richterlichen Entscheidung unterliege.)

123. Das gesagte (A. 122) erleidet selbst dann keine Ausnahme, wenn die desfallsige Erörterung ergibt, daß ein landesherrlicher Akt, ungeachtet er nicht rückgängig gemacht worden ist, sich als völlig unwirksam erweist, wie dies z. B. in dem bereits A. 121 erwähnten Prozesse der Kirche zu Loevenich g. Weisweiler vorkam. Betreffs einer der klagenden Kirche letztwillig gemachten Zuwendung waren zwei AKO. ergangen, von denen die ältere die vom Gesetz verlangte Genehmigung versagte und die jüngere dieselbe erteilte. Infolge dessen Prozeß mit den gesetzlichen Erben darüber, ob jene letztwillige Verfügung durch die zweite AKO. noch habe gültig werden können, oder ob sie nicht vielmehr durch die erste beseitigt und hiermit die gesetzliche Erbfolge eröffnet worden, die spätere Genehmigung sonach vollkommen wirkungslos sei. AH. Cöln 22. Juli 1858 nahm das letztere an, weil die zweite AKO. gemäß § 7 des damaligen Ges. v. 13. Mai 1833 nur vorbehaltlich der Rechte dritter, hier der gesetzlichen Erben, verfügt habe, und das *OT. 28. Juni 1859 erwog, daß der zweite Richter, indem er zur Auslegung der AKO. auf deren gesetzliche Grundlage, das Gesetz von 1833, Rücksicht genommen, sich innerhalb seiner unstreitigen Befugnisse bewegt habe.

124. Ferner steht mit dem früher, namentlich in A. 120 gesagten nicht in Widerspruch, daß die Gerichte vor Anwendung Königlicher Verordnungen zu prüfen haben, ob dieselben gehörig publiziert seien, denn es ist offenbar ein anderes, ob die Gerichte gehalten sind, sich einem Akte der Landeshoheit gegenüber bloß passiv zu verhalten, ein anderes, ob sie ihn selbst anwenden, d. h. ihren eigenen Entscheidungen als maßgebende Norm zugrunde legen müssen. Daß obige Prüfung den Gerichten wirklich zustehe und obliege, stand zu allen Zeiten fest und wurde durch Art. 106 der Verf.-Urk. ausdrücklich bestätigt, wie dieser Art. auf der andern Seite wiederum anerkennt, daß die Prüfung der Rechtsgültigkeit gehörig verkündeter königlicher Verordnungen den richterlichen Behörden, wie den Behörden überhaupt nicht gestattet sei. Vgl. OT. 3. Febr. 1871 (Strieth. 81 S. 110); Anschütz aaO. S. 80. Art. 106 gilt auch für solche preußische Verordnungen, die vom Könige als Inhaber des äußeren Regiments der evangelischen Kirche erlassen sind: OT. 23. Juni 1875 (Rechtspr. 16 S. 485). Dagegen unterliegt die Prüfung der Rechtsgültigkeit von Reichsgesetzen keinerlei Beschränkung. Über die Tragweite des Art 106, insbesondere über die Frage, was verfassungsgemäß zur gehörigen Publikation erfordert wird, und inwiefern die Gerichte befugt bezw. verpflichtet sind, Gesetze anzuwenden, die zwar in verfassungsmäßiger Form verkündet, aber in verfassungswidriger Form erlassen oder verfassungswidrigen Inhalts sein sollen, vgl. das nähere bei v. Rönne 1 S. 375, 403ff., Schulze, Preuß. Staatsrecht § 175, v. Daniels, Lehrbuch des Gemeinen Preuß. Privatrechts 1 S. 132 ff. usw. Die Ansichten der Schriftsteller weichen inbezug auf die sog. oktroyierten Verordnungen (Art. 63 der Verf.-Urk.) insofern von einander ab, als ein Teil (z. B. v. Daniels, Schulze, Dernburg Lehrb. d. Pr. Privatrechts 1 § 16) glaubt, daß, der von den Kammern versagten Genehmigung ungeachtet, solche Verordnungen so lange verbindlich bleiben, bis sie im Verordnungswege förmlich aufgehoben werden, wogegen andere (z. B. v. Rönne) annehmen, daß dieselben mit der Versagung jener Genehmigung ipso iure außer Kraft treten, der Richter daher, ohne sich einer Verletzung des Art. 106 schuldig zu machen, befugt und sogar verpflichtet erscheine, solche Verordnungen hinfüro als nicht mehr vorhanden zu behandeln. — Jedenfalls darf sich der Richter bei einer oktroyierten Verordnung mit der Prüfung, ob dieselbe eine dringliche gewesen und unter eine der beiden allein statthaften Arten falle, ob ihr Inhalt der Verfassung nicht zuwiderlaufe, ob sie innerhalb der allein dafür zugelassenen Zeit, nämlich während die Kammern nicht versammelt waren, ergangen sei, ebensowenig befassen, wie bei einer sog. Ausführungsverordnung im Sinne des § 45 das. mit der Prüfung, ob deren Inhalt dem auszuführenden Gesetze entspreche und ob dieselbe nicht etwa in das Gebiet der eigentlichen Gesetzgebung hinübergreife.

125. Die Frage, ob ein Gesetz gehörig publiziert sei und ob es seine Geltung oder Ausführbarkeit später, sei es aus diesem, sei es aus jenem Grunde verloren habe, eröffnet nicht ohne weiteres den RW.; vielmehr sind die Gerichte zur Prüfung und Entscheidung dieser Frage nur dann befugt, wenn von ihrer Beantwortung die gerichtliche Zuständigkeit zur Hauptsache abhängt. Wäre letztere sowohl im Falle der rechtsgültigen Publikation des Gesetzes usw. als in der entgegengesetzen Unterstellung zu verneinen, so könnte ein Richterspruch über obige Fragen nicht herbeigeführt werden. So: GK. 8 Febr. 1862 (JMBl. S. 264).

126. Die im § 36 ausgesprochene Unzulässigkeit des RW. erstreckt sich nicht bloß auf die landeshoheitlichen Akte selbst, sondern auch auf die Entschädigungsansprüche, welche aus jenen Akten wider den Staat bezw. Fiskus hergeleitet werden. So lautet mindestens die Regel, indem die Fälle, wo ein solcher Anspruch vor Gericht geltend gemacht werden kann, nach dem Wortlaute des § 37 als Ausnahmefälle aufzufassen sind. Auf der anderen Seite würde man jedoch zu weit gehen, wenn man die im § 37 aufgeführten Fälle des § 71 der Einl. und § 11 I. 11 ALR. als die einzigen Ausnahmefälle dieser Art zulassen wollte; jene Gesetzesstellen enthalten vielmehr nur einzelne Anwendungen der allgemeinen Grundregel, die im § 75 der Einl. z. ALR. ausgesprochen ist und durch § 37 d. G. offenbar aufrecht erhalten werden sollte. Vgl. Gesetzrevision, Pens. XII S. 96. Demzufolge ist der RW. wegen eines Entschädigungsanspruchs überall statthaft, wo der Akt der Landeshoheit auf § 74 das. oder den aus demselben hergeleiteten sonstigen Gesetzen beruht, d. h. also überall, wo das landesherrliche Enteignungsrecht im weiteren Sinne, das Recht zur Nötigung des einzelnen, seine besonderen Rechte und Vorteile dem Wohle des gemeinen Wesens zu opfern, in Anwendung gebracht wird.

Dahin gehören außer den in den §§ 36, 37 d. G. erwähnten Fällen die der §§ 30, 31 I. 8, §§ 260ff. I. 9, §§ 5, 6, 19, 40, 43 II. 15 ALR.; AKO. v. 11. Juni 1825 (GS. S. 152); Ges. v. 9. Nov. 1843 § 6 (GS. S. 341); EG. z. HGB. v. 24. Juni 1861 Art. 12 § 4 (GS. S. 456); Ges. v. 11. Mai 1851 § 12 Schlußsatz (GS. S. 362), v. 7. Okt. 1865 § 3 (GS. S. 1033), v. 18. März 1868 § 7 (GS. S. 277), v. 30. Mai 1874 § 5 (GS. S. 197), RGewO. § 51, die Ges. gegen Reblausgefahr, Viehseuchen usw. In allen solchen Fällen ist daher, sofern nicht etwa Spezialgesetze hiervon eine Ausnahme begründen (z. B. § 12 Rh. Ress.-Regl.), die Feststellung der Entschädigung nötigenfalls im RW. zu bewirken und in gleicher Weise auch die Vorfrage, ob ein Fall dieser Art wirklich vorliege, insoweit prozeßfähig, als es sich um das Vorhandensein oder Nichtvorhandensein eines daraus abgeleiteten Entschädigungsanspruchs handelt. Vgl. OT. 1. Juli 1850 (E. 20 S. 5 ff.) und die Erläuterungen zu § 4 Ges. v. 11. Mai 1842. In jeder anderen Hinsicht ist dagegen die richterliche Entscheidung ausgeschlossen, da, den Entschädigungspunkt abgerechnet, von dem Enteignungsrechte dasselbe gilt, wie von allen sonstigen Hoheitsrechten. Vgl. EK. 8. Apr. 1854 (JMBl. S. 272), wo erkannt wurde, daß, wenn der Fall einer Enteignung als feststehend angenommen werden müsse, das Vorhandensein desselben im RW. nicht mehr bestritten werden könne, ferner die in JMBfg. 12. Nov. 1832 (Jbb. 40 S. 401) wiedergegebene AKO., welche ausdrücklich ausspricht, daß in Fällen, wo es auf eine Enteignung des Gemeinwohls wegen ankomme, nach Vorschrift des § 36 d. G. den Gerichten kein Entscheidungsrecht zustehe; ebenso v. Rönne (1. Aufl.) I S. 332; er bemerkt u. a., daß die Voraussetzungen der §§ 29, 30 I. 8 ALR. nicht der Richter zu beurteilen habe, daß diese Vorschriften vielmehr für die Staatsgewalt gegeben seien, der es allein zustehe, die Einziehung oder Einschränkung des Eigentums zum Gemeinwohle auszusprechen. (Über das Verfahren bei Enteignungen im engern Sinne vgl. das Ges. v. 11. Juni 1874 und die Erläuterungen dazu.)

127. Indem es zum Begriffe des Enteignungsrechts gehört, daß die Enteignung zur Förderung des Gemeinwohls erfolge, unterscheidet es sich von vornherein von dem verwandten Rechte auf Einräumung einer sog. notwendigen Servitut im Sinne der §§ 3—10 I. 22 ALR, des Art. 682 c. c. bezw. § 917 BGB.; das letztere betrifft ein lediglich zwischen zwei Privatpersonen sich bildendes Rechtsverhältnis, bei dem das Gemeinwohl nicht einmal mittelbar beteiligt ist. In Fällen, wo dieses letztere Recht geltend gemacht wird, steht die Beurteilung der Notwendigkeit der Eigentumsbeschränkung, vorbehaltlich einzelner auf ausdrücklicher Gesetzesvorschrift beruhender Ausnahmen (vgl. §§ 18, 19 Vorflutges. v. 15. Nov. 1811, § 4 Ges. v. 14. Juni 1859) ebenso wie die Feststellung der Entschädigung nicht den Verwaltungsbehörden, sondern den Gerichten zu, vorausgesetzt, daß letztere nicht durch Schiedsrichterspruch erfolgt.

128. Andererseits ist, damit von der Ausübung des Enteignungsrechts und einem daraus abzuleitenden Entschädigungsanspruche die Rede sein könne, ein wirkliches Vermögensopfer, ein eigentlicher Eingriff in Privateigentum erforderlich. Macht daher der Staat lediglich eine gesetzliche Beschränkung geltend, unter welcher das Privateigentum überhaupt nur besteht, die also als solche in der Gesetzgebung anerkannt wird, so liegt kein Fall der Enteignung vor; eine etwaige Entschädigungsklage würde, wenn auch nicht als zum RW. ungeeignet, doch als unbegründet zu verwerfen sein. So erachtete OT. 9. März 1849 (E. 17 S. 325) die Eigentümer der Ufer öffentlicher Flüsse für nicht befugt, wegen Hergabe des zur Einrichtung des Leinpfads erforderlichen Geländes Entschädigung zu fordern, indem die Gestattung des Leinpfads eine gesetzliche Beschränkung sei, der nach § 57 II. 15 ALR. das Ufereigentum überhaupt unterliege. OT. 19. Juni 1863 (Strieth. 50 S. 139) wies einen Anspruch auf Entschädigung wegen eines auf Grund des § 184 II. 11 ALR. geschlossenen Begräbnisplatzes ab. RG. 20. Sept. 1890 (E. 26 S. 337) verneinte den Entschädigungsanspruch in einem Falle, wo der Wiederaufbau einer abgebrannten Windmühle polizeilich verboten worden war, weil der Bauplatz nicht die durch eine inzwischen ergangene Polizeiverordnung vorgeschriebene Entfernung von der öffentlichen Straße hatte. Vgl. weiter RG. 14. Juni 1890 (Gruchot 34 S. 880). Hierauf ist ferner OT. 15. Nov. 1850 (E. 20 S. 103) zurückzuführen, wenn dasselbe den Umwohnern einer Festung jeden Ersatzanspruch wegen der Beschränkungen absprach, denen sie durch Erweiterung des Festungsrayons in der Benutzung ihrer Grundstücke unterworfen wurden; dasselbe erwog: § 75 der Einl. z. ALR. gelange

nur da zur Anwendung, wo die getroffene Beschränkung nicht schon Bedingung des Grundbesitzes sei, erkannte jedoch an, daß, wenn es dem Bedürfnisse der Festung entsprochen hätte, den Klägern ihr Eigentum gänzlich zu entziehen, jene nach §§ 6, 8, 9 I. 11 ALR. und § 30 Regul. v. 10. Sept. 1828 (GS. S. 129) Werteršatz allerdings hätten fordern können. (Eine dem RRayongeſ. entsprechende Vorschrift bestand damals nicht.) Daraus ist indessen selbstredend nicht allgemein zu folgern, als ob ein Entschädigungsanspruch überhaupt nur bei gänzlicher Entziehung des Eigentums stattfinde. Vgl. hierzu v. Rönne 2 S. 118 und zu der hier besprochenen Frage überhaupt Anschütz, Verwaltungsarchiv 5 S. 115 ff. Vgl. auch die Erläuterungen zu § 13 Rh. Ress.-Regl. und § 4 Ges. v. 11. Mai 1842.

129. Dasselbe gilt, wenn der Staat eine für andere Eigentümer nachteilige Handlung kraft des ihm selbst zustehenden Eigentums, sowie innerhalb der hierin begründeten Befugnisse vornimmt und um deswillen nach dem Satze: „qui suo iure utitur, neminem laedit" nicht in fremdes Eigentum eingreift. Zum Staatseigentum in diesem Sinne gehört auch das gemeine Eigentum an solchen Sachen, die bestimmungsgemäß öffentlichen und nicht fiskalischen Zwecken dienen, z. B. öffentliche Wege, schiffbare Flüsse. Vgl. Anschütz, aaO. S. 87. So entschied OT. 1. Juli 1850 (Präj. 2220, E. 20 S. 5), daß der Staat nicht zum Schadensersatze verpflichtet sei, wenn seine Befugnis zur Errichtung usw. einer gemeinnützigen Anlage schon aus den §§ 36—38 I. 6 und §§ 26—28 I. 8 ALR. folge, wenn er z. B. eine Landstraße erhöht oder erniedrigt habe und hierbei in den dem Eigentümer gezogenen Schranken geblieben sei. Ein gleiches erkannten AH. Cöln 28. März 1833 (Rh. A. 18. I. 132), LG. Trier 31. Aug. 1846 (Tr. A. 5, I. 264) für das Gebiet des Rheinischen Rechts an. AM. AH. Cöln 25. Juni 1847 (Rh. A. 42, I. 101, welches annahm, daß der Anlieger, welcher ohne Widerspruch längs der Straße baue und Tür- wie Fensteröffnungen nach derselben breche, durch diese Zulassung des Baues das Recht erwerbe, daß seine im Vertrauen auf die Fortdauer des bisherigen Zustandes gemachten Anlagen durch die zum allgemeinen Vorteile nötig befundene Erhöhung oder sonstige Veränderung der Straße nur gegen Entschädigung unbrauchbar gemacht werden dürften) und die ständige neuere Rechtsprechung; vgl. Anschütz aaO S. 111 ff. Vgl. ferner die Erläuterungen zu § 4 Ges. v. 11. Mai 1842.

130. Desgleichen liegt der Fall einer Enteignung und eines infolge derselben erwachsenen Entschädigungsanspruchs nicht vor, wenn die vom Staate erheischten Opfer nicht einzelne, sondern alle Staatsangehörigen oder alle Bewohner eines gewissen Landesteils treffen, wenn z. B. auf Grund des § 73 der Einl. ALR. zur Abwehr einer allgemeinen Notlage Leistungen aller in Anspruch genommen werden. So: MVfg. 31. Juli 1840, 12. Sept., 9. Nov. 1841, 14. Juli 1842 (VMBl. 40 S. 331; 41 S. 249, 306; 42 S. 292), welche diesen Satz auf die zur Vertilgung schädlicher Waldinsekten aufgebotene Kreishülfe für anwendbar erachteten. Vgl. auch Ges. über das Deichwesen v. 28. Jan. 1848 § 25, StGB. § 360 Nr. 10, Feld- und Forstpol.-Ges. § 44, Berggeſ. § 105, ferner Anschütz, aaO. S. 122.

131. Endlich bleiben die für Enteignungen geltenden Grundsätze außer Anwendung, wenn die Aufhebung oder Beschränkung von Privatrechten die unmittelbare Folge neu ergangener Gesetze ist. Da sich nämlich alsdann der den Schaden herbeiführende landesherrliche Akt zwar als der Ausfluß eines Hoheits-, aber nicht des Enteignungs-, sondern des Gesetzgebungsrechts kundgibt, so tritt hier die in A. 126 besprochene Regel in Wirksamkeit; der Richter muß deshalb den erhobenen Entschädigungsanspruch in solchen Fällen nicht etwa wie in denen der A. 128 und 129 als unbegründet, sondern als nicht prozeßfähig abweisen, sofern nicht etwa das betreffende Gesetz selbst eine Entschädigung zusagt. Dieser Satz wird namentlich in der Deklaration von 1831 näher zu begründen gesucht, und seine Richtigkeit in der Anwendung auf einzelne Fälle durch eine Reihe von Entscheidungen der höchsten Gerichtshöfe anerkannt. So entschied GK. 9. Febr. 1856 (JMBl S. 88), daß der RW. über die Entschädigung für ein durch Gewährung der Preßfreiheit aufgehobenes Zeitungsprivileg nicht stattfinde, da der Verlust dieses Privilegs eben nicht die Folge einer bloßen Verwaltungsmaßregel, sondern eines Gesetzes sei, und dieses eine Entschädigung für die durch dasselbe beeinträchtigten Privatrechte nicht vorbehalte. Ähnlich entschied OT. 8. Mai 1840 (Präj. 863, E. 32 S. 165) in einer Streitsache, die eine durch besondern Rechtstitel erworbene, aber infolge des Westfäl. Dekrets v. 20. Dez. 1809 aufgehobene Befreiung vom Wegegeld betraf. Der KompGH. und OT. 3. Apr. 1856 (E. 32 S. 162) nahmen dasselbe an inbezug auf einen von

der Westf. Sälzerkorporation dahin gerichteten Klageantrag, daß Fiskus verurteilt werde, den Klägern den alleinigen Salzhandel im Fürstentum Paderborn sowie den freien Handel ins Ausland zu gestatten, und ihnen allen durch die bisherige Versagung dieses Rechts erlittenen Schaden zu ersetzen, oder daß Fiskus mindestens zum Ersatz des Vorteils schuldig erklärt werde, den Kläger bei völlig freiem Wettbewerb gehabt haben würden, — insofern es sich um die in diesem Antrage begriffenen Ersatzansprüche handelte. (Das OT. hob hier besonders hervor, das Edikt v. 10. Juni 1816, GS. S. 182, die Ausübung des Salzregals in den dort bezeichneten Landesteilen betreffend, enthalte für obigen Bezirk keine Entschädigungszusage.) Vgl. ferner EK. 15. Okt. 1859 (JMBl. 60 S. 329), wo es sich wie bei OT. 8. Mai 1840 und 3. Apr. 1856 um einen Akt der früheren Gesetzgebung, und zwar um den Reichs-Deputations-Hauptschluß handelte. Alle diese Entscheidungen gehen übrigens davon aus, daß in derartigen Fällen ein Entschädigungsanspruch nicht allein nicht prozeßfähig, sondern daß er überhaupt nicht gegeben sei, eine Ansicht, die in ihrem zweiten Teile freilich nicht aus § 36, sondern nur aus jener Deklaration gefolgert werden kann. Daß mit letzterer Annahme Art. 9. der Verf.-Urk. nicht in Widerspruch stehe, indem dieser keineswegs die Bestimmung habe, der Gesetzgebung über die notwendige, unentgeltliche Aufhebung von Rechten entgegenzutreten, ist heute kaum noch bestritten; vgl. z. B. v. Rönne 2 S. 99f., Anschütz aaO. S. 82, Rosin, Polizeiverordnungsrecht S. 149 A. 5, RG. 20. Sept. 1890, 29. Dez. 1899 (E. 26 S. 340; 45 S. 253). — Was von der Entschädigung für Eingriffe in Privatrechte durch Gesetz gesagt ist, gilt auch für die Eingriffe durch Polizeiverordnungen. Vgl. Rosin aaO. S. 148 ff., gen. RG. 29. Dez. 1899 — Für das Gebiet des gemeinen Rechts hat dagegen das Reichsgericht ausdrücklich anerkannt, daß der Staat für Eingriffe in Privatrechte durch ein Gesetz, das über eine etwaige Entschädigung nichts bestimmt, allerdings Entschädigung zu leisten habe; für diese Ansprüche läßt es, entsprechend den Grundsätzen bei Enteignungen, den RW. zu. Vgl. RG. 13. Jan. 1883, 28. Juni 1898 (E. 12 S. 3; 41 S. 193). — Zur sachlichen Seite dieser Frage vgl. Anschütz aaO. S. 1ff. — Beispiele, wo eine aus Staatsmitteln zu beschaffende Entschädigung für die Aufhebung von Rechten im Gesetze ausdrücklich zugesagt worden, liefern die §§ 1ff. Ed. v. 28. Okt. 1810, das Ges. v. 13. Mai 1833 (GS. S. 59), die §§ 3, 7, 8 Ed. v. 9. Mai 1816 (GS. S. 139), die VO. v. 16. Juni 1838 usw. und aus jüngster Zeit Art. 5 RGes. betr. einige Änderungen von Bestimmungen über das Postwesen v. 22. Dez. 1899 (RGBl. S. 715), § 11 Süßstoffges. v. 7. Juli 1902 (das. S. 253). Charakteristisch ist, daß diese wie fast alle anderen ähnlichen Bestimmungen für die Ermittelung des Entschädigungsbetrages den RW. gerade ausschließen.

132. Diese Grundsätze kommen jedoch nur bei Eingriffen durch die Gesetze selbst zur Anwendung; erfolgt die Schädigung durch die auf Grund oder in Ausführung eines Gesetzes erfolgenden Verwaltungshandlungen, so ist ein Anspruch auf Ersatz gegeben, der wie bei Enteignungen zum öffentlichen Nutzen im RW. verfolgt werden kann; dies gilt sowohl für preußisches wie gemeines Recht. Vgl. RG. 1. Febr. 1898, 24. Mai 1901 (E. 41 S. 142; 49 S. 252), Anschütz aaO. S. 99.

133. Jedoch läßt EK. 13. Febr. 1858 (JMBl. S. 255) das in A. 131 gesagte nur insofern als unbedingt richtig gelten, als unter dem ohne ausdrückliche Zusage nicht zu erstattenden Schaden bloß derjenige verstanden werde, der bei Erlaß des Gesetzes habe vorausgesehen werden können, der also mit dem Gesetze in unmittelbarem und notwendigem Zusammenhange stehe, wie z. B. bei dem infolge Freigebung der Gewerbe eingetretenen Verluste eines ausschließlichen Zunftrechts der Fall sei. Ganz anders würde es sich verhalten, wenn z. B. ein Straßen-, Strom- oder Meliorationsbau durch landesherrliche Verfügung angeordnet wäre, nachmals sich aber ergäbe, daß dadurch auf einem anderen Punkte Schäden entstanden seien, an die man im voraus nicht habe denken können; daß allen derartigen Entschädigungsforderungen durch Bezugnahme auf das Gesetz entgegengetreten werden könne, lasse sich nicht durchführen.

134. Noch weit unbedenklicher steht weder § 36 d. G. noch die Deklaration von 1831 der gerichtlichen Geltendmachung eines Entschädigungsanspruchs entgegen, wenn der Fiskus sich in einem Vertrage privatrechtlicher Natur zur Gewährleistung wider etwaige gesetzliche Änderungen verpflichtet hat: OT. 30. Aug. 1847 (E. 15 S. 134; K. Friedrich I. hatte ein Grundstück unter dem Versprechen verkauft, daß Käufer nie mehr als die beim Kaufe übernommenen Lasten vom Grundstücke ent-

richten solle; nach Aufhebung aller Steuerprivilegien [durch die fremdherrliche Gesetzgebung] klagte ein Nachkomme des Käufers wider den Fiskus auf Entschädigung wegen der auf solche Weise entzogenen Steuerfreiheit. Das OT. erachtete diesen Anspruch als einen rein privatrechtlichen, bei welchem weder das Besteuerungsrecht des Staatsoberhaupts in Frage gestellt, noch eine Entschädigung für die Ausübung dieses Rechts beansprucht, sondern lediglich eine vertragsmäßig übernommene Gewährleistung verlangt werde).

135. Ebenso ließ EK. 7. Mai 1859 (Sydow S. 57) den RW. in einem Falle zu, wo Kläger unter der Behauptung, daß er an Stelle des Fiskus eine angeblich diesem infolge einer Säkularisation überkommene Verpflichtung erfüllt habe, einen Ersatzanspruch ex versione in rem geltend machte.

136. Aus dem Umstande, daß die Deklaration von 1831 unter den Schäden, für welche Fiskus nicht Ersatz zu leisten habe, noch vor Gericht belangt werden dürfe, beispielsweise auch Kriegsbeschädigungen aufführt, könnte man versucht sein, mit EK. 22. Nov. 1851, 16. Apr. 1853, 16. Sept. 1854 (JMBl. 52 S. 18; Rechtspr. S. 54) zu schließen, daß dies von allen Kriegsbeschädigungen ohne Ausnahme gelte, mithin auch von den durch die Anordnungen eines inländischen Kommandos zugefügten. In jener Deklaration hat jedoch nur gesagt werden sollen, daß, weil aus den bloßen Folgen eines Aktes der Landeshoheit privatrechtliche Ansprüche gegen den Fiskus in der Regel nicht hergeleitet werden könnten, ein solcher Anspruch nicht darauf allein sich gründen lasse, daß der Landesherr von dem Hoheitsrechte, Krieg zu führen, Gebrauch gemacht und Kläger durch diesen Krieg Schaden erlitten habe, sodaß also unter Kriegsbeschädigungen an obiger Stelle nur solche gemeint wurden, welche wirklichen Kriegszufällen bezw. den Handlungen des Feindes beizumessen sind. Dies erhellt noch bestimmter aus dem weiteren Inhalte, wo jener Schaden als ein aus den Zufällen des Krieges hervorgegangener erläutert wird. In dem Hoheitsrechte, Krieg zu führen, ist ohnehin die Befugnis, das Privatvermögen der eigenen Untertanen zum Zwecke der Kriegsführung zu beschädigen, noch keineswegs mitenthalten; eine solche Befugnis kann vielmehr auch in diesem Falle nur auf das hoheitliche Enteignungsrecht zurückgeführt werden, und ist hiernach das Vorhandensein sowie die Prozeßfähigkeit eines desfallsigen Entschädigungsanspruchs grundsätzlich wenigstens nicht zu bestreiten, wie denn auch im gemeinen Rechte der Satz gilt, daß der Staat zwar nicht für den vom Feinde verursachten Schaden, wohl aber für denjenigen, den er selbst anrichtet, ersatzpflichtig sei. Vgl. Eichmann, der Kriegsschadenersatz (1813), v. Rönne (1. Aufl.) 1 S. 271, Cretschmar, Zivilprozeßnormen des rheinpreuß. Landesrechts S. 11, Stölzel S. 93 A. 8. Wenn die positive Gesetzgebung — s. A. 251 der 1. Aufl. und unten A. 300 — den RW. hinsichtlich aller Entschädigungsforderungen aus den Kriegen von 1806 bis 1815 allgemein ausgeschlossen hat, und § 43 Ges. v. 3. Nov. 1838 bestimmt, daß eine Eisenbahngesellschaft für Kriegsbeschädigungen sowie Demolierungen, sie mögen vom Feinde ausgehen oder im Interesse der Landesverteidigung veranlaßt werden, vom Staate keinen Ersatz fordern dürfe, so spricht dies nicht gegen, sondern für obige Ansicht: die Ausnahme bestätigt die Regel. Vgl. jedoch jetzt § 35 des Kriegsleistungsgef. v. 13. Juni 1873 (RGBl. S. 129), wonach für alle durch den Krieg verursachten Beschädigungen, die nach den Vorschriften dieses Gesetzes nicht oder nicht hinreichend entschädigt werden, der Umfang und die Höhe einer etwa zu gewährenden Entschädigung und das Verfahren bei Feststellung derselben durch jedesmaliges besonderes Gesetz bestimmt werden soll. — Über Kriegslieferungen vgl. A. 273.

137. Eine ähnliche Erwägung, wie dem in A. 133 besprochenen EK., liegt auch RG. 26. Sept. 1894 (JMBl. 95 S. 156) und EK. 13. Aug. 1870 (das. S. 330) zugrunde: Von einem militärischen Schießplatze flogen gegen die Absicht der Militärbehörde Kugeln auf benachbarte, nicht abgesperrte Grundstücke. Obwohl die zum Zwecke der Truppenausbildung erfolgte Anordnung des Schießens eine Ausübung des Militärhoheitsrechts darstellt, wurde der RW. wegen Besitzstörung für zulässig erachtet, weil das Überfliegen der Geschosse nicht notwendige Folge des Schießens und nicht mit diesem gewollt sei; ein nicht gewolltes Handeln könne aber nicht Ausübung eines Rechts sein. In Übereinstimmung hiermit wurde in RG. 24. Sept. 1889 (E. 24 S. 36) der RW. auf Grund des § 36 d. G. für unzulässig erklärt, weil die Lärmerregung, deren Beseitigung Kläger verlangte, eine notwendige und deshalb gewollte Folge der vom Truppenkommando angeordneten Schießübung sei. Auf einem hiervon grundsätzlich abweichenden Standpunkt steht dagegen OVG.

5. Mai 1877 (E. 2 S. 400); hier wird das Recht der Polizeibehörde, gegen derartige Besitzstörungen durch die Militärbehörde einzuschreiten, verneint, weil letztere sich selbst hierbei in unmittelbarer Ausübung des Militärhoheitsrechts befinde. Vgl. Anschütz, Verwaltungsarchiv 5 S. 96. — Handlungen der Militärbehörde, die lediglich in militärfiskalischen Angelegenheiten erfolgen, fallen nicht unter § 36 d. G.; daher sind z. B. Klagen gegen schädliche Einwirkungen von militärfiskalischen Anlagen unbedenklich zulässig, freilich nur soweit, als sie auf Herstellung von Vorrichtungen zur Beseitigung der zugefügten Belästigungen und Übelstände unbeschadet der Fortsetzung des Betriebs gerichtet sind; eine Klage auf Unterlassung der schädigenden Handlung ist als gegen das Militärhoheitsrecht gerichtet unzulässig; so: RG. 6. Juni 1899 (E. 44 S. 225); vgl. Anschütz aaO. S. 95.

138. Bisher ist der Bestimmung des § 36 zunächst nur insoweit gedacht worden, als sie den RW. wider Akte der Landeshoheit ausschließt Sie steht aber der Betretung des RW. selbstredend auch da entgegen, wo ein landesherrlicher Akt noch gar nicht ergangen, die Klage vielmehr dahin gerichtet ist, daß der Richter einen Anspruch zuerkenne, über den nur vom Staatsoberhaupte in Ausübung seiner Hoheitsrechte entschieden werden könnte. So erkannte A.H. Cöln 10. Aug. 1847 (Rh. A. 42, I. 135), daß Streitigkeiten zwischen zwei Kirchengemeinden verschiedener Konfession, welche nicht die Mitberechtigung an einer Simultankirche, sondern die Art ihrer Ausübung zum Gegenstande hätten, nicht zur richterlichen Zuständigkeit gehörten, indem derartige Streitigkeiten über die Benutzungsart, wenn sie nicht durch Einverständnis der kirchlichen Oberen geschlichtet würden, nach § 311 II. 11 ALR. durch den Landesherrn (in Ausübung des ius circa sacra) entschieden werden müßten. [Dieses Erkenntnis ist zwar durch R.H. 30. Okt. 1848 (Rh. A. 43, II. 76) kassiert worden, aber nicht, weil die aus § 311 gezogene Folgerung an sich unrichtig sei, sondern weil dieser § in der Rheinprovinz keine Gesetzeskraft habe, und der betreffende Streit mit Rücksicht auf die Besonderheit des Falls ohnehin als ein rein privatrechtlicher erscheine; (der Anspruch auf die Art der Benutzung war auf Verjährung gegründet, und ein entgegenstehender Vertrag als nichtig angefochten worden). In der Rheinprovinz unterliegen derartige Streitigkeiten dem RW.; der Verwaltung steht nur die polizeiliche Regelung eines Zwischenzustandes zu; vgl. EK. 10. Okt. 1863, 9. Apr. 1864 (JMBl. 64 S. 4, 273).] Vgl. auch RG. 21. Dez. 1901 (E. 50 S. 292: solange die Regelung eines Privatrechtsverhältnisses durch die zuständige Verwaltungsbehörde nicht erfolgt sei, stehe dem richterlichen Eingreifen zum Schutz des Besitzstandes nichts entgegen).

139. Nach demselben, in § 36 seinen Ausdruck findenden Grundsatze können die Gerichte keine Tätigkeit entwickeln, die einen Anteil an der gesetzgebenden Gewalt voraussetzt. In Frankreich hatten sich bekanntlich die obersten Gerichtshöfe der Provinzen, die Parlamente, einen sehr wesentlichen Einfluß auf die Gesetzgebung angemaßt und bis zur Revolution von 1789 behauptet. Diesem Zustande wurde jedoch durch die Revolutionsgesetzgebung ein Ende gemacht, und der Wirkungskreis der Gerichte auf die Entscheidung des einzelnen Falles beschränkt, indem denselben untersagt wurde, de disposer par voie de règlement, ein Verbot, das zuerst im Ges. v. 10.—24. Aug. 1790, Tit. 2 Art. 12 ausgesprochen, selbst noch in den c. c. (vgl. Art. 5) übergegangen ist und nur insofern eine Ausnahme erleidet, als es den Gerichten gestattet worden, reglementarische Bestimmungen über Gegenstände des innern Dienstes in bestimmten Grenzen zu treffen. Vgl. z. B. Art. 21 des Dekrets v. 6. Juli 1810. In Preußen, wo gleiche Anlässe zu solchen Verboten nicht gegeben wurden, war man weniger geneigt, in dem Erlasse allgemeiner Reglements einen Eingriff in die Gesetzgebung zu erblicken, und waren wenigstens früherhin reglementarische Verfügungen der Obergerichte über andere Gegenstände, als den innern Dienst keineswegs selten. Vgl. z. B. das Publikandum des Kammergerichts wegen der Fälle, in denen kein richterliches Verfahren eintritt, vom 27. Mai 1817 (Jbb. 10 S. 274). Über das frühere Recht der Gerichtshöfe, auf den Erlaß einer authentischen Gesetzesauslegung anzutragen vgl. AKO. v. 1. Aug. 1836 (GS. S. 218), sowie Ges. v. 7. Mai 1856 (GS. S. 293) und in Beziehung auf das französische Recht Gilbert zu Art. 5 des c. c.

IV. Übertragung von Hoheitsrechten auf andere Personen.

140. Obgleich wirkliche Hoheitsrechte grundsätzlich unveräußerlich und unübertragbar sind (§ 18 II. 17 ALR.), so ist dies in solcher Allgemeinheit doch nur so

zu verstehen, daß der Landesherr sich eines Hoheitsrechts nicht etwa wie eines niederen Regals, z. B. des Bergwerksregals für einen gewissen Bezirk, gänzlich entäußern könne, so daß dieses Recht statt seiner ausschließlich einem anderen zustände; denn wenigstens bezüglich einzelner wirklichen Hoheitsrechte ist unbestritten, daß ihrer durch besondere landesherrliche Verleihung sowohl Private, Gemeinden usw. als Staatsbehörden mit teilhaftig gemacht werden können und teilhaftig gemacht worden sind, wie z. B. den Gemeinden eine Art Besteuerungsrecht kraft Gesetzes zusteht und das Enteignungsrecht nicht selten Privaten und Gesellschaften verliehen wird. Daß in allen solchen Fällen der landesherrliche oder gesetzgeberische Akt, durch den das Hoheitsrecht übertragen worden, keiner gerichtlichen Anfechtung unterliege, bedarf keiner Erwähnung. Insoweit es sich aber um die streitig gewordene Ausübung dieses Rechtes handelt, muß unter den Berechtigten, je nachdem diese Private, Gemeinden usw. (A. 141) oder aber Standesherren (A. 142) oder Staatsbehörden (A. 143 ff.) sind, unterschieden werden.

141. Sind die Berechtigten Privatpersonen, Korporationen, Gemeinden usw., so läßt sich die Unzulässigkeit des RW. hinsichtlich derartiger Streitigkeiten aus § 36 wohl schwerlich allgemein herleiten, indem der Charakter jener Rechte durch einen solchen Wechsel in der Person des Berechtigten ein völlig anderer, ein vorwiegend privatrechtlicher geworden ist. Wenn hiernach die richterliche Entscheidung über die zwischen jenen Berechtigten und dritten streitig gewordene Ausübung der übertragenen Hoheitsrechte als Regel angenommen werden mag (vgl. Grävell 1 S. 82 und in Beziehung auf das gemeine Recht v. Linde § 49, Martin § 21), so erleidet diese Regel dennoch die weitgreifendsten Ausnahmen, einesteils inbezug auf das Besteuerungsrecht der Gemeinden (vgl. die Erläuterungen zu § 41), anderenteils inbezug auf das an Private usw. verliehene Enteignungsrecht, bei dessen Ausübung die gerichtliche Tätigkeit nach der allgemein herrschenden und durch mancherlei Einzelgesetze unterstützten Ansicht ebenso wie bei den unmittelbar vom Staate betriebenen Enteignungen auch schon vor Erlaß des Ges. v. 11. Juni 1874 im wesentlichen auf die Feststellung des Entschädigungsanspruchs beschränkt war.

142. Daß über die Handhabung der den Standesherren erhaltenen Regierungs- bezw. Hoheitsrechte, z. B. des jetzt noch bestehenden Aufsichtsrechts über Schulen, milde Stiftungen usw. der RW. nicht stattfinde, ist zwar nirgends gesagt, folgt aber sowohl aus dem öffentlichrechtlichen Charakter der Stellung jener Standesherren als aus dem Geiste der Instruktion v. 30. Mai 1820, wie er sich namentlich in den §§ 35, 38 ff., 53, 57 ff. kundgibt, und findet eine mittelbare Anerkennung durch AH. Cöln 19. Okt. 1847 (Rh. A. 43, I. 190), wo zwar die im vorliegenden Falle wider die richterliche Zuständigkeit angeregten Bedenken als unbegründet verworfen wurden, aber nur um deswillen, weil die zur Erörterung gelangenden Fragen rein privatrechtlicher Natur seien und das Gebiet der standesrechtlichen Hoheitsrechte in keiner Weise berührten. Vgl. Ges. v. 10. Juni 1854, VO. v. 12. Nov. 1855, Ges. v. 15. März 1869 (GS. 54 S. 363; 55 S. 688; 69 S. 490).

143. Ebensowenig kann, wenn der Landesherr gewisse Hoheitsrechte ausdrücklich auf seine Behörden übertragen hat, die Art ihrer Ausübung durch letztere von dritten im RW. angefochten werden. Denn die Behörden handeln alsdann zwar im eigenen Namen und nach eigenem Gutbefinden, aber dennoch nicht aus einem Privat-, sondern im öffentlichen Interesse und als unmittelbare Vertreter der obersten Staatsgewalt.

144. Zu den durch den Landesherrn auf seine Behörden übertragenen Hoheitsrechten gehört das schon früher verschiedentlich und durch AErl. v. 25. Apr. 1870 (JMBl. S. 126) für die ganze Monarchie dem Justizminister verliehene Recht, unehelichen Kindern die Legitimation mit voller rechtlicher Wirkung der in den Patenten jedesmal auszudrückenden Befugnisse zu erteilen; vgl. jetzt § 1723 BGB., Art. 13 VO. v. 16. Nov. 1899 (GS. S. 562). Demzufolge kann eine so erfolgte Legitimation als solche im RW. niemals angefochten werden. [Früher konnte die leibliche Abstammung des Legitimierten vom vermeintlichen Vater, und hiermit mittelbar auch die Wirksamkeit der Legitimation selbst im RW. bestritten werden, da die Legitimation als Vorbedingung ihrer Wirksamkeit die Filiation immer voraussetzte: AH. Cöln 23. Juli 1853, 2. März 1854, JMVfg. 12. Mai 1853 (Rh. A. 49, I. 197 ff.). Derartige Klagen sind heute durch § 1735 BGB. ausgeschlossen.]

145. Ebenso ist das Recht, Staatsämter und Würden zu verleihen (§ 7 II. 13 ALR.), für manche Ämter und Würden auf die Ministerien oder son-

stige Behörden übertragen, und daher die Besetzung solcher Stellen durch den Minister usw. schon nach § 36 vor jeder gerichtlichen Anfechtung gesichert.

146. Ferner gehört hierher das Begnadigungsrecht, insofern es für gewisse minder wichtige Fälle den Behörden erteilt worden ist. Hat daher die zuständige Behörde von diesem Rechte Gebrauch gemacht, so muß die desfalls getroffene Anordnung von den mit der Strafvollstreckung betrauten Behörden unbedingt beachtet werden.

147. Desgleichen das Enteignungsrecht, insofern auch bei diesem eine Übertragung auf die Behörden für gewisse Fälle (vgl. z. B. § 4 Ges. v. 11. Mai 1842, § 3 Ges. v. 11. Juni 1874) erfolgt ist: EK. 4. Sept. 1849 (JMBl. S. 455).

148. Das Recht zum Erlasse allgemeiner Polizeiverordnungen (§ 6 II. 13 ALR.) ist hier gleichfalls zu nennen, indem das Ges. über die Polizeiverwaltung v. 11. März 1850 §§ 5, 11 und LVG. §§ 136 ff. den Orts- und Landespolizeibehörden unleugbar einen Anteil an diesem Hoheitsrechte eingeräumt haben, wie früher der Schlußsatz des § 45 d G. den Ministerien. (Allerdings ist diese Auffassung in der VO. v. 1808 nicht klar zum Ausdruck gekommen; nach dieser waren die Polizeiverordnungen nicht Akte der Landeshoheit, sondern standen den Polizeiverfügungen gleich, sodaß für die Zulassung des RW. nicht § 36, sondern die §§ 38 ff. maßgebend waren. Vgl. Rosin, Verwaltungsarchiv 3 S. 335, 359.)

149. Eine von der in den A. 143—148 erörterten wesentlich verschiedene Frage ist, ob § 36 auch auf solche Akte zu beziehen sei, welche die Verwaltungsbehörden nicht in Ausübung eines ihnen besonders übertragenen Hoheitsrechts, sondern kraft des ihnen im allgemeinen obligenden Berufes, als unmittelbare oder mittelbare Organe des Staatsoberhaupts zu handeln, namens seiner und in Ausübung der ihm allein zustehenden Hoheitsrechte erlassen. Perrot I S. 137, 177 ff. verneint letztere Frage unbedingt, indem er aus der ratio legis wie aus der Wortfassung des § 36 Abs. 1 folgert, daß dieser nur das Verhältnis zwischen dem Landesherrn und seinen Gerichten, nicht aber das Verhältnis zwischen diesen und den ihnen gleichstehenden Verwaltungsbehörden im Auge habe. Jedoch verkennt derselbe Schriftsteller nicht, daß sowohl die Randschrift des § 36, als die Bestimmung der VO. von 1808 im allgemeinen der entgegengesetzten Ansicht das Wort reden. Noch mehr deutet darauf das System hin, welches gerade den §§ 36 ff. zugrunde liegt. Wie die §§ 38—40 das Verhältnis der Gerichte zu den Verwaltungs- als Landespolizeibehörden, und die §§ 41, 42 ihr Verhältnis zu diesen als Finanzbehörden regeln, ebenso muß man in § 36 Abs. 1 eine Regelung ihres Verhältnisses zu denselben als Landeshoheitsbehörden erblicken, wenn man nicht zu dem Ergebnisse kommen will, daß der Gesetzgeber es an ähnlichen Bestimmungen, wie er sie für Polizei- und Finanzsachen getroffen, inbezug auf Landeshoheitssachen gänzlich habe fehlen lassen. Am entscheidendsten ist jedoch der Umstand, daß § 36 ausdrücklich auf § 16 II. 13 ALR. verweist, dieser § aber gar nicht von einem Hoheitsrechte des Landesherrn, sondern von der verbindlichen Kraft der von den Beamten vermöge ihres Amtes und innerhalb ihrer Amtsbefugnisse getroffenen Anordnungen spricht. Aus letzterer Stelle muß sogar gefolgert werden, daß § 36 nicht auf diejenigen Verwaltungssachen zu beschränken sei, welche § 1 d. G. besonders den Landeshoheitsbehörden überweist, sondern daß auch alle übrigen, in Handhabung eines landesherrlichen Hoheitsrechts ergangenen Anordnungen der Verwaltungsbehörden unter die Bestimmung des § 36 Abs. 1 fallen, mögen letztere auch nicht als Landeshoheitsbehörden im e. S., sondern als Landespolizei- und selbst als Finanzbehörden im Sinne der § 3 ff. gehandelt haben. Vgl. z. B. EK. 16. Jan. 1897 (Rechtspr. Nachtr. S. 13).

150. Noch weiter geht dem Anscheine nach EK. 30. März 1857 (JMBl. 58 S. 132), wenn es aus § 36 die Unzulässigkeit des RW. wider Maßregeln herleitet, welche ein Appellationsgerichtspräsident als vorgesetzte Dienstbehörde eines Kreisrichters angeordnet hatte, um dessen Beitritt zur Witwenkasse zu erzwingen, „indem jene Maßregeln von der Dienstbehörde vermöge der ihr anvertrauten Amtsgewalt getroffen seien, diese aber auf den Hoheitsrechten des Staats beruhe und daher kein Gegenstand richterlicher Entscheidung sein könne." Nach dieser Schlußfolgerung würden jedoch alle Amtshandlungen ohne Ausnahme, mithin auch diejenigen, welche die Ausübung eines Hoheitsrechts nicht selbst zum Gegenstande haben, der richterlichen Entscheidung unbedingt entrückt sein, bloß weil die Verleihung der Amtsgewalt selbst einen Hoheitsakt darstellt. Wo bliebe alsdann aber der

Unterschied zwischen den Verfügungen in Hoheits-, Polizei- und Finanzsachen, wie könnten alsdann die §§ 36—41 nebeneinander bestehen? Freilich ist § 16 II. 13 ALR. sehr allgemein gefaßt; er findet jedoch seine Begrenzung in den vorhergehenden §§ und ist im § 36 auch nur mit Rücksicht auf wirkliche Hoheitsrechte bezogen worden. Wollte man aber auch mit Sydow (S. 60) den Sinn jenes EK. nur dahin deuten, „daß über den Umfang der Amtsgewalt der [vorgesetzten] Dienstbehörde der RW. nicht statthabe," so würde die Bezugnahme auf § 36 immerhin verfehlt sein, da das in der Ordnung des Beamtenstandes begründete Verhältnis zwischen Vorgesetzten und Untergebenen sich nicht mit dem im § 7 II. 13 ALR. erwähnten Hoheitsrechte oder dessen Ausübung deckt. Vgl. übrigens oben A. 60.

151. Derselben weitgehenden Auffassung hat der KompGH. in mehreren Fällen Ausdruck gegeben, wo die Hinterlegungsstellen auf Auszahlung des hinterlegten Geldes deshalb verklagt wurden, weil sie die Auszahlung an den Kläger mangels genügenden Ausweises verweigert hatten. Auch hier wurde erwogen, daß die Hinterlegungsstellen bei der ihnen obliegenden Prüfung, ob die erforderlichen Voraussetzungen in der Person des die Auszahlung verlangenden gegeben seien, die Entscheidung nach selbständiger Entschließung kraft ihrer öffentlichrechtlichen Befugnisse in Ausübung eines Hoheitsrechts träfen; das finanzielle Moment trete bei der Verwaltung der Hinterlegungsstelle in den Hintergrund; es komme deshalb § 36 und nicht etwa § 41 d. G. zur Anwendung. Vgl. EK. 10. Juni 1882, 11. Okt. 1884, 14. Okt. 1893, 8. Juni 1895, 10. Apr. 1897 (VMBl. 82 S. 242; 84 S. 248; 94 S. 51; 96 S. 117; 97 S. 127). AM. mit Recht RG. 29. Apr. 1881 (Rh. A. 72, III. 12: die Frage, ob die gesetzlichen Voraussetzungen zur Rückzahlung eines Depositums vorhanden seien, gehöre auch dann vor die ordentlichen Gerichte, wenn eine Verwaltungsbehörde die Hinterlegungsstelle sei), Seligsohn in Gruchot 34 S. 331 A. 6, wo auch die einschlägige Literatur angegeben ist. Folgerichtig hat der KompGH. den RW. auch nicht zugelassen für den Anspruch auf Schadensersatz wegen verzögerter Auszahlung der hinterlegten Summe: gen. EK. 10. Apr. 1897. Daß nach der einmal bewirkten Auszahlung der Anspruch eines dritten, der ein besseres Recht zum Empfange geltend macht, und damit die Frage nach der Rechtmäßigkeit der Auszahlung dem RW. nicht entzogen ist, wird auch vom KompGH. anerkannt; vgl. z. B. gen. EK. 14. Okt. 1893, ferner RG. 17. Mai 1884, 2. Mai 1887 (E. 11 S. 319; 18 S. 284). — Übrigens hat, um eine weitere Bestimmung der Hinterlegungs-O. v. 14. März 1879 (GS. S. 249) hier gleich mit zu besprechen, die Hinterlegungsstelle in den Fällen der §§ 30 Nr. 1, 2, 31 Abs. 1 nicht zu prüfen, ob die Anordnung oder Anweisung der zuständigen Behörde sachlich begründet sei, wohl dagegen, ob die Behörde zu der fraglichen Anordnung usw. zuständig sei; vgl. JMVfg. 22. Febr. 1892 (JMBl. S. 99). Nur wenn die Anordnung oder Anweisung von einem Gericht oder einer Auseinandersetzungsbehörde ausgeht, so ist deren Zuständigkeit nicht weiter zu prüfen: AG. z. BGB. Art. 84 III, IV.

152. Daran muß jedoch festgehalten werden, daß ein Akt, der sich sowohl als die Ausübung eines Hoheitsrechtes wie als Akt der Landespolizei oder Finanzverwaltung darstellt, nicht etwa nach den für letztere gegebenen Bestimmungen der § 38—41, sondern nach denen des §§ 36 zu beurteilen ist. Der Grundsatz des § 36 ist der höhere, dem sich die jener anderen §§ unterordnen; das spricht denn auch § 41 für Finanzangelegenheiten sogar ausdrücklich aus. Hiernach kann es keine Billigung finden, wenn die Unzulässigkeit des RW. mitunter gleichzeitig sowohl aus § 36, als aus dem an die Stelle der §§ 38—40 getretenen Ges. v. 11. Mai 1842 hergeleitet wird, wie z. B. in EK. 19. Juni 1858 (JMBl. 59 S. 48).

153. Eine überaus wichtige Folge hiervon besteht darin, daß nach § 36 selbst diejenigen Anordnungen beurteilt werden müssen, welche die Regierungen als Aufsichtsbehörden in Korporations-, Kommunal-, Kirchen- und Schulangelegenheiten, mithin in Handhabung des auf § 13 II. 13 ALR. beruhenden Hoheitsrechts treffen, obgleich der größere Teil der ihnen in gedachter Eigenschaft obliegenden Geschäfte von der VO. von 1808 — vgl. die §§ 3, 9, 13 — als ein Zweig der Landespolizeiverwaltung bezeichnet wird. Daß das ALR. und mit ihm die VO. von 1808 die landesherrliche Polizeigewalt im allgemeinen nicht als eigentliches Hoheitsrecht auffaßt, ist bereits früher erwähnt und hiermit von vornherein dem Einwurfe begegnet, als ob die folgerichtige Durchführung des obigen Satzes auch alle übrigen Akte der Polizeiverwaltung dem § 36 unterwerfen, mithin den §§ 38—40 bezw. dem Gesetze von 1842 jede Wirksamkeit benehmen würde.

154. Dagegen ist wohl zu beachten, daß eine Anordnung der Verwaltung nicht notwendig schon um deswillen den Charakter einer landeshoheitlichen an sich trägt, weil sie im Anschluß an einen vom Landesherrn selbst in Ausübung seiner Hoheitsrechte erlassenen Akt ergeht und dessen Ausführung bezweckt, da die Ausführung landesherrlicher Akte keineswegs immer die Ausübung eines wirklichen Hoheitsrechts darstellt, sondern in sehr vielen Fällen ausschließlich dem Gebiete der Polizei- oder Finanzverwaltung angehört. Am deutlichsten tritt dies bei Gesetzen hervor. Jedes Gesetz ist ein Akt der Landeshoheit, aber nicht jede Verwaltungsmaßregel, die dahin abzielt, ein Gesetz in Vollzug zu setzen, ist ein die Ausübung eines Hoheitsrechts in sich schließender Akt. Hiernach können die Gerichte sehr wohl in die Lage kommen, über Streitigkeiten zu entscheiden, welche die Art der Vollziehung eines landesherrlichen Aktes betreffen, zumal wenn die ausführende Behörde als Finanzbehörde gehandelt haben sollte. AM.: EK. 3. Jan. 1857, 12. Apr. 1862 (JMBl. 57 S. 236; 62 S. 236) in Fällen der letzteren Art ohne überzeugende Gründe. (Der Rechtsstreit drehte sich darum, ob die den Fiskus vertretenden Behörden bei Ausführung eines mit Gesetzeskraft versehenen und in Gesetzesform publizierten Säkularisationsdekrets dieses richtig gedeutet oder aber infolge irriger Deutung Vermögensstücke, die davon gar nicht betroffen werden sollten, eingezogen und in Besitz gehalten hätten. Der KompGH. entschied wider die Zulassung des RW., weil die Ausführung eines Hoheitsaktes von diesem selbst untrennbar sei, und die richterliche Entscheidung über erstere den letzteren gleichfalls in den Bereich der privatrechtlichen Entscheidung der Gerichte ziehen würde. Zur Widerlegung der hieraus wider die richterliche Zuständigkeit gezogenen Folgerung wird es genügen, auf A. 122 zu verweisen. Vgl. überdies OT. 5. Nov. 1851, 15. Dez. 1852 (Strieth. 4 S. 70; 8 S. 122), wo es sich um zwei ganz ähnliche Klagen handelte, welche alle Instanzen durchliefen, ohne daß von irgend einer Seite auch nur der leiseste Zweifel an der richterlichen Zuständigkeit geäußert worden wäre). — Daß, wenn die Verwaltung über einen Gegenstand als vermeintliches Vermögensstück eines säkularisierten Klosters und daher im Säkularisationsdekrete einbegriffen verfügt hat, privatrechtliche Ansprüche dritter Personen auf diesen Gegenstand im RW. verfolgt werden können, erkannte der KompGH. selbst an (EK. 13. Apr. 1861, JMBl. S. 283). Vgl. AKO. v. 4. Febr. 1823 A. 14.

155. Zur Ausschließung des RW. genügt keineswegs die bloße Behauptung der Verwaltungsbehörde, in Ausübung dieses oder jenes Hoheitsrechtes gehandelt zu haben. Vielmehr wird, falls inbezug auf einen an sich prozeßfähigen Gegenstand streitig ist, ob eine ihn berührende Verwaltungshandlung überhaupt als der Ausfluß eines Hoheitsrechts zu betrachten sei, diese Frage in der Regel der richterlichen Erörterung unterliegen, selbst wenn es sich um Delikts-, z. B. um Besitzstörungsklagen handelt; (?) so: OT. 18. März 1857 (Strieth. 24 S. 134). (Diese Entscheidung betraf zwar nicht die angebliche Ausübung eines eigentlichen Hoheitsrechts, sondern die des den geistlichen Oberen zustehenden Aufsichtsrechts; doch begründet dies für die Zulassung des RW. keinen Unterschied; vgl. oben A. 107).

156. Wo jedoch § 36 die gerichtliche Anfechtung einer Verwaltungshandlung wirklich ausschließt, ist der RW. sogar dann unstatthaft, wenn nicht gegen den Staat oder die anordnende Behörde selbst, sondern gegen einen dritten, zu dessen Gunsten jene Handlung erfolgte, geklagt wird: EK. 13. Nov. 1858 (JMBl. 59 S. 149).

157. Wie die in Ausübung wirklicher Hoheitsrechte ergangenen Verwaltungshandlungen vor Gericht niemals angefochten werden können, ebensowenig ist ein aus ihnen unmittelbar gegen den Fiskus hergeleiteter Entschädigungsanspruch prozeßfähig, sofern es sich nicht etwa um eine Enteignung aus Gründen des gemeinen Wohls handelt, indem auch in dieser Beziehung dasselbe gilt, was oben von den aus landesherrlichen Akten hergeleiteten Entschädigungsansprüchen gesagt wurde. Würde freilich dem anordnenden Beamten ein persönliches Verschulden (dolus oder culpa) zur Last gelegt, so würde § 36 der gerichtlichen Verfolgung von Schadensersatzansprüchen gegen diesen Beamten nicht entgegenstehen. In einem solchen Falle könnte dann aber möglicherweise auch die Frage Gegenstand der richterlichen Erörterung werden, ob der Staat die Handlungen seines Beamten zu vertreten verpflichtet und sonach gleichzeitig oder doch wenigstens in zweiter Linie für den angerichteten Schaden verantwortlich sei. Zu bejahen ist diese Frage für das Rhein. Recht; vgl. RG. 17. Juni 1887, 16. Febr. 1903, 26. Okt. 1886, 6. Mai 1892, 18. März 1898 (E. 19 S. 107; 54 S. 19; Rh. A. 77, III. 109; 84, II. 136;

93, II. 110), OLG. Cöln 8. Dez. 1894, 11. Nov. 1897, 7. Mai 1900, 14. März 1903 (das. 88, I. 111; 93, I. 32; 96, I. 113; 99, I. 220); verneint wird sie für das ALR.: RG. 5. Nov. 1891 (E. 28 S. 340); bez. des gemeinen Rechts vgl. RG. 8. Apr. 1884 (E. 11 S. 210). In allen diesen Entscheidungen ist die Zulässigkeit des RW. ausdrücklich oder stillschweigend anerkannt worden, insbesondere auch für den Fall, daß die schädigende Handlung sich als Ausübung von Hoheitsrechten darstellt; vgl. ferner EK. 14. Okt. 1899 (Rechtspr. Nachtr. S. 7: die schädigende Handlung stehe mit der Ausübung des Hoheitsrechts nicht in innerem, sondern nur in einem äußerlichen Zusammenhange). (Auch für die auf ein Versehen der Beamten gestützten Schadensersatzansprüche gegen Gemeinden ist der RW. durch kein Gesetz verschlossen: EK. 11. Okt. 1884, VMBl. S. 260; gen. RG. 16. Febr. 1903.) Vgl. auch Ges. v. 11. Mai 1842 A. 179.

158. Das oben A. 138 im Hinblick auf die landesherrliche Gewalt gesagte gilt gleichfalls entsprechend von der Amtsgewalt der Landeshoheitsbehörden, weshalb die Gerichte sowohl unzuständig sind, in einer Angelegenheit selbst zu entscheiden, worüber nur die Verwaltung in Ausübung eines Hoheitsrechts zu verfügen berufen ist, als auch die letztere zum Erlasse solcher Verfügungen durch richterliche Entscheidung anzuhalten.

159. Demzufolge ist eine Klage unstatthaft, die bezweckt, einen Akt des Aufsichtsrechts über Gemeinden, milde Stiftungen usw. durch Richterspruch zu erzwingen: EK. 11. Dez. 1852 a. E. (JMBl. 53 S. 95), *ME. 28. Okt. 1842 (Rh. S. 8 S. 129). In dem letzteren Falle lautete die Klage geradezu dahin, daß die Regierung als Oberaufsichtsbehörde verurteilt werde, dem Kläger ein Stipendium zu überweisen und die betreffende Verwaltung zu dessen Auszahlung anzuhalten. Die beteiligten Verwaltungschefs erwogen, daß die nach § 2 Nr. 6 und § 18 der Regierungsinstruktion von 1817 der Regierung zustehende Direktion und Aufsicht über milde Stiftungen nach § 13 II. 13 ALR. ein ihr zur Verwaltung übertragenes Hoheitsrecht sei, worüber § 36 den RW. ausschließe, weshalb Kläger seinen vermeintlichen Anspruch nur wider die unmittelbare Verwaltung der Stiftung geltend machen könne.

160. Hat jedoch eine Verwaltungsbehörde in Ausübung des landesherrlichen Aufsichtsrecht beim Abschlusse eines Vertrags ihre Zustimmung angeblich zum Voraus erteilt, oder sich zur Erteilung ihrer auf einem Hoheitsrechte beruhenden Zustimmung vertraglich verbunden, so kann die streitig gewordene Auslegung des Vertrags zur Feststellung der hieraus für den Kläger sich ergebenden weiteren Rechte im RW. erörtert werden, ohne daß hierin ein Eingriff in die notwendig freie Ausübung jenes Hoheitsrechts zu finden wäre und ungeachtet die Verwaltungbehörde, selbst nach erfolgter Verurteilung, aus verschiedenen Gründen in die Lage kommen könnte, die in Aussicht gestellte Zustimmung zum Vertrage versagen zu müssen: EK. 24. März 1849 (JMBl. S. 267; obgleich geradezu auf Erteilung der Zustimmung geklagt worden war, verwarf der KompGH. den KK.).

V. Das Aufsichtsrecht gegenüber Korporationen, Gemeinden usw.

161. Nach diesen die Ausübung der Hoheitsrechte überhaupt betreffenden Bemerkungen ist es erforderlich, die Folgen des oben A. 149 aufgestellten Satzes inbezug auf ein einzelnes dieser Hoheitsrechte, nämlich das in Korporations- und Kommunal-, Schul- und Kultusangelegenheiten auszuübende Aufsichtsrecht, — insofern dieselben nicht schon oben A. 153, 159, 160 erörtert wurden, — zum Gegenstande einer besonderen Besprechung zu machen, einmal, weil jener Satz gerade für die Stellung der Verwaltungs- als Aufsichtsbehörden von ganz hervorragender Wichtigkeit ist, sodann aber, weil hierbei außer § 36 Abs. 1 gleichzeitig noch sonstige, für die Ressortverhältnisse erhebliche Gesetze in Betracht kommen. — Die Ressortverhältnisse inbezug auf die Handhabung des landesherrlichen Besteuerungsrechts sind in § 36 Abs. 2 und § 37 besonders geregelt und bilden daher den Inhalt der Erläuterungen zu diesen Vorschriften.

162. Aus der staatlichen Oberaufsicht, unter der die Korporationen in allen ihre Grundverfassung betreffenden Angelegenheiten (§§ 30, 31, 34, 35 II. 6 ALR.), wie hinsichtlich der Ausübung ihrer inneren Rechte (§§ 44, 48, 63, 160ff. das.) stehen, folgert OT. (Pl.) 27. Juni 1845 (E. 11 S. 68), daß über Gegenstände der Organisation und Grundverfassung einer vom Staate bestätigten Korporation — abgesehen von den Fällen, wo das Gesetz den RW. ausnahmsweise ausdrücklich nachlasse (§§ 36, 47 das.) — zwischen jener und ihren Mitgliedern oder auch

dritten prozessualisch nicht gestritten werden könne. Werde daher ein Mitglied wegen seiner Verbindlichkeiten gegen die Korporation von deren, mit Genehmigung der vorgesetzen Staatsbehörde ernannten und waltenden Vertretern belangt, so könne nur der Klageanspruch selbst, nicht aber ein auf die Verfassung der Korporation bezüglicher Einwand, z. B. ein Einwand wider die Gültigkeit der Wahl, aus welcher ein Vorstandsbeamter hervorgegangen, Gegenstand der gerichtlichen Erörterung sein; dieses gelte selbst dann, wenn der Einwand lediglich die Prozeßlegitimation betreffe; da jede Korporation den eignen Mitgliedern wie dritten gegenüber als eine unter der Oberaufsicht des Staats bestehende moralische Person sich darstelle, so sei die Prozeßlegitimation ihrer Vertreter, (wofern nicht für gewisse Klassen derselben die Gesetze besondere Vorschriften enthielten, wie z. B. die §§ 40 ff. I. 3 AGO. für Stadt- und Landgemeinden, Kirchengesellschaften, Gilden usw. oder für Gewerkschaften die AKO. v. 24. Okt. 1831), nur durch ein Zeugnis der vorgesetzten Staatsbehörde festzustellen, der es allein obliege, alle hierauf bezüglichen Fragen, z. B. ob die Generalversammlungen satzungsgemäß berufen, die Wahlen satzungsgemäß erfolgt seien usw. zu erledigen; wie daher nach Ausstellung eines solchen Zeugnisses weitere Ausstellungen wider die Legitimation vor Gericht nicht zugelassen werden dürften, ebenso seien andere Urkunden, welche hinter jenem Zeugnisse zurückblieben, z. B. ein bloßes Wahlprotokoll, zum Nachweise der Legitimation, ungenügend. Ähnlich entschied EK. 17. Dez. 1853 (JMBl. 54 S. 132), daß die Frage, ob der Vorstand einer Judengemeinde satzungsgemäß gewählt sei, einen dem RW. entzogenen Gegenstand des öffentlichen Rechts betreffe. Vgl. RGewO. §§ 92 b, 104 h, Krankenversicherungsges. § 35, Gewerbe-Unfallversicherungsges. § 42, wonach zur Legitimation des Vorstandes einer Innung usw. die Bescheinigung der Aufsichtsbehörde genügt, daß die darin bezeichneten Personen zur Zeit den Vorstand bilden. Vgl. übrigens ferner A. 93, 163, 196, sowie EK. 14. März 1885 (Rechtspr. S. 168: es könne nicht zugegeben werden, daß den Verwaltungsbehörden allein die Entscheidung der Frage zustehe, ob eine Gesellschaft als Korporation anzusehen sei).

163. Doch ist nach OT. 9. Aug. 1841 (E. 7 S. 131) aus dem über Korporationen und erlaubte Privatgesellschaften bestehenden Aufsichtsrechte nicht abzuleiten, daß das Mitglied einer erlaubten Privatgesellschaft einen Gesellschaftsbeschluß, der seine Ausschließung verfügt, nicht im RW. anfechten könne; denn hierbei sind die Verwaltungsbehörde und das von ihr zu handhabende Aufsichtsrecht ganz unbeteiligt, jener Streit ist vielmehr nur nach den das vertragsmäßige Recht der Parteien bildenden Satzungen zu entscheiden und betrifft die gegenseitigen Rechte wie Pflichten aus diesen Satzungen, mithin einen rein privatrechtlichen Gegenstand. Diese Entscheidung steht mit dem unter A. 162 besprochenen OT. (Pl.) nicht in Widerspruch, wohl aber ihre Begründung, indem hier zur Widerlegung der auf § 13 d. G., §§ 44, 45 II. 6 ALR. und § 2 Nr. 5 der Reg.-Instr. von 1817 gestützten Einrede der Unzulässigkeit des RW. erwogen wird, daß das Ausschließungsrecht zu den inneren Rechten der Gesellschaft gehöre, welche § 13 d. G. der polizeilichen Einwirkung gerade entzogen habe, weshalb die im § 44 II. 6 ALR. vorbehaltene Aufsicht des Staats nur durch die Gerichte ausgeübt werden könne, wie denn auch der Gegenstand des Streits im Falle des § 43 das. sich notwendig darauf beschränke, ob die Ausschließung nach der bestehenden Verfassung der Gesellschaft als rechtmäßig geschehen zu betrachten sei, diese Frage aber recht eigentlich dem gerichtlichen Forum angehöre, während die Polizeibehörde die Ausschließung nur aus Gründen, die dem öffentlichen, nicht dem Gesellschaftsrecht entnommen, zu fordern befugt sein würde. Das Urteil erblickt folgeweise im § 47 II. 6 keine Ausnahmebestimmung, sondern die Anwendung einer Regel. Bielitz, prakt. Kommentar zum ALR., 6 S. 16 stimmt hiermit insofern überein, als er zu den Strafverfügungen im Sinne des § 47 auch die Ausstoßung aus der Korporation zählt, wogegen in den Gründen von OT. 26. Okt. 1857 (Strieth. 27 S. 91) nebenbei eine abweichende, mit jenem Plenarbeschlusse mehr zusammentreffende Ansicht über das Verhältnis zwischen den §§ 43 und 47 entwickelt wird. Letzteres Erkenntnis, welches die verwandte Frage erörtert, ob über die Rechtmäßigkeit der Ausschließung aus einer kirchlichen Gemeinde der RW. stattfinde, kommt unten A. 181 noch näher zur Sprache. — Denselben Standpunkt wie OT. 1841 nehmen ein RG. 10. Mai 1894 (Gruchot 38 S. 1123: das gesagte treffe auch für den Fall zu, daß die Ausschließung nicht für immer, sondern nur für begrenzte Zeit erfolgt sei) und für das Gebiet des gemeinen Rechts RG. 27. März 1900 (JurWoch. 1900 S. 417: einige dort genannte Entscheidungen preu-

tischen Rechts prüfen, entgegen der hier vertretenen Auffassung, ob der Ausschließungsbeschluß sachlich begründet ist); vgl. ferner OLG. München 22. Nov. 1895 (DJurZtg. 1 S. 60), RG. 12. Apr. 1894 (E. 33 S. 175, württembergische Sache). Die bisherigen Grundsätze kommen auch fernerhin zur Anwendung bei denjenigen erlaubten Privatgesellschaften, die beim Inkrafttreten des BGB. schon bestanden: RG. 7. Apr. 1902 (E. 51 S. 160); für nach dem 1. Jan. 1900 gegründete Vereine gilt § 54 BGB., wonach eine staatliche Beaufsichtigung nicht stattfindet. Für juristische Personen (auch am 1. Jan. 1900 schon bestehende, Art. 163 EG. z. BGB.) hat das BGB. in den §§ 32, 40 ein autonomes Recht anerkannt, neben dem ein Aufsichtsrecht des Staates nicht vorgesehen ist. Die Klage des Ausgeschlossenen gegen den Verein auf Ungültigkeitserklärung des Ausschließungsbeschlusses ist, weil einen rein privatrechtlichen Anspruch verfolgend, zulässig; jedoch ist auch hier die richterliche Prüfung darauf beschränkt, ob das bei der Ausschließung beobachtete Verfahren den Satzungen entsprochen hat. Vgl. RG. 2. Nov. 1899, 30. Okt. 1901 (Gruchot 44 S. 1140; E. 49 S. 150), ferner Rechtspr. d. OLG. 4 S. 419; 5 S. 14, sowie KG. 8. März 1902 (das. 4 S. 418: die in den Satzungen eines Kriegervereins vorgesehene Anrufung der höheren Verbände begründe die Einrede des Schiedsvertrags).

164. Die im § 25 Ges. v. 9. Nov. 1843 (GS. S. 341) und im § 240 des früheren deutschen HGB. erwähnte Befugnis, die Auflösung einer Aktiengesellschaft zu verfügen, wenn sich aus der letzten Bilanz ergab, daß das Grundkapital sich um die Hälfte vermindert habe, war den Regierungen in ihrer Eigenschaft als Aufsichtsbehörden verliehen; es konnte daher eine solche Verfügung weder von der Gesellschaft selbst, noch von den einzelnen Aktionären im RW. angefochten werden. Handelte es sich um Zurücknahme der Konzession aus überwiegenden Gründen des Gemeinwohls oder um Verwirkung derselben wegen groben Mißbrauchs, so stand der Aufsichtsbehörde keinerlei Entscheidung zu; vielmehr kamen alsdann nach §§ 6, 7 Ges. v. 1843 und Art. 12, §§ 4, 5 Pr. EG. z. HGB. v. 24. Juli 1861 die allgemeinen, für Privilegien geltenden Grundsätze (§§ 70—72 der Einl. z. ALR.) zur Anwendung, d. h. also: in dem ersteren Falle war ein landesherrlicher Akt erforderlich und gebührte dem Richter die Festsetzung des Entschädigungsbetrags, im zweiten Falle mußte die (ohne Entschädigung stattfindende) Aufhebung des Rechts durch Richterspruch erfolgen. Im geltenden Recht ist die obige Befugnis der Aufsichtsbehörde ganz weggefallen, während über die Auflösung wegen Gefährdung des Gemeinwohls nunmehr im Verwaltungsstreitverfahren zu entscheiden ist, was den Ausschluß des RW. zur Folge hat; vgl. Art. 4 AG. z. HGB. v. 24. Sept. 1899, § 62 Ges. betr. die Gesellschaften mit beschränkter Haftung und § 81 Genossenschaftsges. (in der Fassung v. 20. Mai 1898). —

165. Kommunalangelegenheiten. Am praktisch wirksamsten äußert sich § 36 inbezug auf die Handhabung des Aufsichtsrechts in Kommunalangelegenheiten. Da jedoch der Umfang dieses Aufsichtsrechts, auf der Grundlage der bezüglichen Bestimmungen der VO. von 1808, in den verschiedenen Städte- und Landgemeindeordnungen noch besonders geregelt ist, so kommen die Vorschriften jener Gemeindeordnungen hier neben denjenigen des § 36 in Betracht. Die umfassendsten und eingehendsten Bestimmungen über diesen Gegenstand enthielt § 139 der revidierten StädteO. v. 17. März 1831, mit welchem § 124 der Westfälischen LandgemeindeO. v. 31. Okt. 1841 fast wörtlich übereinstimmte, also lautend:

„Die Oberaufsicht des Staats über die Städte wird durch die Regierungen ausgeübt. Diese sind berechtigt und verpflichtet,

a) sich Ueberzeugung zu verschaffen, ob in jeder Stadt die Verwaltung nach den Gesetzen überhaupt und nach gegenwärtiger Ordnung insbesondere eingerichtet sei;
b) dafür zu sorgen, das die Verwaltung fortwährend in dem vorgeschriebenen Gange bleibe und angezeigte Störungen beseitigt werden;
c) die Beschwerden einzelner über die Verletzung der ihnen als Mitgliedern der Gemeine zustehenden Rechte zu untersuchen und zu entscheiden;
d) die Stadtgemeinen zu Erfüllung ihrer Pflichten anzuhalten, und
e) in den Fällen zu entscheiden, welche in dieser Ordnung dahin verwiesen sind.

In allen Gemeineangelegenheiten geht der Rekurs an die Regierung, und gegen die Entscheidung derselben bleibt der Rekurs an die höheren Staatsbehörden vorhalten. Der Rechtsweg ist aber gegen die Entscheidung der Regierung nur dann zulässig, wenn die Klage auf einen speziellen Rechtstitel begründet wird. Ueber allgemeine Verwaltungsgrundsätze und deren Anwendung gebührt aber dem Richter kein Ausspruch."

Auf denselben Grundsätzen beruht die einschlägige spätere Gesetzgebung: vgl. die StädteO. f. d. 6 östl. Prov. v. 30. Mai 1853 §§ 76 ff., die Westf. Städte- und Landgemeindeordnungen v. 19. März 1856 §§ 76 ff. bezw. §§ 80 ff., die Rhein. StädteO. v. 15. Mai 1856 §§ 45, 81 ff., Rhein. GemeindeO. v. 23. Juli 1845 §§ 19, 114 ff., LandgemeindeO. f. d. 7 östl. Prov. v. 3. Juli 1891 §§ 139 ff. usw. — Während diese Bestimmungen auf der einen Seite das Gebiet des § 36 näher abgrenzen, bestätigen sie auf der anderen Seite den in diesem § enthaltenen Grundsatz, daß das, was dem Geschäftsbereich der Aufsichtsbehörden anheimfällt (wozu namentlich alle inneren Kommunalangelegenheiten als reine Verwaltungssachen gehören: EK. 7. Juni 1856, 13. Juni 1858, JMBl. 56 S. 271; 59 S. 151), mit Ausschluß des RW. nur im Verwaltungswege geregelt werden könne. Diese Bestimmungen sind durch die Verwaltungsgesetzgebung nur insofern geändert worden, als in einzelnen Fällen an Stelle der Aufsichtsbehörde der Kreis- bezw. Bezirksausschuß zu entscheiden hat und in andern gegen die Entscheidung der Aufsichtsbehörde die Klage im Verwaltungsstreitverfahren gegeben ist. Im Verhältnis zur Zulässigkeit des RW. ist hierdurch keine Aenderung eingetreten. (Rein privatrechtliche Abmachungen der Gemeinden sind selbstverständlich der richterlichen Prüfung und Entscheidung nicht entzogen; vgl. MVfg. 7. Okt. 1867, VMBl. S. 334; OVG. 10. März 1888, 9. Febr. 1889, E. 16 S. 221; 17 S. 33).

166. Demzufolge kann z. B. eine Gemeinde keine richterliche Entscheidung über Streitigkeiten erwirken, welche zwischen ihr und dem Verwalter des Gemeindeschulzenamts über die Notwendigkeit gewisser ihr in Rechnung gebrachten Ausgaben entstanden sind, indem es lediglich Sache der Aufsichtsbehörde ist, im öffentlichen Interresse darauf zu sehen, daß die ordnungsmäßige Verwaltung nicht beeinträchtigt werde, mithin auch zu beurteilen, was zu diesem Behufe erforderlich sei: EK. 25. Okt. 1856 a. E. (JMBl. 57 S. 56). Ebensowenig kann ein Entschädigungsanspruch gegen die Aufsichtsbehörde eingeklagt werden, weil diese gewisse Anordnungen gegen den Widerspruch der Gemeinde getroffen hat: EK. 10. Dez. 1859 (Rechtspr. S. 213).

167. Desgleichen nicht wider eine Verfügung der Regierung, wonach Zuschüsse zum Unterhalte einer konfessionellen Schule aus der Stadtkasse gewährt werden sollen: EK. 2. Okt. 1858, 9. Jan. 1869, 8. März 1873 (JMBl. 58 S. 80; 69 S. 46; Rechtspr. S. 196; hier hatte die politische Gemeinde gegen die Schulgemeinde geklagt; der KompGH. nahm an, daß gemäß § 76 der StädteO. von 1853 nur eine Beschwerde bei der vorgesetzten Verwaltungsinstanz zulässig gewesen sei); vgl. jetzt § 48 ZustGes. Hat die Regierung einen staatlichen Zuschuß zur Besoldung der Lehrer in Aussicht gestellt, so liegt auch hier eine Anordnung der Aufsichtsbehörde vor, deren Ausführung nicht im RW. erzwungen werden kann: EK. 16. Febr. 1895 (Rechtspr. S. 197); aM. EK. 13. Jan. 1877 (das. S. 196) das einen auf Vertrag gestützten privatrechtlichen Anspruch als vorliegend erachtete.

168. Desgleichen nicht gegen eine Verfügung, durch welche die Regierung als Aufsichtsbehörde das zwischen einer Stadt und ihren Beamten vereinbarte Gehalt im öffentlichem Interesse erhöht, die Klage mag gegen die Regierung selbst oder gegen den betreffenden Beamten gerichtet sein, und zwar sogar dann, wenn der Regierung eine Ueberschreitung der Grenzen ihres Aussichtsrechts zur Last gelegt wird. So: EK. 13. Nov. 1858 (JMBl. 59 S. 151, wo sowohl § 76 StädteO. v. 1853 wie § 36 d. G. in Bezug genommen werden). Vgl. jetzt Ges. v. 30. Juli 1899 (GS. S. 141) § 11, ferner die Erläuterungen zu den §§ 2—4 Ges. v. 11. März 1850.

169. Wenn dagegen die StädteO. v. 1853 im § 65, die Rhein. StädteO. und das Ges. betr. die Rhein. Gemeindeverfassung v. 15. Mai 1856 im § 59 bezw. Art. 25, die Westf. Städte- u. LandgemeindeO. v. 19. März 1856 im § 65 bezw. § 72 wider den Beschluß der Regierung über die streitigen Pensionsansprüche der besoldeten Gemeindebeamten, soweit derselbe sich nicht auf die Tatsache der Dienstunfähigkeit, noch darauf bezieht, welcher Teil des Diensteinkommens als Gehalt anzusehen sei, die Berufung auf den RW. gestatten,

und zwar, wie EK. 23. Juni 1858 (JMBl. S. 263) anerkennt, nicht bloß dem betreffenden Beamten, sondern auch der Gemeinde, so kann darin dennoch keine Abweichung von obigem Grundsatze erblickt werden, indem solche Beschlüsse sich gar nicht als eigentliche Akte der Aufsichtsgewalt, sondern als die Ausflüsse eines der Regierung ausnahmsweise verliehen, der richterlichen Gewalt ähnlichen Entscheidungsrechts in dem Sinne, wie dieses A. 287 ff. näher besprochen ist, darstellen. Die Berechnung der hier fraglichen Pensionsansprüche schließt nämlich die Abwägung der Bedürfnisfrage gänzlich aus, indem sie sich nach gewissen im Gesetze vorausbestimmten Zahlenverhältnissen richtet; sie nimmt daher an sich gar keine verwaltende Tätigkeit in Anspruch, sondern unterliegt ebenso wie ein Streit über das einem Gemeindebeamten nach seinem Dienstvertrage gebührende Einkommen der richterlichen Entscheidung. Folgerichtig haben bei der Ausbildung einer besonderen Verwaltungsgerichtsbarkeit die §§ 20 Abs. 4, 36 Nr. 3 ZustGes., § 118 LandgemO. v. 3. Juli 1891, an die Stelle der Aufsichtsbehörde den Bezirks- und Kreisausschuß gesetzt, ohne im übrigen die obigen Bestimmungen über die Zulässigkeit des RW. zu ändern. — Inzwischen sind obige Vorschriften ersetzt worden durch das Ges. betr. die Anstellung und Versorgung der Kommunalbeamten v. 30. Juli 1899 (GS. S. 141), das außer den Pensionsansprüchen auch die bisher unbeschränkt im RW. verfolgbaren Ansprüche auf Gehalt, Witwen- und Waisengeld usw. in den Kreis seiner Regelung gezogen hat. Es bezieht sich auf alle Kommunalbeamte, sowohl der Gemeinden als der Kreis- und Provinzialverbände. Nach § 7 beschließt der Bezirks- bezw. Kreisausschuß über alle Arten streitiger vermögensrechtlicher Ansprüche der Beamten aus ihrem Dienstverhältnis. Soweit sich die Beschlußfassung auf die Frage erstreckt, welcher Teil des Diensteinkommens bei Feststellung der Pensionsansprüche als Gehalt anzusehen ist, steht den Beteiligten unter einander das Verwaltungsstreitverfahren offen; dadurch ist der RW. über diese Frage ausgeschlossen (§ 13 GVG.). Im übrigen d. h. wegen aller anderen Fragen findet gegen die Entscheidung des Bezirksausschusses der RW. statt, der nur insoweit beschränkt ist, als die Klage innerhalb sechs Monaten nach Zustellung des in erster oder auf Beschwerde in zweiter Instanz ergangenen Beschlusses erhoben sein muß. Wird diese Bedingung nicht erfüllt, wird also die Klage zu früh oder zu spät erhoben, so ist sie wegen Unzulässigkeit des RW. abzuweisen; vgl. Stölzel S. 84; OLG. Cöln 30. Dez. 1896 (Rh. A. 91, I. 167: eine zu früh erhobene Klage wird auch nicht nachträglich dadurch zulässig, daß die Entscheidung des Bezirksausschusses im Laufe des Prozesses erfolgt). Selbstverständlich kann auch die ordentliche Klage niemals gegen den Bezirksausschuß, sondern nur zwischen Kommunalverband und Beamten erhoben werden. Ist gemäß der KreisO. (vgl. § 25 Abs. 2 Nr. 1 Ges. v. 1899) ein Kassenverband gebildet, so ist die Klage des Beamten gegen diesen zu richten; vgl. OLG. Cöln 5. Okt. 1894 (Rh. A. 88, I. 8). — Vgl. auch A. 178, 93.

170. EK. 10. Jan. 1852 (JMBl. S. 70) führt den bereits in A. 51 besprochenen Satz, daß nicht darüber vor Gericht gestritten werden dürfe, ob eine Gemeinde die Grenzen ihres Bezirks überschritten habe, auf das den Regierungen in Kommunalangelegenheiten zustehende Aufsichtsrecht zurück; (es handelte sich um einen aus Anlaß der Steuererhebung zwischen zwei Gemeinden entstandenen Streit). Vgl. jetzt § 26 ZustGes., OVG. 25. Nov. 1891 (E. 22 S. 95).

171. Da § 9 des Jagdpolizeiges. v. 7. März 1850 die Jagdangelegenheiten den Gemeindebehörden in Vertretung der Grundbesitzer zuweist, so tritt diese Verwaltung in gleiche Linie mit der Verwaltung der Kommunalangelegenheiten selbst, so daß sie zu dem Geschäftsbereich der Gemeindebehörden als solcher gehört, und letztere dabei ebenso, wie bei Verwaltung anderer Kommunalangelegenheiten, der Aufsichtsgewalt der vorgesetzten Behörden unterworfen sind. (Ebenso z. B. RG. 12. Okt. 1896, E. 38 S. 255.) Demzufolge kann eine Gemeinde gegen die in Jagdverpachtungsangelegenheiten ergangenen Aufsichtsakte nicht den RW. betreten, z. B. nicht auf Vernichtung des Pachtvertrags wider den Anpächter klagen, wenn dieser Vertrag auf Anordnung des Landrats zustande gekommen ist, nachdem letzterer einem früheren Vertrage seine Genehmigung versagt hatte, vorausgesetzt natürlich, daß der Anfechtungsgrund gerade aus dieser Art des Zustandekommens des Vertrages oder aus dem rechtlichen Bestehen jenes früheren entnommen wird: EK. 26. Nov. 1853 (JMBl. 54 S. 22). Dasselbe gilt von der Klage einzelner Gemeindeglieder gegen den Jagdpächter oder die Gemeinde selbst, wenn die Klage darauf gestützt wird, daß der Pachtvertrag nicht ordnungsmäßig abgeschlossen worden

sei: EK. 10. Okt. 1874, 8. Okt. 1887, 25. Juni 1892 (das. 74 S. 286; Rechtspr. S. 217, 218). Vgl. OVG. 14. Jan. 1878 (E. 3 S. 169), A. 51, 192, ferner was den Umfang des Aufsichtsrechts auf dem Gebiete anbelangt, die InnMVfg. 24. Dez. 1859 (VMBl. 60 S. 5); v Brauchitsch 1, A. 5 zu § 103 ZustGes.

172. Da die Mitglieder einer Gemeinde als solche sich gleichfalls den Anordnungen der Aufsichtsbehörde fügen müssen und bei allen, die innern Kommunalangelegenheiten betreffenden Anordnungen der Gemeindeverwaltung an die Entscheidung jener Behörde gewiesen sind, so gilt von ihnen dasselbe, was oben von der Gemeinde selbst gesagt wurde. Sie können daher weder die eigenen Akte der Aufsichtsbehörde, noch auch die Anordnungen der Gemeindeverwaltung, insofern deren Wirksamkeit der ausschließlichen Beurteilung der Aufsichtsbehörde anheimfällt, unter Umgehung der letzteren im RW. anfechten. (Vgl. z. B. EK. 1874, 1887, 1892 in A. 171.) Hieraus folgt von selbst, daß die Beschwerden einzelner, falls diese nur als Gemeindeglieder, d. h. kraft der aus dieser Eigenschaft allein abgeleiteten Rechte auftreten und nicht etwa einen besonderen, auf spezielle Rechtstitel gestützten Anspruch, gewissermaßen als dritte, geltend machen, lediglich im Verwaltungswege zum Austrage zu bringen sind. Wenn daher dieser in § 139 der Städte-Ordn. von 1831 (vgl. A. 165) ausdrücklich enthaltene Grundsatz auch nicht in der von 1853 wiederholt wird, so ist er unter Herrschaft der letzteren doch nicht minder maßgebend: EK. 7. Juni 1856 (JMBl. S. 271).

173. Hiernach sind namentlich dem RW. entzogen Streitigkeiten über die Gemeindenutzungen, sie mögen das Gemeindegut im engeren Sinne, patrimonium universitatis (bei den Städten Kämmereivermögen genannt), oder das gemäß Allerh. Dekl. v. 26. Juli 1847 (GS. S. 327) gleichfalls zum Kommunalvermögen gehörige Gemeindeglieder- (Bürger-) Vermögen betreffen, sie mögen zwischen der Gemeinde und einzelnen Gemeindegliedern oder unter letzteren allein obwalten. Demgemäß können die Gemeindeglieder als solche einen von der Gemeindeverwaltung über die Benutzung des Gemeindevermögens gefaßten Beschluß vor Gericht nicht anfechten; dies gilt z B. von einem Beschlusse, der die Umwandlung des Gemeindeglieder- in eigentliches Gemeindevermögen betrifft, oder der einzelne Mitglieder oder Klassen der Mitglieder von der Benutzung des Gemeindegliedervermögens ausschließt. Vgl. jetzt §§ 18, 34 ZustGes., § 71 LandgemO. v. 3. Juli 1891, die in Übereinstimmung mit dem vorstehenden den RW. überall da ausschließen, wo das beanspruchte Nutzungsrecht lediglich auf einen öffentlichrechtlichen Titel, nämlich die Gemeindeverfassung gestützt wird; ferner §§ 4, 69 Kommunalabgabenges., wonach folgerichtig dem RW. auch diejenigen Ansprüche entzogen sind, welche die für die Benutzung der öffentlichen Gemeindeanstalten zu zahlenden Gebühren betreffen. Dagegen ist gemäß § 160 Abs. 2 ZustGes. auch für derartige Ansprüche der RW. gegeben, wenn sie auf privatrechtlicher Grundlage beruhen, z. B. auf einem Vertrage oder Vergleiche; ob dies der Fall ist, d. h. also ob das beanspruchte Nutzungsrecht im Privatrecht oder im öffentlichen Recht wurzelt, hat ebenfalls der ordentliche Richter zu entscheiden. Vgl. RG. 26. Jan. 1889, 18. Juni 1898, 28. Dez. 1900, 6. Mai 1902 (Gruchot 33 S. 439; 42 S. 1020; 45 S. 640; E. 51 S. 316: hier ist zugleich ausgesprochen, es sei durchaus nicht ausgeschlossen, daß trotz der durch Vergleich getroffenen Art der Verteilung der Nutzungen der öffentlichrechtliche Ursprung des Nutzungsrechts sich voll erhalten habe). Vgl. A. 47. Ein Streit über die Teilnahme an den Gemeindenutzungen liegt natürlich dann nicht vor, wenn das Eigentum am angeblichen Gemeindevermögen streitig ist, oder wenn streitig ist, ob ein bestimmtes Recht zu dem Gemeindegliedervermögen gehöre u. ä.; derartige Streitigkeiten sind im RW. zu entscheiden. Vgl. OVG. 12. Sept. 1877 (E. 3 S. 75), EK. 11. Apr. 1868 (JMBl. S. 313). — Zu den in Abs. 3 der §§ 18, 34 ZustGes. genannten „Beteiligten" gehören nur diejenigen, die ihr Nutzungsrecht aus dem öffentlichen Recht herleiten; dritten Personen gegenüber, die nur eine privatrechtliche Berechtigung in Anspruch nehmen, kann jedes Gemeindeglied das ihm als solchen zustehende Recht auf die Teilnahme an einer Gemeindeanstalt oder auf die Nutzung eines im Gemeindeeigentum stehenden Grundstückes usw. auch im ordentlichen RW. geltend machen. Ob dabei der dritte sein den Kläger benachteiligendes oder ausschließendes Benutzungsrecht aus einem Vertrage mit der Gemeinde herleitet, ist für die Zulässigkeit des RW. ohne Bedeutung. Vgl. RG. 26. Mai 1899 (Gruchot 43 S. 1198), EK. 10. Dez. 1892 (Rechtspr. S. 226). — Nicht als öffentliche Gemeindeanstalten (§§ 18, 34 ZustGes.) sind erachtet worden städtische Wasserleitungen und

Gasanstalten, wenigstens soweit sie ihrer ganzen Einrichtung nach als Gewerbebetrieb angesehen werden müssen; vgl. OVG. 3. Febr. 1891 (E. 20 S. 23), OLG. Cöln 9. Nov. 1889 (Rh. A. 81, I. 5). Dagegen ließ RG. 9. Febr. 1897 (das. 92, II. 21) die Frage unentschieden, während EK. 8. Jan. 1898 (Rechtspr. Nachtr. S. 7), OVG. 3. Febr., 6. März 1897 (E. 31 S. 54, 61) eine städtische Wasserleitung als eine im öffentlichen Interesse unterhaltene Veranstaltung im Sinne des § 4 Kommunalabgabenges. betrachten.

174. Ebenso ist die Unzulässigkeit des RW. inbetreff der Beschwerden von Gemeindegliedern wider die Erhebung der Gemeindesteuern auf den Grundsatz des § 36 Abs. 1 zurückzuführen, sofern der Gemeindeverwaltung das Recht bestritten wird, die Steuer anzuordnen oder auf gewisse Klassen der Gemeindeglieder auszudehnen, indem die Entscheidung über eine solche Befugnis gleichfalls der Aufsichtsbehörde zusteht: EK. 24. Juni 1851 (JMBl. S. 254). Bei Abgaben an politische Gemeinden hat diese Frage ihre praktische Bedeutung verloren, für die Abgaben an Kirchengemeinden s. das nähere über obige und verwandte Fragen dieses Gebiets, wo der Grundsatz des § 36 Abs. 1 seine Wirksamkeit äußert, in den Erläuterungen zur AKO. v. 19. Juni 1836.

175. Schulangelegenheiten. Auf dem Rechte der Aufsicht über das Schul- und Kultuswesen beruhen vornehmlich die den Regierungen in den §§ 2, 18 der Geschäftsinstr. v. 23. Okt 1817 beigelegten Befugnisse. (Für Schulangelegenheiten vgl. Pr. Verf.-Urk. Art. 23, 112 und das „in Ausführung des Art. 23" ergangene Ges. v. 11. März 1872, GS. S. 183, das den schon im ALR. II 12 enthaltenen Grundsatz für die ganze Monarchie klar gestellt hat.) Nach diesen Bestimmungen in Verbindung mit § 36 findet z. B. über Abgrenzung der Schulbezirke, die Zuteilung eines Grundstücks zu einer bestimmten Schulsozietät bezw. über die beanspruchte Belassung bei derselben oder über die Zuweisung von Schulkindern zur Schule einer andern Konfession der RW. ebensowenig statt, wie über die Beschwerde gegen eine Verfügung der Regierung, wodurch mehrere Stadtschulen zu einer Gesamtschule vereinigt worden; vgl. JMVfg. 8. Jan. 1836 (Jbb. 47 S. 306), KMVfg. 10. Jan. 1866 (VMBl. S. 57), EK. 18. Apr. 1857, 14. Okt. 1876 (JMBl. S. 391, Rechtspr. S. 256), ME. 1. Febr. 1836 (Mannkopf AGO. 1 S. 115). Dagegen sind die aus der Veränderung von Schulbezirken entspringenden vermögensrechtlichen Streitigkeiten der Schulverbände dem RW. nicht entzogen; vgl. Stölzel S. 185, *RG. 9. Juni 1899 (Rh. A. 95, II. 114); aM. für das Gebiet des ALR.: RG. 1. Okt. 1896 (JW. S. 665).

176. Ebenso steht, wenn es sich um die Einrichtung einer neuen Schulsozietät handelt, zufolge § 18 der Reg.-Instr. von 1817, die Entscheidung über die Art und Weise des Unterrichts, z. B. ob der Unterricht der katholischen und evangelischen Jugend in getrennten Unterrichtsstunden bezw. Schulanstalten oder in einer Simultanschule erteilt werden solle, mit Ausschluß der Gerichte der Aufsichtsbehörde zu: EK. 2. Okt. 1858 (JMBl. 59 S. 80).

177. Da zu den Befugnissen, welche in dem von den Regierungen zu übenden Aufsichtsrechte über das Elementarschulwesen enthalten sind, auch die Regelung der Dotation der Schule sowie des Schullehrers gehört, mag es sich um die ursprüngliche Regelung der zu diesem Behufe von der Schulgemeinde oder dem Schulpatron aufzubringenden Leistungen, oder um später für nötig befundene Veränderungen handeln, so kann die Schulgemeinde oder der Patron solche Anordnungen weder unmittelbar der Regierung gegenüber, noch mittelbar durch eine wider den Lehrer erhobene Klage auf Aberkennung der von der Regierung festgesetzten dotationsmäßigen Leistungen zum Gegenstande einer gerichtlichen Erörterung machen, und zwar selbst dann nicht, wenn der ursprüngliche, durch die Regierung eben abgeänderte Zustand auf einem zwischen der Gemeinde und dem Lehrer abgeschlossenen Privatvertrage beruhen sollte. — Ist dagegen erst nach jener Regelung ein solcher Vertrag zustande gekommen, so kann über die Gültigkeit und Auslegung dieses Vertrags unter den Vertragschließenden (nicht aber gegen die Regierung) allerdings vor Gericht gestritten werden, indem hierdurch der Befugnis der Aufsichtsbehörde, nötigenfalls im öffentlichen Interesse einzuschreiten und die Gemeinde zu dem anzuhalten, was das Bedürfnis erheischen möchte, keineswegs vorgegriffen wird. Dies trifft auch dann noch zu, wenn die Regierung die Schulgemeinde zur Erfüllung der streitigen Verpflichtung angehalten hat, sofern sie diese Verpflichtung lediglich aus dem Vertrage durch Auslegung hergeleitet, nicht aber kraft ihres Oberaufsichtsrechts der

Gemeinde auferlegt hat. Vgl. EK. 28. Dez. 1850, 25. Juni 1853, 9. Juni 1855, 27. Sept. 1856, 14. Dez. 1867, 12. Juni 1869, 9. Okt. 1880, 8. Nov. 1890 (JMBl. 51 S. 55; 53 S. 365; 55 S. 371; 56 S. 347; 68 S. 66; 69 S. 175; Rechtspr. S. 256, 258).

178. Aus denselben Gründen nahm EK. 23. Juni 1858 (JMBl. S. 261) die Unzulässigkeit des RW. sogar in einem Falle an, wo nicht das einem aktiven Lehrer zugesicherte Gehalt, sondern die einem emeritierten Lehrer von der Regierung bewilligte Pension durch einen Stadtmagistrat als Patron der Schule jenem Lehrer gegenüber bestritten wurde. (Der KompGH. sprach hierbei gleichzeitig aus, daß Elementarlehrer nicht zu den besoldeten Gemeindebeamten im Sinne des § 65 der Städte-O. von 1853 (s. oben A. 169) zu rechnen seien.) Ähnlich entschied *EK. 12. Okt. 1861 (JMBl. 62 S. 104) in einem Falle, wo die Pension zu Lasten einer Rheinischen Gemeinde bewilligt und von dieser dagegen der RW. beschritten war. Dies gilt jedoch heute nicht mehr, da das Ges. vom 27. März 1872 in Verbindung mit dem Ges. v. 25. Apr. 1896 (für die höheren Lehranstalten, die nicht vom Staate allein unterhalten werden) und das Ges. v. 6. Juli 1885 (für die Volksschulen) auch dem zur Pensionszahlung Verpflichteten die Klage gestatten.

179. Unanfechtbar im RW. sind auch die Verfügungen der Aufsichtsbehörde über die Art der Verwaltung und Rechnungslegung hinsichtlich der Schule; vgl. EK. 13. Aug. 1870 (JMBl. S. 290: die Klage begehrte Verurteilung des Provinzial-Schulkollegiums zur Anerkennung, daß Kläger die uneingeschränkte Verwaltung des Gymnasialfonds habe; der KompGH. erachtete die Klage als gegen das Oberaufsichtsrecht gerichtet und deshalb unzulässig).

180. Kultusangelegenheiten. Anlangend sodann die Kultusangelegenheiten, so muß vorab an das oben A. 106, 107 gesagte erinnert werden, wonach zwar, strenge genommen, nur die Kirchenhoheit (das ius circa sacra) und das in derselben begriffene Aufsichtsrecht zu den Hoheitsrechten im Sinne des § 36 zählt, die aus der Kirchengewalt (dem ius sacrorum) fließenden, dem Landesherrn bezw. den Bischöfen zustehenden Befugnisse aber ebensowenig wie jene Kirchenhoheit der Entscheidung des weltlichen Richters unterworfen sind, indem ein gleiches von der Ausübung dieser Befugnisse durch die Verwaltungs- oder kirchlichen Behörden gilt. Demgemäß ist eine Sonderung desjenigen, was als Ausfluß der Kirchenhoheit von dem, was als Ausfluß der Kirchengewalt zu betrachten, hier nicht erforderlich und daher auch in den nachfolgenden, einzelne Anwendungen des obigen Satzes enthaltenden Anmerkungen nicht versucht worden. Eingehend geregelt ist das kirchliche Aufsichtsrecht gegenwärtig in den zahlreichen Gesetzen über die Kirchenverfassungen und den Synodalordnungen für die evangelische Kirche und in den Ges. v. 20. Juni 1875 (GS. S. 241) und 7. Juni 1876 (GS. S. 149) für die katholische Kirche. Alle aus diesem Aufsichtsrecht hergeleiteten Verfügungen sind der Anfechtung im RW. entzogen. Hierauf zurückzuführende gesetzliche Bestimmungen, die den RW. gegen die Beschlüsse der Kirchen- oder Staatsbehörden ausdrücklich ausschließen, sind enthalten in den Pfarrerbesoldungsgesetzen v. 2. Juli 1898 Art. 8 bezw. 13.

181. So findet über die Rechtmäßigkeit der Ausschließung aus einer Kirchengemeinde der RW. nicht statt. Wenn § 56 II. 11 ALR. die desfallsige Entscheidung dem „Staate" vorbehält, so versteht er ebensowenig wie § 57 das. unter diesem Ausdrucke die Gerichte, sondern gemäß §§ 113, 114 das. die Rechte der Kirchenzucht ausübenden geistlichen Oberen und als Beschwerdeinstanz das Ministerium für geistliche Angelegenheiten: OT. 26. Okt. 1857 (Strieth. 27 S. 91). (§ 56 ist inzwischen, wenn nicht schon durch die Verf.-Urk., dann durch das Ges. v. 13. Mai 1873, GS. S. 205 ersetzt worden; letzteres ist ebenfalls aufgehoben, ohne daß Ersatz an seine Stelle getreten ist. Es fehlt somit eine obige Frage lösende Vorschrift, weshalb mit Stölzel S. 174 die Unzulässigkeit des RW. auf die öffentlichrechtliche Natur der Frage zurückzuführen ist. Diese Entscheidung gründet sich somit nicht mehr auf § 36, sondern auf § 35 d. G. Vgl. oben A. 52, ferner RG. 19. Mai 1890, E. 26 S. 277).

182. Desgleichen ist der RW. ausgeschlossen wider die in Gemäßheit der §§ 707—709 II. 11 bezw. 37 II. 12 ALR. von den geistlichen Oberen oder in deren Vertretung von der Regierung als Aufsichtsbehörde zwischenzeitlich getroffenen Verfügungen über die Notwendigkeit eines Baues oder der Reparatur von Kirchengebäuden, Pfarrwohnungen und Schulhäusern, sowie über die Person und das Beitragsverhältnis der Leistungspflichtigen, indem jene

Gesetzesstellen den RW. über die Notwendigkeit und Art des Baues usw. sowie über die Beitragspflicht nur unter den Interessenten gestatten: EK. 23. Dez. 1847, 2. Febr. 1848, 5. März 1853 (JMBl. 48 S. 183, 169; 53 S. 199; das zuerst gen. Erk. hebt besonders hervor, daß die Behauptung, der Bau liege dem Fiskus ob, von keiner Seite aufgestellt sei, hieraus aber klar erhelle, daß die Regierung nicht etwa als Vertreterin des Fiskus, sondern in der oben gedachten Eigenschaft gehandelt habe). Vgl. im übrigen A. 395 ff.

182a. Das in A. 172 und 173 gesagte gilt in gleicher Weise auch von den Mitgliedern einer Pfarrgemeinde; insbesondere sind Streitigkeiten, die sich auf die Verwaltung des Kirchenvermögens oder auf die Teilnahme an den Nutzungen desselben beziehen, dem RW. entzogen, sofern die Ansprüche des Klägers sich lediglich auf seine Zugehörigkeit zur Pfarrgemeinde stützen. Ebenso EK. 13. Dez. 1902 (DJurZtg. 8 S. 480 mit teilweise anderer Begründung, s. oben A. 79), Stölzel S. 176; aM. die in A. 79 gen. RG., besonders RG. 4. Dez. 1884 (E. 12 S. 280.)

183. Wenngleich das Patronatrecht zu den Privatrechten gehört und Streitigkeiten über dessen Zuständigkeit zum Erkenntnisse des ordentlichen weltlichen Richters gehören (§ 577 II. 11 ALR.), so unterliegt dennoch die Ausübung der den geistlichen Oberen im § 391 das. erteilten Befugnisse nicht der richterlichen Prüfung, und kann daher auf Erteilung der von den geistlichen Oberen angeblich aus unzureichenden Gründen verweigerten Bestätigung einer Vokation nicht geklagt werden. So wies ein Beschluß des Kammergerichts v. 27. Aug. 1829 die Klage eines Patrons wider das Konsistorium, welche die Bestätigung einer Vokation, sowie die Befugnis des Beklagten, eine Stelle ohne Genehmigung des Klägers an Unbekannte zu übertragen, betraf, als nicht zum RW. geeignet ab; eine JMVfg. v. 26. Juni 1830 pflichtete diesem Beschlusse bei, weil die Bestätigung solcher Vokationen, man möge sie nun als Ausfluß der Staatshoheit oder als Episkopalrecht ansehen, nach den Grundsätzen sowohl der evangelischen Kirchenverfassung wie der Landesgesetze überall nicht Gegenstand eines Rechtsstreits sein, und daher darüber, ob dem Konsistorium die Befugnis beiwohne, die Bestätigung zu versagen oder die Vokation in der vorgelegten Form wenigstens zu verwerfen, nur auf erhobene Beschwerde von der höheren Verwaltungsbehörde oder dem Staatsoberhaupte entschieden werden könne; vgl. Jbb. 36 S. 138. In einem früheren Falle hatte das Kammergericht die Klage angenommen, weil dieselbe solche Hoheitsrechte des Landesherrn betreffe, hinsichtlich derer nach der VO. v. 1808 der RW. stattfinde, da die von der allgemeinen Regel (§ 80 der Einl. z. ALR.) eintretenden Ausnahmen des § 36 nach den dort angeführten Gesetzesstellen auf den vorliegenden Fall nicht anwendbar seien und Kläger überdies nur ein Privatrecht verfolge, indem seine Behauptung gerade dahin gehe, daß die Voraussetzungen, unter denen § 391 II. 11 ALR. dem beklagten Konsistorium die Versagung der Bestätigung gestatte (Untauglichkeit des Präsentierten oder Unregelmäßigkeit der Wahl), untergebens nicht zuträfen. Demselben wurde jedoch in Gemäßheit einer AKO. v. 11. Juni 1827 durch JMVfg. vom 19. dess. der Bescheid zuteil, daß jene auf Bestätigung zweier Prediger gerichtete Klage, als mit der Ausübung des dem Landesherrn zustehenden liturgischen Rechts streitend, von selbst wegfalle. Aus einer ähnlichen Veranlassung entschied der Justizminister unterm 24. Aug. 1829, daß eine derartige Klage nicht stattfinde, weil die Ausübung des Hoheitsrechts inbezug auf kirchliche und namentlich liturgische Gegenstände kein Gegenstand eines Prozesses sein könne; vgl. Jbb. 35 S. 263, ferner EK. 14. Juli 1866, 13. Juni 1868, 14. Okt. 1871 (JMBl. 66 S. 274; 68 S. 337; 72 S. 9; Rechtspr. S. 235).

184. Dieselben Gesichtspunkte sind für das im Falle eines Streits über das Stimm- oder Berufungsrecht oder beim Mangel einer entscheidenden Mehrheit der Stimmen den kirchlichen Oberen durch §§ 361, 364 und 369 II. 11 ALR. zugesprochene Devolutionsrecht maßgebend, wenngleich die Entscheidung über das streitige Stimmrecht selbst gemäß § 362 das. vor den ordentlichen weltlichen Richter gehört. Wo daher die Besetzung der Pfarrstelle in Ausübung jenes Devolutionsrechts erfolgt, kann ebensowenig auf Vernichtung der erteilten Vokation, wie in den Fällen der A. 183 auf Bestätigung geklagt werden: EK. 10. Jan. 1852, 8. Juni 1895 (JMBl. 52 S. 67; Rechtspr. S. 240), KG. 29. März 1830, JMVfg. 2. Juli 1830, 23. März 1827 (Jbb. 35 S. 265 ff.); aM. EK. 13. Juni 1868 (JMBl. S. 337). — Dies gilt selbst dann, wenn bei einem Streite über das Berufungsrecht (§ 364) der Fiskus selbst Partei ist, indem Fiskus alsdann in zwei verschiedenen Beziehungen

gedacht werden muß, einmal als prozeßführender Patron der Kirche, und sodann als Oberaufsichtsbehörde; so: gen. JMVfg. v. 1827 und JMVfg. 23. Sept. 1831 (Ergänz. zu § 364).

185. Ob die Bestimmungen der §§ 361 ff. II. 11 ALR entsprechend auf ein streitig gewordenes Konsistorialrecht anzuwenden seien, ob mithin die Anordnung des Konsistoriums über die Ausübung dieses Rechts für einen einzelnen, keinen Aufschub bis zum Austrage jenes Streits gestattenden Fall im RW. nicht angefochten werden könne, mag dahin gestellt bleiben. Jedenfalls spricht die entsprechende Anwendung obiger §§ nicht wider, sondern für die Zulässigkeit des RW., wenn das Konsistorialrecht selbst den Gegenstand des Streites bildet; ja es kann wider eine desfallsige Verfügung des Konsistoriums, insofern sie eine Störung in der bisherigen Ausübung jenes an sich privatrechtlichen Rechts darstellt, sogar im Wege der Besitzklage angegangen werden. So: EK. 3. Juni 1848 (JMBl. S. 286).

186. Unzulässig ist die gerichtliche Erörterung der Frage, ob ein Kirchendiener bestimmte Arbeiten unentgeltlich verrichten müsse, auch wenn die Klage nicht gegen die Aufsichtsbehörde, sondern gegen den Kirchendiener gerichtet ist; denn über den Umfang der Dienstverpflichtungen hat lediglich die vorgesetzte Dienstbehörde zu entscheiden. Vgl. EK. 9. März 1867 (JMBl. S. 342), ferner EK. 14. Jan. 1899 (PrVerwBl. 21 S. 97).

187. Die Anordnung eines Oberpräsidenten, welche die Zurückbehaltung der vom Staate für die Stelle eines katholischen Geistlichen zugesicherten Dotationszuschüsse wegen Sedisvakanz verfügt, ist nicht als eine Ausübung des landesherrlichen ius circa sacra zu betrachten, welche die richterliche Entscheidung über den wider den Fiskus geltend gemachten Anspruch auf Auszahlung der zurückbehaltenen Gelder ausschlösse: EK. 11. März 1848 (JMBl. S. 185); vgl. jedoch oben A. 71.

188. Streitigkeiten über das Verlagsrecht an einem zum kirchlichen Gebrauche bestimmten Gesangbuche sind dem RW. nicht um deswillen entzogen, weil der des Nachdrucks Bezichtigte den Verlag im Auftrage der geistlichen Behörde übernommen hat: EK. 8. März 1856 (JMBl. S. 140).

189. Für das Gebiet des Rheinischen Rechts erkannte AH. Cöln 22. Juni 1822 (Rh. A. 4, I. 26), daß die Bestimmung der Art und Weise, wie der Zweck eines Legats, das einer Kirche unter der Auflage, zu bestimmten Zeiten Vigilien, Seelenmessen und Kommendationen zu halten, zugewandt und später der in die Rechte der Kirche getretenen Domänenverwaltung anheimgefallen war, dermalen in Erfüllung gehen solle, und wie die Einkünfte des vermachten Kapitals zu verwenden seien, der Aufgabe der Gerichte fremd sei, vielmehr lediglich zu den Obliegenheiten der Aufsichtsbehörde in Kultusangelegenheiten gehöre. (Die aus diesem Grunde zurückgewiesenen Anträge waren vom Schuldner jenes Kapitals, der gleichzeitig der Erbe des Testamentserrichters war, gestellt.)

190. Verhältnis der Aufsichtsbehörde zu dritten Personen. Wie das Aufsichtsrecht — im Gegensatz zur Polizeigewalt des Staats — auf gewisse Rechtssubjekte und Rechtsinstitute beschränkt ist, ebenso hat auch der Satz, daß Akte, welche in Ausübung dieses Rechts ergangen sind, der gerichtlichen Anfechtung nicht unterliegen, nur hinsichtlich der der Aufsichtsgewalt unmittelbar oder mittelbar unterworfenen Personen, namentlich also hinsichtlich der Korporationen, Gemeinden usw. und ihrer Mitglieder, der Patrone usw. unumschränkte Geltung, indem dritten, welche durch solche Akte beeinträchtigt werden, — vorausgesetzt, das letztere sich auf die Vermögensverwaltung jener moralischen Personen beziehen, — die gerichtliche Verfolgung ihrer privatrechtlichen Ansprüche, dem § 41 d. G. zufolge, in der Regel unverwehrt ist. Hierauf beruht es, wenn in den unter A. 165 bezogenen Gesetzesstellen selbst den auf einen besonderen Rechtstitel sich berufenden Gemeindegliedern die Beschreitung des RW. unter gewissen Voraussetzungen gestattet wird, da solche Gemeindeglieder, indem sie ihren Anspruch nicht ausschließlich aus dem Kommunalverbande, sondern aus einem ihnen persönlich zustehenden Privatrechte herleiten, der Gemeinde bezw. Aufsichtsbehörde gegenüber eben nicht als Gemeindeglieder, sondern als dritte gegenübertreten; vgl. jedoch jetzt §§ 18, 34 ZustGes. — Diese wichtige Einschränkung des obigen allgemeinen Satzes wird in den folgenden Anmerkungen noch an einigen Beispielen erläutert werden, obgleich hiermit in das Gebiet des § 41 hinübergegriffen wird.

191. So besagt eine JMVfg. 30. Apr. 1838 (Rh. S. 6 S. 527), daß, wenn

eine Rheinische Regierung nach der dortigen Gesetzgebung das Debet eines Gemeindeempfängers festgestellt habe, letzterem wider die desfallsige Entscheidung nach § 41 der RW. offen stehe, ungeachtet die Regierung hier als Aufsichtsbehörde gehandelt haben möge, indem die Regierungen, wenn sie in Absicht der Vermögensverwaltung der ihnen untergeordneten moralischen Personen Verfügungen träfen, gewöhnlich in dieser Eigenschaft handelten. Ähnlich spricht sich eine InnMVfg. 13. Apr. 1840 (VMBl. S. 142) über eine vom Schultheiß gegen die Gemeinde angestellte Klage auf Erstattung mehrerer ihm von einer standesherrlichen Regierung gestrichenen Posten der Gemeinderechnung aus. Der von jener Regierung gemachte Einwand, daß ihre Revisionsbeschlüsse über das Kommunal-Rechnungswesen lediglich der Prüfung der höheren Verwaltungsbehörden unterlägen, wurde hier gleichfalls als dem § 41 d. G. widerstreitend bezeichnet.

192. Während die Gemeinde einen auf Anordnung der vorgesetzten Behörde abgeschlossenen Jagdpachtvertrag nicht im RW. anfechten kann, um einen früheren, durch jene Behörde für aufgehoben erklärten Vertrag zur Geltung zu bringen (A. 171), kann der frühere Jagdpächter gegen die Gemeinde vor den ordentlichen Gerichten klagen, um die Aufrechterhaltung des älteren Vertrages zu erzwingen, da dritten Personen, welche die Rechtmäßigkeit dieses Vertrages behaupten, die gerichtliche Verfolgung ihrer vermeintlichen Rechte aus demselben durch kein Gesetz verschränkt ist: EK. 18. Dez. 1852, 3. Juni 1854, 10. Juni 1882 (JMBl. 53 S. 112; 54 S. 400; Rechtspr. S. 216), RG. 9. Mai 1902 (E. 51 S. 279), LG. Trier 8. Febr. 1841 (Tr. A. 1, I. 62). Ebenso kann der Jagdpächter gegen die Gemeinde auf Feststellung klagen, daß der Pachtvertrag auch ohne die (von der Aufsichtsbehörde für erforderlich erklärte, aber verweigerte) Genehmigung des Kreisausschusses gültig und rechtsbeständig sei: EK. 13. Febr. 1892 (Rechtspr. S. 218: die Entscheidungen der Verwaltungsbehörden seien der Anlaß zum Prozeß gewesen, sie würden durch ihn aber nicht angefochten, sondern nur als unerheblich für die privatrechtlichen Gültigkeit des Vertrages bezeichnet; also weder den Verwaltungsbehörden, noch nach § 105 ZustGes. den Verwaltungsgerichten sei die Entscheidung dieser Sache überwiesen). Vgl. ferner OLG. Cöln 28. Nov. 1888 (Rh. A. 80, II. 11) und unten A. 311.

193. Nicht minder scharf ist der Unterschied zwischen der Stellung der der Aufsichtsgewalt unterworfenen Korporationen usw. und derjenigen dritter Personen zu den Erlassen der Aufsichtsbehörden hervorgehoben in den Gründen von EK. 13. Nov. 1858, betreffend die von Aufsichtswegen angeordnete Erhöhung des vertragsmäßigen Gehalts eines Gemeindebeamten (vgl. A. 168). Hier war zu Gunsten der klagenden Gemeinde geltend gemacht worden, daß gegen Entscheidungen der Aufsichtsbehörden, welche in wohlbegründete Privatrechte eingriffen, dem Verletzten der RW. demjenigen gegenüber zustehen müsse, zu dessen Vorteil die Anordnung gereiche; das Erk. führte jedoch aus, die Aufsichtsbehörde könne die Privatrechte dritter allerdings nicht beinträchtigen, noch deren Verfolgung dem RW. entziehen; wenn daher z. B. eine Regierung das dem Beamten vertraglich zugesicherte Gehalt als zu hoch herabsetzen wolle, so würde diesem die gerichtliche Verfolgung seiner vertraglichen Ansprüche gegen die Gemeinde nicht verschlossen sein; im umgekehrten Falle aber sei von der Verletzung eines Privatrechts keine Rede, sondern nur von Erfüllung einer Pflicht, welche die Aufsichtsbehörde im öffentlichen Interesse der ihrem Aufsichtsrechte unterworfenen Gemeinde auferlege, die aus einem Vertrage doch keinen privatrechtlichen Titel dafür herleiten könne, der Aufsichtsbehörde den Gehorsam versagen zu dürfen.

194. Ähnlich verhält es sich im Falle einer gegen die Aufsichtsbehörde selbst gerichteten Klage: EK. 8. Juni 1848 (JMBl. S. 305). Das Konsistorium und die Regierung zu N. hatten die kommissarische Verwaltung einer erledigten Pfarre gegen eine aus den Pfarreinkünften zu bestreitende Besoldung verfügt. Hierdurch erachtete sich ein dritter, nämlich eine Prediger-Witwenkasse, in ihren Vermögensrechten beeinträchtigt, indem dieselbe zufolge ihrer Allerhöchst bestätigten Satzungen auf die während der Erledigung fällig werdenden Einkünfte Anspruch machte. Der KompGH. erachtete die Klage dieser Kasse, welche gegen jene Behörden gerichtet war und dahin lautete, daß letztere als Vertreter des Kirchenregiments bezw. als Oberaufsichtsbehörde über das Vermögen der Kirche nicht für befugt zu erachten, über die fraglichen Einkünfte zu verfügen, für vollkommen prozeßfähig. Vgl. auch A. 66.

195. Von dem Falle, wo eine Handlung der Aufsichtsbehörde unmittelbar angefochten wird, ist der Fall zu unterscheiden, wo sich Streitigkeiten mit dritten über die privatrechtlichen Folgen eines Vertrags erheben, der durch die Aufsichtsbehörde genehmigt oder dessen Genehmigung von ihr versagt worden ist. Zum Nachweise der Prozeßfähigkeit solcher Fälle bedarf es nicht des Zurückgehens auf das in A. 190 gesagte, da diese Fälle dem § 36 ohnehin nicht unterliegen, ungeachtet bei ihrer Erörterung mitunter allerdings die Vorfrage entscheidend ist, inwiefern die Genehmigung nötig gewesen, ob sie als erteilt zu betrachten sei usw. Folgeweise steht hier die Beschreitung des RW. nicht bloß dem anderen Vertragsteil, sondern auch der Gemeinde oder sonstigen moralichen Person zu, deretwegen der Hinzutritt der Genehmigung der Aufsichtsbehörde angeblich oder in Wirklichkeit erforderlich war; vgl. A. 93 und EK. 24. Juni 1851, 11. Dez. 1852, 20. Okt. 1855 (JMBl. 51 S. 274; 53 S. 85; 55 S. 404. In letzterem Erkenntnisse heißt es: So strenge könne die gesetzlich beabsichtigte Trennung der Justiz und Verwaltung nicht gemeint sein, daß den Gerichten bei ihren Entscheidungen über Privatstreitigkeiten, deren Gegenstand nach den Behauptungen einer der Parteien der Einwirkung der Verwaltungsbehörden unterliege, jedes Urteil über die desfallsigen gesetzlichen Befugnisse dieser Behörde oder über eine solche tatsächlich ihresseits geschehene Einwirkung untersagt sei; demgemäß stehe in Fällen der oben erwähnten Art die Entscheidung über die Frage, ob die Genehmigung nötig gewesen oder wirklich erteilt worden sei, als eine solche, die das Wesen und den Bestand des Vertrags berühre, unbedenklich den Gerichten zu).

196. Die Folgerichtigkeit scheint zu fordern, daß die richterliche Entscheidung über die Gültigkeit eines von einer Korporation, Gemeinde usw. abgeschlossenen privatrechtlichen Vertrags auch dann keine Einschränkung erleide, wenn die Anfechtungsgründe von der einen oder anderen Seite aus der Unfähigkeit des Vertreters der Korporation, Gemeinde usw. zum Abschlusse solcher Verträge, oder daraus entnommen werden, daß der den Vertragsabschluß genehmigende Beschluß der Korporation, Gemeinde usw. aus diesem oder jenem Grunde nicht zu Recht bestehe. Jedoch wird dies in solcher Allgemeinheit nicht allseitig zugegeben, wie sich bereits aus dem oben A. 162 besprochenen OT. (Pl.) 27. Juni 1845 ergibt. Ferner liegt eine abweichende Ansicht dem AppG. Arnsberg 10. Jan. 1852 (Arnsb. Archiv 16 S. 59) zugrunde; hier hatte eine Gemeinde auf Aufhebung eines Gemeindebeschlusses und eines in Gemäßheit desselben geschlossenen Dienst- und Pensionsvertrags wider den Vertragsgegner geklagt und diese Klage darauf gestützt, daß Beklagter in den engsten verwandtschaftlichen Beziehungen zum Gemeindevorsteher stehe, dieser daher zufolge § 67 der Westf. LandgemeindeO. v. 31. Okt. 1841 die Gemeindeversammlung nicht habe berufen, noch in derselben habe mitstimmen dürfen; das bezogene Erkenntnis nahm jedoch an, daß, weil Gemeindebeschlüsse zu den Verwaltungshandlungen gehörten, der Zivilrichter nicht befugt sei, solche Beschlüsse außer Wirksamkeit zu setzen, dies vielmehr zur Zuständigkeit der Gemeinde bezw. der vorgesetzten Behörde gehöre. Dagegen entschied in einem anderen Falle, wo die Gültigkeit eines Jagdpachtvertrags auf Grund des § 105 derselben GemeindeO. um deswillen bestritten worden war, weil jener Vertrag ohne den Amtmann vom Gemeindevorsteher allein abgeschlossen sei, EK. 18. Dez. 1852 (JMBl. 53 S. 112) zu Gunsten des RW.; ebenso prüfte OLG. Cöln 28. Nov. 1888 (Rh. A. 80, II. 11) die Gültigkeit eines Gemeindebeschlusses darauf, ob bei seinem Zustandekommen Gemeinderatsmitglieder mitgewirkt hätten, die wegen eigenen Nutzens an der Beschlußfassung nicht hätten teilnehmen dürfen. Ferner erachtete A.H. Cöln 9. Mai 1853 (Rh. A. 48, I. 153) bei einem Rechtsstreit über die Gültigkeit des zwischen einer Gemeinde und dem Pfarrer inbetreff des Zusatzgehalts abgeschlossenen Vertrags die richterliche Entscheidung selbst darüber für statthaft, ob bei dem dieses Zusatzgehalt bewilligenden Beschlusse des Gemeinderats die vorschriftsmäßige Zahl der Mitglieder mitgewirkt habe.

§ 36 Abs. 2 und § 37.

Rechtsweg in Steuersachen.

Inhalt:

I. Allgemeine Bemerkungen.

197. § 36 Abs. 2 stimmt wörtlich mit § 78 II. 14 ALR. überein, nur daß hinter dem Worte „Anlagen“ zum besseren Verständnisse die im § 78 fehlenden Worte „und Abgaben“ eingeschaltet sind. Da nun im § 37 d. G. auch auf den mit § 78 im engsten Zusammenhange stehenden § 79 das. hingewiesen wird, so ist die Erläuterung der §§ 36 Abs. 2 und 37 gleichbedeutend mit der jener §§ 78, 79 II. 14. ALR.

198. Wie der ganze 14. Titel die Überschrift „von den Staatseinkünften“ führt, so sind auch die §§ 78, 79 unzweifelhaft nur von den Staatsabgaben zu verstehen. Ihre Anwendbarkeit ist jedoch durch spätere Gesetze — vgl. § 41 d. G. und AKO. vom 19. Juni 1836 — auf andere allgemeine Abgaben, namentlich auf Gemeinde-, Kirchen- und Schulabgaben ausgedehnt worden, weshalb vielfache Entscheidungen, welche aus Anlaß von Streitigkeiten über Abgaben der letzterwähnten Art ergangen sind, bei Auslegung der §§ 78, 79 überhaupt in Betracht kommen. Der Verfasser ist bemüht gewesen, die allgemeinen Gesichtspunkte, welche aus jenen Entscheidungen für Abgaben aller Art, mithin auch für Staatsabgaben zu entnehmen sind, schon hier mitzuteilen, und nur dasjenige, was bloß für Kommunal-, Kirchen- und Schulabgaben passend erscheint, in den Erläuterungen zu § 41 und zur AKO. von 1836 besonders zu besprechen. Immerhin ist aber zur Gewinnung eines vollständigen Überblicks über die bezüglich jener §§ 78, 79 bestehende sehr reichhaltige Rechtsprechung das zu obigen Gesetzesstellen gesagte mit in Betracht zu ziehen.

199. Behufs Erläuterung der §§ 78, 79 II. 14 kann die wörtliche Wiedergabe der dort bezogenen §§ 2—9 sowie der mit jenen im engen Zusammenhange stehenden §§ 80, 83, auf welche §§ 42 d. G. verweist, nicht umgangen werden. Die sämtlichen Gesetzesstellen lauten:

§ 2. Dem Besteuerungsrechte, als einem Hoheitsrechte des Staats (Tit. XIII. § 15), sind alle diejenigen unterworfen, die für ihre Personen, Vermögen oder Gewerbe den Schutz des Staats genießen.

§ 3. Welchen Klassen von Landeseinwohnern oder Besitzungen die Befreiung von einer oder der anderen Art der Staatsabgaben zukomme, ist nach Verschiedenheit der Provinzen in den besonderen Gesetzen derselben bestimmt.

§ 4. Einzelne Landeseinwohner, Korporationen oder Gemeinen können die Befreiung von den Abgaben derjenigen Klasse, zu welcher sie gehören, in der Regel nur durch Verträge oder ausdrückliche Privilegia erlangen.

§ 5. Inwiefern dergleichen Befreiung durch Verjährung erworben werden könne, ist gehörigen Orts bestimmt. (T. I. Tit. IX. §§ 656—659.)

§ 6. Alle solche ausdrücklich oder stillschweigend erlangte Befreiungen sind nach den Vorschriften der Einleitung §§ 58—62 und §§ 66—76 zu beurteilen.

§ 7. Durch dergleichen Ausnahmen sollen die übrigen Mitglieder derselben Klasse mit höhern Lasten nicht beschwert werden.

§ 8. Wer ein solches zur Belastung der übrigen Mitglieder gereichendes Privilegium für sich anführt, gegen den gilt die Vermutung, daß er selbiges erschlichen habe.

§ 9. Streitigkeiten, welche über die Verteilung der aus dem Besteuerungsrechte fließenden Abgaben unter den Kontribuenten entstehn, werden, in Ermangelung hinlänglicher durch Verträge, wohlhergebrachte Gewohnheiten oder besondere Gesetze begründeter Bestimmungen, nach den Regeln einer ohne ausdrücklichen Vertrag entstandenen Gemeinschaft (T. I. Tit. XVII. Abschn. I) beurteilt.

§ 78. Über die Verbindlichkeit zur Entrichtung allgemeiner Anlagen, denen sämtliche Einwohner der Staats oder alle Mitglieder einer gewissen Klasse derselben nach der bestehenden Landesverfassung unterworfen sind (§§ 2, 3), findet kein Prozeß statt.

§ 79. Behauptet aber jemand, aus besonderen Gründen die Befreiung von einer solchen Abgabe (§§ 4—8) oder behauptet er, in der Bestimmung seines Anteils über die Gebühr belastet zu sein (§ 9), so soll er darüber rechtlich gehört werden.

§ 80. Doch muß der, welcher sich über Prägravation beschwert, in allen Fällen, sowie der, welcher eine Exemtion behauptet, wenn er nicht wenigstens seit zwei Jahren im Besitze der Freiheit sich befindet, die von ihm geforderten Abgaben während des Prozesses mit Vorbehalt seines Rechts entrichten.

§ 83. Auch die vermöge allgemeiner Anlagen zu fordernden Rückstände muß der Fiskus durch seine Beamten im Wege Rechtens einfordern, sobald es dabei auf ein Vorzugsrecht gegen einen dritten ankommt.

Von den in den §§ 2—9 wiederum bezogenen §§ erscheint nur die Mitteilung der §§ 656—659 I. 9 geboten.

§ 656. Wenn jedoch erhellet, daß jemand zu einer Last oder Abgabe, wozu er nach seinem Stande und Verhältnisse an sich verpflichtet war, aufgefordert worden, sich aber deren Leistung geweigert habe, und seit dieser Zeit fünfzig Jahre hindurch davon freigeblieben sei, so wird vermutet, daß er die Befreiung auf eine rechtsgültige Weise erlangt habe.

§ 657. Er muß also bei seiner Freiheit so lange geschützt werden, als nicht ausgemittelt ist, daß er sich deren ohne Recht angemaßt habe.

§ 658. Ist das Grundstück oder die Gerechtigkeit, von welcher die Abgabe entrichtet werden soll, im Steuerbuche niemals eingetragen gewesen, so begründet schon der Umstand allein, daß die Abgabe in fünfzig Jahren nicht gefordert worden, die Vermutung einer rechtsgültig erlangten Befreiung.

§ 659. Es findet also auch in diesem Falle die Vorschrift des § 657 Anwendung.

Hinsichtlich der übrigen Verweisungen nur noch die Bemerkung, daß unter den im gen. § 6 bezogenen Gesetzesstellen die §§ 54—58, 62—72 der Einl. z. ALR. gemeint sind. Die hiervon abweichenden Angaben in jenem § 6 beruhen auf einem Druck- bezw. Redaktionsfehler: vgl. Jbb. 50 S. 478.

II. Die Regel des § 78 II. 14.

200. Die §§ 78, 79 II. 14 ALR. sind in sehr widersprechender Weise gedeutet worden. Die eine Ansicht erblickt im § 78 nur das **Verbot der gerichtlichen Anfechtung** des landesherrlichen Besteuerungsrechts bezw. des Steuergesetzes selbst, indem sie aus § 79 folgert, daß nicht bloß derjenige, welcher sich auf eine Befreiung berufe, sondern auch jeder, der nach dem Steuergesetze selbst nicht verpflichtet, mithin von der Behörde gesetzwidrigerweise zur Steuer herangezogen zu sein behaupte, auf rechtliches Gehör Anspruch habe. Nach der anderen Ansicht fallen dagegen alle Streitigkeiten über die von der Behörde bewirkte Festsetzung und Veranlagung der Steuer unter die Regel des § 78, und findet der RW. nur ausnahmsweise in den in den §§ 4 ff. besonders aufgeführten Fällen, sonst also niemals statt. — Zur ersteren Ansicht bekennen sich der Gesetzrevisor (Pensum XII, S. 148 ff.) und **Perrot** (1 S. 180); vgl. auch A.H. Cöln 10. Dez. 1825 (Rh. A. 8, I. 77) und JMVfg. 15. März 1831 (Jbb. 37 S. 86). Die für jene Ansicht geltend gemachten Gründe sind indessen schwerlich überzeugend. Wenn Perrot zu derselben dadurch gelangt, daß er in § 79 nicht eine erschöpfende, sondern nur eine beispielsweise Aufzählung von Ausnahmefällen findet, so übersieht er die offenbare Ausnahmenatur dieser Gesetzesstelle. Der Gesetzrevisor stützt sich hauptsächlich auf die im § 79 bezüglich der Überlastung getroffene Bestimmung, die er mit Rücksicht auf die Quellen des Gesetzes gegen die herrschende Ansicht (vgl. A. 247) nicht bloß bei Streitigkeiten der Steuerschuldner untereinander (§ 9 II. 14 ALR.), sondern auch bei Streitigkeiten mit dem Fiskus für anwendbar erachtet. Hieraus könnte aber doch höchstens gefolgert werden, daß der RW. bezüglich der Höhe des geforderten Betrags, nicht also, daß er auch bezüglich des Bestandes der Steuerschuld unverschränkt sei. Außerdem steht aber der Ansicht beider ebensowohl die inbetreff der Stempelsteuer ergangene Dekl. v. 18. Nov. 1828 (vgl. A. 261) wie eine Reihe anderweitiger Einzelbestimmungen entgegen, welche sämtlich nur einzelne Anwendungen der allgemeinen Regel darstellen, die nach der oben angeführten zweiten Ansicht im § 78 enthalten ist. Vgl. z. B. Gewerbesteuer-Ed. v. 2. Nov. 1810 § 24 und v. 30. Mai 1820 § 33; Zollges. v. 23. Jan. 1838 § 14; Ges. betr. die Einführung einer Klassen- und klassif. Einkommen-Steuer v. 1. Mai 1851

§§ 14, 26, 31, sowie die gesamte neuere Steuergesetzgebung. Jene zweite Ansicht ist denn auch gegenwärtig die in der Rechtsprechung herrschende und ihre Richtigkeit z. B. bei Beratung des Ges. vom 24. Mai 1861 (GS. S. 241) allseitig anerkannt worden, ja sie bildet die Voraussetzung, auf welcher dieses Gesetz selbst in den die §§ 78, 79 abändernden §§ 9 ff. beruht. Ihr zufolge entspricht § 78 allerdings dem im § 36 Abs. 1 d. G. ausgedrückten allgemeinen Grundsatze, insofern nämlich, als dieser die von den Verwaltungsbehörden in Ausübung eines Hoheitsrechts getroffenen Anordnungen mitumfaßt, denn er besagt dasjenige, was dort hinsichtlich sämtlicher Hoheitsrechte bestimmt worden, im besonderen Hinblicke auf das Besteuerungsrecht. Er spricht dies aber nur als Regel, d. h. vorbehaltlich der im § 79 erwähnten Ausnahmen aus, und läßt hierdurch einen wesentlichen Unterschied zwischen dem letzteren und den übrigen Hoheitsrechten bestehen, hinsichtlich derer solche Ausnahmen zu Gunsten des RW. im allgemeinen nicht gelten. In diesem Umstande dürfte auch der Grund zu suchen sein, weshalb die Aufnahme der §§ 78, 79 II. 14 ALR. in die §§ 36, 37 d. G. noch immer als angemessen erachtet wurde.

201. § 78 (und die an seine Stelle getretene neuere Gesetzgebung) verschließt den RW. nicht nur dem Abgabepflichtigen, sondern auch dem **Abgabeberechtigten**. Dieser bedarf des RW. nicht, da er die Steuer zwangsweise beitreiben kann; er hat aber nicht die Wahl zwischen dem Verwaltungszwangsverfahren und dem RW.; durch die Anrufung des ordentlichen Richters würde der Abgabenpflichtige gezwungen werden, diejenigen Einreden vor dem Gericht vorzubringen, die diesem gerade durch § 78 (das Zust.-Ges., Kommunalabgabenges. usw.) entzogen werden. Vgl. EK. 11. Dez. 1852, 22. Okt. 1853, 13. Febr. 1864 (JMBl. 53 S. 380, 444; 64 S. 230), RG. 29. Nov. 1889, 26. April 1890, 17. Febr. 1894 (das. 90 S. 214; Gruchot 34 S. 1123; E. 32 S. 347), OVG. 18. Febr. 1880 (E. 6 S. 182), unten A. 228 und RG. 25. Febr. 1899 (E. 43 S. 293 betr. die Einziehung polizeilicher Kosten). Wenn dagegen OT. 14. Okt. 1851 (Strieth. 3 S. 129) erwägt, daß die Unzuständigkeit der Gerichte nur vom Abgabenberechtigten geltend gemacht werden könne, mithin da, wo dieser als Kläger auftrete, nicht in Frage kommt, so übersieht dasselbe, daß die auf den §§ 36, 41 d. G. und den §§ 78, 79 II. 14 beruhende Unzuständigkeit der Gerichte keine bedingte, sondern eine unbedingte ist und von Amts wegen berücksichtigt werden muß. — Über die bez. der Stempelabgaben bestehende Ausnahme s. A. 265 und bez. Kirchenabgaben die AKO. v. 19. Juni 1836, A. 38.

202. Die Voraussetzung, daß unter den **allgemeinen Anlagen** des § 78 lediglich solche zu verstehen seien, welche auf dem landesherrlichen **Besteuerungsrechte**, d. h. auf dem Rechte beruhen,

„zur **Bestreitung der Staatsbedürfnisse** das Privatvermögen, die Personen, ihre Gewerbe, Produkte oder Konsumtion mit Abgaben zu belegen",

ergibt sich unzweifelhaft aus der in jenem § enthaltenen Verweisung auf die §§ 2, 3 das.; vergl. auch EK. 10. März, 22. Sept. 1855, 13. Febr. 1864 (JMBl. 56 S. 11, 13; 64 S. 115), RG. 25. Nov. 1895 (E. 36 S. 290). Es kann daher nicht gebilligt werden, wenn die JMVfg. 25. Okt. 1833 (Jbb. 42 S. 293) sagt, daß nur diejenigen Lasten nicht als allgemeine im Sinne des § 78, sondern als spezielle zu erachten seien, zu denen bestimmte Individuen aus speziellen Rechtstiteln, z. B. Verträgen, Testamenten usw. verpflichtet seien. Nicht jede allgemeine Last ist eine steuerartige und daher nach § 78 zu beurteilende, wenn auch der Charakter der Allgemeinheit zum Wesen einer Steuer erfordert wird. Vermögensopfer, die zwar durch die Staatsbedürfnisse geboten, aber bloß einzelnen zugemutet werden, lassen sich nicht auf das Besteuerungs- sondern nur auf das Enteignungsrecht zurückführen, und begründen daher in der Regel einen (prozeßfähigen) **Ersatzanspruch**, von welchem bei Ausübung des Besteuerungsrechts nicht die Rede sein kann.

203. Einer allgemeinen Anlage sind **sämtliche Einwohner** des Staats unterworfen, wenn sie nicht von **individuell bestimmten Personen**, sondern von **jedem** zu leisten ist, bei dem die Voraussetzungen eintreten, von denen die Pflicht zur Zahlung abhängig gemacht ist; vgl. gen. RG. 1895. Daß der Charakter der **Allgemeinheit** einer Anlage nicht ausgeschlossen ist, wenn diese nur den Mitgliedern einer gewissen **Klasse** auferlegt wird, sagt § 78 ausdrücklich. „Klasse" im Gegensatz zu „sämtlichen Einwohnern des Staats" bedeutet hier nichts weiter als eine gewisse besondere Gruppe von Personen, sie möge begrenzt sein, wie sie wolle: *EK. 11. März 1848 (JMBl. S. 324). Auch bezieht sich § 78 nicht nur auf physische

sondern ebenso auf juristische Personen, z. B. Stadtgemeinden, Eisenbahn-Aktiengesellschaften; vergl. EK. 12. Okt. 1872, 19. Apr. 1873 (JMBl. 72 S. 332; 73 S. 248).

204. Ferner läßt sich aus dem Begriffe der Allgemeinheit einer Anlage in Verbindung mit dem im § 78 enthaltenen Hinweise auf die bestehende Landesverfassung nicht folgern, als ob dort nur solche Anlagen gemeint seien, welche auf einem für das gesamte Staatsgebiet geltenden Gesetze beruhen. Die Anwendbarkeit des § 78 auf provinzialrechtliche Steuern ist vielmehr vom KompGH. wiederholt anerkannt worden.

205. Bei Beurteilung der Frage, ob eine allgemeine Anlage steuerlicher Natur sei, ist die Art ihrer Veranlagung und Beitreibung ganz unerheblich. Die Anwendbarkeit des § 78 wird daher dadurch, daß eine Anlage nicht in der für Steuern gewöhnlichen Weise ausgeschrieben und beigetrieben zu werden pflegt, ebensowenig ausgeschlossen, wie sie umgekehrt nicht dadurch allein begründet wird, daß für Ausschreibung oder Beitreibung gewisser Leistungen die für Umlage und Einziehung der Steuern geltenden Vorschriften maßgebend sind. So: JMBfg. 14. Mai 1842 (Rh. A. 35, I. 175), EK. 24. Nov. 1855 (JMBl. 56 S. 55), wogegen freilich in EK. 10. Jan. 1852 (JMBl. S. 85) eine andere Auffassung vorzuwalten scheint. (Durch Gesetz v. 13. Mai 1833 (GS. S. 55) wurden gewisse gewerbliche, von den Juden der Provinz Posen an den Grundherrn usw. zu entrichtende Abgaben gegen Entschädigung aufgehoben, welche letztere gemäß §§ 6 ff. die Staatskasse vorlegte, wofür denn auch in diese die von den Mediatstädten aufzubringenden Entschädigungsrenten flossen. Als nun die bisher von der Korporation zu L. erhobene Rente höherer Anordnung gemäß unter die einzelnen jüdischen Einwohner verteilt wurde, erhob einer derselben bei Gericht Einspruch und bestritt in dem demnächst eingeleiteten Konfliktsverfahren die Anwendbarkeit des § 78, weil es sich um eine durch Abfindung des Mediatherrn auf den Fiskus übergegangene Entschädigungsforderung, mithin um einen rein privatrechtlichen, aus der nützlichen Verwendung hergeleiteten Anspruch handle; gegen die beipflichtenden Gutachten der Justizbehörden erkannte jedoch der KompGH., daß sich aus obigem Gesetze, sowie aus der AKO. vom 29. Aug. 1838 (GS. S. 447), welche die Art der Ablösung sowie die Form der Erhebung regeln und namentlich vorschreiben, daß das Einziehungsverfahren in gleicher Weise wie bei Staatssteuern zu leiten sei, klar ergebe, daß diese Vorschriften nicht zur Begründung bloß privatrechtlicher Ansprüche bestimmt, daß durch sie vielmehr eine provinzielle Verwaltungs-Maßregel angeordnet sei, jene Leistungen mithin unzweifelhaft die rechtliche Natur von Staatssteuern hätten.)

206. Ob die Abgabe eine fortlaufende oder nur einmal zu entrichtende sei, ist für die Anwendbarkeit des § 78 gleichfalls ohne Einfluß: EK. 30. Okt. 1858 (JMBl. 59 S. 108).

207. .... ebenso, ob der Herangezogene seine Verpflichtung zur Steuerzahlung an sich oder nur inbezug auf ein einzelnes Gefälle bestreitet: EK. 19. Okt. 1872 (JMBl. 73 S. 115). Vgl. jedoch A. 223.

208. Ebenso ist die Anwendbarkeit der §§ 78, 79 nicht auf direkte Steuern beschränkt: EK. 2. Okt. 1858 (JMBl. 59 S. 54). In der Rheinprovinz gelten sie sogar ausschließlich für indirekte Steuern, da dort inbetreff direkter Steuern die Zuständigkeitsbestimmungen des französischen Rechts aufrecht erhalten wurden. Vgl. die Anmerkungen zu §§ 8 ff. des Rhein. Ress.-Regl.

209. Überhaupt fallen unter die §§ 78, 79 nicht nur die Steuern im engern Sinne, die zur Kostendeckung allgemeiner Leistungen des Staats erhoben werden, sondern auch die Gebühren, welche von den einzelnen als ein spezielles Entgelt der für sie zu öffentlichen Zwecken geleisteten Ausgaben oder Dienste in einer von der Staatsgewalt einseitig festgestellten Art und Höhe erhoben werden: RG. 25. Nov. 1895 (E. 36 S. 290), OVG. 1. Mai 1889 (E. 18 S. 27). Vgl. A. 259, 274 ff.

210. Entsteht vor Gericht darüber Streit, ob eine Leistung zu den allgemeinen Anlagen des § 78 gehöre, so würde, ganz abgesehen von den neuerdings desfalls getroffenen gesetzlichen Bestimmungen (s. unten), der Richter schon nach dem Grundsatze, daß er seine Zuständigkeit selbst zu prüfen hat, jene Vorfrage seiner eigenen Entscheidung unterwerfen müssen, mithin an die desfallsigen Behauptungen der Verwaltungsbehörde keineswegs unbedingt gebunden sein. Dieser Ansicht steht jedoch die bisherige Übung des KompGH. nur teilweise zur Seite. Zwar hält auch

dieser Gerichtshof, wie mehrere der oben angezogenen Erkenntnisse dartun, die bloße Bezugnahme auf § 78 für unzureichend, um die Entscheidung dem Richter zu entziehen; er verlangt vielmehr, daß die aus § 78 gezogenen rechtlichen Folgen mit den tatsächlichen Behauptungen der Verwaltungsbehörde übereinstimmen; ebensowenig genügt auch nach seiner Auffassung zu jenem Behufe schon die Bezeichnung der streitigen Leistung als einer landesherrlichen oder wirklichen Staatssteuer; vgl. EK. 12. Febr. 1859 (JMBl. S. 364). Dagegen hat er wiederholt die Ansicht ausgesprochen, daß, wenn die Verwaltung eine Leistung unter ausdrücklicher Bezeichnung derselben als dieser oder jener Steuer, z. B. als Grundsteuer fordere oder auch nur später, selbst noch in dem anhängig gemachten Konfliktsverfahren als solche benenne, die entgegenstehende Behauptung, daß die Leistung dennoch auf einem andern Titel beruhe, im RW. nicht erörtert werden könne, indem jener Punkt auf eine für den Richter durchaus verbindliche Weise durch obige Erklärung festgestellt werde. Die meisten der bezüglichen Entscheidungen ergingen aus Anlaß von Streitigkeiten darüber, ob die betreffenden Abgaben zu den Staatssteuern oder zu den, sei es durch Edikt v. 2. Nov. 1810 § 30 bezw. die GewerbeO. v. 17. Jan. 1845 § 3, sei es durch Ges. v. 2. März 1850 § 3 aufgehobenen Abgaben gehörten; vgl. EK. 4. Mai, 3. Juni, 17. Juli 1848, 29. März, 15. Dez. 1849, 16. Dez. 1854, 12. Febr. 1859 (JMBl. 48 S. 192, 270, 294; 49 S. 264; 50 S. 34; 55 S. 59; 59 S. 364). In allen diesen Fällen erklärte der KompGH. den RW. schon auf die bloße Versicherung der Verwaltungsbehörde hin, daß die streitige Abgabe als Grundsteuer usw. gefordert werde, für ausgeschlossen und zwar folgerichtig mit der Wirkung, daß auch ihm, dem KompGH., eine Prüfung der Richtigkeit dieser Erklärung nicht zustehe. (Die zwei letzten Erkenntnisse betrafen sog. Bede-Abgaben, welche die Verwaltung selbst anfänglich als Domanial-Abgaben behandelt hatte, bis sie auf Grund rechtsgeschichtlicher Forschungen in ihnen die Natur von Grundsteuern zu finden glaubte.) Zur Begründung obiger Ansicht wurde hauptsächlich angeführt, daß sonst der Zweck des Gesetzes, die Steuererhebungen vor prozessualischen Störungen zu sichern, vollkommen vereitelt werden würde, nach §§ 78, 79 aber auch der RW. nur aus den dort besonders angegebenen Gründen beschritten werden könne. Vgl. die Gründe von EK. 16. Dez. 1854. Während jedoch der erste Grund ein Grund de lege ferenda, nicht de lege lata ist, enthält der zweite eine petitio principii. So lange im einzelnen Falle nicht feststeht, ob die Voraussetzungen für die Anwendbarkeit eines Gesetzes gegeben sind, kann aus dessen Bestimmungen kein Entscheidungsgrund wider die richterliche Zuständigkeit entnommen werden, wie dies EK. 29. April 1854 (JMBl. S. 371) unter ähnlichen Verhältnissen ausdrücklich anerkannte. Auch hat EK. 22. Okt. 1853 (JMBl. S. 412) die ganz gleiche Frage, ob eine streitige Abgabe eine Gemeindesteuer oder eine gewerbliche Abgabe und als solche aufgehoben sei, dem RW. überwiesen, ungeachtet Gemeindesteuern inbezug auf die Zuständigkeit den Staatssteuern damals ganz gleich standen, und der KompGH. in anderen Fällen, wo die Eigenschaft einer Abgabe als Gemeindesteuer oder Pfarrabgabe (AKO. v. 19. Juni 1836) streitig war, die oben erwähnte Übung aufrecht erhielt; vergl. EK. 26. Nov. 1853 (JMBl. S. 45 a. E). Dem sei übrigens wie ihm wolle, das Gesetz vom 24. Mai 1861 (§ 10 und Begründung zur Regierungsvorlage, Drucks. d. H. d. Abg. 1861 Nr. 103) hat, von der Unterstellung ausgehend, daß jene Uebung in den bestehenden Gesetzen ihre Begründung finde, den RW. wenigstens für den Fall ausdrücklich nachgelassen, wo der Herangezogene behauptet, daß die geforderte Abgabe keine öffentliche sei, sondern auf einem aufgehobenen privatrechtlichen Fundamente, insbesondere einem früheren guts-, schutz- oder grundherrlichen Verhältnisse beruhe, im übrigen also die Praxis des KompGH. stillschweigend gebilligt. Auch das Reichsgericht ist der Ansicht des KompGH. ausdrücklich beigetreten. Vgl. z. B. RG. 25. Nov. 1895 (E. 36 S. 287: die Anwendbarkeit des § 78 hänge nicht von dem Nachweise der aufgestellten Voraussetzungen ab, da die Prüfung dieses Nachweises die dem ordentlichen RW. entzogene Entscheidung über das Bestehen der Verbindlichkeit in sich schließen würde. Vielmehr genüge es für die Ausschließung des RW., daß der Fiskus eine Zahlung als eine solche fordere, welche durch die Verbindlichkeit zur Entrichtung einer allgemeinen Anlage im Sinne des § 78 geboten sei). Vgl. ferner Stölzel S. 104.

211. Da § 78 sich nur auf das Verhältnis des vermeintlichen Steuerpflichtigen zum Staat und zur Verwaltung bezieht, so kommt dieser § jedenfalls nicht

zur Sprache bei Streitigkeiten, welche sich über die Natur der Abgabe und den Anspruch auf dieselbe zwischen der Verwaltung und einem anderen angeblich Berechtigten erheben. So bestimmt z. B. § 28 der Instr. v. 30. Mai 1820 (GS. S. 90), daß, wenn über die Frage, ob eine noch bestehende Abgabe eine grundherrliche sei oder die Natur einer Steuer habe, zwischen der Behörde und einem Standesherrn Streit entstehe, die Sache zur prozessualischen Erörterung vor die Gerichte gewiesen werden solle. Wenn dagegen EK. 10. Jan. 1852 (JMBl. S. 70) sich wider die richterliche Zuständigkeit in einem Falle aussprach, wo der Anspruch auf gewisse kommunalsteuerliche Leistungen zwischen zwei Gemeinden streitig war, so stützte sich dieses Erkenntnis nicht auf § 78 sondern darauf, daß der Streit sich damals um die Begrenzung der beiderseitigen Gemeindebezirke drehte. In dem gleichen Falle sprach sich freilich EK. 14. Nov. 1863 (das. 64 S. 19) ausdrücklich für die Anwendbarkeit des § 78 aus, da das, was von der Verbindlichkeit zur Entrichtung einer Steuer gelte, ebenso von der Berechtigung zur Erhebung der Steuer gelten müsse; denn die Verbindlichkeit entspreche genau der Berechtigung, mithin sei ein Streit über die Verbindlichkeit zur Entrichtung einer Steuer zugleich ein Streit über die entsprechende Steuerberechtigung. Dies trifft gewiß zu; „entsprechend" ist aber die Berechtigung nur im Verhältnis zum verpflichteten, von dessen Verbindlichkeit § 78 allein spricht, während eine „entsprechende" Anwendung dieses § auf den Streit zwischen zwei über die Berechtigung streitenden nicht statthaft erscheint. Übrigens ist für den wichtigsten Fall, den Streit zwischen zwei Gemeinden, das Verfahren durch das Kommunalabgabengesetz unter Ausschluß des RW. geregelt.

212. Aus gleichem Grunde findet § 78 keine Anwendung auf Streitigkeiten zwischen der Verwaltung und den Steuererhebern oder den Pächtern von Abgaben-Erhebungen, wenn auch das Pachtgeld im § 1 Nr. 4 der Exekutions-Ordn. von 1853 betreffs seiner Einziehung den indirekten Steuern gleichgestellt bezw. neben ihnen erwähnt wird; vergl. auch § 20 Nr. 2 des Rhein. Ress.-Regl. Daß für die direkten Staatssteuern die Gemeinde dem Fiskus als Steuererheber gegenübersteht, macht hierbei keinen Unterschied; vgl. EK. 14. Juni 1902 (DJurZtg. 8 S. 251: im RW. ist die Frage zu entscheiden, ob die Gemeinde den bereits erhobenen aber bei ihr gestohlenen Betrag der Staatssteuer aus ihrem Vermögen ersetzen müsse; § 78 kommt nicht zur Anwendung, weil die Gemeinde die Summe nicht als eine von ihr zu entrichtende Abgabe schuldet).

213. Dasselbe gilt von Streitigkeiten mit sonstigen Personen, die von der Verwaltung wegen Entrichtung einer steuerartigen Abgabe zwar als Selbstschuldner angegangen werden, aber nicht als Steuerpflichtige, sondern aus einem besonderen Rechtsgrunde: EK. 24. Jan. 1857 (JMBl. S. 307; diese Entscheidung betraf eine persönliche Parochialabgabe, welche von einem Juden ex privilegio odioso gefordert wurde).

214. . . . . . . ebenso von Streitigkeiten mit dritten, welche die Verwaltung lediglich als Schuldner des Steuerpflichtigen in Anspruch nimmt, weshalb jenen der RW. unbedingt offen steht: *EK. 11. März 1848 (JMBl. S. 325). Jedoch betrachtete *EK. 20. Apr. 1850 (Tr. A. 7 II. 6) die Pächter und Mieter im Falle des § 40 a. E. des Grundsteuerges. f. d. beiden westl. Provinzen v. 21. Jan. 1839 nicht als dritte sondern als Selbst- und Steuerschuldner, ohne freilich die gewichtigen Gründe, die für die entgegengesetzte Ansicht am Schlusse des Berichts der Justizbehörde entwickelt worden waren, zu widerlegen.

215. Ebenso folgt aus dem im Eingange der A. 211 angeführten Grunde die Unanwendbarkeit des § 78 auf Streitigkeiten, bei denen die Steuerverwaltung als solche gar nicht beteiligt ist, welche vielmehr zwischen dem für eine Steuer in Anspruch genommenen und einer dritten Person darüber entstehen, wem von beiden die Steuer zur Last liege; vgl. z. B. EK. 11. März 1871 (JMBl. S. 205). *EK. 10. Jan. 1852 (Rh. A. 51, II. 93) erkannte dies sogar in einem Falle an, wo jener dritte der Fiskus selbst war. (Kläger belangte den Fiskus als Schuldner einer Salzrente, damit letzterer für nicht befugt erklärt werde, die Verbrauchssteuer von seinen Leistungen abzuziehen. Hierauf KK., den jedoch der KompGH. verwarf, weil es sich nicht darum handle, ob eine Person oder Sache von einer allgemeinen Anlage frei sei, sondern ob dieselbe von dem Domänenfiskus als Rentschuldner oder vom Kläger als Rentgläubiger entrichtet werden müsse). Ebenso erkannte OT. 26. Okt. 1847 (Rechtsfälle 3 S. 27) inbezug auf die

Stempelpflichtigkeit eines Vertrags, daß dem ersatzpflichtigen dritten gegenüber der RW. nicht versagt sei.

216. Dagegen hat freilich der KompGH. in einzelnen Fällen für die Anwendbarkeit des § 78 entschieden, wenn zwar der Steuerfiskus unbeteiligt war, der Streit aber den Bestand der Steuerschuld bezw. die Steuerpflichtigkeit betraf, so in den A. 259 besprochenen EK. von 1852, 1859 und 1865 bei Prozessen mit Chausseegeldpächtern u. ä., so ferner im EK. 5. März 1853 (JMBl. S. 200) bei einem Prozesse, wo eine Gemeinde, nachdem sie das Kontingent einer Staatssteuer entrichtet hatte, von dem Besitzer zweier angeblich steuerpflichtigen Grundstücke den auf ihn fallenden Teil zurückforderte. Jedoch widerstreitet namentlich die letztere Entscheidung der ratio legis, insoweit sie darin besteht, die Steuerbehörde gegen prozessualische Weitläufigkeiten hinsichtlich der Steuererhebung zu sichern — vgl. EK. 19. Juni 1858 (JMBl. S. 248) —, und dürfte der Versuch, den dieses Erkenntnis gemacht hat, um jenes von 1853 hiermit in Einklang zu bringen, schwerlich gelungen sein. Denn wenn EK. 19. Juni 1858 den Schwerpunkt des EK. 5. März 1853 darin findet, daß es gerade die Gemeinde gewesen sei, die damals geklagt habe, und zwar gegen jemanden, der nach den Anordnungen der Verwaltungsbehörde nicht habe herangezogen werden können, so verläßt der KompGH. offenbar den Boden des § 78, worauf jenes Erkenntnis ausdrücklich gestützt wird, und erblickt das entscheidende in der abhängigen Stellung der Gemeinde zur Aufsichtsbehörde, d. h. also in der Bestimmung des § 36 Absatz 1 d. G.; er übersieht hierbei jedoch, daß es sich damals nicht wie in so manchen andern Fällen, auf die er im allgemeinen hinweist, um eine Gemeindesteuer und eine betreffs deren Erhebung von der Verwaltung als Aufsichtsbehörde getroffene Maßregel, sondern um eine Staatssteuer handelte, bei deren Erhebung die Verwaltung nur als Vertreterin des Steuerfiskus und in keiner anderen Eigenschaft tätig gewesen war.

216a. Die Anwendbarkeit des § 78 wird nicht ausgeschlossen durch die Zession einer Steuerforderung, der RW. ist mithin auch für die Klage des Zessionars gegen den Steuerschuldner verschlossen. Andere privatrechtliche Klagefundamente dagegen, wie z. B. Geschäftsführung oder Bereicherung, eröffnen den RW., trotzdem das Gericht dadurch in die Lage kommt, über das Vorhandensein der angeblich vom negotiorum gestor usw. gezahlten Steuerschuld zu entscheiden. Vergl. RG. 10. Apr. 1900 (Gruchot 44 S. 1127).

217. Endlich findet § 78 keine Anwendung, wenn die Frage über das Vorhandensein oder den Betrag einer Steuerschuld als ausschlaggebende Vorfrage in einem strafgerichtlichen Verfahren wegen Steuerdefraude zur Sprache kommt; vielmehr ist der Strafrichter nach dem in A. 94 besprochenen allgemeinen Satze an die Auffassung oder Entscheidung der Steuerbehörde in keiner Weise gebunden, sondern hat selbständig zu entscheiden, ob der Angeklagte die angeblich umgangene Steuer wirklich verschulde und auf wie hoch diese sich belaufe, und zwar nicht allein insofern, als es sich hierbei um die Abwägung tatsächlicher Umstände, sondern auch insofern, als es sich um die Auslegung zweifelhafter Gesetzesstellen oder Tarifbestimmungen handelt. Zwar enthält JnnMVfg. v. 27. Mai 1824 (Jbb. 23 S. 209) in anscheinendem Widerspruch hiermit den Satz, daß die Auslegung zweifelhafter Stellen eines Steuergesetzes nur der Steuerbehörde zustehe; jedoch ergibt der Zusammenhang, daß dies auf Strafsachen keinen Bezug hat, sondern nur besagen soll, daß wider die von der Steuerbehörde bewirkte Veranlagung einer Steuer der RW. nicht einmal alsdann beschritten werden könne, wenn die Auslegung des Gesetzes selbst streitig sei. Ebenso betrifft der Schlußsatz des § 14 des Zollges. v. 23. Jan. 1838 nur die Zollerhebung und nicht die Strafverhängung. Vgl. Oppenhoff, Strafverfahren, Art. 136 A. 31, Bonnenberg S. 195; RG. 11. März 1881, 9. Nov. 1882, 29. Jan. 1885, 28. Nov. 1887 (EStraff. 3 S. 433; 7 S. 220; 12 S. 1; 17 S. 21); OT. 22. Nov. 1855, 31. Okt. 1872, 30. Jan. 1873, 28. Sept. 1877 (Goltd. Archiv 4 S. 233; Rechtspr. 13 S. 565; 14 S. 99; E. 82 S. 269). In ähnlichem Sinne erkannten KH. 14. Mai 1835 und LG. Trier 11. Dezbr. 1856 (Rh. A. 22, II. 42; 52, III. 30) es an, daß bei Stempel-Kontraventionen der Strafrichter die Stempelpflichtigkeit selbst zu prüfen berufen sei; die in § 14 Ges. v. 24. Mai 1861 enthaltene hiervon abweichende Bestimmung ist inzwischen wider weggefallen; vgl. A. 598. — Wenn die MVfg. 26. März und 25. April 1825 (Ann. 9 S. 314) vorschreiben, daß der Strafrichter, so oft er inbetreff der anzuwendenden Tarifsätze auf Zweifel stoße, von der Provinzial-Steuerbehörde

oder dem Finanzministerium eine gutachtliche Äußerung einholen, und darauf die in § 72 I. 35 AGO., sowie § 239 des Anhangs angeordnete Rücksicht nehmen solle, so wird hierdurch das oben gesagte nicht allein nicht entkräftet, sondern bestätigt, da solche Äußerungen nach den bezogenen §§ nur die Bedeutung unverbindlicher Gutachten haben. Wohl aber besteht eine Ausnahme hinsichtlich der im Gewerbesteuerges. v. 24. Juni 1891 §§ 70 ff., im Ges. betr. die Besteuerung des Gewerbebetriebs im Umherziehen vom 3. Juli 1876 § 28 und im Ges. betr. die Besteuerung des Wanderlagerbetriebes vom 27. Febr. 1880 § 10 vorgesehenen Zuwiderhandlungen insofern, als bei diesen nach §§ 73 bezw. 28 der Strafabmessung stets der von der Regierung festgestellte Steuersatz zugrunde gelegt werden muß.

218. Selbstredend hat jedoch der Strafrichter obige Fragen nur insoweit zu prüfen und zu entscheiden, als sie bei Beurteilung der Strafbarkeit in Betracht kommen, indem es hinsichtlich der Einziehung oder Nichteinziehung der Steuer nach der Grundregel des § 78 bei der ausschließlichen Zuständigkeit der Verwaltung verbleibt. Folgeweise ist der Strafrichter im Falle der Verurteilung nicht befugt, die Nachzahlung der umgangenen Steuern zu verordnen, noch im entgegengesetzten Falle die Befreiung von dieser Zahlung auszusprechen, welche letztere trotz der erfolgten Freisprechung von der Steuerbehörde noch immer begehrt werden kann. Vgl. § 67 Einkommensteuergesetz, § 73 Gewerbesteuergesetz, JMVfg. 4. Juni 1868 (JMBl. S. 233); Oppenhoff aaO. A. 30; OT. 11. Januar 1865, 15. Nov. 1871 (Rechtspr. 5 S. 403; 12 S. 579); RG. 12. Jan., 11. März 1881 (EStrafs. 3 S. 293, 432). — Hätte freilich der Strafrichter unter Überschreitung seiner Zuständigkeit den freigesprochenen Angeklagten von Nachzahlung der angeblich umgangenen Gefälle ausdrücklich entbunden oder die Erstattung der bereits eingezogenen Gefälle ausdrücklich verordnet, so würde, wenn das Urteil rechtskräftig geworden, die Steuerbehörde sich dem allerdings fügen müssen. Vgl. EK. 14. April 1855 (JMBl. S. 203), welches in einem solchen Falle der Verwaltung wenigstens das Recht versagt, ihre Zuständigkeit durch Erhebung eines KK. zu sichern.

219. § 78 schließt den RW. auch in dem Falle aus, wo ein Steuerrest nachgefordert wird, weil der ursprünglich geforderte und gezahlte Betrag irrigerweise zu niedrig angesetzt worden sei: *ME. 30. Okt. 1835 (Rh. S. 5 S. 248). Inwiefern dies eine Ausnahme erleide, wenn die Nachforderung auf Grund des Ges. v. 18. Juni 1840 §§ 6, 7 als unstatthaft bestritten werden sollte, vgl. A. 242. — Jedenfalls kann aber, wenn bei Einführung zollpflichtiger Waren der Zoll durch ein Versehen des betreffenden Zollbeamten zu niedrig angenommen wird, und der Eigentümer infolgedessen sowie durch die spätere Einforderung des Überschusses einen Schaden erlitten zu haben behauptet, der desfallsige Entschädigungsanspruch jenem Beamten gegenüber im RW. geltend gemacht werden, indem einer solchen Klage weder § 78 noch ein sonstiges Gesetz im Wege steht: *EK. 7. Mai 1859 (JMBl. 60 S. 107).

220. Kann im RW. vom Steuerempfänger Annahme des angebotenen Steuerbetrages und Ausstellung einer Quittung über die Bezahlung begehrt werden? EK. 14. Okt. 1865 (JMBl. 66 S. 38) hat diese Frage für den Fall bejaht, daß der Steuerbetrag unzweifelhaft feststehe und unzweifelhaft ganz angeboten sei; denn ein solcher Prozeß habe eine gewisse Verwandtschaft mit der Klage aus § 9 Ges. v. 24. Mai 1861, § 9 habe aber offenbar die Tendenz, über die Zahlung des einzelnen Termins, sofern die Steuerpflicht als feststehend anerkannt wird, den RW. zuzulassen (? vgl. A. 242); der Fall der Annahmeverweigerung werde jedoch wohl fast immer so liegen, daß nicht zweifellos geboten werde, was zweifellos zu zahlen sei, daß vielmehr der Steuerempfänger der Ansicht sei, der Steuerpflichtige habe mehr zu zahlen, als er angeboten habe; bei dieser Sachlage handle es sich aber um die Höhe des Steuerbetrages und sei deshalb der RW. unzulässig. Vgl. ferner EK. 10. Okt. 1874 (das. S. 335), Rh. Ress. Regl. § 2 Nr. 1 und A. 24, AKO. v. 19. Juni 1836 A. 41.

221. Daß § 78 in der Regel auch die Klage auf Erstattung bereits gezahlter Steuern ausschließt, unterliegt keinem Bedenken, da die Verbindlichkeit zur Rückzahlung abhängt von der Feststellung des Bestehens oder Nichtbestehens der Abgabenpflicht: EK. 24. Juni 1851, 16. Dez. 1854, 12. März 1859, 12. Juni 1869, 8. Jan., 12. Juli 1881 (JMBl. 51 S. 271; 55 S. 59; 60 S. 142; 69 S. 187; VMBl. 81 S. 47, 183); RG. 20. Jan. 1890 (E. 25 S. 302: damit, daß der Anspruch auf eine Leistung ein öffentlichrechtlicher sei, werde auch dem Anspruche auf

die Rückzahlung das öffentlichrechtliche Gepräge aufgedrückt); vgl. Wach, Handbuch d. Dtschen ZPRechts 1 S. 108.

222. Dasselbe gilt von Klagen, mit denen Zinsen von zu Unrecht erhobenen und zurückgezahlten Steuern gefordert werden; denn die Entscheidung über eine auf derselben Grundlage wie die Hauptforderung beruhende Nebenforderung unterliegt auch den die Hauptforderung betreffenden Ressortbestimmungen. Ebenso RG. 26. Nov. 1896, EK. 12. Dez. 1896 (JMBl. 97 S. 274, 279) und (mit anderer Begründung) Stölzel S. 106.

223. Vom RW. ausgeschlossen sind ferner Ansprüche auf Steuervergütung für im Inland hergestellte und versteuerte, aber dann in das Ausland ausgeführte Waren. Denn die Vergütung bei der Ausfuhr ist die Rückzahlung eines Teiles der entrichteten Steuer, der nach der Ausfuhr als zu viel erhoben erscheint, weshalb die Frage wegen der Steuervergütung sich mit der Frage wegen der Steuerverpflichtung deckt: EK. 13. Aug. 1870, 14. Apr. 1894, 8. März 1884 (JMBl. 70 S. 302; 95 S. 34; Rechtspr. S. 114).

224. Selbst, wenn die höchste Verwaltungsbehörde, sei es in einem allgemeinen Erlasse, sei es für einen bestimmten oder einen gleichartigen andern Fall die Unrechtmäßigkeit der bereits erfolgten Steuererhebung ausdrücklich ausgesprochen und etwa nur über die Ersatzpflicht noch keine ausdrückliche Entscheidung getroffen hätte, würde die Rückforderung der Steuer aus andern als den im § 79 erwähnten Gründen auf dem RW. nicht gestattet sein, wie dies namentlich auch aus § 4 des Ges. v. 18. Juni 1840 und §§ 9, 10 des Ges. v. 24. Mai 1861 hervorgeht: EK. 12. März 1859, 9. März 1867 (JMBl. 60 S. 144; 67 S. 181); aM. EK. 13. Apr. 1872 (das. S. 160: es liege lediglich eine condictio indebiti vor, der der RW. nicht versagt werden könne); vgl. auch EK. 13. Nov. 1880 (BMBl. 81 S. 5; hier wurde der RW. für unzulässig erklärt, weil gegen die den Steuerbetrag herabsetzende Verfügung des Landrats Beschwerde erhoben, diese aber noch nicht erledigt war). Wäre freilich eine Entscheidung der Verwaltungsbehörde über die Ersatzpflicht bereits ergangen und hierüber sogar ein schriftliches Anerkenntnis erteilt, welches einen rechtsbeständigen Titel bildete, so würde die gerichtliche Klage allerdings zulässig sein. So: EK. 6. März 1852 (Rechtspr. S. 105).

225. Die JMVfg. 23. Aug. 1833 (Arnsb. Arch. 7 S. 159) hält sogar die Klage auf Rückzahlung der zur Sicherheit einer Steuer, z. B. eines Zollgefälles hinterlegten Summe für nicht statthaft, weil aus der Befugnis der Verwaltung, die Steuer ohne Mitwirkung der Justizbehörde beizutreiben, auch die Befugnis folge, sich aus dem zur Sicherheit der Steuer hinterlegten Gelde bezahlt zu machen; der Anspruch auf Rückgabe des hinterlegten Betrages falle daher mit dem auf Rückzahlung der Steuer zusammen; in dieser Hinsicht begründe es keinen Unterschied, ob die Sicherheit sofort gefordert und geleistet worden oder erst später, zumal es (nach § 74 der Zoll-Ordnung vom 26. Mai 1818) dem Ermessen der Steuerbehörde überlassen sei, ob und wie lange sie die Steuer ohne Sicherstellung stunden wolle, durch die Stundung aber dem Pflichtigen die Befugnis auf den sonst ausgeschlossenen RW. nicht erwachsen könne.

226. Vgl. endlich A. 98, sowie A. 386, 387; was hier von Gemeindesteuern gesagt ist, gilt entsprechend auch von Staatssteuern.

III. Die Ausnahmen von der Regel.

227. Die Ausnahmefälle, in denen ein Rechtsstreit selbst über die Verbindlichkeit zur Steuerzahlung zulässig ist, sind enthalten im § 79 und im Ges. v. 24. Mai 1861. Beim Erlaß des letzteren sollte es nach der Begründung hinsichtlich des RW. bei Abgaben bei den bestehenden allgemeinen Bestimmungen im öffentlichen Interesse verbleiben; nur erschien es angemessen, den bereits bestehenden Ausnahmen die weiteren der §§ 9, 10 jenes Gesetzes beizufügen. Das nähere s. A. 242, 255, 263 ff.

228. Die Ausnahmen von der Regel des § 78 eröffnen den RW. nur dem Abgabepflichtigen, nicht auch dem Abgabeberechtigten; denn nur wer behauptet, nicht zur Steuerzahlung verpflichtet zu sein, kann dies vor den ordentlichen Gerichten geltend machen. Der Abgabenberechtigte hat auch keine Veranlassung, gerichtlich feststellen zu lassen, daß ein die Steuerbefreiung gewährender Vertrag usw. nicht vorliege, da ihm die Beitreibungsbefugnis bleibt und er dem Pflichtigen überlassen kann, die zulässigen Rechtsbehelfe dagegen einzulegen. Vgl. EK. 11. Mai 1861,

13. Jan. 1872, 9. Jan., 10. Okt. 1874 (JMBl. 62 S. 91; 72 S. 66; 74 S. 87; Rechtspr. S. 132) und A. 201. Über die Ausnahme bei Stempelabgaben s. A. 265.

229. Die Ausnahmefälle des § 79 lassen sich auf zwei zurückführen, nämlich auf den der durch einen besonderen Rechtstitel (Vertrag, Privileg, Verjährung) begründeten Exemtion oder Befreiung (A. 230 ff.) und auf den der Prägravation oder Überlastung (A. 247 ff.).

230. Befreiung. Die neuere Steuergesetzgebung (vgl. Finanz-Edikt vom 27. Okt. 1810, Ges. v. 8. Feb. 1819 § 31, v. 30. Mai 1820 § 13, Zollges. v. 23. Jan. 1838 § 23 usw.) huldigt dem im Art. 101 der Verf.-Urk. wiederholten Grundsatze, daß Bevorzugungen hinsichtlich der Steuern nicht vorkommen sollen. Mit diesem Grundsatze können zwar Steuerbefreiungen als iura singularia (§ 3 II. 14 ALR.) sehr wohl bestehen, nicht aber solche Befreiungen, welche einzelnen Personen auf Grund von Verträgen, Privilegien im engeren Sinne und Verjährung erworben werden. Demzufolge hat das im § 79 zugunsten des RW. gemachte Zugeständnis wenigstens inbetreff der Staatssteuern an praktischer Bedeutung erheblich eingebüßt; vgl. Gesetzrevision, Pensum XII. S. 105; v. Rönne 1 S. 662; 2 S. 252; Löwenberg, Beiträge 1 S. 128. — Die Befreiung von einer Abgabe kann nach den im § 79 bezogenen §§ 4—8 sich nur gründen auf Vertrag (A. 231 ff.), Privileg (A. 234 ff.) oder Verjährung (A. 237 ff.).

231. Ein Vertrag kann selbstredend nur dann zur Begründung einer Befreiung bezw. des RW. dienen, wenn er für den Abgaben-Berechtigten als Vertragschließenden bindend sein würde und gerade die Befreiung zum Gegenstande hat: EK. 10. Jan. 1852, 11. Dez. 1858, 10. Okt. 1863 (JMBl. 52 S. 87; 59 S. 168; 63 S. 306). Insbesondere kann nicht ein Vertrag herangezogen werden, der die Steuerpflicht begründen soll: EK. 13. Jan. 1872 (das. S. 68). Natürlich muß auch der Kläger oder sein Rechtsvorgänger beim Vertragsabschlusse beteiligt gewesen sein, da er sonst vertragsmäßige Rechte aus diesem überhaupt nicht herleiten könnte: EK. 13. Okt. 1877 (das. S. 234). Doch ist im allgemeinen nicht erforderlich, daß der Vertrag schriftlich beurkundet sei; vgl. EK. 27. Dez. 1853 (JMBl. 54 S. 124).

232. Daß an Stelle eines Vertrages auch ein rechtskräftiges Urteil als besonderer Rechtstitel im Sinne des § 79 angerufen werden könne, scheint EK. 3. Jan. 1857 (JMBl. S. 347) grundsätzlich anzunehmen.

233. Dagegen sind Separations-Rezesse bezw. die in ihnen enthaltene Abgabenverteilung nicht als Verträge im Sinne dieser Vorschrift zu betrachten; sie schließen eine spätere anderweite Regelung der Lasten nicht aus: gen. EK. 13. Okt. 1877. So ist z. B. nach EK. 15. Okt. 1859 (JMBl. 60 S. 299) die Berufung auf einen Separations-Rezeß, durch welchen an Stelle einer unbesteuerten Gerechtsame ein Äquivalent in Land gewährt worden, nicht geeignet, den RW. über die angebliche Steuerfreiheit des Land-Äquivalents zu eröffnen.

234. Ob § 79 unter Privilegien nur Vorrechte im engeren Sinne, d. h. solche verstehe, die durch eine lex specialis einzelnen, sei es physischen, sei es moralischen Personen besonders verliehen sind, oder auch iura singularia, Sonderrechte, die ganzen Klassen derselben kraft Gesetzes zugute kommen, erscheint nicht unzweifelhaft. Für die engere Deutung spricht der Wortlaut des § 4 sowie der Umstand, daß § 3, welcher von den Steuerbefreiungen ganzer Klassen von Landeseinwohnern oder Besitzungen spricht, und in dieser Hinsicht noch auf die seitdem größtenteils weggefallenen Provinzialgesetze verweist, nicht im § 79, sondern im § 78 bezogen wird. Diese Ansicht wird gegenwärtig sowohl vom Reichsgericht als vom Oberverwaltungsgericht vertreten; vgl. RG. 21. Febr. 1881, 3. Febr. 1887 (E. 4 S. 213; 17 S. 235); OVG. 2. Juni 1880 (E. 6 S. 120); Stölzel S. 113. Dagegen hat sich der KompGH. in stehender Rechtsprechung für die entgegengesetzte Ansicht entschieden, die auch in der Deklaration v. 18. Nov. 1828 durch den Hinweis auf § 3i des Stempelges. v. 1822 eine Stütze findet. Ebenso OLG. Cöln 30. Mai 1900 (Rh. A. 96, I. 141). Der Übung des KompGH. gemäß kann man sich demnach vor Gericht zum Nachweise einer Befreiung auch auf allgemeine Gesetze berufen, sofern diese den Charakter von Ausnahmebestimmungen an sich tragen, wie dies z. B. inbezug auf Staatssteuern bei den VO. v. 21. Juni 1815 bezw. der Instr. v. 30. Mai 1820 §§ 13, 31, dem Ges. v. 1. Mai 1851 § 6 b. c. g. h., und dem Grund- bezw. Gebäudesteuerges. v. 21. Mai 1861 § 4 bezw. § 3 der Fall war.

235. Gesetze, durch welche eine Steuer für alle hierzu ursprünglich Verpflichteten aufgehoben sein würde, sind zu solchen Ausnahmebestimmungen selbst-

redend nicht zu rechnen, weshalb die Anrufung derartiger Gesetze die richterliche Zuständigkeit nicht begründet: EK. 10. Januar 1852 (JMBl. S. 86). Noch weniger eröffnen den RW. solche Gesetze, durch welche die Steuerpflicht erst begründet werden soll; vgl. OVG. 8. Dez. 1877 (E. 3 S. 135).

236. Ebensowenig kann von einem Privilege und der Anwendbarkeit des § 79 die Rede sein, wenn jemand von der Verpflichtung angeblich bloß um deswillen frei ist, weil bei ihm die Bedingungen fehlen, unter welchen jene Verpflichtung überhaupt nur besteht: EK. 13. Nov. 1858 (JMBl. 59 S. 232; es handelte sich hier um eine Gemeindeabgabe, die statutengemäß von den sich als selbständige Einwohner in der Stadt Niederlassenden zu leisten war. Das betreffende Stadtgericht sah in jener statutarischen Bestimmung irrigerweise ein Privileg für diejenigen, welche sich in der Feldmark niederließen); RG. 3. Febr. 1887 (E. 17 S. 235).

237. Unter Verjährung versteht § 79 bezw. § 5 nach den in letzterem § bezogenen §§ 656—659 I. 9 ALR. nur die erwerbende und zwar die 50jährige Verjährung, nicht auch die erlöschende: EK. 22. März 1851, 25. Okt. 1856, 8. Okt. 1870 (JMBl. 51 S. 175; 57 S. 117; 70 S. 354); aM. *ME. 17. März 1841 (das. S. 122); vgl. übrigens unten A. 242, sowie OVG. 3. Mai 1898 (E. 34 S. 244).

238. Im allgemeinen genügt die bloße Angabe eines bestimmten Grundes für die Befreiung, damit der RW. eröffnet werde; der Nachweis, daß der angegebene Grund im vorliegenden Falle wirklich zutreffe, wird nicht erfordert. Nur muß diese Angabe so eingehend gemacht sein, daß aus den angegebenen Tatsachen, wenn sie wahr wären, eine Befreiung im Sinne des § 79 auch wirklich erfolgen würde. Wer sich z. B. auf die Ersitzung der Abgabenfreiheit beruft, muß den gen. §§ 656 ff. gemäß behaupten, daß er oder sein Vorgänger zur Leistung der Abgabe ursprünglich aufgefordert sei, dieselbe jedoch verweigert und sich seitdem 50 Jahre lang im Besitze der Freiheit befunden habe: EK. 9. Juni 1855, 12. Nov. 1859, 8. Okt. 1870, 11. Febr. 1871, 30. Juni 1900 (JMBl. 55 S. 386; 60 S. 359; 70 S. 354; 71 S. 103; DJurZtg. 1901 S. 120); Stölzel S. 109.

239. Demnach berührt die Frage, ob ein für die Befreiung angerufener Vertrag wirklich zustande gekommen sei, oder ob derselbe die Befreiung auch wirklich begründet habe, ob ein Gesetz, das an und für sich wohl als ein Privileg betrachtet werden kann, etwa doch keine Befreiung gewähre, oder ob es auf den vorliegenden Fall genau passe, nicht die Zuständigkeitsfrage, sondern die vom Richter zu prüfende sachliche Seite; vgl. EK. 17. Dez. 1853, 29. April 1854, 22. Sept., 20. Okt. 1855, *7. Nov. 1857, 11. März 1871, 14. Okt. 1876 (JMBl. 53 S. 124; 54 S. 380; 55 S. 428, 412; 58 S. 211; 71 S. 122; 76 S. 229). Unter diesen Erkenntnissen sprachen sich namentlich das 2. 3., 5., 6. und 7. dahin aus, daß die Frage, ob das als Privileg bezogene Gesetz auf die gerade streitige Abgabe passe, zur sachlichen Beurteilung gehöre, wogegen freilich EK. 4. Okt. 1856 (JMBl. S. 388 a. E.) in einem ganz ähnlichen Falle das Gegenteil annahm.

240. Dagegen wird vorausgesetzt, daß die Unrichtigkeit der betreffenden Behauptungen nicht auf den ersten Blick klar sei. So erkannten: EK. 20. Okt. 1855, 24. Jan. 1857 (JMBl. 55 S. 412; 57 S. 227), daß kein Gesetz zur Begründung des RW. angerufen werden könne, welches längst aufgehoben sei oder von der betreffenden Begünstigung gerade die dasselbe anrufende Person ausschließe; EK. 3. Jan. 1857 (das. S. 347), daß ein als spezieller Rechtstitel bezogenes Urteil den RW. nicht eröffne, wenn sich der Zusammenhang des Klagegegenstandes mit dem Inhalt jenes Urteils in keiner Weise erkennen lasse; EK. 13. Okt. 1877 (das. S. 233), daß dasselbe von der Berufung auf einen privatrechtlichen Vertrag gelte, wenn der angebliche Vertrag sich als gesetzmäßig gefaßter Abgabenverteilungsbeschluß (Separationsrezeß) darstelle.

241. Da mit obigen drei Befreiungsgründen (Vertrag, Privileg und Verjährung) die Mittel erschöpft sind, vermöge deren man zufolge § 79 dem Steuerfiskus gegenüber die Verbindlichkeit zur Entrichtung einer allgemeinen Anlage im RW. bestreiten kann, so ist die richterliche Zuständigkeit beispielsweise nicht gegeben, wenn jemand seine Befreiung von der Einkommen- oder Gewerbesteuer darauf stützt, daß er kein Staatseinwohner oder Gewerbetreibender sei; vgl. EK. 17. Febr. 1855 (JMBl. S. 135), oder wenn die Zahlung unter der Behauptung verweigert wird, die angesonnene Leistung liege gesetzlich einem andern ob, oder die Verwaltung

habe einem Steuergesetze mit Unrecht rückwirkende Kraft beigelegt; vgl. EK. 7. Nov. 1857, 7. Okt. 1854, 19. Okt. 1872 (JMBl. 58 S. 128; 55 S. 44; 73 S. 114); desgleichen, wenn als Befreiungsgrund lediglich das Herkommen angerufen wird; vgl. EK. 25. Okt. 1856 (das. 57 S. 174). Dasselbe war bis zum Erlasse des Ges. v. 24. Mai 1861 der Fall, sofern jemand seine Verbindlichkeit zur Entrichtung des Erbschafts- oder Vertragsstempels bestritt, weil er gar nicht Erbe oder weil der Vertrag für nichtig erklärt sei; vgl. *ME. 17. März 1841, EK. 15. Dez. 1849 (das. 41 S. 122; 50 S. 36).

242. § 9 Ges. v. 24. Mai 1861. Ob dagegen der RW. den §§ 78, 79 zufolge auch dann ausgeschlossen sei, wenn die Verpflichtung zur Steuerzahlung an sich nicht geleugnet, wohl aber behauptet wird, daß diese Verpflichtung inbezug auf ein einzelnes Gefälle durch einen Tilgungs- oder Erlöschungsgrund privatrechtlicher Natur, z. B. durch Zahlung, erlöschende Verjährung gegenstandslos geworden sei, war ehedem überaus streitig; vgl. *ME. 17. März 1841, *EK. 2. Febr. 1848 (JMBl. 41 S. 122; 48 S. 232) auf der einen und EK. 2. Okt. 1858, 22. März 1851, 26. Okt. 1856 (das. 59 S. 54; 51 S. 175; 57 S. 117) auf der andern Seite. Gegenwärtig hat diese Streitfrage keine Bedeutung mehr, indem § 9 Ges. v. 24. Mai 1861 die Klage auf Erstattung des gezahlten ausdrücklich zuläßt, wenn sie darauf gegründet wird, daß die einzelne Forderung bereits früher getilgt oder verjährt sei. Das Anwendungsgebiet des § 9 ist nicht zu eng zu begrenzen. Nach RG. 19. Okt. 1896 (Gruchot 41 S. 417) findet die Klage aus § 9 überall da statt, wo über das Bestehen der Abgabenforderung unabhängig von dem dem öffentlichen Rechte angehörenden Rechtsgrunde der Forderung gestritten wird, da in solchen Fällen der gerichtliche Schutz des Privatrechts des Abgabepflichtigen mit dem öffentlichen Wohle vereinbar erscheint. Daß der Ausdruck „getilgt" sich nicht ausschließlich auf Zahlung beziehe, sondern auch auf den Einwand der Aufrechnung sowie der materiellen Tilgung überhaupt (z. B. der datio in solutum, Novation usw.) umfasse, ergeben die Quellen auf das unzweideutigste; vgl. Kommissionsbericht d. AbgH., Anl. z. d. Verhandlungen 1861 I S. 537 ff., III S. 944 ff. Es genügt hierbei die Behauptung des Klägers, daß die fragliche Forderung vor der Klageerhebung getilgt sei; nicht notwendig ist es, daß behauptet werde, die Tilgung sei schon vor der Beitreibung der Forderung erfolgt: gen. RG. 1896. Andererseits liegt der Schwerpunkt dieser Bestimmung auf der „Tilgung" der einzelnen Forderung, weshalb es nicht statthaft ist, den § 9 „entsprechend" auf den Fall anzuwenden, wo jemand, ohne seine Steuerpflicht an sich zu leugnen, behauptet, daß die Verpflichtung inbezug auf ein einzelnes Gefälle ihn nicht treffe: EK. 19. Okt. 1872 (JMBl. 73 S. 115: der Erwerber eines zwangsweise verkauften Gutes hielt sich nicht für verpflichtet, eine auf den Besitzer dieses Gutes umgelegte Steuer aus der Zeit vor seinem Besitzantritt zu zahlen). Ebenso wird der Ausdruck „verjährt" nicht im engsten Sinne zu verstehen, sondern auch auf den Fall zu erstrecken sein, wo die Unzulässigkeit der Nachforderung von Steuern aus den §§ 5—7 Ges. v. 18. Juni 1840 hergeleitet wird, ein Fall, den der KompGH. früherhin gleichfalls für nicht prozeßfähig erachtete, aber eben nur um deswillen, weil der Einwand der erlöschenden Verjährung überhaupt den RW. nicht eröffne; vgl. EK. 30. Okt. 1858 (JMBl. 59 S. 108).

243. Da § 9 Ges. v. 1861 den RW. nur aus dem Grunde in Gestalt einer Rückforderungsklage gestattet hat, weil die Vollstreckungsbefugnis (§ 42 d. G.) der Verwaltungsbehörde vorbehalten bleiben sollte (vgl. Komm.-Ber. d. AbgH.), so steht wohl nur die Fassung, nicht aber die Absicht des Gesetzes dem entgegen, daß schon früher, sei es vor Einleitung, sei es während des Verwaltungszwangsverfahrens ein Richterspruch darüber verlangt werde, ob die Forderung getilgt oder verjährt sei, sofern die Klage nur nicht unmittelbar wider das Verwaltungszwangsverfahren selbst gerichtet wird. Ebenso RG. 15. März 1894 (E. 33 S. 39: diese Auslegung treffe jetzt um so mehr zu, als § 256 ZPO. die Anstellung einer Feststellungsklage in einem dem früheren Rechte unbekannten Umfange für statthaft erklärt habe), 19. Okt. 1896 (Gruchot 41 S. 417). — Nach Ablauf der sechsmonatigen Frist ist der RW. unzulässig und nicht etwa nur der Klageanspruch verjährt; ebenso Stölzel S. 117.

244. Die Rückforderungsklage (§ 9) ist gegeben, auch wenn der Kläger ohne Vorbehalt gezahlt hat. Der Gesetzentwurf enthielt zwar vor den Schlußworten „geleisteter Zahlung" die Worte „unter Vorbehalt"; diese wurden aber gestrichen

weil schon nach den allgemeinen Grundsätzen des ALR. über die condictio indebiti (§§ 160ff. I. 16) ein solcher Vorbehalt nicht unbedingt und in allen Fällen erforderlich sei, weil ferner der Zahlende den Kassenbeamten zur Aufnahme des Vorbehalts in die Quittung nicht zwingen könne und oft in entschuldbarem Irrtum an letzteren nicht denken werde; vgl. Komm.-Ber. d. AbgH.

245. Wie schon die Stellung in einem Gesetze über die Erweiterung des RW. ergibt, ist § 9 nur für solche Ansprüche gegeben, für die der RW. im allgemeinen ausgeschlossen ist; bei Abgaben, für die der RW. allgemein zugelassen ist, kommt er nicht zur Anwendung. Vgl. RG. 16. Juni 1902 (E. 52 S. 33, wo die Anwendbarkeit des § 9 auf Knappschaftskassenbeiträge verneint wird), A. 473.

246. Über die Fristen, innerhalb welcher die Rückforderungsklage in den Fällen des § 79 anzustellen ist, vergl. §§ 4, 13, 14 Ges. v. 18. Juni 1840, die durch die Fristbestimmung des § 9 Ges. v. 24. Mai 1861 nicht abgeändert worden sind.

247. Überlastung. Die Behauptung der Prägravation oder Überlastung setzt, wie sich sowohl aus den Worten „in der Bestimmung seines Anteils" als aus dem Hinweise auf § 9 II. 14 ergibt, ausschließlich solche Fälle voraus, bei denen eine steuerartige Leistung einer Mehrheit von Personen zur Last liegt und daher von einer Verteilung die Rede sein kann, durch welche der eine zu Gunsten des andern zu hoch belastet ist; vgl. EK. 12. Nov. 1859 (JMBl. 60 S. 360 a. E.). Wenn jedoch der Gesetzrevisor (Pensum XII. S. 106) Streitigkeiten im Sinne des § 9 nur da Platz greifen läßt, wo eine Abgabe in Hauptsummen auf gewisse Steuerverbände, als Kreise, Gemeinden usw. ausgeschrieben, und diesen die Unterverteilung überlassen werde, so dürfte er die Anwendbarkeit des § 9 zu eng begrenzen, indem dieselbe schwerlich auf gewisse Arten von Steuern beschränkt ist, sondern auch bei andern Steuern eintritt, sofern letztere zwar nicht wegen der Art ihrer Ausschreibung und Erhebung, wohl aber aus sonstigen Gründen, z. B. wegen des Bestehens einer Vermögensgemeinschaft von mehreren Personen in einer Summe verschuldet werden.

248. Aber selbst in solchen Fällen, für welche die Bestimmung des § 79 berechnet erscheint, ist der RW. wegen Überlastung nach der gegenwärtig herrschenden Ansicht nur unter den Abgabepflichtigen eröffnet, so daß mit dem Fiskus oder der Verwaltung über die Höhe der Steuer auf Grund des § 79 nicht gestritten werden kann. So schon: ME. 1. Febr. 1836 (Mannkopf AGO. 1 S. 115) und die feststehende Rechtsprechung des KonpGH., des Obertribunals und des Reichsgerichts; vgl. z. B. OT. 3. Febr. 1853 (E. 25 S. 53), EK. 29. Apr. 1854 (JMBl. S. 348, 363), RG. 28. Februar 1893 (das. S. 159), Stölzel S. 115, wogegen freilich die entgegengesetzte Ansicht unverkennbar noch der JMVfg. 23. Aug. 1814 (Jbb. 3 S. 258) zugrunde liegt und außerdem vom Gesetzrevisor (Pensum XII. S. 149ff.) vertreten wird. Allerdings läßt sich nicht leugnen, daß es — auch abgesehen von den Quellen zum ALR., die namentlich für den Gesetzrevisor bestimmend gewesen sind — keineswegs an gewichtigen Gründen für diese letztere Ansicht fehlt, zumal wenn man folgerichtig annimmt, daß das in einem Rechtsstreite unter den Steuerschuldnern ergehende Urteil nur deren Rechte untereinander regele, die Verwaltung daher trotz dieses Urteils fortfahren könne, an dem von ihr beliebten Verteilungsmaßstabe festzuhalten, wie dies auch, wenigstens inbezug auf Gemeindesteuern, vom KompGH. wiederholt ausgesprochen wurde; vgl. EK. 29. April 1854 (JMBl. S. 363). Einmal nämlich stellt § 79 die Fälle der Überlastung und Befreiung als Ausnahmen von der Regel des § 78 nebeneinander, obgleich doch die Zulässigkeit des RW. unter den Steuerschuldnern keine Ausnahme von jener ohnehin nur für Streitigkeiten mit dem Fiskus geltenden Regel begründen würde, sodann aber liegt dem § 80, wenn er vorschreibt, daß der über die Gebühr Belastete vorbehaltlich seines Rechts schuldig sei, die geforderte Abgabe während des Prozesses zu entrichten, augenscheinlich der Gedanke zugrunde, daß nach Beendigung desselben das Gegenteil eintrete, daß also alsdann die erhebende Behörde das durch Richterspruch festgestellte Beitragsverhältnis ebenso beachten müsse, wie in dem andern Falle des § 80 das gerichtlich anerkannte Vorhandensein einer Befreiung. Auch steht mit dieser Ansicht die Verweisung auf § 9 nicht notwendig in Widerspruch, sofern man nämlich unterstellt, sie sei nicht erfolgt, um die prozeßführenden Parteien, sondern bloß um die Normen zur sachlichen Beurteilung solcher Streitigkeiten zu bestimmen, m. a. W. durch jene Verweisung habe nur gesagt werden sollen, daß, falls jemand

wegen Überlastung wider den Staat klage, sein Anspruch ebenso wie bei einem desfallsigen Streite unter den Steuerschuldnern selbst, nach den bestehenden Verträgen, Observanzen und besonderen Gesetzen, den Grundsätzen der communio incidens usw. beurteilt werden müsse. — Auf der anderen Seite mag jedoch zugegeben werden, daß jene Verweisung auf § 9 immerhin weit leichter mit der Übung des KompGH. in Einklang zu bringen ist, und daß namentlich der privatrechtliche Charakter der meisten obigen Normen der Auffassung entgegentritt, als seien sie dem § 79 gemäß bestimmt, ihre verbindliche Kraft sogar dem Staate bezw. den in Ausübung des Besteuerungsrechts handelnden Behörden gegenüber zu äußern, daß endlich jene Übung sowohl in dem allgemeinen Grundsatz des § 36 Abs. 1 d. G. wie in der Dekl. v. 18. Nov. 1828 (vgl. A. 261) eine Stütze findet; die letztere gedenkt der Überlastung als eines gegen die Behörde im RW. geltend zu machenden Beschwerdegrunds gar nicht, ungeachtet die Stempelsteuer nicht immer solidarisch verschuldet wird, mithin auch bei ihr eine Verteilung unter mehrere Beitragspflichtige der Behörde oftmals obliegt; vgl. z. B. § 7 des Stempelgesetzes v. 1822. — Vgl. hierzu Löning, Verwaltungsarchiv 3 S. 115.

249. Wie sich aus § 9 II. 14 ergibt, ist eine behauptete Überlastung zur richterlichen Entscheidung nur dann geeignet, wenn, ohne daß die Verpflichtung zur Zahlung der Abgabe in Frage kommt, unter denjenigen, welchen sie auferlegt ist, sich darüber Streit erhebt, wie diese Abgabe nach den ihre Privatrechte regelnden Grundsätzen unter sie zu verteilen sei: EK. 14. Dez. 1867 (JMBl. 68 S. 120: so könne besonders die Behauptung der Überlastung nicht darauf gestützt werden, daß das betreffende Abgabengesetz von der Verwaltung unrichtig ausgelegt und angewendet worden sei, m. a. W. ein Streit lediglich über den Repartitionsmodus sei kein Streit wegen einer Belastung über Gebühr); vgl. auch EK. 13. März 1869, 19. Apr. 1873 (das. 69 S. 99; 73 S. 196). (Über einen Fall der Verwechselung einer Belastung über Gebühr mit der auf ein Privileg gestützten teilweisen Abgabenfreiheit s. EK. 22. Nov. 1856, das. 57 S. 203).

250. Es mag dahingestellt bleiben, ob die Prozeßfähigkeit des Falles da, wo der Kläger die von ihm eingezogene Steuer ihrem ganzen Betrage nach als dem Beklagten zur Last liegend bezeichnet, auf die §§ 79 und 9 zurückgeführt werden könne, wie dies z. B. in EK. 19. Juni 1858, 8. Februar 1862 (JMBl. 58 S. 248; 62 S. 239), OVG. 21. Sept., 19. Okt. 1892 (E. 23 S. 144, 152) geschieht, da ein solcher den Steuerberechtigten gar nicht berührender Streit der Regel des § 78 ohnehin nicht anheimfallen wird; vgl. oben A. 211, 215, 216.

251. Nach OT. 3. Dez. 1857 (Strieth. 27 S. 188) setzt die Beschreitung des RW. unter den Abgabepflichtigen nicht notwendig voraus, daß von der Verwaltungsbehörde eine Festsetzung bereits erlassen sei, welche gerade den Gegenstand oder den Anlaß der Beschwerde bilde, indem die §§ 79, 9 die Zulässigkeit des RW. keineswegs auf den letzteren Fall beschränkten.

252. Immerhin ist jedoch der Beruf der Gerichte auf diesem Gebiete wie überhaupt auf die Schlichtung von Streitigkeiten über bereits bestehende Rechtsverhältnisse beschränkt. Handelt es sich nicht um die Feststellung, sondern um die neue Begründung solcher Verhältnisse, so ist die Verwaltungsbehörde zuständig. Sind daher z. B. nach erfolgter Zerstückelung eines Grundstücks die öffentlichen Lasten unter die einzelnen Teile desselben neu zu verteilen, so geschieht dies unter Ausschluß des RW. selbst zwischen den Steuerpflichtigen, nur durch die Verwaltung oder doch unter deren Mitwirkung. In diesem Sinne erging schon eine JMVfg. 20. Jan. 1838 (Jbb. 51 S. 173); in der Folge ist für die sechs östlichen Provinzen die Verteilung der öffentlichen Lasten bei Grundstücksteilungen sogar ausdrücklich durch Ges. v. 3. Jan. 1845 (vgl. unten A. 334) ausschließlich in die Hände der Verwaltung gelegt und EK. 13. Juli 1848 (JMBl. S. 307) erblickt hierin keine Ausnahmebestimmung, sondern die Anwendung einer Regel, welche bereits vor Erlaß jenes Gesetzes (mithin auch über die Grenzen seines Geltungsgebietes hinaus) bestanden habe und selbst dann zur Geltung komme, wenn es sich nicht um die ursprüngliche Regelung, sondern um deren nachträgliche Ergänzung inbezug auf eine einzelne früher übergangene Abgabe handle.

253. Es könnte ein Zweifel darüber entstehen, wie die Klage wegen Überlastung zu fassen sei, ob nämlich Kläger seinen Antrag dahin richten müsse, daß Beklagter verurteilt werde, das von ihm (Kläger) zuviel gezahlte oder noch zu zahlende an ihn selbst zu erstatten, oder ob der Antrag auch auf Verurteilung

des Beklagten zur unmittelbaren Leistung an den Staat, die Gemeinde usw. lauten könne. ÖT. 15. April 1856 (E. 33 S. 144) sprach sich für die Statthaftigkeit des letzteren Antrags aus, indem es den Einwand der mangelnden Aktivlegitimation verwarf.

254. Dasselbe Erkenntnis entschied, daß die Klage nicht etwa von sämtlichen Mit-Abgabepflichtigen angestellt zu werden brauche. Insofern nämlich die angeblich über Gebühr Belasteten verlangten, daß der zu gering Belastete den Beitrag leiste, wozu er gesetzlich verpflichtet sei, damit ihr eigner Beitrag verringert werde, verfolgten sie ein teilbares Recht sämtlicher Mitberechtigten, wenn auch der Antrag dahin laute, daß Verklagter die ihm obliegende größere Steuerlast an den Staat, die Gemeinde usw. abtrage.

255. § 10 Ges. v. 24. Mai 1861. Wie schon A. 210 erwähnt, ist eine weitere Ausnahme von der Regel des § 78 durch § 10 des Ges. v. 1861 eingeführt worden, wonach der RW. zulässig ist, wenn der Herangezogene behauptet, daß die geforderte Abgabe keine öffentliche Abgabe sei, sondern auf einem aufgehobenen privatrechtlichen Fundament, insbesondere auf einem früheren guts-, schutz- oder grundherrlichen Verhältnisse beruhe. Hierbei ist nach der Begründung des Gesetzentwurfs (Drucks. d. AbgH. 1861 Bd. 3 Nr. 103) nur an solche Abgaben gedacht worden, die kraft des Hoheits- oder Besteuerungsrechts des Staates gefordert werden und denen von dem Herangezogenen der Einwand entgegengesetzt wird, daß sie nicht auf diesem öffentlichen, sondern auf einem aufgehobenen privaten Rechtstitel des Berechtigten beruhen. Demnach bezieht sich § 10 nur auf solche Abgaben, von denen der Herangezogene behauptet, daß der Berechtigte sie nur in seiner Eigenschaft als früherer Gutsherr usw. zu fordern gehabt habe, keineswegs aber auf solche Abgaben, die der Gutsherr usw. zu leisten verpflichtet ist: EK. 12. Febr. 1870 (JMBl. S. 107). Wie schon der Wortlaut des Gesetzes ergibt, muß in der Klage ausdrücklich behauptet sein, daß das privatrechtliche Fundament aufgehoben sei: EK. 14. Dez. 1867 (das. 68 S. 120); vgl. auch EK. 11. Nov. 1876 (BMBl. S. 276).

256. § 10 wiederholt zwar nicht die Bestimmung des § 9, daß der RW. in Form einer in sechsmonatiger Frist anzustellenden Rückforderungsklage gestattet werde; jedoch dürfte in dieser Hinsicht nach der Absicht des Gesetzes zwischen den Klagen der §§ 9 und 10 kein Unterschied bestehen; vgl. A. 243. AM. Stölzel S. 118.

IV. Die einzelnen Steuern bezw. Anwendungsfälle der §§ 78, 79.

Inhalt:

257. Für die wichtigsten der direkten Staatssteuern ist die unmittelbare Anwendbarkeit des § 78 durch die neuere ihm inhaltlich entsprechende Gesetzgebung beseitigt worden. Nach dem Einkommensteuergesetz v. 24. Juni 1891 (GS. S. 175) §§ 40, 44 und dem Ergänzungssteuergesetz v. 14. Juli 1893 (GS. S. 134) §§ 33, 36 findet gegen die Veranlagung zur Steuer die Berufung an die

Berufungskommission und gegen deren Entscheidung die Beschwerde an das Oberverwaltungsgericht statt. Für den RW. ist hier kein Raum. Dagegen haben diese Gesetze an der Zulässigkeit des RW. in den Ausnahmefällen des § 79 II. 14 und des Ges. v. 24. Mai 1861 nichts geändert. Ebenso: die Mehrzahl der Schriftsteller, s. Stölzel S. 119. — Auf die Besteuerung des Gewerbebetriebs im Umherziehen gemäß Ges. v. 3. Juli 1876 (GS. S. 247) kommen die §§ 78 usw. zur Anwendung. — Ebenso auf die Eisenbahnabgabe: Ges. v. 3. Nov. 1838 (GS. S. 505) § 38, 30. Mai 1853 (GS. S. 449), 21. Mai 1859 (GS. S. 243), 16. März 1867 (GS. S. 465).

258. Zölle wurden im ALR. (vgl. §§ 88 ff. II. 15) nicht als der Ausfluß des landesherrlichen Besteuerungsrechts, sondern als der eines niederen Regals, der Zollgerechtigkeit, behandelt und gehörten daher ursprünglich nicht zu den allgemeinen Anlagen im Sinne des § 78. Seitdem jedoch die Binnenzölle weggefallen, die Grenzzölle aber dem Gebiete der Regalien entrückt und in das der indirekten Steuern hinübergezogen sind (vgl. VO. v. 11. Juni 1816, Ges. v. 26. Mai 1818, Zollges. v. 23. Jan. 1838 und die Gesetzrevision, Pens. XII. S. 238), unterliegt die Anwendbarkeit des § 78 auf eigentliche Zölle keinem Zweifel. Daß hieran auch dadurch nichts geändert worden ist, daß nunmehr die Zölle für Rechnung des Reichs erhoben werden, ist schon oben näher ausgeführt; vgl. A. 30, Droop § 18, Stölzel S. 134 ff. Den Zöllen stehen in dieser Beziehung gleich die als indirekte Reichssteuern erhobenen Verbrauchsabgaben: Branntwein-, Brau-, Tabak-, Zucker- und Salzsteuer. Soweit neben dem Steuerpflichtigen in zweiter Linie auch der Brennereiunternehmer für eine Steuer haftet (vgl. BGes. v. 8. Juli 1868), kommen auch auf sein Verhältnis zur Steuerbehörde die §§ 78, 79 usw. zur Anwendung. Eine Ausnahme ist in § 3 jenes Gesetzes insofern gemacht, als der Unternehmer nur durch gerichtliches Erkenntnis zur Erlegung der vorbehaltenen Steuer, die auf Grund der in der Branntweinsteuergesetzgebung vorgeschriebenen Vermutungen berechnet wird, angehalten werden kann. Vgl. Stölzel S. 137.

259. Nach stehender Rechtsprechung findet § 78 auch auf Wege-, Brücken- und Schiffahrtsabgaben Anwendung, die das ALR. gleichfalls noch als Ausflüsse eines niederen Regals behandelt. Der Gesetzrevisor (Pens. XII S. 237) geht zwar noch davon aus, daß die Wasserzölle und Verkehrsabgaben den Charakter von Regalien behauptet hätten. Auch dürfte der Umstand, daß die Verkehrsabgaben als Entgelt für die Benutzung der Verkehrsanstalten zu betrachten sind (VO. v. 16. Juni 1838 § 1), mit dem Begriffe einer Steuer schwer in Einklang zu bringen sein. Jedoch läßt sich nicht verkennen, daß sowohl das Gesetz über die Verjährungsfristen bei öffentlichen Abgaben v. 18. Juni 1840 als auch die verschiedenen Exekutionsordnungen von 1843, 1845, 1853 und 1858 jene Abgaben den indirekten Steuern ganz gleichstellen und als solche behandeln. Vgl. auch Ges. v. 3. Mai 1852 Art. 135 und oben A. 209. Übrigens ist mit EK 30. Okt. 1852 (JMBl. 53 S. 28) schon aus der in obiger VO. von 1838 und im Chausseegeldtarif den Verkehrsabgaben gegebenen Bezeichnung einer Staatsabgabe zu folgern, daß § 78 auf das Chausseegeld zur Anwendung kommt. In dieser Hinsicht begründet es auch keinen Unterschied, ob der Erheber es für Rechnung des Staats oder als Chausseegeldpächter für sich einzieht; der Verpachtung des Chausseegelds ist der Fall gleichzustellen, daß der Staat sein fiskalisches Vorrecht zur Erhebung von Chausseegeld einem andern als Gegenleistung für den Ausbau und die Unterhaltung der Straße übertragen hat. Ebenso: EK. 12. Nov. 1853, RG. 22. Jan. 1891, 28. Febr. 1893 (JMBl. 60 S. 330; 91 S. 149; 93 S. 155). — Zu den Verkehrsabgaben gehören u. a. auch Hafen- und Bohlwerksgelder, Lagergeld in staatlichen Packhöfen: EK. 9. Dez. 1865, 14. März 1896 (das. 66 S. 125; 96 S. 236). Vgl. ferner EK. 13. Jan. 1872 (Rechtspr. S. 113: hier wurde der RW. über an den Staat zu zahlendes Brückengeld für zulässig erklärt, weil der Fiskus das Brückengeld nur auf Grund privatrechtlicher Zession erhebe und zwar eingeschränkt durch die früher vorhandenen Zollbefreiungen). — Brückengeld wird dadurch, daß der Staat seine Erhebung dem Kreis überlassen hat, nicht zur Kreisabgabe, sondern bleibt Staatsabgabe; denn die Kreisordnung hat nur solche Abgaben im Auge, die der Kreis durch Zuschläge zu den direkten Staatssteuern erhebt; es kommen demnach auch in diesem Falle §§ 78 ff. zur Anwendung: RG. 27. Juni 1889 (Gruchot 33 S. 1025).

260. Für die Erbschaftssteuer haben die §§ 78, 79 keine Geltung. Nach dem Ges. v. 30. Mai 1873/24. Mai 1891 (GS. 91 S. 78) kamen (mit einer kleinen

Abweichung) die §§ 11, 12 Ges. v. 24. Mai 1861 zur Anwendung, an deren Stelle nunmehr gemäß § 35 Abs. 4 des Stempelsteuerges. v. 31. Juli 1895 der § 26 dieses Gesetzes getreten ist. Es gilt daher auch für die Erbschaftssteuer das in den A. 264 ff. gesagte. Nach RG. 17. Juni 1895 (E. 36 S. 210) ist auch die Feststellungsklage zulässig, daß Kläger nicht zur Einreichung der im § 35 Ges. v. 24. Mai 1891 vorgeschriebenen Deklaration verpflichtet sei, weil der Erbanfall steuerfrei sei; vgl. A. 243. Die Vorschrift des § 42 Abs. 2 das., daß die Klage auf Erstattung der erlegten Steuer (wegen eines nach deren Festsetzung eingetretenen Ereignisses) binnen Jahresfrist nach dem Eintritt des Ereignisses anzubringen sei, ist durch das Stempelsteuerges. unberührt geblieben: RG. 15. Febr. 1901 (E. 48 S. 305).

261. Daß die Stempelabgaben zu den allgemeinen Anlagen des § 78 gehören, würde sich auch ohne die dies ausdrücklich aussprechende deklaratorische AKO. v. 18. Nov. 1828 von selbst verstehen; diese hat nur die allgemeine Grundregel aufrecht erhalten, vgl. *ME. 17. März 1841 (Rh. S. 7 S. 271). Durch die neuere Gesetzgebung ist indessen die Regel des § 78 gänzlich außer Kraft gesetzt worden, was eine eingehendere Behandlung der Stempelsteuer notwendig macht (A. 263 ff.). Außerdem ist das Verhältnis zwischen den verschiedenen zur Stempelerhebung berufenen Behörden darzulegen (A. 262).

262. Verhältnis der Behörden zueinander. Obgleich die Verwaltung des Stempelwesens als Zweig der Finanzverwaltung unter Leitung des Finanzministeriums von den Regierungen bezw. den Provinzial-Steuerdirektionen geführt wird, so legt das Stempelsteuergesetz v. 31. Juli 1895 (ebenso wie früher das Stempelsteuerges. v. 7. März 1822) dennoch allen denjenigen Staats- und Kommunalbehörden und Beamten, denen eine richterliche oder Polizeigewalt anvertraut ist, die Verpflichtung auf, die Befolgung der Stempelgesetze zu überwachen, ja es räumt den Gerichten sogar bei Festsetzung gewisser Stempelabgaben eine sehr wesentliche Mitwirkung ein; vgl. Pr. Gerichtskostenges. vom 25. Juni 1895. Diese Bestimmungen widersprachen selbst in der vor dem Ges. v. 24. Mai 1861 liegenden Zeit, wo die §§ 78, 79 unbeschränkt auch bei Stempelabgaben zur Anwendung kamen, dieser Regel nur scheinbar. Denn die Gerichte handeln da, wo sie zur Ermittelung des Stempels beizutragen haben oder den Stempel selbst festsetzen, nicht als erkennende Richter, sondern üben nur eine Tätigkeit der Steuerbehörde aus; die Grundregel des § 78 wurde sonach durch die desfalls ihnen erteilten Befugnisse nicht umgestoßen, sondern gelangte auf die in Gemäßheit derselben getroffenen Anordnungen der Gerichte ebenso zur Anwendung wie auf die entsprechenden Anordnungen der Verwaltungsbehörden. Diese Befugnis zweier verschiedener Behörden zur Steuerfestsetzung hat die eigentümliche, bei anderen Steuern nicht eintretende Folge, daß unter jenen Behörden selbst über die Auslegung oder Anwendung des Stempelgesetzes Meinungsverschiedenheiten entstehen können, welche, weil es sich nicht um einen Streit zwischen dem Steuerschuldner und dem Steuerfiskus, sondern um Meinungsverschiedenheiten im Schoße der Steuerverwaltung selbst handelt, den Gegensatz zwischen richterlicher und verwaltender Tätigkeit gar nicht berühren und daher auf einem ganz anderen, als dem bisher erörterten Gebiete zum Austrage gebracht werden müssen. In dieser Beziehung sind heute die §§ 30, 31 des Preuß. Gerichtskostenges. v. 1895 und die von Finanzminister und Justizminister erlassene Verfügung über das gerichtliche Stempelwesen v. 29. Februar 1896 (JMBl. S. 63) maßgebend.

263. Landesstempel. Die Vorschrift des § 78 ist für die Mehrzahl der Fälle, wo die Stempelsteuer erhoben wird, mittelbar aufgehoben worden durch das Ges. v. 24. Mai 1861, indem dieses im § 11 jedem, der zur Entrichtung eines Wertstempels oder eines nicht nach dem Betrage des Gegenstandes zu bemessenden Vertragsstempels nicht verpflichtet zu sein vermeinte, die Befugnis gab, dies gerichtlich geltend zu machen, und somit das Beitreibungsrecht der Verwaltungsbehörden nur als ein vorläufiges (§ 42 d. G.) bestehen ließ. Diese Ausnahmebestimmung, wonach die genannten Streitigkeiten nicht allein für die im § 79 II. 14 und im § 9 Ges. v. 1861 erwähnten Fälle, sondern allgemein zum RW. verstattet werden, wird hauptsächlich damit begründet, daß es behufs richtiger Anwendung des Stempeltarifs allermeist auf die Entscheidung von Rechtsfragen ankommt: Begründung z. Ges.-Entwurf v. 1861. Nur in den Fällen war § 78 in Kraft geblieben, wo es sich um Gesuchs- und ähnliche Stempel, sowie um Kalender-, Karten-

und dergleichen als Verbrauchsstempel sich darstellende Stempel, ferner um Ausfertigungsstempel, Stempel für amtliche Zeugnisse, für die Verleihung des Bergwerkseigentums oder für Inventarien (als Anlagen z. B. zu Eheverträgen) handelte. Vgl. Begründung z. Ges.-Entwurf v. 1861, z. Entwurf e. Preuß. Ges. über die freiw. Gerichtsbarkeit (Drucks. d. Abg.H. 1899 zu Nr. 35 S. 83); RG. 18. Jan. 1889, 31. Jan. 1895 (Rh. A. 80, III. 53; E. 35 S. 247); Stölzel S. 122, 123 A. 9.

264. An die Stelle der §§ 11, 12 Ges. v. 1861 ist neuerdings § 26 des Stempelsteuerges. v. 31. Juli 1895 getreten, der den RW. allgemein in Beziehung auf die Verpflichtung zur Entrichtung einer Stempelabgabe für zulässig erklärt und damit die im Ges. v. 1861 noch enthaltenen Beschränkungen des RW. beseitigt. [Auf die vor dem 1. Apr. 1896 stempelpflichtig gewordenen Urkunden finden gemäß § 34 Abs. 2 die früheren Vorschriften Anwendung und zwar, da das Gesetz nicht unterscheidet, nicht nur diejenigen, welche die Stempelpflichtigkeit der Urkunde und die Höhe der Stempelsteuer betreffen, sondern auch die übrigen, besonders auch die Vorschriften über die Zulässigkeit des RW., sodaß §§ 11, 12 Ges. v. 1861 für diese Urkunden noch maßgebend sind. Daß die Zahlung des Stempels unter der Herrschaft des neuen Gesetzes erfolgt ist, ändert hieran nichts: OLG. Cöln 27. Dez. 1897 (Rh. A. 93, I. 91). Ferner gelten die §§ 11, 12 noch für die Hohenzollernschen Lande: Ges. v. 22. Juni 1875 (GS. S. 235) Art. II § 18.]

265. Nach der Fassung des § 26 ist es nicht zweifelhaft, daß er (abweichend vom bisherigen Recht, s. A. 201, 228) den RW. nicht nur dem Stempelpflichtigen sondern auch der Steuerbehörde eröffnet; vgl. Stölzel S. 129, ferner RG. 28. Dez. 1900 (E. 47 S. 330, in JMBl. 1901 S. 127 vom 6. Nov. 1900 datiert), das allerdings inbezug auf die Zulässigkeit der Klageerhebung durch die Steuerbehörde sich nicht bestimmt ausspricht.

266. Die Bestimmung einer Frist („sechs Monate nach erfolgter Beitreibung usw.") hat nicht den Sinn, daß nur eine Rückforderungsklage zulässig sei; es kann vielmehr auch schon vor dem Beginn jener Frist die Feststellungsklage erhoben werden. Ebenso RG. 24. Februar 1893, 17. Juni 1895 (E. 31 S. 30; 36 S. 120). Vgl. die gleichlautende Bestimmung des § 9 Ges. v. 1861 und oben A. 243. Wie dort ist auch hier nach Ablauf der Frist der RW. unzulässig; dasselbe gilt in den Fällen des Reichsstempelgesetzes und des § 12 Ges. v. 1861, wenn die Zahlung ohne Vorbehalt geleistet ist (A. 272); vgl. Stölzel S. 123 ff.; eine feste Rechtsprechung hat sich hierüber nicht gebildet.

267. Für die Berechnung der Frist ist (nach § 28 Stempelsteuerges., § 43 Reichsstempelges. in Verbindung mit § 222 ZPO.) § 188 BGB. maßgebend, wonach die Frist mit dem Ablauf desjenigen Tages endet, der durch seine Benennung dem Tage entspricht, an dem die Beitreibung oder Zahlung des Stempels erfolgt ist. [Dieselbe Berechnungsart gilt auch für die Frist des § 12 Ges. v. 1861 wenigstens im Gebiete des rheinischen und des gemeinen Rechts; für das Gebiet des ALR. wird sie einer Frist von 180 Tagen gleichgeachtet, da sie keine Ausschluß- sondern eine Verjährungsfrist sei, mithin § 550 I. 9 zur Anwendung komme; vgl. z. B. OT. 17. Juni 1878 (JMBl. 79 S. 16), RG. 23. Sept. 1886, 16. Mai 1899 (das. 87 S. 114; E. 44 S. 208); aM. Stölzel S. 126.]

268. Unter „Klage" im Sinne des § 26 ist jede gerichtliche Geltendmachung des Anspruches zu verstehen, die geeignet erscheint, eine richterliche Feststellung des erhobenen Anspruches herbeizuführen. Es ist daher sowohl das Mahnverfahren (trotz der Bestimmung des § 39 Nr. 4 AG. z. GVG., s. A. 269) als die Streitverkündung zulässig: RG. 17. Sept. 1889 (E. 24 S. 195); EK. 14. Apr. 1866 (JMBl. S. 179).

269. Ausschließlich zuständig für die Klage in allen Fällen, mag auch die betr. Stempelsteuer von einem höheren Gerichte festgesetzt und eingezogen worden sein, ist in erster Instanz das Landgericht: § 39 Nr. 4 AG. z. GVG. v. 24. Apr. 1878 in der ihm durch Art. 130 Pr. Ges. ü. d. freiw. Ger. gegebenen Fassung (vgl. Begründung z. letzterem Ges. aaO., RG. 16. Dez. 1897, E. 40 S. 385). Dies gilt auch, wenn es sich nur noch um die Zinsen eines zurückerstatteten Stempelbetrages handelt; so RG. 21. Apr. 1892 (E. 29 S. 237). Gemäß § 547 Nr. 2 ZPO. ist hiernach die Revision ohne Rücksicht auf den Wert des Beschwerdegegenstandes zulässig. (§ 13 Ges. v. 1861 ist durch diese reichsgesetzlichen Bestimmungen aufgehoben.)

270. Die Klage ist gegen diejenige Provinzialsteuerbehörde zu richten, in deren Verwaltungsbezirk die Steuer erfordert worden ist (§ 26), ohne Rücksicht darauf,

wo die Zahlung des Stempels erfolgt ist; vgl. RG. 5. Dez. 1889 (E. 25 S. 247). Eine Ausnahme tritt in den Fällen ein, wo der Stempel nach den für Gerichtskosten geltenden Vorschriften einzuziehen ist; hier ist die Klage gegen die zur Vertretung des Fiskus in Angelegenheiten der Justizverwaltung bestimmte Behörde zu richten, mithin nach Ges. v. 14. März 1885 (GS. S. 65) und Ziffer 1, 2 der MVfg. 23. März 1885 (JMBl. S. 119) gegen die Staatsanwaltschaft bei demjenigen Oberlandesgericht, in dessen Bezirk der Ansatz der Steuer erfolgt ist. Über die Herbeiführung eines Einverständnisses des Oberstaatsanwalts mit dem Provinzial-Steuerdirektor s. § 7 MVfg. 29. Febr. 1896 (JMBl. S. 63).

271. Reichsstempelabgaben. Als Reichsstempelabgaben kommen in Betracht die Wechselstempelsteuer (RGes. v. 10. Juni 1869, BGBl. S. 193), die Spielkartenstempelsteuer (RGes v. 3. Juli 1878, RGBl. S. 133) und die Börsensteuer (RStempelges. v. 1. Juli 1881/14. Juni 1900, RGBl. 1900 S. 260). Die beiden ersten Gesetze enthalten keine Bestimmungen über die hier behandelte Frage; da sie aber gemäß § 20 bezw. § 21 von den einzelnen Bundesstaaten erhoben werden, gilt von ihnen dasselbe wie von den Zöllen, d. h. es kommen die vorstehend für Landesstempelabgaben besprochenen Bestimmungen zur Anwendung; vgl. A. 30, 258. Anders verhält es sich mit den im Reichsstempelgesetz behandelten Abgaben, da dieses in § 43 die Frage selbst regelt. Die Bestimmungen dieses § sind jedoch fast gleichlautend mit denen des preußischen Stempelgesetzes, sodaß die vorstehenden Anmerkungen auch für die Börsensteuer gelten. Es finden sich nur folgende zwei Abweichungen: die Steuer darf nicht freiwillig gezahlt sein (A. 272) und die Landgerichte sind nicht ausschließlich zuständig. Aus dieser letzteren Abweichung in Verbindung mit § 547 Nr. 2 ZPO. folgt, daß die Revision durch einen den Betrag von 1500 M. übersteigenden Wert des Beschwerdegegenstandes bedingt ist.

272. Im Gegensatz zum Pr. Stempelges. v. 1895 lassen das RStempelges. und § 12 Ges. v. 1861 die Klage nur zu, wenn die Zahlung eines Stempels mit Vorbehalt geleistet ist; der Vorbehalt muß vor oder bei der Zahlung erklärt werden (vgl. RG. 29. Juni 1896, E. 37 S. 119). Die Worte des Ges.-Entwurfs v. 1861 „unter Vorbehalt", die in § 9 gestrichen wurden, sind in § 12 beibehalten worden, weil der Entrichtung eines Stempels geschäftsmäßig eine besondere Aufforderung an den Schuldner zur Zahlung vorherzugehen pflege, dieser also Zeit und Gelegenheit genug habe, seine Einwendungen vorzubringen: Kommissionsber. d. Herrenhauses. — Ob der Vorbehalt schriftlich sein müsse, kam hierbei nicht zur Sprache; bei der Beratung des § 9 in der Kommission des Abgeordnetenhauses war jedoch für Beibehaltung jener Worte geltend gemacht worden, daß die Anwendung der §§ 160 ff. I 16 ALR. sich nicht von selbst verstehe, indem es sich nicht um ein privatrechtliches Verhältnis handle, die Schriftlichkeit des Vorbehalts mithin nicht erforderlich sei. Ebenso verneinen die Notwendigkeit der Schriftlichkeit OT. 13. Sept. 1869 (E. 62 S. 259) RG. 28. Jan. 1886 (Gruchot 30 S. 998). Der Vorbehalt kann auch dem beurkundenden Notar gegenüber erklärt werden: OLG. Cöln 2. Juni 1886 (Rh. A. 77, I. 51); Stölzel S. 126. Vgl. ferner Gruchot 26 S. 126. Eines Vorbehalts bedarf es nicht, wenn die Steuer zwangsweise beigetrieben wird. Der Beitreibung steht der Fall gleich, wenn die Steuer nach Beginn der Beitreibung gezahlt wird; nicht genügt die bloße Androhung von Zwangsmaßregeln; vgl. RG. 11. Okt. 1881, 26. Jan. 1892 (JMBl. 82 S. 32; Rh. A. 84, II. 77).

273. Eine steuerliche Anlage im Sinne des § 78 sind ferner die Einquartierungslast, der Militärvorspann, überhaupt alle diejenigen Leistungen für die bewaffnete Macht, die auf Grund des BGes. betr. die Quartierleistung im Frieden v. 25. Juni 1868, des RGes. über die Naturalleistungen im Frieden vom 13. Febr. 1875/24. Mai 1898 und des RGes. über die Kriegsleistungen v. 13. Juni 1873 (BGBl. 68 S. 523; RGBl. 75 S. 52; 98 S. 360; 73 S. 129) gefordert werden. Streng genommen gilt dies nur insoweit, als nicht etwa vom Staat für die Leistungen eine Vergütung gewährt wird, da dies dem Begriff einer Steuer widerspricht; tatsächlich werden jedoch die für Steuern gegebenen Vorschriften auch auf die hier fraglichen Leistungen angewandt und zwar kommen die für Staatssteuern geltenden Regeln (A. 197 ff.) zur Anwendung, sofern nicht die Last von den Gemeinden übernommen und von ihnen als Gemeindelast unter die einzelnen Gemeindeglieder verteilt wird; in diesen Fällen sind die für Gemeindelasten geltenden Regeln (A. 370 ff.) maßgebend. Vgl. OVG. 14. Dez. 1878, 26. März 1879 (E. 4 S. 135; 5 S. 108). Hierdurch wird selbstverständlich nicht ausgeschlossen, daß da, wo die Art der zu

machenden Leistungen und die dafür zu zahlende Vergütung auf einem Vertrage beruht, die sich aus diesem erhebenden Streitigkeiten dem RW. unterliegen; vgl. EK. 6. Okt. 1855 (JMBl. 56 S. 63). — Dagegen greift § 78 II. 14 bei den vom Staate zu gewährenden Vergütungen nicht Platz; Streitigkeiten hierüber unterliegen an sich dem RW., da sie einen privatrechtlichen Anspruch betreffen, der durch kein Gesetz dem RW. entzogen ist. Vgl. EK. 11. Mai 1861, 9. Dez. 1865, RG. 8. Dez. 1881 (JMBl. 62 S. 44; 66 S. 98; 82 S. 316). Ausgenommen hiervon und im RW. nicht anfechtbar ist die Festsetzung der zu gewährenden Vergütung durch eine Kommission von Sachverständigen in den Fällen, wo das Gesetz nicht selbst die Höhe der Vergütung bestimmt. Dies folgt aus § 13 GVG., da jene Kommissionen Verwaltungsbehörden im Sinne dieses § darstellen, und ist für die Naturalleistungen im Frieden durch den das Ges. v. 13. Febr. 1875 abändernden Art. II RGes. v. 21. Juni 1887 (RGBl. S. 245, veranlaßt durch das im entgegengesetzten Sinne ergangene RG. 16. Dez. 1885, E. 15 S. 37) ausdrücklich bestimmt worden; vgl. EK. 28. Juni 1879, 13. Dez. 1884, 12. März 1887 (Rechtspr. S. 66 ff.); Stölzel S. 97, 99.

274. Als allgemeine Anlagen im Sinne des § 78 gelten ferner Baupolizeigebühren, da sie eine Vergütung für die dem Allgemeinwohl dienende Tätigkeit der Polizei bei Genehmigung und Beaufsichtigung von Bauten darstellen und auf Grund der Finanzhoheit des Staats und seines Besteuerungsrechts erhoben werden: EK. 10. Apr. 1897 (JMBl. S. 243).

275. . . . . . ebenso nach RG. 25. Nov. 1895 (E. 36 S. 287) die Gebühren, deren Erhebung von dem Staatskommissar für die Gesundheitspflege im Stromgebiet der Weichsel zur teilweisen Deckung der der Staatskasse durch die gesundheitspolizeiliche Überwachung des Stromverkehrs erwachsenden Kosten angeordnet war.

276. . . . . . ferner die Kosten in Ablösungs- und Auseinandersetzungssachen: EK. 14. Apr. 1866 (JMBl. S. 240).

277. Wie bereits bemerkt, hat § 41 d G. die Anwendbarkeit der §§ 78, 79 auf Gemeinde-, Kirchen- und Schulsteuern ausgedehnt. Das nähere hierüber und über das heute geltende Recht s. A. 369 ff. Ebenso wurden aber auch stets die zwischen Staats- und Gemeindesteuern in der Mitte stehenden steuerlichen Beiträge der Kreisinsassen oder Gemeinden zu den Kreislasten, ferner die Beiträge zu den Provinziallasten als solche Abgaben erachtet die den Bestimmungen jener §§ anheimfielen. Heute kommen auf diese Steuern die Vorschriften der Kreis- und Provinzialordnungen zur Anwendung, die nicht nur den RW. gegen die Veranlagung und Erhebung versagen, sondern sogar für die Ausnahmefälle des § 79 und des Ges. v. 1861 die Zuständigkeit der Verwaltungsgerichte begründen. Vgl. KrO. v. 13. Dez. 1872 § 19, 70a, KrO. f. d. Rheinpr. § 19, ProvO. v. 29. Juni 1875 § 112, ProvO. f. d. Rheinpr. § 112, ZustGes. §§ 1, 3, 160. (Dagegen unterliegen Streitigkeiten zwischen den beteiligten Landgemeinden und Gutsbezirken über ihre öffentlichrechtliche Pflicht zur Aufbringung der Kosten der Amtsverwaltung oder anderer Amtsabgaben nicht der verwaltungsgerichtlichen Entscheidung; vgl. OVG. 6. Dez. 1901, E. 40 S. 26).

278. Auch die an andere öffentlichrechtliche Körperschaften zu zahlenden Beiträge haben die Natur von allgemeinen Anlagen; für sie sind jedoch meist besondere Vorschriften ergangen. Hierher gehören die Versicherungsbeiträge (A. 338 ff., vgl. RG. 15. März 1894, E. 33 S. 34), Deichbeiträge (A. 404), Handelskammerbeiträge (A. 352), Handwerkskammerbeiträge (A. 323), Innungsbeiträge (A. 323), Landwirtschaftskammerbeiträge (A. 352), Beiträge zu Wassergenossenschaften (A. 335) usw. Über Knappschaftskassenbeiträge vgl. A. 403, 473.

279. Nicht nach § 78 zu beurteilen, sondern im RW. bestreitbar ist die auf den §§ 13—16 II. 15 ALR. beruhende Verpflichtung der Umwohner, zum Bau und zur Unterhaltung einer Landstraße Hand- und Spanndienste zu leisten, da der Grund dieser Verpflichtung nicht im Besteuerungsrechte sondern in dem Vorteile zu suchen ist, den die Verpflichteten von der Straße ziehen, ihr überdies aber auch der Charakter der Allgemeinheit abgeht. So: EK. 10. März, 22. Sept. 1855 (JMBl. 56 S. 11, 13). AM. JMBfg. 25. Okt. 1833 (Jbb. 42, S. 293). Vgl. ferner OT. 3. Dez. 1857 (Strieth. 27 S. 185 ff).

280. Desgleichen die auf dem Lehnsverbande beruhenden Abgaben, z. B. die Lehnskonsens-Gebühren, welche vor Erlaß des Ges. v. 2. März 1850 an den

König als Oberlehnsherrn zu entrichten waren, und die Lehnspferdegelder: EK. 5. Juni 1852 (JMBl. S. 323), OT. 21. Febr. 1850 (Entsch. 19 S. 321).

281. Desgleichen ein vertragsmäßiger Grundzins und alle sonstigen auf privatrechtlichem Titel beruhenden Leistungen: EK. 14. Apr. 1855 (JMBl. S. 223), InnMVfg. 19. Apr. 1842 (Rh. A. 35, I. 174).

282. Gehören zu den Anlagen des § 78 auch die durch Berichtigung der alten oder durch Aufnahme neuer Grundkataster erwachsenden Kosten? Anscheinend nicht, da die Verbindlichkeit zu ihrer Entrichtung schwerlich aus dem Besteuerungsrechte abzuleiten ist. Auch zählen weder die Ges. v. 30. Mai 1820 und 18. Juni 1840, noch die oben erwähnten Exekutionsordnungen derartige Kosten unter den Steuern auf, wenngleich hinsichtlich ihrer nach jenen Exekutionsordnungen das Verwaltungszwangsverfahren stattfindet.

283. Postgefälle und Postgebühren sind Ausflüsse eines niederen Regals, des Postregals, mithin keine steuerartigen Leistungen im Sinne des § 78; sie werden auch im § 1 der ExekutionsO. v. 30. Juli 1853 nicht unter den Steuern (Nr. 1—4), sondern getrennt für sich (Nr. 11) aufgeführt. Dementsprechend wird in den Ergänz. zu § 1 der Einl. z. AGO. die zwangsweise Einziehung des Postportos zu den Fällen gerechnet, in denen die Beitreibung unter Vorbehalt des RW. stattfindet. Dasselbe gilt auch heute nach § 25 Ges. über das Postwesen des Deutschen Reichs v. 28. Okt. 1871 (RGBl. S. 347), der in Abs. 1 den Postanstalten das Recht gibt, unbezahlt gebiebene Beträge an Personengeld, Porto und Gebühren nach den für die Beitreibung öffentlicher Abgaben bestehenden Vorschriften zwangsweise einziehen zu lassen, und in Abs. 3 dem Exequierten die Betretung der Rechtsweges offen läßt. § 25 findet auch auf die Einziehung der Telegraphen- und Fernsprechgebühren Anwendung; § 8 Fernsprechgeb.O. v. 20. Dez. 1899 (RGBl. S. 711).

§ 36 Abs. 3.

Regelung durch besondere Gesetze.

Inhalt:

I. Allgemeine Bemerkungen.

284. Indem § 36 in seiner Schlußbestimmung derjenigen Fälle gedenkt, wo die Gesetze den RW. ausdrücklich ausschließen, erhält er die bisherigen Sonderbestimmungen dieser Art, von denen nur einzelne beispielsweise angeführt werden, aufrecht. Zu diesen Fällen zählen jedoch diejenigen nicht, die lediglich infolge der den vormaligen Kammer-Justizdeputationen und anderen Administrativ-Justizbehörden zustehenden Gerichtsbarkeit von letzteren zu entscheiden waren, da diese Gerichtsbarkeit ja gemäß § 14 d. G. aufgehoben bezw. auf die ordentlichen Gerichte übertragen wurde. Unter den Fällen des § 36 Abs. 3 können vielmehr nur solche verstanden werden, hinsichtlich deren die richterliche Entscheidung überhaupt, mithin sowohl die der ordentlichen als die der Ausnahmegerichte nicht stattfinden sollte. Vgl. z. B. JMVfg. 11. Mai 1838 (Rh. S. 6 S. 527).

[Umgekehrt sind selbstredend diejenigen Befugnisse, die den Gerichten bloß wegen der ihnen früher zuständig gewesenen Polizeigewalt inbezug auf rein polizeiliche Angelegenheiten beigelegt wurden, seit der durch die VO. von 1808 vermittelten Trennung der Gewalten auf die nunmehr von der gerichtlichen gesonderte Polizeiobrigkeit übergegangen, und kann daher gegenwärtig unter den im § 31 II. 12, §§ 33—35 II. 7 und § 77 I. 23 ALR. gebrauchten Ausdrücken „Gerichtsobrigkeit" und „Gerichte des Orts" nur noch die Verwaltungsbehörde bezw. die Polizeiobrigkeit verstanden werden; vgl. ME. 2. Jan. 1836 (Mannkopf, GO 1 S. 115), MVfg. 22. Juli 1840, 4. Febr., 30. Apr. 1841 (Jbb. 57 S. 160 ff., 581).]

285. Von den älteren wie neueren Gesetzen, welche den RW. ausschließen, kommen wiederum manche hier um deswillen nicht in Betracht, weil bei ihnen der Gegensatz zwischen richterlicher und verwaltender Tätigkeit gar nicht hervortritt, die eine vielmehr ebensowohl wie die andere außer Anwendung bleibt. Diese Bestim-

mungen sind teils solche, welche die richterliche Entscheidung gerade deshalb untersagen, weil der etwa zu erhebende Anspruch ohnehin völlig unbegründet oder unstatthaft sein würde [vgl. z. B. VO. v. 14. Juli 1797, Vfg. v. 9. März 1805, AKO. v. 29. Apr. 1811 (Rabe 4 S. 204; 8 S. 254; 10 S. 527), AKO. v. 19. Apr. 1813 (GS. S. 69), VO. v. 19. Jan. 1836 § 1 (das. S. 9), VO. v. 9. Febr. 1849 § 55 (das. S. 105)], teils solche, die die Entscheidung den ordentlichen Gerichten entziehen, um sie Schiedsrichtern zu überweisen [vgl. z. B. Ges. v. 14. Apr. 1856 § 11 (GS. S. 356), Städte-Ordn. v. 30. Mai 1853 Art. 4 Abs. 11 (das. S. 264), AKO. v. 5. Okt. 1846, Rennstreitigkeiten betr. (das. S. 482)], es sei denn, daß das schiedsrichterliche Verfahren der Absicht des Gesetzes zufolge nur den wesentlichen Teil eines Verwaltungsverfahrens bilden und unter der Leitung der Verwaltung stattfinden soll.

II. Verwaltungsgerichtsbarkeit.

286. Eine wichtige Stelle unter den Einzelgesetzen, die den RW. zu Gunsten der Verwaltung entweder ganz ausschließen oder doch insofern beschränken, als sie ihr einen Anteil an der Erledigung von Rechtssachen einräumen, nehmen die Gesetze über die Verwaltungsgerichtsbarkeit ein, dieses Wort in dem engern Sinne gebraucht, daß darunter das Recht der Verwaltung verstanden wird, über gewisse Ansprüche unter zwei streitenden Parteien eine förmliche Entscheidung zu treffen. Die VO. von 1808 hatte zwar, wie oft erwähnt, der vollständig ausgebildeten Verwaltungsgerichtsbarkeit ein Ende gemacht, — wenn von dem für gewisse Angelegenheiten, namentlich in Kontraventionsfällen, bestehen gebliebenen, bloß vorläufigen Entscheidungsrechte (vgl. § 45 d. G. und Regl. für die Westpreußischen Untergerichte v. 20. Aug. 1802 (Rabe 7 S. 212), sowie inbezug auf letzteres Regl. die MVfg. 30. Jan. 1834, 12. Okt. 1839, 9. März 1840 (JMBl. 40 S. 74) abgesehen wird. Eine solche ausgebildete und von besondern Verwaltungsgerichten ausgeübte Verwaltungsgerichtsbarkeit ist, wie schon oben A. 31 hervorgehoben, erst durch die mit der Kreis-O. v. 1872 beginnende Verwaltungsneuordnung wiedereingeführt worden, und zwar mit der Maßgabe, daß für die von ihr umfaßten Gebiete der RW. in Gemäßheit des § 13 GVG. vollständig ausgeschlossen ist. Inzwischen war jedoch schon vor dieser grundsätzlichen Neuschaffung durch einzelne Gesetze eine Art administrativer Gerichtsbarkeit neu begründet worden, die zwar nicht so folgerichtig durchgeführt und entwickelt ist, daß bei ihr der Gegensatz zwischen eigentlicher Rechtspflege und Verwaltung gänzlich weggefallen wäre und die Verwaltungsbehörden gleich den vormaligen Kammer-Justizdeputationen förmlich fora specialia causae bildeten, die aber dennoch von der eigentlich administrativen Tätigkeit sich in dem Grade unterscheidet, daß die allgemeinen Grundsätze der §§ 35 ff. d. G. auf sie fast gänzlich unanwendbar erscheinen. Diese Verwaltungsjustiz ist bald eine endgültige, bald eine bloß vorläufige. Während jedoch die Fälle, für welche erstere besteht, selten sind (einzelne Beispiele liefern die §§ 2 ff. des Rhein. Ress.-Regl., § 23 Abs. 2 des Ges. v. 28. Febr. 1843, §§ 50—54 des Enschädigungsges. v. 17. Jan. 1845, § 67 der Feldpolizei-Ordn. v. 1. Nov. 1847, § 18 des Ges. v. 11. Mai 1851), tritt die bloß vorläufige Verwaltungsjustiz häufig ein und erfordert wegen einzelner, allen Fällen dieser Art gemeinsamen Eigentümlichkeiten eine nähere Besprechung (A. 287 ff). Uebrigens ist naturgemäß ein Teil der früher hierher gehörigen Fälle heute vor die oben erwähnten neuen Verwaltungsgerichte verwiesen.

287. Manche Angelegenheiten stehen zwischen rein privatrechtlichen und rein öffentlichrechtlichen gewissermaßen in der Mitte, indem zwar ihr Gegenstand einen vorwiegend privatrechtlichen Charakter an sich trägt, auf der anderen Seite aber der Staat oder das öffentliche Wohl auf ihre möglichst sachgemäße, einfache und schleunige Ordnung aus Rücksichten allgemeinerer Natur Wert legt. Die Gesetzgebung hat bei solchen Angelegenheiten, insofern sie streitig werden, das richterliche Entscheidungsrecht zwar grundsätzlich aufrecht erhalten, zur Erreichung jenes Zwecks aber die vorläufige Entscheidung in die Hände der Verwaltung gelegt, den Parteien überlassend, ob sie sich bei dieser Entscheidung beruhigen oder „auf rechtliches Gehör antragen" oder, wie es auch ausgedrückt wird, „die Berufung auf den RW. einlegen" wollen. Beispiele liefern die Gesinde-Ordn. v. 8. Nov. 1810 in Verbindung mit MVfg. 17. Apr. 1812; VO. v. 31. März 1833 § 10; Ges. v. 13. Mai 1833 § 11 (GS. S. 64, 53); APfl.-Ges. v. 31. Dez. 1842 § 34; Entschäd.-Ges. v. 17. Jan. 1845 § 43; Jagdpolizeiges. v. 7. März 1850 § 7, und die unter

A. 169 bezogenen Gesetzesstellen. In diesen Fällen ist die Berufung auf den RW. nicht als eine unmittelbare und eigentliche Anfechtung der Verwaltungsentscheidung in dem Sinne anzusehen, wie sie § 41 bei Verfügungen in Finanzangelegenheiten der Behörde selbst gegenüber zuläßt, auch hat der Richter nicht gleichsam als eine höhere Instanz zu erkennen. Das gerichtliche Verfahren bewegt sich vielmehr, ganz unabhängig von dem vorhergehenden administrativen, gerade so, als wenn die Sache noch gar nicht geregelt worden wäre; sein Zweck besteht einzig darin, das betreffende Rechtsverhältnis unter den Beteiligten selbständig, aber in einer auch von der Verwaltung zu beachtenden Weise und mit rückwirkender Kraft festzustellen, so daß die Entscheidung der letzteren mit dem Eintritte eines rechtskräftigen Urteils von selbst, d. h. ohne förmliche Aufhebung durch das Gericht ihre Wirksamkeit verliert.

288. Nach § 1 AG. z. ZPO (in der Fassung v. 6. Okt. 1899) erfolgt die zulässige Berufung auf den RW. gegen nicht richterliche Entscheidungen nur durch Erhebung der Klage. Ist für die Berufung eine Frist festgesetzt, so muß also die Klage innerhalb der Frist zugestellt sein. Vgl. Präj. Nr. 1143 (Präj. Buch S. 333, Rechtsfälle 4 S. 257), OT. 8. Jan. 1852 (E. 22 S. 57). Nach RG. 30. Jan. 1891, 18. Apr. 1893 (JurWoch. 91 S. 150; Gruchot 38 S. 187) kommt diese Bestimmung nur dann zur Anwendung, wenn der Ausdruck „Berufung auf den RW." in preußischen Gesetzen vorkommt; ist er in Reichsgesetzen enthalten, so ist § 1 nicht anwendbar, vielmehr hat der Richter zu entscheiden, in welchen Handlungen die Berufung auf den RW. zu finden ist. Denn zu einer authentischen Auslegung der Reichsgesetze ist die Landesgesetzgebung nicht befugt. Eine Frist wird daher z. B. schon durch die Erklärung der Klage zu gerichtlichem Protokoll oder durch die Einreichung der Klageschrift zur Terminbestimmung als gewahrt anzusehen sein. Vgl. Monich in der Zeitschr. f. deutschen Zivilprozeß 23 S. 407 ff.

289. Dieses administrative Entscheidungsrecht (A. 287) hat hiernach, sowohl was seinen Zweck, als was seine Wirkungen betrifft, eine große Verwandtschaft mit der den Verwaltungsbehörden in manchen Angelegenheiten zustehenden Befugnis, ein Interimistikum, einen Zwischenzustand zu regeln; vgl. z. B. Vorflutges. v. 15. Nov. 1811 § 6; VO. v. 31. März 1833 § 10 a. E. (GS. S. 64); Ges. v. 11. Mai 1842 § 5 und unten A. 395. Diese Befugnis unterscheidet sich jedoch von jenem Rechte wesentlich dadurch, daß ihre Ausübung in der Regel vom Ermessen der Verwaltungsbehörde abhängt und die Beschreitung des RW. unter den Beteiligten keineswegs bedingt, daß ferner die Regelung eines Zwischenzustands keine Handlung der Gerichtsbarkeit bildet und ebensowenig das Hervortreten eines Streits und ein streitweises Verfahren unter den Beteiligten notwendig voraussetzt, daß sie dagegen auch den Beteiligten keine Vorteile zusichert, die nicht von der verfügenden Behörde selbst jederzeit widerrufen werden könnten; umgekehrt kann die Verwaltung von Handhabung jenes Entscheidungsrechts im einzelnen Falle nicht absehen, und keiner der Beteiligten kann vor Erlaß der administrativen Entscheidung den RW. wider den anderen beschreiten, die auf Grund dieses Rechts ergehenden Entscheidungen aber sind als wirkliche Entscheidungen unter zwei streitenden Parteien regelmäßig erst nach Anhörung beider Parteien zu fällen und können ohne deren Zustimmung von der entscheidenden Behörde nicht rückgängig gemacht werden. In Übereinstimmung hiermit sagt OVG. 14. Nov. 1877 (E. 3 S. 366), bei der Regelung eines Zwischenzustandes sei nicht notwendig nach dem strengen Recht, sondern auch nach anderen mehr oder minder im Bedürfnisse, in der Billigkeit und Zweckmäßigkeit liegenden Gesichtspunkten zu entscheiden; bei der vorläufigen Entscheidung dagegen habe die Behörde, unbeschadet einer mehr summarischen Behandlung, sachlich keine andern als diejenigen Entscheidungsnormen zugrunde zu legen, nach denen der Streit demnächst auch auf dem ordentlichen RW. zu entscheiden sei. Auch muß mit Rücksicht darauf, daß die Zulässigkeit des Beschwerdewegs bei allen Verwaltungsverfügungen im engeren Sinne die Regel bildet, in den Fällen der bloßen Regelung eines Zwischenzustandes die Beschwerde an die vorgesetzte Verwaltungsinstanz neben der Beschreitung des RW. immer gestattet werden (sofern die Gesetze eine solche Befugnis nicht ausdrücklich ausschließen), ohne daß die Beschreitung jenes Wegs der nachmaligen Beschreitung des RW. irgendwie entgegenstände; dagegen findet inbetreff wirklicher Verwaltungsentscheidungen der Beschwerdeweg unzweifelhaft nur dann statt, wenn das Gesetz ihn ausdrücklich gleich dem Antrage auf rechtliches Gehör zuläßt, wobei die Beschreitung desselben in den zugelassenen Fällen aber die spätere Berufung auf den RW. immer ausschließt.

(Letzteres ist zwar nirgends allgemein ausgesprochen, wohl aber in mehreren Einzelgesetzen bestimmt, z. B. in VO. v. 31. März 1833 § 10; Ges. v. 13. Mai 1833 § 11; VO. v. 4. Mai 1839, welche wohl keine Ausnahme, sondern die Anwendung einer allgemeinen Regel enthalten. Ebenso fehlt es an einer allgemeinen Bestimmung für den Fall, wo beide Parteien sich nicht bei der Verwaltungsentscheidung beruhigen, und die eine diesen, die andere jenen Weg einschlägt. Alsdann dürfte dasjenige gelten, was § 65 der VO. v. 9. Febr. 1849 für einen besonderen Fall dieser Art anordnet, daß nämlich die Beschwerden beider Parteien im RW. zu erledigen seien.)

290. Vergleicht man dagegen das soeben besprochene Entscheidungsrecht mit der noch auf der VO. von 1808 (§ 45) beruhenden und durch die spätere Gesetzgebung weiter ausgebildeten Verwaltungsgerichtsbarkeit in gewissen Strafsachen, so besteht eine Übereinstimmung zwischen beiden inbezug auf die hinsichtlich der Rechtsmittel geltenden Grundsätze, sowie darin, daß das gerichtliche Verfahren dem vorgängigen administrativen gegenüber nicht den Charakter eines Verfahrens der höheren Instanz hat, sondern sich ganz unabhängig von jenem bewegt; die Verschiedenheit besteht darin, daß die Verwaltung sich ihres Entscheidungsrechts in Strafsachen für den einzelnen Fall ganz begeben, ja [daß sogar (früher, vgl. A. 546) der angebliche Kontravenient schon vor Erlaß eines Strafbescheides auf rechtliches Gehör antragen] kann, daß ferner die bereits ergangenen Strafbescheide sofort mit einem solchen Antrage ihre Wirksamkeit verlieren und als nicht ergangen betrachtet werden, während dieser Erfolg, wenigstens bei der Mehrzahl der Verwaltungsentscheidungen in Zivilangelegenheiten, erst mit der Rechtskraft des richterlichen Enderkenntnisses verbunden ist, jene Entscheidungen mithin bis dahin ihre Vollstreckbarkeit behaupten, daß endlich, was die formelle Seite der Sache betrifft, die Berufung auf rechtliches Gehör wider Strafbescheide durch eine einfache Erklärung bei der betreffenden Verwaltungsbehörde (§ 45 d. G., § 34 des Zoll-Strafges. v. 23. Jan. 1838, § 459 StPO.), in Zivilangelegenheiten dagegen nur durch Anstellung einer gerichtlichen Klage erfolgt; vgl. A. 288.

291. Mit den bisher besprochenen Fällen eines administrativen Entscheidungsrechts in Zivilsachen sind die Fälle nicht zu verwechseln, für welche einzelne Gesetze zur Feststellung gewisser Zivilansprüche den Erlaß administrativer Verfügungen anordnen und wider diese gleichfalls den Antrag bezw. die Berufung auf rechtliches Gehör gestatten, ohne daß jedoch solche Verfügnngen den Charakter von eigentlichen Entscheidungen zwischen zwei streitenden Parteien an sich trügen. Letztere Fälle betreffen namentlich solche Angelegenheiten, bei denen der Staat selbst unmittelbar beteiligt ist und die Verwaltungsbehörde nicht im eigentlichen Sinne des Worts über den Parteien steht, sondern mit der Eigenschaft einer verfügenden Behörde gleichzeitig die der Vertreterin eines der Beteiligten verbindet, weshalb denn auch die Beschreitung des RW. wider ihre Verfügung nur dem anderen Beteiligten zusteht, die desfallsige Klage meist gegen die verfügende Behörde selbst anzustellen ist, und jene Verfügung den unmittelbaren Gegenstand der Anfechtung, sowie der richterlichen Erörterung bildet. Derartige Fälle enthalten im Grunde genommen bloße Anwendungen der im § 41 d. G. zu Gunsten des RW. aufgestellten Regel und haben vor den gewöhnlichen Fällen dieses § 41 nur das eigentümliche voraus, daß die Antretung des RW. bei ihnen an eine Ausschlußfrist gebunden zu sein pflegt, und daß dieselbe, ungeachtet sie zeitig erfolgt ist und kein Fall des § 42 d. G. vorliegt, der administrativen Verfügung ihre Vollstreckbarkeit während des Prozeßverfahrens nicht benimmt. Beispiele des letztbesprochenen Verfügungsrechts liefern § 8 des Ges. v. 16. Juni 1838 (GS. S. 353) und § 16 der VO. v. 24. Jan. 1844 (GS. S. 52).

III. Justizverwaltungssachen.

292. Den Gegensatz zu den Gegenständen des administrativen Entscheidungsrechts, namentlich desjenigen, wo die Verwaltung unter zwei Parteien endgültig entscheidet (A. 287), bilden diejenigen Angelegenheiten, in denen umgekehrt die Entscheidung oder Verfügung den Gerichten zusteht, ohne daß desfalls jedoch der RW. bezw. ein prozessualisches Verfahren stattfindet. Daß § 36 Abs. 3 die auf letztere Angelegenheiten bezüglichen Bestimmungen mit im Auge hat, beweist der Hinweis auf § 6 I. 53 AGO., betreffend die Unzulässigkeit eines förmlichen Prozeßverfahrens über die Frage, ob die Auseinandersetzung einer Gemeinheit stattfinden solle, eine Bestimmung, welche übrigens (insoweit sie die Entscheidung über diese

Frage dem ordentlichen Richter noch beläßt) ihre praktische Bedeutung durch die spätere Gesetzgebung über Gemeinheitsteilungen usw. eingebüßt hat. Außer diesem § 6 zählt Koch (Preuß. Zivilproz., §§ 26—30) zu solchen bei der Justiz selbst vorkommenden (jetzt allerdings meist veralteten) Verwaltungsjustizsachen die Festsetzung des durch vorsätzliche oder grob fahrlässige Übertretung der Amtspflichten eines Justizbeamten angerichteten Schadens (AGO. § 23 III. 1; § 49 III. 3; Vfg. 15. Apr. 1837), Rückzahlung von Darlehen, welche Gerichtspersonen aus den ihrer Verwaltung anvertrauten gerichtlichen Depositorien erschlichen haben (Dep.-O. I. §§ 42, 43), Beitreibung anerkannter Kassenbestände und Defekte der Vormünder sowie Kuratoren (§§ 486, 669, 956 II. 18 ALR.; § 76 I. 50 AGO.; §§ 161, 279 der Preuß. Konkurs-Ordn.), Beitreibung der Zinsen von General-Deposital-Darlehen (Dep.-O. I §§ 52, 53, 352, 353, 357), Einziehung überhobener Gebühren der Justizbeamten (vgl. § 141 Preuß. Gerichtskostengef. v. 25. Juni 1895/6. Okt. 1899, JMVfg. 22. Juni 1885, JMBl. S. 223; die Wiedereinziehung erfolgt im Wege des Verwaltungszwangsverfahrens. Sind einem von Amtswegen zum Verteidiger bestellten Rechtsanwalt irrtümlich zu hohe Gebühren bezahlt, so erfolgt die Rückforderung im Prozeßwege: Mügel, die Preuß. Kostengesetze, A. 1 zu § 141 PrGKG.), Verfahren gegen Personen, welche den schuldigen Huldigungseid zu leisten weigern (Verf. 18. Dez. 1810, Rabe 10 S. 494). — Außerdem ist an dieser Stelle § 81 des Diszipl.-Ges. v. 7. Mai 1851 (GS. S. 235) zu erwähnen, insofern er nicht allein die Befugnis der Aufsichtsbehörden aufrecht erhält, im Aufsichtswege Beschwerden Abhülfe zu verschaffen oder Richter zur Erfüllung ihrer Pflichten in einzelnen Sachen anzuhalten und dabei alles zu tun, wozu sie nach den bestehenden Gesetzen ermächtigt sind, sondern auch die Befugnis höherer Gerichte bestätigte, in solchen Fällen Rügen auszusprechen und Richter zum Ersatze von Kosten und unter Vorbehalt des RW. zum Ersatze von Schäden anzuhalten. Vgl. jetzt §§ 80, 82, 85 AG. z. GVG., § 23 Ges. betr. Abänderung der Dizipl.-Ges. v. 9. Apr. 1879.

293. Zu den hier einschlägigen Gesetzen sind im weiteren Sinne ferner die Bestimmungen des BGB. zu rechnen, welche die Zuständigkeit des Vormundschaftsrichters für gewisse Streitigkeiten unter (stillschweigender) Ausschließung des RW. festsetzen; vgl. z. B. §§ 1635 Satz 2, 1636, 1647 Abs. 2, 1677, 1840. Die Entscheidung über Ansprüche aus § 1632 (Herausgabe des Kindes, das dem Vater oder Vormund widerrechtlich vorenthalten wird) ist nicht dem Vormundschaftsgericht übertragen; sie kann überhaupt nicht einfach durch Verfügung erfolgen, es muß vielmehr der Weg der Klage beschritten werden: KG. 24. Juli 1900, 22. März 1901 (Rechtspr. d. OLG. 1 S. 366; 2 S. 450). Auch aus § 1635 Satz 1 hat der nichtschuldige Ehegatte ein im Prozeßwege verfolgbares Erziehungsrecht; ein desfalls ergehendes Urteil stände allerdings einer späteren anderen, aus Satz 2 erfolgenden Anordnung des hierzu ausschließlich zuständigen Vormundschaftsgerichts nicht entgegen: RG. 3. Juli 1900 (E. 46 S. 168), OLG. Hamburg 27. März 1900 (Rechtspr. d. OLG. 1 S. 389. Dagegen ist während eines zwischen den (geschiedenen) Eltern schwebenden Prozesses über das gesetzliche Erziehungsrecht zu einer davon abweichenden Regelung nicht das Vormundschafts-, sondern nur das Prozeßgericht befugt: OLG. Stuttgart 16. Aug. 1901 (das. 3 S. 426). Die §§ 1635, 1636 setzen die erfolgte Scheidung der Ehe voraus, sodaß auf deren Grund der Vormundschaftsrichter nicht während bestehender Ehe über das Erziehungsrecht oder den Verkehr der Eltern mit den Kindern entscheiden kann: OLG. Dresden 31. Mai 1901, OLG. Cöln 31. Mai 1902 (das. 3 S. 41; Rh. A. 99, I. 57). Kann zu solchen Entscheidungen die Zuständigkeit sowohl des Prozeßrichters als des Vormundschaftsrichters begründet sein, d. h. also bei geschiedener Ehe oder soweit § 1666 zur Anwendung kommt, so ist maßgebend, ob es sich um die Wahrung des Interesses der Kinder oder lediglich um die Rechte der Eltern untereinander in Beziehung auf die Kinder handelt. Im ersteren Falle ist ausschließlich und ohne Rücksicht auf das Bestehen eines das Verhältnis der Eltern untereinander regelnden Vertrages der Vormundschaftsrichter, im letzteren Falle der Prozeßrichter berufen. Vgl. KG. 18. Apr. 1901 (Rechtspr. d. OLG. 2 S. 452). — Vgl. Berndt in Gruchot 38 S. 598 ff.

294. Ferner sind hier zu nennen die Vorschriften des BGB. über die Befugnisse des Nachlaßgerichts, die ebenfalls dessen ausschließliche Zuständigkeit begründen. So kann z. B. (abweichend vom früheren preußischen Recht) die Absetzung

eines Testamentsvollstreckers nur durch das Nachlaßgericht erfolgen, nicht aber im Klagewege herbeigeführt werden, § 2227 BGB.: RG. 26. April 1900 (DJurZtg. 5 S. 301); vgl. ferner § 2224 (Entscheidung von Meinungsverschiedenheiten zwischen zwei Testamentsvollstreckern), Stölzel S. 300. Entscheidungen des Nachlaßgerichts können nur mit der Beschwerde, nicht aber im ordentlichen RW. angefochten werden.

295. Ebendahin gehören ferner die Vorschriften über Ansatz und Erhebung der Gerichtskosten und über die Berechnung der Zeugengebühren. Nach § 13 Ges. v. 10. Mai 1851 (GS. S. 631) sollten Beschwerden wegen unrichtigen Ansatzes der Kosten nach dem Tarif und wegen verweigerter Stundung oder Niederschlagung im Aufsichtswege und daher schließlich durch den Justizminister erledigt werden. Gegenwärtig ist das in § 4 des Deutschen Gerichtskostenges. in der Fassung v. 20. Mai 1898 und in §§ 25ff. des Preuß. Gerichtskostenges. in der Fassung v. 6. Okt. 1899 geregelte Beschwerdeverfahren anzuwenden und zwar unter Ausschluß des RW.; die Gerichte handeln hier als Verwaltungsbehörden. Diesem Beschwerdeverfahren unterliegen nicht nur Erinnerungen über die Höhe angesetzter Gebühren oder die Notwendigkeit angesetzter Auslagen, sondern auch alle anderen Einwendungen gegen die aufgestellte Rechnung, so die Frage, ob eine Zahlungspflicht des in Anspruch genommenen überhaupt besteht, ob also z. B. letzterem Gebührenfreiheit zuzuerkennen sei, ob statt oder neben der eigentlichen kostenpflichtigen Person deren Ehemann oder Vater auf Grund einer gesetzlichen Mitverhaftung herangezogen werden dürfe: RG. (Pl.) 15. Febr. 1886 (E. 16 S. 291); teilweise aM. EK. 14. Juni 1884 (Rechtspr. S. 504). — Diese Bestimmungen haben jedoch ihrer Natur nach nur auf das Rechtsverhältnis zwischen dem Kostenschuldner und der Gerichtskasse Bezug, nicht also auch auf die Ansprüche dritter, beim Prozesse unbeteiligter Personen. Ansprüche der letzteren Art, z. B. diejenigen, die ein Rechtsanwalt erhebt, um die aus eigenen Mitteln, wenn auch für seine Partei gezahlten Vorschüsse aus der Gerichtskasse zu erhalten, betreffen einen privatrechtlichen und prozeßfähigen Gegenstand; vgl. EK. 12. März 1859, 8. März 1873 (JMBl. 59 S. 334; Rechtspr. S. 503). Dasselbe gilt von den Ersatzansprüchen zwischen zwei Parteien; der RW. ist nicht unzulässig, wenn auch der Klageweg durch die §§ 104 ff. ZPO. ausgeschlossen erscheint; Stölzel S. 165 A. 4. Übrigens ist obige Bestimmung, soweit sie sich auf mit den Gerichtskosten erhobene Stempel bezieht, bereits durch § 11 Ges. v. 24. Mai 1861 abgeändert worden; vgl. jetzt § 30 PrGKG., wonach durch die Vorschriften dieses Gesetzes die Vorschriften über die Zulässigkeit des RW. nicht berührt werden. — Durch § 17 GebührenO. f. Zeugen und Sachverständige in der Fassung v. 20. Mai 1898 (RGBl. S. 689) ist das Verfahren der Gebührenfestsetzung in erschöpfender Weise dahin geregelt, daß dem sich benachteiligt glaubenden unter Ausschluß des RW. nur der Beschwerdeweg offen steht; dies trifft nicht nur dann zu, wenn die Höhe der Gebühr streitig ist, sondern auch dann, wenn das Gericht den Anspruch auf Gebühren überhaupt verneint; ebenso auch dann, wenn gemäß § 13 das. abweichende Taxvorschriften zur Anwendung kommen, da durch diesen § nur der betr. Gebührentarif, nicht aber das für die Festsetzung dieser Gebühren früher maßgebende Verfahren aufrecht erhalten worden ist. Vgl. RG. 22. Dez. 1898 (E. 43 S. 48). Zuviel gezahlte Gebühren werden im Wege des Verwaltungszwangsverfahrens wieder eingezogen: § 141 PrGKG., JMVerf. 22. Juni 1885 (JMBl. S. 223).

296. Ein den RW ausschließendes Verwaltungsverfahren ist endlich auch für die Anordnungen des Richters gegeben, welche die ordnungsmäßige Führung der Handelsregister betreffen und den Firmen gegenüber durch Verhängung von Ordnungsstrafen durchgeführt werden können; vgl. HGB. §§ 14, 37, RG. 22. Mai 1880 (E. 2 S. 223).

IV. Einzelne gesetzliche Vorschriften.

Inhalt:

297. Von denjenigen Einzelgesetzen, die den RW. zu Gunsten der Verwaltung im engeren Sinne entweder ganz ausschließen oder doch beschränken, werden die an andern Stellen dieser Schrift besonders erläuterten, hier nicht weiter erwähnt, und die übrigen in möglichst zeitlicher Ordnung mitgeteilt, unter Zusammenfassung der verwandte Gebiete betreffenden Gesetze.

298. Der bereits im § 36 d. G. bezogene § 61 des ersten Anhangs z. ALR., der aus der AKO. v. 18. Juli 1799 (Rabe 5 S. 499) herübergenommen ist, verpflichtet die Freiholzdeputanten, da, wo ihnen Torf gegeben werden kann, wenigstens die Hälfte in Torf oder in Geld nach der Forsttaxe anzunehmen, so daß wider die desfallsigen Anordnungen der Forstbehörde der RW. nicht stattfindet; dagegen ist die Frage, ob jemand zu den bloßen Freiholzdeputanten oder zu den wirklichen Holzungsberechtigten gehöre, auf welche letzteren obige Bestimmung nicht ausgedehnt werden soll, allerdings prozeßfähig; vgl. Koch, Pr. Ziv.-Proz. §§ 26—30, v. Rönne 1 S. 518.

299. Die Dauer der Schulpflichtigkeit richtet sich gemäß § 46 II. 12 ALR. und der AKO. v. 14. Mai 1825 (GS. S. 149) nach dem Befunde des [Seelsorgers bezw. jetzt (Ges. v. 11. März 1872) des] Orts- oder Kreisschulinspektors. Der Richter hat deshalb z. B. nicht darüber zu entscheiden, ob ein Kind mit Rücksicht auf den Grad seiner Ausbildung vom Schulzwange frei oder freizulassen, oder ob es schwachsinnig, von einem Schulbesuche daher kein Erfolg zu erwarten sei; vgl. KH. 21. Apr. 1835 (Volkmar S. 484), OT. 7. Febr., 4. Apr. 1867 (JMBl. 67 S. 158, Rechtspr. 8 S. 236), KG. 21. Febr. 1884, 13. Mai 1888 (Johow 5 S. 351; 8 S. 226).

300. In A. 136 und 278 sind die allgemeinen Gesichtspunkte inbetreff der Frage besprochen worden, inwiefern ein aus Kriegsschäden und Kriegslieferungen hergeleiteter Ersatzanspruch im RW. verfolgt werden könne. Dieser Gegenstand ist jedoch, soweit es sich um dergleichen Forderungen aus den Jahren 1806—1815 handelt, durch eine Reihe von Einzelgesetzen besonders geregelt worden. Das nähere über diese Frage, die heute kaum noch praktisch werden wird, vgl. in A. 251 der ersten Aufl. — Forderungen an die Gemeinden usw. aus den Kriegsjahren vor 1806 wurden durch obige Gesetze überhaupt nicht berührt und waren schon früher prozeßfähig: AH. Cöln 26. Mai 1843 (Rh. A. 35, I. 108). — Entsprechende Bestimmungen hinsichtlich des Krieges von 1870 und 1871 f. in den RGes. v. 14. Juni 1871, 23. Febr. 1874 (RGBl. 71 S. 247 ff.; 74 S. 17), die überall für den RW. keinen Raum bieten.

301. Die gesamte Einrichtung des verbrieften Staatsschuldenwesens schließt von selbst jede richterliche Einmischung aus; vgl. Grävell 1 S. 69, der sich hierfür namentlich auf die Dekl. v. 9. Aug. 1823 (GS. S. 165) beruft. Hinsichtlich anderer Ansprüche an den Staat ist jedoch der RW. in der Regel statthaft; insbesondere kann dem Art. 99 der Verf.-Urk. nicht etwa die Wirkung beigelegt werden, den jene Regel bestätigenden § 81 II. 14 ALR. für den Fall wenigstens aufgehoben zu haben, wo es sich darum handelt, ob eine Auslage gesetzlich von der Staatskasse oder einem dritten getragen werden müsse, indem das den Staatshaushaltsetat regelnde Gesetz selbstredend nicht den Zweck hat, Streitigkeiten dieser Art zu entscheiden: EK. 11. Dez. 1852, 14. Apr. 1855 (JMBl. 53 S. 88; 55 S. 308). [Aus Art. 99 läßt sich höchstens nur folgern, daß wider den Fiskus eine Zwangsvollstreckung nicht stattfinden könne, vgl. hierüber A. 21].

302. Obige Regel erleidet jedoch außer den in den vorigen Anmerkungen erwähnten und den auf der besonders erläuterten AKO. v. 4. Febr. 1823 beruhenden Ausnahmen noch fernere Beschränkungen durch die Vorschriften, welche über die Feststellung noch nicht anerkannter oder noch illiquider Provinzial-Staatsschulden ergangen sind, insofern man diese Beschränkungen nicht schon auf den eingangs der A. 301 aufgestellten Satz zurückführen kann. Jene Fest-

stellung wurde nämlich durch VO. v. 17. Jan. 1820 § XI. (GS. S. 13) ausschließlich dem Schatzministerium übertragen und ging nach dessen Aufhebung gemäß dem durch Ges. v. 24. Febr. 1850 § 6 ausdrücklich aufrecht erhaltenen § 5 der AKO. v. 2. Nov. 1822 (GS. S. 229) in gleicher Unumschränktheit auf die Staatsschuldenverwaltung über. Durch § 10 Ges. v. 29. Febr. 1868 (GS. S. 169) ist die Anwendbarkeit der VO. v. 1820 und 1822 auch auf die Schulden der 1866 mit Preußen vereinigten Landesteile ausgedehnt worden; vgl. z. B. EK. 11. Sept. 1869, 12. März 1870, 9. Jan., 13. Febr. 1874 (JMBl. 69 S. 223; 70 S. 228; 74 S. 58, 233). Nach jenen Bestimmungen ist der RW. über solche Schulden, [wozu nach §§ 5, 9 der AKO. v. 1822 nicht etwa nur die in den Etats der Provinzial-Staatsschulden aufgeführten Schulden (§ 2 das.), sondern auch die erst später zur Sprache gebrachten Schuldposten gehören, vgl. EK. 12. Mai 1860 (JMBl. 61 S. 239)] sowohl was ihre Qualität, als was die Verpflichtung des Staats zur Zahlung des Betrags und Zinssatzes betrifft, ausgeschlossen, und zwar selbst dann, wenn die Hauptverwaltung bereits entschieden hat oder Kläger einen besonderen Rechtstitel anruft: *EK. 4. Febr. 1854, 12. Mai 1860 (JMBl. 54 S. 204; 61 S. 257); AH. Cöln 3. Jan. 1825 (Rh. A. 8, I. 115). In letzterem Falle waltete nicht über den Bestand, sondern über die Fälligkeit einer Provinzial-Staatsschuld Streit ob; der AH. nahm hier die Unzulässigkeit der richterlichen Entscheidung selbst darüber an, ob ein Fall vorliege, in welchem den Gläubigern die Kündigung ausnahmsweise gestattet worden; vgl. § 16 der AKO. v. 1822. Die für einen Einzelfall ergangene AKO. v. 4. März 1832 (Arnsb. Archiv 1 S. 353) betraf dagegen einen Streit über die Art der Verzinsung einer Provinzial-Staatsschuld, bei welchem der Gläubiger auf dem RW. durchzusetzen suchte, daß die Zinsen nicht wie bisher nach dem Münz-, sondern nach dem Silberwerte des Kapitals berechnet würden; er erachtete den § 5 der AKO. v. 1822 für unanwendbar, da die betreffende Schuld im allgemeinen schon anerkannt sei; die Klage war auch wirklich auf Grund des § 835 I. 11 ALR. zugelassen worden; indessen entschied obige AKO., daß, weil nach § 4 der AKO. v. 1822 der von früherher bestehende Zinssatz weder erhöht noch herabgesetzt werden solle, hiermit also die Herstellung des Kapitals auf den ursprünglichen Silberwert behufs der Zinsenberechnung ausgeschlossen sei, ein gerichtliches Verfahren im Sinne jener Klage nur auf Änderung einer gesetzlichen Bestimmung abzielen würde und daher unstatthaft erscheine. — Die Bestimmung im § 11 der VO. v. 1822, wonach den Justiz- oder Vormundschaftsbehörden die Entscheidung darüber zugewiesen ist, ob die rechtliche Veranlagung zur Hinterlegung weggefallen und welchen Personen als Eigentümern Zahlung zu leisten ist, bezieht sich nur auf Deposita und hat nur die Bedeutung, daß etwa unter verschiedenen Interessenten entstehende Streitigkeiten bei Gericht ausgetragen werden sollen, sie berechtigt aber nicht den die Auszahlung beanspruchenden zur Klage gegen den Fiskus: EK. 13. Juni 1868 (JMBl. S. 302.) — Zu den Provinzial-Staatsschulden gehören übrigens auch die früheren Reichsschulden, die auf Kurtrier usw. und demnächst auf Preußen übergegangen sind; als Schulden, welche mit den neuen Provinzen als Landesschulden übernommen wurden (AKO. v. 1822 § 2); so: *EK. 15. Okt. 1859 (JMBl. 60 S. 327, wo auch das unzutreffende bezw. unverbindliche der dem oben gesagten widersprechenden Vfg. v. 20. Mai 1822 (Jbb. 19 S. 317) nachzuweisen versucht wird). — Inwiefern die Zuständigkeit der Hauptverwaltung der Staatsschulden inbetreff der vormals Kurtrierschen Landesschulden etwa durch den zwischen Preußen und Nassau unterm 14. bezw. 19. Dez. 1816 abgeschlossenen Vertrag berührt worden, kann dahingestellt bleiben, da dieser Vertrag keinesfalls inbezug auf jene Schulden den RW. eröffnet: *EK. 12. Mai 1860 (JMBl. 61 S. 258). — AH. Cöln 24. Apr. 1832 (Rh. A. 16, I. 238) fand in der AKO. v. 1822 sogar eine Bestätigung dafür, daß die Feststellung von Forderungen, welche gegen den Staat als Nachfolger unterdrückter geistlicher Korporationen gemacht wurden, grundsätzlich [?] zu den ausschließlichen Befugnissen der Verwaltungsbehörden gehöre (die Entscheidung betraf das einer Abtei gemachte Darlehen, dessen Ablage der Fiskus verweigerte, weil es ohne landesherrliche Genehmigung aufgenommen und eine versio in rem nicht nachgewiesen sei), wogegen AH. Cöln 12. Aug. 1833 (Rh. A. 19, I. 87) sich zu Gunsten des RW. wenigstens inbetreff dinglicher fortlaufender Lasten aussprach, die dem Staate als Rechtsnachfolger unterdrückter geistlicher Korporationen überkommen und aus den laufenden Einnahmen ihres Vermögens abzuführen waren, indem die Verbindlichkeit zu solchen Leistungen, z. B. zur Leistung der pfarramtlichen Kompetenz, nicht als eine

Provinzial-Staatsschuld im Sinne der AKO. v. 1822 betrachtet werden könne. Vgl. ferner oben A. 72 und AKO. v. 4. Febr. 1823 A. 14.

303. Die AKO. v. 11. Jan. 1835 (GS. S. 9) betr. das Verfahren bei Löschung solcher Rittergüter, welche die Rittergutseigenschaft durch Zerstückelung oder Verminderung der Substanz verloren haben, in den Rittergutsmatrikeln, überweist in Nr. 2 die Entscheidung dem Minister des Innern. AppG. Arnsberg 20. Okt. 1849 (Arnsb. Arch. 16 S. 551) erachte die unmittelbare Anfechtung einer solchen Entscheidung im RW. mit Rücksicht auf die AKO. v. 4. Dez. 1831 (vgl. oben A. 111) für unstatthaft, nicht aber die richterliche Erörterung über die Rechtmäßigkeit der Löschung, insofern auf Gewährung der vertraglich vom Verkäufer zugesicherten Rittergutseigenschaft wider den Verkäufer geklagt werde, so daß also, wenn der Richter die Löschung als zur Ungebühr erfolgt befinde, der klagende Käufer abzuweisen sei.

304. Um der Möglichkeit, daß Gutsehrenrechte, nämlich das Recht der Standschaft, (der Gerichtsbarkeit) und des Patronats, von Personen befleckten Rufs ausgeübt werden, vorzubeugen, ohne darum in die Erwerbs- und Besitzfähigkeit einzugreifen, bestimmt das Ges. v. 8. Mai 1837 (GS. S. 99) die Fälle, in denen die Unfähigkeit zur Ausübung jener Rechte eintritt, und legt die Entscheidung über die Anwendung des Gesetzes in die Hände der Regierung, gegen deren Beschluß nur der Rekurs an das Ministerium des Innern zugelassen wird (§§ 7, 8); der RW. über die Frage, ob die erwähnte Unfähigkeit vorliegt, ist hiernach ausgeschlossen; ebenso RG. 20. Apr. 1899 (E. 43 S. 362). Für die Dauer des Besitzes eines als unfähig anerkannten Eigentümers soll die Verwaltung (der Gerichtsbarkeit oder) des Patronats im landesherrlichen Auftrage geführt und die damit verbundenen Kosten sowie Lasten, ohne daß hierüber ein Prozeß zulässig ist, aus dem Vermögen jenes Besitzers bestritten werden (§ 9). Die Wiedereinsetzung in jene Rechte ist einem landesherrlichen Ausspruche vorbehalten (§ 11). Vgl. ferner das Ges. über die Entziehung oder Suspension ständischer Ehrenrechte wegen bescholtenen oder angefochtenen Rufs v. 23. Juli 1847 (GS. S. 279) und inbetreff der Frage über die fortdauernde Geltung beider Gesetze InnMVfg. 23. Febr. 1852, KMVfg. 30. Mai 1849 (VMBl. 52 S. 48; 49 S. 95), vor allem aber Ges. v. 14. Apr. 1856 §§ 15—17; ferner Stölzel S. 179 und gen. RG. 1899.

305. Die VO. v. 16. Juni 1838 (GS. S. 353) sagt, indem sie die Ermäßigung der außer dem Chausseegelde für die Benutzung der Kommunikationsanstalten bestehenden Abgaben inbetreff derjenigen Straßen, welche die Minister der Finanzen und des Handels nach den Bedürfnissen des Verkehrs dazu vorschlagen werden, auf einen den Unterhaltungs- bezw. Wiederherstellungskosten angemessenen Betrag anordnet (§ 1), und einzelne Arten dieser sowie ähnlicher Abgaben ganz aufhebt (§§ 9 ff.), den Privatberechtigten für den durch jene Ermäßigung oder Aufhebung entstehenden Verlust eine Entschädigung aus der Staatskasse unter gewissen Voraussetzungen und nach gewissen für deren Berechnung maßgebenden Grundsätzen zu (§§ 5, 6), sie bestimmt jedoch gleichzeitig, daß gegen die desfallsigen Anordnungen der Verwaltungsbehörden dem Berechtigten die Berufung auf rechtliches Gehör nur insoweit zustehe, als es auf die Rechtmäßigkeit des Titels, den Umfang des Rechts, insonderheit die bisherigen Sätze der Hebung, oder auf die Frage ankomme, ob nach den §§ 5 und 6 eine Entschädigung zu leisten sei (§ 8), so daß sich die Feststellung des Entschädigungsbetrages, wozu auch die Berechnung der vom Anlagekapitale zu entrichtenden Zinsen gehört (§ 3), der richterlichen Entscheidung entzieht; vgl. *EK. 22. Nov. 1856 (JMBl. 57 S. 128; der Kläger hatte eine rechtskräftige Verurteilung des Fiskus zur Verzinsung des auf einen Brückenbau verwandten Anlagekapitals in Gemäßheit der §§ 3, 8, 14 erwirkt und hieraufhin eine Berechnung der Brückenbaukosten aufgestellt, von deren Gesamtbetrag er in einer neuen Klage die Zuerkennung fünfprozentiger Zinsen forderte; der KompGH. erklärte diesen Antrag für nicht prozeßfähig). Dagegen gehört die Beantwortung der Frage, nach welchen Grundsätzen bei Festsetzung der Entschädigung die von den Einnahmen in Abzug zu bringenden Unterhaltungs- und Wiederherstellungskosten zu berechnen, ob namentlich die durchschnittlichen wirklichen Ausgaben während der Normaljahre oder die durch Gutachten der Ober-Baudeputation nach technischen Grundsätzen als jährlicher Durchschnittsbetrag festgestellten regelmäßig wiederkehrenden Kosten jener Berechnung zugrunde zu legen seien, nicht zu der ausschließlich der Verwaltung vorbehaltenen Ermittelung des Entschädigungs-

betrages, sondern zur Feststellung der zufolge § 8 im RW. zu erörternden Punkte. So: AH. Cöln 23. Febr. 1849 (Tr. A. 7, I. 50), welches jedoch, indem es sich für die zweite Ansicht entschied, gleichzeitig annahm, daß dem Richter ein Urteil über jene technische Ermittelung der Ober-Baudeputation nicht zustehe; der Kassations-Rekurs gegen dieses Urteil wurde verworfen durch KH. 12. März 1850 (das. S. 55,. Über die offenbar dem RW. ebenfalls angehörige Frage inwiefern ein früherer, von der Landespolizeibehörde festgestellter Tarif zur Begründung von Entschädigungsansprüchen im Sinne des Ges. v. 1838 an sich geeignet sei, selbst wenn derselbe nicht ausdrücklich als ein unabänderlicher verliehen worden, vgl. OT. 19. Okt. 1853 (Strieth. 10 S. 242). — Inbetreff der formellen Seite des Verhältnisses der administrativen zur richterlichen Wirksamkeit in den Fällen des Ges. v. 1838 vgl. A. 291; dort ist bereits bemerkt, daß die getroffenen Verwaltungsverfügungen nicht als Ausflüsse einer Verwaltungsgerichtsbarkeit in dem dort gebrauchten engeren Sinne zu betrachten seien. Doch waltet zwischen jenen und solchen Akten der Verwaltungsgerichtsbarkeit die Übereinstimmung ob, daß die Frist für den Antrag auf rechtliches Gehör nur durch Anstellung einer förmlichen Klage gewahrt wird: OT. 19. Aug. 1847 (E. 15 S. 371; hier wird ausdrücklich erwogen, die bloße Anmeldung bei der Verwaltungsbehörde sei weiter nichts, als die Erklärung einer Partei an die andere). Nach demselben Urteile läuft die Frist des § 8 vom Tage, wo der Ministerialbeschluß dem Beschwerdeführer amtlich bekannt gemacht wird. Wird die Frist nicht innegehalten, so ist der RW. unzulässig: EK. 12. März 1859 (Rechtspr. S. 89).

306. Das Ges. über die Eisenbahnunternehmungen v. 3. Nov. 1838 (GS. S. 505) gilt nur für solche Eisenbahnunternehmungen, für deren Zulassung landesherrliche Genehmigung erforderlich ist, mithin nicht bei Straßenbahnen usw. (RG. 4. Mai 1891, E. 28 S. 207; vgl. MVfg. 14. Juni 1872, VMBl. S. 172: Lokomotiv-Eisenbahnen; Ges. v. 28. Juli 1892, GS. S. 225, § 1). Es findet, soweit seine Bestimmungen nicht die besonderen Verhältnisse der Gesellschaften betreffen, auch auf Staatsbahnen Anwendung; vgl. OT. 19. Okt. 1858, 14. Dez. 1857 (Strieth. 31 S. 71; 26 S. 364), RG. 1. Okt. 1881, 31. Jan. 1891 (JMBl. 82 S. 301; E. 23 S. 221). Durch VO. v. 19. Aug. 1867 (GS. S. 1426) ist es in den neuen Landesteilen eingeführt. Nach § 4 ist die Genehmigung der Bahnlinie in ihrer vollständigen Durchführung durch alle Zwischenpunkte (jetzt) dem Minister der öff. Arbeiten vorbehalten, an die auch die Verhältnisse der Konstruktion sowohl der Bahn als der anzuwendenden Fahrzeuge gebunden sind. Diese Genehmigung hat den Charakter eines zum öffentlichen Wohle von der Staatsgewalt bewirkten Eingriffes in das Privateigentum, weshalb Eisenbahnbauten, die auf Grund des genehmigten Plans ausgeführt sind, nicht zum Gegenstand einer negatorischen Klage gemacht werden können (Ges. v. 11. Mai 1842); dasselbe gilt von den Anordnungen, die auf Grund des § 14 (betr. Schutzanlagen an Wegen, Einfriedigungen, Wasserverhältnisse usw.) ergehen. Vgl. Rechtspr. des KompGH. § 54, RG. 13. Mai 1893 (E. 31 S. 285). Ist eine Anlage vor der Genehmigung ausgeführt worden, so steht der ordentlichen Klage des geschädigten Grundbesitzers nichts entgegen: gen. RG. 1893, EK. 8. Jan. 1876 (Rechtspr. S. 454). Andererseits ist vor der Genehmigung ein privatrechtlicher Anspruch auf Herstellung bestimmter z. B. vertraglich übernommener Anlagen nicht vorhanden. Vgl. OT. 13. Nov. 1855 i. S. Stadt Aachen gegen Aachen-Düsseldorfer Eisenb.-Ges. (Die Ges. hatte sich für gewisse Gegenleistungen verpflichtet, im nördlichen Teile der Stadt einen besonderen Bahnhof anzulegen; [unter „Genehmigung der Bahnlinie" ist die Genehmigung der in dieser Linie fallenden Bahnhofsanlage mitverstanden; vgl. EK. 9. Febr. 1878 (JMBl. S. 79), OVG. 5. Dez. 1878 (E. 5 S. 338)]. Die demgemäß erhobene Klage auf Errichtung dieser Anlage wurde, unter Verwerfung der Einrede der Unzulässigkeit des RW., wegen der mangelnden Genehmigung des Ministers als voreilig abgewiesen.) Dies erleidet selbst dann keine Ausnahme, wenn die Genehmigung der Anlage aus Gründen versagt werden sollte, die der Absicht des § 4 fremd sind, z. B. wegen der Finanzlage der Gesellschaft, da dem Richter eine Nachprüfung der Gründe des Ministers nicht zusteht. — An die Stelle der §§ 8—13, 15—19 ist das Enteignungsges. v. 11. Juni 1874 getreten; auch § 14 ist durch § 14 jenes Gesetzes ersetzt, aber nur insoweit, als es sich um die im Enteignungsverfahren zu treffenden Anordnungen handelt; er ist dagegen noch heute anwendbar, wenn spätere Anlagen in Frage stehen, die erst nach Beendigungen des Enteignungsverfahrens notwendig

werden; vgl. z. B. EK. 25. Juni 1853, 13. Juni 1891 (JMBl. 53 S. 337; Rechtspr. S. 458), RG. 27. Nov. 1893 (E. 32 S. 283), OVG. 12. Okt. 1892 (E. 9 S. 397), MVfg. 30. Sept. 1857, 21. Juni 1880, 12. Dez. 1892 (VMBl. 57 S. 179; 93 S. 6; Eisenb.VOBl. 80 S. 274). Auch hier steht, wie schon oben gesagt, dem RW. § 4 Ges. v. 11. Mai 1842 entgegen. Etwaige Entschädigungsansprüche sind dagegen im RW. verfolgbar. Vgl. v. Schilgen und Vering in Gruchot 41 S. 497; 42 S. 38. — Nach § 23 ist die Handhabung der Bahnpolizei der Gesellschaft übertragen; Verfügungen, die die Gesellschaft auf Grund des Bahnpolizeireglements erläßt, sind daher polizeiliche, auf die das Ges. v. 11. Mai 1842 Anwendung findet. Die als Bahnpolizeibeamte vereidigten Beamten der Gesellschaft haben die Eigenschaft als öffentliche Polizeibeamte jedoch nur für diejenigen Dienstverrichtungen, welche die Handhabung der Bahnpolizei betreffen: OT. 4. Dez. 1873, 30. Apr. 1875 (Goltd. A. 22 S. 131, Rechtspr. 16 S. 332), RG. 24. März 1884 (EStraff. 10 S. 325). Das Ges. v. 13. Febr. 1854 findet auf sie Anwendung (A. 53 zu diesem Ges.). Dagegen ist ihr Verhältnis zur Gesellschaft ebenso wie das der übrigen Angestellten durchweg privatrechtlicher Natur. Demnach gehören alle Streitigkeiten über die Erfüllung und Aufhebung des Dienstvertrages vor den ordentlichen Richter, dessen Zuständigkeit auch nicht durch eine im Dienstvertrage enthaltene Vereinbarung auf eine andere Behörde, z. B. den Eisenbahnkommissar oder den Minister beseitigt werden kann; vgl. A. 35 und das dort gen. OT. 13. Dez. 1859. Hinsichtlich der über die Bahnbeamten zu handhabenden Disziplinargewalt vgl. §§ 15, 19, 24 Ges. v. 21. Juli 1852, StMinBeschl. 26. Nov. 1853 (VMBl. 54 S. 2). Dieselbe kann nicht vertragsmäßig zu Gunsten der Gesellschaft selbst begründet werden. Zwar nehmen Bessel und Kühlwetter, das preuß. Eisenbahnrecht, 2 S. 59 an, daß letztere sich wenigstens die Befugnis zur Verhängung von Geldbußen als Ordnungsstrafen im Dienstvertrage ausbedingen könne; jedoch ist diese Ansicht schwerlich zu billigen, da die Strafgewalt kein Gegenstand privatrechtlicher Verträge ist. Selbstredend soll jedoch damit das Recht, Konventionalstrafen für gewisse voraus bestimmte Fälle festzusetzen, über deren Eintritt gegebenenfalls der Richter zu befinden hätte, nicht geleugnet werden. — Wider die gemäß § 24 von der Verwaltungsbehörde getroffenen Anordnungen (über die Unterhaltung der Bahn in sicherem und zweckentsprechendem Zustande) findet der RW. nicht statt, man mag jene als Ausflüsse der Aufsichts- oder der Polizeigewalt betrachten. — § 35 überwies die Entscheidung von Streitigkeiten zwischen der Gesellschaft und Privatpersonen über die Anwendung des Bahngeld- oder Frachttarifs der Regierung; gemäß § 4 Abs. 3 Ges. v. 26. Juli 1876 bezw. § 159 ZustGes. *entscheidet hierüber fortan der ordentliche Richter. — § 36 regelte das Verhältnis der Eisenbahn zur Postverwaltung. Hierfür ist heute maßgebend das Ges. v. 20. Dez. 1875 (RGBl. S. 318), das an die Stelle des § 4 RPostges. v. 28. Okt. 1871 getreten ist. Bei Meinungsverschiedenheiten zwischen der Post- und der Eisenbahnverwaltung über die Bedürfnisse des Postdienstes, die Natur und die Erfordernisse des Eisenbahnbetriebes entscheidet, soweit sich die erstere nicht bei dem Ausspruche der Landes-Aufsichtsbehörde beruhigt, der Bundesrat; der RW. ist damit ausgeschlossen. Streitigkeiten über die von der Postverwaltung zu zahlenden Gebühren und etwaige Entschädigungsansprüche sind dagegen dem RW. verblieben. — Über die Eisenbahnabgaben (§ 38) s. A. 257. — Will der Staat gemäß § 42 das Eigentum der Bahn ankaufen, so tritt eine Mitwirkung der Gerichte nur insofern ein, als über den Betrag der Entschädigung gestritten wird; vgl. Bessel und Kühlwetter aaO. 2 S. 244. — Gegen die von dem Eisenbahnkommissar (§ 46) oder der Regierung zur Durchführung ihrer Anordnungen getroffenen Zwangsmaßregeln ist gemäß § 36 VO. v. 1808 der RW. verschlossen; vgl. *EK. 3. Jan. 1857 (JMBl. S. 251), das jedoch statt des § 36 den § 19 des Rhein. Ress.-Regl. in Bezug nahm. Die Verwirkung der Konzession (§ 47) ist entsprechend § 72 Einl. z. ALR. durch den Richter auszusprechen; vgl. auch Bessel u. Kühlwetter S. 245. — Der Anspruch, welcher aus der im § 49 a. E. gemachten Zusage hergeleitet wird, ist prozeßfähig; doch bezieht sich jene Zusage nur auf solche neue Bestimmungen, die sich als Abänderungen oder Ergänzungen des Ges. v. 1838 darstellen. Vgl. OT. 27. Jan. 1860 (Strieth. 36 S. 173: § 4 der StädteO. v. 19. März 1856 z. B. begründe keinen Entschädigungsanspruch im Sinne des § 49). —

307. Kleinbahnen. Nicht anwendbar ist das Ges. v. 1838 auf Kleinbahnen und Privatanschlußbahnen; für diese gilt das Ges. v. 28. Juli 1892 (GS. S. 225).

Im allgemeinen kommen bei Kleinbahnen hinsichtlich ihres Verhältnisses zur Aufsichtsbehörde dieselben Grundsätze zur Anwendung, wie bei Eisenbahnen im Sinne des Ges. v. 1838; insbesondere findet gegen die von der Aufsichtsbehörde getroffene Anordnung betr. die Planfeststellung und die Herstellung von Sicherungsanlagen (§ 18) der RW. nicht statt. Unter den nach § 13 bei der Genehmigung vorbehaltenen Rechten dritter Personen sind im wesentlichen nur Privatrechte zu verstehen; insbesondere kommt § 13 nicht in Betracht bei Streitigkeiten, die durch die Genehmigung konkurrierender Unternehmungen entstehen, da deren Verhältnisse durch öffentlichrechtliche Normen geregelt sind: RG. 21. Dez. 1901 (E. 50 S. 292). Der Vorbehalt der Rechte dritter hat nicht die Bedeutung, daß der dritte im RW. die Beseitigung der Abänderung solcher Einrichtungen verlangen könne, die bei der Errichtung und bei dem Betrieb der Kleinbahn im öffentlichen Interesse und unter Genehmigung der Behörden getroffen sind; der dritte kann vielmehr, wenigstens in der Regel, im RW. nur Entschädigungsansprüche geltend machen. — Ob in bestimmten Fällen angedrohte Geldstrafen verfallen, entscheidet unter Ausschluß des RW. der Minister der öffentlichen Arbeiten (§ 27). Kommt zwischen dem Unternehmer und dem aus Gründen des öffentlichen Rechts zur Unterhaltung eines Weges Verpflichteten über die beabsichtigte Benutzung des Weges keine Einigung zustande, so beschließt darüber der Provinzialrat bezw. Bezirks- oder Kreisausschuß, der zugleich unter Ausschluß des RW. über die nach § 6 an den Unternehmer gestellten Ansprüche entscheidet. Bei der Herstellung eines Anschlusses an eine andere Bahn oder bei der Einführung von Anschlußgleisen für den Privatverkehr (§§ 10, 28, 29) regelt in Ermangelung gütlicher Einigung die Behörde bezw. der Minister die Verhältnisse beider Unternehmer zu einander; gegen die Festsetzung der für die Benutzung oder Veränderung der Anlagen zu leistenden Vergütung ist der RW. zulässig; im übrigen ist die Entscheidung endgültig. Macht der Staat von seinem Recht, die Bahn zu übernehmen (§ 30) Gebrauch, so finden hinsichtlich der Festsetzung der Entschädigung die Bestimmungen des Enteignungsges. v. 1874 Anwendung. Gegen die vom Bezirksausschuß vorgenommene Festsetzung der Entschädigung steht beiden Teilen der RW. offen; die Klage ist innerhalb sechs Monate nach Zustellung des Festsetzungsbeschlusses zu erheben (§ 36).

Privatanschlußbahnen bedürfen, wenn sie für den Betrieb mit Maschinen eingerichtet werden sollen, der polizeilichen Genehmigung. Auch bei ihnen kann die Behörde Sicherungsanlagen verlangen; der RW. hiergegen ist ausgeschlossen (§§ 43, 47).

308 Die durch § 96 des Feld- und Forstpolizeiges. v. 1. Apr. 1880 aufrecht erhaltene vorläufige VO. über die Ausübung der Waldstreuberechtigung in den sechs östlichen Provinzen v. 5. März 1843 (GS. S. 105) bestimmt im § 2, daß, wo der Umfang und die Art der Ausübung dieser Berechtigung durch Verleihung, Vertrag, Urteil, Verjährung bestimmt festgestellt worden, es hierbei sein Bewenden behalte, daß dagegen in Ermangelung solcher auf besonderen Rechtstiteln beruhenden Verhältnisse die in den §§ 3 und 4 (namentlich über die Jahres- und Tageszeiten, Reviere, Transportmittel und Werkzeuge) gegebenen Vorschriften zur Richtschnur dienen sollen; sie regelt sodann im § 5 die Zuständigkeit in der Weise, daß bei Streitigkeiten zwischen dem Waldeigentümer und den Berechtigten über die Frage, welche Distrikte zum Streusammeln zu öffnen seien (§ 4a), ausschließlich die Verwaltung zu entscheiden habe, über Streitigkeiten inbetreff der Transportmittel (§ 4d), sowie über die mit Berücksichtigung der bisherigen Observanz zum Streuholen zu bestimmende Zahl der Tage (§ 4c) aber das ordentliche Rechtsverfahren stattfinde. — Insoweit § 5 dieser VO. (welche übrigens nicht ausschließlich auf dingliche Berechtigungen anwendbar ist; vgl. OT. 29. März 1858, Strieth. 28 S. 215) den RW. ausdrücklich zuläßt, kann nicht bloß petitorisch, sondern auch possessorisch geklagt werden, ebenso wie im umgekehrten Falle sowohl die Besitzklage wie die Rechtsklage unstatthaft ist. So: OT. 15. Jan. 1858 (das. S. 168). Das Präj. Nr. 1505 hatte dagegen aus Anlaß eines Streits über die Öffnung der Distrikte den Anspruch auf Besitzschutz zu Gunsten desjenigen anerkannt, der den jüngsten Besitz einer umfangreicheren Ausübung als der nach den §§ 3ff. abgegrenzten nachzuweisen vermöge. Gen. OT. 15. Jan. 1858 glaubte dies in solcher Allgemeinheit um so weniger festhalten zu können, als sogar, der rechtsverjährten Ausübung ungeachtet, die Bestimmung der Jahreszeiten, Reviere und Gestalt der Harken den forstpolizeilichen Anordnungen unterworfen bleibe. Diesen Satz gründet

das dort bezogene OT. 28. Febr. 1848 (Präj. Nr. 2015, E. 16 S. 210) hauptsächlich darauf, daß die im § 2 anerkannte Verjährung nur auf privatrechtliche, nicht also auf diejenigen Verhältnisse zu beziehen sei, in denen Eigentümer wie Berechtigte zur Gesetzgebung ständen; unter „Art der Benutzung" im § 2 könne überhaupt nur eine mit der Holzproduktion als Hauptbestimmung des Waldes vereinbare Benutzungsart verstanden werden, weshalb die ferneren Worte „in Ermangelung usw." nicht so zu deuten seien, als ob § 4 und (der die Strafbestimmungen enthaltende) § 7 nur dann eintreten sollten, wenn nicht ein mehreres ersessen worden; vielmehr bildeten die §§ 4, 7 für die Folgezeit die Regel. Auf derselben Anschauung beruhen OT. 14. Nov. 1851, 19. Okt. 1854 (Strieth. 4 S. 149). Jedch dürfte dieser Versuch, die VO. von 1843 mit den allgemeinen Grundsätzen über das Wesen der Waldgerechtsamen und mit den Interessen der Forstwirtschaft, wie sie namentlich der hinsichtlich der Waldweide im § 27 des Edikts v. 14. Sept. 1811 getroffenen Bestimmung zugrunde liegen, überall in Einklang zu bringen, an dem klaren Wortlaute des § 2 scheitern; diesem Wortlaute gemäß kann nur mit der Anmerkung bei Striethorst 4 S. 87 angenommen werden, daß die §§ 3 und 4 lediglich da Platz greifen sollen, wo nicht durch besondere Titel, insbesondere auch nicht durch (eine vor dem Erlasse der VO. vollendete) Verjährung die Art der Ausübung in größerem Umfange rechtlich begründet worden ist. Dies hat nicht bloß für das sachliche Recht, sondern auch für die Zuständigkeit (wenigstens insofern es sich um die Rechtsklage handelt) große Bedeutung, da § 5 ausschließlich zu den §§ 3 und 4 in Beziehung steht, mithin nach obiger Deutung da, wo Verjährung oder einer der übrigen im § 2 aufgeführten Titel angerufen wird, den RW. in keiner Weise beschränkt. Übrigens muß darauf aufmerksam gemacht werden, daß § 5 überhaupt nur von Streitigkeiten zwischen Eigentümer und Berechtigten spricht, sonach für das Verhältnis zwischen letzterem und der Forstpolizeibehörde nicht maßgebend erscheint, für dieses vielmehr das Ges. v. 11. Mai 1842 die Richtschnur bildet; sollte daher die Forstpolizeibehörde Beschränkungen in der Ausübnng vorschreiben, die dem Titel widersprechen, so würde hieraus unter Umständen nur ein gegen den Eigentümer im RW. geltend zu machender Entschädigungsanspruch hervorgehen, vorausgesetzt, daß der Ausdruck: „spezieller Rechtstitel" im § 2 Ges. v. 1842 so eng zu fassen ist, wie er vom KompGH. gefaßt wird. — Unter „bisheriger Observanz" in den §§ 4 und 5 ist zufolge OT. 14. Sept. 1854 (Präj. Nr. 2547; E. 28 S. 431) nur die bisherige Art der Ausübung zu verstehen.

309. Die durch § 6 Pensionsges. v. 27. März 1872 (GS. S. 268) aufrecht erhaltene VO. betr. die Pensionierung der Lehrer und Beamten an den höheren Unterrichtsanstalten v. 28. Mai 1846 (GS. S. 214) überweist in den §§ 7, 8, 17 dem Oberpräsidenten die Bestimmung desjenigen, der bei unvermögenden Schulanstalten zur Zahlung oder Ergänzung der Pensionen verpflichtet ist, sowie die Festsetzung des Betrags der Zuschüsse, die zur Bildung der im § 16 erwähnten Pensionsfonds erfordert werden, und zwar letztere Festsetzung unter gänzlicher Ausschließung des RW., erstere dagegen mit der Maßgabe, daß der RW. nur dann stattfindet, wenn auf Grund besonderer Rechtstitel eine Befreiung behauptet wird; in diesem Falle soll die Bestimmung des Oberpräsidenten bis zur rechtskräftigen Entscheidung als einstweilige Regelung gelten. Die Beschwerde an den Kultusminister ist wider die Festsetzung sowohl der einen wie der andern Art gestattet. Der Fall, wo der gemäß § 7 für verpflichtet erklärte keine Befreiung auf Grund besonderer Rechtstitel der Aufsichtsbehörde gegenüber in Anspruch nimmt, sondern behauptet, daß noch ein anderer mitverpflichtet sei, ist in der VO. nicht ausdrücklich berücksichtigt. Doch muß nach § 46 der Einl. z. ALR. und nach dem Zwecke des Gesetzes angenommen werden, daß alsdann der RW. dem angeblich Mitverpflichteten gegenüber behufs Feststellung dieser Mitverpflichtung stattfinde, vorausgesetzt, daß die Begründung des Klageanspruchs dem Privatrechte entnommen wird; vgl. EK. 19. Juni 1858 (JMBl. 59 S. 39; hier war gegen den Fiskus als vertragsmäßig Mitverpflichteten geklagt worden). — Übrigens unterstellt § 8, soweit er den RW. zuläßt, keinen Zweifel darüber, ob im gegebenen Falle Pension zu zahlen sei, sondern welcher von mehreren bei einer Unterrichtsanstalt beteiligten moralischen Personen die desfallsige Verpflichtung obliege; vgl. *EK. 12. Febr. 1859 (das. S. 312, wo außerdem angenommen ward, daß die einem entlassenen Lehrer gemäß § 16 a. E. des Diszipl.-Ges. v. 1852 bewilligte Unterstützung als eine durch dessen Verschulden geminderte Pension zu betrachten, mithin nach der VO. v. 1846

zu beurteilen sei). — Die VO. bezieht sich nicht auf Universitätslehrer, wohl aber auf die Lehrer und Beamten an Provinzial-Gewerbeschulen: HMVfg. 9. Mai 1852 (VMBl. S. 125). — Schließlich wird auf die AKO. v. 13. März 1848 (GS. S. 113) und die MVfg. 10. Dez. 1846, 22. Febr. 1847 (VMBl. 47 S. 40—45) verwiesen.

310. Während die Judengemeinden mit Ausnahme derer des Großherzogtums Posen (vgl. VO. v. 1. Juni 1833; GS. S. 66) seit dem Ed. v. 11. März 1812 regelmäßig keine Korporationen bildeten, sondern bloß als geduldete Religionsgesellschaften mit den Rechten erlaubter Privatgesellschaften (vgl. § 20 II. 11; §§ 11 ff. II. 6 ALR.) behandelt wurden, verordnet das Gef. v. 23. Juli 1847 (GS. S. 263) allgemein die Vereinigung der Juden zu Synagogengemeinden, die inbezug auf ihre Vermögensverhältnisse die Rechte moralischer Personen haben sollen; im weiteren Verlauf trifft es mehrere den RW. beschränkende Bestimmungen, die sich im wesentlichen als bloße Folge jener neuen Einrichtung, d. h. des von der Verwaltung über Korporationen zu übenden Aufsichtsrechts darstellen und insbesondere den desfalls für Kommunalverhältnisse geltenden Normen ähnlich sind. Dieser enge Zusammenhang zwischen obigen Bestimmungen und der Bildung der Synagogengemeinden spricht von vornherein dafür, daß die Anwendbarkeit der ersteren nicht sofort mit Publikation des Gesetzes begründet, sondern dadurch bedingt worden, daß die erwähnte neue Einrichtung bereits ins Leben getreten sei, daß also überall, wo die Bildung eines Synagogenbezirks (§ 36) und die Errichtung eines Statuts (§ 50) noch nicht stattgefunden habe, von Anwendung jener Bestimmungen nicht geredet werden könne. Diese Ansicht ist denn auch vom KompGH. wiederholt (vgl. EK. 25. Sept. 1852, 26. Nov., 17. Dez. 1853; JMBl. 53 S. 32; 54 S. 72, 133) und zwar augenscheinlich nicht bloß für den damals gerade in Frage stehenden § 58 ausgesprochen worden, wogegen freilich OT. 15. Juli 1853 (Präj. Nr. 2481, E. 26 S. 364) inbetreff des § 49 in entgegengesetztem Sinne entschied. — Von diesen Bestimmungen entspricht § 36 den für die Bildung und Abänderung sonstiger Kommunalbezirke geltenden Grundsätzen. Hinsichtlich der Streitigkeiten über den Umfang eines Synagogenbezirks wird wohl das in A. 51, 52 gesagte entsprechend zur Anwendung kommen. Die Bestimmung des § 49 dehnt die Grundsätze, welche als Ausflüsse des Aufsichtsrechts über die politischen Gemeinden hinsichtlich der inneren Kommunalangelegenheiten gelten und namentlich in den unter A. 165 erwähnten Gesetzesstellen enthalten sind, auf die Judengemeinden aus. Zu den nach diesem § [beim Mangel eines besonderen Rechtstitels] unzulässigen Klagen gehört u. a. auch diejenige, welche ein einzelnes Gemeindeglied wider den Vorstand richtet, damit letzterer für nicht befugt erklärt werde, den Kläger vom jüdischen Gottesdienste auszuschließen, noch über die gemeinschaftlichen, zu diesem Gottesdienste bestimmten Sachen ohne seine Einwilligung zu verfügen; vgl. gen. OT. 15. Juli 1853. Inzwischen ist diese Bestimmung durch (§ 164 Gef. v. 26. Juli 1876 bezw.) § 54 ZustGef. dahin abgeändert, daß auf Klagen einzelner wegen der ihnen als Mitglieder einer Synagogengemeinde zustehenden Rechte und obliegenden Verpflichtungen zu Abgaben und Leistungen der Bezirksausschuß entscheidet, was gemäß § 160 ZustGef. zur Folge hat, daß der RW. überhaupt, also auch dann ausgeschlossen ist, wenn Kläger sich auf einen besonderen Rechtstitel beruft. Unter die hiernach dem RW. entzogenen Rechte und Verbindlichkeiten fallen nicht ohne weiteres solche, die aus besonderen Rechtstiteln, z. B. aus Verträgen zwischen einem Mitglied und dem andern oder mit der Gemeinde über Gegenstände des Gemeindeeigentums hergeleitet werden; vgl RG. 8. Dez. 1886 (Gruchot 31 S. 440, das demnach die Entschädigungsklage wegen Entziehung des Rechts zur Benutzung eines bestimmten Stuhls in der Synagoge zuließ, vgl. A. 77.) — Nach § 49 war ferner der RW. inbetreff der beim Mangel gütlicher Einigung gemäß § 34 d. G. und § 20 d der VO. v. 1. Juni 1833 von der Regierung ausgegangenen Festsetzung der Abfindungssumme, die ein im Großherzogtum Posen wohnender Jude bei Verlegung seines Wohnsitzes in eine andere Provinz zur Ablösung seines Anteils an den Korperationsverpflichtungen zu zahlen hat, ausgeschlossen, wenn kein besonderer Rechtstitel angerufen wurde; § 20 d ist inzwischen durch Gef. v. 24. Mai 1869 (GS. S. 838) ersetzt worden, das den RW. über die Ablösungspflicht und die Höhe des Ablösungskapitals zuließ. Gegenwärtig gilt auch hier § 54 ZustGef., wonach der RW. überhaupt ausgeschlossen ist. Ebenso Stölzel S. 184. Gen. § 54 kommt auch dann zur Anwendung, wenn die zu schlichtenden Streitigkeiten durch den auf

Grund des Ges. v. 28. Juli 1876 (GS. S. 253) erfolgten Austritt aus der Synagogengemeinde entstanden sind. — Inbetreff der §§ 58 und 67, welche den für Kommunal- und Schulabgaben bestehenden Ressortbestimmungen bezw. den §§ 78, 79 II. 14 ALR. entsprechen, vgl. A. 400.

311. Jagd. Die Bestimmungen des Jagdpolizeiges. v. 7. März 1850 (GS. S. 165) sind durch das ZustGes. wesentlich berührt worden; es kommen hier hauptsächlich die §§ 2, 7 und 11 jenes Ges. in Betracht. § 2 bestimmt unter a, b, c die Voraussetzungen, unter denen ein Grundbesitzer zur eigenen Ausübung des Jagdrechts befugt sein soll, unterwirft aber nur die Frage über das Vorhandensein der unter b gedachten der administrativen Entscheidung und gibt dadurch deutlich zu erkennen, daß die Beurteilung der Bedingungen a und c, wenn hierüber unter Privatleuten Streit entsteht, den Gerichten gebühre: EK. 3. Mai 1856, 30. Okt. 1858 (JMBl. 56 S. 188; 59 S. 143). § 7 verpflichtet die Besitzer der von größeren, eine einzige Besitzung bildenden Waldungen eingeschlossenen Grundstücke, auf Verlangen des Waldeigentümers diesem die Ausübung der Jagd zu verpachten oder sie ruhen zu lassen, und überträgt die Festsetzung der zu leistenden Entschädigung dem Landrat, indem er beiden Teilen die Berufung auf richterliche Entscheidung vorbehält. Die beiden §§ sind durch § 105 ZustGes. dahin abgeändert worden, daß unter vollständigem Ausschluß des RW. alle Streitigkeiten der Beteiligten über ihre, (beiderseits) in dem öffentlichen Recht begründeten Berechtigungen und Verpflichtungen hinsichtlich der Ausübung der Jagd (einschließlich der nach § 7 zu zahlenden Entschädigung) der Entscheidung im Verwaltungsstreitverfahren unterliegen. In diesem Verfahren ist auch die Frage zu entscheiden, ob und für welchen Zeitraum zwischen dem Waldeigentümer und dem Enklavenbesitzer eine Einigung über die Übertragung der Jagdausübung erfolgt sei: OVG. 13. Apr. 1896 (E. 29 S. 308). Hiervon verschieden ist die Frage, ob und wann ein Pachtvertrag durch Kündigung sein Ende erreicht habe, sie kann nur im RW. entschieden werden. Dasselbe gilt, da § 105 dem Kreisausschuß lediglich die Feststellung der dem Enklavenbesitzer zu zahlenden Entschädigung überweist, von allen auf die Zahlung der Entschädigung sich beziehenden Streitigkeiten; vgl. OVG. 5. Jan. 1901 (E. 38 S. 281). — Das Recht des Jagdpächters stützt sich lediglich auf den privatrechtlichen Titel des Jagdpachtvertrages; der Pächter gehört demnach nicht zu den „Beteiligten", seine Ansprüche gegen dritte und auch gegen die Gemeinde selbst (s. A. 192) kann er nur im ordentlichen RW. geltend machen. Vgl. OVG. 13. Febr. 1890 (E. 19 S. 308), RG. 8. Febr. 1898, 4. Mai 1899 (E. 41 S. 346; 44 S. 196), OLG. Cöln 26. Jan., 13. Okt. 1897 (Rh. A. 91, I. 235; 92, I. 214), EK. 12. Dez. 1896, 25. Juni 1898 (Rechtspr. Nachtr. S. 12). Hierbei kann auch die Frage zur Entscheidung des Richters kommen, ob bestimmte Grundstücke in die Jagdpacht fallen oder nicht, was insbesondere dann streitig werden kann, wenn jemand während der Dauer des Pachtvertrages seinen Grundbesitz auf 300 zusammenhängende Morgen vergrößert und nun gegen den Jagdpächter das Jagdrecht auf diesen Grundstücken selbst beansprucht; vgl. RG. 9. März 1900, 4. Juli 1902 (E. 45 S. 303; 52 S. 126), gen. EK. und oben A. 51. Übrigens soll, wenn in einem Jagdbezirk die Jagd von mehreren Personen in Anspruch genommen wird, die Jagdpolizeibehörde eine einstweilige Regelung vornehmen und deren Befolgung bis zum Ausgang der Rechtsstreits überwachen; auch soll die Gemeinde dem jüngeren Pächter im Prozesse assistieren; vgl. MVfg. 20. Aug. 1856 (gen. bei Illing 1 S. 1113), 18. Juni 1870 (VMBl. S. 196), OVG. 13. März 1881, 16. März 1887 (E. 7 S. 251; 14 S. 415). Wer zu den „Beteiligten" im Sinne des § 105 Nr. 3 gehört, darüber vgl. OVG. 22. Nov. 1888 (E. 17 S. 349: das Verwaltungsstreitverfahren ist unzulässig für die Klage des Eigentümers eines abgetrennten Grundstücks gegen den Jagdvorstand des Bezirkes, von dem das Grundstück abgetrennt war, auf Herausgabe der Entschädigung, die der Eigentümer des umschließenden Privatjagdbezirks an den beklagten Jagdvorstand auf Grund einer zwischen ihnen erfolgten Vereinbarung gezahlt hatte). Im übrigen vgl. inbetreff der Streitigkeiten über die Gültigkeit der Jagdpachtverträge A. 171, 192. — — Nach § 11 Ges. v. 1850 werden die Erträge der gemeinschaftlichen Jagdnutzung usw. von der Gemeindebehörde unter die Grundstückseigentümer verteilt. Die Entscheidung der Gemeindebehörde konnte früher im RW. angefochten werden; gegenwärtig ist nur noch das in § 106 ZustGes. geregelte Verfahren zulässig. Die hier gegen den Beschluß der Gemeindebehörde gegebene Verwaltungsklage hat zur Voraussetzung, daß der Kläger als Besitzer eines dem gemeinschaftlichen, von der

Gemeinde verwalteten Jagdbezirke angehörigen Grundstückes auftritt. Handelt es sich um den Anspruch eines außerhalb des Jagdverbandes stehenden dritten auf Herausgabe der dem Jagdverbande ohne Rechtsgrund zugeflossenen Jagdnutzung fremder Grundstücke, so ist nicht das Verwaltungsstreitverfahren, sondern nur der ordentliche RW. zulässig: OVG. 22. Nov. 1888, 14. März 1887 (E. 17 S. 349; 14 S. 310: hier hatte eine Gemeinde irrtümlich Parzellen mitverpachtet, die nicht zur Gemeinde gehörten). Wird ein Anspruch auf anteilmäßige Auszahlung der Jagdpacht usw. darauf gestützt, daß diese entgegen dem § 11 nicht verteilt worden, sondern ganz der Gemeindekasse zugeflossen sei, so ist allerdings § 106 ZustGes. nicht anwendbar, der RW. ist jedoch deshalb unzulässig, weil mit der Klage die Nichterfüllung einer der Gemeindebehörde obliegenden öffentlichrechtlichen Verpflichtung gerügt, also kein privatrechtlicher Anspruch verfolgt werden würde; hier ist nur die Beschwerde an die Aufsichtsbehörde gegeben; so: OLG. Cöln 7. Dez. 1898 (Rh.A. 94, I. 203). In den durch RG. 12. Okt. 1896, 9. Dez. 1897 (E. 38 S. 253; 40 S. 268) entschiedenen Fällen klagte ein Grundstückseigentümer gegen diejenigen, die einen bestimmten Jagdpachtvertrag abgeschlossen hatten, auf Schadensersatz, weil sie trotz eines günstigeren Angebots die Jagd zu einem zu geringen Pachtgelde verpachtet hätten; das RG. erachtete den RW. wegen § 106 für unzulässig, weil unter den „Erträgen" der Jagdnutzung auch diejenigen Mehrbeträge zu verstehen seien, die bei einer pflichtmäßigen Verpachtung der Jagd über die vereinbarten Pachtgelder hinaus hätten erzielt werden können. Für den Eventualantrag, mit welchem Zahlung der ungeteilten Schadensersatzsumme zur Gemeindekasse begehrt wurde, war zwar der RW. zulässig; die Klage wurde aber abgewiesen, weil der Anspruch auf Schadensersatz nicht von dem einzelnen Grundstücksbesitzer, sondern gemäß § 4 Ges. v. 1850 nur von der Gemeindevertretung geltend gemacht werden könne.

312. Nach dem Ges. betr. die Errichtung von Marksteinen v. 7. Okt. 1865 (GS. S. 1033, ausgedehnt auf die ganze Monarchie mit Ausnahme Hohenzollerns und des Jadegebiets durch Ges. v. 7. April 1869, GS. S. 729) muß jeder das zur Errichtung von Marksteinen nach der Bestimmung der Trigonometer erforderliche Gebiet abtreten; gegen die nötigenfalls vom Landrat auszusprechende Besitzeinweisung des Staates ist ein Rechtsmittel nicht gegeben (§ 1). Erfolgt über den Kaufpreis keine Einigung, so setzt der Landrat die zu gewährende Entschädigung fest; gegen diese Festsetzung steht dem Entschädigungsberechtigten die Beschreitung des RW. binnen einer sechswöchigen Ausschlußfrist zu (§ 3). Für die bei der Aufmessung der trigonometrischen Punkte erfolgende Flurbeschädigungen ist Entschädigung zu leisten, deren Betrag nötigenfalls im RW. zu ermitteln ist.

313. Schlachthäuser. Die in Gemäßheit des § 57 Ges. betr. die Errichtung öffentlicher Schlachthäuser v. 18. März 1868 (GS. S. 277) erhobenen Entschädigungsansprüche sind bei Vermeidung des Verlustes innerhalb der Frist des § 3 beim Bezirksausschuß (§ 131 ZustGes.) anzumelden, der darüber durch Beschluß entscheidet. Hiergegen steht jedem Beteiligten innerhalb einer Frist von vier Wochen nach Zustellung des Beschlusses der RW. offen. Das ordentliche Gericht hat sich nur mit denjenigen Schadensersatzforderungen zu befassen, die dem Bezirksausschuß unterbreitet waren; es ist deshalb unzulässig, erst im gerichtlichen Verfahren auf den Entschädigungsanspruch des § 7 zurückzugreifen, während im Verwaltungsverfahren der Anspruch auf andere Tatsachen gestützt war; so: OLG. Cöln 5. Nov. 1881, RG. 17. März 1882 (Rh. A. 72, I. 61; 73, III. 16). Der RW. ist nicht nur bez. der Höhe der Entschädigungsforderung, sondern allgemein, mithin auch gegen solche Entscheidungen gegeben, die den Entschädigungsanspruch lediglich aus Rechtsgründen abweisen. Auch kann daraus, daß die Behörde die Vorverhandlungen des § 9 nicht für erforderlich gehalten hat, kein Einwand gegen die Zulässigkeit des RW. entnommen werden. Vgl. RG. 30. Mai 1884 (Rh. A. 75, III. 22; 74, I. 34). Eine Beschwerde im Verwaltungswege findet nicht statt: § 131 Abs. 2 ZustGes.

Gewerbeordnung, A. 314—326.

314. Die RGewerbeO. v. (21. Juni 1869 in der Fassung v.) 26. Juli 1900 (RGBl. S. 871) enthält vorwiegend Vorschriften des öffentlichen Rechts, die ihrer Natur nach für den RW. keinen Raum lassen. Ergehen die Entscheidungen und Verfügungen der Verwaltungsbehörden in Gewerbepolizeiangelegenheiten, so folgt die Unzulässigkeit des RW. aus dem Ges. v. 11. Mai 1842; beruhen sie auf dem Aufsichtsrecht der Regierung, so greift § 36 VO. v. 1808 Platz. Im übrigen ist der Rechtsmittelzug im Verwaltungswege meist besonders geregelt; sodaß in Gemäßheit

des § 13 GVG. der RW. selbst da ausgeschlossen ist, wo er nach den allgemeinen Grundsätzen zulässig wäre, wie dies z. B. bei der Vermögensauseinandersetzung der Innungen usw. nach § 41 VO. v. 1808 der Fall sein würde. Im einzelnen sind folgende Bestimmungen hervorzuheben.

315. Nach § 9 Abs. 1 RGewO. sind im RW. zu entscheiden Streitigkeiten darüber, ob eine Berechtigung zu den durch §§ 7, 8 aufgehobenen oder für ablösbar erklärten gehört. Die Frage ob und wie weit eine auf einem Grundstück haftende Abgabe eine Grundabgabe ist oder für den Betrieb eines Gewerbes entrichtet werden muß (§ 9 Abs. 2), gehört in den neueren Provinzen überhaupt und in den übrigen hinsichtlich der Mühlengrundstücke und der Abdeckereiberechtigungen vor die Auseinandersetzungsbehörden (Ges. v. 11. März 1850, GS. S. 146, §§ 1, 2; Ges. v. 17. März 1868, GS. S. 249, § 50; Ges. v. 17. Dez. 1872, GS. S. 717, § 5); in allen andern Fällen kommt gemäß § 3 Abs. 2 Pr. GewO. v. 17. Jan. 1845 die VO. v. 19. Febr. 1832 (GS. S. 64) zur Anwendung, die als selbstverständlich voraussetzt, daß die Entscheidung dem Richter gebühre, dessen Ermessen es auch überlassen wird, bei Abgaben gemischter Natur die Absonderung zu bewirken (§ 3 das.). Über Anträge auf Ablösung von Gewerbeberechtigungen (§ 8 RGewO.) und auf Entschädigung für aufgehobene Gewerbeberechtigungen (§ 7 Abs. 2) enscheidet der Bezirksausschuß (§ 133 ZustGes.). [In sachlicher Hinsicht vgl. hierzu OVG. 26. Nov. 1883 (E. 10 S. 275), v. Brauchitsch 5 S. 9 A. 2].

316. Die §§ 16 ff. RGewO. enthalten die Bestimmungen über diejenigen Anlagen, die einer Genehmigung bedürfen und über das bei Erteilung dieser letzteren zu beobachtende Verfahren. Hiernach wird das Unternehmen von der zuständigen Verwaltungsbehörde (§§ 109, 110 ZustGes.) durch die Amtsblätter usw. mit der Aufforderung bekannt gemacht, etwaige Einwendungen binnen vierzehn Tagen anzubringen. Geschieht letzteres nicht, so erteilt die Behörde die Genehmigung, falls die Anlage den bestehenden polizeilichen Vorschriften entspricht und keine erheblichen Gefahren, Nachteile oder Belästigungen für das Publikum herbeiführen kann, indem sie gleichzeitig die Bedingungen der Genehmigung festsetzt. In diesem Falle kommt die Rücksicht auf das Interesse der Nachbarn nicht in Betracht. Werden dagegen Einwendungen in obiger Frist angebracht, so ist zwischen solchen, die auf einem privatrechtlichen Titel beruhen, und solchen, wo dies nicht der Fall ist, zu unterscheiden. Erstere sind zur richterlichen Entscheidung zu verweisen, ohne daß von ihrer Erledigung die Genehmigung der Anlage abhängig gemacht wird. Über letztere entscheidet die Verwaltungsbehörde selbst; gegen den Bescheid findet die Beschwerde an den Minister für Handel u. Gewerbe statt (§ 113 ZustGes.). Indem hiernach die RGewO. (in Übereinstimmung mit dem früheren preußischen Recht, vgl. GewO. v. 17. Jan. 1845 §§ 29 ff. und das an deren Stelle getretene Ges. v. 1. Juli 1861) die Entscheidung nichtprivatrechtlicher Einsprüche den Verwaltungsbehörden zuweist, beabsichtigt sie nicht, neue, von den allgemeinen Normen abweichende Kompetenzverhältnisse zu begründen, sondern im Gegenteil den allgemeinen Normen auch auf diesem Gebiet ihre Geltung zu sichern. Nur insoweit weichen die heutigen Bestimmungen von den früheren ab, als nur solche Einsprüche, die auf besonderen privatrechtlichen Titeln beruhen, zur richterlichen Entscheidung zu verweisen sind. Andere privatrechtliche Einwendungen, z. B. die aus den allgemeinen Grundsätzen der Ausschließlichkeit und Unverletzlichkeit des Eigentums oder aus denen des Nachbarrechts hergeleiteten, werden von der Verwaltungsbehörde mit geprüft und berücksichtigt; diese Prüfung erfolgt jedoch nur vorbehaltlich des RW., sie schließt demnach nicht aus, daß dieselben Einwendungen später gerichtlich geltend gemacht werden. Vgl. RG. 20. Mai 1885 (E. 13 S. 52). Eine auf die letztgenannten Einwendungen sich stützende Klage kann aber gemäß § 26 RGewO. der erteilten Genehmigung gegenüber niemals auf Einstellung des Betriebes, sondern nur auf die Anbringung schadenverhütender Vorkehrungen bezw. auf Entschädigung gerichtet sein. Vgl. auch Rh. Ress.-Regl. A. 69.

317. Das Genehmigungsgesuch berechtigt für sich allein schon den hierdurch in seinen Privatrechten Bedrohten zur Erhebung der gerichtlichen Klage; dieser braucht nicht erst die Erteilung der Genehmigung oder seine Verweisung auf den RW. durch die Verwaltungsbehörde abzuwarten: AH. Cöln 23. Jan. 1856 (Rh. A. 51, I. 206). Ebensowenig begründet die Nichtanmeldung privatrechtlicher Einsprüche im Verwaltungsverfahren ein Hindernis für die gerichtlich zu tuenden Schritte. Nur für das Verwaltungsverfahren selbst müssen die nicht auf be-

sonderem Titel beruhenden Einwendungen innerhalb der Einspruchsfrist angemeldet werden, wenn sie in diesem Verfahren berücksichtigt werden sollen (§ 17 Abs. 2 a. E.). — Die Nichtbeobachtung der in den §§ 17 ff. gegebenen Formvorschriften kann nur im Beschwerdewege geltend gemacht werden, sie ermächtigt daher nicht etwa denjenigen, der eine zur administrativen Erörterung geeignete Einwendung wider die Anlage zu haben glaubt, die erteilte Genehmigung vor Gericht anzufechten oder als nicht erteilt zu behandeln.

318. Steht, wenn eine gewerbliche Anlage konzessionswidrig errichtet ist oder der durch die Genehmigung geregelte Betrieb in der Ausübung überschritten wird, dem hierdurch benachteiligten der RW. offen, um die Beobachtung der Genehmigungsbedingung zu erzwingen, oder kann er nur bei der Polizeibehörde Beschwerde führen? Das letztere ist jedenfalls dann anzunehmen, wenn die betr. Bestimmungen der Genehmigung auf allgemeinen polizeilichen Gründen beruhen; sind sie dagegen im besonderen Hinblick auf die Privatinteressen der Nachbarn ergangen, so dürfte die Genehmigung einem unter den Interessenten geschlossenen Vertrage insofern gleichstehen, als sie für geeignet zu halten ist, privatrechtlich wirkende Ansprüche wider den Genehmigungsinhaber zu begründen. Vgl. EK. 14. Sept. 1848 (JMBl. S. 440), Rh. Ress.-Regl. A. 64, 66, Dalloz, m. Comp. admin., n. 270. Entschädigungsforderungen, die aus angeblichen Konzessionswidrigkeiten hergeleitet werden, sind in allen Fällen prozeßfähig.

319. Wird gemäß § 51 RGewO. wegen überwiegender Nachteile und Gefahren für das Gemeinwohl die fernere Benutzung einer gewerblichen Anlage durch den Bezirksausschuß untersagt, so findet hiergegen nur die Beschwerde an den Minister statt (§§ 112, 113 ZustGes.), während wegen der hierfür zu zahlenden Entschädigung der RW. offen steht.

320. Im übrigen sind die Vorschriften des 2. und 3. Titels gewerbepolizeilicher Natur; der RW. ist unzulässig. Damit ist jedoch nicht gesagt, daß auch eine gegen den Staat gerichtete Klage auf Anerkennung einer Realgewerbegerechtigkeit (§§ 33, 48 RGewO.) unzulässig sei. Denn die Realgewerbegerechtigkeit ist privatrechtlicher Natur und in ihr selbst liegt nichts, was ihre Feststellung und Verfolgung im RW. ausschlösse; auch besteht keine gesetzliche Vorschrift, welche Streitigkeiten über das Vorhandensein einer solchen Gerechtigkeit den Gerichten entzöge und vor andere Behörden verwiese. So: RG. 21. Apr. 1886 (E. 15 S. 139). — Ebensowenig ist im Strafverfahren der Strafrichter an die Entscheidung der Polizeibehörde gebunden, da er die Bedingungen für die Anwendbarkeit einer Strafe selbst zu prüfen hat. Zu dieser Prüfung gehört nicht allein, ob in den dem Angeklagten zur Last gelegten Tatsachen der Beginn oder die Fortsetzung eines Gewerbes überhaupt gefunden werden müsse, sondern auch, ob zum Betriebe desselben eine Genehmigung, Approbation usw. erforderlich gewesen, ob letztere als erteilt zu betrachten sei usw., und zwar selbst dann, wenn die Verwaltungsbehörde sich über den einen oder anderen Punkt bereits ausgesprochen hat. Nach OLG. Darmstadt 7. Juli 1899 (DJurZtg. 5 S. 344) ist der Strafrichter sogar befugt zu prüfen, ob im Fall des § 147 Nr. 2 die einer erteilten Genehmigung beigefügten wesentlichen Bedingungen mit den Vorschriften der RGewO. im Einklange stehen. (Das Gericht erklärte die einer Wirtschaftskonzession beigefügte Bedingung, daß keine Kellnerinnen gehalten würden, als den §§ 41, 11 RGewO. widersprechend, weshalb diese Konzessionseinschränkung strafrechtlich als nicht geschrieben gelten müsse.)

321. Marktverkehr. Wenn auch über die Bestimmungen der Zahl, Zeit und Dauer der von den Marktberechtigten abzuhaltenden Märkte ein Prozeß nicht stattfinden kann, so sind dennoch die im § 65 RGewO. erwähnten Entschädigungsansprüche im RW. verfolgbar; v. Rönne (1. Aufl.) 1 S. 205. — Zu § 68 vgl. das (durch das Kommunalabgabengesetz nicht berührte) Ges. betr. die Erhebung von Marktstandsgeld v. 26. Apr. 1872 (GS. S. 513). Das Marktstandsgeld ist keine öffentlichrechtliche Abgabe, sondern eine Vergütung für die Benutzung des Raumes, ein Mietzins und das Recht zu seiner Erhebung ein nutzbares Privatrecht, weshalb da, wo dieses bestritten wird, der RW. zulässig erscheint. Dagegen kann über den Umfang des Rechts vom Richter insofern nicht erkannt werden, als es nach § 1 jenes Ges. lediglich Sache der Verwaltungsbehörde ist, die Erhebung des Marktstandgeldes zu regeln und den Tarif festzusetzen. Vgl. OT. 11. Juni 1857 (Strieth. 25 S. 162). Diese Entscheidung (über die Einführung neuer und die Erhöhung, Ermäßigung oder anderweitige Regelung bestehender Marktstandsgelder)

erfolgt durch den Bezirksausschuß: § 130 ZustGes. Beruht das Recht, die Abgabe nach bestimmten Sätzen zu erheben, oder eine bei Entrichtung des Marktstandsgeldes stattfindende Bevorzugung auf besonderem Titel, so kann im ersteren Falle die Ermäßigung der Tarifsätze wider den Willen des Berechtigten, sofern er nicht etwa der Fiskus oder die betr. Gemeinde ist, nur gegen Entschädigung erfolgen, im zweiten Falle ist die Aufhebung der Bevorzugung nicht zulässig (§ 5 Abs. 2, 3). Es unterliegt wohl keinem Zweifel, daß sowohl der Anspruch auf Entschädigung wie der auf Beibehaltung der Bevorzugung in diesen Fällen prozeßfähig ist. — Über die Festsetzung der Marktordnung (§ 69 RGewO.) ist der RW. ebenso ausgeschlossen wie hinsichtlich der Erweiterung des Marktverkehrs im Falle des § 70: v. Rönne aaO.

322. Taxen. Über polizeilich festgesetzte Lohntaxen (§§ 72 ff. RGewO.) findet der RW. zwischen den Gewerbetreibenden und der Polizeibehörde nicht statt. Streitigkeiten dagegen zwischen ersteren und den beteiligten dritten Personen sind nicht vom RW. ausgeschlossen, wenn auch der Richter die Taxe als obere Grenze und beim Mangel einer abändernden Vereinbarung überhaupt seiner Entscheidung zugrunde legen muß. Vgl. RG. 24. Okt. 1889 (Gruchot 34 S. 1125 betr. Schornsteinfegergebühren). — Nach § 75 Schlußs. steht der Polizeibehörde auf Beschwerde von Reisenden gegen Gastwirte wegen Überschreitung der verzeichneten Preise die vorläufige Entscheidung vorbehaltlich des RW. zu; diese Bestimmung hat nicht die Bedeutung, daß die Polizei angegangen werden müsse; auch ohne ihre Entscheidung ist der RW. zulässig: Stölzel S. 256. — Vgl. auch OVG. 3. Nov. 1899 (DJurZtg. 5 S. 255).

323. Innungen, Handwerkskammern. Die Innungen regeln ihre Verhältnisse durch Statuten, die Bestimmung treffen müssen u. a. über Aufnahme, Austritt und Ausschließung der Mitglieder, über deren Rechte und Pflichten, insbesondere den Maßstab, nach welchem die Mitgliederbeiträge erhoben werden, über die Voraussetzungen und die Form der Verhängung von Ordnungsstrafen. Streitigkeiten über die Aufnahme und Ausschließung der Mitglieder entscheidet die Aufsichtsbehörde (§ 93); dagegen gehören Streitigkeiten, die sich an den Austritt eines Mitgliedes anknüpfen (§ 87a) vor die ordentlichen Gerichte: Stölzel S. 203. Die Mitgliederbeiträge (§ 89) werden wie Gemeindeabgaben im Zwangswege beigetrieben; Streitigkeiten entscheidet unter Ausschluß des RW. die Verwaltungsbehörde. Den Mitgliederbeiträgen stehen die Gebühren gleich, die nach § 88 Abs. 3 für die Benutzung der von den Innungen getroffenen Einrichtungen (Fachschulen, Herbergen, Arbeitsnachweis u. dergl.) erhoben werden. Die Ordnungsstrafen (§ 92c) haben den Charakter von Disziplinarstrafen; über Beschwerden entscheidet die Aufsichtsbehörde. — Diese Vorschriften finden entsprechende Anwendung auch bei Zwangsinnungen. Für den RW. ist überall kein Raum. Insbesondere sind auch die Streitigkeiten davon ausgeschlossen, die bei Auflösung oder Schließung einer Innung oder durch Gründung einer Zwangsinnung über die Verteilung des Innungsvermögens entstehen. — Sowohl die freien als die Zwangsinnungen unterliegen der Aufsicht der unteren Verwaltungsbehörde (§ 93). Diese überwacht insbesondere die Befolgung der gesetzlichen und statutarischen Vorschriften und kann zu deren Erzwingung Ordnungsstrafen androhen und festsetzen. Schon aus den allgemeinen Grundsätzen folgt, daß gegen die Entscheidungen der Aufsichtsbehörde der RW. nicht zulässig ist. Dasselbe gilt bei Handwerkskammern (§§ 103 ff.) und Innungsausschüssen (§§ 104 ff.). Die Beiträge zu den Handwerkskammern werden von den Gemeinden getragen und können auf die einzelnen Betriebe umgelegt werden; sie haben aber deshalb noch nicht die Natur von Gemeindesteuern, insbesondere unterliegen Streitigkeiten über die Heranziehung zu Kammerbeiträgen nicht dem Verwaltungsstreitverfahren: OVG. 20. Juni 1902 (E. 41 S. 100); es kommen vielmehr, da es sich zweifellos um öffentlichrechtliche allgemeine Anlagen handelt, die §§ 78, 79 II. 14 ALR. (A. 197 ff.) zur Anwendung.

324. Gewerbliche Arbeiter. Das Verhältnis zwischen den Gewerbetreibenden und ihren Arbeitern ist an sich ein rein privatrechtliches; jedoch ist der Verwaltung ein weitgehendes Entscheidungsrecht beigelegt; die einzelnen Entscheidungen sind ihrer polizeilichen Natur wegen der Anfechtung im RW. entzogen. Gegen die Festsetzung von in der Arbeitsordnung angedrohten Strafen ist der RW. zulässig; vgl. A. 442, 522.

325. Die Strafen der §§ 145a ff. können nur von den ordentlichen Gerichten

---

bezw. auf Grund des Ges. v. 23. Apr. 1883 von der Polizeibehörde verhängt werden. Über das Zusammentreffen von Gewerbepolizei- und Gewerbesteuervergehen vgl. A. 580.

326. Gewerbegerichte. Die durch RGes. v. 29. Juli 1890 (RGBl. S. 141) für das ganze Reich fakultativ eingeführten Gewerbegerichte sind keine Verwaltungsbehörden oder -gerichte, sondern reichsgesetzlich zugelassene besondere Gerichte (§ 13 GVG.). Die Abgrenzung ihrer Befugnisse von denen der ordentlichen Gerichte fällt daher über den Rahmen dieses Buches hinaus. Dasselbe gilt von den Innungsgerichten und Innungsschiedsgerichten (§§ 81a Nr. 4, 81b Nr. 4, 91 ff. RGewO.). Es wird deshalb nur kurz darauf hingewiesen, daß der RW. vor den ordentlichen Gerichten verschlossen ist, wenn ein Gewerbe- oder Innungsgericht zuständig ist. Im weiteren Verlaufe des Verfahrens zeigen sich bei diesen beiden Gerichten folgende Unterschiede: Gegen die Entscheidungen des Gewerbegerichts ist in bestimmten Grenzen Berufung und Beschwerde gegeben, über die das Landgericht entscheidet, ohne daß hierdurch die Sache in den ordentlichen RW. übergegangen wäre (Stölzel S. 326). Dagegen findet eine Berufung gegen die Entscheidung der Innung oder des Innungsschiedsgerichts nicht statt, vielmehr kann der unterliegende Teil binnen einem Monat die Klage bei dem ordentlichen Gericht erheben, das dann in erster Instanz entscheidet. Die Beschreitung des RW. ist auch schon dann zulässig, wenn der vor dem Innungsgericht anberaumte Termin nicht in die dem Eingang der Klage folgenden acht Tage fällt. (Das ist der Sinn des nicht zweifelsfreien § 91 Abs. 6 RGewO.; ebenso Stölzel S. 328 A. 61). Ist weder ein Gewerbe- noch ein Innungsgericht zuständig, so kann die Entscheidung des Gemeindevorstehers nachgesucht werden; gegen dessen Entscheidung ist ebenfalls Klage beim ordentlichen Gericht gegeben, jedoch ist die Anrufung des Gemeindevorstehers nicht Vorbedingung für die Zulässigkeit des RW.: EK. 13. Mai 1893 (Rechtspr. S. 563), RG. 19. Sept. 1894 (E. 33 S. 428). — Bei Entscheidungen des Gewerbegerichts hat dieses auch die Tätigkeit des Vollstreckungsgerichts. Die Entscheidungen der Innungen und des Gemeindevorstehers werden auf deren Ersuchen durch die Polizeibehörde im Verwaltungszwangsverfahren vollstreckt, jedoch kann das ordentliche Gericht, falls die Sache bei ihm anhängig wird, gemäß § 707 ZPO. die Einstellung der Zwangsvollstreckung anordnen. — Über die Zuständigkeit der Gewerbegerichte im Falle der Rechtsnachfolge vgl. Levy in DJurZtg. 8. S. 545.

327. Rayongesetz. Das RGes. betr. die Beschränkungen des Grundeigentums in der Umgebung von Festungen v. 21. Dez. 1871 (RGBl. S. 459) läßt den RW. nur hinsichtlich der zu leistenden Entschädigung zu. Dagegen entscheidet über Einwendungen gegen die Eintragung eines Grundstücks in den Rayonplan und das Rayonkataster die Kommandantur, gegen deren Bescheid der Rekurs an die Reichsrayonkommission zulässig ist (§ 11). Wird für die durch den Rayonplan auferlegten Beschränkungen Entschädigung gefordert (§§ 39 ff.), so ist der Anspruch binnen einer sechswöchigen Ausschlußfrist nach Feststellung des Rayonplans bei der Kommandantur geltend zu machen; die Entscheidung trifft der Bezirksausschuß (§ 153 ZustGes.). Hiergegen steht dem Entschädigungsberechtigten der RW. offen, und zwar, wenn die Entschädigungspflicht überhaupt verneint ist, zeitlich unbeschränkt, wenn dagegen das Vorhandensein oder die Höhe des Schadens streitig ist, nur innerhalb einer Ausschlußfrist von neunzig Tagen; ebenso Stölzel S. 268. Die Klage aus §§ 40, 41 ist gegen den Reichsfiskus zu richten, der durch die Kommandantur vertreten wird. Zuständig und zwar ausschließlich ist das Gericht, in dessen Bezirk das betreffende Grundstück liegt.

328. Nach der StrandungsO. v. 17. Mai 1874 (RGBl. S. 73) §§ 36 ff. hat, wer Berge- oder Hilfslohn oder die Erstattung sonstiger Bergungs- und Hilfskosten verlangt, in Ermangelung einer gütlichen Einigung seine Ansprüche bei dem Strandamt anzumelden, das seine Aufstellungen an die Aufsichtsbehörde zur Entscheidung abgibt. Gegen diese Entscheidung findet nur der RW. statt und zwar binnen einer Ausschlußfrist von vierzehn Tagen vom Tage nach der Bekanntmachung oder Behändigung des Bescheides an gerechnet; das Gericht kann aus Gründen, die in der Sache selbst liegen, diese Frist angemessen verlängern. Hiernach ist der RW. unzulässig, solange nicht die vorläufige Entscheidung der Aufsichtsbehörde herbeigeführt ist; vgl. RG. 25. Juni 1881, 17. Mai 1882 (E. 5 S. 89; 7 S. 64). Unter „gütlicher Einigung“ ist nichts anderes als eine Vereinbarung zu verstehen. Diese kann auch dahin lauten, daß ein dritter die Höhe des Bergelohnes bestimmen solle; lehnt der dritte dies ab, so ist die Einigung nicht zustande gekommen. Liegt eine

Vereinbarung vor, so steht der RW. sofort offen und zwar sowohl über die Verbindlichkeit der Vereinbarung, als über die Höhe der Vergütung. Wird die erstere vom Gericht verneint, so ist damit die Zuständigkeit der Aufsichtsbehörde anerkannt und die Klage wegen Unzulässigkeit des RW. abzuweisen. Vgl. RG. 31. Dez. 1902 (E. 53 S. 224). — Keine Anwendung findet die StrandungsO. bei Ansprüchen, die sich auf die Unterstützung in Not geratener Flußschiffe oder auf solche Rettungsfälle stützen, die mit den deutschen Küsten in keiner räumlichen Beziehung stehen; diese Ansprüche sind lediglich im RW. zu verfolgen: RG. 1881 (obengen.), 26. Apr. 1902 (E. 51 S. 235). Ebenso wurde die Anwendbarkeit der §§ 36 ff. verneint von RG. 9. Dez. 1896 (E. 38 S. 86) in einem Falle, wo ein dem Fiskus gehöriges, den öffentlichen Interessen im Dienste des Staates dienendes Feuerschiff durch Eis in Seenot geraten und durch fremde Hilfe gerettet worden war.

329. Von den Vorschriften des Fischereiges. v. 30. Mai 1874 (GS. S. 197) kommen hier folgende in Betracht: Nach § 4 Abs. 2 in Verbindung mit § 102 ZustGes. werden Streitigkeiten über die Frage, ob ein Gewässer im Sinne dieses Gesetzes als ein geschlossenes anzusehen ist, mit Ausschluß des RW. vom Bezirksausschuß entschieden; in anderen Fällen entscheidet diese Frage der ordentliche Richter; vgl. OVG. 28. März 1887, 1. Okt. 1891 (E. 15 S. 346; 22 S. 278). §§ 5, 32 regeln die Aufhebung gewisser Fischereiberechtigungen, indem sie über die etwa zu leistende Entschädigung den RW. gestatten. Die Ausübung des Fischereirechts durch die Gemeinde regelt § 8; sind mehrere Gemeinden gemeinsam berechtigt, so entscheidet, wenn eine Einigung über die Art der Benutzung nicht zu erreichen ist, die Anfsichtsbehörde unter Ausschluß des RW. Für Fischereipachtverträge gilt das A. 171, 192 gesagte. Gemäß §§ 9, 10 können die Berechtigten eines größeren Fischereigebiets zu einer Genossenschaft vereinigt werden. Die Verhältnisse der Genossenschafter sind durch Satzungen zu regeln, die auch über die Entscheidung von Streitigkeiten Bestimmung treffen müssen. Nach den im VMBl. 1880 S. 36 abgedruckten Normalsatzungen werden Streitigkeiten, die zwischen Mitgliedern der Genossenschaft über das Eigentum an Grundstücken, über die Zuständigkeit oder den Umfang von Grundgerechtigkeiten oder anderen Nutzungsrechten oder über besondere auf speziellem Rechtstitel beruhende Rechte und Verbindlichkeiten der Parteien entstehen, zur Entscheidung der ordentlichen Gerichte verwiesen; dagegen sollen alle anderen Beschwerden, welche die gemeinsamen Angelegenheiten der Genossenschaft oder die vorgebliche Beeinträchtigung einzelner Genossen in ihren durch die Satzungen begründeten Rechten betreffen, von dem Vorstand untersucht und entschieden werden, soweit nicht nach Maßgabe der Satzungen oder nach gesetzlicher Vorschrift eine andere Instanz zur Enscheidung berufen ist. Gegen die Entscheidung des Vorstandes soll jedem Teile die Anrufung eines Schiedsgerichts freistehen. Vgl. hierzu §§ 100, 101 ZustGes. Nach letzterem § sind Streitigkeiten über die Verpflichtung zur Teilnahme an den Lasten einer Genossenschaft und über das Recht zur Teilnahme an den Auskünften aus der gemeinschaftlichen Fischereinutzung schon kraft Gesetzes durch Schaffung eines Verwaltungsweges dem RW. entzogen. Vgl. über die Natur dieser Satzungen A. 335. — Die §§ 35 ff. geben ein Enteignungsrecht zur Ausführung von Fischpässen. Für die Ermittelung der (hier und in den Fällen des § 38) zu leistenden Entschädigung sind die Vorschriften für anwendbar erklärt, die bei Enteignungsfällen für Zwecke der Vorflut Platz greifen; vgl. Vorflutgesetz v. 15. Nov. 1811, Ges. v. 9. Febr. 1867 (der RW. ist in beiden ausgeschlossen), Rhein. Vorflutges. v. 14. Juni 1859 (gegen die Vorentscheidung der Regierung steht binnen sechs Wochen der RW. offen). — § 43 in Verbindung mit § 99 ZustGes. regelt die Zuführung schädigender Stoffe aus landwirtschaftlichen und gewerblichen Betrieben in die Gewässer und die Anordnung etwaiger schadenverhütender Vorkehrungen. Hiernach ist, wenn nicht § 16 RGewO. zutrifft, der Bezirksausschuß ausschließlich zuständig zur Gestattung von Ableitungen, die erst nach dem Inkrafttreten des Fischereiges. hergestellt worden sind oder hergestellt werden und zur Anordnung von Vorkehrungen bei solchen Ableitungen, die bei Erlaß des Gesetzes bereits vorhanden waren oder nach Erlaß hergestellt und gestattet sind. Dagegen ist im RW. zu entscheiden über Ableitungen, die bereits vor dem Fischereiges. bestanden haben und über Herstellung von Vorkehrungen bei solchen Ableitungen, die nach dem Erlaß des Gesetzes ohne Genehmigung des Bezirksausschusses hergestellt sind, ferner z. B. über Anträge auf Unterlassung schädlicher Zuleitungen und auf Schadensersatz; vgl. RG. 11. Apr. 1900 (E. 46 S. 248). — Das Fischereirecht selbst,

auch das der Gemeinde, ist ein Privatrecht, weshalb Streitigkeiten unter den Beteiligten über die Frage, wem die Fischerei in einem Gewässer zustehe, ausschließlich vor die ordentlichen Gerichte gehören; vgl. OVG. 14. Dez. 1878 (E. 4 S. 287), RG. 24. Mai 1901 (E. 49 S. 241).

330. Nach dem Personenstandsges. v. 6. Febr. 1875 § 7 und ZustGes. § 154 erfolgt die Festsetzung der Entschädigung des Standesbeamten durch die Gemeindevertretung bezw. den Kreisausschuß; Beschwerden hiergegen werden endgültig vom Bezirksausschuß entschieden. Dasselbe gilt, wenn es auch nicht ausdrücklich im Gesetze steht, von der Festsetzung und Verteilung der im § 8 genannten sächlichen Kosten, da ein innerer Grund, diese Entschädigung anders zu behandeln, als die des § 7, nicht vorhanden ist; so: OVG. 29. Juni 1878, 19. März 1890 (VMBl. 78 S. 138; E. 19 S. 415), EK. 15. Apr. 1882 (VMBl. S. 98).

331. Das Straßenfluchtliniengesetz. v. 2. Juli 1875 überweist die Festsetzung der Fluchtlinien (§ 1), den Erlaß von Ortsstatuten (§§ 12, 15) und die Entscheidung der sich hierbei ergebenden Streitigkeiten ausschließlich den Verwaltungsbehörden und Verwaltungsgerichten (§ 146 ZustGes.). Auch die Beantwortung der Frage, ob eine Straße fertig hergestellt sei (§ 12), ob also ein Ortsstatut auf ein bestimmtes Grundstück zur Anwendung komme, steht lediglich der Baupolizeibehörde zu: EK. 11. Dez. 1886 (Rechtspr. S. 443). — Für die Feststellung der nach § 13 zu gewährenden Entschädigung kommen gemäß § 14 die Vorschriften des Enteignungsges. v. 11. Juni 1874 §§ 24 ff. zur Anwendung. Da nach § 24 des letztgen. Gesetzes das Verfahren zwecks Feststellung der Entschädigung nur durch den Antrag des Unternehmers in Gang gebracht werden kann, ist der Entschädigungsberechtigte befugt, im RW. die Verurteilung der Gemeinde zur Stellung des Antrages auf Einleitung dieses Verfahrens zu verlangen: RG. 15. Jan. 1880 (E. 1 S. 171); ob der Entschädigungsberechtigte auch ohne weiteres im RW. eine bestimmte Summe einklagen könne, ließ das RG. unentschieden; mit Rücksicht auf § 30 Enteignungsges. wird man diese Frage nur dann bejahen können, wenn die Voraussetzungen des § 16 das. gegeben sind. Im übrigen vgl. die Erläuterungen zum Enteignungsges. Streitigkeiten über Fälligkeit des Anspruchs auf Entschädigung gehören zur gerichtlichen Entscheidung. — Die auf Grund eines Ortsstatuts von den an einer neuen Straße bauenden Eigentümern der Grundstücke zu tragenden Straßenbaukosten des § 15 sind nach feststehender Rechtsprechung öffentliche Lasten, Gemeindeabgaben; vgl. z. B. RG. 8. Juli 1886 (E. 17 S. 199), Stölzel S. 141 A. 18, Friedrichs, Kommentar (3. A.) S. 145, Cretschmar, Rhein. Zivilrecht (3. A.) S. 553. Streitigkeiten werden daher nach den für diese geltenden Vorschriften entschieden; vgl. A. 376 ff., besonders A. 382. Dementsprechend kann z. B. auch die Stadt nicht gegen den Pflichtigen klagen: RG. 29. Nov. 1889, 26. Apr. 1890 (JMBl. 90 S. 214; Gruchot 34 S. 1123), A. 201. Wenn durch Ortsstatut den Anliegern Sicherheitsleistung für die Erfüllung der aus dem Ortsstatut sich ergebenden Pflichten auferlegt wird, so gehört auch sie zu den dem RW. entzogenen öffentlichen Lasten: RG. 24. Mai, 8. Juli 1886 (Gruchot 31 S. 1060, E. 17 S. 199); aM. OVG. 1. Nov. 1887 (E. 15 S. 157). Dagegen ist für Streitigkeiten zwischen der Gemeinde und dem Unternehmer eines Straßenbaues über die aus dem Ortsstatut für jene entspringenden vermögensrechtlichen Ansprüche der RW. nicht verschlossen: RG. 22. Sept. 1888 (JMBl. S. 285), es sei denn, daß nach dem Ortsstatut auch die Verpflichtungen des Unternehmers beim Eintritt gewisser Voraussetzungen von selbst und ohne vorgängige Vereinbarung zwischen dem Unternehmer und der Gemeinde entstehen sollen, mithin ausdrücklich als öffentliche Last gestaltet sind: OVG. 7. Febr. 1898 (E. 33 S. 101). — — Das einen verwandten Gegenstand betreffende, zunächst nur für Frankfurt a. M. ergangene Umlegungsges. v. 28. Juli 1902 (GS. S. 273) überweist die Feststellung des Umlegeplanes und die Ausführung des Verteilungsplanes der Verwaltung, während für die Ansprüche auf Entschädigung in Geld gegen den Verteilungsplan der RW. nach Maßgabe des § 39 gegeben ist.

332. Das Ges. betr. Schutzwaldungen und Waldgenossenschaften v. 6. Juli 1875 (GS. S. 416) läßt den RW. nur soweit zu, als die Existenz und der Umfang von den Anspruch auf Entschädigung begründenden Privatrechten streitig sind (§ 16 Abs. 3). Im übrigen entscheidet über die zu treffenden Anordnungen usw. der Kreisausschuß als Waldschutzgericht, gegen dessen Entscheidung nur das Verwaltungsstreitverfahren stattfindet. Die den Eigentümern gefährdeter oder gefahr-

bringender Grundstücke auferlegte Beitragspflicht, sowie die Beitragspflicht zu den Genossenschaftslasten ist den öffentlichen gemeinen Lasten gleichzuachten; es kommen daher §§ 78, 79 II. 11 ALR. zur Anwendung. Die Beitragspflicht ruht auf den Grundstücken; rückständige Beiträge können auch von den Pächtern im Wege des Verwaltungszwangsverfahren beigetrieben werden.

333. Die auf Grund des Ges. v. 14. Aug. 1876 über Gemeindeholzungen (GS. S. 373) ergangenen Verfügungen der Aufsichtsbehörde sind gemäß §§ 8, 11 d. G. in Verbindung mit § 13 GVG. entsprechend § 36 VO. v. 1808 nicht im RW. anfechtbar. Aus dem Ges. über die gemeinschaftlichen Holzungen v. 14. März 1881 (GS. S. 261) ist zu erwähnen, daß die Kosten, welche durch die Ausführung der von der Aufsichtsbehörde getroffenen Anordnungen entstehen, auf die Miteigentümer nach dem Verhältnisse ihrer Eigentumsanteile verteilt und im Verwaltungszwangsverfahren eingezogen werden vorbehaltlich des den Miteigentümern über eine andere Art der Verteilung zustehenden RW.

334. Zur Beseitigung der Übelstände, die aus der Zerstückelung ländlicher Grundstücke und der Gründung neuer Ansiedelungen ohne gleichzeitige Regelung der Abgaben- und Kommunalverhältnisse entstehen, war das mehrfach ergänzte und abgeänderte Ges. v. 3. Jan. 1845 ergangen, an dessen Stelle nunmehr das für die acht östlichen Provinzen gegebene Ges. v. 25. Aug. 1876 (GS. S. 405) getreten ist. Nach diesem Gesetz (Abschn. I) ist die Verteilung der Abgaben bei Grundstücksteilungen ausschließlich Verwaltungssache; gegen die festgesetzte Verteilung ist nur die Klage im Verwaltungsstreitverfahren gegeben. Dagegen verbleiben nach § 11 Streitigkeiten über die Existenz, den Umfang oder die rechtliche Natur der zu verteilenden Abgaben der richterlichen Entscheidung; jedoch ist die zuständige Verwaltungsbehörde befugt, über die Verteilung eine im Verwaltungswege vollstreckbare und nicht anfechtbare vorläufige Festsetzung zu treffen. Im Verwaltungsstreitverfahren gegen den Verteilungsplan können nicht solche Gründe berücksichtigt werden, die nach § 11 im RW. vorzubringen sind; denn durch § 11 ist deutlich zum Ausdruck gebracht, daß die Abänderung des Verteilungsplanes aus Gründen des in § 11 bezeichneten Inhalts nur vor den ordentlichen Gerichten beantragt werden kann; vgl. OVG. 18. Febr. 1885, 15. Okt. 1895, 17. Jan. 1896, 29. Okt. 1897 (E. 12 S. 210; 28 S. 380; 29 S. 183; 32 S. 373). Hiernach werden z. B., wenn die Voraussetzungen des § 11 gegeben sind, die Verwaltungsgerichte auch nicht durch die Erwägung zuständig, daß Streitigkeiten über die Verteilung der Schullasten nach § 46 Abs. 3 ZustGes. nur im Verwaltungsstreitverfahren zu entscheiden seien. Die Klage aus § 11 ist, abweichend vom früheren Recht, nicht nur bei vorläufigen Festsetzungen, sondern auch gegenüber der endgültigen Verteilung zulässig; letztere setzt nur die Höhe der einzelnen Anteile fest; vgl. v. Brauchitsch 4 S. 363 A. 6. — Nach Abschn. II des Ges. v. 1876 erfolgt die Genehmigung neuer Ansiedelungen durch die Ortspolizeibehörde, und die neuer Kolonien durch den Kreisausschuß bezw. in Stadtkreisen durch die Ortspolizeibehörde. Die Entscheidung ist nur im Verwaltungsstreitverfahren anfechtbar. Die Wegschaffung einer nicht genehmigten Ansiedelung oder Kolonie (§ 20) erfolgt im Wege des Verwaltungszwangsverfahrens; vgl. Lette u. v. Rönne, Landeskulturgesetzgebung 2, 1. Abt. S. 191.

335. Nach dem Gesetz betr. die Bildung von Wassergenossenschaften v. 1. Apr. 1879 (GS. S. 297) können freie und öffentliche Genossenschaften gebildet werden. Die freien Genossenschaften werden durch Vertrag begründet, ihre Rechtsverhältnisse sind rein privatrechtlicher Natur und folgen den gewöhnlichen Zuständigkeitsbestimmungen; das gilt auch von den zu zahlenden Beiträgen; ebenso: EK. 11. Nov. 1893 (Rechtspr. S. 270), Stölzel S. 198. Die öffentliche Genossenschaft wird durch Beschluß der Staatsbehörde gebildet und ist der Aufsicht des Staates unterworfen. Diese wird mit den Befugnissen gehandhabt, die gesetzlich den Aufsichtsbehörden der Gemeinden zustehen; eine Anfechtung der Anordnungen der Aufsichtsbehörde im RW. ist ausgeschlossen. Vgl. §§ 49, 50 d. G., § 94 ZustGes. Streitigkeiten über die Zugehörigkeit zur Genossenschaft werden im Verwaltungsstreitverfahren unter Ausschluß des RW. entschieden; § 53 d. G., § 13 GVG. Die Beitragspflicht zu den Genossenschaftslasten ist den gemeinen öffentlichen Lasten gleichzuachten (§ 52). Auf die Beiträge zu den älteren Wassergenossenschaften der Ges. v. 28. Febr. 1843 und v. 11. Mai 1853 und der VO. v. 28. Mai 1867 waren gemäß § 41 VO. v. 1808 die §§ 78, 79 II. 14 ALR. anwendbar; vgl. EK. 18. Apr.

1857 (JMBl. S. 388); dasselbe galt gemäß Abs. 3 § 53 Ges. v. 1. Apr. 1879 von den diesem Gesetze unterliegenden Genossenschaften; vgl. EK. 9. Okt. 1886 (Rechtspr. S. 269 Nr. 2241). Durch § 94 ZustGes. ist gen. Abs. 3 aufgehoben und hierdurch in Verbindung mit § 160 das. ausdrücklich ausgesprochen, daß es auch bez. der Genossenschaftsbeiträge bei der Regel verbleiben soll, wonach neben dem in Abs. 1, 2 des § 53 geordneten Verwaltungsstreitverfahren der RW. nicht mehr zulässig ist. Rückständige Beiträge werden im Verwaltungszwangsverfahren beigetrieben. — Für die über die Vorschriften der §§ 65 ff. entstehenden Streitigkeiten ist durch § 70 der RW. ausdrücklich ausgeschlossen. Für die Ermittelung der im Fall des § 66 Abs. 3 Satz 2 zu zahlenden Entschädigung finden die Vorschriften Anwendung, die in Enteignungsfällen für Zwecke der Vorflut Platz greifen (vgl. A. 329). Die Vorschriften der §§ 65 ff. sind als Ausnahmevorschriften eng auszulegen. So ist z. B. der RW. zulässig für die Klage eines Genossen, der anstatt die ihm aus § 66 Abs. 2 und 3 zustehenden Ansprüche zu erheben, Schadensersatz wegen Benachteiligung seines (der Genossenschaft angehörigen) Grundstücks durch das Unternehmen verlangt: RG. 9. Nov. 1898 (E. 42 S. 308 a. E). Die dem öffentlichen Recht angehörenden Vorschriften jener §§ können nicht durch einen bloßen Privatvertrag ausgeschlossen werden: OVG. 28. Nov. 1900 (E. 38 S. 267). — Vorarbeiten zur Vorbereitung einer öffentlichen Genossenschaft muß auf Anordnung des Kreisausschusses der Besitzer auf seinem Grund und Boden geschehen lassen. Für den hierbei entstehenden Schaden ist Ersatz zu leisten, dessen Betrag nötigenfalls im RW. festzustellen ist; § 71. Für Ansprüche dritter Personen, die nicht Mitglieder der Genossenschaft sind, bezw. für Ansprüche wegen socher Grundstücke, die nicht in das Genossenschaftsgebiet fallen, ist der RW. gegen die Genossenschaft unbeschränkt; vgl. EK. 8. Jan. 1870, 9. Okt. 1875, 9. Okt. 1886 (JMBl. 70 S. 83, 75; Rechtspr. S. 268 Nr. 1826, S. 269; diese Erkenntnisse betrafen Entschädigungsansprüche für den durch die Meliorationsanlagen herbeigeführten Schaden), RG. 19. Okt. 1895 (E. 36 S. 233, betraf den Anspruch auf Sicherungsmaßnahmen, die eine Schädigung verhindern sollten). — Als Anhalt für die Aufstellung des nach §§ 8, 56 notwendigen Statuts ist im BMBl. 1886 S. 10 ein Normalstatut abgedruckt, das in seinen hier einschlagenden Bestimmungen mit dem in A. 329 erwähnten gleichlautend ist. Diese Statuten haben nur die Bedeutung vertraglicher Abmachungen zwischen den Genossen und begründen daher keine Unzulässigkeit des RW.; soweit sie die Einsetzung eines Schiedsgerichts vorsehen, ist nur die Einrede des Schiedsvertrags begründet, vgl. A. 35; ebenso Stölzel S. 197, 200. AM. der KompGH. (Rechtspr. § 33, s. d. Belege bei Stölzel aaO.), der den ordnungsmäßig bestätigten und veröffentlichten Statuten gesetzesgleiche Kraft beilegt.

336. Das Feld- und Forstpolizeiges. v. 1. Apr. 1880 (GS. S. 230) spricht in § 67 den Grundsatz aus, daß Ansprüche auf Erstattung des durch eine Zuwiderhandlung gegen dieses Gesetz entstandenen Schadens im Wege des Zivilprozesses geltend zu machen sind. Daneben ist dem Geschädigten noch ein anderer Weg gegeben bei Entwendungen und bei Weidefreveln. Bei Entwendungen hat der auf Grund der Hauptverhandlung entscheidende Strafrichter auf Antrag die Verpflichtung des Schuldigen zum Werterſatze auszusprechen, jedoch ohne daß hierdurch der weitergehende Antrag auf Schadensersatz ausgeschlossen wird; § 68. Verlangt der Geschädigte bei Weidefreveln und dem Übertritt von Tieren (§§ 10, 14 d. G., § 368 Nr. 9 StGB.) gemäß § 69 statt der Erstattung des nachweisbaren Schadens die Zahlung eines Ersatzgeldes, so entscheidet in der Regel unter Ausschluß des RW. die Ortspolizeibehörde. Gegen deren Entscheid steht den Beteiligten untereinander (vgl. OVG. 23. Jan. 1902, E. 41 S. 288) die innerhalb einer Frist von zwei Wochen zu erhebende Klage beim Kreis- bezw. Bezirksausschuß zu, dessen Entscheidung endgültig ist; §§ 75, 76 d. G., § 51 LVG. Im RW. zu verfolgen ist der Anspruch auf Ersatzgeld nur in zwei Fällen, a) wenn nach Erhebung der Klage auf Schadenserstattung statt dieser das Ersatzgeld gefordert wird, § 75 Abs. 1, b) wenn die Ortspolizeibehörde dem Geschädigten überläßt seinen Anspruch im Wege des Zivilprozesses zu verfolgen, weil dem Anspruch auf Ersatzgeld gegenüber Tatsachen glaubhaft gemacht werden, aus welchen ein den Anspruch ausschließendes Recht hervorgeht, § 75 Abs. 2. — Der aus diesem Gesetz hergeleitete Anspruch auf Pfandgeld, z. B. wegen Befahrens fremder Äcker, bleibt selbst dann prozeßfähig, wenn der Beklagte im Auftrage der Verwaltung gehandelt, z. B. zum Chausseebau Grand usw. herangeschafft hat: EK. 5. Juni 1852 (JMBl. S. 255).

— Ist gemäß § 77 Vieh gepfändet worden, so erteilt die Ortspolizeibehörde unter Berücksichtigung der Höhe des Schadens, des Ersatzgeldes und der Kosten einen Bescheid über die Pfändung, der nur durch Klage beim Kreis- bezw. Bezirksausschuß anfechtbar ist; dessen Entscheidung ist endgültig, §§ 82, 84. Auch hier ist dem Geschädigten die Verfolgung seines Anspruches im Prozeßwege zu überlassen, wenn der Gepfändete Tatsachen glaubhaft macht, aus denen die Unrechtmäßigkeit der Pfändung hervorgeht. In diesem Falle hat die Polizeibehörde über die Verwahrung der gepfändeten Tiere oder die Annahme und Verwahrung eines anderen geeigneten Pfandes vorläufige, aber nicht anfechtbare Festsetzung zu treffen, § 83. — Soweit die Polizeibehörde das Recht zur Festsetzung polizeilicher Strafverfügungen hat (Ges. v. 23. Apr. 1883), entscheidet sie auch über Ersatzgeld und Pfändung; der gegen die Strafverfügung gerichtete Antrag auf gerichtliche Entscheidung bringt die Klage gegen den Bescheid über Ersatzgeld und Pfändung an die Verwaltungsgerichte, und die Sache im übrigen an die ordentlichen Gerichte. Vgl. MVfg. 12. Mai 1880 (VMBl. S 187).

337. Die in den preußischen Gesetzen v. 12. März 1881 (GS. S. 128) und 18. Juni 1894 (GS. S. 115) betr. die Ausführung der RGes. über die Abwehr und Unterdrückung von Viehseuchen v. 23. Juni 1880 und 1. Mai 1894 (RGBl. 94 S. 409) bezw. die in diesen letzteren selbst, ferner die im RGes. betr. Maßregeln gegen die Rinderpest v. 7. Apr. 1869 (BGBl. S. 105), sowie die in den RGes. v. 6. März 1875 und 3. Juli 1883 (RGBl. 75 S. 175; 83 S. 149) und dem preußischen Ges. v. 27. Febr. 1878 (GS. S. 129) inbetreff der Reblauskrankheit den Verwaltungsbehörden übertragenen Befugnisse sind polizeilicher Natur und deshalb der Anfechtung oder Nachprüfung im RW. entzogen. Dies gilt auch von den Verfügungen des Tierarztes, die auf Grund des § 12 Abs. 2 RGes. v. 1. Mai 1894 ergehen: RG. 28. März 1890 (Gruchot 34 S. 1117), ferner von der Feststellung und Beitreibung der Kosten, die durch die Ausführung der polizeilichen Anordnungen entstanden sind; vgl. §§ 23ff. Ges. v. 12. März 1881, Ges. v. 11. Mai 1842 A. 46. Die im § 27 Ges. v. 1881 vorbehaltenen privatrechtlichen Regreßansprüche sind natürlich im RW. geltend zu machen, jedoch können auch bei diesen Prozessen die Höhe der Kosten und die Notwendigkeit ihrer Verausgabung nicht zum Gegenstand des Streites gemacht werden. — Für getötetes Vieh bezw. für vernichtete und beschädigte Reben ist dem Eigentümer Ersatz zu leisten. Ob und von wem Ersatz zu leisten ist, ist, wenn eine Einigung im Verwaltungswege nicht erzielt wird, im RW. zu entscheiden (§ 4 Ges. v. 11. Mai 1842); dasselbe gilt bei Maßregeln betr. die Reblauskrankheit, wenn die Höhe der Entschädigung streitig ist, während bei den Ges. betr. Viehseuchen und Rinderpest die Höhe durch eine im RW. nicht anfechtbare Entscheidung von Kommissionen bezw. Taxatoren festgestellt wird. Vgl. § 3 RGes. v. 1875, § 3 RGes. v. 1869, § 6 Ges. v. 1878, § 20 Abs. 2 Ges. v. 1881, KG. 20. Juli 1889 (VMBl. S. 212), OVG. 22. Dez. 1886, (E. 14 S. 6), v. Brauchitsch 2 S. 437 A. 13; teilweise (bez. RGes. v. 1869) aM. v. Sarwey S. 394.

Arbeiterversicherung, A. 338—340.

338. Krankenversicherungsges. v. 15. Juni 1883, Fassung v. 10. Apr. 1892, RGBl. S. 417. Die Anordnungen der Verwaltungsbehörden unterliegen als Ausflüsse des Aufsichtsrechts nicht der Anfechtung im RW. Dies gilt insbesondere von der Mitwirkung der Behörden bei Gründung und Schließung der Krankenkassen und von der Verteilung des bei der Schließung vorhandenen Vermögens. Vgl. EK. 14. Apr. 1887 (Rechtspr. S. 429). Für Streitigkeiten zwischen Beteiligten, also den verschiedenen Kassen (Gemeinde-Krankenversicherung, Ortskrankenkassen, Fabrikkassen, Innungskrankenkassen usw.), den Arbeitgebern, Arbeitnehmern usw., gelten folgende Bestimmungen (vgl. namentlich § 58):

a) Unzulässig ist der RW. bei Streitigkeiten der verschiedenen Kassen untereinander über die Zugehörigkeit einer versicherungspflichtigen Person (§ 57 b) und wegen vorschußweise (§ 57 a; ebenso bei Streitigkeiten zwischen einer Kasse und einem Betriebsunternehmer) oder irrtümlich (§ 58 Abs. 2) geleisteter Unterstützung; (nicht hierhin gehört der Anspruch auf Verzugszinsen und auf Erstattung von Anwalts- und Prozeßkosten, die durch unberechtigtes Zögern der endgültig verpflichteten Kasse entstanden sind; derartige Forderungen können nur im RW. geltend gemacht werden; vgl. OVG. 13. Febr., 7. Nov. 1901; E. 39 S. 342; 40 S. 354); — zwischen Kassen (oder einem Bauherrn, § 71) einerseits und einer Gemeinde, einem Armenverband oder Betriebsunternehmer andererseits aus § 57 Abs. 2, 3; — über Ersatzansprüche einer Kasse aus §§ 3a Abs. 4, 3b; — endlich zwischen einem Verbande und den beteiligten Kassen.

b) Bei anderen Streitigkeiten hat zunächst die Verwaltungsbehörde zu entscheiden; gegen deren Entscheidung ist binnen vier Wochen nach Zustellung die Erhebung der Klage im ordentlichen RW. zulässig (§ 58 Abs. 1; die hier zugelassene Überweisung zum Verwaltungsstreitverfahren ist in Preußen nicht erfolgt). Es sind dies die Streitigkeiten zwischen den zu versichernden und ihren Arbeitgebern einerseits und den Kassen andererseits über das Versicherungsverhältnis (vgl. z. B. OVG. 19. Nov. 1894, E. 27 S. 381), über die Beitragspflicht und über Unterstützungsansprüche (auch im Falle der §§ 3a Abs. 4, 3b); — zwischen dem im Auslande erkrankten Versicherten und dem Betriebsunternehmer (§ 57 Abs. 3) bezw. zwischen dem Versicherten und dem Bauherrn (§ 71) über den Unterstützungsanspruch; — zwischen Krankenkassen und dem Arbeitgeber, der der Anmeldepflicht nicht genügt hat, über den Erstattungsanspruch aus § 50; — endlich zwischen Arbeitgebern (bezw. ihren Zwischenpersonen) und den Hausgewerbetreibenden über Erstattung von zwei Dritteln der bezahlten Beiträge (§ 54 Abs. 2, 6, 7 in der Fassung v. 30. Juni 1900, RGBl. S. 332). Einzelne Abweichungen, wo nur der Verwaltungsweg zulässig ist, s. § 136 Abs. 5 Ges. v. 5. Mai 1886 (RGBl. S. 132), §§ 27, 29 Ges. v. 30. Juni 1900 (das. S. 641), §§ 10, 11 Ges. v. 30. Juni 1900 (das. S. 698). Bei Streitigkeiten der ersten oben erwähnten Art ist es unerheblich, ob der erhobene Anspruch seinen Grund hat in einem Streite über die Zugehörigkeit der betreffenden Personen zu der klagenden oder zu einer anderen Kasse. Ist dies der Fall, so hat die Kasse die Wahl, ob sie gemäß § 57b im Verwaltungswege den Streit mit der anderen Kasse entscheiden lassen, oder ob sie gemäß § 58 die Beiträge vom Arbeitgeber im RW. einklagen will; diesem bleibt dabei die Befugnis, die Aussetzung des Rechtsstreits bis zur Erledigung des Streits zwischen den Kassen zu verlangen; vgl. KG. 1. März 1901 (Rechtspr. d. OLG. 2 S. 245).

c) Streitigkeiten zwischen Arbeitgebern und Arbeitnehmern über die Berechnung und Anrechnung der von letzteren zu leistenden Beiträge gehören an sich vor die ordentlichen Gerichte; der RW. ist jedoch ausgeschlossen da, wo ein Gewerbegericht oder eine Innung bezw. ein Innungsschiedsgericht besteht (§ 53a; Ges. v. 29. Juli 1890; RGewO. §§ 81a Nr. 4, 81b Nr. 4; oben A. 323). Auch sonst ist der RW. überall zulässig, wo das Krankenversicherungsgesetz selbst ihn nicht ausschließt, so z. B. für den Anspruch eines Arztes gegen eine Krankenkasse aus nützlicher Verwendung, den Entschädigungsanspruch der Kasse gegen dritte im Falle des § 57 Abs. 4 usw. Vgl. Stölzel S. 336.

339. Unfallversicherungsgesetze in der Fassung v. 30. Juni 1900, RGBl. S. 585, 641, 698, 716. Auch hier unterliegen die Anordnungen der Aufsichtsbehörden nicht der Anfechtung im RW. — Unzulässig ist der RW. über die Zugehörigkeit zu einer Berufsgenossenschaft (§ 59 GewerbeUnfallvers., § 55 Unfallvers. f. Land- und Forstwirtschaft, § 28 BauUnfallvers., § 60 SeeUnfallvers.) und über die Feststellung der Mitgliederbeiträge (§ 102 GewerbeUnfallvers., § 28 BauUnfallvers.). Abgesehen von dieser „Feststellung" ist aber der RW. hinsichtlich der Mitgliederbeiträge nicht beschränkt, weshalb z. B. der Einwand, ein neuerdings beigetriebener Beitrag sei schon früher bezahlt gewesen, prozeßfähig ist. Daß die Zwangsbeitreibung wie bei Gemeindeabgaben zulässig ist (§ 103 bezw. § 39 das.), ändert hieran nichts und hat insbesondere nicht die Bedeutung, daß auch die für Gemeindeabgaben gegebenen Kompetenzvorschriften Anwendung finden sollen; vgl. RG. 15. März 1894 (E. 33 S. 34), Stölzel S. 337. Die Rückforderung von Beiträgen, weil die Veranlagung zu Unrecht erfolgt sei, gehört dagegen zu den die Feststellung betreffenden Fällen und ist vom RW. ausgeschlossen: RG. 18. Okt. 1898 (JW. S. 611; Rh. A. 94, II. 106). — Für Streitigkeiten zwischen den Beteiligten gelten folgende Vorschriften (vgl. auch Hilse in JurWoch. 1900 S. 712):

a) Streitigkeiten, die durch die Anwendung der §§ 11 Abs. 1, 12, 13 Abs. 3 GewerbeUnfallvers. entstehen, werden unter Ausschluß des RW. im Verwaltungswege entschieden (§ 58 Abs. 2 Krankenversicherungsges.), soweit es sich um daraus entstehende Ersatzansprüche der Krankenkasse gegen die Berufsgenossenschaft (§ 11) oder den Unternehmer (§ 12 Abs. 1) und der Berufsgenossenschaft gegen den Unternehmer (§ 12 Abs. 2) handelt. In allen anderen Fällen, z. B. bei Streitigkeiten über den auf jene §§ gestützten Unterstützungsanspruch des Verunglückten gegen die

Krankenkasse bezw. den Unternehmer und über den Anspruch der Berufsgenossenschaft gegen die beiden letzteren aus § 13 Abs. 3 entscheidet die Verwaltungsbehörde, gegen deren Entscheidung binnen vier Wochen nach Zustellung die Klage bei den ordentlichen Gerichten zulässig ist (§ 58 Abs. 1 Krankenversicherungsges., A. 338). Vgl. ferner OVG. 23. Apr. 1903 (DJurZtg. 8 S. 575). Dasselbe gilt für die Streitigkeiten aus §§ 14, 15 Abs. 3, 16 SeeUnfallvers.; nur soweit es sich um Seeleute handelt und ferner in den Fällen des § 155 das. ist der RW überhaupt, auch über den Unterstützungsanspruch ausgeschlossen; §§ 20, 156 das.

b) Ansprüche von Krankenkassen, Armenverbänden usw. auf Ersatz ihrer Leistungen für einen solchen Zeitraum, für welchen dem Unterstützten nach Maßgabe des GewerbeUnfallvers. ein Entschädigungsanspruch zustand, können nur im Verwaltungswege geltend gemacht werden, § 26 Abs. 2. Vgl. hierzu OVG. 12. Febr. 1903 (DJurZtg. 8 S. 406: negative Feststellungsklage im Verwaltungsstreitverfahren).

c) In dem Verfahren zur Feststellung der im einzelneu Falle von der Berufsgenossenschaft zu leistenden Entschädigung ist für den RW. kein Raum. Folgeweise kann eine Berufsgenossenschaft, deren Entschädigungspflicht von ihr irrtümlich anerkannt und demnach im Verwaltungswege, festgestellt worden ist, die gezahlten Beträge nicht aus dem Gesichtspunkt der nützlichen Verwendung von einer anderen Berufsgenossenschaft zurückfordern: RG. 18. Juni 1891 (E. 28 S. 12). Auch die Frage, ob und in welcher Höhe die Berufsgenossenschaften die dem Berechtigten im Entschädigungsfeststellungsverfahren erwachsenen Kosten (z. B. eines ärztlichen Gutachtens) erstatten müssen, ist von den Unfallversicherungsinstanzen zu entscheiden; RVA. 22. Dez. 1902 (DJurZtg. 8 S. 347). — Nach § 77 GewerbeUnfallvers. kann den die Entschädigung beanspruchenden Hinterbliebenen eines Verstorbenen aufgegeben werden, die Feststellung ihres Rechtsverhältnisses zu letzterem im RW. herbeizuführen und zwar mit der Maßgabe, daß die Verwaltungsinstanzen (Schiedsgericht und Reichsversicherungsamt) an die rechtskräftige Entscheidung des ordentlichen Richters gebunden sind; vgl. Stölzel S. 338.

d) Streitigkeiten zwischen der Berufsgenossenschaft und dem Bauherrn (vgl. RG. 3. Nov. 1899, E. 45 S. 4) über seine Haftung im Falle des § 104 GewerbeUnf., § 29 BauUnf. sind vom RW. ausgeschlossen.

e) Alle Ansprüche des Verunglückten oder seiner Hinterbliebenen, die sich nicht auf die Unfallversicherungsgesetze, sondern auf sonstige Gesetze gründen (§§ 135, 140 GewerbeUnf., §§ 146, 151 Unf. f. Land- und Forstwirtschaft, §§ 133, 138 SeeUnf.), gehören vor die ordentlichen Gerichte. Vgl. RG. 5. Juli 1888 (E. 21 S. 75). Die Vorschrift der §§ 135 Abs. 1 usw., wonach der Betriebsunternehmer nur haftet, wenn durch strafgerichtliches Urteil festgestellt worden ist, daß er den Unfall vorsätzlich herbeigeführt hat, betrifft nur den Anspruch selbst, berührt aber nicht die Zulässigkeit des RW. Für das erkennende Gericht ist nicht nur die Feststellung des Strafrichters (vgl. Stölzel S. 340 A. 50, 51), sondern nach § 135 Abs. 3 usw. auch die im Verwaltungsverfahren erfolgte Entscheidung bindend, ob ein Unfall vorliegt, für den aus der Unfallversicherung Entschädigung zu leisten ist, und in welchem Umfange Entschädigung zu gewähren ist. Liegt eine solche Entscheidung nicht vor, so hat das ordentliche Gericht darüber zu erkennen, ob ein entschädigungspflichtiger Unfall vorliegt; dasselbe kann jedoch auf Grund des § 148 ZPO. die Verhandlung aussetzen, bis eine Entscheidung der berufsgenossenschaftlichen Instanzen herbeigeführt ist. Vgl. RG. 19. Febr. 1903 (E. 54 S. 33). — Auch der Anspruch des Verletzten gegen die Berufsgenossenschaft selbst ist prozeßfähig, wenn er sich nicht auf das Unfallversicherungsgesetz, sondern darauf stützt, daß die Berufsgenossenschaft bei Ausführung der Obliegenheiten aus jenem Gesetze ein Verschulden treffe: RG. 7. Nov. 1885 (E. 36 S. 44; Kläger behauptete, durch seine auf Grund des § 22 GewerbeUnf. erfolgte Unterbringung in einer von einem Kurpfuscher geleiteten Naturheilanstalt sei sein Leiden unheilbar geworden).

f) Ebenfalls im RW. zu verfolgen ist der Anspruch der Berufsgenossenschaften, Krankenkassen, Armenverbände usw. gegen die Betriebsunternehmer usw., die den Unfall vorsätzlich oder fahrlässig herbeigeführt haben (§ 136 GewerbeUnf., § 147 Unf. f. Land- und Forstwirtschaft, § 134 SeeUnf.) und der Anspruch der Berufsgenossenschaft gegen dritte, soweit er nach § 140 bezw. § 151 bezw. § 134 das. auf sie übergegangen ist. Für ersteren Fall ist im § 137 usw. ein außergerichtliches Vorverfahren angeordnet bezw. zugelassen, dessen Außerachtlassung die Unzulässigkeit des RW. zur Folge haben würde; ebenso Stölzel S. 340. Selbstverständlich ist im Prozesse gegen dritte die Entscheidung des Reichsversicherungsamt, ob ein zur Rentenzahlung verpflichtender Unfall vorliegt, ob ein Betrieb versicherungspflichtig ist usw. für den Richter bindend: OLG. Cöln 23. Apr. 1900 (Rechtspr. d. OLG. 1 S. 106).

g) Endlich gilt auch hier das am Schlusse des A. 338 gesagte.

340. Invalidenversicherungsges. in der Fassung v. 13. Juli 1899, RGBl. S. 463. Das Invalidenversicherungsgesetz hat für den RW. keinen Raum, da sowohl die Ansprüche der Versicherten gegen die Versicherungsanstalt, als die Streitigkeiten zwischen den letzteren einerseits und anderen öffentlichen Kassen oder Arbeitgebern und Arbeitnehmern andererseits, sowie zwischen Arbeitgebern und Arbeitnehmern und endlich zwischen mehreren Arbeitgebern desselben Arbeitnehmers lediglich im Verwaltungswege festzusetzen bezw. zu entscheiden sind. Soweit der Empfänger einer Invalidenrente einen im RW. verfolgbaren Anspruch auf Ersatz des ihm durch die Invalidität entstandenen Schadens gegen dritte hat, kann natürlich auch die Versicherungsanstalt diesen nach § 54 auf sie übergegangenen Anspruch nur im RW. geltend machen. — Die Entscheidungen der Verwaltungsinstanzen (über Versicherungspflicht usw.) sind für den ordentlichen Richter insoweit bindend, als dieser niemals dem Versicherten eine Rente nach Maßgabe des Invalidenversicherungsges. zubilligen kann; dagegen kann bei Schadensersatzprozessen (des Arbeitnehmers gegen den Arbeitgeber wegen unterlassener Verwendung von Beitragsmarken) dem Richter die selbständige Prüfung aller für die Schuldfrage wichtigen Vorfragen (also auch die der Versicherungspflicht, der Erwerbsunfähigkeit, der Erfüllung der Beitragspflicht usw.) nicht entzogen werden; vgl. Appelius in DJurZtg. 7 S. 531.

341. Von den Vorschriften des Zuständigkeitsgesetzes v. 1. Aug. 1883, die größtenteils schon bei anderen Gesetzen besprochen worden sind, sind hier noch folgende zu erwähnen (A. 341a—347).

341a. §§ 19, 35, Zwangsetatisierung. Was unter den einer Gemeinde „gesetzlich obliegenden" Leistungen, deren Zwangsetatisierung erfolgen kann, zu verstehen ist, darüber vgl. OVG. 8. Jan. 1890 (E. 19 S. 168). Jedenfalls gehören die von der Gemeinde vertragsmäßig übernommenen Verpflichtungen nicht dazu: die Regierung hat über solche, wenn sie streitig werden, auch nicht interimistisch zu verfügen, und ebensowenig kann in dem nach der trotzdem erfolgten Zwangsetatisierung anhängig gewordenen Verwaltungsstreitverfahren das Verwaltungsgericht darüber befinden, ob Kläger zu der ihm angesonnenen Leistung verpflichtet ist; der Streit ist vielmehr ausschließlich vor dem Zivilrichter zu führen. Vgl. OVG. 10. März 1888, 9. Febr. 1889 (E. 16 S. 221; 17 S. 33). — Mit der Verwaltungsklage gegen eine Zwangsetatisierungsverfügung kann nicht die Klage auf Rückzahlung des etwa bereits geleisteten gegen denjenigen verbunden werden, den der von jener Verfügung betroffene aus Gründen des öffentlichen Rechts statt seiner für verpflichtet erachtet; falls nach Aufhebung der Verfügung die Befriedigung des zunächst in Anspruch genommenen durch den tatsächlich verpflichteten nicht durch die Aufsichtsbehörde bewirkt wird, so muß jener sie äußersten Falls im Wege des Zivilprozesses suchen: OVG. 6. Nov. 1886 (E. 14 S. 33). Eine Ausnahme hiervon ist nur im § 48 ZustGes. gemacht, wo für Zangsetatisierungen in Schulsachen die Verwaltungsklage gegen den vermeintlich verpflichteten ausdrücklich gegeben ist.

342. Wegepolizei. Auf die Verfügungen der Wegepolizei finden im allgemeinen das Ges. v. 11. Mai 1842 (vgl. A. 18ff. zu diesem Gesetz) und die §§ 127ff. LVG. Anwendung. Nur in gewissen Beziehungen sind die Vorschriften über die Wegepolizei durch die §§ 55ff. ZustGes. wie folgt neu geordnet worden (A. 342 bis 345). Gegen die Anordnungen der Wegepolizeibehörde, die den Bau und die Unterhaltung der öffentlichen Wege (auch [im Gebiet des gemeinen Rechts] der im Zuge der Wege liegenden Brücken: RG. 6. Okt. 1886, Gruchot 31 S. 1076; OVG. 28. Febr. 1901, E. 39 S. 244, und der erforderlichen Entwässerungsanlagen: RG. 25. Jan. 1902, Gruchot 46 S. 635) oder die Aufbringung und Verteilung der dazu erforderlichen Kosten betreffen, findet unter Ausschluß des RW. der Einspruch und die Klage im Verwaltungsstreitverfahren statt. Letztere ist gegen die Wegepolizeibehörde und gegebenenfalls gleichzeitig gegen den dritten zu richten, den der in Anspruch genommene aus Gründen des öffentlichen Rechts statt seiner für verpflichtet erachtet; § 56 Abs. 1, 4. Auch im übrigen unterliegen Streitigkeiten der

Beteiligten darüber, wem von ihnen die öffentlichrechtliche Wegebaupflicht obliegt, der Entscheidung im Verwaltungsstreitverfahren, Abs. 5. Hiernach ist der RW. verschlossen a. stets der Polizeibehörde gegenüber, wenn sie eine Anordnung über die Wegebaupflicht getroffen hat, b. auch unter den Beteiligten dann, wenn es sich darum handelt, wem von ihnen die öffentlichrechtliche Wegebaupflicht obliegt. Im Falle b. ist nicht Voraussetzung, daß eine polizeiliche Anordnung an den Kläger ergangen sei, auch ohne eine solche kann über die öffentlichrechtliche Wegebaupflicht nur im Verwaltungsstreitverfahren entschieden werden. Wer nach öffentlichem Recht wegebaupflichtig ist, ergibt sich aus den allgemeinen Gesetzen, aus Provinzial- oder Lokalrechten, welche die Wegebaulast für den Bereich ihrer Gültigkeit allgemein oder nach den verschiedenen Arten der Wege regeln: OVG. 18. Nov. 1882 (E. 9 S. 190); ein Wegereglement bildet einen Teil der Ortsverfassung und ist deshalb öffentlichrechtlicher Natur: RG. 16. Dez. 1886 (JMBl. 88 S. 57). Auch durch Verjährung kann ein öffentlichrechtliches Verhältnis begründet werden, doch wird in der Regel nur neben dem unberührt bleibenden öffentlichrechtlichen Verhältnisse ein im Verwaltungsstreitverfahren nicht zu berücksichtigendes privatrechtliches Verhältnis des Baupflichtigen zu einem dritten entstehen dahin, daß dieser statt des Baupflichtigen die Wegelast trage: OVG. 21. Juni 1882, 16. Mai 1885 (E. 9 S. 167; 12 S. 253). Ebenso kann ein öffentlichrechtlicher Titel für die Wegebaulast durch eine der Polizeibehörde gegenüber abgegebene und von ihr angenommene Erklärung geschaffen werden, durch die jemand die Pflicht der Unterhaltung eines Weges an Stelle des nach gemeinem Rechte Baupflichtigen übernimmt; des letzteren Zustimmung ist nicht nötig: OVG. 7. Dez. 1896 (E. 30 S. 256); vgl. auch OVG. 14. März 1898 (E. 33 S. 296 betr. Übernahme der Baupflicht durch einen Kreis). Ein Vertrag zwischen dem Wegebaupflichtigen und einem dritten über die Übernahme der Baulast durch letzteren begründet für diesen nur dann eine öffentlichrechtliche Verpflichtung, wenn der Vertrag von der Wegepolizeibehörde genehmigt worden ist; andernfalls liegt nur ein privatrechtliches Verhältnis vor; vgl. OVG. 21. Dez. 1895, 11. Juli 1896 (E. 30 S. 268, 246), RG. 1. Okt. 1887 (JMBl. 88 S. 156). Durch einen solchen Vertrag wird jedoch die öffentliche Wegebaulast für den dritten nur der Wegepolizeibehörde gegenüber begründet; sein Verhältnis zum anderen Vertragsteil bleibt ein privatrechtliches, sodaß ein Streit über die Auslegung des Vertrages usw. nicht nach Abs. 5 des § 56 im Verwaltungsstreitverfahren, sondern im ordentlichen RW. zu entscheiden ist: gen. RG. 1887. Darüber, ob ein Eisenbahnunternehmer auch ohne besondere gesetzliche Bestimmung aus öffentlichem Recht wegebaupflichtig ist vgl. OVG. 18. Nov. 1882, 24. Sept. 1889 (E. 9 S. 186; 18 S. 231). Nicht unter §§ 55 ff. fällt der rein privatrechtliche Anspruch auf Erstattung der Kosten, die durch eine infolge Höherlegung der Straße notwendig gewordene Verlegung des Straßenbahngleises entstanden sind: RG. 21. März 1892 (Gruchot 36 S. 1180), ebenso nicht ein Streit über die Pflicht zu polizeimäßiger Reinhaltung der Straße: OVG. 21. Dez. 1887 (PrVerwBl. 9 S. 154), RG. 8. Febr. 1890 (E. 25 S. 331), EK. 11. März 1899 (Rechtspr., Nachtr. S. 15 Nr. 2458). Ebenso sind im RW. zu entscheiden Streitigkeiten darüber, ob ein Grundbesitzer einen öffentlichen Weg, der durch einen von seinem Grundstück aus erfolgten Bergsturz verschüttet ist, wieder herzustellen, oder die auf die Wegräumung des Schutts von der Polizeibehörde aufgewendeten Kosten zu erstatten verpflichtet sei; vgl. EK. 12. Okt. 1867 (JMBl. 68 S. 2). Vgl. ferner Stölzel S. 232. — Was insbesondere den Abs. 5 betrifft, so ist durch ihn nicht nur die Feststellungsklage vom ordentlichen RW. ausgeschlossen, sondern auch die Leistungsklage und zwar sowohl die Erstattungsklage nach erfolgter Leistung, als auch die Klage auf Übernahme einer einzelnen von der Wegepolizeibehörde angeordneten und noch zu erfüllenden Naturalleistung; vgl. RG. 8. Nov. 1890 (E. 27 S. 207), EK. 11. März 1899 (Rechtspr., Nachtr. S. 15 Nr. 2452), OVG. 22. März 1900 (E. 37 S. 226). Daß bei einem Streit über die öffentlichrechtliche Wegebaupflicht zugleich über ein privatrechtliches Verhältnis der Beteiligten (z. B. Geschäftsführung ohne Auftrag, nützliche Verwendung, Bereicherung usw.) zu entscheiden ist, beeinträchtigt die Zuständigkeit der Verwaltungsgerichte nicht: OVG. 14. Sept. 1889, 11. Juli 1896 (E. 18 S. 172; 30 S. 246). Wer dagegen lediglich einen zivilrechtlichen Erstattungsanspruch geltend macht, gehört nicht zu den Beteiligten im Sinne des Abs. 5; Ansprüche aus Geschäftsführung ohne Auftrag usw. sind demnach im RW. zu verfolgen: EK. 11. März 1899 (Rechtspr., Nachtr. S. 15 Nr. 2458); vgl. jedoch gen. RG. 8. Nov. 1890, wo zwar auch aus der nützlichen Verwendung geklagt war, das

RG. aber erwog, daß der Kläger (nämlich der Fiskus) selbst wegebaupflichtig sei, wenn die Baupflicht des Beklagten verneint würde; tatsächlich handele es sich mithin nur um die Frage, wem von den beiden Parteien die Wegebaupflicht obliege, weshalb der RW. unzulässig sei. — § 56 kommt nicht zur Anwendung, wenn der Kläger eine Wegestrecke instand gesetzt hat, für die er sich nicht für öffentlichrechtlich verpflichtet hielt und halten konnte; er ist dann nicht „Beteiligter"; vgl. OVG. 21. Nov. 1901, 28. Sept. 1899 (E. 40 S. 234; 36 S. 247; im letzteren Falle handelte es sich um einen freiwillig übernommenen Wegeausbau durch einen Interessenten) und unten A. 391. Vgl. ferner A. 41 ff. zum Vorflutges. v. 1811.

343. Demselben Rechtsmittelzug (A. 342) unterliegen auch diejenigen Anordnungen der Wegepolizeibehörde, welche die Inanspruchnahme von Wegen für den öffentlichen Verkehr betreffen, auch sie können nicht im RW. angefochten werden. Unter „Inanspruchnahme für den öffentlichen Verkehr" ist die Erklärung der Polizeibehörde zu verstehen, daß ein Weg ein öffentlicher sei; sie kann daher nur bei solchen Wegen vorkommen, von denen es zweifelhaft ist, ob sie öffentliche oder private sind, und setzt voraus, daß die Wegepolizeibehörde den Weg für einen öffentlichen hält. Die Erwerbung und Umwandlung eines anerkannten Privatweges in einen öffentlichen kann die Polizeibehörde nur von dem Wegebaupflichtigen verlangen; gegen den Willen des Eigentümers kann diese Umwandlung nur im Wege der Enteignung erfolgen; vgl. Rh. Ress.-Regl. A. 35. Ist die Inanspruchnahme eines Weges für den öffentlichen Verkehr endgiltig geworden, so steht demjenigen, der Eigentums- oder sonstige Rechte an dem Grund und Boden des Weges geltend macht, nur noch der im RW. verfolgbare Anspruch auf Entschädigung gegen den Wegebaupflichtigen zu (§ 4 Ges. v. 11. Mai 1842, § 56 Abs. 8 ZustGes.); selbstverständlich ist auch die Feststellungsklage über das streitige Eigentum am Wege zulässig. Hierbei ist es gleichgiltig, ob der Betroffene sich bei der polizeilichen Inanspruchnahme des Weges beruhigt oder ob er die Rechtsmittel des § 56 erschöpft hat. Vgl. RG. 12. Jan. 1892 (JMBl. S. 299), OVG. 17. Jan., 28. März 1883, 16. Febr. 1884 (E. 9 S. 219, 178; 10 S. 218), EK. 11. Dez. 1886, 22. Juni 1889 (VMBl. 87 S. 62; Rechtspr. S. 317 Nr. 2290), ferner RG. 9. Jan. 1892 (Gruchot 36 S. 1186).

344. Der Schlußsatz des Abs. 4 § 56, wonach im Verwaltungsstreitverfahren darüber zu entscheiden ist, ob der Weg für einen öffentlichen zu erachten sei, hat nicht die Bedeutung, daß dadurch ein besonderes selbständiges Verwaltungsstreitverfahren über die Öffentlichkeit von Wegen geschaffen würde, welches in Verbindung mit § 13 GVG. den ordentlichen RW. grundsätzlich ausschlösse. Durch die Worte „entstehenden Falls" ist vielmehr deutlich ausgedrückt, daß die Frage nur dann von den Verwaltungsgerichten zu entscheiden ist, wenn sie in einem über die Wegebaulast oder über die Inanspruchnahme eines Weges anhängigen Verwaltungsstreitverfahren (A. 342, 343) die Voraussetzung für die zu fällende Entscheidung bildet. In einem Streit zwischen Privatpersonen kann mithin auch der ordentliche Richter über die Öffentlichkeit eines Weges entscheiden, soweit hiervon die Entscheidung über Privatrechte abhängt. Vgl. OVG. 18. Juni 1889, 3. Febr. 1891, 13. Nov. 1895 (E. 18 S. 244; 20 S. 217; DJurZtg. 1 S. 183), ferner EK. 8. Nov. 1890, 16. Febr. 1895 (Rh.A. 82, II. 46; Rechtspr. S. 318), RG. 21. Okt. 1885, 13. Nov. 1894, 26. Sept. 1896 (E. 14 S. 562; Rh.A. 88, II. 40; Gruchot 40 S. 833), die z. T. weitergehend die Verwaltungsgerichte dann für zuständig erachten, wenn nicht lediglich Privatrechte, sondern öffentlichrechtliche Beziehungen in Frage stehen, insbesondere wenn irgend eine wegepolizeiliche Anordnung ergangen ist, auch ohne daß ein Verwaltungsstreitverfahren anhängig ist. Liegen bereits Verfügungen der Verwaltungsbehörden über den betreffenden Weg vor, so haben die Gerichte auch zu entscheiden, ob in ihnen eine wegepolizeiliche Anordnung zu finden ist; die eine Inanspruchnahme des Weges enthaltenden polizeilichen Verfügungen müssen allgemein gehalten sein und unzweideutig die Absicht der Polizeibehörde erkennen lassen; gen. RG. 13. Nov. 1894, EK. 16. Febr. 1895, RG. 4. Okt. 1880 (E. 3 S. 236).

345. Im übrigen wird auf die Erläuterungen zum Ges. v. 11. Mai 1842 und, bez. des rheinischen Rechts, zu § 2 Nr. 2 Ress.-Regl. verwiesen; vgl. ferner oben A. 54.

346. §§ 139, 140 ZustGes. Spritzenverbände. Streitigkeiten über die Verpflichtung zur Teilnahme an Spritzenverbandslasten unterliegen der verwaltungsrichterlichen Entscheidung nur insoweit, als sie zwischen den dem Verbande angehörenden Gemeinden und Gutsbezirken stattfinden. Wird durch die Gesetze die

unmittelbare Verpflichtung dritter zu den Kosten für die Feuerspritzen trotz ihrer Zugehörigkeit zu den Gemeinden oder Gutsbezirken neben derjenigen der letzteren begründet, so ergibt sich für die Zuständigkeit zur Entscheidung entstehender Streitigkeiten, daß die Verwaltungsgerichte für solche zwischen den kommunalen Bezirken und die ordentlichen Gerichte für solche der letzteren gegen Drittverpflichtete berufen sind: OVG. 13. Nov. 1889 (E. 19 S. 335 betr. die auf einer Feuerlöschordnung beruhende Verpflichtung der Kirche, ein Drittel der Kosten zu tragen). Vgl. auch EK. 9. Dez. 1882 (VMBl. 83 S. 22).

347. Durch § 160 ZustGes. ist die sachliche Zuständigkeit nicht auf Streitfälle ausgedehnt worden, für die sie nicht bereits durch eine andere gesetzliche Bestimmung begründet war; seine Bedeutung liegt vielmehr lediglich darin, daß er für das dem Streitverfahren eröffnete Gebiet die gleichzeitige Zuständigkeit der ordentlichen Gerichte ausschließt; vgl. OVG. 9. Mai 1891 (E. 21 S. 153). — — — Abs. 2 wiederholt die bereits in § 7 Abs. 1 Satz 2 und § 127 Abs. 5 LVG. vom 30. Juli 1883 enthaltene Bestimmung, daß die Entscheidungen der Verwaltungsgerichte unbeschadet aller privatrechtlichen Verhältnisse ergehen. Diese Bestimmung hat den Fall eines (neben dem öffentlichrechtlichen Verhältnis zu besonderer Entstehung gelangten) privatrechtlichen Verhältnisses vor Augen, durch welches zwischen den bei der öffentlichrechtlichen Verpflichtung beteiligten Personen die Art der Erfüllung dieser abweichend von der dafür bestehenden öffentlichrechtlichen objektiven Rechtsnorm festgesetzt wird; vgl. RG. 20. Jan. 1890 (E. 25 S. 302), OVG. 21. Juni 1882 (E. 9 S. 167). Es ist schon oben A. 47 gesagt, daß das Wort „privatrechtlich“ in dieser Vorschrift einen engeren Sinn hat als sonst, indem unter den in Verwaltungsstreitsachen den ordentlichen Gerichten verbleibenden privatrechtlichen Ansprüchen nur solche Ansprüche verstanden werden, die auf einem privatrechtlichen Titel beruhen. — Nicht ausgeschlossen ist durch jene Vorschrift, daß die Verwaltungsgerichte vorkommendenfalls auch über privatrechtliche Zwischenfragen, von denen ihre Entscheidung in der öffentlichrechtlichen Streitfrage abhängt, selbständig entscheiden; vgl. A. 95, v. Brauchitsch 1 S. 23, A. 9 zu § 7 LVG.

348. Das Ges. betr. die Befugnisse der Strombauverwaltung gegenüber den Uferbesitzern an öffentlichen Flüssen v. 20. Aug. 1883 (GS. S. 333) bezw. 31. Mai 1884 (GS. S. 303) findet Anwendung auf alle öffentlichen Flüsse, soweit deren Schiffbarkeit reicht. Über die Schiffbarkeit im Sinne dieses Gesetzes entscheidet im Zweifelsfalle mit Ausschluß des RW. der Oberpräsident. Diesem ist jedoch die Entscheidung nur für die Anwendungsfälle des Strombaugesetzes zugewiesen; stehen nicht Stromregulierungsarbeiten und die Befugnis des Fiskus zu deren Vornahme in Frage, so haben die ordentlichen Gerichte über die Schiffbarkeit eines Wasserlaufs zu entscheiden: RG. 13. Nov. 1901 (E. 49 S. 319). Gegen die Anordnungen der Strombauverwaltung findet der RW. nicht statt, §§ 3 ff., 13. Lediglich mit der Beschwerde anfechtbar ist auch der Beschluß der Strombauverwaltung darüber, ob die Voraussetzungen für die Besitzübertragung nach § 6 als vorhanden anzuerkennen sind. Ob die Strombauverwaltung von den ihr (durch § 5) gegebenen Befugnissen Gebrauch machen will, ist eine Verwaltungsfrage und damit der richterlichen Entscheidung entzogen: RG. 31. März 1886 (Gruchot 30 S. 1055). Hat sie aber in Ausübung dieser Befugnisse gehandelt, so ist der RW., wie dem Eigentümer (§ 13), so auch ihr verschlossen, sie kann mithin z. B. sich nicht etwa durch Klage gegen Besitzstörungen durch den Eigentümer schützen; denn ihre Anordnung stellt eine polizeiliche Verfügung dar, und da ihr zur Abwehr der Störung die zur Durchführung polizeilicher Anordnungen gegebenen Zwangsmittel zur Verfügung stehen, steht ihr daneben nicht auch der ordentliche RW. offen (vgl. A. 487). Dagegen ist die Klage des Fiskus auf Ersatz des Wertes des durch den Eigentümer von der streitigen Anlandung entnommenen Strauchwerks zulässig, da sie lediglich einen, wenn auch in öffentlichrechtlichen Verhältnissen wurzelnden, so doch rein privatrechtlichen Anspruch betrifft: RG. 14. Juli 1894 (E. 33 S. 331). — Der Betrag des von dem Uferbesitzer dem Staate zu erstattenden Wertes der durch die Anlagen entstandenen Anlandung wird in Ermangelung gütlicher Einigung im schiedsrichterlichen Verfahren (ZPO. §§ 1025 ff.) festgestellt; die Bestellung der Schiedsrichter erfolgt im Streitfalle durch den Kreis- (Stadt-) Ausschuß. Die gemäß § 8 an den Uferbesitzer zu zahlende Entschädigung wird von dem Kreisausschuß festgesetzt; gegen den Beschluß steht beiden Teilen binnen neunzig Tagen nach Zustellung der RW. offen.

349. Nach dem Patentges. v. 7. Apr. 1891 (RGBl. S. 79) erfolgt die Erteilung, die Erklärung der Nichtigkeit und die Zurücknahme der Patente durch das Patentamt und in der Berufungsinstanz durch das Reichsgericht unter Ausschluß des RW. Dagegen gehören, entsprechend der privatrechtlichen Natur der aus der Erteilung eines Patentes entspringenden Rechte, alle Streitigkeiten über die Rechte aus erteilten Patenten vor die ordentlichen Gerichte, so die Frage, ob ein Gegenstand unter ein Patent falle, ob jemand gemäß § 5 Abs. 1 eine Erfindung ausnützen dürfe, ferner die Streitigkeiten über das Verhältnis der sich entgegenstehenden Rechte aus verschiedenen Patenten, insbesondere die Frage, ob ein Patent von dem anderen abhängig ist; vgl. RG. 7. Juli 1894, 20. Dez. 1899 (E. 33 S. 149; 45 S. 73), Stölzel S. 256. — — Ähnliche Grundsätze gelten für das RGs. zum Schutz der Warenbezeichnungen v. 12. Mai 1894 (RGBl. S. 441). Das Patentamt entscheidet unter Ausschluß des RW. über die Anmeldung von Warenzeichen, über Anträge auf Übertragung und Widersprüche gegen die Löschung derselben. Alle Streitigkeiten dagegen, die aus dem durch die Eintragung erworbenen Recht entspringen, unterliegen dem RW.; insbesondere ist auch die Klage auf Löschung im Sinne des § 9 bei dem ordentlichen Gericht anzubringen. Vgl. RG. 2. Dez. 1896, 20. Jan. 1897 (E. 38 S. 108, 135: ob ein eingetragenes Zeichen ein Freizeichen sei, ob also die Eintragung hätte versagt werden müssen, hat der ordentliche Richter nicht zu entscheiden), 11. Juli 1899 (E. 44 S. 62: in einem bei ihnen schwebenden Löschungsprozesse haben die Gerichte über die Gleichartigkeit der Warenzeichen und über Priorität der eingetragenen gleichartigen Zeichen zu entscheiden).

350. Wildschadenges. v 11. Juli 1891, GS. S. 307. Die Festsetzung des zu leistenden Schadensersatzes erfolgt durch einen Vorbescheid der Ortspolizeibehörde, gegen den nur die Klage im Verwaltungsstreitverfahren gegeben ist. Ebensowenig sind die nach §§ 12 ff., 16 ergehenden oder verweigerten Anordnungen der Aufsichtsbehörde im RW. anfechtbar oder erzwingbar. Der im § 16 Abs. 1 Satz 2 dem Jagdberechtigten gegebene Anspruch auf die erlegten Tiere, soweit sie seinem Jagdrecht unterliegen, ist erforderlichenfalls im RW. zu verfolgen. (Das Gesetz ist durch § 835 BGB. nicht berührt worden; vgl. Art. 70 EG. z. BGB.).

351. Nach dem RGes. über das Telegraphenwesen v. 6. Apr. 1892 (RGBl. S. 467) ist die Außerbetriebsetzung oder Beseitigung unbefugt errichteter oder betriebener Telegraphen- und Fernsprechanlagen im Verwaltungszwangsverfahren statthaft; jedoch bleibt der ordentliche RW. vorbehalten (§ 11) und zwar auch über das Recht zum Weiterbetriebe der Anstalt selbst, nicht etwa nur über eine wegen Untersagung des Betriebs zu leistende Entschädigung; vgl. Stölzel S. 279. Auch Streitigkeiten über die Ausführung des § 12 gehören nach § 13 vor die ordentlichen Gerichte. — — Das Telegraphenwegeges. v. 18. Dez. 1899 (RGBl. S. 705) schließt vom RW. aus die Entscheidung über Einsprüche gegen eine geplante Telegraphenlinienführung, § 8. Dagegen gehören alle Ansprüche aus diesem Gesetze vor die ordentlichen Gerichte; eine Einschränkung ist nur insoweit vorhanden, als über die Ersatzansprüche aus den §§ 2, 4, 5, 6 zunächst die Verwaltungsbehörde zu entscheiden hat und erst gegen deren Entscheidung die gerichtliche Klage binnen einer Frist von einem Monat nach Zustellung offen steht.

352. Aus den Ges. über die Landwirtschaftskammern v. 30. Juni 1894 (GS. S. 126) und über die Handelskammern v. 24. Febr. 1870 in der Fassung v. 22. Aug. 1897 (GS. S. 354) ist zu erwähnen, daß gegen die Heranziehung zu Beiträgen nur der Einspruch bezw. die Beschwerde und die Klage im Verwaltungsstreitverfahren gegeben ist; der RW. ist ausgeschlossen; vgl. § 18 bezw. § 29 jener Ges., § 135 ZustGes. Den auf Grund der VO. v. 27. Mai 1885 (GS. S. 169) gebildeten Ärztekammern ist durch Ges. v. 25. Nov. 1899 (GS. S. 565) § 49 das Besteuerungsrecht verliehen, sodaß auf die Beiträge die §§ 78, 79 II. 14 ALR. und das Ges. v. 24. Mai 1861 (A. 197 ff.) Anwendung finden; nach Abs. 3 des gen. § 49 werden die nicht freiwillig gezahlten Beiträge im Verwaltungszwangsverfahren eingezogen. Die auf Grund der VO. v. 2. Febr. 1901 (GS. S. 49) errichteten Apothekerkammern haben jenes Recht nicht; es bleibt ihnen nach § 40 überlassen, für die Bereitstellung der erforderlichen Mittel Sorge zu tragen. Die ausgeschriebenen Beiträge sind demnach freiwillige und tragen nicht die Natur von Steuern.

353. Wird auf Grund des RGes. betr. die Entschädigung der im Wieder-

Die folgenden §§ 38—40 sind durch das Ges. v. 11. Mai 1842 § 7 (GS. S. 193) aufgehoben. Sie lauteten:

B. Wegen der Polizeisachen.

[**§ 38.** Über polizeiliche Verfügungen der Regierungen, von welcher Gattung sie sein mögen, stehet gleichfalls der Weg Rechtens unbedingt sowohl über die Verpflichtung als den Schadensersatz jedem offen, sobald entweder die Verfügung einer ausdrücklichen Disposition der Gesetze direkte entgegen läuft, oder die Klage auf einen speziellen Rechtstitel gegründet wird, vermöge dessen der Kläger das der durch die Polizeiverfügung angeordneten Verbindlichkeit entgegenstehende Recht gültig erworben zu haben behauptet.

In dem letztern Fall erstreckt sich die richterliche Beurteilung jedoch nur über die Gültigkeit des speziellen Rechtstitels an sich und die daraus entstehenden rechtlichen Folgen. Insofern aber der spezielle Rechtstitel unbegründet befunden wird und es auf Prüfung der Notwendigkeit und Zweckmäßigkeit der Polizeiverfügung ankommt, tritt die Bestimmung des § 40 ein.]

Modifikationen.

[**§ 39.** Die Regierungen sind jedoch im zweiten Falle des vorigen §, gleichmäßig als nachstehend § 42 festgesetzt worden, berechtigt, des Widerspruchs ungeachtet mit der Ausführung sofort vorzugehen und die Exekution zu verfügen, wenn ihrem pflichtmäßigen Ermessen nach damit ohne Nachteil des Allgemeinen bis zur richterlichen Entscheidung nicht gewartet werden kann.]

---

aufnahmeverfahren freigesprochenen Personen v. 20. Mai 1898 (RGBl. S. 345) die Verpflichtung der Staatskasse zur Entschädigung ausgesprochen, so muß der Freigesprochene seinen Anspruch bei Vermeidung des Verlustes binnen drei Monaten nach Zustellung des Beschlusses bei der Staatsanwaltschaft geltend machen. Gegen die hierauf ergehende Entscheidung des Justizministers ist binnen weiteren drei Monaten die durch Klage zu verfolgende Berufung auf den RW. zulässig.

354. Nach § 16 des Fürsorgeerziehungsges. v. 2. Juli 1900 (GS. S. 264) hat der Kommunalverband (bezw. Ortsarmenverband) einen Anspruch gegen den der Fürsorgeerziehung überwiesenen Zögling und gegen den zu dessen Unterhalte Verpflichteten auf Erstattung der während der Fürsorgeerziehung entstandenen Unterhaltungskosten. Dieser Anspruch ist im RW. geltend zu machen, jedoch muß vorher die im § 16 angeordnete Entscheidung des Bezirksausschusses erfolgt sein; anderenfalls ist die Klage wegen Unzulässigkeit des RW. abzuweisen.

355. Das Ges. betr. die Vorausleistungen zum Wegebau v. 18. Aug. 1902 (GS. S. 315) hat für den RW keinen Raum; die Entscheidung aller Fragen liegt dem Kreis- oder Bezirksausschuß ob. Die Beitreibung der Beiträge erfolgt im Verwaltungszwangsverfahren. Für Klagen auf Grund gütlicher Vereinbarung ist selbstverständlich der RW. zulässig; vgl. OLG. Cöln 16. Mai 1896 (RhA. 90, I. 262).

§§ 38—40.

356. Das Verhältnis der richterlichen zur Polizei-Gewalt ist von der Gesetzgebung im Laufe der Zeit sehr verschiedenartig begrenzt worden. Die Reglements von 1803 und 1804 (vgl. oben A. 1) gingen noch von der Grundanschauung aus, daß, Einzelfälle abgerechnet, der RW. nur über eigentliche Hoheitsrechte nicht stattfinde und ließen daher das richterliche Entscheidungsrecht inbezug auf Polizeiangelegenheiten fast unumschränkt zu; sie erwähnten die letzteren bloß insofern, als sie in dem dem § 42 d. G. entsprechenden § 8 bezw. 9 den Fall, wo in Polizeiangelegenheiten unaufschiebbare Verfügungen zu treffen seien und die richterliche Entscheidung eines dagegen sich findenden Widerspruchs ohne Nachteil des Ganzen nicht abgewartet werden könne, unter den Fällen aufführten, in denen die Kammer ihre Verfügungen auch während der Prozesse salvo iure vollstrecken dürfe, erkannten also hiermit mittelbar die Anwendbarkeit der im vorhergehenden § zu Gunsten des RW. ausgesprochenen Regel auf Polizeiverfügungen im allgemeinen an. Auf wesentlich anderer Anschauung beruhte die VO. von 1808. Diese hielt zwar gleich der späteren Gesetzgebung daran fest, daß Polizeiangelegenheiten nicht als Hoheits-

[**§ 40.** Wird die Klage hingegen nicht speziell auf eines der vorerwähnten beiden Fundamente (§ 38), sondern nur auf die allgemeine bürgerliche Freiheit und die Prinzipien vom freien Genuß seines Eigentums gegründet, so stehet den Gerichten keine Kognition über die Notwendigkeit zum allgemeinen Besten und die Zweckmäßigkeit der polizeilichen Anordnung zu; es wäre denn, daß eine richterliche Erörterung darüber in den Gesetzen, wie z. B.

§ 8 Tit. 1 der Forst-Ordn. für Westpreußen v. 8. Okt. 1805,

ausdrücklich nachgelassen worden. Ist solches nicht geschehen, so kann in diesem Fall niemals über die Verpflichtung zur Befolgung der Polizeiverfügung, sondern nur darüber eine rechtliche Klage gestattet werden,

ob und inwieweit sonsten, jedoch unter vorausgesetzter Notwendigkeit und Zweckmäßigkeit der Verfügung, ein Entschädigungsanspruch wegen derselben dem Kläger nach den Gesetzen zustehe.

Die richterliche Einwirkung tritt jedoch im vollen Umfange ein, wenn entweder von der höheren Polizeibehörde die Verfügung gemißbilligt worden oder der letzteren grobe Fahrlässigkeit oder gar vorsätzliche Beeinträchtigung zum Grunde liegt.

Auch ist dieser § nur von Polizeiverfügungen für einzelne Fälle zu verstehen, nicht von solchen, durch welche etwas im allgemeinen festgesetzt wird. Zu den letztern müssen die Regierungen jedesmal die Genehmigung der höheren Polizeibehörde haben. Ist diese aber erfolgt, so findet auch wider Polizeiverfügungen der letztern Gattung nur unter den vorher festgesetzten Modalitäten der Weg Rechtens statt.]

C. In Ansehung der Finanzangelegenheiten.

§ 41. Gegen Verfügungen der Regierungen, welche sie in ihrer Eigenschaft als Finanzbehörde erlassen (§ 4), sich mithin auf die Vermögensverwaltung des Fiskus beziehen, ist einem jeden, der seine Rechte

---

sachen zu behandeln seien; sie ließ aber dessenungeachtet den RW. nur hinsichtlich etwaiger Entschädigungsansprüche unbedingt zu und beschränkte ihn inbetreff der Verbindlichkeit zur Befolgung einer Polizeiverfügung auf die Fälle, wo letztere einer ausdrücklichen Gesetzesvorschrift zuwiderlaufen möchte, oder wo, ähnlich wie bei Handhabung des § 79 II. 14 ALR., auf Grund eines speziellen Rechtstitels geklagt werde; in letzterem Falle ward überdies der Polizeibehörde das Recht der vorläufigen Vollstreckung nach dem Vorbilde der oben genannten Bestimmungen der Reglements von 1803 und 1804 vorbehalten. Inzwischen erschienen selbst diese Einschränkungen der richterlichen Zuständigkeit in der Folgezeit als nicht ausreichend und wurde namentlich die Zulassung der gerichtlichen Anfechtung einer Polizeiverfügung als einer gesetzwidrigen für unverträglich mit der der Polizeiverwaltung gebührenden Selbständigkeit erachtet; es wurde deshalb dieser Anfechtungsgrund beseitigt und die Voraussetzungen für die nur ausnahmsweise noch bestehende Zuständigkeit der Gerichte genauer, sowie in noch engerem Anschluß an die Bestimmung des § 79 II. 14 ALR. festgesetzt. Vgl. Löning, Verwaltungsarchiv 3 S. 122ff., Rosin, das. S. 328ff. Das nähere bleibt den Erläuterungen zum Ges. v. 11. Mai 1842 vorbehalten, welches unter Aufhebung der §§ 38—40 diese Veränderungen auf dem vorliegenden Gebiete durchgeführt hat.

§ 41.

Inhalt:

I. Allgemeine Bemerkungen.

357. Der § 41 stellt im Gegensatz zu dem, was § 36 für Hoheitssachen bestimmt, inbezug auf Finanzangelegenheiten die Prozeßfähigkeit als Regel auf. Nach dieser folgenreichen Regel ist jeder, der sich durch eine Anord-

dadurch gekränkt glaubt, der Weg Rechtens unbenommen, insofern der Fall nicht zu den § 35 und 36 gemachten Ausnahmen gehört. Ein gleiches findet in Absicht der Vermögensverwaltung anderer den Regierungen untergeordneten moralischen Personen statt; und ebenso stehet es unter den gedachten Modalitäten jedem frei, sein Privatinteresse über Gegenstände der Post- und Bergwerksadministration (§ 7 und § 11) bei dem kompetenten Gericht geltend zu machen.

---

nung der Finanzverwaltung in seinen Rechten gekränkt glaubt, den RW. zu beschreiten befugt, nicht etwa bloß um gegen den Staat einen Entschädigungsanspruch geltend zu machen, sondern auch um den Verwaltungsakt selbst, und zwar unmittelbar dem Staat bezw. der verfügenden Behörde gegenüber, anzufechten. Vgl. Gräff, das Eigentum der katholischen Kirche usw., S. 178.

358. Die Unterschiede zwischen dem auf § 41 beruhenden Rechte, einen Akt der Finanzverwaltung vor Gericht anzufechten, und dem Rechte, gegen einen Akt der Verwaltungsjustiz in engerem Sinne auf gerichtliches Gehör anzutragen, sind bereits in A. 287ff. erörtert worden.

359. Einer auf § 41 gestützten Klage muß die Behauptung einer materiellen Rechtsverletzung zugrunde liegen. Daher steht den Gerichten regelmäßig nicht zu, eine Verfügung der Finanzverwaltung bloß um deswillen aufzuheben oder für unwirksam zu erklären, weil die für das Verwaltungsverfahren etwa vorgeschriebenen Formen verabsäumt worden seien.

360. Aus demselben Grunde kann die Nützlichkeits- oder Zweckmäßigkeitsfrage hinsichtlich eines Aktes der Finanzverwaltung der richterlichen Entscheidung in der Regel nicht unterbreitet werden.

361. Dagegen ist, von den Fällen des § 42 abgesehen, keineswegs erforderlich, daß gerade petitorisch geklagt werde. Possessorische Rechtsmittel sind vielmehr gleichfalls zulässig, da § 41 ganz allgemein der Kränkung von Rechten gedenkt, mithin den Fall der Beeinträchtigung der einem bloßen Besitzer als solchem zustehenden Rechte nicht ausschließt. Vgl. EK. 3 Febr. 1855 (JMBl. S. 108); KH. 11. Nov. 1839 (Rh. A. 29, II. 48); JMVfg. 4. Nov. 1831 (Jbb. 38 S. 428 a. E.).

362. Ferner kann, von den Fällen des § 42 abgesehen, der RW. nicht nur gegen den Finanzverwaltungsakt selbst, sondern auch wider die zu dessen Vollziehung angeordneten Maßregeln beschritten werden, so daß die Gerichte befugt sind, die Vollstreckung eines solchen Aktes zu stunden oder gar ganz zu untersagen. Vgl. EK. 3. Juni 1848 (JMBl. S. 290 a. E.); KH. 2. Dez. 1829 (Rh. A. 13, II. 56). Ja es hat die gerichtliche Anfechtung eines Aktes der Finanzverwaltung, der keinen von den im § 42 aufgezählten Ansprüchen betrifft, schon von Rechtswegen die Folge, daß dessen Vollziehung bis nach ausgemachter Sache ruhen bleiben muß. Das nähere in den Erläuterungen zu § 42.

363. Die Beschreitung des RW. wider Verwaltungsakte im Sinne des § 41 ist nicht bloß Privatpersonen, sondern auch Beamten gestattet, ungeachtet solche Akte aus Anlaß ihrer Amtstätigkeit und im Hinblick auf dieselbe ergangen sind. Vgl. JMVfg. 30. April 1838 (Rh. S. 6 S. 527); AH. Cöln 9. Mai, 22. Aug. 1832, KH. 5. Febr. 1844 (Rh. A. 17, I. 101, 107; 36, II. 75). AM. AH. Cöln 28. Aug. 1828, 16. Jan. 1837 (Rh. A. 12, I. 135; 25, I. 13).

364. EK. 14. Juni 1902 (DJurZtg. 8 S. 251) wandte den § 41 auf den Fall an, wo der Staat von einer Gemeinde den von dieser erhobenen aber bei ihr verloren gegangenen Betrag der Staatssteuer zwangsweise eingezogen hatte; die Klage der Gemeinde auf Rückzahlung sei im ordentlichen RW. zulässig, weil es sich um die dem Privatrecht angehörige Frage handele, ob die Gemeinde als besonderes Vermögenssubjekt mit ihrem Gemeindevermögen dem Staate dafür einzustehen habe, daß die Steuern auch in die Staatskasse gelangen.

365. Wie § 34 inbetreff des Gerichtsstandes neben dem Fiskus der moralischen Personen gedenkt, die mittelbar oder unmittelbar unter Verwaltung der Regierungen stehen, ebenso stellt der zweite Satz des § 41 (dem übrigens keine in den Reglements von 1803 und 1804 enthaltene Bestimmung entspricht) inbetreff der Prozeßfähigkeit, den auf die Vermögensverwaltung des Fiskus bezüglichen Verfügungen diejenigen gleich, welche auf die Vermögensverwaltung anderer den Regierungen untergeordneten moralischen Personen beziehen. An

jener wie an dieser Stelle sind alle moralischen Personen gemeint, über welche die Regierungen das landesherrliche Aufsichtsrecht auszuüben haben, wenigstens soweit sie in die Verfassung des Staates organisch eingreifen; vgl. JMVfg. 18. Jan. 1843 (Jbb. 61 S. 92). Dem entsprechend werden denn auch die Gemeinden und Schulsozietäten allgemein dahin gerechnet, wovon nur OT. 14. Okt 1851 (Strieth. 3 S. 129) abweicht, insofern dort hinsichtlich der Stadtgemeinden das Gegenteil angenommen wird. Wenn dagegen die in JMVfg. 5. Juli 1833 wiedergegebenen JMVfg. 9. April, 7. Mai 1824 (Jbb. 42 S. 119) unter den moralischen Personen des § 41 nur solche verstanden wissen wollen, deren Vermögen von den Regierungen selbst verwaltet wird, so ist hier die Grenze wohl zu eng gezogen.

366. Inwiefern die Judengemeinden zu den moralischen Personen des § 41 gehören, bemißt sich nach den in A. 310, 400 aufgestellten Gesichtspunkten.

367. *EK. 11. März 1848 (JMBl. S. 324) zählt die Knappschaftskasse des Bleibergs (bei Commern) als einen öffentlich verwalteten Fonds zur Unterstützung invalider Bergleute zu den öffentlichen Anstalten, welche unter den Begriff der unter der Obhut der Regierungen stehenden moralischen Personen (im Sinne des § 41) fielen. Dasselbe galt von den seitdem in Gemäßheit des Ges. v. 10. Apr. 1854 (GS. S. 139) gegründeten Knappschaftsvereinen, die durch Bestätigung ihrer Statuten die Rechte einer moralischen Person erlangten, und deren Verwaltung unter der Aufsicht der Bergbehörde stand, indem es nach dem in A. 6 gesagten und mit Rücksicht auf den Schlußsatz des § 41 für die Anwendbarkeit dieses § ohne Erheblichkeit ist, ob die Aufsichtsgewalt von der Regierung oder einer anderen Provinzialverwaltungsbehörde geübt wird. Bez. der heutigen Knappschaftsvereine vgl. jedoch A. 403, 473.

368. Hinsichtlich der Ressortverhältnisse inbezug auf Genossenschaften zu Be- und Entwässerungsanlagen, sowie auf Deichverbände (vgl. Ges. v. 1. Apr. 1879, v. 28 Febr. 1843 §§ 56 ff., v. 11. Mai 1853, v. 28. Jan. 1848 §§ 11 ff. u. AKO. v. 14. Nov. 1853) treffen zwar die bezogenen Gesetze und die einzelnen Statuten meist besondere Bestimmungen. Inzwischen stellen letztere regelmäßig eine bloße Anwendung oder Ausführung der im § 41 enthaltenen, aus dem Aufsichtsrechte über Korporationen überhaupt herzuleitenden Grundsätze dar, und sind daher aus § 41 zu erläutern und zu ergänzen. Daß die rheinischen Deichschauen zu den moralischen Personen des § 41 gehören, erkannte *EK. 8. Febr. 1862 (JMBl. S. 262) ausdrücklich an.

369. Welchen praktischen Sinn die Erweiterung der im § 41 hinsichtlich der Vermögensverwaltung des Fiskus enthaltenen Regel der Prozeßfähigkeit auf die Vermögensverwaltung der oben erwähnten moralischen Personen besitze, hat bereits in den Erläuterungen zu § 36 Abs. 1 eine nähere Besprechung erfahren. Jene Erweiterung ist jedoch nicht auf diese Regel, sondern auch auf die im § 41 vorbehaltenen, auf den §§ 35 und 36 beruhenden Ausnahmen zu beziehen, und hat gerade hinsichtlich dieser letzteren die weitgreifendste Bedeutung, indem namentlich die für Staatssteuern in den §§ 36, 37 d. G. bezw. in den §§ 78, 79 II. 14 ALR. gegebenen Vorschriften hierdurch auf alle steuerartigen Abgaben jener moralischen Personen anwendbar geworden sind.

II. Insbesondere Gemeindeabgaben.

370. Der letztere Satz erfordert vor allem inbetreff der aus dem Kommunal-, Parochial- und Schulverbande fließenden, an die Gemeinde usw. als solche zu leistenden allgemeinen Abgaben eine nähere Besprechung. Daß § 78 II. 14 ALR. auf diese Abgaben (oder doch wenigstens auf Abgaben der politischen Gemeinde, vgl. A. 383, 393) zur Anwendung kommt bezw. kam, steht durch die übereinstimmende Rechtsprechung des Obertribunals, des KompGH. und des Reichsgerichts fest und ist auch vom Gesetzgeber durch § 160 Zustges. anerkannt worden. Vgl. Stölzel S. 138 A. 3, 103 a. E. Von jener Rechtsübung wich nur das bereits in A. 365 erwähnte OT. 14. Okt. 1851 bezüglich städtischer Abgaben ab. Allerdings bestimmt der dort bezogene § 131 II. 8 ALR. ganz allgemein, mithin nicht bloß für die Fälle des § 79 II. 14, daß Streitigkeiten wegen der Verbindlichkeit zu den abgeforderten städtischen Beiträgen der Entscheidung des gehörigen Richters überlassen werden sollen, und der vom KompGH. gemachte Versuch, die Übereinstimmung dieses § mit der herrschenden Rechtsprechung nachzuweisen, dürfte schwerlich gelungen erscheinen; denn wenn zu diesem Behufe in EK. 25. Sept., 11. Dez. 1852 (JMBl.

53 S. 27, 380) gesagt wird, daß zur Zeit der Publikation des ALR. nach den Reglements v. 19. Juni 1749 und 12. Febr. 1782 (vgl. A. 1), der gehörige Richter gerade die Kriegs- und Domänenkammer gewesen sei, so waren doch derartige Streitigkeiten, wie Reichensperger (Tr. A. 1, II. 76) mit Recht hervorhebt, als „Justizsachen" vor die Kammer-Justizdeputation verwiesen, deren Gerichtsbarkeit ja eben durch die VO. v. 1808 auf die ordentlichen Gerichte überging. Hiernach war jene Rechtsübung inbezug auf städtische Abgaben nur in der Weise aufrecht zu erhalten, daß man mit den MVfg. 21. Aug. 1839 und 25. Juni 1840 (VMBl. 40 S. 218) annimmt, § 41 enthalte eine Ausnahme von § 14 d. G. und habe die Vorschrift des gen. § 131 förmlich außer Kraft gesetzt. Vgl. ferner EK. 8. Okt. 1870 (JMBl. S. 340) wo die Unanwendbarkeit der §§ 130, 131 II. 8 darauf gestützt wird, daß der genannte Titel seit Erlaß der StädteO. v. 19. Nov. 1808 veraltet sei. In der Wissenschaft hat jene Rechtsübung nach einer anderen Richtung hin und zwar insofern Widerspruch gefunden, als Reichensperger aaO. die Zuständigkeit nicht nach den §§ 36, 41 d. G. bezw. nach den §§ 78, 79 II. 14 ALR., sondern nach den §§ 38ff. d. G. beurteilt wissen will. Die hierfür geltend gemachten Gründe, welche namentlich darin bestehen, daß die Geschäftsinstruktion v. 26. Dez. 1808 die Oberaufsicht und Fürsorge inbetreff der Kommunalangelegenheiten, mithin auch die Einrichtung und Genehmigung des Kommunalabgabenwesens, der Polizeideputation der Regierungen überweise, dürften jedoch durch das schon oben unter A. 4, 5, 147ff. gesagte genugsam widerlegt werden. Wie wenig die von den einzelnen Instruktionen bald in dieser, bald in jener Weise beliebte Geschäftsverteilung unter die einzelnen Abteilungen für die Beantwortung der Frage entscheide, ob eine Sache vom Gesichtspunkte der Ressortverhältnisse aus als Hoheits-, Polizei- oder Finanzsache zu behandeln sei, geht wohl am sprechendsten daraus hervor, daß keine jener Instruktionen eine besondere Abteilung für Hoheitssachen kennt.

371. Für die Abgaben an politische und Schulgemeinden sind die Bestimmungen der VO. v. 1808 durch die neuere Gesetzgebung außer Kraft gesetzt worden. Gehören demnach die an ihre Stelle getretenen Vorschriften streng genommen nicht in die Erläuterung des § 41 hinein, so sollen sie doch des Zusammenhangs wegen hier mitbesprochen werden (A. 376, 383). Zunächst folgen einige allgemeine Bemerkungen, die zum Teil freilich ihre unmittelbare Geltung verloren haben.

372. Unter den Abgaben an (politische, Schul- und Kirchen-) Gemeinden, die inbezug auf die Ressortverhältnisse durch § 41 den Staatssteuern gleichgestellt wurden, sind nur solche zu verstehen, die auf dem Besteuerungsrechte der Gemeinden beruhen, die daher verfassungsgemäß zur Bestreitung der Gemeindebedürfnisse, sei es allen Gemeindegliedern oder allen Eigentümern von Grundstücken in der Gemeinde, sei es allen Mitgliedern gewisser Klassen unter jenen, z. B. allen Hausbesitzern zur Last gelegt werden, oder wie EK. 25. Okt. 1856 (JMBl. 57 S. 174) sich ausdrückt, die von allen denjenigen Gemeindegliedern entrichtet werden müssen, die nach den desfalls bestehenden, dem öffentlichen Rechte angehörigen Normen dazu verpflichtet sind.

373. Auf die Form der Ausschreibung und Erhebung kommt es hinsichtlich der Frage, ob § 41 zur Anwendung gelange, nicht an; vgl. oben A. 205, EK. 24. Nov. 1855, 13. Febr. 1858 (JMBl. 56 S. 55; 58 S. 280). — Ebenso ist es, was die rechtliche Natur einer Steuer betrifft, in der hier fraglichen Beziehung einflußlos, ob die Leistung eine direkte oder indirekte Steuer, ob sie eine einmalige oder wiederkehrende ist, ob sie auf der Person oder dem Grundeigentum ruht, ob die Veranlassung der Besteuerung gerade darin liegt, daß die ordentlichen Einnahmen der Gemeinde zur Bestreitung des Gemeindehaushalts nicht ausreichen usw.; vgl. EK. 4., 25. Okt. 1856, 13. Febr. 1858 (JMBl. 57 S. 24,174; 58 S. 280); InnMVfg. 25. März 1841 (VMBl. S. 111). Auch entzieht der Umstand, daß eine Verpflichtung der Gemeinde dem Staat (oder sonst jemandem) gegenüber auf einem privatrechtlichen Titel beruht, den zur Erfüllung dieser Verpflichtung von den Gemeindegliedern aufzubringenden Beiträgen nicht den Charakter einer zu Gemeindezwecken gemachten öffentlichen Anlage im Sinne des § 41: EK. 18. März 1865 (JMBl. S. 124).

374. Die durch § 41 vermittelte Gleichstellung der Gemeindesteuern mit den Staatssteuern ist nicht etwa deshalb eine unvollkommene, weil § 41 nur auf § 36 und nicht auch auf § 37 d. G. verweist. Vielmehr unterliegt es bei dem unzertrennlichen Zusammenhange zwischen den gen. §§ 36 und 37 bezw. den §§ 78

und 79 II. 14 ALR. keinem Zweifel, daß mit § 78 der § 79 (und das Ges. v. 24. Mai 1861) bei Gemeindesteuern ebensowohl zur Anwendung komme, wie bei Staatssteuern. Ob dasselbe mit § 80 das. der Fall ist, wird zu § 42 d. G. erörtert.

375. Daß der Abgabenberechtigte nicht den RW. über Steuerforderungen beschreiten kann, ist schon oben A. 201 gesagt; aM. MVfg. 30. Apr. 1866 (VMBl. S. 102: überließ es dem Gemeindekirchenrat, einen Lehrer im RW. zur Kirchensteuer heranzuziehen; vgl. AKO. v. 19. Juni 1836 A. 38). — Leitet freilich die Gemeinde aus der beim Fälligkeitstermin unterbliebenen oder nicht gehörig geleisteten Zahlung einen Entschädigungsanspruch wider den Steuerpflichtigen her, so ist desfalls der RW. unbedenklich statthaft; vgl. EK. 12. Febr. 1859 (JMBl. S. 342), wo dies inbezug auf Abgaben im Sinne der AKO. v. 19. Juni 1836 anerkannt wurde.

a) Abgaben an politische Gemeinden.

376. Die unmittelbare Anwendbarkeit des § 41 auf Gemeindesteuern und zugleich die auf den bisherigen Bestimmungen beruhende ausnahmsweise Zulassung des RW. ist durch die neuere Gesetzgebung beseitigt worden. Nur das zunächst ergangene ZustGes. v. 26. Juli 1876 hatte die Zulässigkeit des RW. in den früheren Grenzen beibehalten; dagegen ist der RW. durch die §§ 18, 34 und durch den, den § 79 II. 14 und das Ges. v. 24. Mai 1861 ausdrücklich außer Kraft setzenden § 160 ZustGes. v. 1. Aug. 1883 endgültig verschlossen worden. Diese Bestimmungen sind zwar ebenfalls wieder ersetzt worden, so durch die LandgemO. f. d. 7 östl. Prov. v. 3. Juli 1891 (GS. S. 233) und für Schleswig-Holstein v. 4. Juli 1892 (GS. S. 155) und endlich durch das für die ganze Monarchie (mit Ausnahme der Hohenzollernschen Lande und Helgolands) ergangene Kommunalabgabenges. v. 14. Juli 1893 (GS. S. 152); an den Ressortverhältnissen ist aber durch die neueren Gesetze nichts geändert, wenn auch das letztgenannte Gesetz den § 160 ZustGes. nicht wiederholt. Vgl. Stölzel S. 139 ff. Durch Abs. 3 der §§ 18, 34 ZustGes. und des § 70 KommAbgGes. sind auch die Streitigkeiten zwischen Beteiligten über ihre in dem öffentlichen Rechte begründeten Verpflichtung zur Zahlung der Gemeindesteuer ausdrücklich der Entscheidung im Verwaltungsstreitverfahren unterworfen und damit dem RW. entzogen worden. Damit sind nicht nur die Streitigkeiten der Abgabenpflichtigen untereinander über die Art der Verteilung, sonderu auch der Streit des Herangezogenen mit andern verstanden, die er statt seiner für die öffentlichrechtlich Verpflichteten hält. In beiden Fällen war früher der RW. zulässig; vgl. A. 300 d. 1. Aufl. — Der Anspruch auf Rückzahlung einer bereits eingezogenen Gemeindeabgabe stellt einen Einspruch gegen die Heranziehung zu der Abgabe dar und ist mit der Klage im Verwaltungsstreitverfahren verfolgbar: OVG. 18. Juni 1897 (E. 33 S. 216).

377. Nach §§ 69 Abs. 1, 70 Abs. 2 KommAbgGes. steht dem Abgabepflichtigen gegen die Heranziehung (Veranlagung) zu Gebühren (§§ 4 ff.), Beiträgen (§§ 9 ff.), (direkten und indirekten) Steuern (§§ 13 ff.) und Naturaldiensten (§ 68) der Einspruch zu und gegen den den Einspruch verwerfenden Beschluß des Gemeindevorstands die Klage im Verwaltungsstreitverfahren offen. In den §§ 18, 34 ZustGes. ist allgemeiner von der Heranziehung oder Veranlagung zu den Gemeindelasten die Rede. Dieser Ausdruck ist umfassender als die im § 69 KommAbgGes. enthaltene Aufzählung und insoweit kommen §§ 18, 34 ZustGes. noch neben dem KommAbgGes. in Betracht. Vgl. v. Brauchitsch 1 S. 251 A. 52, wo als unter die §§ 18, 34 fallend genannt werden die Bürgerrechts- und Einkaufsgelder, die jährlichen Abgaben für Teilnahme an den Gemeindenutzungen sowie die in §§ 3 ff. RGes. über die Kriegsleistungen v. 13. Juni 1873 vorgesehenen Leistungen.

378. Die in Bädern und Kurorten erhobenen Kurtaxen sind rein privatrechtliche Forderungen der Gemeinden; sie gehören begrifflich nicht zu den im § 69 KommAbgGes. bezeichneten Abgaben, weshalb gegen die Heranziehung dazu das Verwaltungsstreitverfahren nicht gegeben ist. § 12 das. regelt nur materiell die Befugnis der Gemeinden zur Erhebung von Kurtaxen und hat an der Zulässigkeit des RW. nichts geändert. Die in § 90 das. gestattete Einziehung im Verwaltungszwangsverfahren hat die letztere nur insoweit beeinflußt, als die Gemeinde die Gerichte dann nicht anzurufen braucht und nicht anrufen darf (vgl. A. 201), wenn die Kurtaxe nach einem von der Aufsichtsbehörde festgestellten Tarif erhoben wird; der in Anspruch Genommene kann dagegen die von ihm auf Grund eines genehmigten Tarifs beigetriebene Kurtaxe wegen Mangels einer Zahlungsverpflichtung im RW.

zurückfordern. Ist jene Bedingung nicht erfüllt, so kann die Gemeinde die Kurtaxe nur im ordentlichen RW. einklagen. So: OVG. 6. Jan. 1899, 4. Mai 1898 (E. 34 S. 197; DJurZtg. 3 S. 495). Vgl. v. Brauchitsch 3 S. 372 A. 1, 2 zu § 12 KommAbgGes.

379. Weder unter das KommAbgGes. noch das ZustGes. fällt die auf Grund eines Stadtratsbeschlusses zu zahlende Entschädigung für Benutzung des Straßenkörpers zur Aufstellung von Baugerüsten; hier liegt lediglich ein Mietsverhältnis vor und bei Streitigkeiten ist nur die Zuständigkeit der ordentlichen Gerichte gegeben. Vgl. OLG. Cöln 19. Febr. 1895 (Rh. A. 88, I. 195.)

380. Das Gegenteil gilt von den auf Grund einer Gebührenordnung erhobenen Beiträge für die Benutzung der städtischen Wasserleitung: EK. 8. Jan. 1898 (Rechtspr. Nachtr. S. 7); vgl. jedoch oben A. 173. Ebenso fallen unter das KommAbgGes. nach ständiger Rechtsprechung die auf Grund eines Ortsstatuts von den Anliegern zu zahlenden Beiträge usw. zu den Straßenbaukosten.

381. Voraussetzung für den Ausschluß des RW. ist die Zulässigkeit des Verwaltungsstreitverfahrens, diese ist aber nur dann gegeben, wenn die Heranziehung oder Veranlagung des Beschwerdeführers zu einer steuerlichen Abgabe erfolgt ist. Insbesondere genügt es nicht, daß es sich um eine Abgabe oder Leistung handelt, die von der Gemeinde als eine steuerliche gefordert werden kann; es muß stets die vorschriftsmäßige Heranziehung oder Veranlagung hinzutreten. Durch die Heranziehung wird entschieden über die Frage, ob, durch die Veranlagung über die Frage, nach welchem Maßstabe und in welcher Höhe die Gemeindeglieder zu den Gemeindelasten beizutragen haben. Die „Heranziehung" muß für den Abgabepflichtigen erkennen lassen, daß von ihm eine Abgabe, eine öffentlichrechtliche Leistung von Gebühren, Beiträgen oder Steuern gefordert werde. Diesem Erfordernis kann schon genügt sein durch die Bezeichnung der Forderung als Gebühr, Beitrag oder Steuer, durch den Hinweis auf das Ortsstatut, auf Grund dessen die Forderung erhoben wird, durch die Androhung des Verwaltungszwangsverfahrens usw.; vgl. OVG. 26. März 1900 (E. 37 S. 37). Eine Heranziehung kann sogar unter Umständen schon in der bloßen Einforderung einer Steuer, in der Aufforderung zu einer Leistung durch einen Gemeindeboten gefunden werden, vorausgesetzt, daß sie sich als eine Handlung der Gemeindebehörde darstellt; vgl. RG. 31. Jan. 1892 (E. 29 S. 158), das die von der Baupolizeibehörde an die Bauerlaubnis geknüpfte Auflage, den in die Fluchtlinie fallenden Teil des Grundstücks unentgeltlich abzutreten, nicht als „Heranziehung" zu einer Gemeindelast ansah und deshalb für die demnächst hierfür verlangte Entschädigung den RW. gegen die Gemeinde zuließ. Ebenso EK. 14. März 1896 (Rechtspr. S. 138, Rh. A. 90, II. 51), ferner RG. 8. Febr. 1890 (E. 25 S. 331, betr. die polizeilich auferlegte Straßenreinigungspflicht).

382. Weitere Voraussetzung jeder „Heranziehung oder Veranlagung" ist, daß die Gemeinde von ihrer öffentlichrechtlichen Befugnis zur Erhebung einer bestimmten Abgabe Gebrauch gemacht hat und auf Grund dieser Erhebungsbefugnis die Zahlung fordert. Diese Erhebungsbefugnis kann in verschiedener Weise geltend gemacht werden; immer muß aber erkennbar sein, daß die Gemeinde die Zahlung fordert auf Grund ihres erforderlichenfalls durch Zwangsbeitreibung durchzuführenden Besteuerungsrechts. Vgl. A. 372, gen. RG. 31. Jan. 1892, EK. 14. März 1896. Hat daher jemand auf Grund einer Vereinbarung mit der Gemeinde steuerartige Leistungen gemacht oder zu machen versprochen (z. B. Straßenbaukosten gezahlt), so sind für eine derartige Rückforderungsklage usw. die ordentlichen Gerichte zuständig; vgl. gen. EK. 1896, ferner RG. 7. Juni 1902 (E. 51 S. 419), OLG. Cöln 9. Febr., 21. Dez. 1895 (Rh. A. 88, I. 178; 90, I. 13). In allen diesen Fällen wurde die privatrechtliche Verpflichtung gerade deshalb vereinbart, weil die öffentlichrechtliche noch nicht vorhanden war. Vgl. auch RG. 27. Mai 1903 (DJurZtg. 8 S. 406: rechtliche Natur von Verträgen auf Grund des Fluchtliniengesetzes). Ob im einzelnen Falle eine vertragsmäßige Begründung solcher Verpflichtungen, oder nur eine (den RW. nicht eröffnende) Beurkundung der bestehenden öffentlichrechtlichen Verpflichtung vorliegt, kann zweifelhaft sein und ist nach der Absicht der Beteiligten zu entscheiden; vgl. RG. 21. Mai 1892 (Gruchot 36 S. 1183), Stölzel S. 141.

383. Damit das Verwaltungsstreitverfahren gegeben sei, ist ferner erforderlich, daß die Heranziehung oder Veranlagung gerade desjenigen erfolgt ist, von dem die Zahlung gefordert wird. Vgl. RG. 18. Sept. 1897 (JMBl. S. 289: es handelte sich

um Kanalanschlußgebühren, zu denen der frühere Besitzer des jetzt dem Kläger gehörenden Hauses veranlagt worden war und die die Gemeinde als „rückständig" vom Kläger forderte). Die fehlende Veranlagung kann in solchen Fällen auch nicht durch die Behauptung ersetzt werden, die Abgabe sei erst unter dem jetzigen Besitzer fällig geworden, oder sie sei dinglicher Natur. Die Frage nach der Dinglichkeit einer Abgabe ist dem RW. nicht entzogen; die dingliche Natur bedeutet nichts weiter, als daß auch der spätere Besitzer des Grundstücks zu der fraglichen Abgabe herangezogen werden kann (A. 381): gen. RG., ebenso OVG. 4., 18. Apr., 27. Juni 1898 (E. 33 S. 126, 129; 34 S. 84). Vgl. ferner OVG. 18. Juni 1897 (E. 33 S. 215: der Fall lag ähnlich wie bei RG. 18. Sept 1897; nur war hier das Verwaltungsstreitverfahren zulässig, weil durch Ortsstatut den Besitznachfolgern die Zahlung der „Rückstände" auferlegt war und ein solcher auf Grund dieses Ortsstatuts herangezogen worden war). Ein Privatvertrag zwischen dem früheren und dem jetzigen Hausbesitzer über die Zahlung etwaiger Abgaben hat steuerrechtlich überhaupt keine Wirkung; vgl. gen. OVG. 27. Juni 1898.

384. Als „gegen die Heranziehung oder Veranlagung" gerichtet, sind nicht nur diejenigen Beschwerden zu erachten, die lediglich die Rechtmäßigkeit der ursprünglichen Konstituierung einer einzelnen Steuerschuld, die erstmalige Veranlagung und Ausschreibung der Steuer betreffen, sondern überhaupt alle Anträge, welche, die ursprüngliche Veranlagung als rechtsbeständig anerkennend, die Rechtmäßigkeit der Erhebung der veranlagten Abgabe anfechten, z. B. mit der Behauptung, daß eine einzelne Rate oder Abgabe vor dem Fälligkeitstermine eingefordert werde, daß die früher bestehende Steuerpflicht inzwischen infolge veränderter Umstände völlig oder teilweise erloschen sei, daß eine Steuerforderung verjährt oder durch Zahlung getilgt sei. Über alle diese Beschwerden entscheiden gegenwärtig ausschließlich die Verwaltungsgerichte. Vgl. OVG. 9. Mai 1891 (E. 21 S. 153).

385. Der RW. ist auch dann ausgeschlossen, wenn der Kommunalverband (Gemeinde- oder Gutsbezirk) unter den Beteiligten z. Z. der Geltendmachung der daraus entsprungenen öffentlichrechtlichen Rechte und Pflichten nicht mehr fortbesteht; vgl. RG. 15. Apr. 1891 (Gruchot 35 S. 1126: betraf Streitigkeiten über den Nachtwachdienst zwischen einer jetzt selbständigen, früher zu einem Gutsverbande gehörigen Gemeinde und dem Gutsherrn, die in der früheren Gemeinschaft ihren Grund hatten).

386. Die Rechtmäßigkeit der Veranlagung zu einer Gemeindelast ist der Prüfung der ordentlichen Gerichte auch dann entzogen, wenn sie nicht zwischen der Gemeinde und dem Verpflichteten, sondern zwischen der ersteren und einem dritten streitig wird, z. B. wenn in dem Verteilungsverfahren nach einer Zwangsversteigerung der ausgefallene Hypothekargläubiger Widerspruch gegen die angewiesene Steuerforderung erhebt. Der Wortlaut der §§ 69, 70 KommAbgGes. gibt zwar nur dem Abgabepflichtigen den Einspruch und die Klage im Verwaltungsstreitverfahren; damit ist aber nicht gesagt, daß einem dritten, der von dem Wegfall der Steuer Nutzen hat, der RW. offenstehe. Die Frage nach der Rechtmäßigkeit der Veranlagung gehört vielmehr ausschließlich dem öffentlichen Rechte an, weshalb sie der Entscheidung der ordentlichen Gerichte überhaupt entzogen ist. Letztere haben in solchen Fällen lediglich zu entscheiden, ob der Steuerforderung das für sie beanspruchte Vorrecht zusteht, wobei sie freilich auch in die Lage kommen können zu prüfen, ob eine gültige Veranlagung überhaupt erfolgt ist u. ä. So: RG. 22. Sept. 1894 (E. 34 S. 245). Vgl. oben A. 98.

387. Steht die Einführung einer Steuer usw. früheren vertraglichen Abmachungen zwischen der Gemeinde und dem Abgabepflichtigen entgegen, so ist dem letzteren nach § 7 Abs. 2 LVG. und § 160 Abs. 2 ZustGes. nicht verwehrt, seine Ansprüche aus dem Vertrage gegenüber der Neuerung im RW. geltend zu machen; welchen Einfluß die Erhebung der Steuer auf diese rein privatrechtlichen Beziehungen übt und wie diese danach im Ergebnisse gestaltet werden, begründet dabei keinen Unterschied. Es ist daher nicht undenkbar, daß die Gemeinde auf Grund privatrechtlicher Verbindlichkeiten gehalten sein könnte, zwar nicht die eingezogene öffentliche Abgabe zurückzuzahlen, wohl aber einen ihr gleichkommenden Geldbetrag an den privatrechtlich berechtigten zu zahlen. Die Ausübung des der Gemeinde zustehenden Besteuerungsrechts als einer öffentlichrechtlichen Machtbefugnis kann aber nicht eine privatrechtliche Vertragsverletzung darstellen, sodaß eine lediglich hierauf gestützte Klage sachlich unbegründet ist; anders liegt die Sache, wenn in

dem Vertrag z. B. eine Gewährleistung dafür erblickt werden könnte, daß Kläger wegen der Folgen der Ausübung des Besteuerungsrechts schadlos gehalten werden solle. So: RG. 6. Apr. 1900, 24. Apr. 1901 (E. 46 S. 245; 49 S. 219). Vgl. ferner OVG. 6. Okt. 1897 (E. 32 S. 64: auf das Recht, die Erhebung von Gebühren zu beschließen, kann die Gemeinde nicht rechtswirksam durch Privatvertrag verzichten; privatrechtliche Ansprüche aus einem solchen sind vom Verwaltungsstreitverfahren ausgeschlossen).

b) Schulabgaben.

388. Die für Schulabgaben bestehenden Vorschriften kommen nur unter der Voraussetzung zur Anwendung, daß es sich um die Bedürfnisse der außerhalb der bürgerlichen Gemeinde stehenden Schulgemeinde (Schulsozietät) handelt. Da, wo die Kosten des Schulwesens keine Sozietätslasten, sondern eine Last der bürgerlichen Gemeinden bilden, sei es, weil die §§ 29—38 II. 12 ALR. dort nicht publiziert sind, wie in der Rheinprovinz, sei es, weil diese Gesetzesstellen durch provinzialrechtliche Bestimmungen ersetzt sind, oder weil die Gemeinden befugter Weise die Unterhaltungskosten der Volksschulen aus Gemeindemitteln zu bestreiten freiwillig übernommen haben, kommen sie selbstverständlich nur als eine besondere Art der Kommunalabgaben in Betracht; vgl. Rhein. GemO. v. 23. Juli 1845 § 86; SchulO. f. d. Prov. Preußen v. 11. Dez. 1845 (GS. 46 S. 9), v. Rönne 2 S. 465, Stölzel S. 158, MVfg. 28. Juli 1861 (VMBl. S. 160).

389. Die §§ 78, 79 II. 14 ALR. waren für die Abgaben an die Schulgemeinden durch § 41 d. G. (ebenso: RG. 24. Juni 1880, E. 2 S. 247; EK. 17. Dez. 1853, JMBl. 54 S. 124; JMVfg. 23. Aug. 1814, Jbb. 3 S. 258; ME. 2. Jan. 1836 bei Mannkopf, AGO. 1 S. 115), für sonstige Schulabgaben durch die AKO. v. 19. Juni 1836 (in dem dort genannten Umfange) für anwendbar erklärt worden. Die hierauf beruhende Zulässigkeit des RW. ist sodann durch das Ges. v. 24. Mai 1861 erheblich erweitert worden. Für die Schulbaukosten galten die (in A. 395 erwähnten) §§ 707ff. II. 11 ALR. Diese sämtlichen Bestimmungen sind durch die neueren Verwaltungsgesetze abgeändert bezw. ersetzt worden, sodaß nach den jetzt maßgebenden §§ 46, 47 ZustGes. der RW. gänzlich verschlossen ist. Es gilt dies für alle für Schule und Lehrer bestimmten, in Geld oder Naturallieferungen bestehenden, persönlichen oder dinglichen, beständigen oder einmaligen Leistungen, sofern sie auf öffentlichem Rechte beruhen; vgl. v. Brauchitsch 1 A. 8 zu § 46, Stölzel S. 161ff.

390. Voraussetzung für den Ausschluß des RW. ist auch bei Schulabgaben die Zulässigkeit des Verwaltungsstreitverfahrens. Damit dieses letztere statthaft sei, muß in den Fällen des § 46 Abs. 1, 2 eine ordnungsmäßige Heranziehung zu der fraglichen Abgabe oder Leistung erfolgt sein. Es gilt in dieser Beziehung das in A. 376ff. von Gemeindeabgaben gesagte. Vgl. v. Brauchitsch aaO. A. 10. Wird die Abgabepflicht im allgemeinen bestritten, d. h. nicht im Anschluß an die Heranziehung zu einer bestimmten ausgeschriebenen Abgabe, so ist zu unterscheiden zwischen beständigen und nicht beständigen Abgaben; für Streitigkeiten über erstere ist nach Abs. 5 des § 46 das Verwaltungsstreitverfahren gegeben und damit der RW. ausgeschlossen; für nicht beständige Abgaben dagegen, wozu auch z. B. Baubeiträge gehören, ist in solchen Fällen das Verwaltungsstreitverfahren nicht gegeben und deshalb (soweit nicht Abs. 3 des § 46 in Frage kommt, A. 391) die Beschreitung des RW. zulässig. Vgl. v. Brauchitsch aaO. A. 10, 23, Stölzel S. 164.

391. Auch der Streit zwischen Beteiligten über ihre in dem öffentlichen Rechte begründete Verpflichtung zu Schulabgaben unterliegt dem Verwaltungsstreitverfahren: § 46 Abs. 3 ZustGes. Im öffentlichen Recht begründet ist z. B. auch die auf Observanz oder auf einem in Gemäßheit des Ges. v. 25. Aug. 1876 bestätigten Abgabenverteilungsplan beruhende Regelung; beide bilden einen Bestandteil der Ortsverfassung der betreffenden Gemeinde; vgl. RG. 23. Dez. 1886 (E. 17 S. 181). Dasselbe gilt von der zwischen den Verpflichteten erfolgten Vereinbarung über die Verteilung, sobald sie von der Schulaufsichtsbehörde genehmigt ist: v. Brauchitsch aaO., EK. 25. Juni 1892 (Rechtspr. S. 163), OVG. 16. März 1897 (E. 31 S. 152), andererseits EK. 11. Apr. 1885 (das. S. 161: es handelte sich um ein privatrechtliches Abkommen, das auch im Falle des Obsiegens die öffentlichrechtliche Stellung der Kläger zur Schullast nicht änderte und deshalb dem RW. verblieb). Zu den „Beteiligten" gehören nur die nach öffentlichem Recht

Verpflichteten. Dieser Voraussetzung für die Anwendbarkeit des Verwaltungsstreitverfahrens ist hinsichtlich des Beklagten genügt, wenn die Klage darauf gestützt ist, daß ihm die streitige öffentlichrechtliche Verpflichtung obliege oder obgelegen habe; hinsichtlich des Klägers ist sie immer dann erfüllt, wenn er von dem Abgabenberechtigten zu der Steuer herangezogen worden ist, ferner wenn er eine Leistung in der wenn auch irrigen Annahme einer ihm obliegenden öffentlichrechtlichen Verpflichtung gemacht hat. Vgl. z. B. OVG. 18. Nov. 1891, 21. Sept., 19. Okt. 1892, 24. Apr. 1896 (E. 23 S. 132, 139, 147; DJurZtg. 2 S. 43). Auch ein Vertrag, in dem ein dritter sich zu dauernden Leistungen für Schulzwecke verpflichtet, kann durch den Hinzutritt der Genehmigung der Aufsichtsbehörde eine öffentlichrechtliche Verpflichtung des dritten begründen; vgl. OVG. 17. März 1899, 2. Jan. 1900 (DJurZtg. 4 S. 443; E. 37 S. 193). Nicht zu den Beteiligten gehört dagegen z. B. der Lehrer, der in der Schule Ofen hat aufsetzen lassen; für seinen Anspruch auf Ersatz der Kosten durch die Gemeinde steht ihm, wie auch jedem Handwerker oder Lieferanten für den Schulbau nur der RW. offen: OVG. 4. Mai 1892 (E. 23 S. 128). Der Streit zwischen Beteiligten gehört auch dann vor die Verwaltungsgerichte, wenn eine Heranziehung zu einer bestimmten Leistung nicht erfolgt ist. Vgl. ferner A. 342.

392. Das Schulgeld (soweit es noch erhoben wird, vgl. Ges. v. 14. Juni 1888, GS. S. 240) fällt nicht unter die Schulabgaben des § 46 Abs. 1. Früher richtete sich die Zulässigkeit des RW. nach der AKO. v. 1836 und dem Ges. v. 1861. Gegenwärtig unterliegt nach Abs. 5 § 46 ZustGes. auch die Schulgeldforderung dem Verwaltungsstreitverfahren unter Ausschluß des RW. Das Recht der Beitreibung im Verwaltungszwangsverfahren hat der Berechtigte nur für die Rückstände aus den letzten zwei Jahren; weitere Rückstände muß er mit der Klage im Verwaltungsstreitverfahren verfolgen. Der Pflichtige kann den Verwaltungsweg auch unabhängig von einer Heranziehung, über die Zahlungspflicht im allgemeinen beschreiten. Vgl. OVG. 11. Jan. 1898 (E. 34 S. 239). Schulgeld für Schulen, die nicht der allgemeinen Schulpflicht dienen (vgl. v. Brauchitsch aaO. A. 7), also z. B. für höhere Schulen, fällt nicht unter diese Bestimmungen, sondern unter die AKO. v. 19. Juni 1836; vgl. A. 24 dazu. Soweit jedoch diese Schulen von den Gemeinden eingerichtet und unterhalten werden, hat das Schulgeld die Natur einer Gebühr im Sinne des § 4 Abs. 1 KommunalabgGes., weshalb in diesen Fällen gemäß § 69 das. in Verbindung mit § 13 GVG. der RW. ausgeschlossen ist; vgl. RG. 12. Dez. 1902 (E. 53 S. 183), OVG. 18. Nov. 1902 (E. 42 S. 150).

c) Kirchen- und Pfarrabgaben.

393. Auch bei den Abgaben an Kirchen- und Pfarrgemeinden äußert § 41 d. G. seine Wirkung. So: die erste Auflage und der KompGH., der sich wenigstens vielfach für die Anwendbarkeit der §§ 78, 79 II. 14 ALR. auf § 41 beruft; vgl. z. B. EK. 17. Febr. 1855, 30. Jan. 1858 (JMBl. 55 S. 135; 58 S. 267), wo als solche allgemeine Anlagen der kirchlichen Gemeinden im Sinne des § 41 die Beiträge zur Bestreitung der Mehrausgaben der Kirchenkassen, sowie zur Bestreitung der kirchlichen Bedürfnisse überhaupt genannt sind. AM. JMVfg. 5. Juli 1833 (Jbb. 42 S. 115), Droop S. 38, Löning, Verwaltungsarchiv 3 S. 118. Nach dieser jetzt herrschenden Ansicht ist die Anwendbarkeit der §§ 78, 79 bei Kirchenabgaben erst auf die AKO. v. 19. Juni 1836 zurückzuführen, die ohne Unterschied für alle Kirchen- und Pfarrabgaben gilt. Vgl. Stölzel S. 147. Das nähere s. in den Erläuterungen zur AKO. v. 1836.

394. Weder unter § 41 d. G. noch die AKO. v. 1836 fallen die Kosten, die den Mitgliedern einer politischen Gemeinde durch die Auspfarrung aus ihrer bisherigen und die Einpfarrung in eine andere bereits bestehende Parochie erwachsen, indem Parochiallasten nur solche sind, welche allen Eingepfarrten oder allen Grundstücken einer Parochie gemeinsam sind, andererseits aber sich nicht auch auf einen erst neu zu gründenden Parochialverband erstrecken. Hinsichtlich der Verbindlichkeit zur Entrichtung solcher Kosten findet daher der RW. statt. So: OT. 3. Juni 1859 (E. 41 S. 328), das jedoch unter besonderer Berücksichtigung der VO. v. 11. Nov. 1844 (GS. S. 698) erging.

395. Die Beiträge zu den Kirchenbaukosten gehören zwar, ihrer Natur nach, unzweifelhaft zu den behufs Bestreitung kirchlicher Bedürfnisse erforderlichen Leistungen und haben daher an sich den Charakter von kirchlichen Steuern, insofern

sie den Pfarrangehörigen als solchen zur Last liegen. Jedoch bestehen hinsichtlich dieser Beiträge besondere von den §§ 78, 79 II. 14 ALR. wesentlich abweichende Bestimmungen, die nach der ständigen Rechtsprechung des KompGH., OT. und RG. weder durch § 41, noch durch die AKO. v. 19. Juni 1836 außer Kraft gesetzt sind. Nach diesen besonderen Bestimmungen, nämlich den §§ 708, 709, 757—760 II.11. ALR. in Verbindung mit dem Edikte des Generaldirektoriums, sowie der AKO. v. 28. bezw. 18. Febr. 1805 (Rabe 8 S. 251), ist die kirchliche Aufsichtsbehörde überall, wo über die Notwendigkeit oder Art des Baues oder der Ausbesserung, über die Beitragspflicht überhaupt und die Person des Pflichtigen, oder über die Höhe des Beitrags oder dessen Verteilung Streit entsteht, lediglich zur Regelung eines Zwischenzustands berufen (zu dessen Vollziehung übrigens der weltliche Richter auf Ersuchen mitwirken muß), den Interessenten aber die Beschreitung des RW. vorbehalten, und zwar sebstverständlich auch inbetreff der Erstattung der während des Zwischenzustands bereits beigetriebenen Leistungen; vgl. JMVfg. 25. Apr. 1836 (Jbb. 47 S. 534), EK. 17. Febr. 1855, 31. Jan. 1858 (JMBl. 55 S. 137, 140; 58 S 269). Demzufolge ist hinsichtlich der Verbindlichkeit zur Bestreitung solcher Kosten und der Notwendigkeit ihrer Verwendung der RW., wenn auch nicht wider die den Zwischenzustand anordnende Behörde (vgl. A. 182), so doch gegen die kirchliche Gemeinde, die Pfarre oder die sonstigen Interessenten (Patron, Gemeindeglieder usw.) unverschränkt und zwar selbst dann, wenn Kläger behauptet, nicht zu den Parochianen zu gehören; vgl. EK. 30. Jan. 1858 (das. S. 269); dasselbe gilt, wenn der Streit bloß die Höhe des Beitrags zum Gegenstande hat; vgl. OT. 21. März 1859 (Strieth. 33 S. 84). Wenn dagegen OT. 22. Okt. 1851 (E. 21 S. 285) entschied, daß derartige Streitigkeiten nur unter den Eingepfarrten zum Austrage gebracht werden könnten, gegen die Kirche als solche aber der RW. nicht stattfinde, so hat dieses Erkenntnis, das übrigens schwerlich die herrschende Ansicht des OT. wiedergab, anscheinend nicht den Kompetenz- sondern den Legitimationspunkt im Auge. (Vgl. Stölzel S. 152 A. 29.) Dasselbe gilt von OT. 9. Okt. 1854 (E. 28 S. 352), welches zwar die Klage wider die Kirchengemeinde, wenigstens insofern darunter die Gesamtheit der Eingepfarrten (im Gegensatz zu der mit Korporationsrechten versehenen Kirchengesellschaft als solcher) verstanden werde, für statthaft erachtete, jedoch annahm, daß zur Vertretung der Gemeinde in derartigen Prozessen nicht der Kirchenvorstand, sondern nur die gemäß § 159, II. 11 ALR. zu wählenden Bevollmächtigten berufen seien. Über den Legitimationspunkt vgl. ferner OT. 20. Dez. 1858 (E. 41 S. 314). — Wie schon oben bemerkt, eröffnen die §§ 708 usw. den RW. nicht nur über die Verteilung der Kosten, sondern dem Wortlaute nach auch über die Notwendigkeit ihrer Verwendung. Der KompGH. hat diese Folge auch gezogen und demgemäß den RW. über die Notwendigkeit des Baues selbst zugelassen; vgl. z. B. EK. 26. Nov. 1853, 13. Okt. 1860 (JMBl. 54 S. 94; Rechtspr. S. 166). AM. sind OT. und RG., die in der Entscheidung über die Notwendigkeit des Baues die Ausübung eines Hoheitsrechts, nämlich des Aufsichtsrechts des Staates über die Kirche erblicken, deshalb den RW. wider diese Entscheidung ausschließen und nur über die Kostenverteilung zulassen. Vgl. die Belege bei Stölzel S. 153, Droop S. 42. Ferner erklären OT. und RG. die Vorentscheidung über die Notwendigkeit eines Baues als Bedingung der Zulässigkeit des RW., und zwar auch dann, wenn der Bau ohne die Regelung eines Zwischenzustandes fertiggestellt worden ist; doch genügt dann unter Umständen selbst eine stillschweigende Genehmigung des Baues durch die Regierung: RG. 16. Jan. 1902 (E. 50 S. 310). Auch hier ist der KompGH. anderer Ansicht; vgl. EK. 25. Juni 1898 (Rechtspr. Nachtr. S. 9) und die Belege bei Stölzel S. 154. — Die genannten Bestimmungen sind in neuerer Zeit nur insoweit abgeändert worden, als für katholische Kirchen gemäß § 50 Ges. v. 20. Juni 1875 (GS. S. 241) die Genehmigung der Regierung nur noch für Neubauten, nicht aber für Ersatzbauten und Ausbesserungen erforderlich ist; werden Abgaben für diese letzteren erhoben, so kann demnach deren Notwendigkeit zum Gegenstand eines Prozesses gemacht werden. Ebenso Stölzel aaO. Werden die Kosten eines Baues auf Grund des § 31 Nr. 6 Kirchengem.- u. SynodalO. v. 10. Sept. 1873 mittels einer von der Regierung für vollstreckbar erklärten Umlage unter die Gemeindeglieder verteilt, so kommen zwar nicht mehr die §§ 708 usw. zur Anwendung; der RW. ist aber gleichwohl zulässig, da es sich um nichtbeständige Abgaben handelt, für die § 15 Satz 2 Ges. v. 24. Mai 1861 nicht gilt. Ebenso EK. 1. Juli 1899

(Rechtspr. Nachtr. S. 10 in ausdrücklicher Abweichung von der früheren Rechtsprechung des KompGH., wonach auch in solchen Fällen die §§ 78, 79 II. 14 maßgebend seien), Stölzel S. 156. AM. OT. 18. Juni, 7. Nov. 1877 (E. 80 S. 124; 81 S. 75), RG. 8. Jan. 1880, 29. Okt. 1894 (E. 1 S. 14; JurWoch. 95 S. 29), die die §§ 708 usw. für anwendbar erachten. — Übrigens steht die Notwendigkeit der Vorentscheidung durch die Regierung nicht einer Feststellungsklage darüber entgegen, ob der Patron oder der Nutznießer die Kosten etwa zu errichtender Bauten zu tragen habe: RG. 24. März 1902 (Gruchot 46 S. 1063).

396. Daß die §§ 708, 709 II. 11 ALR. nicht auf solche Baukostenbeiträge zu beziehen sind, welche den Charakter von steuerlichen Abgaben der politischen Gemeinden an sich tragen, wie es z. B. der Fall ist, wenn einer Gemeinde als Kirchenpatron ein Teil der Baukosten zur Last liegt und es sich um die Beiträge der Gemeindeglieder zu diesem Teile handelt, ist nicht zweifelhaft; hier kommen die Vorschriften über Gemeindesteuern zur Anwendung.

397. Auf der anderen Seite beschränkt sich die Anwendbarkeit obiger Gesetzesstellen nicht auf die Kirchenbaukosten, sondern erstreckt sich auch, wie das Edikt v. 1805 ausdrücklich anerkennt, auf die ihnen in dieser Hinsicht gleichgestellten Pfarr- [und Schul-] Baukosten; vgl. auch EK. 26. Nov. 1853 (JMBl. S. 54), welches hinsichtlich der Pfarrbaukosten außerdem auf § 774 II. 11 ALR. verweist. Über Schulbauten vgl. jetzt § 47 ZustGes., oben A. 389; diese Bestimmungen gelten nach § 49 das. auch für solche Schulhäuser, die mit der Küsterei verbunden sind.

398. Eine noch größere Tragweite wird den obigen Vorschriften in der durch KMVfg. 21. Okt. 1859 aufrecht erhaltenen KMVfg. 3. Okt. 1857 (VMBl. 60 S. 82ff.) gegeben, indem diese, gestützt auf die von OT. 22. Aug. 1809 (das. S. 84) anerkannte Gleichstellung der Deichbauten bei Pfarrgrundstücken usw. mit den Pfarrbauten, die Regierungen anweist, über die Aufbringung der auf Pfarr-, Küsterei- [und Schul-] Grundstücke treffenden, ordentlichen sowie außerordentlichen Beiträge zur Herstellung und Unterhaltung von Deichen, Dämmen oder ähnlichen Anlagen durch einen bis zu anderweiter rechtskräftiger Festsetzung vollstreckbaren Beschluß zu entscheiden. [OT. 22. Aug. 1809 erkannte lediglich, daß die Deichpflicht nicht dem Pfarrer als bloßem Nutznießer auf Grund eines onerösen Titels, sondern dem Kirchenvermögen bezw. dem Patron und den Eingepfarrten zur Last liege, indem es nach § 131 I. 21 ALR. mit der Unterhaltung der Dämme ebenso, wie mit der der Gebäude gehalten werden solle. Seitdem jedoch § 19 Ges. v. 28. Jan. 1848 der Deichverwaltung die Befugnis beilegt, die Erfüllung der Deichpflicht auch gegen die Nießbraucher deichpflichtiger Grundstücke zu erzwingen, ergaben sich für die zu diesen Nießbrauchern gehörenden Pfarrer usw. Unzuträglichkeiten, die jene Vfg. v. 1857 ins Leben riefen; vgl. auch OT. 4. Mai 1860 (VMBl. 62 S. 112), RG. 7. Okt. 1880 (JMBl. 81 S. 145).]

399. Übrigens haben die Gerichte, so oft der RW. wegen Baukosten der einen oder der andern Art beschritten wird, die einen Zwischenzustand regelnde Anordnung nicht förmlich aufzuheben; letztere unterliegt als solche nicht der richterlichen Entscheidung und verliert ihre Wirksamkeit mit dem Eintritt des richterlichen Erkenntnisses von selbst: JMVfg. 30. Okt. 1839 (JMBl. S. 355).

d) Sonstige Körperschaften.

400. Anlangend die Frage, inwiefern die für Gemeindesteuern geltenden Grundsätze auch auf die Kosten des jüdischen Kultus und der übrigen die jüdischen Gemeinden betreffenden Bedürfnisse, [und auf die Kosten der Errichtung und Unterhaltung jüdischer Schulen] zur Anwendung kommen, so ist die Antwort hierauf für diejenigen Landesteile, in denen der zweite Titel des Ges. v. 23. Juli 1847 (A. 310) bereits zur Ausführung gelangte, durch dieses Gesetz selbst gegeben, indem die Vorschriften der §§ 58, 67 das. über die Zuständigkeit mit denen der §§ 78, 79 II. 14 ALR. vollkommen übereinstimmen. Daß erstere aus letzteren erläutert werden müssen, hat der KompGH. wiederholt anerkannt; vgl. *EK. 26. Nov. 1853 (JMBl. 54 S. 72). Nur insofern dürfte die Tragweite des § 58 eine andere und zwar eine weitere sein, als die Bestimmungen, welche die Ressortverhältnisse in betreff der Aufbringung von Kirchen- [und Schul-] Baukosten in einer von den Vorschriften der §§ 78, 79 abweichenden Weise regeln, nur für die christlichen Konfessionen berechnet sind, eine entsprechende Anwendung auf den Bau von Synagogen [und jüdischen Schulen] daher ausschließen, auch abgesehen davon, daß eine solche

rechtsähnliche Anwendung schon mit der allgemeinen keine Ausnahme gestattenden Fassung des § 58 als unverträglich erscheint. Daß zu den nach § 58 zu beurteilenden Kosten sogar diejenigen für Einrichtung und Unterhaltung der Begräbnisplätze gehören, besagt § 58 ausdrücklich. Inzwischen hat auch diese Regelung die tiefgreifende Änderung erlitten, daß gemäß § 54 ZustGes. der Bezirksausschuß über alle auf die Zugehörigkeit zu einer Synagogengemeinde beruhenden Rechte und Pflichten zu entscheiden hat und zwar gemäß § 160 das. unter Ausschluß des RW. Vgl. hierzu OVG. 6. Dez. 1880 (E. 7 S. 336; hier wurde ausgesprochen, daß das Verwaltungsstreitverfahren nicht zulässig sei, weil keine Synagogenbeiträge sondern solche Beiträge in Frage standen, die für eine einzelne mit andern zu einer Synagogengemeinde vereinigte Judenschaft eingefordert wurden; der Kläger habe hiergegen neben der Beschwerde auch den RW. beschreiten können). — Wo dagegen jener zweite Titel des Ges. v. 1847 noch nicht zur Ausführung gelangte, ist § 58 zur Zeit noch unanwendbar (vgl. A. 310) und obige Frage nach der älteren Gesetzgebung zu beurteilen. Da nun nach dieser die Judengemeinden in der Regel keine juristische Persönlichkeit, sondern nur die Rechte erlaubter Privatgesellschaften besitzen, so sind die Bestimmungen des § 41 d. G. bezw. der gen. §§ 78, 79 auf die Beiträge zur Erreichung ihrer Gemeindezwecke regelmäßig nicht passend, letztere Beiträge vielmehr bei dem rein vertragsmäßigen Charakter solcher Vereinigungen nur im RW. einziehbar; vgl. MVfg. 3. Juni 1840, 24. Dez. 1847 (BMBl. 40 S. 229; 48 S. 4). Das Gegenteil findet jedoch selbstredend da statt, wo eine Judengemeinde ausnahmsweise schon von früher her eine korporative, unter der Aufsichtsgewalt der Behörden stehende Verfassung hat, wie es z. B. bei der Berliner Judenschaft und den Gemeinden der Provinz Posen der Fall ist; vgl. EK. 25. Sept. 1852 (JMBl. 53 S. 31). In denjenigen Landesteilen, die zum vormaligen Königreich Westfalen gehörten, war schon zufolge der fremdherrlichen Gesetzgebung die Ansetzung, Erhebung und Verwaltung der zur Bestreitung jüdischer Kultus- und Schulkosten bestimmten Beiträge ausschließlich Verwaltungssache gewesen, und dieses Rechtsverhältnis ist entsprechend den Vorschriften der AKO. v. 8. Aug. 1830 (GS. S. 116) unter der Preußischen Herrschaft bestehen geblieben: EK. 17. Dez. 1853 (JMBl. 54 S. 132). Inbetreff der jüdischen Kultuskosten in der Rheinprovinz vgl. Rh. Ress.-Regl. A. 161. — Besondere Vorschriften über jüdische Schulen bestehen heute nicht mehr; vgl. A. 389.

401. Was die jüdischen Schuldentilgungssozietäten in der Rheinprovinz anbelangt, so ließ eine JnnMVfg. 19. Apr. 1842 (Rh. A. 35, I. 174) es unentschieden, ob jene zu den im Sinne des § 41 den Regierungen untergeordneten moralischen Personen zu rechnen seien, nahm indessen selbst für den Bejahungsfall die Prozeßfähigkeit eines Streits über die von der Regierung festgesetzten Schuldenbeiträge an, weil diese nur auf Privatrechtstiteln beruhten, mithin nicht zu den nach § 78 II. 14 zu beurteilenden, sondern zu solchen Leistungen gehörten, hinsichtlich deren § 41 d. G. den RW. gerade gestatte; vgl. im übrigen Rh. Ress.-Regl. A. 162.

402. Daß dagegen die Grundsätze der §§ 78, 79 nicht auf die vorerwähnten Gemeindesteuern usw. beschränkt waren, sondern auch auf die verfassungsmäßigen Beiträge zu den Bedürfnissen aller sonstigen den höheren Verwaltungsbehörden hinsichtlich der Vermögensverwaltung untergeordneten moralischen Personen zur Geltung gelangen, insofern Einzelgesetze oder Satzungen hierfür nicht besondere Bestimmungen enthalten, unterliegt dem unter A. 369 gesagten gemäß keinem Zweifel.

403. Demzufolge wandte *EK. 11. März 1848 (JMBl. S. 324) die §§ 78, 79 auf Leistungen an, welche reglementsmäßig an eine öffentlich verwaltete Knappschaftskasse von allen Grubenbesitzern und Bergleuten des betreffenden Bezirks zu entrichten waren. Das seitdem ergangene allgemeine Ges. v. 10. Apr. 1854 ging noch weiter als jene §§, indem es im § 11 allgemein und ohne Ausnahme im Sinne des § 79 zuzulassen bestimmte, daß die Beiträge zu den Kassen der Knappschaftsvereine im Verwaltungswege eingezogen werden könnten, und daß Beschwerden wider die vom Bergamte für vollstreckbar erklärte Nachweisung jener Beiträge mit Ausschluß des RW. im Verwaltungswege zu erledigen seien. Doch war nach EK. 18. März 1865 (JMBl. S. 119) der RW. nur insoweit ausgeschlossen, als es sich um Beiträge der eignen Arbeiter des Werkeigentümers handelte, während die Frage, ob der letztere nach erfolgter Sequestration des Bergwerks auch für die Beiträge

der Arbeiter des Sequesters hafte, nach privatrechtlichen Grundsätzen im RW. zu entscheiden sei. Über das heute geltende Recht s. A. 473.

404. Auf die Beiträge zu den in Gemäßheit des Ges. v. 28. Jan. 1848 § 11 gebildeten Deichverbänden findet an und für sich § 41 d. G. Anwendung, wenngleich meist in den betreffenden Satzungen die Ressortverhältnisse besonders geregelt worden sind; vgl. AErl. v. 14. Nov. 1853 (GS. S. 935) betr. allgemeine Bestimmungen für künftig zu erlassende Deichstatute, insbesondere die §§ 1, 7, 24. Inzwischen bestimmt bereits § 22 jenes Gesetzes selbst, daß Streitigkeiten über die Deichpflichtigkeit eines Grundstücks und die Art der Verteilung der Deichlast mit Ausschluß des RW. von den Verwaltungsbehörden zu entscheiden seien, nachdem in den §§ 16, 17 bestimmt worden, daß eine Befreiung von der Deichpflicht künftig auf keinerlei Weise erworben werden könne, und die gleichmäßige Verteilung unter alle Genossen selbst dann erfolgen solle, wenn jene Pflicht bisher auf Grund besonderer Rechtstitel in anderer Weise verteilt gewesen (vorbehaltlich jedoch der den Berechtigten wider die durch jene Titel Verpflichteten unter gewissen Voraussetzungen zugebilligten Entschädigung), ferner § 18, daß die Deichpflicht unablöslich auf den Grundstücken ruhe, den öffentlichen Lasten gleich zu achten sei, und beim Zusammentreffen vor diesen sogar den Vorzug habe, endlich § 19, daß die Erfüllung der Deichpflicht von der Deichverwaltungsbehörde in eben der Art, wie dies bei öffentlichen Lasten zulässig sei, erzwungen werden könne, und zwar selbst gegen Pächter, Nutznießer oder andere Besitzer, vorbehaltlich deren Rückgriffes gegen den eigentlich Verpflichteten. — Indem die §§ 16ff. die Berufung auf einen besonderen Rechtstitel als Befreiungsgrund ausschließen, erläutern sie den § 22, insofern dieser trotz der Gleichstellung der Deichpflicht mit den öffentlichen Lasten den RW. über desfallsige Streitigkeiten nicht einmal ausnahmsweise (in den Fällen des § 79 II. 14 ALR.) gestattet. Zweifelhaft könnte nur sein, ob nicht wenigstens unter den Pflichtigen wegen Überlastung gestritten werden könne. Jedoch spricht die Fassung des § 22 in Verbindung mit den §§ 16, 17 für die Verneinung (wenn von den in letzterem § erwähnten Entschädigungsansprüchen abgesehen wird); ebenso Bödiker S. 127 A. 2. Für diese Ansicht kann OT. 10. Mai 1858 (E. 39 S. 311) angeführt werden; dieses erachtete einen solchen Prozeß unter den Beteiligten eines älteren Deichverbandes zwar für statthaft, gründete dies aber ausdrücklich darauf, daß dem § 22 eine auf ältere Verbände schon vor deren anderweiter Regelung rückwirkende Kraft nicht habe verliehen werden sollen. Dagegen kommt § 9 Ges. v. 24. Mai 1861 trotz § 22 auch bei Beiträgen der Deichpflichtigen zur Anwendung; Bödiker aaO. Ebenso unterliegen dem RW. Streitigkeiten darüber, wem die Verbandskasse zuvielerhobene Beiträge zurückzuerstatten habe: EK. 10. März 1877 (Rechtspr. S. 410), desgleichen Streitigkeiten zwischen mehreren selbständigen Deichverbänden, da § 22 sich nur auf die Genossen eines und desselben Deichverbandes bezieht: EK. 8. Juni 1895 (das. S. 413). (Nach RG. 17. Juni 1892, E. 30 S. 164, kommt § 22 in den 1866 erworbenen Landesteilen nicht zur Anwendung; aM. Bödiker S. 127 und der KompGH., z. B. EK. 13. Juni 1868, JMBl. S. 306.) — — — Die übrigen für die Kompetenzverhältnisse in Betracht kommenden Vorschriften jenes Gesetzes setzen das Vorhandensein von neu eingerichteten Verbänden, zumal von solchen mit korporativen Rechten (§ 1 der allgemeinen Bestimmungen) nicht voraus, weshalb die dort den Regierungen erteilten Befugnisse sich nicht auf das über moralische Personen von ihnen zu übende Aufsichtsrecht, sondern nur auf ihren Beruf als Landespolizeibehörden zurückführen lassen. Wenn diese Vorschriften demnach weniger zu § 41, als zu den §§ 38—40 d. Ges. bezw. dem Ges. v. 11. Mai 1842 in Beziehung stehen, so mögen dennoch die wesentlichsten derselben des Zusammenhangs wegen hier erwähnt werden: Nach §§ 5ff. sind die Regierungen bezw. der Bezirksausschuß (§ 96 ZustGes.) ermächtigt, diejenigen, welche einen Deich zu erhalten oder wiederherzustellen verpflichtet sind, hierzu durch Zwangsmaßregeln anzuhalten, auch da, wo über die Person des Verpflichteten Ungewißheit besteht, ähnlich wie inbetreff der Kirchenbaukosten durch einen Beschluß festzusetzen, wer die Baulast zwischenzeitlich zu tragen habe und wie die Beiträge zu verteilen seien, wogegen den so herangezogenen vorbehalten ist, ihre Ansprüche auf Erstattung der Beiträge oder des Werts ihrer Leistungen wider den eigentlich verpflichteten im RW. geltend zu machen. Der Behörde selbst gegenüber kann über die ausgeschriebenen im § 9 den öffentlichen Lasten gleichgestellten Beiträge nicht im RW. gestritten werden; vgl. EK. 2. Juli 1853, 11. Nov. 1876 (JMBl. 53 S. 375; Rechtspr. S. 410)

und die dort bezogenen §§ 64, 65 II. 15 ALR., sowie Ges. v. 11. Mai 1842 § 5. — Die §§ 24 und 25 enthalten die polizeilichen Befugnisse, die den Verwaltungsbehörden sowohl in dem Falle, wo neue Verbände errichtet worden sind, als im entgegengesetzten Falle zustehen; danach sind jene Behörden (der Regierungspräsident, der Bezirksausschuß bezw. die Polizeibehörde) ermächtigt, eine solche Benutzung der Deiche, die deren Widerstandsfähigkeit zu schwächen geeignet ist, zu beschränken oder ganz zu untersagen (in welchem Falle der in seinen wohlerworbenen Rechten Beeinträchtigte wider den zur Unterhaltung des Deiches Verpflichteten einen [prozeßfähigen] Entschädigungsanspruch hat), und sodann da, wo die Erhaltung eines Deiches zur Sicherung der Niederung nötig erscheint, bei drohender Gefahr anzuordnen, daß alle Bewohner der bedrohten und nötigenfalls auch der benachbarten Gegend zu den Schutzarbeiten unentgeltliche Hilfe leisten, auch die nötigen Maßregeln sofort im Zwangswege zur Ausführung zu bringen und die Verabfolgung der hierzu nötigen Materialien überall zu fordern, vorbehaltlich der Ausgleichung unter den Verpflichteten und der den Besitzern gebührenden Entschädigung. — Im übrigen wird auf die §§ 24 und 27 der obenerwähnten allgemeinen Bestimmungen für künftige Deichstatute verwiesen. Über die Bedeutung des § 23 dieser Bestimmungen vgl. RG. 28. Mai 1891 (Gruchot 35 S. 1088: wenn die Deichbehörde keine Entscheidung über den Entschädigungsbetrag getroffen hat, so ist der RW. unbeschränkt zulässig; die Behörde ist zu der Entscheidung nicht verpflichtet, der Kläger braucht sie nicht zuerst anzurufen) einerseits und EK. 21. Nov. 1857 (JMBl. 58 S. 205: der RW. ist zulässig, aber die Klage als verfrüht abzuweisen) andrerseits, Stölzel S. 247.

405. Die an die Provinzial-Feuerversicherungs-Sozietäten zu entrichtenden Versicherungsbeiträge sind keine den steuerlichen Abgaben ähnliche Leistungen, sondern beruhen in jedem einzelnen Falle auf dem zwischen der Sozietät und dem Versicherten abgeschlossenen Versicherungsvertrage. Deshalb kann hier von Anwendbarkeit der §§ 78, 79 II. 14 ALR. keine Rede sein, ungeachtet die Sozietäten zu den unter Aufsicht und Leitung der Staatsverwaltungsbehörden stehenden moralischen Personen gehören, und jene Beiträge, was ihre Einziehbarkeit im Verwaltungswege betrifft, in den verschiedenen Steuer-Exekutionsordnungen den Steuern gleichgestellt werden. Übrigens enthalten die durch die Gesetzsammlung bekannt gemachten Reglements der einzelnen unter öffentlicher Leitung stehenden und gewissermaßen als Staatsinstitute behandelten Sozietäten (vgl. die Zusammenstellung dieser Reglements bei Sydow S. 36, ferner Regl. v. 18. Nov. 1860, GS. S. 521 ff., 561 ff.) sehr eingehende Bestimmungen über die Zuständigkeit, die sich nicht bloß auf obige Leistungen, sondern auch auf die Gegenleistungen der Sozietäten beziehen, und die Entscheidung der ordentlichen Gerichte regelmäßig auf die Frage beschränken, ob der angeblich Versicherte rücksichtlich eines ihn treffenden Brandschadens als zur Sozietät gehörig zu betrachten sei, und ob er überhaupt einen Brandentschädigungsanspruch besitze, wogegen die Entscheidung über alle sonstigen Streitfälle bald an die Verwaltung, bald an unter ihrer Leitung stehende Schiedsrichter gewiesen ist, wenn auch der Spruch der letzteren mitunter durch die Nichtigkeitsklage vor Gericht angefochten werden kann. — Soweit diese Reglements vor 1848 erlassen sind, haben sie gesetzliche Kraft, sodaß die Unzuständigkeit der Gerichte eine absolute und geeignetenfalls durch Erhebung des KK. geltend zu machen ist; vgl. EK. 25. Juni 1853, 13. Okt. 1860 (JMBl. 53 S. 338; 61 S. 210). Den später ergangenen Reglements kommt dagegen nur die Bedeutung eines Schiedsvertrags zu, dessen Voraussetzungen erfüllt sein müssen; die vereinbarte Unzuständigkeit des Gerichts schließt die prorogatio fori nicht aus. Vgl. die in A. 35 bezogenen RG. 17. Jan. 1885, 2./16. Apr. 1898 (E. 13 S. 407; DJurZtg. 3 S. 387), ferner RG. 24. Jan. 1885, 17. Apr. 1886 (E. 13 S. 214; 16 S. 370), Stölzel S. 202 A. 8, unten VO. v. 1. Aug. 1879 zu § 4 und besonders hinsichtlich des hannov. Ges. v. 17. Juni 1862: RG. 26. Febr. 1901 (E. 48 S. 332); ferner (teilweise abweichend) EK. 7. Juni 1856 (JMBl. S. 250), OT. 21. Okt. 1856 (Strieth. 22 S. 242), OLG. Arnsberg 13. Mai 1847 (Arnsb. Arch. 13 S. 292).

406. Über die Beiträge zu weiteren öffentlichrechtlichen Korporationen vgl. A. 323 (Innungen, Handwerkskammer), 329 (Fischereigenossenschaft), 335 (Wassergenossenschaft), 352 (Handelskammer, Landwirtschaftskammer, Ärztekammer).

III. Rechtsweg in Bergwerkssachen.

407. Der Schlußsatz des § 41 bildet in Verbindung mit dem dort bezogenen, jedoch irrtümlich als § 11 bezeichneten § 8 und abgesehen von § 14 die einzige Bestimmung, welche die VO. v. 1808 inbezug auf den RW. in Bergwerkssachen enthält; neben ihm kam früher außer den Bestimmungen des ALR. eine Reihe anderweitiger Gesetze in Betracht. An ihre Stelle ist das Allgemeine Berggeſ. v. 24. Juni 1865 (GS. S. 705) getreten, dessen hier einschlägige Bestimmungen im nachfolgenden zusammengestellt werden, während im übrigen auf den Kommentar des Verfassers verwiesen wird.

408. Der Gegensatz zwischen der Preußischen und Französischen Gesetzgebung trat in Bergwerksangelegenheiten ganz besonders in den Vordergrund, jedoch mit der Maßgabe, daß das Gebiet der letzteren Gesetzgebung auf die linksrheinischen Landesteile beschränkt war, indem dieselbe für die rechtsrheinischen Teile (das vormalige Großherzogtum Berg usw.) niemals publiziert wurde, hier vielmehr das gemeine deutsche Bergrecht und die älteren Bergordnungen in Kraft geblieben waren.

409. Früheres preußisches Recht. Indem § 41 der VO. v. 1808 die Bergwerksverwaltung (und zwar nicht etwa nur die Verwaltung der Staatswerke, vgl. Rh. A. 29, I. 56; 33, III. 11 u. A. 411) inbezug auf die Ressortverhältnisse mit der Finanzverwaltung auf eine Linie stellt, bekennt er sich zu denselben Grundsätzen, denen auch das ALR. huldigt. Letzteres faßt nämlich die besonderen Rechte des Staates in Beziehung auf Bergwerksangelegenheiten in dem Bergwerksregale zusammen und begründet dies in der Weise, daß es die unterirdischen Schätze der Erde nicht als Teil des Eigentums an der Oberfläche betrachtet, sondern den herrenlosen, erst durch Okkupation zu erwerbenden Sachen und zwar denjenigen Arten derselben beizählt, welche nur vom Staate selbst oder mit seiner Genehmigung in Besitz genommen werden können; vgl. § 22 II. 14 ALR. Nach dieser Anschauung, die freilich mit dem trotzdem festgehaltenen Grundsatz der sog. Freierklärung des Bergbaus schwer zu vereinigen ist, wird das Bergwerksregal im ALR. zum gemeinen, den Domänen völlig gleichzuachtenden Staatseigentum gerechnet und überhaupt als niederes Regal behandelt, das für einen gewissen Bezirk von Privatpersonen vertragsweise erworben und sogar ersessen werden kann; vgl. §§ 23ff. das., §§ 106 II. 16 ALR. Es ist mithin kein wirkliches Hoheitsrecht im Sinne des § 36 d. G., sondern trägt einen vorwiegend privatrechtlichen Charakter an sich, der in der Freihaltung eines bestimmten Bezirks zur eigenen Benutzung nur die Ausübung eines durch die erworbenen Privatrechte anderer in natürlicher Weise begrenzten Vermögensrechts erblicken läßt. Demgemäß ist die Bergwerksverleihung an dritte als ein Veräußerungsakt und nicht als die Erteilung eines Privilegs oder einer Konzession, ebenso der Bergwerkszehnte als ein vorbehaltenes Nutzungsrecht und nicht als eine Besteuerung aufzufassen endlich die Befugnis, den technischen Privat-Bergbau zu leiten und den Grubenhaushalt zu führen, als eine Art Privat-Verwaltungsrecht und nicht als ein Ausfluß des landesherrlichen Aufsichtsrechts zu betrachten. Vgl. Achenbach, über das Bergregal und Berghoheitsrecht usw. in der Zeitschr. f. B. H. u. S.-Wesen 8 II. S. 73. Zwar hat, wie dieser Schriftsteller mit Recht bemerkt, schon das ALR. an jener Auffassung nicht immer festgehalten und namentlich den Bergämtern neben der Stellung eines Privatverwalters die einer eigentlichen Staatsbehörde, eines Vertreters ausschließlich staatlicher und polizeilicher Interessen gegeben, ja es ist in der späteren Gesetzgebung sogar das unverkennbare Bestreben hervorgetreten, die Befugnisse des Staates allmählich ihrer privatrechtlichen Natur ganz zu entkleiden und dafür auf dem öffentlichrechtlichen Gebiete zu erweitern, oder um mit Achenbach zu reden, das Bergregal in ein Berghoheitsrecht umzuschaffen; so haben namentlich die Ges. v. 12. Mai 1851 und 21. Mai 1860 das auf dem Bergregal beruhende Privat-Verwaltungsrecht des Staats fast gänzlich beseitigt und an die Stelle des sog. Direktions- das sog. Inspektionsprinzip gesetzt, während ein zweites Ges. v. 12. Mai 1851 bestrebt gewesen ist, die Zurückführung des Bergabgabenwesens auf die Grundsätze des Besteuerungsrechts vorzubereiten. Dessenungeachtet war der Charakter des Berwerksregals im ganzen genommen bis zum Erlaß des Berggeſ. dennoch ein privatrechtlicher geblieben, und es konnte daher, wenn trotzdem der Ausdruck „Berghoheit" bisweilen und nicht etwa vollkommen irrtümlich gebraucht wird, darunter höchstens der Inbegriff aller der auf dem ALR. oder der sonstigen Gesetzgebung beruhenden Befug-

nisse des Staats verstanden werden, welche jene Natur ausnahmsweise verleugnen, oder man verband mit den Ausdrücken „Regal" und „Hoheit" einen ganz anderen, als den im ALR. gebräuchlichen Sinn, wie es z. B. im Regulativ für die Grafschaft Hohensolms v. 14. Aug. 1846 (VMBl. S. 165) geschieht, wo unter „Bergwerksregal" augenscheinlich nur das schon auf dem Edikte v. 21. Juni 1815 beruhende standesherrliche Recht zur eignen Ausbeutung, unter der dem Fürsten Solms neuerdings verliehenen „Berghoheit" aber das Recht der Bergwerksverleihung und Bergwerksgerichtsbarkeit verstanden wird. — Auf der anderen Seite sind selbstredend auch die Rechte, welche Privatpersonen durch die in Ausübung des Bergregals stattfindende Belehnung erwerben, privatrechtlicher Natur und gilt ein gleiches infolge der Freierklärung des Bergbaus von dem durch Fund und Mutung erworbenen Anspruche auf eine solche Belehnung; vgl. FMVfg. 9. Juli 1840 (Erg. zu § 141, II. 16 ALR.); OT. 10. Febr. 1858 (Strieth. 27 S. 268), AH. Cöln 16. Apr. 1857 (Rh. A. 52, I. 173). Ja selbst der Anspruch aus einem bloß zufälligen Funde ist ein privatrechtlicher, und seine Verfolgung im RW. durch die Nichterteilung des Schürfscheins nicht ausgeschlossen: OT. 23. Aug. 1849 (E. 18. S. 331). — Die Verschiedenheit der Beziehungen, in welchen letztere Privatberechtigten teils zum Staate als Inhaber des Bergwerksregals und zu seinen Behörden, teils zu anderen Privatinteressenten stehen, hat in der Wissenschaft zu einer Scheidung des Bergrechts in Berg-Staats- und Berg-Privatrecht Veranlassung gegeben; vgl. Karsten, Grundriß der deutschen Bergrechtslehre usw. (1828) S. 1. Ja es ist bei der ursprünglichen Redaktion des ALR. beabsichtigt worden, diese Scheidung sogar dem Gesetzbuche zugrunde zu legen und demgemäß das Bergrecht in zwei Hauptteile zu trennen; vgl. Gräff, Handb. d. preuß. Bergrechts (2. Aufl. 1856) S. 3. Jedoch ergibt sich bereits aus dem oben gesagten, daß in dieser Scheidung nicht etwa der allgemeine Gegensatz zwischen öffentlichrechtlichen und privatrechtlichen Rechtsverhältnissen im Sinne des § 1 der Einl. z. AGO. wiederzufinden war, daß vielmehr auch bei Widerstreiten zwischen dem Staate und Privatbeteiligten in der Regel ein Privatrecht dem andern gegenüberstand und bloß ausnahmsweise das Gegenteil der Fall war.

410. Früheres linksrheinisches Recht. Während das ältere französische Bergwerksges. v. 28. Juli 1791 die Bergwerke ausdrücklich zur Verfügung der Nation stellt, wiederholt das spätere v. 21. Apr. 1810 dies nicht, und zwar, weil man sich über die Grundfrage nicht einigen konnte, wem die Mineralien an sich gehören, ob sie als Gemeingut aller oder als ein Teil des Eigentums am Grund und Boden zu betrachten seien; vgl. Achenbach aaO. Darin stimmen jedoch beide Gesetze überein, daß sie den Bergbaubetrieb von einer Konzession des Staates abhängig machen; ja das jüngere Gesetz geht in diesem Punkte noch weiter als das ältere, indem es dem Eigentümer der Oberpfläche kein Vorzugsrecht einräumt, sondern die Erteilung der Konzession durchaus und in jeder Beziehung in das Belieben des Staates stellt, so daß selbst da, wo Eigentümer, erster Finder und Muter in einer Person zusammentreffen, die Konzession dennoch einem andern erteilt werden kann, und zwar nicht bloß als ein auf Zeit beschränktes Nutzungsrecht, wie es das Ges. v. 1791 gewährt, sondern als ein volles Eigentum am Bergwerke. Demgemäß erscheint das Verleihungsrecht des Staats im Gebiete des französischen Rechts nicht als bloßes Regal, sondern als wirkliches Hoheitsrecht, und wurde nach Achenbach mit der Aufstellung des oben erwähnten Satzes im Ges. v. 1791 nichts weiter beabsichtigt, als das früher auch in Frankreich bestehende Bergregal in ein Berghoheitsrecht umzuwandeln.

411. Folgeweise bildete, von den Fällen abgesehen, wo eine Konzession und hiermit ein wirkliches Bergwerkseigentum bereits verliehen war, die Unzulässigkeit des RW. in Bergwerkssachen nach der französischen Gesetzgebung ebenso die Regel, wie nach der preußischen die Zulässigkeit, bezw. es konnte, da erstere Gesetzgebung kein Finder- noch Mutungsrecht anerkennt, von vornherein ebensowenig von einer Klage auf Konzessionserteilung wider den Staat, wie von Prozessen zwischen zwei Bewerbern um die Konzession inbezug auf das Vorzugsrecht die Rede sein. Ja selbst, wenn eine Konzession bereits erteilt war, würde trotzdem, daß Streitigkeiten über das durch die Konzession begründete Bergeigentum durchaus privatrechtlicher Natur und daher an sich prozeßfähig sind, dies nach den Grundsätzen des französischen Rechts doch alsdann eine Ausnahme erlitten haben, wenn der Streit die Rechtsbeständigkeit, die Auslegung oder Vollziehung des Konzessionsakts betraf, indem

jenen Grundsätzen zufolge Verwaltungshandlungen im RW. nicht allein nicht angefochten, sondern auch nicht einmal vom Richter ausgelegt werden durften; vgl. Dalloz, m. mines, n. 493, 496, 517, 519 und die Erläuterungen zum Ress.-Regl. § 15. Inzwischen war hinsichtlich des letzteren Punktes infolge der seit dem Aufhören der Fremdherrschaft eingetretenen Veränderungen in der Einrichtung der Verwaltungsbehörden und der hieran anknüpfenden Bestimmungen jenes Regl. für das linke Rheinufer das Gegenteil anzunehmen; denn einesteils fehlte es bei der damaligen Einrichtung und Zuständigkeit jener Behörden an Mitteln, um eine der richterlichen entsprechende Verwaltungsentscheidung zu erzielen, anderenteils aber äußerte auch hier der durch § 15 des Ress.-Regl. eingeführte § 41 d. G. seine Wirkung zu Gunsten des RW.; vgl. A.H. Cöln 23. Juni 1829, K.H. 23. März 1831, Rh. A. 13, I. 2, 21; Volkmar S. 170. — Folgeweise gehörte auch ein Streit zwischen dem Grundeigentümer und dem Konzessionsinhaber über den Umfang der beiderseitigen Rechte, selbst inbezug auf solche Vorfragen, deren Beantwortung von der Auslegung des Konzessionsakts abhängig war, z. B. ob eine Substanz als Gegenstand der Konzession (mine) oder als Teil des Grundeigentums (minière non concessible) zu betrachten sei, ausschließlich zur richterlichen Zuständigkeit, während derartige Vorfragen nach den Grundsätzen des französischen Rechts der Entscheidung der Verwaltungsbehörden anheimfielen; vgl. A.H. Lyon 17. Juli 1839, Dalloz, m. compét. admin., n. 477. Jedoch erkannte schon das Ges. v. 1810 die Zuständigkeit der ordentlichen Gerichte für gewisse Streitigkeiten ausdrücklich an.

412. Heutiges Recht. Die Verschiedenheit der bergrechtlichen Vorschriften in Preußen wurde beseitigt durch das in der ganzen Monarchie geltende Allgemeine Bergges. v. 24. Juni 1865. In folgerichtiger Weiterentwicklung der durch die Novellen v. 1851 und 1860 begonnenen Umwandlung des Bergregals in ein Berghoheitsrecht (A. 409) ist das Regalitätsprinzip im Bergges. gänzlich aufgegeben und dementsprechend der § 6 II. 16 ALR., worauf sich das frühere Regal stützte, durch § 244 Bergges. ausdrücklich außer Kraft gesetzt worden. Folgeweise sind die Rechte, die dem Staat inbetreff der Verleihung und des verliehenen Bergeigentums zustehen, nicht mehr als Ausflüsse eines niederen Regals, eines den Domänen gleichgestellten Nutzungsrechts zu betrachten, sondern aus dem wirklichen Hoheitsrecht (§ 36 d. G.) und zwar namentlich aus der Justiz-, Finanz- und Polizeihoheit abzuleiten. Vgl. Oppenhoff A. 6. Für die Beantwortung der Frage nach der Zulässigkeit des RW. ist hiermit, abgesehen von den im Bergges. selbst enthaltenen Zuständigkeitsbestimmungen, eine feste Voraussetzung gegeben.

413. Vom Schürfen. In Ermangelung einer gütlichen Einigung zwischen Schürfer und Grundbesitzer entscheidet das OBA. darüber, ob und unter welchen Bedingungen die Schürfarbeiten unternommen werden dürfen (§ 8). Diese Zuständigkeit des OBA. tritt nur insoweit ein, als es sich um die gesetzlichen Voraussetzungen des Schürfrechts handelt. Leitet der Grundbesitzer aus einem mit dem Schürflustigen geschlossenen Vertrage das Recht her, die Gestattung der Schürfarbeiten zu untersagen, so kann er dies nur vor Gericht geltend machen; das OBA. darf auf derartige Einwendungen keine Rücksicht nehmen. Ebenso gehört ein Streit darüber, ob der Eigentümer einer Örtlichkeit im Sinne des § 4 Abs. 3 seine Einwilligung zum Schürfen gegeben habe, zur ausschließlichen Entscheidung des Richters. Voraussetzung für eine Entscheidung des OBA. ist, daß die Beteiligten sich über die Gestattung der Schürfarbeiten nicht einigen können. Gestattet daher der Grundbesitzer das Schürfen ohne weiteres, einigt sich aber demnächst mit dem Schürfer nicht über die Entschädigung oder die Kaution (§ 8 Abs. 3), so findet hierüber keine administrative Festsetzung statt. Vgl. Oppenhoff A. 74 ff.

414. Gegen die Entscheidung des OBA. (§ 8) ist der RW. gegeben, wenn er nach den allgemeinen Grundsätzen zulässig ist; hiernach unterliegt nur die Frage, ob dem Schürfer Gründe des öffentlichen Wohles entgegenstehen (§ 4 Abs. 2), der endgültigen Entscheidung des OBA., wogegen in den Fällen des § 4 Abs. 1 und 3 der RW. statthaft ist; vgl. Komm.-Ber. d. Herrenh. S. 14; ebenso Brassert § 4 A. 13, Stölzel S. 283. AM. Achenbach, GDB. S. 342: in Fällen des § 4 Abs. 1, d. h. also bei Fragen über die Eigenschaft eines öffentlichen Platzes usw. sei der RW. regelmäßig unzulässig, so insbesondere dann, wenn dem Grundbesitzer selbst das Schürfen mit Rücksicht auf § 4 Abs. 1 verboten werde; vgl. hierüber auch Wachler, Z. f. BR. 8 S. 488 ff. Auch wegen der der Ermächtigung beigefügten Bedingungen kann der RW. beschritten werden, jedoch nur insoweit, als sie nicht

polizeilicher Natur sind (Ges. v. 11. Mai 1842); vgl. Oppenhoff A. 85, Brassert § 8 A. 2. Bestimmt der Beschluß über die Dauer der Ermächtigung nichts, so kann diese nicht etwa wegen großer Lässigkeit im Betriebe der Schürfarbeiten im Verwaltungswege zurückgezogen werden; eher dürfte die gerichtliche Klage auf Rückgewähr begründet sein; vgl. Oppenhoff A. 80. — Der RW. steht gegebenenfalls beiden Teilen, und wenn sich auf der einen Seite mehrere Miteigentümer oder ein Eigentümer und ein Nutzungsberechtigter befinden, jedem derselben offen. Doch ist die Klage nur wider den gegenüberstehenden Beteiligten und nie wider das OBA. zu richten. — Hat das OBA. die Ermächtigung versagt, so kann die im entgegengesetzten Sinne ergehende richterliche Entscheidung sich nur dahin aussprechen, daß die Ermächtigung zu erteilen sei. Die Sache muß daher alsdann wieder an das OBA. gehen, damit dieses auf Grund jener Entscheidung die Bedingungen, die Entschädigung und die Kaution festsetze. Der desfallsige Beschluß macht dann ein nochmaliges Rechtsverfahren möglich.

415. Gegen die eigenmächtige Benutzung fremden Bodens zu Schürfarbeiten kann sowohl possessorisch als petitorisch geklagt werden; auch kann der Beklagte nicht mit dem Einwand durchdringen, daß kein Fall des § 4 vorliege, ihm mithin ein Rechtsanspruch auf Gestattung des Schürfens zur Seite stehe, da ja sonst die Instanz des OBA. (§ 8) umgangen werden würde; Oppenhoff A. 55. Umgekehrt ist auch gegen Störungen in der Ausübung des Schürfrechts und in der desfallsigen Benutzung des Grundes und Bodens die richterliche Hülfe in Anspruch zu nehmen; nur wenn das Schürfrecht auf einer Entscheidung des OBA. beruht und der Grundbesitzer dennoch die Abtretung des Grundstücks verweigert, ist das OBA. anzugehen, das seinem Beschlusse, nötigenfalls unter dem Beistande der Polizei Nachdruck zu geben hat; vgl. unten A. 483, Oppenhoff A. 66; aM. Wachler, Kommentar S. 101, Achenbach, Z. f. BR. 4 S. 214.

416. Vom Verleihen. Die den gesetzlichen Erfordernissen entsprechende Mutung begründet einen Anspruch auf Verleihung des Bergwerkseigentums, der jedoch auf dem RW. nicht gegen die Bergbehörde, sondern nur gegen diejenigen Personen verfolgt werden kann, welche dem Muter die Behauptung eines besseren Rechts entgegensetzen; §§ 22, 23 Berggesf. Die Frage, ob aus Akten der Verwaltung des Bergregals ein Anspruch wider den Staat als solchen hergeleitet und im RW. geltend gemacht werden könne, ist auch von der früheren Rechtsprechung im allgemeinen verneint worden, jedoch ohne daß diese Ansicht juridisch hätte begründet werden können; vgl. 1. Aufl. A. 315. Gegenwärtig, wo die Rechte des Staats inbetreff der Verleihung und des verliehenen Bergeigentums nur aus den wirklichen Hoheits- und Majestätsrechten abgeleitet werden können (A. 412), ist diese Ansicht den Grundsätzen der VO. v. 1808 (§ 36) vollkommen entsprechend; Oppenhoff A. 179, OT. 4. Juni 1875 (Z. f. BR. 16 S. 513). — Daß gegen andere Interessenten aus Anlaß von Verfügungen der Bergbehörden geklagt werden könne, war ebenfalls schon früher nicht zweifelhaft; es ergab sich dies aus der Freierklärung des Bergbaues und aus dem privatrechtlichen Charakter der bei solchen Streitigkeiten zur Sprache kommenden Rechtsverhältnisse, zumal auch dem Rechte aus der Mutung die dingliche Natur schwerlich abgesprochen werden kann; vgl. OT. 9. Sept. 1857 (Strieth. 27 S. 16), Klostermann, Übers. d. bergr. Entsch. d. OT. S. 105, Wachler, Komm. S. 123.

417. Demgemäß ist eine dem § 23 zuwider gegen die Behörde gerichtete Klage nicht etwa wegen mangelnder Passivlegitimation, sondern als zum RW. ungeeignet abzuweisen und der Mangel der Zuständigkeit von Amtswegen zu berücksichtigen; auch ist die Erhebung des KK. zulässig, s. VO. v. 1. Aug. 1879 zu § 4. Ebensowenig kann der Bergbehörde zur Schadloshaltung der einen oder der andern Partei der Streit verkündet werden. Dagegen ist es selbstredend statthaft, einzelne Bergbeamte wegen einer absichtlichen Pflichtverletzung auf Schadensersatz zu belangen, vorbehaltlich des Rechts der Behörde zur Erhebung des Konflikts im Sinne des Ges. v. 13. Febr. 1854.

418. Zulässig ist eine Klage nur gegen Personen, „welche dem Muter die Behauptung eines besseren Rechts entgegensetzen". Fehlt es an solchen, so kann der Anspruch aus der Mutung gemäß § 23 überhaupt nicht im Rechts-, sondern nur im Verwaltungswege verfolgt werden; Komm.-Ber. d. HH. S. 18, Gräff, Handbuch S. 74. § 31 Abs. 2, 3 (Verlust des Rechts aus der Mutung wegen Fristversäumnis) kommen hier nicht zur Anwendung; vgl. RG. 13. Apr. 1901 (E. 49

S. 214). Wer zu diesen Personen gehört, darüber vgl. Oppenhoff A. 183, ferner Brassert § 23 A. 2.

419. Die Klage kann in der Regel und vorbehaltlich der aus der Natur der Sache sich ergebenden Ausnahmen (z. B. § 35) erst dann angestellt werden, wenn die Mutung oder der auf sie gegründete Einspruch wider eine anderweitige Verleihung (§ 31) von der Bergverwaltung ganz oder teilweise zurückgewiesen ist; denn es ist unstatthaft, unter Umgehung der in diesem Abschnitt geregelten Verwaltungsinstanz sofort den RW. zu beschreiten. Eine solche Klage wäre wegen Unzulässigkeit des RW. abzuweisen. Ebenso Stölzel S. 285. Vgl. VO. v. 1. Aug. 1879 zu § 4.

420. Bei der prozessualischen Geltendmachung des Rechts aus der Mutung können alle Fragen, welche die Gültigkeit der Mutung an sich, ihr Vorrecht vor anderen Mutungen und das Vorhandensein des gegenüberstehenden Rechts des Beklagten nach Maßgabe der §§ 1, 14, 15, 24 ff. Bergges. bedingen, zur richterlichen Erörterung gebracht werden, selbst Fragen vorwiegend technischer Natur (vorbehaltlich der im § 55 erwähnten), so z. B. die Frage, ob und inwieweit wegen der Örtlichkeit eine Ausnahme von der Regel des § 26 einzutreten habe. Vgl. z. B. OT. 16. Febr. 1869, AppG. Naumburg 15. Nov. 1869 (Z. f. BR. 10 S. 286; 11 S. 341). (Letzteres ist früher zuweilen verneint worden, z. B. OT. 23. Aug. 1849, 30. Apr. 1858, E. 18 S. 331; Strieth. 28 S. 273; jedoch ist nicht abzusehen, weshalb das Eingreifen technischer Fragen auf die Zuständigkeit von Einfluß sein sollte, insofern der privatrechtliche Charakter des Streitgegenstandes an sich feststeht.) Der Zulässigkeit des RW. steht auch der Umstand nicht entgegen, daß einzelne Fragen der Staatsökonomie angehören, m. a. W. daß sie mit Rücksicht auf ihre volkswirtschaftliche Bedeutung eine öffentlichrechtliche Seite haben (so z. B. gen. OT. 1849); es gilt auch hier das oben A. 93 gesagte; vgl. Oppenhoff A. 187.

421. So ist der RW. zulässig über die Frage, ob das in einem bestimmten Falle gemutete Mineral überhaupt verleihbar, d. h. ob es als eins der im § 1 aufgezählten zu betrachten und ob es an sich technisch nutzbar (Oppenhoff A. 13) sei. Freilich ist diese Ansicht bestritten; s. ME. 13. Sept., 14. Nov. 1867, Lindig, Wachler (Z. f. BR. 8 S. 501, 545, 502; 10 S. 9 ff.), die unter Berufung auf § 15 Bergges. bezw. die öffentlichrechtliche Seite dieser Froge den RW. nicht für zulässig halten. Vgl. hiergegen A. 420, Oppenhoff, Z. f. BR. 9 S. 136 ff. und Komm. A. 187. Achenbach, GDB. S. 129 ff. gestattet den RW. nur im Falle der Verleihung, d. h. also dem Grundeigentümer, der unter Verneinung obiger Frage auf das Mineral Anspruch erhebt, nicht also dem abgewiesenen Muter.

422. Die Frage, ob ein Fund überhaupt gemacht sei, unterliegt ebenfalls der richterlichen Entscheidung; so schon gen. OT. 23. Aug. 1849. Die in § 15 enthaltenen Worte: „und bei der amtlichen Untersuchung nachgewiesen wird" ändern hieran nichts. Dem Gesetzgeber lag die Absicht fern, im Widerspruch mit dem bisherigen Rechte und dem privatrechtlichen Charakter des ganzen Verhältnisses die endgültige Entscheidung obiger Frage der Verwaltung zu überweisen, die Frage mithin selbst bei Streitigkeiten unter den Beteiligten der richterlichen Entscheidung zu entziehen oder letztere wenigstens auf die Prüfung der schon bei der amtlichen d. h. administrativen Untersuchung vorgebrachten Beweise zu beschränken. Vgl. Oppenhoff, Z. f. BR. 9 S. 136, OT. 16. Febr. 1869, 4. Juni 1875, 13. Mai 1878 (das. 10 S. 286; 16 S. 509; 20 S. 108), ferner RG. 23. Mai 1882 (E. 8 S. 195: bei Beurteilung der Fündigkeitsfrage dürfen auch die erst nach eingelegter Mutung stattgehabten Aufschlußarbeiten von dem Richter in Betracht gezogen werden, da, wenn auch den Gerichten nur das der Bergbehörde unterbreitete Mineralvorkommen als Fund gelten darf, doch die Bedeutung des letzteren von ihnen selbständig zu beurteilen ist und hierbei auch Momente, die jünger als die Mutung sind und der Bergbehörde nicht vorgelegen haben; herangezogen werden können); ebenso Stölzel S. 286. Teilweise abweichend Achenbach, GDB. S. 419: das richterliche Entscheidungsrecht beschränke sich auf die Prüfung, was bei der amtlichen Untersuchung (§ 15) erwiesen worden sei, ob also das Beweisergebnis von der Bergbehörde eine richtige Würdigung erfahren habe; neue Beweise könnten gemäß § 15 nicht zugelassen werden; nur dann, wenn die Mutung von der Bergbehörde ohne amtliche Untersuchung der Fündigkeit aus anderen Gründen zurückgewiesen worden, erscheine der Richter nicht verhindert, die Fündigkeit ohne alle Beschränkung einer Prüfung zu unterwerfen. Vgl. auch Brassert § 15 A. 11.

423. Die Frage über die Gesetzlichkeit einer bergamtlichen Verfügung, die eine Mutung wegen unterbliebener Einzahlung des Kostenvorschusses zurückgewiesen hatte, unterlag der richterlichen Entscheidung (Z. f. BR. 3 S. 97). Im Bergges. ist für den Fall der Nichtzahlung die Zurückweisung der Mutung nicht angedroht; sollte gleichwohl aus diesem Grunde eine Mutung zurückgewiesen werden, so könnte hiergegen, anderen Beteiligten gegenüber der RW. beschritten werden

424. Der ordentliche Richter hat nur über das streitige Vorzugsrecht zu entscheiden; er kann daher den Beschluß des OBA. nicht geradezu aufheben, wenngleich der ergehende Richterspruch für die Bergbehörde bindend ist: AppG. Naumburg 15. Nov. 1869 (Z. f. BR. 11 S. 342).

425. Zum Zwecke der Berichtigung eines in der Verleihungsurkunde enthaltenen Irrtums ist der RW. zu beschreiten, wenn nicht über das Vorliegen des Irrtums allseitiges Einverständnis besteht; vgl. Oppenhoff A. 250, Brassert § 34 A. 2.

426. Vgl. ferner Oppenhoff A. 120, 140, 146, 223, 232; über die Fristen, an die das Klagerecht des Muters gebunden ist, s. §§ 31, 35 Bergges., Brassert § 23 A. 4, § 31 A. 11, Stölzel S. 285.

427. Von der Konsolidation. Die im § 46 gegebene Klage kann nur wegen der Bestimmung des Anteilsverhältnisses erhoben werden, sollte die Konsolidation auch aus anderen Gründen in ihrem tatsächlichen Erfolge zu einer Benachteiligung der Realberechtigten führen. Sie ist zu richten wider den Besitzer des belasteten Bergwerks und wenn das Recht nur auf einem Anteile ruht, dennoch wider die Gewerkschaft und nicht etwa wider den Besitzer des belasteten Anteils: Klostermann, Komm. S. 100, Brassert § 46 A. 1. Doch kann sie auch gegen die sämtlichen Gewerkschaften usw., welche die Konsolidation beschlossen haben, angestellt werden. Der Klageantrag muß dahin lauten, daß das beschlossene Anteilsverhältnis für unwirksam erklärt werde: Achenbach, GDB. S. 278. Insbesondere ist nicht etwa das Anteilsverhältnis vom Richter festzusetzen, sodaß das Urteil insofern an die Stelle des Konsolidationsakts träte; die rechtliche Folge des Urteils besteht vielmehr darin, daß die Konsolidation nicht zustande kommt.

428. Gegen die Versagung der Bestätigung (§ 49 Abs. 2) ist der RW. nicht eröffnet: VO. v. 1808 § 36. Wohl aber ist, falls das OBA. die Bestätigung vorläufig ablehnt, weil die Rechtsverhältnisse der Realberechtigten noch nicht geordnet seien, die Klage gegen letztere zulässig, um festzustellen, daß die betreffenden Realrechte entweder nicht vorhanden sind oder der Konsolidation aus anderen Gründen nicht entgegenstehen. Das ergehende Urteil bildet alsdann die Grundlage für die vom OBA. nach § 49 zu treffende Entscheidung.

429. Daß und inwiefern trotz der erteilten Bestätigung die Konsolidation selbst im RW. noch angefochten werden kann, darüber vgl. Oppenhoff A. 286, 310, Wachler, Z. f. BR. 10 S. 19, Achenbach, GDB. S. 274, 281, Stölzel S. 287.

430. Auf Grund einer vom OBA. bestätigten Konsolidation hat der Grundbuchrichter die erforderlichen Umschreibungen vorzunehmen, selbst wenn der Konsolidationsakt wegen eines Formmangels ungültig sein sollte; vgl. Art. 37 AG. z. BGB., KG. 6. Dez. 1887 (Z. f. BR. 29 S. 251), und A. 431.

431. Vom Bergwerkseigentum im allgemeinen. Das durch die Verleihungsurkunde begründete Bergwerkseigentum kann nur im RW. angegriffen werden; die Bergbehörde ist (außer in den im sechsten Titel angegebenen Fällen) nicht befugt, dasselbe ohne rechtskräftiges richterliches Urteil wieder aufzuheben, oder widerstreitenden Mutungen gegenüber als nicht zu Recht bestehend anzusehen, oder die Verleihungsurkunde z. B. bei nachträglicher Feststellung eines Irrtums über die örtliche Zuständigkeit als kraftlos und nichtig zu bezeichnen; vgl. Rekursbesch. 6. Febr., 10. Nov. 1874, 11. Juli 1895 (Z. f. BR. 15 S. 286, 533; 37 S. 243), Brassert § 50 A. 3. Ebensowenig darf der Grundbuchrichter vor Eintragung eines Bergwerks ins Grundbuch die Verleihungsurkunde in der Richtung prüfen, ob sie zu Recht erteilt worden sei; vgl. LG. Magdeburg 28. Nov. 1895 (Z. f. BR. 37 S. 496) und A. 430.

432. Gegen die Versagung der Bestätigung gemäß § 51 ist der RW. nicht gegeben; jedoch gilt auch hier das A. 429 gesagte.

433. In den Fällen der §§ 55, 56 steht dem OBA., abgesehen von der Befugnis zum polizeilichen Einschreiten nach Maßgabe der §§ 196 ff., nur die Entscheidung über die Notwendigkeit der gemeinschaftlichen Gewinnung zu; sie erfolgt

unter Ausschluß des RW.: Mot. S. 57. Dagegen gehören Streitigkeiten über das Mitgewinnungsrecht auf den RW.; vgl. Oppenhoff A. 382, 379, ferner A. 377. Auch der Anspruch aus § 56 Abs. 2 und § 57 Abs. 2 (Herausgabe der mitgewonnenen Mineralien) muß gegebenenfalls auf dem RW. verfolgt werden; ebenso Z. f. BR. 23 S. 129; 7 S. 126, Brassert § 56 A. 4, § 57 A. 2.

434. Hülfsbaue. Die (von dem in A. 127 ausgesprochenen Grundsatz abweichende) Vorschrift des § 61, daß das OBA. über die Verpflichtung des Bergwerkseigentümers zur Gestattung eines Hülfsbaues unter Ausschluß des RW. entscheidet, wird in den Mot. S. 60 dadurch gerechtfertigt, daß es sich hier nur um bergtechnische Fragen handle, mithin ein ähnliches Verhältnis vorliege, wie bei der Frage über die Notwendigkeit der Grundabtretung zu bergbaulichen Zwecken.

435. § 61 sieht den Fall, wo der Grundeigentümer der Anlage widerspricht, nicht vor, weil ein solcher Widerspruch nur auf einen besonderen Rechtstitel oder auf die Behauptung gestützt werden könnte, daß der Baulustige gar kein Bergwerksbesitzer sei oder daß dem beabsichtigten Baue die Eigenschaft eines Hülfsbaues abgehe; alle diese Fragen gehören aber vor die ordentlichen Gerichte und zwar trotz § 61 selbst dann, wenn sie unter Bergwerksbesitzern streitig sind.

436. Die Zuständigkeit des OBA. tritt auch dann ein, wenn das Bergwerk von einem Pächter oder Nutznießer betrieben wird und dieser seine Pflicht zur Gestattung des Hülfsbaus bestreitet: Oppenhoff A. 411; aM. Brassert § 61 A. 1. Sie erstreckt sich nicht nur auf die Zulässigkeit des Hülfsbaus überhaupt, sondern nötigenfalls auch auf den Umfang und die Richtung der auszuführenden Anlagen und auf die dabei zum Schutze der Feldesnachbarn zu treffenden Vorkehrungen; vgl. Klostermann, Komm. A. 159, Wachler, Z. f. BR. 10 S. 22.

437. Dagegen gehören Ansprüche des hülfsbaupflichtigen Bergwerkseigentümers aus § 62 (Entschädigung) und § 63 (Herausgabe der Mineralien, auf die er berechtigt ist) vor die ordentlichen Gerichte: Rekursbesch. 16. März 1871, 19. Mai 1874, 25. Apr. 1884 (Z. f. BR. 12 S. 141; 16 S. 251; 26. S. 400); Oppenhoff A. 419, Brassert § 61 A. 2.

438. Hat ein Bergbautreibender eigenmächtig in fremdem Grubenfelde einen Hülfsbau angelegt, bevor die Verpflichtung zu dessen Gestattung durch die Bergbehörde festgestellt ist, so kann der Bergwerkseigentümer im RW. die Beseitigung der Anlage verlangen; vgl. OT. 20. Febr. 1874 (Z f. BR. 15 S. 394).

439. Von dem Betriebe und der Verwaltung. Die Entscheidung des OBA., daß der Unterlassung oder Einstellung des Bergwerksbetriebs überwiegende Gründe des öffentlichen Wohles entgegenstehen (§ 65), ist selbstredend im RW. nicht anfechtbar.

440. Der Einspruch der Bergbehörde (Revierbeamter) und die Entscheidung des OBA. aus § 68 (Betriebsplan) sind ihrem Gegenstande nach polizeiliche Verfügungen; demgemäß ist für die Beantwortung der Frage, inwiefern gegen den Beschluß des OBA. der RW. beschritten und wider den Revierbeamten unter Umständen ein Schadensersatzanspruch erhoben werden könne, das Ges. v. 11. Mai 1842 maßgebend; dasselbe gilt von der Anordnung und Vollziehung der Betriebseinstellung in den Fällen der §§ 70 und 75.

441. Von den Bergleuten. Die Befugnisse, die früher als Ausfluß des Direktionsprinzips der Bergbehörde inbetreff der Anlegung, Verlegung und Ablegung der Bergleute sowie der Festsetzung ihres Lohns zustanden (§§ 307ff. II. 16 ALR.) sind schon durch das Ges. v. 21. Mai 1860 (GS. S. 201) weggefallen, das dem Grundsatz der freieren Selbstverwaltung der Bergwerkseigentümer Ausdruck verlieh, ein Grundsatz der vom Bergges. noch weiter ausgebildet worden ist, um das Rechtsverhältnis der Bergleute von den allgemeinen Regeln des Zivilrechts nicht weiter zu entfernen, als sachlich und erfahrungsgemäß nötig ist. Das Ges. v. 1860 enthielt in § 6 noch die Bestimmung, daß gewisse Streitigkeiten der Bergeigentümer mit den Bergleuten vor die Berggeschworenen gehören sollten, gegen deren vorläufig vollstreckbare Entscheidung den Beteiligten die Beschreitung des RW. binnen zehn Tagen verstattet war. Das Berggesetz hat diese Gerichtsbarkeit der Berggeschworenen als ungeeignet wieder aufgegeben, sodaß nunmehr auch hinsichtlich der Ressortverhältnisse die allgemeine Gesetzgebung zur Anwendung kommt.

442. Die Bestimmungen der Arbeitsordnung bilden einen wesentlichen Teil des Dienst- und Arbeitsvertrages; die Entscheidung über ihre Rechtsgültigkeit im einzelnen Streitfalle gebührt dem ordentlichen Richter. Auch die in einer Ar-

beitsordnung angedrohten Strafen sind reine Vertragsstrafen; will der Bergmann der Strafe sich nicht fügen, so hat in Ermangelung eines Schiedsvertrags der Richter und zwar der Zivilrichter zu erkennen; vgl. A. 522, Oppenhoff A. 492, Brassert, Z. f. BR. 1 S. 447 ff.; 2 S. 104; Komm. § 80 A. 3. Gegen die hinsichtlich der Arbeitsordnungen von der Bergbehörde getroffenen Anordnungen findet unter Ausschluß des RW. nur das Beschwerdeverfahren der §§ 191 ff. Berggeſ. statt: §§ 80 g, h des Gesf. v. 24. Juni 1897 GS. S. 131), Oppenhoff A. 493, Brassert § 80 A. 4.

443. Gegen ungünstige Eintragungen in das Zeugnis oder bei Verweigerung eines Zeugnisses ist ausschließlich die Hülfe der Ortspolizeibehörde anzurufen (§ 84 Abs. 2, 3), deren Anordnungen im RW. nicht angefochten werden können; vgl. GesindeO. A. 47, 43, Oppenhoff A. 503, 507, 508, Brassert § 84 A. 4.

444. Von den Rechtsverhältnissen der Mitbeteiligten eines Bergwerks. Das Direktionsrecht der Bergbehörde, das den Gewerken in Betriebs- und Haushaltsangelegenheiten fast nur eine beratende Mitwirkung übrig ließ, ist, wie bereits oben erwähnt, durch die neuere Gesetzgebung beseitigt. Schon das Ges. v. 12. Mai 1851 (GS. S. 265) hatte die Einzelheiten der eigentlichen Verwaltung in die Hände eines von den Gewerken zu wählenden Repräsentanten oder Grubenvorstands gelegt, den Gewerken selbst aber die Beschlußfassung über gewisse wichtigere Angelegenheiten vorbehalten; gegen solche gewerkschaftliche Beschlüsse stand den Beteiligten nicht die Berufung auf den RW., sondern nur auf schiedsrichterliche Entscheidung zu; auch war die Gültigkeit eines Teils dieser Beschlüsse von der nur aus Gründen des öffentlichen Wohls zu versagenden Bestätigung der Bergbehörde abhängig gemacht. Diese Grundsätze hat das Berggeſ., nur in noch freierer Gestaltung, beibehalten.

445. Abweichend vom Ges. v. 1851 kann jeder Gewerke die Entscheidung des ordentlichen Richters darüber, ob ein Beschluß zum Besten der Gewerkschaft gereiche, anrufen und gegen die Gewerkschaft auf Aufhebung des Beschlusses klagen (§ 115 Berggeſ.). Dieser Anfechtungsgrund ist nicht auf bestimmte Gegenstände der Beschlußfassung beschränkt; die Klage kann daher auch gegen solche Beschlüsse angestellt werden, die reine Personenfragen betreffen, z. B. die Repräsentantenwahl, Dienstenthebung eines Bergwerksdirektors; das im entgegengesetzten Sinne ergangene OT. 14. Dez. 1857 (Strieth. 27 S. 210) ist mit § 115 nicht mehr vereinbar. Vgl. Oppenhoff A. 654, RG. 27. Juni 1883, OLG. Hamm 4. Febr. 1893 (Z. f. BR. 26 S. 149; 34 S. 499). Doch darf der angefochtene Beschluß nicht lediglich die Ablehnung eines gestellten Antrags enthalten: RG. 20. Nov. 1902 (E. 53 S. 50).

446. Der Richter ist im Falle des § 115 nicht auf die Prüfung der bei Fassung des Beschlusses maßgebend gewesenen Gesichtspunkte beschränkt; vielmehr ist, wenn der Kläger das unzutreffende der letzteren dartun sollte, die Gewerkschaft befugt, zur Aufrechterhaltung ihres Beschlusses sonstige, bisher nicht zur Erwägung gelangte Gesichtspunkte geltend zu machen und neue Tatsachen vorzubringen. Ebenso Brassert § 115 A. 7; aM. OT. 21. Mai 1869 (Z. f. BR. 11 S. 297). Über den Urteilstenor bei Klagen aus § 115 s. Oppenhoff A. 627, über die Aktiv- und Passivlegitimation das. A. 630.

447. Die §§ 115, 116 setzen einen formell rechtsgültigen Gewerkschaftsbeschluß voraus; sie finden daher keine Anwendung, wenn, was ebenfalls im RW. geschehen kann, ein Beschluß als ungültig angefochten wird, z. B. wegen mangelnder Legitimation der Beschlußfasser oder mangelnder Zuständigkeit zum Beschlusse oder wegen nicht gehörig erfolgter Ladung der Gewerken (§ 112). Vgl. Oppenhoff A. 628, 543, 610, Brassert § 115 A. 4. Streitigkeiten über die Ungültigkeit gehören auch dann vor den ordentlichen Richter, wenn im übrigen gemäß § 115 Abs. 2 ein Schiedsgericht eingesetzt ist. Ob der Anfechtungsgrund aus § 115, der zur Aufhebung des Beschlusses führt, mit einem Anfechtungsgrund, der zur Ungültigkeitserklärung wegen Formfehlers führt, verbunden werden kann, ist nicht unbedenklich; vgl. RG. 27. Juni 1883 (Z. f. BR. 26 S. 130).

448. Ist gemäß § 115 Abs. 2 die Einsetzung eines Schiedsgerichts bestimmt, so kommen die Vorschriften des 10. Buches der ZPO. zur Anwendung.

449. Die in Handhabung des § 127 Berggeſ. ergehenden Verfügungen der Bergbehörde, können, mögen sie nun aus dem staatlichen Aufsichtsrechte oder aus der Polizeigewalt des Staates abzuleiten sein (VO. v. 1808 § 36; Ges. v. 11. Mai

1842), im RW. nicht angefochten werden, insbesondere auch nicht unter der Behauptung, es sei keine Aufforderung an die Gewerkschaft vorhergegangen oder es lägen die sonstigen Voraussetzungen des Abs. 2 nicht vor, die bewilligte Belohnung sei zu hoch gegriffen usw. Über die Einziehung der letzteren vgl. Oppenhoff A. 1003, Brassert § 127 A. 5.

450. Mit der unmittelbaren Teilnahme der Behörde an dem Betriebe und der Verwaltung der Bergwerke mußten auch das Zubuß- und Kaduzierungsverfahren wegfallen. An die Stelle der desfallsigen Gesetzgebung sind die §§ 129—132 Berggeſ. getreten, die jede Beteiligung der Bergbehörde an der Ausschreibung und Einziehung der Betriebsgelder ausschließen.

451. Von der Grundabtretung. Das Zwangsverfahren für das im § 64 als Ausfluß des Bergwerkseigentums bezeichnete und in den §§ 135—139 näher geregelte Enteignungsrecht des Bergwerksbesitzers ist in den §§ 142ff. geordnet. In ein Gesetz über die Enteignung „aus Gründen des öffentlichen Wohls" gehört das bergrechtliche Enteignungsrecht nicht hinein und ist deshalb in § 54 Ges. v. 11. Juni 1874 von den Vorschriften dieses Gesetzes ausdrücklich ausgenommen; vgl. Brassert S. 352.

452. Nach dem klaren Wortlaut des § 142 ist das Verwaltungsverfahren (gemeinschaftlicher Beschluß des OBA. und des Bezirksausschusses; vgl. § 150 Abs. 2 ZustGes.) dadurch bedingt, daß sich die Beteiligten über die Grundabtretung nicht einigen können. Daher findet die administrative Festsetzung der jährlichen Entschädigung und der Kaution dann nicht statt, wenn über die Abtretung selbst eine gütliche Einigung erfolgt ist oder wenn der Anspruch auf Kautionsbestellung erst nach dem Abschluß des Enteignungsverfahrens gestellt wird; in diesen Fällen ist nur der ordentliche RW. gegeben. Vgl. Rekursbesch. 12. Aug. 1859, 5. Jan. 1871, 19. Aug. 1884 (Zeitschr. f. B. H. u. S.-Wesen 6 S. 273; Z. f. BR. 12 S. 144; 26 S. 134), Oppenhoff A. 803, Brassert § 137 A. 8, Wachler, Komm. S. 195. Ebenso gehört der auf Ersatz des Minderwerts bezügliche Fall des § 137 Abs. 2 nicht vor die Verwaltungsbehörden, sondern vor den ordentlichen Richter: Mot. S. 86.

453. Aus demselben Grunde haben die Verwaltungsbehörden über den Zwangserwerb nur dann zu entscheiden, wenn der desfallsige Anspruch vom Grundbesitzer schon vor der Abtretung oder im Abtretungsverfahren geltend gemacht wird, wenn also, während der Bergwerksbesitzer nur die Abtretung begehrt, jener diese nicht gestatten will, sondern auf den Erwerb des Eigentums dringt, oder wenn beide zwar inbetreff des Eigentumserwerbs an sich einig sind, sich aber über die Bedingungen nicht einigen können und der Grundbesitzer infolgedessen auch die bloße Abtretung verweigert; vgl. Oppenhoff A. 804. Ebenso: OBA. Bonn 12. Oktober 1874 (I. 6549) in einem Falle, wo wegen der Grundabtretung eine Entscheidung nach § 142 längst ergangen war und demnächst der Grundeigentümer gemäß § 138 den Eigentumserwerb begehrte. Die entgegengesetzte Ansicht, daß das Verwaltungsverfahren bei allen Fällen des Zwangserwerbs geboten sei, vertreten Klostermann, Komm. A. 313, 313a, 330, Arndt, Komm. S. 151, Brassert §§ 137 A. 11, 138 A. 3 und RG. 3. Nov. 1897 (Z. f. BR. 39 S. 114; DJurZtg 3 S. 21); hier hatte Kläger gegen die Entscheidung über die Grundabtretung den RW. beschritten und erst im gerichtlichen Verfahren den Eigentumserwerb verlangt: das RG. lehnte in diesem Punkte die Klage ab, weil über ihn nicht vorher die Verwaltungsbehörde entschieden hatte.

454. Steht dem OBA. und dem Bezirksausschuß die Entscheidung zu, so ist der RW. solange verschlossen, als diese Entscheidung nicht erfolgt ist. Nach RG. 3. Nov. 1897 (A. 453) trifft dies auch dann zu, wenn gegen den bereits ergangenen administrativen Beschluß der RW. beschritten und jetzt ein im bisherigen Verfahren nicht zur Sprache gekommener Punkt vorgebracht wird; aM. Rekursbesch. 25. Juli 1870, 2. Nov. 1886, 9. Okt. 1891 (Z. f. BR. 11 S. 364; 28 S. 112; 29 S. 134; 35 S. 393): in der Rekursinstanz seien solche Änderungen nicht mehr möglich, den Beschwerdeführern bleibe es aber überlassen, ihre Ansprüche im RW. zu erheben und zu begründen.

455. Die Verwaltungsbehörden haben ihre Entscheidung nur nach Maßgabe der §§ 135—140 zu treffen, da die Entscheidung darüber, ob dem Bergwerksbesitzer etwa ein vertragsmäßiges Recht auf Abtretung des Grundstücks zur Seite stehe oder ob der Grundbesitzer auf Grund eines besonderen Rechtstitels von der gesetzlichen Pflicht zur Abtretung befreit sei, wegen des rein privatrechtlichen Charakters

dieser Fragen und entsprechend § 136 Abs. 1 sofort und ausschließlich dem Richter gebührt. Vgl. Oppenhoff A. 74, 75, 820, 822, Rekursbesch. 1. Sept. 1866 (Z. f. BR. 8 S. 134).

456. Nimmt der Bergwerksbesitzer ein Grundstück eigenmächtig unter Umgehung der §§ 142ff. oder vor Beendigung des Enteignungsverfahrens in Besitz oder überschreitet er die durch den Enteignungsbescheid bestimmten Grenzen, so kann der Grundbesitzer diese Eingriffe in sein Eigentum im ordentlichen RW. zurückweisen und die Entfernung etwa errichteter bergbaulicher Anlagen verlangen. Vgl. OT. 20. Febr., 30. Nov. 1874, 26. Juni 1876 (Z. f. BR. 15 S. 395; 16 S. 238; 18 S. 241), Selbst die Genehmigung des Betriebsplans oder die bergpolizeiliche Genehmigung der Anlage, durch welche die Störung stattgefunden hat, schließt eine solche Klage nicht aus. Auf administrativem Wege kann der Bergwerksbesitzer zur Rückgewähr bezw. zur Einschlagung des in den §§ 142ff. vorgezeichneten Weges nicht angehalten werden. Vgl. OT. 6. März 1861, 7. März, 17. Okt. 1862, MVfg. 3. Juli 1862 (das. 2 S. 512; 4 S. 108, 110; 3 S. 396).

457. Inwieweit gegen den Beschluß des OBA. und des Bezirksausschusses der RW. zulässig ist, ergibt sich aus § 145. Der entsprechende § der Regierungsvorlage hat erhebliche Abänderungen erfahren, einesteils damit jeder Zweifel über die Prozeßfähigkeit der Frage schwinde, ob ein Fall des § 136 Abs. 2 vorliege, andernteils um den RW. über die Verpflichtung zum Eigentumserwerb allgemein zu eröffnen. Hiernach ist der RW. gegeben: stets gegen die Festsetzung der Entschädigung und der Kaution und über die Verpflichtung zum Eigentumserwerb (RG. 9. Febr. 1889, Z. f. BR. 30 S. 356); über die Verpflichtung zur Abtretung eines Grundstücks nur dann, wenn die Befreiung von dieser Verpflichtung auf einen speziellen Rechtstitel oder darauf gestützt wird, daß das abzutretende Grundstück bebauter Grund und Boden sei. Vgl. Brassert § 145 A. 7, 8, 9. Als spezielle Rechtstitel kommen in Betracht: Privileg, Vertrag, Verjährung, rechtskräftige Urteile usw. (Oppenhoff A. 824), dagegen nicht die angebliche Auflässigkeit eines Bergwerks: OT. 6. Jan. 1873 (Z. f. BR. 14 S. 249).

458. Zu der „Entschädigung" gehören nicht auch die im § 144 genannten „sonstigen Bedingungen", worunter außer dem Zeitpunkte der Rückgewähr die Einschränkungen in der Benutzung zu Gunsten des Grundbesitzers und die in seinem Vorteile für nötig befundenen Anlagen (Wege, Überfahrten, Einfriedigungen, Vorflutanlagen) zu verstehen sind. Gegen deren Festsetzung findet nicht der RW., sondern nur der Rekurs statt. So: Klostermann, Komm. A. 321. Umsoweniger ist, wenn der Beschluß die Herstellung solcher Anlagen nicht anordnet, eine unmittelbar hierauf gerichtete Klage statthaft. Sind dagegen derartige Anlagen oder sonstige Bedingungen zum Vorteil des Grundbesitzers angeordnet, so kann dieser auf Erfüllung der hieraus entstehenden Verpflichtungen klagen und unter Umständen sich bis zu ihrer Erfüllung der Besitznahme des Grundstücks und zwar nötigenfalls auf dem RW. widersetzen. Vgl. Oppenhoff A. 815.

459. Die Vollstreckung des im Verwaltungswege nicht mehr anfechtbaren Abtretungsbeschlusses erfolgt durch die Verwaltungsbehörde mittels zwangsweiser Übergabe des Grundstücks und Herbeiführung der Umschreibung im Grundbuch: Oppenhoff A. 827, Brassert § 146 A. 2; nur die Entschädigung und die Kaution können nicht im Verwaltungswege beigetrieben werden. Auch wenn sich der Bergwerksbesitzer bereits im Besitze eines Grundstücks befindet, dessen Zwangserwerb nachträglich angeordnet worden ist, können die Beschlußbehörden die Umschreibung des Eigentums im Grundbuch herbeiführen; jedoch ist auch der Grundbesitzer befugt, auf Erfüllung des Beschlusses gerichtlich zu klagen; vgl. Brassert aaO. A. 3, Arndt, Komm. S. 251. — Die eigenmächtige Besitznahme des Grundstücks vor Zahlung oder Hinterlegung der festgesetzten Entschädigungssumme berechtigt den Grundbesitzer zur Anstellung der Besitzklage; vgl. OT. 7. März 1862 (Z. f. BR. 4 S. 109) und A. 456. Ist dagegen die Besitzeinweisung erfolgt, so kann der Grundbesitzer diese nicht als zu Unrecht geschehen (z. B. weil er rechtzeitig auf Grund des § 136 Abs. 2 den RW. beschritten habe) anfechten und nicht possessorisch den Schutz der Gerichte anrufen: EK. 5. Juli 1880 (das. 22 S. 133; Rechtspr. § 61).

460. Benutzt der Bergwerksbesitzer das abgetretene Grundstück zu anderen wenn auch bergbaulichen Zwecken, als den die Abtretung begründenden und für dieselbe maßgebend gewesenen, so kann der Grundbesitzer auf dem RW. Widerspruch erheben und die Abstellung der Übergriffe verlangen; ebenso OT. 29. Mai 1876,

Rekursbesch. 23. Dez. 1888, 6. Jan. 1889, 2. Juni 1896 (Z. f. BR. 18 S. 234; 30 S. 269, 270; 38 S. 116: hier handelte es sich um die Enteignung zu Gunsten einer den Zwecken des Bergwerksbetriebes dienenden Eisenbahn); vgl. auch Oppenhoff A. 751.

461. Die Rückgabe eines abgetretenen Grundstücks, „nach beendigter Benutzung" (§ 137), d. h. nach gänzlicher Einstellung des Bergwerksbetriebs, kann im RW. verlangt werden; ein administratives Verfahren findet nicht statt. Dagegen kann die Klage nicht darauf gestützt werden, daß das abgetretene Grundstück für die bergbaulichen Zwecke entbehrlich geworden sei; hierüber steht die Entscheidung, abgesehen von dem Falle des § 141, nur der Verwaltungsbehörde zu. Vgl. gen. OT. 29. Mai 1876, Brassert § 137 A. 4.

462. Die Kosten des Verfahrens (§ 147) sind gegen den Zahlungspflichtigen nötigenfalls gerichtlich einzuklagen; nur bez. der baren Auslagen der Behörden findet das Verwaltungszwangsverfahren statt; vgl. Rekursbesch. 1. Febr. 1889 (Z. f. BR. 30 S. 407), Brassert § 147 A. 3.

463. Schadensersatz für Beschädigung des Grundeigentums. Die Erfüllung der im 2. Abschnitt des 5. Titels ausgesprochenen Schadensersatzpflicht kann nur im ordentlichen RW. erzwungen werden, § 151. Die Regelung der Schäden durch ein Schiedsgericht setzt einen förmlichen Schiedsvertrag voraus, wenn auch das Verfahren vor dem Schiedsgericht in manchen Punkten von der Staatsbehörde geregelt ist. Das nähere s. bei Brassert S. 386, 404 A. 23.

464. Von dem Verhältnisse des Bergbaues zu öffentlichen Verkehrsanstalten. Bei einem Widerstreit zwischen öffentlichen Verkehrsanstalten und dem Bergbau hat der Bergwerksbesitzer in gewissen Fällen ein Recht auf Entschädigung. Mangels gütlicher Einigung erfolgt die Festsetzung der Entschädigung durch das OBA., gegen dessen Beschluß der RW. zulässig ist (§ 154); neben dem RW. findet auch der Rekurs statt; vgl. Oppenhoff A. 886, Brassert § 154 A. 5. Das OBA. ist nicht nur dann zur Entscheidung zuständig, wenn lediglich die Höhe der Entschädigungssumme streitig ist, sondern auch dann, wenn die Entschädigungspflicht selbst bestritten wird; ebenso Brassert § 154 A. 6 und Z. f. BR. 11 S. 331, Klostermann, Komm. A. 348; aM. Rekursbesch. 22. Aug. 1867, 3. Dez. 1876 (Z. f. BR. 11 S. 314; 16 S. 245). Arndt, Komm. S. 164.

465. Ob die polizeilich angeordnete Herstellung oder Beseitigung von Anlagen im Bergwerk (§ 154 Abs. 1) erforderlich gewesen sei, kann vor Gericht selbst unter den Beteiligten nicht in Frage gestellt werden (Ges. v. 11. Mai 1842). Doch ist es statthaft, den Entschädigungsanspruch aus dem Grunde zu bestreiten, weil das Erfordernis auch ohne Rücksicht auf die Verkehrsanstalt bestanden habe.

466. § 154 findet auch auf die Entschädigungsansprüche solcher Bergbautreibender Anwendung, die vor dem Inkrafttreten des Bergges. zum Bergwerksbetriebe berechtigt waren. Gehen jedoch die Ansprüche über den im § 154 gewährten Schadenersatz hinaus, so ist hierüber lediglich im RW. zu entscheiden. Vgl. Oppenhoff A. 887, 888.

467. Von der Aufhebung des Bergwerkseigentums. Hat das OBA. gemäß § 156 durch Beschluß die Einleitung des auf Entziehung des Bergwerkseigentums gerichteten Verfahrens ausgesprochen, so kann der Bergwerkseigentümer binnen vier Wochen gegen das OBA. selbst auf Aufhebung dieses Beschlusses im ordentlichen RW. klagen (§ 157). Da die Bergbehörde allein darüber zu entscheiden hat, ob das Bergwerk aus überwiegenden Gründen des öffentlichen Wohles betrieben werden müsse, so kann diese Klage nicht darauf gegründet werden, daß die Aufforderung zur Inbetriebsetzung (§ 65) eine ungerechtfertigte gewesen sei; bei jener Klage handelt es sich vielmehr nur um rechtliche Einwendungen gegen den Beschluß selbst, z. B. um die Behauptung, der Beschluß sei nicht gegen die richtige Person gerichtet, der Betrieb sei vor Ablauf der gesetzten Frist (§ 65) wirklich eröffnet worden usw.: Mot. S. 94. Eine Fristung kann auf dem RW. nicht erlangt werden. Darüber wer klageberechtigt ist vgl. Oppenhoff A. 895, 896.

468. Gegen den gemäß § 160 die Aufhebung des Bergwerkseigentums aussprechenden Beschluß des OBA. kann nur der Rekurs erhoben, nicht aber der RW. beschritten werden; ebenso Brassert § 160 A. 2, aM. Oppenhoff A. 909.

469. Von den Knappschaftsvereinen. Das OBA. übt den Knappschaftsvereinen gegenüber ein Hoheitsrecht aus, sodaß hier in der Regel für den RW. kein Raum bleibt: § 36 VO. v. 1808. So kann z. B. nicht auf die Erteilung der

Bestätigung eines Statuts (§ 169 Abs. 1) geklagt werden; vgl. A. 158 ff., Wachler, Z. f. BR. 8 S. 477); ebensowenig gegen die durch das OBA. erfolgte Bestimmung der Bezirke, für welche neue Knappschaftsvereine gebildet werden sollen (§ 167), oder auf Aufhebung der Suspension eines Beschlusses des Knappschaftsvorstandes (§ 184 Abs. 2): Wachler aaO. Dagegen sind Streitigkeiten über das Recht und die Pflicht des Beitritts oder Austritts bezw. über das Bestehen der Mitgliedschaft und seiner Voraussetzungen an sich prozeßfähig: A. 86. Der Austritt ist natürlich nur zulässig, wenn die Verpflichtungen des Knappschaftsvereins gegen die vorhandenen Invaliden, Witwen und Waisen sichergestellt sind; die vollständige Vermögensauseinandersetzung ist nötigenfalls im RW. zu erwirken; vgl. Rekursbesch. 25. März 1878, RG. 11. Nov. 1887 (Z. f. BR. 19 S. 398; 29 S. 239).

470. Gemäß § 186 sind Beschwerden über die Verwaltung des Vorstandes bei dem OBA. und in der weiteren Instanz bei dem Minister der öffentlichen Arbeiten anzubringen. § 186 hat solche Beschwerden im Auge, die den persönlichen Vorteil des Beschwerdeführers betreffen und daher durchweg einen vermögensrechtlichen Anspruch zum Gegenstande haben. Über solche Ansprüche kann trotz der Entscheidung der Aufsichtsbehörde sowohl der Beschwerdeführer als der Knappschaftsvorstand den RW. beschreiten; auch ist jene Entscheidung nicht im Verwaltungswege vollstreckbar: Oppenhoff A. 990; ebenso Brassert § 186 A. 1; aM. Klostermann, Komm. A 394, Arndt, Komm. S. 177. Dem RW. unterliegen insbesondere die Ansprüche auf Invaliden-, Witwen- und Waisengeld.

471. Das Statut selbst ist lediglich ein privatrechtlicher Gesellschaftsvertrag; seine Rechtmäßigkeit kann daher nach allen Richtungen auch nach der Bestätigung durch das OBA. im ordentlichen RW. angefochten werden; vgl. ER. 10. Juni 1876, OT. 9. Febr. 1877, OLG. Hamm 13. Dez. 1890 (Z. f. BR. 19 S. 117; 20 S. 94; 32 S. 365), Oppenhoff A. 952. Im Verwaltungswege ist das Statut nicht anfechtbar: Rekursbesch. 4. Mai 1872; 8. Dez. 1880 (Z. f. BR. 13 S. 290; 22 S. 138), Brassert § 169 A. 5; aM. Rekursbesch. 21. Jan. 1894 (das. 35 S. 404).

472. In den Statuten ist vielfach bestimmt, daß gewisse Entscheidungen, z. B. die tatsächliche Feststellung der Krankheit oder Invalidität vom Vorstand oder einer besonderen Kommission getroffen werden sollen und daß hiergegen nur die Beschwerde an die Aufsichtsbehörde unter Ausschluß des RW. stattfinden soll (vgl. jedoch oben A. 35). In solchen Fällen unterliegt die Entscheidung des Vorstands oder der Kommission nach RG. 18. Dez. 1895 (Z. f. BR. 37 S. 352) nur in formaler Beziehung der richterlichen Nachprüfung, während sie in sachlicher Beziehung nur im Wege der Beschwerde an die Aufsichtsbehörde angegriffen werden kann.

473. Alle Beiträge zur Knappschaftskasse sind öffentliche Abgaben im Sinne des Ges. v. 18. Juni 1840/12. Apr. 1882 und können nach § 177 im Verwaltungszwangsverfahren eingezogen werden. Bez. dieser Beiträge ist der RW. unbedingt zulässig: Oppenhoff A. 971; ebenso RG. 16. Juni 1902 (E. 52 S. 32), gen. ER. 10. Juni 1876 (A. 471), Brassert § 177 A. 2, Droop S. 94; aM. ER. 11. März 1848 (JMBl. S. 324; die diesem Erkenntnis zugrunde liegende Voraussetzung trifft bei den heutigen Knappschaftsvereinen wohl nicht mehr zu, vgl. Oppenhoff A. 932), Wachler, Z. f. BR. 10 S. 39, Stölzel S. 295, die den RW. nur in den Fällen des § 79 II. 14 ALR. und der §§ 9, 10 Ges. v. 24. Mai 1861 zulassen. Vgl. A. 403.

474. Von den Bergbehörden. Der Revierbeamte hat das Recht, seine Verfügungen und Entscheidungen zu vollstrecken; vgl. A. 483, ferner §§ 202, 70, 75 Bergges. Dagegen steht der Erlaß von Strafbefehlen im Sinne des § 48 Nr. 2 VO. v. 1808 nur dem Oberbergamt zu. Das Nähere siehe Oppenhoff A. 1003, Brassert § 189 A. 2. — Die Oberbergämter sind durch § 190 Abs. 6 ausdrücklich den Regierungen gleichgestellt worden. Das in den Erläuterungen zur VO. v. 1808 und zum Ges. v. 11. Mai 1842 von den Regierungen gesagte gilt demnach im allgemeinen auch von den Oberbergämtern; vgl. Oppenhoff A. 1010 ff., unten VO. v. 1. Aug. 1879 zu § 5, ferner Brassert § 190 A. 5. Bez. der Exekutivgewalt des Oberbergamts ist zweifelhaft, ob dieses zum Erlaß exekutivischer Strafbefehle befugt ist, soweit es sich um polizeiliche Anordnungen im Sinne der §§ 198, 199 handelt. Oppenhoff A. 1097, 1091 verneint diese Frage mit Rücksicht

---

auf die im § 208 angedrohte gerichtliche Strafe, während Klostermann A. 444, Arndt S. 200, Brassert S. 487 sie bejahen.

475. Der Aufsicht des Oberbergamts unterliegen auch die Markscheider, § 190 Abs. 2, 3. Über deren frühere Stellung s. Oppenhoff A. 1007. Inzwischen ist die Mittelstellung der Markscheider zwischen Beamten und Gewerbetreibenden durch die Allgem. Vorschriften f. d. Markscheider v. 21. Dez. 1871 (BMBl. 72 S. 9; Z. f. BR. 13 S. 2) beseitigt worden, sodaß jene jetzt lediglich zu den Gewerbetreibenden gehören. Die Gebühren unterliegen der freien Vereinbarung nach Anleitung der Diäten- und Gebührentaxe v. 1. Juni 1876 (BMBl. S. 209) und sind im RW. geltend zu machen. Die administrative Einziehung der Gebühren findet nicht mehr statt. Vgl. Brassert § 190 A. 3.

476. Die §§ 191 ff. regeln die Anfechtung der von den Bergbehörden erlassenen Verfügungen und Beschlüsse auf dem Verwaltungswege. Ist außer dem Rekurse auch die Beschreitung des RW. zugelassen, so kann der letztere Weg auch dann noch eingeschlagen werden, wenn der Rekurs verworfen oder zurückgenommen worden ist. Wer dagegen die zunächst erhobene Klage zurücknimmt, kann von dem Rechtsmittel des Rekurses keinen Gebrauch mehr machen. Hat die eine Partei den Weg des Rekurses, die andere den RW. beschritten, so wird die erstere gleichfalls auf den RW. zu verweisen sein, das Rekursverfahren also ganz wegfallen. Vgl. A. 289, Wachler, Z. f. BR. 10 S. 38.

477. Von der Bergpolizei. Die §§ 196 ff. (ergänzt durch Ges. v. 24. Juni 1892, GS. S. 131, Art. IV ff.) enthalten die gesetzliche Grundlage für den Erlaß von Bergpolizeiverordnungen (§ 197) und bergpolizeilichen Verfügungen (§§ 198, 199). [Nach der früheren Auffassung konnten, von den linksrheinischen Landesteilen abgesehen, allgemeine bergpolizeiliche Strafverordnungen von den Oberbergämtern nur nach Maßgabe des Ges. v. 11. März 1850 bezw. unter Mitwirkung der Bezirksregierung erlassen werden. Durch das Ges. v. 10. Juni 1861 (GS. S. 427) wurde unter Aufhebung der linksrheinischen Sondergesetzgebung den Oberbergämtern für die Gegenstände der Bergpolizei dieselbe Verordnungsgewalt beigelegt, die den Regierungen nach dem Ges. v. 1850 inbezug auf die Orts- und Landespolizei zusteht. An die Stelle des Ges. v. 1861 ist das Berggesetz getreten.]

478. Hinsichtlich ihres Verhältnisses zu den Justizbehörden gilt von den polizeilichen Verordnungen und Verfügungen der Bergbehörden dasselbe wie von denen der Regierungen. Insbesondere findet auf sie auch das Ges. v. 11. Mai 1842 Anwendung. Vgl. Oppenhoff A. 1052 ff., unten Ges. v. 1842 A. 82, Brassert S. 507 ff. Daß der Strafrichter nicht die Notwendigkeit oder Zweckmäßigkeit, sondern nur die gesetzliche Gültigkeit der betr. Vorschriften zu prüfen hat, sagt § 209 Abs. 3 ausdrücklich; doch ist die richterliche Prüfung der gesetzlichen Gültigkeit unbeschränkt, da eine dem § 17 Ges. v. 11. März 1850 entsprechende Bestimmung nicht gegeben ist; Oppenhoff A. 1100 ff.

479. Die im § 196 geregelte Aufsicht der Bergbehörde über den Bergbau wird im öffentlichen Interesse ausgeübt. § 196 steht demnach nicht einer Klage entgegen, mit der bergbauliche Anlagen, Einschränkung des Betriebs und dgl. auf Grund eines verletzten Privatrechts gefordert werden; vgl. RG. 21. Apr. 1880, 1. Juli 1893 (E. 2 S. 208; Z. f. BR. 34 S. 519).

480. Zu Titel XI (Übergangsbestimmungen) vgl. Oppenhoff A. 1137, 1141, 1145, 1159, 1165 und 1206 bis.

481. Bergwerksabgaben. Die früher zweifelhafte Frage nach der Natur der unter verschiedenen Namen erhobenen Bergwerksabgaben ist schon durch die Gesetzgebung der sechziger Jahre gegenstandslos geworden; vgl. Oppenhoff A. 1214. Seit Erlaß des Ges. betr. Aufhebung direkter Staatssteuern und des Kommunalabgabenges. v. 14. Juli 1893 sind die erhobenen Abgaben Kommunalsteuern und unterliegen hinsichtlich der Ressortverhältnisse lediglich den Bestimmungen des letztgenannten Gesetzes (A. 376 ff.) Vgl. Engels, Z. f. BR. 34 S. 460; 35 S. 50. Die Privatregalinhaber sind durch diese Gesetze nicht berührt worden; soweit sie zur zwangsweisen Beitreibung der ihnen zustehenden Bergwerksabgaben berechtigt sind, ist darin keine Änderung eingetreten: MVfg. 19. Mai 1895 (Z. f. BR. 36 S. 416); vgl. auch Oppenhoff A. 1138, Brassert S. 610 ff., Arndt, Z. f. BR. 37 S. 65.

482. Privatbergregal. Nach § 250 wird an den Rechten der Privatregalbesitzer nichts geändert. — Daß auf Anerkennung des Regalrechts gegen den Staat

Modifikationen.

§ 42. Damit indessen durch frivole Klagen keine Verwirrung und Stockung in die Finanzverwaltung gebracht werden kann, so autorisieren Wir hiermit die Regierungen, des gegen ihre Verfügung erhobenen Widerspruchs ungeachtet

1. alle Landes- sowohl als grundherrliche Revenüen, Abgaben und Dienste unbeschränkt zur Leistungszeit beizutreiben oder durch die Domänenpächter, Administratoren oder dazu angesetzte Offizianten beitreiben zu lassen, jedoch mit Beobachtung der deshalb ALR. T. 2 Tit. 14 § 80 u. 83 festgesetzten Modifikationen;
2. insofern von Erfüllung der vom Fiskus mit Privatpersonen eingegangenen Verträge die Erreichung bestätigter Etats abhängt (wie vorzüglich bei Pachtungen von Domänen und Regalien der Fall ist), und die Erfüllung der kontraktmäßigen Verbindlichkeit verweigert wird, nach vorheriger summarischer Vernehmung des Weigernden ein vorläufiges Liquidum pflichtmäßig festzusetzen und dasselbe vom Schuldner sogleich einziehen zu lassen;
3. die verpachteten, ihrer Administration unterworfenen Grundstücke und Gerechtsame unter Sequestration zu setzen, wenn die Pachtgelder rückständig bleiben oder die Pächter schlecht wirtschaften;
4. die Verpflichtung der Pächter oder Nießbraucher von dergleichen Grundstücken oder Rechten zur Räumung nach abgelaufener Pachtzeit und beendigtem Besitzrechte, auf den Grund einer summarischen Untersuchung, durch eine Resolution festzusetzen und diese sogleich vollstrecken zu lassen. Vor beendigter Pacht- oder Besitzzeit kann aber die Exmission nicht anders als durch Urteil und Recht festgesetzt werden und erfolgen.
5. Wenn bei andern, über Gegenstände des Regierungsressorts geschlossenen Verträgen, besonders bei Kriegslieferungen und wichtigen Entreprisen, die Erfüllung nach dem Verlangen der Regierung verweigert wird, und daraus ihrem Ermessen nach ein unwiederbringlicher Schaden sich besorgen läßt, für welchen der Weigernde dem Staate nicht würde gerecht werden können, denselben zu der von ihm verlangten Verbindlichkeit durch Zwangsmittel anzuhalten.

auch unter Herrschaft des Bergges. geklagt werden kann, unterliegt keinem Zweifel. Ebenso steht es dritten Beteiligten zu, das Vorhandensein eines solchen Rechts vor Gericht anzufechten und zwar selbst dann, wenn dasselbe vom Staat anerkannt sein sollte, vorausgesetzt, daß dieses Anerkenntnis nicht etwa in einem Gesetze oder in einer landesherrlichen Verordnung enthalten ist. Vgl. A. 481, ferner Rekursbesch. 11. Juli 1895 (Z. f. BR. 37 S 250).

§ 42.

Inhalt:

Über das Verwaltungszwangsverfahren im allgemeinen.

483. Die preußische Gesetzgebung über das Exekutionswesen beruht (hierin sehr abweichend von der französischen; vgl. die Erläuterungen zu den §§ 16 ff. des Ress.-Regl.) auf der Grundanschauung, daß in dem Rechte, Entschei-

In allen diesen Fällen sind die Regierungen berechtigt, die Sache, mit Vorbehalt des Rechts des Widersprechenden, zur Exekution bringen zu lassen. Auch wird die Bestimmung, ob solches notwendig sei, lediglich ihrem pflichtmäßigen Ermessen überlassen. Die Gerichte sind verpflichtet, keine Hindernisse in den Weg zu legen. Es sind daher auch keine Possessorienklagen über dergleichen exekutivische Maßregeln der Regierungen zulässig, weder gegen den Fiskus, noch gegen Korporationen oder Privatpersonen. Auch muß es bei denselben so lange verbleiben, bis die Sache im Petitorium völlig rechtskräftig entschieden ist, im Fall die betreffende Regierung nicht selbst deren Abänderung für zuträglich erachtet.

Allerhöchste Kabinetsorder v. 31. Dez. 1825, betr. eine Abänderung in der bisherigen Organisation der Provinzial-Verwaltungsbehörden (GS. 1826 S. 5):

D. XII. Da über einzelne Punkte des mit der Instr. v. 23. Okt. 1817 publizierten Auszuges aus der VO. v. 26. Dez. 1808 Zweifel entstanden sind, so setze Ich in dieser Beziehung zugleich folgendes fest:

a) ad § 42. Was sub No. 2. 3. und 4. dieses § von den Rechten des Fiskus aus Verträgen, mit seinen Pächtern geschlossen, gesagt ist, findet auch Anwendung auf Verträge, welche namens der unter unmittelbarer Verwaltung der Regierungen oder der Provinzial-Schulkollegien stehenden Institute mit Privatpersonen abgeschlossen sind, sofern letztere in den Kontrakten sich dieser Bestimmung ausdrücklich unterworfen haben.

---

dungen und Verfügungen zu treffen, das Recht, dieselben in Vollzug zu setzen, stillschweigend einbegriffen sei, indem die Vollstreckung gewissermaßen einen untrennbaren Teil der Entscheidung oder Verfügung selbst bilde und daher, wenige in der organischen Einrichtung einzelner Verwaltungszweige begründete Ausnahmen abgerechnet, unmittelbar von derselben Behörde ausgehen müsse, von welcher die Entscheidung oder die Verfügung selbst herrühre. Ebenso Schulze, Pr. Staatsr. § 181. Dementsprechend unterscheidet die VO. v. 1808 durchweg nicht zwischen der verfügenden und der vollstreckenden Tätigkeit der Verwaltungsbehörden und enthält überhaupt keine allgemeinen Bestimmungen über das Recht sowie den Umfang der Zwangsvollstreckung im Verwaltungswege, sondern trifft, von den auf das formelle Verfahren und die Vollzugsmittel bezüglichen Bestimmungen des § 48 abgesehen, nur solche Vorschriften, welche sich nicht schon als bloße Folgen jener Auffassung, sondern umgekehrt als Abweichungen von derselben darstellen, indem sie der Vollstreckungsbefugnis der Verwaltungsbehörden in gewissem Betrachte noch einen größeren Umfang einräumen, als das Verfügungsrecht derselben reicht (§§ 39 und 42).

484. Etwas weiteres, als die VO. v. 1808, will auch § 11 der Regierungs-Instruktion v. 1817 nicht besagen, wenn er unter Verweisung auf jene VO. die Regierungen für befugt erklärt, „ihren Verfügungen nötigenfalls durch gesetzliche Zwangs- und Strafmittel Nachdruck zu geben und sie zur Ausführung zu bringen, ohne daß eine Exemtion darüber zulässig sei.“ Dagegen ist in den letzteren Worten ein ausdrückliches Anerkenntnis enthalten, daß die Vollziehungsgewalt der Regierungen im ganzen Umfange ihrer Bezirke Geltung habe, ohne daß Standes-, Besitz- oder Familienverhältnisse ähnliche Ausnahmen begründen, wie solche inbetreff des Gerichtsstandes bei der Justizverwaltung ehedem bestanden und teilweise sogar jetzt noch bestehen; vgl. Wegener S. 91. Die späteren Gesetze auf diesem Gebiete (vgl. AKO. v. 31. Dez. 1825 D. XII., Ges. v. 11. Mai 1842 § 3, die verschiedenen Exekutions-Ordnungen v. 1843, 1853 usw., Ges. über die Pol.-Verwaltung v. 11. März 1850 § 20) lassen die allgemeinen Grundsätze, auf welchen die VO. v. 1808 beruht, unberührt. Sie haben im allgemeinen nur die Fälle erweitert, in welchen das Ausnahmerecht zur

vorläufigen Vollstreckung (§§ 39 und 42 d. G.) gegeben sein soll, und im übrigen das bei solchen Vollziehungen zu beobachtende Verfahren teilweise abweichend von den Bestimmungen des § 48 geregelt. Das nähere, insbesondere auch inbetreff des Verhältnisses dieser Gesetze zu der VO. v. 1808 wird unten bei der besonderen Behandlung derselben seine Stelle finden.

485. Mit dem Satze, daß das Vollstreckungsrecht der Verwaltungsbehörde in der Regel so weit reicht, wie ihr Verfügungs- oder Entscheidungsrecht, daß mithin, wenn die Verwaltungsbehörde über einen Anspruch oder eine Verbindlichkeit mit Ausschluß des RW. endgültig zu befinden hat, ihr selbstverständlich auch die Befugnis beiwohnt, ihre desfallsige Verfügung in Vollzug zu setzen (A. 483), steht der fernere Satz im engsten ursächlichen Zusammenhang, daß wider die Vollziehung solcher Verfügungen der RW. gleichfalls nicht stattfindet. Hiernach beantwortet sich die Frage, ob wider die Vollziehung von Verwaltungsanordnungen, die in Ausübung eines wirklichen Hoheitsrechts ergangen sind, die richterliche Hilfe angegangen werden könne, von selbst, und ist gleichzeitig eine Erklärung dafür gegeben, weshalb es an einer Bestimmung, wie sie die §§ 39 und 42 über die Vollstreckung in Polizei- und Finanzangelegenheiten enthalten, bezüglich der Vollstreckung in Landes-Hoheitssachen fehlt. Bei Angelegenheiten der letzteren Art konnte von ausnahmsweiser Gestattung der vorläufigen Vollziehung von vornherein keine Rede sein, weil hinsichtlich ihrer das Recht der Verwaltung zur Vollstreckung, und zwar nicht bloß zur vorläufigen, sondern zur endgültigen, grundsätzlich gegeben ist. (Dies erleidet nur in Beziehung auf die Handhabung des Besteuerungsrechts eine Ausnahme, insofern über das Vorhandensein einer Steuerschuld nach § 79 II. 14 ALR wenigstens ausnahmsweise im RW. gestritten werden kann. Mit einziger Rücksicht auf die Fälle des letzteren § ist denn auch der Beitreibung landesherrlicher Abgaben im § 42 d. G. gedacht worden.)

486. Ebenso ist aus gleichen Gründen die Vollstreckung durch die Verwaltung in Polizei- und Finanzangelegenheiten gestattet und der RW. hiergegen ausgeschlossen, so oft der RW. wider die zu vollziehende Verfügung selbst nicht stattfindet. Umgekehrt kann in den Fällen, in welchen die Beschreitung des RW. gegen Verwaltungsverfügungen statthaft ist, also in der Regel bei allen Finanzangelegenheiten, die Ausführung derselben gegen den Widerspruch der Beteiligten nicht erfolgen; es ist daher in solchen Fällen ein Verwaltungszwangsverfahren entweder ganz unstatthaft, oder es muß dasselbe doch einstweilen ruhen bleiben, sobald der RW. beschritten und hiermit die Rechtsbeständigkeit der betreffenden Verfügung oder des zu vollstreckenden Anspruchs von der dereinstigen Entscheidung des Richters abhängig gemacht wird. So lautete wenigstens ursprünglich die Regel, von welcher eben die §§ 39 und 42 (jener für Polizei-, dieser für Finanzmaßregeln) die Ausnahmen enthalten. Nach dieser Regel mußte die Vollziehung einer Polizeiverfügung eingestellt werden, wenn diese Verfügung als einer ausdrücklichen Gesetzesbestimmung entgegenlaufend vor Gericht angefochten wurde, indem § 39 die vorläufige, d. h. trotz des erhobenen Widerspruchs fortzusetzende Vollziehung nur in dem anderen Falle gestattete, wo die Klage auf einen besonderen Rechtstitel gestützt war. Das ist indessen durch das Ges. v. 11. Mai 1842 wesentlich abgeändert worden, indem es den ersten der erwähnten Anfechtungsgründe gänzlich beseitigt und für die Fälle des zweiten die Statthaftigkeit der vorläufigen Vollziehung beibehalten hat (§ 3), so daß nunmehr die obige Regel bei Polizeiverfügungen gänzlich gegenstandslos geworden ist. Dagegen besteht dieselbe inbetreff der Vollstreckung von Finanzverfügungen auch jetzt noch, wenngleich, wie bereits früher erwähnt, die Zahl der Ausnahmen nicht mehr auf die in § 42 aufgeführten beschränkt, sondern durch neuere Gesetze bedeutend vermehrt ist. Mitunter wird zwar aus der AKO. v. 31. Dez. 1825 D. XII. b. Abs. 3 (vgl. § 48 d. G.) das Gegenteil gefolgert (z. B. OLG. Breslau 20. Dez. 1836, Kochs Arch. 1 S. 159), allein offenbar mit Unrecht. Der Zusammenhang und die Fassung ergeben, daß jene AKO. die bestehende Gesetzgebung hauptsächlich nur erläutern, nicht aber in wesentlichen Punkten abändern soll; davon abgesehen, trifft sie aber auch zusätzliche Bestimmungen zu § 42 und erhält hiermit diesen § als eine Ausnahmevorschrift ausdrücklich aufrecht. Dagegen wird zur Anwendbarkeit jener Regel erfordert, daß die zu vollziehende Verfügung selbst oder das Recht zum Verwaltungszwangsverfahren überhaupt bestritten werde, indem eine Beschwerde wegen bloßer Formfehler, die bei der Vollstreckung vorgekommen sein sollen, ohnehin nicht im RW. geltend gemacht werden kann. Dies

folgt wohl schon aus dem unter A. 359 gesagten, und ist im § 3 der Exek.-Ordn. v. 1843, 1853 bezw. jetzt § 2 Abs. 2 der VO. v. 15. Nov. 1899 noch außerdem ausdrücklich ausgesprochen.

487. Eine weitere Folge des im Eingang der A. 483 ausgesprochenen Satzes ist die, daß die Behörde nicht die Wahl hat, ob sie das Verwaltungszwangsverfahren anwenden oder den ordentlichen RW. einschlagen will. Was oben A. 201 vom Abgabeberechtigten gesagt ist, gilt allgemein vom Vollstreckungsrecht der Behörden: ist das Verwaltungszwangsverfahren statthaft, so bietet es nicht etwa nur einen zulässigen Weg zur Erzwingung der behördlichen Anordnung dar, sondern es bildet vielmehr den allein zulässigen Weg zu diesem Zwecke. Die Behörde kann nicht die Gesetzmäßigkeit und Zweckmäßigkeit der von ihr getroffenen Maßnahmen der richterlichen Entscheidung unterbreiten; die etwa mögliche Beschreitung des RW. stellt eine ausschließliche Befugnis des Verpflichteten dar. Vgl. RG. 25. Febr 1899, 14. Juli 1894 (E. 43 S. 293; 33 S. 331).

488. Ob der Einwand der Zahlung oder eines sonstigen privatrechtlichen Tilgungsgrundes gegen ein Verwaltungszwangsverfahren im RW. geltend gemacht werden könne, beurteilt sich, dem vorgesagten und der Natur der Sache nach, nach der anderen Frage, ob der zu vollstreckende Anspruch selbst einer gerichtlichen Anfechtung aus solchen Gründen unterliege. Letzteres war bekanntlich ehedem (vgl. A. 242) bei Forderungen im Sinne des § 78 II. 14 ALR. streitig; dieselbe Streitfrage konnte sich in allen übrigen Fällen wiederholen, wo die Feststellung eines Anspruchs mit Ausschluß des RW. durch die Verwaltung erfolgt. Seitdem jedoch im Ges. v. 24. Mai 1861 für nötig erachtet wurde, den RW. inbetreff jener ersterwähnten Ansprüche ausdrücklich zu gestatten, und zwar selbst hier nur in Gestalt einer Rückforderungsklage, so daß das Verwaltungszwangsverfahren trotz der Beschreitung des RW. seinen Fortgang behält, muß wohl arg. e contrario angenommen werden, daß hinsichtlich aller anderen nicht prozeßfähigen Forderungen die gerichtliche Hilfe wegen behaupteter Zahlung usw. niemals eintreten, um so viel weniger also wider das Vollstreckungsverfahren nachgesucht werden könne. Daß in den Fällen des § 42 d. G. und des Ges. v. 11. Mai 1842 § 3 die prozessualische Geltendmachung der geschehenen Zahlung usw. auf das Zwangsverfahren mindestens keine aufschiebende Wirkung ausübe, ergibt schon der Wortlaut dieser §§; vgl. auch *ME. 17. Mai 1841 (JMBl. S. 123).

489. Wenn das auf § 42 und § 3 Ges. v. 11. Mai 1842 beruhende Recht der vorläufigen, unter dem Vorbehalte des RW. erfolgenden Vollstreckung oben als ein Ausnahmerecht bezeichnet wurde, so paßt dessenungeachtet diese Bezeichnung in gewisser Hinsicht auch auf solche Verwaltungszwangsvollstreckungen, die ohne jenen Vorbehalt stattfinden, auf letztere nämlich insofern, als jede Beschränkung des RW. grundsätzlich eine Ausnahme darstellt. Diese Ausnahmenatur sowohl der bloß vorläufigen wie der endgültigen Vollziehung hat die höchst wichtige Folge, daß das Verwaltungszwangsverfahren in der Regel nur wider die unmittelbar und ursprünglich verpflichteten Personen gerichtet werden kann, daß daher wider jeden, der nicht als Selbstschuldner, sondern als Schuldner des Pflichtigen, als Bürge usw. in Anspruch genommen werden soll, oder wo das Vorrecht vor anderen Forderungen in Frage steht, lediglich im RW. vorzugehen ist, oder daß doch mindestens dem dritten, um die Rechtmäßigkeit des Zwangsverfahrens aus ihm persönlichen Gründen zu bestreiten, der RW. sowohl in petitorio wie in possessorio allzeit offen steht: vgl. *ME. 6. Febr. 1838 (Jbb. 51 S. 453, Rh. S. 6 S. 452), *EK. 11. März 1848, 20. Okt. 1855, 12. Jan. 1867 (JMBl. 48 S. 325; 56 S. 69; 67 S. 102). Noch weiter geht EK. 17. Apr. 1858 (JMBl. S. 244), indem dieses Erkenntnis dasselbe, was von der Befugnis dritter, den RW. zu beschreiten, gesagt worden, auch inbezug auf die Erben des ursprünglich Pflichtigen gelten läßt, und zwar nicht allein bezüglich der Wohltats-, sondern auch der unbedingten Erben, vorausgesetzt, daß die Vollstreckung nicht etwa bloß gegen den Nachlaß des Pflichtigen, sondern wider das eigne Vermögen des Erben gerichtet werde, es sich daher um die dem Gebiete des Privatrechts angehörige Frage handle, inwiefern der Erbe für die Nachlaßschulden mit seinen eigenen Mitteln aufzukommen habe. Jedoch betraf diese Entscheidung einen Fall, wo das Recht zum Verwaltungszwangsverfahren ganz wesentlich in dem amtlichen Verhältnisse des ursprünglichen Schuldners, also in einer Eigenschaft seinen Grund hatte, welche auf die Erben nicht mit überging, weshalb sie wohl trotz ihrer sehr allgemein gehaltenen Begründung für

solche Fälle nicht paßt, in denen jenes Recht auf der Natur der Forderung an sich beruht, mithin gewissermaßen am Objekte klebt. Nähere Bestimmungen, zumeist in demselben Sinne, trifft bezüglich der Beitreibung von Kommunalsteuern die JnnMVfg. 21. Aug. 1839 (VMBl. 40 S. 219). — Hinsichtlich der Erben und aller anderen kraft Gesetzes zur Leistung oder zur Duldung der Zwangsvollstreckung verpflichteten dritten Personen (Eltern, Ehegatten, Nießbraucher usw.) gilt gegenwärtig § 3 VO. v. 15. Nov. 1899, wonach auch gegen sie das Verwaltungszwangsverfahren zulässig ist. Wird die Verpflichtung zur Duldung der Zwangsvollstreckung bestritten, so entscheidet zunächst derjenige, für dessen Rechnung die Zwangsvollstreckung stattfindet; gegen die den Widerspruch oder die erhobenen Einwendungen zurückweisende Entscheidung steht wahlweise, aber einander ausschließend die Beschwerde und die ordentliche Klage offen.

490. Trotz der Ausnahmenatur des Verwaltungszwangsverfahrens nahm die MVfg. 30. Juli 1841 (JMBl. S. 213) an, daß, wenn auf Grund gesetzlicher Bestimmungen eine Forderung im Verwaltungszwangsverfahren beizutreiben sei, dieses auch wegen der Verzugszinsen zulässig sei, welche das Gesetz unter Umständen dem Schuldner der Hauptforderung auferlege.

491. Die Ausnahmenatur des § 42 schließt dessen Anwendbarkeit auf analoge Fälle aus. Dies wird inzwischen mitunter verkannt, so z. B. in der zur Erläuterung der AKO. v. 20. Juni 1830 unter Nr. 2 (GS. S. 113) ergangenen MVfg. 30. Dez. 1838 (Ann. 22 S. 950), die wegen des bei Erhaltung der städtischen Mauern usw. eintretenden Staatsinteresses die Regierungen für befugt erachtet, die zu solchem Zwecke erforderlichen Vorkehrungen zu treffen, und den dazu von der Stadt zu entrichtenden Beitrag nach Analogie des § 42 zwangsweise einzuziehen. Insofern derartige Vorkehrungen als polizeiliche anzusehen sind, unterliegt das Recht der vorläufigen Vollstreckung freilich keinem Zweifel, beruht alsdann aber nicht auf § 42, sondern auf § 39 bezw. dem Ges. v. 11. Mai 1842.

492. Ergeht in der durch den Schlußsatz des § 42 nachgelassenen Rechtsklage ein obsiegendes Urteil, so kann nach Umständen die Herstellung des früheren Zustandes und Schadensersatz im RW. gefordert werden. Die jenem Satze entsprechende Vorschrift der Regl. v. 1803 und 1804 (vgl. A. 1) sagte dies ausdrücklich. So heißt es im § 9 des Regl. v. 1804:

> „Auch bleibt demjenigen, welcher durch dergleichen vorläufige exekutivische Verfügungen an Vermögen oder Ehre gelitten hat, wenn sich am Ende findet, daß die Verfügung widerrechtlich geschehen sei, die Befugnis vorbehalten, seine Entschädigung dafür im ordentlichen Wege des Rechts bei dem Landes-Justizkollegio nachzusuchen, also auch in dem in der Nr. 4 [gleich der Nr. 4 d. G.] bestimmten ersten Fall die Klage in petitorio auf Wiedereinräumung des Besitzes (die aber niemals vor rechtskräftiger Entscheidung in petitorio erfolgen kann) zu richten."

Daß § 42 eine gleiche Bestimmung nicht wiederholt, erklärt sich wohl dadurch, daß das, was sie enthält, als selbstverständlich betrachtet wurde. Auch folgt die Zulässigkeit solcher Ersatzklagen schon aus § 41.

§ 42 Nr. 1.

493. Die wesentlichste Erläuterung des § 42 Nr. 1 ist in den entsprechenden Bestimmungen der Regl. v. 1803 und 1804 (vgl. A. 1) § 8 bezw. 9 unter Nr. 1, 2 enthalten. Diese lauten:

> „1) Den Kammern verbleibt auf allen Unseren Königlichen und sonst zu ihrer Administration zugezogenen Gütern die Ausübung des Dienstzwangs und die Beitreibung der grundherrlichen Abgaben unbeschränkt. Auch versteht sich von selbst, daß sie die Ausübung ihrer Gerechtsame ihren Administratoren und Pächtern übertragen können.
>
> ALR. II. 7, §§ 227 ff.; §§ 469 ff.; §§ 484—487.
>
> 2) Wenn über öffentliche Abgaben ein Streit entsteht, der an sich zur Erörterung im Wege des Rechts geeignet ist,
>
> ALR. II. 14, § 79,
>
> so bleibt dennoch die Kammer befugt, die streitigen Abgaben während dem Prozesse mit Vorbehalt der Rechte des Verpflichteten einzufordern und beizutreiben."

In der VO. von 1808 sind mithin die dort unter zwei Nummern verteilten Vorschriften in eine zusammengefaßt worden, wodurch das Gesetz freilich weder an Genauigkeit noch an Klarheit gewonnen hat.

494. § 42 Nr. 1 umfaßt demzufolge zwei Gruppen von Leistungen, die ihrem Rechtsgrunde nach höchst verschiedener Natur sind, einmal nämlich die allgemeinen Anlagen des § 78 II. 14 ALR., d. h. also die landesherrlichen Steuern, und sodann solche Leistungen, auf welche der Staat oder Domänenfiskus als Grundherr (vgl. §§ 626 ff. I. 21 ALR., insbesondere § 650 in Verbindung mit den oben bezogenen §§ des Teil II. Tit. 7) Anspruch hat. Der Gesetzrevisor (Pens. XII. S. 155) will zwar noch eine dritte Gruppe machen, indem er zu den Leistungen des § 42 Nr. 1 außerdem die vermöge der Regalrechte zu fordernden Abgaben und Dienste rechnet. Jedoch dürfte diese Ansicht durch die Fassung des Gesetzes sowohl wie durch eine Vergleichung desselben mit seinen in A. 492 mitgeteilten Quellen ihre Widerlegung finden.

495. Ob zu den Revenüen im Sinne des § 42 Nr. 1 nur solche gehören, welche regelmäßig und zu bestimmten Zeiten wiederkehren, oder auch die zu unbestimmten Zeiten fällig werdenden, wie z. B. Laudemien, die sog. Zählgelder und Markgroschen ist streitig; vgl. Ergänz. zum ALR. II. 10. Die JMVfg. 9. Okt. 1840 (JMBl. S. 323) spricht sich im Hinblick auf die Markgroschen für die zweite der beiden Möglichkeiten aus.

496. Domänengefälle aus gewöhnlichen Pachtverträgen gehören nicht hierher und ebensowenig die Ablösungskapitalien in Dismembrationssachen; vgl. Wegener S. 397.

497. Die Bedeutung des § 42 Nr. 1 für Leistungen der ersten der beiden erwähnten Gruppen (A. 494) bietet keine Schwierigkeit, da für die Ausnahmefälle, wo über die Verbindlichkeit zur Steuerzahlung der RW. überhaupt stattfindet (§ 79 II. 14. ALR.), das Recht der vorläufigen Vollstreckung bereits durch § 80 das. feststand, nach dieser Richtung hin § 42 sonach lediglich die bestehende Gesetzgebung aufrecht erhalten hat. Nicht so verhält es sich anscheinend mit den Leistungen der zweiten Gruppe. Inbetreff letzterer, und zwar sowohl der Dienste, wie der Grundzinsen und sonstigen Abgaben erkennt das ALR. freilich gleichfalls das Recht der vorläufigen Vollstreckung an, aber nur dann, wenn die Herrschaft sich bisher im Besitze der streitig gewordenen Leistungen befunden hat; vgl. die §§ 463, 487 II. 7. Zwar erläutern die JMVfg. 5. März 1836, 17. Nov 1837 (Jbb. 47 S. 292; 51 S. 146) den § 487, selbst abgesehen von dem Falle, wo der Domänenfiskus der Grund- oder Gutsherr ist, aus dem § 80 II. 14 das. und erachten daher den Besitz des Gutsherrn nur dann als nicht vorhanden, wenn der Pflichtige sich während zweier Jahre im Freiheitsbesitze befinde. Erscheint jedoch schon dieser Versuch, die §§ 487 und 80 in Einklang zu bringen, als höchst gewagt, so ist ein gleicher Versuch bei den §§ 463 und 80 unmöglich, da der erstere zum Besitze des Gutsherrn ausdrücklich erfordert, daß im letzten Jahre vor erfolgtem Widerspruche ohne schriftlichen Vorbehalt gezahlt sei. Wenn daher § 42 Nr. 1 trotzdem, ohne zwischen den Leistungen der einen und andern Gruppe zu unterscheiden, die vorläufige Vollstreckung allgemein gestattet, und nur die aus gen. § 80 sich ergebenden Ausnahmen aufrecht erhält, so kann wohl nicht anders angenommen werden, als daß er im Widerspruche mit den Regl. v. 1803 und 1804 für den Fall, wo Fiskus der Gläubiger ist, die Unterschiede zwischen den verschiedenen Arten der Leistungen in diesem Betrachte beseitigt, und den zweijährigen Freiheitsbesitz als Bedingung des Wegfalls der vorläufigen Vollstreckung für sämtliche Arten verallgemeinert habe.

498. Daß die durch Verweisung auf § 80 und 83 vorbehaltene Änderung bezw. Beschränkung des administrativen Beitreibungsrechts nicht etwa durch die Novelle v. 1825 weggefallen sei, geht bereits aus dem in A. 486 gesagten hervor. Vgl. auch MVfg. 1. Aug. 1826 (Ann. S. 538). Diejenigen, welche jener Novelle die dort mißbilligte Deutung geben, sind selbstredend anderer Ansicht; vgl. Sommer im Arnsb. Archiv 4 S. 143.

499. Zum Freiheitsbesitze genügt nicht schon das bloße Nichtzahlen; vielmehr wird [entsprechend § 656 I. 9 ALR.] noch außerdem erfordert, daß der vermeintliche Schuldner einer an ihn ergangenen Zahlungsaufforderung Widerspruch entgegengesetzt und die Behörde sich hierbei beruhigt habe; vgl. JMVfg. 5. März 1836, 17. Nov. 1837 (Jbb. 47 S. 293; 51 S. 146). Der Gesetzrevisor (Pens. XII. S. 153) verlangt sogar, wenigstens inbetreff der allgemeinen Anlagen des § 78 II. 14 ALR., daß der Widerspruch auf eine angeblich vermöge eines besonderen Rechts-

titels (§ 79 das.) erworbene Befreiung gestützt worden sei; desgleichen, wie es scheint, EK. 17. Apr. 1858 (JMBl. S. 336). Dagegen halten die MVfg. 25. Juni 1840, 27. Juli 1841 (VMBl. 40 S. 218; 41 S. 214) schon das bloße Nichtzahlen für ausreichend. Erstere erkennt übrigens an, daß, wenn der Pflichtige wiederholt brieflich gemahnt sei und wiederholt die Zahlung verweigert habe, dies eher geeignet erscheine, den erworbenen Besitz zu befestigen, als ihn aufzuheben. Die MVfg. 27. Juli 1841 legt der unter Androhung der Vollstreckung erfolgenden Zustellung einer amtlichen Zahlungsaufforderung die Wirkung bei, die zweijährige Frist des gen. § 80 zu unterbrechen. Diese Frist ist übrigens entsprechend AKO. v. 19. Juni 1836 Nr. 2 vom letzten Verfalltermine ab zurückzurechnen.

500. Ob ein zweijähriger Freiheitsbesitz im Sinne des § 80 vorliege, ist im Streitfalle vom Richter zu entscheiden. Der Gesetzrevisor aaO. hält sogar eine desfallsige Erörterung im Possessorienprozesse für statthaft, ohne daß es in einem solchen Falle auf eine Vorlage des Titels ankomme, auf den die Befreiung gegründet werde; er tadelt darum die Ansicht, als ob die Besitzklage nicht angestellt werden könne, bevor die Rechtsklage eingereicht und daraus zu ersehen sei, aus welchem Titel die Abgabe verweigert worden; vgl. jedoch A. 502.

501. Ist ein zweijähriger Freiheitsbesitz nicht vorhanden, so gilt das Recht der vorläufigen Beitreibung sowohl inbetreff älterer Rückstände wie inbetreff derjenigen der letzten beiden Jahre. Entgegengesetzten Falls besteht es so wenig für jene wie für diese.

502. Letzteres ist jedoch nicht so zu verstehen, als ob der zweijährige Freiheitsbesitz die Beitreibung im Verwaltungswege überhaupt ausschließe und die Verwaltung nötige, zur Geltendmachung ihrer Ansprüche selbst den RW. zu beschreiten. Jene ist vielmehr, wenigstens bezüglich der allgemeinen Anlagen des § 78, an sich immer statthaft und muß nur eingestellt werden, sobald der Freiheitsbesitzer eine gerichtliche Klage im Sinne des § 79 anhebt. Auch ist sie in letzterem Falle nicht etwa aufzuheben, sie muß vielmehr bloß vorläufig ruhen bleiben, bis sich durch das Urteil entscheidet, ob sie da, wo sie stehen geblieben ist, wieder aufgegriffen und zu Ende geführt werden kann, oder aber endgültig wegfällt; vgl. MVfg. 25 Juni 1840 (VMBl. S. 218).

503. Nach der JMVfg. 12. Juli 1814 (Jbb. 3 S. 260) können laufende öffentliche Gefälle auch wider die unter gerichtlicher Verwaltung stehenden Güter von der Finanzverwaltung beigetrieben werden.

504. Gemeindesteuern. Da § 42 Nr. 1 nur von landesherrlichen und fiskalischen Abgaben usw. spricht, so erhebt sich die Frage, ob inbetreff der Kommunalabgaben das Beitreibungsrecht der Verwaltungsbehörde überhaupt bestehe und bejahendenfalls, ob auch mit der Wirkung, daß auf dessen Handhabung die Beschreitung des RW. keine aufschiebende Wirkung habe. Vom Standpunkte der landrechtlichen Gesetzgebung war die erstere Frage nur hinsichtlich der städtischen Kommunalbeiträge zu bejahen (§§ 130, 131 II. 8), im übrigen aber allgemein zu verneinen. Seitdem jedoch durch die §§ 36, 41 d. G. die §§ 78, 79 II. 14 ALR. auch für Kommunalsteuern, und zwar nicht allein für die der politischen, sondern auch für die der Schul- und Kirchengemeinden Geltung erlangt haben, folgt schon hieraus, in Verbindung mit dem in A. 483 ff. gesagten, daß die administrative Beitreibung auch hinsichtlich solcher Kommunalbeiträge allgemein stattfindet. Anlangend die zweite der obigen Fragen, so entscheiden sich die MVfg. 9., 25. Febr. 1820 (Jbb. 14 S. 183; Ann. S. 49) für die Bejahung, und wohl mit Recht. Einmal ist schon aus dem engen Zusammenhange, der zwischen den §§ 78—80 II. 14 ALR. besteht, zu schließen, daß der Gesetzgeber, der die §§ 78, 79 auf Kommunalsteuern ausdehnte, die Anwendbarkeit des § 80 auf dieselben nicht minder gewollt habe. Sodann aber steht dieser Ansicht die gesamte spätere Gesetzgebung über das Abgabenwesen zur Seite, welche die Kommunal- mit den Staatssteuern durchweg nach gleichen Grundsätzen behandelt. Ist doch § 80 durch die AKO. v. 19. Juni 1836 sogar auf die dort erwähnten Abgaben für anwendbar erklärt worden. Demgemäß heißt es denn auch in der durch AKO. v. 4. Juli 1832 genehmigten Zusammenstellung der nachträglichen Bestimmungen zur Städte-Ordn. v. 19. Nov. 1808 zu § 109 (GS. 1832 S. 185), daß, wenn gegen die Verbindlichkeit zur Entrichtung einer Kommunalabgabe Widerspruch erhoben werde, dies keine aufschiebende Wirkung habe, der Regierung vielmehr überlassen bleibe, die Vollstreckung zu verfügen. — Für Gemeindesteuern sind jetzt die im gleichen Sinne ergangenen §§ 90, 75 Kommu-

nalabgabenges., für Beiträge an Schulgemeinden § 46 Abs. 7 ZustGes. maßgebend; bez. Kirchen- und Pfarrabgaben s. die gen. AKO. v. 1836.

505. Daß § 42 Nr. 1 auch den Standesherren zugute kommt, beruht auf unmittelbarer Gesetzesvorschrift, nämlich auf § 35 der Instr. v. 30. Mai 1820, welcher lautet:

„In Absicht auf Erhebung und Beitreibung der von den Standesherren zu beziehenden Steuern, Nutzungen und Abgaben, wie auch ihrer liquiden Domänengefälle, bei letzteren jedoch nur auf einen zweijährigen Rückstand, desgleichen zu ordnungsmäßiger Benutzung der ihnen zu leistenden Lehn-, Frohn- und Gerichtsdienste, genießen die standesherrlichen Behörden, bei gleichen Pflichten, dieselben Rechte, welche Unsern für die Beziehung solcher Abgaben und Dienste angeordneten Behörden zukommen."

Über den Bereich des § 42 Nr. 1 geht § 35 aber auch nicht hinaus, und entspricht namentlich nicht etwa gleichzeitig den Bestimmungen des § 42 Nr. 2—5, weshalb den standesherrlichen Behörden das Recht, auch solche Rückstände durch sofortige Vollstreckung einzuziehen, welche aus Kauf-, Pacht- oder sonstigen Verträgen herrühren, keineswegs zusteht; vgl. MVfg. 6. Aug. 1830 (Ann. 14 S. 491).

§ 42 Nr. 2—4 und die Zusatzbestimmung der AKO. v. 31. Dezember 1825.

506. Die Nrn. 2—4 entsprechen den Nrn. 3—4 des § 9 des Regl. v. 1804 (A. 493) und unterscheiden sich von ihnen nur durch kürzere Fassung. Wenn im § 42 Nr. 3 die Bestimmung des Regl. fehlt, daß dem in Zahlung des Pachtgeldes säumigen oder schlecht wirtschaftenden Pächter ein Administrator zur Seite gesetzt werden könne, so ist dies wohl nur darum geschehen, weil das dort der Verwaltung zuerkannte Recht der Sequestration das Recht der bloßen Beiordnung eines Administrators selbstverständlich mitumfaßt.

507. Zu Nr. 2 insbesondere ist die AKO. v. 30. Mai 1843 (VMBl. S. 269, Rh. S. 8 S. 185) ergangen, also lautend:

„Auf den Bericht des Staatsministeriums vom 2. d. Mts. will Ich es ferner dabei belassen, daß die Regierungen in Gemäßheit der Bestimmung im § 42 Nr. 2 der VO. v. 26. Dez. 1808 rückständige Kaufgelder für Holz und andere Waldprodukte von dem Schuldner nach dessen vorgängiger Vernehmung und nach Feststellung eines vorläufigen Liquidums exekutivisch beitreiben lassen. Auf andere Verträge, von deren Erfüllung zwar die Erreichung bestätigter Etats abhängt, die aber nicht speziell dem etatsmäßigen Soll-Einkommen zum Grunde liegen, oder keine fortlaufende Einnahme für die Staatskasse zum Gegenstande haben, wie Verträge über Veräußerungen von Domänen und über Ablösung von Domänengefällen ist jedoch die angeführte Bestimmung nicht zu beziehen usw."

508. Die summarische Vernehmung, von welcher § 42 Nr. 2 redet, ist, wenn der Verpflichtete Widerspruch erhebt, unerläßlich: JMVfg. 21. Sept. 1821 (Ges.-Rev., Pens. XII. S. 155).

509. Daß die im § 42 Nr. 2 gegebene, eine Beschränkung des RW. darstellende Zulassung des Verwaltungszwangsverfahrens nicht durch § 4 EG. z. ZPO. aufgehoben ist, ist schon oben A. 27 gesagt; vgl. RG. 24./31. Jan. 1887 (EStrafs. 15 S. 326).

510. Die Sequestration wegen schlechter Bewirtschaftung (§ 42 Nr. 3) ist eine konservatorische Maßregel, und daher die Wiederverpachtung des Guts, insofern diese durch die Novelle von 1825 (in der Zusatzbest. zu § 48) neben der Sequestration als modus executionis gestattet worden, nur auf den andern Fall des § 42 Nr. 3, d. h. also, wenn die Pachtgelder rückständig bleiben, anwendbar. Übrigens berechtigt nicht jede von der Behörde nach subjektiver Ansicht für schlecht erachtete Bewirtschaftung zur Sequestration. Nur, wo jene so schlecht ist, daß sie nach allgemeinen Grundsätzen die Heraussetzung (Exmission) des Pächters begründet, soll die Regierung von Anrufung der richterlichen Hülfe behufs Anordnung vorläufiger Sicherheitsmaßregeln entbunden und letztere selbst zu treffen befugt sein. Nach der entgegengesetzten Deutung wäre der Pächter der Willkür der Behörde unterworfen, und das im § 42 a. E. demselben vorbehaltene Petitorium illusorisch. So: Ges.-Rev. (Pens. XII. S. 156). Vgl. im übrigen die Exek.-Ordn. v. 1853 (§ 34) und 1858 (§ 31), VO. v. 7. Sept. 1879 (§ 53 Abs. 5) und jetzt VO. v. 15. Nov.

1899 (GS. S. 545), die im § 49 Abs. 7 die Bestimmung des § 42 ausdrücklich aufrechterhalten hat.

511. § 42 Nr. 4 bezieht sich nur auf Zeitpacht, mithin nicht auf Erbpacht, noch auch auf eine wenngleich nur für bestimmte Zeit bestellte Emphyteuse. Demzufolge steht einem Berechtigten der letzteren Art wider die von der Regierung trotzdem angeordnete Heraussetzung die Betretung des RW. unbedingt und zwar sogar im Wege der Besitzklage zu: GK. 3. Febr. 1855 (JMBl. S. 108); OT. 24. Okt. 1856 (E. 34 I. 87). Letzteres Erkenntnis erfordert zur Ausschließung der Besitzklage (§ 42 a. E.) noch außerdem, daß eine bezüglich der Räumung nach vorgängiger summarischer Untersuchung erlassene Regierungsresolution vorliege; daß die erbetene Pachtverlängerung durch Resolution abgeschlagen worden, genüge in diesem Betracht nicht. — Der Schlußsatz des § 42 Nr. 4 hat, wie der Ges.-Rev. hervorhebt, durch die in A. 510 bezogene Vorschrift der Novelle eine Änderung erlitten, indem die dort gestattete Wiederverpachtung sehr oft, wenn sie nämlich in den drei letzten Pachtjahren eintritt, oder mehrmals wiederholt wird, einer Heraussetzung gleichkommt.

512. Die Zusatzbestimmung der Novelle zu § 42 läßt es, ihrer Fassung nach, zweifelhaft erscheinen, ob unter den dort erwähnten Verträgen nur solche zu verstehen seien, von denen § 42 Nr. 2—4 selbst rede, oder auch alle übrigen, wie z. B. Darlehnsverträge. Da jedoch das Recht zum Verwaltungszwangsverfahren immer ein Ausnahmerecht ist, das sogar zu Gunsten des Fiskus nicht aus solchen anderen Verträgen erwächst, so verdient die engere Deutung den Vorzug; vgl. auch A. 518. Inzwischen entscheidet sich die MVfg. 26. Mai 1834 (Ann. 18 S. 288) für die zweite Möglichkeit und führt überdies als Ansicht des Justizministers an, daß es zwar statthaft, keineswegs aber nötig sei, die Klausel, durch welche sich ein Darlehnsempfänger dem Verwaltungszwangsverfahren ohne richterliches Verfahren unterwerfe, in das Hypothekenbuch eintragen zu lassen, indem die Regierung, wenn nur die Forderung selbst eingetragen worden, von dem ihr beigelegten Rechte unbedenklich gegen den nachfolgenden Besitzer Gebrauch machen könne. Endlich hebt die Vfg. hervor, daß die Novelle so wenig wie § 42 selbst die Befugnis der landschaftlichen Kreditsysteme beschränkt habe, daß mithin, wenn es zur Sequestration des Guts komme, die Landschaft diese zu übernehmen berechtigt sei.

513. Den Gemeinden steht für vertragliche Leistungen die Befugnis zur Beitreibung im Verwaltungswege nicht zu und zwar auch dann nicht, wenn der andere Teil im Vertrage selbst ihr diese Befugnis eingeräumt haben sollte: OT. 6. Febr. 1878 (Rechtspr. 19 S. 78), oben A. 36.

§ 42 Nr. 5.

514. Die bezüglichen Bestimmungen der Regl. v. 1803 und 1804 sind mit § 42 Nr. 5 fast gleichlautend. Nur heißt es dort statt: „wichtigen Entreprisen" — „großen Wasserbau-Entreprisen" und weiter unten statt: „daraus nach ihrem Ermessen" — „die Umstände so beschaffen sind, daß".

515. Der Gesetzrevisor bemerkt aaO., daß, so unbestimmt und unklar auch der Ausdruck „andere, über Gegenstände des Regierungsressorts abgeschlossene Verträge" sei, darunter doch keinesfalls alle Verträge mit Ausnahme der Pachtverträge, sondern nur solche Verträge verstanden werden könnten, die ihrer Natur nach so geartet seien, daß deren Nichterfüllung Stockungen und Verlegenheiten in der Verwaltung ermögliche, wie z. B. Verträge über Lieferungen, Transporte, vorzüglich im Kriege und von Militäreffekten, über vorbedungene Werke, insbesondere Bauunternehmungen, allenfalls auch Verträge mit Handwerkern oder Künstlern über Gegenstände ihres Handwerks oder ihrer Kunst, weil hierbei leicht Gefahr beim Verzuge eintrete, und die Behörde sich nicht immer in der Lage befinde, anderweitig zu helfen, nicht aber solche Verträge, bei denen es bloß auf Zahlung von Domänenkaufgeldern oder überhaupt von Geldsummen ankomme, die nicht zur laufenden Staatseinnahme gehörten. Unzweifelhaft ist dieser einschränkenden Auslegung Beifall zu geben, ja es scheint fast, als sei der betreffende Ausdruck noch enger zu deuten, als dies vom Gesetzrevisor geschieht. Sollte die Verwaltung bei anderen Verträgen, auf welche ihrer Natur nach § 42 Nr. 5 nicht paßt, dessen Bestimmung handhaben, so muß der RW. wider das Zwangsverfahren, selbst in possessorio, zugelassen werden.

516. Die Frage, ob aus der verweigerten Erfüllung eines Vertrags im Sinne des § 42 Nr. 5 ein unwiederbringlicher Schaden für den Staat sich besorgen

3. Konkurrenz der Regierungen bei den Zivilprozessen.

[§ 43. In allen fiskalischen Zivilprozessen steht es den Regierungen frei,
1. nach der Analogie der allgemeinen Gerichts-Ordnung T. 1 Tit. 3 § 21, ohne daß dadurch jedoch der Gang der Instruktion aufgehalten oder der Gegenpartei Kosten verursacht werden muß, außer dem gewöhnlichen Stellvertreter des Fiskus noch einen andern Deputierten abzuschicken, welcher der Instruktion beiwohne und darauf sehe, daß die Tatsachen überall richtig, deutlich und vollständig auseinander gesetzt, nichts von Erheblichkeit übergangen und bei Aufnehmung der Beweise mit genauer und gründlicher Sorgfalt verfahren werde, sich übrigens aber in die Leitung des Verfahrens nicht mischen oder eine Direktion desselben sich anmaßen, sondern den eigentlichen Instruenten bloß kontrollieren und sich überhaupt in den durch die allgemeine Gerichts-Ordnung T. 1 Tit. 10 § 198 vorgeschriebenen Grenzen halten muß;
2. vor Abfassung des Erkenntnisses ein schriftliches Gutachten zu den Akten zu geben, worauf, insofern es auf besondere landespolizeiliche oder finanzielle Verhältnisse und Verfassungen, nicht aber auf bloße Rechtsfragen ankommt, von den Gerichten gebührende Rücksicht genommen, auch nach Befinden von ihnen die betreffende Regierung ersucht werden soll, einen Deputierten zu ernennen, der dem Vortrage der Sache bei dem Spruch beiwohne.]

4. Desgleichen bei Privatprozessen.

[§ 44. Wenn in Prozessen zwischen Privatpersonen Gegenstände und Rechtsfragen zur Sprache kommen, welche auf Prinzipien der Landesverfassung, Staatsverwaltung, Staatswirtschaft, Polizei- und Gewerbekunde Einfluß haben und durch klare Gesetze nicht bestimmt sind, so sind die Gerichte verpflichtet, über dergleichen Rechtsfragen von den Regierungen ein Gutachten einzuholen und sich darnach als einem konsultativen Votum gebührend zu achten.]

5. Verfahren bei Polizei- und anderen Kontraventionen.

§ 45. Bei Kontraventionen gegen Finanz- und Polizei- und andere zum Ressort der Regierungen gehörige Gesetze, imgleichen bei Defrau-

---

lasse, ist zwar in das Ermessen der Verwaltung gestellt, und daher ein prozessualischer Angriff auf das Bestreiten dieses Punktes schwerlich zu stützen; jedoch wird erfordert, daß die Regierung sich hierüber ausdrücklich ausspreche, indem die bloße Möglichkeit, daß die Regierung wirklich durch solche Gründe zur Anordnung von Zwangsmaßregeln sich bewogen gefunden habe, ein gerichtliches Angehen wider letztere noch nicht als unstatthaft darstellen würde.

517. Nach Ansicht des Gesetzrevisors ist das Zwangsmittel des § 48 Nr. 1 in den Fällen des § 42 Nr. 5 nicht statthaft.

518. Da die Zusatzbestimmung der Novelle zu § 42 nur von den Nrn. 2—4, nicht auch von Nr. 5 spricht, so ist die Frage aufgeworfen worden, ob etwa ein allgemeines, im Wege der Gesetzgebung zu erledigendes Bedürfnis dazu vorliege, die den Verwaltungsbehörden zustehenden Vollstreckungsbefugnisse auch auf die Leistungen aus den bei der Verwaltung von Instituten, Kirchen und Schulen abgeschlossenen Lieferungsverträgen auszudehnen. In der MVfg. 2. März 1846 (JMBl. S. 70) wird diese Frage jedoch verneint und die Regierung angewiesen, derartige Befugnisse nicht in Anspruch zu nehmen, statt dessen aber dahin zu wirken, daß die Interessen jener Institute durch besondere Vorsicht bei Abschließung der Verträge, durch Festsetzung von Kautionen usw. möglichst gesichert würden.

§§ 43 und 44.

519. Die den §§ 43 und 44 entsprechenden Vorschriften der Regl. v. 1803 und 1804 finden sich, hinter den den §§ 45—47 d. G. entsprechenden, im § 12 bezw. § 13. Heute kommen obige Bestimmungen nicht mehr zur Anwendung.

§§ 45 und 34 Abs. 2—4.

Inhalt:

dationen landesherrlicher den Regierungen zur Verwaltung übergebenen Gefälle und nutzbaren Regalien sind die Regierungen berechtigt, nach einer summarischen Untersuchung die Sache durch eine Resolution zu entscheiden, auch die festgesetzte Strafe vollstrecken zu lassen, wenn der Beschuldigte nicht binnen 10 Tagen nach Empfang der Resolution auf förmliches rechtliches Gehör und Erkenntnis bei dem kompetenten Obergericht anträgt. Zu dem Ende muß es in der Resolution ihm auch jedesmal bekannt gemacht werden, daß er diese Befugnis habe, ihrer aber verlustig gehe, wenn er binnen 10 Tagen vom Empfange keinen Gebrauch davon mache.

Geschieht aber dieses, so geben die Regierungen sogleich die Akten an das Landes-Justizkollegium zur weitern rechtlichen Einleitung ab, können jedoch die nötigen Verfügungen wegen Sicherstellung der vorläufig festgesetzten Geldstrafe treffen, wenn sie solches für nötig erachten.

Wird die von den Regierungen festgesetzte Strafe hinterher im rechtskräftigen Erkenntnis bestätigt oder gar geschärft, so muß der Denunziat jedesmal die Kosten der vorläufigen Untersuchung tragen. Wird sie hingegen gemildert, so bleibt er, im Fall er nicht von sämtlichen Gerichtskosten entbunden wird, nur insofern dazu verbindlich, als von der summarischen Untersuchung bei der rechtlichen Einleitung hat Gebrauch gemacht werden können, welches das Landes-Justizkollegium nach pflichtmäßigem Ermessen festsetzt. Auf die von den Regierungen mit höherer Genehmigung in Polizei- und Landesangelegenheiten erlassenen Publikanda sind die Landes-Justizkollegien bei ihren Entscheidungen insofern Rücksicht zu nehmen verbunden, als darin keine härtere Strafe wie in den Gesetzen festgesetzt ist; in welchem Fall die Strafe nach diesen zu bestimmen ist.

IV. Strafverfahren bei Stempelkontraventionssachen insbesondere, A. 582 ff.
V. Strafverfahren bei Zuwiderhandlungen gegen Polizei- und Finanzgesetze nach Rheinischem Recht, A. 601 ff.
VI. Befugnis der Verwaltungsbehörden zum Erlasse allgemeiner Strafverordnungen, A. 610 ff.

I. Allgemeine Bemerkungen über das Verwaltungs-Strafverfahren.

520. § 45 umfaßt zwei ganz verschiedene Gegenstände, indem der größere Teil die den Regierungen vorbehaltene Gerichtsbarkeit in gewissen Strafsachen, der Schlußsatz dagegen eine der gesetzgebenden ähnliche Gewalt betrifft, die den Verwaltungsbehörden hinsichtlich des Erlasses allgemeiner Polizei-Strafverordnungen zugestanden ist. Die Bestimmungen jenes ersten Teils stehen mit denen des § 34 Abs. 2—4 im engsten Zusammenhange, weshalb letztere gleichzeitig mit zur Erörterung gelangen. Aus welchen Gründen die offenbar zusammengehörigen Vorschriften beider §§ auseinandergerissen wurden, ist bereits unter A. 11 gesagt.

521. Bevor der Umfang und Charakter der im ersten Teile des § 45 behandelten Verwaltungsstrafgewalt näher erörtert wird, sind einige Worte über ihr Verhältnis zu der auf den §§ 46 und 48 beruhenden Strafgewalt vorauszuschicken. — Der § 45 überweist den Regierungen für gewisse Gebiete eine Art Strafgerichtsbarkeit (im weiteren Sinne des Worts), wie sie schon früher den Verwaltungsbehörden, insbesondere den Kriegs- und Domänenkammern zustand; die in Handhabung derselben ergehenden Entscheidungen, „Resolute", setzen daher immer auf seiten der Verurteilten eine Handlung oder Unterlassung voraus, die nach der bestehenden Gesetzgebung ausdrücklich mit Strafe bedroht wird. § 46 bezieht sich dagegen auf die Disziplinargewalt der Regierungen und die in dieser Gewalt begriffene Befugnis, wider die ihnen untergeordneten Beamten gewisse Strafen zu verhängen, ohne daß hierbei von der Übertretung eines bestimmten Strafgesetzes die Rede ist. § 48 endlich gewährt den Regierungen das Recht, ebenso wie ein solches den Gerichten behufs Vollstreckung ihrer Urteile usw. zusteht, zur Erzwingung ihrer Anordnungen, d. h. also als Exekutionsmittel, Strafbefehle zu erlassen; hier

handelt es sich mithin nicht wie in den Fällen des § 45 um die Ahndung einer strafbaren Handlung, noch um eine im dienstlichen Interesse und zur Erhaltung der dienstlichen Ordnung erforderlich gewordene Maßregel, wie beim § 46, sondern es soll durch Androhung und Vollstreckung eines Übels, das nur wegen der Gleichheit des Gegenstandes (Geldbuße oder Freiheitsentziehung) als Strafe erscheint, gegen eine an sich nicht straffällige Person irgend welche Handlung und Unterlassung erzwungen werden. — Noch schärfer tritt die Verschiedenheit dieser dreifachen Strafgewalt hervor, wenn man jede derselben in ihrem Verhältnisse zur richterlichen Zuständigkeit betrachtet. Gegen die auf Grund des § 45 ergehenden Strafbescheide war die Berufung auf den RW. schon früher in der Regel zulässig, und diese Regel ist durch Art. 136 Ges. v. 3. Mai 1852 zum Grundsatz erhoben worden, der jede Ausnahme ausschließt. Gegen die Handhabung der Disziplinargewalt (§ 46) ist jene Berufung nach früherer wie jetziger Gesetzgebung ebenso unbedingt unstatthaft. Anlangend endlich die Strafbefehle im Sinne des § 48, so gilt von ihnen dasselbe, was vom Verwaltungszwangsverfahren überhaupt gilt; es ist daher die Frage, inwiefern wider solche Strafbefehle der RW. beschritten werden könne, bald zu bejahen, bald zu verneinen; vgl. die Erläuterungen zu den §§ 42, 48 und zu dem Ges. v. 11. Mai 1842. — Bei aller Verschiedenheit zwischen den drei Arten der Strafgewalt sind dieselben dennoch häufig verwechselt worden. Abgesehen davon, daß es allerdings Fälle gibt, wo die Begriffe fast in einander übergehen, hat zu dieser Verwechselung namentlich der Ausdruck „Ordnungsstrafe" oft mitgewirkt, indem dieser von den Ausflüssen der sämtlichen Arten jener Strafgewalt gebraucht wird. Schon im § 46 d. G. zur Bezeichnung gewisser gegen die Offizianten des Regierungsressorts zu verhängenden Disziplinarstrafen vorkommend, ist jener Ausdruck auch in der späteren Disziplinargesetzgebung festgehalten worden und bildet hier den Gegensatz zu den schweren Disziplinarstrafen, welche nicht wie die Ordnungsstrafen durch einfache Verfügung des Vorgesetzten, sondern von einem besondern Gericht und nach einem förmlichen Verfahren urteilsmäßig festgesetzt werden. Die Ordnungsstrafen dagegen, welche in Handhabung der Verwaltungsstrafgewalt des § 45 gegen Private wie Beamte erkannt werden können, beruhen auf den verschiedenen Steuer- und Zollgesetzen und bilden dort den Gegenstand zur ordentlichen Defraudationsstrafe usw. Von diesen letzteren spricht gen. Art. 136. Fälle endlich, wo der obige Ausdruck sogar auf im Verwaltungswege verhängte Zwangsstrafen (§ 48) angewandt wurde, weisen u. a. MVfg. 23. Mai 1843 (VMBl. S. 156), *ME. 12. Febr. 1835 (Rh. S. 5 S. 72), *EK. 7. Okt. 1854 (JMBl. 55 S. 35) nach.

522. Einer vierten Art administrativer oder doch nicht richterlicher Strafgewalt wird zwar nicht in der VO. v. 1808, wohl aber in mehrfachen Ministerial-Verfügungen gedacht; vgl. unten A. 530. Diese betrifft die Handhabung von Strafreglements, statutarischen Strafbestimmungen und Arbeitsordnungen, erlassen für die engeren Kreise von Privatpersonen, die durch korporative und ähnliche Verhältnisse eine Art Genossenschaft unter der Aufsicht von Staats-, Kommunal- oder besonderen Korporationsbehörden bilden. Will man diese Strafgewalt auf die allgemeine Gesetzgebung zurückführen, so kann wohl nur § 45 II. 6 ALR. in Bezug genommen werden, welcher ein Strafrecht der Korporationen gegenüber ihren Mitgliedern im Falle besonderer Verleihung ausdrücklich anerkennt. Hiernach würde wider die in Handhabung obiger Strafgewalt ergehenden Erlasse stets die Berufung auf rechtliches Gehör, und zwar nicht beim Straf-, sondern beim Zivilrichter stattfinden (§ 47 das.), wie dies auch für die auf Grund der RGewO. und des Bergges. erlassenen Arbeitsordnungen anerkannt ist; vgl. A. 324, 442. In manchen MVfggen scheint jedoch die Ansicht vorzuwalten, als ob jene Strafgewalt, zumal wenn sie die Anwendung der von den Aufsichtsbehörden erlassenen Strafreglements zum Gegenstande habe, nicht als ein Ausfluß der erwähnten landrechtlichen Bestimmung und als eine Art der durch sie begründeten vorwiegend privatrechtlichen Straf-, sondern als ein Analogon der grundsätzlich nur auf Beamte beschränkten Disziplinargewalt zu betrachten sei, woraus umgekehrt die Unzulässigkeit der Berufung auf den RW. folgen würde. Diese Auffassung ist vom Gesetzgeber gebilligt worden z. B. für die Innungen und Berufsgenossenschaften; vgl. RGewO. § 92c (oben A. 203), Gewerbe-Unfallvers. § 149, Unfallvers. f. Land- u. Forstwirtschaft § 159, Bau-Unfallvers. § 45, See-Unfallvers. § 147.

523. Indem § 45 die Verwaltungsjustiz für gewisse Strafsachen teilweise fortbestehen ließ, ist er allerdings dem der VO. v. 1808 zugrunde liegenden Grund-

satz der Trennung der Gewalten nicht ganz treu geblieben. Auf der anderen Seite hat er ihm aber wenigstens insofern Rechnung getragen, als er die Befugnis zur Berufung und Verweisung auf dem RW. einführte beziehungsweise erweiterte. Die Strafsachen, bei denen in diesem Sinne die administrative und gerichtliche Jurisdiktion nebeneinander bestehen, gehören zu solchen, die ehedem, sofern sie bei den Gerichten zur Aburteilung gelangten (§ 34), nach den in den §§ 34 ff. I. 35 AGO. für sog. fiskalische Untersuchungen erteilten Vorschriften instruiert werden mußten; daher kam es auch, daß die Bestimmungen obiger §§ 45, 34, sowie die dieselben unter gewissen Einschränkungen auf Militärpersonen ausdehnende AKO. v. 24. Sept. 1812 (GS. S. 182) in den Anhang zur AGO. übergegangen sind, wenn auch in der Fassung der ersteren manches geändert und der dem § 45 entsprechende § des Anhangs sachgemäßer Weise den aus § 34 entnommenen §§ vorausgeschickt wurde; vgl. die §§ 243—245, 248 und 250 des Anhangs in Verbindung mit dem Militär-Strafgesetzbuch v. 3. April 1845, II. §§ 3, 269.

524. Die Zulässigkeit eines Verwaltungsstrafverfahrens wird auch von den Reichsjustizgesetzen anerkannt; vgl. § 13 GVG. Reichsgesetzlich angeordnet ist ein solches durch das RPostges. v. 28. Okt. 1871 (A. 578), die SeemannsO. und die RGess. betr. die Verpflichtung deutscher Kauffahrteischiffe zur Mitnahme heimzuschaffender Seeleute und betr. die Stellenvermittelung für Seeleute, alle v. 2. Juni 1902 (A. 527). Dagegen ist die Landesgesetzgebung nicht mehr befugt, das Strafverfahren im Verwaltungswege für andere Arten von Strafsachen einzuführen, als für die im § 6 Nr. 3 EG. z. StPO. genannten, also für Übertretungen im Sinne des StGB. § 1 (A. 525, 527) und für Zuwiderhandlungen gegen die Vorschriften über die Erhebung öffentlicher Abgaben und Gefälle (A. 533). Vgl. Löwe, GVG. § 13 A. 2aff.

525. Nach dem den §§ 34—48 im allgemeinen zugrunde liegenden Systeme (vgl. oben A. 11) werden die strafbaren Handlungen, deren die §§ 45 und 34 gedenken, in Vergehungen bezw. Zuwiderhandlungen gegen Hoheitsrechte, Polizei- und Finanzgesetze eingeteilt. Anlangend die Vergehungen gegen Hoheitsrechte, so ergibt sich aus einer Verbindung der §§ 34 und 45, daß bei jenen eine Verwaltungsstrafgewalt schon unter der Herrschaft der VO. v. 1808 nicht bestand; hierbei muß jedoch bemerkt werden, daß, wenngleich hinsichtlich des Begriffs von Vergehen dieser Art im allgemeinen auf die §§ 229ff. II. 20 ALR. hinzuweisen ist, Zuwiderhandlungen gegen die Steuergesetze in obigen §§ dazu nicht mitgerechnet, sondern als Zuwiderhandlungen gegen Finanzgesetze behandelt werden. Gegenwärtig sind hier selbstredend das RStGB. und das GVG. maßgebend. Hinsichtlich der Vergehen wider Polizeigesetze und der Polizeikontraventionen ist die früher bestehende und im § 45 aufrecht erhaltene Zuständigkeit der Verwaltungsbehörde, sowie die praktische Geltung der §§ 45, 34 überhaupt durch die spätere Gesetzgebung in Wegfall gekommen, und beruht das durch Ges. v. 14. Mai 1852 für einen Teil des Staatsgebiets eingeführte und jetzt allgemein auf Ges. v. 23. Apr. 1883 (GS. S. 65) beruhende Recht der Polizeiverwalter zu vorläufigen Straffestsetzungen auf einer ganz anderen Grundlage. Dagegen ist die Verwaltungsstrafgerichtsbarkeit des § 45 für Zuwiderhandlungen gegen Finanzgesetze im wesentlichen bestehen geblieben; das gerichtliche Verfahren in solchen Sachen richtet sich aber jetzt nicht mehr nach den Vorschriften der AGO. und ihres Anhangs, sondern [früher (außerhalb des Gebiets des Rh. Rechts) nach der VO. v. 3. Jan. 1849 § 181, bezw. dem Ges. v. 3. Mai 1852 Art. 35ff. und jetzt] nach den §§ 459ff. StPO., so daß jene Sachen auch in der Form durchaus als eigentliche Strafsachen behandelt werden.

II. Strafverfahren bei Zuwiderhandlungen gegen Polizeigesetze.

526. Die vorlandrechtliche Gesetzgebung erkannte den Polizeibehörden eine sehr ausgedehnte Strafgerichtsbarkeit zu, was nicht allein darin seinen Grund hatte, daß Justiz und Verwaltung noch nicht scharf von einander gesondert waren, sondern auch darin, daß die Anschauung vorwaltete, in der Polizeigewalt sei ihrem innersten Wesen nach eine Art Strafgewalt mitenthalten; vgl. Abh. in den Jbb. 28 S. 43ff. — Denselben Grundsätzen huldigte auch das ALR. (vgl. §§ 11ff., 61 II. 17) und die VO. v. 1808, ingleichen die die §§ 34, 45 d. G. teilweise, namentlich durch Erweiterung der Zuständigkeit der Ortspolizeibehörden abändernde AKO. v. 8. Mai 1830 (Ann. 26 S. 351, Jbb. 35 S. 284) und eine Menge Einzelvorschriften, welche

die Entscheidung über gewisse Arten von Zuwiderhandlungen noch ausdrücklich den Polizeibehörden zuwiesen. Gegenwärtig haben alle diese Bestimmungen, wie bereits angedeutet, nur noch geschichtlichen Wert, indem jene polizeiliche Gerichtsbarkeit schon durch die VO. v. 3. Jan. 1849 aufgehoben ist; vgl. JMVfg. 29. Juli 1849 (JMBl. S. 347). Es sind daher jetzt für alle wegen Polizeikontraventionen einzuleitenden Untersuchungen sofort und ausschließlich die Gerichte zuständig gemäß den Bestimmungen des StrGB. und des GVG. [Über die rechtliche Natur der Polizeiübertretungen vgl. neuerdings Goldschmidt, Verwaltungsstrafrecht (1902). Verfasser kommt zu dem Ergebnis, daß die Bestrafung der Polizeiübertretungen einschl. Abschn. 29 Teil II StGB. den Verwaltungsgerichten überwiesen werden müsse.]

527. Daß das vorgesagte insofern eine Einschränkung erleide, als das Ges. v. [14. Mai 1852 bezw. jetzt] 23. Apr. 1883 den Polizeiverwaltern das Recht zu vorläufigen Straffestsetzungen wegen polizeilicher Übertretungen unter gewissen Bedingungen verliehen hat, wurde bereits angedeutet, ebenso, daß letztere Strafgewalt ihrem Charakter nach von der früheren polizeilichen Gerichtsbarkeit sehr verschieden sei. [Zur näheren Erläuterung derselben wird auf den Kommentar zu erstgenanntem Gesetze bei Oppenhoff Strafverf., S. 627 ff. verwiesen.] Das gerichtliche Verfahren nach vorangegangener polizeilicher Strafverfügung regeln die §§ 453—458 StPO. Die Beschwerde an die höhere Polizeibehörde ist nicht zulässig. — Denselben Charakter wie das Verfahren nach dem Ges. v. 1883 hat das reichsgesetzlich durch die SeemannsO. (§§ 122—125), die RGess. betr. die Verpflichtung der Kauffahrteischiffe zur Mitnahme heimzuschaffender Seeleute (§ 8) und betr. die Stellenvermittelung für Schiffsleute (§ 9), alle v. 2. Juni 1902 (RGBl. S. 175, 212, 215) angeordnete Verwaltungsstrafverfahren vor dem Seemannsamt.

528. Eine Reihe von Beispielen, wo nunmehr und vorbehaltlich des Rechts zur vorläufigen Straffestsetzung (Ges. v. 23. Apr. 1883) sofort die gerichtliche Zuständigkeit eintritt, findet sich bei Oppenhoff, Strafverf., Art. 120 aufgeführt. Ebendort ist die nicht ganz unstreitige, gemeinhin jedoch verneinte Frage besprochen, ob mit Beseitigung der älteren polizeilichen Gerichtsbarkeit auch das im Regul. v. 7. Juni 1844 §§ 2—4 vorgesehene sog. Submissionsverfahren inbezug auf Chausseepolizeiübertretungen weggefallen sei. Doch ist letzteres jetzt für durch die Strafprozeßgesetzgebung beseitigt zu erachten, sodaß auch die Bestrafung der Chausseepolizeiübertretungen den ordentlichen Gerichten zusteht. Vgl. v. Brauchitsch 4 S. 7, Illing 1 S. 903.

529. Die Schulversäumnisstrafen, welche gemäß § 48 II. 12 ALR. und der AKO. v. 14. Mai 1825 gegen die Eltern schulpflichtiger Kinder zu verhängen sind, wurden lange Zeit von den Verwaltungsbehörden ausgesprochen, was wohl mit der in den MVfggen. 19. März 1825, 30. Sept. 1837 (Ann. 21 S. 682) und selbst noch v. 4. März 1863 (VMBl. S. 68) entwickelten Ansicht zusammenhängt, daß jene keine eigentlichen Polizei-, sondern bloße Exekutionsstrafen (§ 48 d. G.) seien. Jedoch liegt der AKO. v. 20. Juni 1835 (GS. S. 134) augenscheinlich die entgegengesetzte Auffassung zugrunde; vgl. Oppenhoff in Rechtspr. des OTrib. 2 S. 322 (Anm.) (Die im § 48 II. 12 ALR. enthaltenen Vorschriften wurden für den Bezirk des A.H. Cöln erst durch die AKO. v. 14. Mai 1825 Nr. 1 zur Geltung gebracht, dort aber jene Strafen von den Polizeigerichten verhängt, bis obige AKO. v. 1835 anordnete, daß die „Übertretungen" der AKO. v. 1825 selbst in denjenigen Teilen der Rheinprovinz, „in welchen die polizeirichterliche Gewalt zu den Attributionen der Gerichte gehöre," nur noch im Verwaltungswege „untersucht und bestraft" werden sollten. Auch ergibt die ganze Fassung dieser AKO., daß sie das bestehende Recht nicht etwa bloß deklarieren, sondern wirklich abändern wollte.) Heute wird es nicht mehr bezweifelt, daß die Schulversäumnisstrafen als Strafen für begangene Übertretungen zu betrachten sind, für die die Zuständigkeit der ordentlichen Gerichte durch das EinfGes. z. Pr. StGB. v. 14. Apr. 1851 festgestellt ist; hieran ist auch unter dem RStGB. nichts geändert worden. Vgl. OVG. 5. Apr. 1898 (E. 34 S. 234), EK. 14. März 1863, *10. Dez. 1864, 11. März 1876 (JMBl. 63 S. 126; 65 S. 54; Rechtspr. S. 282), ferner OT. 7. Febr. 1867, 21. Jan. 1875 (JMBl. 67 S. 160; Rechtspr. 16 S. 64). Doch sind die Gerichte nach der feststehenden Rechtsprechung entgegen dem Grundsatz des § 260 StPO. insofern an den Ausspruch der Schulaufsichtsbehörde gebunden, als diese allein zu entscheiden hat, ob eine Schulversäumnis „entschuldigt" ist; jenen steht nur die Prüfung und

Entscheidung zu, ob eine nicht entschuldigte Versäumnis auf einem Verschulden der Eltern beruht; vgl. KG. 24. Febr. 1890, 19. Aug. 1897, 3. Febr. 1898 (Johow 10 S. 254; Rh. A. 92, II. 111; 93, II. 74); aM. dagegen neuerdings mit Recht KG. 18. Juni 1900 (Johow 20 C. 87); vgl. auch das einen ähnlichen Fall betreffende KG. 23. März 1903 (DJurZtg 8 S. 275).

530. Die JnnMVfg. 27. Juni 1850 (VMBl. S. 214) hält die Schau-Kommissionen und Schau-Direktionen bei Gräben- und Deichverbänden auch nach Einführung der Polizeigerichte für befugt, gegen Mitglieder des Verbandes Strafen festzusetzen, da letztere nicht den Charakter von Polizei-, sondern von Ordnungsstrafen hätten, welche auf Grund der statutarischen Korporationsverfassung verhängt würden [?]; inwiefern diese Strafgewalt (nach Analogie des Verfahrens bei Steuerkontraventionen) auch auf Nichtmitglieder auszudehnen sei, werde bei Revision der VO. v. 3. Jan. 1849 erwogen werden (was indessen bei Vorberatung des Ges. v. 3. Mai 1852 nicht geschehen ist); zur Zeit müßten dergleichen Kontravenienten gerichtlich verfolgt werden; doch hätten die Regierungen darauf zu halten, daß die Schau-Kommission auch hier die Strafe ausspreche, mit dem Bedeuten, die Sache werde dem Polizeirichter übergeben werden, wenn die Strafe nicht in acht Tagen bezahlt sei [?].

III. Strafverfahren bei Zuwiderhandlungen gegen Finanzgesetze.

531. Die Verwaltungsstrafgerichtsbarkeit wegen Zuwiderhandlungen gegen die Vorschriften über die Erhebung öffentlicher Gefälle und Abgaben beruhte in Preußen nicht einzig auf den §§ 45, 34 d. G., sondern auch auf einer ganzen Reihe besonderer, bei Oppenhoff, Strafverf. zu Art. 136 aufgezählter Einzelgesetze, welche bald auf die §§ 45, 34 d. G. unter Beifügung der dieselben abändernden Bestimmungen verweisen, bald das Verwaltungsverfahren im Geiste jener §§ selbst vorzeichnen. Dieselbe war durch die VO. v. 3. Jan. 1849 betr. die Einführung des mündl. und öffentl. Verfahrens usw. unberührt geblieben, wie dies in mehreren MVfgg. (vgl. namentlich Vfg. 29. Juli 1849, JMBl. S. 347) und durch die Gesetzgebung selbst (Art. 135 ff. Ges. v. 3. Mai 1852) ausdrücklich anerkannt wurde. Bez. der älteren preußischen Gesetze vgl. die Zusammenstellung bei Oppenhoff, aaO., bez. der 1866 mit Preußen vereinigten Landesteile: Ordn. v. 29. Juli 1867, VO. v. 3. Juni 1867 (GS. S. 1270, 776), JMVfg. 18. Nov. 1867 (JMBl. S. 407), ferner bez. des Jadegebiets: Ges. v. 23. März 1873 (GS. S. 107).

532. Eine wesentliche Änderung ist auch nicht dadurch eingetreten, daß gemäß Art. 35 der Reichsverfassung die Gesetzgebung über das gesamte Zollwesen usw. auf das Reich überging. Denn das Vereinszollges. v. 1. Juli 1869 (BGBl. S. 317) hat es im § 165 hinsichtlich des Strafverfahrens in Zollstrafsachen bei den Bestimmungen der Landesgesetze belassen und die späteren Reichsgesetze über Abgaben und Steuern haben zum größeren Teile das Verfahren in Zollstrafsachen für anwendbar erklärt; nur einzelne haben das Verfahren selbst geregelt und damit allerdings die auf Landesgesetz beruhenden Vorschriften ausgeschlossen. Vgl. die Zusammenstellung bei Bonnenberg S. 4 ff., Begr. z. Entw. d. Ges. v. 26. Juli 1897 S. 2661. Abgesehen von den zuletzt genannten Gesetzen gelangt daher überall das preußische Verwaltungsstrafrecht zur Anwendung.

533. Dieses ist auch nicht durch die Reichsprozeßgesetzgebung außer Kraft gesetzt worden. § 459 StPO. führt nämlich nicht ein neues Verwaltungsstrafverfahren ein, sondern setzt das Bestehen entsprechender landesgesetzlicher Vorschriften voraus, indem er nur gewisse Beschränkungen für den Umfang des Verwaltungsstrafrechts aufstellt. Die Landesgesetzgebung ist daher, abgesehen von diesen Beschränkungen, befugt geblieben, das Verfahren im Verwaltungswege selbständig (durch bestehende oder neu zu erlassende Gesetze) zu ordnen, während das gerichtliche Verfahren sich fortan nur noch nach der StPO. richtet. Vgl. § 6 Abs. 2 Nr. 3 EG. z. StPO., Löwe S. 885 A. 1 ff., Löbe § 165 A. 1, Bonnenberg S. 1, Begr. z. Entw. d. Ges. v. 1897 S. 2664.

534. Außer dem gewöhnlichen Verwaltungsstrafverfahren war auch das sog. Submissionsverfahren, wo es bei Defraudationen usw. ausdrücklich vorgeschrieben worden (vgl. Regul. v. 7. Juni 1844, GS. S. 167, §§ 4 ff., Ges. v. 1. Mai 1851 §§ 12, 33), in Kraft geblieben; vgl. Oppenhoff aaO. A. 4, 13, 14. [Ein ähnliches Verfahren wurde, wenngleich nicht durch die Gesetzgebung, so doch durch Ministerialverfügungen unter gewissen Voraussetzungen auch bei anderen Steuer-

und bei Zolldefrauden zugelassen; vgl. FMVfg. v. 16. Juli 1837, 25. März 1839, 24. Nov. 1840 (Zentralbl. 1839, S. 78; 1840, S. 390; Villaume S. 150ff.) Über die Rechtsungültigkeit des hiernach zugelassenen Verfahrens s. A. 532 und Löning, Verwaltungsarchiv 3 S. 150ff.] — Daß ein solches Unterwerfungsverfahren auch durch die StPO. nicht ausgeschlossen wird, darüber sind Rechtsprechung, Wissenschaft und Gesetzgebung einig: Begr. z. Entw. d. G. v. 26. Juli 1897 S. 2664, Bonnenberg S. 313 A. 1, Löwe S. 885 A. 2b, Arndt S. 295ff., Löning aaO. S. 155 und die dort gen.

535. Durch das Ges. v. 26. Juli 1897 (GS. S. 237) ist dem Verwaltungsstrafrecht für die indirekten Reichs- und Landesabgaben unter Aufhebung aller bestehenden Vorschriften eine neue Grundlage gegeben worden. (Bez. der direkten Steuern s. A. 579.) Das Reichsgericht hatte sich mehrfach dahin ausgesprochen, daß das Unterwerfungsverfahren nur da rechtsgültig befolgt werden könne, wo es vom Gesetz vorgeschrieben sei. Vgl. RG. 25. Mai 1891, 21. Dez. 1894, 20. Mai 1895, 17. Febr. 1896 (EStrafs. 26 S. 230), Bonnenberg aaO. Damit war in Preußen das Unterwerfungsverfahren für die wichtigsten Sachen (A. 534) beseitigt. Um diesem Übelstande abzuhelfen, sollte dem Unterwerfungsverfahren für ganz Preußen die vom RG. geforderte gesetzliche Grundlage gegeben werden; gleichzeitig erschien es aber angebracht, das Verwaltungsstrafverfahren bei der Verwaltung der indirekten Steuern, soweit es nicht reichsgesetzlich bestimmt ist, auch im übrigen neu zu ordnen, weil dasselbe mehrfacher Verbesserungen fähig war und infolge seiner Zerstreuung über mannigfache Gesetze, die zum Teil aus den ersten Jahrzehnten des 19. Jahrhunderts stammen, die Übersichtlichkeit verloren hatte: Begr. S. 2660. Demnach bildet nunmehr die Grundlage des Verwaltungsstrafrechts der § 2 des Ges. v. 1897, der den Verwaltungsbehörden ganz allgemein ein Entscheidungsrecht bei allen Zuwiderhandlungen gegen die Ein-, Aus- oder Durchfuhrverbote sowie die Vorschriften wegen Erhebung der Zölle und der indirekten Reichs- und Landesabgaben einräumt, während in § 20 das Unterwerfungsverfahren für allgemein zulässig erklärt wird. (Das früher statthafte Bagatellverfahren, das sich vom Submissionsverfahren nur durch die tabellarische Form unterschied, wurde fallen gelassen. Vgl. Bonnenberg S. 320ff.). — Für das Verfahren bei Hinterziehung der Verkehrsabgaben sind durch Ges. v. 2. Mai 1900 (GS. S. 123) die Vorschriften des Ges. v. 1897 für anwendbar erklärt. Bemerkenswert ist, daß das Ges. v. 1900 nicht nur die Hinterziehung, sondern auch die Überhebung von Verkehrsabgaben dem Verwaltungsstrafverfahren unterwirft.

536. Da § 45 wenigstens ausdrücklich nur den Regierungen das Recht verleiht, Strafbescheide zu erlassen, außerdem aber auch nur Zuwiderhandlungen gegen die Vorschriften über die Erhebung landesherrlicher Steuern usw. im Auge zu haben scheint, so erhob sich früher die Frage, ob ein Verwaltungsstrafverfahren auch bei Defraudationen von Kommunalabgaben usw. stattfinde und zutreffendenfalls von den Kommunalbehörden usw. zu handhaben sei. Hinsichtlich des bei Chausseegeldübertretungen vorgeschriebenen Submissionsverfahrens war dies stets unbestritten; vgl. Oppenhoff Strafverf. Art. 136 A. 13, nicht so inbetreff des gewöhnlichen Verwaltungsverfahrens. Die MVfg. 12. Apr. 1850 (VMBl. S. 171) geht von der Voraussetzung aus, daß nach der früheren Gesetzgebung die Zuständigkeit der städtischen Magistrate zum Erlasse von Strafbescheiden unbedenklich bestanden habe, und erörtert daher nur die Frage, ob jene etwa durch die VO. v. 2. und 3. Jan. 1849 mit der städtischen Gerichtsbarkeit weggefallen sei, welche sodann verneint wird. Vgl. ferner FMVfg. 22. Juni 1853 (VMBl. S. 183) und die Entscheidungen bei Oppenhoff, aaO. Art. 135 A. 2, andererseits Oppenhoff, das. Art. 136 A. 3 und die MVfg. 27. Okt. 1860, 11. Apr. 1861 (VMBl. 60 S. 224; 61 S. 101). — Die Frage ist durch die heutige Gesetzgebung für die Gemeindesteuern bejaht worden, indem das Kommunalabgabenges. v. 14. Juli 1893 § 82 bezw. das Ges. v. 2. Mai 1900 (betr. Verkehrsabgaben) § 11 dem Gemeindevorstand das Recht zur Festsetzung der in den Steuerordnungen angedrohten Strafen im Sinne des § 459 StPO. verleiht, während im übrigen die Bestrafung der Steuervergehen ebenso geordnet ist, wie bei den direkten Staatssteuern (§§ 79ff.); vgl. A. 579.

537. Wo das Verwaltungsstrafverfahren an sich gesetzlich statthaft ist, erstreckt es sich nicht bloß auf eigentliche Defraudationen, sondern auch auf alle sonstigen Zuwiderhandlungen gegen die Vorschriften über die Steuererhebung,

(so insbesondere auch auf die Verhängung von Ordnungsstrafen, Goltd. Arch. 39 S. 450); vgl. § 2 Ges. v. 1897, Oppenhoff, Strafverf. Art. 135 A. 3, Löwe S. 886 A. 5, Arndt S. 327.

538. Nach § 2 Abs. 2 Ges. v. 1897 umfaßt die Zuständigkeit der Verwaltungsbehörde zur Entscheidung gegen den Täter oder Teilnehmer auch die Zuständigkeit gegen den sog. Einziehungsbeteiligten und den sog. Vertretungspflichtigen, in letzterer Beziehung natürlich nur insoweit, als nicht reichsgesetzlich etwas anderes bestimmt ist. Dies ist der Fall beim Brausteuerges. v. 31. Mai 1872 § 38 III, Branntweinsteuerges. v. 8. Juli 1868 § 66 III, v. 12. Juli 1879 § 4, v. 24. Juni 1887/17. Juni 1895 § 32 und Zuckersteuerges. v. 27. Mai 1896 § 58 III, indem hier die Vertretungsverbindlichkeit nur durch richterliches Erkenntnis festgestellt werden kann. Vgl. Bonnenberg S. 303.

539. Die Befugnis der Verwaltungsbehörden, Strafbescheide zu erlassen, ist auf keinen Höchstbetrag der Geldbuße beschränkt: § 5 Ges. v. 1897. (So auch früher; insbesondere griff die im § 48 für bloße Exekutionsstrafen enthaltene Beschränkung bei jenen Strafbescheiden nicht Platz: JMVfg. 31. Juli 1813, Jbb. 2 S. 35).

540. Die Verwaltungsstrafgerichtsbarkeit umfaßte ursprünglich auch das Recht, Freiheitsstrafen auszusprechen und die erkannten Geldbußen für den Fall der Zahlungsunfähigkeit des Verurteilten in Freiheitsstrafen umzuwandeln; vgl. JMVfg. 31. Juli 1813, 21. Mai 1814 (Jbb. 2 S. 35; 3 S. 290). Beides ist jedoch durch die Dekl. v. 20. Jan. 1820 und die spätere einschlägige Gesetzgebung geändert und diese Änderung ist durch § 2 Ges. v. 1897 in Gemäßheit des § 459 StPO. aufrecht erhalten worden, so daß seitdem in allen Fällen, wo unmittelbar auf Freiheitsstrafen zu erkennen ist, ausschließlich die Gerichte zuständig sind, bei diesen auch die Umwandlung der durch Strafbescheide verhängten Geldbußen beantragt werden muß.

541. Die Ausübung der Verwaltungsstrafgerichtsbarkeit erleidet eine Einschränkung für solche Fälle, wo die vorläufige Festnahme der Zuwiderhandelnden für nötig erachtet wird. Schon nach § 91 Steuer-Ordn. v. 8. Febr. 1819 und § 28 Zollstrafges. v. 23. Jan. 1838 sollten fremde, unbekannte oder der Flucht verdächtige Zuwiderhandelnde verhaftet und bis sie sich ausweisen und Sicherheit leisten, an das nächste Gericht zur Aufbewahrung abgeliefert werden; diese Vorschrift wird durch die JMInstr. v. 28. Juni 1839 (JMBl. S. 252) dahin erläutert, daß abgesehen von einigen Einschränkungen mit der Ablieferung der Beschuldigten an die Justiz die volle gerichtliche Zuständigkeit eintrete. Nach § 2 Ges. v. 1897 fällt das Entscheidungsrecht der Verwaltung weg, wenn der Beschuldigte wegen der Zuwiderhandlung festgenommen und nicht alsbald wieder freigelassen, sondern dem zuständigen Richter vorgeführt ist. Die Entlassung aus der Haft durch den Richter läßt das Entscheidungsrecht der Steuerbehörde nicht wieder aufleben. Vgl. OT. 4. Apr. 1876 (Goltd. Arch. 24 S. 385), Bonnenberg S. 76 A. 4.

542. Eine Verf. des Gen.-Steuer-Dir. v. 22. Juni 1853 (VMBl. S. 224) [die allerdings formell aufgehoben ist durch Nr. 1 der Ausf.-Vorschriften v. 15. Sept. 1897, Zentralbl. f. d. Abg. usw. S. 334, JMBl. S. 249] hält zwar die Verwaltungsbehörden an sich für zuständig, zu entscheiden, ob Kinder unter sechszehn Jahren mit Unterscheidungsvermögen gehandelt haben, und zutreffendenfalls die Strafe zuzumessen, indem § 43 des Preuß. StrGB. unter dem Ausdrucke „Richter" die Verwaltungsbehörde innerhalb ihrer Entscheidungsbefugnis mitbegreife. Andererseits erkennt dasselbe aber an, daß bei Verneinung obiger Frage nur der ordentliche Strafrichter bestimmen könne, ob der Angeschuldigte seiner Familie zurückzugeben oder in ein Besserungshaus zu bringen sei, und [empfiehlt mit Rücksicht hierauf die sofortige Abgabe der Steuerkontraventionssachen, bei denen solche Kinder beteiligt seien, an die Gerichte.] Das hier gesagte gilt auch heute für die Anwendung des § 56 RStGB.: auch Angeschuldigte zwischen 12 und 18 Jahren können im Verwaltungswege bestraft werden, wenn sie nach der Überzeugung der Verwaltungsbehörde bei Begehung der Tat die zur Erkenntnis ihrer Strafbarkeit erforderliche Einsicht besaßen. Ebenso Bonnenberg S. 78 A. 13, Löbe S. 33. Für das Unterwerfungsverfahren ist dies im § 19 Abs. 2 Ges. v. 1897 mittelbar ausgesprochen. Ist dagegen die Steuerbehörde der Ansicht, daß der Angeschuldigte die erforderliche Einsicht nicht besaß, so muß sie die Sache zur gerichtlichen Entscheidung abgeben. Dies folgt daraus, daß nach gen. § 56 der Angeklagte „freizusprechen" und die Bestimmung über seinen weiteren Verbleib im „Urteil" zu treffen

ist; ebenso Oppenhoff, StGB. § 56 A. 8. Vgl. hierzu FMVfg. 26. Juni 1869, 28. Apr. 1871 (VMBl. 69 S. 225; Zentralbl. f. d. Abg. usw. 71 S. 373).

543. Trifft die Verletzung von Zoll- und Steuergesetzen mit der anderer Strafgesetze in Idealkonkurrenz zusammen, so ist nach § 2 Ges. v. 1897 und § 8 Abs. 2 Ges. v. 2. Mai 1900 die Verwaltungsbehörde zur Entscheidung nicht zuständig. Bei Realkonkurrenz dagegen bleibt die Zuständigkeit der Verwaltungsbehörde für das Steuervergehen bestehen, jedoch ist durch Nr. 1 der Ausf.-Vorschr. v. 15. Sept. 1897 (A. 542) angeordnet, daß die Sache zur gerichtlichen Entscheidung abzugeben ist, wenn Zweifel vorliegen, ob Ideal- oder Realkonkurrenz vorhanden ist und wenn bei realem Zusammentreffen die Staatsanwaltschaft um Abgabe der Akten ersucht. Bez. Gewerbesteuerkontraventionen s. A. 580.

544. Außer dem in § 2 bestimmten Entscheidungsrecht gibt § 1 Ges. v. 1897 der Steuerbehörde allgemein die Untersuchungsberechtigung zur vorläufigen Feststellung des Sachverhalts. Die bloße Untersuchungsberechtigung schließt die sofortige Aufnahme der gerichtlichen Strafverfolgung nicht aus (§ 3). Wo dagegen das Entscheidungsrecht der Verwaltungsbehörde zusteht, ist die richterliche Zuständigkeit so lange ausgeschlossen, als nicht von der einen oder anderen Seite ein desfallsiges Begehren gestellt wird. Dieser schon früher anerkannte Satz (vgl. Oppenhoff, Strafverf. Art. 136 A. 39, Löwenberg, Beiträge 2 S. 434, Bonnenberg S. 75 A. 3, Rechtspr. d. OT. 7 S. 47; 9 S. 636; 12 S. 484; 14 S. 66) ist jetzt durch § 3 Abs. 1 Ges. v. 1897 ausdrücklich ausgesprochen worden. Die Gerichte haben dies von Amts wegen zu berücksichtigen und dem Angeklagten steht es unbedenklich zu, hieraus eine Einrede wider das gerichtliche Verfahren zu entnehmen; vgl. *OT. 25. Okt. 1855 (Rh. A. 51, II. 55); ebenso Bonnenberg aaO. Vgl. auch VO. v. 1. Aug. 1879 zu § 4.

545. Für das frühere Verfahren war anzunehmen, daß das Recht der Verwaltungsbehörden, sich der Entscheidung zu enthalten, da nicht Platz griff, wo gesetzlich das Unterwerfungsverfahren vorgeschrieben war, daß sonach gegebenenfalls der Beschuldigte im gerichtlichen Verfahren den Einwand der Unzulässigkeit desselben erheben konnte; vgl. die 1. Auflage A. 425, Oppenhoff, aaO. A. 17, 35, ferner Arndt S. 297, der allerdings die Verwaltungsbehörde für nur ihrer vorgesetzten Behörde verantwortlich erachtete und demgemäß dem Beschuldigten wegen unterbliebenen Unterwerfungsverfahrens keinen Einwand erwachsen ließ; aM. war RG. 13. Juli 1886 (EStraff. 14 S. 293). Für das Ges. v. 1897 (§§ 3, 20, 21) kann ein solcher Unterschied nicht mehr gemacht werden, so daß die Verwaltungsbehörde sich in allen Fällen der Entscheidung enthalten kann. Für das Verfahren nach dem RPostges. v. 28. Okt. 1871 vgl. RG. 27. Jan. 1881 (EStraff. 3 S. 300) und unten A. 578.

546. Durch den Beschuldigten selbst kann weder das Entscheidungs- noch das Untersuchungsrecht der Verwaltungsbehörde beseitigt werden. Abweichend von der früheren preußischen Gesetzgebung (vgl. Oppenhoff, aaO. A. 19) läßt das Ges. v. 1897 den Antrag auf gerichtliche Entscheidung nur gegen den Strafbescheid selbst, nicht aber schon im Vorverfahren zu. Vgl. Ausf.-Vorschriften (A. 542) Nr. 1 Abs. 3. Der Grund hierfür ist einesteils darin zu finden, daß ein Antrag auf gerichtliche Entscheidung vor Erlaß des Strafbescheids nicht im Sinne der StPO. liegt, anderenteils darin, daß im entgegengesetzten Falle dem böswilligen Verschleppen der Untersuchung und Entscheidung zu viel Spielraum gelassen wird. Vgl. Begr. S. 2663 zu Nr. 6, stenogr. Bericht d. AbgH. 1897 S. 3050ff. Damit fällt natürlich auch die frühere Bestimmung, daß beim Ausbleiben des Beschuldigten die Sache zur gerichtlichen Entscheidung abzugeben sei; ob dies geschehen solle, steht nunmehr im Ermessen der Steuerbehörde: § 25 Abs. 2 Ges. v. 1897.

547. Erläßt die Verwaltung einen Strafbescheid in einem Falle, wo ihr das Gesetz eine solche Befugnis nicht beigelegt hat, so ist derselbe der Rechtskraft nicht empfänglich und der Antrag auf rechtliches Gehör jederzeit statthaft: Oppenhoff, aaO. A. 15. Dagegen ist die richterliche Zuständigkeit zur Sache noch nicht begründet, wenn in einem Falle, wo das Verwaltungsstrafverfahren zulässig ist, zwar ein Strafbescheid bereits erlassen ist, aber nicht von der zuständigen Behörde, und der Angeschuldigte auf gerichtliches Gehör anträgt, zumal wenn dies zu dem ausgesprochenen Zwecke geschieht, damit die Sache zunächst an letztere Behörde verwiesen werde. Alsdann hat der Richter zu erklären, daß die Sache, so lange nicht von der vorgesetzten Verwaltungsbehörde darüber erkannt worden, zur

gerichtlichen Entscheidung nicht erwachsen sei: OT. 14. Nov. 1861 (Rechtspr. 2 S. 61), Bonnenberg S. 357 A. 8. — Auch ein voreilig erlassener Strafbescheid (z. B. in Stempelsachen vor Ablauf der zur Beibringung des Stempels gewährten Frist) kann dem gerichtlichen Strafverfahren zugrunde gelegt werden. Ebenso Bonnenberg das. A. 6; aM. OT. 13. Okt. 1858 (Oppenhoff, Strafverf. Art. 136 A. 26).

548. Inbetreff der Formen des Verwaltungsstrafverfahrens enthielt vorzugsweise nur das Zollstrafgeſ. v. 1838 (§§ 33—49) umfassendere und ins einzelne gehende Vorschriften, die gemäß § 43 Ges. v. 5. Juni 1852 entsprechend in Post- und Portoübertretungssachen zur Anwendung kamen. Das Ges. v. 1897 hat nunmehr das Verfahren für alle Zuwiderhandlungen (soweit nicht reichsgesetzliche Bestimmungen bestehen) einheitlich geregelt, indem es im allgemeinen die bestehenden Vorschriften wiedergibt und nur mancherlei sachlich nicht begründete Verschiedenheiten beseitigt, die früher vorhanden waren, jenachdem das Verfahren in dem einen oder dem anderen Landesteile geführt wurde oder die Zuwiderhandlung den einen oder den anderen Steuerzweig betraf: Begr. S. 2662.

549. Ordnungsstrafen und andere Zwangsmittel gegen ausbleibende Beschuldigte und Zeugen kann die Verwaltungsbehörde nicht selbständig zur Anwendung bringen. Erscheint der Beschuldigte nicht, so kann die Behörde das Verfahren fortsetzen; ist seine Vernehmung erforderlich, so muß das zuständige Amtsgericht darum ersucht werden. Gegen Zeugen finden die Bestimmungen der §§ 50, 69 StPO. mit einzelnen Beschränkungen Anwendung, jedoch kann die Strafe nur durch das Amtsgericht festgesetzt und vollstreckt werden: §§ 25, 29 Ges. v. 1897.

550. Die Vereidung der Zeugen konnte ehedem von den Verwaltungsbehörden nur dann vorgenommen werden, wenn diese ohne Vorbehalt des Antrags auf rechtliches Gehör zu entscheiden berufen waren (Zollstrafges. § 42, MVfg. 24. Juli 1822, 27. Aug. 1840, 20. Jan. 1834; VMBl. 40 S. 297; Rh. S. 4 S. 13), sie mußte daher schon nach gen. Art. 136 immer von den Gerichten ausgehen. Dasselbe gilt jetzt gemäß § 32 Ges. v. 1897.

551. Das Ges. v. 1897 enthält in § 13 die allgemeinen Vorschriften über die Beschlagnahme, die durch die Verwaltungsbeamten erfolgen kann; nur Briefe und Sendungen auf der Post und Telegramme auf den Telegraphenanstalten können nur durch den Richter beschlagnahmt werden. Die Vorschriften über die Durchsuchung sind meistens in den betr. Zoll- und Steuergesetzen selbst enthalten; nur soweit in diesen Gesetzen Durchsuchungen im Verwaltungswege nicht vorgesehen sind, verweist § 17 Abs. 1 auf die allgemeinen gesetzlichen Bestimmungen, so daß nach § 105 StPO. in der Regel der ordentliche Richter um die Anordnung einer Durchsuchung ersucht werden muß.

552. Was insbesondere die Frage betrifft, ob bei gegründeten Anzeigen einer Defraude oder Kontrebande die Verwaltung befugt sei, die Bücher der Kaufleute durch ihre Beamten in Beschlag nehmen und nachsehen zu lassen, so hatte das Staatsministerium durch Beschluß v. 13. Okt. 1819 (Jbb. 14 S. 258, Rh. S. 2 S. 12) dahin entschieden: 1) daß, wenn die Vorlegung der Handelsbücher verweigert werde, solches immer als Berufung auf rechtliches Gehör aufgefaßt und die Sache an die Gerichte abgegeben werden solle, 2) daß die Maßregel der Versiegelung der Bücher zwar anzuwenden, in der Regel aber von der Justizbehörde zu vollstrecken sei, und daß nur ausnahmsweise, falls nämlich eine Gerichtsperson nicht alsbald zu haben, die Versiegelung der Verwaltungsbehörde zustehe. — Diesem Beschlusse zufolge waren die Kaufleute nicht verpflichtet, auch ohne Eröffnung einer gerichtlichen Untersuchung ihre Bücher den Steuerbeamten zur Nachforschung nach Defraudationsspuren offen zu legen; aus der Bestimmung der Nr. 1 geht vielmehr hervor, daß die Offenlegung nur im gerichtlichen Verfahren und von den Gerichtsbehörden gefordert werden konnte, und daß letztere den Steuerbehörden die integrale Einsicht jener Bücher nicht gestatten durften: JMVfg. 6. Febr., 2. Sept. 1833 (Villaume S. 122). Die durch die später eingetretene Veränderung der Gerichtsordnung erforderlich gewordene Abänderung dieser Bestimmungen wurde durch FMVfg. 3. Febr. 1868 (JMBl. S. 63) herbeigeführt. Das Ges. v. 1897 hat auch hierin neue Vorschriften gegeben. Entsprechend dem in A. 546 gesagten bedingt die Verweigerung der Vorlegung der Bücher nicht mehr die nunmehrige Abgabe der Sache an die ordentlichen Gerichte; die Verwaltungsbehörde kann zwar die Handelsbücher nicht selbst einsehen, ist aber nach § 17 Abs. 4 befugt, sie versiegelt dem ordentlichen Richter zuzusenden, der sie prüft und diejenigen Papiere und Bücher,

die zu einer Zuwiderhandlung in Beziehung stehen, der Verwaltungsbehörde mitzuteilen hat, worauf das Verwaltungsstrafverfahren seinen Fortgang nimmt.

553. Hat ein Steuerbeamter dessenungeachtet ohne Einwilligung des Kaufmanns dessen Bücher eingesehen oder gar unbefugt (§ 13) in Beschlag genommen, so macht er sich einer Überschreitung seiner Amtsbefugnis schuldig und erscheint daher ein auf Grund des Ges. v. 13. Febr. 1854 erhobener Konflikt wider die Klage auf Erstattung der Bücher, des Schadens usw. unbegründet: *EK. 10. März 1860 (JMBl. 61 S. 135).

554. Ebenso ist die Entschädigungsklage statthaft, wenn die in einem Verwaltungsstrafverfahren in Beschlag genommenen Gegenstände durch den Mangel gehöriger Aufbewahrung an Wert verloren haben sollen. Ob in diesem Falle gegen den betreffenden Beamten oder wider den Staat geklagt werden müsse, betrifft nicht die Zuständigkeit, sondern die vom Richter zu prüfende Legitimationsfrage; vgl. EK. 12. Febr. 1859 (JMBl. S. 436; die Entscheidung erging infolge eines wirklichen KK).

555. Die Grundsätze einer streng juristischen Beweistheorie galten schon nach der früheren Gesetzgebung beim Verwaltungsstrafverfahren nicht; vgl. MVfg. 5. Apr. 1832 (Ann. 16 S. 339). Das Ges. v. 1897 hat den Grundsatz der freien Beweiswürdigung auch beim Verwaltungsstrafverfahren zur Durchführung gebracht.

556. Entgegen der Rechtsprechung des Obertribunals, wonach das Verwaltungsverfahren die Verjährung nicht unterbrach (vgl. Oppenhoff PrStGB. § 48 A. 18), legt § 459 Abs. 3 StPO. dem Strafbescheid inbetreff der Unterbrechung die Wirkung einer richterlichen Handlung bei. (Die Unterbrechung tritt mit der Unterzeichnung des Strafbescheids ein, seine Zustellung ist hierzu nicht erforderlich; vgl. FMVfg. 6. Nov. 1902, Zentralbl. d. Abg. usw. S. 293, Arndt S. 203, Meves in Holtzendorff, Handb. d. Strafproz. 2 S. 427). Dasselbe gilt gemäß § 21 Abs. 1 Satz 2 des Ges. v. 1897 von der genehmigten Unterwerfungsverhandlung. Andere Handlungen der Verwaltungsbehörde haben diese Wirkung nicht; vgl. Oppenhoff, RStGB. § 68 A. 8; (anders bei Wechselstempelstrafsachen: § 17 Satz 2 Wechselstempelsteuerges.). Ebenso unterbrechen die vom ordentlichen Richter im Verwaltungsstrafverfahren auf Ersuchen der Verwaltungsbehörde vorgenommenen Handlungen die Verjährung: RG. 11. Mai 1886, 14. Jan. 1889 (EStraff. 14 S. 434; 15 S. 401), nicht aber Handlungen eines nicht ersuchten Richters, die vorgenommen werden, solange die ausschließliche Entscheidungsbefugnis der Verwaltungsbehörde noch besteht (A. 547); ebenso Oppenhoff aaO. A. 11, Olshausen, StGB. § 68 A. 16b.

557. Die Vorschriften des StGB. über die Verjährung der Vollstreckung rechtskräftiger Strafen kommen auch bei den durch Strafbescheide verhängten Strafen zur Anwendung.

558. Auch eignet sich die durch Strafbescheid oder in Form des Unterwerfungsverfahrens erfolgte Bestrafung zur Begründung des Rückfalls; vgl. z. B. VZollges. §§ 140, 142 Abs. 4, ferner OT. 13. Juni 1872 (Rechtspr. 13 S. 350), Oppenhoff, PrStGB. § 58 A. 15.

559. Wenngleich Art. 136 Ges. v. 3. Mai 1852 den Antrag auf rechtliches Gehör allgemein gestattete und hiermit die früher in dieser Hinsicht bestehenden Beschränkungen (§ 247 Anh. z. AGO., Zollstrafges. v. 23. Jan. 1838 §§ 33, 42) beseitigt hatte, so fiel diese Befugnis doch da weg, wo die Sache im Unterwerfungsverfahren erledigt worden war. Dies trifft auch heute zu, da die Unterwerfnngsverhandlung mit der Genehmigung die Wirkung eines vollstreckbaren Strafbefehls erhält, so daß der Beschuldigte nicht noch nachträglich gerichtliche Entscheidung beantragen kann; vgl. auch Arndt S. 298. Doch kann er die Unterwerfung bis zur Genehmigung widerrufen: §§ 20, 21 (nicht aber jetzt schon gerichtliche Entscheidung verlangen, s. A. 546).

560. Das (in A. 545 erwähnte) Recht der Verwaltungsbehörden, sich der Entscheidung zu enthalten, war durch § 33 Zollstrafges. v. 1838 nur den Provinzialbehörden beigelegt. Eine in der JMVfg. 12. Apr. 1832 (Jbb. 39 S. 468) bezogene Anordnung des Finanzministers machte die Handhabung desselben durch die Hauptzoll- und -steuerämter von der Zustimmung der Provinzialbehörde abhängig und wies gleichzeitig die Gerichte an, sich diese Zustimmung durch abschriftliche Mitteilung der desfallsigen Verfügung nachweisen zu lassen. Vgl. Oppen-

hoff, Strafverf., Art. 136 A. 36. Nach § 3 Ges. v. 1897 hat die „zuständige" Verwaltungsbehörde über die Abgabe der Entscheidung zu bestimmen, also (§ 5) entweder die Hauptämter oder die Provinzialbehörde.

561. Diese Befugnis der Verwaltung, sofort auf Einleitung der gerichtlichen Untersuchung anzutragen, bestand nach gen. Art. 136 „so lange noch kein Strafbescheid erlassen" d. h. so lange dem Angeschuldigten noch kein solcher Bescheid bekannt gemacht war; der Antrag erschien daher noch statthaft, wenn der Angeschuldigte die Annahme des Bescheides verweigert hatte. So: OT. 4. Okt. 1861 (Rechtspr. 1 S. 574). Auch nach § 3 Abs. 1 Ges. v. 1897 in Verbindung mit § 464 Abs. 1 StPO. ist anzunehmen, daß die Befugnis der Verwaltungsbehörde erst durch die Zustellung oder die protokollarische Eröffnung des Strafbescheids ausgeschlossen wird; vgl. Nr. 1 Abs. 2 der Ausf.-Vorschriften v. 15. Sept. 1897 (A. 542). Dagegen wird dem gen. OT. in seiner weiteren Folgerung nicht mehr zuzustimmen sein, da bei dem durch die ZPO. geregelten Zustellungswesen auch trotz der Annahmeverweigerung die Zustellung noch erfolgen kann; vgl. Bonnenberg S. 77 A. 10. Das genannte Urteil erwog ferner: auf die Gründe, aus denen die Verwaltung den Antrag stelle, komme es nicht an, weil sie diesen nicht zu begründen brauche und das Gericht nur zu prüfen habe, ob er rechtzeitig gestellt sei.

562. Begibt sich die Verwaltungsbehörde ihres Entscheidungsrechts, so kann die Staatsanwaltschaft die Verfolgung nur ablehnen, wenn sie die gerügte Handlung für straflos hält; vgl. JMVfg. 24. Febr. 1853 (Oppenhoff, Strafverf. Art. 138 A. 7). Nimmt die Staatsanwaltschaft die Verfolgung auf, so richtet sich das Verfahren nach den allgemeinen Bestimmungen des GVG. und der StPO.; vgl. Löwe, § 464 A. 3.

563. Ist eine Sache einmal zum gerichtlichen Verfahren gediehen, so steht der Verwaltung nicht zu, sie zurückzuziehen oder das Verfahren gänzlich niederzuschlagen; ebenso Bonnenberg S. 78 A. 11 — vorbehaltlich jedoch des dem Finanzminister zustehenden Rechts, rechtskräftig erkannte Strafen im Gnadenwege zu erlassen: Nr. 1 des AErl. v. 26. Sept. 1897 (GS. S. 402), Oppenhoff, Strafverf. Art. 136 A. 40.

564. Die gerichtliche Zuständigkeit beurteilt sich gegenwärtig nach den allgemeinen Vorschriften; vgl. GVG. § 27 Nr. 1, 2, § 73 Nr. 1, Löwe A. 1 zu § 27 GVG., A. 2 zu § 462 StPO., Bonnenberg S. 175 ff. Die gesetzlichen Vorschriften, nach welchen gewisse Sachen sofort an die Obergerichte gelangen sollten (§ 34 d. G. bezw. Anh. z. AGO., Zollstrafges. § 35, AKO. v. 29. April 1842), haben schon durch die VO. v. 2. Jan. 1849 ihre Geltung verloren.

565. Das gerichtliche Verfahren hat dem vorgängigen administrativen gegenüber nicht den Charakter eines Verfahrens der höheren Instanz; der Strafbescheid verliert vielmehr als solcher durch den Antrag auf rechtliches Gehör jede Bedeutung und nimmt den Charakter der Anklage an, woraus einerseits folgt, daß der Richter jenen nicht etwa bestätigen oder aufheben darf, andererseits aber, daß er nicht an die Strafabmessung desselben zu Gunsten des Angeklagten gebunden ist; er kann daher auch auf eine schwerere Strafe erkennen. Vgl. OT. 14. Jan. 1861, 17. Sept. 1863 (Rechtspr. 2 S. 57; 4 S. 53), Oppenhoff, aaO. A. 23, 27, 28, Löwe § 462 A. 7, Bonnenberg S. 209 A. 11, S. 211 A. 15. Letzteres ist von großer praktischer Bedeutung für diejenigen Gebiete, wo den Verwaltungsbehörden unter gewissen Voraussetzungen zusteht, in ihren Bescheiden unter das gesetzliche Strafmaß hinabzugehen, da eine ähnliche Befugnis den Gerichten nicht beiwohnt. (Nr. 5 FMVfg. 6. Okt. 1897, JMBl. S. 266); vgl. OT. 23. Okt. 1862, 17. Okt. 1866, 1. Mai, 13. Juni 1868, 11. Juli 1872 (Rechtspr. 3 S. 87; 7 S. 539; 9 S. 308, 376; 13 S. 407), Oppenhoff aaO. A. 32, Löwe aaO., Löbe S. 197. — Im übrigen sind, was die richterliche Beurteilung in sachlicher Hinsicht betrifft, oben A. 217, 218 zu vergleichen.

566. Dem vorgesagten gemäß würde strenge genommen der einmal gestellte Antrag auf gerichtliche Entscheidung später nicht mehr zurückgezogen werden können. In der Tat ist dies früher mitunter behauptet worden, bis sich die in der JMVfg. 23. Sept. 1846 (JMBl. S. 160) bezogene AKO. v. 25. Apr. 1844 ausdrücklich für das Gegenteil aussprach. In demselben Sinne regelt auch (wie früher gen. Art. 136) § 462 StPO. diesen Punkt.

567. Eine fernere Abweichung von dem obigen Grundsatze ist darin zu finden,

daß dem gerichtlich Verurteilten sowohl gemäß § 45 d. G. und gen. Art. 136 als § 50 Ges. v. 1897 die Kosten des Verwaltungsverfahrens zur Last fallen. Die Einschränkungen, die § 45 in dieser Hinsicht macht, wenn die gerichtlich erkannte Strafe milder ausfallen sollte, als die im Bescheide verhängte, sind schon durch Art. 136 aufgehoben.

568. Der § 45 d. G. erwähnt als eines Rechtsmittels wider Strafbescheide der Beschwerde an die höhere Verwaltungsbehörde nicht, wohl aber wird ihrer in den verschiedenen Steuer- und Zollgesetzen gedacht, so daß ihre Zulässigkeit auch bisher nicht zweifelhaft war. § 459 StPO. läßt sie zu, wenn sie in Landesgesetzen vorgesehen ist. Jetzt gibt § 38 Ges. v. 1897 ausdrücklich dem Beschuldigten, dem Einziehungsbeteiligten und dem Vertretungspflichtigen, sowie den gesetzlichen Vertretern dieser Personen die Beschwerde im Verwaltungswege, aber nur dann, wenn sie nicht auf gerichtliche Entscheidung antragen, so daß der Antrag auf gerichtliche Entscheidung den Ausschluß der Beschwerde zur Folge hat; ebenso schneidet die Einlegung der Beschwerde den Antrag auf gerichtliche Entscheidung ab. Vgl. Nr. 38 Ausf.Vorschriften (A. 542), Bonnenberg S. 166 A. 15, Arndt S. 306, Löwe § 459 A. 8, § 453 A. 6, und früher SteuerO. v. 8. Febr. 1819 § 93, Zollstrafges. v. 23. Jan. 1838 § 46. Hat der gesetzliche Vertreter das eine, der von ihm vertretene das andere Rechtsmittel ergriffen, so ist die Beschwerde wirkungslos, wenn nicht der Antrag auf gerichtliche Entscheidung zurückgenommen wird.

569. Während gen. Art. 136, abgesehen davon, daß er den Grundsätzen der Verfassungsurkunde getreu die auf diesem Gebiete bestehenden Beschränkungen der richterlichen Zuständigkeit beseitigt, im wesentlichen nur die frühere Gesetzgebung wiedergibt und dem neu eingeführten, schon durch die VO. v. 3. Jan. 1849 an Stelle der fiskalischen Untersuchung getretenen, strafgerichtlichen Verfahren anpaßt, erfüllen die Art. 138 ff. die Bestimmung, den Verwaltungsbehörden einen ähnlichen, aber noch größeren Einfluß auf das gerichtliche Verfahren zu sichern, als ihnen schon nach der früheren Gesetzgebung, namentlich nach der mit den übrigen Vorschriften über fiskalische Untersuchungen außer Kraft getretenen AKO. v. 11. Juni 1838 zustand. Sie tun dies in der Weise, daß sie jenen Behörden, sowohl was die selbständige Erhebung der Anklage bei Gericht, als was die Einlegung und Verfolgung von Rechtsmitteln wider ergangene Urteile betrifft, gleiche Rechte mit der Staatsanwaltschaft einräumen, jedoch mit der Beschränkung, daß die Erhebung der Anklage der Verwaltung nur insoweit zusteht, als die Staatsanwaltschaft nicht selbst einschreitet; vgl. Oppenhoff aaO. Art. 138 A. 6. Die entsprechenden jetzt geltenden Bestimmungen sind enthalten in den §§ 464, 466 ff. StPO., § 75 Abs. 3 GVG.

570. Der enge Zusammenhang, in dem diese §§ zu § 459 das. stehen und die Ausnahmenatur der auf ersteren beruhenden Befugnisse scheint dafür zu sprechen, daß diese Befugnisse nur für solche Fälle gegeben seien, wo ein Verwaltungsstrafverfahren wirklich stattgefunden hat oder doch an sich zulässig gewesen wäre. Jedoch dürfte sowohl aus der allgemeinen, keine Ausnahme zulassenden Fassung des Gesetzes wie ex ratione legis das Gegenteil zu folgern, mithin anzunehmen sein, daß jene Befugnisse den Verwaltungsbehörden ganz unabhängig von der ihnen selbst zustehenden Strafgewalt, lediglich im Hinblick auf das unmittelbare Interesse verliehen seien, das sie an der Bestrafung der ihren Geschäftskreis betreffenden Vergehen, und zwar aller Arten derselben einschließlich der unmittelbar mit Freiheitsstrafe bedrohten haben. Hierzu kommt, daß auch die AKO v. 11. Juni 1838 (A. 569) die Befugnis der Verwaltungsbehörden, in fiskalischen Untersuchungen wegen Steuer und ähnlicher Vergehen Rechtsmittel wider die erlassenen Entscheidungen zu ergreifen, nicht auf obige Fälle beschränkte. Ebenso Arndt S. 315 ff., Löwe § 464 A. 1; vgl. die dort genannten Belege.

571. Auch die städtischen Magistrate sind befugt, in den ihren Geschäftskreis treffenden Fällen selbständig die Anklage zu erheben oder Rechtsmittel gegen richterliche Erkenntnisse einzulegen; vgl. OT. 9. Juni 1871 (Rechtspr. 12 S. 323), Oppenhoff aaO. Art. 136 A. 3, Art. 138 A. 4.

572. Die von den Verwaltungsbehörden in Handhabung jener Befugnisse geschehenden Schritte haben dieselbe Wirkung, wie wenn sie von der Staatsanwaltschaft ausgegangen wären; vgl. Oppenhoff, aaO. Art. 138 A. 8, Art. 141 A. 3.

573. Die Vollstreckung der wegen Steuer- und ähnlicher Vergehen von

den Gerichten verhängten Strafen sowie der Strafumwandlungsbeschlüsse steht den Gerichten, die der Strafbescheide den Verwaltungsbehörden, und zwar nach § 54 Ges. v. 1897 den Hauptämtern zu, die dabei nach Maßgabe der Bestimmungen über das Verwaltungszwangsverfahren (VO. v. 15. Nov. 1899) zu verfahren haben. Vgl. Löwe § 463 A. 5, Arndt S. 310, Bonnenberg S. 282 A. 16, S. 287 A. 3; aM. Löbe § 165 A. 10, der, weil der ordentliche Richter die Umwandlung lediglich auszusprechen habe, annimmt, daß auch die an die Stelle der Geldstrafe getretene Freiheitsstrafe von der Steuerbehörde zu vollstrecken sei und zwar von ihr selbst oder durch Ersuchen der Staatsanwaltschaft oder des Amtsgerichts. Dagegen sind der Finanzminister und die Provinzialsteuerbehörden befugt, selbst die gerichtlichen Vollstreckungen nach Umständen auszusetzen, sowie Strafunterbrechung und Strafteilung zu gestatten; die Gerichte sind gehalten, die desfallsigen Verfügungen zu berücksichtigen: Nr. 2 des AErl. v. 26. Sept. 1897 (GS. S. 402), FMVfg. 6. Okt. 1897 (JMBl. S. 266, Zentralbl. S. 408), Dienstvorschr. betr. d. Ausf. d. Stempelsteuerges. v. 14. Febr. 1896 (Zentralbl. S. 93) Nr. 15 Abs. 2, MVfg. v. 17. Juli 1900 (JMBl. S. 505) § 23; vgl. für das frühere Recht Arndt S. 323ff., SteuerO. v. 8. Febr. 1819 § 95, Zollstrafges. v. 23. Jan. 1838 § 50, JMVfg. 7. Febr. 1845 (JMBl. S. 32). Demgemäß müssen die bei den Gerichten eingehenden Gesuche um Aussetzung oder Unterbrechung gerichtlich erkannter Zoll- und Steuerstrafen, insbesondere um Bewilligung von Teilzahlungen oder der Abbüßung von Freiheitsstrafen mit Zwischenräumen an die zuständigen Verwaltungsbehörden abgegeben werden. Im übrigen aber sind die Rechte und Pflichten der Justizbehörden inbetreff der durch sie bewirkten Vollstreckungen nicht verändert; handelt es sich daher um Aussetzung oder Unterbrechung einer Strafe wegen einer beim Verurteilten eingetretenen Veränderung, z. B. Krankheit, Schwangerschaft usw., so müssen sie auch hier selbst darüber befinden: § 487 StPO. Ebenso haben sie selbst alle sonstigen durch die Dringlichkeit der Sache etwa gebotenen Verfügungen zu treffen; vgl. JMVfg. 31. Juli, 19. Aug. 1837, 10. Sept. 1857 (Jbb. 50 S. 231; Rh. S. 6 S. 278; JMBl. 57 S. 302).

574. Die Freiheitsstrafe, in welche eine durch Strafbescheid festgesetzte Geldbuße umgewandelt worden, ist nur einer subsidiären Freiheitsstrafe gleich zu achten, weshalb deren Vollstreckung jederzeit durch Annahme der ursprünglich festgesetzten Geldbuße abgewendet wird: JMVfg. 8. Juli 1836 (Jbb. 48 S. 282).

575. Gleichwohl bleibt die nachträgliche Annahme der Zahlung, mag diese vor oder nach der Strafumwandlung angeboten werden, ausschließlich Sache der Verwaltungsbehörden, ohne deren Anweisung die Justizbehörden die Vollstreckung der subsidiären Freiheitsstrafe nicht unterbrechen können; letztere müssen deshalb die Verurteilten mit Bestimmung einer Frist zur Beibringuug der Erklärung jener Behörden an diese verweisen. So die JMVfg. 6. Juni 1835 (Jbb. 45 S. 548), 16. Dez. 1853 (JMBl. S. 442); vgl. Bonnenberg S. 282 A. 19.

576. Erheben sich jedoch Meinungsverschiedenheiten zwischen dem Zahlenden und der Verwaltungsbehörde über die Anrechnung der gezahlten Beträge, so ist das Gericht bezw. die Staatsanwaltschaft an die Auffassung jener Behörde nicht gebunden, hat vielmehr selbständig die Umwandlung in Freiheitsstrafe nur für denjenigen Betrag auszusprechen, der von der Geldbuße nach den für die Anrechnung bestehenden Grundsätzen noch übrig ist. Ebenso OT. 7. Apr. 1869 (Rechtspr. 10 S. 198), Bonnenberg S. 280 A. 8. Eine desfallsige Prüfung des Umwandlungsantrags enthält keine Beurteilung der Sache selbst oder des Strafbescheids, wie sie nach § 463 StPO. den Gerichten untersagt ist; vgl. Oppenhoff, Strafverf. Art. 137 A. 10 und Rechtspr. des OT. 1 S. 240. — Ebenso wird das Gericht, wenn erst nach der Strafumwandlung gezahlt worden, befugt und verpflichtet sein, nur denjenigen Teil der Freiheitsstrafe zu vollstrecken, welcher dem nach seiner Ansicht über die Anrechnung noch verbleibenden Teile der Geldbuße entspricht, sollte die Verwaltung auch auf Vollstreckung der gesamten Strafen bestehen, z. B. weil sie die Zahlung lediglich auf die Gefälle oder die Kosten in Anrechnung bringen will. Ebenso Löwe § 463 A. 3.

577. Wider den Strafumwandlungsbeschluß findet sofortige Beschwerde statt: StPO. § 463 Abs. 3. Unter der Herrschaft der Dekl. v. 20. Jan. 1820 stand dem Verurteilten ein eigentliches Rechtsmittel wider den Umwandlungsbeschluß nicht zu, wohl aber später nach Art. 11, 137, 133 Ges. v. 3. Mai 1852. Daß gegen den Beschluß, welcher die Strafumwandlung ganz oder teilweise ablehnt, der Verwal-

tungsbehörde ebenmäßig das Recht der Beschwerde zustehe, scheint zwar aus letztgenannten Gesetzesstellen nicht unmittelbar zu folgen; das OT. hat aber die Zulässigkeit einer solchen Beschwerde nicht beanstandet; vgl. OT. 1. Febr. 1861 (Rechtspr. 1 S. 240). Dagegen gilt heute die Steuerbehörde für nicht befugt zur Beschwerde, sondern außer dem Beschuldigten nur die Staatsanwaltschaft. Vgl. die Belege bei Löwe § 463 A. 4, Löbe S. 185 A. 7, Bonnenberg S. 281 A. 14.

578. Post- und Portodefraudationen. Nach § 43 Ges. v. 5. Juni 1852 kamen früher in Post- und Portoübertretungssachen die Vorschriften des Zollstrafges. v. 1838 zur Anwendung. Durch das RPostges. v. 28. Okt. 1871 (RGBl. S. 347) ist bei Post- und Portodefraudationen ein besonderes Verwaltungsstrafverfahren eingeführt worden. Die Bestimmungen sind enthalten in den §§ 32 ff. Abweichend von dem oben geschilderten Verfahren (A. 545) ist nach § 34 das Unterwerfungsverfahren in allen Fällen erforderlich; jedoch kann die Nichtbeachtung dieser Vorschrift zur Aufhebung des eingeleiteten gerichtlichen Strafverfahrens wenigstens dann nicht führen, wenn der Beschuldigte fortdauernd das Vorhandensein einer Defraudation bestreitet und seine Absicht, nicht freiwillig ohne Einrede Zahlung zu leisten, zu erkennen gibt; so: RG. 27. Jan. 1881 (EStrafs. 3 S. 300). Der Antrag auf rechtliches Gehör ist auch schon vor Erlaß des Strafbescheids zulässig; ihm steht gleich, wenn der Angeschuldigte auf die Vorladung der Postbehörde nicht erscheint oder die Auslassung vor derselben verweigert, § 35. Gegen den Strafbescheid selbst kann der Antrag innerhalb einer Frist von zehn Tagen gestellt werden; diese Frist ist durch § 459 StPO. nicht geändert worden; vgl. Löwe § 35 A. 2. Die Einlegung des Rekurses (§ 42) schließt die Berufung auf rechtliches Gehör aus und umgekehrt. Das Beschlagnahmerecht ist in § 32 dahin geregelt, daß die Postbehörden und -beamten Briefe und andere Sachen, die Gegenstand der Defraudation sind, in Beschlag zu nehmen und zurückzuhalten befugt sind.

579. Direkte Steuern. Für die direkten Staatssteuern enthalten die einzelnen Gesetze besondere Bestimmungen auch über das Verwaltungsstrafverfahren; vgl. Einkommensteuerges. v. 24. Juni 1891 (GS. S. 175) § 70, Ergänzungssteuerges. v. 14. Juli 1893 (GS. S. 134) § 46, Ges. betr. Besteuerung des Gewerbebetriebs im Umherziehen v. 3. Juli 1876 (GS. S. 247) § 27, Ges. betr. Besteuerung des Wanderlagerbetriebs v. 27. Febr. 1880 (GS. S. 174) § 10. Hiernach steht der Regierung die vorläufige Festsetzung der Geldstrafe zu. Die Gerichte sind nur dann zur Entscheidung zuständig, wenn der Beschuldigte die Geldstrafe und die Kosten nicht binnen einer ihm bekannt gemachten Frist zahlt, wenn die Regierung von der vorläufigen Straffestsetzung Abstand zu nehmen erklärt oder wenn der Beschuldigte hierauf verzichtet, ferner wenn letzterer in Preußen keinen Wohnsitz hat, endlich bei den zwei zuletzt genannten Gesetzen, wenn der Beschuldigte sich in Haft befindet; sie bleiben zuständig, auch wenn der Beschuldigte aus der Haft entlassen worden ist: OT. 4. Apr. 1876 (Rechtspr. 17 S. 242). Wegen Zuwiderhandlungen gegen die Verpflichtung zur Geheimhaltung (Einkommensteuerges. § 69, Gewerbesteuerges. v. 24. Juni 1891, GS. S. 205, § 72) sowie im Falle des § 25 Ges. v. 3. Juli 1876 findet nur das gerichtliche Strafverfahren statt. Die Entscheidung über Nachzahlung der hinterzogenen Steuer verbleibt stets der Verwaltung. Die der Regierung zustehende Befugnis, eine mildere Strafe eintreten zu lassen, steht nicht auch dem Gerichte zu. Eine Umwandlung der von der Regierung festgesetzten aber unbeitreiblichen Geldstrafe in eine Freiheitsstrafe kommt in obengeschildertem Verfahren nicht in Frage. — Diese Vorschriften kommen bei direkten Gemeindebesteuern entsprechend zur Anwendung, s. A. 536.

580. Für das Zusammentreffen von Gewerbepolizei- und Gewerbesteuerkontraventionen sind besondere Bestimmungen getroffen in den §§ 147 Abs. 2, 148 Abs. 2, 149 Abs. 2 RGewO., denen zufolge bald die Polizei- durch die Defraudationsstrafe, bald diese durch jene ausgeschlossen wird. Im Falle des § 147 Abs. 2 liegt Idealkonkurrenz vor, wobei das Steuervergehen hinter dem Polizeivergehen zurücktritt; ein Verwaltungsstrafverfahren sowie jede sonstige Verfolgung wegen Gewerbesteuervergehens erscheint selbst dann unstatthaft, wenn der angebliche Defraudant auf Grund des § 147 zwar vor Gericht gestellt, aber wegen mangelnden Beweises freigesprochen worden ist. Ebenso OT. 24. Sept. 1862 (Rechtspr. 3 S. 23). Folgeweise stehen der Steuerbehörde auch nicht die Rechte aus §§ 464 ff. StPO. zu. Vgl. OT. 31. Jan. 1874, 7. Apr. 1875 (Rechtspr. 15 S. 47; 16 S. 273). Anders würde es sein, wenn das Polizeivergehen bloß als verjährt angenommen worden

wäre, vorausgesetzt, daß die gerichtliche Anklage die Defraude nicht etwa ausdrücklich mitumfaßte und auch hinsichtlich ihrer ein Richterspruch erging. Daß abgesehen von diesem Falle eines rechtskräftigen freisprechenden Erkenntnisses die Verfolgung des Steuervergehens durch die Verjährung des Polizeivergehens nicht ausgeschlossen wird, ist jetzt allgemein anerkannt; vgl. RG. 23. Juni 1882 (EStraff. 6 S. 372), OT. (Pl.) 11. Juni 1877 (Rechtspr. 18 S. 381), KG. 9. Mai 1881, 23. Dez. 1886, 1. Juni 1891 (Johow 2 S. 209; 7 S. 205; 11 S. 217); aM. die frühere Rechtsprechung des OT., vgl. Rechtspr. 11 S. 57, 454; 16 S. 762. — In den Fällen der §§ 148 Abs. 2, 149 Abs. 2 GewO. liegt keine Idealkonkurrenz vor (ebenso gen. KG. 1891, aM. gen. OT. (Pl.); das Verwaltungsstrafverfahren wegen des Steuervergehens ist zulässig. Vgl. A. 543.

581. Findet der erkennende Richter, daß nur ein Steuervergehen, nicht auch eine Polizeiübertretung vorliegt, so kann er die Entscheidung über das erstere nicht deshalb ablehnen, weil darüber zunächst die Steuerbehörde zu befinden habe. Ebenso OT. 17. Apr. 1868 (Rechtspr. 9 S. 277), Stenglein, strafrechtl. Nebengeſ. 2. Aufl. S. 663 A. 27; aM. OT. 30. Okt. 1873 (Rechtspr. 14 S. 675).

IV. Strafverfahren in Stempelkontraventionssachen insbesondere.

582. Bei Zuwiderhandlungen gegen die (Reichs- oder Landes-) Stempelgesetze kommt das Strafverfahren wegen Zollvergehen zur Anwendung, mithin jetzt das Ges. v. 1897 und die §§ 459 ff. StPO. (vorstehend III). Früher waren im Verwaltungsstrafverfahren bei Stempelsteuersachen erhebliche Abweichungen von dem sonst üblichen vorhanden, die zum Teil auch heute noch fortbestehen. Während nämlich die Verwaltungsstrafgewalt nach § 45 d. G. regelmäßig in den Händen derjenigen Behörde beruht, welcher die Verwaltung des betreffenden Zweigs des Finanzwesens im allgemeinen überwiesen ist, mithin bei Vergehen wider die Vorschriften über die Erhebung direkter Steuern in den Händen der Regierungen, bei solchen gegen die Gesetzgebung über indirekte Steuern seit Errichtung besonderer Provinzialsteuerdirektionen in den Händen dieser Behörde bezw. der ihr untergeordneten Hauptämter usw., verpflichtete § 30 Stempelges. v. 7. März 1822 alle mit einer richterlichen oder Polizeigewalt betrauten Staats- oder Kommunalbehörden und Beamte, die bei ihrer Amtsverwaltung zu ihrer Kenntnis kommenden Stempelkontraventionen von Amts wegen zu rügen, und zwar so, daß sie, sofern sie überhaupt befugt waren, Strafen zu erkennen oder durch Resolute festzusetzen, die Strafen selbst in Anwendung bringen und einziehen, sonst aber ihrer zunächst vorgesetzten, mit jener Befugnis versehenen Behörde Anzeige machen sollten, es sei denn, daß die Nichtbeachtung der Stempelgesetze einer Behörde bezw. einem Beamten selbst zur Last liegen möchte, in welchem Falle die Strafe nur von der vorgesetzten Behörde ausgehen konnte. Die Unterscheidung, ob ein Privater oder ein Beamter als solcher sich einer Stempelkontravention schuldig machte, hatte nur die zur Verhängung der Strafe berufene Behörde zum Gegenstande; inbetreff des zu beobachtenden Verfahrens und der gegen die Strafbescheide statthaften Rechtsmittel galten für beide dieselben Grundsätze.

583. Diese außergewöhnliche Strafgewalt ist für die im ersten Falle des § 30 Ges. v. 1822 genannten Zuwiderhandlungen von Privaten heute vollständig beseitigt, indem die RStempelgesetze und das Stempelsteuergeſ. v. 31. Juli 1895 (GS. S. 413) eine dem § 30 entsprechende Vorschrift nicht enthalten und das Ges. v. 1897 nur die betr. Steuerbehörde zur Straffestsetzung für befugt erklärt. Überhaupt findet sich im Strafverfahren gegen Private gegenüber dem sonst vorgeschriebenen Verfahren nur noch eine Abweichung hinsichtlich der Beschlagnahme und Durchsuchung; der durch § 18 Ges. v. 1897 aufrechterhaltene § 31 Stempelsteuergeſ. bestimmt nämlich, daß auf Antrag der Steuerbehörde der ordentliche Richter über die Anordnung einer Beschlagnahme oder Durchsuchung Entscheidung zu treffen hat.

584. Dagegen hat das Stempelsteuergeſ. v. 1895 in § 19 Abs. 3 die schon nach dem Stempelges. v. 1822 (§ 30, zweiter Fall) bestehende Strafbefugnis der vorgesetzten Aufsichtsbehörde gegen die ihnen unterstellten unmittelbaren und mittelbaren Staatsbeamten einschl. der Notare aufrechterhalten. Diese Strafbefugnis tritt ein, wenn die Beamten bei ihren amtlichen Verhandlungen oder bei den im Auftrage oder namens einer Behörde mit Privatpersonen abgeschlossenen Verträgen die ihnen durch das Ges. v. 1895 oder die zu dessen Ausführung erlassenen Vorschriften hinsichtlich der Versteuerung auferlegten Pflichten versäumen, sofern nicht

nach der Art des Vergehens wegen verletzter Amtspflicht eine höhere Strafe eintritt. Diese Bestimmung ist durch § 60 Ges. v. 1897 ausdrücklich aufrechterhalten. — Über die Nachbringung der fehlenden Stempelbeträge hat nur die Steuerbehörde zu bestimmen; vgl. JMVfg. 19. Febr., FMVfg. 5. März 1897 (Zentralbl. d. Abg. usw. S. 92).

585. Die Vorschrift des § 19 Ges. v. 1895 bezieht sich nur auf Staatsbeamte, nicht auch auf Reichsbeamte: Heinitz § 19 A. 1. — Bei einem Rechtsanwalt, der z. B. eine ungestempelte Vollmacht vorlegt, tritt die amtliche Stellung hinter dem privatrechtlichen Auftragsverhältnis zurück; die Stempelstrafe ist demnach von der Steuerbehörde festzusetzen. Vgl. MVfg. 9., 21. Febr. 1870, (Zentralbl. S. 246; JMBl. S. 71), ferner auch RG. 15. Apr. 1886 (Johow 6 S. 215, JMBl. S. 269), Bonnenberg S. 342 A. 6.

586. Die vorgesetzte Behörde, welche die Strafe anzuwenden hat, ist die Dienst- und Disziplinarbehörde. Nimmt daher z. B. die Oberrechnungskammer bei der Rechnungsrevision eine Stempelkontravention an, so kann sie die Strafe nicht selbst festsetzen, sondern nur die Nichtbeachtung des Gesetzes rügen und auf Erledigung dieser Erinnerung dringen. Findet alsdann die vorgesetzte oder im Falle der Beschwerde die Ministerialbehörde die Erinnerung nicht dem Gesetze gemäß, so ist ebenso zu verfahren, wie bei anderen Erinnerungen, die jene Kammer auf die Beantwortung der Verwaltungsbehörde zurückzunehmen verweigert; vgl. AKO. v. 15. Dez. 1829, MVfg. 22., 28. Febr. 1830 (Ann. 14 S. 40ff.), Bonnenberg S. 350 A. 1, Heinitz § 19 A. 3a.

587. Wer im einzelnen Falle zur Straffestsetzung berufen ist, ergibt die Gliederung der betr. Beamtengruppe. Wo eine Justizbehörde zuständig war, ist die Zuständigkeit durch § 28 Ges. betr. Abänderung der Disziplinarges. v. 9. Apr. 1879 auf den Landgerichtspräsidenten übergangen. Vgl. jetzt § 60 Ges. v. 1897 und die Zusammenstellung bei Heinitz § 19 A. 1, Bonnenberg S. 351 ff.

588. Steht eine Behörde unter der Dienst- und Disziplinargewalt zweier nebengeordneter Behörden, so übt jede der letzteren die Strafbefugnis für die Angelegenheiten ihres Geschäftskreises aus. So haben z. B. nach JMVfg. 16. Juni 1857, 12 Nov. 1881 (JMBl. 57 S. 230; BMBl. 81 S. 228) [die Gerichte bezw. jetzt] der Landgerichtspräsident (s. A. 626) die Strafen wider Dorfgerichte wegen der bei Ausführung gerichtlicher Geschäfte verübten Stempelkontraventionen auszusprechen, indem jene, obschon sie bezüglich ihres Hauptwirkungskreises der Disziplinargewalt der Verwaltungsbehörde unterworfen sind, dennoch insofern, als sie den §§ 104 ff. PrGes. ü. freiw. Ger., JMVfg. 20. Dez. 1899 (JMBl. S. 806), §§ 82, 85, 86 II. 7 ALR. und anderen Bestimmungen zufolge gerichtliche Geschäfte ausführen, unter der Aufsicht der Gerichtsbehörden stehen. Ebenso Heinitz aaO.

589. Auch die Aufsichtsbehörde, welche Stempelstrafen verhängt, übt immerhin nur eine Tätigkeit der Steuerbehörde aus. Sie handhabt die auf den § 45 d. G. zurückzuführende administrative, nicht also die richterliche oder die disziplinarische Strafgewalt. Die letztere kommt bei eigentlichen Stempelkontraventionen als solchen niemals zur Anwendung, erstere erst, wenn auf rechtliches Gehör angetragen wird; vgl JMVfg. 7. Jan. 1838 (Jbb. 51 S. 224), ferner Bonnenberg S. 354 A. 13. Daß § 19 Ges. v. 1895 von der Festsetzung einer „Ordnungsstrafe" spricht, ändert hieran nichts; die Strafe ist keine Disziplinarstrafe, sondern eine eigentliche Stempelsteuerstrafe. Vgl. Nr. 13 der Dienstvorschriften betr. die Ausführung des Stempelsteuerges. v. 14. Febr. 1896 bezw. 28. Aug. 1900 (Zentralbl. d. Abg. usw. 96 S. 93; 00 S. 477), § 22 MVfg. über das gerichtl. Stempelwesen v. 29. Febr. 1896 bezw. 17. Juli 1900 (JMBl. 96 S. 63; 00 S. 505). Demnach ist auch das Verwaltungsstreitverfahren gegen die Straffestsetzung (§ 36 ZustGes.) nicht zulässig: OVG. 4. Dez. 1886 (E. 14 S. 409; betraf einen Fall der Bestrafung gemäß AKO. v. 28. Okt. 1836, vgl. hierüber 1. Aufl. A. 464).

590. Demgemäß muß auch die vorgesetzte Dienstbehörde die Strafen durch einfache Resolute (Strafbescheide) festsetzen, ohne hierbei das für gerichtliche oder Disziplinarsachen vorgeschriebene Verfahren zu beobachten: so schon JMVfg. 27. Okt. 1837 (Jbb. 50 S. 662); sind zuvor noch nähere Ermittelungen, Vernehmung der Zuwiderhandelnden, Beweisaufnahmen usw. nötig, so ist folgeweise auch insofern nur nach den Formen administrativer Untersuchungen zu verfahren. Vgl. jetzt § 60 Ges. v. 1897 und die in A. 589 genannten Dienstvorschriften und MVfggen, Bonnenberg S. 356 A. 5.

591. Inwiefern gegen einen Strafbescheid, auch wenn er von der Aufsichtsbehörde erlassen ist, der Antrag auf gerichtliche Entscheidung oder die Beschwerde an die höhere Behörde zustehe und zu welcher Zeit diese Rechtsbehelfe eingelegt werden können, richtet sich demnach nach dem Ges. v. 1897; vgl. oben A. 531ff. Insbesondere gilt dies auch von dem in A. 547 gesagten, da die Zuständigkeit der vorgesetzten Behörde eine ausschließliche ist. Erläßt daher eine Steuerbehörde einen Stempelstrafbescheid gegen den Beamten eines andern Ressorts, so ist das richterliche Entscheidungsrecht nicht begründet. Ebenso Bonnenberg S. 362 § 201 und Anm.

592. Auch bei Stempelstrafen gegen Beamte richtet sich die Zuständigkeit der Strafgerichte, vorbehaltlich des in A. 217 gesagten, nach den allgemeinen Regeln; vgl. A. 564.

593. Die Frage, ob das durch die Bestimmungen des § 19 Ges. v. 1895 begründete außergewöhnliche Verhältnis in der Beschwerdeinstanz fortdauere, oder ob alsdann die Entscheidungsbefugnis an die eigentliche Finanzbehörde zurückkehre, ist durch § 60 Ges. v. 1897 im Sinne der ersteren Möglichkeit entschieden. Hiernach entscheidet über die Beschwerde des Beamten der Minister und zwar derjenige, welcher der straffestsetzenden Behörde für den Verwaltungszweig, dem der Beamte angehört, vorgesetzt ist. Vgl. MVfg. 17. Juli 1900 (JMBl. S. 505).

594. Die dem Finanzminister und der Provinzialsteuerbehörde in dem AErl. v. 26. Sept. 1897 (oben A. 563, 573) erteilte Ermächtigung zur Niederschlagung der Strafe kommen nach Nr. 3 Abs. 2 das. bei Stempelstrafen gegen Beamte und Notare nicht zur Anwendung. Dagegen kann nach § 19 Abs. 3 Ges. v. 1895 die Ermäßigung oder Niederschlagung der Strafe durch dasjenige Ministerium angeordnet werden, zu dessen Verwaltung der Beamte gehört. — Bei dem Minister ist auch dann die Niederschlagung der Strafe bezw. die Wiederaufhebung des Strafbescheids (von der Behörde) in Antrag zu bringen, wenn sich nachträglich herausstellt, daß der Strafbescheid auf unrichtigen tatsächlichen Voraussetzungen beruht; die Behörde, die ihn erlassen hat, selbst kann ihn nicht wieder aufheben; vgl. JMVfg. 14. Dez. 1838 (Jbb. 52 S. 589).

595. Nimmt die zuständige Behörde Anstand, eine vom Stempelfiskal oder von der vorgesetzten Behörde hinsichtlich einer Stempelkontravention gemachte Erinnerung zu erledigen, so soll nach einer in den MVfg. 22. Juni, 10. Sept. 1844 (VMBl. S. 254, JMBl. S. 198) bezogenen AKO. v. 24. Mai 1844 die Provinzial-Steuerbehörde den Stempel und die Strafe festsetzen, sowie deren Einziehung verfügen. Mit Bonnenberg S. 345 A. 1 ist anzunehmen, daß diese AKO. keine Geltung mehr hat, da bei den heute allein noch in Frage kommenden Straffestsetzungen gegen Beamte die Zuständigkeit der Aufsichtsbehörde eine ausschließliche ist.

596. Kann die Aufsichtsbehörde sich ihres Entscheidungsrechts begeben? Nach der früheren Gesetzgebung dürfte diese Frage zu verneinen gewesen sein; vgl. 1. Aufl. A. 460, Bonnenberg S. 354 A. 12, 339 A. 9. Neuerdings ist sie jedoch zu bejahen, da das Ges. v. 1897 keine Ausnahme von der Regel des § 3 Abs. 1 zugelassen hat. Ebenso greift auch das in §§ 464, 466ff. StPO. der Verwaltung gegebene Recht zur selbständigen Erhebung der Anklage und zur Einlegung von Rechtsmitteln Platz; dasselbe beruht jedoch nicht bei der Aufsichtsbehörde, sondern bei der Steuerbehörde; ebenso Bonnenberg S. 367 A. 3; vgl. A. 570.

597. Zuwiderhandlungen der Beamten wider die Stempelgesetzgebung können unbedenklich disziplinarisch geahndet werden, so oft sie eine Verletzung der Amtspflichten überhaupt in sich schließen, wie es z. B. der Fall ist, wenn die in § 30 Ges. v. 1895 genannten Beamten die Ahndung einer zu ihrer amtlichen Kenntnis gelangten Stempelkontravention verabsäumen; vgl. FMVfg. 6. Aug. 1824 (Schmidt S. 151); JMVfg. 1. Sept. 1823 (Rh. S. 2 S. 406). Ein solches disziplinarisches Einschreiten wird auch bei wirklichen Kontraventionsfällen im Sinne des § 19 das. durch die Verhängung der Stempelstrafe nicht ausgeschlossen, da jene regelmäßig auch eine Verletzung der Amtspflichten in sich schließen.

598. Selbstverständlich richtet sich bei sämtlichen Stempelkontraventionssachen das gerichtliche Strafverfahren gegenwärtig nach den Reichsprozeßgesetzen. Insbesondere ist heute die ungewöhnliche, den RW. nicht „erweiternde", sondern außerordentlich erschwerende Bestimmung des § 14 Ges. betr. die Erweiterung des

RW. v. 24. Mai 1861 weggefallen, wonach der Strafrichter, wenn der Angeklagte seine Verpflichtung zur Stempelzahlung bestritt, das Erkenntnis aussetzen und jenem eine Frist zur Beschreitung des RW. bestimmen mußte und zwar mit der Maßgabe, daß der Strafrichter an die ergehende Entscheidung des Zivilrichters über die Stempelpflicht gebunden war. § 14 ist aufgehoben und ersetzt durch § 261 StPO. in Verbindung mit § 3 EG. z. StPO.: der Strafrichter ist zwar befugt, die Entscheidung des Zivilrichters abzuwarten, aber nicht an das ergehende Erkenntnis gebunden, vielmehr zur selbständigen Beurteilung aller die Strafbarkeit bedingenden Verhältnisse so berechtigt wie verpflichtet. § 14 ist auch nicht etwa durch § 6 Nr. 3 EG. z. StPO. aufrecht erhalten, da diese Bestimmungen nur das Verwaltungsstrafverfahren betrifft. Ebenso: RG. 24. Apr. 1883 (EStraff. 8 S. 224), RG. 1. Dez. 1884 (Johow 5 S. 260), Löwe § 261 A. 2b., Bonnenberg S. 366 A. 1.

599. Die durch Strafbescheid festgesetzte und wenn auch nur unter Vorbehalt gezahlte Stempelstrafe kann nicht im RW. zurückgefordert werden; § 11 Ges. v. 1861 und § 26 Ges. v. 1895 beziehen sich nur auf die Stempelabgabe. Vgl. OT. 5. Nov. 1877 (E. 81 S. 122), OLG. Cöln 16. Okt. 1888 (Rh. Arch. 79, II. 63). Die von Bonnenberg S. 363 A. 2 zugelassene Ausnahme (nämlich wenn eine Steuerbehörde unzulässigerweise die Strafe gegen den Beamten eines anderen Ressorts ausgesprochen hat) dürfte nicht zutreffen.

V. Strafverfahren bei Zuwiderhandlungen gegen Polizei- und Finanzgesetze nach Rheinischem Recht.

600. Die früher für die Rheinprovinz bestehenden vielfachen Abweichungen von dem in den übrigen Teilen Preußens geltenden Rechte sind durch die spätere Reichs- und Landesgesetzgebung fast ganz geschwunden, so daß die nachfolgenden Anmerkungen größtenteils nur noch geschichtlichen Wert haben.

601. Im allgemeinen. Im Bezirke des AG. Cöln bestand schon zur Zeit der Fremdherrschaft eine Art Verwaltungsstrafgerichtsbarkeit, die jedoch einesteils bei weitem nicht so umfangreich war, wie die der preußischen Gesetzgebung, anderenteils aber sich von letzterer dadurch wesentlich unterschied, daß sie eine Gerichtsbarkeit im engsten und eigentlichsten Sinne des Wortes darstellte, so daß von einer Berufung auf rechtliches Gehör wider die ergangenen Entscheidungen nicht die Rede sein konnte. Diese Gerichtsbarkeit beruhte bei den Präfekturräten und beschränkte sich im wesentlichen auf Landstraßen- und Strompolizeiübertretungen. Ferner räumte Art. 166 c. d' instr. crim. den Bürgermeistern eine eng begrenzte Gerichtsbarkeit für gewisse Übertretungen neben den Friedensrichtern ein; jene entschieden alsdann aber, gleich diesen, als wirkliche Polizeirichter, demzufolge die Zuchtpolizeigerichte für die von ihnen gesprochenen Urteile die zweite Instanz bildeten. Nur bei Vergehen wider Finanzgesetze herrschte zwischen beiden Gesetzgebungen eine gewisse Ähnlichkeit. Die französische Steuergesetzgebung kannte zwar kein eigentliches Verwaltungsstrafverfahren, sie stimmte jedoch, wenigstens hinsichtlich eines Teils jener Vergehen, mit den früheren Vorschriften über die sog. fiskalischen Untersuchungen darin überein, daß sie solche Defraudationssachen nicht als einen Gegenstand der Straf-, sondern der Zivilrechtspflege betrachtete und daher zuließ, daß dieselben auch auf außergerichtlichem Wege, nämlich durch einen zwischen der Verwaltung und dem Defraudanten abgeschlossenen Vergleich erledigt wurden, was im Ergebnisse mit dem preußischen Verwaltungsverfahren in seiner jetzigen Bedeutung zusammentraf, indem dieses [zumal seit dem Ges. v. 3. Mai 1852] im Grunde genommen gleichfalls auf den Versuch hinausläuft, den Fall durch einen Vergleich über die Strafe zu erledigen; vgl. OT. (Pl.) 31. März 1856 (Goltd. Arch. 3 S. 345). Alle jene Einrichtungen sind jedoch schon frühe weggefallen, indem die Strafgerichtsbarkeit der Präfekturräte zufolge § 20 Ress.-Regl. v. 20. Juli 1818 auf die ordentlichen Strafgerichte überging und die Bestimmungen des c. d' instr. crim. über die Zuständigkeit der Bürgermeister als Polizeirichter in der Rheinprovinz niemals recht zur Ausführung gelangten und als stillschweigend veraltet erschienen; vgl. JMVfg. 17. Apr. 1826 (Rh. S. 3 S. 53). Endlich ist die französische Steuergesetzgebung der preußischen gewichen. — Dafür hat aber die auf den §§ 45 und 34 d. G. beruhende Verwaltungsstrafgerichtsbarkeit wenigstens für viele Gebiete in der Rheinprovinz Eingang gefunden. Denn wenngleich jene §§ nicht zu denjenigen Bestimmungen der VO. v. 1808 gehören, die in das Ress.-Regl. aufgenommen wurden, so erlangten sie daselbst doch auf mittelbare Weise Gesetzeskraft und zwar

insofern, als die verschiedenen Steuergesetze entweder auf sie verweisen oder ihren Inhalt im wesentlichen selbst wiedergeben. Die ausschließliche Zuständigkeit der Gerichte für Vergehen und Übertretungen polizeilicher Natur blieb in der Rheinprovinz zwar die allgemeine Regel; inzwischen wurde durch mehrere Sondergesetze für gewisse Fälle solcher strafbaren Handlungen den Polizeiverwaltungsbehörden eine Art Strafgewalt verliehen, welche immerhin zu den §§ 45 und 34 als ihrer Quelle zurückführt. Den Stand der gegenwärtigen Gesetzgebung ergeben die folgenden Anmerkungen.

602. Zuwiderhandlungen gegen Polizeigesetze. Die Beseitigung des früheren polizeilichen Strafverfahrens in den übrigen Provinzen war, wie erwähnt, eine Folge der VO. v. 3. Jan. 1849, welche die in der Rheinprovinz schon seit fast einem halben Jahrhundert herrschenden Grundsätze der Öffentlichkeit und Mündlichkeit des gerichtlichen Strafverfahrens auch für das übrige Staatsgebiet zur Geltung brachte. Da diese VO. ebensowenig, wie das Ges. v. 3. Mai 1852 für die Rheinprovinz mit publizirt wurde, so kann aus ihren Vorschriften der Wegfall der Verwaltungsstrafgerichtsbarkeit in Polizeisachen, soweit sie dort durch einzelne Sondergesetze eingeführt war (vgl. AKO. v. 20. Juni 1835, VO. v. 24. Febr. 1834 Nr. 10; Ges. v. 8. Mai 1837 § 34; Rhein. GesindeO. v. 19. Aug. 1844 § 50), allerdings nicht gefolgert werden. Wohl aber ist diese Wirkung dem Art. XIV. EG. z. PrStGB. beizumessen. So: *OT. 27. März 1862 (Rechtspr. 2 S. 324) und die Anmerkung (das. S. 321), *EK. 10. Dez. 1864 (JMBl. 65 S. 54). AM. JunMBfg. 8. Okt. 1859 (VMBl. S. 305).

603. Gleichwohl ließ die Rechtsprechung des OT. das im Regul. v. 7. Juni 1844 §§ 2 bis 4 vorgeschriebene Submissionsverfahren für Chausseepolizeisachen auch in der Rheinprovinz noch gelten, und nach gleichen Gesichtspunkten dürfte die Zulässigkeit des zufolge VO. v. 30. Juni 1834 § 57 (GS. S. 145) bei Rheinschiffahrts-Kontraventionen anzuwendenden Submissionsverfahrens zu beurteilen gewesen sein: Oppenhoff in Rechtspr. d. OT. 2 S. 324 Anm. In beiden Fällen entscheiden heute die ordentlichen Gerichte. Vgl. A. 528, Ges. betr. die Rheinschiffahrtsgerichte v. 8. März 1879 (GS. S. 129).

604. Dagegen ist die Bestimmung der Zuständigkeit in § 16 GesindeO. v. 19. Aug. 1844 in Kraft geblieben, da die dort angedrohte Strafe keine Polizei-, sondern eine Exekutionsstrafe (§ 48 d. G.) darstellt: *OT. 27. März 1862 (Rechtspr. 2 S. 326), GesindeO. A. 19. — Über Schulversäumnisstrafen vgl. A. 529.

605. Zuwiderhandlungen gegen Finanzgesetze. Da die Steuer- und Zollgesetzgebung, soweit sie hier in Betracht kommt für alle Provinzen des Staats dieselbe ist, so gilt das in den A. 531—599 gesagte auch für die Rheinprovinz; auch früher bestanden nur wenige, jetzt weggefallene Abweichungen hinsichtlich des Verfahrens.

606. Sind die Einschränkungen, welche die Statthaftigkeit eines Antrags auf rechtliches Gehör nach der älteren Gesetzgebung erlitt, und welche für die übrigen Provinzen durch Art. 136 Ges. v. 3. Mai 1852 beseitigt wurden, in der Rheinprovinz länger in Kraft geblieben? Die verneinende Ansicht dürfte den Vorzug verdienen, da jenem Art. 136 augenscheinlich der allgemeine, in den Art. 8 und 86 der Verf.-Urk. zu Gunsten der richterlichen Zuständigkeit ausgesprochene Grundsatz zugrunde liegt. Jedenfalls sind sämtliche Einschränkungen spätestens durch § 459 StPO. auch für die Rheinprovinz beseitigt worden.

607. Daß der Antrag auf rechtliches Gehör zurückgenommen werden könne, stand für die Rheinprovinz schon seit der wenngleich nicht in gesetzlicher Form publizierten AKO. v. 25. Apr. 1844 (vgl. A. 566) fest. Vgl. jetzt § 462 StPO.

608. Inwiefern den Verwaltungsbehörden in der Rheinprovinz solche Befugnisse, welche den in den Art. 138 ff. Ges. v. 3. Mai 1852 erwähnten entsprechen, zustanden, unterlag ehedem erheblichen Bedenken. Zwar erkannte die französische Gesetzgebung (vgl. die Ges. v. 6. und 22. Aug. 1791 und 14. Fructidor III.: Carette, Lois annotées p. 136, 347, sowie Ges. v. 5. Ventose XII. Art. 90: v. Daniels 4 S. 499) sowohl der Verwaltung der Zölle wie der der indirekten Steuern (droits réunis) das Recht der selbständigen Verfolgung der Defraudationsfälle durch alle Instanzen wenigstens insofern zu, als es sich um ihr fiskalisches Interesse (Geldbuße bezw. Konfiskation) und nicht um Gefängnisstrafen handelte, und zwar der ersteren Verwaltung neben dem öffentlichen Ministerium, der letzteren sogar ausschließlich: vgl. Mangin, de l'action civile et de l'action publique, n. 41 ff. Inzwischen konnten

diese Gesetze, insofern sie in der Rheinprovinz überhaupt publiziert wurden, seit Einführung der preußischen Steuer- und Zollgesetzgebung schwerlich mehr als Richtschnur dienen. Eine durch JMVfg. 10. Juli 1820 genehmigte Verfügung des ersten Generaladvokaten zu Cöln v. 27. Juni 1820 (Rh. S. 2 S. 51) knüpfte allerdings bei Erörterung der hier vorliegenden Frage an die französische Gesetzgebung an, nahm jedoch auf die oben erwähnten Gesetze nicht ausdrücklich Bezug und gelangte überdies zu wesentlich anderen Ergebnissen, indem sie der Verwaltung namentlich auch hinsichtlich der mit Freiheitsstrafe bedrohten Defraudationen das Recht der selbständigen Verfolgung zugestand. Später hat die gesetzliche Regelung dieses Gegenstandes für die übrigen Provinzen die Anregung dazu gegeben, daß er auch für die Rheinprovinz auf legislativem Wege geregelt wurde, und zwar durch Art. VI Ges. v. 22. Mai 1852 (GS. S. 251), welcher bestimmte, daß der zur Verwaltung der betreffenden Abgaben und Gefälle bestellten Behörde, wenn sie als Zivilpartei aufgetreten war, auch rücksichtlich der Strafe die gesetzlichen Rechtsmittel zustanden. — Jetzt gelten selbstredend die Bestimmungen der StPO., s. A. 569f.

609. Auch in Stempelkontraventionssachen bestehen für die Rheinprovinz keinerlei abweichende Bestimmungen mehr.

VI. Befugnis der Verwaltungsbehörden zum Erlasse allgemeiner Strafverordnungen.

610. Der Schlußsatz des § 45 betrifft einen ganz besonderen, bisher noch unerörtert gebliebenen Geschäftszweig der Regierungen, indem er diesen eine der gesetzgebenden entsprechende Gewalt für das Gebiet der Strafrechtspflege zuerkennt. Diese überaus wichtige Bestimmung ist zwar, gleich den mit ihr in engem Zusammenhange stehenden Bestimmungen des § 40 d. G. und des § 11 Abs. 2 der Reg.-Instr. v. 23. Okt. 1817, gegenwärtig nicht mehr in Kraft, das betreffende Gebiet vielmehr durch das Ges. über die Polizeiverwaltung v. 11. März 1850, die VO. v. 20. Sept. 1867 und das LVG. §§ 136ff. neu geregelt. Jedoch kommen noch jetzt manche unter der Herrschaft jener Gesetzesstellen erlassene, durch § 19 Ges. v. 1850 aufrecht erhaltene Verordnungen bei der Handhabung der Strafrechtspflege in Betracht, weshalb die Abgrenzung der auf den gen. §§ 45, 40 und § 11 beruhenden Gewalt noch jetzt von Bedeutung ist, und zwar um so mehr, als die Strafgerichte sowohl befugt wie verpflichtet sind, vor Anwendung solcher älteren Verordnungen zu untersuchen, ob sie obigen §§ entsprechen und einen Gegenstand betreffen, der danach in den Kreis jener legislativen Gewalt falle; vgl. KH. 17. Nov. 1832, 31. Jan. 1842, 30. Mai 1835 (Volkmar S. 456ff.), OT. 15. März 1877 (JMBl. S. 137), Oppenhoff, StGB. A. 21, 22 vor § 360, Perrot 1 S. 125, 132.

611. Die auf den §§ 45, 40 d. G. und dem gen. § 11 beruhende Befugnis der Regierungen, allgemeine Verbote und Strafbestimmungen zu erlassen, beschränkte sich, wie § 45 mit dem Ausdrucke „Polizei- und Landesangelegenheiten" andeuten will, ausschließlich auf das polizeiliche Gebiet. Namentlich stand den Verwaltungsbehörden eine solche Befugnis in Beziehung auf Gegenstände der Finanzverwaltung (von einzelnen Sonderbestimmungen abgesehen) unter der älteren Gesetzgebung ebensowenig zu, wie sie ihnen gegenwärtig beiwohnt; vgl. JMVfg. 19. Okt. 1836 (Rh. S. 5 S. 477), Oppenhoff, PrStGB. § 332 A. 40; aM. OT. 16. Juli 1856 (Goltd. Arch. 5 S. 687), welches annahm, daß die Regierungen befugt gewesen seien, in allen zu ihrem Ressort gehörigen Angelegenheiten mit höherer Genehmigung allgemeine Strafbestimmungen innerhalb der Grenzen des § 35 II. 20 ALR. zu erlassen. (Dieses Urteil erachtete demgemäß eine vom Finanzminister genehmigte Verordnung, welche den Bewohnern gewisser Ortschaften den Ankauf von Salz bei anderen, als den Gemeindesellern unter Strafe verbot, für den Strafrichter bindend.)

612. Fernere Beschränkungen jenes Rechts beruhten vornehmlich auf dem gen. § 11. Sie bestanden darin, daß die angedrohten Strafen sich innerhalb der Grenzen der §§ 33, 35, 240 II. 20 ALR. (50 Taler Geldbuße und sechs Wochen Gefängnis) halten, und daß die Verordnung entweder an ein bestehendes, einer ausdrücklichen Strafbestimmung ermangelndes Verbotsgesetz anknüpfen oder aber mit höherer Genehmigung, d. h., wie die JMVfg. 19. Okt. 1836 (Rh. S. 5 S. 477) erläutert, mit Genehmigung des betreffenden Polizeiministeriums erlassen sein mußte. In letzterem Falle war es nicht, wie mitunter behauptet worden (vgl. Perrot 1

S. 122ff., OT. 15. März 1877, VMBl. S. 137), erforderlich, daß die Verordnung gerade die Ausführung eines bereits bestehenden Gesetzes betraf; vgl. MVfg. 7. Mai 1819, 3. Apr. 1822, 18. Apr. 1840 (Jbb. 13 S. 243; Ann. 22 S. 353; VMBl. 40 S. 158), KH. 13. Juli 1843, 12. Dez. 1835, 23. Aug. 1847 (Rh. A. 18, II. 39; 23, II. 6; 42, II. 60), vor allem aber St.-Min.-Beschl. v. 7. Jan. 1845 (JMBl. S. 34), welcher es geradezu ausspricht:

„daß [den §§ 45, 40 d. G. und dem gen. § 11 zufolge] die Ausübung des im § 6 II, 13 ALR. gedachten Majestätsrechts, allgemeine Polizeiverordnungen zu erlassen, den Verwaltungsministerien insoweit zuständig sei, als dieselben für ermächtigt gehalten werden müßten, polizeiliche Anordnungen und Strafbestimmungen innerhalb der Grenzen der polizeilichen Strafgewalt zu erlassen und deren Erlaß vonseiten der Regierungen zu genehmigen".

612a. Die Befugnis der Regierungen, durch polizeiliche Bestimmungen die äußere Heilighaltung der Sonn- und Feiertage zu bewahren, und deren Befolgung durch Strafverbote zu sichern, welche die im gen. § 11 vorgeschriebene Grenze nicht überschreiten, ist durch die AKO. v. 7. Febr. 1837 (GS. S. 19) besonders ausgesprochen worden; vgl. ferner die AKO. über die Beschränkung der Nachtweide und das Einzelnhüten des Viehes in der Rheinprovinz v. 5. Juli 1844 § 10 (GS. S. 263).

613. Da trotz der Abzweigung einzelner Verwaltungszweige an andere, seit dem Jahre 1808 neu errichtete Provinzialbehörden die Landespolizeiverwaltung den Regierungen fast ungeschmälert verblieben ist, so teilen letztere die eben besprochene Befugnis nicht etwa seitdem mit jenen anderen an ihre Stelle getretenen Behörden. Nur bezüglich der Bergpolizei dürfte in dieser Hinsicht eine Ausnahme vorliegen, und die Befugnis der Oberbergämter, bis zum Erlasse des Ges. v. 1850 mit höherer Genehmigung allgemeine Polizei-Strafverordnungen zu erlassen, im Edikte v. 21. Febr. 1816 § 10, in Verbindung mit der VO. v. 30. Apr. 1815 § 26 Nr. 1 ihre Begründung finden; vgl. Achenbach, Rhein. Berg-Polizei-Vorschr, S. XXXIII, Oppenhoff, Bergges. A. 1052. (Inbetreff der linksrheinischen Gesetzgebung vgl. die Erläuterungen zum Ress.-Regl. § 32). Ferner folgert OT. 16. Juli 1857 (Goltd. Arch. 5 S. 688) aus der den Oberpräsidenten in der Instr. v. 31. Dez. 1825 zugewiesenen Stellung zu den Ministerien die Verbindlichkeit allgemeiner von jenen mit höherer Genehmigung für eine ganze Provinz erlassener Strafverbote, zumal es lediglich vom Beschlusse des betreffenden Ministeriums abgehangen habe, eine an sich zum Ressort der Regierungen gehörige, jedoch mehrere Regierungsbezirke betreffende Angelegenheit, entweder durch die einzelnen Regierungen für ihre Bezirke, oder durch den Oberpräsidenten für die ganze Provinz ordnen zu lassen. Über das Recht der Minister, polizeiliche Strafverordnungen zu erlassen, vgl. den gen. St.-Min.-Beschl. v. 7. Jan. 1845, OT. 28. Mai 1864 (Rechtspr. 4 S. 545) und dagegen Förstemann, Prinzipien des preuß. Polizeirechts S. 151ff., Rosin, Polizeiverordnungsrecht S. 186ff.

614. Die Befugnis der Ortspolizeibehörden, ortspolizeiliche Strafverordnungen ohne höhere Genehmigung zu erlassen, wie sie in der Rheinprovinz auf Grund französischer Gesetze schon früher bestand, ist der preußischen Gesetzgebung bis zum Erlasse des Ges. v. 1850 fremd gewesen; vgl. MVfg. 25. Mai 1829, 22. Febr. 1834, 31. Juli 1847 (Ann. 29 S. 325; 34 S. 134; VMBl. 47 S. 197), ferner Rosin aaO. S. 42.

615. Ebensowenig stand eine ähnliche Befugnis den Landräten zu; vgl. MVfg. 21. Mai 1840 (VMBl. S. 159). Auch konnten die Regierungen die ihnen selbst verliehene Befugnis nicht an jene delegieren; mindestens gehören die auf Grund solcher Ermächtigung ergangenen Verordnungen nicht zu den gemäß § 19 Ges. v. 1850 noch jetzt wirksamen: KH. 5. Okt. 1852 (Rh. A. 47, II. 133).

616. Die Publikation älterer Polizeiverordnungen mußte gemäß der VO. v. 28. März 1811 §§ 2, 6 durch die Amtsblätter erfolgen. AM. waren inbetreff der Lokalpolizeiverordnungen die MVfg. 19. Jan. 1830, 6. Dez. 1835 (Ann. 30 S. 8; Rh. S. 5 S. 284), die bis auf anderweitige Verfügung das Herkommen jedes einzelnen Orts als maßgebend für die Publikationsform erachtete. Eine anderweitige Verfügung erfolgte allerdings insofern, als die AKO. v. 8. Febr. 1840 (GS. S. 32) den Regierungen die Befugnis erteilte, die Art der Publikation kreis- und lokalpolizeilicher Verordnungen innerhalb ihrer Verwaltungsbezirke mit verbindlicher

6. Befugnis der Regierungen bei Dienstvergehungen der ihr subordinierten Offizianten. Disziplinarsachen.

§ 46. Die Dienstdisziplin über sämtliche Offizianten ihres Ressorts verbleibt den Regierungen nach wie vor. Sie sind daher auch berechtigt, Ordnungsstrafen wider sie festzusetzen und zu vollstrecken, ohne daß die Landes-Justizkollegien sich darin mischen dürfen.

Kraft für das Publikum wie für sämtliche Verwaltungs- und Justizbehörden zu bestimmen; doch mußte eine solche Bestimmung ein für alle Male und für alle Arten solcher Verordnungen ergehen; die Befugnis, für verschiedene Arten derselben auch verschiedene Publikationsarten vorzuschreiben, folgt aus jener AKO. nicht; ältere Polizeiverordnungen bedurften nach Erlaß des Ges. v. 1850 einer nochmaligen Publikation nicht. Vgl. Oppenhoff, StrGB. A. 22, 54, 55 vor § 360, Illing 1 S. 286 A. 1.

617. Eine besondere Publikation der höheren Genehmigung (A. 612) war überhaupt nicht erforderlich; vielmehr reichte deren bloße Erwähnung in der Polizeiverordnung selbst hin: KG. 12. Dez. 1835 (Rh. A. 23, II. 6), OT. 3. Dez. 1868 (Rechtspr. 9 S. 690); nach OT. 15. März 1877 (VMBl. S. 137) war selbst das letztere nicht notwendig.

618. Obschon den Verwaltungsbehörden im allgemeinen keine der gesetzgebenden ähnliche Gewalt in dem bisher besprochenen Sinne bezüglich der Finanzangelegenheiten zusteht, so ist ihnen, insbesondere den betreffenden Ministerien dennoch durch verschiedene Finanzgesetze deren Ausführung oder die Bestimmung der Voraussetzungen übertragen, unter denen die im Gesetze selbst angedrohten Strafen eintreten sollen. Auf diese Weise kann es vorkommen, daß bei der richterlichen Entscheidung über Beschuldigungen anderer als der bisher besprochenen Art allgemeine Verordnungen der Verwaltungsbehörden in Betracht gezogen werden müssen, da, wenn letztere sich in den Grenzen ihres Auftrags gehalten haben (was vorkommenden Falls vom Richter zu prüfen ist, vgl. OT. 28. Sept. 1877, Rechtspr. 18 S. 607), solche (ordnungsmäßig bekannt gemachte, vgl. OT. 5. Dez. 1866, 6. Sept. 1867, das. 7 S. 690; 8 S. 488), Verordnungen selbstredend ebenso verbindlich sind, wie die Gesetze selbst, auf deren Grund sie getroffen wurden, ihr Erlaß mag in die Zeit vor oder nach Verkündigung des auf ganz anderem Gebiete ergangenen Ges. v. 11. März 1850 fallen. Fälle dieser Art kommen außer in den schon genannten Entscheidungen zur Sprache z. B. in OT. 22. Juli 1854, 26. Juni 1856, 7. Jan., 20. Apr., 30. Okt. 1857, 19. Mai 1859, 8. Okt. 1862 (Goltd. Arch. 2 S. 682; 4 S. 827; 5 S. 258, 549, 848; Rechtspr. 3 S. 61). — So mannigfach indessen die Befugnisse der Zentralbehörden, in Beziehung auf das Finanzwesen reglementarische Vorschriften in einer für den Strafrichter maßgebenden Weise zu erlassen, auch sein mögen, so ist diesen Behörden dennoch das Recht der authentischen Gesetzesauslegung nicht verliehen. Dieses Recht steht vielmehr als Hoheitsrecht, selbst rücksichtlich der Steuergesetze, nur dem Staatsoberhaupte zu; vgl. Rhein. Landtagsabschied v. 3. März 1835 B. a. 10, OT. 19. Febr. 1874 (Rechtspr. 15 S. 102).

619. Schließlich bleibt zu erwähnen, daß den Gemeinden nach der Städte-Ordn. v. 30. Mai 1853 § 53, dem Ges. betr. die Rhein. Gemeindeverfassung v. 15. Mai 1856 Art. 8 und der Rh. Städte-Ordn. von demselben Tage § 49 bezw. jetzt § 82 KommAbgabenges. das Recht zusteht, in den über die Erhebung der Kommunalabgaben zu erlassenden, von dem Bezirks- bezw. Kreisausschusse zu genehmigenden Steuerordnungen Strafen gegen Zuwiderhandlungen bis zur Höhe von dreißig Mark anzudrohen, auf die gegebenenfalls auch der Strafrichter erkennen muß.

§ 46.

Disziplinarsachen.

620. § 46 handelt lediglich von der eigentlichen Disziplinargewalt. AM. ist eine JMVfg. 28. Nov. 1825 (Rh. S. 2 S. 624), insofern sie aus § 46 in Verbindung mit § 12 II. 17 ALR. folgert, daß den Regierungen das Recht zustehe, die ihnen untergeordneten Beamten wegen Dienstvergehen auf ihre Verantwortung vorläufig verhaften und die Haft so lange fortsetzen zu lassen, bis das vorgesetzte Ministerium die Überlieferung des Beamten an die Gerichtsbehörde genehmige. Gleichzeitig spricht sich diese Vfg. für die Anwendbarkeit des § 46 und der aus

Dienstsuspension.

Auch behalten die Regierungen die Befugnis, die ihnen untergeordneten Offizianten aus gesetzlichen Ursachen von ihrem Dienst zu suspendieren.

Dienstentlassungen.

In Ansehung ihrer Entlassung behält es aber bei den Vorschriften des ALR. T. 2 Tit. 10 §§ 98 bis 101 sein Verbleiben.

demselben gezogenen Folgerung auf die Rheinprovinz aus, da durch die [seitdem wieder aufgehobene] AKO. v. 6. März 1821 in Ansehung der Dienstvergehen der Verwaltungsbeamten die Anordnung einer anderen Gerichtsverfassung (vgl. oben A. 2) erfolgt sei [?]. — Gegenwärtig ist die Zulässigkeit der vorläufigen Verhaftung wegen Dienstvergehen ebenso wie wegen aller sonstigen, der ordentlichen Strafrechtspflege anheimfallenden Handlungen nach den Vorschriften der StPO. zu beurteilen.

621. Die Dienstdisziplin über Beamte war, sofern sie eine Strafgewalt in sich schloß, nach älterem Preußischem Recht sehr eng begrenzt. Einmal waren nämlich die Begriffsbestimmungen des ALR. über eigentliche Amtsverbrechen, welche ein gerichtliches Strafverfahren nötig machten (vgl. §§ 333ff. II. 20), so überaus weitgreifend, daß sie einen großen Teil derjenigen Pflichtwidrigkeiten mitumfaßten, die gegenwärtig nur noch als Disziplinarvergehen betrachtet werden. Andererseits aber konnte, von der gerichtlichen Zuständigkeit abgesehen, rücksichtlich aller Zivilbeamten ohne Unterschied des Ressorts und Ranges die Entsetzung oder Verabschiedung als Folge einer pflichtwidrigen oder untauglichen Dienstführung nur vom Staatsrate beschlossen werden, dessen Beschlüsse bei höheren Beamten überdies vom Landesherrn bestätigt werden mußten; vgl. §§ 98ff. II. 10 das. Demzufolge beschränkte sich die eigentliche Disziplinargewalt der vorgesetzten Dienstbehörde auf die bloße Festsetzung von Ordnungsstrafen, ohne daß hierbei von einem förmlichen Vorverfahren und einer Disziplinar-Gerichtsbarkeit im engeren Sinne die Rede sein konnte. Auf dieser Grundlage beruhte auch noch der zunächst nur von der Dienstdisziplin über die Offizianten des Regierungsressorts handelnde § 46. Inzwischen ist die Gesetzgebung seitdem eine wesentlich andere geworden. Das Disz.-Ges. v. 29. März 1844 fand die landrechtlichen Vorschriften über Amtsverbrechen noch vor und half sich mit der Bestimmung, daß alle Dienstvergehen, welche im Gesetze nicht mit Amtsentsetzung oder Kassation bedroht seien, und sogar ein Teil der mit solchen Strafen wirklich bedrohten, fürderhin nur im Disziplinarwege geahndet werden sollten. In der neuesten Disziplinargesetzgebung ist zwar die Entscheidung bezüglich der in den gemeinen Strafgesetzen vorgesehenen Dienstvergehen wieder an die ordentlichen Strafgerichte verwiesen worden. Diese gemeinen Strafgesetze waren aber nicht mehr im ALR., sondern im StGB. zu suchen, welches durch seine genauen Begriffsbestimmungen die ordentliche Strafrechtspflege ohnehin auf ihr naturgemäßes Gebiet beschränkt hatte. — Andererseits wurde die Zuständigkeit des Staatsrats nach und nach vollkommen beseitigt (vgl. AKO. v. 22. Apr. 1822, 21. Febr. 1823, Ges. v. 1844 §§ 37, 38), und die Entscheidung über Entfernungen aus dem Amte schließlich zum Gegenstande einer eigentlichen Disziplinar-Gerichtsbarkeit gemacht, die gegenwärtig, je nach dem Range des angeschuldigten Beamten, bald von der vorgesetzten Provinzialbehörde, bald von einem eigens hierzu bestellten Disziplinarhofe in bestimmt vorgeschriebenen Formen gehandhabt wird, während das Recht der vorgesetzten Dienstbehörde, ohne förmliches Verfahren bloße Ordnungsstrafen zu verhängen, im wesentlichen bestehen geblieben und nur näher begrenzt worden ist. Die Amtssuspension, welche nach der älteren sowohl wie der neueren Preuß. Gesetzgebung keine eigentliche Strafe, sondern bloß eine vorläufige, durch das dienstliche Interesse gebotene Maßregel darstellt, tritt gegenwärtig nur als Folge einer gerichtlichen oder disziplinarischen Untersuchung entweder schon kraft Gesetzes oder auf Grund einer Anordnung des Diszipl.-Gerichts oder der zur Einleitung der diszipl. Untersuchung ermächtigten Behörde ein.

622. § 46 d. G. hat, dem vorgesagten gemäß, seine unmittelbare praktische Wirksamkeit längst eingebüßt. Dies war bereits eine Folge der sehr eingehenden Bestimmungen des bezogenen, das Disziplinarverfahren für alle nicht ausdrücklich ausgenommenen Beamten regelnden Ges. v. 29. März 1844. Die meisten dieser letzteren Bestimmungen sowie die der VO. v. 10. und 11. Juli 1849 wurden wieder-

um durch die Ges. v. 7. Mai 1851 und 21. Juli 1852 ersetzt, von denen ersteres das diszipl. Verfahren wider richterliche, letzteres das diszipl. Verfahren wider nichtrichterliche Beamte betrifft. Beide Gesetze sind durch die VO. v. 23. Sept. 1867 (GS. S. 1613) in den neu erworbenen Landesteilen, sowie durch die Ges. v. 1873, 1878 und 1891 im Jadegebiet, im Herzogtum Lauenburg und in Helgoland eingeführt. Die Anpassung an die Reichsprozeßgesetze erfolgte durch das Ges. v. 9. Apr. 1879 (GS. S. 345). — Für die Reichsbeamten sind die entsprechenden Vorschriften in den §§ 72ff. RBeamtenges. v. 31. März 1873 (RGBl. S. 61) enthalten; sie sind im wesentlichen den Bestimmungen des preuß. Ges. v. 1852 nachgebildet, so daß die nachfolgenden Erläuterungen auch für das Disziplinarverfahren gegen Reichsbeamte gelten.

623. Die Disziplinargewalt im engeren Sinne setzt notwendig ein amtliches Verhältnis bei demjenigen voraus, gegen den sie in Anwendung gebracht werden soll, selbst wenn es sich nur um disziplinarische Ordnungsstrafen handelt. Demzufolge sind Personen, die weder die Stellung von unmittelbaren noch von mittelbaren Staatsbeamten einnehmen, dieser Gewalt nicht unterworfen, so z. B. nicht die Stadtverordneten (MVfg. 21. Jan. 1843, VMBl. S. 23), die zu Mitgliedern des Schulvorstandes bestellten Familienväter (MVfg. 11. März 1863, VMBl. S. 68). Im einzelnen vgl. v. Brauchitsch 1 S. 616, A. 1 z. Ges. v. 1852.

624. Inzwischen werden einzelne Gewerbetreibende in gewisser Hinsicht den Beamten gleichgestellt und der Disziplinargewalt der Verwaltungsbehörden unterworfen. Die letzteren sind demgemäß für befugt erklärt, Ordnungsstrafen nach Maßgabe der Disziplinargesetzgebung zu verhängen, wogegen an Stelle des bei eigentlichen Beamten eintretenden, auf Entfernung aus dem Amte gerichteten Disziplinarverfahrens das in der RGewerbeO. für die Zurücknahme der Konzession bezw. Approbation vorgeschriebene Verfahren eintreten soll. Dies gilt von den Feldmessern gemäß §§ 3, 4 Regl. v. 2. März 1871 (GS. S. 101), vgl. MVfg. 9. Juni 1883 (VMBl. S. 153), [früher von den Privat-Markscheidern gemäß Regl. v. 25. Febr. 1856 §§ 7, 8 (VMBl. S. 100), vgl. jetzt oben A. 475], endlich [früher von den Medizinalpersonen gemäß MVfg. 6. Juni 1833, 27. Febr. 1850 (Jbb. 41 S. 573; Horn, das Preuß. Mediz.-Wesen 1 S. 345); vgl. jetzt Ges. betr. die ärztlichen Ehrengerichte v. 25. Nov. 1899 (GS. S. 565)] und den Apothekern gemäß ApothekerO. v. 19. Dez. 1820; vgl. MVfg. 23. Sept. 1871 (VMBl. 71 S. 335). Ob eine ähnliche Stellung auch die Rheinlootsen zufolge der §§ 13, 14 Regl. v. 24. Juni 1844 (GS. S. 257) einnehmen, oder ob die dort erwähnten, „freilich ausdrücklich zur Disziplinarentscheidung der Regierungen verwiesenen Übertretungen nicht etwa dennoch als Polizeiübertretungen zu betrachten, mithin gegenwärtig von dem Strafrichter zu ahnden seien, ist zweifelhaft; vgl. Rechtspr. des OT. 2 S. 322. Die bezüglichen Vorschriften jenes Regl. unterscheiden sich von denen der oben erwähnten mindestens darin, daß sie für bestimmt herausgehobene Straffälle Geldbußen von bestimmten, den damaligen Polizeistrafen entsprechendem Betrage androhen. Vgl. im übrigen A. 522.

625. Obgleich Geistliche und Kirchenbeamte nach §§ 19 und 96 II. 11 ALR. zu den Staatsbeamten gezählt wurden, bezieht sich doch das Diszipl.-Ges. v. 21. Juli 1852 (ebenso wie früher die VO. v. 11. Juli 1849) auf sie nicht mit, weil man mit Rücksicht auf Art. 15 der Verf.-Urkunde davon ausging, daß die bürgerliche Gesetzgebung zum Erlasse von Vorschriften über diesen Gegenstand nicht mehr zuständig, die Handhabung der Disziplin über Geistliche usw. vielmehr den verordneten Kirchenbehörden nach den bestehenden kirchenrechtlichen Normen zu überlassen sei; vgl. KMVfg. 18. Aug. 1849 (VMBl. S. 164). Doch sollen die Regierungen nach der KMVfg. 2. Apr. 1862 (VMBl. S. 185) befugt sein, auch gegen Geistliche disziplinarisch einzuschreiten und insbesondere Ordnungsstrafen festzusetzen, wenn dieselben bei Ausübung staatlicher Funktionen, namentlich der Schulinspektion, sich weigern, den Anweisungen der ihnen in dieser Hinsicht vorgesetzten Regierungen Folge zu leisten. Ebenso (bez. Ortsschulinspektion) MVfg. 1. Aug. 1866 (VMBl. S. 159), die gleichzeitig aussprach, Rabbiner seien zur Übernahme des Amtes als Ortsschulinspektoren nicht gesetzlich verpflichtet, ihre Unterordnung unter die Regierung sei nur eine freiwillige, die im Falle der Störung nicht zu disziplinarischen Maßregeln führen, sondern lediglich die Lösung des Verhältnisses zur Folge haben könne. Die Vfg. v. 1862 bezieht sich zur Begründung auf § 18 der Reg.-Instr. v. 1817, der freilich mehr von bloßen Exekutiv-, als von wirklichen Disziplinar-

strafen zu sprechen scheint. Natürlich übt jede Behörde die Disziplinargewalt nur für ihren Geschäftszweig aus. Dasselbe gilt, wenn **Lehrer** zugleich ein kirchliches Amt bekleiden; vgl. OLG. Cöln 19. Febr. 1898, RG. 30. Sept. 1898 (Rh. A. 93, I. 178, 394, II. 91), ferner KMVfg. 9. Dez. 1870 (VMBl. 71 S. 46).

626. Welche Behörde für die verschiedenen Gruppen der Verwaltungsbeamten die zuständige Disziplinarbehörde sei, ist im Ges. v. 1852 näher bestimmt. Dieses verteilt die Disziplinargewalt über gewisse Verwaltungsbeamte, welche außer ihrer sonstigen Stellung die Stellung von Justiz-Verwaltungsbeamten bekleiden, nämlich die Polizei-Anwälte und die [Rheinischen] Beamten der gerichtlichen Polizei, nach dem im § 14 aufgestellten beiden Arten von Disziplinarstrafen unter die Justiz- und Verwaltungsbehörden in der Weise, daß zur Festsetzung der sog. Ordnungsstrafen, falls sie aus Anlaß von Dienstwidrigkeiten bei der Justizverwaltung vorkommen, ausschließlich die vorgesetzten Justizbehörden zuständig sind, wogegen in den Fällen, wo es sich um Entfernung aus dem Amte handelt, die Entscheidung immer ausschließlich den Verwaltungsbehörden gebührt. (Die Befugnis zum Erlasse von Ordnungsstrafen in dem ebengedachten Falle ist den Justizbehörden zwar nicht ausdrücklich als eine ausschließliche verliehen. Die Ausschließlichkeit derselben ergibt sich jedoch aus der Betrachtung, daß eine und dieselbe Strafgewalt nicht gleichzeitig, d. h. aus demselben Anlasse und mit gleicher Berechtigung zwei gleichstehenden Behörden verschiedenen Ressorts zustehen kann. Nur dann dürfte entsprechend § 38 d. G. eine Ausnahme eintreten, wenn das Verfahren auf Entfernung aus dem Amte wirklich eingeleitet worden ist, die Disziplinarbehörde jedoch bei der Endentscheidung die Überzeugung gewinnt, daß auf eine bloße Ordnungsstrafe zu erkennen sei.) Diese Bestimmungen des Ges. v. 1852 finden seit 1. Okt. 1879 gemäß §§ 15, 16 Ges. betr. Abänderung von Bestimmungen der Disziplinargesetze v. 9. Apr. 1879 (GS. S. 345) auf die Amtsanwälte und die Hülfsbeamten der Staatsanwaltschaft Anwendung. Nach §§ 80, 81 AG. z. GVG. steht die Disziplinargewalt der Staatsanwaltschaft zu. Diese soll jedoch mit selbständigen Disziplinarmaßnahmen erst dann vorgehen, wenn von der dem Hülfsbeamten im Hauptamte vorgesetzten Behörde eine Abhilfe nicht zu erlangen gewesen ist; vgl. MVfg. 18. Sept., 7. Okt. 1879 (VMBl. 79 S. 246; 80 S. 2). Gegen solche Hülfsbeamte, die ihr Amt als Ehrenamt versehen, können Ordnungsstrafen nicht verhängt werden: gen. § 81. — Ob dasselbe von den Dorfgerichten gelte, die in gewisser Hinsicht eine ähnliche Doppelstellung einnehmen, unterliegt bei dem Stillschweigen des Gesetzes erheblichen Bedenken. Zwar erkennt die JMVfg. 16. Juni 1857 (JMBl. S. 230) unter Bezugnahme auf § 100 Ges. v. 1852 den Gerichtsbehörden das Recht zu, die Dorfgerichte durch Ordnungsstrafen zur Erledigung der ihnen obliegenden gerichtlichen Geschäfte anzuhalten, wenngleich die übrige Disziplinargewalt über dieselben bei den Verwaltungsbehörden beruhe; es ist indessen ungewiß, ob dort unter dem Ausdrucke „Ordnungsstrafen" wirkliche Disziplinar- oder bloße Exekutivstrafen (§ 48 d. G.) gemeint seien. Klar ausgesprochen ist diese letztere Ansicht in JMVfg. 12. Nov., InnMVfg. 26. Nov. 1881 (JMBl. 81 S. 266; VMBl. 82 S. 4): die vom Landgerichts-Präsidenten gemäß § 80 AG. z. GVG. zu verhängenden Ordnungsstrafen seien lediglich Exekutivstrafen; die Anwendung von Disziplinarstrafen auf Dienstvergehen der Mitglieder des Dorfgerichts liege ausschließlich der zuständigen Verwaltungsbehörde ob.

627. Das Recht, Disziplinarstrafen zu verhängen, kann nicht übertragen werden. Vgl. z. B. MVfg. 21. Jan. 1843 (VMBl. S. 23).

628. Der Umstand, daß die Handlung des Beamten den Charakter eines gerichtlich zu ahndenden Vergehens an sich trägt, schließt das disziplinarische Einschreiten wegen derselben Handlung nicht aus (vgl. OT. 24. März 1862, Rechtspr. 2 S. 311). Umgekehrt steht die Zulässigkeit des letzteren der Einleitung einer strafgerichtlichen Untersuchung nicht entgegen. Dies erleidet bei Schullehrern, welche sich eines Mißbrauchs des Züchtigungsrechts schuldig machen, insofern eine Ausnahme, als das gerichtliche Verfahren nur, wenn dem gezüchtigten Kinde eine Verletzung zugefügt ist, eintreten, jede sonstige Überschreitung jenes Rechts mithin bloß disziplinarisch geahndet werden soll. So: die AKO v. 14. Mai 1825 Nr. 6 (GS. S. 144).

629. Während des Laufs einer strafgerichtlichen Untersuchung darf ein Disziplinarverfahren wegen der nämlichen Tatsachen nicht eingeleitet oder fortgesetzt werden. Ferner kann, wenn vom Strafrichter auf Freisprechung erkannt

wird, jenes Verfahren wegen obiger Tatsachen nur insofern stattfinden, als diese an sich und ohne ihre Beziehung zum Tatbestande der den Gegenstand der gerichtlichen Untersuchung bildenden strafbaren Handlung ein Dienstvergehen enthalten. Vgl. Ges. v. 1851 §§ 3, 4, v. 1852 §§ 4, 5, RBeamtenges §§ 77, 78, ferner MVfg. 19. März, 12. Mai 1866 (VMBl. S. 161). Streitig ist, ob im Falle einer gerichtlichen Verurteilung der Disziplinarrichter im nachfolgenden Disziplinarverfahren an die tatsächlichen Feststellungen des Strafrichters gebunden ist. Verneint wird diese Frage vom Preuß. Staatsministerium, das am 23. März 1891 (s. MVfg. 22. Apr. 1891, VMBl. S. 134) beschlossen hat, daß auch in diesem Falle der Disziplinarrichter zur freien Beurteilung des Tatbestandes berechtigt und verpflichtet sei. Ebenso Brand in DJurZtg. 1902 S. 457, gr. Disz.senat d. KG. 25. Apr. 1899 (Rh. A. 95, II. 75). Bejaht wird sie dagegen mit Recht von OT. 25. Okt. 1871, 16. Nov. 1872 (Rechtspr. 12 S. 535; 13 S. 606), OVG. 31. Okt. 1891 (E. 22 S. 429), Disz.senat d. OLG. Cöln 21. Dez. 1898 (Rh. A. 94, I. 222) und (für das RBeamtenges.) vom Kaiserl. Disziplinarhof in seinen Entscheidungen v. 1. Apr. 1874, 3. März 1877, 24. Febr. 1902 (Zentralbl. f. d. Deutsche Reich 74 S. 143; Zeitschr. f. Gesetzgeb. u. Praxis 3 S. 328; DJurZtg. 1902 S. 263).

630. Der RW. findet wider die Erlasse der Disziplinarbehörden niemals statt. Dies ist bereits im § 46 d. G. in Beziehung auf die von der Disziplinarbehörde festgesetzten Ordnungsstrafen ausgesprochen und durch die ganze spätere Gesetzgebung festgehalten worden. Dasselbe gilt namentlich auch (freilich nach manchem Wechsel in der Gesetzgebung) von den Entscheidungen der geistlichen Disziplinarbehörden; vgl. AKO. v. 12. Apr. 1822 (GS. S. 105) und v. Rönne 3 S. 384.

631. Folgeweise kann der RW. auch nicht über die in einem Disziplinarverfahren entstandenen Kosten und deren Betrag zugelassen werden: EK. 18. Apr. 1857 (JMBl. 58 S. 6).

632. Die Entscheidungen der Disziplinar- und Verwaltungsbehörden über die Entfernung aus dem Amte oder über die Suspension eines Beamten können nicht einmal mittelbar, in einem über dessen Ansprüche auf das Diensteinkommen usw. anhängig gemachten Prozesse, in Frage gestellt werden. Auch dies unterlag schon früher keinem Zweifel und ist durch das Ges. v. 24. Mai 1861, das die Prozeßfähigkeit der aus der Beamtenstellung hervorgehenden vermögensrechtlichen Ansprüche sogar in Beziehung auf unmittelbare Staatsbeamte aussprach, noch ausdrücklich anerkannt, indem es im § 5 die genannten Entscheidungen als maßgebend für die Beurteilung jener Ansprüche erklärt. Vgl. ferner EK. 10. Dez. 1874 (Rechtspr. S. 50: ein Kantor und Organist war durch Disziplinarerkenntnis des Konsistoriums aus seinem Amt als Gesanglehrer unter Verlust eines Teils seines Gehalts entlassen worden; er klagt gegen die Stadtgemeinde auf Zahlung des zurückbehaltenen Teils, weil er für das volle Gehalt nur das Amt eines Küsters und Organisten ohne die Verpflichtung zur Erteilung des Gesangsunterrichts übernommen habe. Der KompGH. entschied, daß die Klage nach Inhalt und Antrag gegen das Disziplinarerkenntnis gerichtet und deshalb unzulässig sei), 10. Juni 1876, 8. Dez. 1877 (das. S. 51, 3).

633. Das vorgesagte erleidet selbst dann keine Ausnahme, wenn in einem solchen Prozesse behauptet wird, daß die Entscheidung nicht von der zuständigen Disziplinar-Verwaltungsbehörde ausgegangen sei, da aus der Überweisung der Disziplin und Entlassung an die Verwaltungsbehörden folgt, daß auch nur diesen und nicht den Gerichten die Beurteilung der Vorfrage zusteht, welche Behörde jene Befugnisse auszuüben habe. Vgl. *OT. 26. Sept. 1854 (Strieth. 13 S. 298; Rh. A. 50, II. 36); es handelte sich um das Diensteinkommen eines durch die geistliche Behörde entlassenen Küsters, der zugleich Schullehrer war und um deswillen behauptete, daß er gemäß der AKO. v. 8. Nov. 1835 und 12. Apr. 1822 nur auf Grund einer förmlichen Untersuchung und nur durch die weltliche Verwaltungsbehörde habe entlassen werden können. Anders entschied in einem ebenso liegenden Falle OLG. Cöln 19. Febr. 1898 (Rh. A. 93, I. 183): das Zivilgericht dürfe nicht vor staatlich nichtigen Disziplinarentscheidungen Halt machen, es müsse vielmehr prüfen, ob die Disziplinarentscheidung von einer Behörde ergangen sei, deren Zuständigkeit hierzu auch staatlich anerkannt sei. Vgl. ferner das (in der Begründung abweichende) EK. 9. Juni 1883 (Rechtspr. S. 52).

634. Dagegen nahmen EK. 30. Okt. 1852 (JMBl. 53 S. 84) und eine im

*EK. 17. Dez. 1823 (JMBl 54 S. 84) bezogene HMVfg. 7. Nov. 1853 an, daß ein Beamter, welcher, weil er angeblich nur auf Kündigung angestellt sei, ohne Disziplinarverfahren entlassen worden war (vgl. Disz.-Ges. v. 1852 § 83, vorläufige VO. v. 1849 § 90), den RW. unter der Behauptung des Gegenteils beschreiten könne, zwar nicht um die Fortsetzung des Dienstverhältnisses zu erzwingen (vgl. oben A. 58), wohl aber um die Aufhebung der Dienstkündigung herbeizuführen und den Anspruch auf den Fortgenuß des Diensteinkommens geltend zu machen.

635. Wird aus Anlaß einer strafgerichtlichen oder disziplinarischen Untersuchung wider einen Verwaltungsbeamten dessen Suspension und die damit verbundene Innebehaltung eines Gehaltsteils von der zuständigen Behörde verfügt, so kann jener nicht unter der Behauptung, daß ihm gesetzwidrigerweise mehr als die Hälfte seines Diensteinkommens entzogen sei, während der Dauer der Suspension das richterliche Gehör anrufen, da obige Maßregeln eine zwischenzeitliche Anordnung bilden, der sich der Beamte bis zur Entscheidung der Sache fügen muß. Späterhin ist jedoch die Klage auf Zahlung des angeblichen Überschusses bei dem privatrechtlichen Charakter der Gehaltsforderungen statthaft. So: EK. 26. Juni 1849, 17. Febr. 1855, 24. Jan. 1857 (JMBl. 49 S. 373; 55 S. 146; Rechtspr. S. 50). Diese Erk. betrafen Klagen von Gemeindebeamten; doch gilt das dort entschiedene seit dem Ges. v. 24. Mai 1861 für alle Beamten.

636. Ebenso sind die einem freigesprochenen oder nur mit einer Ordnungsstrafe belegten Beamten gemäß § 53 Ges. v. 1852 zustehenden Ansprüche prozeßfähig. Die ältere Gesetzgebung unterschied auch in dieser Hinsicht zwischen unmittelbaren und mittelbaren Staatsbeamten; vgl. AKO. v. 8. Dez. 1824 (GS. 25 S. 5), § 57 Ges. v. 29. März 1844, MVfg. 14. Aug. 1845 (VMBl. S. 246), EK. 28. Dez. 1850 (Rechtspr. S. 49).

637. Erinnerungen über die Verwendung des Einkommens können nach § 52 Ges. v. 1852 selbst nach Beendigung der Suspension nicht auf gerichtlichem Wege geltend gemacht werden: EK. 17. Febr. 1855 (JMBl. S. 146).

638. Dagegen hat die gemäß §§ 8, 10 Ges. v. 1852 wegen unerlaubter Entfernung ausgesprochene Entziehung des Diensteinkommens keinen zivilrechtlichen, sondern strafrechtlichen (Disziplinarstraf-)Charakter; sie ist eine Ordnungsstrafe und deshalb nach § 5 Ges. v. 24. Mai 1861 der Nachprüfung des Richters entzogen. Das Gegenteil gilt für die entsprechende Bestimmung des RBeamtengesetzes. So: RG. 13. Juni 1902 (E. 52 S. 20).

639. Aus der Befugnis der Behörde zur Einleitung einer Disziplinaruntersuchung bezw. zur Anstellung disziplinarischer Nachforschungen und zur Beschlagnahme der ihren Gegenstand bildenden Papiere folgt, daß auch die Entscheidung darüber, ob nach der das disziplinarische Einschreiten veranlassenden Sachlage die Papiere zurückgegeben werden können, ausschließlich jener Behörde zusteht, mithin eine Klage auf Herausgabe dieser Papiere nicht statthaft ist: EK. 20. Apr. 1850 (JMBl. S. 287).

640. *EK. 12. Febr. 1859 (JMBl. S. 309) bekannte sich zu dem unter A. 630 aufgestellten Satze sogar in einem Falle, wo nicht der betreffende Beamte, sondern ein dritter, welcher sich durch eine zu seinen Lasten getroffene Bestimmung der Disziplinarentscheidung in seinen aus dem Dienstvertrage des Beamten abgeleiteten Rechten gekränkt glaubte, jene Entscheidung anfocht. (Die Disziplinarbehörde hatte einem disziplinarisch des Dienstes entlassenen Gymnasiallehrer auf Grund des § 16 Diszipl.-Ges. v. 1852 eine Pensionsquote zugesichert, zu deren Zahlung die zur Unterhaltung des Gymnasiums verpflichtete Stadt auf Anordnung des Prov.-Schul-Kollegiums angehalten wurde. Der KompGH. erkannte, daß jene Disziplinarentscheidung so wenig wie die zu ihrer Ausführung getroffenen Anordnungen der Verwaltungsbehörden von der Stadt im Wege einer Negatorienklage wider den betreffenden Lehrer angegriffen werden könnten. Ob die Stadt berechtigt gewesen wäre, wider einen dritten, z. B. den Fiskus im RW. auszuführen, daß nicht sie, sondern er zur Zahlung verpflichtet sei, ließ der KompGH. unentschieden.)

641. Dagegen kann die Frage, ob bei einer im Verwaltungswege geführten Disziplinaruntersuchung gesetzwidrig verfahren sei, zur richterlichen Entscheidung gelangen, wenn es sich um ein gerichtliches Strafverfahren wegen der in den §§ 343, 344 StGB. vorgesehenen Verbrechen handelt, da dort unter dem Ausdruck „Untersuchung" bloße Disziplinaruntersuchungen mitbegriffen sind. So: Oppenhoff StGB. §§ 343 A. 2, 344 A. 1; vgl. oben A. 94.

7. Modalitäten bei Prozessen und Untersuchungen gegen Regierungsoffizianten.

§ 47. Wenn gegen einen den Regierungen untergeordneten Offizianten Regreß- und Injurienklagen aus Veranlassung seines Amts angebracht, oder gegen Kassenbediente des Regierungsressorts Geldforderungen eingeklagt werden, oder gegen Regierungsoffizianten eine fiskalische oder Kriminaluntersuchung eingeleitet werden soll, so muß das Gericht solches sogleich von Amts wegen der betreffenden Regierung bekannt machen.

Ein gleiches muß geschehen, wenn ein Regierungsbedienter zum persönlichen Arrest gebracht werden soll; der Exekutor muß das Notifikatorium dem Amtsvorgesetzten einhändigen, zugleich aber den, welcher in Arrest gesetzt werden soll, so lange unter Observation nehmen, bis wegen Verwaltung seines Amtes die nötigen Vorkehrungen getroffen sind.

Untersuchungen gegen Regierungsoffizianten über bloße Dienstvergehungen können die Gerichte nicht anders als auf einen vorher ergangenen Antrag der betreffenden Regierung einleiten, es wäre denn mit dem Vergehen ein solcher Exzeß verbunden, der den Täter, auch wenn er nicht Offiziant wäre, schon der Beahndung der Gesetze schuldig macht.

Soll ein Regierungsbedienter als Zeuge, Sachverständiger oder aus einem anderen Grunde außerhalb seinem Wohnorte vor Gericht erscheinen, so muß davon bei der Vorladung die betreffende Regierung oder unmittelbar vorgesetzte Behörde desselben gleichfalls benachrichtigt werden.

Auch bei Versiegelungen des Vermögens oder Nachlasses von Regierungsoffizianten ist die betreffende Regierung zu benachrichtigen und befugt, an denjenigen Zimmern und Behältnissen, worin Amtsakten zu vermuten sind, ihre Siegel mit anlegen zu lassen. Bei der Entsiegelung müssen dergleichen Akten und Papiere mit Zuziehung eines Abgeordneten der Regierung abgesondert und dem Abgeordneten ausgehändigt, auch zu dem Ende die Entsiegelung vorzüglich beschleunigt werden.

Das vorstehende ist gleichfalls zu beobachten, wenn der Offiziant zwar an sich ein Justizbedienter, aber in anderer Rücksicht einer Regierung zugleich untergeordnet ist und Geschäfte in Händen hat, welche zu ihrem Ressort gehören.

In allen vorbenannten Fällen sind endlich den Regierungen die ergangenen Erkenntnisse von Amts wegen mitzuteilen.

---

642. Über die ausschließliche Zuständigkeit der Zivilgerichte, über die Verpflichtung zum Schadensersatze oder eine sonstige privatrechtliche Verpflichtung zu erkennen, die das Gesetz bei den zum Gegenstande eines Disziplinarverfahrens gemachten Dienstvergehen ausspricht, vgl. die Ges. v. 1851 und 1852 § 5 bezw. § 6.

§ 47 Abs. 1 und 2.

643. Was § 47 Abs. 1 von den Kassenbeamten des Regierungsressorts bestimmt, ist nach MVfg. 5. Mai 1828, 12. Juni 1858, 31. Okt. 1894 (Jbb. 31 S. 273, JMBl. 58 S. 198; 94 S. 306) hinsichtlich der Kassenbeamten der Militär-Ökonomie- und der Post-Verwaltung gleichfalls zu beachten und die betreffende Mitteilung an die Intendanturen bezw. die Oberpostdirektionen zu machen. Bez. der Klagen gegen Offiziere s. MVfg. 28. Febr., 24. Apr. 1880 (JMBl. S. 41, 92).

644. Hinsichtlich der in Strafsachen zu machenden Mitteilungen vgl. die MVfg. 25. Aug. 1879, 5. Apr. 1882 (JMBl. 79 S. 251; 82 S. 86). — Alle diese Mitteilungen erfolgen durch die Beamten der Staatsanwaltschaft, mit Ausnahme der in Privatklagen ergehenden; diese hat das Amtsgericht zu machen. — Abs. 2 ist ersetzt durch die §§ 910, 933, 936 ZPO.

8. Modalitäten bei Ausübung der exekutiven Gewalt der Regierungen.

§ 48. Bei Ausübung der ihnen verliehenen exekutiven Gewalt müssen die Regierungen zwar die in den Gesetzen vorgeschriebenen Grade beobachten; inzwischen sind dieselben befugt,

1. in Fällen, wo die verlangte Verpflichtung auch durch einen dritten geleistet werden kann, solches nach fruchtlos gebliebener Aufforderung des Verpflichteten für dessen Rechnung bewirken, sowie ferner bei Lieferungen, wo es nicht gerade auf einzelne im Besitz des Verpflichteten sich befindende Stücke ankommt, die zu liefernden Gegenstände für dessen Rechnung ankaufen und in beiden Fällen den Kostenbetrag von ihm exekutivisch beitreiben zu lassen.

---

§ 47 Abs. 3.

645. Diese Bestimmung hat mit den mannigfachen, aus derselben hervorgegangenen Vorschriften über den gleichen Gegenstand seit der Gesetzgebung von 1848 bis 1850 ihre praktische Bedeutung eingebüßt; vgl. insbes. A. 97 der Verf.-Urk. Es ist daher zur Zeit die Handhabung der Strafrechtspflege gegen unmittelbare oder mittelbare Staatsbeamte, gegen Inhaber der polizeiobrigkeitlichen Gewalt und Geistliche von der Genehmigung der vorgesetzten Dienstbehörden unabhängig; vgl. Oppenhoff, Strafverf. § 1 A. 36 ff. und unten Ges. v. 13. Febr. 1854 A. 1 ff. Andererseits ist aber den vorgesetzten Dienstbehörden durch das letzterwähnte Gesetz das Recht der Konfliktserhebung verliehen, um die ihnen untergeordneten Beamten wider unbegründete Verfolgungen auf dem straf- und zivilrechtlichen Gebiete in Schutz zu nehmen; die im Hinblick auf dieses Gesetz ergangenen JMVfg. 12. Mai 1854, 5. April 1855 (Oppenhoff, aaO., Rh. S. 11 S. 440, 442) ordnen an, daß, bevor wegen einer in Ausübung oder Veranlassung der Ausübung des Amts vorgenommenen Handlung eine Untersuchung eingeleitet werde, die Sache dem Oberstaatsanwalt zur Prüfung vorgelegt werde und daß dieser nötigenfalls die Äußerung der dem Beamten vorgesetzten Provinzial- oder Zentralbehörde einhole; erhebe diese Widerspruch, so sei letzterer vom Oberstaatsanwalt sorgfältig zu prüfen und wenn gleichwohl die Voruntersuchung oder Anklage als erforderlich erscheine, der gedachten Behörde davon sofort Kenntnis zu geben; hierdurch würden jedoch sonstige vorläufige Ermittelungen, sowie die Ergreifung der durch Gefahr beim Verzuge gebotenen Maßregeln nicht ausgeschlossen. Handelt es sich um Einleitung einer Untersuchung wider Geistliche, so soll nach der bei Oppeuhoff aaO. gen. JMVfg. 16. Aug. 1854 in Ermangelung eines Antrages des Kultusministers der Oberstaatsanwalt zunächst an den Justizminister berichten und dessen Ermächtigung zur Verfolgung abwarten.

§ 47 Abs. 4 und 5.

646. Abs. 4 ist nicht in die ZPO. und StPO. übergegangen, wohl aber inhaltlich durch die MVfg. 17. Mai 1883, 29. Juli 1880 (JMBl. 83 S. 155; 80 S. 186) wiederholt worden. Vgl. ferner MVfg. 24. Mai 1886, 6. Apr. 1883 (JMBl. 86 S. 137; BMBl. 83 S. 80).

647. Betr. Siegelungen (Abs. 5) s. Geschäftsanweisung für Gerichtsvollzieher v. 12. Dez. 1899 (JMBl. S. 627) § 103 Z. 12.

§ 48.

Inhalt:

I. Allgemeine Bemerkungen über administrative Exekutionen.

648. § 48 befaßt sich ausschließlich mit dem Verfahren und den Exekutionsmitteln bezw. den Exekutionsarten, welche da, wo das Recht zur administrativen Exekution an sich feststeht, zur Anwendung zu bringen sind. Er unterscheidet nicht zwischen den Exekutionen in Hoheits-, Polizei- und Finanzangelegen-

2. Strafbefehle können die Regierungen im Wege des exekutivischen Verfahrens bis zur Summe von hundert Talern oder vierwöchentlichem Gefängnis erlassen und vollstrecken.
3. Militärische Exekution findet nur bei hartnäckigem Ungehorsam oder wirklicher Widersetzlichkeit nach fruchtlos gebliebener Zivilexekution und vorheriger Androhung statt. Auch müssen die Regierungen vorher die Genehmigung der höhern Behörde nachsuchen oder derselben wenigstens gleichzeitig Anzeige machen, wenn Gefahr im Verzuge ist.
4. Kommt es bei der Exekution auf den Verkauf eines Grundstücks an, so wird selbiger zwar von dem ordentlichen Gericht, unter welchem dasselbe gelegen ist, im Wege der notwendigen Subhastation bewirkt. Die Subhastation kann aber von den Gerichten nicht verweigert werden, sobald die Verbindlichkeit des Schuldners außer Zweifel ist.
5. Der Verkauf abgepfändeter Effekten geschieht jedesmal mit Zuziehung eines Justizbedienten.

Es versteht sich übrigens von selbst, daß die Regierungen die Befugnis haben, zur Sicherstellung des zu erstattenden Kostenbetrages oder der Geldstrafe die nötigen Vorkehrungen zu treffen.

Allerhöchste Kabinetsorder v. 31. Dez. 1825 (s. oben S. 156).

D. XII. Da über einzelne Punkte des mit der Instruktion vom 23. Oktober 1817 publizierten Auszuges aus der Verordnung vom 26. Dezember 1808 Zweifel entstanden sind, so setze Ich in dieser Beziehung zugleich folgendes fest:

b) ad § 48. Das den Regierungen zugestandene fiskalische Exekutionsrecht erstreckt sich auch bis zu der Person des Exequendi, und kann derselbe daher gefänglich eingesetzt werden. Wegen rückständiger direkter oder grundherrlicher Abgaben, zu deren Einziehung sich kein Objekt im Vermögen des Abgabenpflichtigen vorfindet, soll dessen persönliche Verhaftung von den Regierungen aber nicht verfügt werden.

[Den Regierungen steht es zu, vermöge der ihnen beigelegten allgemeinen Befugnis, in einzelnen Angelegenheiten ihres Ressorts den Justizunterbehörden Aufträge zu machen und sie zu deren Befolgung anzuhalten, vorausgesetzt, daß die Natur der den Gerichten zu machenden Aufträge von der Art ist, daß sie nicht mit solchen belastet werden, die ihrer Bestimmung fremd und resp. entgegen sind;] in Zivilprozessen,

heiten, seine Bestimmungen umfassen vielmehr alle administrativen Exekutionen, selbst diejenigen, welche die Vollstreckung von Strafbescheiden im Sinne des § 45, oder von Ordnungsstrafen im Sinne des § 46 zum Gegenstande haben. Hierdurch erklärt es sich, weshalb die VO. v. 1808 jene Bestimmungen erst an dieser Stelle enthält und nicht unmittelbar auf § 42 folgen läßt. Dieselben sind nicht aus den Regl. v. 1803 und 1804 geschöpft.

649. Der § setzt, wie die AKO. v. 31. Dez. 1825 anerkennt, als selbstverständlich voraus, daß die für gerichtliche Zwangsvollstreckungen in der AGO. I. 24 enthaltenen Vorschriften auch für administrative Vollstreckungen im allgemeinen gelten und beschränkt sich demgemäß darauf, einzelne dieser Vorschriften inbezug auf letztere zu wiederholen, andere zu ändern. Wenn hiernach schon dem § 48 die Auffassung zugrunde liegt, daß die Vollstreckung im Verwaltungswege grund-

wo Fiskus Partei ist, findet nur die Requisition statt. Bei fiskalischen Exekutionen sollen die Regierungen die Hülfe der Gerichte als Ausnahme von der Regel aber nur dann in Anspruch nehmen, wenn es ihnen selbst an eigenen Organen zur Exekutionsvollstrekung oder, im Falle der Verhaftung des Exequendi, an einem eigenen Lokale zur Aufnahme des Verhafteten fehlt.

Da übrigens die Verwaltungsbehörden das Recht und die Liquidität des beizutreibenden Objekts allein zu beurteilen vermögen und dafür verantwortlich sind, so kann die Berufung des Exequendi auf gerichtliches Gehör über seine Verpflichtung zur Zahlung der Prästation auch die Exekutionsvollstreckung, selbst gegen die Person, nicht sistieren.

Wenn indes in einem solchen Falle, wo die Verwaltungsbehörde nach den bestehenden gesetzlichen Bestimmungen zur persönlichen Verhaftung des Schuldners schreitet, von seiten desselben Einwendungen gegen die Forderuug erhoben werden, so ist die Verwaltungsbehörde zwar berechtigt, den Schuldner seines Widerspruchs unerachtet zur Haft bringen zu lassen; es liegt ihr jedoch ob, die Sache sofort an die kompetente Gerichtsbehörde gelangen zu lassen, damit dieselbe über die Fortdauer oder Relaxation des Arrests nach § 70 seq. Tit. 29 der Prozeßordnung verfahre und erkenne.

Nach demselben § 48 des Anhanges zur Regierungsinstruktion v. 23. Oktober 1817 sind die Regierungen bei Anwendung des fiskalischen Exekutionsrechts auf die Exekutionsmittel verwiesen, welche die allgemeinen Gesetze anordnen. Als eines solchen erwähnt zwar die Allgemeine Gerichtsordnung die Verpachtung ganzer Güter nicht. Da indes die Erfahrung lehrt, daß der Modus executionis durch Sequestration selten zum Ziele führt und keinem von beiden Teilen wegen der damit verbundenen bedeutenden Kosten Vorteile bringt, so bestimme Ich, daß die Verpachtung der Domänen, Erbpachtgüter, der bäuerlichen Besitzungen und, unter Umständen nach dem Urteil der Verwaltungsbehörden, selbst die Wiederverpachtung bloß verzeitpachteter Domänen im Wege der Exekution gestattet sein soll. Als Maximum der Zeit, auf welche eine solche Verpachtung öffentlich im

---

sätzlich mit der gerichtlichen auf gleiche Linie zu stellen ist, so hat dieselbe noch überdies durch die AKO. v. 6. Mai 1836 (GS. S. 194) eine ausdrückliche Bestätigung erhalten. Diese AKO. deklariert, daß den Vollstreckungsmaßregeln, welche die Regierungen innerhalb der Grenzen des durch die VO. v. 1808, die Reg.-Instruktion v. 23. Okt. 1817 und die AKO. v. 31. Dez. 1825 ihnen verliehenen Vollzugsrechts anordnen, dieselbe Wirkung beiwohne, die das Gesetz den gerichtlich verfügten zuerkenne, so daß z. B. der von einer zuständigen Verwaltungsbehörde erlassene Zahlungsbefehl einen gesetzlichen Titel zum Pfandrecht bildet, auf dessen Grund dem Ersuchen der fiskalischen Behörde um Eintragung Folge gegeben werden muß; vgl. JMVfg. 9. Okt. 1840 (JMBl. S. 323), VO. v. 24. Jan. 1844 § 15.

650. Demgemäß unterliegt es keinem Zweifel, daß die Änderungen, welche die bezüglichen Bestimmungen der AGO. durch die spätere Gesetzgebung, insbesondere auch durch die VO. v. 4. März 1834 (GS. S. 31) erfahren haben, durchweg auch für administrative Zwangsvollstreckungen maßgebend sind.

Wege der Exekution geschehen kann, setze Ich drei Jahre fest, es müßte denn der Schuldner selbst in eine längere Pachtzeit einwilligen.

Ist nach Ablauf des Termins indes der beabsichtigte Zweck nicht erreicht, dann ist eine Wiederverpachtung unter gleichen Modalitäten ebenfalls zulässig.

Haben die Regierungen im Wege einer von ihnen verhängten Exekution Aktivforderungen in Beschlag genommen, deren Einziehung sodann nach den Vorschriften des Gesetzes vom 4. Juni 1822 erfolgen soll, so wird die in den §§ 2 und 3 dieses Gesetzes gedachte Verfügung nicht von den Gerichten, sondern von den Regierungen selbst an die mit der Einziehung beauftragte fiskalische Behörde erlassen.

Verordnung v. 2. Januar 1849 (GS. S. 1).

§ 38. In dem Verhältnisse der Gerichte zu den Verwaltungsbehörden wird durch das gegenwärtige Gesetz nichts geändert. Sie sollen sich gegenseitig bei Erledigung der ihnen obliegenden Geschäfte innerhalb ihres Ressorts Unterstützung leisten; die Verwaltungsbehörden sind jedoch nicht ferner befugt, in Angelegenheiten ihres Ressorts den Justizunterbehörden Anweisungen zu erteilen und sie zu deren Befolgung anzuhalten. Die entgegenstehende Bestimmung der Order vom 31. Dez. 1825 unter D. Nr. XII (GS. 1826 S. 11) wird aufgehoben.

---

651. So verlor die Eingangsbestimmung des § 48 insofern ihre Wirksamkeit, als § 11 der VO. v. 4. März 1834 die §§ 68—141 I. 24 AGO., soweit sie die Beobachtung der Exekutionsgrade betreffen, aufhob und dem Gläubiger unter gewissen Beschränkungen die Wahl beließ, an welchen Vermögensgegenstand er sich bei den auf Zahlung gerichteten Zwangsvollstreckungen zunächst halten wolle; vgl. Wegener S. 436. Ebenso konnte, seitdem § 8 der VO. v. 1834 die über Einlegung eines Exekutors in der AGO. enthaltenen Bestimmungen abgeschafft hatte, von diesem Zwangsmittel auch bei administrativen Vollstreckungen kein Gebrauch gemacht werden; vgl. MVfg. 18. Juni 1836, 18. Dez. 1835 (Ann. S. 506; Jbb. 46 S. 531).

652. Inzwischen ist für die zwangsweise Beitreibung bestimmter Geldbeträge das Verfahren besonders geregelt und § 48 vollständig ausgeschaltet worden. Es geschah dies zunächst durch die Exekutionsordnungen von 1843, 1845, 1853, 1858 und 1867, sodann auf Grund des (§ 14 bezw. jetzt) § 5 AG. z. ZPO. durch die VO. v. 7. Sept. 1879, an deren Stelle seit 1. Jan. 1900 die VO. v. 15. Nov. 1899 getreten ist. Die executiones ad faciendum aut omittendum sind hierdurch unberührt geblieben. Über die fortdauernde Geltung der diesbezüglichen Bestimmungen des § 48 vgl. auch v. Brauchitsch 1 S. 157 A. 257, Illing 2 S. 1143f. A. 3, Oppenhoff, Berggef. A. 1017, Brassert S. 486, v. Rönne 1 S. 436 A. 6.

653. § 20 des Ges. v. 11. März 1850 hat nur das bestehende Recht aufrecht erhalten, mithin den § 48 weder erweitert noch überhaupt geändert.

654. Dagegen hat § 48 eine bedeutende Einschränkung erfahren durch die §§ 132ff. LVG., die die Zwangsbefugnisse des Regierungs-Präsidenten, des Landrats, der Ortspolizeibehörde und der Gemeinde-(Guts-)vorstehre für den Geltungsbereich dieses Gesetzes neu geordnet haben. § 132 Nr. 1 entspricht der Nr. 1 des § 48, indem er der Behörde das Recht gibt, die zu erzwingende Handlung, sofern es tunlich ist, durch einen dritten ausführen zu lassen und die entstehenden Kosten im Zwangswege (VO. v. 1899) von dem Verpflichteten einzuziehen; § 132 Nr. 2, entsprechend der Nr. 2 des § 48, berechtigt die Behörde zur Festsetzung von Geldstrafen und, für den Fall des Unvermögens, entsprechender Haftstrafen; nach § 132 Nr. 3 darf unmittelbarer Zwang angewendet werden, wenn die Anordnung ohne einen solchen unausführbar ist. Auch diese Vorschriften betreffen nur die exec. ad faciendum aut omit-

tendum; für die exec. ad solvendum gilt das in A. 652 gesagte. Sie umfassen die gesamte obrigkeitliche Gewalt der genannten Behörden, soweit dieselbe in der allgemeinen Landesverwaltung hervortritt; sie sind daher nicht ohne weiteres auf das kommunale Gebiet zu übertragen: OVG. 14. Okt. 1882 (E. 9 S. 57), v. Brauchitsch 1 S. 158 A. 258. — Die §§ 132ff. sind in den nachfolgenden Erläuterungen mit besprochen.

655. Hinsichtlich etwaigen Zusammentreffens von administrativen und gerichtlichen Zwangsvollstreckungen fehlt es an erschöpfenden Bestimmungen. In einem Falle dieser Art, wo nämlich für Steuerrückstände im Verwaltungswege eine Früchtepfändung, demnächst aber auf Anstehen anderer Gläubiger ein gerichtlicher Verkauf derselben Früchte infolge neuer Pfändung stattgefunden hatte, und das Gericht der sich auf die Grundsätze der Prävention berufenden Verwaltungsbehörde die Herausgabe des Erlöses verweigerte, erkannte zwar die JMVfg. 19. Nov. 1838 (Jbb. 52 S. 488ff.) die Gesetzlichkeit des gerichtlichen Verfahrens an, weil das Verwaltungszwangsverfahren dem Fiskus nur Rechte gegen seine Schuldner gewähre, nicht aber dessen Stellung zu den Gläubigern dieses Schuldners verändere; gleichwohl schrieb dieselbe zur Ersparung unnötiger Kosten vor, daß, sofern der Gläubiger kein Vorrecht vor dem Fiskus beanspruche, das exekutivische Verfahren der Verwaltung auch bei einer hinzutretenden gerichtlichen Zwangsvollstreckung seinen Fortgang behalten solle, so daß die Verwaltungsbehörde nur verpflichtet sei, den nach ihrer Befriedigung verbleibenden Rest des Pfandgegenstandes an das Gericht abzugeben. Vgl. jetzt § 5 AG. z. ZPO., wonach auch durch die im Verwaltungswege erfolgte Pfändung ein Pfandrecht im Sinne des § 804 ZPO. entsteht, das später entstehenden Pfandrechten vorgeht, und § 48 VO. v. 15. Nov. 1899, wonach beim Zusammentreffen von Pfändungen auf Anordnung einer Vollstreckungsbehörde und eines Gerichts die §§ 853—856 ZPO. entsprechende Anwendung finden.

§ 48 Nr. 1 und 2.

656. Die Nr. 1 und 2 des § 48 handeln ausschließlich von den exec. ad faciendum et omittendum und entsprechen den §§ 49—54 I. 24 AGO., welche bis auf die §§ 53, 54 sämtlich durch § 9 der VO. v. 1834 ersetzt wurden, während § 54 durch § 10 der VO. wenigstens geändert worden ist.

657. Da die Exekutionsstrafen keine eigentlichen Strafen bezw. Ausflüsse der Strafrechtspflege, sondern bloße Exekutionsmittel darstellen, so sind die wider die fortdauernde Geltung des § 48 Nr. 2 teils aus den Art. 5, 7 der Verf.-Urk. v. 1848 und den Art. 8, 86 der Verf.-Urk. v. 31. Jan. 1850, teils aus dem Ges. v. 12. Febr. 1850 hergeleiteten Bedenken unbegründet; vgl. MVfg. 14. Aug. 1849, 28. Juni 1850, 20. Jan. 1854 (VMBl. 49 S. 161; 50 S. 212; 54 S. 10). Vgl. ferner über die fortdauernde Anwendbarkeit der Nr. 2 OVG. 13. Dez. 1884 (E. 11 S. 401); teilweise aM. 1. Aufl. A. 533. Doch dürfte entsprechend § 132 Nr. 2 LVG. auch in den Fällen des § 48 Nr. 2 nur auf Geldstrafe und erst für den Unvermögensfall auf Freiheitsstrafe und zwar Haftstrafe bis zu 4 Wochen zu erkennen sein; ebenso Brassert S. 488.

658. Aus gleichem Grunde finden weder [Art. 136 Ges. v. 3. Mai 1852 und § 5 Ges. v. 14. Mai 1852] noch § 459 StPO. auf solche Zwangsstrafen Anwendnng: EK. 14. Jan. 1854, 3. Mai 1856, 7. Nov. 1857 (JMBl. 54 S. 164; 56 S. 206; 58 S. 32). Vielmehr ist die Frage, inwiefern wider eine Zwangsstrafe oder deren Vollstreckung der Rechtsweg beschritten werden könne, dahin zu beantworten, daß wider die Strafe an sich als bloßes Zwangsmittel und wegen etwaiger bei Anwendung derselben zu rügenden Formfehler der RW. niemals stattfinde (ebenso LVG. § 133, EK. 13. Juni 1874, 23. Juni 1888, JMBl. 74 S. 237, Rechtspr. S. 293), daß aber gegen die Zulässigkeit des Verwaltungszwangsverfahrens überhaupt und dadurch mittelbar auch wider die Vollstreckung der zu diesem Behufe verhängten Strafen die richterliche Hilfe nach den zu § 42 besprochenen allgemeinen Grundsätzen bald versagt, bald gewährt werden müsse, je nachdem es sich um Vollstreckungen in Hoheits- und Polizei-, oder aber in Finanzangelegenheiten handelt. Vgl. z. B. EK. 13. Okt. 1873 (JMBl. S. 325).

659. Ein Zwangsmittel muß, um festgesetzt und ausgeführt werden zu können, vorher angedroht sein (ebenso § 132 Abs. 2 LVG.). Unzulässig ist, mehrere Zwangsmittel gleichzeitig anzudrohen oder sämtliche gesetzliche Zwangsmittel in der Androhung derart zu verbinden, daß die Behörde nachher die Wahl zwischen den

Zwangsmitteln hat: OVG. 9. Febr. 1881 (VMBl. S. 82), 5. Juni 1884, 3. Febr. 1887 bei v. Brauchitsch 1 S. 158 A. 259. Auch kann ein Zwangsmittel nur bestimmten Personen, nicht also bloß im allgemeinen angedroht und demnächst gegen die Zuwiderhandelnden vollstreckt werden, indem die Androhung bereits den ersten Schritt der Vollstreckung darstellt, diese aber nur gegen bestimmte Personen denkbar ist: MVfg. 23. Apr. 1859 (VMBl. S. 130). Doch dürfte nach dem in A. 658 gesagten das Unterbleiben einer solchen Androhung als ein bloßer Formmangel den RW. wider die Vollstreckung in keinem Falle eröffnen. Anderer Ansicht war in dem im JMBl. 58 S. 32 besprochenen Falle das AppG. Paderborn; ähnlich, wie es scheint, EK. 7. Nov. 1857 (das.), welches den Ausschluß des RW. zwar aussprach, aber lediglich um deswillen, weil die Androhung nach der amtlichen Versicherung der Verwaltungsbehörde wirklich stattgefunden habe, und aus der Befugnis der letzteren, eine Strafe anzuordnen, auch die weitere Befugnis folge, die tatsächlichen Unterlagen dieser Strafe festzustellen.

660. *EK. 22. Mai 1852 (JMBl. S. 244) gibt, indem es zur Begründung eines KK. u. a. anführt, daß eine Überschreitung des Strafmaßes nicht vorliege, der Ansicht Raum, als sei für den umgekehrten Fall ein gerichtlicher Schutz immer gegeben; vgl. jedoch A. 658.

661. Die Festsetzung einer Zwangsstrafe ist nur zulässig, wenn die zu erzwingende Handlung noch geschehen kann; ist letztere schon erfolgt, wenn auch nach Ablauf der gestellten Frist, oder ist sie unmöglich geworden, so muß die Straffestsetzung unterbleiben: OVG. 31. Jan. 1877 (E. 2 S. 382).

662. Eine einmal angeordnete bezw. festgesetzte Strafe soll nach MVfg. 14. Aug. 1849 (VMBl. S. 161) selbst dann vollstreckt werden, wenn der Verpflichtete sich nachträglich bereit erklärt, die betreffende Verbindlichkeit freiwillig zu erfüllen, weil entgegengesetztenfalls das Ansehen der Behörde leiden und dem Ungehorsamen ein weites Feld der Chikane und Tergiversation eröffnet werden würde. Ebenso OVG. 22. Juni 1878 (das. S. 186). Jedenfalls aber muß die Vollstreckung wegfallen, wenn der Verpflichtete die gebotene Handlung vorher wirklich vornimmt oder wenn Umstände eintreten, welche ihre Vornahme geradezu unmöglich machen, da doch von Anwendung eines bloßen Zwangsmittels da keine Rede weiter sein kann, wo die Vollstreckung selbst gegenstandslos geworden ist. Ob die Strafe hiernach zu vollstrecken ist oder nicht, unterliegt dem pflichtmäßigen Ermessen der verfügenden oder der ihr vorgesetzten Behörde. Vgl. ferner MVfg. 6. März 1875 (das. S. 104). AM. gen. OVG. 1878, weil die Festsetzung der Exekutivstrafe neben der Absicht, den Willen des Widerspenstigen zu brechen, auch noch die Bedeutung einer Vollstreckbarkeitserklärung der wegen der bisherigen Weigerung bereits verwirkten Exekutivstrafe habe; in dem Wesen einer solchen Vollstreckbarkeitserklärung liege es aber, daß sie nicht dadurch hinfällig werden könne, daß nachträglich die Vornahme der zu erzwingenden Handlung unmöglich wurde.

663. Unzulässig ist, anstatt oder neben einer gesetzlich angedrohten Strafe eine Exekutivstrafe anzudrohen und zu verhängen; vgl. OVG. 12. Apr. 1878, 26. Febr., 9. Apr. 1879, 24. Juni 1882 (VMBl. 78 S. 125; 79 S. 232, 236; E. 5 S. 278; 9 S. 275), MVfg. 15. März 1869, 25. Nov. 1884 (VMBl. 69 S. 74; 84 S. 262), Oppenhoff, StGB. Abschn. 29 A. 35, v. Brauchitsch 1 S. 160 A. 263, ferner Neukamp im Verwaltungsarchiv 3 S. 1 ff., Bornhak das. 6 S. 166.

664. Die Befugnis zur Verhängung von Zwangsstrafen steht, seitdem mehrere Zweige des Regierungsressorts auf andere Provinzialbehörden übergegangen sind, unbedenklich auch diesen letzteren zu, z. B. den Provinzial-Steuerdirektionen, den Eisenbahn-Kommissariaten (HMVfg. 8. Okt. 1853, VMBl. S. 247), den Oberbergämtern (HMVfg. 15. Jan. 1862, Zeitschr. f. BR. 3 S. 125). Dagegen können die Regierungen usw. diese ihre Befugnisse nicht auf ihre Organe oder auf nachgeordnete Behörden übertragen: OVG. 13. Dez. 1884 (E. 11 S. 401), Oppenhoff, Bergges. A. 1003, Brassert S. 481 A. 2.

§ 48 Nr. 3.

665. Diese Bestimmung entspricht demjenigen, was in § 150 I. 24 AGO. und § 179 des Anhangs von dem Rechte der Gerichte, bei Exekutionen militärische Hülfe in Anspruch zu nehmen, gesagt wird. Inzwischen bestimmt § 13 des Gendarmerie-Edikts v. 30. Dez. 1820 (GS. 21 S. 6), daß es der Gendarmerie obliege, den verwaltenden und Justizbehörden zur Unterstützung und Sicherheit der

Vollziehungen als bewaffnete Macht zu dienen, wenn Widersetzlichkeit zu besorgen sei, oder sonst Militärexekution eintreten würde, und § 15 das., daß die Gendarmerie jede Zivil- und Militärbehörde zu ihrer eigenen Unterstützung anrufen könne, woraus das JMVfg. 30. Juni 1834 (Jbb. 43 S. 490) folgert, daß gen. § 179 insoweit geändert worden sei, als die Gerichte sich hinfüro nur an die Gendarmerie zu wenden und dieser die etwaige Inanspruchnahme noch anderer militärischer Hülfe zu überlassen hätten. In gleicher Weise dürfte § 48 Nr. 3 durch obige Bestimmungen geändert worden sein, und hiermit zusammenhängen, daß das Rh. Ress.-Regl., welches zu einer Zeit erging, wo jenes Gendarmerie-Edikt zweifellos längst vorbereitet war, in dem sonst mit § 48 gleichlautenden § 18 die Vorschrift der Nr. 3 nicht wiederholt. Vgl. auch v. Rönne 1 S. 450f.

§ 48 Nr. 4 und 5.

666. Diese ausschließlich von den executiones ad solvendum handelnden Bestimmungen sind durch die Novelle v. 31. Dez. 1825 nicht außer Kraft gesetzt worden: JMVfg. 8. Febr. 1832 (Jbb. 39 S. 146). Gegenwärtig kommt jedoch statt ihrer die VO. v. 15. Nov. 1899 zur Anwendung, welche die Zuziehung eines Justizbeamten bei der Versteigerung gepfändeter Mobilien nicht vorsieht und die Zwangsvollstreckungen in das unbewegliche Vermögen nach den für gerichtliche Zwangsvollstreckungen bestehenden Vorschriften mit der Maßgabe erfolgen läßt, daß die Vollstreckbarkeit der Forderung und die Zulässigkeit der Zwangsvollstreckung nicht der Beurteilung des Gerichts unterliegen.

AKO. v. 31. Dez. 1825 D. XII b.

667. Diese Zusatzbestimmung gibt sich als eine Deklaration der VO. v. 1808 kund und kann in der Tat als eine weitere Ausführung der bereits dem § 48 zugrunde liegenden Idee der Gleichstellung der administrativen mit der gerichtlichen Zwangsvollstreckung betrachtet werden. Sie zerfällt in sieben Absätze, von denen die Abs. 1, 3—7 von gewissen Zwangsmitteln bezw. -arten der executio ad solvendum, nämlich dem Personalarreste, der Verpachtung ganzer Güter und der Beschlagnahme von Aktivforderungen, Abs. 2 dagegen von dem Rechte der Erteilung von Aufträgen und von Requisitionen handelt. Zur bessern Ordnung des Stoffs werden die Bestimmungen dieses Abs. 2 erst am Schlusse besprochen.

668. Exekution gegen die Person. Diese Exekutionsart war nach den §§ 62, 142 ff. I. 24 AGO. nur behufs Beitreibung gewisser Geldsummen und nur in Ermangelung jedes anderen Gegenstands der Befriedigung statthaft; sie bestand nach der Wahl des Gläubigers entweder darin, daß der Schuldner angehalten wird, den im Urteil festgestellten Schuldbetrag abzuarbeiten, oder aber in seiner Inhaftierung. Diese Sätze galten entsprechend auch bei administrativen Exekutionen. Nur war es zweifelhaft, ob die Verwaltung zwischen jenen beiden Maßregeln die Wahl habe, da die AKO. v. 1825 anscheinend ausschließlich vom Personalarreste spricht. Jedenfalls war die Befugnis der Verwaltung beschränkter als die der Gerichte, insoweit die ersteren den Personalarrest nicht wegen aller Geldforderungen, namentlich nicht wegen „rückständiger direkter oder grundherrlicher Abgaben" anordnen durften; diese Bestimmung der AKO. erläutert die Geschäfts-Instruktion von demselben Tage dahin, daß die Haft vorzüglich nur bei solchen Forderungen anwendbar sei, die auf Vertragsverpflichtungen beruhen, so daß der Ausdruck „direkte Abgaben" an ersterer Stelle wohl nur im Gegensatz zu „grundherrlichen Abgaben" gebraucht ist, mithin indirekte Steuern nicht ausschließen soll. Da nun aber bei Geldforderungen aus Vertragsverpflichtungen das Verwaltungszwangsverfahren überhaupt nur höchst ausnahmsweise stattfindet, so dürfte auch die Anwendbarkeit des Mittels des Personalarrests nur auf wenige Fälle, insbesondere auf die des § 42 Nr. 2 d. G. beschränkt gewesen sein. Inzwischen ist durch das RGes. v. 29. Mai 1868 (BGBl. S. 237) die Schuldhaft als Zwangsmittel zur Beitreibung von Geldforderungen weggefallen und die VO. v. 7. Sept. 1879 und v. 15. Nov. 1899 erwähnen des Personalarrestes nicht mehr, so daß die diesbezüglichen Bestimmungen der AKO. v. 1825 als beseitigt zu erachten sind. Ebenso v. Rönne 1 S. 442 A. c. (Für die Exek.-O. v. 1843 usw. war trotz ihres Stillschweigens über den Personalarrest das Gegenteil anzunehmen; vgl. 1. Aufl. A. 547).

669. Exekution durch Sequestration und Verpachtung. Die AGO. ließ die Verpachtung als Zwangsmittel nur in einzelnen Fällen zu (§§ 131, 132

I. 24 und § 349 des Anhangs), weshalb die Verwaltungsbehörden inbetreff der bei Geldforderungen anwendbaren Zwangsmittel durch die Novelle insofern sogar ausgedehntere Befugnisse erhalten haben, als die Gerichte nach der AGO. besaßen; vgl. JMVfg. 3. Dez. 1842 (Jbb. 60 S. 577). Diese Bestimmung der AKO. v. 1825 ist durch § 49 Abs. 7 VO. v. 1899 ausdrücklich aufrechterhalten worden

670. Die Einwilligung des Schuldners kann auch im voraus bei Eingehung des Pachtvertrags durch eine in diesen aufgenommene Bedingung erklärt werden. Vgl. VMBl. 69 S. 143.

671. Beschlagnahme von Forderungen im Wege des Verwaltungszwangsverfahrens. Für die formelle Handhabung dieses gleichfalls nur behufs Beitreibung von bestimmten Geldbeträgen zulässigen Mittels sind gegenwärtig die §§ 36 ff. VO. v. 1899 maßgebend.

672. Aufträge und Ersuchen (Requisitionen). Daß die hierauf bezügliche Bestimmung der Novelle v. 1825 sich mitten zwischen den Vorschriften über den bei administrativen Vollstreckungen anzuwendenden Personalarrest findet, wird durch die Schlußworte des Absatzes erklärt, m. a. W., das Recht zur Erteilung von Aufträgen usw. ist an dieser Stelle nur um deswillen erwähnt, weil von demselben auch bei Anordnung und Ausführung des Personalarrests Gebrauch gemacht werden kann. Nur in dieser Hinsicht läßt sich dieselbe als Zusatz gerade zu § 48 betrachten, während sie, als eine mit dem vorhergehenden und nachfolgenden Satze außer Verbindung stehende, in sich abgeschlossene Bestimmung gedacht, als Zusatz zu § 50 d. G. hätte bezeichnet werden müssen; denn sie wiederholt nur dasjenige, was dieser § 50 bereits, und zwar mit denselben Worten gesagt hat; der letztere enthält nur nicht ausdrücklich die selbstverständliche Beschränkung, daß die Unterbehörden nicht mit solchen Geschäften beauftragt werden können, die ihrem Berufe fremd oder entgegen sind, tut aber andererseits gleichzeitig des entsprechenden Rechts der Landes-Justizkollegien den Verwaltungsunterbehörden gegenüber Erwähnung. Jene Beziehung der Novelle zur früheren Gesetzgebung ist im § 38 der VO. v. 2. Jan. 1849 übersehen worden, indem hier ausdrücklich nur die bezügliche Vorschrift der Novelle und nicht auch die des § 50 aufgehoben wird. Es unterliegt jedoch keinem Zweifel, das mit dem Erlasse der VO. v. 1849 auch § 50 weggefallen ist, und zwar auch insofern, als er den Landes-Justizkollegien das Recht zur Erteilung von Aufträgen an die Unterbehörden des administrativen Ressorts zuerkennt. So oft daher die Regierungen oder die Justizbehörden zur Erledigung ihrer Amtsobliegenheiten der Mitwirkung einer Behörde, selbst einer Unterbehörde, des anderen Ressorts bedürfen, müssen sie den Weg des Ersuchens einschlagen, d. h. sich an letztere Behörde in Form eines Ersuchungsschreibens wenden und im Weigerungsfalle bei der vorgesetzten Instanz derselben Beschwerde führen.

673. Die Befugnis, die Behörde eines anderen Ressorts um Hülfeleistung bei einer Zwangsvollstreckung oder sonstigen amtlichen Angelegenheit zu ersuchen (zu „requirieren"), wird von der Novelle nur nebenbei, im Gegensatze zu dem Rechte, verbindliche Aufträge zu erteilen, erwähnt, und findet auch in der VO. v. 1808 keine grundsätzliche Besprechung. Dies erklärt sich dadurch, daß jene Befugnis an sich keine besondere oder ausschließliche Beziehung zu den Ressortverhältnissen zwischen Justiz und Verwaltung hat, sondern ein allgemeines Recht ist, welches ebensowohl unter verschiedenen Verwaltungs- und unter verschiedenen Justizbehörden zur Anwendung gelangt, ohne daß dabei etwaige Rang- oder Abhängigkeitsverhältnisse in Frage kommen, so daß z. B. eine untere Verwaltungs- oder Justizbehörde sich ersuchungsweise auch an eine höhere Behörde wenden kann.

674. Jener Befugnis entspricht auf der anderen Seite die Pflicht der ersuchten Behörde, das Ersuchen zu erledigen. Dies ist gesetzlich anerkannt durch den oben abgedruckten, auch heute noch geltenden § 38 VO. v. 2. Jan. 1849; vgl. JMVfg. 17. Aug. 1903 (I, 5656), KG. 29. Okt. 1883, 6. Okt. 1890 (Johow 4 S. 114; 10 S. 7: § 38 sei durch die am 1. Okt. 1879 in Kraft getretenen Gesetze unberührt geblieben; da er einen eminent staatsrechtlichen Grundsatz ausspreche, gelte er auch ohne ausdrückliche Bestimmung in der ganzen Monarchie), ferner JMVfg. 4. Sept. 1844, 22. Okt., 4. Sept. 1849 (JMBl. 44 S. 169; 50 S. 120; Rh. S. 10 S. 69), OT. 12. Febr. 1862 (Rechtspr. 2 S. 250: die verschiedenen Staatsbehörden seien unzweifelhaft wechselseitig zur Leistung der ressortmäßigen Hülfe verpflichtet), OVG. 6. Sept. 1890 (E. 20 S. 448: die Befugnis, um Hülfeleistung zu ersuchen, und die Pflicht, dem Ersuchen Folge zu leisten, sei allgemeines Recht). Jene Vfg. 4. Sept.

1849 erklärt die Erledigung von Ersuchen unter nebengeordneten Behörden wenigstens dann für geboten, wenn diese Ersuchen auf Grund allgemeiner Genehmigung der Zentralbehörden gestellt werden. Über das bei Erledigung der Rechtshülfe zu beobachtende Verfahren, insbesondere den Beschwerdeweg bei verweigerter Rechtshülfe vgl. gen. KG. 1883 und 1890. — Vgl. auch die reichsgesetzlichen, im wesentlichen mit gen. § 38 gleichlautenden Bestimmungen im § 32 Patentges., § 144 Unfallversicherungsges., § 172 Invalidenversicherungsges., ferner das RGes. über den Beistand bei Einziehung von Abgaben und Vollstreckung von Vermögensstrafen v. 9. Juni 1895 (RGBl. S. 256).

675. Die Frage, ob ein von der Verwaltung bei einer administrativen Vollstreckung ersuchtes Gericht die Rechtmäßigkeit des durch die Vollstreckung zu befriedigenden Anspruchs oder die Zulässigkeit des Zwangsverfahrens zu prüfen berechtigt sei, ist dem in A. 649ff., 673 gesagten zufolge nicht nach den in den §§ 35ff. d. G. aufgestellten Grundsätzen über die Statthaftigkeit bezw. Unstatthaftigkeit der richterlichen Entscheidung in Beziehung auf Verwaltungsakte zu beantworten, es gilt hier vielmehr dasselbe, was bei Ersuchen um Rechtshülfe zwischen zwei Gerichten gilt (§§ 157ff. GVG., BGes. v. 21. Juni 1869); obige Frage ist daher zu verneinen. Aus der Natur der Sache folgt, daß bei allen wechselseitigen Ersuchen die ersuchte Behörde sich auf die Feststellung zu beschränken hat, ob sie selbst zur Vornahme der erbetenen Amtshandlung, und ob die ersuchende Behörde eine Hülfeleistung dieser Art zu beanspruchen im allgemeinen befugt ist; vgl. gen. OVG. und OT. (A. 674), ferner VO. v. 24. Jan. 1844 § 15 und A. 31 dazu.

676. Abgesehen von Zwangsvollstreckungen kommen Ersuchen um Rechtshülfe vorzugsweise bei Disziplinaruntersuchungen sowie bei Verwaltungsstrafsachen im Sinne des § 45 d. G. vor, namentlich behufs eidlicher Vernehmung von Zeugen. — Auch hier gilt natürlich das in A. 675 gesagte, so daß z. B. der Richter nicht befugt ist zu untersuchen, ob eine Veranlassung zur Einleitung der Untersuchung vorliege: OT. 12. Febr., 16. Mai 1862, 26. März 1863 (Rechtspr. 2 S. 250, 408; 3 S. 374). Verweigert der Zeuge seine Aussage, so hat der ersuchte Richter über die Rechtmäßigkeit der Weigerung zu entscheiden; der Weigerungsgrund, die geforderte Auskunft sei für die fragliche Untersuchung unerheblich, kommt dabei für den Richter nicht in Betracht, über diesen hat nur die ersuchende Behörde zu befinden. Vgl. OT. 27. Febr., 26. Apr. 1867, 8. Sept. 1870 (Rechtspr. 8 S. 138, 269; 11 S. 443). — Vgl. Kronecker im Gerichtssaal 33 S. 575ff.

677. Alle von den Gerichten auf Ersuchen der Verwaltungsbehörden auszuführenden, ein öffentliches Interesse betreffenden Geschäfte sind kostenfrei.

Gesinde-Ordnung
vom 8. November 1810.

[GS. Nr. 13, S. 101.]

(Literatur: Birkenbihl, die Gesindeordnungen für die preußische Monarchie usw., 4. Aufl., 1899. — Nußbaum, die preußische Gesindeordnung v. 8. Nov. 1810 usw. (Anhang: Das polizeiliche Verfahren usw.), 1900. — Posseldt, das preußische Gesinderecht im Geltungsbereiche des ALR., 4. Aufl. hergeg. v. Lindenberg, 1894. — Stölzel S. 257ff., wo die neuere Literatur aufgeführt ist. — Hetzer, über das Verfahren bei Streitigkeiten usw. in Hannover (in Bödikers Magazin für das deutsche Recht der Gegenwart, 4 S. 28ff.). — Deutsche Juristenzeitung 1900 S. 501).

Im allgemeinen.

1. Die landesrechtlichen Bestimmungen über das Gesinderecht haben auch unter der Herrschaft des BGB. ihre Geltung behalten: EG. z. BGB. Art. 95. Die in Abs. 2 dieses Art. und in Art. 14 AG. z. BGB. enthaltenen Bestimmungen ändern einzelne privatrechtliche Vorschriften der Landes-Gesindeordnungen, berühren aber die im nachstehenden allein berücksichtigten Zuständigkeitsverhältnisse nicht. Bez. Abs. 3 des Art. 95 s. A. 20.

2. Die Vorschriften der Ges.-O. v. 8. Nov. 1810 sind nach den einleitenden Bemerkungen derselben an die Stelle sowohl aller bisherigen in den Provinzen usw. geltenden Gesindeordnungen und sonstigen die Verhältnisse des gemeinen Gesindes betreffenden Vorschriften, wie auch der §§ 1—176 II. 5 ALR. getreten, oder vielmehr sie stellen letztere §§ in verbesserter Redaktion dar und gelten sonach überall da und nur da, wo das ALR. Gesetzeskraft besitzt, mögen die betreffenden Landesteile schon im Jahre 1810 zum Staatsgebiete gehört haben oder nicht, mag das ALR. dort unausgesetzt in Kraft gewesen oder aber neu- bezw. wiedereingeführt sein; vgl. Ergänz. z. ALR. II. 5. Eine Ausnahme gilt nur für die Kreise Rees und Duisburg, für die durch VO. v. 21. Sept. 1847 (GS. S. 356) die Rhein. Ges.-O. v. 1844 eingeführt worden ist. — Außerdem haben die Vorschriften der Ges.-O. v. 1810, insbesondere die auf die Befugnisse der Polizeibehörden bezüglichen, den für die Rheinprovinz und Neupommern besonders erlassenen Gesindeordnungen v. 19. Aug. 1844 (vgl. die §§ 47—50 das.) und 11. Apr. 1845 (vgl. §§ 171, 172 das.) als Vorbild gedient. Hinsichtlich der in den übrigen Landesteilen geltenden Gesindeordnungen vgl. die Zusammenstellung in der Begründung zum Entwurf eines AG. z. BGB. S. 17 und bei Stölzel S. 257.

3. Die Vorschriften der Ges.-O. sind auch auf das Verhältnis der Instleute in Preußen zu den Gutsherrschaften für anwendbar erklärt worden; vgl. AKO. v. 8. Aug. 1837 (Jbb. 50 S. 82). Hieran ist durch das BGB. nichts geändert: OVG. 29. Nov. 1901, 21. Jan. 1902 (DJurZtg. 7 S. 275; E. 42 S. 395). Über den Begriff „Instleute" vgl. OVG. 21. Okt. 1902 (das. S. 396). (Die frühere Ausdehnung der Ges.-O. auf Schiffer und Schiffsvolk, AKO. v. 23. Nov. 1831, 23. Sept. 1835, GS. 31 S. 255; 35 S. 222, ist inzwischen wieder weggefallen.)

4. Hirten, denen die Leistung gewisser wirtschaftlicher Dienste auf bestimmte Zeit und gegen bestimmten Lohn zur Pflicht gemacht wird, gehören zum Gesinde, weshalb also auch inbetreff ihrer Dienstannahme die §§ 22, 23, 45—47 d. G. Platz greifen: MVfg. 10. Juli 1845 (VMBl. S. 221).

5. Ebenso galt früher die Gef.-O. für Hausoffizianten, insofern die §§ 177—185 II. 5 ALR. hinsichtlich ihrer nicht besondere Bestimmungen enthalten: OT. (Pl.) 12. Nov. 1838, 6. Juni 1859 (E. 4 S. 115; Striefh. 34 S. 64), RG. 27. Sept. 1890, 11. Juni 1891 (Jur. Woch. 91 S. 36 Nr. 90; Gruchot 35 S. 1075). Vgl. auch Hetzer S. 56ff., Posseldt S. 4. Das BGB. kennt keine Hausoffizianten mehr; diejenigen, die man früher hierunter verstand, unterliegen daher nunmehr nicht mehr der Gef.-O., sondern den Vorschriften des BGB. über den Dienstvertrag. Ebenso Brettner, DJurZtg. 4 S. 293, Birkenbihl S. 11, Nußbaum S. 92.

6. Dagegen bleibt die Gef.-O. bei Handlungsdienern, Handwerksgesellen und Lehrlingen außer Anwendung: JMVfg. 31. Aug. 1839 (JMBl. S. 303 und Ergänz. aaO.); ebenso bei Markthelfern, Kontorboten: OT. 28. Febr. 1872 (Striefh. 88 S. 217), Gewerbegehülfen, -lehrlingen, Kellnern, Tagelöhnern (Wohlers, Entsch. d. Bundesamts f. d. Heimatwesen 5 S. 74; 8 S. 88; 17 S. 109; 18 S. 85); vgl. ferner Illing 1 S. 625 A. 2, Posseldt zu § 1.

7. — ebenso bei Aufwärterinnen, Stiefelputzern, Laufburschen, Näherinnen: gen. OT. 28. Febr. 1873.

8. Ebenso gehören die von einer Privatgesellschaft (Markengenossen, Gewerkschaften, Aktionären), welche nicht unter sich eine Familie bildet, angenommenen Beamten weder zum gemeinen Gesinde, noch zu den Hausoffizianten: OT. (Präj. 1089) 8. Jan. 1842 (Präj.-Samml. S. 318).

9. Die Gef.-O. legt ein allgemeines Entscheidungsrecht für Gesindestreitigkeiten den Polizeibehörden nirgends ausdrücklich bei. Wohl aber ist denselben eine sehr umfangreiche Jurisdiktion für dergleichen Angelegenheiten, auf der Grundlage der einzelnen in der Gef.-O. zerstreuten Zuständigkeitsbestimmungen, durch eine MVfg. 17. Apr. 1812 (Rabe 10 S. 558) beigelegt, deren verbindende Kraft anscheinend niemals bezweifelt und durch die MVfg. 13. Sept. 1817, 15. Jan. 1821 (Ann. 1 S. 182; Jbb. 17 S. 259) auch inbetreff derjenigen Landesteile anerkannt wurde, für welche sie zunächst nicht mit erlassen war. Dort heißt es:

„1. Wenn:
a) von der verweigerten Annahme des Gesindes in den Dienst von seiten der Herrschaft, vid. § 47 der Gef.-O.,
b) von dem verweigerten Antreten im Dienst von seiten des Gesindes, § 51,
c) von dem verweigerten Behalten des Gesindes im Dienst von seiten der Herrschaft, § 160,
d) von dem verweigerten Bleiben im Dienst von seiten des Gesindes, § 167,
e) von dem verweigerten Abziehen und Entlassen

die Rede ist, so hat die Polizeibehörde die vorläufigen Bestimmungen zu erlassen und sie zu exekutieren. Diejenigen Parteien, die sich bei dieser Bestimmung nicht beruhigen wollen, können zwar auf Urteil und Recht provozieren; sie sind aber verpflichtet, inzwischen und bis zur Entscheidung des Richters der Bestimmung der Polizei Folge zu leisten. —

4. Wenn von der Erfüllung kontraktmäßiger Verbindlichkeiten der Herrschaft oder des Gesindes während des Dienstes die Rede ist, so müssen die Polizeibehörden sich der vorläufigen Entscheidung unterziehen und solche exekutieren, bis im Wege Rechtens eine andere Entscheidung extrahiert worden.

5. Die in den §§ 37 und 38 der Gef.-O. gedachten Entscheidungen wegen der Livree und der Kost gehören lediglich den Polizeibehörden, ohne daß darüber auf rechtliches Gehör angetragen werden kann. Ebenmäßig stehet

6. in den Fällen der §§ 10, 13, 173 der Gef.-O. den Polizeibehörden die Kognition ausschließlich zu."

Die übrigen Vorschriften jener MVfg. (Nr. 2, 3 und 4 Abs. 2) beziehen sich auf das polizeiliche Strafverfahren inbetreff der in der Gef.-O. mit Strafen bedrohten Zuwiderhandlungen und sind daher gegenwärtig nicht mehr anwendbar, wogegen obiges Entscheidungsrecht der Polizeibehörden bezüglich der zivilrechtlichen Streitigkeiten zwischen Herrschaft und Gesinde durch die Änderungen in der Prozeßgesetzgebung keinen Eintrag erfahren hat; vgl. MVfg. 18. Mai 1849 (JMBl. S. 397); hier werden namentlich die Bestimmungen der §§ 33, 47, 83, 160, 167, 172 d. G., ferner § 47 der Gef.-O. v. 19. Aug. 1844 und § 171 der Gef.-O. v. 11. Apr. 1845 als durch die VO. v. 3. Jan. 1849 nicht berührt bezeichnet. — Außer in diesen ihr ausdrücklich zugewiesenen Streitfällen hat die Polizeibehörde kein Entscheidungs-

§ 10. Leute, die bisher noch nicht gedient zu haben angeben, müssen durch ein Zeugnis ihrer Obrigkeit dartun, daß bei ihrer Annehmung als Gesinde kein Bedenken obwalte.

§ 33. Insofern bei der Vermietung nichts bestimmtes hierüber abgemacht ist, muß dasjenige an Lohn, Kostgeld oder Beköstigung gewährt werden, was einem Gesinde derselben Klasse an dem Orte zur Zeit der Vermietung der Regel nach gegeben wurde; was in dieser Rücksicht Regel sei, bestimmt die Polizeiobrigkeit des Orts.

---

recht, da die Verhältnisse zwischen Herrschaft und Gesinde in erster Linie dem Privatrecht angehören, Streitigkeiten daher der Regel nach im ordentlichen Zivilprozesse zu entscheiden sind; vgl. MVfg. 13. Febr. 1890 (BMBl. S. 34). — Über das Verfahren der Polizei in Gesindesachen s. den Anhang bei Nußbaum S. 113 ff.

[Zufolge §§ 47 ff. der Rhein. Gef.-O. entscheidet die Polizeibehörde, soweit es darauf ankommt, die Erfüllung gegenseitiger Verbindlichkeiten während des Dienstes, die Annahme oder den Antritt, das Behalten oder Bleiben, den Abzug oder die Entlassung des Gesindes, endlich die Erteilung eines Abschiedszeugnisses zu bewirken, und zwar, von Streitigkeiten über die Beschaffenheit des Zeugnisses abgesehen, immer vorbehaltlich der Berufung auf den RW., dagegen bewendet es bis zur Erledigung des RW. bei den polizeilichen Anordnungen. Über Ansprüche nach Aufhebung des Vertrages hat jene Behörde niemals zu entscheiden.]

10. Das Verfahren der Polizeibehörde bei Ausübung der ihr in Gesindesachen gegebenen Befugnisse richtet sich nach den allgemeinen Vorschriften. Sie kann ihre Anordnungen durch die in den §§ 132 ff. LVG. gegebenen Zwangsmittel auch dann in Vollzug setzen, wenn die Anordnungen nur vorläufige sind. Gegen alle Anordnungen ist, neben dem etwa zulässigen RW., auch die Beschwerde und die Klage im Verwaltungsstreitverfahren gegeben (§§ 127 ff. LVG.); vgl. jedoch A. 17, 25. Vor Anwendung von Zwangsmitteln muß die Polizeibehörde gegebenenfalls über die Rechtsbeständigkeit des Dienstvertrags (§§ 51, 167), natürlich vorbehaltlich des RW. entscheiden. Bleibt sie über das Bestehen des Dienstverhältnisses im Zweifel, so muß sie von einem polizeilichen Eingreifen überhaupt absehen und die Entscheidung dem ordentlichen RW. überlassen. Vgl. MVfg. 6. Juni 1888 (BMBl. S. 124).

11. In strafrechtlicher Beziehung ist die Gef.-O. ergänzt worden durch das Ges. betr. die Verletzung der Dienstpflichten des Gesindes und der ländlichen Arbeiter v. 24. Apr. 1854 (GS. S. 214). Vgl. A. 19, 42a. Die hier angedrohten Strafen werden von dem ordentlichen Richter ausgesprochen. Vgl. OT. 27. März 1862 (Rechtspr. 2 S. 321).

§ 10.

12. Hierzu vgl. Nr. 6 der MVfg. v. 17. Apr. 1812 (oben A. 9). An die Stelle des dort gleichfalls bezogenen § 13 ist die (übrigens von diesem nicht abweichende) Bestimmung des § 51 der Gew.-O. v. 17. Jan. 1845 bezw. § 34 RGew.-O. getreten. — Das Zeugnis aus § 10 wird ersetzt durch das von der Polizeibehörde ausgefertigte Dienstbuch (A. 43).

§ 33.

13. Sind die auf Grund des § 33 ergehenden Entscheidungen der Polizeibehörde (vorbehaltlich der zulässigen Anfechtung im Verwaltungswege) endgültige oder bloß vorläufige, so daß wider dieselben auf rechtliches Gehör angetragen werden kann? Die Verf. v. 17. April 1812 (oben A. 9) erwähnt des § 33 nicht ausdrücklich. Da sie sich aber bezüglich der gemäß § 83 ergehenden Entscheidungen für die erstere Möglichkeit erklärt (vgl. A. 16), und letzterer § ausdrücklich auf § 33 zurückweist, auch einen verwandten Gegenstand betrifft, so entspricht es dem Geiste jener Verf., wenn man auch hier die polizeiliche Bestimmung im Sinne des § 33 als eine endgültige betrachtet. Ebenso Stölzel S. 159 A. 17 (unter Hinweis auf § 13 GVG.), Posseldt § 33 A. 1, Birkenbihl § 33 A. 1, Nußbaum S. 22. Die MVfg. 18. Mai 1849 (A. 9) scheint freilich sowohl hinsichtlich der Fälle des § 83 wie des § 33 anderer Meinung zu sein. — Die Polizeibehörde entscheidet nur, was Regel

§ 34. Weihnachts-, Neujahrs- und andere dergleichen Geschenke kann das Gesinde auch auf den Grund eines Versprechens niemals gerichtlich einklagen.

§ 37. Bei männlichen Bedienten ist die Livree ein Teil des Lohns und fällt nach Ablauf der durch Vertrag bestimmten Zeit denselben eigentümlich zu. In Ermangelung einer solchen Bestimmung entscheidet die Polizeiobrigkeit wie § 33 über die Zeit, binnen welcher die Livree verdient ist.

§ 38. Wird außer derselben noch besondere Staatslivree gegeben, so hat auf diese der Bediente keinen Anspruch.

§ 47. Weigert sich die Herrschaft, das Gesinde anzunehmen, so verliert sie das Mietsgeld und muß das Gesinde eben so schadlos halten, wie auf den Fall, wenn das Gesinde unter der Zeit ohne rechtlichen Grund entlassen worden, unten verordnet wird (§§ 160ff.).

sei; der eigentliche Lohnstreit gehört vor den ordentlichen Richter, der jedoch an jene Entscheidung der Polizeibehörde gebunden ist; ebenso Nußbaum aaO.

§ 34.

14. Aus § 34 folgt nicht etwa, daß das Gesetz eine privatrechtliche Verpflichtung inbetreff der Weihnachtsgeschenke usw., selbst wenn diese ausdrücklich ausbedungen sein sollten, niemals anerkenne, zumal da das ALR, dem jener § wörtlich entlehnt ist, die Verbindlichkeit solcher Verabredungen geradezu ausspricht; vgl. §§ 34, 35 II. 5. Der § 34 will vielmehr wohl nur besagen, daß Ansprüche solcher Art immer bei der Polizeibehörde geltend zu machen seien, und daß das Gesinde wider deren Entscheidung nicht den RW. beschreiten könne. Ebenso Hetzer S. 37, Stölzel S. 260; aM. Nußbaum S. 23 (: auch die Polizei habe sich nicht in derartige Streitigkeiten einzumischen). Der Herrschaft dürfte dieser Weg jedoch keinesfalls versperrt sein, da § 34 als Ausnahmegesetz eingeschränkt zu deuten ist.

15. Mit Hetzer S. 38 ist anzunehmen, daß durch § 34 dem Gesinde der RW. nur dann verschlossen ist, wenn ein allgemeines Versprechen der Herrschaft vorliegt, dem Gesinde zu Weihnachten usw. Geschenke zu geben, daß aber die Klagbarkeit nicht ausgeschlossen ist, wenn in dem Versprechen eine bestimmte Summe oder eine Sache von bestimmtem Wert zugesagt ist, z. B. 180 Mark und 10 Mark Weihnachtsgeschenk; in diesem Falle bildet letzteres einen Teil des bedungenen Lohnes.

§§ 37, 38.

16. Die Entscheidung der Polizeibehörde (§ 37) ist im RW. nicht anfechtbar: Nr. 5 der MVfg. 17. Apr. 1812 (A. 9), OVG. 6. Dez. 1879 (E. 1 S. 392). Wenn in jener Vfg. von den in den §§ 37, 38 gedachten Entscheidungen über Livree und Kost geredet wird, so ist, da jene §§ nur über Livree und nicht über Kost, über letzere aber § 83 handelt, dieser § 83 überdies gleich dem § 37 auf den § 33 verweist, an obiger Stelle offenbar nur infolge eines Druckfehlers § 38 statt des § 83 erwähnt.

§ 47.

17. In den Fällen der §§ 47 und 51 findet wider die Bestimmung der Polizeibehörde (Nr. 1a, b der Vfg. v. 1812, A. 9) nur der RW., nicht das Rekursverfahren statt: MVfg. 17. Juni 1832 (Ann. 16 S. 675); aM. Posseldt A. zu § 47, A. 3 zu § 51. Die Anordnung der Polizeibehörde hat sich im Falle des § 47 auf die Festsetzung und vorläufige Einziehung des Schadensersatzbetrages zu beschränken. Vgl. im übrigen die Erläuterungen zu § 160. Voraussetzung einer Schadensklage ist auch hier die vorherige Inanspruchnahme der Vermittelung der Polizeibehörde; vgl. OT. 27. Jan. 1868 (E. 59 S. 256).

§ 51. Weigert sich das Gesinde, den Dienst anzutreten, so muß es dazu von der Obrigkeit durch Zwangsmittel angehalten werden. Bleiben diese fruchtlos und ist die Herrschaft deshalb genötigt, einen andern Dienstboten zu mieten, so muß das Gesinde nicht allein den Schaden, welcher der Herrschaft hierdurch erwächst, ersetzen und das Mietsgeld zurückgeben, sondern es verfällt noch überdies in eine Strafe, die nach Maßgabe der Verschuldung auf zwei bis zehn Taler oder bei Unvermögenden auf [verhältnismäßiges Gefängnis] verhältnismäßige Haft festzusetzen ist.

§ 77. Reizt das Gesinde die Herrschaft durch ungebührliches Betragen zum Zorn, und wird in selbigem von ihr mit Scheltworten oder geringen Tätlichkeiten behandelt, so kann es dafür keine gerichtliche Genugtuung fordern.

§ 51.

18. Vgl. A. 17 (ersten Satz). Als Zwangsmittel sind sämtliche in den §§ 127 ff. LVG. genannten, insbesondere ist auch die (einmalige) persönliche Gestellung des Dienstboten zulässig, ebenso die Einziehung eines polizeilich festgesetzten Geldbetrages, mit dem die Fortsetzung des Gesindedienstes durch einen Stellvertreter zu beschaffen ist; vgl. MVfg. 16. Nov. 1883 (VMBl. S. 255). Für ihren Anspruch auf Schadensersatz ist die Herrschaft auf den RW. zu verweisen, dessen Voraussetzung ein Zeugnis über die erfolglose Anrufung der Polizeibehörde ist; ebenso: Posseldt A. 4.

19. Der Strafe androhende Schlußsatz des § 51 ist nicht durch das Ges. v. 24. Apr. 1854 (A. 11) ersetzt, da sich dieses nicht auf den Nichtantritt des Dienstes, sondern nur auf Dienstversagungen nach Antritt des Dienstes bezieht: OT. 27. März 1862 (Rechtspr. 2 S. 326), KG. 27. Okt. 1890 (Rh. A. 82, II. 27). Auf die Strafe des § 51 ist durch das Gericht zu erkennen; natürlich greift auch das Ges. v. 23. Apr. 1883 über polizeiliche Straffestsetzungen Platz. Bez. der Umwandlung der Freiheitsstrafe in Haft vgl. §§ 333, 334 PrStGB., §§ 1, 18 RStGB, § 6 EG. dazu, Oppenhoff, StGB., A. 5 zu gen. § 6, MVfg. 28. Dez. 1870 (JMBl. S. 380), RG. 27. Nov. 1885 (EStraff. 13 S. 93). — Die im entsprechenden § 16 der Rhein. Ges.-O. auf den Nichtantritt des Dienstes gesetzte Strafe ist eine Zwangsmaßregel und daher lediglich von der Polizeibehörde festzusetzen; vgl. gen. KG., Prakt. Handbuch des Rhein. Zivilrechts S. 390 A. 1 und oben VO. v. 1808 A. 604.

§ 77.

20. § 77 ist weder durch das Preuß., noch durch das RStGB. geändert worden; so die ständige Rechtsprechung; aM. Nußbaum in Zeitschr. f. d. ges. Strafrechtswissenschaft 20 S. 419. Er gibt der Herrschaft kein Züchtigungsrecht (ebenso OT. 8. Nov. 1865, Rechtspr. 6 S. 445), sondern läßt nur Scheltworte und geringe Tätlichkeiten der Herrschaft unbestraft. Er ist daher auch nicht durch Art. 95 EG. z. BGB. („ein Züchtigungsrecht steht dem Dienstberechtigten dem Gesinde gegenüber nicht zu") aufgehoben; unter Züchtigungsrecht würden überdies die im § 77 genannten „Scheltworte" nicht mitverstanden sein. Ebenso MVfg. 11. Aug. 1898 (VMBl. S. 201), Delius, PrVerwaltgsbl. 98 S. 89, Nußbaum aaO. S. 430; aM. Weißler und Brettner, DJurZtg. 4 S. 18, 293; weitere Literaturangaben s. bei Nußbaum aaO. S. 426 A. 26.

21. § 77 ist eingeschränkt zu deuten und kommt daher weder den Mitgliedern der Familie der Herrschaft noch bloßen Hausoffizianten, welchen ein bestimmtes Geschäft in der Haushaltung oder Wirtschaft oder die Aufsicht über einen Teil derselben übertragen ist, noch selbst dem Wirtschaftsinspektor oder Vorsteher zu statten: OT. 3. Juni 1853, 22. Nov. 1854 (Strieth. 10 S. 72; Goltd. Arch. 3 S. 255). Wenn jedoch eine Verbindung zwischen Herrschaft und Gesinde gar nicht stattfindet und deshalb dem Gesinde gegenüber die Wirtschaftsinspektoren oder -vorsteher ausschließlich die Wirtschaftsbehörde vorstellen, kann auch den letzteren das im § 77 begründete Recht nicht abgesprochen werden; das wird namentlich da gelten, wo der Inspektor usw. so selbständig gestellt ist, daß er den Dienstvertrag in eigenem

§ 83. Ist auch Kost versprochen worden, so muß selbige bis zur Sättigung gegeben werden. Offenbar der Gesundheit nachteilige und ekelhafte Speisen kann das Gesinde anzunehmen nicht gezwungen werden. In Fällen, wo über die Beköstigung Streit entsteht, entscheidet in Ermangelung bestimmter Verabredung die Polizeiobrigkeit wie § 33 über die Menge und Beschaffenheit derselben.

Rechtliche Folgen einer ohne Grund geschehenen Entlassung.

§ 160. Eine Herrschaft, die aus anderen als gesetzmäßigen Ursachen das Gesinde vor Ablauf der Dienstzeit entläßt, muß von der Obrigkeit dasselbe wieder anzunehmen und den Dienstvertrag fortzusetzen angehalten werden.

§ 161. Weigert sie sich dessen beharrlich, so muß sie dem Dienstboten Lohn und Livree auf die noch rückständige Dienstzeit entrichten.

§ 162. Auch für die Kost muß die Herrschaft bis dahin sorgen.

Namen abschließt und das Gesinde entläßt; vgl. OT. 8. Juli 1859, 3. Febr. 1860, 18. Okt. 1872 (Strieth. 35 S. 34; Goltd. Arch. 8 S. 278; E. 67 S. 64), OVG. 20. Okt. 1896 (E. 30 S. 435), ferner Oppenhoff, StGB. §§ 185 A. 8, 223 A. 11.

22. Das Gericht hat schon beim Antrag auf Eröffnung des Hauptverfahrens zu prüfen, ob ein Fall des § 77 vorliegt, und bejahendenfalls den Antrag abzulehnen; ist es zweifelhaft, ob § 77 Platz greift, so ist die Sache zur Hauptverhandlung zu bringen und durch Urteil zu entscheiden. Vgl. MVfg. 12. Juli 1845 (JMBl. S. 221), Posseldt A. 2.

23. § 77 schließt sowohl die gerichtliche Geltendmachung von Zivilansprüchen (§ 231 StGB.) als auch die Strafklage aus (vgl. gen. OT. 3. Febr. 1860), und zwar nach RG. 12. Apr. 1880 (EStraff. 2 S. 7) nicht nur die Privatklage des Gesindes, sondern auch die Strafverfolgung durch die Staatsanwaltschaft; aM. Oppenhoff aaO. (13. Aufl.) § 223 A. 11.

§ 83.

24. Die Entscheidung der Polizeibehörde ist im RW. nicht anfechtbar; vgl. A. 13 und 16. Auch der Strafrichter ist an die Entscheidung gebunden, wenn der Dienstbote gemäß § 140 den Dienst ohne Aufkündigung verlassen hat, weil das Essen ungenügend gewesen sei.

§§ 160—162.

25. Die im § 160 bezeichnete polizeiliche Einwirkung kann niemals bis zu Zwangsmaßregeln wider die Herrschaft wegen Fortsetzung des Dienstverhältnisses gehen. Ja die Polizeibehörde muß sogar, wenn kein Entlassungsgrund vorliegt, die Herrschaft aber dennoch jenes Verhältnis nicht fortbestehen lassen will, auf deren Antrag den Dienstboten nötigenfalls aus der herrschaftlichen Wohnung entfernen: MVfg. 19. Sept. 1833, 11. Sept. 1840 (Jbb. 42 S. 110; JMBl. 40 S. 362).

26. Ebensowenig steht der Polizeibehörde das Recht zur Entscheidung über die aus der beharrlichen Weigerung der Herrschaft entspringenden, in den §§ 161 ff. näher bestimmten Folgen zu; über letztere kann vielmehr nach allgemeinen Grundsätzen und arg. e contrario der Vfg. v. 1812 Nr. 1 c. nur der Richter entscheiden: MVfg. 19. Sept. 1833 (Jbb. 42 S. 110); ebenso Nußbaum S. 82.

27. Gleichwohl ist die gerichtliche Geltendmachung eines Entschädigungsanspruchs im Sinne des § 161 durch die vorherige Nachsuchung der im § 160 vorgeschriebenen polizeilichen Vermittelung bedingt. So die feststehende Rechtsprechung, von der nur OT. 4. Dez. 1834 (Ergänz. zu II. 5 ALR.) abweicht, indem dieses die im § 160 nachgelassene Meldung bei der Polizei nur als ein zur Feststellung des Zwischenzustandes führendes, dem Beteiligten freistehendes Mittel betrachtet, durch dessen Nichtgebrauch der Entschädigungsanspruch nicht verloren werde. Einige ältere Entscheidungen (vgl. Präj. Nr. 726, OT. 17. Sept. 1839, 29. Febr. 1840, Hinschius Wochenschrift 1840 S. 259, E. 7 S. 61)

gingen sogar noch weiter, indem sie außerdem verlangten, daß die Herrschaft auch wirklich durch die Polizei zur Fortsetzung des Dienstes rechtzeitig aufgefordert, bei ihrem Entschlusse aber dennoch verblieben sei; sie erachteten daher die Entschädigungsklage als unstatthaft bezw. unbegründet, wenn die Polizeibehörde in der Meinung, die Entlassung sei mit Recht erfolgt, den Erlaß einer Aufforderung abgelehnt habe, oder wenn dieselbe nach Ablauf der Dienstzeit eingeschritten sein sollte, ohne Unterschied, ob die Schuld der Verspätung der Behörde selbst oder dem Dienstboten zur Last gefallen war. OT. 29. Apr. 1837 (Präj. Nr. 255) nahm wenigstens an, daß, falls die Polizeiobrigkeit die Einmischung ablehne, das Gesinde zum Nachweise der beharrlichen Weigerung der Herrschaft den bei der Polizei gestellten Antrag bei Gericht wiederholen und sich zur Fortsetzung des Dienstes erbieten müsse. AM. die spätere Rechtsprechung des Obertribunals (vgl. OT. Pl. 11. Dez. 1846, 8. Juli 1859, E. 14 S. 84; 41 S. 259), nach welcher es genügt, wenn das Gesinde die Einwirkung der Polizei rechtzeitig (A. 28), wenn auch ohne Erfolg in Anspruch genommen hat. Dieser Ansicht ist auch RG. 11. Juni 1891 (Gruchot 35 S. 1075) beigetreten, da sie, wenn sie auch aus dem Wortlaut des Gesetzes nicht unmittelbar hervorgehe, diesen doch in zulässiger und zweckmäßiger Weise ergänze. — Nach OT. 25. Sept. 1863 (E. 50 S. 341) muß der Dienstbote die Vermittelung der Polizeibehörde förmlich anrufen; diese hat nicht von Amts wegen den Versuch der Wiederaufnahme des Dienstboten anzustellen. Ist der Dienstherr selbst Polizeiverwalter, so muß der Dienstbote die Vermittlung der nächst höheren Polizeibehörde in Anspruch nehmen; vgl. Illing 1 S. 640 A. 2.

28. Kann das ohne rechtlichen Grund entlassene Gesinde die obrigkeitliche Hülfe behufs Fortsetzung des Dienstes oder Entschädigung während der ganzen im Vertrage bestimmten Dienstzeit in Anspruch nehmen oder muß es, um einen Entschädigungsanspruch erheben zu können, seine Wiederannahme sofort nach der Entlassung oder doch, bevor seine Stelle durch die Herrschaft wieder besetzt worden, fordern bezw. die Polizei darum ansprechen? OLG. Breslau 29. März 1836, 2. März 1837 (Koch Arch. 1 S. 503) entschieden im letzteren, OT. 20. Dez. 1848, 12. Febr. 1857 (E. 17 S. 509; Strieth. 24 S. 56) in ersterem Sinne. Das OT. 20. Dez. 1848 nahm daher an, daß, wenn die Entschädigungsklage noch während der Dienstzeit angestellt werde, sie wegen der unterbliebenen Anrufung polizeilicher Hülfe nicht endgültig, sondern nur zur Zeit abgewiesen werden dürfe. Diese Auffassung wird von der neueren Rechtsprechung nicht mehr geteilt. Nach RG. 10. Mai 1881 (Gruchot 26 S. 1047) ist zwar nicht erforderlich, daß die Vermittelung unmittelbar nach der Entlassung angerufen wird, doch muß dies innerhalb einer den Umständen nach angemessenen Zeit geschehen. Nach Ablauf der Dienstzeit ist der Antrag unbedingt ausgeschlossen. Vgl. Posseldt § 160 A. 2, Nußbaum S. 81.

29. Das Erfordernis der vorherigen Anrufung polizeilicher Hülfe fällt weg, wenn die Herrschaft nach erfolgter Entlassung ihren Willen, diese aufrecht zu erhalten, nicht allein ausdrücklich ausgesprochen, sondern sogar ein Urteil erwirkt hat, das sie zur Aufhebung des Vertrags für befugt erklärt, indem alsdann kein Raum für das Ziel polizeilicher Einwirkung übrig geblieben ist. Dies gilt um so viel mehr alsdann, wenn die Herrschaft schon im Vorprozesse ihre Schadensersatzpflicht zum Gegenstande der Erörterung machte, mit ihren desfallsigen Anträgen aber abgewiesen wurde: OT. 12. Febr. 1857 (Strieth. 24 S. 56).

30. Ebenso kommt die Ausnahmebestimmung des § 160 nicht in Frage, wenn eine eigentliche Entlassung gar nicht stattgefunden hat, das tatsächliche Aufhören des bestehenden Dienstverhältnisses während der vertraglich bestimmten Dienstzeit vielmehr aus anderen Gründen eingetreten ist: OT. 15. Juni 1858 (Strieth. 30 S. 110; hier hatte der wegen Entschädigung belangte Gutsherr das Gut verkauft und hierbei irrigerweise unterstellt, daß der Ankäufer den von ihm, Beklagten, für die Bewirtschaftung des Gutes angenommenen Kläger in seiner Stellung belassen müsse).

31. Die polizeiliche Vermittelung ist ferner im § 160 nur für die regelmäßigen Fälle vorgeschrieben, wo das Gesinde behauptet, es sei bei seiner Entlassung gerade gegen die Vorschriften der Ges.-O. gefehlt worden bezw. wo überhaupt diese Vorschriften die entscheidende Norm bilden. Wenn daher z. B. der von einem Fideikommiß-Besitzer auf Lebenszeit angestellte Förster vom Fideikommiß-Nachfolger entlassen wird, weil dieser durch den vom Vorgänger geschlossenen Dienstvertrag für nicht gebunden zu sein erklärt, so bleibt § 160 außer Anwendung, indem die

Verlassung des Dienstes.

§ 167. Gesinde, welches vor Ablauf der Dienstzeit ohne gesetzmäßige Ursache den Dienst verläßt, muß durch Zwangsmittel zu dessen Fortsetzung angehalten werden.

§ 168. Will aber die Herrschaft ein solches Gesinde nicht wieder annehmen, so ist sie berechtigt, ein anderes an seine Stelle zu mieten, und der ausgetretene Dienstbote ist nicht allein schuldig, die dadurch verursachten mehreren Kosten zu erstatten, sondern verfällt überdies in eine Strafe, die nach Maßgabe des Grades der Verschuldung auf [zwei bis zehn Taler oder bei Unvermögen auf verhältnismäßiges Gefängnis] Geldstrafe bis zu fünf Talern oder Haft bis zu drei Tagen festzusetzen ist.

§ 169. Das abziehende Gesinde ist schuldig, alles, was ihm zum Gebrauche in seinen Geschäften oder sonst zu seiner Aufbewahrung anvertraut worden, der Herrschaft richtig zurückzuliefern.

§ 170. Den daran durch seine Schuld entstandenen Schaden muß es der Herrschaft ersetzen (§§ 65—69).

Gef.-O. weder solche auf Lebenszeit geschlossene Dienstverträge, noch auch als Dienstaufhebungsgrund den Fall kennt, daß das Recht des Dienstherrn zur Abschließung des Dienstvertrags auf eine gewisse Zeitdauer beschränkt oder durch den Besitz eines Grundstücks bedingt ist. So: OT. 30. Sept. 1859 (Strieth. 35 S. 130).

32. Dasselbe Erkenntnis entschied, daß bei Prüfung der Frage, ob es einer der gerichtlichen Klage vorhergehenden polizeilichen Verhandlung bedurft habe, lediglich die bei der Entlassung angegebenen Gründe in Betracht zu ziehen seien, so daß also, wenn diese für sich allein die Anwendbarkeit des § 160 ausschließen sollten, der Klage nicht entgegengesetzt werden könne, die Entlassung habe noch aus anderen, die polizeiliche Vermittelung bedingenden Gründen stattgefunden.

33. Vgl. ferner A. 34ff. und die eingehende Darstellung bei Hetzer S. 43ff.

§§ 167—170.

34. Die Voraussetzung für den Erlaß polizeilicher Anordnungen bildet der tatsächliche Eintritt eines den Beginn, die Fortsetzung oder die Beendigung des Dienstverhältnisses berührenden ordnungswidrigen Zustandes, nicht schon die Möglichkeit des Eintritts eines solchen. Bei Streitigkeiten über die Fortsetzung des Dienstverhältnisses insbesondere (§§ 160ff., 167ff.) ist das Einschreiten der Polizeibehörde dadurch bedingt, daß die Herrschaft das Gesinde tatsächlich vor Ablauf der Dienstzeit „entläßt" (§ 160) bezw. daß das Gesinde den Dienst „verläßt" (§ 167). Daß der eine oder der andere Teil gesetzmäßige Ursache zur vorzeitigen Lösung des Dienstverhältnisses zu haben glaubt, genügt nicht, wenn er das letztere tatsächlich fortsetzt. Vgl. OVG. 26. Okt. 1889 (E. 18 S. 418).

35. Vor Anwendung von Zwangsmitteln muß die Polizeibehörde die Frage, ob „gesetzmäßige Ursache" zum Verlassen des Dienstes vorliege, in einem summarischen Verfahren und mit den ihr für solches gegebenen Mitteln prüfen und entscheiden. Vgl. OVG. 14. März 1877 (E. 2 S. 386) und oben A. 18. Zuständig zur Zurückführung des Gesindes in den ohne Grund aufgegebenen Dienst ist die Polizeibehörde des Dienstortes, nicht diejenige des Aufenthaltsorts des Gesindes: OVG. 2. Apr. 1901 (E. 39 S. 420); aM. KG. 25. Sept. 1890 (Johow 11 S. 258).

36. Entläuft das Gesinde zu wiederholten Malen, so liegt in jeder Wiederholung eine erneuerte Zuwiderhandlung gegen das Gesetz vor, durch welche die Polizeibehörde auch zum abermaligen Einschreiten und zur Prüfung der Gründe genötigt wird, die diese erneuerte Entfernung herbeigeführt haben, da diese möglicherweise ganz andre als beim ersten Male sein können. Ein unbeschränkter Zwang kann freilich nicht stattfinden, da die Zwangsmittel (§ 51) beschränkt sind: IMVfg. 31. Jan. 1843, 16. Nov. 1883 (VMBl. 43 S. 33; 83 S. 255). Die Kosten der zwangsweisen Zurückführung fallen nicht der Herrschaft

sondern dem Gesinde und bei dessen Unvermögen der Polizeiverwaltung des Wohnsitzes der Herrschaft zur Last: MVfg. 20. Mai 1850, 13. Mai 1871, 19. Apr. 1890 (VMBl. 50 S. 184; 71 S. 184; 90 S. 79). Etwaige Streitigkeiten hierüber sind vom ordentlichen Richter zu entscheiden; vgl. § 3 Ges. 11. März 1850 A. 9, OVG. 2. Juli 1878 (E. 4 S. 372).

37. Die Polizeibehörde ist nach der MVfg. 17. Apr. 1812 Nr. 1 d. (vgl. oben A. 9) nur dann zum Einschreiten befugt, wenn die Herrschaft die Rückkehr des Gesindes verlangt, dieses aber zurückzukehren sich weigert und es darauf ankommt, ob die Weigerung als gesetzlich begründet zu erachten sei oder nicht. Ihre Tätigkeit hat sich gemäß § 167 darauf zu beschränken, bei Verneinung dieser Frage die erforderlichen Zwangsmittel anzuwenden. Sie hat demnach z. B. nicht darüber zu entscheiden, bis wann das Dienstverhältnis fortdauere, wie lange mithin der Dienstbote noch im Dienst zu verbleiben habe; eine solche Entscheidung greift in das Recht des ordentlichen Richters ein: OVG. 29. Okt. 1887 (E. 15 S. 435); noch weniger ist sie ermächtigt, ihrerseits die Auflösung des Dienstverhältnisses auszusprechen, auch wenn das Gesinde zum sofortigen Verlassen des Dienstes befugt erscheint: OVG. 26. Okt. 1889, 20. Okt. 1896 (E. 18 S. 418; 30 S. 434).

38. Ebenso sind die gegenseitigen Entschädigungs- und sonstigen Ansprüche der Parteien vom ordentlichen Richter zu erörtern, sei es, daß das Gesinde auf der Weigerung beharrt und die angewendeten Zwangsmittel sich als erfolglos erweisen, sei es, daß beide Teile darüber einig sind, daß das Dienstverhältnis nicht länger fortdauere. Nr. 4 der Vfg. v. 1812 steht hiermit nicht in Widerspruch, da der dort vorkommende Ausdruck „während des Dienstes" nur dahin zu deuten ist: „so lange ein Dienstverhältnis faktisch noch besteht": MVfg. 25. März 1831, 19. Sept. 1833 (Ann. 15 S. 118; Jbb. 42 S. 110).

39. Ebenso gehört die Frage, was die Herrschaft dem Gesinde nach dem (trotz des Widerspruchs der Herrschaft) von der Polizei genehmigten Abzuge aus dem Dienste an Kost und Lohn zu entrichten habe, nicht vor die Polizeibehörde, sondern vor die Gerichte: MVfg. 27. Apr. 1829 (Ann. 13 S. 335). Auch ist die Polizeibehörde nicht befugt zwangsweise einzuschreiten, um die Herrschaft an der Ausübung eines Zurückbehaltungsrechtes an den Habseligkeiten des Gesindes zu hindern; eine derartige Befugnis ist ihr weder durch die Ges.-O. noch durch andere Vorschriften gegeben: OVG. 26. März 1881 (E. 7 S. 375).

40. Nach OVG. 6. Dez. 1876 (E. 1 S. 396) fällt der polizeiliche Befehl, den Dienst fortzusetzen, unter den Begriff der polizeilichen Anordnungen, die der Beurteilung der Verwaltungsgerichte durch alle Instanzen unterliegen, auch bez. der Frage, ob eine gesetzmäßige Veranlassung zum Verlassen des Dienstes vorgelegen habe. AM. war die MVfg. 11. Febr. 1835 (Ann. 19 S. 179), die den Rekurs an die höhere Polizeibehörde nicht zuließ, weil die polizeiliche Handlung hier nur eine vorläufige Bestimmung treffe, die den Charakter einer possessorischen Anordnung habe. Auch die Verfügung, durch die der Antrag auf Zurückführung abgelehnt und die Herrschaft auf den RW. verwiesen wird, kann mit den Rechtsmitteln der §§ 127ff. LVG. angefochten werden; ebenso Posseldt § 167 A. 1.

41. Auch endgültige auf Grund des § 167 ergangene polizeiliche Straffestsetzungen hören auf vollstreckbar zu sein, sobald ein rechtskräftiges richterliches Erkenntnis den Dienstboten zum Verlassen des Dienstes berechtigt erklärt: OVG. 14. März 1877 (E. 2 S. 386).

42. Die Polizeibehörde ist bei Gesindestreitigkeiten nicht auf Anordnungen gemäß §§ 160, 167 beschränkt, sondern kann auch behufs Schlichtung der Streitigkeiten oder gütlichen Lösung des Dienstverhältnisses ihre Vermittelung eintreten lassen. Nimmt sie z. B. an, daß das Gesinde zum Verlassen des Dienstes befugt sei, so kann sie dem Dienstherrn die Entlassung desselben anheimgeben mit dem Hinweis darauf, daß sie, die Polizeibehörde, eintretendenfalls ihre Mitwirkung zur Zurückführung des Gesindes versagen würde. Vgl. OVG. 26. Okt. 1889 (E. 18 S. 418).

42a. Bez. der Bestrafung des entlaufenen Gesindes s. Ges. v. 24. Apr. 1854 (A. 11); durch § 1 dieses Gesetzes ist die Strafbestimmung in § 168 Ges.-O. ersetzt worden; ebenso: KG. 9. Nov. 1903 (DJurZtg. 9 S. 174), Nußbaum S. 89, 109; bez. der Umwandlung der Geldstrafe in Haft s. A. 19.

Abschied.

§ 171. Bei dem Abzuge ist die Herrschaft dem Gesinde einen schriftlichen Abschied und ein der Wahrheit gemäßes Zeugnis über seine geleisteten Dienste zu erteilen schuldig.

§ 172. Werden dem Gesinde in diesem Abschiede Beschuldigungen zur Last gelegt, die sein weiteres Fortkommen hindern würden, so kann es auf polizeiliche Untersuchung antragen.

§ 173. Wird dabei die Beschuldigung ungegründet befunden, so muß die Obrigkeit dem Gesinde den Abschied auf Kosten der Herrschaft ausfertigen lassen und letzterer fernere üble Nachreden bei namhafter Geldstrafe untersagen.

§ 174. Hat hingegen die Herrschaft einem Gesinde, welches sich grober Laster und Veruntreuungen schuldig gemacht hat, das Gegenteil wider besseres Wissen bezeugt, so muß sie für allen einem dritten daraus entstehenden Schaden haften.

§ 175. Die folgende Herrschaft kann sich also an ihr wegen des derselben durch solche Laster oder Veruntreuungen des Dienstboten verursachten Nachteils halten.

---

§§ 171—175.

43. Da die bestehenden Vorschriften über die Entlassungszeugnisse nicht ausreichend befunden wurden, um den Dienstherrschaften die nötige Kenntnis von der sittlichen Führung des Gesindes zu verschaffen, so ist durch die für das ganze Staatsgebiet ergangene VO. v. 29. Sept. 1846 (GS. S. 467) dem Gesinde, sich mit förmlichen Gesindebüchern zu versehen, zur Pflicht gemacht und den Polizeibehörden das Recht verliehen worden, sowohl gegen das Gesinde, welches sich beim Dienstantritte weigert, der Herrschaft das Gesindebuch vorzulegen, als gegen die Herrschaft, welche bei Entlassung des Gesindes die Eintragung des Dienstzeugnisses in das Gesindebuch verweigert, Ordnungs- bezw. Geldstrafen festzusetzen. Diese Strafen sind als bloße Exekutionsstrafen im Sinne des § 48 der VO. v. 26. Dez. 1808 anzusehen; die Fassung des Gesetzes stellt dieses, namentlich inbetreff der gegen die Herrschaft anzuwendenden Strafe, außer Zweifel. Es besteht daher die betr. Befugnis der Polizeibehörden auch heute noch. Vgl. Illing 1 S. 620, 621 A. 2. Natürlich hat, wenn dies auch nicht besonders ausgesprochen ist, die Polizeibehörde die Aufgabe, nötigenfalls die Beschaffung eines Dienstbuchs durch das Gesinde und die Vorlegung des Dienstbuchs bei der Entlassung zu erzwingen und insbesondere letzterenfalls das Dienstbuch dem Gesinde zwangsweise wegzunehmen; vgl. MVfg. 30. Apr. 1867 (VMBl. S. 121). — Übrigens mußte schon früher (vgl. § 172) polizeiliche Einwirkung und Abhülfe eintreten, wenn die Herrschaft die Ausstellung eines Dienstentlassungsscheins überhaupt verweigerte; vgl. MVfg. 14. März 1842 (VMBl. S. 68).

44. Eine Polizeiverordnung, die den Dienstherrschaften bei Strafe die Verpflichtung auferlegt, sich von dem angenommenen Dienstboten das Gesindebuch vorlegen zu lassen, ist gültig und steht insbesondere nicht mit § 4 VO. v. 29. Sept. 1846 im Widerspruch: KG. 29. Jan. 1891 (Johow 11 S. 257). Andererseits ist die Polizeibehörde nicht befugt, die Herrschaft von der Ausstellung eines Zeugnisses zu entbinden: OT. 14. Juni 1878 (Strieth. 98 S. 233).

45. Durch § 172 ist die Zuständigkeit der Polizeibehörde nur für den Zweck gegeben, das nachteilige Zeugnis aus der Welt zu schaffen; liegt z. B. gleichzeitig der Tatbestand der Beleidigung vor, so ist das Gesinde nicht gehindert, neben der Anrufung der Polizeibehörde auch noch im Wege der Privatklage vor den ordentlichen Gerichten die Bestrafung des Dienstherrn herbeizuführen.

46. Über das bei Handhabung des § 173 zu beobachtende Verfahren verbreiten sich die MVfg. 25. Jan. 1828, 25. Juni 1835 (Ann. 12 S. 138ff.; 19 S. 457).

47. Die Anordnungen der Polizeibehörde aus §§ 172, 173 sind polizeiliche Verfügungen im Sinne der §§ 127ff. LVG. und demgemäß nur mit den dort gegebenenen Rechtsmitteln anfechtbar. Vgl. A. 9, 48, OVG. 19. Nov. 1892 (E. 24 S. 411), MVfg. 21. Nov. 1862 (VMBl. S. 330), Nußbaum S. 91 A. 5. Der RW. ist gegen die gemäß § 173 von der Polizeibehörde getroffene Anordnung überhaupt nicht zulässig. Doch ist letztere selbstredend für den auf Grund der §§ 174, 175 mit einer Entschädigungsklage befaßten Richter nicht maßgebend. Vgl. Oppenhoff, Berggef. A. 503, 508.

48. Zur eigenmächtigen nachträglichen Änderung einer Eintragung in das Dienstbuch oder zu einer Ergänzung des Zeugnisses ist die Herrschaft nicht berechtigt, auch wenn der Inhalt des Zeugnisses nicht der Wahrheit entspricht. Für die Wiederherstellung des ursprünglichen Zeugnisses ist die Polizeibehörde zuständig und dazu auf Verlangen des Dienstboten verpflichtet, da sie die Eintragungen fortlaufend zu überwachen hat. Gegen die Ablehnung einer solchen Wiederherstellung sind die Rechtsmittel wie gegen jede andere polizeiliche Verfügung gegeben (A. 47). So: OVG. 1. Dez. 1899 (DJurZtg. 5 S. 279).

Gesetz

wegen des Wasserstauens bei Mühlen und Verschaffung von Vorflut. Vom 15. November 1811.

[GS. Nr. 60, S. 352.]

(Literatur: Lette und v. Rönne, die Landeskulturgesetzgebung des Preußischen Staats, 1854, II. 1. Abt., S. 577—621. — Scheele, das Preußische Wasserrecht, 1860. — Hahn, die Preußische Gesetzgebung über die Vorflut usw., 2. Aufl., 1886, S. 35 ff. — Nieberding, Wasserrecht und Wasserpolizei im Preußischen Staate, 2. Aufl. bearb. v. Frank, 1889. — v. Brauchitsch 4 S. 54 ff. — Stölzel S. 236 ff.).

Wir Friedrich Wilhelm, von Gottes Gnaden König von Preußen usw. Tun kund und fügen hiermit zu wissen: Die Nachteile, welche durch das Anstauen des Wassers bei den Mühlen und das zeitige Verfahren bei Anordnung der Vorflut für die Landschaft entstehen, veranlassen Uns folgende nähere Bestimmungen darüber zu erlassen.

Zum Eingange.

1. Dieses Gesetz, früher meist Vorflutedikt genannt, steht seiner ganzen Fassung nach mit dem ALR. in genauer Verbindung und gilt, indem dadurch Bestimmungen, welche lediglich dem Privatrechte angehören, abgeändert worden sind, für das gesamte bisherige Gebiet dieses Gesetzbuchs, namentlich also auch in Westfalen: JMVfg. 21. Febr. 1818 (Jbb. 11 S. 6). — In den Ländern des gemeinen und Rheinischen Rechts besitzt es keine Kraft. In Neuvorpommern und Rügen gilt gegenwärtig das Ges. v. 9. Febr. 1867 (GS. S. 220), dessen Bestimmungen freilich zum größten Teil mit denen des Vorflutgesetzes übereinstimmen; für Hohenzollern und die Rheinprovinz, soweit dort nicht früher das ALR. galt, ist dieses Gebiet durch das Ges. v. 14. Juni 1859 (s. hinten) geregelt worden. In den 1866 mit Preußen vereinigten Landesteilen gelten ebenfalls besondere Gesetze; vgl. die Überschriften zu §§ 81 ff. ZustGes.

2. Ein älteres allgemeines Vorflutedikt v. 6. Juli 1773 (Rabe 1, Abt. 5, S. 24) hob alle früheren allgemeinen Vorflutedikte auf, wie es selbst mit Publikation des ALR. in Wegfall kam. Dagegen ist das Schlesische Vorflutedikt v. 20. Dez. 1746 weder durch jenes Edikt noch durch das ALR. außer Kraft gesetzt worden: OT. (Pl.) 7. Jan. 1850 (JMBl. S. 91). Ob und in welchen Beziehungen dieses Edikt v. 1746 etwa später, namentlich durch dasjenige v. 1811 aufgehoben oder geändert worden sei, war kein Gegenstand der damaligen Beratung. Doch sprachen sich OT. 14. März 1850, 31. März 1858 (E. 20 S. 448; Strieth. 30 S. 56) mindestens dahin aus, daß die dortigen Vorschriften über die Verpflichtung zur Räumung von Gräben und Bächen (§§ 3—5, 9, 10) durch das Ges. v. 1811 so wenig wie durch das Ges. v. 28. Febr. 1843 beseitigt seien. Vgl. auch OVG. 17. Nov. 1892 (E. 24 S. 276).

3. Gemäß § 65 EG. z. BGB. ist das Ges. v. 1811 durch das BGB. nicht berührt worden. — Die Abänderungen, die es durch das ZustGes. erfahren hat, sind

§ 1. Bei den Mühlen oder andern durch Wehre oder Schleusen veranlaßten Störungen, wo der Wasserstand noch nicht durch einen unter polizeilicher Aufsicht gesetzten Merkpfahl bestimmt ist, muß jeder Besitzer derselben sich die Setzung eines Merkpfahls auf Antrag und Kosten derer, die dabei interessiert sind, gefallen lassen.

§ 2. Diese Setzung kann nur durch sachverständige Kommissarien [der Provinzial-Polizeibehörden unter Zuziehung des Gerichts, welchem die Mühle unterworfen ist,] des Kreis-(Stadt-)Ausschusses vollzogen werden.

§ 3. An dem Merkpfahle muß sowohl der im Sommer, als der im Winter zulässige höchste Wasserstand ganz deutlich kennbar bezeichnet, auch die Höhe davon mit dem Fachbaum der Mahl- und Freischleuse und mit einem nahe gelegenen unverrückbaren Gegenstande durch Ni-

durch die Anwendung lateinischer Buchstaben angedeutet, während die ursprüngliche Fassung des Vorflutgesetzes in eckige Klammern gesetzt ist.

4. Die Vorschriften des Gesetzes zerfallen ihrem Gegenstande nach in Bestimmungen über das Verhältnis zwischen Vorflut und Staurecht (§§ 1—9), über Räumung bestehender Wasserzüge (§ 10) und über künstliche Entwässerungen bezw. Entwässerungsanlagen (§§ 11—34).

5. Während sowohl das gemeine als das französische Recht einer Bestimmung ermangeln, wonach die von beiden anerkannte natürliche Dienstbarkeit der unterhalb belegenen Grundstücke zur Aufnahme des von oberen abfließenden Wassers (Gestattung der Vorflut) im Interesse der Landeskultur erweitert und namentlich die Anlage von künstlichen Veranstaltungen über Nachbargrundstücke gefordert werden dürfe, ist dies bereits ein Vorwurf der älteren Preußischen Gesetzgebung sowohl als des ALR. gewesen und bildet den Hauptgegenstand des Ges. v. 1811; vgl. Komm.-Ber. des AbgH. zum Ges. v. 14. Juni 1859.

6. Aus gleichen Motiven, wie sie dem Ges. v. 1811 zugrunde liegen, ist das Ges. über die Benutzung der Privatflüsse v. 28. Febr. 1843 hervorgegangen, insofern auch dieses ganz wesentlich auf Verbesserung der Bodenkultur abzielt. Ebenso stimmen beide Gesetze darin überein, daß sie zur Erreichung ihres Zweckes das Mittel der Enteignung (dieses Wort im weiteren, uneigentlichen Sinne gebraucht) in umfassender Weise gestatten. Andererseits besteht aber unter ihnen der Gegensatz, daß das Ges. v. 1811, wie die Vorflutgesetzgebung überhaupt, von Entwässerungs-, das Ges. v. 1843 dagegen von Bewässerungsanlagen handelt, weshalb man wohl das eine das Entwässerungs-, das andere das Bewässerungsgesetz genannt hat.

7. Folge dieser inneren Verwandtschaft beider Gesetze ist gewesen, daß das von 1843, wie ihm für die Bestimmungen über Bewässerungsanlagen dasjenige von 1811 zum Vorbilde diente, so wieder auf dieses und den durch dasselbe geregelten Gegenstand zurückgewirkt hat. Einmal nämlich gab jenes Gesetz den Anstoß zum Ges. v. 23. Jan. 1846 (GS. S. 26), ausdrücklich ergangen, um den Schutz, welchen die §§ 19 bis 22 des Ges. v. 1843 den Bewässerungsanlagen durch Gestattung eines Aufgebots- und Präklusionsverfahrens gewähren, auch den Entwässerungsanlagen zuteil werden zu lassen. Sodann aber sind seine Bestimmungen über die Bildung von Genossenschaften zu Bewässerungsanlagen (§§ 56 ff.), da es im Vorflutges. an ähnlichen Bestimmungen fehlte, auch für Entwässerungsanlagen für anwendbar erklärt worden, und zwar durch das Ges. v. 11. Mai 1853 (GS. S. 182), welches letztere außerdem die Wirksamkeit der Vorflutgesetzgebung insofern erweiterte, als es die bestehenden Vorschriften inbetreff der Anlegung von Entwässerungsgräben über fremde Grundstücke (§§ 13 ff. d. G.) auf unterirdische Wasserableitungen ausdehnte. Inzwischen ist an die Stelle der §§ 56 ff. das Ges. v. 1. Apr. 1879 (GS. S. 297) getreten.

§§ 1—5.

8. Die §§ 1—5 regeln das auf Setzung eines Merkpfahls abzielende Verfahren dahin, daß die Setzung durch Kommissare der Provinzial-Polizeibehörde unter Mitwirkung des zuständigen Gerichts erfolgen soll. Steht die Höhe des

vellement verglichen und zu Protokoll verſchrieben werden. Im umgekehrten Falle, wenn ein Müller die Verpflichtung hat, zur Erhaltung der Schiffbarkeit eines Gewäſſers das Oberwaſſer ſeiner Mühle auf einer beſtimmten Höhe zu erhalten, ſoll in Abſicht der Setzung der Merkpfähle für den niedrigſten zuläſſigen Waſſerſtand auf eine ähnliche Weiſe verfahren werden.

§ 4. Iſt die Höhe des Waſſerſtandes durch rechtskräftige Urteile oder nach dem Einverſtändniſſe aller Intereſſenten auf eine andere Art deutlich beſtimmt, ſo hat es dabei ſein Bewenden, und müſſen die Kommiſſarien den Merkpfahl danach ſetzen.

§ 5. Sind aber die Intereſſenten darüber uneinig, ob die Höhe des Waſſerſtandes durch gültige Verträge, Verleihungen oder rechtverjährten Beſitz beſtimmt ſei, ſo muß die Sache zur [gerichtlichen Erörterung] Entscheidung im Verwaltungsstreitverfahren vor den Kreis-(Stadt-)Ausschuß verwieſen, das Verfahren jedoch [nach Anleitung der allgemeinen Gerichtsordnung T. I. Tit. 42 § 35 uſw.] vorzüglich beſchleunigt werden. Findet es ſich hierbei, daß keine klaren Beſtimmungen des Waſſerſtandes vorgelegt werden können, ſo ſetzen die Kommiſſarien denſelben dergeſtalt feſt, daß dabei das gegenſeitige Intereſſe der Bodenkultur und des Müllers oder ſonſtigen Stauberechtigten möglichſt vereinigt werde, und gegen eine Feſtſetzung auf dieſem Grunde finden keine Beſchwerden bei den Gerichten, ſondern [Rekurs an die oberen Polizeibehörden] Klage bei dem Kreis-(Stadt-) Ausschusse ſtatt.

Waſſerſtandes feſt, ſo muß der Merkpfahl dementſprechend geſetzt werden; ſteht die Höhe nicht feſt, ſo haben die Kommiſſare den Waſſerſtand unter Berückſichtigung der Intereſſen ſowohl der Bodenkultur als der Stauberechtigten feſtzuſetzen. Gegen dieſe Feſtſetzung findet nur die Beſchwerde an die obere Polizeibehörde ſtatt. Sind die Parteien uneinig darüber, ob die Höhe des Waſſerſtandes bereits feſtſtehe, ſo hat hierüber der ordentliche Richter zu entſcheiden, worauf dann wider die Kommiſſare in Tätigkeit treten. Durch die neuen Verwaltungsgeſetze ſind, ohne ſachliche Änderung des Verfahrens, zur Leitung des letzteren andere Behörden berufen worden. Während aber § 99 Zuſtändigkeitsgeſ. v. 26. Juli 1876 an den Beſtimmungen des Vorflutgeſ. über die Mitwirkung der Gerichte nichts geändert hatte, ſcheidet § 67 ZuſtGeſ. v. 1883 die Tätigkeit der ordentlichen Gerichte vollſtändig aus und ſetzt an ihre Stelle und an die der Polizeibehörde den Kreis-(Stadt-)Ausſchuß. Dabei bleibt auch für dieſen ſtets der im § 5 d. G. aufgeſtellte Geſichtspunkt maßgebend, daß das Intereſſe der Bodenkultur und des Stauberechtigten möglichſt vereinigt werde (A. 12); vgl. v. Brauchitſch 4 S. 57 A. 10. Von den beiden durch § 67 den Beteiligten gegebenen Klagen iſt die eine (Abſ. 3) an die Stelle des ordentlichen RW., die andere (Abſ. 2) an die Stelle des Rekurſes getreten; ſie ſind ihrem Gegenſtande nach verſchieden, können aber miteinander verbunden werden und ſind nicht etwa gegen die Kommiſſare, ſondern gegen den gegenüberſtehenden Beteiligten zu richten; vgl. OVG. 6. Febr. 1890 (E. 19 S. 288). — Das ſachliche Anwendungsgebiet des Vorflutgeſ. iſt durch § 67 nicht erweitert worden; vgl. RG. 30. Mai 1888 (E. 21 S. 266) und A. 19.

9. Die §§ 1 ff. beziehen ſich ſowohl auf öffentliche wie auf Privatflüſſe, ferner ſowohl auf natürliche Vorflutkanäle (Ströme, Bäche und Mühlenfließe), als auf künſtliche Waſſerabzüge (Mühlgräben und andere Waſſergerinne), in denen ſich Stauanlagen befinden, die der Fabrikation, Fiſcherei oder Wieſenbewäſſerung dienen; vgl. Lette und v. Rönne S. 584.

10. Sowohl das Recht auf Geſtattung der Vorflut wie das Staurecht bezw. das Waſſernutzungsrecht überhaupt ſind an und für ſich privatrechtlicher Natur. Inſofern daher die §§ 1—5 den Polizeibehörden bezw. den Verwaltungsgerichten auf dieſe Rechte eine beſondere Wirkung einräumen, ſind ſie im allgemeinen einſchränkend auszulegen.

11. Da die §§ 1—5 untereinander im engsten Zusammenhange stehen, und namentlich das im § 5 erwähnte Verwaltungsverfahren nur dann eintritt, wenn der dem Stauberechtigten gegenüberstehende Interessent auf polizeiliche Setzung eines Merkpfahls angetragen hat, so erhebt sich die Frage, ob die Stellung eines solchen Antrags rein fakultativ sei, oder ob das in den §§ 1 ff. vorgezeichnete Verfahren da, wo es überhaupt zulässig ist, auch notwendig beantragt werden müsse, wenn die zwischen jenem Interessenten und dem Stauwerksbesitzer entstandenen Meinungsverschiedenheiten zum Austrag gebracht werden sollen. Für erstere Ansicht sprach sich EK. 14. Sept. 1848 (JMBl. S. 441) aus, wo erwogen wird, nur dem Stauwerksbesitzer sei im § 1 eine Pflicht und ein Rechtszwang auferlegt, nicht dem ihm gegenüberstehenden Interessenten; diesen nötige das Gesetz nicht, seine Beschwerden gegen den Stauwerksbesitzer durch einen Antrag auf polizeiliche Setzung des Merkpfahls zu verfolgen, sondern belasse ihm die Wahl zwischen diesem Mittel und der Beschreitung des RW. Ebenso sprach sich die MVfg. 14. Febr. 1840 (VMBl. S. 181) dahin aus, daß die Kompetenzbestimmungen des Vorflutges. der Klage einer Stadt auf Wegnahme einer vom Beklagten im Stadtfließe angelegten Stauschleuse nicht entgegenständen. Ebenso: Scheele S. 108, vgl. ferner EK. 8. Juni 1848 (JMBl. S. 302). Dagegen scheint die frühere Rechtsprechung der Gerichte der entgegengesetzten Ansicht zu huldigen und den RW. wenigstens alsdann nicht für statthaft zu erachten, wenn der Streit über die vom Stauberechtigten inne zu haltende Höhe des Wasserstandes nicht ohnehin schon, dem § 5 zufolge, durch Richterspruch seine Erledigung finden muß: vgl. OT. (Pl.) 8. Jan. 1849 (JMBl. S. 212). Ja das Präj. 10. Okt. 1848 (Nr. 2056; E. 10 S. 518) geht noch weiter, indem es augenscheinlich annimmt, daß sogar bei Fällen der letzteren Art das in den § 1 ff. vorgeschriebene Verfahren notwendig einzuschlagen und die Zulässigkeit des gerichtlichen Verfahrens nach Maßgabe des § 5 immer dadurch bedingt sei, daß die Landespolizeibehörde die Sache zur richterlichen Erörterung verweise. (Dieses Präj. besagt nämlich, daß, wenn durch die ohne Genehmigung der Polizeibehörde unternommene Erhöhung des Gerinnes an einer Mühle eine Zurückstauung zum Nachteile einer oberhalb liegenden Mühle bewirkt werde, und der unterhalb liegende Müller dem Anspruche des oberhalb liegenden auf Erniedrigung des Gerinnes den Einwand des Vergleichs oder der Verjährung entgegensetze, der RW. unzulässig sei, so lange nicht die Prov.-Polizeibehörde die Sache an den Richter verweise). Diese Ansicht wird auch von RG. 30. Mai 1888 (E. 21 S. 265) als die bei den Gerichten herrschende bezeichnet und beibehalten: durch das Ges. v. 1811 sei das Verfahren vorgezeichnet und seien die Behörden bestimmt, in welchem bezw. durch welche die noch nicht in rechtsverbindlicher und deutlicher Weise bestimmte Höhe des Wasserstandes festgesetzt werden solle; dieses Verfahren führe zur Setzung eines Merkpfahls; die zur Durchführung dieses Verfahrens berufenen Behörden könnten nicht in der Weise umgangen werden, daß nicht die Setzung eines Merkpfahls, sondern nur die Festsetzung der Höhe des Wasserstandes verlangt werde; vielmehr habe derjenige, der die Höhe des Wasserstandes festgesetzt wissen wolle, dies in dem Verfahren nachzusuchen, das mit der Setzung des Merkpfahls abschließe. Es ist demnach nunmehr (mit Rücksicht auf § 67 ZustGes., A. 19) der RW. stets ausgeschlossen, wenn die Voraussetzungen für das Verfahren nach §§ 1 ff. gegeben sind.

12. Ebenso sind über die Frage, für welche Art Fälle und für welche Anlässe das in den §§ 1 ff. vorgezeichnete Verfahren gegeben sei, verschiedene Ansichten laut geworden, unter denen die des OT. 31. Aug. 1847 (Arnsb. Arch. 13 S. 616) und OT. (Pl.) 8. Jan. 1849 (JMBl. S. 212) auch heute wohl noch trotz der entgegengesetzten Auffassung der Verwaltungsbehörden (vgl. LMVfg. 11. März 1850, VMBl. S. 69) die herrschende ist. Vgl. RG. 10. Mai 1888 (E. 21 S. 262), wo die Einwendungen gegen den Plenarbeschluß des OT. als nicht durchschlagend zurückgewiesen und die einschlägigen Schriftsteller angeführt werden, ferner RG. 20. Jan. 1881 (Johow 2 S. 284), OVG. 11. Apr. 1889 (PrVerwBl. 11 S. 8) v. Brauchitsch 4 S. 57 A. 11 und unten A. 29. Hiernach will das Vorflutges. in obigen §§ keineswegs allgemeine Vorschriften über die Benutzung der Gewässer für Mühlen und andere Triebwerke aufstellen, sondern nur die unzureichenden Regeln des ALR. über Verschaffung der Vorflut in besonderem Bezug auf den Wasserstand bei Mühlen ausführen bezw. abändern, nämlich die Vorflut insoweit beschränken, als die Rücksicht auf stauberechtigte Mühlenanlagen es erheischt, und sie aufrecht erhalten, in-

soweit dies durch das Interesse der Bodenkultur geboten ist. Jene §§ sollen daher lediglich, auf der Grundlage der bisherigen Vorflutgesetze, die Interessen der oberhalb liegenden Grundbesitzer mit den Bedürfnissen der Triebwerksbesitzer vermitteln, und die Pflicht der letzteren, das Wasser aufzunehmen und abzulassen, mit ihrem Recht, den Abfluß desselben zeitweise anzuhalten, in Einklang bringen. Demgemäß greift das in den §§ 1 ff. vorgeschriebene Verfahren nur dann Platz, wenn auf der einen Seite das Recht auf Gestattung der Vorflut, auf der andern Seite ein Staurecht geltend gemacht wird, und es sich darum handelt, diese beiden sich kreuzenden Rechte zueinander in das richtige Verhältnis zu bringen, keineswegs aber dann, wenn das ersterwähnte Recht gar nicht in Frage kommt, vielmehr über das beiderseitige Recht der Parteien auf die Wassernutzung gestritten und namentlich vom Triebwerksbesitzer behauptet wird, nicht, daß ihm zu viel, sondern umgekehrt, daß ihm zu wenig Wasser vom oberhalb liegenden Besitzer zugeschickt werde, gleichviel, ob die Wasserentziehung durch Bewässerungsanlagen seitens eines oberhalb liegenden Grundbesitzers oder durch übermäßiges Stauen seitens eines oberhalb liegenden Triebwerksbesitzers herbeigeführt sein soll. Streitigkeiten der letzteren Art sind daher, den allgemeinen Regeln zufolge, immer im RW. zu erörtern. Ebenso: Scheele S. 107. Für die Fälle, wo die Beschwerde des unterhalb liegenden Triebwerksbesitzers auf Wasserentziehung durch Bewässerungsanlagen (§ 99 I. 8 ALR.) gerichtet ist, erkennt dies schon der Gesetzrevisor (Pensum XIII. S. 63) an, und gilt dasselbe auch seit Erlaß des Ges. v. 28. Febr. 1843 mindestens als Regel und vorbehaltlich einzelner dort gemachten Ausnahmen: Ges. 28. Febr. 1843 A. 32 ff. Die oben bezogenen Entscheidungen des OT. betrafen dagegen ebenso wie RG. 10. Mai 1888 Streitigkeiten zwischen zwei Triebwerksbesitzern, nämlich Klagen des unterhalb liegenden wegen übermäßigen Stauens seitens des oberhalb liegenden. Wenn hier das OT. in seinem Plenarbeschluß von 1849, um die Unanwendbarkeit des § 5 inbetreff solcher Klagen darzutun, weniger scharf betont, daß bei denselben das Recht auf Gestattung der Vorflut gar nicht zur Sprache komme, als daß gerade zwischen zwei Triebwerksbesitzern über die Höhe des Wasserstandes gestritten werde, während das Vorflutges. nur Widerstreite zwischen den Interessen der Bodenkultur und beiläufig der Schiffahrt einer- und den Interessen von Stauberechtigten andererseits im Auge habe, so ist daraus nicht etwa mit der LMVfg. 11. März 1850 (VMBl. S. 69) zu folgern, als ob nach der Ansicht des OT. bei Streitigkeiten zwischen zwei Müllern usw. die §§ 1—5 niemals zur Anwendung gelangten, und daher z. B. der Eigentümer einer oberhalb belegenen Mühle, welcher durch den Rückstau einer unterhalb belegenen Schaden erleide, auf polizeiliche Merkpfahlsfestsetzung nicht gleichfalls antragen könne. Das Gegenteil scheint vielmehr aus der näheren Begründung des Plenarbeschlusses klar hervorzugehen, und daher letzterer mit der durch jene MVfg. gebilligten Praxis der Verwaltungsbehörden, insofern diese dem oberhalb liegenden Müller ein solches Recht allerdings zuerkennt, keineswegs in Widerspruch zu stellen. Ebenso LMVfg. 6. Mai 1863 (VMBl. S. 167).

13. Diese Voraussetzungen für das Verfahren aus §§ 1 ff. (A. 12) sind auch dann nicht gegeben, wenn lediglich beantragt wird, die Höhe des Fachbaums oder des Wehrrückens einer Stauanlage festzustellen und durch einen Pfahl erkennbar zu machen. Trotzdem bei der Feststellung des zulässigen höchsten Wasserstaues auch die Einrichtung der Stauanlage nicht außer Betracht bleiben, und trotzdem jener Antrag in seinem Ergebnisse mit einer Festsetzung der Höhe des Wasserstandes annähernd übereinstimmen kann, ist dieser Antrag im ordentlichen RW. zu verfolgen. Vgl. OVG. 17. Okt. 1900 (E. 38 S. 264: der Verwaltungsrichter könne nur dann in die Lage kommen, über einen solchen Streit zu entscheiden, wenn etwa die Polizeibehörde eine Erhöhung der Stauanlage annehme und deren Zurückführung auf die zulässige Höhe anordne, und hiergegen die Rechtsmittel der §§ 127 ff. LVG. ergriffen würden). Ebenso kommen §§ 1 ff. nicht zur Anwendung, wenn es sich darum handelt, festzustellen, ob ein Merkpfahl die festgesetzte Stauhöhe noch richtig angebe; in solchem Falle kann nur die Wasserpolizeibehörde angerufen werden: OVG. 25. März 1897 (E. 32 S. 271).

14. Früher war es streitig, ob die beim Verfahren im Sinne der §§ 1 ff. hervortretenden Meinungsverschiedenheiten über die vom Triebwerksbesitzer innezuhaltende Höhe des Wasserstandes lediglich in den im § 5 besonders aufgezählten Fällen auf dem RW. zum Austrage zu bringen, oder ob die Worte „Verträge,

Verleihungen, rechtsverjährter Besitz" bloß **beispielsweise** für alle und jede Umstände privatrechtlicher Natur gebraucht seien, so daß die Entscheidung nur dann der Polizei gebühre, wenn der Streit den Charakter eines eigentlichen Rechtsstreits gar nicht an sich trage. EK. 14. Sept. 1848 (A. 11) vertrat auch hier die der richterlichen Zuständigkeit günstigere Meinung, ebenso Scheele S. 108, während die dem Wortlaute des § 5 allerdings mehr entsprechende entgegengesetzte Ansicht bei der Beratung des OT. (Pl.) 1849 die Oberhand gewonnen zu haben scheint. Gegenwärtig dürfte die Streitfrage durch die Eingangsworte des Abs. 3 § 67 ZustGes. im Sinne der ersteren Ansicht entschieden sein.

15. Nach der MVfg. 14. Juni 1847 (VMBl. S. 136) soll bei Konzessionierung neuer Mühlenanlagen ein Merkpfahl immer von Amts wegen, d. h. also auch ohne daß seitens der Anlieger darauf angetragen worden, gesetzt werden. Diese Vorschrift lehnt sich augenscheinlich an die §§ 27ff. der Pr. Gewerbe-O. v. 17. Jan. 1845 an, denen zufolge die Regierungen befugt sind, die Erteilung der Konzession an Bedingungen zu knüpfen. In Übereinstimmung hiermit lassen OVG. 5. Dez. 1895, 6. Febr. 1896 (E. 29 S. 282, 286) das Merkpfahlsetzungs**verfahren** nach Maßgabe des Vorflutges. nur bei den **vor** der Gewerbe-O. v. 1845 errichteten Mühlen und Stauanlagen zu; bei neueren Mühlen bilde die Festsetzung des Wasserstandes und Merkpfahls einen wesentlichen Bestandteil des gewerbepolizeilichen Konzessionsverfahrens; sei bei diesem ein Merkpfahl nicht gesetzt worden, so könne dieser Mangel nur durch Maßnahmen der zur Erteilung der Konzession berufenen Behörden geheilt werden. Dasselbe gilt nach OVG. 18. Mai 1903 (DJurZtg. 9 S. 75), wenn bei solchen älteren Mühlen eine Änderung vorgenommen wird, die eine wesentliche Veränderung der Betriebsstätte darstellt; auch hierzu ist die gewerbepolizeiliche Genehmigung notwendig. AM. OT. 22. Mai 1855 (Strieth. 20 S. 26), daß die §§ 1—5 auch auf neu angelegte Mühlen anwendet. An die **materiellen** Vorschriften des Vorflutges. sind auch die gewerbepolizeilichen Behörden gebunden: gen. OVG. 1903.

16. Das Vorhandensein eines früher gesetzten Merkpfahls schließt das Verfahren nach §§ 1ff. aus, und zwar selbst in dem Falle, daß Naturereignisse die ganzen Grundlagen, auf denen die erste Merkpfahlssetzung beruhte, vollständig und für immer beseitigt haben: OVG. 19. Dez. 1892, 7. Juni 1894, 11. Dez. 1899 (E. 24 S. 264; 26 S. 284; 36 S. 341).

17. Die Einleitung des Verfahrens erfolgt nur auf Antrag eines an der **Einschränkung** der Stauhöhe Interessierten (z. B. auch eines Wegebaupflichtigen, der durch Rückstau leidet: MVfg. 6. Mai 1863, VMBl. S. 167), nicht aber auch dann, wenn der Stauberechtigte selbst die Regelung des Wasserstands wünscht. Dieser kann die Setzung des Merkpfahls nur nach § 25 RGewO. herbeiführen. Vgl. MVfg. 11. Aug. 1867 (gen. bei Illing 1 S. 974 A. 1), OVG. 19. Dez. 1892, 7. Juni 1894, 6. Nov. 1893 (E. 24 S. 262; 26 S. 284; PrVerwBl. 15 S. 275). Stauanlagen in **Privatflüssen**, die **nicht** für **Wassertriebzwecke** bestimmt sind, fallen nicht unter das Vorflutges., sondern unter das Ges. v. 28. Febr. 1843: OVG. 23. März 1893 (E. 24 S. 266).

18. Die Zuziehung des Gerichts in Gemäßheit des § 2 war nicht etwa bloß der Beglaubigung wegen erforderlich; vielmehr kommt es bei jenem Verfahren ebenso sehr auf **Wahrnehmung der Rechtspunkte**, wie **administrativer Rücksichten** an, auf erstere namentlich zur Ermittelung der zuzuziehenden Interessenten, dergestalt, daß unter denselben darüber mit Bestand abgeschlossen, bezw. ein wirksames Anerkenntnis abgegeben werden kann, wessen Rechte als wohlerworbene zu betrachten, und ob danach die Höhe des Wasserstandes bereits fest bestimmt sei, im Verneinungsfalle, ob die desfallsigen Streitigkeiten dem § 5 gemäß in den RW. oder vor die Landes-Polizeibehörde gehören, ferner, wenn es sich um eine vorläufige Feststellung handelt, welche Rücksichten auf die mehr oder minder bescheinigten Rechtsansprüche des einen oder andern Teils zu nehmen seien. Die von der Regierung oder dem Gerichte ernannten Kommissarien hatten sich daher als Konkommissarien zu betrachten, und die Angelegenheit im gegenseitigen Einverständnisse zu behandeln: MVfg. 12. Mai 1834 (Jbb. 483); Scheele S. 105. Die Mitwirkung des Gerichts ist seit dem ZustGes. weggefallen (§ 67); natürlich ist damit die Pflicht der Kommissare zur sorgfältigen Prüfung der in der gen. MVerf. hervorgehobenen Gesichtspunkte nicht weggefallen; vgl. OVG. 24. Mai 1883 (E. 10 S. 238).

19. Die einschneidendste Änderung des früheren Rechtszustandes enthält Satz 1

des Abs. 3 § 67 ZustGes., indem er an die Stelle der ordentlichen Gerichte den Kreisausschuß zur Entscheidung der Streitigkeiten darüber beruft, ob die Höhe des Wasserstandes in rechtsverbindlicher und deutlicher Weise bestimmt sei; der Kreisausschuß entscheidet im Verwaltungsstreitverfahren. Diese Bestimmung geht natürlich nicht weiter, als die durch sie ersetzte Vorschrift des § 5. Insbesondere eröffnet sie das Verwaltungsstreitverfahren nicht allgemein für alle derartige Streitigkeiten; letzteres ist vielmehr nur dann gegeben, wenn jene Streitigkeiten sich im Laufe eines behufs Festsetzung der Höhe des Wasserstandes bei Stauwerken eingeleiteten Verwaltungsverfahrens erheben. Ist das der Fall, so sind alle Streitigkeiten dieser Art, auch wenn sie rein privatrechtlicher Natur sind, und gleichviel, ob es sich um den Streit zweier Triebwerksbesitzer oder um den Streit sonstiger Beteiligter, insbesondere von Besitzern unterhalb und oberhalb der Stauanlage belegener Wiesen handelt, vom Verwaltungsrichter zu entscheiden. Entstehen dagegen Streitigkeiten über die Höhe des Wasserstandes nicht aus Anlaß der Setzung eines Merkpfahls, so ist hierüber nicht im Verwaltungsstreitverfahren, sondern im ordentlichen RW. zu entscheiden. Vgl. RG. 10. Apr., 5. Mai 1894 (Gruchot 38 S. 1121, 1116), OVG. 6. Mai 1895, 25. März 1897 (E. 28 S. 278; 32 S. 270), v. Brauchitsch 1 S. 357. Auch die Klage, mit der jemand die Innehaltung der für ein Stauwerk polizeilich festgesetzten Stauhöhe verlangt, gehört vor die ordentlichen Gerichte: gen. RG. 5. Mai 1894, RG. 22. Okt. 1890 (JurWoch. 90 S. 419).

20. Die Kommissare haben die Festsetzung des Wasserstandes auch dann vorzunehmen, wenn durch Einverständnis der Interessenten festgestellt wird, daß keine klaren Bestimmungen des Wasserstandes vorgelegt werden können: OVG. 24. Mai 1883 (E. 10 S. 238). (Ist gegen die durch die Kommissare beim Mangel deutlicher Bestimmung bewirkte Festsetzung des Wasserstandes der nach dem früheren Recht zulässige Rechtsbehelf, d. i. die Beschwerde des § 5 Satz 2 d. G., eingelegt worden, so findet selbstverständlich jetzt nicht auch noch die Klage im Verwaltungsstreitverfahren statt: OVG. 6. Mai 1895, E. 28. S. 277). — Übrigens spricht sowohl § 2 d. G. als § 67 ZustGes. von einer Mehrheit von Kommissaren; ein Rechtskundiger braucht unter ihnen nicht zu sein: OVG. 16. Dez. 1886, 19. Dez. 1892 (E. 14 S. 303; 24 S. 264).

20a. Der Beschluß der Kommissare unterliegt auch dann der Anfechtung bezw. Aufhebung im Verwaltungsstreitverfahren, wenn sie den Wasserstand in einem Falle festgesetzt haben, wo zunächst nach Satz 1 des § 5 die Entscheidung der Verwaltungsgerichte hätte eingeholt werden müssen; vgl. gen. OVG. 24. Mai 1883. Früher war in solchen Fällen trotz des Schlußsatzes von § 5 der RW. gegen die Festsetzung durch die Kommissare gegeben; vgl. Scheele S. 109, Nieberding S. 370.

21. Die Kosten, welche durch Setzung des Merkpfahls und die demselben vorangehenden technischen Ermittelungen entstehen, sind vom Antragsteller allein einzuziehen, selbst wenn die Merkpfalsetzung auch anderen nützlich sein sollte. Inwiefern der Antragsteller eine versio in rem für solche andere Interessenten nachzuweisen und hierauf einen Anspruch auf teilweise Erstattung der Kosten zu gründen vermöge, ist eine andere Frage, welche jedoch nicht zur polizeilichen, sondern zur richterlichen Entscheidung gehört. Vgl. auch Oppenhoff, Bergges. A. 269. Das eingangs gesagte erleidet nur hinsichtlich solcher Kosten eine Ausnahme, welche dadurch entstehen, daß sich der eine oder andere Interessent bei den Festsetzungen der Kommissare und des Kreis-(Stadt-)Ausschusses nicht beruhigt. Alsdann kommen für die Kosten des Streitverfahrens die §§ 102 ff. LVG. zur Anwendung.

22. Die Erhebung der Klage im Verwaltungsstreitverfahren gegen die gemäß § 67 Abs. 2 ergehende Entscheidung ist an eine Frist nicht gebunden.

23. Zur Zuständigkeit der Auseinandersetzungsbehörden gehört die Regelung des Wasserstands vor einer Mühle nur dann, wenn die Stauhöhe auf den Separationsplan von Einfluß, z. B. die Grenze oder Bonitierung der zu separierenden Grundstücke von der zulässigen Stauhöhe abhängig ist, da in einem solchen Falle die Festsetzung der Stauhöhe die Regelung derjenigen Rechtsverhältnisse betrifft, welche bei vorschriftsmäßiger Ausführung der Auseinandersetzung in ihrer bisherigen Lage nicht verbleiben können; vgl. VO. v. 10. Juni 1817 § 3 Nr. 3; 30. Juni 1834 § 7. Die Auseinandersetzungsbehörde entscheidet alsdann bei Streitigkeiten über die Stauhöhe nach Vorschrift der für das Auseinandersetzungsverfahren ergangenen Vorschriften, indem sie dabei, wie gewöhnlich, die Befugnisse des Gerichts

§ 6. [Der Provinzial-Polizeibehörde bleibt jedoch unbenommen, während der Dauer der erwähnten gerichtlichen Erörterung interimistisch einen Wasserstand festsetzen zu lassen, welchen der Müller oder sonstige Stauberechtigte so lange halten muß, bis ein anderes durch die definitive Entscheidung festgesetzt ist.] Der Kreis-(Stadt)Ausschuß ist befugt, durch endgültigen Beschluß einen Wasserstand, welcher bis zur rechtskräftigen Entscheidung im Verwaltungsstreitverfahren inne zu halten ist, vorläufig festzusetzen.

§ 7. Von welchem Tage ab und bis zu welchem Tage hin bloß der niedrige Sommerwasserstand gehalten werden darf, bestimmen zunächst Verträge und rechtliche Erkenntnisse, wenn diese vorhanden sind, nächst diesen die Provinzialgesetze. Ist keine solche Bestimmung vorhanden, so liegt den Kommissarien ob, von wann ab und bis wohin nur der Sommerwasserstand gehalten werden dürfe, nach den örtlichen Verhältnissen festzusetzen. Auf jeden Fall muß in dem über die Verhandlung aufzunehmenden Protokolle ausdrücklich vermerkt sein, von wann ab und bis wohin der Sommerwasserstand gehalten werden soll.

§ 8. Kein Besitzer von Mühlen oder andern Stauungsanlagen darf den Wasserstand über die durch den Merkpfahl festgesetzte Höhe aufstauen. Sobald das Wasser über diese Höhe wächst, muß er durch Öffnung der Schleusen, Gerinne und Grundstöcke, Abnehmung der beweglichen Aufsätze auf den Fachbäumen oder Überfällen, überhaupt Wegräumung aller bloß zeitlichen Hindernisse den Abfluß desselben unentgeltlich sogleich und unausgesetzt so lange befördern, bis das Wasser wieder auf die durch den Merkpfahl bestimmte Höhe herabgefallen ist.

§ 9. Versäumt er dies, so ist nicht allein die örtliche Polizeibehörde verpflichtet auf Antrag der Interessenten die vorerwähnte Öffnung,

---

und der Verwaltung in sich vereinigt: LMVfg. 23. Apr. 1859 (VMBl. S. 140); Nieberding S. 376. Übrigens beschränkt sich diese Zuständigkeit bei Gemeinheitsteilungen nicht auf die Zeit bis zur Ausführung des Auseinandersetzungsplans, sondern währt für die ganze Dauer der Zuständigkeit jener Behörde in der Hauptsache und in den mit dieser verbundenen Nebengeschäften (VO. v. 1834 § 8) fort, sofern ein notwendiger Zusammenhang zwischen der Regelung der Stauhöhe und der endgültigen Feststellung des Teilungsplans sich ergibt; vgl. LMVfg. 12. Febr. 1862 (VMBl. S. 201).

24. Vgl. endlich § 274 Nr. 2 StGB. und Oppenhoff, StGB., A. 14, 18 dazu.

§ 6.

25. § 6 ist ersetzt durch Satz 2 des § 67 Abs. 3 ZustGes. Diese Vorschrift steht selbstredend nicht entgegen, daß die Regierung auf Grund der GewerbeO. den Wasserstand für neue Mühlen endgültig festsetze: OT. 15. Juni 1855 (JMBl. S. 356).

25a. Entsprechend dem in A. 19 gesagten kommt auch § 6 bezw. § 67 Abs. 3 Satz 2 nur dann zur Anwendung, wenn ein Verwaltungsverfahren im Sinne der §§ 1ff. anhängig ist; außerhalb eines solchen ist für eine Anordnung des Kreisausschusses kein Raum. Bestimmt die Polizeibehörde einseitig eine vom Stauberechtigten innezuhaltende Stauhöhe, so ist diese polizeiliche Verfügung mit den Rechtsmitteln der §§ 127ff. LVG. und des Ges. v. 11. Mai 1842 anfechtbar; insbesondere ist sowohl die ordentliche Klage unter den Beteiligten aus § 5, als die Klage aus § 4 (selbst gegen die Polizeibehörde) auf Anerkennung des Rechts zu höherem Wasserstande zulässig. Vgl. auch EK. 10. Okt. 1863 (JMBl. 64 S. 24).

§§ 8 und 9.

26. Die §§ 8, 9 stellen einen allgemeinen Grundsatz über das rechtswidrige Stauen auf; es findet daher die Strafbestimmung des § 9 auch dann

Abnehmung und Wegräumung auf Gefahr und Kosten des Mühlenbesitzers ohne Anstand vornehmen zu lassen, sondern er hat auch in jedem Falle, außer dem Ersatze alles durch die widerrechtliche Stauung verursachten Schadens, zwanzig bis funfzig Taler Polizeistrafe verwirkt.

Anwendung, wenn der Wasserstand nach der GewerbeO. (A. 15) im Verwaltungswege geregelt ist. So: OT. 15. Juni 1855 (JMBl. S. 356) [?].

27. Die Strafbestimmung des § 9 ist weder durch das Preuß. noch durch das RStGB. aufgehoben und noch heute in Kraft; vgl. § 2 EG. z. RStGB., Oppenhoff, StGB., A. 29 zu gen. § 2 und die in den nachfolgenden Anmerkungen angeführten Entscheidungen.

28. § 9 bedroht nicht den mit dem Mühlenbetrieb beauftragten Müller, sondern bloß den Mühlenbesitzer mit Strafe, sollte letzterer auch den geschäftsmäßigen Betrieb durch Dienstleute bewirken lassen. Doch trifft das Strafverbot nicht nur den Eigentumsbesitzer, sondern auch den Pachtbesitzer der Mühle. Vgl. OT. 19. Apr. 1855, 17. Okt. 1866 (JMBl. 55 S. 243; 66 S. 331).

29. Voraussetzung der Bestrafung ist nicht nur, daß die normalmäßige Höhe des Wasserstandes überhaupt durch einen Merkpfahl bezeichnet ist (vgl. OT. 29. Juni 1876, Rechtspr. 17 S. 473), sondern auch, daß der Merkpfahl den Bestimmungen des Vorflutges. entspricht, z. B. daß die Vorschriften des § 3 beobachtet sind. Straflos ist auch die Überstauung eines Merkpfahls, der gesetzt wurde, ohne daß im Verwaltungsstreitverfahren entschieden wurde sowohl über Einwendungen des Antragstellers, die auf Grund rechtsverbindlicher Festsetzungen über die Höhe des Wasserstandes gegen die in Aussicht genommene Setzung des Merkpfahls erhoben wurden, als auch über die Einrede, daß es sich um einen Streit zwischen Stauungsberechtigten über das Recht zur Wassernutzung handele; so: KG. 18. Nov. 1891 (Johow 11 S. 277). Vgl. ferner KG. 15. Nov. 1888, 8. Juli, 25. März 1889 (das. 9 S. 255ff.).

30. Vorsätzlichkeit ist nicht Voraussetzung der Strafbarkeit des Überstaus; es genügt die fahrlässige Verabsäumung der Herbeiführung des Herabfallens des Wassers auf die bestimmte Höhe: KG. 2. Jan. 1882 (das. 3 S. 361). Der Ausdruck „versäumen" deutet keinen bestimmten Grad der Nachlässigkeit an: OT. 19. Apr. 1855 (JMBl. S. 243). Die subjektive Unmöglichkeit für den Mühlenbesitzer, die ihm aus dem Vorflutges. obliegenden Verpflichtungen zu erfüllen, schließt seine Bestrafung aus diesem Gesetz aus: KG. 15. Jan. 1891 (Johow 11 S. 276).

31. Daß durch das Überstauen wirklich Schaden entstanden sei, ist für die Bestrafung nicht erforderlich: KG. 22. Sept. 1890 (das. 11 S. 274).

32. Die Strafbestimmung des § 9 trifft nicht nur den Fall der Verabsäumung der im 2. Satz des § 8 dem Müller auferlegten Verpflichtung, sondern auch das Zuwiderhandeln gegen Satz 1, bedroht also nicht nur das Unterlassen des Schleusenöffnens usw., sondern auch die entgegenstehende auf einen gleichschädlichen Erfolg gerichtete Tätigkeit des Müllers: KG. 3. Mai 1886 (das. 6 S. 289).

33. Die Überschreitung der festgesetzten Höhe eines unterhalb einer Mühle (im Abzugsgraben) gesetzten Merkpfahls durch Ablassen der im Mühlenteiche angestauten Wasser fällt nicht unter die Strafbestimmung des § 9: KG. 20. Jan. 1881 (das. 2 S. 282). Ebensowenig findet die Bestimmung des § 9 über den Schadensersatz Anwendung, wenn durch Nichtinnehaltung des Staumaßes auf den unterhalb liegenden Grundstücken Schaden entsteht: RG. 6. Dez. 1886 (JurWoch. 87 S. 22 Nr. 34); vgl. ferner (über die Voraussetzungen für die Schadensersatzpflicht) RG. 10. Febr. 1887 (das. S. 102 Nr. 32).

34. Zu den im § 8 genannten zeitlichen Hindernissen gehört unter Umständen auch Eis im Freigerinne: LMVfg. 9. Apr. 1873 (VMBl. S. 136).

35. Die im § 9 ausgesprochene „Verpflichtung" der Polizeibehörde, bei Zuwiderhandlungen einzuschreiten, gibt einem durch die Zuwiderhandlung geschädigten kein subjektives, im Verwaltungsstreitverfahren verfolgbares Privatrecht gegen die Behörde auf deren Einschreiten; gegen einen ablehnenden Bescheid der Polizeibehörde kann der Antragsteller lediglich die Beschwerde bei der Aufsichtsbehörde einlegen: OVG. 26. Jan. 1878 (E. 3 S. 214).

§ 10. Wem die Unterhaltung eines Grabens oder Wasserabzuges obliegt, der kann zu dessen Auskrautung oder Räumung polizeilich angehalten werden, sobald aus der Vernachlässigung derselben oder aus Mangel an der erforderlichen Tiefe Nachteil für die Besitzer anderer Grundstücke oder nutzbarer Anlagen, oder auch für die Gesundheit der Anwohner entstehet. Die Bestimmung, wann und wie die Auskrautung oder Räumung bewirkt werden soll, gehört bloß zur Kognition der Polizeibehörden und jeder Unterhaltungspflichtige muß sich derselben unbedingt unterwerfen.

ZustGes. § 66.

§ 10.

36. § 10 findet auf künstliche Wasserleitungen unzweifelhaft Anwendung: EK. 10. März 1860 (JMBl. 61 S. 264), ebenso auf städtische Kanalanlagen: RG. 2. Mai 1881 (das. S. 384). — Er versteht indessen unter „Gräben und Wasserabzügen" nicht etwa nur künstliche Gräben und Kanäle im Sinne des § 100 I. 8 ALR., sondern auch Privatflüsse; vgl. Westf. Landt.-Abschied v. 22. Juli 1832. Böle, im Arnsb. Arch. 2 S. 651; EK. 9. März 1867 (JMBl. S. 259), OVG. 30. Mai 1877, 19. Mai 1884 (E. 2 S. 284; 11 S. 247); Ges. v. 9. Febr. 1867 (A. 1) § 1; v. Brauchitsch 4 S. 59. Dagegen scheiden öffentliche Flüsse beim § 10 aus, da deren Räumung in den Bereich der Fluß- und Uferpolizei gehört; vgl. gen. OVG. 30. Mai 1877, RG. 26. Mai 1899 (Gruchot 43 S. 1201), Lette und v. Rönne S. 594, v. Brauchitsch 1 S. 352; aM. LMVfg. 5. Dez. 1872 (VMBl. 73 S. 45). Auch bei Seen findet § 10 keine Anwendung: RG. 10. Juni 1896 (E. 37 S. 333). Diese Unterscheidung greift auch für den gleich zu erwähnenden § 66 ZustGes. Platz. — Unter „nutzbaren Anlagen" sind auch Triebwerke zu verstehen; vgl. LMVfg. 21. Nov. 1859 (VMBl. S. 347; diese Verf. mißbilligt demnach die Ansicht, als finde eine Einwirkung der Polizeibehörde auf Verschaffung der Vorflut nur im Interesse der Landeskultur und nicht für rein gewerbliche Zwecke statt). — Über den Begriff eines „Grabens" vgl. OVG. 4. Nov. 1895 (E. 28 S. 267).

37. Die Zuständigkeit der Polizeibehörde zum Erlaß einer Räumungsanordnung setzt voraus, daß ein Wasserabzug bei oder bis kurz vor dem Erlaß der polizeilichen Verfügung bestanden hat; demnach schließt der Begriff der Grabenräumung die Wiederbeseitigung eines durch Abdämmen eines bestehenden Grabens vorsätzlich geschaffenen Abflußhindernisses nicht aus: OVG. 13. Apr. 1882 (E. 8 S. 232: es erscheine mit dem Wortlaut und dem Gedanken des Gesetzes wohl vereinbar, den natürlichen Veränderungen solche gleichzustellen, die durch ein positives Eingreifen, durch eine vorsätzliche Handlung herbeigeführt werden.) Ist dagegen ein Graben längst gänzlich eingegangen, so handelt es sich nicht mehr um einen Akt der „Unterhaltung", sondern um die Wiederherstellung einer früher zwar vorhanden gewesenen, aber schon längst nicht mehr bestehenden Anlage; über die Verpflichtung hierzu hat die Polizeibehörde, zumal auf Grund des § 10 nicht zu befinden: OVG. 15. Okt. 1877 (E. 3 S. 210). Insbesondere kann nicht die Wiedereröffnung eines Grabens verlangt werden, der auf Grund besonderer Vereinbarung durch eine Röhrenleitung ersetzt ist: OVG. 12. Mai 1877 (E. 2 S. 277), wenigstens dann nicht, wenn aus der Röhrenleitung kein Nachteil für die Besitzer anderer Grundstücke oder nutzbarer Anlagen oder für die Gesundheit der Anwohner entsteht: OVG. 23. März 1898 (DJurZtg. 3 S. 411).

38. Die Verpflichtung zur Räumung beschränkt sich begriffsmäßig auf die Erhaltung des Bettes und der Ufer in normalem Zustande, mithin auf die Vornahme von Handlungen, welche einer Verschlammung oder einem Verwachsen des Bettes, einer Verstrauchung und Verlandung der Ufer vorbeugen, oder wenn diese Hemmnisse für einen gehörigen Abfluß bereits eingetreten sind, dieselben wieder beseitigen. Daher kann z. B. die Entfernung von Eismassen oder von Uferbauten nicht aus § 10 erzwungen werden: OVG. 20. März 1879, 3. Apr. 1882 (E. 5 S. 250; 8 S. 229), ebenso nicht die Unterhaltung der Flußufer: LMVfg. 12. Mai 1871 (VMBl. S. 196), die Vertiefung eines Grabens über seine alte Sohle oder Verbreiterungen, wodurch die regelrechten Vorflutverhältnisse eine Verbesserung erfahren: OVG. 9. Febr. 1878,

13. Apr. 1896 (E. 3 S. 218; DJurZtg. 2 S. 23); aM. KG. 25. Apr. 1889 (Johow 9 S. 259). Vgl. A. 63.

39. § 10 enthält keine materielle Vorschrift darüber, wer zur Räumung verpflichtet ist; er setzt vielmehr eine bestehende Unterhaltungspflicht voraus. Vgl. LMVfg. 5. Dez. 1872 (BMBl. 73 S. 45); OVG. 6. Apr. 1883, 19. Mai 1884 (E. 9 S. 257; 11 S. 247); v. Brauchitsch 4 S. 59 A. 19. Das Ges. v. 28. Febr. 1843 hat durch § 7 die für künstliche Gräben bereits im § 100 I. 8 ALR. aufgestellte Regel, daß die Räumungspflicht den Anliegern obliege, wenigstens insoweit, als die Räumung zur Beschaffung der Vorflut erforderlich ist, auch auf Privatflüsse ausgedehnt, so daß die Person des Verpflichteten für Gewässer sowohl der einen wie der anderen Art, in Ermangelung besonderer Rechtstitel usw. schon durch das Gesetz bestimmt ist. (Inwiefern die in Abs. 2 des gen. § 7 der Polizeibehörde erteilten Befugnisse sich von denen des § 10 d. G. unterscheiden, erörtern die Erläuterungen zu jenem § 7).

40. Erhebt sich aber dennoch darüber Streit, wem die Unterhaltungs- bezw. Räumungspflicht obliege, oder ob sie überhaupt bestehe, ja ob ein Wasserzug irgend vorhanden sei und geduldet werden müsse, so gebührte die Entscheidung nach der für privatrechtliche Streitigkeiten geltenden Regel nicht der Polizeibehörde, die zufolge § 10 nur über die Zeit und Art der Räumung zu befinden hat, sondern früher ausschließlich den Gerichten; vgl. JMVfg. 28. März 1840, EK. 6. Apr. 1853, 10. März 1855, OT. 28. Jan. 1857 (JMBl. 40 S. 128; 53 S. 221; 55 S. 220; Strieth. 23 S. 297). Folgeweise war die Frage, ob, von wem und in welchem Verhältnisse die Erstattung der Räumungskosten gefordert werden dürfe, gleichfalls nur im RW. zu entscheiden; vgl. MVfg. 29. Nov. 1842 (VMBl. S. 428). Jedoch stand der Provinzial-Polizeibehörde die Regelung eines Zwischenzustands zu; vgl. AKO. v. 25. Aug. 1832 (Jbb. 42 S. 83), die erklärt, daß § 6 d. G. auch für die Bestimmungen über Vorflut, insbesondere § 10 Anwendung finde, MVfg. 28. Juni 1832 (das., Scheele S. 112). Von diesem Rechte konnte jedoch nur dann Gebrauch gemacht werden, wenn ein erhebliches gemeinsames Interesse durch den Aufschub gefährdet erschien, bezw. ein sehr erheblicher, die Räumungslast weit überwiegender Nachteil abgewendet werden sollte, und der Ausgang eines etwaigen Prozesses sich ohne großen Schaden nicht abwarten ließ; entgegengesetztenfalls war also derjenige, welcher die Ausräumung verlangte, auf den RW. zu verweisen, um zunächst ein Urteil über die Räumungspflicht zu erwirken, während, wenn diese Pflicht unbestritten feststand, z. B. die besondere Anordnung eines Gesellschaftsvertrages vorlag usw., eine dringende unabweisbare Notwendigkeit nicht erforderlich war, die Polizeibehörde vielmehr [und zwar die Ortspolizeibehörde] gemäß § 10 den Verpflichteten jederzeit zur vollständigen Erfüllung seiner Verbindlichkeit anhalten konnte; vgl. MVfg. 12. Nov., 29. Dez. 1829, 29. Jan. 1847, 27. Okt. 1842 (Ann. S. 872; VMBl. 47 S. 19; 42 S. 380).

41. Diese Vorschriften sind in neuerer Zeit erheblich abgeändert worden und kommen im wesentlichen nur noch da zur Anwendung, wo die Verpflichtung zur Räumung aus einem privatrechtlichen Titel (Vertrag, Verjährung, Schadensersatz usw.) hergeleitet wird. Vgl. RG. 26. März 1887 (JMBl. 88 S. 68). Soweit es sich dagegen um die öffentlichrechtliche Pflicht zur Räumung handelt, hat § 66 ZustGes. ein neues Verfahren geschaffen (A. 42, 43) mit der Maßgabe, daß da, wo das Verwaltungsstreitverfahren zugelassen ist, der RW. keinen Raum mehr findet. Keine Anwendung findet diese Vorschrift auf Gräben usw. im Bezirke eines Deich- und Sielverbandes (Abs. 6 des § 66); hier steht die Entscheidung über die Räumungspflicht auch dann den Gerichten zu, wenn lediglich öffentliches Recht in Frage kommt, während der die Polizeibehörde vertretende Deichhauptmann nur das „wann" und das „wie" der Räumung zu bestimmen hat. Vgl. EK. 23. Juni 1888, 16. Jan. 1897 (Rechtspr. S. 412; Nachtr. S. 16).

42. Nach § 66 ZustGes. ist ein Streit der Beteiligten über ihre im öffentlichen Recht begründete Verpflichtung zur Räumung nicht mehr im RW., sondern im Verwaltungsstreitverfahren zu entscheiden (Abs. 3). Hierbei ist nicht Voraussetzung, daß eine polizeiliche Räumungsverfügung ergangen, oder daß eine vorliegende polizeiliche Anordnung durch Einspruch angegriffen ist; vgl. OVG. 29. Sept. 1885, 1. Mai 1893 (E. 12 S. 295; 25 S. 286). Andererseits ist die Polizeibehörde weder berechtigt noch verpflichtet, die Parteien zur Erwirkung eines Urteils über die Räumungspflicht anzuhalten und sich auf die Regelung eines Zwischenzustands zu

beschränken. Sie hat vielmehr endgültig demjenigen die Räumung aufzugeben, den sie nach ihrem pflichtmäßigen Ermessen für den nach öffentlichem Recht Räumungspflichtigen hält, und es bleibt diesem überlassen, diese polizeiliche Anordnung anzufechten (A. 43).

43. Hat die Polizeibehörde eine solche Anordnung erlassen, so findet hiergegen der RW. nicht statt; dies folgt schon aus dem Schlußsatz des § 10 und dem Ges. v. 11. Mai 1842. Die in § 66 Abs. 1, 2 erfolgte Regelung des Einspruchsverfahren bringt (in Verbindung mit § 13 GVG.) für die Frage nach der Zulässigkeit des RW. insofern eine Neuerung, als durch sie die bisher zulässige ordentliche Klage aus § 5 Ges. v. 1842 ausgeschlossen wird; vgl. A. 154 zu diesem Gesetz und A. 44. Die Anfechtung der Verfügung kann nicht nur durch denjenigen, an den die Verfügung ergangen ist, sondern auch durch dritte erfolgen, deren Grundstücken infolge der Ausführung der Verfügung Wasser zugeführt wird: OVG. 9. Febr. 1878, 11. Febr. 1887, 11. Jan. 1879 (E. 3 S. 218; 14 S. 383; 5 S. 412).

44. Wird die Verfügung von dem Inanspruchgenommenen deshalb angefochten, weil nicht er, sondern ein anderer räumungspflichtig sei, so ist die Verwaltungsklage zugleich gegen diesen anderen zu richten (§ 66 Abs. 2 Satz 3 ZustGes.). Auf den Besitzstand (Ges. v. 28. Febr. 1843 § 7 Abs. 2) kommt es bei der Entscheidung dieser Klage nicht mehr an; vgl. A. 27 zum Ges. v. 1843. Mit der Verwaltungsklage kann auch Ersatz des etwa auf Grund der polizeilichen Verfügung bereits geleisteten verlangt werden; vgl. § 66 Abs. 4 Satz 3, VO. v. 1808 A. 342.

45. Ob die Klage im Anschluß an eine polizeiliche Verfügung (Abs. 2 Satz 3 und Abs. 4 Satz 3) oder ohne eine solche (Abs. 3) erhoben wird, ist für die Natur der Klage unerheblich; in beiden Fällen handelt es sich um dieselbe Klage. Sie findet statt unter den **Beteiligten** darüber, wem von ihnen die **öffentlichrechtliche** Räumungspflicht obliegt. Zu den „Beteiligten" gehören nur solche Personen, die als Träger der öffentlichrechtlichen Verbindlichkeit für die Behörde in Betracht kommen können Grundlage der Klage kann nur sein, daß die öffentlichrechtliche Pflicht nicht beim Kläger, sondern beim Beklagten ruhe. Hiernach kann z. B. die Klage aus Abs. 2 nicht darauf gestützt werden, daß der Beklagte die Abflußhindernisse, deren Beseitigung mit der Räumungsverfügung gefordert werde, verursacht habe und deshalb zur Wiederbeseitigung verbunden sei: OVG. 3. Okt. 1895 (E. 28 S. 274), ferner die Klage gegen den Unterlieger nicht bloß darauf, daß sie den Erlaß der angefochtenen Verfügung beantragt hätten: OVG. 26. Sept. 1895 (DJurZtg. 1 S. 40). Obige Voraussetzung muß aber auch auf seiten des **Klägers** gegeben sein, auch bei ihm muß eine Beziehung zur öffentlichrechtlichen Pflicht vorliegen, es muß streitig sein, ob nicht vielleicht er selbst nach öffentlichem Recht räumungspflichtig ist. Hiernach ist die Klage aus Abs. 3 ausgeschlossen, wenn von einer öffentlichrechtlichen Pflicht des Klägers unter keinen Umständen gesprochen werden kann, wenn er z. B. den Beklagten auf Schadensersatz verklagt wegen Verletzung der diesem obliegenden öffentlichrechtlichen Räumungspflicht, oder auf Ersatz der Räumungskosten, die ihm, Kläger, aus Geschäftsführung ohne Auftrag entstanden seien. Vgl. OVG. 18. Juni 1896, 12. Dez. 1900 (E. 30 S. 308; 38 S. 259), RG. 8. Nov. 1890 (E. 27 S. 207), VO. v. 1808 A. 342, 391, ferner § 10 Ges. v. 9. Febr. 1867 (A. 1). Im entgegengesetzten Sinne entschieden RG. 20. Okt. 1888, 7. Mai 1902 (JMBl. 89 S. 41; Gruchot 46 S. 1123 betr. Schadensersatz); doch lassen sich diese Entscheidungen weder mit dem Wortlaut des Abs. 3 § 66 noch mit dem gen. RG. 8. Nov. 1890 in Einklang bringen.

46. Diese Voraussetzung (A. 45) ist beim Kläger nicht etwa immer schon dann erfüllt, wenn er von der Polizeibehörde zur Räumung angehalten worden ist. Denn § 66 kommt nur da zur Anwendung, wo die Polizeibehörde jemanden in Anspruch genommen hat, weil sie ihn für den öffentlichrechtlich Räumungspflichtigen hält; gibt sie jemandem die Räumung aus anderen Gründen auf, so richtet sich die Anfechtung ihrer Anordnung lediglich nach den §§ 127ff. LVG. und Ges. v. 11. Mai 1842, d. h. weder die Feststellungs- noch die Ersatzklage des § 66 ist zulässig; es kann vielmehr unter den Beteiligten zur Feststellung ihrer gegenseitigen Rechte und über die etwa zu leistende Entschädigung gemäß §§ 1, 5 Ges. v. 1842 nur der ordentliche RW. beschritten werden. Dies ist der Fall, wenn jemand von der Polizeibehörde aus besonderen Gründen zu einer **einmaligen** (A. 47) Räumung angehalten wird, z. B. weil er einen Wasserlauf durch Abwässer und die darin enthaltenen Senkstoffe in gesundheitsgefährlicher Weise verunreinigt, oder weil er unbefugt Vorfluthinder-

§ 11. Die Mühlenbesitzer und alle, welche sonst den Abfluß eines Gewässers anzuhalten berechtigt sind, sollen verpflichtet sein, den freien Lauf desselben, nach Bestimmung [der Provinzial-Polizeibehörde] des Kreis- (Stadt-)Ausschusses, ganz oder zum Teil wieder herzustellen, sobald daraus ein offenbar überwiegender Vorteil für die Bodenkultur oder Schiffahrt entsteht und diejenigen, welche für ihre Kultur oder Schiffahrtsanlagen des Wasserabflusses bedürfen, ihnen eine vollständige Entschädigung herzugeben bereit und vermögend sind.

---

nisse geschaffen habe (vgl. gen. OVG. 18. Juni 1896, ferner 1. Mai 1893, E. 25 S. 286), ferner da, wo die Räumungsverfügung an den aus Gründen des Privatrechts zur Räumung Verpflichteten gerichtet ist, oder hinsichtlich eines öffentlichen Flusses ergeht (A. 36); vgl. RG. 26. Mai 1899 (Gruchot 43 S. 1201).

47. Bei der öffentlichrechtlichen Räumungspflicht im Sinne des § 66 handelt es sich um die in dem maßgebenden öffentlichen Recht begründete Pflicht, einen Bach usw. dauernd in seiner normalen Breite und Tiefe durch Räumung zu erhalten; vgl. gen. OVG. 18. Juni 1896. Im übrigen vgl. über den Begriff „öffentlichrechtlich" VO. v. 1808 A. 342. Dort ist auch die Frage, ob durch Vertrag, Vergleich usw. öffentliches Recht begründet werden könne, für den Fall bejaht, daß die neugeschaffene Rechtslage von der zuständigen Behörde genehmigt worden ist. OVG. 24. Juni 1899 (DJurZtg. 5 S. 143) fand diese Genehmigung z. B. schon darin, daß der für die Wasserpolizei zuständige Amtsvorsteher sich bei obwaltendem Streit über die Räumungspflicht mit der Herstellung einer Vereinbarung unter den Beteiligten befaßt, den Vergleich niedergeschrieben und unterzeichnet hatte. — Öffentlichrechtlich ist insbesondere die Räumungspflicht der Uferbesitzer (§ 7 Ges. v. 28. Febr. 1843): RG. 26. März 1887, 20. Okt. 1888 (JMBl. 88 S. 68; 89 S. 41); OVG. 10. Nov. 1880, 6. Apr. 1883 (E. 7 S. 351; 9 S. 257); vgl. ferner A. 28 zum Ges. v. 1843.

48. Ein vor die Verwaltungsgerichte gehörender Streit unter den Beteiligten liegt nicht vor, wenn der Streit sich nur darum dreht, ob ein Graben auf einem bestimmten Grundstück vorhanden sei, oder ob ein streitiger bestimmter Graben zu Recht bestehe und deshalb offen gehalten werden müsse; diese Frage ist im RW. zu entscheiden. Vgl. A. 40, OVG. 12. Dez. 1900 (E. 38 S. 259: es war nicht streitig, wer öffentlichrechtlich zur Räumung verpflichtet sein würde, wenn ein Graben vorhanden wäre; das OVG. verneinte die Anwendbarkeit des § 66 Abs. 3).

48a. Die im Verwaltungsstreitverfahren ergangene rechtskräftige Entscheidung über die öffentlichrechtliche Räumungspflicht ist auch für den ordentlichen Richter bei der Beurteilung eines aus der Nichterfüllung dieser öffentlichrechtlichen Verpflichtung abgeleiteten Entschädigungsanspruchs bindend; dies folgt auch ohne ausdrückliche Vorschrift aus den Worten und der erkennbaren Absicht des § 66, wobei es keinen Unterschied macht, ob die Verwaltungsklage aus Abs. 2 Satz 3 oder aus Abs. 3 erhoben war: RG. 10. Dez. 1894 (E. 34 S. 254). Natürlich kann in einem solchen Rechtsstreit der Beklagte den Einwand erheben, daß der Kläger ihm gegenüber, trotz der verwaltungsgerichtlichen Entscheidung, aus Gründen des Privatrechts, also auf Grund besonderer Rechtstitel zur Räumung verpflichtet sei; vgl. gen. RG.

49. Der Schlußsatz des § 10 ist durch § 66 ZustGes. unberührt geblieben. Aus diesen Schlußworten ist nicht etwa zu folgern, daß nur der Unterhaltungspflichtige, nicht auch jeder andere bei der Räumung Interessierte sich der polizeilichen Entscheidung über Zeit und Art der Räumung unterwerfen müsse bezw. daß ein anderer Interessent, mit Umgehung der Polizeibehörde, eine richterliche Entscheidung hinsichtlich obiger Punkte herbeiführen könne. Ebensowenig läßt sich ein derartiges Klagerecht aus den §§ 26 ff. I. 8 ALR. herleiten: EK. 10. März 1860, 11. März 1882 (JMBl. 61 S. 265; VMBl. 82 S. 84).

§§ 11—14.

50. Die §§ 11—14 enthalten die sachlichen Abänderungen der bezüglichen Vorschriften des ALR. (§§ 102 ff. I. 8, indem sie im Interesse der Beförderung der allgemeinen Landeskultur den einzelnen Grundbesitzern neue ausgedehntere Befugnisse zur Nutzbarmachung ihres Privateigentums, und zwar teils den Staubeberechtigten (vgl. §§ 11, 12), teils anderen Grundbesitzern und Nutzungs-

§ 12. Diese Verpflichtung kann selbst bis auf gänzliche Wegräumung von Wassermühlen ausgedehnt werden, sobald nach [polizeilichem] Ermessen des Kreis-(Stadt-)Auschusses der Zweck anders nicht zu erreichen ist, der Müller aber vollständig entschädigt, auch der Gegend Ersatz für ihr Interesse bei Erhaltung der Mühle geleistet werden kann.

§ 13. Auch da, wo keine künstliche Hindernisse des Abflusses vorhanden sind, kann jeder Grundbesitzer verlangen, daß ihm Abwässerungsgräben durch fremden Boden zu ziehen gestattet werde, sobald die vorerwähnten Bedingungen stattfinden.

§ 14. Selbst zur Ablassung von Teichen und stehenden Seen kann unter gedachten Bedingungen (§ 11) die Gestattung der Vorflut erfordert werden, und wird insoweit eine Ausnahme von dem entgegenstehenden Gesetz, ALR. T. I Tit. 8 § 117, nachgegeben.

berechtigten gegenüber (vgl. §§ 13, 14), verleihen, wogegen die hieran anschließenden §§ 15—34 die formellen prozessualischen Vorschriften über das Verfahren zur Durchführung jener sachlichen Vorschriften der §§ 11—14 aufstellen: Lette und v. Rönne S. 603. AM. Scheele S. 110; er hält das in den §§ 15ff. vorgeschriebene Verfahren in den durch §§ 11 und 12 vorgesehenen Fällen für unanwendbar, und hält in denselben die Polizeibehörde zur Festsetzung der Entschädigung für berufen, wogegen dann den Stauungsberechtigten der RW. offen stehe.

51. Dem § 12 ist § 16 Ges. v. 9. Febr. 1867 (A. 1) nachgebildet; dagegen enthält § 2 Abs. 2 des Ges. v. 14. Juni 1859 (A. 1) eine gewollte Abweichung von den §§ 11 und 12; vgl. OVG. 23. Okt. 1879 (E. 6 S. 228) und A. 10 zum gen. Ges. v. 1859.

52. Zu Gunsten von Gebäuden oder Hausgrundstücken kann die Gestattung der Vorflut weder nach dem Ges. v. 1811 noch nach §§ 102, 103 I. 8 ALR. gefordert werden, wenigstens überall da nicht, wo durch die Trockenlegung eines städtischen Grundstücks nicht zugleich einer der beiden im § 11 bezeichneten Zwecke gefördert wird: LMVfg. 1. Febr. 1873 (VMBl. S. 47), OT. 10. Febr. 1859, 7. Juli 1860, 3. Jan. 1861 (E. 40 S. 34; Strieth. 37 S. 332; 40 S. 116), OVG. 14. Juni 1880 (E. 6 S. 255). Ebenso ist die Anwendbarkeit der §§ 11ff., insbesondere auch des § 13 ausgeschlossen zu Gunsten von Dorfstraßen: OVG. 28. Jan. 1892 (E. 22 S. 270) oder zu sonstigen straßenpolizeilichen Zwecken: OVG. 25. Okt. 1882 (E. 9 S. 184). Dasselbe gilt von einer dem Ziegeleibetriebe dienenden Lehmgrube: OVG. 4. Febr. 1895 (E. 28 S. 280).

53. § 2 Abs. 1 Ges. v. 14. Juni 1859 und § 15 Ges. v. 9. Febr. 1867 bestimmen, daß das Recht, Wasser über fremde Grundstücke abzuleiten, durch Gebäude und Hofräume gar nicht, durch Gärten und Parkanlagen nur mittels bedeckter Kanäle oder Röhren ausgeübt werden könne. Da die Quellen zum Ges. v. 1859 ergeben, daß die Abweichung vom Ges. v. 1811 ausdrücklich gewollt ist, und daß nicht etwa nur der (im größeren Teile der Monarchie herrschende) tatsächliche Rechtszustand in klarerer Form zum Ausdruck kommen sollte, so ist damit dargetan, daß nach dem Ges. v. 1811 die Ableitung des Wassers auch durch Gebäude hindurchgeführt werden darf: OVG. 23. Okt. 1879 (E. 6 S. 228).

54. Die §§ 11 und 12 finden auch auf schiffbare Flüsse Anwendung: Lette und v. Rönne S. 604.

55. Dieselben Schriftsteller erachten (S. 606) die im § 12 a. E. gedachte Bedingung, „daß auch der Gegend für ihr Interesse bei Erhaltung der Mühle Ersatz geleistet werden könne," mit Rücksicht auf die völlige Freigebung des Mühlengewerbes durch die Pr. Gew.-O. v. 17. Jan. 1845, und da sich erfahrungsgemäß nirgends ein Mangel an Mühlen zeige, als weggefallen.

56. Die Berechtigung der Wasserabführung über fremdes Eigentum im Sinne der §§ 11ff. besteht im allgemeinen für den Grundbesitzer nur dann, wenn es für ihn nicht tunlich ist, das Wasser durch Veranstaltungen auf eignem Grund und Boden abzuführen, sei es, daß dies in technischen Schwierigkeiten, sei es, daß es in einem ganz unverhältnismäßigem Kostenaufwande oder in sonst hervortretenden,

§ 15. Beſitzer von Grundſtücken, welche ſich des auf ihren Ländereien ſtehenden Waſſers entledigen wollen, und deshalb nicht gütlich mit den zur Stauung Berechtigten oder andern Grundbeſitzern einigen können, müſſen von ihrem Vorhaben [der Provinzial-Polizeibehörde] dem Kreis-(Stadt-)Ausschusse Anzeige machen, nachweiſen, welchen Vorteil ſie von dem Ablaſſen des Waſſers erwarten, und dartun, daß ſie bereite Mittel haben, die wahrſcheinliche Entſchädigung ohne Verzug zu bezahlen.

§ 16. Auf dieſen Antrag wird ſogleich eine Lokalunterſuchung durch ſachkundige Kommiſſarien verfügt, welche ausmitteln,

a) wodurch der Zweck des Grundbeſitzers am leichteſten erreicht werden könne,
b) ob durch die beabſichtigte Entwäſſerung nicht andere Grundbeſitzer leiden, oder ein Nachteil davon für die Schiffahrt oder öffentlichen Anlagen zu beſorgen ſei.

§ 17. Die letztere Unterſuchung muß auch für den Fall ſtattfinden, wenn beide Teile über die Ablaſſung gütlich einverſtanden ſind.

§ 18. Auf den Grund dieſer Unterſuchung [beſtimmt die Provinzial-Polizeibehörde] beschließt der Kreis-(Stadt-)Ausschuß, ob die Ablaſſung des Waſſers überhaupt ſtattfinden könne, und unter welchen Modalitäten ſie ausgeführt werden müſſe.

§ 19. Wollen die Intereſſenten ſich dieſer Beſtimmung nicht unterwerfen, ſo findet dagegen keine gerichtliche Klage, ſondern nur [Berufung auf die höhere Polizeibehörde] der Antrag auf mündliche Verhandlung im Verwaltungsstreitverfahren ſtatt.

---

im einzelnen Falle auf ihre Erheblichkeit zu prüfenden Nachteilen ſeinen Grund hat: OVG. 28. Nov. 1881, 8. Jan. 1885 (E. 8 S. 219; 11 S. 272).

57. Zum Widerſpruch gegen eine derartige Entwäſſerungsanlage ſind nicht nur diejenigen berechtigt, auf deren Grund und Boden Abzugsgräben angelegt werden ſollen, ſondern jeder, der behauptet, er werde durch die Entwäſſerungsanlage geſchädigt. Hierzu gehören z. B. auch die Beſitzer derjenigen Grundſtücke, denen das abzuleitende Waſſer zugeführt werden ſoll: OVG. 14. März 1881 (E. 7 S. 279). Vgl. auch § 31.

§§ 15—34.

58. Die §§ 15ff. betreffen, wenngleich es ſich dort um bloße Meliorationen handelt, einen den ſog. notwendigen Servituten des ALR (§§ 3ff. I. 22) ſehr verwandten Gegenſtand. Doch weichen ſie in formellen Beſtimmungen von den früher für jene geltenden in zwei weſentlichen Punkten ab, einmal nämlich inſofern, als ſie die Entſcheidung über das Vorhandenſein der Vorausſetzungen, die den Anſpruch auf Geſtattung der Entwäſſerung bedingen, ſowie über die Modalitäten, unter denen letztere auszuführen iſt, den Gerichten entziehen und in die Hände der Landes-Polizeibehörde legen, und ſodann inſofern, als ſie zwar, entſprechend dem früheren Verfahren, die Ermittelung der Entſchädigung an Schiedsrichter verweiſen, die Leitung des ſchiedsrichterlichen Verfahrens aber, insbeſondere die Ernennung eines Obmanns, ſowie die Vernichtung jenes Verfahrens, zuwider den allgemeinen Grundſätzen, an Stelle des ordentlichen Richters ebenmäßig der Landes-Polizeibehörde übertragen und jede Appellation von dem Schiedsrichterſpruche ausſchließen. — Andererſeits entſprechen die §§ 15ff. allerdings in gewiſſer Beziehung dem § 105 I. 8. ALR.; vgl. Lette und v. Rönne S. 607. (Hier wird geſagt, § 15 d. G. ſichere dem § 105 dadurch erſt ſeine praktiſche Ausführbarkeit, daß, während dieſer § allgemein auf den Staat verweiſe, § 15 die Behörde und den Weg bezeichne, auf welchem die Zuſicherung des § 105 verwirklicht werden ſolle).

§ 20. Jedoch kann über den Umfang der Rechte, welche jede Partei zur Ausgleichung bringt, durch diesen [polizeilichen] Entwässerungsplan des Kreis-(Stadt-)Ausschusses niemals etwas bestimmt werden, sondern es muß, wenn der Wasserstand streitig ist, derselbe nach §§ 1 bis 5 festgesetzt, jede andere streitige Befugnis aber zur richterlichen Entscheidung verwiesen werden.

§ 21. Wird die Ausführung des Entwässerungsplans genehmigt, so wird durch schiedsrichterliches Ermessen sowohl der Betrag der Entschädigung ausgemittelt, als auch die Entwässerung selbst nach dem genehmigten Plane zur Vollziehung gebracht.

§ 22. Zu dem Ende wählen die Stauungsberechtigten oder die Inhaber der Grundstücke, die Vorflut gewähren sollen, einen Schiedsrichter, der oder die Grundbesitzer, welche auf die Entwässerung antragen, auch einen, und [die Provinzial-Polizeibehörden] der Kreis-(Stadt-)Ausschuß einen Obmann.

§ 23. Diese drei Personen werden von [der Provinzial-Polizeibehörde] dem Kreis-(Stadt-)Ausschusse autorisiert, auf den Grund der nach absoluter Stimmenmehrheit von ihnen gefaßten Beschlüsse sowohl die Entschädigung zu bestimmen, als auch die Vollziehung der Entwässerung selbst anzuordnen. Zugleich haben sie die künftige Unterhaltung der neu angelegten Abzugsgräben näher zu bestimmen, wobei der Grundsatz anzuwenden ist, daß der oder diejenigen, welche in einem bestimmten Verhältnis Vorteil von der neuen Anlage haben, auch in eben dem Verhältnis zur Unterhaltung derselben verpflichtet sind.

§ 24. Von ihrer Entscheidung findet keine Appellation statt.

§ 25. Insofern ihnen jedoch klar nachgewiesen werden kann, daß sie ihre Befugnis überschritten haben, ist [die Provinzial-Polizeibehörde] der Kreis-(Stadt-)Ausschuß befugt und verpflichtet, ihr Verfahren zu kassieren, den Parteien ihre Ansprüche auf Schadenersatz an sie vorzubehalten und die Wahl von neuen Schiedsrichtern zu veranlassen.

59. Welcher Umfang den §§ 15ff. in gegenständlicher Hinsicht beizumessen sei, hängt von der Bedeutung des Wortes „stehendes Wasser" ab. Bei der Beziehung des § 15 zu den vorhergehenden §§, insbesondere dem § 14, unterliegt es zunächst keinem Zweifel, daß unter jenem Ausdrucke Teiche und Seen einbegriffen sind, wie auf der anderen Seite die Worte „auch zur Ablassung von Teichen usw." bestimmt darauf hinweisen, daß letztere nicht als die einzigen stehenden Wässer im Sinne des § 15 betrachtet werden können. Es wird demnach heute allgemein anerkannt, daß § 15 auf die Entledigung von jeder Art kulturschädlichen Wassers, mithin auch von Regen- und Schneewasser gerichtet sei: EK. 11. Febr. 1860 (JMBl. 61 S. 128); OVG. 23. Febr. 1878 (E. 3 S. 228); Lette und v. Rönne S. 607; Förstemann, Prinzipien d. Preuß. Polizeirechts S. 324; Nieberding S. 105. AM. Koch, Recht der Forderungen, 3 S. 117, der das Regenwasser nicht zum stehenden Wasser gerechnet wissen will, und anscheinend auch OT. 18. März, 9. Sept. 1857 (E. 36 S. 44), indem sie namentlich in „stehendem Wasser" den Gegensatz zu „wild ablaufendem" erblicken. — Auf Bewässerungsanlagen finden die §§ 15ff. keine Anwendung; Entschädigungsansprüche wegen der durch ein Stauwerk herbeigeführten Überflutungen usw. benachbarter Grundstücke sind daher im ordentlichen RW. zu verfolgen: EK. 8. Jan. 1870 (JMBl. S. 83, 95).

60. Die Bestimmungen der §§ 15ff. sind durch die Verwaltungsgesetzgebung dahin abgeändert worden, daß statt der Polizeibehörde der Kreis-(Stadt-)Ausschuß die vorgängige örtliche Untersuchung anordnet und über Anträge auf Verschaffung von Vorflut entscheidet; gegen seinen Beschluß findet der Antrag auf mündliche

§ 26. Eine solche Überschreitung der Befugnisse findet jedoch nur statt, wenn die Schiedsrichter entweder von dem durch [die Regierungen] den Kreis-(Stadt-)Ausschuß genehmigten Entwässerungsplan abweichen, oder für solche Rechte, welche noch unter den Parteien streitig sind, Entschädigungen aussetzen.

ZustGes. § 71. Die Anfechtung der schiedsrichterlichen Entscheidung erfolgt innerhalb sechs Wochen im Wege der Klage bei dem Kreis-(Stadt-)Ausschusse (§§ 25, 26 Ges. v. 15. Nov. 1811).

§ 27. Will der Stauungsberechtigte sich nicht dazu verstehen, einen Schiedsrichter zu wählen, oder verzögert er die Wahl über vier Wochen, nachdem ihm die Aufforderung dazu insinuiert worden ist, so ernennt der [Landrat oder sonstige Polizeidirigent des Kreises] der Kreis-(Stadt-)Ausschuß den Schiedsrichter statt seiner.

§ 28. Zu Schiedsrichtern können nur unbescholtene, dispositionsfähige, sachkundige Männer gewählt werden.

§ 29. Auch nur solche, die als Zeugen für und wider die Parteien und übrigen Schiedsrichter mit voller Kraft vor Gericht könnten zugelassen werden.

Verhandlung im Verwaltungsstreitverfahren statt: § 68 ZustGes. Der ordentliche RW. ist nicht zulässig, ebenso wie er auch früher gegen die Entscheidung der Polizeibehörde nicht gegeben war (§ 19). Bez. des schiedsrichterlichen Verfahrens vgl. A. 72, 75. Für die Abgrenzung der Tätigkeit des Kreisausschusses von der des Schiedsgerichts ist der Grundsatz festzuhalten, daß dem ersteren anheimfällt, was nicht ausdrücklich dem letzteren überwiesen ist: OVG. 24. Juni 1880 (E. 6 S. 246).

61. Bis zum Inkrafttreten des ZustGes. war zu unterscheiden zwischen dem Recht auf Vorflut im Sinne der §§ 103 ff. I. 8 ALR., wenn es sich also darum handelte, dem Wasser den durch die Bodenverhältnisse gegebenen Abfluß zu belassen oder wiederherzustellen, und dem Recht auf Vorflut im weiteren Sinne, auf Entwässerung, wenn es darauf ankommt, die bis dahin fehlende oder unzulängliche Möglichkeit des Wasserabflusses herzustellen oder zu erweitern, was nur unter den Voraussetzungen der §§ 11 ff. d. G. zulässig und ausführbar ist. Über die aus dem gen. § 103 abgeleiteten Rechte war ausschließlich im RW. zu entscheiden. Vgl. OVG. 10. März 1877, 1. Apr., 14. Juni 1880 (E. 2 S. 269; 6 S. 240, 253). Durch § 68 ZustGes. ist, unter gleichzeitiger Ausdehnung des schiedsrichterlichen Verfahrens nach den Bestimmungen der §§ 15 ff. d. G. auch auf die Fälle des gen. § 103, auch für diese das Verwaltungsstreitverfahren gegeben und damit der RW. verschlossen. Ein Unterschied zwischen den Fällen der §§ 103 ff. und denen des Vorflutges. besteht darin, daß bei den ersteren ein öffentliches Interesse nicht nachgewiesen zu werden braucht und der Entschädigungsanspruch des Verpflichteten ein beschränkter ist; vgl. v. Brauchitsch 4 S. 63.

62. Nimmt ein Grundbesitzer nicht auf Grund der Vorflut-Gesetzgebung, sondern kraft spezieller Rechtstitel das Recht in Anspruch, das auf seinem Grundstücke stehende Wasser, mag dieses nun Regen- oder anderes Wasser sein, mittels künstlicher Vorrichtungen einem tiefer belegenen zuzuleiten, so kommen die §§ 15 ff. nicht in Betracht, vielmehr ist im Streitfalle der RW. einzuschlagen; vgl. A. 70 a. E.; Koch, Preuß. Privatrecht, § 604 (wo dies vom Regenwasser gesagt wird). Ebenso unter Bezugnahme auf § 160 ZustGes. („unbeschadet aller privatrechtlichen Verhältnisse") RG. 15. Dez. 1888 (JurWoch. 88 S. 51 Nr. 36). Dasselbe gilt gemäß § 205 VO. v. 20. Juni 1817, wenn die Gewährung der Vorflut auf Grund eines Separationsrezesses beantragt wird; vgl. OVG. 17. Nov. 1890 (PrVerwBl. 12 S. 279), v. Brauchitsch 4 S. 66 A. 30.

63. Ungeachtet des Unterschieds, der zwischen den Fällen der §§ 15 ff., wo es sich um die Anlage neuer Gräben, und denen des § 10, wo es sich um die Unterhaltung bereits bestehender handelt, ist die MVfg. 29. Nov. 1842

§ 30. Wer zum Schiedsrichter gewählt ist, darf die Wahl nicht ablehnen, es sei denn, daß er solche Entschuldigungsgründe für sich anführen könnte, welche ihn von der Übernahme einer mit Administration verbundenen Vormundschaft nach [ALR. T. 2 Tit. 18 §§ 208, 209, 212, 213] § 1786 BGB. befreien würden.

§ 31. Findet außer dem Interesse der Stauungsberechtigten oder der Inhaber der Grundstücke, die Vorflut gewähren sollen, noch ein besonderes Interesse, z. B. wegen Fischerei, Viehtränke usw., gegen die Entwässerung statt, so wählen diejenigen, welche ein besonderes Interesse haben, ebenfalls einen Schiedsrichter.

§ 32. Dieser verhandelt mit dem Schiedsrichter der Gegenpartei und dem Obmann besonders über das gedachte Interesse, und das Resultat ihrer Verhandlungen wird nachmals in den allgemeinen Rezeß über die ganze Verhandlung aufgenommen.

§ 33. Den Schiedsrichtern steht nicht nur die Vergütung ihrer baren Auslagen, sondern auch ein Diätensatz zu, welchen [die Provinzial-Polizeibehörde] der Kreis-(Stadt-)Ausschuß den Umständen nach festsetzt.

§ 34. Sämtliche Kosten tragen diejenigen, auf deren Antrag die Entwässerung erfolgt.

(VMBl. S. 428) der Ansicht, daß besondere Umstände es rechtfertigen könnten, selbst da, wo die von einem Grundbesitzer verlangte Vorflut schon durch Räumung vorhandener Wasserabzüge gewährt werden könnte, dennoch ausnahmsweise die §§ 15 ff. anzuwenden. Doch macht diese Vfg. gleichzeitig darauf aufmerksam, daß ein solcher Ausnahmefall nicht vorliege, wenn nicht die Entwässerung von Grundstücken, sondern nur der bessere Betrieb von Mühlen bezweckt werde; vgl. A. 50, 59. — Die §§ 15 ff. kommen natürlich auch dann zur Anwendung, wenn es sich um die Erweiterung eines bereits bestehenden Wasserlaufs handelt (vgl. A. 38): OVG. 23. Febr. 1878, 10. Dez. 1896 (E. 3 S. 229; DJurZtg. 2 S. 247).

64. Nach der MVfg. 4. Mai 1863 (VMBl. S. 167) muß, wenn eine gütliche Einigung nicht zustande kommt, der Antrag aus § 15 gegen alle Beteiligten ohne Ausnahme gerichtet und das Verfahren von Amtswegen gegen alle diejenigen durchgeführt werden, von deren Interesse zur Sache die Behörde Kenntnis erlangt; gegen sie muß ein Entwässerungsplan auf Grund einer alle Beteiligten umfassenden kommissarischen Prüfung und Begutachtung durch eine Entscheidung festgestellt werden.

65. Zufolge AppG. Marienwerder 9. Jan. 1857 und OT. 9. Sept. 1857 (E. 36 S. 41) finden die §§ 15 ff. nicht bloß Anwendung, wenn zur Ableitung des Wassers die Beihülfe der Nachbarn nötig ist; vielmehr soll die Ableitung auf dem dort vorgezeichneten Wege selbst in den Fällen erfolgen müssen, wo die Gräben auf dem eignen Grund und Boden gezogen werden. AM. sind anscheinend Lette und v. Rönne S. 616.

66. Jedenfalls ist aber das in den §§ 16 ff. geregelte Verfahren von dem Antrage des Unternehmers abhängig. Vgl. z. B. EK. 11. Juni 1864 (JMBl. S. 248). (Unternehmer kann auch eine Wassergenossenschaft sein, die sich des Wassers aus ihrem Meliorationsgebiete entledigen will: OVG. 10. Dez. 1896, DJurZtg. 2 S. 247.) Ohne daß ein solcher Antrag gestellt wird, kann die Polizeibehörde zwar aus allgemein polizeilichen Gründen einschreiten, sei es, daß die Entwässerung gemeingefährlich zu werden droht (§ 10 II. 17 ALR.), sei es, daß davon Nachteil für die Schiffahrt oder für öffentliche Anlagen zu besorgen ist (§ 11 d. G.). Doch steht ihr, von solchen Fällen abgesehen, nicht zu, die Entwässerungsanlage desjenigen, welcher sich mit den unmittelbar beteiligten Grundbesitzern geeinigt hat, zu regeln oder gar zu hindern; vielmehr bleibt sonstigen dritten überlassen, ihre etwaigen Entschädigungsansprüche im RW. zu verfolgen: LMVfg. 6. Aug. 1853, 29. März 1871 (VMBl. 53 S. 168; 71 S. 195).

67. Ebenso findet, wenn der der Vorflut Bedürftige mit Vorbeigehung der zuständigen Behörde sich selbst die Vorflut verschafft hat, der RW. inbetreff

der Negatorien- bezw. Entschädigungsklage des belasteten Eigentümers statt: RG. 27. Sept. 1884, 19. Okt. 1895 (Gruchot 29 S. 873; E. 36 S. 234); OT. 22. Mai 1860, 2. Dez. 1870 (Strieth. 38 S. 29; 80 S. 117); EK. 11. Juni 1864 (JMBl. S. 248). Andererseits kann auch trotz der eigenmächtigen Ausführung der Entwässerungsanlage noch das Verfahren aus den §§ 15ff. beantragt werden; die nachträgliche Genehmigung einer bereits gemachten Anlage erfolgt auf demselben Wege, wie die einer erst geplanten: OVG. 10. Dez. 1896 (A. 66); RG. 11. Apr. 1888 (Gruchot 32 S. 1107). Hierbei verschlägt es nichts, wenn bereits bei dem ordentlichen Gericht eine Klage auf Wegschaffung der Anlage anhängig gemacht ist; mit der Erteilung der nachträglichen Genehmigung durch die Verwaltungsbehörde entzieht sich der Streit, ob derjenige, der die Genehmigung erhalten hat, die Anlage behalten dürfe, der Entscheidung durch den ordentlichen Richter: gen. RG. 1888.

68. Wird eine Entwässerungsanlage im Verwaltungsstreitverfahren für unzulässig erklärt, so ist die Entscheidung der Frage, ob den Beteiligten nach ihren Rechtsverhältnissen Entschädigungsansprüche gegeneinander oder gegen dritte zur Seite stehen, dem RW. nicht entzogen: EK. 22. Mai 1852 (JMBl. S. 254).

69. Dagegen folgerte EK. 25. Juni 1853 (JMBl. S. 348) in einem Falle, wo auf Grund einer Schau- und Grabenordnung die Entwässerung eines Bruchs im Interesse der Landeskultur angeordnet war, und die Regierung die zur Unterhaltung der Entwässerungsanlage erforderlichen Leistungen auf die Besitzer des Bruchs verteilt hatte, aus den §§ 14—23 d. G. in Verbindung mit dem Ges. v. 11. Mai 1842 § 1 und der Regierungs-Instruktion von 1817 § 2 Nr. 4 die Unzulässigkeit einer wider den Fiskus gerichteten Klage auf Befreiung von jenen Beiträgen, weil obige Verteilung ein nicht aus einem privatrechtlichen Verhältnisse, sondern aus der Befugnis der Regierung als Landes-Polizeibehörde hervorgegangener Akt, und diese Befugnis durch die bezogenen Gesetzesstellen ausdrücklich bestätigt sei. Inwieweit diese Ansicht aus § 1 des Ges. v. 1842 hergeleitet werden könne, darüber vgl. die Erläuterungen zu diesem; dagegen können die Reg.-Instr. § 2 Nr. 4 und die §§ 14 bis 23 für dieselbe nicht angeführt werden, da die erstere nur ganz im allgemeinen die Vorflut-, Entwässerungs- und Landes-Meliorations-Angelegenheiten vor die erste Abteilung der Regierung verweist, die letzteren aber für die Lösung der hier angeregten Frage nicht den entferntesten Anhalt darbieten; vgl. A. 70. Der KompGH. hob übrigens hervor, daß die Frage, ob die Klage in einer andern Richtung, nämlich gegen die Mitbesitzer des Bruchs zulässig sei, zur Entscheidung nicht vorliege.

70. Wenngleich § 15 nur von der Entschädigung nicht auch von den Anlagekosten spricht, so gilt doch von diesen dasselbe, was § 15 hinsichtlich jener bestimmt. Die Anlagekosten liegen daher dem Antragsteller ausschließlich zur Last. Zwar fällt die Entschädigung (§ 21) hinsichtlich derjenigen Interessenten weg, welche selbst überwiegende Vorteile durch die neue Anlage erlangen. Nirgends ist aber davon die Rede, daß eine Verteilung der Anlagekosten stattfinde und durch die Schiedsrichter bewirkt werden solle. Was § 23 von der Unterhaltung neu angelegter Gräben bestimmt, gestattet keine entsprechende Anwendung auf jene Kosten. So: MVfg. 29. Nov. 1842 (VMBl. S. 428). Ebenso §§ 1, 3 Ges. v. 14. Juni 1859. AM. OVG. 24. Juni 1880, 28. Nov. 1881 (E. 6 S. 245; 8 S. 219), die zwar auch die Frage nach den Kosten nicht den Schiedsrichtern überweisen, wohl aber die Bestimmung, wer den Graben herzustellen bezw. die Herstellungskosten der zur Ausführung der Entwässerungen erforderlichen Anlagen zu tragen habe, zu den nach § 18 vom Kreisausschusse zu bezeichnenden Modalitäten rechnen. Ferner Lette und v. Rönne S. 619; diese nehmen an, daß die Anlagekosten und sogar die Entschädigungen von allen, die durch die Anlage Vorteil haben, nach Verhältnis ihres Vorteils getragen werden müßten, indem sie sich namentlich auf die §§ 106ff. I. 8 ALR. stützen und den § 34 d. G. bloß auf die Kosten des Verfahrens beziehen. Verlangen die Unternehmer, daß der unterhalb liegende Eigentümer den zur Entwässerung notwendigen Graben auf seine Kosten herstelle, so stehen sie damit nicht mehr auf dem Boden des Ges. v. 1811; sie können deshalb die Entwässerung ihrer Grundstücke auf Kosten der Unterlieger durch diese nicht im Verfahren der §§ 15ff., sondern gegebenenfalls nur im RW. erzwingen; vgl. gen. OVG. 28. Nov. 1881, ferner 4. Mai 1893 (E. 25 S. 282) und oben A. 62.

71. Die Beschreitung des RW. im Sinne des § 20 kann für die Frage nach der Zulässigkeit der Entwässerung niemals maßgebend sein, sie kann auch nicht den Beschluß des Kreisausschusses (§ 18), sondern nur den Abschluß des Abschätzungs-

verfahrens (§ 26) und die Ausführung der Entwässerung selbst (§ 21) aufhalten; denn das gerichtliche Verfahren soll nur die streitigen Grundlagen für die Entschädigung feststellen, während etwaige privatrechtliche Widerspruchsgründe sich in Entschädigungsansprüche auflösen. Wenn das Ges. v. 23. Jan. 1846 (A. 7) zwischen Widerspruchsrechten und Entschädigungsansprüchen unterscheidet, und die dort angedrohte Präklusion bald nur die einen, bald beide Rechte treffen soll, so steht dies dem vorgesagten nicht entgegen, da jenes Gesetz nicht notwendig ein administratives Verfahren im Sinne der §§ 15 ff. voraussetzt, sondern auch auf den Fall Bezug hat, wo der Unternehmer ein solches Verfahren gar nicht beantragt, etwaige Widerspruchsrechte daher an sich in Kraft bleiben würden; vgl. auch § 5 Abs. 4 des Ges. v. 14. Juni 1859 (GS. S. 327) und § 53 des Ges. v. 28. Febr. 1843. Teilweise aM. Lette und v. Rönne S. 611. Aus § 20 selbst läßt sich ein Recht zum Widerspruch gegen die Entwässerungsanlage nicht herleiten; vgl. v. Brauchitsch 4 S. 68 A. 38.

72. Die §§ 21 ff. betreffen die Festsetzung der Entschädigung und die Ausführung des genehmigten Entwässerungsplans durch Schiedsrichter. Auch im schiedsrichterlichen Verfahren erfolgen die notwendigen behördlichen Entscheidungen und Anordnungen durch den Kreisausschuß: §§ 69, 70 ZustGes. Die Entscheidung der Schiedsrichter ist endgültig (§ 24); nur in den Fällen des § 26 findet eine Anfechtung statt, die jetzt gemäß § 71 ZustGes. im Wege der Klage beim Kreisausschusse erfolgt. (In der Rheinprovinz ist auch heute noch wegen der Entschädigung der RW. gegeben; s. Ges. v. 14. Juni 1859 § 15 und A. 24 dazu).

73. Eine Abweichung von dem genehmigten Entwässerungsplan (§ 26) liegt auch dann vor, wenn die Schiedsrichter einen tatsächlich oder nach ihrem Dafürhalten unvollständigen Plan unter Überschreitung der Grenzen ihrer Zuständigkeit ergänzen und die Rechte und Pflichten der Interessenten auf Gebieten, die nur der Verwaltungsrichter zu ordnen, aber dennoch nicht geregelt hat, ihrerseits zu bestimmen unternehmen: OVG. 24. Juni 1880 (E. 6 S. 246).

74. Die Aufhebung des Schiedsspruchs, die auf Anrufen auch nur eines Interessenten notwendig wird, tritt gleichmäßig für alle in Wirksamkeit, auch für solche, die sich bei dem erhobenen Angriff nicht beteiligt haben oder denselben selbständig nicht mit Erfolg würden durchführen können: gen. OVG. 24. Juni 1880.

75. Die in den Fällen der §§ 28—30 erforderlichen Entscheidungen trifft der Kreisausschuß (A. 72). —. Bez. der im Text des § 30 erfolgten Änderung vgl. Art. 14 EG. z. BGB.

76. Zu den Kosten (§ 34) gehören (außer den Anlagekosten, A. 70) die gesamten Kosten des Beschlußverfahrens, während die Kosten der gegen den Beschluß eingelegten Rechtsmittel gemäß § 103 LVG. zu tragen sind: OVG. 19. Dez. 1887, III. 865.

77. Entschädigungsansprüche, welche erst hervortreten oder geltend gemacht werden, nachdem das in den § 21 ff. angeordnete schiedsrichterliche Verfahren längst zu Ende geführt worden ist, sind wohl auf dem gewöhnlichen RW. zu verfolgen und von den Gerichten nach Grund und Betrag festzustellen.

78. Ebenso gehören Streitigkeiten, welche sich in der Folge über angebliche Abweichungen von dem durch den Kreisausschuß festgestellten Entwässerungsplane bezw. über die desfalls zu leistende Entschädigung ergeben, zur Entscheidung der ordentlichen Gerichte. AM. EK. 25. Juni 1892 (Rechtspr. S. 395: die von den Verwaltungsbehörden getroffenen Anordnungen seien, weil im öffentlichen Interesse ergangen, dauernd unter ihre Kompetenz gestellt).

79. Über die Zuständigkeit der Auseinandersetzungsbehörden zur Regelung von Entwässerungen als einem bei Gemeinheitsteilungen usw. vorkommenden Nebengeschäfte vgl. Lette und v. Rönne S. 610.

Staatsministerial-Beschluß

vom 20. Juli 1818, enthaltend die Anweisung für die Rheinischen Regierungen und Gerichte über die bis auf anderweite Verordnung von denselben zu beobachtenden Grenzen ihrer gegenseitigen Amtsbefugnisse (Ressort-Reglement).

[Rh. S. 1 S. 504 ff., auch durch die Amtsblätter publiziert und bei Eschweiler, Rheinische Gesetzsammlung, Bd. 1, abgedruckt.]

(Literatur: Perrot, Verfassung, Zuständigkeit und Verfahren der Gerichte der Preuß. Rheinprovinzen in bürgerlichen Rechtssachen, 1842, 1 S. 116—223. — Schlink, Kommentar über die französische Zivilprozeßordnung, 2. Auflage, 1856. — de Syo, das die Kirchenfabriken betreffende Dekret vom 30. Dez. 1809 usw., 1861.)

Seitdem in den Rheinprovinzen die vormaligen Präfekturräte außer Tätigkeit gekommen sind, hat sich über die Trennung der Regierungs- und Justizsachen eine große Verschiedenheit der Meinungen und Ansichten geäußert, und es ist bald von einzelnen Personen, bald von den Regierungen und Gerichten darauf angetragen worden, daß diese Zweifel gelöst und durch eine ausführliche Instruktion allen künftigen Streitigkeiten soviel möglich vorgebeugt werden möchte.

Das königl. Staatsministerium hat hierüber die königl. Immediat-Justizkommission in ihrem Berichte und Gutachten vernommen und nach sorgfältiger Erwägung aller für die gegenseitigen Behauptungen eintretenden Gründe beschlossen, daß bei dem gegenwärtigen Zustande der Gesetzgebung in den Rheinprovinzen, und bis ein anderes verordnet sein wird, folgende Normen beobachtet werden sollen.

Zum Eingange.

1. Das Ress.-Regl. ist nur für denjenigen Teil der Rheinprovinz ergangen, in welchem die französische Gerichtsverfassung bestand, d. h. für den Bezirk des vormaligen Appellations-Gerichtshofs zu Cöln, mithin nicht für den Bezirk des früheren Justizsenats zu Ehrenbreitstein, wo das gemeine Recht, noch für die Kreise Rees, Duisburg, Essen (Stadt und Land) und Mülheim an der Ruhr, wo das ALR. und die AGO. galten: MVfg. 7. Jan., 11. Nov. 1822 (Rh. S. 2 S. 201, 317). AM. ist inbezug auf den Bezirk des Justizsenats MVfg. 30. Sept. 1841 (VMBl. S. 283).

[Das Ress.-Regl. besitzt sogar für einen Teil des Oberlandesgerichtsbezirks Cöln keine Geltung, insofern nämlich, als dieser Gerichtshof ebensowohl wie der AH. Lüttich die Gerichtsstelle zweiter Instanz für das sog. neutrale Gebiet bei Aachen bildet, welches nach dem Grenztraktate v. 26. Juni 1816 (GS. 1818, Anhang S. 77) von Preußen und Belgien gemeinschaftlich verwaltet wird; vgl. Müller im Archiv für Landeskunde der Preuß. Mon. 5 S. 319 ff., Schröder, das grenzstreitige Gebiet von Moresnet (1902). — Inbetreff der dort sich erhebenden, nach der franz. Gesetzgebung zur Entscheidung der Präfekturräte gehörigen Fälle fehlt es in Preußen gänzlich an einer mit der Entscheidung zu befassenden Behörde.]

2. Über die Regelung der Ressortverhältnisse in der Rheinprovinz für die Zeit seit dem Aufhören der Fremdherrschaft bis zum Erlasse des Ress.-Regl. vgl. die Gen.-Gouv.-VO. v. 13. Aug., 4. Febr., 12. Apr. 1814, VO. der Österr.-Bair.Landes-Admin.-Komm. v. 29. Sept., 15. Nov. 1814, 31. Jan. 1815, VO. des Landes-Kommissars Simon v. 26. Jan. 1816 (Rh. S. 1 S. 77, 88, 120, 296, 303, 311, 315, 355).

3. Da das Ress.-Regl. nicht unmittelbar vom Gesetzgeber ausgegangen ist, und sich in seiner äußeren Form überhaupt nur als eine Anweisung für die Behörden kundgibt, so wird es von einigen als bloße Unterweisung zur Erläuterung und Ausführung der bestehenden Gesetze aufgefaßt, ihm mithin die Kraft abgesprochen, bisher geltende Bestimmungen, sofern sie mit den seinigen unvereinbar sein sollten, außer Wirksamkeit zu setzen; vgl. Cremer (Tr. A. 2, II. 12) und Schlink 1 S. 481. Jedoch ist die Rechtsprechung anderer Ansicht, indem sie dem Ress.-Regl. die volle Bedeutung eines Gesetzes beilegt. *CK. 6. März 1852 (JMBl. S. 173) gründet diese Ansicht auf die AKO. v. 20. Juni 1816 (Rh. S. 1 S. 414), die dem Staatskanzler den Erlaß eines vorläufigen Regulativs zur Regelung der Kompetenzverhältnisse übertrug, und auf die in Gemäßheit dieser AKO. dem Ress.-Regl. vom Staatskanzler erteilte Genehmigung. Andere Entscheidungen, z. B. AH. Cöln 26. Mai 1843 (Rh. A. 35, I. 109) finden eine förmliche Sanktion desselben in der AKO. v. 4. Dez. 1826. Vgl. auch St.-Min.-Beschl. v. 27. Mai 1837 (Rh. S. 6 S. 240); derselbe nimmt auch eine AKO. v. 26. Febr. d. J. in Bezug, die eine mittelbare Anerkennung des Ress.-Regl in sich schließt. Vgl. auch RG. 14. Dez. 1888 (Rh. A. 80, III. 16); Rosin, Polizeiverordnungsrecht S. 43.

4. Die Bestimmungen des Ress.-Regl. scheiden sich in zwei Hauptgruppen, je nachdem sie nämlich unmittelbar an die französische Gesetzgebung anknüpfen oder aber aus dem Preußischen Verwaltungsrechte entlehnt sind. Zur ersten Gruppe gehören namentlich die §§ 1—14, 20—25, 31, 34, zur zweiten die §§ 15—18, 32, 35—39; von diesen letzteren stimmen die §§ 15—18 und 32 mit den §§ 41, 42, 48 und 45 (Schlußsatz) der VO. v. 26. Dez. 1808 wörtlich, die §§ 35—39 mit den §§ 46, 47 das. dem Hauptinhalte nach, wenngleich nur teilweise wörtlich, überein. Ob diese §§ der VO. v. 1808 und die im § 41 bezogenen §§ 35—37 das. samt und sonders erst durch das Ress.-Regl., oder ob sie nicht wenigstens insofern, als sie zu Gunsten der richterlichen Zuständigkeit lauten, schon durch die Reg.-Instr. v. 23. Okt. 1817 für die Rheinprovinz Geltung erlangten, hängt von Beantwortung der in A. 2 zu jener VO. erwähnten Streitfrage über die Auslegung des § 11 der Reg.-Instr. ab. In gleicher Weise war früher die jetzt gegenstandslose Frage zu beantworten, ob die §§ 38—40 der VO., ungeachtet sie in das Ress.-Regl. nicht mit aufgenommen wurden, dort dennoch unter gewissen Einschränkungen anwendbar gewesen seien.

5. Obschon der Wegfall der Präfekturräte den Anstoß zum Erlasse des Ress.-Regl. gab, so erhellt doch schon aus dem Anteile, den die VO. v. 1808 an seinen Bestimmungen hat, die Irrigkeit der mitunter aufgestellten Ansicht, als ob es sich dort lediglich um eine der neu eingeführten Verwaltungsordnung entsprechende Verteilung derjenigen Befugnisse handele, die jenen Präfekturräten als richtenden Administrativkollegien zustanden, so daß mithin alles, was schon ehedem nicht zu ihrem Amtsbereich gehörte, sondern als reine Verwaltungs- oder reine Justizsache der Verfügung der Verwaltungsbehörden im engern Sinne, namentlich der Präfekten, oder aber der Entscheidung der ordentlichen Gerichte anheimfiel, durch das Ress.-Regl. gar nicht berührt, in dieser Hinsicht vielmehr die frühere französische Gesetzgebung der Hauptsache nach unverändert bestehen geblieben wäre; vgl. z. B. JMVfg. 11. Juni 1829 (Rh. S. 3 S. 282); AH. Cöln 22. Juni 1832 (Rh. A. 17, I. 88). Im Gegenteil sind die Bestimmungen über die Verteilung der Befugnisse der Präfekturräte ausschließlich in den §§ der ersten oben genannten Gruppe enthalten, während die aus der VO. v. 1808 herüber genommenen §§ recht eigentlich das Verhältnis der Gerichte zur Verwaltung im engeren Sinne betreffen. Ja diese letzteren §§ sind im Vergleich zu jenen, die durchweg nur einzelne Gebiete umfassen, so allgemeiner und grundsätzlicher Natur, daß sie in Verbindung mit dem Ges. v. 11. Mai 1842

§ 1. Die Streitigkeiten, welche bei den ehemaligen Präfekturräten anhängig gewesen und bis jetzt nicht erledigt gewesen sind, werden nach Verschiedenheit ihrer Gegenstände unter die Verwaltungsbehörden und Gerichte verteilt.

---

unbedenklich für die Rheinprovinz ebenso wie für die übrigen Landesteile als die Hauptgrundlage zur Beurteilung der Ressortverhältnisse betrachtet werden müssen. HK. 20. Jan. 1838 (Rh. A. 26, II. 77) bezeichnet es sogar geradezu als Zweck des Ress.-Regl., die allgemeine Staats- und Landesverfassung in ihren Grundzügen rücksichtlich des Verhältnisses der gerichtlichen und administrativen Behörden zu einander auch für die Rheinprovinz zu sanktionieren; vgl. auch VO. v. 1808 A. 25. Im übrigen wird bezüglich der Frage, inwiefern die französische Ressort-Gesetzgebung sich neben der preußischen noch gegenwärtig als wirksam erweise, auf die Erläuterungen zu den einzelnen §§, insbesondere zu den §§ 2 ff., 15 ff., 32 und 35 Bezug genommen.

§ 1.

6. In Frankreich war bis zur Revolution von 1789 die Justiz von der Verwaltung ebensowenig strenge geschieden, wie in Preußen vor dem Jahre 1808. Den ordentlichen Gerichten lagen mancherlei Obliegenheiten der Vollziehungsgewalt im engeren Sinne ob; die Parlamente hatten sich sogar einen wesentlichen Anteil an der Ausübung der Gesetzgebungsgewalt angeeignet. Auf der anderen Seite bestand eine Menge von Verwaltungsbehörden, die mit eigentlich richterlichen Befugnissen bekleidet waren; vgl. Serrigny, sur l'organisation, la compétence et la procedure en matière contentieuse administrative, n. 41. — Die Revolutionsgesetzgebung machte diesem Zustande ein Ende. Die Dekrete vom 22. Dez. 1789, 16.—24. Aug., 7.—11. Sept. 1790 sprachen, ebenso wie die Konstitutionen v. 3. Sept. 1791 und 5. Fruct. III., in gleichem das Dekret v. 16. dess. den Grundsatz der Trennung der Justiz von der Verwaltung allgemein aus und untersagten den Gerichten jede Einmischung in die Angelegenheiten der Verwaltungsbehörden. Jene Verwaltungsgerichte wurden bereits durch das gen. Dekret v. Sept. 1790 aufgehoben und ihre Befugnisse unter die neu geschaffenen Gerichte und Verwaltungsbehörden verteilt. Wenn letzteren trotzdem selbst nach jenen neueren Gesetzen eine Art Gerichtsbarkeit, nämlich die Entscheidung in streitigen Verwaltungsangelegenheiten verblieb, so beruhte dies darauf, daß man jene Gerichtsbarkeit als einen der Natur der Sache nach untrennbaren Teil der Verwaltungsgewalt betrachtete, in ihrer Belassung mithin keine Ausnahme von jenem Grundsatze, sondern umgekehrt seine Anwendung erblickte. Daher kam es auch, daß die reine Verwaltung und die Ausübung jener Gerichtsbarkeit (l'administration active et le jugement du contentieux) ursprünglich in den Händen einer und derselben kollegialisch zusammengesetzten Behörde vereinigt waren, nämlich der Distrikts- und Departementsdirektionen, und später, unter der Herrschaft der Konstitution von Fructidor III., der Zentralverwaltungen, bis das Ges. v. 28. Pluv. VIII. (v. Daniels 4 S. 124) dem Grundsatze, daß das Rechtsprechen Sache mehrerer, das Verwalten dagegen Sache einzelner sei, auch auf diesem Gebiete Geltung verschaffte, indem sie die administration active vom jugement du contentieux schied, und erstere einem einzelnen Beamten, dem Präfekten, letzteres einem Kollegium, dem Präfekturrate, übertrug.

7. Da die Präfekturräte hiernach, gleich den vormaligen Kammer-Justizdeputationen in Preußen, eine Art richterlicher Stellung einnahmen, so wurden ihre Entscheidungen, arrêtés, den Urteilen der ordentlichen Gerichte gleichgestellt und fast sämtliche für diese geltenden Grundsätze auf jene angewandt. Demgemäß konnten dieselben nur auf die bestehenden Gesetze und Verordnungen gegründet werden; vgl. Cormenin, Dr. adm. s. v. cours d'eau XVII. Sie mußten bei Nichtigkeitsstrafe mit Gründen versehen sein: ord. en cons. d'ét. 9. Mai, 18. Juli 1834 (Sir. 34 II. 564, 626). Der Satz „le juge ne peut se réformer lui même" fand auf Präfekturratsbeschlüsse gleichfalls Anwendung; vgl. AH. Cöln 15. Mai 1834 (Rh. A. 20, I. 197). Ergingen sie auf Ausbleiben, so war das Rechtsmittel der Opposition, in allen Fällen aber das Rechtsmittel der Berufung an den Staatsrat zulässig. Die Berufungsfrist wurde durch Ges. v. 22. Juli 1806 Art. 11 wie bei gerichtlichen Urteilen auf drei Monate bestimmt, die vom Tage der Zustellung

des Beschlusses durch Gerichtsvollzieherakt an liefen; eine bloße Mitteilung im Verwaltungswege genügte in dieser Hinsicht nicht: AH. Cöln 26. Nov. 1830, KH. 16. Apr. 1835 (Rh. A. 14, I. 109; Volkmar S. 182). Beide Rechtsmittel fielen weg, falls die Parteien den Beschluß freiwillig vollzogen oder sich bei demselben förmlich beruhigt hatten; vgl. StRG. v. 18. und 25. Vent. XIII., Merlin s. v. cons. de préf. — Dritten Personen stand das Rechtsmittel der Drittopposition zu: cons. d'ét. 8. Jan. 1836 (Sir. 36 II. 215). Die Präfekturratsbeschlüsse gewährten ferner eine judizielle Hypothek und mußten gleich anderen Urteilen durch die Gerichtsvollzieher vollzogen werden; vgl. Ges. v. 29. Flor. X. Art. 4; Gilbert zu Art. 2123 c. c. A. 29 ff., 48.

8. Die Präfekturräte erkannten als Ausnahmegerichte über die Exekution ihrer Entscheidungen in der Regel ebenso wenig, wie die Friedens- und Handelsgerichte; vielmehr trat hierfür die Zuständigkeit der ordentlichen Gerichte ein; vgl. Cormenin s. v. cons. de préf. XVII. Doch unterschieden sich jene von den ebenerwähnten anderen Ausnahmegerichten insofern, als ihre Zuständigkeit eine durchaus ausschließliche war, der ordentliche Richter sich in den zu ihrem Ressort gehörigen Sachen daher schon von Amtswegen für unzuständig erklären mußte; vgl. Dalloz. m. Comp., n. 26. — Im Vergleich zu der den Preußischen Verwaltungsbehörden auf einzelnen Gebieten durch jüngere Gesetze verliehenen Entscheidungsbefugnis äußerte sich die Ausschließlichkeit der Zuständigkeit der Präfekturräte dadurch, daß sie niemals bloß vorläufig, d. h. unter dem Vorbehalte der Berufung auf den RW. entschieden.

9. Der aus der gegenseitigen Unabhängigkeit der Behörden hergeleitete Satz des französischen Rechts, daß ein Verwaltungsakt im RW. nicht anfechtbar sei, galt von den Präfekturratsbeschlüssen um so gewisser, als diese gleichzeitig Richtersprüche darstellten und als solche selbstredend nur durch den Richter der höheren Instanz, mithin durch den Staatsrat, einer Abänderung unterliegen konnten, gleichviel, ob der durch die Entscheidung angeblich Beschwerte sich auf einen besonderen Rechtstitel stützte oder nicht.

10. Jener Satz der gegenseitigen Unabhängigkeit der Behörden galt nach den Grundsätzen des französischen Rechts sogar in der Ausdehnung, daß, wenn in einer zur Zuständigkeit der Gerichte oder Präfekturräte gehörigen Sache die Entscheidung durch eine Vorfrage bedingt wurde, die an und für sich betrachtet der Entscheidung des anderen Ressorts unterlag, die zur Sache selbst zuständige Stelle die Entscheidung über jene Vorfrage der Behörde des anderen Ressorts überlassen mußte; vgl. Dalloz m. question préjud., n. 197—223.

11. Sedes materiae für die Zuständigkeit der Präfekturräte ist Art. 4 des Ges. v. 28. Pluv. VIII., dem der Art. 8 des berg. Dekr. v. 18. Dez. 1808 fast wörtlich entspricht. Er lautet:

„Le conseil de préfecture prononcera:

sur les demandes de particuliers, tendant à obtenir la décharge ou la réduction de leur cote de contributions directes;

sur les difficultés qui pourraient s'élever entre les entrepreneurs de travaux publics et l'administration concernant le sens ou l'exécution des clauses de leurs marchés;

sur les réclamations des particuliers qui se plaindront de torts et dommages procédant du fait personnel des entrepeneurs et non du fait de l'administration;

sur les demandes et contestations concernant les indemnités dues aux particuliers, à raison des terrains pris ou fouillés pour la confection des chemins, canaux et autres ouvrages publics;

sur les difficultés qui pourront s'élever en matière de grande voirie;

sur les demandes qui seront présentées par les communautés des villes, bourgs ou villages, pour être autorisées à plaider;

enfin, sur le contentieux des domaines nationaux."

Außerdem sind jedoch noch manche spätere Gesetze ergangen, welche den Präfekturräten die Entscheidung für gewisse Gebiete überwiesen. Das nähere siehe unten. An dieser Stelle, wo es sich nur darum handelt, die Zuständigkeit der Präfekturräte im allgemeinen zu umschreiben, genügt folgendes:

12. Die Präfekturräte besaßen eine Gerichtsbarkeit sowohl in Zivil- wie in Strafsachen. Doch war letztere nur auf wenige Gebiete und selbst bei diesen

nur auf solche Fälle beschränkt, wo es sich lediglich um Verhängung von Geldbußen handelte, vgl. § 20 Nr. 8 d. G. Was dagegen die ersterere betrifft, so läßt sich deren Umfang wegen der Menge der bezüglichen Einzelbestimmungen und der Mannigfaltigkeit ihres Gegenstandes im allgemeinen nur negativ angeben, nämlich durch Aufzählung der hauptsächlichsten Gebiete, die als wesentlich privatrechtlicher Natur ihrer Entscheidung gerade entzogen und der der ordentlichen Gerichte vorbehalten waren. Als solche sind namentlich anzuführen die Streitigkeiten, welche den Zivilstand, die Domizilverhältnisse und die bürgerlichen Rechte betreffen, ferner Streitigkeiten über Eigentum und beschränkte dingliche Rechte, über Sukzessions- und Besitzansprüche, endlich über Entschädigungsforderungen und Vertragsverhältnisse (letzteres jedoch vorbehaltlich der aus den Erläuterungen zu §§ 12, 20 sich ergebenden Ausnahmen); vgl. Dalloz, m. compét. admin., n. 138 ff. Hinsichtlich der Bedeutung des Ausdrucks „le contentieux des domaines nationaux" im Art. 4 a. a. O. s. A. 211.

13. Die Präfekturräte waren übrigens nicht die einzigen mit einer Richtergewalt bekleideten Verwaltungsbehörden, vielmehr stand auch manchen anderen dieser Behörden, insbesondere den Ministern und Präfekten für gewisse Sachen eine Art richterlichen Entscheidungsrechts mit denselben Wirkungen zu, wie sie mit der Handhabung der Gerichtsbarkeit der Präfekturräte verbunden waren. Doch bildeten letztere die ordentlichen Verwaltungsgerichte; wenn daher die Zuständigkeit der Verwaltungsgerichtsbarkeit überhaupt feststand, so war ihre Zuständigkeit immer begründet, sofern nicht das Gesetz ausdrücklich ein anderes bestimmte; vgl. Dalloz m. compét. n. 26 und Motive des Dekr. v. 6. Dez. 1813 (bull. des lois n. 9917). AM. ist Chauveau, principes de compét. et de jurisd. admin., n. 1112 ff.

14. Auf der anderen Seite war den Präfekturräten ausnahmsweise auch eine rein verwaltende Tätigkeit zugewiesen, indem sie gleichzeitig dem Präfekten als beratende Behörde beigesellt und in manchen Fällen sogar berufen waren, ohne Anwesenheit des Präfekten ihren Spruch abzugeben. In dem einen wie in dem andern Falle stellten ihre Aussprüche bloße Gutachten (avis) und keine eigentlichen Beschlüsse (arrêtés) dar, weshalb bei ihnen von einer Rechtskraft und von der Berufung an den Staatsrat keine Rede sein konnte; vgl. cons. d'ét. 22. Juni 1825, Dalloz, m. compét. admin. n. 351. Beschlüsse, die der Präfekt nach Anhörung des Präfekturrats erlassen hatte, werden als arrêtés pris en conseil de préfecture bezeichnet und sind mit wirklichen Präfekturratsbeschlüssen nicht zu verwechseln.

15. Das Ress.-Regl. nimmt, einzelne Ausnahmen abgerechnet, auf die vormalige Gerichtsbarkeit der sonstigen Verwaltungsbehörden (A. 13) ebensowenig Rücksicht wie auf die rein verwaltende Tätigkeit der Präfekturräte (A. 14), auf die erstere wohl um deswillen nicht, weil die Zuständigkeit jener anderen Behörden, bezw. der an ihre Stelle getretenen Preußischen Behörden sich gegenwärtig im allgemeinen nach den für den ganzen Staat erlassenen Dienstvorschriften beurteilt (vgl. AKO. v. 4. Dez. 1826), auf die letztere, die rein verwaltende Tätigkeit der Präfekturräte deshalb nicht, weil diese, insofern von ihr unter der neuen Verwaltungsordnung überhaupt noch die Rede sein kann, selbstredend den neu eingerichteten Verwaltungsbehörden anheimgefallen ist.

16. Indem das Ress.-Regl. auf ähnliche Weise, wie das Dekret v. 7. bis 11. Sept. 1790 die Befugnisse der früheren Verwaltungsgerichte, diejenigen der Präfekturräte unter die Verwaltungsbehörden und Gerichte verteilt, läßt es, von den Vorschriften des § 19 abgesehen, nähere Bestimmungen darüber vermissen, aus welchem rechtlichen Gesichtspunkte die von den Nachfolgern der Präfekturräte ergehenden Entscheidungen zu betrachten sind. Hinsichtlich der bei jener Verteilung den Gerichten zugefallenen Angelegenheiten bietet diese Frage keine Schwierigkeit, da die für das gerichtliche Verfahren und die gerichtlichen Entscheidungen überhaupt geltenden Vorschriften selbstredend auch in solchen Fällen zur Anwendung gelangen. Nicht so leicht beantwortet sich dagegen die obige Frage inbetreff der den Regierungen zugeteilten Angelegenheiten. Es lassen sich hier drei verschiedene Meinungen denken, je nachdem man nämlich die Entscheidungen der Regierung gleich den Präfekturratsbeschlüssen als wirkliche Richtersprüche im engsten und eigentlichsten Sinne des Worts betrachtet, oder aber dieselben gewöhnlichen Verwaltungsverfügungen gleichstellt, oder endlich dafür hält, daß sie zwischen eigentlichen Ur-

teilen und bloßen Verwaltungsakten in der Mitte stehen und manches mit jenen, manches aber auch mit diesen gemein haben. Die erste dieser drei Ansichten steht offenbar mit dem ganzen Preußischen Verwaltungssystem in allzu grellem Widerspruche, um als eine dem Willen des Gesetzgebers entsprechende zu erscheinen. Andererseits läßt sich aber jene zweite Ansicht weder mit der Tendenz des Ress.-Regl. im allgemeinen, noch mit der Fassung der bezüglichen Bestimmungen desselben, welche doch immerhin im Anschluß an die französischen Kompetenzgesetze den Regierungen ein wirkliches Entscheidungsrecht für streitige Angelegenheiten verleihen, irgendwie in Einklang bringen. Hiernach bleibt nur die dritte Ansicht übrig, für welche außerdem die Rechtsähnlichkeit derjenigen Fälle spricht, in denen die Regierungen auf Grund neuerer Gesetze gleichfalls berufen sind, unter zwei streitenden Parteien endgültig zu entscheiden; vgl. VO. v. 1808 A. 286. — Dieser Ansicht zufolge muß man annehmen, daß die Regierungen da, wo sie an die Stelle der Präfekturräte treten, vorzugsweise und mehr als in gewöhnlichen Verwaltungssachen, auf die Abwägung der rechtlichen Gesichtspunkte und die unmittelbare Anwendung der Gesetze angewiesen sind, daß sie jedoch nach Beschaffenheit des Gegenstandes bis zu einem gewissen Grade auch bloßen Zweckmäßigkeits- und Billigkeitsrücksichten Gehör schenken können. In gleichem dürften sie nicht strenge an die Grundsätze der zivilrechtlichen Beweismittellehre gebunden sein. Dagegen müssen sie privatrechtliche Vorfragen, insofern dieselben an sich zur Zuständigkeit der ordentlichen Gerichte gehören, an diese verweisen und ihre Entscheidung zur Hauptsache von dem Richterspruche über die Vorfrage abhängig machen, da es der Ansicht des Ress.-Regl. widersprechen würde, wenn man den Regierungen eine umfassendere Zuständigkeit einräumen wollte, als sie den Präfekturräten auf den betreffenden Gebieten zustand; vgl. A. 10 und die Erläuterungen zu § 8 d. G. Ferner können sie gleich jenen ihre Entscheidungen, welche in Form von mit Gründen versehenen Beschlüssen zu erlassen sind, nicht nach Belieben, d. h. ohne Zustimmung der Beteiligten zurücknehmen oder abändern, und überhaupt nur endgültig, nicht also unter dem Vorbehalte des RW. entscheiden. Die Anfechtung ihrer Entscheidungen ist gleichfalls nur auf dem gesetzlich vorgeschriebenen Wege (§ 19) und niemals im RW. gestattet, selbst wenn die Beteiligten sich auf einen besonderen Rechtstitel berufen. Ob die Entscheidungen der Regierungen eine Hypothek begründen und gegen das Vermögen einer Person ohne weiteres vollstreckbar sind, wird in den Erläuterungen zu §§ 16—18 erörtert werden. Vgl. im übrigen VO. v. 1808 A. 43, 286.

17. Das Ress.-Regl. erweist sich auch nach einer anderen Richtung hin als lückenhaft, indem es nämlich gewisse Angelegenheiten, in welchen die Präfekturräte zu entscheiden berufen waren, bei der Verteilung ganz mit Stillschweigen übergeht. Die Gründe von *EK. 4. Juli 1857 (JMBl. 58 S. 104) scheinen die Entscheidung bezüglich sämtlicher Angelegenheiten jener Art der Regierung zu überweisen. Dieser Ansicht, welche in den Fällen, wo die Gerichte an die Stelle der Präfekturräte treten, bloße Ausnahmen von einer allgemeinen, zu Gunsten der Verwaltung lautenden Regel erblickt, steht jedoch die ganze Tendenz des Ress.-Regl. entgegen, welches im Gegenteil davon ausgeht, daß der Wirkungskreis der Präfekturräte eine gleich große Verwandtschaft mit demjenigen der Gerichte wie mit dem der Verwaltungsbehörden gehabt habe. Die Zuständigkeitsfrage dürfte daher nach Verschiedenheit der einzelnen Angelegenheiten, sei es auf Grund allgemeiner Rechtssätze, sei es zufolge der Gleichartigkeit bestimmter Vorschriften, namentlich solcher des Ress.-Regl. selbst, bald zu Gunsten der Gerichte, bald zu Gunsten der Regierungen zu beantworten sein; vgl. auch A. 162.

18. Zu bemerken ist übrigens, daß es sich in dem durch gen. EK. 4. Juli 1857 (A. 17) entschiedenen Falle um die Frage handelte, auf welche Behörde die den Präfekturräten nach Art. 37 des Ges. v. 16. Sept. 1807 obliegenden Funktionen übergegangen seien, eine Frage, welche auch nach den soeben entwickelten Grundsätzen entsprechend den §§ 8—10 d. G. unbedenklich für die Zuständigkeit der Regierung zu lösen war, aber heute gegenstandslos ist. Dasselbe gilt von dem den Präfekturräten durch Dekr. v. 8. Fruct. XIII. (v. Dan. 5 S. 28) verliehenen Entscheidungsrecht, betreffend die Streitigkeiten wegen Erhebung der Abgabe von Bällen, Schauspielen usw. zum Vorteil der Armenanstalten.

19. Dagegen gehören die durch Art. 9 des Arr. v. 6. Nivose XI. (v. Dan. 4 S. 426) den Präfekturräten überwiesenen Streitigkeiten zwischen dem Staate und Gemeinden über das Eigentum an Mineralquellen wegen ihres privatrechtlichen Charakters zur Zeit unbedenklich vor die Gerichte, zumal da dergleichen Streitigkeiten, wenn sie zwischen Gemeinden und Privaten obwalteten, schon nach französischem Rechte der Entscheidung der ordentlichen Gerichte anheimfielen; vgl. Dalloz m. commune n. 1931.

20. Dasselbe gilt aus dem nämlichen Grunde von den Streitigkeiten, die sich über die Berechnung und Verteilung der Pfarreinkünfte zwischen den früheren und den neuangestellten Pfarrern, oder zwischen diesen und der Pfarre selbst erheben, und durch das Dekret v. 6. Nov. 1813 Art. 26 ebenfalls vor die Präfekturräte verwiesen waren; vgl. auch die §§ 823ff. II. 11 ALR. (Gleichartige Streitigkeiten bezüglich der Einkünfte von Bistümern gehörten entsprechend Art. 47 des bezogenen Dekrets wohl schon früher zur gerichtlichen Entscheidung.)

21. . . . . . ebenso entsprechend § 20 Nr. 7 d. G. und § 4 Ges. v. 11. Mai 1842 von denjenigen Klagen, welche Private wider den Staat auf Ersatz des ihnen durch die unterbliebene Reinigung öffentlicher Flüsse, durch Maßregeln zur Erhaltung der Deiche oder durch andere öffentliche Arbeiten an solchen Flüssen, z. B. Stromregulierungsbauten zugefügten Schadens anstellen. Vgl. RG. 6. Juli 1888 (Rh. A. 79, III. 101, das allerdings, im Gegensatz zum Vorderrichter, die Anordnung von Stromregulierungsbauten als polizeiliche Verfügung ansieht und deshalb § 4 Ges. v. 1842 unmittelbar anwendet). Daß derartige Klagen ehedem bei den Präfekturräten anzubringen waren, ist zwar nirgends ausdrücklich vorgeschrieben; doch wird dies aus den Ges. v. 11. Sept. 1792, 28. Pluv. VIII. u. 16. Sept. 1807 gefolgert; vgl. Dalloz, m. eaux, n. 487, 488.

22. Über einen andern Punkt hat das Ress.-Regl. um deswillen nicht verfügt, weil derselbe schon früher geregelt worden war. Es sieht nämlich (§§ 1, 3, 20) nur solche Fälle vor, in denen ein Verfahren bei den Präfekturräten bereits anhängig, aber noch nicht zu Ende geführt war, und solche, die erst in der Folge zur Erörterung gelangen, nicht aber auch diejenigen Fälle, welche durch einen vor Erlaß des Ress.-Regl. bereits ergangenen, aber noch nicht rechtskräftig gewordenen Präfekturrats-Beschluß ihre Erledigung gefunden haben. Daß dergleichen Beschlüsse trotz der seitdem eingetretenen Veränderungen in der Verwaltungsorganisation, gleich gewöhnlichen Urteilen, so lange verbindlich blieben, bis sie auf ressortmäßigem Wege angefochten und aufgehoben wurden, unterliegt keinem Zweifel; vgl. KH. 9. Juni 1824, AH. Cöln 15. Mai 1834, KH. 18. März 1839 (Rh. A. 7, II. 47; 20, I. 197; Tr. A. 5, I. 238; der AH. nimmt dies in obigem Erk. sogar für den Fall an, wo der Beschluß unzuständiger Weise erlassen worden). Da jedoch der französische Staatsrat als die in zweiter Instanz richtende Behörde nicht mehr bestand, seine Befugnisse auch auf keine der neu eingeführten Verwaltungsbehörden übergegangen waren, so half schon eine VO. des Staatskanzlers v. 17. Mai 1816 (Rh. S. 1 S. 363) dem Mangel einer Berufungsinstanz in der Weise ab, daß sie die betreffenden Berufungen, und zwar, wie die Verf. der Immediat-Justizkommission v. 17. Juni 1817 (Rh. S. 1 S. 466) erläutert, nicht bloß die damals bereits angemeldeten, vor die Appellhöfe verwies, ohne daß jedoch darum der Unterschied zwischen administrativer und gerichtlicher Rechtspflege für derartige Fälle ganz aufgehoben wurde, weshalb z. B. gegen die von dem App.-Hofe auf Grund jener VO. getroffene Entscheidung der Kassationsrekurs nicht stattfand; vgl. KH. 27. Okt. 1820 (Volkmar S. 170). Inbetreff des vor dem App.-Hofe zu beobachtenden Verfahrens ordnete die gen. Verf. v. 1817 die Form der wechselseitig zuzustellenden Denkschriften an. Der letzte bekannt gemachte Fall, wo der App.-Hof in der gedachten Eigenschaft erkannte, fällt in das Jahr 1854; vgl. Rh. A. 51, I. 190. (Der genannte Gerichtshof sprach bei dieser Gelegenheit den Satz aus, daß die Befugnis zur Einlegung des Rechtsmittels nicht etwa in 30 Jahren verjähre.) Den Fall, wo ein Präfekturrats-Beschluß in contumaciam ergangen war, sah der Staatskanzler nicht vor, weshalb das Rechtsmittel der Opposition beim Mangel einer mit der Entscheidung zu befassenden Behörde ganz wegfiel. Zweifelhafter erschien es, ob dasselbe von dem Rechtsmittel der Drittopposition gelte.

§ 2. Die Regierungen entscheiden

1. zwischen Steuerpflichtigen und Steuereinnehmern, wenn über ihre gegenseitige Berechnung Zweifel entstehen;
2. zwischen den Gemeinden und Eigentümern über die Streitigkeiten, wozu die von der Verwaltung gut gefundene Anordnung über die Richtung, Ausdehnung und Erweiterung der Gemeinde- und Nachbarwege Anlaß gegeben hat, insofern hierbei nicht über das Eigentum gestritten wird;
3. in Angelegenheiten des Wasserstauens und der dem Eigentümer oder Pächter einer Mühle zu verschaffenden Vorflut mit Rücksicht auf das gegenseitige Interesse der Bodenkultur und des Müllers oder anderer Stauberechtigten.
4. Die Regierungen bestimmen gleichfalls die Höhe des Wasserstandes, insofern dieser Gegenstand nicht durch Vergleiche, Verträge oder sonst auf eine unwiderrufliche Art bestimmt ist;
5. sie entscheiden ferner über die Einsprüche, welche von dritten Personen wider die Anlegung einer Manufaktur und Werkstätte aus dem Grunde eingelegt werden, weil sie einen ungesunden oder unangenehmen Geruch verbreite, ohne Unterschied, ob diese Einsprüche schon vor Verleihung der Erlaubnis zur Errichtung der Manufaktur oder erst nachher geschehen.

---

§ 2 Nr. 1.

23. Eine Vorschrift, welche derartige Streitigkeiten ausdrücklich vor die Präfekturräte verwiese, findet sich in der französischen Gesetzgebung nicht. Inzwischen folgt aus dem Zusammenhange der zu § 8 d. G. bezogenen Bestimmungen und ist allgemein anerkannt, daß alle Streitigkeiten, welche inbetreff direkter Steuern und aus Anlaß ihrer Erhebung entstehen, mithin auch diejenigen zwischen den Steuererhebern und Steuerpflichtigen über ihre gegenseitige Berechnung, der Entscheidung der Verwaltungsbehörde anheimfielen; vgl. auch Perrot 1 S. 149 und das dort gen. Dekr. v. 10. Sept. 1808 (Sir. 17, II. 27). Auf ähnliche Streitigkeiten bezüglich indirekter Steuern fanden obige Bestimmungen ebensowenig Anwendung, wie gegenwärtig der § 2 Nr. 1.

24. Zu den Streitigkeiten im Sinne des § 2 Nr. 1 gehören insbesondere auch diejenigen, welche die von den Steuereinnehmern ausgestellten Quittungen, die an jene geleisteten Abschlagszahlungen und die Zahlungsanrechnung betreffen; vgl. Dalloz, m. comp. admin., n. 365, andererseits jedoch unten A. 148 und VO. v. 1808 A. 220.

25. § 2 Nr. 1 ist auch auf Gemeindesteuer-Einnehmer anwendbar: *EK. 11. Juni 1853.

26. Es begründet keinen Unterschied, ob der Steuereinnehmer oder der Steuerpflichtige als fordernder Teil auftritt; vgl. auch Dalloz aaO. n. 374.

27. Inwiefern die Zuständigkeit der Verwaltung selbst dann noch fortbestehe, wenn der Steuereinnehmer sich nicht mehr im Amte befinde, ob z. B. auch ein abgetretener Steuerempfänger wegen der von ihm dem Steuerpflichtigen gemachten Vorschüsse sich an die Verwaltungsbehörde wenden müsse, oder ob alsdann die Zuständigkeit der ordentlichen Gerichte begründet sei, ist streitig. Die ältere Rechtsprechung huldigte der ersteren Ansicht, vgl. cons. d'ét. 18. Aug. 1807 (Sir. 16, II. 289), jüngere Entscheidungen dagegen der letzteren; vgl. Dalloz aaO. n. 374. — Im übrigen vgl. die Erläuterungen zu §§ 8 ff. und 15.

§ 2 Nr. 2.

28. § 2 Nr. 2 schließt sich an das Ruralges. v. 6. Okt. 1791, sect. 6, Art. 2, 3, das Arr. v. 23. Mess. V., das Ges. v. 9. Vent. XIII. Art. 6, die Dekr. v. 15., 16. Okt. 1813 und das StRG. v. 8. Nov. 1813 (v. Dan. 3 S. 531; 5 S. 10, 609, 888, 889)

an. Diesen Bestimmungen zufolge war es Sache des Präfekten, die bestehenden Gemeinde- und Nachbarwege („Vizinalwege") zu ermitteln bezw. als solche zu deklarieren, ihre Richtung, Grenzen und Breite zu bestimmen, unter Umständen auch ihre Unterdrückung auszusprechen oder bei der höchsten Staatsgewalt vorzuschlagen, wogegen die Streitigkeiten über das Eigentum am Wegegelände der Entscheidung der ordentlichen Gerichte anheimfielen. Die Zuständigkeit der Präfekturräte fand hier keinen Raum; diese beschränkte sich vielmehr in Wegeangelegenheiten auf andere Gegenstände; vgl. die §§ 12, 20 und Cormenin s. v. chemins vicinaux, VII. VIII. Eine wesentlich hiervon abweichende Ansicht ist zwar in der zur Erläuterung des Ges. v. 9. Vent. XIII. ergangenen Min.-Instr. v. 7. Prair. XIII. (v. Dan. 4 S. 615) entwickelt, letztere wird jedoch durch das obige Dekr. v. 1813 widerlegt. — Der Ausdruck „Vizinalweg" bildet an sich den Gegensatz zu „Staats- und Bezirks- (Departemental-) Straße." Die oben genannten französischen Gesetze gebrauchen denselben aber im engeren Sinne; sie verstehen darunter lediglich die Hauptverbindungswege in der Gemeinde oder zwischen verschiedenen Gemeinden, nicht also bloße Fußsteige, Feld- und Kulturwege, Viehtriften, Wasserläufe usw.; vgl. Proudhon, dom. publ., n. 471, Cormenin aaO. X. n. 3. Gleiches gilt offenbar von § 2 Nr. 2, obgleich dies mitunter verkannt wird, z. B. in KH. 11. Nov. 1851 (Rh. A. 46, II. 96). Alle Streitigkeiten, welche sich auf Wege usw. der letzteren Art beziehen, sowohl petitorische wie possessorische, unterliegen der französischen Jurisprudenz zufolge, der richterlichen Entscheidung; vgl. die Hinweise bei Cormenin und unten A. 53.

29. Die fortdauernde Geltung der Nr. 2 und der zugehörigen französischen Gesetze ist in neuerer Zeit verneint worden. Während die ordentlichen Gerichte daran festhalten, daß Nr. 2 ihre Geltung bewahrt habe und insbesondere durch § 56 ZustGes. nicht berührt worden sei — vgl. KG. 4. Mai 1885, OLG. Cöln 27. Nov. 1897 (Rh. A. 76, III. 187; 93, I. 80), ferner Brandts, Verwaltungsges. d. Rheinprovinz, A. 1 zu § 56 ZustGes. und Rh. A. 85, II. 129 Anmerkung — hat das Oberverwaltungsgericht im entgegengesetztem Sinne entschieden: die hier vorgesehenen Maßnahmen gehörten zur Aufgabe der Wegebaupolizei und seien nur von den dazu berufenen Wegepolizeibehörden anzuordnen; die Wegebaupolizei sei begriffsmäßig in der Ortspolizei enthalten, auch nicht anderen Behörden übertragen worden (§ 2 Nr. 2 d. G. berühre die Abgrenzung der Befugnisse zwischen Orts- und Landespolizei gar nicht, während die in den französischen Gesetzen dem Präfekten zugewiesene Tätigkeit keine wegebaupolizeiliche sei, sondern lediglich im Kommunalaufsichtsrecht beruhe) und stehe daher nach § 28 KreisO. v. 30. Mai 1887 den Bürgermeistern zu; dann komme aber für die Ausübung der Wegebaupolizei lediglich das in den §§ 55 ff. ZustGes. geordnete Verfahren zur Anwendung, neben dem kein anderes Verfahren, das früher bestanden haben möge, noch Raum finde; LVG. und ZustGes. sollten für die von ihnen berührten Gebiete allgemein durchgreifende Normen aufstellen, sodaß entgegenstehende Sonderbestimmungen ohne weiteres als beseitigt angesehen werden müßten. Vgl. OVG. 26. Febr. 1891, 29. Okt. 1892 (E. 20 S. 303; 23 S. 215; Rh. A. 85, II. 129). — Wenn auch diese Auffassung (die übrigens nicht nur der Rechtsprechung der ordentlichen Gerichte, sondern ebenso der früheren ständigen Verwaltungspraxis widerspricht, wie in der Entscheidung von 1892 ausdrücklich zugegeben ist) erheblichen Bedenken unterliegt, so ist doch wohl nicht daran zu zweifeln, daß die Verwaltungsinstanzen sich nach ihr richten und damit das in den §§ 55 ff. ZustGes. geregelte Verfahren unbeschränkt auch für die Rheinprovinz zur Anwendung bringen werden. Zur Erläuterung dieser §§ wird auf A. 342 ff. zur VO. v. 1808 verwiesen. Im übrigen ist es zur Beantwortung der in diesem Buche behandelten Frage nach der Zulässigkeit des RW. an und für sich gleichgültig, welche Verwaltungsinstanz zur Entscheidung des den Gerichten entzogenen Streits zuständig ist. Inwieweit sich aus der Anwendung der Nr. 2 oder der §§ 55 ff. Verschiedenheiten ergeben können, wird in den folgenden Anmerkungen besprochen, die zwar von der fortdauernden Geltung der Nr. 2 ausgehen, aber auch bei der entgegengesetzten Annahme ihre Bedeutung nicht gänzlich verloren haben.

30. Da nach § 2 in Verbindung mit den in A. 28 genannten französischen Gesetzen nur den Regierungen zusteht, die Richtung und Breite der Vizinalwege ohne Einwilligung der Anlieger zu bestimmen, so können auch nur jene und z. B. nicht die Bürgermeister den zur Bezeichnung der Wegegrenze zu setzenden Steinen die Eigenschaft von Grenzsteinen im Sinne des § 274 Nr. 2 StGB. beilegen; vgl.

Oppenhoff, StGB. § 274 A. 16. Im entgegengesetzten Sinne ist zu entscheiden, wenn man die Auffassung des OVG. teilt.

31. Nach der ständigen Rechtsprechung des KompGH. (vgl. z. B. *EK. 26. Juni 1851, JMBl. S. 248) und anscheinend auch nach KH. 2. Mai 1827 (Rh. A. 10, II. 43) begreift dagegen § 2 Nr. 2 unter dem Ausdrucke „Verwaltung" die Gemeindeverwaltung mit, und schließt daher die richterliche Gewalt selbst dann aus, wenn von der zuständigen Behörde eine Bestimmung über die Richtung usw. des Weges noch gar nicht ausgegangen ist, der Streit sich vielmehr schon infolge einer von der Gemeindeverwaltung getroffenen Anordnung dieser Art erhebt.

32. Die aus § 2 Nr. 2 herzuleitende Unzuständigkeit der Gerichte ist eine unbedingte, mithin von Amtswegen zu berücksichtigen, mag gegen die Gemeinde geklagt oder letztere selbst als Klägerin aufgetreten sein.

33. Obgleich § 2 Nr. 2 den RW. für den Fall zuläßt, wo über das Eigentum gestritten wird, so kann die Klage auf Anerkennung des Eigentums, wie sich namentlich aus dem Dekr. v. 16. Okt. 1813 ergibt, doch nicht zu dem Zwecke, um eine Änderung des Weges oder die Wiederherstellung eines unterdrückten Weges zu erstreiten, sondern nur zu anderen Zwecken, insbesondere zum Zwecke der Entschädigung, angestellt werden: *ME. 30. März 1843, 9. Jan. 1846, AH. Cöln 1. Juni 1855, *EK. 24. Juni 1851, 5. Apr. 1856, 13. Okt. 1866, 11. Jan. 1873 (Rh, S. 8 S. 154; Rh. A. 39, III. 22; 51, I. 69; JMBl. 51 S. 248; 56 S. 156; 66 S. 326; 73 S. 91) und Dalloz, m. comp. admin., n. 207, 425. Ebenso VO. v. 1808 A. 343.

34. Ja selbst, wenn ein rechtskräftiges Urteil bereits vorliegt, das in einem Rechtsstreit über das Eigentum am Wege gegen die Gemeinde erkannt hat, ist die Verwaltung nicht behindert, diesen Weg für einen Nachbarweg zu deklarieren. So: Dalloz aaO. n. 219; doch ist dies nach den dortigen Belegstellen nicht unbestritten.

35. Wenn es dem in A. 33ff. gesagten zufolge tatsächlich vorkommen kann, daß jemand durch eine Vizinalitäts-Erklärung seines Eigentums verlustig wird und sich gleich einem Enteigneten mit bloßer Entschädigung begnügen muß, so wollten dennoch die bezüglichen Gesetze der Verwaltung nicht ein eigentliches Enteignungsrecht verleihen. Jene soll vielmehr immer nur die bestehenden Verhältnisse feststellen, mithin nur diejenigen Wege für vizinal erklären, welche diese Eigenschaft nach ihrer pflichtmäßigen Überzeugung schon früher besaßen, und nur diejenige Richtung bestimmen, die dieselben erkanntermaßen schon früher inne hielten. Handelt es sich daher unbestritten, d. h. nach dem eignen Zugeständnisse der Verwaltung, um die Anlage eines neuen Wegs oder um die Verlegung eines Vizinalwegs an eine ganz andere Stelle, so kann die hierzu erforderliche Fläche nur durch Vertrag oder durch ein förmliches Enteignungsverfahren erworben werden; die Nichtbeobachtung der desfalls bestehenden Vorschriften würde den entsetzten Eigentümer berechtigen, auf Rückgabe zu klagen; vgl. ord. en cons. d'ét. 17. Aug. 1836 (Sir. 37, II. 41), LG. Trier 24. Nov. 1842 (Tr. A. 3, I. 146), *EK. 13. Febr. 1864, 13. Okt. 1866 (JMBl. 64 S. 145; 66 S. 326). Dasselbe gilt, wenn die §§ 55ff. ZustGes. zur Anwendung kommen (vgl. VO. v. 1808 A. 343), jedoch nur mit der wesentlichen Beschränkung, daß die Klage auf Rückgabe unzulässig ist; auch in den hier genannten Fällen kann die polizeiliche Verfügung nur mit den Rechtsmitteln des § 56 angefochten werden.

36. Eine Ausnahme tritt nur insofern ein, d. h. die Verwaltungsbehörde kann insoweit mittels einfachen Beschlusses Privateigentum wegnehmen, als sie gemäß Art. 6 des Ges. v. 9. Vent. XIII. befugt ist, zur Erweiterung eines bestehenden Vizinalwegs bis zur Breite von sechs Metern die Wegnahme des angrenzenden Privatbesitzes zu verordnen; vgl. *EK. 26. Juni 1851, 13. Okt. 1866 (JMBl. 51 S. 248; 66 S. 326), wenngleich Cormenin s. v. chemins vicinaux IV. auch diese Ausnahme nicht gelten lassen will. Die Min.-Instr. v. 7. Prair. XIII. hält in solchem Falle wenigstens die vorgängige Entschädigung der Anlieger für erforderlich, was durch Art. 9 der Verf.-Urk. bekräftigt wird; aM. gen. EK. 1866 (weder durch gen. Art. 9 noch durch den denselben Grundsatz aussprechenden Art. 545 c. c. sei die Sondergesetzgebung über die Vizinalwege berührt worden). Hat jedoch die Regierung (bezw. jetzt der Regierungs-Präsident) die Erbreiterung nur mit der Maßgabe genehmigt, daß vor der Besitznahme die Zustimmung der betreffenden Grundbesitzer herbeigeführt werde, so stehen obige Gesetze sogar der Klage auf Rück-

gabe nicht entgegen, falls eine solche Einigung mit dem wahren Eigentümer unterblieben ist: AH. Cöln 28. Aug. 1845 (Rh. A. 39, I. 134). — Diese Bestimmung dürfte noch heute in Kraft sein, auch wenn die Auffassung des OVG. richtig ist; denn die alten Gesetze sind danach nur insoweit aufgehoben, als sie mit den §§ 55 ff. ZustGes. unvereinbar sind.

37. § 2 Nr. 2 versteht unter dem Ausdruck „Eigentum" beschränkte dingliche Rechte mit. Demzufolge ist die Klage eines Privaten auf Anerkennung eines bloßen Wegerechts an der Fläche des Gemeindewegs statthaft: A.H. Cöln 18. Aug. 1841 (Rh. A. 32, I. 63), Dalloz, m. comp. admin. n. 150.

38. Die Klage einer Gemeinde auf Anerkennung der ihr angeblich an einem Privatwege zustehenden Wegegerechtigkeit, und die Klage des Privaten gegen die Gemeinde auf Aberkennung eines solchen Rechts, in gleichem die Klage der Gemeinde oder gegen die Gemeinde auf Bestellung eines Notwegs fallen überhaupt nicht unter die Bestimmung des § 2 Nr. 2 und sind unzweifelhaft zulässig: Dalloz aaO., AH. Pau 14. Mai 1831 (Sir. 13, II. 244), Gilbert zu Art. 682 c. c. Art. 11; EK. 11. Jan. 1873 (JMBl. S. 91). Jedoch wird ein Antrag auf Wiederherstellung eines unterdrückten Weges nicht durch die Behauptung prozeßfähig, dieser Weg sei ein Notweg; vgl. A. 33, 44.

39. Ebenso, wie die Klage auf Anerkennung des Eigentums, und in demselben Umfange, ist die actio finium regundorum statthaft: Rej. 15. Nov. 1831 (Sir. 32, I. 13). Vgl. auch die Erläuterungen zum Ges. v. 11. Mai 1842 § 4.

40. In einer von der Gemeinde selbst angestellten Grenzberichtigungsklage war der Gemeinde die Einrede der mangelnden Aktivlegitimation entgegengesetzt worden, weil der fragliche Weg, hinsichtlich dessen eine Vizinalitäts-Erklärung noch nicht vorlag, gar kein Gemeindeeigentum sei. AH. Cöln 24. Jan. 1838 (Rh. A. 27, I. 49) erachtete auch in diesem Betrachte die richterliche Entscheidung über die streitige Eigentumsfrage für zulässig, was jedoch in der Anmerkung mit gewichtigen Gründen bestritten wird.

41. Die Gerichte können in einem Rechtsstreit über die Anschwemmungen eines Vizinalwegs erkennen, daß letzterer ehedem ein bloßer Leinpfad gewesen sei, und demgemäß dem Grenznachbar das Eigentum an den bereits vor der Vizinalitätserklärung erfolgten Anschwemmungen zusprechen: Rej. 1. Dez. 1835 (Sir. 36, I. 125).

42. Die Zulässigkeit der Entschädigungsklage setzt nicht notwendig voraus, daß das Eigentum an der Wegefläche streitig sei. Für den Fall, wo Privateigentum zur Erbreiterung des Wegs genommen wird (vgl. A. 35), versteht sich dieses von selbst. Gleiches gilt aber auch von anderen Fällen; vgl. AH. Cöln 28. Jan. 1859 (Rh. A. 54, I. 163; hier hatte die Gemeindeverwaltung die Bestimmung getroffen, daß der durch das Dorf fließende Bach in einer an der rechten Straßenseite belegenen Rinne seinen Lauf haben solle; Kläger verlangte demnächst unter der Behauptung, das Wasser sickere durch die Rinne in seinen Keller, von der Gemeinde, daß diese dem Bachbette eine jenen Übelstand hindernde Anordnung gebe; der AH. erachtete diese Klage für statthaft).

43. Das in A. 42 gen. AH. Cöln 28. Jan. 1859 erkannte gleichzeitig an, daß die Entschädigungsklage nicht notwendig auf Zahlung einer Geldsumme gerichtet sein müsse. Ebenso erklärte sich ord. en cons. d'ét. 18. Apr. 1816 (Dalloz, aaO. n. 165) zu Gunsten des RW. in einem Falle, wo jemand von der Gemeinde die Vornahme gewisser Arbeiten verlangte, damit der Einsturz seiner an den Vizinalweg grenzenden Mauer verhindert werde, indem dieser Streit eine reine Entschädigungsfrage betreffe, welche der Entscheidung der Verwaltungsbehörde nicht unterliege.

44. Jedoch wird hierbei (A. 43) unterstellt, daß die behufs der Schadloshaltung begehrten Maßregeln nicht auf Beseitigung der über den Weg getroffenen administrativen Anordnungen gerichtet sind, noch dem dereinstigen Erlasse solcher Anordnungen vorgreifen. So erachtete AH. Cöln 14. Juli 1836 (Rh. A. 24, I. 128) den Antrag auf Wiederherstellung einer Dorfstraße in der Weise, daß dem Kläger die Fahrt zu seiner Scheune frei bleibe, sowie den Antrag, daß Kläger für berechtigt erklärt werde, das Wasser aus seinem Keller auf die Straße zu leiten, und die Gemeinde für verpflichtet, den zu dem Ende bestehenden Kanal zu dulden, als zu denjenigen Anträgen gehörig, worüber nach § 2 Nr. 2 nur die Regierungen zu entscheiden befugt sind.

45. Überhaupt gilt § 2 Nr. 2 im allgemeinen auch von solchen Streitigkeiten,

welche durch Vornahme bloßer Ausbesserungen, durch Erhöhung oder Vertiefung eines Gemeindewegs entstehen; auch bei letzteren kann daher vorzugsweise nur der Entschädigungspunkt zu einem gerichtlichen Verfahren Anlaß geben; demgemäß kann z. B. nicht auf Fortschaffung einer Straßenerhöhung bei Gericht geklagt werden, selbst, wenn die Klage darauf gestützt wird, daß jene Erhöhung die natürliche Servitut der Aufnahme des Wassers für das anschießende Grundstück erschwere: AH. Cöln 28. Nov. 1845 (Rh. A. 39, I. 199); ord. en cons. d'ét. 6. März 1835 (Sir. 35, II. 498).

46. Ebenso gehört nach gen. AH. Cöln 28. Nov. 1845 die Entscheidung der Frage, ob das Bestehen des Gemeindewegs in gutem Zustande die Einräumung einer Auffahrt oder eine sonstige Abhilfe der Beschwerde gestatte, nicht zur gerichtlichen, sondern zur administrativen Zuständigkeit.

47. AH. Cöln 24. Jan. 1831 (Rh. A. 15, I. 73 ff.) folgert aus § 2 Nr. 2, daß der aus der Vertiefung einer Straße hergeleitetete Enschädigungsanspruch, insofern er in iure darauf gestützt werde, daß die Gemeinde nicht befugt gewesen, die Straße zum Nachteile der anstoßenden Häuser ohne Entschädigung ihrer Besitzer zu vertiefen, nicht prozeßfähig sei.

48. Kann ein Entschädigungsanspruch vor Gericht geltend gemacht werden, bevor die Regierung über das Fortbestehen oder die Aufhebung der getroffenen Wegeeinrichtung entschieden hat? Gen. AH. Cöln 28. Nov. 1845 entschied sich in dem damals vorliegenden Falle für die Verneinung und wies demgemäß die Klage als voreilig ab, erwägend, daß, so lange eine solche Verwaltungsentscheidung nicht vorliege, die tatsächliche Grundlage für die Erörterung fehle, ob die betreffenden Nachteile als wirkliche und unabwendbare Eingriffe in das Eigentum des Klägers zu betrachten seien. Jedoch dürfte die Frage vorwiegend tatsächlicher Natur sein und eine grundsätzliche Beantwortung, wie sie in jenem Urteil auch nicht beabsichtigt zu sein scheint, kaum gestatten. (In obigem Falle war nur in zweiter Linie auf Zuerkennung einer Entschädigung angetragen, an erster Stelle dagegen der unstatthafte Antrag auf Fortschaffung einer Straßenerhöhung gestellt worden.) Bez. dieser Frage bei Anwendung der §§ 55 ff. ZustGes. s. VO. v. 1808 A. 343 a. E.

49. Ob in den Fällen, wo der RW. zufolge § 2 Nr. 2 und der bezüglichen französischen Gesetzgebung ausnahmsweise zugelassen ist, nur petitorisch oder auch possessorisch geklagt werden könne, ist streitig. Wider die Statthaftigkeit der Besitzklage entschieden KH. 2. Mai 1827, *ME. 29. Sept. 1840, *EK. 24. Juni 1851 (Rh. A. 10, II. 43; Rh. S. 7 S. 208; JMBl. 51 S. 248) und die ord. en cons d'ét. 5. Sept. 1836 (Sir. 37, II. 57), weil vor Gericht nur über das Eigentum gestritten werden könne. Das Gegenteil nahm *EK. 30. Okt. 1852 (JMBl. 53 S. 58) wenigstens für einen Fall an, wo die Klage nicht den Besitz und Genuß der Wegefläche selbst, sondern der auf ihr stehenden Bäume betraf. AM. überhaupt ist die Rechtsprechung der französischen Gerichte, die in obiger Hinsicht die possessorischen Klagen den petitorischen gleichstellen; vgl. Cass. 26. Febr., 4. Dez. 1833, 22. Juni 1835 (Sir. 33, I. 391; 34, I. 38; 35, I. 505), Garnier, des chemins, S. 280. Selbstredend kann jedoch auch nach der letzteren Ansicht der Richter in possessorio so wenig wie in petitorio darum angegangen werden, daß die Änderung der von der Verwaltungsbehörde bestimmten Wegeeinrichtung angeordnet, noch daß dem Bürgermeister fernere Besitzstörungen untersagt, oder daß derselbe wegen der bisherigen zum Schadensersatze verurteilt werde, zumal wenn er auf höhere Anordnung handelte; die Zuständigkeit der Gerichte beschränkt sich vielmehr nach obiger Ansicht im wesentlichen auf die Feststellung des Annalbesitzes; vgl. Dalloz das. n. 146, Cormenin, chemins vicinaux, X. — *OT. 8. Mai 1855 (Präj. 7 der Rh. Sachen, E. 30 S. 477) und *RG. 25. Nov. 1884 (Rh. A. 76, III. 67) treten zwar der ersterwähnten Ansicht bei, nehmen aber andererseits an, daß bezüglich der petitorischen Entschädigungsklage für die entzogene Fläche alle Wirkungen des juristischen Besitzes, auch inbetreff der Beweisfrage (Art. 2230 c. c.) bestehen blieben, wie ein gleiches hinsichtlich der durch Verfügungen im Sinne des Ges. v. 11. Mai 1842 herbeigeführten Besitzstörungen wiederholt erkannt worden ist. AM. in letzterer Hinsicht: LG. Coblenz 11. Jan. 1840 (Tr. A. 1, I. 16).

50. Die Anwendbarkeit des § 2 Nr. 2 wird nicht dadurch ausgeschlossen, daß der mit der Gemeinde streitende Eigentümer der Fiskus ist, da das Gesetz nicht unterscheidet.

51. Immer wird aber vorausgesetzt, daß der Gegner der Gemeinde ein An-

lieger sei. Der § 2 Nr. 2 und die bezüglichen französischen Gesetze kommen daher z. B. da nicht in Betracht, wo eine Eisenbahn den Kommunalweg durchschneidet, und sich infolgedessen zwischen der Gesellschaft und der Gemeinde über die von ersterer am Wege vorgenommenen Veränderungen Streitigkeiten erheben, mag auch der Bauplan einschließlich der inbetreff des Wegs entworfenen Anlagen verwaltungsseitig genehmigt worden sein: AH. Cöln 2. Juli 1851 (Rh. A. 46, I. 139).

52. Die vorbezogenen Gesetze bleiben außer Anwendung, wenn die Gemeinde die Vizinalität gar nicht geltend macht, der Streit über die Vizinalitätsfrage sich vielmehr lediglich unter Privaten erhebt. Alsdann ist der RW. unverschränkt, vorausgesetzt daß eine Vizinalitätserklärung noch nicht vorliegt: Cormenin, das. X; Dalloz das. n. 143; Table dec. m. chemin vicinal, n. 58. Ebenso VO. v. 1808 A. 344.

53. Wohl aber kommen sie im Strafverfahren in Betracht, indem derjenige welcher des Eingriffs in einen als vizinal deklarierten Weg (§ 370 Nr. 1 StrGB.) beschuldigt ist, nicht unter der Behauptung, Eigentümer der Wegefläche zu sein, die Aussetzung der Sache bis zur zivilrichterlichen Entscheidung über jene Eigentumsfrage verlangen kann, selbst wenn über letztere Frage ein Rechtsverfahren bereits anhängig sein sollte. So: KH. 25. Febr. 1851 (Rh. A. 46, II. 23) OT. 10 Nov. 1864 (Rechtspr. 5 S. 250), Dalloz, m. question préjud., n. 104. Ein Rej. 28. Sept. 1832 (Sir. 33, I. 793) nahm sogar an, daß selbst eine wider die Vizinalitätserklärung bei der höheren Verwaltungsbehörde eingelegte Beschwerde die Aussetzung der strafgerichtlichen Entscheidung nicht zulässig mache, da die Beschwerde keine aufschiebende Wirkung habe. Wie aber, wenn eine Vizinalitätserklärung noch nicht ergangen ist? Die ältere Rechtsprechung des KH. und des OT. nahm selbst für diesen Fall an, daß jener Einwand nicht durch Richterspruch gelöst werden könne, daß vielmehr der Polizeirichter die weitere Verhandlung bis zur Entscheidung durch die Verwaltung aussetzen müsse; vgl. KH. 11. Nov. 1851 (Rh. A. 46, II. 96), *OT. 9. Sept. 1858 in S. g. Wilms. Später hat das OT. diese Ansicht verworfen und die Statthaftigkeit der richterlichen Entscheidung für den letzteren Fall anerkannt; vgl. OT. 14. Nov. 1861, 10. Nov. 1864 (Rechtspr. 2 S. 65; 5 S. 250; übrigens betraf die Beschuldigung einen Weg, hinsichtlich dessen eine Vizinalitätserklärung gar nicht hätte ergehen können, nämlich einen bloßen Feldweg; vgl. A. 28 und Dalloz das. n. 105. Das OT. erachtete das Gesetz v. 31. Jan. 1845, GS. S. 95, für anwendbar und billigte daher die Aussetzung des Strafverfahrens bis zur zivilrichterlichen Entscheidung über das Eigentum. In gleichem Sinne erkannte bereits vor Erlaß jenes Ges. KH. 4. Apr. 1842, Rh. A. 33, II. 32.) Dagegen ist das Kammergericht zur älteren Auffassung zurückgekehrt, daß nur die Regierung einen Weg für vizinal erklären könne: KG. 4. Mai 1885 (Rh. A. 76, III. 187: der Vorderrichter hatte auf Grund von Zeugenaussagen über die Öffentlichkeit des Weges entschieden; das KG. hob das Urteil aus jenem Grunde auf; die Aussetzungsbefugnis des § 261 StPO., der sich nur auf bürgerliche Rechtsverhältnisse beziehe, komme nicht in Betracht, weil die Frage, ob ein Weg ein öffentlicher sei oder nicht, dem Gebiet des öffentlichen Rechts angehöre.) Vgl. auch OLG. Cöln 27. Juni 1891 (das. 83, I. 160). — Folgt man der Ansicht des OVG., so hat der Strafrichter über die Öffentlichkeit des Weges selbst zu entscheiden; vgl. auch VO. v. 1808 A. 344.

54. Endlich bleibt zu erwähnen, daß, da die Verfügungen der Verwaltung über die Richtung usw. der Kommunalwege regelmäßig den Charakter von Polizeiverfügungen an sich tragen, auf Streitigkeiten der hier fraglichen Art meist auch die Bestimmungen des Ges. v. 11. Mai 1842 passen, die jedoch im wesentlichen zu denselben Ergebnissen führen, und daß die ausschließliche Anwendbarkeit des § 2 Nr. 2 fast nur auf die Fälle beschränkt ist, wo die Kommunalbehörde lediglich als Vertreterin des Gemeindeguts, mithin in Ausübung des der Gemeinde an den Gemeindewegen zustehenden Eigentumsrechts gehandelt hat; vgl. *EK. 15. Jan. 1854 (Tr. A. 7, I. 301).

§ 2 Nr. 3 und 4.

55. Die französische Gesetzgebung räumte den Verwaltungsbehörden die Befugnis ein, im allgemeinen landespolizeilichen Interesse reglementarische Verfügungen zur Erhaltung der Flüsse, ihres ungehinderten Laufs, ihrer allgemeinen Benutzung sowie zu ihrer Reinerhaltung behufs Verhütung von Überschwemmungen, Versumpfungen und anderen Benachteiligungen benachbarter Grundstücke zu erlassen, demgemäß auch die Höhe des Wasserstands und die Vorflut im allgemeinen zu

regeln, endlich die Genehmigung zur Anlage von Mühlen und anderen Triebwerken zu erteilen, ohne daß in dieser Hinsicht ein wesentlicher Unterschied zwischen den verschiedenen Arten fließender Gewässer gemacht war; vgl. Ruralges. v. 6. Okt. 1791 Tit. 2 Art 16; Ges. v. 14. Flor XI. und 16. Sept. 1807 Art. 33, Dekr. v. 12. Apr., 2. Juli 1812 (v. Dan. 4 S. 464; 5 S. 288, 808, 820), Dalloz, m. eaux, n. 428, 429; *OT. 8. Febr. 1859 (Rh. A. 54, II. 73). — Handelte es sich dagegen nicht um den Erlaß solcher Reglements einschließlich der nach dem französischen Sprachgebrauche darunter mitbegriffenen polizeilichen Konzessionen für einzelne Anlagen, sondern um die Schlichtung besonderer über die Wassernutzung usw. unter den Anliegern entstehenden Streitigkeiten, so trat in Beziehung auf die Zuständigkeit der grundsätzliche Gegensatz in den Vordergrund, der nach dem c. c. zwischen den zu den „dépendances du domaine public" gehörigen schiff- oder flößbaren und den weder schiff- noch flößbaren Flüssen oder (um der Kürze halber mit der Terminologie des Preußischen Rechts zu reden) zwischen öffentlichen und Privatflüssen besteht. Hierbei muß jedoch daran erinnert werden, daß, von künstlich angelegten Kanälen und Gräben abgesehen, die in der französischen Jurisprudenz vorherrschende Ansicht auch an sog. Privatflüssen, sowohl was diese selbst, als was ihr Bett und das vorbeifließende Wasser betrifft, kein Privateigentum im eigentlichen Sinne des Worts, sondern nur einzelne beschränkte vom Ufereigentume meist untrennbare Privatrechte anerkennt. Bei Streitigkeiten über öffentliche Flüsse bildete die Zuständigkeit der Verwaltungsbehörden, insbesondere diejenige der Präfekturräte die Regel (die der Gerichte trat nur ganz ausnahmsweise ein, wenn der Staat oder das allgemeine Wohl bei dem Streite nicht einmal mittelbar berührt und der Streitgegenstand überdies einer Beurteilung nach privatrechtlichen Normen, z. B. Verträgen empfänglich war); dagegen unterlagen Streitigkeiten über di Wassernutzung usw. bezüglich der Privatflüsse durchweg der richterlichen Entscheidung und zwar selbst dann, wenn hierbei nicht ausschließlich privatrechtliche Gesichtspunkte, sondern die Interessen der Bodenkultur in ihrem Verhältnisse zu der dem Eigentume gebührenden Achtung in Betracht kamen, oder wenn sich der Klageanspruch auf ein administratives Reglement gründete; vgl. Art 645 c. c., Ges. v. 6.—24. Aug. 1790 Tit. 3 Art. 10; Arr. v. 19. Vent. VI. Art 11; StRG. v. 24. Vent XII. (Gräff S. 524), Dekr. v. 12. Apr., 2. Juli 1812. Namentlich war die Zuständigkeit der Präfekturräte, wie ihnen die Befugnis zum Erlasse reglementarischer Bestimmungen abging, so auch bei den die besonderen Interessen der Ufereigentümer bezw. Triebwerksbesitzer betreffenden Streitigkeiten ganz ausgeschlossen, insofern von den im Art. 4 Ges. v. 14. Flor. XI. erwähnten, zu § 10 d. G. näher zu besprechenden Angelegenheiten abgesehen wird. Vgl. Dalloz, m. eaux, n. 508.

56. Müßte man an dem Satze unbedingt festhalten, daß § 2 auf die Regierungen nur gewisse Befugnisse der vormaligen Präfekturräte übertragen habe, so könnte man mit Rücksicht auf das eben gesagte geneigt sein, anzunehmen, daß die Nr. 3 und 4 lediglich von öffenlichen Flüssen redeten, wie dies auch wirklich mitunter behauptet worden ist. Jedoch ergibt bereits § 2 Nr. 2, daß obiger Satz in dieser Unumschränktheit nicht aufrecht zu erhalten ist. Auch widerspricht der aus ihm hinsichtlich der Nr. 3 und 4 herzuleitenden Folgerung die allgemeine Fassung dieser Bestimmungen um so mehr, als Streitigkeiten der dort erwähnten Art vorzugsweise gerade bei der Nutzung von Privatflüssen hervorzutreten pflegen. Wohl aber folgt aus der unmittelbaren Beziehung des § 2 zum französischen Verwaltungsrechte, daß jenem § im allgemeinen wenigstens die Absicht fern lag, über andere Gegenstände als solche zu verfügen, die schon nach jenem Rechte dem administrativen Ressort überhaupt angehörten, weshalb den Vorschriften der Nr. 3 und 4 in ihrer Anwendung auf Privatflüsse nur eine einschränkende und nicht etwa die dem Wortlaute allerdings mehr entsprechende Deutung gegeben werden kann, als ob dieselben die Entscheidung über alle den Wasserlauf betreffenden Streitigkeiten der Uferbesitzer oder doch die sich auf die Höhe des Wasserstandes bei gewerblichen Anlagen beziehenden, entgegen den Grundsätzen des französischen Rechts, ausschließlich auf die Verwaltungsbehörden hätten übertragen wollen. Jeder in dieser Hinsicht etwa noch bestehende Zweifel dürfte schwinden, wenn man die Nr. 3 und 4 mit den §§ 1—5 des Vorflutges. v. 1811 vergleicht, welche letzteren mit ersteren sowohl in der Fassung wie im Inhalte eine solche Übereinstimmung bekunden, daß sie an der Entstehung derselben unverkennbar einen großen Anteil gehabt haben und neben den bezüglichen Bestimmungen des französischen Rechts als deren Quelle zu betrachten sind. Während nämlich die

preußische Gesetzgebung in Übereinstimmung mit der französischen der Anschauung huldigt, daß Streitigkeiten über die Wassernutzung inbetreff der Privatflüsse privatrechtlicher Natur seien, hat sie dennoch in jenen Bestimmungen für gewisse Fälle dieser Art ausnahmsweise ein landespolizeiliches Verfahren und sogar ein landespolizeiliches Entscheidungsrecht vorgeschrieben. Dieses Entscheidungsrecht erstreckt sich jedoch, wie in den Erläuterungen zum Vorflutges. näher erörtert ist, nicht etwa auf Streitigkeiten zweier Interessenten über das beiderseitige Recht der Wassernutzung, sondern lediglich auf Zwiespalte zwischen dem Rechte des oberhalb liegenden Grund- oder Triebwerkbesitzers auf Gestattung der Vorflut und dem diesem Rechte gegenüber stehenden Staurechte eines (unterhalb liegenden) Triebwerksbesitzers und tritt selbst bei diesen Streitfällen nur dann ein, wenn es an bestimmten privatrechtlichen Normen für die Schlichtung derartiger Streitigkeiten mangelt. — Über dieses Entscheidungsrecht hinaus soll augenscheinlich auch die den Regierungen in den Nrn. 3 und 4 erteilte Befugnis, insoweit sie sich auf die Entscheidung über streitige Sonderinteressen der Anlieger eines Privatflusses bezieht, nicht reichen. Demgemäß ergibt sich für die Auslegung dieser Vorschriften aus obigen Bestimmungen des Vorflutges. in Verbindung mit den Grundsätzen des französischen Rechts folgendes: Die Befugnisse der französischen Verwaltungsbehörden, einschließlich derjenigen der Präfekturräte, in Beziehung auf öffentliche Flüsse sind (vorbehaltlich des in A. 21 gesagten) ungeschmälert auf die Regierungen übergegangen, weshalb die richterliche Entscheidung bei Streitigkeiten mit der Verwaltung, z. B. über die Verbindlichkeit eines von dieser erlassenen Reglements (vgl. AH. Cöln 5. Apr. 1827, Rh. A. 11, I. 79), wie unter den Anliegern durchweg ausgeschlossen ist, es müßte sich denn der Streit um rein privatrechtliche Interessen, z. B. um die Auslegung von Privatverträgen und dergleichen drehen. Anlangend jedoch die Privatflüsse, so bildet die richterliche Zuständigkeit für alle Streitigkeiten über die Wassernutzung usw., dieselben mögen unter Grund- oder Triebwerksbesitzern, oder unter jenen einer- und diesen andererseits entstehen, sie mögen nach ausschließlich privatrechtlichen oder gleichzeitig nach sonstigen, den allgemeinen Interessen der Bodenkultur und des Eigentums entlehnten Gesichtspunkten zu beurteilen sein (Art. 645 c. c., vgl. hierzu RG. 24. Nov. 1902, Rh. A. 99, II. 81), auch unter der Herrschaft des Ress.-Regl. die Regel, während die Befugnisse der Regierung auf die Geltendmachung landespolizeilicher Rücksichten beschränkt bleiben und sich teils im Erlasse reglementarischer Bestimmungen, teils aber auch in anderer Weise äußern und ausnahmsweise sogar die Gestalt eines wirklichen Entscheidungsrechts gegenüber zweien über ihre Sonderinteressen streitenden Parteien annehmen. Das letztere tritt ein, wenn es inbetreff der Frage, wie hoch ein Triebwerksbesitzer zum Nachteile oberhalb gelegener Grundstücke oder Triebwerke stauen dürfe, an bestimmten privatrechtlichen Normen mangelt. Ebenso RG. 9. Dez. 1890 (Rh. A. 82, II. 93). Über die Abänderungen, die Nr. 3 und 4 durch das ZustGes. erlitten haben, s. A. 67. Vgl. auch Nieberding, Wasserrecht und Wasserpolizei (2. Aufl.) S. 333. (Was das Verhältnis der Nr. 3 und 4 zu einander betrifft, insoweit dieselben bei Privatflüssen zur Anwendung kommen, so dürfte sich Nr. 3 auf einzelne, Nr. 4 dagegen auf allgemeine Regelungen beziehen, d. h. also Nr. 3 vorzugsweise die Fälle vor Augen haben, wo die Regierung unter zwei streitenden Interessenten zu entscheiden berufen ist, Nr. 4 die Fälle, wo es sich um den Erlaß eines allgemeinen Reglements oder einer Konzession handelt. Diese Auslegung setzt stillschweigend voraus, daß die Schlußworte „insofern dieser Gegenstand nicht durch Vergleiche usw. bestimmt ist“ auf Nr. 3 mitzubeziehen sei, was durch AH. Cöln 19. März 1834 (Rh. A. 20, I. 89) bestätigt wird. — In Nr. 3 dürfte übrigens statt „und der dem Eigentümer einer Mühle zu verschaffenden Vorflut“ zu lesen sein: „und der von dem Eigentümer einer Mühle zu verschaffenden Vorflut“; da nämlich obige Worte, wie sie jetzt lauten, nur von dem Eigentümer einer oberhalb gelegenen Mühle verstanden werden könnten, so würde Nr. 3 ausschließlich von Streitigkeiten unter zwei Stauberechtigten sprechen, mithin der an dieser Stelle zwischen den Interessen der Bodenkultur und denen der Müller gemachte Gegensatz keinen Sinn haben.)

57. Die Regierung ist bei ihren auf § 2 Nr. 3 und 4 d. G. und auf das Ruralges. gestützten Anordnungen nicht an einen Antrag der Beteiligten gebunden, sondern kann, da sie die öffentlichen Interessen zu wahren hat, das Merkpfahlsetzungsverfahren auch von Amtswegen einleiten. Schon aus diesem Grunde ist die (übrigens auch nicht vorgeschriebene) Zuziehung aller einzelnen möglicher Weise bei der Fest-

setzung beteiligten Grundbesitzer nicht erforderlich. Andererseits ist trotzdem nach einmal erfolgter Festsetzung der Stauhöhe ein neues Festsetzungsverfahren ausgeschlossen. So: OVG. 11. Dez. 1899 (E. 36 S. 341).

58. Mit der eben entwickelten Ansicht (A. 56) stimmt die Mehrzahl der ergangenen gerichtlichen Entscheidungen der Hauptsache nach im Ergebnisse überein; nur ist in keinem derselben (mit Ausnahme der gen. RG. 1890 und OVG. 1899) die Beziehung der Nr. 3 und 4 zu den §§ 1—5 des Vorflutges. berücksichtigt worden. Dagegen findet sich eine mittelbare Anerkennung dieser Beziehung in der LMVfg. 11. März 1850 (VMBl. S. 69), indem diese behufs Deutung der gen. §§ 1 ff. den § 2 Nr. 3 und 4 d. G. zur Hülfe nimmt, ferner in der Inn. u. LMVfg. 21. Apr. 1861 (VMBl. S. 101), wo geradezu gesagt wird, § 2 Nr. 3 und 4 ermächtige die Rheinischen Regierungen zur Entscheidung einzelner Streitigkeiten in Wasserstausachen auf ähnliche Weise, wie das Vorflutges. die Regierungen im Gebiete des ALR.; vgl. ferner Ges. v. 14. Juni 1859 A. 3.

59. Unter den oben gedachten Erk. (A. 58) entschied *OT. 8. Febr. 1859 (Rh. A. 54, II. 73) für die Zulässigkeit einer Klage, die der Besitzer einer unterhalb belegenen Mühle wieder den Besitzer einer oberhalb belegenen auf Beseitigung von Stau- und Schleusenanlagen angestellt hatte, ungeachtet diese Klage auf keinen besonderen Rechtstitel gegründet wurde. (Der Antrag lautete: „daß Beklagter nicht befugt sei, daß Wasser des Erftbachs durch das darin errichtete Wehr zu stauen und hiermit der klägerischen Mühle zu entziehen, vielmehr gehalten sei, dieses Wehr entweder wegzuschaffen oder ihm eine nötigenfalls durch Experten zu bestimmende Höhe zu geben" usw. Das sehr ausführlich begründete Erk. erster Instanz und das des A.H. hatten diesen Antrag für nicht prozeßfähig erachtet.) Vergl. ferner Vorflutges. v. 15. Nov. 1811 A. 12.

60. LG. Coblenz 18. Nov. 1841 (Tr. A. 2, I. 76) erkannte das gleiche in dem umgekehrten Falle, wo also der oberhalb gelegene Müller klagbar geworden war, weil der unterhalb belegene durch übermäßiges Stauen einen der klägerischen Mühle schädlichen Rückstau verursache. Für Fälle dieser Art würde nach der in A. 56 entwickelten Ansicht unter Umständen allerdings die Zuständigkeit der Verwaltungsbehörde Platz greifen. Jedoch stützte Kläger seinen Anspruch gerade darauf, daß dem Beklagten bei Erteilung der Konzession zur Bedingung gemacht war, sein Wehr so einzurichten, daß kein für die obere Mühle schädlicher Rückstau entstehe; vgl. unten A. 64. (Das LG. scheint freilich den RW., selbst wenn von der Konzession ganz abgesehen werde, für statthaft erachtet zu haben.)

61. Ferner entschied A.H. Cöln 24. Nov. 1824 (Rh. A. 6, I. 235) zu Gunsten des RW. in einem Falle, wo eine Gemeinde belangt war, um einen Bachkanal zu reinigen und dessen Bett wieder auf die Tiefe zu bringen, daß das Wasser aus dem Gewölbe seinen unbehinderten Abfluß erhalte. (Dieses Urteil erwog hierbei, daß, da es sich um die Benutzung eines Gewässers handle, hinsichtlich dessen kein allgemeines im Interesse aller Beteiligten ergangenes Reglement vorliege, die Klage vielmehr bloße Privatinteressen betreffe, die Einrede der Unzulässigkeit des RW. weder im § 2 Nr. 3 noch im Ges. v. 14. Flor. XI. ihre Begründung finde.)

62. Ebenso A.H. Cöln 22. Aug. 1833 (Rh. A. 19, I. 53) inbetreff einer Klage gegen die Stadt Cöln auf Anerkennung des Rechts, durch Schutzbretter das Wasser eines die Stadt durchfließenden Bachs in den Einflußkanal der Kläger zu leiten, welche auf unvordenklichen Besitzstand sowie auf frühere Anerkenntnisse der Kommunalbehörde gegründet wurde.

63. Nicht minder gehören zur richterlichen Zuständigkeit sowohl nach den Grundsätzen des französischen wie des jetzigen Rechts und unbeschadet des § 2 alle Entschädigungsklagen, die sich zwischen Ufer- und Triebwerksbesitzen aus Anlaß der Wasserbenutzung erheben und einer Beurteilung nach den Grundsätzen des Privatrechts empfänglich sind, selbst wenn der Schaden durch Errichtung von Anlagen oder Vornahme von Handlungen verursacht sein soll, die von der Verwaltung genehmigt worden waren: Dalloz, m. eaux n. 572.

64. Endlich sind dem obengesagten zufolge gegenwärtig ebenso wie ehedem diejenigen Streitigkeiten im RW. zu erörtern, welche sich gerade aus Anlaß eines administrativen Reglements erheben und dessen Anwendung (application) zum Gegenstande haben, vorausgesetzt, daß der Streit kein öffentliches sondern nur privatrechtliche Interessen betrifft, während unter der entgegengesetzten Voraussetzung die Entscheidung allerdings auch jetzt noch der Verwaltung verbleiben würde; vgl. Dekr.

v. 2. Juli 1812, Dalloz m. eaux n. 557, 558, LG. Coblenz 18. Nov. 1841 (Tr. A. 2, I. 76) AH. Cöln 17. Febr. 1836 (Rh. A. 23, I. 75). In letzterem Urteile heißt es: die Bestimmung des Wasserstandes von seiten der Verwaltungsbehörde vertrete, insofern es hierbei auf gegenseitige Rechte und Verbindlichkeiten der Besitzer von Nachbarmühlen ankomme, zwischen diesen die Stelle eines Vertrags; sei daher in der Konzession bestimmt, daß diese oder jene Vorrichtung unterbleibe, so stehe dem anderen Teile ein desfallsiges Untersagungsrecht zu und zwar ohne daß er bei dessen Handhabung nachzuweisen brauche, daß ihm durch die verbotene Vorrichtung oder Handlung ein Schaden erwachse.

65. Das in A. 64 gesagte ist jedoch nur so zu verstehen, daß der Richter auf Anrufen eines Beteiligten befugt sei, die Handhabung und Ausführung eines administrativen Reglements zu verordnen bezw. über die rechtlichen Folgen zu erkennen, welche aus diesem Reglement für die Beteiligten hervorgehen. Handelt es sich dagegen nicht um die Anwendung, sondern umgekehrt um die Anfechtung oder Aufhebung eines solchen Reglements, so greift die gerichtliche Entscheidung nicht Platz. Dies galt nach französischem Rechte unbedingt und ist gegenwärtig wenigstens noch als Regel, d. h. vorbehaltlich der im § 2 Nr. 4 d. G. und der in den §§ 2 ff. Ges. v. 11. Mai 1842 enthaltenen Ausnahmen festzuhalten; vgl. AH. Cöln 19. März 1834, 17. Febr. 1836, *ME. 17. Jan. 1843 (Rh. A. 20, I. 89; 23, I. 75; 36, I. 210), RG. 15. Juni 1888 (das. 79, III. 96).

66. Erheben sich daher Streitigkeiten über die Höhe des Wasserstandes infolge einer polizeilichen Konzession, welche einer der streitenden Parteien als Besitzer einer Mühle erteilt worden ist, so kann der Konzessionsakt selbst in der Regel auf dem RW. nicht angefochten werden. Andererseits ist aber gerade inbetreff solcher Konzessionen zu bemerken, daß sie immer unter dem ausdrücklichen oder stillschweigenden Vorbehalte der wohlerworbenen Rechte dritter erteilt zu werden pflegen, weshalb die letzteren, ohne darum einen Akt dieser Art anzufechten, immerhin befugt bleiben, für ihre der erteilten Konzession widerstreitenden privatrechtlichen Ansprüche die richterliche Hilfe anzugehen. So schon die Jurisprudenz des französischen Staatsrats, bei Dalloz m. eaux n. 421, welcher Schriftsteller dies freilich in solcher Unumschränktheit nicht gelten läßt. Für die Rheinprovinz kann dieser Punkt jedoch nicht mehr streitig sein, da derselbe mittlerweile durch die Gesetzgebung und zwar durch die bezüglichen Bestimmungen der Pr. GewerbeO. v. 17. Jan. 1845 bezw. die §§ 1 ff. Ges. v. 1. Juli 1861 in obengedachtem Sinne geregelt worden ist, mit denen die Vorschriften der RGewerbeO. übereinstimmen. Seit Erlaß dieser Bestimmungen unterliegt es namentlich keinem Zweifel mehr, daß der dritte unter Umständen sogar, wenn nicht der Fall des § 26 RGewerbeO. vorliegt, die Unterdrückung einer durch polizeiliche Konzession genehmigten Anlage vor Gericht erstreiten kann und sich nicht etwa mit einer bloßen Entschädigung zu begnügen braucht, während in Frankreich vielfach für die letztere Ansicht entschieden worden ist; vgl. Dalloz, m. compét. adm., n. 438; m. eaux n. 572 ff.

67. Eine Änderung auf dem hier behandelten Gebiete ist durch § 67 ZustGes. erfolgt, der die Fälle des § 2 Nr. 3 und 4 d. G. ausdrücklich mitumfaßt. Die Bedeutung dieses § ist nicht unzweifelhaft. Er überweist im Abs. 1 die „behufs Festsetzung der Höhe des Wasserstandes bei Stauwerken" erfolgende Ernennung der sachverständigen Kommissare dem Kreis- (Stadt-) Ausschuß und gibt im Abs. 2 gegen die Festsetzung der Kommissare die Klage bei dem Kreis- (Stadt-) Ausschuß. Offensichtlich hat dem Gesetzgeber bei dieser Wortfassung nur das Vorflutges. v. 1811 (§§ 2, 5) vorgeschwebt, wie auch das nur für die östlichen Provinzen erlassene ZustGes. v. 26. Juli 1876, dem § 67 entnommen ist, nur das Ges. v. 1811 anführte. Der Sinn des Abs. 1 und 2 ist demnach der, daß an die Stelle der Polizeibehörde in § 2 Ges. v. 1811 der Kreis- (Stadt-) Ausschuß und an die Stelle der Beschwerde an die obere Polizeibehörde in § 5 das. die Klage im Verwaltungsstreitverfahren treten und daß eine Mitwirkung des Gerichts bei der Setzung des Merkpfahls nicht mehr stattfinden soll; im übrigen bleiben die §§ 1—5 Ges. v. 1811 in Kraft. Bei der Ausdehnung des ZustGes. auf die Rheinprovinz fand eine Änderung des Textes nicht statt, trotzdem dort die Festsetzung des Wasserstandes nicht durch Kommissare, sondern gemäß § 2 Nr. 3 und 4 d. G. durch die Regierung erfolgt. Da nun § 67 sowohl nach seiner Stellung im ZustGes. als nach seinem Wortlaut keine grundsätzliche Neuregelung auf diesem Gebiete geben, sondern nur die bestehenden Gesetze der neuen Verwaltungsorganisation anpassen will, so ergibt eine strenge Auslegung,

daß § 67 Abs. 1 und 2, trotz des am Schlusse des § enthaltenen Hinweises auf § 2 Nr. 3 und 4 d. G., tatsächlich keine Bestimmung für das Gebiet des Rhein. Rechts enthalten. Wir kommen aber damit zu dem vom Gesetzgeber gewiß nicht gewollten Ergebnis, daß in der Rheinprovinz das (nur auf Abs. 2 beruhende) Verwaltungsstreitverfahren gegen die Festsetzung des Wasserstandes nicht stattfindet. Um diese Schlußfolgerung zu vermeiden, nimmt Brandts, die neuen preuß. Verwaltungsgesetze f. d. Rheinprovinz, A. 1 zu § 67, einen redaktionellen Fehler an, indem er in Abs. 2 hinter das Wort „Kommissarien" die Worte „bezw. die Regierung" eingeschoben wissen will; er verneint mithin die Anwendbarkeit des Abs. 1, gibt aber gemäß Abs. 2 gegen die Festsetzung des Wasserstandes durch die Regierungspräsidenten (§ 18 LVG.) die Klage zum Kreis- (Stadt-) Ausschuß; aaO. S. 448, 449. Diese Auslegung befriedigt nicht; denn abgesehen davon, daß es sehr gewagt erscheint, einen etwa vorhandenen redaktionellen Fehler einfach zu verbessern, führt diese Verbesserung zu der mit unserer Beamtenordnung nicht zu vereinbarenden Erscheinung, daß eine Anordnung des Regierungspräsidenten mit der Klage beim Kreis- (Stadt-) Ausschuß angefochten werden könnte. (Vgl. auch RG. 26. Mai 1899, Gruchot 43 S. 1201). Die Praxis der Verwaltungsbehörden im Rheinland hat denn auch diese Auslegung nicht angenommen, sondern sich in der Weise geholfen, daß jetzt auch dort der Kreisausschuß Kommissare zur Festsetzung des Wasserstandes ernennt und gegen deren Entscheidung die Klage im Verwaltungsstreitverfahren zuläßt. Sie hat damit tatsächlich, unter Verkennung der Natur des § 67 (s. oben), den § 2 Nr. 3 und 4 insoweit beseitigt und an seine Stelle das durch § 67 geänderte Vorflutges. v. 1811 in der Rheinprovinz eingeführt. Vgl. OVG. 11. Dez. 1899 (E. 36 S. 341). — Abs. 3 des § 67 gilt unzweifelhaft auch in der Rheinprovinz; auch bei der oben erwähnten strengen Auslegung des § 67, wonach die Festsetzung des Wasserstandes noch heute durch den Regierungspräsidenten erfolgt, stände der Anwendbarkeit des Abs. 3 an sich nichts entgegen. Hiernach unterliegen [in einem administrativen Merkpfahlsetzungsverfahren auftauchende (vgl. Vorflutges. v. 1811 A. 19)] Streitigkeiten darüber, ob die Höhe des Wasserstandes in rechtsverbindlicher und deutlicher Weise bestimmt ist, dem Verwaltungsstreitverfahren; früher hatten über diese Vorfrage die Gerichte zu entscheiden.

§ 2 Nr. 5.

68. Die bezüglichen französischen Bestimmungen enthielt das Dekr. v. 15. Okt. 1810 (v. Dan. 5 S. 624). Dasselbe unterschied indessen drei Klassen von Manufakturen und Werkstätten der hier fraglichen Art und übertrug nur inbetreff der 2. und 3. Klasse den Präfekturräten ein wirkliches Entscheidungsrecht und zwar rücksichtlich der 2. Klasse auch nur für den Fall, wo der Einspruch erst nach Erteilung der Konzession erhoben wurde; im umgekehrten Falle hatte der Präfekt und über die Beschwerde wider den die Autorisation versagenden Beschluß der Staatsrat zu entscheiden; ähnliche Beschwerden bezüglich der Manufakturen der 2. Klasse, wie sämtliche Einsprüche gegen deren Anlegung gehörten dagegen allerdings zur Entscheidung der Präfekturräte. Über die Einsprüche wider die Anlegung von Manufakturen der 1. Klasse stand den Präfekturräten nur die Erteilung eines Gutachtens, die Beschlußfassung aber dem Staatsrate zu; vgl. Dalloz, m. compét. admin, n. 479 ff.

69. Das Ress.-Regl. behält die Unterscheidung unter jenen drei Klassen nicht bei, sondern trifft hinsichtlich aller hier inbetracht kommenden Manufakturen usw. dieselbe Bestimmung, welche wohl auch auf Beschwerden über die Versagung der Genehmigung zu beziehen ist. Inzwischen dürfte die ganze Vorschrift schon seit dem Erlasse der Pr. Gewerbe-Ordn. v. 17. Jan. 1845 in Wegfall gekommen sein; vgl. §§ 26 ff., 190 das., Ges. v. 1. Juli 1861 §§ 1 ff. und gegenwätig RGewerbe-Ordn. §§ 16 ff. Es ist indessen zu bemerken, daß die älteren wie die neueren Vorschriften in der Hauptsache übereinstimmen, daß namentlich beide der prozessualischen Geltendmachung privatrechtlicher Ansprüche, z. B. solcher, welche der der Anlage Widersprechende aus einem mit dem Konzessions-Sucher bezw. Inhaber abgeschlossenen Vertrage herleitet, in gleichem aller Entschädigungsforderungen nicht im Wege stehen; vgl. Dalloz, m. compét. admin., n. 483, 208; RGewerbe-Ordn. §§ 19, 26.

§ 3. Sollten in den Rheinprovinzen auch dort, wo vorher keine Präfekturräte bestanden haben, in der Folge sich ähnliche Streitigkeiten ereignen, so gehört ihre Entscheidung gleichfalls vor die Regierungen.

§ 4. Diese haben ebenmäßig das Recht, die Beratschlagungen und Beschlüsse der Gemeinderäte über die Art, wie die Güter der Gemeinde benutzt und welche Änderungen damit vorgenommen werden sollen, zu bestätigen oder zu verwerfen und die unter den Mitgliedern der Gemeinde hieraus entstehenden Streitigkeiten zu entscheiden.

---

§ 3.

70. Wenn § 3 auf den ersten Blick dafür zu sprechen scheint, als ob die Zahl der Sachen, für welche die Regierungen die den Präfekturräten zuständig gewesene Gerichtsbarkeit ausüben sollen, im § 2 erschöpft sei, in den folgenden §§ mithin den Regierungen eine jener Gerichtsbarkeit fremde und zwar rein verwaltende Tätigkeit, wie sie vormals den französischen Verwaltungsbehörden zustand, übertragen werde, so ergibt dennoch der Inhalt jener anderen §§, namentlich der §§ 8ff. die Irrigkeit einer solchen Annahme. Selbstredend gilt § 3 daher auch von letzteren.

71. Die Worte „auch dort, wo vorher keine Präfekturräte bestanden haben," sind augenscheinlich nur auf diejenigen Landesteile zu beziehen, welche zum Großherzogtum Berg gehörten. Hier hatten zwar kurze Zeit hindurch Präfekturräte bestanden. Sie waren indessen schon vor Beendigung der Fremdherrschaft wieder aufgehoben worden und zwar durch Dekr. v. 5. März 1812, welches ihre Verrichtungen den Distriktsgerichten unter der Maßgabe übertrug, daß in den zu ihrer Zuständigkeit gehörig gewesenen Sachen der Präfekt den Vorsitz führen und die Berufung von den zu erlassenden Entscheidungen an den Staatsrat gehen solle.

§ 4.

72. Die bei Erläuterung dieses § in Betracht kommenden französischen Gesetze sind besonders: a) Ges. v. 10. Juni 1793 (v. Dan. 2 S. 355), das die Teilung der biens communaux, d. h. desjenigen Gemeindeguts, auf dessen Eigentum oder Nutzungen alle Bewohner einer oder mehrerer Gemeinden, oder der Abteilung einer Gemeinde ein gemeinsames Recht besitzen, unter diese Gemeindebewohner gestattete, andererseits aber die letzteren ermächtigte, inbetreff der ungeteilt bleibenden Gemeindegüter die Regeln über die Art ihrer Benutzung durch einen von dem Departements-Direktorium zu bestätigenden Beschluß neuerdings festzustellen; b) das Dekr. v. 9. Brum. XIII. (v. Dan. 4 S. 563), welches für den Fall, daß die Gemeindebewohner von der letztgedachten Ermächtigung keinen Gebrauch gemacht, inbetreff des ungeteilt gebliebenen Gemeindeguts vielmehr die frühere Benutzungsweise beibehalten haben sollten, die spätere Änderung der Benutzungsweise von einem landesherrlichen Dekrete, für den entgegengesetzten Fall aber von der Genehmigung des Präfekten bezw. der Entscheidung des Staatsrats als Rekursinstanz abhängig machte; c) das StRG. v. 29. Mai 1808 (v. Dan. 5 S. 363), demzufolge da, wo auf Grund des Ges. v. 1793, wenngleich ohne Beobachtung der vorgeschriebenen Formen, eine Änderung in der Benutzungsweise beschlossen und ins Werk gestellt worden war, die Anträge bezüglich einer neuen Art der Benutzung der Entscheidung der Präfekturräte bezw. des Staatsrats unterbreitet werden sollten; d) des Dekr. v. 6. Juni 1811 (das. S. 706), welches aus Anlaß eines Einzelfalls ausdrücklich aussprach, daß die Gerichte nicht zuständig seien, Streitigkeiten zwischen den Gemeindebewohnern über die Art der Benutzung von Gemeindegütern zu entscheiden.

73. § 4 überträgt auf die Regierungen augenscheinlich nicht nur die nach obigen Gesetzen den Präfekturräten zustehenden Befugnisse, sondern auch die in ihnen, namentlich dem Dekrete v. XIII., dem Landesherrn bezw. den Präfekten vorbehaltenen Rechte. Dagegen lassen sich noch weiter reichende Befugnisse aus § 4 nicht herleiten, namentlich nicht das Recht, gegen den Willen der Gemeinde eine Änderung in der bisherigen Benutzungsweise selbständig anzuordnen, indem auch die Befugnis der Präfekten sich darauf beschränkte, die von der Gemeinde beschlossene Änderung entweder zu genehmigen oder zu untersagen: Dalloz, m. commune n. 2340. Vgl. im übrigen MVfg. 29. Juni 1837 (Ann. S. 427).

74. Die Vorschrift des § 4 ist durch die spätere Gesetzgebung in keinem Punkte aufgehoben worden. Vielmehr bestimmt die Rh. Städte-Ordn. v. 15. Mai 1856 § 46, ganz im Geiste des § 4, daß zu Veränderungen im Genusse von Gemeindenutzungen (Wald, Weide, Haide, Torfstich und dergleichen) die Genehmigung der Regierung bezw. jetzt (§ 16 ZustGes.) des Bezirksausschusses erforderlich sei, während die Rh. Gemeinde-Ordn. v. 23. Juli 1845, abgesehen von dem unten zu erwähnenden § 19, das hier fragliche Gebiet unberührt läßt. Jedoch erleidet die Bedeutung des § 4 dadurch Eintrag, daß die Mehrzahl der aus ihm wider die Zulässigkeit des RW. zu ziehenden Folgerungen ebensowohl aus § 36 der VO. v. 1808 und der gedachten Gesetzgebung über das Gemeindewesen hergeleitet werden kann; vgl. VO. v. 1808 A. 165, 172ff. und unten A. 76—80.

75. § 4 umfaßt ebensowenig wie die angeführte französische Gesetzgebung den Fall, wo zwischen verschiedenen Gemeinden, den Abteilungen einer und derselben Gemeinde, oder zwischen der Gemeinde einer- und dem Staat oder Privatpersonen andererseits über das Eigentum gestritten wird. Solche Streitigkeiten unterliegen vielmehr der richterlichen Entscheidung; vgl. Dalloz m. commune n. 1890ff., AH. Cöln 8. Apr. 1826 (Rh. A. 9, I. 129). In letzterem Urteile wurde entschieden, daß trotz des § 4 d. G. und des Dekrets v. XIII. Eigentums- und Teilungsklagen, angestellt von einer Gemeinde wider die andere selbst dann dem RW. angehörten, wenn über die Teilung administrative Verhandlungen bereits eingeleitet seien. Namentlich gehöre die Frage, ob ein unter den Gemeinden zustande gekommener und von der Regierung genehmigter Vergleich einer solchen Klage entgegenstehe, zur richterlichen Entscheidung über die Hauptsache.

76. Dasselbe gilt von Streitigkeiten über bloße Grundgerechtigkeiten, weshalb auch ein Gemeindeglied, welches ein besonderes, nicht ausschließlich aus seiner Mitgliedschaft hergeleitetes Nutzungsrecht an Gemeindegütern in Anspruch nimmt, zu dessen Geltendmachung den RW. beschreiten kann. Das Ges. v. 10. Juni 1793 Sect. 5 Art. 3 hatte solche Streitigkeiten vor Zwangsschiedsrichter verwiesen, an deren Stelle infolge der späteren Gesetzgebung die ordentlichen Gerichte traten; vgl. Dalloz, m. commune n. 2341, Chauveau 3 S. 377.

77. Dagegen folgern zwei KH. 17. März 1824 (Rh. A. 6, II. 44ff.) aus § 4, daß den Gemeindegliedern als solchen nicht gestattet sei, eine über den Stamm des Gemeindevermögens von der Verwaltung mit höherer Genehmigung getroffene Verfügung, z. B. die Teilung von Gemeindegrundstücken oder den Vertrag über die Ablösung eines der Gemeinde zustehenden Nutzungsrechts im RW. anzufechten, daß daher der von jenen als Beschuldigten in einem Strafverfahren vorgeschützte, auf die angebliche Nichtigkeit der Veräußerung gestützte Einwand: „feci sed iure feci“ keinen die Aussetzung der strafrechtlichen Entscheidung rechtfertigenden Präjudizialpunkt bilde.

78. Wenngleich § 4 nur der Streitigkeiten unter Gemeindegliedern gedenkt, so steht doch auch dann die Entscheidung ausschließlich den Regierungen zu, wenn der Streit sich zwischen einem Mitgliede und der Gemeindevertretung erhebt. Vgl. *EK. 16. Sept. 1854, 10. Jan. 1852, AH. Cöln 31. Apr. 1842 (JMBl. 54 S. 420; 52 S. 93; Rh. A. 34, I. 82).

79. Unter der „Art der Benutzung“ ist nicht allein die Art und Weise zu verstehen, wie die Gemeindegüter überhaupt benutzt werden, z. B. ob als Weideland oder zur Holzkultur usw., sondern auch die Art und Weise, wie die Gemeindeglieder an der Benutzung teilnehmen. So ist z. B. darüber der RW. ausgeschlossen, ob die Verteilung nach Köpfen, Feuerstellen oder dem Umfange des Grundbesitzes in der Gemeinde statthaben soll. Vgl. namentlich das Dekr. v. 6. Juni 1811. — In welcher Weise Streitigkeiten darüber, ob ein unkultiviertes Gemeindegrundstück in Kultur zu setzen, erledigt werden, darüber vgl. VO. v. 1. März 1858 (GS. S. 103).

80. AH. Cöln 14. Dez. 1858 (Rh. A. 54, I. 119) folgert aus § 4 d. G. in Verbindung mit § 19 GemeindeO., daß die Gemeindeglieder nicht befugt seien, bei Gericht einen mit höherer Genehmigung gefaßten Gemeindebeschluß anzufechten, nach welchem das Gemeindegut von der Gemeinde als solcher und nicht von den Gemeindegliedern benutzt werden solle.

81. Entstehen Streitigkeiten über die Nutzungen und deren Verteilung erst, nachdem diese bereits stattgefunden hat, so ist zu unterscheiden, ob das Eigentum an jenen auf die einzelnen Gemeindeglieder schon übergegangen ist oder nicht

§ 5. Sie erteilen oder versagen nach ihrem Ermessen und nach Beschaffenheit der Umstände den Gemeinden, Kirchen, Spitälern und andern öffentlichen Anstalten das Recht, als Kläger vor Gericht aufzutreten, einer wider sie angestellten Klage zu widersprechen oder sich über einen streitigen Gegenstand zu vergleichen.

---

indem nur im letzteren Falle § 4 zur Anwendung gelangt. Vgl. *EK. 16. Sept. 1854 (JMBl. S. 406, 420. In einem der hier entschiedenen Fälle war das Losholz einer Gemeinde, ungeachtet die von der Verwaltung als gültig anerkannte Verlosung das Eigentum an den einzelnen Losen auf die Gemeindeglieder bereits übertragen hatte, auf Anordnung des Landrats behufs Deckung einer jenen zur Last liegenden Kornschuld versteigert worden. Der KompGH. verwarf den wider die Klage der Gemeindeglieder auf Ausantwortung des Losholzes erhobenen KK. als unbegründet. Im andern Falle hatte eine zweimalige Verteilung stattgefunden, die eine auf Grund eines Gemeinderatsbeschlusses durch die Einwohner selbst, die zweite durch den Bürgermeister, von welchem die erste Verteilung für nichtig erklärt worden war. Einzelne Gemeindeglieder klagten nun auf Auslieferung der ihnen bei dieser ersten Verteilung zugefallenen Lose; der KompGH. erhielt indessen den auf § 4 gestützten KK. aufrecht, weil ein Eigentumsübergang noch nicht erfolgt, der Erwerbstitel vielmehr vom Bürgermeister angefochten und daher so lange unwirksam gewesen, bis über die Rechtmäßigkeit der einen oder anderen Verteilung im Verwaltungswege entschieden worden sei.)

82. Ein Fall des § 4 liegt nicht vor, wenn ein Gemeindeglied Einspruch wider die zwangsweise Beitreibung von Abgaben erhebt, die nach einem Gemeinderatsbeschlusse für die Teilnahme an gewissen Gemeindenutzungen gefordert werden, z. B. einer Weidgangstaxe: LG. Trier 3. Mai 1853, *EK. 24. Nov. 1855 (Tr. A. 7, I. 206; JMBl. 56 S. 54).

83. Welche Behörde zu entscheiden habe, wenn nicht über die Art der Benutzung, noch über die Grundsätze, nach denen die Nutzungen unter die Gemeindeglieder zu verteilen sind, sondern darüber gestritten wird, ob jemandem ein Teilnahmerecht überhaupt zustehe, ob namentlich derjenige, welcher dieses Recht beansprucht, als Gemeindeglied zu betrachten sei, war in Frankreich streitig, indem bald für die Zuständigkeit der Gerichte, bald für die der Präfekturräte entschieden wurde; vgl. Dalloz, m commune n. 2342ff. Wenngleich diese Streitfrage durch § 4 nicht gelöst sein mag, so besteht sie dennoch für die Rheinprovinz nicht mehr, indem die Gemeinde-Ordn. v. 1845 im § 19 und die Städte-Ordn. v. 1856 im § 45 ausdrücklich bestimmen, daß Streitigkeiten über die Teilnahme an den Gemeindenutzungen, sofern sie sich nicht auf einen speziellen Rechtstitel gründen, im Verwaltungswege entschieden werden sollen. Gegenwärtig ist auch die letztere Ausnahme weggefallen, indem das in den §§ 18, 34 ZustGes. geregelte Verfahren auch beim Vorhandensein eines besonderen Rechtstitel zur Anwendung kommt; der RW. ist gemäß § 160 das. ausgeschlossen.

84. Der prozessualischen Geltendmachung eines Entschädigungsanspruches, welcher gegen andere Gemeindeglieder persönlich gerichtet und daraus abgeleitet wird, daß der Beklagte den Kläger von den Gemeindenutzungen ausgeschlossen habe, steht § 19 Gemeinde-O. nicht entgegen; vgl. EK. 12. Okt. 1861 (JMBl. 62 S. 76; der KompGH. nahm zwar gleichzeitig an, daß die in Rede stehenden Nutzungen keine Gemeindenutzungen seien. Doch erwägt er, daß dies für die Zuständigkeitsfrage außer Betracht bleiben könne).

85. Die gen. §§ 19 und 34 verschließen übrigens den RW. nicht nur dem die Teilnahme an den Nutzungen Verlangenden, sondern auch der Gemeinde, weshalb diese nicht etwa vor Gericht klagbar werden kann, um jemandem den ihm durch die höhere Verwaltungsbehörde zugesprochenen Anspruch aberkennen zu lassen: *EK. 5. März 1853 (JMBl. S. 193).

§ 5.

86. Den Ausgangspunkt für die hier gegebene Bestimmung bildet ein französisches Edikt v. April 1683, welches sowohl den Gemeinden die Anhebung eines Prozesses tant en cause principale, que d'appel, als auch den Gläubigern der Gemeinden die Anstellung von Klagen wider letztere ohne höhere Genehmigung bei

Strafe der Nichtigkeit sämtlicher Prozeduren (einschließlich der ergehenden Urteile) verbot. Von den vielen späteren bei Dalloz, m. commune n. 1508 ff. aufgeführten Bestimmungen über denselben Gegenstand sind in der Rheinprovinz nur die folgenden publiziert: a) Ges. v. 29. Vendém. V. Art. 3 (v. Dan. 3 S. 427), wonach die Gemeindebeamten keine Klage ohne vorherige Einholung eines Gutachtens der Gemeindeverwaltung und ohne Genehmigung der Departements-Zentralverwaltung verfolgen dürfen; b) Ges. v. 28. Pluv. VIII. Art. 4, 15, welches zur Ermächtigung einer Gemeinde, als Klägerin oder Beklagte vor Gericht aufzutreten, die Präfekturräte berief; c) Arr. v. 17. Vendém. X. (das. 4 S. 267), welches den Gläubigern der Gemeinden die Anstellung von Klagen wider diese bei der im Edikt v. 1683 angedrohten Strafe versagte, sofern sie nicht vorher die schriftliche Ermächtigung des Präfekturrats erhalten hatten; d) Arr. v. 24. Germ. XI. (das. S. 453), welches für Streitigkeiten unter verschiedenen Abteilungen derselben Gemeinde näher bestimmte, wie die auch hier nötige Genehmigung des Präfekturrats einzuholen und die den Prozeß für jede Abteilung führende Person auszuwählen sei; endlich, was die Kirchen betrifft, e) Arr. v. 7. Therm. XI. Art. 3 (das. S. 473), wonach die Güter der Kirchenfabriken gleich den Gemeindegütern verwaltet werden sollen, und Art. 77 des Dekr. v. 30. Dez. 1809, welcher ausdrücklich ausspricht, daß die Kirchmeister ohne Ermächtigung des Präfekturrats weder einen Prozeß unternehmen, noch sich auf einen solchen einlassen können, während Dekr. v. 6. Nov. 1813 Art. 14 eine entsprechende Vorschrift inbetreff des Pfarrdotationsvermögens enthält. — Anlangend die Hospitäler, so beruhte das Erfordernis einer Ermächtigung zum Prozeßführen für die sie vertretenden Kommissionen teils darauf, daß jene nach den Ges. v. 16. Vendém. V. und 16. Mess. VII. unter der unmittelbaren Aufsicht der Gemeindeverwaltungen standen und ihre Angelegenheiten als Gemeindeangelegenheiten behandelt wurden, teils auf besonderer Gesetzesvorschrift; vgl. Arr. v. 7. Mess. IX. (In Frankreich ist dies ganze Gebiet durch Ges. v. 18. Juli 1837 neu geregelt worden.)

87. Da § 5 eine dem Arr. v. 17. Vendém. X. entsprechende Vorschrift nicht enthält und überdies in den Worten „einer wider sie angestellten Klage zu widersprechen" vorauszusetzen scheint, daß die Anstellung von Klagen wider Gemeinden oder Kirchen ohne vorherige Ermächtigung des Klägers zulässig sei, so ist der Zweifel entstanden, ob jener Beschluß überhaupt noch gelte, oder ob nicht vielmehr der Gläubiger einer Gemeinde usw. von der Verpflichtung, selbst die Ermächtigung nachzusuchen, ganz entbunden worden sei. LG. Trier 26. Febr. 1841 (Tr. A. 2, I. 36) und Perrot 1 S. 205 huldigen der letzteren Ansicht, welche nach Schlink 1 S. 480 die in der Rechtsprechung überwiegende sein soll. Schlink selbst ist jedoch ebenso wie die JMVfg. 26. Mai 1841 und LG. Trier 7. Febr. 1848 (Tr. A. 2, I. 42; 6, I. 317) der entgegengesetzten Ansicht, welche der Verfasser teilt, indem das bloße Stillschweigen des § 5 bei der schon oben erwähnten Lückenhaftigkeit des Ress.-Regl. nichts beweist, die genannten Worte des § 5 aber gerade aus derselben Gesetzgebung entnommen sind, der auch jener Beschluß v. X. angehört. — Übrigens ist der letztere nach dem StRG. v. 3. Juli 1808 (v. Dan. 5 S. 369) nur auf die Hypotheken- und Chirographar-Gläubiger, nicht auch auf solche Personen zu beziehen, welche gegen die Gemeinde ein Eigentumsrecht, sei es in petitoro, sei es in possessorio geltend machen, woraus die Rechtsprechung gefolgert hat, daß die Ermächtigung zur Anstellung dinglicher Klagen überhaupt nicht erforderlich sei. AH. Pau 24. Juli 1835 (Dalloz, m. commune n. 1546) nahm dasselbe sogar bei einer gemischten Klage an; KH. 20. Juli 1821 (Rh. A. 3, II. 46) endlich bezieht den Beschluß ex ratione legis (vgl. unten A. 93) nur auf diejenigen Gläubiger, welche einen vom Schuldner oder dessen Rechtsvorgänger ausgegangenen Schuldschein in Händen haben; ebenso OLG. Cöln 28. Nov. 1888 (das. 80, II. 11). Das Erfordernis einer Genehmigung für die Gemeinde, sich auf Klagen der letzterwähnten Art einzulassen, wurde durch den Beschluß v. X. unberührt gelassen. Vgl. Perrot 2 S. 374.

88. § 5 ist keine prozeßrechtliche Vorschrift und deshalb nicht durch § 14 EG z. ZPO. aufgehoben worden, ebenso nicht durch § 4 das. (vgl. RG. 8. Febr. 1887, E. 17 S. 416 und A. 131). Dagegen hat er und mit ihm die bezügliche französische Gesetzgebung durch spätere Gesetze bedeutende Einschränkungen erfahren. Das geschah zunächst allgemein für Gemeindekassen, Kirchenfabriken und Wohltätigkeitsanstalten durch die AKO. v. 10 Jan. 1830 (Rh. S. 3 S. 320), nach welcher die

gedachten Institute zu Klagen gegen ihre Schuldner wegen rückständiger Gefälle, Zinsen und dergleichen einer besonderen Ermächtigung der Regierung nicht bedürfen, so lange nicht der Ursprung der Schuld bestritten wird.

89. Anlangend sodann die Gemeinden insbesondere, so ist dem § 97 der Gemeinde-Ordn. v. 1845 und dem § 46 der Städte-Ordn. v. 1856 gemäß das Erfordernis einer Ermächtigung nur noch bestehen geblieben zur Anstellung von Prozessen über Berechtigungen der Gemeinde oder über die Substanz des Gemeindevermögens, die Ermächtigung zu Prozessen gegen den Fiskus und zu Regreßklagen gegen Mitglieder der Staatsbehörden aber allgemein, mithin auch in den oben gedachten Fällen unnötig. Ob Prozesse über die Substanz des Vermögens bloß den Gegensatz bilden zu Prozessen über die Einkünfte und etwa zu Besitzklagen, oder aber, wie häufig angenommen wird, zu Mobiliarklagen überhaupt, scheint zweifelhaft; vgl. unten A. 91. Zur Einlassung auf eine Klage bedürfen die Gemeinden der Ermächtigung jedenfalls gar nicht mehr. Doch dürfte das Arr. v. 17 Vendém. X. durch obige §§ unberührt geblieben sein. — Gemäß §§ 16, 31 ZustGes. wird heute die Ermächtigung nicht mehr von der Regierung, sondern vom Bezirks- bezw. Kreisausschuß erteilt. (In allen anderen Fällen ist an die Stelle der Regierung der Regierungspräsident getreten).

90. Inbetreff der Kirchen ist das Erfordernis einer Ermächtigung seitens der Regierung durch Art. 15 der Verfassungsurkunde allgemein weggefallen; vgl. Schlink 1 S. 481, de Syo zum Dekr. v. 30. Dez. 1809 Art. 77. Die inzwischen erfolgte Aufhebung des Art. 15 ändert hieran nichts. Auch besteht in dieser Hinsicht kein Unterschied zwischen katholischen und evangelischen Kirchen. Vgl. jetzt auch Ges. 20. Juni 1875 § 51, v. 3. Juni 1876 Art. 26 und v. 7. Juni 1876 § 3. [Daß die evangelischen Kirchen jedenfalls zur Zeit der ungeschmälerten Geltung des § 5 gleich den katholischen Kirchen der Ermächtigung bedurften, unterliegt keinem Zweifel; vgl. Reichensperger in Tr. A. 1, II. 173 ff. Das LG. Elberfeld war bez. der Kirchen der vormals bergischen Landesteile anderer Meinung gewesen, indem es die unter der Jülich-Bergischen Regierung geltende Autonomie der evangelischen Kirchen als fortbestehend erachtete. Jedoch schuf § 5 in dieser Beziehung überhaupt neues Recht, da auch unter der französischen Verfassung und bis zum Erlaß des Ress.-Regl. ein evangelischer Kirchenvorstand zur Prozeßführung keiner Ermächtigung bedurfte: AH. Cöln 3. Jan. 1828 (Rh. A. 11, I. 188). Vgl. ferner AH. Cöln 27. Febr. 1829 (Rh. A. 13, I. 30), welches erkannte, daß die Regierungen befugt seien, den Einnehmer eines evangelischen Kirchenfonds zur Klage zu ermächtigen, wenngleich die Bevollmächtigung seitens der durch die früheren Gesetze errichteten Lokalkonsistorien fehlen sollte.]

91. Dagegen bedurfte ein katholischer Kirchenvorstand zur Anstellung einer Klage über den Stamm des Kirchenvermögens [der Ermächtigung der bischöflichen Behörde, da derartige Verfügungen nach den Grundsätzen des katholischen Kirchenrechts im allgemeinen und nach den Synodalstatuten der Erzdiözese Cöln im besonderen mit rechtsbeständiger Wirkung für die Kirche ohne eine solche Ermächtigung nicht erfolgen können; folgeweise mußten auch die weltlichen Gerichte den Einwand der mangelnden Ermächtigung berücksichtigen. So: AH. Cöln 30. Okt. 1855 (Rh. A. 51, I. 119; hier ward die Klage auf Zahlung eines der Kirche vermachten Kapitals zu denjenigen gezählt, bei welchen es der Ermächtigung bedarf); ähnlich: AH. Cöln 9. Jan. 1862 (Rh. A. 56, I. 183) und 28. März 1862 i. S. Griesbach g. Hollbach; de Syo aaO. AM. ist Schlink 1 S. 481, er hält dafür, daß die Gerichte den Mangel der Ermächtigung nicht zu berücksichtigen haben. — Bei Klagen im Sinne der AKO. v. 1830 A. 88 war jedenfalls die Ermächtigung der bischöflichen Behörde ebensowenig nötig, wie früher die der Regierung. Ja es wurde das Nichterfordernis einer höheren Genehmigung für derartige Klagen schon von der französischen Jurisprudenz allgemein angenommen und zwar auf Grund des Art. 78 des Dekr. v. 1809. Vgl. de Syo aaO., der jedoch die noch weiter gehende Ansicht Carrés, daß nämlich ein gleiches von allen andern persönlichen, Mobiliar- und Hypothekarklagen gelte, bekämpft.] Das Erfordernis dieser Ermächtigung ist durch § 51 Abs. 1 Ges. über die Vermögensverwaltung in den kathol. Kirchengemeinden v. 20. Juni 1875 beseitigt worden.

92. Bezüglich der Hospitäler und ähnlichen öffentlichen Anstalten hat § 5 (von der in A. 88 gen. AKO. v. 1830 abgesehen), seine ursprüngliche Geltung beibehalten. Nur ist seit dem Erlasse der AKO. v. 31. Dez. 1825

inbetreff der Gymnasien, gelehrten Schulen und Schullehrerseminarien, sowie der mit denselben in unmittelbarer Verbindung stehenden Erziehungs- und Unterrichtsanstalten die Genehmigung nicht mehr von den Regierungen, sondern von den Prov.-Schulkollegien zu erteilen: Perrot 2 S. 377.

93. Dem § 5 und den bezüglichen französischen Bestimmungen liegt der Zweck zugrunde, daß von Obervormundschafts wegen der Anstellung frivoler, oder doch hoffnungsloser Klagen, sowie dem Prozedieren über unzweifelhafte Ansprüche dritter Personen nach Möglichkeit vorgebeugt werde. Zum Erlasse des Arr. v. 17 Vend. X. hat außerdem noch der Umstand mitgewirkt, daß der Zwangsvollzug der wegen rein persönlicher Forderungen ergangenen Urteile wider Gemeinden ohnehin nicht stattfand (vgl. § 25): KO. 20. Juli 1821 (Rh. A. 3, II. 46).

94. Hiernach sind die Rücksichten zu bemessen, von denen sich die Behörde bei Erteilung oder Versagung der Genehmigung leiten lassen muß. Zunächst ist in dieser Hinsicht zu prüfen, ob die Gemeinde usw. an dem Prozesse ein rechtliches Interesse habe. So wurde z. B. erkannt, daß einer Kirchenfabrik, welcher die zur Annahme eines Vermächtnisses erforderliche Ermächtigung versagt worden war, auch die Einlassung auf eine die Gültigkeit des Vermächtnisses bekämpfende Klage nicht gestattet werden könne: Dalloz, m. commune, n. 1678. Handelt es sich um Anstellung einer Klage, so hat die Behörde die Zulässigkeit des RW. zu prüfen und die Genehmigung zu versagen, wenn über den fraglichen Anspruch nach ihrer Ansicht nur im Verwaltungswege zu entscheiden ist. Namentlich aber muß sich die Verwaltungsbehörde einer eingehenden Beurteilung der Sache selbst, der Prüfung der Titel, auch der vom Gegner etwa vorgelegten usw. unterziehen, alles selbstredend nur zur Beantwortung der Frage, ob die Genehmigung zu erteilen sei, und ohne sich zum Richter des Prozesses aufzuwerfen und der Entscheidung zur Sache vorzugreifen, selbst wenn die Entscheidung gegen die Gemeinde usw. ausfallen sollte. Ergibt jene Prüfung nicht die völlige Grund- oder Beweislosigkeit der beabsichtigten Klage, so ist die Genehmigung in der Regel zu erteilen; wenigstens genügt zur Versagung derselben nicht, daß der Ausgang des Prozesses immerhin zweifelhaft sein würde: Dalloz, aaO. n. 1676 ff., 1699 ff., 1561. Den Gläubigern der Gemeinde darf die Ermächtigung keinesfalls versagt werden, der Zweck des Beschl. v. 17. Vend. X. ist vielmehr erfüllt, wenn die Aufsichtsbehörde vom Anspruche Kunde erhält, um nötigenfalls ihren Einfluß in der obengedachten Weise (A. 93) geltend machen oder für die gehörige Verteidigung der Gemeinde usw. sorgen zu können: *ME. 26. Mai 1841 (Tr. A. 2, I. 41); MVfg. 2. März 1830 (Ann. S. 102). Ein AH. Nimes 1. Febr. 1831 (Sir. 31, II. 297) hat sogar erkannt, daß, wenn die Genehmigung ausdrücklich versagt worden, der Gläubiger dennoch ohne weiteres bei Gericht klagen könne, mithin den betreffenden Beschluß nicht etwa in der höheren Instanz anzufechten brauche.

95. Eine bloß teilweise Genehmigung ist keineswegs ausgeschlossen, auch wenn die Klage nur einen Anspruch enthält. So wurde in einem Falle, wo jemand, dessen Miteigentum durch einen unanfechtbaren Titel feststand, gegen die Gemeinde auf Teilung geklagt hatte, die Einlassung auf diese Klage nur insoweit gestattet, als sie die Geltendmachung des der Gemeinde nach jenem Titel zustehenden Miteigentums betreffen würde, mithin nicht, um das Miteigentum des Klägers zu bestreiten: Dalloz, aaO. n. 1682, 1696, 1697.

96. Obschon die Entscheidung inbetreff der Erteilung der Ermächtigung dem Präfekturrate zustand, und dessen Beschlüsse durch Berufung angefochten werden konnten, so entschieden doch weder der Präfektur- noch der Staatsrat auf Grund ihres richterlichen Berufs, sondern es übten beide eine reine Verwaltungstätigkeit aus, bei welcher daher auch die oben zu § 1 inbetreff der Gleichstellung von Präfekturratsbeschlüssen und Richtersprüchen entwickelten Grundsätze nicht zur Geltung gelangten. (Allerdings erscheint bei dieser in Frankreich allgemein herrschenden Ansicht die Zulassung der Berufung an den Staatsrat als eine Anomalie). Ebenso ist in der den Regierungen durch § 5 erteilten Befugnis kein eigentliches Entscheidungsrecht im Sinne der §§ 1, 2, 4, 8 ff. zu erblicken und daher dasjenige, was in A. 16 von den in Handhabung des letzteren Rechts ergehenden Beschlüssen gesagt worden, auf die gemäß § 5 gefaßten Beschlüsse durchweg nicht anwendbar.

97. Namentlich kann der einmal gefaßte und bekanntgegebene Beschluß von der beschließenden Behörde selbst abgeändert, mithin die einmal versagte Genehmigung späterhin erteilt und die bereits erteilte Genehmigung nachträglich zurückgezogen werden, letzteres jedoch nur unter der Beschränkung, daß, wenn schon vor-

her auf Grund der Genehmigung von der Gemeinde usw. geklagt worden ist, der Beklagte verlangen kann, daß gegen die Gemeinde mit kontradiktorischer Wirkung erkannt werde: Dalloz, aaO. n. 1562 ff., de Syo aaO.

98. Ferner braucht der Beschluß nicht in der für Präfekturratsbeschlüsse bezw. für Beschlüsse der Regierungen vorgeschriebenen Form abgefaßt zu sein. Ja es ist nicht einmal unbedingt erforderlich, daß die Ermächtigung mit ausdrücklichen Worten erteilt werde, um sie als erteilt erachten zu können. So entschied LG. Trier 7. Febr. 1848 (Tr. A. 6, I. 316), daß, wenn ein Gläubiger sich behufs seiner Befriedigung an die Regierung wende und von dieser zum RW. verwiesen werde, hierin die Genehmigung zur Klage enthalten sei. Noch weiter ging Cons. d'ét. 25. Juni 1817 (Dalloz, das. n. 1706), indem es in einem Präfekturratsbeschlusse, welcher unzuständiger Weise über ein angebliches Servitutrecht der Gemeinde zu deren Gunsten entschieden hatte, die Ermächtigung der letzteren zur Anstellung der actio confessoria erblickte.

99. Eine fernere Folge des oben gesagten ist, daß ein die Genehmigung erteilender Beschluß von dem Gegner der Gemeinde usw. oder dritten Personen nicht durch Beschwerde (§ 19) angefochten werden kann.

100. Ebensowenig aber unterliegt die Frage, ob die erteilte Genehmigung an sich rechtsbeständig sei, und unter den obwaltenden Umständen habe erteilt werden können, der richterlichen Beurteilung: KH. 25. Febr. 1832, LG. Trier 23. Mai 1849 (Rh. A. 16, II. 33; Tr. A. 7, I. 254), AH. Orléans 4. Jan. 1837 (Dalloz, aaO. n. 1571). Im ersten der dort entschiedenen Fälle war die einer Gemeinde erteilte Ermächtigung als unwirksam angefochten worden, weil ihr keine Beratung des Schöffenrats vorhergegangen sei, im zweiten die einer Kirchenfabrik, weil bei einer Vorverhandlung des Kirchenrats der Rendant nicht mitgewirkt habe; im dritten wurde eingewandt, daß die Ermächtigung rechtsgültiger Weise nicht zugleich für beide Instanzen habe erteilt werden können. [Ebensowenig kann der Richter zur Legitimation des Gemeindevorstands die Beibringung des Beschlusses des Gemeinderats oder der Stadtverordneten über die Anstellung der Klage fordern, da jener die Gemeinde nach außen hin vertritt; MVfg. 11. Juni 1861 (VMBl. S. 129).]

101. Dagegen sind die Gerichte wohl befugt, die rechtlichen Wirkungen einer Ermächtigung zu prüfen, z. B. letztere als nicht ergangen zu betrachten, weil sie verspätet oder zu unbestimmt gefaßt sei, um erkennen zu lassen, ob sie sich gerade auf den vorliegenden Streit beziehe; vgl. Dalloz, das. n. 1568.

102. Noch viel unbedenklicher schließt die gemäß § 5 erteilte Ermächtigung die richterliche Entscheidung darüber nicht aus, ob die Gemeinde usw. auch zur Sache legitimiert sei, oder ob letztere sich überhaupt zum RW. eigne: AH. Cöln 21. April 1837, 20. März 1826 (Rh. A. 25, I. 190; 9, I. 100).

103. Ebenso ist der Beschluß der Verwaltungsbehörde, welcher eine Gemeinde ermächtigt, sich im Prozesse durch eine andere Person als ihren gesetzlichen Vertreter vertreten zu lassen, für die Gerichte keineswegs bindend. Vielmehr können und müssen diese in solchem Falle die Prozeßlegitimation des zur Vertretung der Gemeinde Bestellten nichtsdestoweniger ihrer Prüfung unterwerfen: Dalloz, das. n. 1573, 1574. Vgl. § 56 ZPO.

104. Findet die Anstellung einer Klage oder die Einlassung auf dieselbe ohne Ermächtigung statt, so ist die richterliche Entscheidung darüber, ob sie nötig gewesen, in keinem Falle ausgeschlossen, mag die Verwaltung sie aus Gründen, die in der Sache selbst liegen, oder um deswillen versagt haben, weil sie für den betreffenden Fall vom Gesetze nicht erfordert werde.

105. Das Erfordernis der Ermächtigung zur Prozeßführung tritt da, wo es überhaupt besteht, bei allen Klagen ein, einschließlich der Interventionsklagen. Desgleichen muß der Gläubiger einer Gemeinde die Ermächtigung selbst dann nachsuchen, wenn er in einem Prozesse mit dritten der Gemeinde den Streit verkünden will: Dalloz, das. n. 1520, 1545.

106. Ob zu Klagen gegen den Staat eine Ermächtigung erfordert werde, ist in Frankreich streitig. In der Rheinprovinz kann dies nur noch bei Klagen öffentlicher Anstalten in Frage kommen; vgl. A. 89 ff. Der Verfasser hält hier die bejahende Ansicht für die richtige, da das Gesetz nicht unterscheidet. Zweifelhafter erscheint es, ob auch zur Einlassung auf eine vom Staate selbst angestellte Klage die beklagte Anstalt einer Ermächtigung bedürfe. Jedenfalls würde dieselbe, wenn

die Regierung selbst als Klägerin aufträte, schon in der Anstellung der Klage zu finden sein; vgl. A. 98.

107. Eine einmal erteilte Ermächtigung ist einschränkend auszulegen, mithin nicht auf Ansprüche zu beziehen, die dem ursprünglichen Klagegegenstand fremd sind, selbst wenn sie mit ihm in engem Zusammenhange stehen.

108. Sie reicht jedoch für das, was als accessorium der Klage oder ihres Gegenstandes erscheint, sowie für alle Zwischenpunkte aus, zu denen die Klage unmittelbaren Anlaß bietet und ohne welche sie nicht entschieden werden kann, so z. B. für die Widerklage, sofern diese lediglich ein Verteidigungsmittel wider die Hauptklage ist und mit ihr im Zusammenhang steht; vgl. Dalloz, das. n. 1579 ff., Merlin Qu., s. v. commune, § 5 Nr. 4, AH. Grenoble 2. Aug. 1838 (Sir. 33, II. 36). AM. ist Schlink 1 S. 478 insofern, als er für Widerklagen immer eine besondere Ermächtigung verlangt.

109. Zur Einlegung des Einspruchs gegen ein Versäumnisurteil ist keine neue Ermächtigung nötig: Dalloz, das. n. 1591 ff.

110. Für die zweite Instanz bedarf zwar nicht der Berufungsbeklagte, wohl aber der Berufungskläger einer neuen Ermächtigung, es sei denn, daß die ursprüngliche Ermächtigung für beide Instanzen gegeben worden wäre. Schlink 1 S. 478 scheint die Einholung einer neuen Ermächtigung sogar des Berufungsklägers für nicht erforderlich zu halten, es sei denn, daß die Verwaltung die ursprüngliche Ermächtigung ausdrücklich auf das Verfahren erster Instanz beschränkt haben sollte. — Selbstredend bedarf es keiner besonderen Ermächtigung, wenn eine solche schon für die erste Instanz nicht nötig war, weshalb eine beklagte Gemeinde nach dem Stande der jetzigen Gesetzgebung (A. 89) die Berufung immer ohne Ermächtigung ergreifen kann.

111. Für die Zwangsvollstreckung ist eine besondere Ermächtigung nicht geboten, selbst wenn die sich dabei ergebenden Streitigkeiten die Auslegung des Urteils betreffen und ein neues Verfahren in dieser Hinsicht nötig machen. Wird dagegen auf Grund eines anderen vollstreckbaren Titels vollstreckt, so bedarf es hinsichtlich der desfallsigen, ein Prozeßverfahren bedingenden Streitigkeiten allerdings der Genehmigung; vgl. Schlink 1 S. 479.

112. Eine Ermächtigung erweist sich selbst dann als wirksam, wenn sie nicht schon vor Anhebung, sondern erst im Laufe des Prozesses, ja, sofern hiermit das bisherige Verhalten der Gemeinde usw. genehmigt wird, selbst erst in der Berufungsinstanz erfolgt: AH. Cöln 13. Juli 1842 (Rh. A. 34, I. 50). Es wohnt ihr alsdann rückwirkende Kraft bei, weshalb z. B. eine zeitig eingelegte Berufung nicht um deswillen hinfällig ist, weil die Ermächtigung hierzu erst nach Ablauf der Berufungsfrist erteilt wurde. Mit Rücksicht hierauf pflegen die Gerichte den Gemeinden usw. eine Frist zur nachträglichen Erwirkung der Ermächtigung zu bewilligen. Cass. 20. März 1827 (Dalloz, das. n. 1623) hat sogar ein Erkenntnis kassiert, welches statt dessen die ohne Ermächtigung eingelegte Berufung verwarf. (Jedoch wurde hierbei vorzugsweise in Betracht gezogen, daß jene sich als eine konservatorische Maßregel charakterisiere.)

113. Das Erfordernis der Ermächtigung zur Klage hat nicht etwa die Folge, daß auf diejenigen, welche einer solchen Ermächtigung bedürfen, der Satz: „agere non valenti non currit praescriptio" zur Anwendung käme: KH. 2. Febr. 1859 (Rh. A. 55, II. 32 a. E.).

114. Andererseits unterbricht die Erteilung der Ermächtigung die Klageverjährung nicht: Rej. 30. Mai 1837 (Sir. 38, I. 461). Zweifelhafter dürfte sein, ob eine solche Wirkung etwa dem in Gemäßheit des Beschl. v. Vendém. X. von einem Gläubiger der Gemeinde angebrachten Gesuche um Ermächtigung beizulegen sei. Doch hält der Verfasser auch hier die verneinende Ansicht für die richtige, weil es, damit jene Wirkung angenommen werden könne, einer ausdrücklichen Gesetzesvorschrift bedurft hätte, wie sie für Frankreich hinsichtlich der dort nur noch nötigen Einreichung einer Denkschrift im Art. 51 des Ges. v. 1837 enthalten ist. AM.: AH. Cöln 21. Mai 1844 (Rh. A. 37, I. 265).

115. Ebensowenig ist der Einwilligungsakt in anderer Hinsicht einem gerichtlichen Prozeduralakt gleichzustellen. Beispielsweise verliert er nicht etwa durch den Ablauf der Zeit, nach den Regeln der Peremtion und Verjährung, seine Kraft: Schlink 1 S. 478, Dalloz, aaO. n. 1599.

116. Die Kosten eines wegen der mangelnden Genehmigung hinfälligen Ver-

fahrens fallen nicht der Gemeinde, sondern ihrem **Vertreter persönlich** zur Last, es sei denn, daß es sich um konservatorische Maßregeln, z. B. um Einlegung einer Berufung handelte: Dalloz, aaO. n. 1533, 1631, 1632, 1763.

117. Der Mangel der erforderlichen Genehmigung zog nach früherem Prozeßrecht (von dem in A. 114 gesagten abgesehen) die **Nichtigkeit** des stattfindenden prozessualischen Verfahrens nach sich. Nach heutigem Recht ist die ohne Genehmigung **angestellte** Klage zwar nicht als unbegründet, so doch angebrachtermaßen abzuweisen. Wird die Genehmigung zur **Einlassung** auf eine Klage versagt, so hindert dies den Gegner nicht, ein Versäumnisurteil zu erwirken. — Jedoch kann der Mangel der Genehmigung **nicht von Amtswegen** berücksichtigt, er muß vielmehr von den Parteien vorgeschützt werden: Dalloz, aaO. n. 1764.

118. Der Gegner der Gemeinde usw. muß den desfallsigen Einwand spätestens in der **Berufungsinstanz** erheben. Die frühere Rechtsprechung des Par. Kass.-Hofs hatte ihn für berechtigt gehalten, dies sogar noch in der Kassationsinstanz zu tun. Serrigny n. 411 gestattet ihm die Geltendmachung des Mangels der Ermächtigung nur in erster Instanz. — Dagegen kann die Gemeinde usw. diesen Mangel unbestritten zum ersten Male noch **vor dem Reichsgericht** geltend machen, ja es würde selbst ein ausdrücklicher Verzicht wirkungslos sein.

119. Der Regierung fehlt es an einem direkten Mittel, um sich dem ohne Ermächtigung stattfindenden Prozeßverfahren zu widersetzen. Vgl. VO. v. 1. Aug. 1879 zu § 4.

120. **Vergleiche der Gemeinden** usw. Die bezügliche französische Gesetzgebung beruhte gleichfalls auf dem Systeme der Bevormundung. Sie wiederholte indessen nicht einfach die für die Ermächtigung zum Prozeßführen gegebenen Vorschriften, sondern machte das Zustandekommen eines Vergleichs noch von weitergehenden Bedingungen abhängig, gleichwie die Gesetze über das Prozeßführen der Minderjährigen als nicht ausreichend erachtet wurden, um für Vergleiche über Mündelgüter die nötige Garantie zu bieten. Nach einem Arr. v. 21. Frim XII. (v. Dan. 4 S. 491) können sich Gemeinden inbetreff aller zwischen ihnen und Privaten schwebenden oder bevorstehenden Prozesse über Eigentumsrechte nur dann vergleichen, wenn zuvor drei **vom Präfekten ausgewählte Rechtsgelehrte** ein Gutachten abgegeben, auf dessen Grund der **Gemeinderat** die Sache beraten, und demnächst der **Präfekt, nach Anhörung des Präfekturrats**, die Ermächtigung erteilt hat; demnächst bedarf ein so geschlossener Vergleich zu seiner Gültigkeit noch der Genehmigung durch einen Beschluß des Gouvernements. Der Art. 2045 c. c. verlangt sogar eine landesherrliche Ermächtigung für die von Gemeinden und öffentlichen Anstalten abzuschließenden Vergleiche, ohne darum jedoch die Bestimmungen des gen. Arr. aufzuheben, so daß die Bestimmungen beider Gesetze befolgt werden mußten. So die in Frankreich herrschende Ansicht, ebenso **Perrot** 2 S. 26. AM. AH. Cöln 30. März 1853, sowie *OT. 21. März 1854 (Rh. A. 49, I. 102; Strieth. 14 S. 213), welche das Nebeneinanderbestehen jener Bestimmungen sehr in Frage ziehen, und ausdrücklich **de Syo** zu Art. 77 des Dekr. v. 1809. — Aehnliches galt nach der herrschenden, wenngleich nicht ganz unbestrittenen Ansicht (vgl. **Perrot** 2 S. 26ff., **Reichensperger** in Tr. A. 1, II. 173ff., **de Syo** aaO.) entsprechend Art. 60 des Dekr. v. 1809, sowie des Conf.-Beschl. v. 7. Thermidor X von **katholischen Kirchen**; nur trat hier an die Stelle des Gemeinde- der Kirchenrat, an die Stelle des Bürgermeisters der Kirchenrechner. Dagegen bedurften **evangelische** Kirchen der Ermächtigung durch eine weltliche Behörde zum Abschlusse von Vergleichen nicht, da sie als bloße Privatgesellschaften betrachtet wurden. Hinsichtlich der Vergleiche **öffentlicher Anstalten** wird, abgesehen von Art. 2045 c. c. auf die bei **Perrot** aaO. mitgeteilte, zu ähnlichen Ergebnissen führende Gesetzgebung hingewiesen.

121. Einer landesherrlichen Ermächtigung bedarf es gegenwärtig zum Abschlusse von Vergleichen niemals mehr. Dies dürfte schon aus § 5 folgen, ist außerdem aber auch durch die in der JMBfg. 9. Juni 1820 (Rh. S. 2 S. 56) wiedergegebene AKO. v. 17. Febr. desſ. J. ausdrücklich bestimmt. Sodann aber kommen neben § 5 auch in dieser Beziehung die oben (A. 89, 90) bezogenen Vorschriften der Gemeinde-Ordn. v. 1845, der Städte-Ordn. v. 1856 und der Verfassungs-Urkunde gleichfalls in Betracht; die erstern beschränken das Erfordernis der (nach §§ 16, 31 ZustGes. nunmehr vom Bezirks- bezw. Kreisausschuß zu erteilenden) Genehmigung inbetreff der von Gemeinden abzuschließenden Vergleiche in derselben Weise, wie bei Prozessen, auf den Fall, wo es sich um eine **Berechtigung der Gemeinde** oder

§ 6. Wenn Gemeinden, Stiftungen, Spitäler und andere öffentliche Anstalten oder die zur Erhebung und Verwaltung ihrer Einkünfte bestellten Empfänger mit deren Bewilligung auf eine Hypothek Verzicht tun, sie einschränken, oder zum Nachteil ihres einmal erworbenen Rechtes eine Veränderung damit vornehmen, so wird die dazu erforderliche Ermächtigung, dafern es nicht zufolge eines rechtskräftigen Urteils geschieht, von den Regierungen erteilt.

---

um die Substanz des Gemeindevermögens handelt. (Hierbei ist für die Anwendbarkeit des Arr. v. 21. Frim. XII kein Raum mehr). Dagegen hat die Verfassungs-Urkunde das Erfordernis einer solchen Genehmigung bezüglich der Kirchen gänzlich beseitigt. Inbetreff der von katholischen Kirchen geschlossenen Vergleiche stand seitdem das Recht der Ermächtigung nur dem Bischofe zu (vgl. de Syo zu Art. 77 aaO.); gegenwärtig ist die Ermächtigung gemäß § 21 Nr. 5 Ges. v. 20. Juni 1875 von der Gemeindevertretung zu erteilen.

122. Durch die erteilte Genehmigung wird selbstredend die aus einem Dolus herzuleitende Nichtigkeit des Vergleichs nicht gedeckt. Die desfalls oder inbezug auf die Vollziehung des Vergleichs sich erhebenden Streitigkeiten unterliegen unbedenklich der richterlichen Entscheidung; vgl. Dalloz, aaO. n. 2486, Gilbert zu Art. 2045 n. 36.

123. Die aus dem Mangel der Genehmigung hergeleitete Nichtigkeit ist eine bloß relative, welche lediglich von der Gemeinde usw. selbst geltend gemacht werden kann: Rej. 3. Mai 1841 (Sir. 41, I. 392).

124. Zum Abschlusse von Schiedsverträgen waren die Gemeinden und öffentlichen Anstalten nach Art. 1004, 83 c. de proc. c. überhaupt nicht befugt, selbst wenn sie mit Genehmigung der obervormundschaftlichen Behörde handelten; vgl. Dalloz, aaO. n. 2469. Dieses dürfte durch die Preußische Gesetzgebung keine Aenderung erlitten haben. [Jedoch ist zu bemerken, daß jene Frage schon in Frankreich nicht unbestritten war; vgl. de Vatismenil, encycl. de droit, m. arbitrage, n 104, welcher annimmt, daß solche Verträge durch den Hinzutritt administrativer Genehmigung Gültigkeit erhielten. Die Preußischen Verwaltungsbehörden scheinen unter der gedachten Voraussetzung die Gültigkeit eines von der Gemeindeverwaltung abgeschlossenen Kompromisses allgemein vorausgesetzt zu haben.] Die Reichsprozeßgesetzgebung kennt eine derartige Einschränkung der Gemeinden usw. nicht mehr.

§ 6.

125. Da die im § 6 erwähnten Verfügungen über das Vermögen der Gemeinden usw. die Veräußerungsbefugnis voraussetzen, diese jedoch den Gemeinden usw. bezw. ihren Vertretern nach den Grundsätzen des französischen Rechts nur in sehr beschränktem Maße und unter mancherlei auf dem Bevormundungswesen beruhenden Bedingungen zustand, so folgte von selbst, daß die gedachten Verfügungen gleichfalls nicht ohne höhere Genehmigung getroffen werden konnten. Diese Genehmigung mußte nach Verschiedenheit der Fälle bald vom Präfekturrate, bald vom Minister, bald sogar vom Staatsoberhaupte selbst ausgehen; vgl. insbesondere Dekr. v. 11. Therm. XII. (v. Dan. 4 S. 450), Troplong, vente, n. 171 ff., Dalloz, m. commune, n. 2364, 2367; MVfg. 28. Febr. 1847 (Rh. S. 9 S. 183).

126. § 6 hat an diesem Zustande der Gesetzgebung nichts weiter geändert, als daß er das Recht, zu genehmigen, für alle Fälle ohne Unterschied der Bezirksregierung übertrug. Er berechtigt mithin nicht zu der Annahme, als ob die Regierung befugt sei, die bezüglichen Maßnahmen selbst zu treffen, z. B. eine Löschungsbewilligung ohne Zustimmung der dort erwähnten moralischen Personen zu erteilen; vgl. gen. MVfg. 28. Febr. 1847.

127. Nach der AKO. v. 31. Dez. 1825 ist inbetreff der in A. 92 erwähnten Schulanstalten das Prov.-Schul-Kollegium zur Erteilung der erforderlichen Ermächtigungen an Stelle der Regierung berufen worden; vgl. die Dienst-Instr. f. d. Hypoth.-Bewahrer v. 4. Mai 1851 § 117 (bestätigt durch MVfg. 12. Aug. 1851). — Außerdem kommen von spätern Gesetzen auch hier die oben A. 89, 90 bezogenen Vorschriften in Betracht. Insbesondere erfordert die Gemeinde-Ordn. v. 1845 § 97 die Genehmigung (der Regierung bezw. jetzt, § 31 Zustges.) des Kreisausschusses nur noch zur Verwendung von Kapitalien sowie zu einseitigen Verzicht-

§ 7. Keine Klage, welche das Eigentum zum Gegenstande hat, kann wider den Staat angestellt werden, wenn nicht der Kläger vorher in einer schriftlichen Vorstellung seine Absicht der Regierung bekannt gemacht hat, alles in der bisher üblichen Form und nach den hierüber bestehenden Gesetzen.

---

leistungen der Gemeinden und selbst zu ersterem nicht etwa für den Fall, wo das angelegte Kapital auf andre als die bisherige Weise nutzbar gemacht, sondern bloß wo es zu Gemeindebedürfnissen verausgabt werden soll, weshalb jene Genehmigung zur Annahme einer Kündigung seitens des Schuldners, oder zur Einziehung des Kapitals seitens der Gemeinde und zur Bewilligung der Löschung der Hypothek bezüglich des zurückgezahlten Kapitals nicht mehr nötig ist. § 6 gelangt daher bei Landgemeinden hauptsächlich nur noch da zur Anwendung, wo es sich um den Verzicht auf die denselben zustehenden Hypotheken handelt; vgl. MVfg. 1. Sept. 1846 (VMBl. S. 155). Aehnliches gilt von Stadtgemeinden infolge des § 46 Städte-Ordn. v. 1856, welcher die Genehmigung der (Regierung bezw. jetzt, § 16 ZustGes.) des Bezirksausschusses nur noch für die Veräußerung von Immobilarrechten und für einseitige Verzichtleistungen verlangt, indem in der Löschungsbewilligung in Beziehung auf ein zurückgezahltes Kapital weder das eine noch das andere gefunden werden kann. — Art. 15 der Verfassungs-Urkunde endlich hatte zur Folge, daß § 6 hinsichtlich rein kirchlicher Institute gänzlich beseitigt ist. Vgl. jetzt auch § 21 Nr. 3 (in Verbindung mit § 19 Schlußsatz) Ges. v. 20. Juni 1875 (GS. S. 241).

128. Nach dem vorgesagten bemißt sich, wann die Amtsgerichte schon auf Grund einer bloß von der Gemeinde usw. selbst ausgehenden Löschungsbewilligung löschen können, und wann sie außer dieser sich noch die Genehmigung der Regierung vorlegen lassen müssen. In keinem Falle braucht aber jene Bewilligung notariell verbrieft zu sein, es genügt, wenn sie ordnungsmäßig unterschrieben und mit Siegel oder Stempel versehen ist: Art. 9 AG. z. Grundbuch-O. v. 26. Sept. 1899. Die Löschung einer zum Vorteile einer Kirche genommenen Eintragung erfolgt auf Grund eines desfallsigen Beschlusses des Kirchenrats bezw. des Presbyteriums, welcher bei katholischen Kirchen jedenfalls dann mit einem Genehmigungsdekrete der bischöflichen Behörde versehen sein muß, wenn ohne den Nachweis der Zahlung der Schuld auf das Hypothekarrecht verzichtet wird. Bei Löschungen, welche unter der Aufsicht des Provinzial-Schulkollegiums stehende Schulanstalten betreffen, ist ein von dieser Behörde genehmigter Beschluß des Schulverwaltungsrats vorzulegen. Zur Löschung einer im Interesse der rhein. Prov.-Feuerverf.-Sozietät genommenen Eintragung genügt die Zustimmung des Direktors dieser Sozietät. So: die gen. Dienstanw. v. 4. Mai 1851, §§ 116—119.

§ 7.

129. Die betreffende französische Gesetzgebung ist im Ges. v. 23., 28. Okt. — 5. Nov. 1790 Tit. 3 Art. 15 und im Ges. v. 12. Nov. 1808 Art. 4 (v. Dan. 1 S. 331; 5 S. 384) enthalten. Ersterer Gesetzesstelle zufolge mußte jeder, der gegen den Staat eine das Eigentum betreffende Klage anstellen wollte, sich zuvor mittels einer Denkschrift an das Distrikts- und demnächst an das Departements-Direktorium wenden, welche Behörden über die Denkschrift binnen Monatsfrist nach Uebergabe derselben auf dem Distriktssekretariate zu beschließen hatten. Erst, wenn jene Frist abgelaufen war, ohne daß die Verwaltungsbehörden einen [dem Begehren der Denkschrift entsprechenden] Entschluß gefaßt hatten, konnte man sich an die Gerichte wenden. Die zweiterwähnte Gesetzesstelle bestimmte, daß, wenn im Falle der Beschlagnahme von Mobilien und Mobilareffekten behufs Bezahlung direkter Steuern sich eine Vindikationsklage bezüglich dieser Mobilien erhebe, dieselbe nicht vor die Gerichte gebracht werden könne, bevor sie gemäß gen. Art. 15 von einer der beteiligten Parteien der Verwaltungsbehörde vorgelegt worden sei.

130. § 7 erhält einfach obige Gesetze aufrecht, indem er nur die Regierung als diejenige Behörde bezeichnet, bei der die Anzeige hinfüro zu machen sei. Auch hat er, was die Klagen der Gemeinden und Kirchen betrifft, durch die in A. 89, 90 bezogenen Gesetzesstellen keine Einschränkung erfahren, da durch letztere nur das Erfordernis einer obervormundschaftlichen Genehmigung zur Klage hinweggefallen ist. — Wohl aber dürfte § 7 durch die Ex.-O. v. 24. Nov. 1843 dahin abgeändert worden

§ 8. Bei allen direkten Steuern und auf den Steuerfuß ausgeschriebenen gewöhnlichen oder außerordentlichen Beiträgen entscheidet die Regierung über die Rechtmäßigkeit der unter den Beitragspflichtigen geschehenen Verteilung. Wer hierbei zu hoch oder gesetzwidrig angeschlagen zu sein behauptet, hat dort seine Beschwerde vorzubringen und die Entscheidung zu gewärtigen.

---

sein, als seitdem bei Mobilar-Exekutionen wegen direkter Steuern der Vindikant der gepfändeten Mobilien nur noch nach § 21 das. zu verfahren hatte. Gegenwärtig gilt hier ausschließlich § 19 VO. v. 15. Nov. 1899.

131. Die durch § 7 aufrechterhaltenen Gesetze beziehen sich nicht auf das im Rechtsstreit einzuhaltende Verfahren, sondern auf eine vor der Anstellung einer Klage vorzunehmende Handlung; sie sind daher nicht prozeßrechtlicher Natur und durch § 14 EG. z. ZPO. unberührt geblieben. Auch § 4 das. hat sie in ihrer Wirksamkeit nicht beeinträchtigt, da § 4 bei privatrechtlichen Ansprüchen gegen den Staat nur die Ausschließung, nicht aber auch die Erschwerung des RW. untersagt. Vgl. RG. 8. Febr. 1887 (E. 17 S. 416), VO. v. 1808 A. 27.

132. Ob da, wo die Genehmigung zur Anstellung der Klage (§ 5) erforderlich und demzufolge wirklich erteilt worden ist, doch noch in Gemäßheit des gen. Art. 15 verfahren werden müsse, ist in Frankreich streitig. Der Hauptgrund für die Bejahung, daß nämlich die Anmeldung der Klage und das Ermächtigungsgesuch bei verschiedenen Behörden anzubringen waren, erstere beim Präfekten und letzteres beim Präfekturrate, ist jedenfalls für die Rheinprovinz hinweggefallen. Überhaupt aber dürfte die verneinende Ansicht unter den dort bestehenden Verhältnissen den Vorzug verdienen.

133. Der Vorschrift des Art. 15 wird dadurch genügt, daß der Verwaltungsbehörde von dem behaupteten Anspruche und dessen Begründung eine deren Prüfung ermöglichende (formlose) Mitteilung gemacht und eine Entscheidung hierüber beantragt wird; vgl. RG. 1887 (A. 131). Zwei Rej. v. 14. Juli 1832 und 2. Juli 1833 (Sir. 32, I. 679; 33, I. 863) erkannten, daß der Vorschrift des Art. 15 in dem betr. Falle schon dadurch Genüge geschehen sei, daß dem Präfekten mehrere Denkschriften, nicht gerade behufs Erfüllung jenes Gesetzes, wohl aber zur außergerichtlichen Regelung der Sache übergeben worden waren, oder daß der Präfekt bei mehreren Verwaltungshandlungen mitgewirkt hatte, die ihm von den Titeln und sonstigen Beweismitteln der Partei genügende Kenntnis verschaffen mußten.

134. Die Erfüllung der in gen. Art. 15 vorgeschriebenen Förmlichkeiten bewirkt, jenem Art. zufolge, die Unterbrechung der Verjährung. Inzwischen dürfte diese Wirkung durch das Versäumnis des Sekretärs, die Uebergabe der Denkschrift, dem Art. 15 gemäß, zu registrieren, nicht ausgeschlossen werden, sofern nur der Kläger sich durch Vorlage der Empfangsbescheinigung über den Tag der Uebergabe der Denkschrift auszuweisen vermag.

135. Die Nichtbeobachtung des Art. 15 bewirkte früher Nichtigkeit. Heute berechtigt sie den Staat, Abweisung der Klage zu verlangen. Jedoch ist die Nichtbeobachtung nicht von Amtswegen zu berücksichtigen. — Auch kann sie mit Erfolg nicht erst in der Berufungsinstanz vom Staate geltend gemacht werden. So: A.H. Cöln 28. März 1833 (Rh. A. 18, I. 131 ff.).

136. Nach einem Rej. 20. Aug. 1833 (Sir. 33, I. 788) braucht die Uebergabe der Denkschrift, nicht notwendig der Anstellung der Klage vorherzugehen, sofern sie nur vor jedem prozessualischen Schritte des Staates erfolgt.

§ 8.

137. Die französische Gesetzgebung beschränkte ebenso wie die preußische den RW. bei Streitigkeiten über die Verbindlichkeit zur Steuerzahlung in sehr beträchtlichem Maße. Doch weichen beide Gesetzgebungen in den Gründen, auf denen jene Beschränkungen beruhen, und folgeweise auch in den auf diesen Gründen beruhenden Ergebnissen sehr wesentlich von einander ab. Die preußische Gesetzgebung betrachtet das Steuerwesen als einen Gegenstand des öffentlichen Rechts, der, die Ausübung eines Majestätsrechts betreffend, den RW. von vornherein und allgemein sowohl bei unmittelbaren wie bei mittelbaren Steuern ausschließt; nur dann, wenn den bezüglichen Anordnungen der Verwaltungsbehörde gegenüber der privatrechtliche

Anspruch einer auf besonderem Rechtstitel beruhenden Steuerbefreiung geltend gemacht wird, tritt das richterliche Entscheidungsrecht ein und zwar wiederum, ohne daß hierbei der Unterschied zwischen den verschiedenen Arten der Steuern in Betracht kommt. Die französische Gesetzgebung geht umgekehrt von der Anschauung aus, daß das Steuerwesen, da es die geldliche Seite der Staatsverwaltung betreffe, grundsätzlich die richterliche Entscheidung gestatte, insofern das Gegenteil nicht durch eine andere Grundregel geboten werde, nämlich durch den Grundsatz der gegenseitigen Unabhängigkeit der Verwaltungs- und Justizbehörden. Diese Auffassung führte zu einer vollkommenen Scheidung der direkten von den indirekten Steuern. Bei den letzteren, den Zöllen, Oktroi- und Enregistrements-Gebühren, kam der zweiterwähnte Grundsatz nicht zur Sprache oder trat mindestens ganz in den Hintergrund, da deren Erhebung auf Grund gesetzlich festgestellter Tarife erfolgt; die hierbei hervortretenden Streitigkeiten wurden deshalb den ordentlichen Gerichten belassen, nur daß diese nicht im gewöhnlichen Prozeß-, sondern in einem abgekürzten schriftlichen Verfahren zu entscheiden hatten; vgl. Ges. v. 7.—11. Sept. 1790 Art. 2; Ges. v. 5. Vent. XII. Art. 88. Anders verhielt es sich dagegen mit den direkten Steuern. Da bei diesen der Beitrag jedes einzelnen Pflichtigen sich nicht sofort aus dem Gesetz ergibt, ihre Veranlagung vielmehr eine Reihe von Verwaltungshandlungen erfordert, so konnten die wider diese Veranlagung erhobenen Beschwerden nicht der Entscheidung der ordentlichen Gerichte überwiesen werden, wenn man nicht, unter Preisgebung jenes zweiterwähnten Grundsatzes die gesamte, höchst verwickelte Tätigkeit der Verwaltungsbehörden in solchen Sachen der richterlichen Nachprüfung unterwerfen wollte. Demgemäß wurden dergleichen Beschwerden dem ordentlichen RW. entzogen und vor die Verwaltungsbehörden verwiesen; vgl. Dekr. v. 23. Nov. — 1. Dez. 1790 Tit. 4 Art. 1, Ges. v. 17. Brum. V., 22. Brum. VI. und 3. Frim. VII., Ges. v. 28. Pluv. VIII. Art. 4, Arr. v. 16. Therm. VIII. und 12. Brum. XI. Stimmen nun auch beide Gesetzgebungen wenigstens darin überein, daß sie über die Verbindlichkeit zur Entrichtung direkter Steuern den RW. ausschließen, so bestehen dennoch auch in dieser Hinsicht unter ihnen die wesentlichsten Verschiedenheiten. Abgesehen nämlich davon, daß die Entscheidung über solche Streitigkeiten in Frankreich nicht, wie (früher) in Preußen, derselben Verwaltungsbehörde, welche die Veranlagung bewirkt oder angeordnet hat, sondern den Präfekturräten zustand, und daß diese nicht als Verwaltungsbehörden im engern Sinne, sondern als Verwaltungsgerichte sowie nach richterlichen Grundsätzen entschieden, war auch die Zuständigkeit der letzteren teils umfassender, teils begrenzter, als die der preußischen Verwaltungsbehörden, umfassender insofern, als selbst die Berufung auf einen besonderen Rechtstitel als Befreiungsgrund (§ 79 II. 14 ALR.) den ordentlichen RW. nicht eröffnete, begrenzter dagegen insofern, als jene trotzdem, daß ihnen die Endentscheidung in der Sache verblieb, die Entscheidung über alle Vorfragen privatrechtlicher Natur an die ordentlichen Gerichte verweisen mußten, alles in Gemäßheit der oben A. 9 und 10 entwickelten allgemeinen Grundsätze.

138. Das Ress.-Regl. hat die im französischen Rechte inbetreff der Ressortverhältnisse beliebte Scheidung der direkten von den indirekten Steuern beibehalten, ist jedoch nur hinsichtlich der ersteren jenem Rechte gefolgt (vgl. §§ 8 ff.), indem es hinsichtlich der letzteren, der indirekten Steuern, die Grundsätze des preußischen Rechts annahm (vgl. § 15); die Frage der Prozeßfähigkeit der hier fraglichen Streitigkeiten ist daher bald nach den Grundsätzen der einen, bald nach denen der anderen Gesetzgebung zu beurteilen, je nachdem es sich um direkte oder um indirekte Steuern handelt; vgl. *ME. 12. Dez. 1840, 17. März 1841 (JMBl. 41 S. 122), RG. 21. Febr. 1881 (E. 4 S. 215).

139. Hieraus ergibt sich, daß es durchaus unstatthaft ist, wenn man behufs Auslegung des § 8 auf den § 15 oder die in diesem bezogenen Bestimmungen der VO. v. 1808 zurückgeht, wie dies z. B. in AH. Cöln 4. Jan. 1832, LG. Elberfeld 17. Jan. 1838 (Rh. A. 17, I. 236; 29, I. 294) geschieht, oder wenn die Entscheidung der Zuständigkeitsfrage gleichzeitig auf die sich gegenseitig ausschließenden §§ 8 und 15 gegründet wird, wie solches *EK. 20. Apr. 1850 (Tr. A. 7, II. 7) tut.

140. Gleich irrig ist es, wenn Perrot I S. 207 und AH. Cöln 26. Juni 1826, 4. Jan. 1832 (Rh. A. 9, I. 245; 17, I. 236) aus der allerdings mangelhaften Fassung des § 8 folgern, daß der RW. nur inbetreff der Streitigkeiten über angebliche Ungleichheit der Verteilung bezw. Belastung über Gebühr (Prägravation), nicht also dann, wenn die Steuerpflicht überhaupt bestritten werde, ausgeschlossen sei.

Eine solche Folgerung entspricht ebensowenig den hier maßgebenden Grundsätzen der französischen Gesetzgebung (Art. 4 Ges. v. 28. Pluv. VIII. spricht ausdrücklich von décharge ou réduction), wie denen der preußischen. Vgl. auch AH. Cöln 29. Mai 1828, 20. Dez. 1832 (Rh. A. 17, I. 238, 239).

141. Ferner folgt aus dem vorgesagten, daß die den Regierungen im § 8 an Stelle der Präfekturräte verliehene Entscheidungsgewalt selbst dann begründet ist, wenn Beschwerdeführer seine Befreiung von der Steuerpflicht auf einen speziellen Rechtstitel (im Sinne des § 79 II. 14 ALR.) stützt, daß mithin auch in solchem Falle die Entscheidung der Gerichte nicht stattfindet. Vgl. die (A. 138) gen. MVfg. 1840 und 1841, AH. Cöln 9. Febr. 1835 (Rh. A. 21, I. 183). — AM. JMVfg. 14. Mai 1842 a. E. (Rh. A. 35, I. 176), *EK. 11. Apr. 1868 (Rechtspr. S. 102).

142. Andererseits geht aber auch die Zuständigkeit der Regierungen nicht weiter, als die der vormaligen Präfekturräte, weshalb sie gleich diesen (s. A. 137) gehalten sind, die Entscheidung über alle Vorfragen privatrechtlicher Natur den Gerichten zu überlassen und sich danach zu richten. AM. die Rechtsprechung des KompGH., obgleich dieser Gerichtshof im übrigen anerkennt, daß § 8 aus der französ. Gesetzgebung ausgelegt werden müsse; vgl. *EK. 24. Nov. 1855 (JMBl. 56, S. 55).

143. Demzufolge mußte z. B. die Regierung, wenn der zur Grundsteuer Herangezogene behauptet, daß er gar nicht Eigentümer des betreffenden Grundstücks sei, die Entscheidung über die Eigentumsfrage an die Gerichte verweisen; vgl. ord. en cons. d'ét. 26. Juli 1837 (Sir. 38, II. 41; hier war streitig, ob ein Emphyteuta als Eigentümer anzusehen sei). AM. *EK. 2. Nov. 1848 (JMBl. 49 S. 11).

144. Ebenso ist zu verfahren, wenn der Streit über die Verbindlichkeit zur Steuerzahlung oder den Umfang dieser Verbindlichkeit von der streitig gewordenen Vorfrage abhängt, ob jemand als unbedingter Erbe eines andern zu betrachten sei, oder ob er auf die Erbschaft rechtsgültig verzichtet, bezw. sie als Wohltatserbe angenommen habe. Vgl. LG. Cöln 23. Apr. 1839 (Rh. A. 29, I. 52ff.); cons. d'ét. 10. Febr. 1835 (Sir. 35, II. 508); Cormenin s. v. contrib. dir., V. 12.

145. Desgleichen bei Streitigkeiten über die Vorfrage, ob eine Ehefrau die Gütergemeinschaft angenommen oder ausgeschlagen habe, vgl. Dalloz, m. compét. admin. n. 369 Nr. 3.

146. [Zweifelhafter erscheint es, ob dasselbe gelte, wenn der zur Gewerbesteuer Herangezogene bestreitet, Gewerbetreibender zu sein. Es verneint *EK. 25. Sept. 1852 (Rechtspr. S. 94), womit Cormenin, aaO. IV. 8 übereinstimmt.]

147. In allen jenen Fällen (A. 144—146) jedoch hat sich das Gericht auf die Entscheidung der Vorfrage zu beschränken. Dasselbe kann daher z. B. nicht außerdem die Löschung des Namens eines vermeintlichen Steuerschuldners in der Steuerrolle verordnen: Dalloz, aaO. n. 179.

148. Ob der Einwand der Verjährung einer Steuerschuld oder der Tilgung derselben (durch Zahlung, Aufrechnung usw.) prozeßfähig sei, war bisher streitig. Dalloz, aaO. n. 369 Nr. 4 und Cormenin, aaO. V. Nr. 12 verweisen ausdrücklich wenigstens die Frage der Verjährung, die ord. en cons. d'ét. 18. Juli 1838 (Sir. 39, II. 170) die der Gültigkeit geleisteter Zahlungen vor die ordentlichen Gerichte, während die oben A. 138 a. E. bezogenen MVfg. beide der administrativen Entscheidung zuweisen. In letzterem Sinne entschied ferner AH. Cöln 15. Febr. 1843 (Rh. A. 35, I. 153ff.), daß ein in Konkurs geratener Kaufmann, welcher sich auf einen zu seinen Gunsten zustande gekommenen Zwangsvergleich als Erlöschungsgrund inbetreff eines Teils der Steuerschuld berufe, diesen Einwand nicht auf gerichtlichem Wege geltend machen könne. (Dieses Erk. nahm dasselbe sogar inbetreff der wegen einer Gewerbesteuer-Kontravention durch Strafbescheid festgesetzten Geldbuße an, obgleich § 8 auf Geldbußen offenbar nicht anwendbar ist; vgl. übrigens VO. v. 1808 A. 486, 488, 576.) — Seit dem Erlasse des Ges. v. 24. Mai 1861 dürfte jedenfalls die aus einem der obigen Gründe angestellte Klage auf Rückzahlung der beigetriebenen Gefälle statthaft sein, wenngleich § 9 das. zunächst freilich nur solche Fälle vor Augen hat, wo nicht § 8, sondern § 15 bezw. die §§ 36, 41 VO. v. 1808 zur Anwendung kommen. Ebenso Stölzel S. 121.

149. Nicht minder bestritten ist die Frage, ob der RW. nicht wenigstens unter den Kontribuenten, sei es über die Steuerpflicht überhaupt, sei es über das Beitragsverhältnis und den Verteilungsmaßstab statthaft sei. In den Gründen eines *EK. 18. Apr. 1857 (JMBl. S. 390) wird die bejahende Ansicht wenigstens inbetreff der Ueberlastung als selbstverständlich vorausgesetzt; ebenso entschied ord.

§ 9. In Gemäßheit dieses Grundsatzes entscheidet die Regierung ebenfalls über die Frage, ob dies oder jenes Gebäude als Bestandteil eines Manufakturgebäudes anzusehen und in dieser Eigenschaft von der Tür- und Fenstersteuer befreit sei oder nicht.

§ 10. Ein gleiches gilt bei Auflagen, welche nur einzelne Gemeinden betreffen, gleichviel ob sie in Geld- oder Naturalleistung, zum Beispiel in Beiträgen oder in Arbeiten zur Säuberung der Kanäle usw. bestehen.

---

en cons. d'ét. 8. Febr. 1833 (Sir. 34, II. 634), daß der Streit zwischen einer nutzungsberechtigten Gemeinde und dem Grundeigentümer darüber, ob erstere zur Grundsteuer beizutragen habe, welche für die mit dem Nutzungsrechte belasteten Grundstücke entrichtet werden müsse, vor die Gerichte gehöre. Dagegen haben sich andere Entscheidungen für die entgegengesetzte Ansicht ausgesprochen; vgl. Cormenin, aaO. IV. 19, 22; AH. Cöln 15. Juli 1852 (Rh. A. 47, I. 160). Die Entscheidung dieser Frage wird wohl davon abhängen, ob der Staat bei solchen Streitigkeiten unter den Steuerpflichtigen interessiert ist oder nicht. So kann es keinem begründeten Zweifel unterliegen, daß Streitigkeiten über die Auslegung und Vollziehung von Privatverträgen, welche die Steuerlast unter den Pflichtigen in abweichender Weise regeln, und nicht bestimmt sind, auf das Verhältnis der letzteren zum Staate einzuwirken, zum RW. gehören; das gleiche gilt von Streitigkeiten zwischen einem früheren und dem jetzigen Eigentümer, oder zwischen letzterem und dem Pächter über Erstattung einer an den Staat bereits entrichteten Steuer: Dalloz, aaO. n. 371, Cormenin, aaO. V. 8, 11.

150. Aber selbst dem Staate gegenüber ist der RW. nur für denjenigen verschränkt, welcher als Selbstschuldner in Anspruch genommen wird, nicht also für dritte Personen, z. B. solche, die als Schuldner des Steuerpflichtigen angegangen werden. Letzteren steht der RW. sogar zu dem Zwecke offen, damit die Vernichtung des wider sie eingeleiteten Verwaltungszwangsverfahrens ausgesprochen werde: *EK. 11. März 1848 a. E. (JMBl. S. 325). Jedoch betrachtete *EK. 20. Apr. 1850 (Tr. A. 7, II. 6) den zufolge § 40 a. E. des Grundsteuer-Ges. v. 21. Jan. 1839 in Anspruch genommenen Mieter oder Pächter nicht als einen solchen dritten, sondern als wirklichen Steuerschuldner [?].

151. Desgleichen gehören Streitigkeiten zwischen dem Staate und anderen Gläubigern des Steuerpflichtigen über das Vorzugsrecht zur richterlichen Entscheidung: Dalloz, aaO. n. 369.

152. Endlich waren Streitigkeiten, welche zwar zwischen dem Staate und dem Steuerpflichtigen selbst entstehen, die jedoch nicht den Bestand oder die Höhe der Steuerschuld, sondern lediglich die formelle Gültigkeit des Zwangsverfahrens oder die Pfändbarkeit der gepfändeten Gegenstände betrafen, weder durch die französische Gesetzgebung, noch durch § 8 dem RW. entzogen; vgl. Proudhon, dom. publ., n. 123; *ME. 12. Dez. 1840 (JMBl. 41 S. 122). Dies ist jedoch schon durch die Ex.-O. v. 24. Nov. 1843 § 3 geändert worden.

153. Selbstredend kommt § 8 insoweit nicht mehr in Anwendung als durch neuere Steuergesetze ein abweichendes Verfahren vorgeschrieben ist; vgl. VO. v. 1808 A. 257ff.

§ 9.

154. Hinsichtlich der Tür- und Fenstersteuer war die Verwaltungsgerichtsbarkeit noch besonders durch Art. 16 Ges. v. 4. Frim. VII. begründet. Inzwischen hat § 9 seine praktische Bedeutung verloren, da jene Steuer durch das Abgabenges. v. 30. Mai 1820 § 9 abgeschafft worden ist.

§ 10.

155. § 10 spricht nicht etwa von Staatsabgaben, welche auf die Gemeinden gelegt sind, oder von Auflagen, die zwischen einzelnen Gemeinden streitig sind, sondern von solchen Auflagen welche zu Gunsten einer Gemeinde und zu Lasten ihrer Mitglieder ausgeschrieben werden: *EK. 4. Sept. 1849 (Rechtspr. S. 361). Vgl. übrigens A. 163.

156. Derselbe handelt ferner nur von direkten Gemeindeauflagen steuerartiger Natur: Reichensperger in Tr. A. 1, II. 75; *EK. 6. März 1852, 24. Nov. 1855 (JMBl. 52 S. 173; 56 S. 55). — Inbetreff der indirekten Gemeindesteuern kommen die Vorschriften der VO. v. 1808 zur Anwendung. Vgl. unten A. 188.

157. Indem § 10 bezüglich der Zulässigkeit des RW. die Gemeindesteuern den Staatssteuern (§ 8) gleichstellt, entspricht er nicht allein der Auffassung, welche der Preußischen Gesetzgebung, insbesondere der VO. v. 1808 zugrunde liegt, sondern auch derjenigen der französischen Gesetzgebung. Gemäß letzterer folgte die Zuständigkeit der Präfekturräte für Streitigkeiten der hier fraglichen Art unmittelbar aus dem Umstande, daß die direkten Gemeindesteuern durchweg in Beischlägen zu den Staatssteuern bestanden. Vgl. Ges. v. 20. Aug. 1791, 11. Frim. VII. Art. 3, 7, 10, 18 ff.; Arr. v. 4 Therm. X. Art. 4. (Das Recht der Gemeindeverwaltung, für außerordentliche Fälle besondere Gemeindesteuern auszuschreiben, ist in Frankreich erst durch neuere Ges. v. 15. Mai 1818, 28. Juli 1824 und 18. Juli 1837 begründet worden.)

158. Das Recht und die Art, Gemeindesteuern auszuschreiben und zu erheben, diese mögen in Geldbeiträgen oder Naturaldiensten bestehen, richtete sich schon zufolge der AKO. v. 4. Dez. 1826 nicht mehr ausschließlich nach den fremdherrlichen, sondern auch nach den Preußischen Bestimmungen (Rh. Gemeinde-Ordn. v. 23. Juli 1845, Ges. über die Rh. Gemeindeverfassung und Städte-Ord. v. 15. Mai 1856), jedoch ohne daß hierdurch an der Zuständigkeitsvorschrift des § 10 etwas geändert worden wäre. Auch heute ist die vollständige Ausschließung des RW. bei Gemeindesteuersachen die Regel. Diese beruht aber nicht mehr auf § 10 d. G., sondern auf dem ZustGes. und dem Kommunalabgabenges., die, für den ganzen Staat ergangen, auch das rheinische Sonderrecht beseitigt haben. Es wird daher auf die A. 370 ff. zur VO. v. 1808 verwiesen.

159. Weder unter das Kommunalabgabenges. noch unter die Gemeindeauflagen im Sinne des § 10 fallen die Abgaben, welche auf Grund eines von der Aufsichtsbehörde genehmigten Gemeinderatsbeschlusses als voraus bestimmte Vergütung von denjenigen Gemeindegliedern gefordert werden, welche ihr Vieh auf die Gemeindewiese treiben (vgl. § 18 der Gemeinde-Ordn. v. 1845, § 106 der Gemeinde-Ordn. v. 1850), indem solche Abgaben keinen steuerlichen Charakter, sondern in einem auf gegenseitigen Leistungen beruhenden Vertragsverhältnisse ihren Grund haben. Streitigkeiten hinsichtlich ihrer sind daher im RW. zu erörtern; vgl. *EK. 24. Nov. 1855, LG. Trier 3. Mai 1853 (JMBl. 56 S. 54; Tr. A. 7, 1. 206). [In Frankreich erachtet man freilich auch inbetreff solcher Streitigkeiten die Präfekturräte für zuständig, teils zufolge älterer Bestimmungen, insbesondere des Ruralges. v. 6. Okt. 1791 Sect. 4 Art. 13, des Ges. v. 11. Frim. VII. Art. 6 und v. 28. Pluv. VIII, teils zufolge Art. 44 Ges. v. 18. Juli 1837, wonach derartige Abgaben in den für die Einziehung öffentlicher Steuern angeordneten Formen beigetrieben werden sollen: Dalloz, aaO. n. 375, m. commune n. 475, 1894.] Dasselbe gilt nach *EK. 9. Apr. 1864 (JMBl. S. 266) gemäß Ges. v. 11. Frim. VII. Art. 2 § 6 von den Beiträgen zu den Kosten der Gemeindeherde, insbesondere des Zuchtstiers. Inzwischen ist hinsichtlich des letzteren das Gegenteil bestimmt worden durch das Ges. betr. die Verpflichtung der Gemeinden in den Landkreisen der Rheinprovinz zur Bullenhaltung v. 27. Juni 1890 (GS. S. 217). Soweit die Kosten der Bullenhaltung nicht durch Erhebung eines Sprunggeldes gedeckt werden, sind sie als Gemeindesteuern zu erheben (§ 3) und unterliegen dem Kommunalabgabenges., mögen sie von der Gemeinde als solcher oder von den einzelnen Viehbesitzern aufgebracht werden.

160. § 10 kam früher zur Anwendung auch bei den (auf den direkten Steuerfuß ausgeschriebenen) Beiträgen der Gemeinde-Angehörigen zu den Kultuskosten, mögen letztere nun der betreffenden Gesetzgebung zufolge (vgl. Dekr. v. 5. Niv. XIII., Ges. v. 2. Vent. XIII., Dekr. v. 5. Mai 1806 und 30. Dez. 1809 Art. 92, Ges. v. 14. Febr. 1810 Art. 1, Ges. v. 14. März 1845) den Zivilgemeinden, bezw. den konfessionsverwandten Angehörigen derselben unbedingt oder nur im Falle der Unzulänglichkeit der Einkünfte des Kirchenvermögens zur Last liegen. Soweit die Kultuskosten von der Zivilgemeinde übernommen sind, werden sie auch heute noch wie Gemeindesteuern eingezogen (A. 158); soweit jenes nicht der Fall ist, kommt die AKO. v. 19. Juni 1836 zur Anwendung; vgl. die Erläuterungen zu dieser.

161. Soweit nicht das Ges. v. 23. Juli 1843 zur Anwendung kommt (vgl. VO. v. 1808 A. 400), werden jüdische Kultuskosten nach den beiden Dekr. v.

17. März 1808 Art. 23 bezw. 7 vom jüdischen Konsistorium vorschlagsweise verteilt; die Einziehung erfolgt, nachdem der Präfekt die Heberolle festgestellt und vollstreckbar erklärt hat. Ein *EK. 26. Nov. 1853 (JMBl. 54 S. 72) hat für den Fall, wo solche Beiträge (z. B. die eines Synagogenbaues) auf den Steuerfuß ausgeschrieben seien, die Unstatthaftigkeit des Rechtswegs inbetreff der Einziehung ausgesprochen, weil in diesem Falle die für die Einziehung der direkten Steuern geltenden, den Rechtsweg ausschließenden Grundsätze auch hier zur Anwendung kommen müßten.

162. Dagegen ist wiederholt erkannt worden, daß die §§ 8ff. auf die Beiträge zur Tilgung der Schulden der früheren jüdischen Korporationen keine Anwendung fänden, obschon diese Beiträge von der Verwaltung nach dem Maßstabe der von den Beitragspflichtigen zu zahlenden direkten Steuern bestimmt werden, daß vielmehr die Ausschreibung dieser Beiträge nur eine auf die Vermögensverwaltung jener Korporationen bezügliche Maßregel darstelle, weshalb hinsichtlich der desfalls sich erhebenden Streitigkeiten bei deren privatrechtlichem Charakter der RW. gemäß § 15 zulässig erscheine: JMVfg. 14. Mai 1842, AH. Cöln 26. Juni 1843 (Rh. A. 35, I. 175, 176); KH. 15. Nov. 1834 (Volkmar S. 171). Das zuletzt erwähnte Urteil erkannte an, daß nach Art. 7 des Dekr. v. 20. Nov. 1809 allerdings die Präfekturräte zur Entscheidung über die Beitragspflicht des einzelnen zuständig gewesen seien; es erwog jedoch gleichzeitig, daß das Ress.-Regl. diese Gerichtsbarkeit den ordentlichen Gerichten zurückgegeben habe, indem § 8, wie die §§ 9—11 dartäten, sich nur auf gemeine Lasten und Abgaben beziehe. AM. AH. Cöln 17. Juni 1841 (Rh. A. 31, I. 132). Vgl. auch AH. Cöln 4. Jan. 1832 (Rh. A. 17, I. 236).

163. [§ 10 kam früher noch bei gewissen Beiträgen zur Anwendung, ungeachtet dieselben nicht zu den gemeinen Lasten und Abgaben in dem oben gebrauchten Sinne, wenigstens nicht zu solchen Lasten gehören, welche sich auf einen abgegrenzten Gemeindeverband beziehen; dies sind nämlich die Kosten der Reinigung nicht schiffbarer Flüsse und Kanäle, sowie der Unterhaltung von Dämmen und ähnlichen Schutzbauten an denselben. Nach dem Ges. v. 14. Flor. XI. sollen diese Kosten, die weder dem Staate noch den Gemeinden, sondern unmittelbar den Grund- bezw. Uferbesitzern zur Last fallen, in Beziehung auf ihre Verteilung und Einziehung dennoch gleich direkten Steuern behandelt, und alle Streitigkeiten inbetreff der Eintreibung der Rollen, der Reklamationen belasteter Interessenten oder der Ausführung der Arbeiten von den Präfekturräten entschieden werden. Daß derartige Kosten, wenn sie in Gemäßheit des Ges. v. XI. unter die Interessenten umgelegt werden, zu den im § 10 erwähnten Leistungen zählen, daß also die im Art. 4 jenes Gesetzes den Präfekturräten hinsichtlich ihrer beigelegte Zuständigkeit auf die Regierungen übergegangen war, folgt nicht allein aus der Gleichstellung dieser Kosten mit den direkten Steuern, sondern auch aus den Schlußworten des § 10, welche unverkennbar auf obiges Gesetz hinzielen: *ME. 26. Dez. 1835 (Rh. S. 5 S. 296); KH. 16. Okt. 1843, AH. Cöln 15. Juli 1852 (Rh. A. 36, II. 23; 47, I. 161). Der AH. Cöln erachtete den RW. sogar unter den Beitragspflichtigen selbst für unzulässig. Konnte dies aber schon aus den §§ 8—10 d. G. nicht allgemein hergeleitet werden (vgl. A. 149), so dürfte auch § 7 Abs. 2 Ges. v. 28. Febr. 1843 in Verbindung mit § 5 Ges. v. 11. Mai 1842 der Statthaftigkeit solcher Rechtsstreitigkeiten, selbst beim Mangel spezieller Rechtstitel, das Wort reden, zumal, wenn die Regierung die Parteien selbst auf den RW. verwiesen und dadurch zu erkennen gegeben hat, daß sie ihre Anordnungen nur als vorläufige betrachtet wissen wolle. Jedenfalls dürften die Anordnungen der Regierung inbetreff der Kosten für die Unterhaltung von Dämmen oder sonstigen Schutzbauten an Privatflüssen seit Erlaß des Ges. v. 28. Jan. 1848 (GS. S. 54) auch in der Rheinprovinz immer insofern nur vorläufige sein, als der Herangezogene seine Ersatzansprüche gemäß § 8 das. gegen den eigentlich Verpflichteten auf dem RW. geltend machen kann, es sei denn, daß durch das Bestehen eines Deichverbandes eine andere Auffassung gerechtfertigt sein würde.] Gegenwärtig finden auf den größeren Teil der vom Ges. v. XI. betroffenen Fälle die Bestimmungen des § 66 ZustGes. Anwendung; soweit das Deichges. v. 1848 in Frage kommt, vgl. VO. v. 1808 A. 404. Uebrigens erachtet OVG. 3. Jan. 1900 (E. 36 S. 326) das Ges. v. XI. bereits seit der VO. v. 9. Jan. 1845 für aufgehoben, durch welche die Vorschriften des Ges. v. 28. Febr. 1843 auf die Rheinprovinz ausgedehnt worden sind. — Des Art. 33 Ges. v. 16. Sept. 1807, welcher der Verwaltung ähnliche Befugnisse, wie die in den Art. 1—3 Ges. v. 14. Flor. XI. erwähnten, sogar bezüglich der Anlage ganz neuer Dämme, und zwar zum Schutze wider Gewässer jeder Art verleiht,

§ 11. Bergwerkstreiber, welche behaupten, daß sie bei ihrer auf die wahrscheinliche Ausbeute berechneten Steuerquote zu hoch angeschlagen seien, haben gleichfalls ihre vermeinte Beschwerde bei der Regierung anzubringen.

---

wird hier nicht weiter gedacht, da derselbe durch das gen. Ges. v. 1848 (vgl. §§ 11 ff.) augenscheinlich ebenso weggefallen ist, wie die entsprechenden Vorschriften der §§ 63—65 II. 15 ALR., deren Aufhebung § 28 das. ausdrücklich ausspricht.

164. Die ord. en cons. d'ét. 13. Aug. 1823 (Dalloz, m. eaux n. 205) leitet aus Art. 4 Ges. v. 14. Flor. XI. die ausschließliche Verwaltungsgerichtsbarkeit sogar für Streitigkeiten her, die zwischen einer Bewässerungsgesellschaft und einem Mitgliede derselben über die Höhe des dem letzteren zur Last gelegten Beitrags entstehen. Ebenso erkannte *EK. 18. April 1857 (JMBl. S. 289) gegen die Zulässigkeit des RW. und für die Anwendbarkeit der §§ 8—10 bezüglich der Beiträge einer Bewässerungsgenossenschaft im Sinne des Ges. v. 28. Febr. 1843, zog hierbei aber vorzugsweise die Statuten dieser Gesellschaft zu Rate, aus denen hervorgehe, daß jene Beiträge sowohl hinsichtlich der Art der Einziehung, wie hinsichtlich der Befugnis der Aufsichtsbehörde, auf diese Einziehung zu wirken, den zu Kommunalzwecken ausgeschriebenen Beiträgen gleichstehen sollten. Vgl. jetzt VO. v. 1808 A. 335.

165. Was Art. 4 Ges. v. 14. Flor. XI. von den auf die Ausführung der Arbeiten bezüglichen Streitigkeiten bestimmt, enthält (insoweit darunter Streitigkeiten der Verwaltung mit den Unternehmern oder Werkleuten verstanden werden) eine bloße Anwendung der allgemeinen, im Art. 4 Ges. v. 28. Pluv. VIII. hinsichtlich der öffentlichen Arbeiten getroffenen Kompetenzvorschrift. Derartige Streitigkeiten unterliegen gegenwärtig, zufolge § 20 d. G., unbedenklich der richterlichen Entscheidung.

§ 11.

166. Die französische Gesetzgebung betrachtete den Bergwerksbetrieb vom steuerlichen Gesichtspunkte aus ebensowenig wie die preußische als ein gewerbliches oder Handelsunternehmen, und unterwarf ihn daher auch nicht der sog. Patentsteuer. Die auf das Bergwerkswesen bezüglichen Steuern wurden vielmehr, in strenger Festhaltung des Grundsatzes, daß die Konzession nicht etwa bloß ein unkörperliches Recht, sondern ein wirkliches Eigentum im engeren Sinne, und zwar ein Grundeigentum, welches z. B. mit Hypotheken beschwert werden kann, verleihe, als eine Unterabteilung der Grundsteuern behandelt. Die bezüglichen Bestimmungen sind im Ges. v. 21. Apr. 1810 Art. 32 ff, 52, 54 und im Dekr. v. 6. Mai 1811 enthalten. Hiernach hat der Bergwerkseigentümer zweierlei Steuern zu entrichten, die sog. fixe Bergwerkssteuer, bestehend in einem festen, nach dem Umfange des Bergwerks bezw. dem Oberflächenraum des Konzessionsfeldes berechneten Satze, und die proportionelle, welche im Verhältnisse zur jedesmaligen Ausbeute bestimmt wird und niemals ein Zwanzigstel des reinen Ertrags übersteigen soll. Hinsichtlich der letzteren schreibt Art. 37 Ges. v. 1810 vor, daß sie gleich der Grundsteuer ausgeschrieben und erhoben, die Reklamationen aber zum Zwecke der Ermäßigung oder Rückforderung behufs verhältnismäßiger Ausgleichung vom Präfekturrate entschieden werden sollen. Die über die Zuständigkeit des Präfekturrats handelnden Stellen des Dekr. v. 1811 Art. 46, 48, 50 stimmen hiermit überein, machen jedoch in dieser Rücksicht zwischen den beiden Arten der Steuer keinen Unterschied.

167. § 11 befaßt sich nur mit der verhältnismäßigen Steuer, indem er die desfallsige Gerichtsbarkeit der Präfekturräte auf die Regierungen überträgt. Der fixen Steuer ist wohl um deswillen nicht gedacht, weil dieselbe im Gesetze ausdrücklich zu den direkten Steuern gerechnet wird und daher ohnehin schon der Vorschrift des § 8 d. G. anheimfällt; vgl. Art. 10, 14 Dekr. v. 1811 u. Konkluf. des öff. Min. beim AH. Cöln im Rh. A. 29, I. 53. — Durch Ges. v. 20. Okt. 1862 § 6 ist an die Stelle dieser Abgaben eine Bergwerkssteuer von zwei v. H. des Werts der Bergwerksprodukte zur Zeit ihres Absatzes getreten. Durch diese Aenderung war die Herbeiführung einer gleichmäßigen Besteuerung des Bergbaus auf beiden Rheinseiten beabsichtigt. Denn § 11 galt wie auch die Ges. v. 1810 und 1811 nur auf dem linken Rheinufer, während auf dem rechten die preußischen Gesetze zur Anwendung gelangten. Inzwischen sind sämtliche genannten Gesetze weggefallen, indem

§ 12. Die Regierungen entscheiden nach eingeholten Gutachten der Lokalverwaltung und unparteiischer Sachverständigen über die Frage, welche Entschädigung dem Eigentümer gebühre, wenn Steine, Sand usw., die zum Brücken- oder Straßenbau erforderlich sind, auf dessen Grund und Boden genommen werden sollen.

§ 13. Die Entscheidung der Frage, ob zum allgemeinen Besten Landstraßen angelegt, ihr Lauf verändert, Kanäle gebauet, Festungswerke unternommen oder erweitert werden sollen usf., gehört in allen Fällen unter die ausschließlichen Amtsbefugnisse der betreffenden Verwaltungsbehörden, innerhalb der Grenzen des von Sr. Majestät dem König ihnen angewiesenen Wirkungskreises oder des hierzu erteilten Spezialauftrags; derjenige, dessen Eigentum zu einem solchen Zwecke eingezogen werden soll, wird gleichwohl nur gegen Entschädigung und in den durch das Ges. v. 8. März 1810 vorgeschriebenen Formen zur Räumung seines Grund und Bodens genötigt.

---

gegenwärtig die Bergwerkssteuer als Gemeindesteuer erhoben wird und den für diese gegebenen Bestimmungen unterworfen ist; vgl. VO. v. 1808 A. 481.

§ 12.

168. Auch dieser § wurzelt in der französischen Gesetzgebung, wonach die Entscheidung über die genannten Entschädigungsansprüche der Verwaltungsjustiz, und zwar seit dem J. VIII. den Präfekturräten gebührte; vgl. Ges. v. 6, 7.—11. Sept. 1790 Art. 4; Ruralges. v. 6. Okt. 1791 Tit. 1 Sekt. 6 Art. 1; Ges. v. 28. Pluv. VIII. Art. 4 Nr. 4 und Berg-Dekr. v. 18. Dez. 1808. Diese Zuständigkeitsbestimmungen hingen auf das engste mit denjenigen zusammen, welche für die aus Anlaß von öffentlichen Arbeiten sich erhebenden Streitigkeiten und inbetreff der Ersatzansprüche von Privaten wegen der ihnen nicht durch die Anordnungen der Verwaltung, sondern durch die persönlichen Handlungen der Unternehmer solcher Arbeiten zugefügten Beschädigungen die Entscheidung der ordentlichen Gerichte gleichfalls ausschlossen; vgl. Ges. v. 6, 7.—11. Sept. 1790 Art. 5; Ges. v. 28. Pluv. VIII. Art. 4 Nr. 2 und 3. Während das Ress.-Regl. die Befugnisse der Präfekturräte hinsichtlich der letzterwähnten Streitigkeiten auf die Gerichte übertrug (§ 20), hat es die Verwaltungsjustiz inbetreff jener aus den Anordnungen der Verwaltung herzuleitenden Entschädigungsansprüche durch § 12 aufrecht erhalten. — Inzwischen sind § 12 und die gen. französischen Gesetze aufgehoben und ersetzt worden durch die §§ 50ff. Enteignungsges. v. 11. Juni 1874.

§ 13.

169. Obschon dem § 13 bei der Aufzählung von Beispielen, wo Enteignungen zum allgemeinen Besten vorzukommen pflegen, offenbar die §§ 5, 6 I. 11 ALR. in Verbindung mit § 4 II. 15 das. zugrunde liegen, so enthält derselbe dennoch keine Abweichung von den Grundsätzen der einschlägigen franz. Gesetzgebung. Letztere hat im Laufe der Zeit mehrfach gewechselt. Für die Rheinprovinz kommen nur die Ges. v. 16. Sept. 1807 und 8. März 1810 in Betracht, von denen das ältere die richterliche Entscheidung bei Enteignungen fast gänzlich ausschloß und sogar die Ermittelung des Entschädigungsbetrags der Verwaltung überwies, das jüngere dagegen den Gerichten eine höchst bedeutende, über die Feststellung des Entschädigungsbetrags weit hinausreichende Mitwirkung einräumte.

170. Die verbindliche Kraft des Ges. v. 8. März 1810 ist durch den § 13 nicht allein ausdrücklich aufrecht erhalten, sondern auch auf die früher zu seinem Gebiete nicht gehörigen vormals bergischen Landesteile ausgedehnt worden; vgl. *EK. 7. Juni 1856 (JMBl. S. 278). Dasselbe stimmte mit der einschlägigen preußischen Gesetzgebung insofern überein, als die Ausübung des Enteignungsrechts nach beiden Gesetzgebungen in der Regel einen dieselbe anordnenden oder doch gestattenden landesherrlichen Akt voraussetzte; ebenso wurde in beiden die Bestimmung desjenigen Eigentums, dessen Entziehung zum gemeinen Besten notwendig erscheint,

den Verwaltungsbehörden, die Feststellung des Entschädigungsbetrags aber den Gerichten zugeteilt. Dagegen wich das Ges. v. 1810 von den Grundsätzen des preußischen Rechts in dem wichtigen Punkte ab, daß es das Verwaltungsverfahren in formeller Hinsicht der Nachprüfung des Gerichts unterwarf (Art. 13, 14). — Gegenwärtig gilt auch in der Rheinprovinz das Enteignungsges. v. 11. Juni 1874; s. die Erläuterungen zu diesem Gesetze.

171. Oben A. 35 ist bereits erwähnt worden, daß eine Eigentumsentziehung, welche zum Zwecke der bloßen Erbreiterung eines bestehenden Gemeindewegs stattfinde, kein förmliches Enteignungsverfahren erfordere. Anders verhält es sich bei Erbreiterungen von Staatsstraßen; bei diesen ist in Ermangelung einer gütlichen Einigung ein solches Verfahren nicht zu umgehen; vgl. AKO. v. 5. Apr. 1836 (Jbb. 47 S. 622), welche hierzu die Ermächtigung ein für alle Male erteilt.

172. Die Frage, ob das Gericht oder die Verwaltung zu entscheiden habe, wem die Kosten eines von letzterer angeordneten Straßenbaus zur Last fallen, z. B. ob der Staat oder eine Gemeinde dieselben zu bestreiten habe, wird durch § 13 nicht berührt; vgl. *EK. 22. Nov. 1856 (JMBl. 57 S. 167), welches diese Frage mit Bezugnahme auf § 5 Ges. v. 11. Mai 1842 zu Gunsten des RW. entschied. [Das in derselben Streitsache ergangene AH. Cöln 20. Juli 1859 (Rh. A. 55, I. 5) sprach sich zwar in entgegengesetztem Sinne aus, aber nicht auf Grund des § 13 d. G., sondern weil es in der betreffenden Klage der Gemeinde nach der besonderen Lage des Falles den Versuch erblickte, einen richterlichen Ausspruch über die Gesetzlichkeit oder Ungesetzlichkeit jener administrativen Verfügung herbeizuführen.] Vgl. jetzt § 56 ZustGes.

173. Das ALR. (§§ 39 ff. II. 15) erkennt das Recht des Staats, Privatflüsse aus Gründen des gemeinen Besten in schiffbare Ströme umzuwandeln, nur unter der Bedingung der vollständigen Schadloshaltung der bisherigen Eigentümer, sowohl was die verlornen Nutzungen, als was die vermehrten Lasten betrifft, an. Ähnliche Bestimmungen finden sich — von dem Dekr. v. 22. Jan. 1808 (s. unten) abgesehen — in der franz. Gesetzgebung nicht, weshalb für ihr Gebiet diese Frage sehr bestritten ist; vgl. Dalloz, m. eaux n. 30. Huldigt man der Ansicht, daß der nicht schiffbare Fluß oder doch sein Bett Privateigentum der Uferbesitzer sei, so würde die Schiffbarmachung desselben eine förmliche Eigentumsentziehung in sich schließen, welche die Anwendung des Ges. v. 1874 bedingte. Nach der entgegengesetzten Ansicht, welche den Uferbesitzern nur gewisse beschränkte Rechte einräumt, (vgl. Art. 714 c. c., RG. 20. Nov. 1884, E. 12 S. 340, Begründung z. Entw. d. AG. z. BGB. S. 218) kann nur von der Geltendmachung von Entschädigungsansprüchen die Rede sein. So sagt Proudhon n. 1014, 838, daß die Exekutivgewalt zwar die Befugnis besitze, einen Privatfluß zu einem öffentlichen zu erheben, daß in solchem Falle jedoch den Uferbesitzern für den Verlust des Fischereirechts und die Belastung ihres Grundeigentums mit der Leinpfadservitut Entschädigung gebühre, wogegen freilich ein förmliches Enteignungsverfahren erforderlich werde, wenn zur Schiffbarmachung Inseln und Anschwemmungen, die sich bereits im Eigentume der Uferbesitzer befänden, weggeräumt, oder wenn zur Herrichtung des Leinpfads Wohnhäuser zerstört werden müßten. Der Entschädigungsanspruch für die Belastung des Grundeigentums mit der Leinpfadservitut ist übrigens durch das Dekr. v. 22. Jan. 1808 ausdrücklich anerkannt. Zuständig zur Feststellung des Betrags war nach diesem Dekr. und dem dort bezogenen Ges. v. 16. Sept. 1807 der Präfekturrat, und zwar selbst nach Publikation des Ges. v. 1810, da eben die Fläche des Leinpfads im Eigentume der Uferbesitzer verbleibt; vgl. Dalloz, m. eaux n. 152. Gegenwärtig tritt in der Rheinprovinz selbstredend auch hier die richterliche Zuständigkeit ein.

174. Daß bei Flüssen, welche stets die Eigenschaft von öffentlichen hatten, jeder Ersatzanspruch für die Hergabe des zum Leinpfade erforderlichen Gebiets wegfällt, steht im franz. Rechte ebenso wie im preußischen fest, da die Leinpfadservitut eine gesetzliche Beschränkung ist, unter welcher das Eigentum am Ufer solcher Flüsse vom Staate allein anerkannt wird. Vgl. VO. v. 1808 A. 128.

175. Aus gleichem Grunde besteht auch nach französ. Rechte kein Entschädigungsanspruch wegen der Beschränkungen, denen das im Rayon einer Festung belegene Grundeigentum unterworfen ist; vgl. Favard rep. m. expr. pour cause d'ut. publ, n. 17; Cormenin s. v. expr.: es sei denn, daß die Festung neu angelegt worden wäre, in welchem Falle jedoch die in Frankreich herrschende Ansicht nicht den Präfekturrat, sondern den Kriegsminister zur Entscheidung über die Enschädi-

§ 14. So oft Rechnungspflichtige oder andere Beamte dem Staat für ihre künftige Geschäftsführung Sicherheit zu leisten verbunden sind, untersucht die Verwaltungsbehörde die hierüber beigebrachten Urkunden und erklärt sie für hinlänglich oder verwirft sie. Dieser Grundsatz gilt auch alsdann, wenn der Beamte bei dem Gerichte in Eid und Pflichten genommen wird und also dort den Beweis beizubringen hat, daß die Sicherheit geleistet worden.

§ 15. In Ansehung der Finanzangelegenheiten bleibt es bei den Bestimmungen der königlichen Verordnung vom 26. Dezember 1808 §§ 41 und 42.

Gegen Verfügungen der Regierungen, welche sie in ihrer Eigenschaft als Finanzbehörden erlassen, die sich mithin auf die Vermögensverwaltung des Fiskus beziehen, ist also einem jeden, der seine Rechte dadurch gekränkt glaubt, der Weg Rechtens unbenommen, insofern der Fall nicht zu den §§ 35 und 36 l. c. gemachten Ausnahmen gehört.

Ein gleiches findet in Absicht der Vermögensverwaltung anderer den Regierungen untergeordneten moralischen Personen statt, und ebenso steht es unter gedachten Modalitäten jedem frei, sein Privatinteresse über Gegenstände der Post- und Bergwerks-Administration bei dem kompetenten Gericht geltend zu machen.

---

gungsklage beruft; vgl. Dalloz, m. compét. admin., n. 449. Heute kommt das RRayongesetz v. 21. Dez. 1871 zur Anwendung; vgl. VO. von 1808 A. 327.

§ 14.

176. § 14 hat seine praktische Wirksamkeit eingebüßt, schon seitdem nach AKO. v. 11. Febr. 1832 (GS. S. 61) alle Staatskassen- und Magazinbeamten ihre Amtskaution bar erlegen mußten. Das das Kautionswesen neu regelnde Ges. v. 25. März 1873 (GS. S. 125) enthält keine dem § 14 entsprechende Bestimmung; bei der seit dem Ges. v. 7. März 1898 (GS. S. 19) allein noch in Frage kommenden Kautionsbestellung der Gerichtsvollzieher findet eine Mitwirkung der Regierung nicht statt.

§ 15.

177. § 15 eröffnet die Reihe derjenigen Bestimmungen, die aus der VO. v. 26. Dez. 1808 entlehnt sind. War bisher, einige Ausnahmen abgerechnet, nur von dem Gegensatze, welcher nach der franz. Gesetzgebung zwischen der ordentlichen und der Verwaltungsgerichtsbarkeit, insbesondere zwischen der Zuständigkeit der Gerichte und der der Präfekturräte besteht, und von den Veränderungen die Rede, die das Ress.-Regl. unter möglichster Festhaltung der Grundsätze jener Gesetzgebung eingeführt hat, so kommt in den §§ 15ff. vorzugsweise nur das Verhältnis der Gerichte bezw. der Rechtspflege zur Verwaltung i. e. S. zur Sprache, ein Verhältnis, weches eben infolge der §§ 15ff., vorbehaltlich der bereits besprochenen und noch zu besprechenden Ausnahmen, nach den Grundsätzen des preußischen Rechts zu beurteilen ist.

178. Daß durch § 15 nicht bloß der mit ihm wörtlich übereinstimmende § 41 der VO. v. 26. Dez. 1808, sondern auch die §§ 35—37 das. in der Rheinprovinz Geltung erlangt haben, ist unzweifelhaft. (Ebenso z. B. RG. RG. 6. Juni 1899, E. 44 S. 226.) Weniger kurz läßt sich die Frage beantworten, ob dasselbe bei den in diesen §§ unmittelbar oder mittelbar bezogenen Stellen aus dem ALR. und der AGO. der Fall sei. Es tritt nämlich die Eigentümlichkeit der älteren preuß. Gesetzgebung, einen Satz nicht selbständig und aus sich selbst verständlich hinzustellen, sondern immer auf anderweitige Bestimmungen zu verweisen, nirgends in so greller Weise hervor, wie hier. Wie in der Reg.-Instr. v 1817 und dem Ress.-Regl. auf die Bestimmungen der VO. v. 1808 zurückgegangen wird, so verweisen diese wieder auf eine Reihe von Bestimmungen der allgemeinen Gesetzbücher, in letzteren kommen

aber gleichfalls Verweisungen vor, in dem besonders wichtigen § 79 II. 14 ALR. z. B. die Verweisung auf die §§ 4—9 das., diese §§ nehmen ihrerseits wieder auf 136 fernere §§ Bezug, und so geht es fast ins endlose fort. Daß nun alle diese Gesetzesstellen samt und sonders durch § 15 d. G. Gesetzeskraft erlangt hätten, wird niemand behaupten; ebensowenig ist es aber zweifelhaft, daß solches bei manchen unter ihnen wirklich der Fall sei. Das entscheidende kann hier nur darin gefunden werden, ob jene Gesetzesstellen mit denen der VO. v. 1808 in so engem, unzertrennlichem Zusammenhange stehen, daß sie mit ihnen gewissermaßen ein ganzes bilden oder nicht. Zu Bestimmungen der ersteren Art gehören unbedenklich die §§ 78, 79 II. 14 ALR. und die dort bezogenen gen. §§ 4—9, zu denen der zweiten beispielsweise die in letzteren §§ bezogenen §§ 656—659 I. 9, desgleichen § 61 des Anhangs zum ALR., und § 6 I. 43 AGO. — Daß der Begriff eines Hoheitsrechts auch in der Rheinprovinz aus den im gen. § 36 bezogenen Stellen des ALR. entnommen werden müsse, beruht wohl schon auf den Grundsätzen des inneren Staatsrechts.

179. Zur Erläuterung des § 15 kann im allgemeinen auf die Anmerkungen zu den gen. §§ 35—37 und 41 hingewiesen werden. An dieser Stelle ist vorzugsweise die Verschiedenheit in den Grundanschauungen des preuß. und franz. Rechts darzulegen und in Verbindung hiermit zu erörtern, welche Gesichtspunkte dem Ress.-Regl., insbesondere dem § 15 zufolge, als die leitenden zu betrachten sind.

180. Obschon beide Gesetzgebungen die Trennung der Gewalten und die gegenseitige Unabhängigkeit der Gerichte und der Verwaltungsbehörden grundsätzlich anerkennen, so weichen sie dennoch in der Anwendung dieses Grundsatzes weit von einander ab. Während nämlich die franz. Gesetzgebung ihn überall an die Spitze stellt und in allen seinen Folgen streng durchführt, geht die preußische umgekehrt von dem Grundsatz der Prozeßfähigkeit aller das Mein und Dein betreffenden Streitigkeiten aus, faßt mithin die Fälle, wo nach dem ersterwähnten Grundsatz die richterliche Entscheidung ausgeschlossen ist, als Ausnahmen von jenem zweiterwähnten als dem höheren bezw. allgemeineren auf und eröffnet infolge dieser Unterordnung des einen Grundsatzes unter den andern dem RW. im allgemeinen einen weit umfassenderen Wirkungskreis, als die franz. Gesetzgebung, wie solches aus der nachfolgenden Vergleichung hervorgeht.

181. Dalloz, m. compét. admin, n. 69 führt die Folgen des Grundsatzes der Trennung der Gewalten auf folgende Hauptsätze zurück: a) die Verwaltungs- und Justizbehörden dürfen nur in denjenigen Angelegenheiten entscheiden und verfügen, welche zu ihrem Ressort gehören; b) jede von ihnen muß die von der andern ausgegangenen Akte respektieren und geeigneten Falls sogar anwenden (appliquer); c) doch darf sie dieselben, insofern sie dunkel sind, nicht selbst auslegen; endlich d) die Entscheidung von Schwierigkeiten, welche die Vollstreckung von Verwaltungsverfügungen hervorruft, gebührt der Verwaltung. — Der Satz a versteht sich zwar an und für sich von selbst und gilt daher auch im preußischen Rechte. Das eigentümliche der franz. Auffassung besteht aber hier in der Ausschließlichkeit, womit dieser Satz geltend gemacht wird, indem man aus ihm folgert, daß die mit einer Angelegenheit ihres Ressorts befaßte Behörde selbst nicht über die sich incidenter erhebenden maßgebenden Vorfragen zu entscheiden befugt sei, sofern diese an sich dem andern Ressort angehören. Dieser Doktrin ist bereits in Beziehung auf das Verhältnis zwischen den Gerichten und den Präfekturräten gedacht worden, sie wird aber auf das Verhältnis zwischen jenen und der eigentlichen Verwaltung in gleicher Allgemeinheit angewandt; Dalloz, aaO. n. 171 ff. u. VO. v. 26. Dez. 1808 A. 93 ff. Ebenso weichen beide Gesetzgebungen hinsichtlich des Satzes b, insoweit es sich darum handelt, ob ein Verwaltungsakt vor Gericht angefochten werden könne, in manchen Punkten von einander ab, obschon sie auch hier der Hauptsache nach übereinstimmen. Während nämlich die VO. v. 1808 in Verbindung mit dem Ges. v. 11. Mai 1842 unter den verschiedenen Zweigen der Verwaltungstätigkeit unterscheidet und die Unanfechtbarkeit als Regel nur für die Akte der Landeshoheits- und Landespolizeibehörden, für die der Finanzbehörden aber das Gegenteil als Regel aufstellt, schreibt das franz. Recht die Unanfechtbarkeit der Verwaltungsakte zwar ganz allgemein vor, versteht hierbei aber unter Verwaltungsakten nur solche im engeren Sinne, d. h. Akte, die von der Verwaltungsbehörde als Vertreterin der allgemeinen Interessen ausgehen, und erkennt, ähnlich dem § 41 jener VO., bei Akten, in welchen der Staat bezw. die Behörde als Eigentümer auftritt, grundsätzlich die Zulässigkeit des RW. an; vgl. Dalloz, aaO. n. 6, 64 ff. Die Abweichungen bestehen darin, daß im französ.

Rechte zu jenen Verwaltungsakten im engeren Sinne eine große Anzahl von Akten gezählt wird, die das preuß. Recht als Akte der Finanzverwaltung nach § 41 aaO. beurteilt (vgl. Dalloz, aaO. n. 67), und daß eigentliche Verwaltungsakte nach franz. Rechte nicht einmal ausnahmsweise auf Grund spezieller Rechtstitel oder bei bloßen Streitigkeiten unter den Interessenten selbst den Gegenstand prozessualischer Anfechtung bilden können. Hat die Verwaltungsbehörde eine Verfügung getroffen, zu deren Erlasse sie nicht zuständig war, so ist nach beiden Gesetzgebungen zu unterscheiden, ob jene in der einen oder anderen Eigenschaft gehandelt habe; jedoch ist es nach franz. Recht streitig, ob die Gerichte gehalten seien, eine nach ihrer Ansicht unzuständiger Weise von der Verwaltungsbehörde erlassene Verfügung selbst anzuwenden (appliquer); vgl. Dalloz, aaO. n. 193ff., Cremer in Tr. A. 2, II. 20. Nur darüber ist man einig, daß der Strafrichter allgemeine Strafverfügungen der Verwaltung nur dann anwenden darf, wenn sie innerhalb ihrer Zuständigkeit und auch sonst in gesetzlicher Weise erlassen sind; damit stimmt das ältere preuß. Recht (vgl. VO. v. 1808 A. 610) ebenso wie das Ges. v. 11. März 1850 vollkommen überein. — Am meisten weichen beide Gesetzgebungen hinsichtlich der Auslegung von Verwaltungsakten von einander ab; während nämlich das franz. Recht es als eine notwendige Folge der beiderseitigen Unabhängigkeit der Behörden betrachtet, daß keine von ihnen die Akte der andern auslegen dürfe, ist diese Auffassung dem preuß. Rechte völlig fremd. Gleichwohl findet jener Satz auch in Frankreich keine Anwendung auf Staatsverträge, da diese keine bloßen Verwaltungs-, sondern Gesetzgebungsakte sind, und ebensowenig auf allgemeine Strafreglements, die ebenfalls, wenigstens im gewissen Betrachte, Gesetzen gleichstehen. Derselbe gilt endlich nicht von solchen Akten, die nur in der Form von Verwaltungsakten aufgenommen werden, wie z. B. die Pachtverträge des Domänenfiskus und der Gemeinden. Außerdem ist jener Satz überhaupt nicht dahin zu verstehen, als genüge die bloße Behauptung einer Partei, daß ein Verwaltungsakt, z. B. eine Konzession, der Auslegung bedürfe, um die Gerichte zu nötigen, ihre Entscheidung bis nach Einholung der letzteren auszusetzen; vielmehr tritt diese Notwendigkeit nur da ein, wo der Akt nach der eignen Ansicht des Gerichts Dunkelheiten oder Zweideutigkeiten in sich schließt; vgl. Dalloz, aaO. n. 33ff., 246, 458, 462; m. commune n. 1927—1929; aM. Chauveau n. 454. — Der oben unter d aufgestellte Satz ist nur auf solche Streitigkeiten zu beziehen, die in dem dem Zwangsverfahren zugrunde liegenden Verwaltungsakte, mithin nicht in der Form jenes Verfahrens selbst ihre Quelle haben; er stellt sich im Grunde nur als eine Anwendung der Sätze a und b dar. Nach preuß. Rechte steht es gleichfalls fest, daß, wenn ein Verwaltungsakt im RW. nicht angefochten werden kann, dies ebensowenig mittelbar durch einen gegen die Vollstreckung erhobenen Widerspruch zulässig ist.

182. Die Antwort auf die Frage, welche Grundsätze infolge der Bestimmungen des Ress.-Regl. für die Rheinprovinz gelten, ist bereits in den A. 4 und 177, und zwar vorbehaltlich der dort gemachten Einschränkungen, zu Gunsten des preuß. Rechts gegeben worden.

183. Hiernach gilt auch für die Rheinprovinz, daß, so oft eine Behörde zu entscheiden berufen ist, ihr gleichzeitig zusteht, die sich hierbei erhebenden maßgebenden Vorfragen, welche für sich allein betrachtet einem andern Ressort angehören, selbständig zu prüfen und nach dem Ergebnisse dieser Prüfung ihre Entscheidung zur Hauptsache zu treffen. Wenn bezüglich des den Regierungen in den §§ 2ff. übertragenen Entscheidungsrecht das Gegenteil behauptet worden ist (A. 16), so beruht dies eben darauf, daß das Ress.-Regl. in der betreffenden Materie gerade auf der franz. Gesetzgebung fußt.

184. Ferner sind aus gleichem Grunde die Rheinischen Justiz- und Verwaltungsbehörden zur eignen Deutung von Erlassen einer Behörde des andern Ressorts vorkommendenfalles vollkommen befugt, mithin niemals mehr gehalten, jene Behörde um eine Auslegung zu ersuchen. Dies wird durch die Praxis anerkannt, obschon in den Gründen von AH. Cöln 16. März 1846 (Rh. A. 40, I. 75) und KH. 17. März 1847 (Tr. A. 6, I. 68) noch die franz. Auffassung durchklingt.

185. Endlich unterliegen nach § 15 d. G. solche Akte, welche nach den Grundsätzen des franz. Rechts als eigentliche Verwaltungsakte vor Gericht nicht bestritten werden konnten, der gerichlichen Anfechtung, wenn sie sich auf die Vermögensverwaltung des Fiskus oder anderer den Regierungen untergeordneten moralischen Personen beziehen. Besonders wichtig ist dies bei Streitigkeiten, zu denen

die Rechnungspflicht der Empfänger öffentlicher oder Kommunalgelder zwischen diesen Empfängern und der Verwaltung Veranlassung gibt. In Abweichung von den in Art. 527 ff. c. de proc. civ. aufgestellten Regeln, wonach die Rechnung rechnungspflichtiger Personen vor Gericht gelegt und erörtert wird, ist die Feststellung der Rechnungen jener Beamten sowie die Einziehung des Rechnungsrückstands nach der franz. Gesetzgebung ausschließlich Verwaltungssache; vgl. Ges. v. 12. Vendém., 13. Frim. VIII., Arr. v. 18. Vent. VIII., 19. Vendém. XII., StRG. v. 16.—25. Therm. XII. und 14. März 1812. Das Ress.-Regl. hat es nun zwar bei dieser Gesetzgebung im allgemeinen belassen, jedoch mit der auf dem § 15 beruhenden Änderung, daß gegen den administrativen Rechnungsabschluß der RW. offen steht, so daß also das eigentliche Rechnungsverfahren und die Einziehung des Rückstandes der Verwaltung verblieben, dem Beamten jedoch gestattet ist, diejenigen Punkte, bezüglich welcher er sich in seinen Rechten durch die administrative Feststellung gekränkt glaubt, zur richterlichen Entscheidung zu bringen, selbst, wenn er nicht etwa bloß einzelne, sondern sämtliche Posten bestreiten sollte. Immer wird jedoch ein spezielles Bestreiten auf der Grundlage des administrativen Verfahrens erfordert. Sollte daher der Beamte sich darauf beschränken, die administrative Feststellung bloß im allgemeinen zu bestreiten, etwa damit in das gerichtliche Rechnungsverfahren im Sinne der §§ 348 ff. ZPO. eingelenkt werde, so würde ihm § 15 nicht zur Seite stehen: KH. 20. Jan. 1838, AH. Cöln 28. Aug. 1828, 14. Aug. 1834, 15. April, 9. Juni 1835 (Rh. A. 26, II. 72; 12, I. 135; 21, I. 19; 22, I. 188, 244). Doch ist die eben entwickelte Ansicht erst seit der gen. Entscheidung des KH. allgemein zur Geltung gelangt, da die Ansicht des AH. Cöln bis dahin außerordentlich geschwankt und eine Menge älterer Entscheidungen sich für die unbedingte Unzuständigkeit der Gerichte ausgesprochen hat, wobei namentlich davon ausgegangen wurde, daß die Beschlüsse des Präfekten über die Rechnungsrückstände obiger Beamten nach den oben bezogenen StRG. v. XII. und 1812 keine gewöhnlichen Verwaltungshandlungen, sondern die Ausflüsse eines eigentlichen Entscheidungsrechts (condamnations) seien. Übrigens gehört es im Geiste des § 15 auch zur richterlichen Zuständigkeit, ob überhaupt eine Rechnungspflicht und in welchen Grenzen bestehe, desgleichen, ob die Rechnung bereits abgeschlossen sei, mithin eine nochmalige Prüfung oder anderweitige Rechnung nicht mehr gefordert werden könne, oder ob ein festgestellter Rezeß bereits eingezogen worden, desgleichen, ob eine vom rechnungspflichtigen Beamten geltend gemachte Gegenforderung sich in Abrechnung bringen lasse. Vgl. AH. Cöln 22. Dez. 1828, 7. Jan. 1829, 16. Aug. 1832, 11. Juli 1833, KH. 29. Juni 1831 (Rh. A. 12, I. 274; 13, I. 146; 17, I. 93; 18, I. 223; II. 10). Endlich entschied AH. Cöln 13. Dez. 1852 (das. 48, I. 10), daß, wenn ein solcher Beamter, insbesondere der Rendant einer öffentlichen Anstalt, sein Amt niedergelegt habe, er zur Rechnungsablage nur noch durch gerichtliche Klage und nach Maßgabe der für ein gerichtliches Rechnungsverfahren bestehenden Vorschriften angehalten werden könne, der Richter sich mithin nicht darauf beschränken dürfe, die Verpflichtung der Rechnungsablage festzustellen und letztere selbst vor die Verwaltungsbehörde zu verweisen. Vgl. jedoch A. 186, Ges. v. 13. Frim. VIII. Art. 2 und VO. v. 24. Jan. 1844 A. 8.

186. Ähnlich verhält es sich mit der Rechnungsablage des **Rendanten einer katholischen Kirchenfabrik** nach den Art. 85 ff. des linksrheinischen Dekr. v. 30. Dez. 1809. Diesen Vorschriften zufolge ist die Rechnung solcher Rendanten gleichfalls im (kirchlich-) administrativen Wege zu legen und zu erörtern. Dies gilt selbst da, wo der Rendant bereits ausgeschieden oder gar verstorben ist. Wenn dagegen Hermens (Handbuch der Kultusgesetzgebung 2 S. 460) aus der Reg.-Instr. v. 1817 und dem § 5 d. G. folgert, daß statt der bischöflichen Behörde die Regierung über die zwischen dem Rendanten und Kirchenrate streitig bleibenden Posten zu entscheiden, oder diese vor die Gerichte zu verweisen habe, so beruht dies auf einem offenbaren Mißverstehen jener Gesetzesstellen; vgl. de Syo zu den Art. 85 ff. aaO. Dagegen kann, nachdem das administrative Rechnungsverfahren vor sich gegangen ist, der Rendant, gleich den in A. 185 erwähnten rechnungspflichtigen Beamten in Gemäßheit des § 15 den RW. beschreiten, nicht, um ein gerichtliches Rechnungsverfahren im Sinne der ZPO., sondern um eine richterliche Enscheidung über die einzelnen von ihm bestrittenen Punkte des administrativen Rechnungsabschlusses herbeizuführen. Vgl. de Syo aaO. und AH. Cöln 15. April 1835 (Rh. A. 22, I. 242; dieses Erkenntnis sprach sich namentlich dahin aus, daß eine gerichtliche Unzuständigkeitserklärung, welche deshalb erfolgt ist, weil zur Zeit die

Prüfung der Rechnungen im allgemeinen den Gegenstand des Rechtsstreits bildete, für die Zuständigkeitsfrage keine res iudicata begründet, wenn demnächst der Rechnungsabschluß durch Bestreitung einzelner oder auch aller Posten angefochten wird.) Inzwischen ist das Dekret v. 1809 durch das Ges. über die Vermögensverwaltung in den katholischen Kirchengemeinden v. 20. Juni 1875 (GS. S. 241) ersetzt worden, jedoch ohne daß dadurch in den Zuständigkeitsverhältnissen, soweit sie hier interessieren, etwas geändert worden wäre.

186 a. Dennoch bestehen einzelne Verschiedenheiten zwischen den in A. 185 und 186 besprochenen Rechtsverhältnissen, welche darin ihren Grund haben, daß den kirchlichen Verwaltungsbehörden nicht, wie den weltlichen, bürgerliche Zwangsmittel zu Gebote stehen. Einmal nämlich findet keine administrative Einziehung des gegen den Kirchenrendanten auf dem Verwaltungswege festgestellten Rückstands statt; vielmehr muß nötigenfalls ein richterliches Urteil auf Zahlung dieses Rückstandes wider den säumigen Rendanten erwirkt werden. Sodann aber kann die richterliche Hilfe unter Umständen schon in einem früheren Zeitpunkte erforderlich sein, sofern nämlich der Rendant es unterläßt, sei es die Rechnung überhaupt vor dem Kirchenrate zu legen, sei es die streitig gewordenen Posten zu regeln und den ihm schon nach den unstreitigen zur Last liegenden Rückstand abzuliefern. [In solchen Fällen wies Art. 90 des Dekr. v. 30. Dez. 1809, sofern die Kirchenverwaltung nicht selbst klagte, das öffentliche Ministerium an, die Interessen der Fabrik auf dem gerichtlichen Wege zu verfolgen, d. h. durch Anstellung einer desfallsigen Klage den Rendanten zu denjenigen Schritten zu nötigen, welche seinerseits zu tun sind, damit das administrative Rechnungsverfahren in Angriff genommen oder aber zum Abschluß gebracht werde.] Vgl. jetzt auch § 53 Abs. 2 des gen. Ges. v. 20. Juni 1875 (GS. S. 241).

186b. *EK. 17. Febr. 1855 (JMBl. S. 122) führt auf den § 15 die Zulässigkeit der Klage einer katholischen Kirche wider die Zivilgemeinde auf Anerkennung der der letzteren obliegenden Pflicht zum Kirchenbau zurück, weist aber gleichzeitig nach, daß die Unzuständigkeit der Gerichte nicht etwa früher durch die Bestimmungen des Dekr. v. 30. Dez. 1809 begründet gewesen sei, noch auch für spätere Zeiten aus dem linksrheinischen Ges. v. 14. März 1845 gefolgert werden könne. In anderen Entscheidungen wird die gerichtliche Zuständigkeit für solche Streitigkeiten, welche die Verbindlichkeit der Zivilgemeinde, sei es zum Kirchenbau, sei es zum Bau und zur Unterhaltung der Pfarrwohnung betreffen, gerade aus dem Dekr. v. 1809 in Verbindung mit allgemeinen Rechtsgrundsätzen hergeleitet: A.H. Cöln 3. Juli 1843, 19. Juli 1844, KH. 3. Mai 1847 (Rh. A. 37, I. 219, 176; Tr. A. 6, I. 79); vgl. auch Regnier, die Verpflichtungen der Zivilgemeinden in Ansehung der Pfarrhäuser usw. (1844).

187. Doch erklärt obiges *EK. 17. Febr. 1855 den Antrag auf Bestimmung einer Frist zum Beginne und zur Vollendung des Baus, oder auf Ermächtigung der Kirche, den Bau im Falle der Säumigkeit der Gemeinde auf deren Kosten auszuführen, für nicht prozeßfähig, weil die Ausführung des Baus nur eine Vollziehung des die Baupflicht aussprechenden Urteils, und daher schon um deswillen gemäß StRG. v. 12. Aug. 1807 und Arr. v. 12. Brum. XI. durch die der Gemeinde vorgesetzte Verwaltungsbehörde anzuordnen sei (vgl. A. 229ff.), dasselbe aber auch aus den besonders von der Ausführung der Kirchenbauten usw. durch die Zivilgemeinden handelnden Art. 95, 98 des Dekr. v. 1809 und § 4 des Ges. v. 1845 hervorgehe. Ähnlich wird im LG. Trier 28. Nov. 1843 (Rh. A. 37, I. 174) bezüglich der den damaligen Klagegegenstand bildenden großen Reparaturen einer Pfarrwohnung gesagt, daß anlangend die Aufstellung dieser Reparaturen und die Art ihrer Ausführung hierüber im gen. Dekrete die geeigneten Vorschriften gegeben seien, inbetreff derselben sowie der im Unterlassungsfalle gegen die Gemeinde anzuwendenden Zwangsmittel aber von dem Gerichte keine Verfügung getroffen werden könne.

187a. Ebenso entschied A.H. Cöln 22. Okt. 1849 (Rh. A. 45, I. 27), daß bei Beurteilung der Frage, ob die aushülfsweise Verbindlichkeit der Zivilgemeinde zur Tragung der Kosten für große Reparaturen oder den Wiederaufbau der Kirche in Gemäßheit des Art. 92 des gen. Dekrets in Wirksamkeit trete, die Verwaltungsbehörde zufolge Art. 94 das. die Unzulänglichkeit des Kirchenvermögens festzustellen habe; es gehöre nicht zur richterlichen Zuständigkeit, zu untersuchen, inwiefern von der Verwaltung bei Feststellung dieser Unzulänglichkeit die gesetzlichen Formalitäten beobachtet worden seien, folgeweise erscheine das Gericht

§ 16. Damit indessen durch frivole Klagen keine Verwirrung und Stockung in die Finanzverwaltung gebracht werden könne, sind die Regierungen autorisiert, des gegen ihre Verfügung erhobenen Widerspruchs ungeachtet

1. alle Landes- sowohl als grundherrliche Revenüen, Abgaben und Dienste unbeschränkt zur Leistungszeit beizutreiben oder durch die Domänenpächter, Administratoren oder dazu angesetzten Offizianten beitreiben zu lassen, jedoch mit Beobachtung der im Allgem. L. R. T. II Tit. 14 §§ 80 und 83 festgesetzten Modifikationen;

---

nicht befugt, jene Feststellung aus dem Grunde als nicht maßgebend zu erachten, weil den Art. 94, 95 das. zuwider die Mitwirkung und das Gutachten der Zivilgemeinde nicht zugezogen sei.

187b. Fernere Beschränkungen der richterlichen Zuständigkeit enthalten die Art. 96, 97 jenes Dekrets, nach welchen der Gemeinderat, wenn er die Ermäßigung der Kosten für die Feier des Gottesdienstes verlangt oder die Notwendigkeit der Anstellung eines Vikars nicht anerkennt, sich gegen die Entscheidung des Bischofs nur in der Weise vorsehen kann, daß er durch Vermittelung des Präfekten eine landesherrliche Entscheidung herbeiführt. Da jedoch die hier fraglichen Kosten der einen und andern Art zu denen für ordentliche kirchliche Bedürfnisse gehören, welche seit dem Ges. v. 14. März 1845 nicht mehr den Zivilgemeinden selbst, sondern den Pfarrgenossen in zweiter Linie zur Last liegen, so haben obige Zuständigkeitsbestimmungen für das linke Rheinufer ihre praktische Bedeutung verloren. So: de Syo, welcher die Art. 96, 97 überdies als unvereinbar mit Art. 15 der Verf.-Urk. betrachtet.

188. Wenn hiernach die richterliche Zuständigkeit durch § 15 d. G. im allgemeinen erheblich erweitert worden ist, so hat sie durch ihn dennoch nach einer Richtung hin eine bedeutende Einschränkung insofern erlitten, als mit ihm die §§ 78, 79 II. 14 ALR. bezüglich aller steuerartigen Leistungen, welche nicht unter die §§ 8—11 d. G. fallen, mithin namentlich für die indirekten Staats- und Gemeindesteuern, in der Rheinprovinz zur Geltung gelangt sind, vgl. A. 137 ff. und z. B. RG. 28. Febr. 1893 (JMBl. S. 155). Die Behauptung Perrots (1. S. 210), daß in Angelegenheiten der mittelbaren Steuern, mit Ausnahme der Stempelsteuer, der RW. nach den übereinstimmenden Grundsätzen des franz. und preuß. Rechts zulässig sei, beruht auf der irrigen Deutung, die dieser Schriftsteller den §§ 78, 79 gibt; vgl. VO. v. 1808 A. 200. Noch weiter geht Schlink (1. S. 172), welcher anzunehmen scheint, daß die inbetreff der mittelbaren Steuern geltenden franz. Zuständigkeitsbestimmungen für die Rheinprovinz unausgesetzt in Kraft geblieben, die §§ 78, 79 mithin dort gar nicht eingeführt seien.

189. Welche Steuern zu den direkten, welche zu den indirekten gehören, beurteilt sich auch inbetreff der sich hieran für die Zuständigkeitsfrage knüpfenden Folgerungen ausschließlich nach der preuß. Gesetzgebung (vgl. insbesondere die Geschäfts-Anw. v. 31. Dez. 1825 C.), welche übrigens in diesem Punkte mit der französischen auf derselben Grundanschauung beruht. Bez. der indirekten Staatssteuern vgl. VO. v. 1808 A. 258 ff.; bez. der indirekten Gemeindesteuern gilt das oben A. 158 gesagte, wonach nunmehr das Kommunalabgabenges. v. 1893 allgemein maßgebend ist.

190. Über die frühere Bedeutung des § 15 für die Rhein. Ressort-Verhältnisse in Bergwerkssachen s. VO. v. 1808 A. 408, 410, 411.

§§ 16—18.

191. Während die Vollstreckungsbefugnis nach den Grundsätzen des preuß. Rechts als die selbstverständliche Folge, ja, als untrennbarer Teil des der Behörde zustehenden Entscheidungs- und Verfügungsrechts, und die Behörde selbst als der vollziehende Teil erscheint, indem die hierbei mitwirkenden Unterbeamten ohne alle Selbständigkeit handeln, gleichsam bloße Werkzeuge sind, deren Tätigkeit sich nach außen hin mit der der anordnenden Behörde deckt, verlangt das franz. Recht zur Statthaftigkeit einer Zwangsvollstreckung wider das Vermögen des Schuldners

2. insofern von Erfüllung der vom Fiskus mit Privatpersonen eingegangenen Verträge die Einreichung bestätigter Etats abhängt, wie vorzüglich bei Pachtungen von Domänen und Regalien der Fall ist, und die Erfüllung der kontraktmäßigen Verbindlichkeit verweigert wird, nach vorheriger summarischer Vernehmung des Weigernden ein vorläufiges Liquidum pflichtmäßig festzusetzen und dasselbe vom Schuldner sogleich einziehen zu lassen;
3. die verpachteten, ihrer Administration unterworfenen Grundstücke und Gerechtsame unter Sequestration zu setzen, wovon die Pachtgelder rückständig bleiben oder die Pächter schlecht wirtschaften;
4. die Verpflichtung der Pächter oder Nießbraucher von dergleichen Grundstücken oder Rechten zur Räumung nach abgelaufener Pachtzeit und beendigtem Besitzrechte, auf den Grund einer summarischen Untersuchung durch eine Resolution festzusetzen und diese sogleich vollstrecken zu lassen. Vor beendigter Pacht- oder Besitzzeit kann aber die Exmission nicht anders, als durch Urteil und Recht festgesetzt werden und erfolgen;
5. wenn bei anderen über Gegenstände des Regierungsressorts geschlossenen Verträgen, besonders bei Kriegslieferungen und wichtigen Entreprisen die Erfüllung nach dem Verlangen der Regierung verweigert wird und daraus ihrem Ermessen nach ein unwiederbringlicher Schaden sich besorgen läßt, für welchen der Weigernde dem Staate nicht würde gerecht werden können, denselben zu der von ihm verlangten Verbindlichkeit durch Zwangsmittel anzuhalten.

---

immer einen vollstreckbaren, auch in seiner Form als solchen erkennbaren Titel und legt dessen Vollstreckung in die Hände besonderer, bis zu einem gewissen Grade selbständig sowie unter eigener Verantwortung handelnder Beamten, der Gerichtsvollzieher. Die Eigenschaft eines vollstreckbaren Titels wohnt dafür aber nicht bloß den gerichtlichen Urteilen bei, sondern auch manchen andern amtlichen Akten, insbesondere den Notarialurkunden, sowie vielen Verwaltungserlassen, und zwar unter letzteren wieder nicht allein solchen, die gesetzlich den Erkenntnissen der Gerichte gleichgestellt sind, d. h. den Entscheidungen (condamnations) der mit dem jugement du contentieux befaßten Behörden und gewissen innerhalb des Kreises der administrativen Zuständigkeit erlassenen Zwangsbefehlen (contraintes), sondern auch manchen Verwaltungsakten im engeren Sinne, von denen einige schon an sich vollstreckbar sind (wie z. B. die auf Zahlung direkter Steuern gerichteten Zwangsbefehle), andere dagegen diese Eigenschaft erst durch eine richterliche Vollstreckbarkeitserklärung erlangen. Der Satz, daß die Vollstreckung der exekutorischen Titel jeder Art Sache der Gerichtsvollzieher sei, erleidet zwar einzelne auf positiven Gesetzen beruhende Ausnahmen; doch sind solche Ausnahmebestimmungen selbstredend einschränkend zu deuten. Von diesen Ausnahmen abgesehen und vorbehaltlich der besonderen Vorschriften über die Zwangsvollstreckung in das unbewegliche Vermögen haben die Gerichtsvollzieher jede Zwangsvollstreckung selbständig zu betreiben und durchzuführen, sofern sie nur von dem berechtigten Interessenten gehörig beauftragt sind, ohne Unterschied, ob dieser Interessent ein Privater, eine Gemeinde oder der Staat ist, ob es sich um die Vollstreckung eines gerichtlichen Urteils, einer Notarialurkunde oder eines Präfekturratsbeschlusses, eines Verwaltungsaktes usw. handelt. — Bedient man sich daher im Hinblick auf die franz. Rechtszustände des Ausdrucks, einer Verwaltungsbehörde stehe in diesem oder jenem Falle das Recht der Zwangsvollstreckung zu, so ist darunter nicht etwa das Recht des Verwaltungszwangsverfahrens im Geiste der preuß. Gesetzgebung zu verstehen; es kann vielmehr nur heißen, entweder, daß der Behörde im gegebenen Falle die Befugnis beiwohne, Verfügungen usw. in Form und mit der Wirkung vollstreckbarer Titel zu erlassen, oder aber, daß dieselbe gesetzlich be-

§ 17. In allen diesen Fällen sind die Regierungen berechtigt, die Sache mit Vorbehalt des Rechts des Widersprechenden zur Exekution bringen zu lassen. Auch wird die Bestimmung, ob solches notwendig sei, lediglich ihrem pflichtmäßigen Ermessen überlassen.

Die Gerichte sind verpflichtet, keine Hindernisse in den Weg zu legen. Es sind daher auch keine Possessorienklagen über dergleichen exekutivische Maßregeln der Regierung zulässig, weder gegen den Fiskus, noch gegen Korporationen oder Privatpersonen. Auch muß es bei denselben so lange verbleiben, bis die Sache im Petitorium völlig entschieden ist, im Fall die betreffende Regierung nicht selbst deren Abänderung für zuträglich erachtet.

§ 18. Bei Ausübung der ihnen verliehenen exekutiven Gewalt müssen die Regierungen zwar die in den Gesetzen vorgeschriebenen Grade beobachten; inzwischen sind dieselben befugt,

1. in Fällen, wo die verlangte Verpflichtung auch durch einen dritten geleistet werden kann, solches nach fruchtlos gebliebener Aufforderung des Verpflichteten für dessen Rechnung bewirken, sowie ferner bei Lieferungen, wo es nicht gerade auf einzelne im Besitz des Verpflichteten sich befindende Stücke ankommt, die zu liefernden Gegenstände für dessen Rechnung ankaufen und in beiden Fällen den Kostenbetrag von ihm exekutivisch beitreiben zu lassen.

---

rufen sei, den Staat als Gläubiger insofern zu vertreten, als von ihr gerade der Auftrag zum Zwangsvollzuge des Titels auszugehen habe, Befugnisse, welche keineswegs immer in derselben Hand vereinigt sind, wie z. B. die Vollstreckung der Präfekturratsbeschlüsse niemals von den Präfekturräten selbst verfügt wird, andererseits aber sogar die Vollstreckung gerichtlicher Erkenntnisse auf Anordnung der Verwaltungsbehörden erfolgt, wenn es sich um die Einziehung von Kosten, Geldbußen und Konfiskaten (in Strafsachen) oder von Gerichtsschreibereigebühren (in Zivilsachen) handelt. Die bisher besprochenen Verschiedenheiten zwischen beiden Gesetzgebungen bedingen eine fernere Abweichung bezüglich der Frage, ob wider eine Vollstreckung in Verwaltungsangelegenheiten der RW. stattfinde, und zwar insofern, als das franz. Recht, entgegen dem preußischen, den Einspruch bei Gericht allgemein zuläßt, wenn er auf Formmängel des Verfahrens gestützt wird, indem dasselbe eben die Vollstreckung, wenn man sich so ausdrücken darf, gewissermaßen als Privatsache betrachtet, bei welcher die ersuchende Behörde nicht sowohl als Behörde, sondern als Partei auftritt und der eigentlich vollstreckende Beamte der Gerichtsvollzieher ist, dessen Amtshandlungen die Verwaltung gleich jedem andern Auftraggeber dem Schuldner gegenüber zu vertreten hat. Wird der Einspruch dagegen auf die Anfechtung des zu vollstreckenden Titels gegründet, so hängt die Beantwortung der Frage, ob der RW. zulässig sei, in beiden Gesetzgebungen davon ab, inwiefern jener Titel der gerichtlichen Anfechtung überhaupt unterliege, und ergeben sich daher die in dieser Hinsicht zwischen beiden Gesetzgebungen bestehenden Unterschiede aus dem früher, namentlich zu § 15 d. G. gesagten von selbst. Da, wo der RW. an sich zulässig ist, hat seine Beschreitung hinsichtlich des Zwangsverfahrens nach preuß. Rechte aufschiebende Wirkung, insofern es sich nicht um Vollstreckung polizeilicher Verfügungen und um die Ausnahmefälle des § 42 VO. v. 1808 usw. handelt; nach franz. Gesetzen gilt das Gegenteil als Regel, von welcher es jedoch mannigfache Ausnahmen gibt.

192. Diesen französischrechtlichen Grundsätzen gegenüber beschränkt sich das Ress.-Regl. einfach darauf, die Vorschriften der VO. v. 1808 über die Befugnis der Verwaltungsbehörden zur vorläufigen Vollstreckung und das Verwaltungszwangsverfahren, d. i. die §§ 42, 48 in den §§ 16—18 wörtlich wiederzugeben. [Weshalb das Ress.-Regl. den § 42 in zwei §§ zerlegt hat, erhellt nicht. Jedenfalls beruht es auf offenbarem Mißverständnisse, wenn *OT. 8. Mai 1855, Präj. (E. 30 S. 477) und AH. Cöln 11. Juli 1861 (Rh. A. 56, I. 156), den Eingangsworten des § 17 d. G. bezw.

2. Strafbefehle können die Regierungen im Wege des exekutivischen Verfahrens bis zur Summe von hundert Talern oder vierwöchentlichem Gefängnisse erlassen und vollstrecken;
3. kommt es bei Exekution auf den Verkauf eines Grundstücks an, so wird selbiger zwar von dem ordentlichen Gerichte, unter welchem dasselbe gelegen ist, im Wege der notwendigen Subhastation bewirkt, die Subhastation kann aber von den Gerichten nicht verweigert werden, sobald die Verbindlichkeit des Schuldners außer Zweifel ist.
4. Der Verkauf abgepfändeter Effekten geschieht jedesmal mit Zuziehung eines Justizbedienten. Es versteht sich übrigens von selbst, daß die Regierungen die Befugnisse haben, zur Sicherstellung des zu erstattenden Kostenbetrages oder der Geldstrafe die nötigen Vorkehrungen zu treffen.

---

der zweiten Hälfte des gen. § 42 „in allen diesen Fällen“, welche selbstredend nur auf die Nrn. 1—5 des § 16 d. G., d. h. der ersten Hälfte des § 42 bezogen werden können, eine Beziehung zu sämtlichen in den §§ 2 ff. d. G. geregelten Gebieten beilegen und daher die Unzulässigkeit einer Besitzklage gegen die in Angelegenheiten der Gemeindewege von der Verwaltung getroffenen Entscheidungen (§ 2 Nr. 2) bezw. die Unstatthaftigkeit eines gerichtlichen Eingriffs in deren Vollziehung, auf den § 17 zurückführen.] — Daß hiermit nicht etwa stillschweigend alles dasjenige beseitigt wurde, was auf diesem Gebiete unter der bisherigen Gesetzgebung Rechtens war, versteht sich von selbst. Die §§ 16, 17 enthalten bloße Einzelvorschriften, denen eine die frühere Gesetzgebung allgemein aufhebende Wirkung um so weniger beiwohnen kann, als dieselben für gewisse Fälle nur das bestimmen, was unter der bisherigen Gesetzgebung ohnehin schon als Regel galt, so oft ein vollstreckbarer Titel überhaupt vorlag (vgl. A. 191). § 18 umfaßt allerdings allgemeinere und mit jener Gesetzgebung teilweise unvereinbare Bestimmungen. Jedoch bilden dieselben kein für sich abgeschlossenes Ganzes, sondern erhalten ihre Erläuterung und Ergänzung in den Vorschriften der für die Rheinprovinz nicht publizierten AGO., wodurch ihre Anwendung auf diese Provinz von vornherein große Schwierigkeiten bereiten und sich teilweise sogar als unausführbar erweisen mußte. Zudem betrifft ein Teil derselben nicht die executiones ad solvendum, sondern die ad faciendum aut omittendum und berührt daher das besprochene Gebiet der franz. Gesetzgebung nicht. — Demzufolge wurde durch die §§ 16—18 d. G. nur das bewirkt, daß die Grundsätze des franz. und preuß. Rechts über die Zwangsvollstreckung und das Vollstreckungsverfahren in Verwaltungssachen nebeneinander bestanden, ohne daß eine Vermittelung dieser in so mannigfacher Beziehung von einander abweichenden Grundsätze auch nur annähernd erreicht war. Den hieraus erwachsenden Übelständen ist jedoch in der Folgezeit zum erheblichen Teil abgeholfen worden und zwar durch die Exekutions-O. v. 24. Nov. 1843. Diese beließ es bezüglich der Fälle, wo die Vollstreckung auf Betreiben der Verwaltung erfolgt, und bezüglich der Zulässigkeit des RW. im wesentlichen bei dem bisherigen Rechtszustande, wie er teils durch die franz. Gesetzgebung, teils durch die §§ 16 ff. d. G. begründet worden; dagegen regelte sie die Formen des Zwangsverfahrens für die meisten und wichtigsten, wo nicht für alle Fälle, in denen Geldbeträge auf Anordnung der Verwaltungsbehörde beizutreiben sind, durch sehr ins einzelne gehende Vorschriften, die sich der Hauptsache nach an die Grundsätze des preuß. Rechts anschließen; die Verwaltungsbehörde trat hiernach dem die Vollstreckung ausführenden Beamten gegenüber nicht mehr wie jeder andere Gläubiger als bloße Auftraggeberin auf, sondern leitete das Verfahren selbst, odnete alle in seinem Verlaufe nötig werdenden Maßregeln an und bediente sich zur Ausführung dieser ihrer Anordnungen niemals mehr der einer anderen Disziplinargewalt untergeordneten Gerichtsvollzieher, sondern besonderer Beamten ihres eignen Ressorts, weshalb auch die richterliche Vollstreckbarkeitserklärung oder Visierung des Titels da, wo sie früher nötig war, wegfiel und die Beschreitung des RW. wegen bloßer Formmängel des Verfahrens nicht mehr stattfand. — Inzwischen ist an die Stelle der Exekutions-O. v. 1843 die VO. v. 1. Aug. 1879 und neuerdings die VO. v. 15. Nov. 1899 getreten, die aber an den Grundsätzen der Exek.-O. v. 1843 nichts geändert haben.

§ 19. Da die Verwaltungsbehörden von den Gerichten, sowie diese von jenen in ihren Amtsverrichtungen unabhängig sind, so ist in Fällen, wo den Regierungen das Entscheidungsrecht oder die Exekution vorbehalten ist, dem durch ihre Verfügungen oder durch das hierbei beobachtete Verfahren angeblich beschwerten Teile der Rekurs an die

---

193. Die französischen Bestimmungen über die Einziehung der indirekten Steuern sind vornehmlich in den Ges. v. 22. Frim. VII. und 1. Germ. XIII. enthalten. Ihnen zufolge erließ der Enregistrementsempfänger usw. einen Zwangsbefehl, der zu seiner Vollstreckbarkeit der Visierung durch den Friedensrichter bezw. Landgerichtspräsidenten bedurfte. Die Beschreitung des unumschränkt zugelassenen RW. übte auf das Zwangsverfahren aufschiebende Wirkung aus. (Anders, was den letzten Punkt betrifft, in Mautsachen: Ges. v. 22. Aug. 1791 Tit. 13 Art. 32, 33.) Gegenwärtig kommen hier die §§ 15—17 d. G. bezw. die §§ 78—80 II. 14 ALR. und in formeller Hinsicht die Vorschriften der VO. v. 15. Nov. 1899 zur Anwendung. Vgl. A. 137, 148, 188 ff. Die Anwendung der eingangs gen. französischen Gesetze bei Einziehung der Geldbußen und Kosten, welche durch gerichtliche Urteile (einschließlich der Disziplinarentscheidungen) auferlegt wurden, sowie der Gerichtsschreibereigebühren (in Zivilsachen), der Hypothekengebühren usw. ist erst seit dem 1. Okt. 1879 weggefallen.

194. Da das Ress.-Regl. die §§ 38—40 der VO. v. 26. Dez. 1808 betreffend die Zulässigkeit des RW. wider polizeiliche Verfügungen nicht mit aufgenommen hat, der dem § 48 das. wörtlich gleichlautende § 18 d. G. sich aber unmittelbar an die lediglich von der Zwangsvollstreckung in Finanzangelegenheiten handelnden, mit § 42 das. gleichlautenden §§ 16, 17 d. G. anschließt, so gewinnt es auf den ersten Blick den Anschein, als ob auch § 18 nur bei Vollstreckungen in letzteren Angelegenheiten zur Anwendung zu bringen sei. Das Gegenteil ergibt sich jedoch in zweifelloser Weise daraus, daß § 18 alsdann eine ungleich beschränktere Tragweite haben würde, als gen. § 48 und daß ein Teil seiner Bestimmungen sich gar nicht auf executiones ad solvendum, sondern ad faciendum aut omittendum bezieht, mithin vorzugsweise nur beim Zwangsvollzuge in Landeshoheits- und Polizeiangelegenheiten zur Anwendung gelangt. Gerade diese letzteren Bestimmungen sind, seitdem das Verfahren für die executiones ad solvendum oder doch die meisten Fälle derselben durch die Ex.-O. v. 1843 besonders geregelt worden ist, für die Rheinprovinz von größerer praktischer Bedeutung, als die übrigen, zumal auf ihnen allein das Recht der Rheinischen Verwaltungsbehörden zum Erlasse von Exekutionsstrafen beruht, ein Recht, welches der franz. Gesetzgebung völlig fremd war. Vgl. auch RG. 21. Mai 1880 (E. 2 S. 351) und im übrigen (betr. das LVG.) VO. v. 1808 A. 654.

195. Die eine authentische Deklaration bezw. Erweiterung der §§ 42, 48 VO. v. 1808 enthaltenden Vorschriften der AKO. v. 31. Dez. 1825 sind unbestritten als auch in der Rheinprovinz mitpubliziert, dort also als Erläuterung bezw. Erweiterung der §§ 16—18 d. G. zu betrachten. [Die VO. v. 2. Jan. 1849, deren § 38 die in jener AKO. vorfindliche Bestimmung über die Befugnis der Regierungen zur Erteilung von Aufträgen an die Justiz-Unterbehörden aufgehoben hat, ist zwar für das Gebiet des Rhein. Rechts nicht publiziert worden. Da jedoch dem gen. § 38 der allgemeine, nicht auf einen Teil des Staats zu beschränkende Grundsatz zugrunde liegt, daß die Unabhängigkeit der Gerichte von der Verwaltung auch durch die Form anerkannt werde, so empfiehlt die JMVfg. 22. Okt. 1849 (JMBl. 50 S. 119) den Regierungen, in ihren Kommunikationen mit den Friedensrichtern, als den einzigen Rheinischen Justizunterbehörden, jenen Grundsatz gleichfalls zur Richtschnur zu nehmen, mithin der Form der Ersuchungsschreiben sich zu bedienen.]

§ 19.

196. In diesem § erblickt man sehr häufig eine ganz allgemeine, das Verhältnis der Verwaltung zur Justiz auf allen Gebieten gleichmäßig regelnde Vorschrift, welche als die wichtigste und weitgreifendste Kompetenzbestimmung die eigentliche Grundlage für die Beurteilung der Rhein. Ressortverhältnisse bilde. Diese Auffassung, derzufolge die Worte, „wo den Regierungen das Entscheidungsrecht oder die Exekution vorbehalten ist," überhaupt alle Fälle umfassen, in

Gerichte niemals zugelassen. Letztere haben daher ähnliche Klagen ohne weiteres von sich abzuweisen, dagegen bleibt es dem unterliegenden Teile unbenommen, seine angeblichen Beschwerden in Zeit von zweien Monaten von dem Tage an zu rechnen, da ihm die Entscheidung der Regierung insinuiert worden ist, bei denjenigen Staatsbehörden anzubringen, welchen die Regierungen in Absicht der einzelnen Zweige ihres Ressorts untergeordnet sind, vorbehaltlich dessen, was in § 17 über bloß provisorische Verfügungen und die Befugnis, das Petitorium dagegen anzustellen, angeordnet ist.

---

denen jene irgend eine Anordnung auf Grund der einen oder andern Gesetzgebung treffen, erweist sich jedoch sofort als unhaltbar, indem § 19 alsdann in mancher Hinsicht schon mit den Vorschriften des franz. Rechts, noch mehr aber mit denen der VO. v. 1808 in grellem Widerspruche stehen würde. § 19 enthält vielmehr nach der richtigen Ansicht, auf welcher namentlich AH. Cöln 22. Aug. 1832 (Rh. A. 17, I. 108) beruht, gar keine selbständige, unmittelbar anwendbare Kompetenzbestimmung, sondern beläßt es in den nach dem franz. Rechte zu beurteilenden Sachen bei den Grundsätzen dieses Rechts, in den ganz oder teilweise nach dem preuß. Rechte zu beurteilenden bei den Grundsätzen der VO. v. 1808, seine praktische Bedeutung ist im wesentlichen darauf beschränkt, daß er für die von den Regierungen an Stelle der franz. Verwaltungsbehörden zu erlassenden Entscheidungen (§§ 2 ff.) eine Rekursinstanz und Rekursfrist geschaffen hat. Die nähere Begründung dieser Ansicht bildet den Inhalt der folgenden Anmerkungen.

197. Die unumschränkte Weise, wie im ersten Satze des § 19 der Grundsatz der gegenseitigen Unabhängigkeit der Behörden ausgesprochen wird, weist von vornherein auf die franz. Gesetzgebung als Quelle hin. Jedoch ist der verfügende Teil jenes Satzes nicht aus denjenigen Gesetzen genommen, welche hierfür die eigentliche sedes materiae bilden (s. A. 6), sondern aus dem StRG. v. 25. Therm. XII., dessen Begründung die Fälle, wo der Verwaltung gesetzlich zusteht, de prononcer des condamnations ou de décerner des contraintes, gleichfalls neben einander stellen und die Anwendbarkeit des obigen Grundsatzes auf die Ausflüsse des einen wie des anderen Rechts ebenmäßig hervorhebt. Trotzdem erfordern die Fälle, wo den Regierungen das Entscheidungsrecht (A. 198 ff.) und diejenigen, wo ihnen die Vollstreckung vorbehalten ist (A. 203 ff.), eine getrennte Besprechung.

198. Aus der Beziehung des § 19 zu dem StRG. v. 25. Therm. XII. ergibt sich bereits, daß der Ausdruck „Entscheidungsrecht" dort nur auf solche Fälle zu beziehen ist, wo die Regierungen an Stelle der mit dem jugement du contentieux befaßten franz. Verwaltungsbehörden, insbesondere der Präfekturräte, Entscheidungen im engeren Sinne fällen. Das gleiche folgt aus dem Ress.-Regl. selbst, indem es nach allgemeinen Auslegungsregeln als unzulässig erscheint, jenen Ausdruck hier in einem anderen bezw. weiteren Sinne zu nehmen, als er in den §§ 2 ff. gebraucht wurde. Hierzu kommt, daß gerade für die auf Grund dieser §§ ergehenden Entscheidungen die Vorschrift über die Rekursinstanz und Rekursfrist berechnet ist. Beruhte die Unstatthaftigkeit der gerichtlichen Anfechtung von Verwaltungsakten nach der franz. Auffassung auf dem Grundsatze der Trennung der Gewalten, so folgte dies bei Ausflüssen der eigentlichen Verwaltungsgerichtsbarkeit, insbesondere den Präfekturratsbeschlüssen noch außerdem daraus, daß diese wirkliche Richtersprüche darstellten, welche als solche nur durch das Angehen der zweiten Instanz, durch Berufung an die höhere Verwaltungsjustizbehörde einer Abänderung unterliegen konnten, weshalb denn auch gegen Präfekturratsbeschlüsse ebensowenig der Rekurs an den Minister als höchsten Verwaltungschef zugelassen war. Sofern also die Regierungen an die Stelle der Präfekturräte traten, konnten ihre Entscheidungen nicht von vornherein und ohne besondere Gesetzesvorschrift der allgemeinen Regel anheimfallen, nach welcher der Rekurs gegen die Verfügungen der Verwaltungsbehörden bei der den letzteren vorgesetzten Dienstbehörde anzubringen ist. Vielmehr bedurfte es mit Rücksicht darauf, daß die Entscheidung über den Rekurs ebensowohl wie die Entscheidung in erster Instanz eine Art Gerichtsbarkeit voraussetzt, diese aber den höheren preuß. Verwaltungsbehörden im übrigen nicht zustand, einer besonderen gesetzlichen Anordnung, wodurch die betreffende höhere Behörde als zweite Instanz bestellt und gleichzeitig für die bezüglichen Gebiete mit einer Art Gerichtsbarkeit beliehen wurde.

Wenn § 19, indem er eine solche Anordnung trifft, gleichzeitig des Grundsatzes der Trennung der Gewalten gedenkt, so war dies um so mehr angebracht, als die vorläufige VO. v. 17. Mai 1816 (s. A. 22) jenem Grundsatze keine Rechnung getragen hatte. Ähnlich verhält es sich mit der Fristbestimmung des § 19. Der Rekurs gegen gewöhnliche Verwaltungsverfügungen ist in der Regel (von welcher neuere Gesetze freilich mancherlei Ausnahmen enthalten) an keine Fristen geknüpft. Handelt es sich jedoch um Entscheidungen, welche ähnlich den Präfekturratsbeschlüssen bis zu einem gewissen Grade der Rechtskraft empfänglich sind, so ergibt sich das Bedürfnis einer Fristbestimmung für die Einlegung des Rekurses von selbst. Endlich und vor allem steht aber der Anwendung des Ausdrucks „Entscheidungsrecht" bezw. der bezüglichen Vorschriften des § 19 auf sonstige Verwaltungsakte entgegen, daß die gegenseitige Unabhängigkeit der Behörden in der VO. v. 1808 keineswegs in solcher Unumschränktheit, wie § 19 sie ausspricht, anerkannt wird, und daß gerade diejenigen Bestimmungen der VO., welche die Beschränkungen jenes Grundsatzes enthalten, in das Ress.-Regl. aufgenommen worden sind.

199. Zweifelhafter erscheint es, ob § 19 nicht wenigstens da Platz greife, wo den Regierungen durch spätere Gesetze ausdrücklich ein Entscheidungsrecht übertragen worden ist. In bejahendem Sinne sprachen sich aus: AH. Cöln 11. Juni 1850 (Rh. A. 45, I. 96) bezüglich der zufolge § 45 des Disz.-Ges. v. 29. März 1844 ergehenden Entscheidungen, ebenso Bessel und Kühlwetter, das Preuß. Eisenbahnrecht s. S. 64, insofern, als sie die Fristbestimmung des § 19 auf Beschwerden anwenden, welche wider die gemäß § 8 Ges. v. 3. Nov. 1838 zu treffenden Entscheidungen der Regierung erhoben wurden. Ist jedoch daran festzuhalten, daß, wie §§ 2 ff. die Regierungen in gewissen Angelegenheiten an die Stelle der Präfekturräte setzen, so § 19 die Bestimmung hat, an Stelle des franz. Staatsrats eine Rekursbehörde zu bestellen, so wird hierdurch wohl jede Ausdehnung desselben auf mehr oder weniger verwandte Verhältnisse des preuß. Rechts ausgeschlossen. Außerdem sind die meisten jener späteren Gesetze für das ganze Staatsgebiet ergangen; es entspricht aber schwerlich der Absicht des Gesetzgebers, bei der Handhabung socher Gesetze einzelne Unterschiede unter den verschiedenen Landesteilen eintreten zu lassen, wie es nach der entgegengesetzten Ansicht, z. B. wegen der Fristbestimmung des § 19, noch immer der Fall sein würde, wenn auch die Unstatthaftigkeit des RW. aus den allgemeinen Grundsätzen des preuß. Rechts ebenso wie aus § 19 folgen sollte.

200. Wo es sich wirklich um Entscheidungen im Sinne der §§ 2 ff. bezw. des § 19 handelt, muß auch in der Rekursinstanz beiden Teilen Gehör geschenkt werden und sind die in dieser Instanz ergehenden Entscheidungen in Form begründeter Entscheidungen abzufassen, auf welche gleichfalls der Grundsatz Anwendung findet: le juge ne peut se reformer lui-même.

201. Die Frage, ob die Anmeldung des Rekurses oder gar schon der bloße Lauf der Rekursfrist in Beziehung auf die Vollstreckbarkeit der von der Regierung nach Maßgabe der §§ 2 ff. getroffenen Entscheidungen aufschiebende Wirkung äußere, dürfte zu verneinen sein, einmal, weil es zur Annahme des Gegenteils einer ausdrücklichen Gesetzesvorschrift bedurft hätte, sodann aber, weil auch die Präfekturratsbeschlüsse vorläufig vollstreckbar waren; vgl. Cormenin 1 S. 34, 117.

202. Schon oben, A. 96, wurde bemerkt, daß die auf § 5 und den betreffenden franz. Ges. beruhenden Befugnisse zwar keine eigentliche Entscheidungsgewalt in sich schließen, sondern wesentlich verwaltender Natur seien, daß aber dessenungeachtet die Berufung an den Staatsrat wider desfallsige Präfekturratsbeschlüsse nach der franz. Gesetzgebung stattgefunden habe. Hiernach kann es wohl keinem Zweifel unterliegen, daß § 19, vorbehaltlich des in A. 99 gesagten, insofern auch auf die entsprechenden Beschlüsse der Regierungen Anwendung finde, als es sich um die Zulässigkeit eines Rekurses an die höhere Instanz handelt. Dagegen wird von den Rekursentscheidungen dasselbe gelten, was in A. 97 von den Beschlüssen erster Instanz gesagt ist; es wird daher die Rekursbehörde befugt sein, ihre einmal getroffene Entscheidung zurückzunehmen. Auch dürfte schwerlich der Ablauf der Frist des § 19 der Ergreifung eines Rekurses in diesen Sachen entgegenstehen.

203. Wenn die Unanfechtbarkeit einer Entscheidung im Sinne der §§ 2 ff. auf dem gerichtlichen Wege den Grundsätzen des franz. Rechts als Quelle jener §§ vollkommen entspricht, § 19 sich mithin nach dieser Richtung hin ebenso unumschränkt handhaben läßt, wie er lautet, so ist doch das Gegenteil anzunehmen inbetreff der-

§ 20. Aus den bei den vormaligen Präfekturräten unentschieden gebliebenen Rechtssachen werden an die Gerichte verwiesen, und sofern

---

jenigen Fälle, in welchen den Regierungen die Vollstreckung vorbehalten worden ist. Schon nach franz. Rechte war in manchen Fällen, wo die Verwaltung das Recht besaß, „de décerner des contraintes", der RW. wider das Zwangsverfahren gestattet; vgl. A. 191 ff. Ein gleiches gilt von dem Verwaltungszwangsverfahren des preuß. Rechts, insofern es sich um die Vollstreckung von Finanzmaßregeln handelt, wie dies aus den Erläuterungen zu §§ 41, 42 VO. v. 1808 hervorgeht. Offenbar hat es außer der Absicht des Gesetzgebers gelegen, hierin eine Änderung eintreten zu lassen und sich gleichzeitig mit den Vorschriften des franz., wie mit denen des preuß. Rechts in Widerspruch zu setzen. § 19 kann daher nur auf solche Fälle bezogen werden, in denen der Verwaltung die Vollstreckung schon nach sonstigen Gesetzen mit der Wirkung zustand, daß der RW. wider das Zwangsverfahren unbedingt ausgeschlossen war, d. h. also, er enthält eine bloße Bestätigung jener sonstigen Gesetze. Ein Beispiel unrichtiger Auslegung liefert die *ME. 17. Febr. 1835 (Rh. S. 5 S. 72), indem dieselbe die Unzulässigkeit des RW. bezüglich einer gegen einen Kirchenrendanten verhängten Exekutionsstrafe lediglich darauf gründet, daß die Regierungen gemäß § 18 zum Erlasse und zur Vollstreckung von Strafbefehlen befugt seien, zufolge § 19 aber da, wo den Regierungen die Vollstreckung vorbehalten worden, die Berufung auf den RW. nicht stattfinde; denn § 18 bestimmt gar nicht die Fälle, wo den Regierungen die Vollstreckung vorbehalten ist, sondern bloß die Zwangsmittel, welche anzuwenden sind, wenn ein solcher Fall vorliegt, und zu denen eben auch Strafbefehle gehören. Inwiefern gegen die Vollstreckung eines derartigen Befehls der RW. zulässig sei, ist daher ebenso, wie wenn ein anderes Zwangsmittel, z. B. Mobilarpfändung zur Anwendung gebracht worden wäre, lediglich davon abhängig, was durch jenes Mittel erreicht werden soll, ob es sich nämlich um die Vollstreckung einer Verfügung in Hoheits- oder Polizeiangelegenheiten oder um diejenige einer Finanzmaßregel und zwar einer nicht vorläufig vollstreckbaren handle. Demgemäß führt denn auch *EK. 21. Nov. 1857 (JMBl. 58 S. 200) die Unzulässigkeit des RW. wider die zur Durchführung einer Polizeiverfügung gegen einen Kirchenrendanten verhängte Zwangsstrafe auf das Ges. v. 11. Mai 1842 zurück. Eine hiervon abweichende Auffassung liegt dagegen wiederum dem *EK. 8. Dez. 1860 (JMBl. 62 S. 15) zugrunde. Hier hatte die Regierung wider den Vorsteher eines Klosters eine Zwangsstrafe verhängt, um ihn zu nötigen, der städtischen Armenverwaltung Rechnung zu legen; jener beschritt den RW., weil er seine Rechnungspflicht leugnete und namentlich die zu diesem Behufe bezogenen Statuten des Klosters aus mehreren Gründen als unverbindlich darstellte. Der Streit drehte sich daher um einen an sich privatrechtlichen Gegenstand (s. A. 185); die Zwangsmaßregel betraf die Ausführung einer Anordnung, welche von der Regierung zwar als Aufsichtsbehöde, aber in Beziehung auf die Vermögensverwaltung einer ihr untergeordneten moralischen Person (der Stadtgemeinde bezw. der Armenverwaltung) erlassen worden war. Ungeachtet hiernach ein Fall vorlag, in welchem § 15 d. G. den RW. ausdrücklich gestattet, erhielt der KompGH. den KK. aufrecht und zwar bloß um deswillen, weil aus § 11 der Reg.-Instr. v. 1817, in Verbindung mit den erwähnten Statuten, hervorgehe, daß der Regierung die Vollstreckung vorbehalten sei.

204. Die dem § 19 gegebene Deutung erfordert, daß die Fristbestimmung dieses §, deren Bedeutung für das erwähnte Entscheidungsrecht der Regierungen in A. 198 nachgewiesen ist, nur bei der Ausübung dieses Entscheidungsrechts, mithin niemals bei anderen Verfügungen und Entscheidungen der Verwaltungsbehörden, insbesondere nicht bei bloßen Zwangsmaßregeln derselben, in Betracht komme. Die im zweiten Satze des § 19 vorfindlichen Ausdrücke „unterliegender Teil" und „Entscheidung der Regierung" unterstützen diese Deutung, wogegen freilich die Schlußworte des § mit derselben nicht recht in Einklang stehen. Jedoch passen letztere offenbar besser zum ersten Satze; überhaupt aber muß bei der Auslegung dieses § wegen seiner höchst verfehlten Fassung mit größerer Freiheit zu Werke gegangen werden.

§ 20.

205. § 20 führt wieder vollständig zur franz. Gesetzgebung zurück, indem er diejenigen Gebiete aufzählt, hinsichtlich welcher die Gerichte an die Stelle der

ähnliche Fälle sich in der Folge ereignen, auch für die Zukunft bei den Gerichten angebracht

1. Klagen wider Privatpersonen auf Ersatz vorbezahlter Steuern, wenn der Kläger behauptet, daß er sie für den Beklagten und im Interesse desselben entrichtet habe;
2. Streitigkeiten zwischen einzelnen Städten und denjenigen, welche entweder gegen einen bestimmten Anteil an dem Ertrag für Rechnung der Gemeinde oder als Pächter die Oktroigebühren erhoben haben, es sei von der Berechnung des Empfangs oder von dem Sinne und den Bedingungen des Pachtkontraktes die Rede;
3. Klagen wider eine Stadt oder andere Gemeinde auf Zahlung der für sie gemachten Lieferungen oder vollführten Arbeiten;
4. Prozesse zwischen der Domänenverwaltung und den Käufern der Domänen ohne Unterschied, ob über die Gültigkeit des Kontraktes oder über dessen Auslegung und Wirkungen gestritten wird, mithin auf Streitigkeiten über die nachherige Grenzberichtigung;
5. Streitigkeiten unter der Verwaltung und den Pächtern eines Domänengutes, vorbehaltlich dessen, was § 16 Nr. 2, 3, 4 bestimmt ist.
6. Klagen der Verwaltung wider diejenigen, die eine Lieferung übernommen haben, und der Unternehmer einer Lieferung wider die Verwaltung, gleichviel ob auf Erfüllung oder Vernichtung des Kontraktes oder über dessen Sinn und Auslegung gestritten wird, vorbehaltlich dessen, was über die hier ausgedrückten Fälle in den §§ 16, 17 und 18 festgestellt ist.

Präfekturräte treten sollen; er bildet daher den Gegensatz zu den §§ 2—12, insofern diese die den Regierungen zugeteilten Befugnisse der Präfekturräte umfassen. Daß § 20 nur auf die bei den Präfekturräten zwar bereits anhängig gemachten, aber unentschieden gebliebenen oder auf ganz neue Sachen Anwendung finde, nicht also auf frühere Entscheidungen der Präfekturräte zurückbezogen werden könne, ergibt schon sein Wortlaut und die Natur der Sache; vgl. auch K.H. 18. März 1839 (Tr. A. 5, I. 238). Über die rechtliche Bedeutung dieser den Gerichten anheimgefallenen Gerichtsbarkeit s. oben A. 16.

§ 20 Nr. 1.

206. Es fehlt in der franz. Gesetzgebung an einer besonderen Bestimmung, welche Klagen der hier fraglichen Art ausdrücklich vor die Präfekturräte verwiese. Die Zuständigkeit der letzteren könnte nur aus den allgemeinen Vorschriften über die Ressortverhältnisse inbetreff der direkten Steuern gefolgert werden, wie es z. B. im Dekret vom 16. Mai 1810 (Sir. 7, II. 793) geschieht, obgleich diese Folgerung wohl nicht allgemein anerkannt ist; s. oben A. 149.

207. Die Kompetenzbestimmung des § 20 Nr. 1 erleidet jedenfalls durch § 2 Nr. 1 eine Einschränkung.

§ 20 Nr. 2.

208. Die älteren Kompetenzbestimmungen, die derartige Streitigkeiten vor die Verwaltung, aber nicht vor den Präfekturrat, sondern vor den Präfekten en conseil du préfecture verwiesen, sind im Dekr. v. 17. Mai 1809 Art. 136 und im Berg. Dekr. v. 17. Dez. 1811, bull. Nr. 54 Art. 115 enthalten; vgl. Dalloz, m. commune, n. 1936, Perrot 1 S. 169. — Inzwischen ist die Vorschrift des § 20 Nr. 2 gegenstandslos geworden, nachdem das Ges. v. 30. Mai 1820 § 9 die Oktroigebühren der Rhein. Städte aufgehoben hat.

7. Klagen wider Unternehmer öffentlicher Arbeiten auf Ersatz des Schadens, den sie bei Ausführung der unternommenen Arbeit durch ihre Handlungen oder durch Versehen einem dritten zugefügt haben;
8. Verhängung der verwirkten Geldstrafen wider diejenigen, welche den gesetzlichen Verfügungen über die Landstraßen-, Wege-, Ufer- und Strom-Polizei oder über die Pflanzungen an den Heerstraßen oder den Gemeindewegen zuwider gehandelt haben und deshalb von der Lokalbehörde verklagt werden.
9. Wenn eine zufolge des Ges. v. 20. März 1813 geschehene Veräußerung eines Gemeindegutes angefochten wird, so erkennen darüber die Gerichte, gleichviel ob der Streit unter der Gemeinde und dem Käufer, oder unter mehreren Privatpersonen, die gekauft zu haben behaupten, obwalte.
10. Vor den Gerichten wird ebenfalls der Käufer zur Zahlung des rückständigen Kaufpreises belangt.

---

§ 20 Nr. 3.

209. Abgesehen von der zu § 5 besprochenen Bestimmung des Arr. v. 17. Vend. X., nach welchem zu persönlichen Klagen gegen Gemeinden die Genehmigung der Verwaltungsbehörde nachzusuchen ist, war der RW. inbetreff der streitigen Forderungen an Gemeinden schon nach den Grundsätzen des franz. Rechts im allgemeinen nicht verschränkt, wenngleich über die Art und Zeit der Zahlung ausschließlich die Verwaltung zu entscheiden hatte; s. A. 229ff. An den desfallsigen Bestimmungen hat § 20 Nr. 3 ebensowenig etwas geändert, wie an den für die vier Rhein. Departements besonders erlassenen, ebendort besprochenen Gesetzen über die administrative Regelung des dermaligen Kommunal-Schuldenwesens. § 20 Nr. 3 umfaßt vielmehr nur gewisse Forderungen, hinsichtlich welcher es in Frankreich streitig ist, ob sie nicht überhaupt und für immer der Entscheidung der ordentlichen Gerichte entzogen seien. Diese Streitfrage beruht nämlich auf der verschiedenartigen Deutbarkeit des Ausdrucks „travaux publics" in Art. 4 Nr. 2 Ges. v. 28. Pluv. VIII. Viele Entscheidungen verstehen unter öffentlichen Arbeiten im Sinne jenes Art. 4 nur solche, welche im Staatsinteresse ausgeführt werden, andere in fast gleicher Anzahl, sowie unter den Schriftstellern Dalloz, m. comp. admin., n. 383, rechnen dazu auch Arbeiten zu Gemeindezwecken; demgemäß verweisen die Vertreter dieser letzteren Ansicht die Streitigkeiten, welche sich über die Vollziehung der rücksichtlich solcher Unternehmungen abgeschlossenen Verträge erheben, zur Entscheidung der Präfekturräte, während nach der ersteren Auslegungsweise die Zuständigkeit der ordentlichen Gerichte eintritt. § 20 Nr. 3 teilt, indem er offenbar von der Ansicht von Dalloz ausgeht, diesen vermeintlichen Geschäftszweig der Präfekturräte den Gerichten zu; dasselbe tut § 20 Nr. 6 inbetreff der Entscheidung über ähnliche Streitigkeiten, wenn sie sich auf Lieferungen an den Staat beziehen. Beide Bestimmungen weichen zwar darin von einander ab, daß Nr. 3 nur von Klagen wider die Gemeinde und auch nur von den auf Zahlung gerichteten Klagen spricht, während Nr. 6 gleich dem Art. 4 Nr. 2 Ges. v. J. VIII. alle aus solchen Lieferungsverträgen entstehenden Klagen begreift, sie mögen wider den Staat oder von ihm angestellt werden. Es unterliegt indessen keinem Zweifel, daß in dieser Hinsicht kein Unterschied zwischen dem Staate und den Gemeinden gemacht, vielmehr sämtliche aus Verträgen über öffentliche Arbeiten erwachsenden Streitigkeiten ohne Rücksicht auf die Person der Beteiligten den Gerichten anheimfallen sollten. Aus diesem Grunde hat für die Rheinprovinz die fernere Streitfrage keine Bedeutung mehr, ob unter dem Ausdrucke „travaux publics" im Ges. v. J. VIII. die für ein Hospital unternommenen Arbeiten, welche Art. 49 Ges. v. 23. Dez. 1809 den öffentlichen Arbeiten ausdrücklich gleichstellt, ebenfalls einbegriffen seien.

210. Zu den Lieferungen im Sinne des § 20 Nr. 3 gehören auch die Kriegslieferungen, welche jemand im Auftrage einer Gemeinde und für dieselbe an fremde Truppen macht. So: AH. Cöln 26. Mai 1843 (Rh. A. 35, I. 109), welches die gegen eine Berg. Gemeinde geltend gemachte Forderung wegen solcher Lieferungen

aus der Zeit vor 1806 für prozeßfähig erklärte. (Rücksichtlich ähnlicher Forderungen aus späterer Zeit s. VO. v. 26. Dez. 1808 A. 300; auf diese ist § 20 nicht mit zu beziehen: gen. A.H. Cöln.)

§ 20 Nr. 4.

211. Das Ges. v. 23., 28. Okt.—5. Nov. 1790 Tit. 3 Art. 13, 14 hatte zwar alle Rechtsstreitigkeiten, bei denen der Staat beteiligt war, gleich den Rechtsstreitigkeiten unter Privaten den Gerichten zugesprochen. Dieser allgemeine Satz erlitt jedoch schon durch die Ges. v. 1. Fruct. III. und 29. Vend. IV. die auf die Unanfechtbarkeit von Verwaltungsakten gestützte Einschränkung, daß alle Streitigkeiten über die Gültigkeit der Domänenverkäufe, sowie über den Sinn der bezüglichen Veräußerungsurkunden vor die Verwaltungsbehörden gewiesen wurden, während es hinsichtlich aller, vom Inhalte dieser Urkunden unabhängig zu entscheidenden Eigentumsfragen bei der Regel der richterlichen Zuständigkeit verblieb. Das Ges. v. 28. Pluv. VIII. hielt jene Ausnahme aufrecht, indem es le contentieux des domaines nationaux unter denjenigen Sachen aufzählt, in welchen fortan die Präfekturräte die Verwaltungsgerichtsbarkeit üben sollen. Diese Kompetenzbestimmung, der die franz. Verwaltungsbehörden wegen des unbestimmten Ausdrucks „le contentieux des domaines nationaux", trotz der vielfachen zu dessen Erläuterung in dem hier wiedergegebenen Sinne ergangenen Min.-Erlasse und Entscheidungen, häufig eine viel weiter gehende Bedeutung beigemessen haben, bezweckte namentlich auch, den Domänenerwerbern gegen die Ansprüche dritter Personen einen größeren Schutz zu gewähren, als man von unabsetzbaren Richtern erwartete, weshalb dieselbe nicht nur Streitigkeiten zwischen dem Staate und jenen Erwerbern, sondern auch solche zwischen letzteren und dritten Personen, welche Ansprüche auf die veräußerten Domänen erhoben, umfaßte; vgl. Arr. v. 2. Niv. VI. Hierbei kam übrigens in Betracht, daß der Verkauf der Nationalgüter nach den Konstitutionen v. 5. Fruct. III. Art. 374 und 22. Frim. VIII. Art. 94 die Wirkung hatte, die verkauften Güter von allen Eigentums- und sonstigen im Veräußerungsakte nicht vorbehaltenen dinglichen Rechten dritter zu befreien, und diese Rechte dritter in eine Entschädigungsforderung an den Staat umzuwandeln, die jedoch gleichfalls nur auf dem Verwaltungswege geltend gemacht werden konnte. Vgl. Arr. v. 5. Fruct. IX. und das Berg. Dekr. v. 22. Juni 1811. Das nähere hierüber s. bei Perrot 1 S. 151ff. und Dalloz, m. comp. admin., n. 439ff. Für die Rheinprovinz haben diese Bestimmungen infolge § 20 d. G. nur noch geschichtlichen Wert. Zwar spricht § 20 nur von Prozessen zwischen der Domänenverwaltung und den Ankäufern; das dort bestimmte gilt aber selbstverständlich auch von Prozessen zwischen diesen und dritten.

212. Das Ges. v. 14. Vent. VII. (v. Dan. 4 S. 5) bestimmt im Art. 14, daß die Inhaber in Pfandschaft gegebener Domänen (domaines engagés), welche die Verpflichtung übernehmen, den vierten Teil des Werts dieser Güter zu zahlen, als ausschließliche Eigentümer anerkannt, und in allem den Erwerbern der vom Staate versteigerten Nationalgüter gleichgestellt werden sollen. Hieraus folgert Cons. d'ét. 1. Dez. 1824 (Dalloz, aaO. n. 446), daß die Entscheidung über die Gültigkeit der so erfolgten Veräußerungen den Präfekturräten gebühre, wogegen, wenn die Domanial-Qualität streitig sei, dieser Punkt eine von den Gerichten zu lösende Vorfrage darstelle. Zufolge § 20 würde für solche Fälle die richterliche Zuständigkeit unbedenklich in beiderlei Hinsicht begründet sein, sofern dieselben in der Rheinprovinz überhaupt vorkommen möchten.

213. § 20 Nr. 4 gilt auch von Domanialrenten. (Streitigkeiten zwischen dem Ankäufer und dem vermeintlichen Rentschuldner, insbesondere solche, welche die Frage der Feudalität der Rente betrafen, gehörten schon früher vor die ordentlichen Gerichte: StRG. v. 14. März 1808.) — Inzwischen hat die ganze Bestimmung der Nr. 4 durch die AKO. v. 24. Febr. 1823 (s. diese) eine bedeutende Einschränkung erlitten: *GK. 7. Okt. 1854 (JMBl. 55 S. 19).

214. A.H. Cöln 6. Juli 1822 (Rh. A. 4, I. 62) erkannte, daß bei Domänenverkäufen nicht verabredet werden könne, Ankäufer unterwürfen sich hinsichtlich aller hieraus mit dem Fiskus entstehenden Streitigkeiten, unter Verzichtleistung auf den RW., der Entscheidung der mit dem Verkaufe beauftragten Regierung; vgl. VO. v. 1808 A. 35.

§ 20 Nr. 5.

215. § 20 Nr. 5 unterstellt offenbar, daß Streitigkeiten der dort erwähnten Art ehedem vor die Präfekturräte gehört hätten. Dies war jedoch nur der Fall inbetreff solcher Pachtverträge, welche eine dem Staate gehörige Mineralquelle betrafen, und auch dann nur unter gewissen Voraussetzungen; vgl. Arr. v. 3. Flor. VIII. Hinsichtlich aller sonstigen über Domänen geschlossenen Pachtverträge waren schon nach der franz. Gesetzgebung die ordentlichen Gerichte zur Entscheidung desfallsiger Streitigkeiten berufen.

216. Selbstredend gehören zu den unter Nr. 5 erwähnten Streitigkeiten auch die aus der Nichtzahlung des Pachtpreises entstehenden: MVfg. 9. Febr., 13. März 1842 (Rh. S. 8 S. 25ff., VMBl. S. 58).

§ 20 Nr. 6.

217. Auf den ersten Blick könnte es scheinen, als ob § 20 Nr. 6 lediglich den Arr. v. 19. Therm. IX. im Auge gehabt habe, der die zwischen den Agenten des Gouvernements und Privatpersonen entstehenden Streitigkeiten über die Bezahlung der für Rechnung des Gouvernements gemachten Lieferungen der Entscheidung des Präfekten unterwirft. Berücksichtigt man jedoch, daß § 20 vorzugsweise, wo nicht ausschließlich, nur solche Streitigkeiten begreifen will, die ehedem nicht zur Entscheidung des Präfekten sondern des Präfekturrats gehörten, daß ferner nach obiger Auffassung eine Bestimmung darüber mangeln würde, welche Behörde an Stelle der Präfekturräte getreten sei, um die diesen durch Ges. v. 6., 7. u. 11. Sept. 1790 Art. 3, Ges. v. 28. Pluv. VIII. Art. 4 und das Berg. Dekr. v. 18. Dez. 1808 Art. 8 zugeteilten Streitigkeiten der Unternehmer öffentlicher Arbeiten mit der Verwaltung über den Sinn oder die Ausführung der Bedingungen ihrer Verträge zu entscheiden, so muß man wohl der Deutung den Vorzug geben, daß Nr. 6 ebensowohl die Streitigkeiten der Unternehmer von öffentlichen Arbeiten, wie diejenigen der Unternehmer von Lieferungen umfaßt. Während die franz. Gesetzgebung durch obige Bestimmungen die raschere Lösung solcher Streitigkeiten und hiermit die raschere Vollendung der übernommenen Arbeiten usw. zu erzielen suchte, ist in dem aus der VO. v. 1808 entlehnten Rechte der vorläufigen Vollstreckung ein anderes, die Erreichung derselben Zwecke sicherndes Mittel geboten, weshalb auch § 20, indem er an die Stelle jener Ausnahme-Gerichtsbarkeit die ordentliche setzt, auf die bezüglichen Vorschriften aus der VO. v. 1808 (d. i. § 16 Nr. 5 d. G.) verweist.

218. Im übrigen s. die Erläuterungen zu §§ 12, 13, 15, 20 Nr. 3.

§ 20 Nr. 7.

219. Die Zuständigkeit der Präfekturräte für solche Streitigkeiten beruhte gleichfalls auf Art. 4 Ges. v. 28. Pluv. VIII. Vgl. auch Ges. v. 6., 7. u. 11. Sept. 1790 Art. 3ff. und Berg. Dekr. v. 18. Dez. 1808 Art. 8. Auch hier war Zweck des Gesetzes die Förderung der schleunigen Ausführung der öffentlichen Arbeiten.

220. Die in Nr. 7 erwähnten Ansprüche können geeignetenfalls auch durch possessorische Rechtsmittel geltend gemacht werden: LG. Elberfeld 16. Jan. 1850 (Rh. A. 45, III. 22).

221. Welche Behörde zu entscheiden habe, wenn die Beschädigungen nicht von den Unternehmern sondern von der Behörde selbst ausgehen, war in Frankreich überaus streitig, wenngleich darin wenigstens fast alle Autoritäten übereinstimmen, daß die ordentlichen Gerichte nicht zuständig seien; vgl. Dalloz, aaO. n. 390ff. Bei der gegenwärtigen Lage der Rhein. Gesetzgebung muß diese Frage unbedenklich zu Gunsten der Gerichte beantwort werden.

§ 20 Nr. 8.

222. Die Vorschriften, welche die Präfekturräte mit der Entscheidung in den hier erwähnten Straffachen befaßten, sind in den Ges. v. 29. Flor. X. u. 9. Vent. XIII., sowie im Dekr. v. 16. Dez. 1811 enthalten. Im übrigen s. VO. v. 1808 A. 601.

§ 20 Nr. 9 und 10.

223. Das Ges. v. 20. März 1813 verordnete, anscheinend durch die Voraussetzung geleitet, daß die Gemeinden ihr Vermögen schlecht verwalteten, daß deren

§ 21. Die Frage, wer unter mehreren Richtern in den hier erwähnten Fällen zu entscheiden habe, wird nach den allgemeinen Regeln über die Kompetenz beurteilt.

§ 22. In allen das Interesse des Staats betreffenden Angelegenheiten, welche zur Erkenntnis der Gerichte gehören, sie mögen bei dem Präfekturrate schon anhängig gewesen und unentschieden geblieben sein, oder künftig entstehen, geschieht die Vorladung an die Regierung in der Person des Präsidenten und, wenn von Bergwerkssachen die Frage ist, an das Oberbergamt in der Person seines Direktors.

[**§ 23.** Die Ladung wird in beiden Fällen nur dem königl. Staatsanwalt bei dem Gerichte, wobei die Klage angebracht wird, insinuiert, und hat von dem Zeitpunkte an zu rechnen, da diese Insinuation geschehen ist, ihre Wirkung.

§ 24. Der königl. Staatsanwalt ist dagegen verbunden, diese Ladung nebst dem Insinuationsakte ohne einigen Zeitverlust dem Präsidenten oder dessen Stellvertreter, und in Bergwerkssachen dem Direktor durch ein Schreiben bekannt zu machen, sowie diese dem königl. Staatsanwalt den Empfang davon gleichfalls durch ein Schreiben anzuzeigen haben.]

Staats-Ministerial-Beschluß v. 30. Nov. 1838. (Rh. S. 6 S. 667.)

Da die Vorschriften des Ressort-Reglements für die Rheinprovinz vom 20. Juli 1818 §§ 23 und 24, nach welchen die Ladungen, Ur-

---

Grundgüter, mit wenigen Ausnahmen, gegen eine nach ihrem Ertrage zu bemessende Rente an die Amortisationskasse abgetreten und auf Betreiben der Enregistrements-Verwaltung von den Präfekten veräußert werden sollten (welche letzteren außerdem berufen wurden, die inbetreff der Ausführung des Gesetzes zwischen den Gemeinden und der Domänenregie erwachsenden Streitigkeiten, vorbehaltlich des Rekurses an den Staatsrat, zu schlichten). Die Versteigerungen erfolgten demgemäß nicht für Rechnung der Gemeinden sondern des Staats, und standen überhaupt den Versteigerungen der Nationalgüter gleich, weshalb die hinsichtlich dieser geltenden Kompetenzbestimmungen (A. 211) auch auf die Streitigkeiten Anwendung fanden, zu denen jene ersterwähnten Verkäufe den Anlaß gaben. — Die Geltung des obigen Gesetzes war jedoch nur von kurzer Dauer. Während es für Frankreich durch Art. 15 Ges. v. 28. Apr. 1816 aufgehoben wurde, trat es in der Rheinprovinz tatsächlich schon gleich nach Beendigung der Fremdherrschaft, und rechtlich durch die VO. v. 27. Jan. 1816 außer Kraft. Jedoch erhielt diese VO. die unter der Fremdherrschaft in gehöriger Form abgeschlossenen Verkäufe aufrecht, und setzte nur die Gemeinden an die Stelle der franz. Amoritisationskasse inbetreff aller Ansprüche, welche dieser Kasse wider die Ankäufer noch zustanden, indem sie gleichzeitig den Gemeinden alle Einreden wegen Verletzung oder Überschreitung des Gesetzes, wie diejenigen aus einem besonderen Rechtstitel vorbehielt, und die Rückgabe der noch unveräußerten Güter an jene verfügte.

224. Die Kompetenzbestimmungen der Nr. 9 und 10 entsprechen derjenigen der Nr. 4. Sie haben gegenwärtig wohl längst ihre praktische Bedeutung verloren, da die auf Grund derselben angestrengten Prozesse zweifelsohne sämtlich seit vielen Jahren abgewickelt sind, und ein Anlaß zu ähnlichen Prozessen sich schwerlich mehr ergeben wird. Die letzte bekannt gemachte Entscheidung des A.H. Cöln über einen Rechtsstreit dieser Art gehört dem J. 1825 an; vgl. Rh. A. 9, I. 227.

§ 22—24.

225. Der Staat bezw. Fiskus besaß als solcher in der Rheinprovinz schon unter der Fremdherrschaft keinen privilegierten oder eximierten Gerichtsstand. Nur hinsichtlich der Streitigkeiten, die sich gelegentlich der Beitreibung von Domänengefällen und mittelbaren Steuern (ausschließlich der Zölle) erhoben, waren

teile etc. in Prozessen über das Interesse des Staats betreffende Angelegenheiten dem königl. Staatsanwalte zur weiteren Mitteilung an die betreffenden Verwaltungsbehörden zu insinuieren sind, sich nicht als zweckmäßig bewährt haben, so wird hierdurch, mit Aufhebung jener Vorschriften, bestimmt, daß die Insinuationen in diesen Prozessen künftig unmittelbar an den Präsidenten der Regierung, in Bergwerkssachen aber an den Direktor des Oberbergamtes, und in Angelegenheiten der Verwaltung der indirekten Steuern an den Provinzial-Steuer-Direktor, und bei Abwesenheit oder Behinderung des Präsidenten oder Direktors an dessen Stellvertreter geschehen sollen. In Postsachen müssen die Insinuationen an das General-Postamt durch Requisition des hiesigen Kammergerichts geschehen, welche der Oberprokurator auf den Antrag der Parteien oder deren Anwälte zu bewirken hat.

Diese Bestimmungen sind durch die Amtsblätter der Rheinprovinz bekannt zu machen.

§ 25. Soviel die Vollstreckung der wider den Fiskus, eine Gemeinde oder eine unter der Aufsicht der Regierung stehende öffentliche Anstalt ergangenen Urteile betrifft, hat es bei den bisherigen Formen sein Bewenden.

---

die Landgerichte, ohne Rücksicht auf die Höhe des streitigen Betrags, allein zuständig, was jedoch bloß in dem für solche Sachen geltenden besonderen Prozeßverfahren seinen Grund hatte; vgl. Dekr. v. 6., 7.—11. Sept. 1790 Art. 2; Ges. v. 7. Frim. VII. Art. 64, 65; Ges. v. 27. Vent. IX. Art. 17.

226. Welche Änderungen durch die §§ 22—24 an der bezüglichen Bestimmung des c. de proc. civ., nämlich dem Art. 69 Nr. 1, bewirkt wurden, ergibt der Wortlaut dieser §§.

227. Die Verbindlichkeit des StMinBeschl. v. 30. Nov. 1838, der an die Stelle der §§ 23, 24 d. G. andere, dem c. de proc. civ. mehr entsprechende Bestimmungen setzte, ist trotzdem, daß man dem Ress.-Regl. Gesetzeskraft beilegt, die Aufhebung und Abänderung seiner Bestimmungen aber hiernach strenge genommen einen Akt der gesetzgebenden Gewalt voraussetzt, niemals in Zweifel gezogen worden.

228. Aus § 22 und dem StMinBeschl. v. 1838 ist nicht zu folgern, daß die Vertretung des Fiskus in Prozessen stets durch die Bezirksregierung erfolge; als Regel ist vielmehr anzusehen, daß den fiskalischen Stationen, die als selbständige Verwaltungsorgane und Vertreter des Fiskus in den ihnen überwiesenen Angelegenheiten anzusehen sind, auch die Vertretung im Prozesse zusteht; so: OLG. Cöln 29. Mai 1886 (Rh. A. 77, II. 18), das dementsprechend als Vertreter des Fiskus in Prozessen betr. Rheinstromangelegenheiten den Oberpräsidenten bezeichnete. Im übrigen wird, was die Vertretung und den Gerichtsstand des Fiskus betrifft, auf die VO. v. 1808 A. 15ff. verwiesen.

§ 25.

229. Nach den Grundsätzen des franz. Rechts kann der Richter die Gemeinden zwar zur Zahlung oder zu sonstigen Leistungen verurteilen; dagegen wird die Vollstreckung solcher Urteile sowie der vollstreckbaren Titel überhaupt nicht auf dem gewöhnlichen Wege des Zwangsvollzugs betrieben; namentlich ist die Einwirkung der Gerichte hierauf ausgeschlossen, es gehört vielmehr zu den Befugnissen der Verwaltung, die Art sowie die Zeit zu bestimmen, in der die Gemeindekosten bestritten werden sollen, so daß die Gemeinden selbst keine Ausgabe ohne höhere Genehmigung oder mit anderen, als den im Budget bestimmten Mitteln machen dürfen. Folgeweise ist es den Gläubigern ebensowenig gestattet, auf die in der Amortisationskasse hinterlegten Gelder der Gemeinden Arrest anzulegen; ja es muß sogar die Enregistrements- und Domänen-Verwaltung sich aller Zwangsmaßregeln enthalten und behufs ihrer Befriedigung sich an den Präfekten wenden; vgl. Ges. v. 10. Vend. IV. Tit. V. Art. 8, 9; Arr. v. 12. Brum. XI.; StRG. v. 12. Aug. 1807

und 11.—26. Mai 1813; Berg. Verw.-Ordn. v. 18. Dez. 1808 Art. 38ff.; Minist.-VO. v. 28. Juli 1809 und 6. Febr. 1810 Art. 3, 4 (Scotti, Berg. Samml. 3 S. 1209, 1276). — § 25 spricht zwar nur von der Vollstreckung richterlicher Urteile; es unterliegt jedoch keinem Zweifel, daß er bezweckt, die vorerwähnten Gesetze, soweit sie die richterliche Zuständigkeit beschränken, in ihrem ganzen Umfange, mithin auch inbetreff der Vollstreckung anderer vollstreckbarer Titel aufrecht zu erhalten. Ebenso steht mit denselben die spätere Gesetzgebung in Einklang (vgl. namentlich die Gemeinde-Ordn. v. 23. Juli 1845 §§ 86—90; Ges. v. 14. März 1845 § 4; Städte-O. v. 15. Mai 1856); *EK. 2. Nov. 1850, 17. Febr. 1855 (JMBl. 51 S. 15; 55 S. 122), ferner RG. 15. Okt. 1880 (E. 3 S. 337). Nur die §§ 15—17, 25 und 35 Ges. v. 7. März 1822 (s. A. 230) machen hiervon eine Ausnahme; doch ist die durch diese §§ herbeigeführte Änderung von bloß vorübergehender Bedeutung, da sie lediglich auf die Regelung des damaligen Gemeinde-Schuldenwesens und die Ausführung der nach jenem Gesetze zu entwerfenden Schulden-Tilgungspläne Bezug hat; ebenso gen. RG. 1880. AM. scheinen Perrot 1 S. 213 und Schlink 1 S. 172 zu sein, indem sie obige §§ anscheinend auch auf später entstandene Schulden für anwendbar halten. Vgl. heute EG. z. ZPO. § 15 Nr. 4, ZustGes. §§ 17 Nr. 4, 33 Nr. 4, und VO. v. 1808 A. 21.

230. Noch weiter als jene franz. Bestimmungen gingen mehrere für die vier Rhein. Departements erlassenen Gesetze, indem dieselben zur Regelung des gesamten Kommunal-Schuldenwesens ein administratives Verifikations- und Liquidationsverfahren anordneten, und hiermit nicht etwa bloß den Zwangsvollzug gegen Gemeinden ausschlossen, sondern sogar den RW. über die Ansprüche selbst den Gläubigern versperrten. Nachdem nämlich bereits ein Ges. v. 17. Germ. XI. die Hemmung bezw. Erschwerung des RW. wegen Gemeindeschulden überhaupt bis zum 1. Vend. XIII. (23. Sept. 1804) verfügt hatte, ordnete das Dekr. v. 9. Vend. XIII Art. 18ff. für die sog. neuen Schulden ein administratives Verifikations- und Liquidationsverfahren unter Ausschließung des RW. an, während letzterer behufs Feststellung bezw. Erneuerung der Titel der sog. alten, d. h. vor dem Einmarsche der Franzosen verbrieften Gemeindeschulden offen blieb, bis das Dekr. v. 21. Aug. 1810 auch hinsichtlich dieser ein administratives Liquidationsverfahren vorschrieb; vgl. ferner das Berg. Dekr. v. 17. Dez. 1811. Obige Bestimmungen wurden inzwischen durch das Gesetz betr. das Schuldenwesen der Gemeinden in den Landesteilen des linken Rheinufers und in der Stadt Wesel v. 7. März 1822 gänzlich außer Kraft gesetzt und kommen daher in der Praxis fast nur noch bei Verjährungsfragen zur Sprache; vgl. VO. v. 1808 A. 99. Das Ges. v. 1822 ordnete freilich gleichfalls, ohne zwischen den sog. alten und neuen Schulden zu unterscheiden, die administrative Regelung des Kommunal-Schuldenwesens und zwar durch die Gemeinden selbst, unter Aufsicht der Regierung handelnd, an, jedoch lediglich in dem Sinne, daß die Gläubiger sich dem unterwerfen müssen, was verwaltungsseitig inbetreff der Art und Zeit der Schuldentilgung beschlossen wird, indem es die Streitigkeiten über die Richtigkeit oder den Betrag der Forderungen ausdrücklich an die Gerichte verweist, sofern das Schuldenwesen der Gemeinde nicht schon früher durch Übereinkunft oder Festsetzung im Verwaltungswege vollständig geordnet war, vgl. §§ 11, 8 Abs. 2 das. und AH. Cöln 29. März 1826 (Rh. A. 9, I. 99). — Ja das Gesetz geht, wie schon in A. 229 erwähnt wurde, in der Zulassung des RW. sogar über die dort entwickelten, allgemein gültigen Normen in mehrfacher Hinsicht hinaus; einmal nämlich ermächtigt es die Gläubiger, die richterliche Hilfe anzusprechen, wenn zur Veräußerung des Gemeindeeigentums behufs ihrer Befriedigung in Gemäßheit der von der Regierung festgesetzten Form keine Anstalten getroffen werden, oder wenn die Gemeinde sich in Ausführung der genehmigten Schulden-Tilgungspläne säumig erweist, und die Regierung auf desfallsige Beschwerde nicht binnen sechs Wochen Hülfe schafft (vgl. §§ 15—17, 35); sodann bestimmt es (im § 25), daß, falls zur Erfüllung getroffener Vergleiche oder zur Ausführung der festgestellten Tilgungspläne neue Darlehen von den Gemeinden mit Genehmigung der Regierung aufgenommen werden, diese Darlehen im Wege des Prozesses zu jeder Zeit von den Gemeinden aus ihrem bereitesten Vermögen eingebracht werden könnten.

231. Hinsichtlich der unter Aufsicht der Regierungen stehenden **öffentlichen Anstalten** gilt infolge ihrer Gleichstellung mit den Gemeinden in Beziehung auf die Vermögensverwaltung und die dabei eintretende Bevormundung dasselbe, was

§ 26. Die Verwaltung der Polizei bleibt auch in den Rheinprovinzen den Regierungen und den ihnen untergeordneten Polizeipräsidenten, Direktoren und anderen Polizeibeamten anvertraut. Sie haben also die bestehenden und gehörig verkündeten Polizeigesetze auszuführen, die einmal eingeführten Polizeianstalten zu erhalten und insoweit dieses ohne Verletzung wirklicher Privatrechte geschehen kann, die

---

in A. 229 hinsichtlich der Gemeinden und der Unzulässigkeit eines wider diese zu betreibenden Zwangvollzugs- oder Arrestverfahrens gesagt worden ist. Der Arr. v. 9. Vent. X. spricht solches inbetreff der Spitäler ausdrücklich aus.

232. Da die franz. Gesetzgebung den öffentlichen Anstalten in dem eben gedachten Sinne auch die Kirchenfabriken und die kirchlichen Institute beizählt, so war unter der Fremdherrschaft hinsichtlich dieser ein gleiches der Fall; vgl. Cormenin s. v. fabr. d'églises, I. VIII. Nr. 8, welcher unter Hinweisung auf eine Reihe von Gesetzen, von denen freilich nur das Dekr. v. 30. Dez. 1809 in der Rheinprovinz publiziert ist, sich allgemein für die Unzuständigkeit der Gerichte ausspricht, die Beschlagnahme kirchlicher Einkünfte gültig zu erklären, oder die Art der Zahlung der Schulden zu regeln, da letztere nur aus denjenigen Fonds bestritten werden könnten, welche die Verwaltung hierzu anweise, und es überhaupt grundsätzlich feststehe, daß die Vollstreckung der wider Kirchenfabriken ergangenen Urteile auf Zahlung von Schulden oder Kosten reine Verwaltungssache sei. Wenn nun auch dieses Rechtsverhältnis, dem § 25 d. G. zufolge, trotz des Aufhörens der Fremdherrschaft fortbestanden hat, so dürfte dennoch eine wesentliche Änderung eingetreten sein, seitdem mit dem Art. 15 der Verf.-Urk. jede Einwirkung der weltlichen Verwaltungsbehörde weggefallen war. Zwar wurden die Befugnisse der kirchlichen Verwaltungsbehörden durch Art. 15 nicht geschmälert, vielmehr im Gegenteil erweitert; auch muß angenommen werden, daß den von dieser Behörde innerhalb jener Befugnisse hinsichtlich der Regelung des Budgets zu treffenden Anordnungen durch Vollstreckungshandlungen einzelner Gläubiger nicht vorgegriffen werden konnte. Dagegen konnte man den letzteren, wenn sie sich behufs ihrer Befriedigung an die bischöfliche Behörde vergebens gewandt hatten, das Recht schwerlich versagen, ihre Ansprüche geeigneten Falls mittels des Zwangsvollzugs oder Arrestes zur Geltung zu bringen. Für die evangelischen Kirchen bezw. Kirchengemeinden, welche in Frankreich als bloße Privatinstitute betrachtet wurden, bestanden ähnliche Beschränkungen des Zwangsvollzugs nicht. Doch dürfte unter den Kirchen beider Konfessionen in dieser Hinsicht kein Unterschied bestanden haben, mithin der Gläubiger einer evangelischen Kirche zur Einleitung der Zwangsvollstreckung gleichfalls befugt gewesen sein, sobald er seine Befriedigung bei der kirchlichen Oberbehörde vergeblich nachgesucht hatte; vgl. auch die für die übrigen Provinzen ergangene KMVfg. 26. Juli 1845 (VMBl. S. 259). — Inzwischen ist jedoch das Aufsichtsrecht des Staates für die Vermögensverwaltung der Kirchengemeinden wieder eingeführt und insbesondere der Aufsichtsbehörde das Zwangsetatisierungsrecht beigelegt worden. Mit Rücksicht hierauf wird man in Anwendung des in A. 229, 231 gesagten annehmen müssen, daß die Zwangsvollstreckung gegen Kirchengemeinden, (soweit es sich nicht um Geltendmachung dinglicher Rechte handelt, § 15 Nr. 4 EG. z. ZPO.) bei der kirchlichen oder staatlichen Aufsichtsbehörde nachgesucht werden muß. Vgl. § 53 Abs. 1 Ges. v. 20. Juni 1875 (GS. S. 241), § 5 Ges. v. 7. Juni 1876 (GS. S. 149), Art. 27 Abs. 2 Ges. v. 3. Juni 1876 (GS. S. 125).

233. Die Ordnung des Staatsschuldenwesens und die Feststellung des Staatshaushalts-Etats findet nach den Grundsätzen sowohl der franz. wie preuß. Verfassung nur auf dem Wege der Verwaltung bezw. Gesetzgebung statt; hieraus folgt von selbst, daß der Zwangsvollzug von Urteilen und sonstigen vollstreckbaren Titeln wider den Fiskus nicht statthaft ist. Vgl. Cormenin s. v. dette de l'état, I., AH. Cöln 23. Dez. 1822 (Rh. A. 4, I. 228); MVfg. 20. Mai 1882 (Jbb. 19 S. 317); Perrot 1 S. 194. Vgl. VO. v. 1808 A. 21, 301.

§§ 26—29.

234. Die dem franz. Rechte eigentümliche Scheidung der administrativen und der gerichtlichen Polizei ist durch das Ress.-Regl. unberührt geblieben, ungeachtet der Justizminister v. Kircheisen sich noch in seinem Gutachten vom Juli

nötigen Vorkehrungen zu treffen, damit überall der Zweck der Polizeigesetze erreicht, Ordnung, Ruhe und Sicherheit erhalten und strafbaren Handlungen vorgebeugt werde. Insoweit stehen alle Polizeibeamten des Regierungsbezirks unter der Aufsicht und Leitung der Regierung.

§ 27. Die Entdeckung jeder einmal begangenen Übertretung eines Strafgesetzes, die Ausmittelung des Tatbestandes, die Verfolgung und Verhaftung des wirklichen oder mutmaßlichen Täters, die Untersuchung und Bestrafung gehört zu den Attributen der gerichtlichen Behörden.

§ 28. Je schwerer das Verbrechen ist, und je mehr dem Staate daran gelegen, daß die Urheber ergriffen, überführt und zur verdienten Strafe gezogen werden, desto mehr werden gleichwohl, der im § 27 festgestellten Regel ungehindert, die Polizeibeamten, sie seien zugleich in ihren Amtsverrichtungen den Gerichten insoweit untergeordnet oder nicht, auch nach begangener Tat alle ihnen zu Gebote stehenden gesetzlichen Mittel aufbieten, um zur Entdeckung des Schuldigen mitzuwirken und die von ihnen aufgefundenen Beweise ohne Zeitverlust an die Justizbehörden gelangen zu lassen.

§ 29. Bei Vergehen und Verbrechen, welche eine Gefängnis- oder schwerere Strafe nach sich ziehen, sind die Polizeibeamten gleichfalls verpflichtet, einen auf frischer Tat gefundenen oder auf der Flucht begriffenen oder bis dahin verborgen gebliebenen Täter zu ergreifen und sich seiner Person zu versichern; sie sind aber verbunden, ihn sogleich und ohne Aufschub vor die nächste Justizbehörde zur weitern Verfügung vorführen zu lassen. Diese allein hat über die Frage zu erkennen, ob der Angeschuldigte zum Arresthause abgeführt oder einstweilen, es sei gegen oder ohne Kaution, in Freiheit gesetzt werden soll.

1818, im Widerspruche mit der Imm.-Just.-Kommission, für Abschaffung dieser bewährten Einrichtung, sowie für Einführung der damaligen preuß. Gesetzgebung ausgesprochen hatte, nach welcher die Polizeibeamten zwar gleichfalls den ersten Angriff bei Verbrechen und Vergehen hatten, jedoch unabhängig von der Justiz handelten und ihr auch weiter nicht untergeordnet waren; vgl. Jbb. 62 S. 418, 301. (Diese Meinungsverschiedenheit scheint nicht ohne Einfluß auf die Fassung der §§ 26—29 geblieben zu sein, da anscheinend mit Absicht vermieden wurde, die Aufrechterhaltung der betreffenden Grundsätze des franz. Rechts, welche unmittelbar nur aus einer beiläufigen Bemerkung im § 35 gefolgert werden kann, in jenen §§ ausdrücklich auszusprechen.)

235. Da § 26, gleich dem § 10 II. 17 ALR. und dem Art. 19 des Code des délits et des peines v. 3. Brum. IV., von der Polizeiverwaltung nur im Gegensatze zur gerichtlichen Polizei und zur Strafgerichtsbarkeit redet, so paßt die dortige Abgrenzung ihres Geschäftskreises nur auf die sog. Sicherheits- oder Präventivpolizei. Selbstverständlich sind die Obliegenheiten und Befugnisse der Rheinischen Regierungen usw. in Angelegenheiten der sog. Wohlfahrtspolizei nicht beschränkter oder andere, als die der übrigen Regierungen. Vgl. AKO. v. 4. Dez. 1826 in Verbindung mit § 3 der VO. v. 1808; Rosin, Begriff der Polizei (Verwaltungsarchiv 3 S. 250, 336).

236. Die §§ 26ff. erwähnen die Ortspolizeiverwaltung nicht, obgleich gerade hinsichtlich ihrer die Grundsätze der franz. und der preuß., wenigstens der damaligen Gesetzgebung weit von einander abweichen, sowohl in Beziehung auf die Behörden, denen dieselbe übertragen war, als in Beziehung auf das, was als Gegenstand der Ortspolizei angesehen wurde. Die franz. Gesetzgebung (vgl. insbesondere Ges. v. 14. Dez. 1789 Art. 50; 16.—24. Aug. 1790 Tit. 11 Art. 2ff.; 19.—22. Juli 1791 Tit. 1 Art. 29, 30, 46; Dekr. v. 28. Sept.—6. Okt. 1791 Tit. 1 und 2; Ges. v. 29. Flor. X. und das Berg. Dekr. v. 18. Dez. 1808 Art. 28) be-

§ 30. Ohne vorläufige Verfügung des kompetenten Gerichts oder Genehmigung des öffentlichen Ministeriums können gegen niemanden Steckbriefe erlassen werden, um den öffentlichen Zeitungen eingerückt zu werden.

§ 31. In wichtigen, die Sicherheit des Staats und die Erhaltung der öffentlichen Ruhe betreffenden Vorfällen üben die Oberpräsidenten die Rechte aus, welche in § 10 der Kriminal-Prozeßordnung den vormaligen Präfekten eingeräumt worden.

§ 32. Auf die von den Regierungen mit höherer Genehmigung in Polizei- und Landesangelegenheiten erlassenen Publikanda sind die Landes-Justizkollegien insofern Rücksicht zu nehmen verbunden, als darin

---

trachtete die Ortspolizei geradezu als eine Kommunalangelegenheit, und verwies sie daher zum unmittelbaren Ressort der Kommunalbehörden als solcher, wogegen dieselbe nach der preuß. Gesetzgebung bald in den Händen der Gutsherrschaften, bald in den Händen eigens dazu bestellter Polizeibehörden oder der insofern als Staatsbehörde tätigen Stadtmagistrate beruhte. Die grundsätzlichen Unterschiede hinsichtlich des Umfangs der Zuständigkeit bestanden darin, daß zum Ressort der Ortspolizei nach franz. Rechte ganz wesentlich der Erlaß ortspolizeilicher Strafreglements gehörte, während nach preuß. Rechte die Ortspolizei eine solche Befugnis nicht besaß, dafür aber, und zwar seit der AKO. v. 8. Mai 1830 in sehr ausgedehntem Maße die Polizei-Gerichtsbarkeit hatte, welche nach der franz. Gesetzgebung ausschließlich den ordentlichen Strafgerichten anheimfiel. Vgl. Rosin, aaO. S. 337 ff., OVG. 29. Okt. 1892 (E. 23 S. 218). Das Ress.-Regl. hat in beiderlei Hinsicht die franz. Einrichtungen stillschweigend bestehen lassen. Im übrigen wird, namentlich auch bezüglich des gegenwärtigen Rechtszustands, auf die Erläuterungen zu § 32 d. G., zur VO. v. 1808 § 45 und zum Ges. v. 11. März 1850, und bez. der §§ 27—29 d. G. auf die §§ 159, 161, 112 ff. StPO. verwiesen.

237. Allgemeine Polizeigesetze, welche im öffentlichen Interesse gewisse Einrichtungen vorschreiben, ohne bestimmten Personen ein Recht auf deren Herstellung beizulegen, begründen für niemanden ein im RW. verfolgbares Rechtsverhältnis. Glaubt ein einzelner auf dergleichen Einrichtungen dringen zu dürfen, so hat er die Polizeibehörde anzurufen, der die Handhabung jener Gesetze zukommt, und welche, dem § 26 zufolge, auch in der Rheinprovinz die Bezirksregierung ist. So: *EK. 7. Okt. 1854 (JMBl. 55 S. 15), welches zu derartigen Polizeigesetzen die Bestimmung des Art. 15 des Dekr. v. 23. Prair. XII. über die Sonderung der Begräbnisplätze nach Konfessionen rechnete, und demgemäß die von einer Kirchenfabrik gegen die Zivilgemeinde angestellte Klage inbetreff der Abteilung eines neu angelegten Kirchhofs für unstatthaft erklärte. Vgl. auch OVG. 10. Juli 1878 (E. 4 S. 411).

§ 30.

238. § 30 ist durch die StPO. ersetzt worden.

§ 31.

239. Indem § 31 die im Art. 10 des c. d'instr. crim. den Präfekten eingeräumte Befugnis auf die Oberpräsidenten übertrug, gab er unzweideutig zu erkennen, daß eine gleiche Befugnis nicht etwa außerdem den Regierungen oder den Regierungs-Präsidenten zustehen solle; aM. waren früher die Verwaltungsinstanzen, vgl. Müller im Arch. für Landeskunde der Preuß. Mon. 6 S. 255. Über den Umfang dieser Befugnis und die Art ihrer Ausübung vgl. Gilbert zu gen. Art. 10. — § 31 hat seit Erlaß der RStPO. seine Bedeutung verloren.

§ 32.

240. Wenn das franz. Recht, weit unumschränkter als das preußische, dem Grundsatze huldigt, daß die Srafgewalt ausschließlich den Gerichten zustehe (vgl.

keine härtere Strafe wie in den Gesetzen festgestellt ist, im entgegengesetzten Falle ist die Strafe nach diesen zu bestimmen.

VO. v. 1808 A. 601), so tritt bei ihm dafür die Befugnis der Verwaltung, polizeiliche vom Strafrichter anzuwendende Strafverordnungen zu erlassen, desto mehr in den Vordergrund. Diese Befugnis erstreckte sich nicht lediglich auf den Erlaß allgemeiner Verordnungen (règlements proprement dits), sondern umfaßte unter Umständen auch Strafverfügungen, welche sich auf einen Einzelfall bezogen bezw. wider eine bestimmte Person gerichtet waren (arrêtés renfermant des injonctions individuelles), und daher große Verwandtschaft mit den Strafbefehlen der VO. v. 1808 (§ 48) hatten, insofern davon abgesehen wird, daß die Übertretung solcher Einzelverfügungen gleichfalls nur durch den Strafrichter geahndet werden konnte. Die wichtigste Abweichung des franz. Rechts von der VO. v. 1808 bestand jedoch darin, daß die erwähnte Befugnis sogar bei den Munizipal-Behörden und zwar vorzugsweise bei diesen beruhte; vgl. Ges. v. 16.—24. Aug. 1790 Tit 11 Art. 2, 3, 5; v. 19. —22. Juli 1791 Tit. 1 Art. 46; Berg. Dekr. v. 18. Dez. 1808 Art. 28 und Volkmar S. 446 ff. Die Befugnis der Präfekten zum Erlasse von Strafverordnungen ist durch die Gesetzgebung fast nur für das Gebiet der Bergwerkspolizei ausdrücklich anerkannt. Hier konnten jene, dem Ges. v. 21. Apr. 1810 und 3. Jan. 1813 Art. 50 bezw. Art. 4 ff. und 10 zufolge, im Interesse der öffentlichen Sicherheit, der Sicherheit der Bergleute und Wohnungen über Tage, der Erhaltung der Schachte und der Dauerhaftigkeit der Baue sowohl allgemeine wie besondere Verordnungen mit der Wirkung erlassen, daß deren Übertretung die zuchtpolizeilichen Strafen des Art. 96 des ersterwähnten Ges. nach sich zog. Vgl. Achenbach, Rhein. Bergpol.-Vorschr., S. XXXVII ff. Außerdem werden die Präfekten jedoch häufig für berechtigt erachtet, in Handhabung der Landstraßenpolizei, wenigstens insoweit letztere das Alignementswesen umfaßt, Verordnungen zu treffen, die für den Strafrichter verbindlich sind; vgl. KH. 7. März 1842, LG. Saarbrücken 11. Nov. 1841 (Rh. A. 32, II. 54; III. 6), Oppenhoff, Pr. StrGB. § 332 A. 52. Ob die dort bezogenen Gesetze über die sog. grande voirie jene Befugnis wirklich begründen, ist nicht unzweifelhaft. Im Hinblick auf dieselbe ergingen z. B. für das vormalige Roerdepartement die Präfekturbeschlüsse v. 29. Niv. XI. u. 3. Mess. XIII. — Vgl. ferner Rosin, Das Polizeiverordnungsrecht in Preußen, S. 43 ff.

241. Das Ress.-Regl. hat, indem es sich darauf beschränkt, im § 32 den § 45 (Schlußsatz) der VO. v. 1808 wörtlich zu wiederholen, obige auf der franz. Gesetzgebung beruhenden Befugnisse unberührt gelassen. § 108 der Gemeinde-Ordn. v. 1845 erhält die Befugnis der Bürgermeister, Polizeiverordnungen zu erlassen, sogar ausdrücklich aufrecht. Gegenwärtig sind in dieser Hinsicht die Vorschriften des Ges. v. 11. März 1850 und des LVG. maßgebend, so daß jene früheren Gesetze nur noch bei älteren Ortspolizeiverordnungen in Betracht kommen. Die in der franz. bezw. linksrhein. Bergwerks-Gesetzgebung begründete Befugnis der Präfekten ging nach der herrschenden Ansicht auf das Oberbergamt über und blieb auch unter der Herrschaft des Ges. v. 1850 in Kraft; vgl. Achenbach aaO. S. XXX, XXXVII ff., Oppenhoff, Allg. Bergges. A. 1052. Nachdem jedoch das Ges. v. 10. Juni 1861 unter Aufhebung aller abweichenden Bestimmungen der allgemeinen und provinziellen Gesetze den Erlaß bergpolizeilicher Vorschriften für das ganze Staatsgebiet gleichmäßig geregelt hatte, waren auch die bezogenen Vorschriften der linksrhein. Gesetzgebung weggefallen, obwohl ihrer bei Abfassung und Beratung jenes Gesetzes nicht ausdrücklich gedacht zu sein scheint. Gegenwärtig ist § 197 Bergges. v. 1865 maßgebend.

242. Bei den älteren Polizeiverordnungen hat der Richter ebenso wie bei den auf Grund der Ges. v. 1850, 1861 und 1865 erlassenen zu prüfen, ob sie sich auf einen Gegenstand beziehen, welcher der betr. Verwaltungsbehörde überwiesen worden ist: Oppenhoff, PrStGB. § 332 A. 64. Dagegen will KH. 10. Juli 1849 (Rh. A. 44, II. 36) das richterliche Entscheidungsrecht inbetreff älterer Verordnungen insofern beschränkt wissen, als die Frage, ob eine Verordnung von den durch die höhere Behörde über denselben Gegenstand aufgestellten Regeln abweiche und inwieweit solches gestattet sei, als eine innere Angelegenheit der Verwaltungsbehörden der Prüfung der Gerichte nicht unterliege.

§ 33. Bei jeder Übertretung eines Polizeigesetzes, das nicht besonders verpönt ist, soll von den Polizeigerichten auf eine Geldstrafe von 1 bis 5 Talern erkannt werden.

---

§ 33.

243. Eine dem §§ 33 vollkommen entsprechende Bestimmung findet sich in keiner der beiden Gesetzgebungen, wenngleich der Ausdruck „Polizeigesetz" aus dem ALR. (vgl. § 10 II. 17) entlehnt zu sein scheint. Unter Polizeigesetz ist jedes allgemein verbindliche Gebot oder Verbot zu verstehen, welches aus polizeilichen Gründen, mithin zur Erhaltung der Ordnung und Sicherheit, zur Abschaffung von Mißbräuchen usw. und zwar ohne Rücksicht auf einen wirklich eintretenden Schaden oder eine etwa vorhandene Böswilligkeit erlassen wird. Während jener Ausdruck daher einerseits nicht nur eigentliche Gesetze, sondern auch Publikanda im Sinne des § 32 d. G. bezw. des § 45 der VO. v. 1808 und sonstige Polizeiverordnungen (A. 240 ff.) umfaßt, ist er andererseits nicht auf Gesetze und Verordnungen auszudehnen, die andere Gegenstände, z. B. rein finanzielle Angelegenheiten betreffen.

244. Nicht unbedenklich ist dagegen die Frage, was § 33 unter dem Zusatze: „das nicht besonders verpönt ist" verstehe, da dieser Zusatz eine zweifache Deutung zuläßt, je nachdem man auf das Wort „besonders" oder auf das Wort „verpönt" den Nachdruck legt. Man kann nämlich unter einem nicht besonders verpönten Polizeigesetze ein solches verstehen, welches für die verbotene Handlung oder Unterlassung eine Strafe überhaupt nicht androht, oder aber ein solches, welches zwar eine Strafandrohung im allgemeinen enthält, nicht aber die einer bestimmten Strafe, wo es also bloß an der Festsetzung der Strafart und des Strafmaßes fehlt. Für erstere Deutung sprechen sich aus: KH. 7. Febr. 1835, 9. Dez. 1837, 29. Okt. 1838 (Rh. A. 22, II. 6; 26, II. 61; 27, II. 57), Förstemann, Prinzipien des preuß. Polizeirechts S. 168, Rosin, Das Polizeiverordnungsrecht in Preußen S. 44 A. 4, für letztere, die sich jedenfalls dadurch empfiehlt, daß nach ihr § 33 sich am wenigsten weit von der früher bestehenden Gesetzgebung entfernt und eine klar erkennbare Begrenzung erhält: KH. 22. Sept. 1824, *OT. 11. Juli 1853, 6. Juni 1863, 5. Juni 1873, 18. März 1875 (Rh. A. 7, II. 49; 49, II. 31; Rechtspr. 3 S. 486; 14 S. 815; 16 S. 246), Oppenhoff, StGB. A. 49 vor § 360. Auf letztere Auffassung zielen auch die Gründe von KH. 21. Dez. 1833 (Rh. A. 20, II. 4), insofern es dort heißt, daß § 33 die früheren allgemeinen, in den Ges. v. 16.—24. Aug. 1790 Tit. 11 Art. 5 und v. 3. Brum. IV. Art. 600 gegebenen Bestimmungen über das Maß der Polizeistrafen durch andere ersetzt habe.

245. Mit Rücksicht auf das eingangs der A. 243 gesagte erhebt sich die weitere Frage, ob § 33 auch bei solchen Polizeigesetzen Anwendung finde, die für den ganzen Umfang des Staats erlassen worden sind. Für die verneinende Ansicht lassen sich die Gründe von *OT. 27. Mai 1858 (Goltd. Arch. 6 S. 561) anführen; dagegen huldigen andere Entscheidungen (s. A. 248) der entgegengesetzten Ansicht, für die allerdings die unbedingte Fassung des § spricht.

246. Daß § 33 weder durch das Pr. noch durch das RStGB. außer Kraft gesetzt sei, ist vom OT. wiederholt anerkannt worden. Zwar erachteten zwei seiner Entscheidungen die Bestimmung des § wenigstens insofern für geändert, als seit Erlaß des PrStGB. das Strafmaß nicht mehr nach ihm, sondern nach § 335 das. bemessen werden müsse. Doch hat das OT. diese letztere, augenscheinlich irrige Ansicht demnächst wieder aufgegeben; vgl. Oppenhoff, PrStGB. § 335 A. 2; 332 A. 59.

247. Wohl aber ist die Anwendbarkeit des § 33 durch das Ges. v. 11. März 1850 erheblich eingeschränkt worden. Da es nämlich nach den §§ 5, 11 das. nicht mehr genügt, wenn eine Pol.-VO. im Sinne dieses Gesetzes sich darauf beschränkt, im allgemeinen ein Verbot ohne ausdrückliche Strafandrohung auszusprechen, so greift § 33 bei neueren, auf Grund jenes Gesetzes erlassenen Pol.-VO. nicht Platz: Oppenhoff, RStGB. A. 49 vor § 360; PrStGB. A. 7 zu Art. VIII EG.; vgl. ferner Illing 1 S. 286.

248. Anlangend die Anwendbarkeit des § 33 im einzelnen, so rechnet KH. 9. Dez. 1837 (s. A. 244) zu denjenigen Polizeigesetzen, für welche jener § die Strafbestimmung ergänze, die AKO. betreffend die Wegräumung des Schnees usw. v. 8. März 1832.

§ 34. Vergehen, über deren Bestrafung bisher die Präfekturräte zu erkennen hatten, gehören nach Maßgabe der verwirkten Strafen in erster Instanz entweder vor die Polizei- oder Kreisgerichte.

§ 35. In bürgerlichen Angelegenheiten, sowie in Untersuchungssachen, mit der wegen Dienstvergehen oder Verbrechen § 36 gemachten Ausnahme, sind alle einzelne in den Rheinprovinzen wohnende Zivilbeamten, ohne Rücksicht, ob sie bei den Verwaltungen oder der Justiz angestellt seien, den dasigen Gesetzen und Gerichten unterworfen, den Regierungen bleibt gleichwohl die Dienstdisziplin über sämtliche derselben untergeordnete Offizianten ihres Bezirks vorbehalten.

Die Polizeibeamten, obschon sie in ihren, die gerichtliche Polizei betreffenden Amtsverrichtungen den gerichtlichen Behörden untergeordnet sind, bleiben von dieser Regel in Sachen, welche die Dienstdisziplin betreffen, nicht ausgenommen.

Die Regierungen sind berechtigt, wider die Offizianten ihres Ressorts Ordnungsstrafen festzusetzen und zu vollstrecken, ohne daß die Gerichte sich darin mischen dürfen.

§ 36. Gerichtliche Untersuchungen über Dienstvergehen oder Verbrechen der bei den Verwaltungen angestellten Zivilbeamten können die Gerichte nicht anders als auf Verlangen der betreffenden Regierung einleiten, es sei denn hiermit ein solcher Exzeß verbunden, der den Täter, wenn er auch nicht Offiziant wäre, schon straffällig machen würde.

---

249. Desgleichen *OT. 27. Okt. 1853, 26. Nov. 1863 (Rh. A. 49, II A. 54; Rechtspr. 4 S. 217) den Art. 18 des 27. Titels der Ord. v. Aug. 1669, insofern die dort für verbotswidriges Bauen in der Nähe von Staatswaldungen angedrohte Geldbuße ihrem Betrage nach nicht näher bestimmt ist.

250. Fernere Fälle, in denen § 33 für anwendbar erachtet wurde, finden sich bei Volkmar S. 450ff.; vgl. überdies Achenbach, Rhein. Bergpol.-Vorschr. S. 42, 121. Das an letzterer Stelle mitgeteilte Erk. des KH. wandte die §§ 32 und 33 auf eine VO. des Oberbergamts an, welche eine Strafe wirklich androht, aber keine gesetzlich gerechtfertigte. (Verneint wurde die Anwendbarkeit des § 33 z. B. bei dem Regulativ v. 8. Aug. bezw. der AKO. v. 28. Okt. 1835 betr. Anzeige ansteckender Krankheiten, bei der VO. v. 17. Aug. 1814 betr. Waldausrodung ohne Ermächtigung usw., vgl. die in A. 244 gen. Erk.)

§ 34.

251. Siehe oben A. 222.

§ 35.

252. Auf dem durch § 35 geregelten Gebiet gelten heute für die Rheinprovinz keine besonderen Bestimmungen mehr; es wird daher auf die Erläuterungen zu § 46 VO. v. 1808 verwiesen.

§ 36.

253. Obschon § 36 wörtlich aus § 47 der VO. v. 1808 entnommen worden ist, so enthält er dennoch keine für die Rheinprovinz neue Bestimmung, indem auch die franz. Gesetzgebung (vgl. Ges. v. 14. Okt. 1790, 14. Dez. 1790 Art. 61, Konstitution v. 22. Frim. VIII. Art. 75) die gerichtliche Verfolgung der Agenten des Gouvernements wegen der auf ihr Amt bezüglichen Handlungen von einer Ermächtigung der Verwaltung abhängig machte, welche seit dem J. VIII. vom Staatsrate ausgehen mußte; vgl. ferner A. 255. — Inzwischen ist das Erfordernis jeder Ermächtigung mit dem § 36 d. G. durch die Verf.-Urk. weggefallen.

§ 37. Soll ein Offiziant der Regierung in Verhaft genommen werden, so verfahren die Gerichte in den Rheinprovinzen nach den in dem Anhange zur Allgemeinen Gerichts-Ordnung und in der Kriminal-Ordnung enthaltenen Vorschriften.

§ 38. Wird gegen einen der Regierung untergeordneten Offizianten eine Regreß- oder Injurienklage aus Veranlassung seines Amtes angebracht, oder werden gegen Kassenbeamten Geldforderungen eingeklagt, so hat das öffentliche Ministerium, sobald die Sache auf die Rolle kommt, die betreffende Regierung davon zu unterrichten.

§ 39. Wenn das Vermögen oder der Nachlaß eines Regierungs-Mitgliedes oder Offizianten unter Siegel gelegt werden soll, so wird die Regierung gleichfalls davon benachrichtigt, und es bleibt ihr unbenommen, an die Zimmer und Behältnisse, wovon sie vermutet, daß Amtspapiere aufbewahrt seien, gleichmäßig ihre Siegel anlegen zu lassen. Bei der Entsiegelung werden diese Papiere dem Abgeordneten der Regierung, der hierbei zugezogen werden muß, ausgeliefert.

§ 40. Sämtliche Justiz- und Verwaltungsbehörden in den Rheinprovinzen sind hiermit angewiesen, in der Ausübung ihrer Amtsbefugnisse sich auf die in der gegenwärtigen Instruktion ihnen vorgezeichneten Grenzen zu beschränken, in zweifelhaften Fällen sich einander ihre Ansichten und Gründe mitzuteilen, sofern sie hingegen sich nicht vereinigen können, jede besonders ohne Aufschub an die ihr vorgesetzte Staatsbehörde

---

§§ 37—39.

254. Im allgemeinen vgl. die Erläuterungen zu § 47 VO. v. 1808, aus dem auch diese §§ in etwas abgekürzter Fassung herübergenommen sind.

255. Art. 75 der Konstitution v. 22. Frim. VIII. ist, insofern er auch zur Anstellung von Regreßklagen gegen Verwaltungsbeamte eine Ermächtigung des Staatsrats fordert (s. A. 253), bereits durch § 38 d. G. aufgehoben worden: AH. Cöln 31. Juni 1831 (Rh. A. 16, I. 74).

256. Während § 39 nur von Amtspapieren spricht, und überdies den Fall voraussetzt, wo eine gerichtliche Versiegelung ohnehin stattfindet, bestimmte die für den Bezirk Cöln ergangene AKO. v. 14. Juli 1843 (GS. S. 321), daß die vorgesetzte Dienstbehörde zur Versiegelung der einem verstorbenen Beamten anvertraut gewesenen Akten und Gelder, sowie der Lokale, worin dieselben aufbewahrt sind, befugt sein soll, ohne Unterschied, ob der übrige Nachlaß gerichtlich versiegelt wird, oder nicht. Zu dieser AKO. erging der StMinBeschl. v. 20. Mai und die MVfg. v. 2. u. 22. Aug. 1845 (Rh. S. 9 S. 50; VMBl. S. 281). Inzwischen ist die AKO. v. 1843 aufgehoben worden durch Art. 144 PrFreiwGer., während Art. 20 das. für die ganze Monarchie bestimmt, daß die Behörde, welcher der Verstorbene angehörte, oder die Aufsichtsbehörde für die Sicherung der amtlichen Akten und der sonstigen Sachen, deren Herausgabe auf Grund des Dienstverhältnisses verlangt werden kann, zu sorgen hat; finden sich solche Sachen bei Ausführung einer vom Nachlaßgericht auf Grund des § 1960 BGB. angeordneten Maßregel, so hat das Gericht die etwa erforderlichen Sicherungsmaßregeln zu treffen und zugleich der betr. Behörde oder der Aufsichtsbehörde Nachricht zu geben, die dann das weitere zu veranlassen hat. — Daß weder die AKO. v. 1843 noch der gen. Art. 20 auf die Agenten von Privat-Feuerversicherungs-Gesellschaften Anwendung finde, versteht sich von selbst. Zur Versiegelung der Bücher usw. dieser Agenten ist die Verwaltung nicht befugt: MVfg. 23. Febr. 1847 (Rh. S. 9 S. 186).

§§ 40 und 41.

257. Als Quelle dieser §§ ist wohl § 51 der VO. v. 1808 zu betrachten, obgleich die Vorschriften der beiden Gesetzesstellen weder dem Wortlaute, noch auch ihrem Inhalte nach überall übereinstimmen.

ihren Bericht zu erstatten, dort nähere Verhaltungsbefehle einzuholen, bis dahin aber in der Sache, die hierzu Anlaß gab, nichts vorzunehmen, woraus unnütze, dem Dienste selbst nachteilige Kollisionen entstehen können.

Maßregeln, die in dem Interesse aller Beteiligten zur Erhaltung des streitigen Objekts erforderlich sind und die keinen Aufschub erleiden, werden von jener Behörde ergriffen, bei welcher die Sache zuerst anhängig geworden.

§ 41. Untergeordnete Justiz- oder Regierungsbeamten haben in solchen Fällen, wie sich von selbst versteht, an die ihnen unmittelbar vorgesetzten Behörden ohne Aufschub zu berichten, ihnen den Vorfall anzuzeigen, und die nötige Instruktion dort einzuholen.

258. Ob die Art. 1, 2 des Arr. v. 14. Brum. X. durch § 40 oder die spätere Gesetzgebung außer Kraft gesetzt seien, wird zu § 23 Ges. v. 8. Apr. 1847 besprochen; vgl. VO. v. 1. Aug. 1879, hinter § 24.

259. Die Vorschrift, daß die Justiz- und Verwaltungsbehörden sich in zweifelhaften Fällen ihre Ansichten und Gründe mitteilen sollen, hat fast nur für das Verhältnis der Staatsanwaltschaft zur Verwaltung praktische Bedeutung. Wenigstens würde ein solches Verfahren bei der eigentlich richterlichen Tätigkeit nach den Grundsätzen des Prozeßrechts nicht angebracht, und überdies mit dem Geiste der neueren Gesetzgebung über KK. schwer in Einklang zu bringen sein.

Allerhöchste Kabinetsorder

vom 4. Febr. 1823, daß ein gerichtliches Verfahren bei Verwaltungsansprüchen an den Staat aus der Zeit der ehemaligen Fremdherrschaft in den neu und wieder eroberten Provinzen nicht zugelassen werden soll.

[GS. Nr. 779, S. 21.]

In Meiner an das Staatsministerium erlassenen Order vom 30. Juli v. J. habe Ich die Grundsätze festgestellt, nach welchen die Verwaltungsansprüche an den Staat aus der Zeit vor dem Aufhören der ehemaligen Fremdherrschaft in den neu und wieder eroberten Provinzen von dem Schatzministerio reguliert werden sollen. In Verfolg dessen und in Übereinstimmung mit den deshalb erteilten Bestimmungen will Ich hiermit noch ausdrücklich erklären,

> daß die Gerichte hinsichtlich aller solcher, lediglich aus der Verwaltungszeit vor der diesseitigen Landes-Okkupation zu begründenden Anforderungen sich durchaus jeder Einmischung im Wege eines von den Interessenten versuchten oder beabsichtigten Prozesses gänzlich zu enthalten haben.

Ich überlasse dem Staatsministerio, diese Bestimmung durch die Gesetz-Sammlung zur öffentlichen Kenntnis bringen zu lassen.

---

1. Zur Erläuterung dieser AKO. dient ganz wesentlich die daselbst bezogene AKO. v. 30. Juli 1822, welche jedoch, da sie hauptsächlich nur zur Richtschnur für die oberen Verwaltungsbehöeden erlassen wurde, in der Ges.-Samml. keine Aufnahme fand, sondern bloß in den Jbb. 23 S. 43, sowie der Rh. S. 2 S. 459 abgedruckt ist, und nicht mit der in der GS. S. 205 vorfindlichen AKO. von demselben Tage verwechselt werden darf; vgl. Vfg. 14. Febr. bezw. 8. März 1824 das.

2. Als Grenzzeitpunkte der ehemaligen Fremdherrschaft setzt die AKO. v. 1822 fest unter IV. 4:
   a) für die Landesteile des vormaligen Königreichs Westfalen, mit Ausschluß der Stadt Magdeburg, den 1. Nov. 1813 und für letztere Stadt den 1. Mai 1814;
   b) für das Fürstentum Erfurt und die Grafschaft Blankenhayn den 1. Nov. 1813;
   c) für das vormalige Großherzogtum Berg den 11. Nov. 1813 und
   d) für die erst im J. 1815 hinzuerworbenen linksrheinischen Landesteile den 1. Dez. 1815,

welchen Zeitbestimmungen, unter III, bezüglich der übrigen linksrheinischen Landesteile die bis zum 1. Jan. 1814 entspricht. Hiermit ist gleichzeitig das Gebiet der Fremdherrschaft im Sinne der AKO. v. 1823 und das Gebiet dieser AKO. selbst näher bestimmt. — Übrigens waren ähnliche Kompetenzvorschriften inbetreff der Verwaltungsansprüche aus anderen Landesteilen bereits früher erlassen worden, so inbetreff der mit dem Herzogtum Sachsen auf Preußen übergegangenen die AKO. v. 2. Sept. 1821 und 31. Jan. 1822, ferner inbetreff der aus der Zeit der Herzoglich Warschauschen Verwaltung an das Großherzogtum Posen zu machenden Forderungen die AKO. v 4. Juli 1822 (GS. S. 182). — Jedoch erachtete EK. 7. Mai 1859 (JMBl. 60 S. 62) neben letzterer AKO. auch die v. 4. Febr. 1823 auf die Forderungen aus der Verwaltung jenes durch den Tilsiter Frieden geschaffenen, dem Könige von Sachsen zugeteilten Herzogtums für anwendbar, und legte dadurch freilich dem Ausdrucke „Fremdherrschaft" einen weiteren Sinn bei, als dies oben im Hinblick auf die AKO. v. 30. Juli 1822 geschehen ist. Ebenso fassen die *EK. 12. Mai 1860 (das. 61 S. 241, 258) den Ausdruck „Fremdherrschaft" nicht in jener engeren Bedeutung auf, sondern beziehen die AKO. v. 1823 auf alle Verwaltungsansprüche aus der Zeit vor der diesseitigen Landes-Okkupation ohne Ausnahme, mithin auch auf die Ansprüche aus der kurtrierschen Verwaltung der rechtsrheinischen, durch den Reichsdeputations-Hauptschluß v. 1803 an Nassau gefallenen und 1815 von Preußen eingetauschten Landesteile. Diese Auffassung steht jedoch nicht nur mit den aus der AKO. v. 1822 zu ziehenden Folgerungen, sondern auch unmittelbar mit dem Wortlaute der AKO. v. 1823 selbst in Widerspruch, sofern dort von „eroberten Provinzen" geredet wird, desgleichen mit der Art und Weise, wie der gemeine Sprachgebrauch den Ausdruck „Fremdherrschaft" stets verstanden hat. Insofern freilich dergleichen Ansprüche aus den früheren nicht fremdherrlichen Verwaltungen den Charakter von Provinzial-Staatsschulden an sich tragen, ist ein desfallsiges Prozeßverfahren allerdings unstatthaft, aber auf Grund anderer Bestimmungen, nämlich der in A. 302 zur VO. v. 1808 erwähnten Gesetze von 1820 und 1822, welche überhaupt häufig neben der AKO. v. 1823 zur Erwägung kommen.

3. In Beziehung zur AKO. v. 30. Juli 1822 und daher mittelbar auch zur AKO. v. 4. Febr. 1823 stehen die AKO. v. 19. Juli 1823 und 10. Dez. 1825 (GS. 23 S. 156; 25 S. 235), von denen die erstere für die Anmeldung der Ansprüche aus der Provinzialverwaltung der zu Berg und Westfalen gehörig gewesenen Landesteile, die letztere für die Anmeldung der Ansprüche, welche aus der Zeit der Fremdherrschaft an das Gebiet von Erfurt und Blankenhayn zu machen sind, Ausschlußfristen festsetzen.

4. Die Anwendbarkeit der AKO. v. 1823 ist nicht etwa dadurch weggefallen, daß die Spezial-Kommissionen, welche für die Liquidation und Festsetzung der dort erwähnten Ansprüche bestellt waren, inzwischen aufgelöst worden sind; vielmehr wird gegenwärtig der Finanzminister die bezügliche Entscheidung zu treffen haben: *EK. 12. Mai 1860 (JMBl. 61 S. 241). Vgl. auch MVfg. 22. Mai 1853 (Ann. S. 239).

5. Die ratio legis ergibt sich aus obiger AKO. v. 30. Juli 1822. Dort wird gesagt, daß eine Verpflichtung des allgemeinen preußischen Staatfonds aus den von den vorigen Gouvernements eingegangenen Verbindlichkeiten zwar insoweit, als es sich mit dem gemeinen Besten vertrage und die höchste Staatsgewalt solche anerkannt habe, unstreitig vorhanden, weiterhin aber staats- und völkerrechtlich so bestritten erscheine, daß sie, wo nicht an sich der richterlichen Entscheidung unbehörig, doch wohl geeignet sei, derselben entzogen und zum administrativen Verfahren verwiesen zu werden.

6. Ferner erläutert die AKO. v. 30. Juli 1822 den Begriff „Verwaltungsansprüche", indem sie unter IV. 1 sagt:

> „Die Administrations-Schulden, von denen hier die Rede ist, bilden den Gegensatz zu den verbrieften, zur Staatsschuld förmlich verzeichneten (verzinslichen oder unverzinslichen) Landesschulden, von welchen nur die Zinsen einer jeden Periode in die Klasse der Verwaltungs-Schulden eben dieser Periode fallen."

7. Eine fernere authentische Erläuterung jenes Ausdrucks enthält die AKO. v. 27. März 1833 (GS. S. 31), welche infolge des erhobenen Zweifels erging, ob zu solchen Verwaltungsansprüchen auch die Forderungen der Domänenpächter gehörten (vgl. Präj. 4 aus dem Jahre 1832, Präj.-Samml. 1 S. 343). Hier heißt es: Jede Verwaltung, die für Rechnung der Staatskasse Zahlungsver-

bindlichkeiten kontrahiere, trete in dem Liquidationsverfahren als Liquidatin auf, mithin auch die Domänenverwaltung; ob die Forderung des Domänenpächters aus dem besonderen Titel seines Pachtvertrages oder aus allgemeinen Gesetzen begründet werde, sei gleichgültig, indem sein Anspruch immerhin, ebenso wie jeder Anspruch an die anderen Zweige der Verwaltung öffentlicher Einkünfte, einen Verwaltungsanspruch darstelle. Dasselbe gelte überhaupt von jedem Anspruche an die Domänenverwaltung, er möge aus Pachtverträgen oder anderen Rechtsverhältnissen entspringen. (In dieser AKO. v. 1833 wird zwar weder auf die v. 30. Juli 1822, noch auf die v. 4. Febr. 1823, sondern lediglich auf diejenigen v. 31. Jan. 1822, 19. Juli 1823 und 10. Dez. 1825 (vgl. A. 2, 3) Bezug genommen. Daß sie aber auch für erstere die Bedeutung einer authentischen Deklaration besitzt, unterliegt bei dem unmittelbaren Zusammenhange, welcher zwischen diesen und jenen AKO. v. 19. Juli 1823 und 10. Dez. 1825 besteht, keinem Zweifel.)

8. Ob eine Schuld aus den laufenden Einnahmen zu decken gewesen war oder nicht, ist für die Feststellung des Begriffs „Verwaltungsschuld" und die Anwendbarkeit der AKO. v. 4. Febr. 1823 unerheblich: *EK. 12. Mai 1860 (JMBl. 61 S. 256).

9. Aus dem gesagten ergibt sich bereits, daß die AKO. v. 4. Febr. 1823 auf alle persönlichen, in Geld lösbaren Forderungen an den Staat, die aus der betreffenden Zeit stammen, und nicht in verbrieften, zur Staatsschuld förmlich verzeichneten Landesschulden bestehen, mithin auch auf diejenigen unter ihnen Anwendung finde, die auf privatrechtlichen Verträgen der Verwaltung beruhen. — Folgeweise ist z. B. die Garantieklage aus einem von der fremdherrlichen Domänenverwaltung abgeschlossenen Verkaufe unstatthaft, wenngleich der Anlaß zur Klage, die Entwährung usw. in die Zeit der preußischen Herrschaft fällt, indem es auf den Rechtsgrund der Forderung, und nicht auf die Zeit oder Bedingung ankommt, zu bezw. unter welcher jene geltend gemacht werden kann: AH. Cöln 22. Febr. 1855, *EK. 7. Okt. 1854, 9. Juni 1855 (Rh. A. 50, I. 230; JMBl. 55 S. 20, 311).

10. Ein gleiches gilt, dem vorgesagten gemäß, von den Ansprüchen, welche aus einseitigen Handlungen der fremdherrlichen Verwaltung hergeleitet werden, namentlich von Entschädigungsansprüchen dieser Art: EK. 2. Nov. 1848 (JMBl. 49 S. 6); KH. 31. Dez. 1850 (Rh. A. 46, II. 15);

11. — selbst, wenn die desfallsige Klage auf eine zum öffentlichen Nutzen angeordnete Eigentumsentziehung gestützt werden sollte: AH. Cöln 28. Dez. 1843 (Rh. A. 37, I. 6).

12. Nach AH. Cöln 7. Febr. 1824 (das. 7, I. 234) sollen sogar solche Entschädigungsklagen hierhin gehören, welche einen während der Eroberung der Rheinlande durch die verbündeten Mächte erlittenen Schaden betreffen [?]. S. oben A. 2.

13. *EK. 12. Mai 1860 (JMBl. 61 S. 242) rechnet zu den Ansprüchen im Sinne der AKO. ferner diejenigen Ansprüche aus der fremdherrlichen Zeit, die auf einer versio in rem beruhen.

14. Dem Bereiche der AKO. gehören insbesondere auch solche Schulden an, die dem Staate gemäß der unter der Fremdherrschaft erfolgten Unterdrückung geistlicher Institute zur Last liegen sollen. EK. 2. Nov. 1848 (JMBl. 49 S. 6) entschied so inbetreff eines Entschädigungsanspruchs, welcher aus der Aufhebung des Domkapitels zu Münster und aus der Einziehung seiner Güter hergeleitet wurde, EK. 15. Dez. 1849 (Rechtspr. S. 76) inbetreff einer Klage, die der vormalige Küster einer aufgehobenen Ordenskommende auf Zahlung einer Pension angestellt hatte, EK. 12. Apr. 1862 (JMBl. S. 235) inbetreff des Anspruchs auf Herausgabe von Vermögensstücken, die in angeblicher Ausführung des Säkularisationsdekrets v. 14. Nov. 1811, jedoch gegen dessen Inhalt mit den franz. Domänen vereinigt sein sollten. Doch wird auch hier immer vorausgesetzt, daß der Anspruch eine schon zur Zeit der Fremdherrschaft in Geld lösbare eigentliche Schuld zum Gegenstand habe. Handelt es sich daher um fortlaufende, dingliche Lasten, welche wider den Staat als Rechtsnachfolger jener Institute geltend gemacht werden, so steht die AKO. der Beschreitung des RW. nicht entgegen, insofern von etwaigen Rückständen aus der fremdherrlichen Zeit abgesehen wird. Vgl. *EK. 22. Sept. 1860, 9. Juni 1866 (JMBl. 61 S. 223; Rechtspr. S. 81), AH. Cöln 12. Aug. 1833, 25. Juni 1842 (Rh. A. 19, I. 87; 34, I. 101). — AM.: AH. Cöln 3. Mai 1832

(das. 16, I. 236). Das 1. und 5. dieser Erk. betrafen die Pflicht zur Bestreitung von Kosten der Kircheninstandhaltung, das 3. und 4. die Gewährung der pfarramtlichen Einkünfte, beim 2. handelte es sich um Rückstände.

15. Desgleichen entschied LG. Saarbrücken 22. Aug. 1837 (das. 33, III. 10), daß die Klage auf Anerkennung gewisser Nutzungsrechte an den Kohlen-Bergwerken des vormaligen Nassau-Saarbrückenschen Gebiets keinen durch die AKO. v. 1823 beherrschten Gegenstand betreffe, womit sich die *ME. 25. Febr. 1839 (das. 12) grundsätzlich einverstanden erklärte.

16. Nach EK. 7. Mai 1859 (JMBl. 60 S. 62) erleidet die Anwendbarkeit der AKO. dadurch keinen Eintrag, daß die Entstehung einer Forderung in die Zeit der früheren preuß. Herrschaft fällt, zumal wenn staatsvertragsgemäß alle dem Könige von Preußen als Besitzer des abgetretenen Landes obliegenden Verpflichtungen auf den neuen Besitzer übergegangen sind und sich dadurch zu Verpflichtungen der Fremdherrschaft gestaltet haben.

17. Auch wird ihre Anwendbarkeit nicht dadurch ausgeschlossen, daß das den Gegenstand der Forderung bildende Vermögen von der fremdherrlichen Regierung auf die preußische unangetastet übergegangen ist, und letztere sich dieserhalb mit anderen Regierungen, welche bei der Teilung des fremdherrlichen Gebiets beteiligt waren, berechnet hat. So: EK. 2. Nov. 1848 (das. 49 S. 7).

18. Dagegen unterliegt die Frage allerdings der richterlichen Entscheidung, ob die inbetreff älterer Ansprüche behaupteten Handlungen des preuß. Gouvernements die Verpflichtung des Staats selbständig zu begründen imstande seien. Demgemäß entschied EK. 28. Dez. 1850 (Rechtspr. S. 76) in dem Falle, wo ein fremdherrlicher Kassenbeamter unter Mitnahme der zur Soldzahlung bestimmten Summen entwichen, demnächst aber über dessen Nachlaß ein Liquidationsverfahren eröffnet, und die Staatsregierung hierbei mit den von ihr liquidierten Soldrückständen zur Hebung gekommen war, daß der gerichtlichen Geltendmachung der Soldforderungen wider den Staat als angeblichen Mandatar oder negotiorum gestor der Gläubiger die AKO. keineswegs im Wege stehe.

19. Gilt dasselbe hinsichtlich der Frage, ob die Handlungen der preußischen Gouvernements ein rechtsverbindliches Anerkenntnis in sich schließen? AH. Cöln 28. Nov. 1855 (Rh. A. 52, I. 10) ist der bejahenden Ansicht und hält nur die etwa gleichzeitig aus den Handlungen der Fremdherrschaft gezogenen Folgerungen als dem Bereiche der richterlichen Beurteilung entrückt. *EK. 22. Sept. 1860 (JMBl. 61 S. 222) huldigt jedoch der entgegengesetzten Ansicht, sofern nicht etwa behauptet werde, daß durch das Anerkenntnis eine neue Verbindlichkeit geschaffen, sondern nur, daß die Fortdauer der Verbindlichkeit und ihr Übergang auf den preußischen Staat dadurch bewiesen sei, indem die Zuständigkeit sich nur nach dem Rechtsgrunde des Anspruchs und nicht nach den Beweismitteln richte. Mit dieser letzteren Ansicht stimmen im wesentlichen AH. Cöln 11. Okt. 1849, KH. 31. Dez. 1850 (Rh. A. 46, II. 13) überein. S. überdies EK. 2. Nov. 1848 (A. 17) und VO. v. 1808 A. 88.

20. Die AKO. schließt die richterliche Zuständigkeit sogar inbetreff der bereits schwebenden Prozesse aus. So Vfg. der Immediat-Komm. für die abgesonderte Restverwaltung v. 25. Nov. 1823 (Rh. A. 6, II. 102).

21. Die aus der AKO. folgende Unzulässigkeit des RW. ist eine unbedingte, mithin in jeder Lage der Sache geltend zu machen, und von dem Richter sogar von Amtswegen zu berücksichtigen: AH. Cöln 3. Mai 1832 (das. 16, I. 237).

Allerhöchste Kabinetsorder

vom 19. Juni 1836, betreffend die Einziehung der Kirchen-, Pfarr- und Schulabgaben, ingleichen der Forderungen von Medizinalpersonen.

[GS. Nr. 1719, S. 198.]

Da bei Einforderung von Kirchen- und Pfarrabgaben sowohl über die Zulässigkeit der Exekution ohne vorgängigen Prozeß, als auch darüber, ob die Exekution von dem Richter oder von der betreffenden Regierung zu verfügen ist, Zweifel entstanden, auch gleichzeitig über die Einziehung der Forderungen der Medizinalpersonen nähere Bestimmungen in Antrag gebracht worden sind, so verordne Ich hierdurch, nach den Anträgen des Staatsministeriums, auf Ihren Bericht vom 2ten d. Mts.:

Zum Eingange.

1. Wie schon in den A. 370, 393 zur VO. v. 1808 erörtert wurde, folgt aus der Verbindung des § 41 mit den §§ 36, 37 das., daß die ursprünglich nur für Staatssteuern geltenden §§ 78, 79, II. 14 ALR. auf die steuerartigen Abgaben der politischen, kirchlichen und Schulgemeinden ausgedehnt worden sind; das Gegenteil gilt jedoch inbetreff der nicht an die Gemeinden als solche, sondern an die Institute der Kirche, Pfarre und Schule oder an deren Beamte unmittelbar zu entrichtenden Abgaben, bezüglich derer jene Folgerung aus obigen §§ nicht gezogen zu werden pflegte. Wenn die in der JMVfg. 5. Juli 1833 (Jbb. 42 S. 118) angeführten JMVfg. 9. Apr. und 7. Mai 1824 die Unanwendbarkeit der gen. §§ 78, 79 auf letztere Abgaben namentlich dadurch zu erklären suchen, daß § 41 unter den dort erwähnten moralischen Personen nur solche verstehe, deren Vermögen von den Regierungen selbst verwaltet, nicht also auch solche, deren Vermögensverwaltung von den Regierungen bloß beaufsichtigt werde, so deuten sie die betreffenden Worte des § 41 offenbar in viel zu enger, in anderen Beziehungen nicht durchführbarer Weise, was u. a. auch daraus hervorgeht, daß dieselbe Beweisführung ebensowohl den Gemeinden und Schulsozietäten bezw. den an diese zu leistenden Abgaben und ihrer Gleichstellung mit den Staatsabgaben entgegenstehen würde. Richtiger dürfte das unterscheidende Merkmal wohl darin zu suchen sein, daß den Abgaben jener Institute nicht, wie den Kommunalabgaben, der Charakter steuerartiger, d. h. solcher Leistungen beiwohne, welche auf einem dem Besteuerungsrecht des Staats ähnlichen Rechte beruhen. Der Hauptzweck der AKO. v. 1836 geht nun dahin, die Gleichstellung mit den Staatssteuern mindestens für einen Teil obiger Abgaben herbeizuführen, und zwar in dem Umfange, daß nicht bloß die §§ 78, 79 II. 14 ALR., sondern auch § 80 das. und § 42 der VO. v. 1808 auf letztere zur Anwendung gelangen. (Ebenso OVG. 9. März 1881, E. 7 S. 235.) Inbetreff der übrigen, welche immerhin die Regel bilden, ist der bisherige Rechtszustand bestehen geblieben, so daß diese auch hinfüro nur auf gerichtlichem Wege gefordert werden können. Doch hatte die AKO. deren Einbringung und die gewisser Forderungen der Medizinalpersonen mindestens dadurch zu beschleunigen gesucht, daß sie die Geltendmachung der desfallsigen Ansprüche in den Formen des Mandats- bezw. Bagatell-

prozesses gestattete. — Die hinsichtlich des erstern Gegenstandes getroffenen Bestimmungen sind in den Nr. 1—3, die auf den zweiten bezüglichen in den Nr. 4—7 enthalten. [Übrigens ist die Ausschließung des RW. für die erstgedachten Abgaben nur durch eine fehlerhafte, der Absicht des Gesetzgebers nicht entsprechende Fassung der AKO. v. 1836 herbeigeführt worden; vgl. Löning im Verwaltungsarchiv 3 S. 118.]

2. Es ist schon in der gen. A. 393 hervorgehoben, daß diese Trennung der Abgaben in solche an die Kirchengemeinden und solche an die Institute und Beamten der Kirche von der Wissenschaft nicht anerkannt und daß die AKO. v. 1836 auf sämtliche Abgaben der hier fraglichen Art bezogen wird. In RG. 24. Juni 1880 (E. 2 S. 247) wird gesagt, daß die AKO. eben deshalb erlassen worden sei, um den Zweifel zu beseitigen, ob die §§ 41, 42 VO. v. 1808 auch die Kirchen- und Schulabgaben mit umfaßten. Im allgemeinen ist die Unterscheidung ohne praktische Bedeutung, da es an sich gleichgültig ist, ob die Anwendbarkeit der §§ 78, 79 II. 14 auf den gen. § 41 oder auf die AKO. zurückgeführt wird. Nur insofern zeigt sich ein Unterschied, als im ersten Falle die Vollstreckungsbefugnis der Kirchengemeinden unbeschränkt, im letzteren Falle aber durch Nr. 2 der AKO. auf die laufenden Beiträge und auf die Rückstände aus den letzten zwei Jahren beschränkt ist (A. 29). Den nachfolgenden Erläuterungen ist die jetzt herrschende Auffassung zugrunde gelegt.

3. Während die Vorschriften der Nr. 4—7 nur für die altländische Prozeßgesetzgebung berechnet waren, kommt rücksichtlich derer der Nr. 1—3 in Betracht, daß nach der Praxis des KH. (vgl. Erk. v. 1. Juli 1837, 8. Apr. 1839, Rh. A. 26, II. 21; 29, II. 31) alle herkömmlichen, durch besondere Reglements nicht ausdrücklich aufrecht erhaltenen Abgaben der Pfarrgenossen an (kath.) Kirchenbeamte durch die franz. Gesetzgebung abgeschafft wurden. Hieraus hat man mitunter und so noch bei Beratung des Ges. v. 24. Mai 1861 (s. Komm.-Ber. des Abg.H.) gefolgert, daß die AKO. überhaupt für das Gebiet des Rheinischen Rechts nicht mit erlassen sei. Der KompGH. ist jedoch der entgegengesetzten Ansicht (vgl. *EK. 16. Apr. 1853, 18. Apr. 1857, JMBl. 53 S. 216; 58 S. 47); ebenso RG. 25. Nov. 1879 (E. 1 S. 160). Die AKO. erwähnt allerdings mit keinem Worte, daß sie nur für einen Teil des Staatsgebiets gelten solle, sie ist zudem ebensowohl in der Rheinprovinz, wie in den übrigen Provinzen durch die Amtsblätter publiziert worden. Daß sie auf die Rhein. Sondergesetzgebung keine entsprechende Rücksicht nimmt, hat sie mit manchen älteren Gesetzen gemein, deren Geltung für den ganzen Staat keinem Zweifel unterliegt. Übrigens bestimmte bereits eine AKO. v. 18. Juli 1835 (Rh. S. 5 S. 171), daß auch in der Rheinprovinz die rückständigen Schulgelder und alle anderen, auf allgemeinen Einrichtungsplänen beruhenden Schulabgaben nach vorgängiger Festsetzung durch den Schulvorstand und Bürgermeister im Wege des Verwaltungszwangsverfahrens beigetrieben werden sollten. Vgl. ferner Ex.-O. v. 1843 § 1 Nr. 6.

4. Ebenso erachtet der KompGH. die AKO. auf das Gebiet des gemeinen Rechts [mit Ausschluß der Hohenzollerschen Lande] für anwendbar. Inbetreff des Bezirks des JS. Ehrenbreitenstein wird dies außerdem durch ein Erk. des KH. (s. JMBl. 52 S. 16) bestätigt. Vgl. ferner VO. v. 21. Juli 1849 § 1 Nr. 3—7. Was Neu-Vorpommern und Rügen anlangt, so erregt allerdings § 1 a. E. der Ex.-O. v. 1. Febr. 1858 insofern Bedenken, als er das dort durch Provinzialgesetze begründete executoriale perpetuum, obgleich dieses kein administratives, sondern ein gerichtliches Zwangsverfahren war, für die Abgaben an Kirchen, Schulen, Geistliche usw. ohne Unterschied, mithin anscheinend auch für solche Abgaben dieser Art, von denen Nr. 1 der AKO. redet, aufrecht erhält. Inzwischen ist das executoriale perpetuum aufgehoben und durch das nach Maßgabe dieser AKO. zu handhabende Verwaltungszwangsverfahren ersetzt worden: § 6 AG. z. ZPO.

5. Am Zustandekommen der AKO. haben die Bestimmungen des 50. Titels der AGO., insofern letztere den dort erwähnten Forderungen gewisse Vorrechte beim Konkurse einräumen, und einen Teil von ihnen in diesem Betrachte schon den landesherrlichen Abgaben gleichstellen, offenbar großen Anteil gehabt. Dieselben kommen daher auch bei Erläuterung der AKO. wesentlich in Betracht.

6. Die Vorschriften der AKO. gehören zu denjenigen, welche durch das Ges. v. 24. Mai 1861 erhebliche Abänderungen erfahren haben. Da diese sich jedoch nur auf die Bestimmungen der ersten Gruppe beziehen, so wird ihrer auch erst zu Nr. 1—3 näher gedacht.

1. Alle beständige dingliche oder persönliche Abgaben und Leistungen, welche an Kirchen und öffentliche Schulen oder an deren Beamte vermöge einer allgemeinen gesetzlichen oder auf notorischer Orts- oder Bezirksverfassung beruhenden Verbindlichkeit zu entrichten sind, desgleichen die Forderungen öffentlicher Schul- und Erziehungsanstalten an Schul- und Pensionsgeld unterliegen bei Säumigkeit der Debenten sowohl hinsichtlich der laufenden als der aus den letzten zwei Jahren rückständig verbleibenden Beträge der exekutivischen Beitreibung durch die betreffende Verwaltungsbehörde.
2. Die exekutivische Beitreibung wird gehemmt, wenn der in Anspruch Genommene eine Exemtion behauptet und wenigstens seit zwei Jahren, vom letzten Verfalltermine zurückgerechnet, im Besitze der Freiheit sich befindet.
3. [Das rechtliche Gehör bleibt nach Vorschrift der §§ 79 u. f. Tit. 14 T. II des Allgem. Landrechts, der Verordnung vom 26. Dezember 1808 §§ 41 und 42 einem jeden verstattet, der aus besondern Gründen die Befreiung von einer solchen Abgabe oder Leistung geltend machen will oder in der Bestimmung seines Anteils über die Gebühr belastet zu sein behauptet.]

Gesetz v. 24. Mai 1861 § 15 (s. hinten).

---

7. Durch das ZustGes. § 46 ist das Abgabenwesen hinsichtlich der Schulen, die der allgemeinen Schulpflicht dienen, neu geregelt und damit die Anwendbarkeit der AKO. bei Schulabgaben ausgeschlossen worden; vgl. VO. v. 1808 A. 389. Die AKO. kommt demnach nur noch bei Kirchenabgaben und teilweise bei Schulgeldforderungen zur Anwendung.

Nr. 1—3.

8. Obgleich die AKO. in diesen Bestimmungen die §§ 78, 79 II. 14 ALR. bezw. die §§ 41, 42 der VO. v. 1808 auf die unter Nr. 1 erwähnten Leistungen ausdehnt, schließt sie sich dennoch nicht dem Gedankengange des ALR. an; sie geht vielmehr den umgekehrten Weg, indem sie des Rechts der Vollstreckung im Verwaltungswege, das bei Steuern eine bloße Folge des § 78 ist, zunächst und besonders gedenkt, alsdann unter Nr. 2 eine dem § 80 entsprechende, an den § 79 anknüpfende Vorschrift trifft, und erst unter Nr. 3 mittels Hinweises auf § 79 die Bedingungen für die Zulässigkeit des RW. feststellt.

9. Zur Darlegung des Verhältnisses der AKO. zum Ges. v. 24. Mai 1861 ist zwischen den verschiedenen Arten der unter Nr. 1 aufgezählten Leistungen zu unterscheiden. Letztere zerfallen nämlich in:

a) beständige Abgaben und Leistungen, welche an Kirchen, öffentliche Schulen oder deren Beamte vermöge allgemeiner gesetzlicher Verbindlichkeit zu entrichten sind (A. 11ff.),
b) Leistungen derselben Art, welche jedoch nicht auf dem Gesetze, sondern auf notorischer Orts- oder Bezirksverfassung beruhen (A. 18ff.),
c) Forderungen öffentlicher Schulen und Erziehungsanstalten an Schul- und Pensionsgeld (A. 24).

10. Das Recht der Vollstreckung im Verwaltungswege ist hinsichtlich sämtlicher Klassen jener Leistungen durch das Ges. v. 1861 unberührt geblieben. (Ebenso z. B. EK. 13. Juni 1874, 12. Juni 1875, JMBl. 74 S. 237; Rechtspr. S. 291; RG. 25. Nov. 1879, E. 1 S. 160; OVG. 11. Jan. 1898, E. 34 S. 239.) Dagegen hat dieses Gesetz inbetreff der unter b und c erwähnten Leistungen das rechtliche Gehör allgemein (mithin nicht mehr bloß für die Fälle des § 79) gestattet, und es nur inbetreff der Leistungen der Klasse a bei den für öffentliche Abgaben geltenden Bestimmungen, d. h. bei den §§ 78, 79 belassen. Die Nr. 3 der AKO. erwies sich daher für die Klassen b und c nicht mehr als passend, und ist zur schärferen Hervorhebung des Unterschieds zwischen diesen einer- und der Klasse a andererseits gänzlich aufgehoben (§ 16), dafür aber die Gleichstellung der Leistungen der letzteren Klasse mit öffentlichen Abgaben inbezug auf die Prozeßfähigkeit be-

sonders ausgesprochen worden (§ 15 Satz 2. Daß dieser Satz 2 sich nur auf die in Nr. 1 der AKO. genannten Abgaben bezieht und deshalb nur beständige Abgaben umfaßt, hat der KompGH. erst neuerdings anerkannt; vgl. EK. 14. Jan., 1. Juli 1899, Rechtspr. Nachtr. S. 9, 10; A. 395 zur VO. v. 1808.)

11. Die AKO. braucht den Ausdruck „beständig" augenscheinlich in demselben Sinne, wie § 357 I. 50 AGO. und die §§ 229, 230 II. 11 ALR. den Ausdruck „beständig fortlaufend" und § 65 II. 12 das. den „fixiert beständig", indem sie gleichzeitig durch Hinzufügung der Worte „dinglich oder persönlich" die Streitfrage abschneidet, welche sich inbetreff des gen. § 357 erhoben und die Dekl. v. 3. Apr. 1838 hervorgerufen hat. Demzufolge dient dasjenige, was die JMVfg. 27. Apr. 1841 und 21. März 1842, sowie der Bericht des OT. v. 6. Sept. 1841 (Jbb. 59 S. 175 ff.) zur Erläuterung obiger Ausdrücke besagen, entsprechend auch zur Erläuterung der AKO. Die dort in Vorschlag gebrachten, demnächst aber als entbehrlich erkannten deklaratorischen Bestimmungen erfordern zur Anwendbarkeit des gen. § 357, daß eine Abgabe den Charakter der Allgemeinheit an sich trage, daß sie durch Gesetz oder Verfassung als eine fortlaufende bezeichnet sei und daß ihre Entrichtung in bestimmten Zeitabschnitten regelmäßig wiederkehre, gleichviel, ob sie für alle Zeiten fortdaure, und ob ihr Betrag für den jedesmaligen Entrichtungsfall gleichmäßig bestimmt oder nach einem zwar an sich feststehenden, aber in bezug auf das Bedürfnis oder andere Verhältnisse wandelbaren Maßstabe abgemessen werde. Jene Bestimmungen erblicken daher in den beständig fortlaufenden Abgaben den Gegensatz zu allen indirekten sowie überhaupt zu solchen Abgaben, bei denen die Verbindlichkeit zur Entrichtung erst vom Eintritte gewisser Ereignisse oder von Handlungen abhängt, die in der Willkür des Verpflichteten liegen oder durch dessen persönliche Verhältnisse begründet werden.

12. Mit dieser Auffassung des Begriffs beständiger Abgaben stimmt die Rechtsprechung des KompGH. im wesentlichen überein. EK. 17. Febr. 1855 (JMBl. S. 137) charakterisiert dieselben als Abgaben, welche in bestimmten Beträgen und zu bestimmten Zeiten fortdauernd und regelmäßig entrichtet werden müssen, weshalb z. B. Beiträge zu Kirchenbaukosten schon um deswillen, weil sie von dem jedesmaligen, von Zeit zu Zeit eintretenden Bedürfnisse abhängig und von wechselndem Betrage seien, dazu nicht gehörten, und es bestätigt EK. 15. Okt. 1859 (das. 60 S. 319), daß der Charakter der Beständigkeit nicht eine immerwährende Fortdauer erfordere, sondern nur die Unveränderlichkeit der Leistung für jeden, bei dem die Voraussetzungen der Abgabenpflicht einträten und so lange dieselben fortbeständen. Letztere Entscheidung rechnet daher zu den beständigen Leistungen die an einen Schullehrer zu entrichtende Abgabe, wenn sie fortwährend gezahlt werden müsse, so lange die Schule bestehe, ungeachtet sie dem einzelnen nur für die Dauer des Schulbesuchs seiner Kinder zur Last liege. Vgl. jedoch OVG. 9. März 1881 (E. 7 S. 235), das den Charakter der Allgemeinheit für die hier fraglichen Abgaben für nicht erforderlich erklärt; es handle sich um Verbindlichkeiten, die auf einem allgemeinen Gesetze beruhten, während RG. 24. Juni 1880 (E. 2 S. 247) eine allgemeine Verbindlichkeit, die auf Gesetz beruht, verlangt und deshalb den Beitrag des Gutsherrn zur Unterhaltung der Schule aus § 33 II. 12 ALR. im Gegensatz zu gen. OVG. und zur Rechtsprechung des KompGH (vgl. z. B. EK. 12. Febr. 1870, 7. Juli 1883, JMBl. 70 S. 207; Rechtspr. S. 15) als nicht unter die AKO. fallend bezeichnet.

13. Dem vorgesagten gemäß fallen die Stolgebühren der Pfarrer nicht unter die Bestimmungen der AKO. (s. unten A. 45), wohl aber der Dezem und die Kalendeabgaben: EK. 25. Sept. 1852 (das. 53 S. 35).

14. Was unter Abgaben, die vermöge einer allgemeinen gesetzlichen Verbindlichkeit zu entrichten sind oder, wie § 15 Ges. v. 24. Mai 1861 sich ausdrückt, welche auf einer allgemeinen gesetzlichen Verbindlichkeit bezw. auf einer von der aufsichtführenden Regierung in Gemäßheit gesetzlicher Bestimmung angeordneten oder exekutorisch erklärten Umlage beruhen, bedarf an sich keiner näheren Erläuterung. (Vgl. jedoch OVG. 9. März 1881 und RG. 24. Juni 1880, A. 12.) Zu den hier in Betracht kommenden gesetzlichen Bestimmungen gehören übrigens nicht bloß die Landesgesetze, sondern auch provinzielle Kirchen- und Schulordnungen sowie alle anderen mit Gesetzeskraft versehenen Normen, welche der Aufsichtsbehörde die Befugnis zur Anordnung oder zur neuen Verteilung lokaler Abgaben verleihen. Die Worte „in Gemäßheit gesetzlicher Bestimmung" sind erst auf den Vorschlag der Kommission des AbgH. in den § 15 aufgenommen worden,

damit der Deutung begegnet werde, als ob in dem Aufsichtsrechte der Behörde schon an sich und abgesehen von besonderen Gesetzen, provinziellen Kirchenordnungen usw. die Befugnis enthalten sei, lokale Abgaben und Beiträge neu anzuordnen oder neu zu verteilen. Vgl. Komm.-Ber. d. AbgH., Stenographische Berichte 1861, 4 S. 951; EK. 14. Okt. 1865 (JMBl. S. 280).

15. Aus den §§ 110, 111 in Verbindung mit §§ 297, 298 II. 11 ALR. folgt, daß die geistlichen Oberen in Fällen des von ihnen anerkannten Bedürfnisses der Unterhaltung einer Kirchenanstalt auch die Befugnis haben sollen, den Betrag und die Verteilung der Beiträge unter den Eingepfarrten anzuordnen (wenn nicht Lasten in Frage stehen, hinsichtlich deren bei entstehendem Streite die Gesetze auf den RW. verweisen, wie z. B. bei der Kirchenbaulast). Die solchergestalt von der Regierung festgesetzten Beiträge sind hiernach als in Gemäßheit gesetzlicher Vorschrift angeordnete kirchliche Umlagen anzusehen: EK. 18. März 1865, 19. Apr. 1873 (das. 65 S. 141; 73 S. 193).

16. Eine Umlage im Sinne des § 15 muß ihrem Wesen nach die Festsetzung enthalten, wer der Pflichtige und welches der Betrag der Abgabe sei, deren Leistung ihm angesonnen wird. Sie wird daher z. B. nicht ersetzt durch die in der Einpfarrungsurkunde enthaltene Bestimmung, daß die Neueingepfarrten dieselben Abgaben an den Pfarrer zu leisten haben, die den übrigen Mitgliedern der Pfarrei obliegen: EK. 11. Febr. 1871 (das. S. 103; daß es sich um eine Abgabe handele, deretwegen eine Umlage von der Regierung hätte angeordnet werden können, komme nicht in Betracht). Noch weniger kann selbstverständlich die in einer polizeilichen Verfügung enthaltene Zahlungsaufforderung einer von der Regierung ausgehenden Umlage gleichgestellt werden: gen. EK.

17. Nicht unter die AKO. fallen, vielmehr dem RW. gänzlich entzogen sind Streitigkeiten, die dadurch entstehen, daß sich Gemeinden, die noch keinem Kirchspiel zugewiesen sind, einer benachbarten Kirche zuschlagen und daß die von ihnen zu leistenden Abgaben und Beiträge in Ermangelung eines Vertrages von den geistlichen Oberen nach Billigkeit festgesetzt werden (§§ 294, 297, 298 II. 11 ALR.); gegen derartige nur vorläufige Anordnungen der geistlichen Behörde ist der RW. auch nicht durch § 15 Ges. v. 1861 gegeben worden. Vgl. EK. 14. März 1863 (JMBl. S. 133), andererseits jedoch OT. 21. März 1859 (Strieth. 33 S. 84), VO. v. 1808 A. 395.

18. Unter dem Ausdrucke „notorische Orts- oder Bezirksverfassung“ versteht die AKO. altes, in der Notorietät begründetes Herkommen, notorische Observanz: *EK. 16. Apr. 1853, 24. Jan. 1857, 11. Okt. 1862 (JMBl. 53 S. 216; 57 S. 252; 63 S. 11: die Verfassung muß jedenfalls eine andere Grundlage haben als das Gesetz, z. B. auch Gewohnheitsrecht). — EK. 15. Okt. 1859 (das. 60 S. 320) erblickte eine besondere Ortsverfassung in einer Kirchen- und Schul-Matrikel vom J. 1599.

19. Daß in den Fällen der A. 17, wo die Behörde die Abgabenpflicht erst neu begründet, keine Observanz vorliegen kann, ist selbstverständlich: gen. EK. 14. März 1863 (A. 17).

20. Zwischen zwei einzelnen Personen, z. B. dem Gutsherrn und dem Pfarrer, ist eine Ortsverfassung nicht denkbar: OT. 27. Nov. 1857 (Strieth. 28 S. 110).

21. Bei dinglichen Abgaben, die auf notorischer Observanz beruhen sollen, ist zwar nicht nötig, daß die Verbindlichkeit gerade auf allen Grundstücken ohne Ausnahme laste. So betrachtete EK. 11. Dez. 1858 (JMBl. 59 S. 167) eine auf allen sog. Gerechtigkeitshäusern eines Orts observanzmäßig lastende Abgabe als eine Abgabe im Sinne der Nr. 1. Doch müssen bestimmte, in sich erkennbare Merkmale dafür gegeben sein, zu welcher Klasse, ob zu der verpflichteten oder zur befreiten dieses oder jenes Grundstück gehöre; demzufolge enthält z. B. die Behauptung, daß eine Abgabe herkömmlich auf vielen Grundstücken laste, nicht die Behauptung einer notorischen Orts- oder Bezirksverfassung: EK. 20. Okt. 1855 (das. 56 S. 8).

22. Ebensowenig lassen sich Abgaben, welche zwar auf allen Grundstücken lasten, ihrem Betrage nach jedoch verschieden und auf die Grundstücke hypothekarisch eingetragen sind, unter dem Gesichtspunkt einer auf notorischer Ortsverfassung beruhenden Verbindlichkeit bringen: EK. 25. Juni 1853 (JMBl. S. 344; hier war von der Verwaltung behauptet worden, observanzmäßig habe die streitige Abgabe eine größere Leistung, als die hypothekarisch verzeichnete, zum Gegenstande).

Dagegen entschied EK. 7. Nov. 1857 (das. 58 S. 196), daß die Eintragung einer Verbindlichkeit in das Hypothekenbuch, sowie das Anerkenntnis der Verpflichtung durch den Verpflichteten den Fall einer notorischen Ortsverfassung nicht notwendig ausschließe, und EK. 18. Apr. 1857 (das. 58 S. 48), daß mit der Annahme einer solchen Ortsverfassung nicht in Widerspruch stehe, wenn durch Gemeinderatsbeschluß das Vorhandensein und der Umfang der Verbindlichkeit noch besonders festgestellt sei, da man füglicherweise zu einer nochmaligen Feststellung dessen habe schreiten können, was nach allseitiger Übereinstimmung zu den herkömmlichen Abgaben der hier fraglichen Art gehöre.

23. Wird jedoch der rechtliche Grund oder der Umfang der Verbindlichkeit geändert, — was unter Umständen auch vertragsweise geschehen kann, vgl. EK. 14. Jan. 1860 (das. S. 383), — so verliert die ursprünglich auf notorischer Observanz beruhende Abgabe diesen ihren Charakter. So entschied sich *EK. 12. Mai 1855 (das. S. 240) für die Unanwendbarkeit der AKO. in einem Falle, wo es sich nicht um die herkömmliche, sondern um eine gemäß Regierungsverfügung an deren Stelle getretene, sowohl hinsichtlich des Betrags wie der Personen der Pflichtigen von jener verschiedene Abgabe handelte; ähnlich EK. 11. Jan. 1873 (das. S. 98) bez. § 15 Ges. v. 1861. Jedoch soll nach einer höheren, im BMBl. 1853 S. 94 bezogenen Entscheidung in der behufs Ausführung des Ges. v. 2. März 1850 bewirkten Umwandlung von Naturalabgaben in Geldrenten keine Novation enthalten sein, welche die Anwendbarkeit der AKO. ausschlösse. Ebenso erachtete das bereits gen. EK. 7. Nov. 1857 die AKO. nach wie vor für anwendbar, wenn eine Regierung, nachdem die Erfüllung der Naturalverbindlichkeit in einem einzelnen Falle verweigert worden, die an deren Stelle tretende herkömmliche [?] Geldvergütung festsetze und einziehe. Endlich hat EK. 8. März 1873 (JMBl. S. 174) den RW. über die Verpflichtung zur Leistung einer auf Observanz beruhenden Pfarrabgabe für zulässig erklärt, auch wenn allgemein die ursprünglich in Korn bestehende Abgabe in eine Geldabgabe umgewandelt worden ist; denn es fehle an einer gesetzlichen Bestimmung des Inhalts, daß die Regierung befugt sei, den nach § 15 Satz 1 zulässigen RW. dadurch zu verhindern, daß sie an die Stelle der bestrittenen observanzmäßigen Naturalleistung ohne weiteres eine Geldabgabe setzt.

24. Die Vorschrift über Forderungen an Schulgeld kommt heute unverändert nur noch insoweit zur Anwendung, als es sich nicht um Volksschulen und nicht um solche höheren öffentlichen Schulen handelt, die von einer Gemeinde unterhalten werden; für jene trifft § 46 Abs. 5 ZustGes. abändernde Bestimmung, während das für den Besuch der letzteren zu zahlende Schulgeld als Gebühr für die Benutzung einer Gemeindeanstalt unter § 4 Kommunalabgabenges. fällt; vgl. VO. v. 1808 A. 392. Für alle anderen höheren öffentlichen Schulen gelten die AKO. und § 15 Ges. v. 1861 noch heute. Schulgeldforderungen von Privatschulen unterliegen den allgemeinen Prozeßregeln; s. Nr. 6 und A. 45.

25. Alle sonstigen Leistungen, bei denen obige Voraussetzungen, d. h. die Eigenschaft der Beständigkeit und das Vorhandensein eines Gesetzes oder der notorischen Observanz als Verpflichtungsgrundes, nicht zutreffen, sind weder durch die AKO. noch durch das Ges. v. 1861 berührt worden.

26. Ebensowenig unterliegt jenen Bestimmungen ein Entschädigungsanspruch, der daraus hergeleitet wird, daß eine Abgabe im Sinne der AKO. zur Verfallzeit nicht geleistet worden sei: EK. 12. Febr. 1859 (JMBl. S. 342; hier drehte sich der Streit zunächst darum, ob der Verpflichtete eine Naturalabgabe am Anfang oder am Ende des Jahres zu leisten habe; sein Gegner leitete aus dem Umstande, daß nicht im voraus gezahlt war, das Recht her, statt der Naturalabgabe eine Geldentschädigung nach den zur angeblichen Verfallzeit geltenden höheren Preisen zu verlangen. Obgleich eine freilich nicht schon bei Festsetzung der Abgabe, sondern erst nach Anstellung der Klage ergangene Verfügung der Regierung vorlag, wonach es in dem betreffenden Falle bei der bisher üblich gewesenen Weise des Nachbezahlens verbleiben, vom nächsten Verfalltage an aber vorausgeleistet werden solle, entschied der KompGH. für die Zulässigkeit jener Klage, in welcher er eben eine bloße Entschädigungsklage erblickte. Das AppG. Marienwerder hatte für die entgegengesetzte Ansicht geltend gemacht, daß die Regierung als Aufsichtsbehörde die Schulabgaben und deren Zahlungsbedingungen zu regeln habe. Der KompGH. erachtete diesen Grund jedoch für nicht zutreffend, da jene Befugnis sich nur auf die zukünftigen Leistungen beziehe.)

27. Die AKO. kommt ferner nicht in Betracht, wenn die Kultuskosten von der politischen Gemeinde übernommen sind; die Abgaben sind dann reine Kommunalabgaben, auf die das Kommunalabgabengef. Anwendung findet.

28. Dagegen sind die AKO. und das Ges. v. 1861 durch die neueren Kirchengesetze (Kirchengemeinde- und SynodalO. v. 10. Sept. 1873, §§ 1, 31 Nr. 6, für Schleswig-Holstein v. 4. Nov. 1876, § 52, für Wiesbaden v. 4. Juli 1877, § 33, für Hannover v. 12. Apr. 1882, § 34; Ges. über die Vermögensverwaltung in den kathol. Kirchengemeinden v. 20. Juni 1875, § 21 Nr. 7, 8; vgl. ferner KirchenO. für Westfalen und die Rheinprovinz v. 5. März 1835, § 18) unberührt geblieben. Diese enthalten keine Vorschriften über den RW. bei Abgaben, sondern regeln nur das Verfahren bei Beschlußfassung der Kirchengemeinden über zu erhebende Abgaben. Ob der RW. zulässig ist, richtet sich auch solchen Beschlüssen gegenüber nach der AKO. und § 15 Ges. v. 1861. Ein ordnungsmäßig gefaßter und für vollstreckbar erklärter Umlagebeschluß ist dann ein Beschluß im Sinne der Klasse a bezw. des § 15 Satz 2, wenn er sich auf eine beständige Abgabe bezieht. Bezieht er sich auf eine nicht beständige Abgabe (z. B. Baukosten), so ist zwar das Vollstreckungsrecht gegeben; die Abgabe selbst aber unterliegt der Anfechtung im RW. Ebenso Stölzel S. 151, 155 und die dort A. 23, 45 aufgeführten Belege; vgl. oben A. 10.

29. Die Vorfrage, ob eine vor Gericht bestrittene Leistung zu denen gehöre, von welchen die bezüglichen Vorschriften der AKO. reden, unterliegt zwar nach allgemeinen Grundsätzen ebenso der richterlichen Prüfung, wie die in A. 210 zur VO. v. 1808 besprochene ähnliche Frage, ob eine streitige Leistung als Staats- oder Gemeindesteuer zu betrachten sei. Jedoch weicht die bisherige Praxis des KompGH. gleich dem OT. 11. Nov. 1859 (Strieth. 35 S. 266) auch hier und zwar aus denselben, an obiger Stelle bereits widerlegten Gründen von dieser Ansicht teilweise ab, namentlich insofern, als sie annimmt, daß das Bestehen notorischer Orts- oder Bezirksverfassung durch die Verwaltungsbehörde in einer auch für den Richter verbindlichen Weise festgestellt werde. Vgl. Sydow S. 93. Nur ein Urteil, EK. 18. Apr. 1857 (JMBl. 58 S. 48), läßt dies nicht unumschränkt gelten, sondern erachtet jene durch die Verwaltung erfolgte Feststellung wenigstens alsdann für nicht maßgebend, wenn dagegen das Dasein einer auf Vertrag, letztwilliger Verfügung usw. beruhenden Verpflichtung in zutreffender Weise behauptet werde. OT. 27. Nov. 1857 (Strieth. 28 S. 110) setzte zwar anscheinend voraus, daß jene Feststellung den Richter binde, entschied aber gleichzeitig, daß eine solche nicht schon darin gefunden werden könne, daß die Verwaltung das Verwaltungszwangsverfahren für Pfarrabgaben usw. verfügt habe, (dieses Erk. nahm sogar an, daß in dem damals vorliegenden Falle die Verwaltung, weil sie ihre Überzeugung erst aus den jetzt angestellten Ermittelungen gewonnen zu haben erkläre, ihre Festsetzung gerade nicht auf Notorietät gründe); desgleichen OT. 25. Sept. 1857 (E. 36 S. 349; hier wird erwogen: die Anordnung der Vollstreckung schließe den RW. nicht schon darüber aus, ob die Abgabe auf notorischer Ortsverfassung beruhe; indem die AKO. die Bedingungen festsetze, unter denen allein die Verwaltung befugt sei, die Entrichtung der streitigen Abgabe zu erzwingen, erkenne sie mittelbar die Befugnis des Richters an, bezüglich der Zulässigkeit des RW. das Vorhandensein dieser Bedingungen zu prüfen; ob diese Prüfung aber, wie der zweite Richter annehme, in dem Umfange statthaft sei, daß selbst wider die ausdrücklich ausgesprochene Ansicht der Regierung entschieden werden dürfe, daß es an einer observanzmäßigen Verpflichtung fehle, könne dahingestellt bleiben). — Wie man auch über obige Frage unter Zugrundelegung der früheren Gesetzgebung urteilen möge, jedenfalls ist der vom KompGH. und OT. 11. Nov. 1859 für ihre Ansicht aus den §§ 78, 79 gezogene Grund — ein Grund, der freilich auf einem Zirkelschlusse beruhte, — mit dem Erlasse des Ges. v. 24. Mai 1861 §§ 15, 16 weggefallen. Vgl. Komm. Ber. d. AbgH. (: durch den Schlußsatz des § 15 solle nicht etwa auch die Vorfrage, ob eine von der Regierung angeordnete Umlage auf gesetzlicher Bestimmung beruhe, dem RW. entzogen werden), RG. 8. Jan. 1880 (E. 1 S. 140); aM. EK. 12. März 1870 (JMBl. S. 212). Übrigens hat die Frage durch jene §§ 15, 16 ihre praktische Bedeutung zum erheblichen Teile eingebüßt, indem, soweit jetzt der RW. zulässig ist, die Befugnis der Verwaltung zur Entscheidung jener Vorfrage auf das Vorverfahren eingeschränkt ist, bez. dessen die Zuständigkeit der Verwaltung eine Änderung nicht erfahren hat; vgl. EK. 8. März 1873 (JMBl. S. 121).

30. Zufolge der Gleichstellung der Abgaben im Sinne der Nr. 1 mit den Staatssteuern findet alles, was zu § 36 VO. v. 1808 hinsichtlich dieser gesagt worden, entsprechend auch auf jene Anwendung, selbstredend jedoch gegenwärtig nur noch insoweit, als obige Gleichstellung durch das Ges. v. 1861 aufrecht erhalten wurde, d. h. also nur noch insofern es sich um Abgaben der Klasse a handelt, da den Befugnissen der Verwaltung bezüglich der beiden anderen Klassen bloß die Bedeutung des Rechts der vorläufigen Vollstreckung (§ 42 VO. v. 1808) verblieben ist. Demgemäß kann vor Gericht über die Höhe der ersteren Abgaben nur unter den Abgabepflichtigen, über die Verbindlichkeit selbst aber nur dann gestritten werden, wenn eine durch spezielle Rechtstitel erworbene Befreiung (§ 79 II. 14 ALR.) oder ein Fall der §§ 9, 10 Ges. v. 1861 in Frage steht. Natürlich kann die Klage nie gegen die Aufsichtsbehörde, sondern muß gegen die Pfarrgemeinde oder den Abgabenberechtigten gerichtet werden; vgl. EK. 8. März 1873 (JMBl. S. 121).

31. Keiner der genannten Ausnahmefälle liegt vor, die gerichtliche Zuständigkeit ist mithin nicht begründet, wenn bloß die Befugnis zur Ausschreibung der Beiträge (s. auch A. 35), oder wenn bloß das Vorhandensein der Voraussetzungen geleugnet wird, unter denen die Verbindlichkeit nach den bestehenden Normen eintreten soll. Hierhin gehört insbesondere der Fall, daß jemand behauptet, er gehöre dem Gemeindeverbande gar nicht an, er habe in der Parochie keinen Wohnsitz (vgl. z. B. EK. 30. Jan. 1858, 17. Febr. 1855, 12. März 1898, JMBl. 58 S. 270; 55 S. 116; Rechtspr. Nachtr. S. 8), oder er gehöre zu einer anderen Konfession: EK. 8. Febr. 1868, 14. Apr. 1883, 10. Okt. 1896, 29. Juni, 14. Dez. 1901 (JMBl. 68 S. 108; Rechtspr. S. 191; Nachtr. S. 11; DJurZtg. 6 S. 511; 7 S. 155). Bei diesen Entscheidungen handelte es sich meistens um die Frage, ob ein Reformierter zu den Abgaben einer evangelischen Kirchengemeinde herangezogen werden könne. Der KompGH. hat den RW. hierüber für unzulässig erklärt, weil die Frage, inwieweit zwei Konfessionen miteinander übereinstimmten oder voneinander abwichen, den Religionsstand betreffe, somit öffentlichen Rechtes sei und nur im Verwaltungswege entschieden werden könne. (EK. 14. Dez. 1901 wandte diesen Grundsatz auch auf einen Fall an, wo nicht in Frage stand, ob ein einzelner einer bestimmten Religionsgemeinde angehöre, sondern wo es sich um die Zugehörigkeit einer Kirchengemeinde zur Landeskirche handelte.) Dagegen vertritt das Reichsgericht den entgegengesetzten Standpunkt, da die Besteuerung von Angehörigen fremder Religionsparteien einen Eingriff in fremde Privatrechte sei, der der gesetzlichen Grundlage entbehre; die §§ 78 ff. bezw. die AKO. und das Ges. v. 1861 kämen nicht zur Anwendung, da sie überall die Zugehörigkeit zu der betreffenden kirchlichen Gemeinschaft voraussetzten. Vgl. RG. 22. Sept., 22. Dez. 1881, 16. März 1903 (E. 5 S. 300; 6 S. 233; DJurZtg. 8 S. 321; ähnlich entschieden für Steuern politischer Gemeinden JnnMVfg. 25. Juni 1840, VMBl. S. 218; OT. 5. Juli 1855, Strieth. 18 S. 92; AH. Cöln 5. März 1827, Rh. A. 10, I. 181). Vgl. VO. v. 1808 A. 53.

32. Ob der Austritt aus der Kirche auf Grund des Patents und der VO. v. 30. März 1847 (GS. S. 121) bezw. jetzt des Ges. v. 14. Mai 1873 (GS. S. 207) einen prozeßfähigen Einwand begründe, ist in widersprechender Weise beantwortet worden. OT. 8. Febr. 1854 (Strieth 12 S. 118) betrachtet den Austritt aus der Kirche als einen besonderen Grund im Sinne des § 79 II. 14 ALR. Auch ergibt sich aus der in der KMVfg. 3. Juni 1861 (VMBl. S. 115) erwähnten Beratung des § 17 obiger VO. im Staatsrate, daß die Aufnahme einer ausdrücklichen Bestimmung darüber, ob die aus der Kirche ausgetretenen Personen dessenungeachtet noch fernerhin zu den auf persönlicher Zugehörigkeit zum Kirchenverbande beruhenden Leistungen verpflichtet seien, absichtlich unterblieben ist, weil man es als ausreichend erachtete, die Entscheidung etwa vorkommender Fälle dem Richterspruch zu überlassen. Dagegen entschieden EK. 7. Okt. 1854, 4. Juli 1863 (JMBl. 54 S. 444; 63 S. 237), daß der behauptete Austritt aus der Kirche den RW. nicht eröffne; vgl. ferner EK. 8. Jan. 1876 (VMBl. S. 126). Jedenfalls ist die Entscheidung des KompGH. die folgerichtigere. Ebenso Stölzel S. 150.

33. Anerkannt als Privileg wurde die den Altlutheranern erteilte Generalkonzession vom 23. Juli 1845 (GS. S. 516): EK. 26. Juni 1849, 12. Nov. 1859, 13. Nov. 1869 (JMBl. 49 S. 368; 60 S. 372; 70 S. 47); RG. 22. Sept. 1881 (E. 5 S. 300); OLG. Cöln 30. Mai 1900 (Rh. A. 96, I. 139); aM. Stölzel S. 151. Nicht anerkannt wurde Abs. 6 der AKO. v. 30. Okt. 1809 (Rabe 10 S. 170) betr.

die künftige Verfassung der französischen Kolonien: EK. 10. Okt. 1896 (Rechtspr. Nachtr. S. 11).

34. Ein Fall des § 79 oder des Ges. v. 1861 liegt ferner dann nicht vor, wenn der Kläger nur behauptet, daß seiner Veranlagung zu Unrecht gewisse von ihm gezahlte Steuern zugrunde gelegt worden seien: RG. 8. Juni 1896 (E. 37 S. 344; auch sei in dem klägerischen Vorbringen nicht die Behauptung einer Überlastung zu finden, abgesehen davon, daß diese im RW. nur gegen die Mitverpflichteten geltend gemacht werden könnte). Ebensowenig eröffnet den RW. die Löschung der fraglichen Abgabe im Hypothekenbuch, zumal wenn die Eintragung nicht erforderlich war: EK. 11. Dez. 1858 (JMBl. 59 S. 168).

35. Wie schon in A. 174 zu VO. v. 1808 erwähnt ist, kommen bei Gemeindesteuern nicht ausschließlich die §§ 78 usw. in Betracht. Denn bei Streitigkeiten über Gemeindesteuern ist eine zweifache Stellung zu unterscheiden, einmal die Stellung des Schuldners zur Gemeindeverwaltung, die ähnlich, wie bei Staatssteuern die höhere Finanzbehörde, das Besteuerungsrecht ausübt, und sodann seine bezw. der Gemeinde Stellung zur Aufsichtsbehörde. Diese Doppelstellung bringt ein neues Element in die Beurteilung hinein, indem sie mitunter ein Zurückgehen auf die inbetreff der Aufsichtsgewalt bestehenden, im § 36 Abs. 1 VO. v. 1808 und in der Gesetzgebung über das Kommunalwesen enthaltenen Grundsätze bedingt, so daß die §§ 78 usw. für die über Gemeindesteuern erwachsenden Streitigkeiten nicht immer die alleinige Entscheidungsnorm bilden. Für die Abgaben an politische und Schulgemeinden haben diese Fragen hinsichtlich der Zulässigkeit des RW. die praktische Bedeutung verloren, nicht dagegen bei kirchlichen Abgaben (A 36—38).

36. Daß der RW. nicht stattfinde, wenn die Rechtmäßigkeit der Gemeindesteuer aus allgemeinen Gründen bestritten wird, sei es, weil die Steuer nach den bestehenden Gesetzen und der Gemeindeverfassung nicht habe ausgeschrieben werden dürfen, sei es, weil es an einem tatsächlichen Anlasse zur Ausschreibung derselben gefehlt habe (z. B. weil ein zu deckender Fehlbetrag der Gemeindekasse zu hoch berechnet sei, oder die Gemeinde eine Verpflichtung anerkannt habe, die hätte bestritten werden müssen, oder daß es der Abgabe an einem Titel fehle bezw. daß dieser nicht gesetz- und rechtmäßig sei), wird durch eine stehende Rechtsprechung des KompGH. anerkannt. Nur in der Art der Begründung weichen die Entscheidungen voneinander ab. Am richtigsten wird wohl die Unzulässigkeit der prozessualen Geltendmachung jener allgemeinen, die Befugnis zur Ausschreibung der Steuer, die Art der Ausübung des Besteuerungsrechts oder die Verwaltung des Gemeindehaushalts betreffenden Gründe aus § 36 Abs. 1 VO. v. 1808 und der Gesetzgebung über das kirchliche Abgabenwesen hergeleitet, wie z. B. in EK. 14. Jan. 1860, 7. Juni 1873 (JMBl. 60 S. 324; 73 S. 254); andere Entscheidungen, z. B. EK. 12. März 1859 (das. 60 S. 141) gehen auch in solchen Fällen auf § 78 II. 14 zurück, während z. B. EK. 24. Juni 1851 (das. S. 254) eine Mittelstellung einnimmt.

37. Nach gleichen Gesichtspunkten beurteilt sich der Kompetenzpunkt selbst dann, wenn die Steuererhebung die höhere Genehmigung noch nicht erhalten hat, die Betretung des RW. daher nicht unmittelbar wider einen Akt der Aufsichtsbehörde selbst gerichtet sein würde; vgl. z. B. EK. 23. Mai 1871, 11. Jan., 14. Nov. 1873 (das. 71 S. 272; 73 S. 73; 74 S. 40); OT. 3. Febr. 1853 (E. 25 S. 47).

38. Kann der Abgabenberechtigte stets den RW. gegen den Pflichtigen beschreiten? Diese Frage ist für die Abgaben der Klasse a zu verneinen aus den in den A. 201, 228 zur VO. v. 1808 angeführten Gründen, da diese Abgaben in allen ihren Beziehungen den Steuern gleichgestellt sind und hiermit ausgesprochen ist, daß die Feststellung und Beitreibung, abgesehen von den Ausnahmefällen und dem in A. 39 gesagten, nur im Verwaltungswege erfolgen soll. Ebenso RG. 25. Nov. 1879 (E. 1 S. 162). Verweigert die Aufsichtsbehörde bei solchen Abgaben die Vollstreckbarkeitserklärung für eine Umlage, so würde eine im RW. erfolgende Heranziehung des angeblich Pflichtigen sich als eine nach § 36 Abs. 1 VO. v. 1808 unzulässige gerichtliche Anfechtung der Anordnung der Aufsichtsbehörde darstellen. Anders liegt der Fall, wenn es sich um eine Forderung der Klassen b und c handelt. Ihre Einklagung im RW. war vor Erlaß der AKO. unzweifelhaft zulässig, und dies Recht hat dadurch keine Einbuße erlitten, daß die Kirche noch dazu das Recht der Beitreibung im Verwaltungswege bekam; so: RG. 17. Febr. 1888 (E. 20 S. 305); vgl. ferner MVfg. 30. Apr. 1866 (VMBl. S. 102: stellte dem Gemeindekirchenrat anheim, einen Lehrer im RW. zur Steuer heranzuziehen). Ist freilich eine der

letztgenannten Forderungen bereits für vollstreckbar erklärt, so dürfte neben dem Beitreibungsrecht nicht auch noch der Klageweg zulässig sein (gen. A. 201, 228); vgl. OVG. 11. Jan. 1898 (E. 34 S. 239); (RG. 1888 läßt nicht erkennen, ob in dem dort entschiedenen Falle die Vollstreckbarkeitserklärung erfolgt war oder nicht).

39. Die Gleichstellung der unter Nr. 1 aufgezählten Leistungen mit den Steuern (A. 30) trifft jedoch schon nach der AKO. in einem Punkte nicht zu. Während nämlich bei letzteren die Vollstreckung im Verwaltungswege für ältere sowohl wie für jüngere Rückstände an sich statthaft ist, und dies gemäß § 80 II. 14 ALR. nur insofern eine Änderung erleidet, als die Beschreitung des RW. (§ 79 das.) im Falle des zweijährigen (durch Widerspruch gegen die Zahlungsaufforderung erworbenen) Freiheitsbesitzes auf das Zwangsverfahren aufschiebende Wirkung ausübt, beschränkt die AKO. unter Nr. 1 die Befugnis zu jener Vollstreckung überhaupt auf den Anspruch wegen der laufenden Beiträge und der Rückstände aus den letzten zwei Jahren. Folgeweise hat die Nr. 2 der AKO. eine engere Bedeutung, als der ihr entsprechende gen. § 80; dieser äußert seine Wirksamkeit bei Rückständen jeden Alters, die Nr. 2 ist dagegen nur auf zweijährige Rückstände und die laufenden Beiträge zu beziehen, da von einer bloßen Hemmung des Zwangsverfahrens (während des Prozesses) bei solchen Ansprüchen keine Rede sein kann, hinsichtlich deren die Vollstreckung von vornherein als unstatthaft erscheint.

40. Hiernach ist, wenn die Beiträge seit längerer Zeit rückständig geblieben sind, zwischen den älteren Rückständen und denen der letzten zwei Jahre zu unterscheiden. Inbetreff jener findet nach dem Willen des Gesetzes gar kein Verwaltungszwangsverfahren statt; der Gläubiger muß vielmehr ein richterliches Urteil erwirken und dessen Vollstreckung nach den Vorschriften der ZPO. veranlassen, — vgl. KMVfg. 2. Apr. 1862 (VMBl. S. 186); es kommen also die §§ 78, 79 II. 14 ALR. insofern schon nach den Vorschriften der AKO. nicht zur vollen Geltung, wenn auch vielleicht anzunehmen ist — seit Erlaß des Ges. v. 1861 selbstredend nur inbetreff der Abgaben der Klasse a —, daß in dem einzuleitenden Rechtsverfahren das Bestehen der Verbindlichkeit nach Grund und Betrag durch administrative Bescheinigung festgestellt werden müsse, mithin, von den Fällen des § 79 abgesehen, nicht zum Gegenstande der richterlichen Erörterung gemacht werden könne. Was dagegen die Rückstände aus den letzten zwei Jahren und die laufenden Beiträge anlangt, so ist das Verwaltungszwangsverfahren an sich vollkommen statthaft; es muß nur, sobald der angebliche Schuldner in den zugelassenen Fällen den RW. beschreitet, der Nr. 2 gemäß eingestellt werden und während des Prozesses ruhen bleiben. Ebenso OVG. 11. Mai 1891, 11. Jan. 1898 (E. 21 S. 34; 34 S. 239); aM. KMVfg. 27. Juli 1841 (VMBl. S. 214; hiernach schließt der zweijährige Freiheitsbesitz, verbunden mit der Behauptung der Befreiung und ohne daß dieserhalb eine gerichtliche Klage erhoben worden ist, die Zulässigkeit der Vollstreckung selbst für die letzterwähnten Ansprüche aus).

41. Auf dieses, vom Ges. v. 1861 unberührt gebliebene (A. 10) Vollstreckungsrecht finden die allgemeinen Grundsätze der VO. v. 1808 § 42 Anwendung. Es können daher weder die Berechtigung der Behörde zur Vollstreckung noch die einzelnen Ausführungsmaßnahmen im RW. angefochten werden; vgl. EK. 8. März 1873, 12. Juni 1875 (JMBl. 73 S. 121; Rechtspr. S. 291). Ist nach Beendigung des Verwaltungszwangsverfahrens der ordentliche RW. beschritten, so kann der Richter auch über die Vollstreckungskosten befinden, wenn z. B. behauptet wird, daß der Beklagte durch sein Verhalten vor der Vollstreckung diese verschuldet habe; vgl. EK. 10. Okt. 1874 (JMBl. S. 335; Kläger hatte nicht ohne Quittung des diese weigernden Pfarrers zahlen wollen). Ein in der Sache selbst ergangenes rechtskräftiges Urteil bindet selbstredend auch die Verwaltungsbehörde; vgl. gen. EK. 8. März 1873.

42. Überschreitet die Verwaltung ihre Befugnisse dadurch, daß sie wegen älterer Rückstände als derjenigen der letzten zwei Jahre vollstreckt, so kann hiergegen, den §§ 41, 42 VO. v. 1808 zufolge, auf dem RW. Schutz gesucht werden. Die entgegengesetzte Ansicht, welche den EK. 17. Apr. 1858, 10. März 1855, 22. Nov. 1851 (JMBl. 58 S. 336; 55 S. 186; 52 S. 14) zugrunde liegt, wird darauf gestützt, daß der RW. nur in den unter Nr. 3 erwähnten Ausnahmefällen statthaft sei, und die Nr. 2 nur dann zur Anwendung komme, wenn mit dem Antrage auf Einstellung der Vollstreckung eine Klage im Sinne des gen. § 79 verbunden werde. Abgesehen jedoch davon, daß diese Beweisführung gegenwärtig höchstens nur noch

4. Inbetreff der aus besonderen Kontrakten oder testamentarischen Dispositionen auf Grundstücken haftenden jährlichen Abgaben an Kirchen und Schulen (§ 430 Tit. 50 der Prozeßordnung) findet die Exekution nicht sofort statt, es muß vielmehr, wenn sie eingetragen sind, der Mandatsprozeß, und wenn sie nicht eingetragen sind, der Bagatell- oder summarische Prozeß, nach näherer Anleitung der desfallsigen gesetzlichen Bestimmungen, vorausgehen.

5. Wegen aller anderen Forderungen der Kirchen- und Schulbedienten findet, wenn sie mit einem Festsetzungsdekrete versehen sind, der Mandatsprozeß, sonst der Bagatell- oder summarische Prozeß nach Vorschrift der Verordnung vom 1. Juni 1833 statt.

6. Die Forderungen ordnungsmäßig konzessionierter Privat-Schul- und Erziehungsanstalten an rückständigem, durch ihren Einrichtungsplan festgesetztem Schul- oder Pensionsgelde, aus dem Zeitraume eines Jahres von Einreichung der Klage zurückgerechnet, dürfen im Wege des Mandatsprozesses eingeklagt werden.

7. Mit gleicher Zeitbeschränkung soll dieses Vorrecht auch den Forderungen der Medizinalpersonen und Apotheker für ihre Besuche, Operationen und Arzneimittel zustehen. Die Liquidationen müssen jedoch von den ärztlichen Personen aller Klassen mit spezieller Angabe der Dienstleistungen und mit der Berechnung einer jeden Dienstleistung nach den Bestimmungen der Medizinaltaxe aufgestellt, sowie die Rechnungen der Apotheker mit den ärztlichen Rezepten und einem Festsetzungsdekrete belegt sein. Diese Bestimmungen sind zur Nachachtung durch die Gesetzsammlung zur öffentlichen Kenntnis zu bringen.

---

auf die Leistungen der Klasse a passen würde, beruht dieselbe augenscheinlich auf einer Verwechslung der Vorschriften der Nr. 1 und 2, die scharf voneinander gesondert werden müssen. Nicht die Nr. 2, sondern die Nr. 1 ist es, aus welcher die Unzulässigkeit der Vollstreckung für ältere Rückstände folgt; jene, die Nr. 2, unterstellt vielmehr eine an sich statthafte Vollstreckung und bildet daher um so weniger den Maßstab zur Beurteilung des entgegengesetzten Falls; vgl. A. 39. Dasselbe gilt von der Vorschrift der Nr. 3. Diese regelt die richterliche Zuständigkeit nur in Beziehung auf die streitige Verbindlichkeit zur Entrichtung der Abgabe, und zwar gleichfalls unter der selbstverständlichen Voraussetzung, daß die Behörde sich innerhalb der Grenzen ihrer Vollstreckungsgewalt bewege. Aus keiner dieser Bestimmungen läßt sich mithin eine Abweichung von den allgemeinen Regeln, wie sie den §§ 41, 42 zugrunde liegen, für den obigen Fall herleiten.

43. Das Vollstreckungsrecht der AKO. verbleibt den Regierungen auch während der Dauer eines Ablösungsverfahrens, und steht nicht etwa gemäß § 7 VO. v. 30. Juni 1834 den Generalkommissionen zu. Vgl. hierzu MVfg. 24. Febr. 1842 (VMBl. S. 85).

44. Das Verwaltungszwangsverfahren richtet sich nach den in der VO. v. 15. Nov. 1899 enthaltenen Vorschriften. § 1 Nr. 6 der ExekutionsO. v. 1843, 1845 und 1853 erwähnte zwar neben den Kirchen- und Schulabgaben nicht noch besonders die Abgaben an die Kirchen- und Schulbeamten; doch waren unter ersteren die letzteren Abgaben offenbar mit gemeint; vgl. *EK. 16. Apr. 1853 (JMBl. S. 216) und oben A. 4.

Nr. 4—7.

45. Nr. 4 betrifft die lediglich auf privatrechtlichem Titel (Vertrag oder letztwillige Verfügung) beruhenden Forderungen der Kirchen und schließt für diese im Gegensatz zu den in Nr. 1 behandelten steuerartigen Abgaben das Recht der vorläufigen Vollstreckung aus; diese Forderungen können daher nur im ordentlichen

RW. eingeklagt werden. Dasselbe gilt von den in Nr. 5 erwähnten Forderungen, zu denen namentlich auch die Stolgebühren der Pfarrer (s. A. 13) gehören. (Hinsichtlich dieser Gebühren fand nach § 423 II. 11 ALR. in der Regel kein eigentliches Prozeßverfahren statt, der Betrag derselben wurde vielmehr durch eine Verfügung der geistlichen Oberen festgesetzt, während die richterliche Tätigkeit sich auf den Erlaß eines Zahlungsbefehls und auf Anordnung der Vollstreckung beschränkte, es sei denn, daß der Schuldner aus besonderen Gründen auf rechtliches Gehör antrug, z. B. wenn er Zahlung, Erlaß oder Verjährung vorschützte, wo dem Richter überlassen war, geeignetenfalls die Vollstreckung auszusetzen, und die Sache zur gerichtlichen Entscheidung zu verweisen. Vgl. JMVfg. 11. Sept. 1820, Jbb. 16 S. 28.) Der für diese und die anderen in Nr. 6 und 7 genannten Forderungen zugelassene Mandatsprozeß usw. ist seit dem 1. Oktober 1879 weggefallen, sodaß die prozessuale Behandlung dieser Forderungen heute keinerlei Abweichungen von derjenigen aller anderen rein privatrechtlichen Ansprüche zeigt.

Gesetz
über die Zulässigkeit des Rechtswegs in Beziehung auf polizeiliche Verfügungen. Vom 11. Mai 1842.

[GS. Nr. 2273, S. 195.]

(Literatur: Abh. in Löwenbergs Beiträgen zur Kenntnis der Motive der preußischen Gesetzgebung 1 S. 596ff. — Hartmann, Das Verfahren bei Kompetenz-Konflikten usw., S. 48ff., 121ff. — Sydow, Die Zulässigkeit des Rechtswegs usw., S. 117ff. — Primker, Die Kompetenz-Konflikte in Preußen, 1861, S. 57ff. — Rosin, Das Polizeiverordnungsrecht in Preußen, 2. Aufl., 1895. — Köhne, Das Preuß. Gesetz v. 11. Mai 1842, 1895. — Stölzel, Rechtsweg und Kompetenzkonflikt usw., 1901, S. 205ff.)

Wir Friedrich Wilhelm, von Gottes Gnaden König von Preußen usw. verordnen zur Beseitigung der Zweifel, welche über die Zulässigkeit des Rechtsweges in Beziehung auf polizeiliche Verfügungen entstanden sind, auf den Antrag Unseres Staatsministeriums und nach erfordertem Gutachten Unseres Staatsrats für den ganzen Umfang der Monarchie was folgt:

Zum Eingange.

1. Während die VO. v. 1808, deren grundlegende Bedeutung für die Ressortverhältnisse gehörigen Orts näher dargetan ist, in den die Hoheits- und Finanz-Angelegenheiten betreffenden Bestimmungen (§§ 36, 37, 41, 42) ihre Geltung im wesentlichen bis zur Stunde bewahrt hat, sind die auf die polizeiliche Tätigkeit der Verwaltungsbehörden bezüglichen §§ 38—40 derselben durch das Ges. v. 11. Mai 1842 beseitigt und ersetzt worden. Letzteres bezweckt jedoch keineswegs, ganz neues Recht zu schaffen, sondern nur das bisherige zu verbessern; es enthält im Grunde genommen nur eine Umarbeitung der gen. §§ 38—40 und erscheint daher gewissermaßen nicht als ein in sich abgeschlossenes Ganzes, sondern als Supplement oder Novelle zu jener VO.

2. Die Abweichungen des Gesetzes von den gen. §§ 38ff. bestehen teils darin, daß der RW. in Beziehung auf polizeiliche Verfügungen noch mehr als bisher beschränkt wurde, teils darin, daß die Voraussetzungen, unter denen derselbe stattfinden soll, genauer bestimmt worden sind. Das nähere hierüber s. bei Löwenberg aaO., Löning im Verwaltungsarchiv 3 S. 122ff.; vgl. auch VO. v. 1808 A. 356, und die Erläuterungen zu §§ 1, 2, 5, 6 d. G. — Daß in den gen. §§ 38ff. ausdrücklich nur von polizeilichen Verfügungen der Regierungen, im Ges. v. 1842 dagegen von polizeilichen Verfügungen überhaupt geredet wird, begründet nur eine scheinbare Verschiedenheit; vgl. VO. v. 1808 A. 7.

3. Das Gesetz hat, da es lediglich Ressortbestimmungen enthält, rückwirkende Kraft und ist daher auch auf ältere Verfügungen anwendbar: LG. Cöln 14. Febr. 1843, EK. 5. Juni 1852 (Rh. A. 34, III. 24; JMBl. 52 S. 278). Vgl. jedoch Primker S. 29.

§ 1. Beschwerden über polizeiliche Verfügungen jeder Art, sie mögen die Gesetzmäßigkeit, Notwendigkeit oder Zweckmäßigkeit derselben betreffen, gehören vor die vorgesetzte Dienstbehörde.

Der Rechtsweg ist in Beziehung auf solche Verfügungen nur dann zulässig, wenn die Verletzung eines zum Privateigentum gehörenden Rechts behauptet wird, und nur unter den nachfolgenden näheren Bestimmungen.

4. Dasselbe hat durch Art. 9 der Verf.-Urk. seine Wirksamkeit nicht verloren: EK. 16. Apr. 1853 (JMBl. S. 233). Ebensowenig ist es durch das Ges. über die Polizeiverwaltung v. 11. März 1850 in seiner Wirksamkeit beschränkt worden: EK. 10. Okt 1863 (das. 64 S. 7); hinsichtlich seines Verhältnisses zu dem letzgenannten Gesetze vgl. im übrigen die Erläuterungen zu §§ 1, 20 das. und unten A. 6, 48. Über die fortdauernde Geltung des Ges. v. 1842 auch nach Erlaß der Reichsjustizgesetze und des BGB. s. A. 161, und über die auf die Verwaltungsgesetzgebung zurückzuführenden Einschränkungen s. A. 81 ff., 112, 154, 160.

5. Gemäß Art. I VO. v. 16. Sept. 1867 (GS. S. 1515), § 3 Ges. v. 25. Febr. 1878 (GS. S. 99) und § 1 II Nr. 4 VO. v. 22. März 1891 (GS. S. 39) kommt das Ges. v. 1842 auch in den durch die Ges. v. 20. Sept., 24. Dez. 1866 (GS. S. 555, 875, 876) der Monarchie einverleibten Landesteilen, im Herzogtum Lauenburg und in Helgoland zur Anwendung.

§ 1.

6. Indem § 1 die Beschwerden über polizeiliche Verfügungen, sie mögen deren Gesetzmäßigkeit, Notwendigkeit oder Zweckmäßigkeit betreffen, vom RW. ausschließt, unterläßt er es, die Verfügungen, auf welche diese überaus wichtige Kompetenzvorschrift Anwendung finden soll, näher zu bestimmen. Allerdings dürfte eine vollkommen zutreffende und alle Fälle umfassende Begriffsbestimmung schwerlich gegeben werden können. Wenn EK. 16. Apr. 1853 (JMBl. S. 227) als polizeiliche Verfügungen im Sinne des Ges. v. 1842 diejenigen Verfügungen bezeichnet, welche von Polizeibehörden als solchen erlassen werden, so ist hiermit für die Erklärung des Begriffs wohl kaum etwas gewonnen. Genauer ist der Begriff umschrieben in EK. 28. Juni 1879 (JMBl. S. 260), wo unter einer polizeilichen Verfügung eine solche verstanden wird, die von einer Polizeibehörde innerhalb des ihrer eigenen Prüfung und Entscheidung übertragenen Geschäftskreises als Ausfluß der Regierungsgewalt erlassen ist. Inzwischen ergibt sich aus dem in A. 1 über die Beziehungen zwischen dem Ges. v. 1842 und der VO. v. 1808 gesagten, daß die Frage, ob eine Verfügung ihrem Gegenstande nach den Charakter einer polizeilichen an sich trage, vorzugsweise aus der letzteren VO. beantwortet werden muß. Hiernach stehen polizeiliche Verfügungen zunächst, als Ausflüsse rein verwaltender Wirksamkeit, der richterlichen Tätigkeit gegenüber und bilden, im Verhältnisse zu der sonstigen Tätigkeit der Verwaltungsbehörden, den Gegensatz zu den Verfügungen in Landeshoheits- und Finanz-Sachen (§§ 1, 36 — 4, 41 VO. v. 1808). Das Ges. v. 1842 gebraucht obigen Ausdruck daher nicht, wie § 10 II. 17 ALR., in ausschließlicher Beziehung auf die sog. Sicherheits-Polizei, sondern in dem weiteren Sinne des § 3 jener VO., wonach unter „Polizeisache" alles verstanden wird, was nicht Hoheits- oder Finanzsache ist (z. B. also auch die Sachen der Gewerbepolizei, Wohlfahrtspolizei usw.); vgl. OT. 25. Nov. 1853 (Striedh. 11 S. 68); RG. 6. Juli 1888 (Rh. A. 79, III. 101; JurWoch. 88 S. 338); EK. 14. Okt. 1882 (Rechtspr. S. 411); Löwenberg aaO., Löning im Verwaltungsarchiv 3 S. 129. AM. Stölzel S. 208, Schultzenstein in DJurZtg. 7 S. 468 und die Rechtsprechung des OVG., s. v. Brauchitsch 1 S. 137 A. 226; vgl. ferner Rosin im Verwaltungsarchiv 3 S. 346, Anschütz das. 5 S. 101. — Selbstredend wird das Ges. nicht schon dadurch anwendbar, daß eine Handlung „polizeilichen Charakter" an sich trägt: gen. EK. 28. Juni 1879. — Inbetreff der Gegenstände der Ortspolizei usw. vgl. ferner Ges. v. 11. März 1850 § 6.

7. Demzufolge scheiden von vornherein alle diejenigen Fälle aus, wo es sich um eine eigentlich richterliche Tätigkeit handelt, mag dieselbe nun von den ordentlichen Gerichten oder von den Verwaltungsbehörden und -gerichten auf

Grund des diesen für mancherlei Zivil- wie Strafsachen besonders verliehenen Entscheidungsrechts (VO. v. 1808 A. 286 ff.) geübt werden. Dasselbe gilt von Handlungen, um welche die Polizeibehörde von der Vollstreckungsbehörde lediglich ersucht worden ist, um ein gerichtliches Erkenntnis zur Ausführung zu bringen: EK. 28. Juni 1879 (BMBl. S. 260: ein Gendarm hatte auf Ersuchen des Polizeianwalts einen Hund beschlagnahmt und wurde auf Herausgabe oder Schadensersatz belangt; der auf das Ges. v. 1842 gestützte KK. wurde verworfen); vgl. v. Brauchitsch 1 S. 144 A. 231.

8. Aus demselben Grunde fallen nicht unter das Ges. v. 1842 Strafverfügungen der Polizeibehörden, die auf Grund der §§ 453 ff. StPO. und des Ges. v. 23. Apr. 1883 erlassen werden. Dies gilt nicht nur von den eigentlichen Straffestsetzungen (vgl. für die frühere Zeit z. B. EK. 14. März 1863, JMBl. S. 126; jetzt ist der KK. unzulässig, § 4 VO. v. 1. Aug. 1879), sondern auch von den darauf gestützten Schadensersatzklagen gegen den Beamten oder gegen Staat und Gemeinden; für diese ist der RW. unverschränkt: EK. 11. Okt. 1884 (BMBl. S. 260).

9. Ebensowenig gehören zu den polizeilichen Verfügungen die Anordnungen, welche sich als Ausflüsse der Disziplinargewalt kundgeben, und zwar nicht bloß solche, welche wirkliche Disziplinarstrafen verhängen, sondern auch diejenigen, welche die Suspension vom Amte für die Dauer einer schwebenden Untersuchung aussprechen, vgl. VO. v. 1808 § 46.

10. Dagegen fallen die Verfügungen [der früheren Polizeianwälte], sowie diejenigen Verfügungen, welche die Polizeibehörden infolgedessen treffen, daß ihnen bei strafrechtlichen Untersuchungen der erste Angriff überwiesen ist, allerdings unter das Ges. v. 1842; vgl. *EK. 7. Juni 1856 (JMBl. S. 324); ebenso Anordnungen zur Verhinderung strafbarer Handlungen oder zur Abwendung der Folgen einer solchen, z. B. das Verbot, angeblich gestohlene Gegenstände fortzuschaffen: RG. 9. Dez. 1881 (Rechtspr. 3 S. 788).

11. — desgleichen die Verfügungen, welche eine Polizeibehörde bei entstehenden Privatrechtsstreitigkeiten zur vorläufigen Regelung der Sache und mit Vorbehalt des RW. unter besonderen Umständen zu treffen befugt ist: EK. 3. Juni 1854 (JMBl. S. 54: die Polizei hatte Schweine, die jeder der Streitenden auf dem Markte gekauft haben wollte, bis zur richterlichen Entscheidung zum Verwahrsam überwiesen). Vgl. ferner die MVfg 8. Febr. 1839 (Jbb. 53 S. 141 betr. polizeiliches Einschreiten bei Störungen des Zurückbehaltungsrechts des Vermieters), 22. Jan., 26. Dez. 1852 (BMBl. 52 S. 10; 53 S. 14 betr. die Befugnis, die Rückkehr minderjähriger Kinder zu ihrem Vater zu verfügen). Die Polizeibehörde übt in diesen und ähnlichen Fällen keine richterliche Tätigkeit aus, sondern handelt kraft des ihr obliegenden Berufs, Störungen der Ordnung und Ruhe zu verhindern (§§ 10, 12 II. 17 ALR.), ja nach Umständen sogar den augenscheinlich begründeten Rechts- und Besitzverhältnissen des einzelnen so lange wenigstens Schutz zu gewähren, bis die richterliche Hilfe eintreten kann. Vgl. hierzu OVG. 18. Sept., 4. Dez. 1878, 14. Nov. 1887 (E. 4 S. 415, 422; 15 S. 433), ferner auch Rechtspr. d. OT. 13 S. 375, 386; 15 S. 647, MVfg. 14. Jan. 1863 (BMBl. S. 12), ferner VO. v. 1808 A. 311 (Einschreiten der Jagdpolizeibehörde bei Streitigkeiten über Jagdpachtverträge).

12. Die Handhabung der §§ 125, 126 I. 8 ALR. bildet keinen Gegenstand polizeilicher Wirksamkeit; desfallsige Streitigkeiten sind vielmehr vom Richter zu entscheiden: MVfg. 29. Febr. 1828 (Ann. 12 S. 183). Dagegen gehört die Entscheidung der Frage, ob ein Ackerbesitzer zum Halten von Tauben befugt sei und wieviel Tauben er halten könne, zur Zuständigkeit des Richters, der seine Entscheidung in Ermangelung provinzialrechtlicher Bestimmungen auf die Observanz und nötigenfalls auf das Gutachten von Sachverständigen zu gründen hat. So: MVfg. 10. Apr. 1840 (BMBl. S. 185), welches sich hierfür auf Stengel, Beiträge 1 S. 87; 4 S. 136 usw. beruft, außerdem aber hervorhebt, daß dies dem Erlasse polizeilicher Anordnungen (nach Maßgabe der Vfg. 5. März 1835, Ann. S. 87) inbetreff der Frage, ob die Tauben während der Saat- und Erntezeit einzusperren seien, nicht entgegenstehe. Vgl. hierzu Begründung zum Entwurf eines AG. z. BGB. zu dem (ins Gesetz nicht aufgenommenen) Art. 27 (Drucks. d. Abg.-Hss. 1899 I zu Nr. 34 S. 40). — Vgl. ferner VO. v. 1808 A. 54, 78 ff.

13. Weniger scharf, als der Gegensatz zwischen polizeilichen Verfügungen und

den Akten einer richterlichen oder disziplinarischen Tätigkeit, tritt der zwischen jenen und den Verfügungen in Hoheits- und Finanzsachen bestehende Gegensatz hervor, indem nicht selten eine große Verwandtschaft unter den Erlassen der einen und anderen Art herrscht, ja manche Verfügungen gleichzeitig den Charakter von polizeilichen und den von Hoheits- oder Finanz-Verfügungen an sich tragen. Zur Feststellung des Begriffs einer polizeilichen Verfügung nach dieser Richtung hin dienen im allgemeinen schon die Erläuterungen zu §§ 36, 41 VO. v. 1808, insofern dieselben dadurch, daß sie den Begriff von Hoheits- und Finanzsachen erläutern, auf negative Weise auch das Gebiet der Polizeisachen abgrenzen. Ebendort (A. 152) ist ferner bereits bemerkt, daß, wenn eine Verfügung ausnahmsweise gleichzeitig den Charakter einer hoheitlichen und den einer polizeilichen Verfügung an sich trage, die Zulässigkeit des RW. nicht nach dem Ges. v. 1842, sondern nach dem gen. § 36 beurteilt werden müsse, da der dem letzteren § zugrunde liegende Grundsatz der höhere sei. — Liegt dagegen der seltnere Fall vor, daß eine Verfügung sich gleichzeitig als polizeiliche und als Finanz-Verfügung darstellt, so wird die Frage, ob § 41 der VO. v. 1808 das Ges. v. 1842, oder dieses den § 41 ausschließe, wohl nicht so allgemein zu beantworten, vielmehr bald in diesem, bald in jenem Sinne zu lösen sein, je nachdem nämlich beim Erlasse der Verfügung der polizeiliche oder der finanzielle Gesichtspunkt der vorherrschende war; denn an und für sich ist der dem § 41 zugrunde liegende Grundsatz ebensowenig dem des § 1 d. G., wie letzterer dem ersteren untergeordnet. — Zur Erläuterung jenes Gegensatzes im einzelnen dienen die folgenden Anmerkungen.

14. Keine Verfügung im Sinne des § 1 sind die Anordnungen einer Regierung über die Erhöhung der aus Gemeindemitteln zu bestreitenden Gehälter von Polizeibeamten; diese erscheinen vielmehr als Maßnahmen der Aufsichtsgewalt (VO. v. 1808 § 36): *EK. 24. Jan. 1857 (JMBl. S. 244);

15. — desgleichen nicht die vorläufigen Anordnungen inbetreff eines Kirchenbaues, welche die Regierung in Ausübung der den geistlichen Oberen gemäß § 709 II. 11 ALR. zustehenden Rechte erläßt; vgl. VO. v. 1808 A. 182;

16. — noch auch die Akte der Servis- und Kommunalverwaltung, z. B. eine Verfügung, durch welche die Regierung einer Stadt die Aufbringung von Militärpferden anbefiehlt: vgl. EK. 3. Febr. 1855 (JMBl. S. 99);

17. — noch die Verfügungen, durch welche eine Regierung in Vertretung des Straßenbaufiskus eine Gemeinde anhält, zur Beihilfe bei der dem Staate obliegenden Last der Wege-Unterhaltung Hand- und Spanndienste zu leisten. Kommt in den vorher erwähnten Fällen (A. 14—16) der Grundsatz des § 36 Abs. 1 bezw. Abs. 2 der VO. v. 1808 zur Anwendung, so tritt hier derjenige des § 41 das. ein; vgl. EK. 10. März 1855 (JMBl. 56 S. 12). Vgl. jedoch A. 20.

18. Wohl aber gehören dahin alle Verfügungen, welche die eigentliche Wegepolizei betreffen: OT. 22. Dez. 1859 (Strieth. 36 S. 123). [Das AppG. Breslau scheint angenommen zu haben, daß § 1 zwischen wegepolizeilichen und sonstigen polizeilichen Verfügungen unterscheide.]

19. So namentlich die Anordnung der Polizeibehörde, daß ein Weg oder eine sonstige Grundfläche als öffentlicher Weg anzusprechen, d. h. für den öffentlichen Verkehr notwendig, mithin dazu freizuhalten sei, und zwar ohne Unterschied, ob die Behörde die Fläche für einen bereits bestehenden öffentlichen Weg deklariert, oder ob sie diese Eigenschaft erst durch ihre Verfügung neu begründet, d. h. also die Umwandlung von Privatbesitz in einen solchen Weg, beziehungsweise eine Enteignung anordnet. — Vgl. z. B. EK. 8. Juni 1848, 5. Apr. 1851, 30. Okt., 18. Dez. 1852, 8. Dez. 1860, 19. Juni 1897 (JMBl. 48 S. 291; 51 S. 203; 53 S. 60, 163; 61 S. 217; Rechtspr., Nachtr. S. 14), ferner OVG. 19., 28. März 1883 (E. 9 S. 225, 175). [Anders würde es sich verhalten, wenn die Verwaltungsbehörde einen Weg lediglich im fiskalischen Interesse in Anspruch nähme. Alsdann wäre von einer polizeilichen Verfügung keine Rede und der RW. unverschränkt. Eben darum wird im EK. v. 1851 ausdrücklich hervorgehoben, daß die Regierung die damals gerade streitige Verfügung nicht als Vertreterin der fiskalischen Fähranstalt, sondern als Landes-Polizeibehörde erlassen habe.]

20. Ferner die auf Grund des § 4 II. 15 ALR. im allgemeinen Besten getroffenen Verfügungen über die Veränderung und Verlegung einer Landstraße; vgl. OT. 25. Nov. 1851 (Strieth. 11 S. 68), EK. 5. Juni 1852 (JMBl. S. 313). Es ist jedoch zu bemerken, daß, wenn auch Verwaltung und Eigentum

der früheren Staatschausseen durch Ges. v. 8. Juli 1875 (GS. S. 497) auf die Provinzialverbände übergegangen sind, doch die landespolizeilichen Befugnisse inbezug auf diese Chausseen dem Staate verblieben sind; die Anordnungen der Provinzialverbände sind demnach keine polizeilichen: KG. 4. Okt 1880 (E. 3 S. 236).

21. Ferner das Setzen von Grenzsteinen an öffentlichen Wegen; vgl. EK. 19. Febr. 1872 (JMBl. 73 S. 33).

22. Ferner die Verfügungen, welche die Instandhaltung öffentlicher Wege, z. B. die Pflasterung derselben oder die Anlegung einer Straßenrinne betreffen; vgl. EK. 13. Okt. 1860 (JMBl. 61 S. 269; hier wird zum Nachweise dafür, daß die Instandhaltung öffentlicher Wege eine Polizeiangelegenheit sei, § 6 b Ges. v. 11. März 1850 bezogen). Vgl. jetzt § 56 ZustGes.

23. Ebenso Verfügungen, durch welche die Straßenanlieger zur Straßenreinigung angehalten werden: KG. 8. Febr. 1890 (VMBl. S. 80).

24. EK. 23. Febr. 1856 (JMBl. S. 118) zählte sogar die Sperrung einer Wegestrecke zu den nach § 1 d. G. zu beurteilenden polizeilichen Maßregeln, obgleich dieselbe lediglich die Sicherung der städtischen Chausseegeld-Einnahme bezweckte, desgleichen *EK. 5. Jan. 1852 (das. S. 340) eine gemäß § 23 der Rh. Gemeinde-O. v. 1845 erlassene, von der Regierung bestätigte Verfügung, wonach behufs Beschaffung der Grundentschädigungs-Gelder für eine Straße eine Kommunalumlage erhoben werden sollte. [In letzterem Falle wäre der KK. wohl füglicher auf § 10 des Rh. Ress.-Rgl. gegründet worden.]

25. Einer solchen polizeilichen Verfügung (A. 19ff.) gegenüber kann die Frage, ob ein Weg Privat- oder öffentlicher Weg sei, nicht weiter zum Gegenstande einer gerichtlichen Erörterung gemacht werde; vgl. die in A. 19 gen. Erk. und EK. 30. Okt. 1854 (JMBl. S. 180), wo dies sogar inbetreff eines bloßen Fußsteiges angenommen wurde. [EK. 30. Jan., 30. Okt. 1858 (das. 58 S. 292; 59 S. 149) halten jene Frage selbst dann für nicht prozeßfähig, wenn eine solche Verfügung noch gar nicht in Mitte liegt. AM. ist jedoch in letzterer Hinsicht OT. 14. Okt 1861 (E. 46 S. 302. Hier war einer Besitzstörungsklage seitens der beklagten Gemeinde der Einwand, daß die streitige Fläche zum öffentlichen Wege gehöre, entgegengesetzt, und dieser Einwand noch dazu durch ein „von Polizeiwegen" ausgestelltes Zeugnis des Bürgermeisters zu begründen versucht worden. Trotzdem erachtete das OT., daß jener Einwand so wenig wie dieses Zeugnis die richterliche Zuständigkeit ausschließe, so lange keine Anordnung der Polizeibehörde ergangen sei.) Jedenfalls ist die richterliche Entscheidung nach jener Richtung hin nur insofern beschränkt, als im RW. nichts verlangt werden kann, was der Benutzung des Wegs als eines öffentlichen entgegensteht; die Entscheidung über das streitige Eigentums- oder Nutzungs-, z. B. das Holzungsrecht an der betr. Fläche ist den Gerichten verblieben: OT. 11. Apr. 1860, 9. Dez. 1856 (Strieth. 37 S. 163; 23 S. 140), und unten A. 66, 137. Ebenso sind die Gerichte befugt, einen Streit mit dem Fiskus über die Pflicht zur Unterhaltung eines Wegs zu entscheiden, wenn gerade der dem Fiskus gegenüberstehende Private geltend macht, daß der Weg gemäß § 1 II. 15 ALR. als ein öffentlicher und zwar als Landstraße betrachtet, und somit vom Staate unterhalten werden müsse: EK. 16. Dez. 1854, 6. Okt. 1855 (JMBl. 55 S. 91, 420). Das letztere Erk. hob namentlich hervor, daß es bezüglich der Zuständigkeit nichts verschlage, ob Fiskus dem Kläger die Unterhaltung des Wegs zugemutet habe. Desgleichen erkannte OT. 4. Juli 1853 (Strieth. 10 S. 87), ohne die gerichtliche, übrigens von keiner der Parteien bestrittene Zuständigkeit in Zweifel zu ziehen, auf Erstattung der einer Gemeinde auferlegten Straßenbaukosten, weil die betr. Straße eine Landstraße sei, obgleich letzteres von der Verwaltung bestritten worden war. Dagegen erachtete dieses Erk., — augenscheinlich aus dem im Präj. 2215 (vgl. VO. v. 1808 A. 55) enthaltenen Grunde, — den Antrag auf Feststellung der Verpflichtung des Fiskus zur künftigen Unterhaltung der Straße für unstatthaft. Im übrigen vgl. VO. v. 1808 A. 54. — Bez. des Rhein. Rechts vgl. Rh. Ress.-Regl. § 2 Nr. 2.] Gegenwärtig kommen auf dem Gebiete der Wegepolizei in erster Linie die §§ 55ff. ZustGes. zur Anwendung, auf deren Grund einige der vorstehenden Fragen abweichend von der älteren Auffassung zu beantworten sind; vgl. VO. v. 1808 A. 342ff.

26. Ferner sind als Verfügung im Sinne des § 1 zu betrachten Anordnungen, betr. die Anlage von Kanälen zur Verbindung schiffbarer Flüsse, da dies gemäß § 96 I. 8; § 5 I. 11 ALR. zum Wirkungskreise der Landespolizei-Behörde ge-

hört: EK. 28. Dez. 1850 (JMBl. 51 S. 67); vgl. MVfg. 29. März 1871 (VMBl. S. 195);

27. — desgleichen Verfügungen der Deichbehörden zum Schutze der Deiche, z. B. Verfügungen über die Anpflanzung von Bäumen auf benachbarten Grundstücken: EK. 13. Febr., 11. Dez. 1858, 12. März 1859 (JMBl. 58 S. 317; 59 S. 293, 389); in EK. 13. Juni 1896 (Rechtspr., Nachtr. S. 18) wird dahin eine Verfügung gerechnet, die bestimmte, daß ein Eigentümer in Abteilung II des Grundbuchs eintragen lassen solle die Pflicht zum sofortigen unentgeltlichen Abbruch seines Hauses, sobald die zuständige Behörde es im Interesse des Deichwesens verlange;

28. — desgleichen Anordnungen von Stromregulierungsbauten: RG. 6. Juli 1888 (Rh. A. 79, III. 101), sowie strompolizeiliche Verfügungen, z. B. über die Höhe des Wasserstandes: EK. 10. Okt. 1874 (JMBl. S. 288), oder darüber, wo und wie lange Floßholz in einem öffentlichen Gewässer lagern darf: EK. 9. Juni 1866 (das. S. 220);

29. — desgleichen die Anordnungen behufs Räumung von Wasserzügen und Privatflüssen (Vorflutges. v. 1811 § 10; Ges. v. 28. Febr. 1843 § 7), — vgl. z. B. EK. 25. Okt. 1856, 11. Mai 1878, 11. März 1882 (JMBl. 57 S. 112, 176; VMBl. 78 S. 102; 85 S. 84) — einschließlich der Verordnungen der Regierung über Errichtung von Schauämtern zur Sicherung der Instandhaltung von Privatflüssen und Gräben bezw. der zur Ausführung solcher VO. von den Schauämtern getroffenen Maßregeln: *EK. 9. Jan. 1858 (JMBl. S. 251);

30. — sowie überhaupt alle von den Regierungen im Interesse der Landeskultur getroffenen Anordnungen (Reg.-Instr. v. 1817 § 2 Nr. 4); vgl. RG. 6. Juli 1888 (Rh. A. 79, III. 101); nach EK. 25. Juni 1853 (JMBl. S. 348) selbst insofern, als dieselben die Leistungen und Beiträge regeln, die zur Ausführung der desfallsigen Maßregeln bezw. zur Unterhaltung der betr. Anlagen erforderlich sind. [In dem durch jenes Erk. entschiedenen Falle handelte es sich um die Entwässerung eines in den Händen mehrerer Privatbesitzer befindlichen Bruchs.]

31. Ferner ist § 1 anwendbar auf gewerbepolizeiliche Verfügungen; Sydow S. 117. Dazu gehört auch die Entscheidung des Kreisausschusses auf Anträge betr. die Konzession zum Wirtschaftsbetriebe, nicht aber der Widerspruch der Polizeibehörde gegen die Erteilung der Konzession (§ 14 ZustGes.): RG. 12. Jan. 1884 (Gruchot 28 S. 979).

32. Ebenso ist die von der Verwaltung ausgegangene Festsetzung eines Tarifs für das vom Besitzer einer bereits vor Publikation des ALR. erworbenen Prahm- oder Fährgerechtsame zu erhebende Prahm- oder Fährgeld als polizeiliche Verfügung zu betrachten (und nicht etwa als neue Verleihung eines Regals, deren Rechtsgültigkeit gemäß § 28 II. 14 ALR. von landesherrlicher Bestätigung abhängig wäre): OT. 19. Okt. 1853 (Strieth. 10 S. 239). [Dieses Erk. führte jedoch die Zulässigkeit des RW. hinsichtlich des aus der Herabsetzung des Tarifs hergeleiteten Entschädigungsanspruchs nicht auf § 4 d. G., sondern auf die VO. v. 16 Juni 1838 § 8 zurück.]

33. — desgleichen das vorläufige Verbot der Erhebung von Brückengeld, welches von der Regierung wegen augenblicklichen Mangels an einem vom Staate genehmigten Tarife (§ 93 II. 15 ALR.) erlassen wird; vgl. ME. 7. Juni 1833 (Mannkopf AGO. 1 S. 110).

34. Nicht minder hat eine von der Verwaltung vorgeschriebene Badeordnung und Badetaxe ihre polizeiliche, öffentliche Seite, weshalb selbst derjenige, welcher aus einem mit dem Fiskus abgeschlossenen Vertrage das Recht zum Widerspruche wider die Aufhebung einer früheren Badeordnung herleitet, im RW. höchstens einen Entschädigungsanspruch geltend machen kann: EK. 6. März 1852 (JMBl. S. 202).

35. § 1 findet ferner Anwendung auf die in Gemäßheit [des Regul. v. 8. Aug. 1835 (GS. S. 240) bezw. jetzt] des Ges. v. 16. Sept. 1899 (GS. S. 172) getroffenen sanitätspolizeilichen Verfügungen: EK. 3. Apr. 1858 (Sydow S. 118), 12. Okt. 1872 (VMBl. S. 336).

36. — desgleichen auf Anordnungen zur Abwehr von Viehseuchen (Stallsperre usw.): EK. 11. Apr. 1896 (Rechtspr. S. 473), RG. 28. März 1890 (Gruchot 34 S. 1117: betraf die von dem Departementstierarzt auf Grund des § 12 Abs. 2 RGes. v. 23. Juni 1880 angeordnete Stallsperre); EK. 11. Sept. 1869 (Rechtspr. S. 206: betraf die Tötung eines der Tollwut verdächtigen Hundes).

37. — desgleichen auf militärpolizeiliche Verfügungen, z. B. solche, welche die Militärbehörde zum Schutze von Fortifikationswerken erläßt: EK. 4. Febr. 1854, 4. Juli 1863, 13. Okt. 1866, 9. Okt. 1869 (JMBl. 54 S. 318; 63 S. 267; 66 S. 318; 69 S. 250), ferner auf die bei Schießübungen zu treffenden Vorsichtsmaßregeln, wie die Absperrung eines durch Geschosse gefährdeten Grundstücks hinter den Kugelfängen, die Anlegung eines Schutzgeländes usw.; vgl. EK. 9. Juni 1866, RG. 26. Sept. 1894 (das. 66 S. 279; 95 S. 156).

38. — desgleichen auf bahnpolizeiliche Anordnungen einer Eisenbahngesellschaft: EK. 11. Jan. 1873 (das. S. 60). Vgl. Eisenbahnges. v. 3. Nov. 1838 § 23.

39. — desgleichen auf polizeiliche Baugenehmigungen: EK. 11. Dez. 1852 (das. 53 S. 92), OT. (E. 35 S. 279), OVG. 11. April 1877 (VMBl. S. 195). Vgl. A. 67.

40. — desgleichen auf das verwaltungsseitig ergangene Verbot des Haltens einer Privatschule: EK. 7. Okt. 1854 (JMBl. S. 424).

41. — desgleichen auf Anordnungen über die Benutzung einer Simultankirche: EK. 9. Apr. 1864, 10. Okt. 1863 (das. 64 S. 273, 4; vgl. Ges. v. 11. März 1850 § 6d). Eine feststehende Rechtsprechung wandte das Ges. v. 1842 auch an auf die Anordnungen der kirchlichen Behörden über die äußere Form und Feier des Gottesdienstes: EK. 14. Okt. 1871 (das. 72 S. 12), über Aufstellung, Veränderung usw. der Kirchenstühle oder sonstige, im Interesse der kirchlichen Ordnung und des Kultus erforderliche bauliche Einrichtungen; so z. B. EK. 18. März 1865, 12. Okt. 1872, 10. Nov. 1894 (das. 66 S. 134; 72 S. 315; 96 S. 35), ferner RG. 1. Febr. 1897 (JurWoch. 97 S. 180 Nr. 54). Erst EK. 10. März 1900 (DJurZtg. 5 S. 399) hat diese Auffassung verlassen und die Anwendbarkeit des Ges. v. 1842 auf Verfügungen kirchlicher Behörden verneint: Die Handhabung der Polizei sei eine Äußerung der Staatsgewalt und auch nicht hinsichtlich der Kirche auf kirchliche Behörden übertragen worden; die Anordnungen der letzteren seien mithin keine polizeilichen, vielmehr stehe die Handhabung der Polizei auch bez. Aufrechterhaltung der äußeren kirchlichen Ordnung den staatlichen Polizeibehörden zu. Trotzdem erklärte gen. EK. 1900 den RW. gegen diese Anordnungen der Kirchenbehörden für unzulässig, weil solche dem innerkirchlichen Gebiet, der Übung des Kultus dienenden Verfügungen lediglich der Entscheidnug der Oberaufsichtsbehörde anheimfielen. Vgl. VO. v. 1808 A. 77.

42. Bez. der Bergpolizei vgl. VO. v. 1808 A. 477.

43. Was § 1 inbetreff der polizeilichen Verfügungen bestimmt, gilt in gleicher Weise von den Maßregeln, die deren Vollziehung bezwecken, und darum selbst wieder als polizeiliche Verfügungen zu betrachten sind; vgl. auch A. 58, 65 und VO. v. 1808 A. 486.

44. Demzufolge findet namentlich der RW. nicht wider Exekutionsstrafen statt, die gemäß § 48 VO. v. 1808 bezw. § 20 Ges. v. 11. März 1850 behufs Vollziehung einer polizeilichen Verfügung angedroht und verhängt werden; vgl. EK. 2. Okt. 1857, 7. Mai 1859, *21. Nov. 1857, 12. Okt., 14. Dez. 1867, 10. Okt. 1874 (JMBl. 59 S. 133, 384; 58 S. 200; 68 S. 6, 116; 74 S. 327) u. a. in Rechtspr. § 35; OT. 21. Febr. 1874 (Rechtspr. 15 S. 114); RG. 26. Apr. 1887 (Rh. A. 78, III. 81) und VO. v. 1808 A. 521, 658.

45. Ebenso gelangt, wenn jemand einer polizeilichen Auflage nicht nachgekommen ist, und die Behörde demnächst das versäumte für dessen Rechnung hat ausführen lassen (gen. §§ 48, 20), § 1 inbetreff der administrativen Beitreibung der desfalls verwandten Kosten zur Anwendung: OT. 9. Sept. 1851 (E. 21 S. 119), *EK. 18. Dez. 1852, 24. Juni 1851 (JMBl. 53 S. 96; 51 S. 259), RG. 21. Mai 1880 (E. 2 S. 351); VO. v. 1808 A. 337; Oppenhoff, Berges. A. 1071. Vgl. auch RG. 25. Febr. 1899 (E. 43 S. 293) und VO. v. 1808 A. 487. Auch über die Höhe des Kostenbetrages ist der RW. unzulässig: EK. 11. Apr. 1868, 9. Okt. 1869 (JMBl. 68 S. 255; 70 S. 17); (anscheinend aM. war der Minister d. Inn. in dem durch EK. 13. Febr. 1864, das. S. 129, entschiedenen Falle, da er, soweit es sich um die Höhe der geforderten Beträge handelte, den KK. zurücknahm). Hierbei ist es nicht erforderlich, daß in der polizeilichen Verfügung die Androhung enthalten war, im Weigerungsfalle werde die Ausführung der Anordnung auf Kosten des Verpflichteten erfolgen: RG. 12. Okt. 1888 (Rh. A. 80, III. 12).

46. Ja der KompGH. nimmt dasselbe sogar von der administrativen Beitreibung aller sonstigen zu polizeilichen Zwecken und Einrichtungen verwandten

oder noch zu verwendenden Kosten an, wie dies bereits aus den in A. 24 und 30 gen. Erk. hervorgeht. Ebenso erklärte EK. 13. Febr. 1858 (JMBl. S. 328) den RW. wider die Zwangseinziehung von Wiesenbaukosten für unstatthaft, weil deren Verwendung zufolge einer auf Grund des Ges. v. 11. März 1850 § 6 erlassenen Wiesen-Polizeiordn., mithin im polizeilichen Interesse erfolgt sei. *EK. 11. März 1848 (das. S. 330) entschied in gleicher Weise hinsichtlich der Beiträge zum Gehalte eines Bergrevierbeamten, welcher auf Grund sowie zur Ausführung einer minist. Polizei-Ordn. angestellt worden war. (Hier wurde ausdrücklich erwogen, daß der RW. wegen der Verpflichtung, die Kosten einer polizeilichen Einrichtung aus dem Privatvermögen herzugeben, nur in den in §§ 2ff. vorgesehenen Fällen stattfinde.) Mit dieser Rechtsprechung stimmt AH. Cöln 19. Juli 1843 (Rh. A. 35, I. 218) überein, insofern es unter Hinweisung auf § 1 d. G. den RW. wider die administrative Einziehung der durch Aufstellung von Brandwachen erwachsenen Kosten für ausgeschlossen erklärte, die gemäß der Feuer-Ordn. der Stadt Cöln v. 26. Aug. 1833 unter die Eigentümer der abgebrannten Häuser umgelegt worden waren; vgl. ferner EK. 2. Okt. 1858 (JMBl. 59 S. 133), betr. die durch eine polizeiliche Zwangsräumung verursachten Kosten, und *ME. 1. Nov. 1833 (Rh. A. 19, III. 4), welche sich für die Unstatthaftigkeit des RW. wider die Beitreibung der auf Revision einer Materialwarenhandlung verwandten Kosten aussprach. — Sollte aber auch die Gesetzlichkeit solcher Zwangsbeitreibungen gemäß § 1 keinen Gegenstand richterlicher Erörterung bilden, so wäre damit freilich noch nicht beantwortet, ob ein solches Verfahren wirklich ein gesetzliches, und ob namentlich die Verwaltung unumschränkt befugt sei, die Kosten für polizeiliche Einrichtungen und Zwecke ohne weiteres den Interessenten zur Last zu legen oder auf sie zu verteilen, — eine Befugnis, die, falls sie in der Tat in solcher Ausdehnung bestände, ihrem Erfolge nach auf eine Art Besteuerungsrecht hinauslaufen würde. Letztere Frage gehört zwar einem andern Gebiete an; doch möge wenigstens, was den vom AH. Cöln entschiedenen Fall betrifft, die MVfg. 31. Mai 1861 (VMBl. S. 133) hier Erwähnung finden. — Jedoch unterliegt jene Praxis selbst erheblichen Bedenken. Die Ausführung einer polizeilichen Verfügung und die Beschaffung des Ersatzes der desfalls verwandten Kosten sind an sich zwei ganz verschiedene Dinge; auch wird sich schwerlich durchführen lassen, daß, wenn eine polizeiliche Einrichtung bereits getroffen, der polizeiliche Zweck bereits erreicht ist, die über den Kostenpunkt und die Person des Zahlungspflichtigen ergehende Bestimmung notwendig immer den Charakter einer polizeilichen Verfügung an sich trage. Die Prozeßfähigkeit der Frage, ob jemand die ihm durch eine polizeiliche Verfügung auferlegte und von ihm vollständig erfüllte Verpflichtung unentgeltlich oder gegen Entgelt zu erfüllen gehabt habe, ist auch vom KompGH. anerkannt worden: EK. 25. Sept. 1852 (JMBl. 53 S. 5. Hier wird auf § 4 d. G. verwiesen; vgl. überdies § 5).

47. Die Einforderung von Kommunalsteuern fällt selbstredend nicht in den Kreis der polizeilichen Verfügungen: EK. 22. Nov. 1856 (JMBl. 57 S. 204).

48. Die §§ 38ff. der VO. v. 1808 bezogen sich zwar zunächst nur auf besondere für einen einzigen Fall ergangene Verfügungen. Doch wurden sie durch § 40 auch auf allgemeine Verfügungen ausgedehnt, sofern letztere mit Genehmigung des Polizeiministeriums erlassen waren. Das Ges. v. 1842 unterscheidet dagegen zwischen allgemeinen und besonderen Verfügungen überhaupt nicht, weshalb die hinsichtlich jener im gen. § 40 gemachte Beschränkung nicht weiter in Betracht kommt. Beispiele, wo die Anwendbarkeit des Gesetzes auf allgemeine Polizei-Verordnungen anerkannt wurde, liefern EK. 1. Okt. 1859, 22. Sept. 1860, 13. Okt. 1866, 9. Apr. 1881, 11. Apr. 1896 (JMBl. 60 S. 258; 61 S. 174; 67 S. 38; VMBl. 81 S. 208; Rechtspr. S. 473). Hiernach sind sogar allgemeine Polizei-Strafverordnungen — Ges. v. 11. März 1850 §§ 5, 11 — als polizeiliche Verfügungen im Sinne des § 1 zu erachten. Ebenso OT. 5. Febr, 1863 (JMBl. S. 102). § 17 das. steht hiermit nicht in Widerspruch, noch begründet er eine Ausnahme von dem in § 1 d. Ges. aufgestellten Grundsatze, wie dies in EK. 16. Apr. 1853, 16. Dez. 1854 (JMBl. 53 S. 228; 55 S. 76) angenommen wird, da § 1 nur die wirkliche Anfechtung einer polizeilichen Verfügung vor Gericht ausschließt, § 17 dagegen dem allgemeinen, schon früher feststehenden Grundsatze huldigt, daß zur richterlichen Prüfung über die Strafbarkeit einer Handlung auch die Untersuchung der Frage gehöre, ob der angerufenen Strafbestimmung gesetzliche Gültigkeit beiwohne; der Richter, welcher im Verneinungsfalle freispricht, hebt die polizeiliche

VO. nicht auf, sondern lehnt nur deren Anwendung auf den einzelnen Fall ab. (Ein auf Aufhebung der VO. lautender Spruch würde geradezu gesetzwidrig sein.) Vgl EK. 13. Febr. 1858 (das. S. 328), Oppenhoff, StGB. 29. Abschn. A. 57, 60. AM. Stölzel S. 213 Z. 5, Rosin, Polizeiverordnungsrecht S. 295, Bornhak im Verwaltungsarchiv 5 S. 172f. Vgl. im übrigen Ges. v. 11. März 1850 A. 23; die Beantwortung dieser Frage hängt eng mit der dort besprochenen zusammen, ob der Erlaß von PolizeiVO. auf einer Delegation der Gesetzgebung beruhe.

49. Es gehört keineswegs zum Wesen einer polizeilichen Verfügung, daß sie einen Zwang enthalte. Vielmehr gibt es eine große Anzahl solcher Verfügungen, namentlich auf dem Gebiete der Gewerbe-, Sicherheits- und Gesundheitspolizei, die nur an die Vornahme bestimmter Handlungen geknüpft sind, deren verbindliche Kraft daher insoweit als eine bedingte erscheint, z. B. eine unter gewissen Beschränkungen erteilte Bauerlaubnis: OT. 18. Aug. 1856 (E. 35, I. 282).

50. Auch wird das Vorliegen einer polizeilichen Verfügung bezw. die Anwendbarkeit des § 1 nicht notwendig schon dadurch ausgeschlossen, daß die Behörde sich als die Eigentümerin des durch die Verfügung betroffenen Grundstücks betrachtet und ihre Befugnis zum Erlasse der Verfügung schon aus ihrem vermeintlichen Eigentumsrechte herleitet; vgl. EK. 4. Febr. 1854, *23. Juni, 30. Okt. 1858, 13. Okt. 1860 (JMBl. 54 S. 348; 58 S. 348; 59 S. 212; 61 S. 259). — Doch ist die Verfügung einer Rhein. Gemeindebehörde und der Regierung, welche lediglich in der Voraussetzung, daß der Kirchhof Eigentum der Zivilgemeinde sei, die Veräußerung von Begräbnisstellen und die Beerdigung von Leichen an solchen Stellen beschließt oder genehmigt, nicht etwa zufolge Art. 16 des Dekr. v. 23. Prair. XII. als eine polizeiliche Verfügung zu betrachten, welche die Anstellung einer Klage der Kirchenfabrik auf Besitzschutz und auf Ausgrabung der bereits beerdigten Leichen ausschlösse: *EK. 10. März 1860 (das. 61 S. 201). Vgl. jedoch EK. 3. Juni 1854 (das. S. 392).

51. Damit das Gesetz und namentlich § 1 zur Anwendung komme, genügt es nicht, daß die Behörde ihre Verfügung als eine polizeiliche darstelle. Vielmehr ist es Sache desjenigen, welcher den polizeilichen Charakter einer Verfügung behauptet und hieraus die Unzuständigkeit der Gerichte herleitet, dies geeignetenfalls näher darzutun, — insofern nämlich die Richtigkeit dieser Behauptung nicht schon aus der Natur der Sache hervorgeht. Doch wird der amtlichen Versicherung der Behörde über den besonderen Zweck, den sie bei Erlaß ihrer Verfügung im Auge gehabt, in der Regel und falls hiermit die Tatsachen nicht in offenbarem Widerspruche stehen, voller Glaube beizumessen sein. Auf dieser Anschauung beruhen wenigstens EK. 18. Dez. 1852 und 30. Okt. 1858 (das. 53 S. 163; 59 S. 127). In ersterem wird gesagt, der polizeilichen Wirksamkeit könne nicht dadurch ein rein privatrechtlicher Charakter aufgeprägt werden, daß eine Partei ihr einen solchen — authentischer amtlicher Kundgebung gegenüber — beilege. Dagegen heißt es in EK. 17. Apr. 1858 (das. S. 320), daß es, obschon der Regierung neben der Vertretung der Privatrechte des Fiskus zugleich die Ausübung der Polizei zustehe, zur Begründung des KK. keineswegs genüge, wenn bezüglich einer von ihr erlassenen Verfügung, die ebensowohl auf rein privatrechtlichen wie auf polizeilichen Gründen beruhen könne, bloß behauptet und nicht auch überzeugend dargetan werde, daß letzteres der Fall gewesen. Vgl. EK. 11. Juni 1881 (VMBl. S. 180: hier wurde trotz der Behauptung des Magistrats, seine Verfügung sei eine polizeiliche, der RW. für zulässig erklärt, weil Strafverfügungen des Magistrats, die nur zu dem Zwecke erlassen waren, den Kläger zur vertragsmäßigen Abtretung von Land zwecks Straßenerbreiterung anzuhalten, nicht als polizeiliche Verfügungen angesehen werden könnten), ferner die in A. 57 angeführten EK. 10. Sept. 1864 und RG. 17. Jan. 1890. In anderen Entscheidungen (EK. 3. Juni 1854, 6. März 1852, 11. Mai 1878, JMBl. 54 S. 376; 52 S. 237; VMBl. 78 S. 103) wird ausdrücklich erwogen, die Angabe der Verwaltung, daß die streitige Verfügung polizeilicher Natur sei, könne nicht in Zweifel gezogen werden, da Kläger diese Angabe nicht bestreite.

52. Steht die polizeiliche Natur einer Verfügung ihrem Gegenstande nach fest, so kann der RW. wider dieselbe nicht um deswillen beschritten werden, weil die Behörde oder der Beamte zu ihrem Erlaß nicht zuständig gewesen sei, weil eine solche Klage ja gerade die Gesetzmäßigkeit der Verfügung zum Gegenstande der richterlichen Prüfung machen würde: OT. 17. Okt. 1851 (Strieth. 3 S. 136), RG. 18. Juni 1897 (JurWoch. 97 S. 409). AM. RG. 15. März 1882 (E. 6 S. 204),

EK. 10. Febr. 1883 (Rechtspr. S. 340: eine polizeiliche Anordnung sei in der Verfügung der Polizeibehörde ihrem Inhalte nach nicht zu finden, weil die Behörde ihre Zuständigkeit überschritten habe), 14. Febr. 1896 (das. S. 318: der RW. sei zulässig, weil die Verfügung des Polizeibeamten wegen seines persönlichen Interesses an der Sache nicht rechtswirksam sei).

53. Doch gilt das eben gesagte nur unter der Voraussetzung, daß der verfügenden Behörde in dem betreffenden Bezirke eine Polizeigewalt irgend welcher Art überhaupt zustehe, da es zum Begriffe einer polizeilichen Verfügung gehört, daß sie nicht allein einen polizeilichen Gegenstand betreffe, sondern auch von einer Polizeibehörde ausgegangen sei. Demzufolge wurde denn auch die Frage, ob die verfügende Behörde mit einer Polizeigewalt bekleidet sei, vom KompGH. zu wiederholten Malen besonders geprüft, — vgl. EK. 12. Jan. 1856, 13. Okt. 1860 (JMBl. 56 S. 72; 61 S. 270), — desgleichen in dem in A. 52 bezogenen OT. die Eigenschaft der betr. Behörde als Polizeiobrigkeit ausdrücklich hervorgehoben. Ebenso RG. 26. Sept. 1896 (Gruchot 40 S. 833), Anschütz im Verwaltungsarchiv 5 S. 125; Stölzel S. 209.

54. Auf die Veranlassung und den Zweck der polizeilichen Verfügung kommt es nicht an; vgl. z. B. EK. 15. Okt. 1859 (Rechtspr. S. 306). Ebensowenig unterliegt der richterlichen Prüfung die Frage, ob die Polizeibehörde bei Erlaß ihrer Anordnung von einer irrigen Voraussetzung ausgegangen ist; vgl. RG. 6. Febr. 1900 (Gruchot 44 S. 981).

55. Da übrigens das Ges. zwischen den mit einer Polizeigewalt bekleideten Behörden und Beamten keinen Unterschied je nach ihren Rangverhältnissen macht, so dürften sogar die von den untersten Polizeibeamten, z. B. den Polizeidienern und Gendarmen, getroffenen Maßregeln darunter fallen. So entschied EK. 7. März 1857 (JMBl. S. 365), daß die von einem Gendarmen vorgenommene Beschlagnahme verdorbenen Fleisches unzweifelhaft eine polizeiliche Verfügung enthalte, EK. 12. Febr. 1870 (das. S. 102), daß dasselbe gelte von dem zur Aufrechterhaltung des Marktverkehrs erteilten Befehle eines Polizeidieners. EK. 3. Juni 1854 (das. S. 396) weicht hiervon nur scheinbar ab. Dort heißt es: Die faktische, von einem Gendarmen zur Feststellung einer Steuerdefraude bewirkte Beschlagnahme eines Gewerbescheins möge in der wörtlichen Fassung des § 1 d. G. als polizeiliche Verfügung nicht begriffen sein; dennoch unterliege sie als berechtigte Handlung eines Polizeibeamten innerhalb seines amtlichen Wirkungskreises den im Ges. v. 1842 aufgestellten Grundsätzen, nach welchen es für die Zulässigkeit des RW. unerheblich sei, ob jene Beschlagnahme auf Anordnung des Landrats erfolge; sie geschehe immerhin auf Grund einer gesetzlichen Ermächtigung und werde dadurch als Akt der Polizeigewalt zureichend charakterisiert. Vgl. ferner EK. 5. März 1853 (das. S. 222).

56. Die Anwendbarkeit des Ges. ist ferner an keine Formen gebunden, welche bei Erlaß der polizeilichen Verfügung zu beobachten wären; vgl. RG. 10. Okt. 1893 (JMBl. 94 S. 77: die Form der polizeilichen Verfügung sei stets bedingt durch ihre Veranlassung). Das Ges. gilt daher auch bei nur mündlich erlassenen Verfügungen: EK. 7. Juni 1856, 2. Okt. 1858, 14. Okt. 1865, 13. März 1869, 12. Nov. 1881, 9. Juni 1883 (das. 56 S. 248; 59 S. 62; 66 S. 29; 69 S. 104; VMBl. 82 S. 5; Rh. A. 74, III. 4), RG. 26. Apr. 1887, 6. Febr. 1900 (das. 78, III. 81; Gruchot 44 S. 981), und bei dem unmittelbaren tätigen Eingreifen des Trägers der Polizeigewalt: EK. 30. Juni 1900 (DJurZtg. 6 S. 32). Ob die Verfügung von Amtswegen oder auf Antrag ergeht, ist belanglos: gen. RG. 1893.

57. Auch ist es unerheblich, ob der verfügende Beamte der Person gegenüber, wider welche die Verfügung gerichtet ist, seine amtliche Eigenschaft zu erkennen gegeben hat: EK. 14. Apr. 1855, 13. März 1869 (JMBl. 55 S. 215; 69 S. 104). Vgl. auch RG. 12. Okt. 1888 (Rh. A. 80, III. 12). Jedoch muß, damit der RW. ausgeschlossen sei, glaubhaft dargetan werden, daß es sich tatsächlich um eine polizeiliche Verfügung handle: EK. 10. Sept. 1864 (JMBl. S. 397: ein Amtmann wollte eine Anordnung, die er offenbar nur als Privatmann in seinem Interesse getroffen hatte, später als polizeiliche Verfügung aufrecht erhalten; der KK. wurde für unbegründet erklärt). Vgl. ferner RG. 17. Jan. 1890 (E. 25 S. 145, betraf ebenfalls einen zur Wahrung von Vermögensrechten einer Gemeinde vorgenommenen Akt, der später als polizeiliche Maßregel bezeichnet wurde), EK. 9. Juni, 13. Okt. 1883, 11. Dez. 1886 (Rechtspr. S. 341 ff.) und oben A. 51.

58. — desgleichen, ob eine vorherige Benachrichtigung an jene Person irgend stattgefunden hat. Überhaupt gehören zu den polizeilichen Verfügungen auch solche Maßregeln, welche ohne vorherige Ankündigung sofort ins Werk gestellt werden: EK. 7. Juni, 4. Okt. 1856, 7. Nov. 1857, 23. Juni 1858 (JMBl. 56 S. 248; 57 S. 48; 58 S. 193, 348), RG. 9. Juni 1883 (Rh. A. 74, III. 4). Infolgedessen ist es unerheblich, ob die Polizeibehörde, welche die zu erzwingende Handlung bei der Weigerung des Verpflichteten selbst vornimmt, über das in einer vorhergegangenen Anordnung verlangte hinausgeht: RG. 15. Mai 1902 (E. 51 S. 327), A. 43, 65. — Wenn im *EK. 12. Nov. 1859 (JMBl. 60 S. 376) gesagt wird, daß, sofern die Verfügung auch nur den Beteiligten notifiziert worden, sie für letztere verbindlich und nach dem Ges. v. 1842 zu beurteilen sei, so geschieht dies bloß zur Widerlegung der Ansicht, als ob zur Anwendbarkeit jenes Gesetzes eine Verfügung in der für allgemeine Polizeiverordnungen durch das Ges. v. 11. März 1850 vorgeschriebenen Form verkündet sein müsse.

59. Die aus § 1 herzuleitende Einrede der Unzulässigkeit des RW. steht nicht nur der Polizeibehörde, sondern auch den beteiligten Privatpersonen zur Seite: OT. 17. Okt. 1851 (Strieth. 22 S. 241); EK. 3. Juni 1854, 19. Okt. 1872 (JMBl. 54 S. 394; 73 S. 11); RG. 10. Okt. 1893 (das. 94 S. 77). Auch kann auf die Einrede nicht verzichtet werden.

60. § 1 kommt ferner bei Maßregeln zur Geltung, die ursprünglich gar nicht in polizeilichem Interesse getroffen wurden, sofern der durch sie herbeigeführte Zustand demnächst polizeilich aufrecht erhalten wird: EK. 8. März 1856, 10. Jan. 1863 (JMBl. 56 S. 128; 63 S. 104), RG. 14. Nov. 1890 (JurWoch. 20 S. 79 Nr. 33); vgl. ferner EK. 4. Juli 1863 (JMBl. S. 225: der Widerspruch der Behörde gegen Wegschaffung der neuen Anlage müsse ausdrücklich und unzweideutig erfolgen, die bloße polizeiliche Genehmigung der fraglichen Anlage sei nicht hinreichend; vgl. A. 61). Doch erachtet *EK. 12. Okt. 1861 (das. 62 S. 100) die Fortsetzung eines Rechtsverfahrens trotz des § 1 für statthaft, wenn die Behörde, nachdem ein von ihr erhobener KK. verworfen worden, nachträglich eine polizeiliche Verfügung treffe, die gegen den für zulässig erklärten RW. gerichtet ist, sollte auch das ergehende Urteil, vorausgesetzt, daß es sich auf den ursprünglichen Prozeßgegenstand beschränkt, mit jener Verfügung in Widerspruch stehen. Vgl. auch EK. 14. März 1896 (Rechtspr. S. 318).

61. Selbst eine bloße polizeiliche Genehmigung schließt den RW. dann aus, wenn die Genehmigung erteilt und damit die polizeiliche Anordnung getroffen wird, weil die Polizeibehörde die Vornahme der Handlung, der Erhaltung oder Ausbesserung der Anlage als im öffentlichen Interesse notwendig oder doch wünschenswert erkannt und bezeichnet hat: RG. 10. Okt. 1893, 26. Juni 1900 (JMBl. 94 S. 77; E. 46 S. 301). Dies ist insbesondere der Fall bei Anlagen des öffentlichen Verkehrs, Eisenbahn- und Kanalbauten usw., bei denen der KompGH. in ständiger Rechtsprechung anerkannt hat, daß die vom Ressortminister im Interesse des öffentlichen Verkehrs anerkannte Notwendigkeit einer Anlage für sich allein genügt, um das Vorhandensein einer polizeilichen Maßregel festzustellen, und daß es dem gegenüber darauf nicht weiter ankommt, ob die Ausführung einer solchen Anlage durch die Polizeibehörde selbst bezw. auf ihre gebietende Anordnung, oder von einer gleichfalls interessierten Privatperson mit bloßer Genehmigung der Polizeibehörde erfolgt; auch ist es unerheblich, ob die Billigung der Polizeibehörde vorhergegangen oder der durch die Privatperson bereits vorgenommenen Handlung nachgefolgt ist. Vgl. EK. 11. Febr., 18. März 1865, 12. Jan. 1867, 8. Jan. 1876 (JMBl. 65 S. 106, 112; 67 S. 93; VMBl. 76 S. 78). Ebenso erkannten RG. 13. Juli 1889 (Gruchot 34 S. 1133), 28. Nov. 1894 (JMBl. 95 S. 227 betr. Errichtung einer Anschlagssäule; dieses Erk. fand eine das öffentliche Interesse berührende polizeiliche Genehmigung schon darin, daß die Polizeibehörde erklärt hatte, gegen die Errichtung einer Anschlagssäule an einer bestimmten Stelle lägen polizeiliche Bedenken nicht vor [?]), 12. Apr. 1897 (Gruchot 42 S. 1008 betr. ebenfalls Anschlagssäulen). Im übrigen vgl. über baupolizeiliche Genehmigungen (abgesehen von Bauten des öffentlichen Verkehrs usw.) A. 67.

62. Der KompGH. hält selbst mittelbare Beschwerden über eine polizeiliche Verfügung für nicht prozeßfähig; vgl. EK. 3. Juni 1854, 11. Febr. 1860 (JMBl. 54 S. 394; 61 S. 199). Dies läßt sich jedoch in solcher Allgemeinheit nicht durchführen, sofern es sich um die privatrechtlichen Folgen einer polizeilichen Ver-

fügung handelt; vgl. OT. 27. Jan. 1851 (Strieth. 1 S. 202. Einer Witwe und ihrer minderjährigen Tochter war ohne vormundschaftliche Genehmigung der Auswanderungskonsens erteilt worden. Nachdem hierauf die Tochter im Auslande geheiratet hatte, klagte der Vormund auf Ungültigkeitserklärung der Ehe, welcher Klage entgegengesetzt wurde, daß Beklagte zur Zeit der Heirat in keinem preuß. Untertanenverhältnisse, mithin auch nicht unter preuß. Vormundschaft gestanden habe. Das OT. erklärte jedoch diesen Einwand für nicht zutreffend und die richterliche Erörterung über ihn für vollkommen statthaft, weil es sich nicht um die Gültigkeit der Entlassung aus jenem Verhältnisse überhaupt, sondern nur darum handle, ob dieselbe für die Minderjährige gelte und die Vormundschaft beendigt habe).

63. Eine unzulässige mittelbare Anfechtung einer polizeilichen Verfügung liegt auch dann vor, wenn ein Entschädigungsanspruch gegen den Staat damit begründet werden soll, daß die (nicht aufgehobene) polizeiliche Verfügung auf unrichtiger Anwendung des Gesetzes beruhe; es gilt hier das in A. 146 für Klagen aus § 4 gesagte. Vgl. RG. 20. Sept. 1890 (E. 26 S. 337) und unten A. 179.

64. Ganz unbedenklich kommt § 1 bei solchen Ansprüchen nicht zur Sprache, die mit dem Erlasse einer polizeilichen Verfügung zwar in entfernterem tatsächlichen Zusammenhange stehen, das Bestehen jener Verfügung jedoch sowie deren rechtliche Folgen nicht einmal mittelbar in Frage stellen. So sind z. B. Klagen auf Herausgabe polizeilich in Beschlag genommener Sachen zum RW. geeignet, wenn die Beschlagnahmeverfügung unbestritten zu bestehen aufgehört hat, wenn z. B. der Eigentümer von der Beschuldigung, deretwegen die Beschlagnahme stattfand, rechtskräftig freigesprochen wurde, desgleichen Klagen auf Ersatz des Schadens, der durch die fortgesetzte Vorenthaltung jener Sachen oder dadurch entstanden sein soll, daß die Polizeibehörde letztere durch Vernachlässigung habe verderben lassen: EK. 11. Juni 1853 (JMBl. S. 324. Hier war die Herausgabe verweigert worden, weil die Aufbewahrungskosten nicht erlegt seien. Der KompGH. sprach sich zu Gunsten des RW. sogar inbetreff desjenigen Entschädigungsanspruchs aus, welcher für den vor Erlaß des freisprechenden Urteils entbehrten Gebrauch erhoben war [?].) Anders liegt freilich der Fall, wo die Behörde die Sachen vor der Freisprechung verkauft hat, weil dieselben sich nicht aufbewahren ließen. Eine solche Maßregel ist selbst wieder als polizeiliche Verfügung zu betrachten und zwar als eine solche, welche nicht einmal einen Entschädigungsanspruch im Sinne des § 4 begründet. Hier kann der Freigesprochene mithin nur den Erlös einklagen.

65. Aus gleichem Grunde sind Streitigkeiten zum RW. geeignet, welche lediglich die Frage betreffen, ob die Ausführung einer polizeilichen Anordnung dieser entsprechend erfolgt sei, vorausgesetzt, daß die Ausführung nicht von der Polizei selbst ausgegangen ist (vgl. A. 43, 55) und daß jenen Streitigkeiten ein privatrechtliches Interesse zugrunde liegt; vgl. *OT. 8. Jan. 1856 (Strieth. 19 S. 232). [Eine Eisenbahngesellschaft war auf Entschädigung belangt, weil ein Bahndamm, dessen Anlage ihr gemäß landespolizeilicher Verfügung oblag, fehlerhaft konstruiert sei. Gegen das Erk. des AH. Cöln, welches der Klage gemäß entschied, wurde nun geltend gemacht, daß darüber, ob die Gesellschaft obige Verfügung gehörig erfüllt habe, dem Ges. v. 1842 zufolge nur von der anordnenden Verwaltungsbehörde selbst entschieden werden könne. Das OT. verwarf jedoch diese Auffassung, weil der AH. nicht die Frage einer Prüfung unterworfen habe, inwiefern die betreffende Maßregel hätte angeordnet werden dürfen, sondern inwiefern der Beklagten bei Ausführung der desfallsigen Arbeiten ein Verschulden zur Last falle, hierin aber ein Eingriff in die Befugnisse der Verwaltung nicht zu finden sei.] Ebenso RG. 7. Nov. 1888 (Gruchot 33 S. 1029: der RW. sei zulässig für die Schadensklage gegen einen Gemeindevorsteher, wenn behauptet werde, daß dieser, der zu selbständigen Amtshandlungen nicht berufen sei, einen ihm vom Amtsvorsteher erteilten polizeilichen Auftrag nicht auftragsgemäß ausgeführt habe; die klägerische Behauptung gehe eben dahin, der Beklagte habe etwas anderes getan, als die Verfügung des Amtsvorstehers ihm aufgegeben; sei das richtig, so liege eine außerhalb der Amtsbefugnisse des Beklagten stehende Handlung vor, wegen einer solchen müsse aber auch der Beamte vor den ordentlichen Gerichten Recht nehmen), ferner EK. 15. Okt. 1892, 13. Jan. 1894 (Rechtspr. S. 360), Droop S. 69 A. 5 und oben A. 58.

66. Ebenso steht § 1 einer Klage auf Anerkennung von Privatrechten oder auf Feststellung ihres Umfangs nicht im Wege, wenngleich der Erlaß einer polizeilichen Verfügung und die hierdurch angeblich herbeigeführte Schmälerung

jener Rechte ausgesprochenermaßen den Grund zur Klage gegeben hat, und die Art der Ausübung dieser Rechte mit der polizeilichen Verfügung in Widerspruch treten würde. In einer solchen Klage kann das Verlangen einer Ausnahmestellung um so weniger gefunden werden, als das auf die Klage ergehende Urteil die Anwendbarkeit abweichender polizeilicher Verfügungen ohnehin nicht ausschließen würde. Vgl. EK. 3., 24. Jan. 1857, 13. Okt. 1873 (JMBl. 57 S. 288, 291; 74 S. 38); A. 25, 137. Anders entschied EK. 14. Okt. 1882 (BMBl. 83 S. 11) in einem Falle, wo die Klage zwar aus Anlaß einer polizeilichen Verfügung, aber nicht gegen die verfügende Polizeibehörde (Bürgermeister), sondern gegen die Gemeinde dahin gerichtet war, das Eigentum des Klägers anzuerkennen und sich jedes Eingriffs in dieses Eigentum zu enthalten. Der KompGH. entschied, der zweite Teil des Klageantrags sei gemäß § 1 nicht zur Entscheidung der Gerichte geeignet, die nur lauten könne: daß der Bürgermeister der verklagten Gemeinde zum Erlaß der betreffenden Verfügung nicht befugt sei und daß deshalb die Gemeinde eines solchen durch ihren Bürgermeister als Ortspolizeiverwalter verübten Eingriffs in das Eigentum des Klägers sich enthalten müsse. Diese Entscheidung ist nicht einwandfrei, da der Bürgermeister als Polizeiverwalter kein Organ der Gemeinde ist; die Polizeiverwaltung wird durch ein gegen die Gemeinde ergehendes Urteil in keiner Weise berührt, auch kann durch letzteres weder unmittelbar noch mittelbar die Aufhebung der bereits ergangenen Verfügung erzielt werden.

67. Findet das Ges. v. 1842 bei solchen polizeilichen Verfügungen, die ausschließlich im Hinblick auf gewisse Personen und wider diese erlassen sind, auch dritten gegenüber Anwendung? In der Regel wird dies verneint werden müssen. So erkannte OT. 18. Aug. 1856 (E. 35, I. 282), daß eine polizeiliche Bauerlaubnis zwar für denjenigen, dem sie erteilt worden, eine polizeiliche Verfügung darstelle, wider welche er nicht den RW. beschreiten könne, um die Unverbindlichkeit der der Erlaubnis beigefügten Beschränkungen aussprechen zu lassen, daß jedoch das Gegenteil in Beziehung auf dritte Personen der Fall sei, indem für diese jene Verfügung gar nicht vorhanden sei. Ebenso erkannten EK. 9. März 1872 (JMBl. S. 135), RG. 28. Nov. 1894, 26. Juni 1900 (das. 95 S. 228; E. 46 S. 301); vgl. ferner OVG. 30. Apr. 1877, 10. Febr. 1879, 11. Febr. 1887 (E. 2 S. 355; 5 S. 354; 14 S. 380: dem durch Erteilung der Bauerlaubnis angeblich benachteiligten dritten steht nicht die Klage aus § 127 LVG. zu; denn er ist nicht durch die polizeiliche Verfügung, sondern durch die Ausübung des dem Nachbarn zustehenden Baurechts beschwert, was er nur bei den ordentlichen Gerichten geltend machen kann). — Dieselbe Frage kam beim *EK. 16. Dez. 1854 (JMBl. 55 S. 52) zur Sprache, fand hier jedoch eine wenigstens teilweise abweichende Beurteilung. Die Polizeibehörde hatte Sachen als vermeintliches Eigentum eines Deserteurs in Beschlag genommen. Als hierauf dessen Vater wider die betreffenden Polizeibeamten auf Herausgabe jener angeblich ihm gehörigen Sachen, sowie auf Schadensersatz klagte, wurde der KK. erhoben, welchen der KompGH. zwar inbetreff des ersten Antrags verwarf, inbetreff des zweiten dagegen mit Rücksicht auf § 6 d. G. aufrecht erhielt.

68. Ungeachtet § 1 sich ausdrücklich nur über die Unstatthaftigkeit des RW. wider ergangene polizeiliche Verfügungen ausspricht, so folgt dennoch aus der Natur der Sache wie aus dem Geiste des Gesetzes, daß die richterliche Entscheidung auch da wegfalle, wo eine Verfügung noch gar nicht vorliegt, das Begehren des Klägers aber auf Zuerkennung dessen gerichtet ist, was nur den Gegenstand einer solchen bilden kann. Folgeweise kann auch eine Klage auf Vollziehung einer polizeilichen Verfügung selbst unter Privaten in der Regel nicht zugelassen werden, da diese Vollziehung gleichfalls zu den Obliegenheiten der Polizei gehört, ein desfalls ergehendes richterliches Erkenntnis mithin einen Eingriff in das Ressort jener Behörde darstellen würde. [Die im ersten Satz aufgestellte Regel wird wohl richtiger nicht auf das Ges. v. 1842 zurückgeführt, sondern auf den letzterwähnten Grundsatz, daß keine Behörde in den Geschäftsbereich einer anderen hinübergreifen darf, bezw. auf die Erwägung, daß ein privatrechtlicher Anspruch auf Herstellung des gewünschten Zustandes nicht vorhanden ist, was zur Abweisung der Klage als unbegründet führen muß.] Diese Regel erleidet jedoch, abgesehen von dem im § 5 d. G. gesagten, alsdann eine Ausnahme, wenn die polizeiliche Verfügung den Titel für privatrechtliche Ansprüche dritter Personen bildet. Vgl. oben A. 65 und VO. v. 1808 A. 318.

69. Übrigens versteht sich von selbst, daß beim Zusammentreffen von

privatrechtlichen und polizeilichen Gründen die gerichtliche Geltendmachung der ersteren unverwehrt bleibt. Ein Fall dieser Art lag dem AH. Cöln 23. Jan. 1848 (Rh. A. 44, I. 37) zugrunde. [Eine Gemeinde hatte auf Wegschaffung von Bauten geklagt, welche, in ein Bachbett hineingerückt, angeblich den Wasserlauf und den Verkehr auf der Gemeindestraße hemmten. Das öff. Ministerium war nun der Ansicht, daß die Klage, da ihr Gegenstand polizeilicher Natur, bei der Regierung anzubringen sei. Der AH. erwog jedoch: den Rhein. Regierungen stehe zwar zu, die Fortschaffung der den Wasserlauf hindernden Anlagen im öffentlichen Interesse, wie auf Beschwerde von Privaten zu verordnen; hier handle es sich aber nicht um Vollziehung einer solchen Anordnung, vielmehr sei in deren Ermangelung eine auf Beeinträchtigung und Gefährdung des Gemeindeeigentums gestützte Klage angestellt, welche eben dieser privatrechtlichen Begründung halber sich vollkommen zum RW eigne.] — Vgl. ferner RGew.-O. §§ 16 ff.

70. [Früher waren auch die Strafgerichte in gewissen Fällen berechtigt bezw. verpflichtet, außer der Strafe auch die Beseitigung eines polizeiwidrigen Zustands zu verordnen; es erschien dies immerhin als Ausnahme, welche eine besondere gesetzliche Sanktion voraussetzte; vgl. KH. 24. Mai 1834 (Rh. A. 20, II. 29). Für das Gebiet des Rhein. Rechts hatte man eine sehr allgemeine Ermächtigung bezw. Verpflichtung des Strafrichters zu solchen Anordnungen, falls diese vom öff. Ministerium beantragt wurden, aus den Art. 161 und 172 des c. d'instr. crim. hergeleitet, indem man nämlich die Zerstörung polizeiwidriger Anlagen, namentlich solcher, welche den Vorschriften über die Baupolizei und das Alignement zuwider errichtet worden waren, als „restitutions“ und „réparations civiles“ im Sinne jener Artikel auffaßte. Vgl. Sir. 45, I. 141; 46, I. 66; 47, I. 319, — KH. 7. März 1842, 30. Sept. 1844 (Rh. A. 32, II. 54; Tr. A. 4, I. 79), Rechtspr. d. OT. 7 S. 224; 9 S. 253; 14 S. 112; 16 S. 103. Von der Polizei zu ergreifende Maßregeln wurden in der Regel nicht ausgeschlossen, wenn der Strafrichter eine derartige Anordnung zu treffen unterließ. Doch konnte die Niederlegung eines Stroh- oder Rohrdachs im Falle der KO. v. 2. Juli 1836 Nr. 4 (Rh. S. 5 S. 414) nur vom Richter ausgesprochen werden, da sie dort ausdrücklich als Strafe bezeichnet wird.]

§ 1 Abs. 2.

71. § 1 Abs. 2 gibt die Voraussetzungen an, unter denen der RW. in Beziehung auf polizeiliche Verfügungen zulässig ist. Es ist ein doppeltes notwendig:

a) es muß die Verletzung eines zum Privateigentum gehörenden Rechts behauptet werden (A. 77 ff.) und

b) es muß einer der Fälle der §§ 2 ff. vorliegen. Unter diesen Fällen befindet sich strenge genommen nur ein einziger, nämlich der des § 2, welcher als Ausnahme von der in § 1 Abs. 1 aufgestellten Regel erscheint. In diesem Falle ist die Klage allerdings unmittelbar gegen die Wirksamkeit und Verbindlichkeit der Verfügung gerichtet und wider die verfügende Behörde selbst anzustellen. § 3 beschränkt lediglich die im § 2 zu Gunsten des RW. enthaltene Vorschrift. Die §§ 4 und 6 betreffen bloße Entschädigungsklagen, und zwar § 4 solche, die die Gültigkeit bezw. das Fortbestehen der polizeilichen Verfügung gerade voraussetzen oder doch unberührt lassen, § 6 solche, die erst angestellt werden, wenn die Verfügung rechtlich zu bestehen aufgehört hat. § 5 endlich handelt von Rechtsstreiten, welche die polizeiliche Verfügung zwar berühren, aber nur mittelbar, und ohne daß die verfügende Behörde hierzu als Partei zugezogen werden könnte.

72. Possessorische Rechtsmittel gehören zu den nach § 1 Abs. 2 bezw. den §§ 2 ff. zulässigen Klagen allgemein nicht. Dies folgt zwar schwerlich, wie vielfach angenommen wird, — vgl. EK. 16. Apr. 1853 (JMBl. S. 233), — schon unmittelbar aus § 1 Abs. 2, insofern dort von „der Verletzung eines zum Privateigentum gehörenden Rechts“ geredet wird, (mit demselben Fuge könnte man aus § 1 der Einl. zur AGO. die Unzulässigkeit possessorischer Klagen überhaupt herleiten), wohl aber aus § 1 Abs. 1, indem jene Klagen Deliktsklagen sind, und aus § 3, in Verbindung mit der entsprechenden Bestimmung im § 42 der VO. v. 1808. Vgl. EK. 4. Juli 1863 (das. S. 268). Unter der Herrschaft der §§ 38 ff. das. stand es gleichfalls fest, daß wider polizeiliche Verfügungen niemals in possessorio angegangen werden könne, ungeachtet jene §§ keine dem § 1 Abs. 2 entsprechende Bestimmung enthielten; vgl. MVfg. 7. Juni 1833, 26. Juli 1839 (Wegener 1 S. 391; Jbb. 54 S. 88).

§ 2. Wenn derjenige, welchem durch eine polizeiliche Verfügung eine Verpflichtung auferlegt wird, die Befreiung von derselben auf Grund

---

73. Das eben gesagte gilt sogar dann, wenn nicht wider die Polizeibehörde selbst, sondern wider dritte geklagt wird; vgl. EK. 17. Dez. 1853, 3. Juni 1854, 4. Okt. 1856 (JMBl. 54 S. 395; 57 S. 36) und oben A. 59.

74. Ebensowenig ist ferner der mit der Besitzklage verbundene Antrag auf Ersatz des durch die Besitzstörung erlittenen Schadens im RW. verfolgbar. § 4 steht dem nicht entgegen, da er nur solche Ansprüche im Auge hat, die aus der Aufopferung von Rechten hervorgehen: EK. 11. März 1848, *24. März 1849, 9. Jan. 1858 (das. 48 S. 201; 49 S. 265; 58 S. 251), *ME. 22. Juli 1836 (Rh. S. 5 S. 426). Wenn *EK. 22. Nov. 1851 (JMBl. 52 S. 62) diese Ansicht nur bezüglich der zur Wiederherstellung des Besitzstandes erforderlichen Kosten aussprach und inbetreff des durch die Störung anderweit entstandenen Schadens den RW. für zulässig hielt, so geschah dies unter so eigentümlichen tatsächlichen Verhältnissen, daß in dieser Entscheidung schwerlich eine grundsätzliche Beantwortung der Frage in entgegengesetztem Sinne gefunden werden kann.

75. Wird freilich mit der Besitzklage eine Entschädigungsklage verbunden, welche mit der Besitzstörung in keinem Zusammenhange steht, so ist der RW. hinsichtlich der letzteren unbedenklich statthaft: *EK. 23. Juni 1858 (das. S. 348).

76. Aus der Unzulässigkeit von Besitzklagen wider polizeiliche Verfügungen folgt übrigens keineswegs, daß der durch eine solche Verfügung Betroffene aller mit dem Besitze verbundenen Vorteile verlustig werde. Namentlich wird an den Regeln über die Beweislast nichts geändert; demgemäß braucht jener, wenn er aus § 4 auf Entschädigung klagt, nur seinen Besitzstand vor Erlaß der polizeilichen Verfügung, nicht also auch sein Eigentum zu beweisen; letzteres wird vielmehr, wenn der Besitzstand dargetan ist, bis zum Beweise des Gegenteils vermutet. So: AH. Cöln 22. März 1854, 10. Juni 1857 (Rh. A. 49, I. 214; 52, I. 238). Dasselbe dürfte allgemein gelten.

77. § 1 Abs. 2 gestattet den RW. in den unter §§ 2ff. bezeichneten Fällen nur wegen Privatrechts-Verletzungen, indem er sich seiner Wortfassung nach an § 1 der Einl. zur AGO. anschließt. Die §§ 38ff. der VO. v. 1808 erwähnten diese Beschränkung nicht.

78. Der Ausdruck „Privateigentum" ist daher an dieser Stelle ebensowenig wie im gen. § 1 streng wörtlich zu nehmen, sondern begreift alle Vermögensrechte, namentlich auch unkörperliche Sachen in sich. EK. 6. März 1852 (JMBl. S. 237) wendet ihn sogar auf das Recht zum Gewerbebetriebe an. Vgl. ferner RG. 8. Febr. 1890 (E. 25 S. 331), Löning im Verwaltungsarchiv 3 S. 130 und unten A. 154.

79. Als ein zum Privateigentume gehöriges Recht ist selbstredend die Befugnis zu betrachten, die eignen Sachen, wo und wie man will, zu verkaufen, sofern dabei keiner gesetzlichen Vorschrift oder allgemein erlassenen Polizeiverordnung entgegengehandelt wird: *EK. 26. Nov. 1853 (JMBl. 54 S. 24: hier war die öffentliche Versteigerung von Gegenständen einer Fallitmasse ungerechtfertigterweise verhindert und zur Begründung des wider die desfallsige Entschädigungsklage erhobenen KK. geltend gemacht worden, daß in jener Verhinderung keine Verletzung eines Privatrechts enthalten sei).

80. Zur Begründung des RW. genügt, wenn die Verletzung eines Privatrechts behauptet wird; ob diese Behauptung richtig sei, hat gerade der Richter zu prüfen: EK. 23. Juni 1858 (JMBl. S. 391: Kläger nahm mehrere bei ihm in Beschlag genommenen Gegenstände als sein Eigentum in Anspruch, während er in einer früher gegen ihn geführten Untersuchung das Gegenteil behauptet hatte. Die Regierung folgerte aus diesem Widerspruche in den Erklärungen des Klägers mit Unrecht die Unanwendbarkeit des § 1. In demselben Erk. wurde anerkannt, daß der Einwand, die Klage sei wegen Untergangs der zurückgeforderten Gegenstände gegenstandslos geworden, gleichfalls nicht die Frage nach der Zulässigkeit des RW., sondern die Sache selbst betreffe).

§ 2.

81. § 2, der, wie schon bemerkt, zu Gunsten des RW. eine Ausnahme von der Regel macht, daß polizeiliche Verfügungen nur im Verwaltungswege angefochten

einer besonderen gesetzlichen Vorschrift oder eines speziellen Rechtstitels behauptet, so ist die richterliche Entscheidung sowohl über das Recht zu dieser Befreiung, als auch über dessen Wirkungen zulässig.

LVG. § 127 Abs. 4. Die Prüfung der Gesetzmäßigkeit der angefochtenen polizeilichen Verfügung erstreckt sich auch auf diejenigen Fälle, in welchen bisher nach § 2 des Ges. v. 11. Mai 1842 der ordentliche Rechtsweg zulässig war.

---

werden können, hat durch die neuere Verwaltungsgesetzgebung eine erhebliche Einschränkung erfahren. Auf den den Verwaltungsbehörden und Verwaltungsgerichten überwiesenen Gebieten sind die in besonderen Bestimmungen enthaltenen Vorbehalte des RW. nicht schon ohne weiteres durch § 13 GVG. weggefallen; es war vielmehr notwendig, aber auch ausreichend, die Verwaltungsgerichte auf diesen vorbehaltenen Gebieten für zuständig zu erklären, um dadurch in Verbindung mit gen. § 13 den ordentlichen RW. zu beseitigen. Vgl. die Begründung zum Entwurf des ZustGes. bei v. Brauchitsch 1 S. 213. Für die Klage aus § 2 findet man diese Ausdehnung der Verwaltungsgerichtsbarkeit in § 63 Abs. 4 des Organisationsges. v. 26. Juli 1880 bezw. in dem gleichlautenden § 127 Abs. 4 LVG. Die Tragweite dieser Vorschrift ist bestritten. Die Mehrheit der Schriftsteller ist in Übereinstimmung mit vorstehender Begründung der Ansicht, daß durch sie der bisher nach §§ 2 und 3 d. G. zulässig gewesene ordentliche RW. weggefallen ist, und mit Recht. Denn wenn die Verwaltungsgerichte auch in den auf § 2 gestützten Klagen die Gesetzmäßigkeit der polizeilichen Verfügung prüfen sollen, so sind sie damit zur Entscheidung dieser Klagen berufen, weil sie sonst nicht in die Lage kommen könnten, jene Prüfung vorzunehmen; sind aber Verwaltungsgerichte zuständig, so ist für die ordentlichen Gerichte gemäß § 13 GVG. kein Raum mehr. Vgl. v. Brauchitsch 1 S. 152 A. 242, Crome im Rh. A. 79, IV. 7 A. 9, Stölzel S. 207 A. 10 und die dort genannten. Auch die Rechtsprechung des RG. hat geschwankt; gegen die hier vertretene Ansicht sprechen RG. 26. Apr. 1889, 28. Jan. 1895 (E. 24 S. 281; Gruchot 39 S. 1018), anscheinend auch 26. Juni 1900 (E. 46 S. 302); geteilt wird sie z. B. von RG. 19. Febr. 1891, 6. Dez. 1892, 26. Jan. 1900 (Bolze 11 Nr. 623; JurWoch. 93 S. 70; E. 45 S. 270: die Prüfung der Gesetzmäßigkeit einer polizeilichen Verfügung sei dem Zivil- und Strafrichter durch die §§ 127—130 LVG. jetzt gänzlich, also auch in dem Falle des § 2 d. G. entzogen; der Richter habe daher, solange die Verfügung nicht aufgehoben sei, mit ihr und den durch sie geschaffenen Zuständen als feststehenden, im RW. nicht zu beseitigenden Tatsachen zu rechnen).

82. Das in A. 81 gesagte bedarf jedoch nach zwei Seiten einer Einschränkung. Da der Wegfall des ordentlichen RW. auf eine Bestimmung des LVG. zurückgeführt wird, so ist der RW. auch nur für dessen Anwendungsgebiet weggefallen. Gegen polizeiliche Verfügungen auf anderen Gebieten ist nach wie vor die Klage aus § 2 gegeben, so bei Verfügungen der Bergpolizei (ebenso Bornhak im Verwaltungsarchiv 5 S. 174), Eisenbahnpolizei, Strom- und Schiffahrtspolizei (vgl. RG. 26. Mai 1899, Gruchot 43 S. 1201; v. Brauchitsch 1 S. 155 A. 255), Kirchenpolizei (RG. 1. Febr. 1897, JurWoch. 97 S. 180; aM. jedoch mit Recht EK. 10. März 1900, DJurZtg. 5 S. 399; vgl. A. 41).

83. Mit der Beseitigung der Klage aus § 2 (die ja die einzige gegen die polizeiliche Verfügung gerichtete ist, vgl. A. 71) durch § 127 LVG. ist nicht gesagt, daß auf dem Gebiete des LVG. niemals gegen eine polizeiliche Verfügung im RW. vorgegangen werden könne. Denn auch bei den auf § 127 gestützten Klagen gilt der Satz, daß die Entscheidungen unbeschadet aller privatrechtlichen Verhältnisse ergehen (Abs. 5 das.). Es kann demnach auch heute noch gegen polizeiliche Verfügungen geklagt werden, wenn derartige Verhältnisse vorliegen; es ist dies im wesentlichen da der Fall, wo früher die Klage aus § 2 auf einen speziellen, die Befreiung von der auferlegten Verpflichtung aussprechenden Rechtstitel gestützt wurde. Auch für diese Klagen gelten daher die nachstehenden Erläuterungen. Für diese Klagen bildet aber, wie Stölzel S. 207 A. 10, 219 VI mit Recht bemerkt, nicht mehr § 2 die maßgebende gesetzliche Grundlage. (Nichtsdestoweniger wird § 2 noch als Grundlage von Klagen im ordentlichen RW. erwähnt, u. a. in EK. 13. März 1897, 13. Juni 1896, Rechtspr. Nachtr. S. 17, 18.) Vgl. auch Drucks.

d. HH. 1879/1880 Nr. 125 S. 49, d. AbgH. 1879/1880 Nr. 283 S. 54; EK. 14. Apr. 1883 (VMBl. S. 150).

84. Die nächste Bedingung für die Anwendbarkeit des § 2 besteht darin, daß eine polizeiliche Verfügung vorliege, die einer bestimmten Person irgend welche Verpflichtung auferlege. Verfügungen, bei denen dies nicht zutrifft, sind daher von vornherein vor gerichtlichen Anfechtungen auf Grund des § 2 gesichert; vgl. EK. 25. Sept. 1852 (JMBl. S. 375; die Regierung hatte, um das Wasser eines Flusses im Interesse der Schiffahrt zu vertiefen, die Anlage von Buhnenwerken veranlaßt, durch welche der Kläger eine ihm rechtlich zustehende Viehtrift beeinträchtigt glaubte. Der KompGH. erklärte den § 2 für unanwendbar, da die betreffende Verfügung dem Kläger keine Verpflichtung auferlege).

85. Doch braucht die auferlegte Verpflichtung nicht gerade ein Handeln, sie kann vielmehr auch ein Unterlassen zum Gegenstande haben.

86. Auch macht es keinen Unterschied, ob die Verpflichtung dem Beschwerten durch die polizeiliche Verfügung unmittelbar auferlegt wird, oder ob sie als gesetzliche Folge der Verfügung eingetreten ist; vgl. RG. 21. Apr. 1886 (E. 15 S. 138: die polizeiliche Verfügung bestand in der Verweigerung der Anerkennung einer Realschankgerechtigkeit; durch diese Nichtanerkennung werde dem Kläger die Verpflichtung auferlegt, gemäß § 33 Abs. 3 Gew.-O. den Nachweis eines Bedürfnisses für den von ihm beabsichtigten Wirtschaftsbetrieb zu erbringen).

87. Zweites Erfordernis ist die Berufung auf einen speziellen Rechtstitel oder auf eine besondere gesetzliche Vorschrift. Die §§ 38ff. der VO. v. 1808 erwähnten die Berufung auf eine besondere gesetzliche Vorschrift nicht, da sie noch weiter gingen, den RW. nämlich überall zuließen, wo die Verfügung einer ausdrücklichen Bestimmung der Gesetze entgegenlief, letztere mochte allgemeiner oder besonderer Natur sein. (Übrigens fehlten jene Worte auch im ursprünglichen Entwurfe des § 2, sie sind erst bei der Beratung des Gesetzes im Staatsrate hinzugefügt worden.) Ferner erläuterten obige §§ den Begriff eines speziellen Rechtstitels als zweiten Erfordernisses für die unmittelbar wider polizeiliche Verfügungen zu richtenden Klagen insofern näher, als sie hierzu nur denjenigen Titel für geeignet erklärten, „vermöge dessen man das der polizeilich angeordneten Verpflichtung entgegenstehende Recht gültig erworben zu haben behaupte", und stellten endlich beiden vorerwähnten Klagegrundlagen die nicht im RW. geltend zu machende Berufung auf die allgemeine bürgerliche Freiheit oder auf die Grundsätze vom freien Genusse des Eigentums gegenüber.

88. Hiernach waren schon unter der Herrschaft jener §§ 38ff. zur Begründung des RW. nicht geeignet solche Titel, durch welche jemand lediglich sein Eigentum oder gar nur seinen Besitzstand nachweist, z. B. rechtskräftige Urteile, welche dem Kläger das Eigentum zuerkennen oder ihn im Besitze schützen. Um so unbedenklicher gilt solches nach den Vorschriften des Ges. v. 1842, indem dieses den RW. ohnehin weit enger begrenzt und außerdem im § 4 mittelbar anerkennt, daß die Polizeibehörde sehr wohl in die Lage kommen könne, befugterweise in rechtlich begründete Privatrechte einzugreifen, hierdurch aber unzweideutig ausspricht, daß das nachgewiesene Vorhandensein derartiger Rechte noch keineswegs die Befreiung von polizeilich auferlegten Verpflichtungen dartue; vgl. EK. 23. Febr. 1856, 14. Apr. 1883, *23. Febr. 1856 (JMBl. 56 S. 100; VMBl. 83 S. 150; Rechtspr. S. 300); RG. 26. Apr. 1889 (E. 24 S. 281: unter „speziellem Rechtstitel" ist nicht der Titel für das dem Verletzten zustehende Recht zu verstehen, — dann würde § 2 überhaupt keine Bedeutung haben, vielmehr der RW. überall zulässig sein, wo durch eine polizeiliche Verfügung ein Privatrecht verletzt ist, — sondern ein besonderer Titel, kraft dessen der Verletzte gegen die erlassene polizeiliche Verfügung selbst geschützt wird). — AM. OT. 14. Jan. 1842 (Arnsb. Arch. 8 S. 304), welches in der Behauptung, daß das Recht auf unbeschränkte Benutzung einer Quelle dem Eigentume eines gewissen Grundstücks anklebe, und daß Kläger mit diesem Eigentume jenes Recht erlangt habe, die Berufung auf einen speziellen Rechtstitel im Sinne des § 38 erblickte.

89. Spezieller Rechtstitel im Sinne des § 2 ist vielmehr, entsprechend dem zur Erläuterung des § 79 II. 14 ALR. gesagten (vgl. VO. v. 1808 A. 230ff.) nur ein solcher, welcher ein unmittelbares Rechtsverhältnis zwischen dem Kläger und der Polizeibehörde begründet, den die letztere daher als sie verpflichtend anzuerkennen hat. Vgl. EK. 4. Febr. 1854, 11. Febr. 1865 (JMBl. 54 S. 332;

65 S. 99), OT. 14. März 1854 (Strieth. 12 S. 253), RG. 15. Juni 1888 (Rh. A. 79, III. 96). Schon aus diesem Grunde ist der Besitz kein Titel, abgesehen davon, daß gegen polizeiliche Verfügungen Besitzklagen unstatthaft sind; vgl. gen. EK. 1865, OVG. 3. Apr. 1882 (E. 8 S. 226).

90. Dahin gehört sonach kein Urteil oder Vertrag, bei welchem die Behörde entweder gar nicht beteiligt ist oder doch nicht als Partei, sondern in anderer Weise, z. B. in Ausübung des landesherrlichen Aufsichtsrechts, oder bei dem der die Verfügung erlassende Beamte zwar Partei war, aber nicht als Polizeibehörde, sondern in anderer Eigenschaft z. B. als Vertreter von Gemeindevermögen; vgl. EK. 18. Dez. 1852, 16. Apr. 1853, 23. Febr., 3. Mai, 25. Okt. 1856, 1. Okt. 1859 (JMBl. 53 S. 163, 212; 56 S. 109, 118, 208; 57 S. 79; 59 S. 260). [EK. 16. Apr. 1853 erklärte demzufolge einen mit dem Domänenfiskus geschlossenen Vertrag für nicht geeignet, um einer Verfügung der Landes-Polizeibehörde gegenüber als spezieller Rechtstitel zu dienen. In EK. 1. Okt. 1859 wird gesagt: die Verpflichtung des Autors zur Gewährleistung könne, gleichviel, ob der Verpflichtete der Fiskus oder ein anderer sei, nicht als Titel im Sinne des § 2 angerufen werden.]

91. Dies erleidet jedoch eine Ausnahme, wenn die Behörde den durch solche Akte geordneten Rechtszustand nachträglich anerkannt hat: EK. 16. Sept. 1854 (das. S. 440).

92. Eine Bauerlaubnis ist kein spezieller Rechtstitel; sie schafft für die Polizeibehörde keinen unabänderlichen Rechtszustand: OVG. 1. Febr. 1890 Nr. I. 139, v. Brauchitsch 1 S. 152 A. 242. Vgl. A. 96.

93. Die Verjährung kann als spezieller Rechtstitel unbedenklich nicht angerufen werden, wenn sie den Erwerbsgrund für ein durch die Verfügung verletztes Privatrecht bilden soll, indem das Bestehen eines solchen Rechts keine Befreiung von polizeilich auferlegten Verpflichtungen, sondern höchstens einen Entschädigungsanspruch (§ 4) begründet. Vgl. oben A. 88, ME. 24. Sept. 1840 (Jbb. 56 S. 146); OT. 14. März 1854 (Strieth. 12 S. 253); EK. 11. Juni 1853, 7. Mai 1859, 9. März 1861 (JMBl. 53 S. 264; 59 S. 384; 62 S. 168), RG. 15. Juni 1888 (Rh. A. 79, III. 96). — Ob dagegen die Behauptung, daß man die Befreiung von der durch eine polizeiliche Verfügung auferlegten Verbindlichkeit durch Verjährung erworben habe, den RW. eröffne, ist streitig. EK. 21. Sept. 1860 (JMBl. 61 S. 174) verneint, *ME. 17. Jan. 1843 (Rh. A. 36, I. 210) bejaht diese Frage. [In letzterem Falle wollte Kläger ein Widerspruchsrecht bezüglich der in einer Bachordnung v. 1769 erteilten polizeilichen Vorschriften ersessen haben.] Da jedoch die in der Polizeigewalt des Staats enthaltenen Befugnisse sowohl nach den Grundsätzen des früheren preuß., gemeinen und rhein. Rechts, als nach denen des BGB. dem Privatverkehre entzogen sind, mithin niemals den Gegenstand einer Verjährung bilden können, — vgl. OT. 10. Febr. 1847, 24. Febr. 1848, EK. 9. März 1861, AH. Cöln 12. Febr. 1844 (E. 15 S. 291; 16 S. 211; JMBl. 62 S. 148; Rh. A. 36, I. 213), OVG. 3. Juni 1882, 12. Nov. 1889 (E. 9 S. 218; 18 S. 239), — so würde eine solche Klage immerhin unbegründet sein.

94. *EK. 3. Juni 1848 in S. Warweiler g. Fiskus erblickte in einem Schöffenweistume der Herrschaft Mörsdorf vom J. 1747, wonach dem klagenden Mühlenbesitzer als Rechtsnachfolger jener Herrschaft das Recht zustehen soll, die Verengerung des Fahrwassers im schiffbaren Sauerfluß (durch Anlage eines Wehrs) bis auf 6 Fuß vorzunehmen, einen speziellen Rechtstitel, gegenüber einem Regulativ der Regierung zu Trier, welches im flußpolizeilichen Interesse die Breite des Fahrwassers anderweitig bestimmte.

95. Außer gerichtlichen Urteilen, Verträgen usw. können unter Umständen auch Privilegien und polizeiliche Konzessionen als spezielle Rechtstitel angerufen werden. So erachtete eine noch unter der Herrschaft der §§ 38ff. der VO. v. 1808 ergangene *ME. (Rh. A. 35, I. 95) in einem Falle, wo die Polizeibehörde die Zerstörung eines Wehrs, weil dasselbe konzessionswidrig eingerichtet sei, verfügt hatte, die richterliche Entscheidung darüber für statthaft, ob jene Voraussetzung wirklich zutreffe, da die Behauptung, das Wehr sei der Konzession gemäß eingerichtet, die Berufung auf einen speziellen Rechtstitel, nämlich die Konzession, selbst enthalte. RG. 28. Jan. 1895 (Gruchot 39 S. 1018) erklärte ein Apothekerprivileg für einen speziellen Titel im Sinne des § 2.

96. Jene *ME. unterschied übrigens zwischen dem oben erwähnten und dem

anderen Falle, wo die Polizeibehörde nicht behaupte, der Konzession sei zuwider gehandelt, sondern deren Erfüllung sei aus polizeilichen Gründen nicht zulässig, indem sie für letzteren Fall annahm, daß der Inhaber der Konzession nicht auf deren Erfüllung, sondern nur auf Entschädigung klagen könne. Ebenso erkannte AH. Cöln 30. Jan. 1826 (Rh. A. 9, I. 37) unter Bezugnahme der gen. §§ 38—40, daß Kläger, dem die Erlaubnis zum Bau eines Pulvermagazins anfangs erteilt, später aber, ohne daß ihm ein Verschulden zur Last gelegt wurde, wieder entzogen worden war, Entschädigung, insbesondere Ersatz der in der Zwischenzeit verwandten Baukosten, und nur dieses im RW. zu beanspruchen befugt sei. Beiden Entscheidungen scheint die Ansicht zugrunde zu liegen, daß die Befugnis der Polizeibehörde, aus Gründen des Gemeinwohls in bestehende Privatrechte einzugreifen, sich nach Umständen auch solchen Privatrechten gegenüber als wirksam erweise, denen unter gewöhnlichen Verhältnissen der gerichtliche Schutz zufolge gen. § 38 bezw. § 2 d. G. nicht hätte versagt werden können, daß also, von etwaigen Entschädigungsansprüchen abgesehen, die Berufung auf spezielle Rechtstitel usw. überall nicht zutreffe, wo es sich um ältere Rechtsverhältnisse handle, die durch die neuerdings ergangene polizeiliche Anordnung eben beseitigt werden sollten, — eine Ansicht, die anscheinend auch von EK. 1. Okt. 1859 (JMBl. S. 260) geteilt wird. Vgl. A. 92.

97. Unter „besonderer gesetzlicher Vorschrift" versteht § 2 nicht jede noch so allgemeine Gesetzesstelle, sondern nur eine solche Vorschrift, welche ein ius singulare, eine Ausnahme von der Gesetzesregel begründet; vgl. OT. 25. Nov. 1853 (Strieth. 11 S. 70); EK. 4. Febr. 1854 (JMBl. S. 332) und oben A. 87.

98. Dahin gehört der (gegenwärtig nur noch für ältere, d. h. vor Publikation der VO. v. 18. Nov. 1819, GS. S. 250 erbaute Windmühlen geltende) § 247 II. 15 ALR.: EK. 24. Jan. 1857 (JMBl. S. 272).

99. Dasselbe gilt von § 2 c. des Jagdpol.-Ges. v. 7. März 1850, insofern bei der der Kommunalverwaltung übertragenen Bildung der Jagdbezirke von der Ausübung polizeilicher Befugnisse überhaupt die Rede sein kann: EK. 3. Mai 1856 (das. S. 188 a. E.);

100. — nicht aber von §§ 81, 102ff., 128, 187 I. 8 ALR.; vgl. EK. 7. Nov. 1857, 13. Okt. 1860, JMVfg. 26. Juli 1839 (das. 58 S. 193; 61 S. 270; Jbb. 54 S. 88);

101. — noch von § 37 II. 7; §§ 11, 44, 45, 50 II. 15 ALR.: EK. 5. Apr. 1851, 15. Apr. 1848, 22. Sept. 1860 (das. 51 S. 204; 48 S. 299; 61 S. 270);

102. — noch von Art. 671 c. c.: *EK. 4. Febr. 1854 (das. S. 295).

103. Ferner erkannte *EK. 6. März 1852 (das. S. 238), daß der RW. wider die polizeilich angeordnete Unterdrückung des Buchdruckereibetriebs nicht durch die (später in authentischer Deklaration bestätigte) Behauptung eröffnet werde, daß § 74 Gew.-O. v. 17. Jan. 1845, auf welchen jene Verfügung gegründet ward, zufolge § 54 Preßges. v. 12. Mai 1851 in Beziehung auf das Buchdruckereigewerbe außer Kraft getreten sei.

104. In gleicher Weise können gemäß EK. 23. Juni 1858 (das. S. 391) die §§ 29 und 50 des Preßges. v. 12. Mai 1851 (vgl. jetzt § 27 RPreßges. v. 7. Mai 1874) nicht als besondere Gesetzesvorschriften betrachtet werden, welche die Befreiung von polizeilichen Beschlagnahmen der Druckschriften strafbaren Inhalts zu Gunsten bloßer Privatbesitzer begründeten, da dieselben, obschon sie nach dem Beweis aus dem Gegenteil zu erkennen geben, daß die im Privatbesitze befindlichen Schriften der Beschlagnahme nicht unterliegen sollen, dennoch keine Befreiung für die Besitzer ausdrücklich enthalten.

105. Ebensowenig sind zu den „besonderen gesetzlichen Vorschriften" solche Bestimmungen zu zählen, auf deren Grund oder mindestens bei deren Bestehen eine Anordnung getroffen worden ist und über deren Beachtung die vorgesetzte Instanz gerade zu wachen hat. So: EK. 7. Mai 1859, 9. März 1861 (JMBl. 59 S. 384; 62 S. 148; in beiden Fällen handelte es sich um eine städtische Baupolizei-O.).

106. Desgleichen liegt kein Fall des § 2 vor, wenn die Behauptung bloß dahin geht, daß einer VO. durch die von der Polizeibehörde getroffene Verfügung, allgemeinen Rechtsgrundsätzen zuwider, rückwirkende Kraft beigelegt worden sei: *EK. 7. Okt. 1854 (JMBl. 55 S. 36);

107. — noch, wenn lediglich behauptet wird, die betreffende Verpflichtung liege einem anderen, z. B. dem Staate, ob. Alsdann kommt vielmehr § 5 zur

§ 3. Die Verfügung (§ 2) kann jedoch des Widerspruchs ungeachtet zur Ausführung gebracht werden, wenn solches nach dem Ermessen der Polizeibehörde ohne Nachteil für das allgemeine nicht ausgesetzt bleiben kann. Nach ergangenem rechtskräftigen Erkenntnisse muß die Polizeibehörde dessen Bestimmungen bei ihren weiteren Anordnungen beachten.

Anwendung, wonach nicht gegen die Polizeibehörde, sondern gegen jenen anderen geklagt werden muß: Ek. 3. Nov. 1847 (JMBl. 48 S. 137).

108. Übrigens genügt es zur Begründung des RW., wenn die Befreiung auf Grund eines speziellen Rechtstitels oder Gesetzes behauptet wird; ob diese Behauptung richtig sei und die daraus gezogene Folgerung rechtlich gestatte, hat gerade der Richter zu prüfen. Vgl. OT. 25. Nov. 1853 (Strieth. 11 S. 69) und oben A. 80. Nur muß die Behauptung selbstredend so lauten, daß sie, ihre tatsächliche Richtigkeit vorausgesetzt, den Bedingungen des § 2 irgendwie entsprechen würde.

109. Immerhin erstreckt sich die richterliche Zuständigkeit aber nur auf obige Prüfung und deren rechtliche Folgen. Wird eine Verfügung daher gleichzeitig aus andern, als den in § 2 zugelassenen Gründen angefochten, so kommt hinsichtlich dieser der Grundsatz des § 1 zur Anwendung; vgl. VO. v. 1808 § 38.

110. Wenngleich bei den gemäß § 2 anzustellenden Klagen die betreffende Verfügung selbst den eigentlichen Gegenstand der Anfechtung bildet, indem der Richter angegangen wird, das Gegenteil von dem auszusprechen, was die polizeiliche Verfügung dem Kläger gegenüber angeordnet hat, so darf dennoch der Richter dem Wortlaute des § 2 zufolge die Verfügung in seinem Urteile nicht geradezu aufheben oder für ungültig erklären; er hat sich vielmehr darauf zu beschränken, die Befreiung des Klägers von der streitigen Verbindlichkeit und deren rechtliche Wirkungen auszusprechen, woraus der Natur der Sache und den Schlußworten des § 3 nach von selbst folgt, daß die Polizeibehörde auf Ausführung ihrer Verfügung nicht weiter bestehen darf. — Ist die Verfügung (etwa auf Beschwerde) wieder aufgehoben worden, so ist damit der Klage aus § 2 die Grundlage entzogen: OVG. 3. Apr. 1882 (E. 8 S. 226).

111. Unter den „rechtlichen Wirkungen" des § 2 sind etwaige Entschädigungen, insbesondere der Ersatz des durch die vorläufige Vollziehung der Verfügung (§ 3) erwachsenen Schadens mitbegriffen (§ 38 VO. v. 1808 erwähnt des Schadensersatzes ausdrücklich, ebenso das Regl. v. 21. Juni 1804 § 9 Nr. 6, Rabe 8 S. 110). Bei Klagen im Sinne des § 2, insofern sie auf Entschädigung mit gerichtet sind, brauchen deshalb die Voraussetzungen des § 4 nicht gegeben zu sein, wie denn auch zwischen den Entschädigungsklagen der einen und der andern Art der grundsätzliche Unterschied besteht, daß die Klagen des § 2 wider die Polizeibehörde selbst (als Vertreterin der Staatsgewalt) anzustellen sind, was bei denen des § 4 nicht der Fall ist. Vgl. RG. 7. Nov. 1882, 21. Apr. 1886, 25. März 1889 (E. 8 S. 226; 15 S. 145; 23 S. 266.) Dagegen wird gemäß § 6 gegen die Person und das Privatvermögen des betreffenden Polizeibeamten ein Entschädigungsanspruch auf Grund des § 2 nicht geltend gemacht werden können. Vgl. Löwenberg aaO. — Die Polizeibehörde selbst kann natürlich die Klage aus § 2 nicht anstellen; vgl. gen. OVG. 3. Apr. 1882, VO. v. 1808 A. 487.

§ 3.

112. Für das Anwendungsgebiet des LVG. ist mit § 2 auch § 3 weggefallen; vgl. A. 81, 115.

113. § 3 entspricht dem § 39 der VO. v. 1808; er ist jedoch insofern allgemeinerer Natur, als er alle Fälle des § 2 umfaßt, während § 39 die vorläufige Vollstreckbarkeit der polizeilichen Verfügung nicht allen nach § 38 das. zulässigen Klagen, sondern nur den auf einen speziellen Rechtstitel gestützten gegenüber ausspricht.

114. Die Frage, ob die Beschwerde bei der vorgesetzten Dienstbehörde aufschiebende Wirkung habe, ist für § 3 ohne Bedeutung; sie ist in der Regel zu verneinen.

115. § 3 bezieht sich lediglich auf die Fälle des § 2. Für die übrigen Fälle, wo dem Ges. v. 1842 zufolge der RW. stattfindet, war eine solche Vorschrift nicht

§ 4. Steht einer polizeilichen Verfügung ein besonderes Recht auf Befreiung (§ 2) nicht entgegen, es wird aber behauptet, daß durch dieselbe ein solcher Eingriff in Privatrechte geschehen sei, für welchen nach den gesetzlichen Vorschriften über Aufopferungen der Rechte und Vorteile des einzelnen im Interesse des allgemeinen Entschädigung gewährt werden muß, so findet der Rechtsweg darüber statt, ob ein Eingriff dieser Art vorhanden sei und zu welchem Betrage dafür Entschädigung geleistet werden müsse.

Eine Wiederherstellung des früheren Zustandes kann in diesem Falle niemals verlangt werden, wenn solche nach dem Ermessen der Polizeibehörde unzulässig ist.

---

nötig, da bei diesen die polizeiliche Verfügung ohnehin keine Anfechtung erleidet, welche die Aufschiebung ihrer Wirksamkeit zur Folge haben könnte.

116. Demzufolge ist ein rechtskräftiges Urteil im Sinne des § 3 a. E. nur dasjenige, welches wider die Polizeibehörde selbst auf Grund eines besonderen Gesetzes oder Rechtstitels erstritten wird und ausdrücklich ausspricht, daß Kläger der betreffenden Verfügung nicht habe unterworfen werden können; vgl. *ER. 23. Febr. 1857 (Rechtspr. S. 300), RG. 7. Nov. 1882 (E. 8 S. 226). — In diesem Satze tritt der Unterschied zwischen dem Falle, wo es sich um die vorläufige Ausführung einer polizeilichen Verfügung (§ 3) handelt, und dem, wo die Verfügung selbst eine bloß vorläufig und unter dem Vorbehalte der Rechte der Beteiligten getroffene ist (§ 5), scharf hervor.

117. Dadurch, daß die richterliche Entscheidung, wenn sie zu Gunsten des Klägers ausfällt, die Unwirksamkeit der Verfügung zur Folge hat, unterscheidet sich der Fall des § 3 [bezw. 2] von dem des § 4, indem bei dem letzteren die Wiederherstellung des früheren Zustands nur insofern erfolgt, als die Polizeibehörde dies für zulässig hält; vgl. Löwenberg aaO.

118. Nach dem Schlußsatze des § 3 ist, wenn die Verfügung regelmäßig wiederkehrende Leistungen zum Gegenstande hat, hinsichtlich dieser vom Zeitpunkte der Rechtskraft des Urteils ab das letztere ausschließlich maßgebend: Löwenberg aaO.

119. Jener Schlußsatz spricht übrigens nur von dem, wozu die Behörde verpflichtet ist. Das landesherrliche ius eminens bleibt hierbei, sowie bei allen übrigen Bestimmungen des Ges. v. 1842 unberührt: Löwenberg aaO.

§ 4.

120. § 4 steht in der engsten Wechselbeziehung zu dem im § 1 enthaltenen Grundsatze, indem er gewissermaßen das Gegengewicht zu letzteren bildet und die bei Handhabung desselben hervortretenden Härten nach Möglichkeit ausgleicht. Da nämlich nach § 1 eine polizeiliche Verfügung, von den überaus seltenen Fällen des § 2 abgesehen, selbst dann nicht im RW. angefochten werden kann, wenn sie einen Eingriff in Privateigentum enthält, ja da die Polizeibehörde unter Umständen sogar zu solchen Eingriffen befugt ist, so daß nicht einmal die Beschwerde bei der vorgesetzten Behörde irgend welche Abhülfe verspricht, so würde der Satz der Unverletzlichkeit des Eigentums der Polizeigewalt gegenüber ohne alle Bedeutung sein, wenn die Gesetzgebung nicht wenigstens demjenigen, in dessen Privatrechte von der Polizeibehörde aus Gründen des gemeinen Besten eingegriffen wird, einen auf dem RW. verfolgbaren Entschädigungsanspruch zubilligte. In den landrechtlichen Vorschriften über die Ersatzansprüche einzelner für die ihnen zum allgemeinen Besten angemuteten Vermögensopfer wird jedoch jenes Falles nicht besonders gedacht. Es geschieht vielmehr erst durch § 40 der VO. v. 1808, indem jener Fall an der Stelle, welche mit den Worten beginnt: „Ist solches nicht usw." einbegriffen ist. § 4 d. G. wiederholt diese Bestimmung in klarerer Fassung. Vgl. Löwenberg aaO., ferner Anschütz im Verwaltungsarchiv 5 S. 67ff.

121. Die im § 4 erwähnten gesetzlichen Vorschriften finden sich den Grundzügen nach in den §§ 29—32 I. 8; §§ 3ff. I. 11; § 75 der Einl. des ALR. und haben in verschiedenen einzelnen Bestimmungen desselben sowie in späteren Einzelgesetzen Anwendung und Entwicklung gefunden: OT. 9. Dez. 1856 (Strieth. 23 S. 140).

§ 4 selbst enthält keine Bestimmung über die Entschädigungspflicht. Vgl. OLG. Cöln 23. Jan. 1894 (Rh. A. 84, I. 84), Anschütz aaO. S. 81.

122. Da hiernach § 4 nur solche Fälle umfaßt, die einer eigentlichen Enteignung gleichartig sind, — vgl. EK. 4. Sept. 1849, 28. Dez. 1850 (JMBl. 49 S. 455; 51 S. 156; ersteres spricht sogar ausdrücklich aus, daß das landesherrliche Enteignungsrecht durch § 4 für polizeiliche Zwecke auf die Polizeibehörden übertragen worden sei), ferner RG. 19. Okt. 1900 (Rh. A. 97, II. 8: die Entschädigungspflicht sei gegeben, ohne daß es der Einleitung eines besonderen Enteignungsverfahrens bedürfe), — so kommt das in A. 127 ff. zur VO. v. 1808 gesagte entsprechend auch bei Auslegung des § 4 in Betracht.

123. Insbesondere wird zur erfolgreichen Durchführung einer auf § 4 gegründeten Klage erfordert, daß ein wirklicher Eingriff in Privatrechte erfolgt sei, wenn derselbe auch nicht gerade in der erzwungenen Abtretung von Sachen zu bestehen braucht; vgl. OT. 2. Juli 1852 (Strieth. 6 S. 222), AH. Cöln 1. Dez. 1858 (Rh. A. 55, I. 133). (Nicht notwendig ist die dauernde Entziehung eines Rechts, es genügt auch eine zeitweise Beschränkung in der Ausübung: RG. 1. Juni 1900, E. 46 S. 286; ebenso ist die Veranlassung des Eingriffs unerheblich, z. B. die über ein Grundstück zur Wegeanlage verfügende Behörde hält sich irrtümlich für dessen Eigentümer; es genügt die Tatsache des Eingriffs: gen. RG. 19. Okt. 1900.) Macht dagegen die Behörde nur eine gesetzliche Beschränkung des Privateigentums geltend oder handelt sie gar kraft eines ihr selbst zustehenden Eigentumsrechts und innerhalb der Schranken desselben, so liegt ein Fall des § 4 nicht vor.

124. So erkannte AH. Cöln 1. Juni 1859 (Rh A. 55, I. 11), daß, wenn die Polizeibehörde die Beseitigung einer ohne Genehmigung der Regierung unzulässigen Erhöhung der Erdoberfläche im Inundationsgebiete eines Flusses verfüge, dem Eigentümer kein Entschädigungsanspruch gemäß § 4 zustehe, weil jene durch § 1 Deichgef. v. 28. Jan. 1848 eingeführte Beschränkung den Charakter einer gesetzlichen Servitut an sich trage.

125. Auf demselben Grundsatz (A. 123) beruht OT. 8. Febr. 1856 (Strieth. 19 S. 351), sofern es demjenigen, welcher nach Erlaß der Buden-Regl. v. 20. Juli 1787 und 15. Aug. 1801 in Berlin einen Scharrn erwerbe, jeden aus eignem Rechte abzuleitenden Anspruch auf Entschädigung für das diesen Reglements gemäß bewirkte Abbrechen des Scharrns abspricht;

126. — desgleichen AH. Cöln 17. März 1861 (Rh. A. 56, I. 130), wonach die Handhabung der in einer Wege-Ordn. enthaltenen Vorschrift, daß Neubauten um mehrere Fuß von der Landstraße zurückbleiben sollen, keinen Entschädigungsanspruch begründet, weil jene Vorschrift ein Reglement im Sinne der Art. 544, 650 c. c. darstelle, und daher die Auflage einer gesetzlichen Servitut enthalte. Eine Fluchtlinienfestsetzung auf Grund der §§ 1 ff. Ges. v. 2. Juli 1875 begründet für die betroffenen Grundstücke eine gesetzliche Einschränkung des Eigentums, welche den Eigentümern nur den Anspruch aus § 13 jenes Ges. gibt, aber jeden weiteren Entschädigungsanspruch ausschließt. Bauverbote dagegen, die vor der Festsetzung der Fluchtlinie ergangen sind, berechtigen zur vollen Entschädigung: RG. 8. Mai 1890, 14. Okt. 1882 (E. 26 S. 265; 6 S. 295), AH. Cöln 1. Dez. 1858, 22. Mai 1860 (Rh. A. 54, I. 132; 56, I. 29); aM. für das Gebiet des ALR. OT. 13. Okt. 1857, 8. Apr. 1837, Präj. 220 (Strieth. 26 S. 274 ff.).

127. Dasselbe (A. 125) gilt von RG. 14. Juni 1890 (JMBl. 91 S. 3: keine Entschädigung wird gewährt, wenn die Polizeibehörde von dem ihr zustehenden Recht Gebrauch macht, den Abbruch eines baufälligen Hauses zu erzwingen); 20. Sept. 1890 (das. S. 15: Versagung des Wiederaufbaus einer abgebrannten Windmühle in geringerer als der gesetzlich vorgeschriebenen Entfernung vom Wege); EK. 9. Juni 1877 (VMBl. S. 285: die Polizeibehörde hatte das Verscharren einer durch den zuständigen Kreistierarzt für krank erachteten Kuh angeordnet); OLG. Cöln 23. Jan. 1892 (Rh. A. 84, I. 84: Entfernung einer an der Straße liegenden Düngergrube aus gesundheitspolizeilichen Gründen); 15. Mai 1901 (das. 97, I. 150: Untersagung eines Gewerbebetriebs aus Gesundheitsrücksichten). Überhaupt begründen alle diejenigen Verfügungen keinen Entschädigungsanspruch, durch die jemand lediglich gezwungen werden soll, sein Eigentum in dem durch das Gemeinwohl geforderten Zustande zu erhalten; vgl. OVG. 5. Dez. 1881 (E. 8 S. 327).

128. Inwiefern obiger Satz (A. 123) auch bei den auf Grund polizeilich er-

kannter Notwendigkeit und im öffentlichen Interesse mit einer Gemeinde- oder städtischen Straße vorgenommenen Veränderungen bezw. bei den mit solchen Veränderungen, z. B. denjenigen der Höhenlage, für die Anlieger verknüpften Nachteilen zur Anwendung komme, ist entsprechend der in A. 129 zur VO. v. 1808 erörterten Frage zu beurteilen und gleich dieser streitig; vgl. OT. 20. Dez. 1853 (Strieth. 11 S. 166), — AH. Cöln 24. Jan. 1831, 20. Nov. 1851, 19. Febr. 1862 (Rh. A. 15, I. 69; 46, I. 253; 56, I. 228). [Die Rhein. Jurisprudenz vertritt auch hier die der Billigkeit entsprechendere Ansicht, wogegen das OT. daran festhielt, daß ein Entschädigungsanspruch aus solchen mit dem Gemeindeeigentume vorgenommenen Veränderungen nicht folge, falls die Gemeinde die für den Eigentümer durch das Gesetz, insbesondere den § 185 I. 8 ALR., gezogenen Schranken eingehalten habe.]

129. Vorschriften, welche lediglich die allgemeinen Grundsätze von der Polizeigewalt aufrecht erhalten, indem sie dieselben auf einzelne Sondergebiete anwenden [wie es z. B. die §§ 82, 108 II 16 ALR. und § 1 Ges. v. 21. Mai 1860 inbetreff des Bergbaubetriebs taten; vgl. jetzt Berggesetz. §§ 153ff., Oppenhoff, Bergges. A. 888], begründen keine gesetzlichen Servituten, deren Handhabung von vornherein jeden Entschädigungsanspruch ausschließt.

130. Sodann wird zur Anwendbarkeit des § 4 erfordert, daß das Vermögensopfer des einzelnen zum Wohle des allgemeinen verlangt und gebracht worden sei. Dies ist jedoch nicht so zu verstehen, als ob § 4 nur solche Fälle umfasse, wo das allgemeine Landesinteresse beteiligt ist. Ein Entschädigungsanspruch im Sinne des § 4 kann vielmehr auch dadurch erwachsen, daß eine polizeiliche Verfügung nur im Interesse einer Gemeinde oder sonstigen Korporation, z. B. eines Deichverbands getroffen wurde; vgl. OT. 2. Juli 1852, 13. Okt. 1857 (Strieth. 6 S. 220; 26 S. 279). Ja man wird einen Ersatzanspruch nach § 4 unter Umständen selbst dann nicht verwerfen können, wenn die Verfügung ausnahmsweise nur Einzelinteressen gedient hat oder doch wenigstens nur einzelnen zugute gekommen ist. [Es gehört zwar an sich schon zum Begriffe einer polizeilichen Verfügung, mithin zur Anwendbarkeit des Ges. v. 1842 überhaupt, daß ein allgemeines und öffentliches Interesse in Frage stehe; vgl. MVfg. 22. Febr. 1846 (VMBl. S. 61). Dies schließt jedoch die Möglichkeit nicht aus, daß eine Verfügung den Charakter einer polizeilichen an sich trage, ungeachtet sie nur einzelnen zugute kommt und zugute kommen kann, sofern nur der Gesichtspunkt, unter dem sie erlassen wird, allgemeiner Natur ist. So wird z. B. niemand bezweifeln, daß, falls die Polizeibehörde den Abbruch eines brennenden oder eines diesem benachbarten Gebäudes anordnet, um die Verbreitung des Feuers zu verhindern, ihre Verfügung „eine polizeiliche selbst dann sei, wenn das Feuer sich nach Beschaffenheit der Örtlichkeit auch nur einem einzigen Nachbarhause hätte mitteilen können; vgl. ferner oben A. 11. So sagt denn auch OT. 8. Febr. 1856 (Strieth. 19 S. 351), § 75 der Einl. zum ALR. beschränke sich keineswegs auf Verfügungen, welche lediglich das allgemeine Landesinteresse beträfen, sondern umfasse, wie die §§ 29ff. I. 8 ALR. ergäben und das Ges. v. 1842 bestätige, „alle Fälle, wo der einzelne genötigt werde, sein besonderes Recht zum Besten anderer Staatsmitglieder aufzugeben oder zu beschränken.] Ebenso Stölzel S. 221. Vgl. auch RG. 14. Jan. 1882 (E. 6 S. 298). Nach RG. 8. Mai 1890 (E. 26 S. 265) ist übrigens der oben genannten Voraussetzung für die Entschädigungspflicht, daß der von der polizeilichen Verfügung Betroffene das Vermögensopfer im Interesse des allgemeinen gebracht habe, auch dann genügt, wenn zwar ein Widerstreit zwischen den besonderen Rechten des Betroffenen und seinen Pflichten zur Beförderung des gemeinschaftlichen Wohles (im Sinne des § 24 Einl. z. ALR.) in Wirklichkeit nicht bestanden hat, sofern nur die zuständige Verwaltungsbehörde einen solchen Widerstreit als vorhanden angenommen und auf Grund dieser Annahme den einzelnen genötigt hat, seine besonderen Rechte und Vorteile dem allgemeinen Wohl aufzuopfern. (Hier war eine polizeiliche Verfügung als ungesetzlich aufgehoben worden; nichtsdestoweniger nahm das RG. an, daß der durch jene auf einem Versehen des Polizeibeamten beruhende Verfügung entstandene Schaden ein Vermögensopfer im Interesse des allgemeinen darstelle. Vgl. A. 148, 179.)

131. Ein Fall dieser Art (A. 130) liegt nicht vor, wenn die Polizei bei ihrer Verfügung, z. B. bei einer Beschlagnahme, nur den Zweck verfolgt, eine von der beteiligten Person anscheinend beabsichtigte strafbare Handlung zu verhüten.

Bei einer solchen Vorbeugungsmaßregel kann daher von Anwendbarkeit des § 4 nicht die Rede sein, ein etwaiger Entschädigungsanspruch vielmehr nur beim Zutreffen der Voraussetzungen des § 6 mit Erfolg eingeklagt werden: AH. Cöln 25. Okt. 1855 (Rh. A. 51, I. 97).

132. Dasselbe ist anzunehmen, wenn die Verfügung nur die Verhütung eines Schadens bezweckt, für welchen der Betroffene nach zivilrechtlichen Grundsätzen ersatzpflichtig sein würde, sofern dieser Schaden zu dem angemuteten Opfer in einem entsprechenden Verhältnisse steht. Demzufolge wird beispielsweise (im Falle des § 155 Berggef.) der Bergwerkseigentümer, welcher zum Schutz der Oberfläche polizeilichen, ein Vermögensopfer enthaltenden Beschränkungen unterworfen, z. B. dazu angehalten wird, beim Bergbaubetriebe Sicherheitspfeiler stehen zu lassen, einen Entschädigungsanspruch in der Regel nicht geltend machen können; vgl. Oppenhoff, Berggef. A. 874, 887, 888, Brassert, Berggef. S. 428; aM. Anschütz im Verwaltungsarchiv 5 S. 123.

133. Zur Begründung des RW. genügt die auf Tatsachen gestützte Behauptung, daß ein Eingriff im Sinne des § 4 vorliege. Ob dies wirklich der Fall, oder ob z. B. nach dem in A. 123 gesagten das Gegenteil anzunehmen sei, betrifft nicht die Frage nach der Zulässigkeit des RW., sondern die Sache selbst. Vgl. EK. 3. Mai 1856, *24. Okt. 1857, 23. Juni 1858 (JMBl. 56 S. 172; 58 S. 174, 392); AH. Cöln 1. Juni 1859 (Rh. A. 55, I. 11). AM. EK. 28. Dez. 1850 (JMBl. 51 S. 156).

134. Dies gilt selbst dann, wenn die unentgeltliche Abtretung der Grundfläche, für welche Entschädigung begehrt wird, die Bedingung einer polizeilichen Bauerlaubnis war, und Kläger den Bau wirklich ausgeführt hat; vgl. OT. 15. Sept. 1859 (Strieth. 35 S. 63), welches überdies den Ersatzanspruch für begründet erklärt, falls Kläger in jene Bedingung nicht eingewilligt.

135. Gegen die Polizeibehörde als solche kann auf Grund des § 4 mit Erfolg nicht geklagt werden. Die Klage ist vielmehr wider die Person zu richten, in deren Interesse die Verfügung erlassen oder welcher dieselbe zugute gekommen ist (A. 130). Indem das Gesetz die Polizeibehörde ermächtigt, nach den für Enteignungen geltenden Grundsätzen in bestehende Privatrechte einzugreifen, legt es den so getroffenen Verfügungen selbstredend auch die Wirkung bei, diejenigen zu verpflichten, deren Interesse auf diese Weise gewahrt wurde. Ebenso die Rechtsprechung des OT. und des RG., vgl. z. B. RG. 14. Jan. 1882, 25. März 1889, 8. Mai 1890, 15. Juni 1888, 29. Jan. 1892, 19. Okt 1900 (E. 6 S. 298; 23 S. 266; 26 S. 265; Rh. A. 79, III. 99; 84, II. 45; 97, II. 8). Ob eine eigentliche in rem versio auf seiten des Beklagten vorliege, ist für die Frage der Passivlegitimation nicht entscheidend, wie denn auch der Umfang des gezogenen Vorteils nicht den Maßstab für die Ansprüche des Klägers bildet. Wenn dem entgegen OT. 8. Febr. 1856 (Strieth. 19 S. 351) sagt, daß der Benachteiligte sich in Ermangelung ausdrücklicher dahin gerichteter Bestimmungen nur an die Staatsbehörde halten könne, von welcher die Verfügung ausgegangen sei, so scheint dasselbe diejenigen Grundsätze von der Schadenszufügung im Auge zu haben, welche für eigentliche Deliktsklagen gelten und eben darum bei Klagen im Sinne des § 4 nicht zur Sprache kommen. — Demzufolge kann z. B. aus Anlaß einer im Kommunalinteresse ergangenen Verfügung nicht gegen den Fiskus geklagt werden; vgl. OT. 21. März 1851, 14. Juli 1859, 24. Apr. 1860 (Strieth. 1 S. 320; 34 S. 181; E. 43 S. 33), AH. Cöln 30. Aug. 1844 (Rh. A. 37, I. 260). Letzteres Erk. sprach sich für die Passivlegitimation einer Stadtgemeinde aus, gleichviel, ob die im städtischen Interesse getroffene polizeiliche Verfügung unter dem Einflusse der höheren Verwaltungsbehörde ergangen sei, oder nicht. LG. Coblenz 11. Dez. 1844 (Tr. A. 4, I. 103) erachtete die Gemeinde für den richtigen Beklagten in einem Falle, wo der Eigentümer eines bei einer Feuersbrunst auf polizeiliche Anordnung niedergelegten Hauses Entschädigung forderte, weil die Folgen einer solchen Maßregel trotz ihrer relativen Nützlichkeit ebenso von der Gesamtheit getragen werden müßten, wie die Kosten der Gemeindeanstalten, z. B. der Schulen, an deren Wohltaten gleichfalls nicht alle teilzunehmen pflegten, und weil überdies die Abwendung von Feuersgefahr im Ges. v. 16.—24. Aug. 1790 Tit. 11 Art. 3 ausdrücklich für eine Gemeindeangelegenheit erklärt werde. Vgl. ferner die oben angeführten Entscheidungen des RG. Selbstredend bezieht sich jedoch die Vorschrift des § 4 nicht ausschließlich auf Prozesse unter Privaten usw., sondern auch auf Klagen wider den

Fiskus, wenn bei ihm die obige Voraussetzung zutrifft: EK. 3. Mai 1856 (JMBl. S. 172).

136. Die Frage, ob gegen die richtige Person geklagt sei, betrifft übrigens auch hier nicht die Zuständigkeit, sondern die vom Richter zu prüfende Passivlegitimation: EK. 11., 18. Dez. 1852, 7. Mai 1859 (JMBl. 53 S. 95, 164; 59 S. 384). Nach letzterem Erk., ferner nach EK. 8. Juni 1848, *EK. 24. Okt. 1857, 12. Juni 1869 (JMBl. 48 S. 293; 58 S. 174; 69 S. 199) erleidet diese Regel selbst dann keine Ausnahme, wenn gegen die verfügende Polizeibehörde selbst geklagt ist. AM. EK. 5. Apr. 1851 (JMBl. S. 204).

137. Eigentlicher Gegenstand der Klage ist der aus der polizeilichen Verfügung und deren Ausführung hervorgehende Entschädigungsanspruch. Selbstredend kann indessen auch über diejenigen Umstände, die das Vorhandensein eines solchen Anspruchs bedingen, eine gerichtliche Entscheidung verlangt, namentlich also auf Feststellung oder Anerkennung des durch die Verfügung beeinträchtigten Privatrechts und seines Umfangs geklagt werden; vgl. A. 66, EK. 10. Okt. 1863, 13. Okt. 1873 (JMBl. 64 S. 28; 74 S. 38). Auch verschlägt es für die Zuständigkeit nichts, ob das Privatrecht von der Verwaltung bestritten wird, da es lediglich Sache des Richters ist, darüber zu befinden, inwiefern ein rechtlicher Anlaß zur Klage vorliege: *EK. 6. Okt. 1855 (Rechtspr. S. 330). Dieses Erk. und gen. EK. 10. Okt. 1863 lassen diese Feststellungsklage auch gegen die Polizeibehörde bezw. den Fiskus zu (aM. Stölzel S. 223 A. 18); es wird jedoch diese Klage regelmäßig als unbegründet abzuweisen sein, da die Feststellungsklage des § 256 ZPO. nur gegen den demnächst mit der Leistungsklage zu Belangenden angestellt werden kann; dieser ist aber nicht die Polizeibehörde. Vgl. auch A. 136. Weiter gehende, z. B. auf Gewährung des Rechts, auf Herstellung des früheren Zustands usw. gerichtete Anträge sind dagegen zufolge §§ 1, 4 unstatthaft: EK. 8. März 1856, 30. Jan. 1858 (JMBl. 56 S. 120; 58 S. 236) und gen. 13. Okt. 1873.

138. Ebenso, wie die Klage auf Anerkennung des angeblich beeinträchtigten Privatrechts, ist die Grenzregelungsklage statthaft, da ihr Ausgang gleichfalls für den Entschädigungsanspruch ausschlagebend ist: EK. 12. Jan. 1856 (das. S. 80).

139. Auch wird nicht erfordert, daß mit der einen oder anderen Klage die auf Entschädigung sofort verbunden werde: EK. 8. März, 5. Apr., 22. Sept. 1855 (das. 56 S. 23, 120, 156).

140. Dagegen ist zum RW. ungeeignet eine Klage, wodurch Kläger, ohne zur Zeit Entschädigung zu beanspruchen, durch richterliche Entscheidung festgesetzt zu sehen verlangt, daß er zur Befolgung der polizeilichen Verfügung nur dann verpflichtet sei, wenn ihm Entschädigung gewährt werde, da dies darauf hinauslaufen würde, daß der Richter über die Gesetzmäßigkeit der Verfügung einen Ausspruch fälle; *EK. 9. Juni 1856 (Rechtspr. S. 438).

141. Ja selbst Entschädigungsklagen sind unstatthaft, wenn sie mit einem unzulässigen Antrage auf Herstellung des früheren Zustandes in so engen Zusammenhang gebracht werden, daß der eine Antrag nicht anders als in Verbindung mit dem andern beurteilt werden kann, — in welchem Falle jedoch dem Kläger unbenommen bleibt, eine neue Klage anzustellen, und darin seinen nach Anleitung des § 4 zu begründenden Entschädigungsanspruch wiederholt geltend zu machen. So: EK. 6. Okt. 1855, 13. Juni 1874 (JMBl. 56 S. 24; 74 S. 241).

142. Doch liegt ein solcher Fall (A. 141) nicht vor, wenn in erster Linie Wiederherstellung des früheren Zustands und in zweiter Linie oder nach Wahl des Beklagten Entschädigung gefordert wird: EK. 23. Juni 1858 (das. S. 392), gen. 13. Juni 1874. In diesem Falle ist der RW. nur inbetreff des ersten Antrags begründet.

143. Die Klage auf Zahlung der Kosten zur Wiederherstellung des früheren Zustands ist ebensowenig zum RW. geeignet, wie die Klage auf Herstellung selbst: EK. 11. Juni 1853 (das. S. 264), gen. 13. Juni 1874.

144. § 4 hat zwar zunächst nur eine in Geld zu leistende Entschädigung im Auge. Es kann jedoch unter Umständen auch auf eine in anderer Weise zu bewirkende Schadloshaltung geklagt werden, wenn damit nur nicht die Wiederherstellung des früheren Zustands bezweckt wird; so: EK. 7. Juni 1856 (das. S. 244), OT. 20. Dez. 1853 (Strieth. 11 S. 165), AH. Cöln 28. Jan. 1859 (Rh. A. 54, I. 162). [Im ersten Falle verlangte Kläger als Entschädigung dafür, daß sein Grundstück durch die polizeiliche Unterdrückung eines Wasserdurchlasses fort-

§ 5. Gebührt der Polizeibehörde nur die Befugnis zu einer vorläufigen Anordnung mit Vorbehalt der Rechte der Beteiligten, oder be-

währenden Überschwemmungen ausgesetzt sei, eine bauliche Einrichtung, durch welche bei Aufrechterhaltung des polizeilich geordneten Zustands jene Überschwemmungen gehindert würden. Im zweiten hatte eine Stadt aus polizeilichen Gründen, aber unter Nichtbeachtung des § 185 I. 8 ALR. eine Straße dergestalt erhöhen lassen, daß Kläger nur mittels einer Treppe in sein Haus gelangen konnte, weshalb letzterer, sich auf § 4 stützend, die Herstellung eines die Benutzung des Hauses in früherer Weise ermöglichenden Zustands forderte. Die Entscheidung des AH. endlich betraf einen Fall, wo jemand, einem die Verlegung des Bachbettes anordnenden Beschlusse gegenüber, beanspruchte, daß diesem Bette eine das Durchsickern des Wassers verhindernde Bauart gegeben werde.] Im entgegengesetzten Sinne entschieden EK. 25. Sept. 1852 (JMBl. S. 375) und OT. 25. Nov. 1853 (Strieth. 11 S. 70); ebenso Stölzel S. 223. [Im ersten Falle verlangte Kläger als Schadensersatz die Herrichtung von Vorkehrungen zum Schutze einer durch eine polizeiliche Verfügung erschwerten Viehtrift. Der KompGH. erachtete den RW. für unstatthaft, weil jene Vorkehrungen mit einer Entschädigung für die Aufopferung des fraglichen Rechts nicht gleichbedeutend seien.] Im Einklang hiermit steht RG. 27. Mai 1886 (Bolze 4 Nr. 1060), wonach nur Ersatz des bereits entstandenen Schadens gefordert werden kann, nicht auch Ersatz für künftigen Schaden oder Sicherheitsleistung; ebenso Stölzel aaO.

145. Zur Begründung des RW. bedarf es keines speziellen Rechtstitels; eben weil beim Mangel eines solchen die Ausführung der Verfügung gesichert ist, hat § 4 den RW. über den Entschädigungspunkt zugelassen: EK. 7. Mai 1859 (JMBl. S. 384).

146. Die Art der Begründung der Klage ergibt sich unmittelbar aus § 4 selbst in Verbindung mit § 1. Wird ein nach § 4 an sich gerechtfertigter Anspruch nicht in dieser Weise begründet, sondern darauf gestützt, daß die Verfügung eine ungesetzliche, unnötige oder unzweckmäßige gewesen sei, m. a. W., wird statt aus § 4, ex delicto (§ 839 BGB., in der Rheinprovinz früher Art. 1382 c. c.) geklagt, so muß sich der Richter für nicht zuständig erklären, da die Gesetzmäßigkeit usw. der Verfügung vor Gericht nicht einmal inbetreff des Entschädigungspunkts in Frage gestellt werden darf: OT. 17. Okt. 1851 (Strieth. 3 S. 137); EK. 24. Juni 1851, 5. Juni 1852, 24. März 1849, 7. Juni 1856, 11. Sept. 1869 (JMBl. 51 S. 260; BMBl. 52 S. 290; JMBl. 56 S. 51, 324; 69 S. 215); OLG. Cöln 16. Nov. 1897 (Rh. A. 93, I. 39) und oben A. 63. AM. Primker S. 61. Umsoweniger schließt der Umstand, daß die Polizeibehörde sich offenbar in den Grenzen ihrer Befugnisse bewegt hat, die Statthaftigkeit der nach Maßgabe des § 4 angestellten Klage oder den Anspruch aus: EK. 24. Okt. 1857 (JMBl. 58 S. 174); RG. 13. Jan. 1892 (E. 29 S. 163); Stölzel S. 222.

147. Aus gleichem Grunde ist bei einem gemäß § 4 angestellten Prozesse auch der Beklagte nicht mit dem Einwande zu hören, die polizeiliche Verfügung sei eine ungesetzliche usw. gewesen. So kann z. B., falls die Polizeibehörde zur Unterdrückung einer Feuersbrunst den Abbruch eines Hauses verordnet hat, der Entschädigungsklage des Eigentümers von der Gemeinde oder dem sonstigen Beklagten nicht entgegengesetzt werden, jene Maßregel habe das Feuer doch nicht gehemmt, oder letzteres würde auch ohne dieselbe nicht weiter um sich gegriffen haben. In solchen und ähnlichen Fällen wird der Beklagte vielmehr seinen Rückgriff gegen die Polizeibehörde oder den betreffenden Polizeibeamten nehmen müssen, wobei freilich die Bestimmung des § 6 in Betracht zu ziehen ist. Vgl. auch RG. 8. Mai 1890 (E. 26 S. 265). Ebenso Stölzel aaO., Anschütz S. 124.

148. Die Klage aus § 4 wird nicht dadurch hinfällig, daß die polizeiliche Verfügung als ungesetzlich wieder aufgehoben worden und damit der RW. gegen den betreffenden Polizeibeamten zulässig geworden ist. Denn § 6 sagt nicht, daß im Falle der Aufhebung nur noch die Schadensersatzklage gegen den Beamten gegeben und jeder sonstige Entschädigungsanspruch ausgeschlossen sei: gen. RG. 8. Mai 1890, ferner RG. 1. Juni 1900 (E. 46 S. 286); Stölzel aaO.

§ 5.

149. Hat eine Polizeibehörde bloß vorläufig verfügt und den Interessenten die Ausführung ihrer Rechte vor dem Richter vorbehalten, so ist eigentlich nicht von

hauptet derjenige, welchem durch eine polizeiliche Verfügung eine Verpflichtung auferlegt worden ist, daß diese Verpflichtung ganz oder teilweise einem anderen obliege, so ist zur Feststellung der Rechte unter den Beteiligten und über die zu leistende Entschädigung die richterliche Entscheidung zulässig.

---

einem Beschreiten des RW. über oder gar gegen eine polizeiliche Verfügung, sondern in Gemäßheit derselben die Rede. Inzwischen folgt aus der betreffenden Bestimmung des § 5 überdies, daß der RW. selbst dann zulässig sei, wenn die Polizeibehörde, obgleich gesetzlich nur zur einstweiligen Regelung befugt, dennoch in Form einer endgültigen Verfügung entscheiden möchte. Ferner tritt durch die Erwähnung des Falles einer einstweiligen Regelung bezw. durch seine Zusammenstellung mit dem folgenden Falle klarer hervor, daß der RW. unter den Beteiligten überhaupt auch dann stattfinde, wenn die Verfügung keine bloß vorläufige Regelung betrifft; vgl. Löwenberg aaO., Stölzel S. 224.

150. Die Worte „unter den Beteiligten" sind nicht nur auf die vorhergehenden Worte „zur Feststellung der Rechte", sondern auch auf die folgenden „über die zu leistende Entschädigung" zu beziehen.

151. Der Ausdruck „Beteiligte" gibt zu erkennen, daß dergleichen Streitigkeiten auch unter Gemeinden, Korporationen usw. vorkommen können: Löwenberg aaO.

152. Zu den Beteiligten kann ferner auch der Fiskus gehören, wodurch die Möglichkeit gegeben ist, daß jemand, dem durch die Regierung als Landes-Polizeibehörde eine Verpflichtung auferlegt worden, gegen dieselbe Regierung als Vertreterin des Fiskus klage, damit erkannt werde, daß die Verpflichtung nicht ihm, sondern dem Fiskus obliege: EK. 12. Mai 1855, 22. Nov. 1856, 10. Jan. 1863, 13. Okt. 1883 (JMBl. 55 S. 324; 57 S. 168; 63 S. 161; Rechtspr. S. 380).

153. Die verfügende Polizeibehörde als solche gehört jedoch selbstredend nicht zu den Beteiligten, weshalb auf Grund des § 5 gegen sie nie geklagt werden kann: EK. 3. Nov. 1847, 14. Mai 1848 (JMBl. 48 S. 137, 331); RG. 12. Okt. 1888, 25. März 1889 (Rh. A. 80, III. 16; E. 23 S. 266). Folgeweise steht auch keiner der Parteien das Recht zu, jene zum Prozesse beizuladen.

154. Eine Einschränkung hat § 5 insoweit erfahren, als nunmehr nach §§ 56, 66, 160 ZustGes. in den hier genannten Fällen (Wegebauten, Grabenräumung) die durch polizeiliche Verfügungen hervorgerufenen Streitigkeiten der Beteiligten untereinander dann unter Ausschluß des RW. im Verwaltungsstreitverfahren zu entscheiden sind, wenn eine öffentlichrechtliche Verpflichtung den Gegenstand des Streites bildet; vgl. VO. v. 1808 A. 342, Vorflutges. v. 1811 A. 43, 45. Abgesehen von diesen Gebieten ist auch die Klage aus § 5 wegen Verletzung aller Vermögensrechte zulässig, gleichviel ob sie auf öffentlichrechtlicher oder auf privatrechtlicher Grundlage beruhen. Vgl. RG. 8. Febr. 1890, 10. Juni 1896, 1. Mai 1900 (E. 25 S. 331; 37 S. 334; Rh. A. 96, II. 102: betr. Straßenreinigungspflicht auf Grund einer Polizeiverordnung); OVG. 21. Dez. 1887 (PrVerwBl. 9 S. 154), 12. Juni 1889 Nr. I. 806; oben A. 78; VO. v. 1808 A. 46; v. Brauchitsch 1 S. 152 A. 242.

155. § 5 hat, ebenso wie die §§ 2 und 4, nur petitorische Klagen im Auge, da die „Feststellung der Rechte" im Wege der Besitzklage nicht erfolgen kann; vgl. EK. 9. Apr. 1864, 9. Dez. 1865 (JMBl. 64 S. 273; 66 S. 95). Dennoch schließt ein bloßes Verbot, welches an beide Teile ergeht und keine in der Sache selbst getroffene vorläufige Verfügung enthält, um deren Beseitigung im RW. es sich handeln könnte, die Zulässigkeit der Besitzklage nicht aus, zumal wenn aus der Fassung jenes Verbots hervorgeht, daß die Polizeibehörde der Besitzklage so wenig wie der Rechtsklage habe vorgreifen wollen: OT. 23. Febr. 1858 (E. 39 S. 64; hier war zwischen zwei kirchlichen Gemeinden über den Gebrauch einer Simultankirche Streit und die Polizeibehörde hatte, um Störungen der Ruhe zu hindern, die Ausübung des Gottesdienstes zu bestimmten Zeiten beiden Teilen so lange untersagt, bis an zuständiger Stelle über den Streit vorläufig oder endgültig entschieden sein werde).

156. Die Anwendbarkeit des § 5 wird nicht dadurch ausgeschlossen, daß die Klage bloß negatorisch gefaßt ist. Wenigstens kann hieraus nicht die Einrede der Unzulässigkeit des RW. hergeleitet werden; es unterliegt vielmehr der richter-

§ 6. Wird eine polizeiliche Verfügung im Wege der Beschwerde als gesetzwidrig oder unzulässig aufgehoben, so bleiben dem Beteiligten seine Gerechtsame nach den allgemeinen gesetzlichen Bestimmungen über die Vertretungsverbindlichkeit der Beamten vorbehalten.

LVG. § 131. Der § 6 des Ges. v. 11. Mai 1842 findet auch Anwendung, wenn eine polizeiliche Verfügung im Verwaltungsstreitverfahren durch rechtskräftiges Endurteil aufgehoben worden ist.

---

lichen Beurteilung, ob ein solcher Antrag richtig gestellt sei: OLG. Arnsberg 31. März 1849 (Arnsb. Arch. 14 S. 175); EK. 17. Dez. 1853, 12. Mai 1855, 7. Mai 1859, 10. Jan. 1863 (JMBl. 54 S. 131; 55 S. 324; 60 S. 31; 63 S. 161). Doch gilt dies nur von der äußern Form der Klage. Ihrem Wesen und ihrer Begründung nach muß sie allerdings den Charakter einer konfessorischen an sich tragen, d. h. es muß ihr die Behauptung zugrunde liegen, daß der Beklagte der eigentlich Verpflichtete sei; vgl. die Belege in A. 156 und bei Sydow S. 149, ferner OT. 17. Jan. 1862 (E. 47 S. 309: es sei nicht vom Richter dahin zu erkennen, wer der Nichtverpflichtete sei); RG. 27. Jan. 1886 (Gruchot 30 S. 1002); EK. 13. Okt. 1883 (Rechtspr. S. 380). Selbstredend bestimmt sich hiernach auch die Beweisfrage.

157. Kann in einem auf Grund des § 5 angestrengten Prozesse die Gesetzlichkeit, Notwendigkeit oder Zweckmäßigkeit der betreffenden Verfügung bestritten werden? Entsprechend dem, was hinsichtlich der gleichen Frage, insofern sie bei Klagen im Sinne des § 4 zur Sprache kommt, angenommen zu werden pflegt (A. 146), dürfte wohl die verneinende Ansicht den Vorzug verdienen. Jedoch spricht sich EK. 5. Mai 1859 (JMBl. 60 S. 32) im entgegengesetzten Sinne aus, weil das ergehende Urteil immerhin nur eine Entscheidung über das zwischen den Beteiligten bestehende Rechtsverhältnis, nicht aber über die Befugnisse und Anordnungen der Polizeibehörde zu treffen imstande sei.

158. Unter der im § 5 a. E. erwähnten Entschädigung ist der Ersatz dessen zu verstehen, was der Kläger auf Grund der polizeilichen Verfügung an Stelle des Verpflichteten etwa schon geleistet hat. Daneben kann unter Umständen auch ein dritter herangezogen werden, der aus dem nach dem bürgerlichen Recht zu beurteilenden Gesichtspunkte des Schadensersatzes haftet. Vgl. OT. 25. Sept. 1857 (Strieth. 27 S. 70: billigte Entschädigung zu in einem Falle, wo die den Schaden veranlassende vorläufige Regelung vom Beklagten ausdrücklich beantragt worden war, und zwar, weil dieser Antrag ihm nach den Vorschriften des Tit. 6, I ALR. als ein vertretbares Versehen anzurechnen sei). Diese Klage fällt aber nicht unter § 5, für sie ist der RW. unverschränkt. Vgl. Stölzel S. 225.

§ 6.

159. 160. Als durch die neueren Verwaltungsgesetze für die Anfechtung von polizeilichen Verfügungen neben der Beschwerde bei der Aufsichtsbehörde auch die Klage bei den Verwaltungsgerichten eingeführt wurde, war eine Erweiterung des § 6 dahin erforderlich, daß der Vorbedingung des § 6 auch dann genügt sei, wenn die polizeiliche Verfügung im Verwaltungsstreitverfahren aufgehoben worden ist. Diese Erweiterung ist erfolgt durch (§ 67 Organisationsges. v. 26. Juli 1880 bezw.) § 131 LVG. Wo demnach in den folgenden Erläuterungen von der Behörde die Rede ist, sind darunter die Verwaltungsgerichte mitverstanden.

161. Insofern § 6 die Schadensersatzpflicht der Polizeibeamten für ihre Amtshandlungen und die Zulässigkeit desfallsiger Klagen anerkennt, enthält er nichts neues, sondern spricht inbezug auf Polizeibeamte nur dasjenige aus, was von allen Beamten ohne Ausnahme gilt (§§ 127 ff. II. 10 ALR., § 839 BGB.). Seine praktische Bedeutung besteht vielmehr lediglich in dem aus ihm in Verbindung mit § 1 zu ziehenden Schlusse, daß, wenn die dort vorgesehene Bedingung nicht zutrifft, der Polizeibeamte vor Schadensersatzklagen geschützt ist, oder m. a. W., daß die Zulässigkeit solcher Klagen dadurch bedingt ist, daß die Gesetzwidrigkeit oder Unzulässigkeit der Verfügung von den zuständigen Organen der Verwaltung festgestellt worden ist. Vgl. EK. 8. Febr. 1862, 12. Jan. 1884 (JMBl. 62 S. 216; VMBl. 84 S. 47). In dieser Hinsicht enthält § 6 allerdings, wie die Begründung

des im Jahre 1861 vorgelegten, einige Änderungen des Ges. v. 1842 usw. betreffenden Gesetzentwurfs anerkennt, eine einzig dastehende, von den allgemeinen Regeln abweichende Bestimmung, deren fortdauernde Geltung trotz des Art. 97 der Verf.-Urk. anscheinend niemals in Zweifel gezogen wurde. (Nach jenem Entwurfe sollte § 6 ganz wegfallen.) — In neuerer Zeit ist die weitere Frage, ob § 6 durch § 11 Abs. 1 EG. z. GVG. aufgehoben worden sei, vom RG. ausdrücklich verneint worden. § 11, welcher lautet:

> „Die landesgesetzlichen Bestimmungen, durch welche die strafrechtliche oder zivilrechtliche Verfolgung öffentlicher Beamten wegen der in Ausübung oder in Veranlassung der Ausübung ihres Amts vorgenommenen Handlungen an besondere Voraussetzungen gebunden ist, treten außer Kraft",

hat es, wie in RG. 16. Febr. 1888 (E. 20 S. 295ff.) nach eingehender Darlegung der Entstehungsgeschichte ausgeführt wird, nur mit der Beseitigung solcher Voraussetzungen der Rechtsverfolgung gegen Beamte zu tun, welche, ohne sich als Folgen der Regelung sachlicher Zuständigkeit darzustellen, den Schutz der Beamten gegen eine sonst zulässige gerichtliche Inanspruchnahme zum besonderen Zwecke und Inhalt haben. Eine derartige Voraussetzung hat für Preußen nur das Ges. v. 13. Febr. 1854 aufgestellt, während das Ges. v. 1842 die allgemeine Abgrenzung der Zuständigkeit der Behörden zur Entscheidung über Streitigkeiten aus Anlaß polizeilicher Verfügungen, also auf einem sachlich bestimmten Gebiete, zum Gegenstand hat; insbesondere hat § 6, der ja unleugbar eine Beschränkung der gerichtlichen Geltendmachung gewisser Ersatzansprüche gegen eine Klasse von Beamten enthält, nicht die Natur eines den Beamten wegen ihrer Eigenschaft als solchen erteilten Privilegiums, sondern ist ein für notwendig erachteter Ausfluß des in dem Gesetze überhaupt durchgeführten Grundsatzes der sachlichen Zuständigkeit, ein einzelnes Glied in der Kette der hierauf bezüglichen Bestimmungen. In demselben Sinne erkannten RG. 26. Apr. 1887, 22. Apr. 1895, 29. Mai 1902 (E. 18 S. 123; Gruchot 39 S. 1023; 46 S. 1103); ferner EK. 30. Juni 1900 (DJurZtg. 6 S. 31); OVG. 4. Febr. 1882, 18. Jan. 1890 (E. 8 S. 413; VMBl. 90 S. 47); OLG. Cöln 14. Okt. 1886 (Rh. A. 77, I. 55), und ebenso geht die Gesetzgebung von der Voraussetzung der fortdauernden Geltung des § 6 aus, vgl. § 67 Ges. v. 26. Juli 1880, § 131 LVG. Ebenso Stölzel S. 226, v. Wilmowski-Levy A. 2 zu § 11, Struckmann-Koch A. 5 zu § 11. AM. v. Rönne 1 S. 509 A. 2, Jastrow in Gruchot 30 S. 332f. — Ebensowenig ist § 6 durch § 839 BGB. aufgehoben, der keine Bestimmung darüber enthält, unter welchen Voraussetzungen Ersatzansprüche im RW. geltend gemacht werden können; vgl. RG. 15. Mai 1902 (E. 51 S. 329).

162. § 6 gelangt nicht zur Anwendung, wenn einem Polizeibeamten im Wege der öffentlichen oder der Zivilklage ein Vergehen im Amte vorgeworfen, und seine Bestrafung oder Verurteilung zum Schadensersatze als rechtliche Folge jenes Vergehens verlangt wird. Alsdann ist vielmehr die richterliche Entscheidung unbeschränkt (insofern nicht etwa ein Konflikt im Sinne des Ges. v. 13. Febr. 1854 erhoben und aufrecht erhalten wird); vgl. *EK. 22. Mai 1852 und Primker S. 63.

163. Dasselbe gilt von dem Falle, wo ein privatrechtlicher Ersatzanspruch aus der pflichtwidrigen, mit keiner polizeilichen Verfügung in ursächlichem Zusammenhange stehenden Unterlassung eines Polizeibeamten hergeleitet wird. Ebenso JMBl. 64 S. 90 (Vorbemerkung).

164. Die Klage des § 6 ist eine Deliktsklage und beruht daher auf einer ganz anderen Grundlage, wie die Klage des § 4: OT. 9. Dez. 1856 (Strieth. 23 S. 141).

165. Muß eine Klage, die der Vorschrift des § 6 zuwider angestellt wird, bevor die Verfügung aufgehoben oder trotzdem sie von der vorgesetzten Dienstbehörde aufrecht erhalten worden ist, vom Richter als voreilig bezw. unbegründet oder aber als zum RW. ungeeignet abgewiesen werden? Nach allgemeinen Rechtsgrundsätzen würde man sich wohl für die erstere Möglichkeit auszusprechen haben, da Ersatzklagen der hier fraglichen Art an sich prozeßfähig sind und unter keiner Voraussetzung zur Zuständigkeit der Verwaltungsbehörden gehören, wenngleich eine für dieselben maßgebende Vorfrage dem letzteren Ressort überwiesen ist. Diese Ansicht ist auch in einzelnen Entscheidungen zum Ausdruck gekommen, so in RG. 26. Apr. 1887 (Rh. A. 78, III. 86: mit der Aufrechterhaltung der polizeilichen Maßregel sei der Entschädigungsklage der Boden entzogen, diese daher als unbegründet

abzuweisen), LG. Cöln 14. Febr. 1843 (Rh. A. 34, III. 44; dieses Erk. wies die Klage nicht einmal als voreilig ab, sondern gestattete, unter Verwerfung der Einrede der Unzulässigkeit des RW., dem Kläger eine Frist zur Beibringung der Entscheidung der Beschwerdeinstanz); ebenso Struckmann u. Koch A. 5 zu § 11 EG. z. GVG.; v. Wilmowski u. Levy A. 2 das. Es läßt sich jedoch nicht verkennen, daß der zwischen § 6 und § 1 bestehende Zusammenhang für die zweite Möglichkeit, die Unzulässigkeit des RW. spricht, und dieser Ansicht ist auch der KompGH. in ständiger Rechtsprechung gefolgt; vgl. z. B. EK. 26. Nov. 1853, 7. März 1857, 9. Juni 1877, 12. Jan. 1884, 10. März 1900 (JMBl. 54 S. 16; 57 S. 365; VMBl. 77 S. 270; 84 S. 45; DJurZtg. 5 S. 506). Ebenso OVG. 4. Febr. 1882 (E. 8 S. 413); RG. 26. Apr. 1887, 16. Febr. 1888, 25. Sept. 1890 (E. 18 S. 123; 20 S. 302; 27 S. 179); Stölzel S. 227. Vgl. VO. v. 1. Aug. 1879 zu § 4.

166. Primker (S. 63) nimmt an, daß § 6 die Vollstreckungsbeamten nicht schütze, welche, wie das Militär und die Gendarmerie, kraft der ihnen verliehenen Amtsgewalt nach Umständen ohne Verfügung oder Anweisung der Oberen selbständig handeln müssen; vgl. jedoch A. 55.

167. Ob wider die richtige Person geklagt sei, betrifft lediglich den (vom Richter zu prüfenden) Legitimationspunkt: *EK. 26. Nov. 1853 (JMBl. 54 S. 24).

168. Der Ausdruck „unzulässig", zusammengestellt mit dem Ausdrucke „gesetzwidrig", bezieht sich wohl auf die Notwendigkeits- und Zweckmäßigkeitsfrage, zumal schwerlich angenommen werden kann, daß der Gesetzgeber jeden Ersatzanspruch ohne Ausnahme habe ausschließen wollen, wenn eine Verfügung nur aus Gründen der mangelnden Notwendigkeit oder Zweckmäßigkeit aufgehoben werde; andererseits unterliegt es keinem Zweifel, daß der Erlaß einer bloß unnötigen oder zweckwidrigen Verfügung nicht immer und unter allen Umständen den betreffenden Beamten ersatzpflichtig macht. Gegebenenfalls wird daher der ordentliche Richter zu prüfen haben, ob ein solcher Grad der Verschuldung vorliegt, wie er zur Begründung eines Entschädigungsanspruchs gegen Beamte erforderlich erscheint. Ebenso OVG. 9. März 1892 (E. 22 S. 419); Stölzel S. 226. Vgl. auch EK. 13. Jan. 1877 (JMBl. S. 43; hier hatte die Regierung im Konfliktsbeschlusse behauptet, „unzulässig" sei auf die mangelnde Zuständigkeit zu beziehen; „gesetzwidrig" berühre demnach die materielle, „unzulässig" die formelle Seite der Sache. Der KompGH. trat dieser Auslegung nicht bei.)

169. Dagegen kann der Einwand, daß die aufgehobene Verfügung trotz des Ausspruchs der vorgesetzten Dienstbehörde gesetzmäßig und zulässig gewesen sei, vom Richter nicht berücksichtigt werden. Hiermit würde dem § 1 zuwider nicht allein die Gesetzmäßigkeit jener Verfügung, sondern auch die der höheren Entscheidung, welche gleichfalls den Charakter einer polizeilichen Verfügung an sich trägt, der richterlichen Prüfung unterbreitet.

170. Es genügt, wenn die vorgesetzte Dienstbehörde die Verfügung objektiv für gesetzwidrig oder unzulässig erklärt; der Name des betreffenden Beamten braucht in der desfallsigen Entscheidung nicht erwähnt zu werden: *EK. 26. Nov. 1853 (JMBl. 54 S. 24); vgl. RG. 16. Febr. 1888 (E. 20 S. 303).

171. Der Weg der Beschwerde ist im § 6 nur als der gewöhnliche erwähnt. Diese Erwähnung soll daher keine notwendige Voraussetzung für die Zulässigkeit der Klage aufstellen, die Feststellung der Gesetzwidrigkeit usw. kann vielmehr auch von Amtswegen erfolgen: gen. *EK. 26. Nov. 1853, 13. Jan. 1884 (VMBl. S. 47); gen. RG. 1888.

172. Ebenso ist auf den Ausdruck „aufgehoben" kein Nachdruck zu legen, insofern nämlich sehr viele polizeiliche Verfügungen ihre Vollziehung schon in sich tragen und nicht mehr rückgängig gemacht werden können. So erklärte EK. 22. Sept. 1860 (JMBl. 61 S. 232) in einem Falle, wo der Beklagte ein vermeintlich rotzkrankes Pferd ohne weiteres hatte töten lassen, den deshalb wider ihn erhobenen Entschädigungsanspruch als zum RW. geeignet, und zwar gemäß § 6 um so unzweifelhafter, als jenes Verfahren von der vorgesetzten Dienstbehörde gemißbilligt und dem Beklagten ein Verweis erteilt worden sei; ebenso EK. 12. Jan. 1884, 11. Apr. 1896 (VMBl. 84 S. 47; Rechtspr. S. 473): nach der Praxis des KompGH. sei dem § 6 durch Mißbilligung der polizeilichen Verfügung, auch ohne ausdrückliche Aufhebung genügt. RG. 22. Apr. 1895 (Gruchot 39 S. 1023) erachtete es für genügend, daß auf erhobene Beschwerde der Landrat den beklagten Polizeiverwalter ersucht hatte, die Verfügung aufzuheben, weil sie unzulässig sei. RG. 29. Mai

1902 (daf. 46 S. 1103) bezeichnete eine Verfügung als „mißbilligt", weil sie einer Verfügung der vorgesetzten Behörde ausdrücklich zuwiderlaufe und diese den Polizeibeamten durch Ordnungsstrafen zur Befolgung ihrer Verfügung angehalten habe. Immer ist jedoch erforderlich, daß die Verfügung selbst mißbilligt werde; eine Mißbilligung nur ihrer Begründung (unter Aufrechterhaltung der Verfügung aus andern Gründen) genügt nicht; vgl. RG. 7. Febr. 1901 (daf. 45 S. 380). Eine beschränktere Auslegung der „Mißbilligung" liegt ferner EK. 19. Juni 1897 (Rechtspr., Nachtr. S. 18) zugrunde.

173. Als „aufgehoben" im Sinne des § 6 ist eine Verfügung unter Umständen auch dann zu erachten, wenn sie von der Entscheidung der höheren Instanz nur mittelbar getroffen wird, z. B. wenn eine andere, mit jener gleichlautende oder im engsten Zusammenhange stehende (jüngere) Verfügung aufgehoben worden ist, weil die, beiden Verfügungen zugrunde liegende Polizeiverordnung an dem fraglichen Tage noch nicht in Kraft getreten war; so: RG. 16. Febr. 1888 (A. 170: es sei eine nicht gerechtfertigte formalistische Auffassung des Gesetzes, wenn man trotzdem noch eine wiederholte Anfechtung der erstgenannten Verfügung verlangen wolle, deren Ergebnis im voraus feststehen würde).

174. Andererseits wird § 6 nicht etwa dadurch ausgeschlossen, daß die Polizeibehörde die von ihr erlassene Verfügung später zurückgenommen oder außer Wirksamkeit gesetzt hat, oder daß die polizeiliche Anordnung inzwischen gegenstandslos geworden ist (A. 172). Auch in diesem Falle ist die Feststellung der Gesetzwidrigkeit oder Unzulässigkeit durch die Verwaltungsinstanzen erforderlich (und deshalb auch bei zurückgenommener Verfügung noch die Klage im Verwaltungsstreitverfahren zulässig) und auch nicht etwa dadurch ausgeschlossen, daß eine förmliche Aufhebung nicht mehr in Frage kommen kann. Vgl. EK. 14. Nov. 1868, 12. Jan. 1884 (JMBl. 69 S. 38; VMBl. 84 S. 47); OVG. 26. Okt. 1889, 3. Juli 1895, 12. Mai 1899, 10. März 1900, 24. März 1902 (E. 18 S. 419; 28 S. 344; DJurZtg. 5 S. 27, 506; 7 S. 463).

175. Ebenso ist der Vorschrift des § 6 nicht dadurch genügt, daß in einem anderen gerichtlichen Verfahren die polizeiliche Verfügung als nicht zulässig betrachtet worden ist. Vgl. EK. 11. Jan. 1873 (JMBl. S. 50: ein Polizeibeamter hatte einen angeblich gewilderten Rehbock beschlagnahmt und Anzeige wegen Jagdvergehens gemacht; der Angeklagte wurde freigesprochen, weil nicht nachgewiesen sei, daß er den Rehbock auf fremdem Jagdgebiet geschossen habe. Die darauf gegen den Polizeibeamten wegen der Beschlagnahme des Rehbocks angestellte Entschädigungsklage wurde mit Rücksicht auf § 6 für unzulässig erklärt).

176. Ändert die vorgesetzte Behörde ihre Ansicht nach Anstellung der Klage, so tut dies der Zulässigkeit der letzteren keinen Eintrag. So: gen. *EK. 27. Nov. 1853 (A. 170).

177. § 6 kommt auch dann zur Anwendung, wenn ein anderer klagt als derjenige, wider den die Verfügung gerichtet ist; vgl. A. 67.

178. Die Frage, ob trotz der erfolgten Aufhebung einer polizeilichen Verfügung in dem gegen den Polizeibeamten eingeleiteten Verfahren der Konflikt aus dem Gef. v. 13. Febr. 1854 noch erhoben werden könne, wurde früher verschieden beantwortet. Entgegen dem auszugsweise in VMBl. 82 S. 94 abgedruckten EK. 9. Febr. 1856 hat EK. 13. Jan. 1877 (JMBl. S. 43) dieselbe verneint, da die Aufhebung den RW. bedingungslos eröffne. Dagegen hat OVG. 4. Febr. 1882 (VMBl. S. 90, E. 8 S. 408) mit Recht der Auffassung des gen. EK. 1856 den Vorzug gegeben. Durch § 6 d. G. ist die Zulässigkeit von Ersatzklagen wegen polizeilicher Verfügungen zunächst von der besonderen Vorbedingung abhängig gemacht, daß die Verfügung aufgehoben worden ist; ist diese Bedingung nicht erfüllt, so ist der RW. überhaupt nicht zulässig. Ist dagegen die Bedingung erfüllt, so ist die zweite Frage zu beantworten, ob nach den allgemeinen gesetzlichen Bestimmungen über die Vertretungsverbindlichkeit der Beamten der Schadensersatzklage Raum zu geben sei oder nicht, und hierbei ist eine Vorentscheidung nach Maßgabe des Gef. v. 1854 sehr wohl möglich, ohne daß die aufhebende Verfügung für das Urteil des Konfliktsrichters irgendwie entscheidend wäre. Es wird dabei besonders zu erwägen sein, ob der Beamte befugt war, nach seinem freien Ermessen zu entscheiden, und bejahendenfalls, ob er dieses ohne Pflichtverletzung hat walten lassen. Vgl. v. Brauchitsch 1 S. 608 A. 11 Abs. 2, Stölzel S. 228 und oben A. 168. — Daß im umgekehrten Falle, also wenn die Verfügung nicht aufgehoben worden ist, vor

§ 7. Sämtliche sowohl allgemeine als besondere Vorschriften über Gegenstände dieses Gesetzes und namentlich die Vorschriften der Verordnung vom 26. Dezember 1808 §§ 38—40 werden hierdurch aufgehoben.

---

dem 1. Okt. 1879 nicht nur der KK., sondern auch der Konflikt aus dem Ges. v. 1854 mit Rücksicht auf § 6 immer begründet war, hat der KompGH. mehrfach ausgesprochen; vgl. EK. 11. Jan. 1879 (BMBl. S. 55). Gegenwärtig hat § 6 gemäß § 11 EG. z. GVG. für die Entscheidung des OVG. keine Bedeutung mehr; es kann also vorkommen, daß das OVG. eine Amtsüberschreitung annimmt und deshalb den RW. für zulässig erklärt, und daß trotzdem ein KK. erhoben werden kann und mit Rücksicht auf § 6 für begründet erklärt werden muß. Vgl. Ges. v. 1854 A. 10, 25, 30, 66 ff.; v. Brauchitsch aaO. Abs. 1.

179. Kann, wenn die vorgesetzte Behörde eine Verfügung für gesetzwidrig oder unzulässig erklärt hat, die Entschädigungsklage auch wider die Polizeibehörde als solche, wider den Staat, die Gemeinde usw. angestellt werden? Die §§ 4 und 6 lassen sich für die Zulässigkeit einer solchen Klage nicht anführen. Doch steht derselben auch keine Bestimmung des Ges. v. 1842 entgegen. Ob sie begründet sein würde, bemißt sich lediglich nach den allgemeinen Grundsätzen über die Pflicht des Staats, der Gemeinde usw., für die Handlungen ihrer Beamten einzustehen. Vgl. in dieser Hinsicht VO. v. 1808 A. 157. — Selbstverständlich wird die Klage aus § 4 nicht durch die Aufhebung der polizeilichen Verfügung ausgeschlossen. Vgl. RG. 8. Mai 1890 (E. 26 S. 265), A. 63, 148; bez. der Klage aus § 2 vgl. A. 110.

§ 7.

180. Insofern man annehmen muß, daß im Gebiete des Rheinischen Rechts die §§ 38 ff. der VO. v. 1808 niemals Geltung erlangt haben (vgl. das. A. 2), waren daselbst die Grundsätze der franz. Gesetzgebung (insbesondere Ges. v. 24. Aug. 1790 und 16. Fruct. III.) auf diesem Gebiete in Kraft geblieben, welche den RW. in noch ausgedehnterem Maße beschränkten, als das nunmehr auch dort maßgebende Ges. v. 1842; vgl. Löwenberg aaO.

Gesetz
über die Benutzung der Privatflüsse.
Vom 28. Februar 1843.

[GS. Nr. 2328, S. 41.]

(Literatur: Lette, die Gesetzgebung über die Benutzung der Privatflüsse usw., 1850. — Lette und v. Rönne, die Landeskultur-Gesetzgebung des Preußischen Staats, 1854, insbesondere II. 1. Abt. S. 625—669, 597 ff. — Scheele, das Preußische Wasserrecht, 1860. — Hahn, die Preußische Gesetzgebung über Vorflut, die Ent- und Bewässerungen und das Deichwesen, 2. Aufl., 1886, S. 56 ff. — Rieberding, Wasserrecht und Wasserpolizei im Preußischen Staate, 2. Aufl., bearb. v. Frank, 1889. — v. Brauchitsch 4 S. 87 ff.)

Wir Friedrich Wilhelm, von Gottes Gnaden König von Preußen usw. haben Uns bewogen gefunden, die gesetzlichen Vorschriften über die Benutzung der Privatflüsse mit besonderer Rücksicht auf die Erfahrungen, welche in neuerer Zeit über die Verwendung des fließenden Wassers zur Verbesserung der Bodenkultur gemacht worden sind, einer Revision zu unterwerfen, und verordnen demnach auf den Antrag Unseres Staatsministeriums nach Anhörung Unserer getreuen Stände und nach erfordertem Gutachten einer aus Mitgliedern des Staatsrats ernannten Kommission für den ganzen Umfang der Monarchie mit Ausnahme der Landesteile, welche zum Bezirke des Appellationsgerichtshofes zu Cöln gehören, was folgt:

Zum Eingange.

1. Die Vorschriften des Ges. v. 28. Febr. 1843 sind gemäß Art. 65 EG. z BGB. durch das BGB. unberührt geblieben. — Die Abänderungen, die es durch das ZustGes. erlitten hat, sind durch den Druck kenntlich gemacht; das nähere ist bei den einzelnen §§ gesagt.

2. Die Vorschriften des Gesetzes sind durch VO. v. 9. Jan. 1845 (GS. S. 35) auf den Bezirk des früheren AH. Cöln ausgedehnt worden, jedoch mit der Maßgabe, daß dort bei Entscheidung der Frage, ob bei einer Bewässerungsanlage ein überwiegendes Landeskulturinteresse obwalte (§§ 24, 32 d. G.), das Interesse schon vorhandener, auf Triebwerken beruhender gewerblicher Anlagen im zweifelhaften Falle über das der Bodenkultur gesetzt werden soll. [Gleichzeitig bestellte die VO. als Rekursinstanz im Sinne des § 47 das zufolge VO. v. 22. Nov. 1844 zu errichtende Revisions-Kollegium für Landeskultursachen. Vgl. auch A. 7.] — Ferner ist das Ges. zufolge der VO. v. 26. Apr. 1844 (GS. S. 112) in der Oberlausitz an die Stelle des Patents v. 28. Aug. 1727 getreten, und haben für die Hohenzollernschen Lande wenigstens die §§ 56—59 Geltung erlangt (vgl. Ges. v. 11. Mai 1853 Art. 1), wogegen die WiesenO. für den Kreis Siegen v. 28. Okt. 1846 (GS. S. 485) dasselbe,

§ 1. Jeder Uferbesitzer an Privatflüssen (Quellen, Bächen oder Fließen, sowie Seen, welche einen Abfluß haben) ist, sofern nicht jemand das ausschließliche Eigentum des Flusses hat, oder Provinzialgesetze, Lokalstatuten oder spezielle Rechtstitel eine Ausnahme begründen, berechtigt, das an seinem Grundstücke vorüberfließende Wasser unter den in den §§ 13ff. enthaltenen näheren Bestimmungen zu seinem besonderen Vorteile zu benutzen. Jedoch verbleibt es in Ansehung der Benutzung des Wassers zu Mühlen und anderen Triebwerken, sowie auch in Ansehung der Fischereiberechtigung und der Vorflut bei den bestehenden gesetzlichen Vorschriften, soweit diese durch gegenwärtiges Gesetz nicht ausdrücklich abgeändert sind.

---

soweit nicht seine Bestimmungen dort ausdrücklich bezogen werden, hinsichtlich dieses Kreises wieder außer Wirkung setzte.

3. Das Gesetz verfolgt, seinem Eingange und den Quellen zufolge, vornehmlich den Zweck, Bewässerungsanlagen zur Verbesserung der Bodenkultur zu fördern; vgl. MVfg. 9. Okt. 1845, 7. Febr. 1849 (VMBl. 45 S. 271; 49 S. 50). Den desfalls getroffenen, mit dem § 19 beginnenden Vorschriften werden jedoch einige allgemeine Grundsätze und Bestimmungen über das Recht der Wassernutzung und dessen Begrenzung vorausgeschickt, welche nicht auf die erwähnten Anlagen zu beschränken, sondern vorbehaltlich der im § 1 gemachten Einschränkungen auch auf alle sonstigen Anlagen zur Benutzung der Privatflüsse, insbesondere die gewerblichen, zu beziehen sind. Vgl. A. 39, Hahn A. 1, OVG. 23. Okt. 1884 (E. 11 S. 265) und OT. 11. Sept. 1860 (Strieth. 39 S. 31; dieses Erk. erachtete demgemäß den § 16b auf einen zwischen zwei Triebwerksbesitzern schwebenden Streit für anwendbar). Lette und v. Rönne (S. 636, 646) stimmen dem letzteren Satze nur inbetreff der §§ 2—12, nicht also inbetreff der §§ 13—18 bei. — Über das Verhältnis des Gesetzes zum Vorflutges. v. 15. Nov. 1811 s. dieses A. 6, 7.

4. Im Gesetze ist, abgesehen von dem in den §§ 19ff. neu eingeführten Provokationsverfahren, eine Änderung der bestehenden Kompetenzverhältnisse nicht beabsichtigt, vielmehr der Grundsatz festgehalten worden, daß Gegenstände des allgemeinen, polizeilichen Interesses vor die Polizeibehörden gehören, die Feststellung streitig gewordener Privatrechte und ihres Umfangs aber den Gerichten zustehe. Wie daher die Entscheidung über die in den §§ 2—12 enthaltenen Gegenstände den Polizeibehörden übertragen, desgleichen in dem in § 15 bezeichneten Falle der Gefährdung eines öffentlichen Interesses oder der Bewirkung eines Notstandes die Zuständigkeit der Regierung angeordnet ist, ebenso tritt hinsichtlich der sich aus den §§ 13, 14, 16—18 erhebenden Streitigkeiten als solcher, welche, die Rechte der Uferbesitzer betreffend, privatrechtlicher Natur sind, die Zuständigkeit der ordentlichen Gerichte, mit Ausschluß der polizeilichen Entscheidung ein, selbst wenn die Berufung auf einen speziellen Rechtstitel nicht stattfindet. Vgl. MVfg. 6. Dezember 1843 (JMBl. S. 298); OVG. 23. Okt. 1884 (E. 11 S. 266).

§ 1.

5. § 1 schließt geschlossene Gewässer (§ 176 I. 9 ALR.) ausdrücklich vom Bereiche des Gesetzes aus. Ebensowenig findet dasselbe auf künstliche Gräben und Kanäle Anwendung. Vgl. RG. 13. März 1883 (Gruchot 27 S. 982); Scheele S. 12. Doch ist nicht ausgeschlossen, daß ein künstlich hergestellter Wasserlauf als Privatfluß aufgefaßt werden muß und dann unter das Gesetz fällt; es ist dies nach den Verhältnissen des einzelnen Falls zu prüfen, wobei es in der Regel darauf ankommen wird, ob der künstliche Wasserlauf derart mit einem Privatfluß verbunden ist, daß er als Teil oder Nebenarm desselben erscheint, oder ob er etwa nach der örtlichen Lage und seiner Zweckbestimmung vollständig an die Stelle des ursprünglichen Hauptflusses getreten ist; vgl. OLG. Cöln 18. Mai 1899 (Rh. A. 95, I. 139); OT. 8. Juni 1857 (Strieth. 25 S. 142). Als Teil oder Nebenarm kann der Wasserlauf nur gelten, wenn er ständig Wasser führt oder doch hinsichtlich seiner Wassermenge bezw. des Austrocknens nur den Veränderungen unterliegt, denen auch der Hauptfluß unterworfen ist: gen. OLG. Cöln.

6. Ferner gehören zu den Privatflüssen usw. im Sinne des § 1 nicht solche

Gewässer, die keinen bestimmten Lauf und keine bestimmten Ufer haben; ein Privatfluß ist immer durch ein bestimmtes Bett bedingt, welches letztere namentlich auch nicht durch Flößgräben vertreten wird, da diese keinen Teil der Quelle bilden, sondern nur eine künstliche Vorrichtung zur Benutzung des Wassers darstellen: OT. 19. Dez. 1851 (Strieth. 4 S. 212). Vgl. hierzu RG. 8. Dez. 1897 (Gruchot 42 S. 1009), auch über den Begriff „Quelle". Deshalb bezieht sich das Gesetz nicht auch auf das unterirdisch in dem Grundstück befindliche, noch nicht zutage getretene Wasser; dieses ist ein Teil des Grundstücks und unterliegt der freien Verfügung des Eigentümers: RG. 21. Mai 1898 (das. S. 1017). Vgl. ferner RG. 26. Juni 1886, 4. Febr., 11. Nov. 1890 (E. 16 S. 229; Rh. A. 81, III. 54; 82, II. 52).

7. Zur Abgrenzung des Begriffs „Privatfluß" nach der entgegengesetzten Richtung hin dient der Gegensatz zwischen einem Privat- und einem öffentlichen Flusse. Öffentlich sind nach OT. 15. Nov. 1859 (Strieth. 36 S. 13) die von Natur schiffbaren Ströme, das Meer sowie überhaupt diejenigen Gewässer, welche dem gemeinen Besten dienen, private aber solche, über die jemand mit Ausschließung anderer, aus eigener Macht zu verfügen befugt ist, mag diese Befugnis nun dem Staate (Fiskus) oder einem Privaten usw. zustehen. Das ALR. (§ 21 II. 14; § 38 II. 15) erblickt das entscheidende Merkmal eines öffentlichen, dem ausschließlichen Privatgebrauche entzogenen Flusses weder, wie das röm. Recht, in der unausgesetzten Dauer seines Laufs (flumen perenne, vgl. RG. 28. Okt. 1902, E. 52 S. 382), noch, wie das deutsche, in der Eigenschaft des stromweisen Fließens, sondern nach dem Vorgange der Const. Friderici I. (II. F. 56), welche nur fl. navigabilia et ex quibus fiunt navigabilia zu den Regalien rechnete, darin, daß der Fluß der Schiffahrt dienstbar sei; es änderte jene Const. nur insoweit, als es Flüssen, welche in schiffbare umzuwandeln sind, den Charakter eines Privatflusses nicht ohne weiteres entzieht, sondern dem Staate lediglich ein Recht auf deren Umwandlung im Interesse des Gemeinwohls und gegen vollständige Schadloshaltung der bisherigen Eigentümer einräumt. So: OT. 22. Nov. 1850 (Strieth. 1 S. 133). Der Schiffbarkeit steht hier die Flößbarkeit (auch mit verbundenem Holze) nicht gleich: RG 4. Dez. 1902 (E. 53 S. 130); OVG. 4. März 1896 (E. 29 S. 241). Das franz. Recht rechnet zu den dépendances du domaine public außer den schiffbaren auch die bloß flößbaren Flüsse, vorausgesetzt, daß sie mit verbundenem Holze beflößt werden können; demzufolge ist der Bereich des Ges. v. 1843 für den Bezirk des OLG. Cöln insofern ein begrenzterer, als es dort nicht für alle und jede, sondern nur für solche nicht schiffbaren Flüsse gilt, welche gleichzeitig nicht flößbar sind; vgl. MVfg. 28. Febr. 1861 (VMBl. S. 73). — Vgl. auch Frank, über öffentliche und Privatgewässer, im Verwaltungsarchiv 1 S. 61, Nieberding §§ 12ff.

8. Für die Frage, ob ein Fluß von Natur schiffbar ist, kommt es lediglich darauf an, ob der Fluß von Natur tauglich ist, dem Schiffahrtsverkehr zu dienen, nicht darauf, ob die Schiffahrt tatsächlich ausgeübt wird; künstliche Hindernisse, wie Stauanlagen und Brücken, vermögen daher dem Flusse die vorhandene Eigenschaft der natürlichen Schiffbarkeit nicht zu nehmen; so: RG. 21. Okt. 1899 (E. 45 S. 183).

9. Ein ursprünglicher Privatfluß hört nur, soweit er schiffbar gemacht wird, auf, Privatfluß zu sein: gen. RG. 21. Okt. 1899; OVG. 26. Sept. 1889 (E. 18 S. 225); OT. 13. Dez. 1849, 19. Apr. 1877 (E. 18 S. 529; Strieth. 99 S. 157). Flüsse, die früher schiffbar gewesen sind, die Schiffbarkeit aber dauernd verloren haben, stehen den Privatflüssen gleich: OVG. 5. Jan. 1898 (E. 33 S. 301). Vgl. ferner OVG. 20. Nov. 1902 (E. 42 S. 234).

10. Ob ein von Natur streckenweise schiffbarer Fluß teils als öffentlicher, teils als Privatfluß, oder ob er für öffentlich von der Mündung bis zur Quelle gelte, war früher streitig. OT. 22. Nov. 1850 (A. 7) ist der letzteren, der Gesetzrevisor (Pensum XII. S. 202), Sommer (Arnsb. Arch. 15 S. 666), Scheele S. 12 und die franz. Jurisprudenz — vgl. Dalloz m. eaux, n. 47 — der ersteren Ansicht, welche auch in der Praxis der preuß. Verwaltungsbehörden allgemein angenommen ist; vgl. MVfg. 28. Febr 1861 (VMBl. S. 73). (Doch betrachtet man in Frankreich die nicht schiffbaren Arme eines schiffbaren Flusses als öffentlich; vgl. Dalloz aaO. n. 52, Gilbert zu Art. 538 c. c., wo sich eine reichhaltige Jurisprudenz darüber findet, was als Pertinenz eines öff. Flusses und daher gleichfalls als öffentlich zu betrachten sei.) Die erstere Ansicht, daß die nicht schiffbaren Strecken solcher Flüsse sowohl im Ober- als im Unterlauf der Öffentlichkeit entbehren, ist heute all-

gemein anerkannt; vgl. OT. (Pl.) 3. Juni 1867 (JMBl. S. 323); OVG. 6. Nov. 1895, 4. März 1896 (DJurZtg. 1 S. 163; E. 29 S. 241). Nach RG. 4. Dez. 1902 (E. 53 S. 129) kann trotz einer schiffbaren Teilstrecke von einer Schiffbarkeit des Flusses nicht die Rede sein, wenn man nicht von jener Strecke aus zu einem verkehrserheblichen Ziele gelangen könne. — Die aus einem öffentlichen Flusse abgeleiteten Bewässerungskanäle sind jedenfalls keine öffentlichen Flüsse; vgl. die gen. MVfg. 28. Febr. 1861.

11. Kann die Frage, ob ein Fluß ein öffentlicher oder Privatfluß sei, im RW. erörtert werden? EK. 5. Apr. 1856 (JMBl. S. 180) sprach sich bejahend in einem Falle aus, wo der betreffende Fluß von der Regierung für einen Privat-, von einer Stadtgemeinde für einen öffentlichen Fluß angesehen und infolgedessen darüber gestritten wurde, ob die Reinigungskosten der klagenden Stadtgemeinde oder dem Fiskus zur Last lägen. Inwiefern dasselbe im umgekehrten Falle anzunehmen, wenn also die Verwaltung einen Fluß für einen öffentlichen erklärt hat, und ein anderer, unter Behauptung des Gegenteils privatrechtliche Ansprüche auf denselben geltend macht, ließ jenes Erk. unentschieden; jedoch dürfte auch diese Frage nach den Grundsätzen des preuß. Rechts zu bejahen sein. Vgl. auch Nieberding § 20. [Anders in Frankreich, wo die Feststellung der Schiffbarkeit bezw. Öffentlichkeit eines Flusses ebenso wie die Feststellung der Grenzen des Betts öffentlicher Flüsse zu den ausschließlichen Aufgaben der Verwaltung gezählt wird, so daß, wenn ein dessfallsiger Ausspruch der zuständigen Verwaltungsbehörde vorliegt, dies nicht mehr Gegenstand richterlicher Erörterungen werden kann; vgl. Cormenin II. S. 47, Dalloz m. comp. admin. n. 43; m. eaux n. 44. Ob nicht dennoch ein Entschädigungsanspruch für das durch die administrative Deklaration angeblich entzogene Eigentums- bezw. Fischereirecht vor Gericht geltend gemacht, und insoweit wenigstens über die Schiffbarkeit eines Flusses und die Grenzen seines Betts im RW. gestritten werde könne, ist dort streitig; vgl. Dalloz aaO. n. 45, 49, 50.] In der Rheinprovinz dürften in dieser Hinsicht ausschließlich die Anschauungen des preuß. Rechts maßgebend sein; vgl. *OT. 22. März 1859 (Strieth. 33 S. 90), wo über eine vom Fiskus selbst angestellte die streitig gewordenen Grenzen des Saarbetts betreffende Klage zur Sache entschieden wurde. -- Auch das Reichsgericht hat obige Frage bejaht: RG. 13. Nov. 1901 (E. 49 S. 319). In dieser Entscheidung wird zwar nur ausgesprochen, daß der ordentliche Richter über die „Schiffbarkeit" eines Flusses zu entscheiden habe; die Beantwortung der Frage nach der Schiffbarkeit war aber die Voraussetzung für die Frage der Öffentlichkeit. Bez. der Schiffbarkeit erklärte das RG., daß die Entscheidung hierüber durch kein Gesetz dem Richter allgemein entzogen sei; das im § 1 Strombaugesetzes dem Oberpräsidenten zugewiesene Entscheidungsrecht beziehe sich gemäß dem Wortlaut des Gesetzes nur darauf, ob ein Fluß im Sinne dieses Gesetzes schiffbar sei; komme jenes Gesetz nicht in Frage, so sei der Oberpräsident zu einer solchen Entscheidung nicht zuständig.

12. Wem ein Privatfluß bezw. dessen Bett gehöre und ob an demselben überhaupt ein Privateigentum im gewöhnlichen Sinne des Wortes denkbar sei, läßt das Ges. v. 1843 unentschieden: AH. Cöln 26. Febr. 1856 (Rh. A. 51, I. 236). Vgl. über diese Frage Ges.-Rev. (Pens. XII. S. 203), Lette und v. Rönne S. 630, 645, Böle im Arnsb. Arch. 2 S. 627 ff., Scheele S. 18 ff., OT. 16. Dez. 1853, 8. Juni 1857, 8. Dez. 1858 (Strieth. 11 S. 137 ff.; 25 S. 145; 31 S. 326) und inbezug auf das Gebiet des franz. Rechts, wo dieselbe besonders streitig ist, außer obigem Erk. das Generalregister des Rh. A. unter „Fluß", Gilbert zu Art. 538 c. c.; Cretschmar, Das rhein. Zivilrecht (3. A.) S. 541 Anm. Nach OVG. 20. Juni 1889 (E. 18 S. 266) ist unter „Eigentum des Flusses" die Gesamtheit der Nutzungsrechte (Fischerei, Jagd, Rohr-, Schilfnutzung usw.) zu verstehen.

13. Der Umstand, daß ein einzelner Teil eines Flusses einen von den Uferbesitzern verschiedenen Eigentümer hat, schließt, abgesehen von den hieraus für die Uferbesitzer dieser Strecke sich ergebenden Folgen, die Anwendbarkeit des Gesetzes nicht aus: RG. 6. Juli 1895 (E. 35 S. 312; hier handelte es sich um einen See, der einen Abfluß hat; ersterer ist Alleineigentum einer Gemeinde).

14. Das Recht zur Benutzung des Wassers eines Privatflusses ist jedenfalls ein Privatrecht, und kann daher Gegenstand eines Vertrags sein sowie überhaupt auf einen andern übertragen werden: OT. 16. Juli 1857 (Strieth. 25 S. 357). Vgl. Lette und v. Rönne S. 649; ferner RG. 9. Dez. 1890 (Rh. A. 82, II. 93).

15. § 1 enthält für dieses Privatrecht den neuen Rechtssatz und Titel,

§ 2. Wo öffentliche Plätze oder Wege das Ufer eines Privatflusses bilden, ist der Gebrauch des Wassers zum Trinken und Schöpfen, sowie zum Tränken des Viehes einem jeden gestattet, sofern es nach Entscheidung der Orts-Polizeibehörde ohne Gefahr für die Beschädigung des Ufers geschehen kann.

§ 3. Das zum Betriebe von Färbereien, Gerbereien, Walken und ähnlichen Anlagen benutzte Wasser darf keinem Flusse zugeleitet werden, wenn dadurch der Bedarf der Umgegend an reinem Wasser beeinträchtigt oder eine erhebliche Belästigung des Publikums verursacht wird.

Die Entscheidung hierüber steht der Polizeibehörde zu.

---

und zugleich den Hauptgrundsatz des Gesetzes, der eben darin besteht, daß die wirtschaftliche Benutzung des Wassers in den vorgeschriebenen Grenzen als unmittelbarer Ausfluß der privatrechtlichen Befugnis des Uferbesitzers zu betrachten sei und daher einer polizeilichen Genehmigung nicht bedürfe, die Einwirkung der Behörde vielmehr nur auf Anrufen der Beteiligten einzutreten habe: Lette und v. Rönne S. 633, 639, Hahn A. 8 Abs. 4, OVG. 23. Okt. 1884 (E. 11 S. 267). — § 99 I. 8 ALR. ist durch § 1 erheblich abgeändert worden: OT. 15. Sept. 1856 (Strieth. 22 S. 181); Präj. (1458) v. 31. Mai 1844 (Präj.-Samml. S. 430). — Übrigens enthält das Ges. v. 1843 nicht ein zwingendes Verbot weitergehender Benutzung des Wassers in Privatflüssen, als wie sie in den §§ 1 und 2 den Uferbesitzern und dem Publikum besonders eingeräumt ist. Wie durch besondern Rechtstitel (z. B. Vertrag, Ersitzung) weitergehende Nutzungsrechte an Privatflüssen sogar zum Schaden anderer Nutzungsberechtigten erworben werden können, so reicht überhaupt die gesetzgeberische Absicht bei den Einschränkungen der Nutzungsrechte nicht weiter, als den Gemeingebrauch und die Nutzung der Uferbesitzer am Wasser in einem bestimmten Grade zu sichern. Daß darüber hinaus auch ein unschädlicher Gebrauch des Wassers verhindert werden soll, woran weder ein anderer Uferbesitzer noch das Publikum, soweit es Gelegenheit zum Gemeingebrauch findet, ein Interesse hätte, läßt sich aus dem Gesetz nicht entnehmen: RG. 7. Juli 1897 (ZfBR. 38 S. 474).

§ 2.

16. Dadurch, daß ein Kreis eine Chaussee bis an eine Brücke herangebaut hat, wird kein Uferbesitz begründet: OVG. 6. Nov. 1895 (DJurZtg. 1 S. 168).

§ 3.

17. Zu den „ähnlichen Anlagen" des § 3 gehören gewerbliche Anlagen jeder Art, die das von ihnen benutzte Wasser einem Privatflusse zuführen; eine weitere Ähnlichkeit mit Färbereien usw. wird nicht verlangt: OVG. 22. Sept. 1902 (E. 42 S. 240).

18. § 3 Abs. 2 schließt den RW. nicht bloß zum Nachteile des Besitzers einer Gewerbsanlage, sondern auch zum Nachteile der Gegenseite aus. So erklärte AH. Cöln 7. März 1860 (Rh. A. 55, I. 242) unter Hinweisung auf § 3 eine Klage für nicht zum RW. geeignet, die von einer Gemeinde auf Abänderung bezw. Unterdrückung einer solchen Anlage angestellt, und ohne daß Klägerin sich als Eigentümerin von Ufergrundstücken zu erkennen gegeben hatte, wesentlich darauf gegründet war, daß durch jene Anlage dem Flusse schmutzige Stoffe in einer den Wasserbedarf der Umgegend beeinträchtigenden und das Publikum erheblich belästigenden Weise zugeführt würden. Ein gleichzeitig erhobener Entschädigungsanspruch wurde durch obiges Urteil gleichfalls abgewiesen, aber vorzugsweise als nicht gehörig begründet, wenngleich auch hier wieder darauf Gewicht gelegt ward, daß Klägerin auch insofern als Vertreterin des Publikums aufgetreten sei.

19. Die Polizeibehörde hat jedoch nur das öffentliche Interesse wahrzunehmen. Widersprüche, welche ein Uferbesitzer als solcher wegen Beeinträchtigung seiner privatrechtlichen Ansprüche auf Benutzung des Wassers wider den Besitzer einer Gewerbsanlage erhebt, werden durch § 3 nicht berührt und sind daher im RW. zu erörtern; vgl. §§ 13ff.; RGew.-O. § 26; gen. AH. Cöln 7. März 1860; OT. 14. März 1864 (Strieth. 53 S. 553); RG. 21. Apr. 1880 (E. 2 S. 208); VO. v. 1808 A. 316; v. Brauchitsch 4 S. 89 A. 7; Hahn A. 12, 13.

§ 4. Des Einwerfens und Einwälzens von losen Steinen, Erde und anderen Materialien in Flüsse muß ein jeder sich enthalten. Eine Ausnahme hiervon findet statt, wenn solches zum Behuf einer Anlage am Ufer notwendig ist und daraus nach dem Urteile der Polizeibehörde kein Hindernis für den freien Abfluß des Wassers und keiner der im § 3 bezeichneten Übelstände entsteht.

§ 5. Das Einkarren und Einschwemmen von Sand und Erde zur Anlage von Wiesen (das sogenannte Wiesenbrechen) ist nur in den Fällen gestattet, wo solches für die Vorflut, für die Schiffbarkeit öffentlicher Flüsse und für die unterhalb liegenden Uferbesitzer unschädlich ist.

§ 6. Die Anlegung von Flachs- und Hanfröten kann von der Polizeibehörde untersagt werden, wenn solche die Heilsamkeit der Luft beeinträchtigt oder zu den im § 4 erwähnten Nachteilen Anlaß gibt.

§ 7. Die Uferbesitzer sind, wo nicht Provinzialgesetze, Lokalstatuten, ununterbrochene Gewohnheiten oder spezielle Rechtstitel ein anderes bestimmen, zur Räumung des Flusses insoweit verpflichtet, als es zur Beschaffung der Vorflut notwendig ist.

Die Polizeibehörde ist ermächtigt, diejenigen, welchen die Räumung obliegt, hierzu anzuhalten. [Entsteht über diese Verpflichtung Streit unter den Beteiligten, so ist die Räumung einstweilen, unter Vorbehalt richterlicher Entscheidung, nach Maßgabe des Besitzstandes, und wenn auch dieser nicht feststeht, von den Uferbesitzern zu bewirken.]

ZustGes. § 66.

---

§§ 4—6.

20. Auf Grund des § 4 ist die Wasserpolizeibehörde befugt, jegliche Einbauten in Privatflüsse, auch wenn sie zur Herstellung von Uferanlagen erforderlich sind, zu untersagen und die Beseitigung bereits hergestellter Einbauten anzuordnen, falls durch diese der freie Abfluß des Wassers gehemmt wird: OVG. 2. Juli 1889, 7. Nov. 1895 (E. 18 S. 361; DJurZtg. 1 S. 163). Eine Anfechtung solcher Anordnungen im RW. findet selbstverständlich nicht statt; vgl. EK. 29. Juni 1850, 11. Mai 1878 (Rechtspr. S. 385; BMBl. 78 S. 102). Obiger Satz gilt auch dann, wenn der Fluß die bisherigen Uferbefestigungen oder am Ufer stehende Häuser zerstört und sich ein teilweise neues Bett geschaffen hat; der Uferbesitzer hat an dem neuen Flußbetteile keinerlei Rechte und darf insbesondere nicht durch Anschüttung oder Einbauten den Fluß in seine früheren Grenzen wieder eindämmen: gen. OVG.

21. Zu § 6 vgl. § 44 Fischereiges. v. 30. Mai 1874 und § 99 Nr. 2 ZustGes.

§ 7.

22. Da § 100 I. 8 ALR. nicht von natürlichen Gewässern spricht, so war den Anliegern eines Privatflusses die Pflicht zur Unterhaltung des Wasserlaufs durch die landrechtlichen Bestimmungen nicht auferlegt: OT. (Pl.) 9. Apr. 1844 (E. 10 S. 245); OT. 31. März 1858, 20. Apr. 1871 (Strieth. 30 S. 58; 81 S. 318); OVG. 6. Apr. 1883, 19. Dez. 1895 (E. 9 S. 259; 29 S. 269). — § 7 dehnt nun die Bestimmung des § 100 auf Privatflüsse aus, aber nur insoweit, als die Räumung zur Beschaffung der Vorflut nötig ist. Über den Umfang der hierdurch begründeten Verpflichtung vgl. gen. OVG. 6. Apr. 1883, 24. Okt. 1889 (E. 18 S. 268), sowie darüber, was zum Flußbett und was zum Ufer gehört, OVG. 20. Juni 1889, 22. Apr. 1899 (E. 18 S. 264; DJurZtg. 5 S. 26). Was über die Erreichung dieses Zwecks hinausreicht, kann durch die Polizeibehörde den Anliegern nicht geboten, z. B. nicht auferlegt werden, Vertiefungen, Erbreiterungen, Durchstiche und ähnliche Regulierungen über die ursprünglichen Verhältnisse des Flußprofils hinaus vorzunehmen oder Uferbauten im Interesse des öffentlichen Verkehrs auszuführen. Damit solche größeren Regulierungs- und Uferbauten ausgeführt und die bisher nicht beitragspflichtigen Anlieger zu Beiträgen herangezogen werden können, ist vielmehr

die Bildung einer Genossenschaft erforderlich, wozu in Ermangelung der Zustimmung aller Beteiligten eine landesherrliche Verordnung gehört (Ges. v. 1. Apr. 1879 § 57; Ges. v. 11. Mai 1853 Art. 2; vgl. auch Deich-Ges. v. 28. Jan. 1848 §§ 11, 15). Die Polizeibehörden können die Anlieger wider ihren Willen nicht einmal vorläufig zu Räumungs-Genossenschaften vereinigen, und besitzen nach der Vorflut-Gesetzgebung überhaupt keine Befugnisse, welche den ihnen durch § 6 des Deich-Ges. zur Erhaltung von Schutzdeichen erteilten entsprächen. Vgl. LMVfg. 25. Juni, 28. Sept. 1856, 12. Mai 1871 (VMBl. 56 S. 216, 263; 71 S. 196). — Ebensowenig ist durch § 7 eine Pflicht zur Räumung aus lediglich sanitätspolizeilichen Gründen geschaffen: OVG. 19. Mai 1884 (E. 11 S. 244); RG. 10. Juni 1896 (E. 37 S. 333).

23. Die Uferbesitzer sind zur Räumung gar nicht verpflichtet, wenn ein anderer der ausschließliche Eigentümer des Privatflusses ist: OT. 4. Nov. 1859 (E. 42, I. 49); OVG. 24. Juni 1886, 20. Juni 1889, 17. Nov. 1892 (E. 13 S. 323; 18 S. 266; 24 S. 276); v. Brauchitsch 4 S. 89 A. 11. Vgl. oben A. 13. — Unter „Uferbesitzer" sind nur die Eigentümer der an das Ufer stoßenden Grundstücke zu verstehen, nicht aber diejenigen, denen nur Nutzungsrechte an den Ufergrundstücken zustehen: OVG. 20. Juni 1889 (E. 18 S. 262).

24. Über den Begriff Provinzialgesetz (im Gegensatz zu Landesgesetz) vgl. OVG. 3. Jan. 1900 (E. 36 S. 326): entscheidend sei lediglich das territoriale Geltungsgebiet, auf den Inhalt des Gesetzes komme es nicht an. Hiernach ist z. B. das für den ganzen französischen Staat ergangene und deshalb auch in der damals dazu gehörigen Rheinprovinz zur Geltung gelangte Ges. v. 14. flor. XI. kein Provinzialgesetz und somit durch § 7 d. G. nicht aufrecht erhalten (vgl. Ress.-Reglement A. 163); ein auf Grund des Art. 2 Ges. v. XI. ergangenes règlement d'administration publique (d. h. eine lediglich dem Staatsoberhaupt zustehende Vollzugsverordnung) hat als Lokalstatut im Sinne des § 7 d. G. seine Gültigkeit behalten. — Eine ununterbrochene Gewohnheit kann auch lediglich für die Strecke eines bestimmten Uferbesitzers in der Weise bestehen, daß die Räumung dieser Strecke von einem andern als dem Uferbesitzer zu erfüllen ist: OVG. 2. Juli 1896 (DJurZtg. 2 S. 167). Dasselbe Erk. sprach aus, daß das Gesetz nicht bloß das bei seinem Erlasse in ununterbrochener Gewohnheit Hergebrachte erhalten wolle, sondern auf diesem Wege neue Rechtsbildungen ebenso zulasse, wie dies ersichtlich für die Ortsstatuten und die speziellen Rechtstitel zutreffe.

25. Der Ausdruck „ermächtigt" bezieht sich nur darauf, daß die Polizeibehörde nicht jedem Antrage ohne weiteres stattgeben muß, sondern zu prüfen hat, ob die Räumung nötig sei (ebenso OVG. 14. Nov. 1878, E. 4 S. 271). Bejahendenfalls ist die Behörde allerdings verpflichtet, auf die Sache einzugehen, und daher die Ansicht irrig, als ob in Ermangelung eines landespolizeilichen Interesses der Streit über die Räumungspflicht zunächst zum RW. zu verweisen, die Räumung selbst aber auszusetzen sei. Insofern besteht gerade zwischen § 7 und der im übrigen entsprechenden Bestimmung des § 10 des Vorflutges. v. 1811 ein wesentlicher Unterschied, als die Polizeibehörde nach letzterem §, wenn die Räumungspflicht und die Person des Verpflichteten nicht feststeht, nur ausnahmsweise aus ganz besonderen Dringlichkeitsgründen einzuschreiten befugt ist, und sich auch dann auf eine bloß vorläufige Regelung zu beschränken hat, während die Polizeibehörde in den Fällen des § 7 jeden bezüglichen Antrag immer mit voller Kompetenz prüfen und die im Gesetze bezeichneten Verpflichteten zur Räumung endgültig anhalten muß, bis [früher] im RW. ein anderes festgestellt worden ist. So: MVfg. 29. Jan., 16. Juni 1847 (VMBl. S. 18, 170). Vgl. Vorflutges. A. 40.

26. Nach welchen Grundsätzen die Notwendigkeit der Räumung zu beurteilen sei, bemerkt die gen. Vfg. 29. Jan. 1847, darüber lasse sich keine vollständige Anweisung erteilen, indem selbst das Verhältnis des Kostenaufwands zu dem zu erzielenden Vorteile nicht unbedingt entscheide. Offenbar unerheblichen oder böswilligen Anträgen sei jedenfalls nicht stattzugeben, und sogar inbetreff einer nur allmählichen Herstellung des als notwendig erkannten Zustands auf die Verhältnisse der Verpflichteten billige Rücksicht zu nehmen. Vgl. auch gen. OVG. 1878.

27. Die gemäß § 7 getroffenen Verfügungen konnten nur ausnahmsweise, nach Maßgabe der §§ 2ff. Ges. v. 11. Mai 1842, zum Gegenstande einer gerichtlichen Erörterung gemacht werden: *EK. 25. Okt. 1856 (JMBl. 57 S. 176); AH. Cöln 15. Juli 1852 (Rh. A. 47, I. 161). Gegenwärtig kann höchstens noch § 6 das. in

§ 8. Die Eigentümer eines Privatflusses, sowie die Uferbesitzer, Stauungs- oder Leitungsberechtigten können nur durch landesherrliche Entscheidung verpflichtet werden, den Gebrauch des Flusses zum Holzflößen einem jeden zu gestatten.

§ 9. Ist eine solche Entscheidung (§ 8) ergangen, so müssen

a) die Eigentümer des Flusses sowie die Uferbesitzer den zum Einwerfen und Ausziehen der Hölzer unentbehrlichen Gebrauch der Ufer an den polizeilich bestimmten Stellen, sowie den Zutritt zu den Ufern, soweit dieser zur Beaufsichtigung und Fortschaffung der treibenden Hölzer erforderlich ist, gestatten, und

b) die Besitzer von Stauwerken den zum Treiben der Hölzer erforderlichen Wasserzug gewähren.

Für den hieraus, sowie für den aus Verunreinigung des Flußbettes und aus Beschädigungen der Ufer, Uferdeckwerke, Brücken und sonstigen Anlagen durch die treibenden Hölzer entstehenden Schaden ist vom Staate volle Entschädigung zu leisten.

§ 10. Die näheren Anordnungen darüber,

1. in welchem Umfange der Mitgebrauch der Ufer zum Behufe der Flößerei zu gestatten ist und welche Einrichtungen zur Erhaltung des Wasserzuges zu treffen sind,
2. welches Verfahren bei der Flößerei, namentlich auch mit Rücksicht auf die stattfindenden Überrieselungen zu beobachten, und
3. welche Abgabe von den Flößenden zu entrichten ist,

sind von dem Ministerium durch besondere Reglements festzusetzen.

§ 11. Die Flößereiabgabe (§ 10 Nr. 3) soll nach der Menge des geflößten Holzes abgemessen und auf keinen höhern Betrag festgestellt werden, als zur Entschädigung der Eigentümer und Nutzungsberechtigten (§ 9) und zur Deckung der Aufsichts- und Hebekosten erforderlich ist.

Betracht kommen; im übrigen greift § 66 ZustGes. Platz, der überhaupt das Verfahren vor der Wasserpolizeibehörde neu geregelt hat. Hiernach findet gegen die Anordnung der Polizeibehörde der Einspruch, und gegen den daraufhin ergehenden Beschluß die Klage im Verwaltungsstreitverfahren statt. Folge hiervon ist, daß die Wasserpolizeibehörde bei Streit unter den Beteiligten über die Räumungspflicht nicht mehr einstweilen auf Grund des Besitzstandes die Räumungsanordnung erläßt, sondern von vornherein demjenigen die Räumung aufzugeben hat, den sie für den Räumungspflichtigen hält: OVG. 25. Febr. 1897 (E. 32 S. 267). Vgl. auch OVG. 17. Nov. 1892 (E. 24 S. 279).

28. Ferner ist durch § 66 der ordentliche RW. über die öffentlichrechtliche Verbindlichkeit zur Räumung ausgeschlossen und damit der in Abs. 2 des § 7 d. G. gegebene Vorbehalt der richterlichen Entscheidung weggefallen. Die aus § 7 d. G. sich ergebende Räumungspflicht wurzelt im öffentlichen Recht: RG. 20. Okt. 1888, 7. Mai 1902 (JMBl. 89 S. 41; Gruchot 46 S. 1123). Dasselbe gilt, wie von den Provinzialgesetzen und Ortsstatuten, von den im Abs. 1 aufrecht erhaltenen ununterbrochenen Gewohnheiten, während durch spezielle Rechtstitel in der Regel nur Privatrechte, öffentliches Recht dagegen nur dann begründet wird, wenn die durch sie erfolgende Regelung der Räumung von der zuständigen Behörde ausdrücklich genehmigt worden ist; vgl. VO. v. 1808 A. 342, Vorflutges. v. 1811 A. 47. Im übrigen wird auf die A. 41 ff. zu letzterem verwiesen.

§§ 8—12.

29. Diese §§, welche genauere Anordnungen inbetreff des in den §§ 42, 43 II. 15 ALR. ausgesprochenen Grundsatzes wegen Gestattung des allgemeinen Gebrauchs der Privatflüsse zum Holzflößen enthalten (vgl. Ges.-Rev. Pens. XII.

§ 12. Wo nach Provinzialgesetzen, Lokalstatuten oder besonderem Herkommen das Flößen auf einem Privatflusse einem jeden freisteht, ist dasselbe polizeilicher Aufsicht unterworfen, und es kann darüber durch besondere Reglements nach Vorschrift des § 10 nähere Anordnung getroffen werden. Wenn diese Anordnungen den Eigentümern oder Nutzungsberechtigten neue Verpflichtungen auferlegen, so gebührt denselben dafür nach Vorschrift des § 9 Entschädigung. Die Einführung neuer, sowie die Erhöhung bestehender Flößereiabgaben darf nur mit Genehmigung des Ministeriums erfolgen und sind dabei die Bestimmungen des § 11 zu beachten.

§ 13. Das dem Uferbesitzer nach § 1 zustehende Recht zur Benutzung des vorüberfließenden Wassers unterliegt der Beschränkung, daß
1. kein Rückstau über die Grenzen des eigenen Grundstücks hinaus und keine Überschwemmung oder Versumpfung fremder Grundstücke verursacht werden darf, und
2. das abgeleitete Wasser in das ursprüngliche Bett des Flusses zurückgeleitet werden muß, bevor dieser das Ufer eines fremden Grundstücks berührt.

Sind mehrere aneinander grenzende Uferbesitzer über eine Anlage einverstanden, so werden die Grundstücke derselben bei Anwendung der vorstehenden Beschränkungen als ein einziges Grundstück angesehen.

§ 14. Gehören die gegenüber liegenden Ufer verschiedenen Besitzern, so hat ein jeder von beiden ein Recht auf Benutzung der Hälfte des Wassers (§ 27).

§ 15. Wenn bei Ausführung einer Bewässerungsanlage ein öffentliches Interesse, wie das der Schiffahrt usw. gefährdet, oder den unterhalb liegenden Einwohnern der notwendige Bedarf an Wasser auf eine Weise entzogen würde, daß daraus ein Notstand für ihre Wirtschaft zu besorgen wäre, so ist [die Regierung] der Bezirksausschuß nach vollständiger unter Zuziehung der Beteiligten erfolgter Erörterung befugt, die Ableitung des Wassers in geeigneter Weise zu beschränken.

S. 203, Lette und v. Rönne S. 642), haben für das Gebiet des Rhein. Rechts bloß insofern Geltung, als sie sich auch auf Flüsse beziehen, die nur mit nicht verbundenem Holze beflößt werden können; vgl. A. 7.

30. Die nach § 9 Abs. 2 und § 12 gegen den Staat zu erhebenden Entschädigungsansprüche sind prozeßfähig, sowohl was ihren Grund, als was die Höhe der zu leistenden Entschädigung betrifft. Ebenso Rosin, Polizeiverordnungsrecht S. 151.

31. Da die Flößereiabgabe (§§ 10, 11) im wesentlichen nur die Schadloshaltung des Staats für die von diesem an die Uferbesitzer usw. zu entrichtenden Entschädigungsbeträge bezweckt, mithin schwerlich in dem landesherrlichen Besteuerungsrechte ihren Grund haben dürfte, so scheinen die §§ 78, 79 II. 14 ALR. auf sie keine Anwendung zu finden. — Bez. der mehreren Bundesstaaten gemeinsamen Privatflüsse vgl. auch BGes. über die Abgaben von der Flößerei v. 1. Juni 1870 (BGBl. S. 312).

§§ 13—17.

32. In den §§ 13—17 werden die Verhältnisse bezeichnet, welche zum Widerspruche wider die dem Uferbesitzer im allgemeinen freigegebene Benutzung des Wassers berechtigen. Der Uferbesitzer kann zwar nach Belieben [d. h. ohne polizeiliche Ermächtigung] Bewässerungsanlagen errichten (§ 19), setzt sich aber der Gefahr aus, daß die nach jenen §§ zum Widerspruche Berechtigten ihre desfallsigen

§ 16. Gegen Anlagen, welche der Uferbesitzer zur Benutzung des Wassers in Gemäßheit des ihm nach §§ 1 und 13 zustehenden Rechts unternimmt, kommt den Besitzern der bei Publikation des gegenwärtigen Gesetzes rechtmäßig bestehenden Mühlen und anderen Triebwerke ein Widerspruchsrecht zu, wenn dadurch

a) ein auf spezielleren Rechtstiteln beruhendes Recht zur ausschließlichen Benutzung des ganzen Wassers oder eines bestimmten Teils desselben ($^1/_4$, $^1/_3$ usw.) beeinträchtigt, oder

b) das zum Betriebe in dem bisherigen Umfange notwendige Wasser entzogen wird.

Wer künftig ein Triebwerk anlegt oder erweitert, ohne ein ausdrücklich verliehenes Recht zu haben, soll deshalb zu einem solchen Widerspruche nicht berechtigt sein.

§ 17. Wenn in dem Falle des § 16 litt. b

1. der Uferbesitzer nachweist, daß der Betrieb in dem bisherigen Umfange das Maß der dem Inhaber des Triebwerks zustehenden Berechtigung überschreitet, oder
2. der Inhaber des Triebwerks nachweist, daß ihm vermöge eines speziellen Rechtstitels die Befugnis zusteht, den Betrieb über den bisherigen Umfang auszudehnen,

so ist bei Prüfung des Widerspruchsrechts derjenige Umfang des Betriebes zum Grunde zu legen, welcher durch das Maß der Berechtigung begründet ist.

Ansprüche auf dem RW., durch Negatorienklagen usw., geltend machen, indem der Gegenstand solcher Streitigkeiten, wie dies schon in A. 4 erwähnt ist, und für das Gebiet des Rhein. Rechts in den Art. 644, 645 c. c. noch eine besondere Bestätigung findet, durchgängig privatrechtlicher Natur ist. Die Wirksamkeit der Polizeibehörde tritt mit Ausschluß des RW. nach dem Ges. v. 1843 nur in zwei Fällen ein, in denen des § 15 und des § 19. Vgl. MVfg. 20. Aug. 1847, 30. März 1861 (VMBl. 47 S. 261; 61 S. 109), AH. Cöln 7. März 1860 (Rh. A. 55, I. 242), EK. 14. Okt. 1865, 10. Apr. 1897 (JMBl. 66 S. 48; Rechtspr. Nachtr. S. 16), OVG. 23. Okt. 1884 (E. 11 S. 266), v. Brauchitsch 4 S. 92 A. 15. Vgl. ferner OVG. 27. März 1878 (E. 3 S. 230).

33. Die auf die §§ 13ff. (und den gen. Art. 644) gegründeten Privatrechte können selbst einer von der Verwaltungsbehörde erteilten gewerbepolizeilichen Konzession gegenüber im RW. geltend gemacht werden: AH. Cöln 16. Juli 1857 (Rh. A. 53, I. 144); gen. OVG. 23. Okt. 1884; vgl. jedoch die Beschränkung des § 26 RGew.-O., BO. v. 1808 A. 316 und das dort gen. RG. 20. Mai 1885 (E. 13 S. 57), ferner RG. 5. Okt. 1901 (E. 49 S. 86).

34. Auch findet zu ihrem Schutze nicht nur die Rechtsklage, sondern auch die Besitzklage statt: OT. 30. Apr. 1855, *8. Jan. 1856 (Strieth. 16 S. 353; Tr. A. 8, I. 123). — Im übrigen vgl. A. 56, 64.

35. § 13 Nr. 1 enthält nicht das zwingende Verbot eines Rückstaus, durch den die Überschwemmung oder Versumpfung eines Nachbargrundstücks bewirkt wird; daher ist der Erwerb eines solchen Rückstaurechts durch Ersitzung nicht ausgeschlossen: RG. 24. März 1881 (E. 4 S. 282).

36. § 13 Nr. 2 findet auch bei teilweisen Wasserableitungen Anwendung. Eine „Ableitung" liegt auch dann vor, wenn das Wasser zunächst durch ein dauernd tätiges Pumpwerk in die Höhe gehoben und erst dann seinem Laufe nach dem Gesetz der Schwere überlassen wird; vgl. RG. 19. Okt. 1900 (E. 47 S. 291).

37. Der Uferbesitzer darf das abgeleitete Wasser nur zum Nutzen des Ufergrundstücks, nicht auch zum Zwecke des Verbrauchs auf anderen ihm gehörigen Grundstücken verwenden (z. B. nicht zur Speisung von Lokomotiven): RG. 25. Mai 1898 (Gruchot 42 S. 1015), gen. RG. 19. Okt. 1900 (Schlußsatz). Auch kann der Unternehmer die Anlage einer Stauvorrichtung und die Befugnis zur Wasser-

entnahme nur innerhalb seiner Eigentumsgrenzen, nicht also an einer Stelle in Anspruch nehmen, an der sich keines der Ufer des abzuleitenden Flusses in seinem Eigentum befindet: OVG. 3. März 1881 (E. 7 S. 270). — Die Anwendbarkeit des § 13 Nr. 2 ist nicht davon abhängig, daß dem unterliegenden Uferbesitzer durch die Entziehung des Wassers Schaden entsteht: RG. 14. Nov. 1896 (E. 38 S. 275). Die Nr. 2 kommt nicht zur Anwendung, wenn das entnommene Wasser auf dem Ufergrundstück verbraucht wird: gen. RG. 19. Okt. 1900 (A. 36).

38. § 15 stimmt im wesentlichen mit Art. 643 c. c. überein, nur daß dieser die Entscheidung nicht der Verwaltung überträgt [insofern ist also die Rhein. Gesetzgebung durch § 15 abgeändert worden], und daß er dem Eigentümer des Fließes einen [im RW. verfolgbaren] Entschädigungsanspruch unter gewissen Voraussetzungen zuerkennt. — Letztere Bestimmung ist durch § 15 unberührt geblieben: Lette und v. Rönne S. 659, und gemäß Art. 65 EG. und Art. 89 AG. z. BGB. auch heute noch in Kraft. In den übrigen Landesteilen hat der Eigentümer einen solchen Anspruch nicht: Scheele S. 49.

39. Wenngleich im Eingange des § 15 zunächst nur der Ausführung von Bewässerungsanlagen Erwähnung geschieht, so ist jener § dennoch von jeder ausschließlichen Benutzungsart des Wassers zu Privatzwecken, z. B. auch von der Anlage eines Fischteichs zu verstehen. So: AH. Cöln 22. Apr. 1861 (Rh. A. 56, I. 75); vgl. auch Scheele S. 49 und A. 3.

40. Das in A. 39 gen. Erk. erblickt in der die Verhütung eines Notstandes betreffenden Befugnis ein Entscheidungsrecht im engern Sinne und nimmt daher an, daß, wenn bei einem Streite über das Wassernutzungsrecht des Uferbesitzers vom beklagten Gegner das Bevorstehen eines solchen Notstandes vorgeschützt werde, die richterliche Entscheidung so lange ausgeschlossen sei, bis die Regierung über jenen Einwand und zwar nach vorgängiger kontradiktorischer Erörterung durch einen förmlichen Beschluß entschieden habe. (Die Regierung hatte auf die Beschwerde des Uferbesitzers an die beklagte Gemeinde verfügt, daß fernere Eingriffe in die betr. Anlage nicht stattfinden dürften, weil ein Notstand nicht zu besorgen sei. Dessenunerachtet wies der AH. die von jenem Besitzer angestellte Entschädigungsklage als voreilig ab.) Diese Ansicht ist jedoch durch *OT. 1. Apr. 1862 (Rh. A. 56, II. 112) verworfen worden; letzteres Erk. sprach sich vielmehr dahin aus, daß § 15 der Regierung nur die Befugnis verleihe, geeignetenfalls das gesetzlich anerkannte Benutzungsrecht der Uferbesitzer zu beschränken, daß es daher, so lange die Regierung von dieser Befugnis keinen Gebrauch mache, bei der gesetzlich erfolgten Anerkennung jenes Rechts und der hieraus abzuleitenden Befugnis, dasselbe im Prozeßwege geltend zu machen, sein Bewenden behalte. In demselben Sinne erkannte RG. 19. Okt. 1895 (E. 36 S. 235).

41. Jedenfalls trifft jene Befugnis nur bei dem ausdrücklich vorgesehenen Falle eines für die Wirtschaft zu besorgenden Notstands zu; verlangt der untere Eigentümer daher die Wegschaffung der Anlage bloß um deswillen, weil diese den Wasserlauf störe, der nicht gestört werden dürfe, so findet der RW. statt: EK. 26. Juni 1849 (JMBl. S. 385). Durch die Fassung des § 73 ZustGes. (A. 43), der den von Notstand sprechenden Zwischensatz nicht enthält, ist hierin keine Änderung erfolgt.

42. § 15 spricht ferner nur von einer Beschränkung der Ableitung. Er steht mithin der Beschreitung des RW. nicht entgegen, wenn die Unzulässigkeit der ganzen Ableitung aus den zwischen zwei benachbarten Grundbesitzern bestehenden Rechtsverhältnissen gefolgert wird; vgl. EK. 26. Juni 1849 (A. 41); z. B. wenn der untere Grundbesitzer sich zu diesem Behufe auf einen speziellen Rechtstitel, wie Verjährung usw. beruft. Doch nahm AH. Cöln 22. Apr. 1861 (A. 39) an, daß die [von einer Gemeinde] angerufene Verjährung den Art. 642, 643 c. c. zufolge nur in Verbindung mit dem behaupteten Notstande von Belang, mithin vor Gericht nur als Einrede wider die vom Unternehmer der Anlage eingeklagten Entschädigungsansprüche in Betracht zu ziehen sei. [?]

43. Gemäß § 73 ZustGes. beschließt im Falle des § 15 heute an Stelle der Regierung der Bezirksausschuß.

44. Unter einem „ausdrücklich verliehenen Recht" (§ 16 Abs. 2) ist nur ein Recht zur Wasserbenutzung in einem durch Verleihung fest bestimmten Umfange zu verstehen; die landespolizeiliche Genehmigung zur Errichtung einer Mühle kann als „Verleihung" eines Rechts nicht angesehen werden; vgl. RG. 21. Juni 1890 (E. 26 S. 394).

§ 18. Fischereiberechtigte sollen zu einem Widerspruche gegen Bewässerungsanlagen fortan nicht weiter berechtigt sein, sondern nur auf Ersatz des ihnen daraus entstehenden Schadens Anspruch haben.

§ 19. Einer polizeilichen Erlaubnis bedarf der Uferbesitzer zu solchen Anlagen nicht; er ist dagegen befugt, die Vermittelung der Polizeibehörde in Anspruch zu nehmen,

1. wenn er sich darüber Sicherheit verschaffen will, welche Widerspruchsrechte oder Entschädigungsansprüche in Beziehung auf die von ihm beabsichtigten oder schon getroffenen Verfügungen
   a) über das zu Bewässerungen zu verwendende Wasser,
   b) über die zu bewässernden ihm zugehörigen Grundstücke,
   c) über denjenigen Teil sowohl eigener als fremder Grundstücke, welcher zu den Wasserleitungen dienen soll,

   stattfinden;
2. wenn er zur Ausführung neuer oder zur Erhaltung bereits ausgeführter Bewässerungen verlangt, daß ein anderer ihm ein Recht einräume oder sich die Einschränkung eines Rechts gefallen lasse, welches einen Widerspruch gegen die Anlage begründen würde.

45. Unter dem Betriebe „in dem bisherigen Umfange" (§ 16b) ist der bei Publikation des Gesetzes bestehende gemeint; hierbei kommt es jedoch nicht lediglich auf den tatsächlichen Betrieb, sondern auch auf die Leistungsfähigkeit des Triebwerks an. So Scheele S. 47. Vgl. auch RG. 24. Nov. 1886 (Gruchot 31 S. 418).

46. Daß die Verwaltungsbehörden trotz des privatrechtlichen Charakters der Rechte der §§ 1, 13 ff. befugt seien, im allgemeinen Interesse reglementarische Bestimmungen über das Bewässerungswesen zu erlassen, unterliegt, zumal für das Gebiet des Rhein. Rechts, keinem Zweifel; vgl. Ress.-Regl. A. 55 ff., und was das gesamte Staatsgebiet betrifft, Ges. v. 11. März 1850 § 6 b, h, i. — Doch dürfen die Regierungen sich nicht etwa unter der Form einer Polizeiverordnung in privatrechtliche Bewässerungs-Streitigkeiten mischen, z. B. nicht auf die bloße Beschwerde eines einzelnen Interessenten, namentlich eines Müllers gegen die Grundbesitzer wegen Entziehung des Betriebswassers, solche Polizeiverordnungen erlassen; vgl. MVfg. 21. Apr. 1861 (VMBl. S. 109), die den Erlaß einer Wässerungs-Ordnung auf Grund des obigen § 6 h höchstens dann für gerechtfertigt hält, wenn es darauf ankomme, Streitigkeiten zahlreicher Grundbesitzer über die Ableitung des Wassers zu regeln, tätlichen Streiten der Anlieger vorzubeugen, und eine unpflegliche Verschwendung des Wassers im Interesse der Bodenkultur eines größeren Bezirks zu verhüten, — indem dergleichen Streitigkeiten unter zahlreichen, nicht fest begrenzten Parteien im Wege des Prozesses allerdings zu keinem angemessenen Ergebnisse führen könnten. (Die Verf. erging an eine Rhein. Regierung.) Ebenso Nieberding S. 274.

§ 18.

47. Über die Höhe des Entschädigungsbetrags entscheidet gleichfalls der Richter, sofern kein Provokationsverfahren (§ 19 Nr. 2) beantragt wird. Ebenso Nieberding S. 282; aM. ist anscheinend Scheele S. 87. Gelten die in den §§ 45, 55 d. G. für die Bemessung des Entschädigungsanspruchs enthaltenen materiellen Vorschriften auch dann, wenn der Betrag vom Richter festzustellen ist? Lette und v. Rönne (S. 662) scheinen der bejahenden Ansicht zu sein.

48. Dem § 18 zufolge können die Fischereiberechtigten wegen Störung im Besitze nicht klagen. So: Lette und v. Rönne S. 662.

§ 19.

49. Aus dem in A. 2 gesagten geht bereits hervor, daß die §§ 19 ff. nur die Beförderung von Bewässerungsanlagen zur Verbesserung der Bodenkultur bezwecken, mithin keine Anwendung finden, wenn es sich um die Benutzung des

§ 20. Wer die Vermittelung der Polizeibehörde zu dem in § 19 Nr. 1 bezeichneten Zwecke in Anspruch nimmt, muß eine öffentliche Bekanntmachung über die Bewässerungsanlage unter Einreichung eines vollständigen Situationsplans und der etwa erforderlichen Nivellements bei dem [Landrate] Kreis-(Stadt-)Ausschusse, in dessen Kreise das zu bewässernde Grundstück belegen ist, in Antrag bringen.

Ist das Grundstück in mehreren Kreisen gelegen, so bestimmt die vorgesetzte Behörde den [Landrat] Kreis-(Stadt-)Ausschuß, welcher das Verfahren zu leiten hat.

§ 21. Die Bekanntmachung erfolgt

1. durch die Amtsblätter der Regierungen, durch deren Bezirk der Fluß seinen Lauf nimmt und die Bewässerungsanlage sich erstreckt, zu drei verschiedenen Malen;
2. durch das Kreisblatt des Kreises, sofern ein solches Blatt vorhanden ist, ebenfalls zu dreien Malen;
3. in der Gemeinde, in deren Bezirk das zu bewässernde Grundstück liegt, sowie in den zunächst angrenzenden Gemeinden durch

---

Wassers zu gewerblichen Anlagen handelt. Hinsichtlich letzterer bilden die Vorschriften der RGew.-O. die Richtschnur.

50. Die §§ 19ff. ändern zur Beförderung von Bewässerungsanlagen (ähnlich wie die §§ 15ff. Vorflutges. v. 1811 zur Beförderung von Entwässerungsanlagen) die allgemeine Gesetzgebung sowohl in materieller, wie formeller Hinsicht, in ersterer dadurch, daß sie dem Unternehmer solcher Anlagen, ungeachtet diese bloße Meliorationen bezwecken, zu Lasten der übrigen Uferbesitzer usw. ein der Enteignungsbefugnis ähnliches Recht verleihen, in letzterer Hinsicht dadurch, daß sie nicht allein die Feststellung der Voraussetzungen dieses Rechts und der Art seiner Ausübung, sondern auch die Feststellung der vom Unternehmer zu leistenden Entschädigung der Verwaltung übertragen.

51. Die in den §§ 19ff. den Verwaltungsbehörden zugewiesene Tätigkeit hat einen zweifachen Zweck, nämlich a) die Ermittelung der Widerspruchsrechte und b) die Beseitigung derselben. Dementsprechend ist das Verwaltungsverfahren ein zweifaches; zur Erreichung des ersteren Zwecks (§ 19 Nr. 1) dient das in den §§ 20—23 vorgezeichnete Aufgebots- und Präklusions-, zu der des letzteren (§ 19 Nr. 2) das in den §§ 24—55 vorgezeichnete Provokations-Verfahren. [Der Ausdruck „Provokationsverfahren" wird zwar mitunter auch für das erstere Verfahren gebraucht; doch verdient obige Terminologie zur Unterscheidung beider Verfahren den Vorzug.]

52. Beide Verfahren bedingen sich nicht gegenseitig, sondern sind voneinander ganz unabhängig, so daß sie, eins ohne das andre, auch neben oder nacheinander und zu ganz verschiedenen Zeiten durchgeführt werden können: Lette und v. Rönne S. 663. Demzufolge ist die Zuständigkeit der Regierung zur Entscheidung über das Landeskulturinteresse (§ 32), den Bewässerungsplan, einschließlich der dabei vorkommenden Fragen über Einräumung von Wasserleitungsrechten und Beschränkung des Mühlenbetriebs (§§ 34, 37, 42), sowie über die Entschädigungsansprüche (§ 45) selbst dann begründet, wenn nur das Provokations- und nicht auch das Präklusionsverfahren beantragt worden ist, wie andererseits z. B. die Ausübung des auf § 23 Abs. 2 beruhenden administrativen Entscheidungsrechts nicht dadurch bedingt wird, daß die Vermittlungskommission bezw. Regierung vorher über das überwiegende Landeskulturinteresse (§ 32) entschieden habe: MVfg. 13. Mai 1861, 20. Aug. 1847 (VMBl. 61 S. 111; 47 S. 261).

§§ 20—23.

53. Die §§ 20—23 regeln das zur Erreichung des in § 19 Nr. 1 bezeichneten Zweckes einzuschlagende Präklusions-(Ausschluß-)Verfahren (A. 51). Wie in den dem § 19 unmittelbar vorhergehenden §§, — s. die §§ 13—17 einer- und § 18 andererseits —, ebenso wird auch in den §§ 20—23 zwischen Widerspruchs-

Anschlag an der Gemeindestätte oder in der örtlich sonst hergebrachten Publikationsweise.

Sie enthält mit Hinweisung auf den im Geschäftslokale des [Landrats] Kreis-(Stadt-)Ausschusses zur Einsicht ausgelegten Plan die Aufforderung,

etwanige Widerspruchsrechte und Entschädigungsansprüche binnen drei Monaten vom Tage des Erscheinens des ersten Amtsblattes an gerechnet, bei dem [Landrate] Kreis-(Stadt-)Ausschusse anzumelden.

Die Aufforderung geschieht mit der Verwarnung, daß diejenigen, welche sich binnen der bestimmten Frist nicht angemeldet haben,

in Beziehung auf das zur Bewässerung zu verwendende Wasser sowohl ihres Widerspruchsrechts als des Anspruchs auf Entschädigung verlustig gehen,

und

in Beziehung auf das zu bewässernde oder zu den Wasserleitungen zu benutzende Terrain ihr Widerspruchsrecht gegen die Anlage verlieren und nur einen Anspruch auf Entschädigung behalten.

§ 22. Nach Ablauf der Anmeldungsfrist (§ 21) [sind der Regierung die Verhandlungen einzureichen. Diese] faßt der Kreis-(Stadt-)Ausschuß, wenn [sie] er die vorgeschriebenen Förmlichkeiten beobachtet findet, einen Bescheid ab, in welchem [sie] er denjenigen, die sich gemeldet haben, ihre Rechte namentlich vorbehält, alle andern aber mit ihren bei Erlaß des Bescheides bestehenden Rechten präkludiert.

Eine Ausfertigung des Präklusionsbescheides ist dem Provokanten zuzustellen, welcher sämtliche Kosten des Verfahrens zu tragen hat.

Gegen diese Präklusion kann ein Restitutionsgesuch [binnen zehntägiger Frist bei der Regierung] innerhalb zwei Wochen bei dem Kreis-(Stadt-)Ausschusse angebracht werden, welcher darüber im Verwaltungsstreitverfahren entscheidet. Auf Berufung entscheidet der Bezirksausschuß endgültig.

---

rechten und bloßen Entschädigungsansprüchen unterschieden. Diese Unterscheidung hat jedoch bezüglich der im Ausschlußverfahren wirklich angemeldeten Ansprüche hauptsächlich nur dann ein praktisches Interesse, wenn der Unternehmer einer Bewässerungsanlage von der Durchführung des Provokationsverfahrens (§§ 24 ff.) absieht, oder wenn letzteres ohne Erfolg bleibt, weil das Vorwalten eines überwiegenden Landeskulturinteresses nicht angenommen wird (§ 32), da entgegengesetztenfalls auch vorhandene Widerspruchsrechte, selbst wenn sie auf speziellen Rechtstiteln beruhen, die Ausführung einer Bewässerungsanlage nicht unmöglich machen, sich vielmehr gegebenenfalls gleichfalls in Entschädigungsansprüche auflösen; m. a. W. zur Wegräumung von Widerspruchsrechten bleibt kein anderes Mittel übrig, als die Beantragung eines Provokationsverfahrens, wogegen beim Vorliegen bloßer Entschädigungsansprüche, namentlich also derer von Fischereiberechtigten (§ 18) der Unternehmer der landespolizeilichen Hülfe im Sinne der §§ 24 ff. entraten, mithin die Anlage ohne weiteres ausführen kann; vgl. A. 47.

54. Die Vorschriften der §§ 20 ff. sind durch § 74 ZustGes. dahin abgeändert, daß an Stelle der bisher zuständigen Behörden überall der Kreis-(Stadt-)Ausschuß tritt. Er erläßt den Ausschlußbescheid und entscheidet im Verwaltungsstreitverfahren über das Restitutionsgesuch; auf Berufung entscheidet der Bezirksausschuß endgültig. Im Falle des Abs. 2 § 20 kommt § 58 LVG. zur Anwendung.

55. Um die im Ausschlußverfahren angemeldeten Ansprüche und Einwendungen zu erledigen, blieb früher dem Antragsteller dieses Verfahrens die Anstellung der

§ 23. [In den Fällen, in welchen über die Existenz oder den Umfang eines Rechtes, auf welches ein Widerspruch oder ein Entschädigungsanspruch gegründet wird, Streit entsteht, findet der Rechtsweg statt.

Ist dagegen nur die Frage zu erörtern, ob durch die Bewässerungsanlage einem zur Zeit der Publikation dieses Gesetzes bestehenden Triebwerke das zum Betriebe in dem bisherigen Umfange erforderliche Wasser entzogen werde (§ 16 litt. b), so steht die Entscheidung, mit Ausschluß des Rechtswegs, der Regierung zu, unter Vorbehalt des Rekurses an das Ministerium des Innern, welcher binnen einer präklusivischen Frist von sechs Wochen nach Bekanntmachung des Bescheides einzulegen ist.]

ZustGes. § 75. Über Widersprüche gegen eine Bewässerungsanlage des Uferbesitzers (§§ 16a und b, 17, 23 Abs. 1 und 2 des Ges. v. 28. Febr. 1843; § 12 der Wiesenordnung v. 28. Okt. 1846) entscheidet der Kreis-(Stadt-)Ausschuß im Verwaltungsstreitverfahren.

Negatorien- oder Diffamationsklage anheimgegeben, wenn die sich meldenden nicht selbst den RW. beschritten; für die Zuständigkeit der Gerichte (§ 23 Abs. 1) war es gleichgültig, ob die Widerspruchsrechte und Entschädigungsansprüche auf einen speziellen Rechtstitel oder auf die allgemeinen Gesetze gegründet werden: Lette und v. Rönne S. 664. Nur im Falle des § 23 Abs. 2 stand die Entscheidung der Regierung zu. Nach § 75 ZustGes. ist nunmehr für alle Fälle (§ 16a und b, § 23 Abs. 1 und 2) der RW. ausgeschlossen: über alle Widersprüche gegen eine Bewässerungsanlage des Uferbesitzers entscheidet (vorbehaltlich des in A. 56 gesagten) der Kreis-(Stadt-)Ausschuß im Verwaltungsstreitverfahren; vgl. OVG. 4. Juni 1888 (E. 16 S. 308). Über den Entschädigungsanspruch findet nach wie vor der RW. statt; vgl. A. 52, v. Brauchitsch 4 S. 96 A. 23.

56. Aus dem ganzen Zusammenhange der bezüglichen Bestimmungen folgt ebenso wie aus den Quellen, daß die im § 23 Abs. 2 enthaltene Beschränkung des RW. als Ausnahmebestimmung nur dann eintritt, wenn der Unternehmer einer Bewässerungs-Anlage auf polizeiliche Vermittelung (§§ 19ff.) angetragen hat. Handelt es sich daher nicht um eine neu zu errichtende Bewässerungs-, sondern um eine gewerbliche Anlage oder ist hinsichtlich der ersteren nicht das in den §§ 19ff. vorgezeichnete Verfahren eingeleitet, so unterliegt ein Streit im Sinne des § 16b der richterlichen Entscheidung; vgl. OT. (Präj. 1923) 17. Sept. 1847, 20. Dez. 1858 (E. 15 S. 493; Strieth. 31 S. 364), EK. 4. Sept. 1849, 25. Juni 1853, 14. Okt. 1865; MVfg. 6. Dez. 1843, 2. Jan. 1866 (JMBl. 49 S. 489; 53 S. 316; 66 S. 48; 43 S. 298; VMBl. 66 S. 16) und die gen. MVfg. 20. Aug. 1847 (A. 32); Nieberding S. 277 a. E., 279. AM. Ah. Cöln 16. Nov. 1859 (Rh. A. 55, I. 107). Das vorgesagte gilt heute von der Zuständigkeitsbestimmung des § 75 ZustGes.: Nur über solche Widersprüche haben die Verwaltungsgerichte zu entscheiden, die in dem nach § 19 in Gang gebrachten polizeilichen Ermittelungsverfahren hervortreten; ist ein solches Verfahren unterblieben, so gehören Widersprüche gegen die Bewässerungsanlage vor den ordentlichen Richter. Nachdem schon durch § 109 ZustGes. v. 26. Juli 1876 an die Stelle der Regierung die Verwaltungsgerichte gesetzt waren, hat § 75 ZustGes. v. 1. Aug. 1883 lediglich die Zuständigkeit der Verwaltungsgerichte auf die früher dem ordentlichen RW. verbliebenen Widersprüche ausgedehnt; dagegen ist die Voraussetzung, unter der bisher der ordentliche RW. verschlossen und der Verwaltungsweg eröffnet war, nämlich die Einleitung des polizeilichen Ermittelungsverfahrens durch § 75 nicht weggefallen. Vgl. OVG. 19. Dez. 1878, 13. Okt. 1887 (E. 4 S. 279; 15 S. 335); RG. 24. Mai 1887, 19. Okt. 1895 (Rh. A. 78, III. 108; E. 36 S. 233); EK. 21. Mai 1898 (Rechtspr. Nachtr. S. 17); v. Brauchitsch 4 S. 98 A. 23.

57. Gen. EK. 25. Juni 1853 (A. 56) geht sogar noch weiter, indem es die Zuständigkeitsbestimmung des § 23 Abs. 2 selbst dann für unanwendbar erachtet, wenn ein Ausschlußverfahren zwar eingeleitet, in diesem aber der streitige Anspruch nicht angemeldet worden ist (vgl. auch RG. 20. Mai 1885, E. 13 S. 54); jenes Erk. begegnet gleichzeitig dem Vorwurfe der Folgewidrigkeit, welche etwa darin gefunden werden könnte, daß, wenn ein Ausschlußverfahren wirklich vor sich gegangen sei, unter dem sich meldenden und dem sich nicht meldenden Interessenten unterschieden und gerade dem letzteren der RW. gestattet werde; entweder müsse dessen Klage wegen eingetretener Präklusion, wenngleich nicht als unstatthaft, doch

§ 24. Zu den im § 19 Nr. 2 bezeichneten Zwecken kann die Vermittelung der Polizeibehörde nur in Anspruch genommen werden in

als unbegründet abgewiesen werden, und dann sei seine Lage im Erfolge keine bessere, als die des nicht säumigen Interessenten; oder es werde der Einwand des Ausschlusses verworfen, etwa weil das Aufgebot hinsichtlich des Klägers nicht gehörig erfolgt, oder weil in dem zur Einsicht vorgelegten, dem Aufgebote zugrunde liegenden Plane die ihm nachteilige Anordnung gar nicht oder anders, als sie ausgeführt worden, angegeben wäre usw., und alsdann liege ihm gegenüber die Sache so, als wenn ein Ausschlußverfahren gar nicht stattgefunden hätte. Nach dieser Art der Begründung geht also der KompGH. von der Ansicht aus, daß die Rechtsbeständigkeit des administrativen Ausschlußbescheides und des demselben voraufgegangenen Verfahrens unter Umständen allerdings Gegenstand einer richterlichen Erörterung werden könne, indem er die Anbringung eines Restitutionsgesuchs (§ 22) nur da an ihrer Stelle findet, wo jemand, der sich im Ausschlußverfahren zu melden versäumt habe, wegen erheblicher Hinderungsgründe die Aufhebung des an sich gegen ihn wirksamen Ausschlusses nachsuche; vgl. übrigens A. 63.

58. Die Geltung des in A. 56 ausgesprochenen Grundsatzes wird nicht etwa dadurch ausgeschlossen, daß dem Kläger eine gemäß Ges. v. 1. Apr. 1879 gebildete Genossenschaft gegenübersteht und mit der Klage die Fortschaffung einer Anlage verlangt wird, zu deren Errichtung gerade die Genossenschaft durch landesherrliche Verordnung gebildet ist. Denn allen dritten, d. h. den Besitzern der nicht in den Verband aufgenommenen Grundstücke, stehen die (freien wie öffentlichen) Genossenschaften nicht anders gegenüber, als jeder andere Unternehmer einer Bodenbesserung: RG. 19. Okt. 1895 (E. 36 S. 235); EK. 8. Jan. 1870 (JMBl. S. 83).

59. Selbstverständlich steht ein in solchen Fällen (A. 56) ergehendes richterliches Urteil der Beschreitung des geordneten Verwaltungsweges zum Zwecke der Aufhebung oder Einschränkung der durch dasselbe festgestellten Rechte nicht entgegen; vgl. gen. RG. 19. Okt. 1895.

60. § 75 ZustGes. schließt den RW. auch hinsichtlich der Besitzklage aus. Unternimmt der Antragsteller eines Ausschlußverfahrens, ungeachtet ein Widerspruch rechtzeitig erhoben worden ist, ohne die administrative Entscheidung abzuwarten, die Ausführung der Bewässerungsanlage, so hat vielmehr die Regierung auf ähnliche Weise, wie die Gerichte in den zu ihrer Zuständigkeit gehörigen Sachen den Besitzstand durch Possessorenerkenntnisse schützen, zu gleichen Zwecken ein polizeiliches Verbot zu erlassen, sofern der Müller wahrscheinlich macht, daß in dem bisherigen ruhigen Besitzstande des Betriebswassers eine erhebliche Änderung zum Nachteile der Mühle durch die Bewässerung verursacht werde; vgl. MVfg. 20. Aug. 1847, 16. Dez. 1860 (VMBl. 47 S. 26; 61 S. 71). Im entgegengesetzten Sinne erkannte in einem Falle des § 19 Nr. 2 EK. 11. Nov. 1893 (Rechtspr. S. 395).

61. Stellt infolge eines solchen polizeilichen Verbots (A. 60) der Bewässerungsunternehmer Anträge, und ergeht demnächst die Entscheidung zum Nachteile des Triebwerksbesitzers, so fallen letzterem die durch seinen unbegründeten Widerspruch verursachten Kosten zur Last; vgl. die gen. MVfg. 20. Aug. 1847, ferner 14. Apr. 1871 (VMBl. S. 127). — Etwaige Entschädigungsansprüche sind jedoch in diesem Falle (entsprechend § 5 Ges. v. 11. Mai 1842) auf dem RW. geltend zu machen, da die auf § 23 beruhende Befugnis der Verwaltung, sowohl die petitorischen wie die possessorischen Klagen wegen Schmälerung des Betriebswassers zu entscheiden, sich augenscheinlich auf derartige Ersatzansprüche nicht mit erstreckt.

62. Das Gesetz legt dem Ausschlußbescheide (§ 22) nur die Wirkung des § 21 bei. Welche rechtliche Wirkung dem gemäß § 19 sich vollziehenden polizeilichen Ermittelungsverfahren oder dessen einzelnen Teilen im übrigen beiwohne, welchen Einfluß insbesondere der Ausschlußbescheid auf die Rechtsstellung derjenigen übt, die wirkliche oder vermeintliche Rechte angemeldet haben und denen diese daher in dem Bescheide vorbehalten sind (z. B. ob er die Ersitzung eines angemeldeten und vorbehaltenen Rechtes unterbricht), bestimmt sich nach dem sonst geltenden Recht: RG. 30. Sept. 1896 (Gruchot 41 S. 409).

§§ 24—55.

63. Die §§ 24—55 regeln das sog. Provokationsverfahren (A. 51), welches der Unternehmer einer Bewässerungsanlage einschlagen muß, um die Be-

Fällen eines überwiegenden Landeskulturinteresse und unter der Verpflichtung zu vollständiger Entschädigung. Die Anträge sind bei dem Kreis-(Stadt-)Ausschusse anzubringen.

§ 32. Die Kreis-Vermittelungskommission (§ 76 Abs. 2 ZustGes.) prüft den Antrag an Ort und Stelle unter Zuziehung der Beteiligten, und [stellt demnach die Vorfrage (§ 24) fest,

ob wirklich ein überwiegendes Landeskulturinteresse vorwalte.

Gegen die Entscheidung der Kommission steht dem Provokanten sowie dem Provokaten binnen sechs Wochen präklusivischer Frist der Rekurs an die Regierung und wenn die Entscheidung derselben von der Vermittelungskommission abweicht, in derselben Frist der Rekurs an das Ministerium des Innern offen.] gibt ihr Gutachten ab. Demnächst beschließt der Kreis-(Stadt-)Ausschuß über die Vorfrage, ob ein überwiegendes Landeskulturinteresse vorwalte. (Beschwerde: § 121 LVG.)

§ 33. Ist auf diese Weise das Vorwalten eines überwiegenden Landeskulturinteresse festgestellt, so ernennt [die Regierung] der Kreis-(Stadt-)Ausschuß endgültig Kommissarien, welche unter Mitwirkung des Landrats die einzelnen Gegenstände des Antrages, sowie die dagegen erhobenen Widersprüche prüfen.

§ 37. Ist über die Frage zu entscheiden,

ob durch die Bewässerungsanlage einem Triebwerke das Wasser entzogen werde, dessen der Besitzer bedarf, um sein Gewerbe in dem bisherigen Umfange (§ 16b) oder in dem Umfange seiner Berechtigung (§ 17) auszuüben,

so ist von dem Grundsatz auszugehen, daß der Besitzer des Triebwerks nicht genötigt werden kann, sich eine Abänderung des innern Triebwerks gefallen zu lassen, daß er aber eine zweckmäßige Einrichtung der Stauwerke, des Gerinnes und des Wasserrades auf Kosten der Provokanten sich gefallen lassen muß. Bei Prüfung der gedachten Frage ist jederzeit eine solche zweckmäßige Einrichtung zu unterstellen und darnach die Entscheidung zu treffen.

Der Provokant ist verbunden, die erwähnte Einrichtung auf seine Kosten zu bewirken, auch den Provokaten wegen des Verlustes zu entschädigen, der durch die Hemmung seines Gewerbebetriebes während der Dauer der Einrichtungsarbeiten verursacht wird. Die bei der neuen Einrichtung gegen den früheren Zustand mehr entstehenden Unterhaltungskosten hat der Provokant als eine jährliche Rente an den Besitzer des Triebwerks zu zahlen und für ihre regelmäßige Zahlung Sicherheit zu leisten.

---

seitigung von Widerspruchsrechten zu erlangen, dahin, daß die Regierung nicht nur über die Genehmigung des Plans und die Zulässigkeit der erhobenen Widersprüche, sondern auch über die für die Aufopferung eines Rechts zu zahlende Entschädigung entscheidet. An Stelle der Regierung entscheidet heute gemäß §§ 78—80 ZustGes. der Kreis-(Stadt-)Ausschuß; entsprechend sind auch die Rechtsmittel abgeändert, die sich, soweit sie nicht ausdrücklich aufgeführt sind, nach den Bestimmungen des LVG. richten.

64. Die das sog. Provokationsverfahren betreffenden Vorschriften des Ges. v. 1843 enthalten keine ausdrückliche, dem § 20 Vorflutges. v. 1811 entsprechende Bestimmung darüber, wie Streitigkeiten über Widerspruchsrechte und Entschädigungsansprüche zu entscheiden sind, wenn dem Provokationsverfahren kein Ausschlußverfahren vorausgegangen ist; denn § 23 gehört, wie bereits erwähnt, zu den Vor-

§ 38. Die Kommissarien sind befugt, die zur Ausführung ihres Auftrages nötigen Ermittelungen, Vermessungen, Nivellements usw. zu veranlassen. Können diese Vorarbeiten nicht bewirkt werden, ohne fremde Grundstücke zu betreten, so müssen deren Eigentümer sich solches gegen Vergütung des ihnen dadurch entstehenden Schadens gefallen lassen.

§ 42. [Die Regierung] Der Kreis-(Stadt-)Ausschuß hat auf Grund der kommissarischen Verhandlungen über die Genehmigung der Anträge (§ 30) und über die Zulässigkeit der erhobenen Widersprüche zu [entscheiden] beschließen und die Bedingungen der Ausführung und Benutzung festzustellen.

§ 44. Der Beschluß, welchem der von den Kommissarien vorgelegte Plan (§ 40), so weit solcher genehmigt worden, beizufügen ist, wird sowohl dem Provokanten, als auch dem Provokaten bekannt gemacht. [Jedem Teile steht dagegen der Rekurs an das Ministerium des Innern binnen sechs Wochen präklusivischer Frist nach Bekanntmachung des Beschlusses offen.] Gegen den Beschluß findet innerhalb zwei Wochen der Antrag auf mündliche Verhandlung im Verwaltungsstreitverfahren statt.

§ 45. Nachdem definitiv entschieden worden, in welchem Umfange die Einräumung oder Einschränkung eines Rechts zu Gunsten einer Bewässerungsanlage stattfinden soll, läßt [die Regierung] der Kreis-(Stadt-) Ausschuß die dafür zu leistende vollständige Entschädigung durch drei von [ihr] ihm endgültig zu ernennende Taxatoren unter Zuziehung sämtlicher Beteiligten ermitteln und setzt solche unter Zuschlagung von 25 Prozent des ermittelten Betrages durch [einen Beschluß] Endurteil fest, [welcher] welches den Beteiligten bekannt zu machen ist.

Die Kosten dieser Abschätzung hat der Unternehmer der Bewässerungsanlage allein zu tragen.

§ 46. Wenn der Provokat nach den Grundsätzen der §§ 26 und 29 Land abtritt, so ist er befugt, da wo es den örtlichen Verhältnissen nach zulässig ist, aus dem Grundbesitze des Provokanten eine Landabfindung zu fordern, deren Wert der nach § 45 festgestellten Entschädigungssumme gleichkommt. Sofern die Bewässerungsanlage nicht zur Ausführung kommt oder späterhin wieder eingeht, kann der Provokat das von ihm abgetretene Land gegen Rückgabe der erhaltenen Entschädigung wieder zurückfordern.

. . . -

schriften über das Ausschlußverfahren. Doch unterliegt es keinem Zweifel, daß die Streitigkeiten, welche die Existenz oder den Umfang von Widerspruchsrechten oder Entschädigungsansprüchen zum Gegenstande haben, in den RW. verwiesen werden müssen; ebenso: Lette und v. Rönne S. 664, Scheele S. 87, Nieberding S. 287. Gegebenenfalls stellen die gerichtlichen Erkenntnisse die Grundlage für die zu bewilligende Entschädigung fest. — Ob in den Fällen des § 16b die richterliche Entscheidung eintrete, oder ob auch hier die Zuständigkeitsbestimmung des § 23 Abs. 2 sich als wirksam erweise, ist in den in A. 56 genannten Entscheidungen nicht ausdrücklich erwähnt worden, wie diese überhaupt nicht besonders zwischen dem Präklusions- und dem Provokationsverfahren im engeren Sinne unterscheiden. Nur EK. 14. Okt. 1865 und das in A. 57 besprochene EK. 1853 machen insofern eine Ausnahme, als sie die Anwendbarkeit des § 23 Abs. 2 von der vorherigen Durchführung des eigentlichen Präklusionsverfahrens unbedingt abhängig machen und sich somit wenigstens mittelbar für die ersterwähnte Möglichkeit entschieden. Dagegen liegt der MVfg. 13. Mai 1861 (VMBl. S. 111) an- anscheinend die entgegengesetzte Ansicht zugrunde, welche durch die §§ 37, 42 unterstützt werden dürfte.

§ 47. Dem Berechtigten steht, wenn er sich durch die von [der Regierung] dem Kreis-(Stadt-)Ausschusse festgestellte Entschädigung (§§ 45 und 46) nicht für befriedigt hält, binnen sechs Wochen nach Bekanntmachung des [Beschlusses der Rekurs an das Revisions-Kollegium frei.] Endurteils nur die Berufung an das Oberlandeskulturgericht zu. Dasselbe stellt nach Revision der Abschätzung, wobei anderweitige Ermittelungen gestattet sind, die Entschädigung mit Ausschließung jedes weiteren Rechtsmittels, sowie des Rechtswegs definitiv nach den Grundsätzen der §§ 45 und 46 fest.

Dem Unternehmer der Bewässerungsanlage ist kein [Rekurs] Rechtsmittel gegen das Endurteil des Kreis-(Stadt-)Ausschusses gestattet.

[Aus Neuvorpommern und Rügen gehen die Rekurse an das Revisions-Kollegium zu Stettin.]

§ 50. Die Einziehung und Auszahlung oder gerichtliche Deposition der festgestellten Entschädigungssumme liegt [der Regierung] dem Landrate, in Stadtkreisen dem Gemeindevorstande ob.

§ 53. Ist über ein auf speziellem Titel beruhendes Widerspruchsrecht ein Prozeß entstanden (§ 23), so kann die Ausführung der Anlage von [der Regierung] dem Kreis-(Stadt-)Ausschusse vorläufig gestattet werden, wenn der Unternehmer für Schaden und Kosten Kaution leistet. Über die [Zulässigkeit] Höhe der Kaution hat [die Regierung] der Kreis-(Stadt-)Ausschuß nach Vernehmung des Widersprechenden zu entscheiden.

§ 54. Der Unternehmer der Anlage kann in dem Falle des § 53, um vor der Ausführung den Betrag der etwa zu leistenden Entschädigung übersehen zu können, darauf antragen, daß die Entschädigungssumme nach Vorschrift der §§ 45ff. im voraus ermittelt und festgestellt werde.

§ 55. Die Vorschriften der §§ 45 und 46 finden auch Anwendung auf die den Fischereiberechtigten zu leistende Entschädigung (§ 18), die Ausführung der Anlage soll jedoch von der Feststellung dieser Entschädigung niemals abhängig sein.

---

65. Über die Prüfung der Frage nach dem überwiegenden Landeskulturinteresse (§ 32) in der Rheinprovinz s. A. 2.

66. Auch für Entschädigungsansprüche ist die Verwaltungsbehörde nur zuständig, wenn sie in einem Provokationsverfahren im Sinne der §§ 24ff. zu ihrer Entscheidung gebracht werden; außerhalb eines solchen kommen die §§ 45, 47 nicht zur Anwendung, jene gehören vielmehr vor die ordentlichen Gerichte; vgl. EK. 8. Jan. 1870 (JMBl. S. 84, 96), A. 56.

67. Die Höhe des nach § 38 a. E. zu vergütenden Schadens hat beim Mangel einer das Gegenteil anordnenden Vorschrift im Streitfalle der Richter im gewöhnlichen Prozeßverfahren festzusetzen. Desgleichen ist der im § 46 a. E. erwähnte Anspruch des Provokaten prozeßfähig. Ebenso Nieberding S. 282, 287.

68. Im § 55 scheint § 46 bloß irrtümlich, statt des § 47, bezogen, mithin auch den Fischereiberechtigten ein Rechtsmittel wider den die Entschädigung feststellenden Beschluß des Kreisausschusses gegeben zu sein; vgl. Scheele S. 87.

69. § 50 legt dem Landrat usw. nur die Pflicht auf, für Einziehung der Grundentschädigungs-Gelder von den Schuldigen und für deren Auszahlung oder Hinterlegung zu sorgen; er gibt ihm mithin nicht zugleich das Recht, über die dabei vorkommenden Streitigkeiten, auch wenn solche privatrechtlicher Natur sind, zu entscheiden, und enthält überhaupt keine den RW. ausschließende Bestim-

§ 56. Wenn Unternehmungen zur Benutzung des Wassers, deren Vorteile einer ganzen Gegend zu gute kommen, nur durch ein gemeinsames Wirken zustande zu bringen und fortzuführen sind, so können die Beteiligten zu gemeinsamer Anlegung und Unterhaltung der erforderlichen Wasserwerke durch landesherrliche Verordnung verpflichtet und zu besonderen Genossenschaften vereinigt werden.

§ 57. Für jede solche Genossenschaft sollen, nachdem die Beteiligten mit ihren Anträgen und Erinnerungen gehört worden, folgende Punkte durch ein landesherrlich vollzogenes Statut näher bestimmt werden:

a) der Umfang der gemeinsamen Zwecke und der Plan, nach welchem verfahren werden soll;
b) die Verteilung der zur Anlegung und Unterhaltung der Anstalten erforderlichen Beiträge und Leistungen nach dem Verhältnisse der hieraus erwachsenden Vorteile;
c) die innere Verfassung des Verbandes.

Ist eine Genossenschaft unter freiwilliger Zustimmung aller Beteiligten zustande gekommen, so ist der Minister des Innern ermächtigt, das vereinbarte Statut zu genehmigen und zur Ausführung bringen zu lassen.

§ 58. Der Minister des Innern wird die Regierungen wegen Bildung solcher Genossenschaften und wegen Vorbereitung der Statute mit näherer Anweisung versehen.

mung, wie sie im § 47 bezüglich der Feststellung der Entschädigung enthalten ist: EK. 13. Okt. 1860 (JMBl. 61 S. 194; hier war die Entschädigungssumme des Klägers, weil dessen Besitztitel damals noch nicht berichtigt war, mit der Maßgabe hinterlegt worden, daß die Zahlung von einer Anweisung der Meliorations-Sozietät abhängig sein solle. Nach Berichtigung des Besitztitels belangte jener die Sozietät, der KompGH. verwarf den erhobenen KK.)

70. Ebenso gehören Streitigkeiten, welche über den Anspruch auf die zugebilligte oder noch zuzubilligende Entschädigung zwischen dem Provokaten und dritten entstehen, zum RW.

71. Desgleichen muß bei Gericht Abhülfe gesucht werden, wenn der Unternehmer den festgestellten Bewässerungsplan nicht einhält und dadurch den benachbarten Grundstücken oder Triebwerken Schaden zufügt, da in Ermangelung ausdrücklicher Bestimmungen darüber, daß die Verwaltung nach erfolgter Ausführung des Plans und nach Feststellung der bei planmäßiger Herstellung sowie Handhabung der Anlage erwachsenden Entschädigungsansprüche, noch zuständig bleibe, um auch über die durch Abweichungen vom Plane hervorgerufenen Streitigkeiten und Entschädigungsforderungen zu entscheiden, die für privatrechtliche Streitigkeiten überhaupt zu Gunsten des RW. sprechende Regel zur Anwendung kommt: LMVfg. 19. Okt. 1861 (BMBl. S. 283).

72. Gemäß § 52 darf die Ausführung der geplanten Bewässerungsanlage nicht eher erfolgen, als bis das Regulierungsverfahren einschließlich Feststellung und Zahlung der Entschädigung durchgeführt worden ist; erst dann ist der RW. ausgeschlossen. In einer vor diesem Zeitpunkt vorgenommenen Herstellung der Anlage liegt eine Rechtsverletzung, deren Verfolgung im RW. durch kein Gesetz untersagt ist: EK. 11. Nov. 1893 (Rechtspr. S. 395).

§§ 56—59.

73. Über die Erweiterung dieser Bestimmungen durch Ges. v. 11. Mai 1853 s. oben A. 2 und Vorflutges. v. 1811 A. 7.

74. § 56 ist durch § 57 Ges. v. 1. Apr. 1879 betr. die Bildung von Wassergenossenschaften ausdrücklich aufrecht erhalten. Neue Genossenschaften können nur nach Maßgabe dieses letzteren Gesetzes gebildet werden. Die am 1. Okt. 1879 bereits vor-

§ 59. Wo dergleichen Genossenschaften unter obrigkeitlicher Autorität bereits vorhanden sind, verbleibt es bei den für sie bestehenden Statuten oder Reglements bis zu deren Revision und Abänderung im verfassungsmäßigen Wege.

handenen, auf Grund des § 56 Ges. v. 1843 errichteten Genossenschaften gelten nach § 89 Ges. v. 1879 als öffentliche Genossenschaften im Sinne dieses Gesetzes, auf welche eine Reihe besonders genannter Bestimmungen des neuen Gesetzes Anwendung findet. Es gilt hiernach von den alten Genossenschaften das in A. 335 zur VO. v. 1808 gesagte.

Verordnung
über die Festsetzung und den Ersatz der bei Kassen und anderen Verwaltungen vorkommenden Defekte. Vom 24. Januar 1844.

[GS. Nr. 2422, S. 52.]

Wir Friedrich Wilhelm, von Gottes Gnaden König von Preußen usw. verordnen zur Ergänzung der bestehenden Vorschriften über die Festsetzung und den Ersatz der bei Kassen und andern Verwaltungen vorkommenden Defekte auf den Antrag Unseres Staatsministeriums und nach vernommenem Gutachten Unseres Staatsrats für den ganzen Umfang der Monarchie was folgt:

§ 1. Die Feststellung der Defekte an öffentlichem oder Privatvermögen, welche bei öffentlichen Kassen oder anderen öffentlichen Verwaltungen entdeckt werden, ist zunächst von derjenigen Behörde zu bewirken, zu deren Geschäftskreise die unmittelbare Aufsicht über die Kasse oder andere Verwaltung gehört.

§ 2. Von dieser Behörde ist zugleich festzustellen, wer nach den Vorschriften der gegenwärtigen Verordnung für den Defekt zu haften hat, und bei einem Defekt an Materialien, auf wie hoch die zu erstattende Summe in Gelde zu berechnen ist.

Zum Eingange.

1. Die VO. v. 1844 ist ihrem wesentlichen Inhalte nach in das RBeamtengeſ. v. 31. März 1873 (RGBl. S. 61) übergegangen, s. dort §§ 134—148; vgl. ferner § 153. Eine Abweichung von § 16 d. G. enthält § 145, wonach auf Antrag des Beamten das Gericht über die Fortsetzung der Vollstreckung zu beschließen hat. Im allgemeinen dienen demnach die Erläuterungen zur VO. v. 1844 auch zur Auslegung der genannten Bestimmungen des RBeamtengeſ.

1a. Durch § 1 Nr. 8 der VO. v. 23. Sept. 1867 (GS. S. 1619) ist die VO. v. 1844 in den 1866 erworbenen Landesteilen, durch § 1 Nr. 7 Geſ. v. 25. Febr. 1878 (GS. S. 97) in dem Herzogtum Lauenburg, und durch § 1 Nr. 1 der VO. v. 22. März 1891 (GS. S. 39) in Helgoland eingeführt.

§§ 1—4.

2. Die VO. ist ein Ausnahmegesetz, zumal insoweit sie den Verwaltungsbehörden ein ihnen nach allgemeinen Gesetzen nicht zustehendes Vollstreckungsrecht beilegt, und demzufolge einer ausdehnenden Deutung nicht empfänglich: OT. 4. Sept. 1857 (E. 36 S. 384); EK. 17. Apr. 1858 (JMBl. S. 243).

3. Indem dieselbe nur den Fall vorsieht, wo ein Defekt entdeckt wird und hiermit die Notwendigkeit eintritt, daß auf möglichst rasche und einfache Weise dessen Betrag sowohl als die Person des verantwortlichen Beamten vorläufig festgestellt

§ 3. Ebenso (§§ 1 und 2) hat die unmittelbar vorgesetzte Behörde die Defekte an solchem öffentlichen oder Privatvermögen festzustellen, welches, ohne zu einer öffentlichen Kasse oder anderen öffentlichen Verwaltung gebracht zu sein, vermöge besonderer amtlicher Anordnung in die Gewahrsam eines Beamten gekommen ist.

§ 4. Über den Betrag des Defekts, die Person des zum Ersatz Verpflichteten und den Grund seiner Verpflichtung ist von der in den §§ 1 und 3 bezeichneten Behörde ein motivierter Beschluß abzufassen.

---

und gleichzeitig die dringendsten Maßregeln zur Sicherung der Kasse usw. ergriffen werden, läßt sie im übrigen die zwischen einem rechnungspflichtigen Beamten und der Verwaltung gesetzlich bestehenden Rechtsverhältnisse unberührt. Doch erblickt EK. 20. Apr. 1850 (JMBl. S. 192) in ihren Vorschriften eine Bestätigung dafür, daß, wie die amtlichen Rechte und Pflichten der Zivilbeamten überhaupt durch die bezüglichen besonderen Gesetze und Amtsinstruktionen geregelt würden (§ 85 II. 10 ALR.), so auch die Legung und Abnahme der Rechnung über die von öffentlichen Beamten geführte Kassenverwaltung einen Gegenstand bilde, auf den das Verfahren der §§ 5 ff. I. 45 AGO. keine Anwendung finde, welcher vielmehr als dem amtlichen Geschäftskreise angehörig, auf dem dafür vorgeschriebenen Wege zu erledigen sei, indem die VO. überall ganz wesentlich voraussetze, daß die Rechnung der vorgesetzten Behörde gelegt und ihrerseits geprüft werde, ohne daß diese sich erst auf eine gerichtliche Erörterung im Sinne obiger §§ einzulassen hätte. (Das gedachte Urteil erklärte demgemäß die Klage eines städtischen Kassenbeamten auf Rechnungsabnahme als nicht zum RW. geeignet.)

4. Die VO. kommt nur dann zur Anwendung, wenn sich bei der Kasse ein Fehlbetrag an dem rechnungsmäßigen Sollbestande vorfindet, bezw. wenn ein der Kasse usw. durch eine strafbare Handlung oder ein zu vertretendes Versehen zugefügter Schaden vorliegt, nicht also, wenn dem zur Verfügung über die Kasse befugten Beamten die Anweisung von Zahlungen Schuld gegeben wird, die auf die Kasse nicht hätten angewiesen werden dürfen, wenn mithin nicht die Richtigkeit der Kasse an sich, sondern die Rechtmäßigkeit gewisser Akte der Amtsverwaltung angefochten wird, oder wenn der Streit lediglich den Betrag des einem Kassenbeamten zustehenden, aus den Mitteln der Kasse zu bestreitenden Diensteinkommens betrifft. Für Fälle der letzteren Art ist die Zulässigkeit des RW. daher nicht nach der VO. v. 1844, sondern nach der sonstigen Gesetzgebung zu bemessen: EK. 25. Okt. 1856, 20. Apr. 1850 (JMBl. 57 S. 55; 50 S. 200). [Im ersteren der dort entschiedenen Fälle wurde zwischen einer Dorfschaft und dem Besitzer des mit der Verpflichtung zur Verwaltung des Schulzenamts belasteten Guts gestritten, ob letzterer die bei dieser Verwaltung vorkommenden Auslagen aus eignen Mitteln zu bestreiten habe. Der KompGH. erachtete diesen Streit, welcher die Verbindlichkeit aus einer angeblichen Reallast betreffe, als einen privatrechtlichen und demzufolge prozeßfähigen. Im zweiten Falle drehte sich der Streit zwischen einem königlichen Kassenbeamten und dem Fiskus darum, ob jener auf einen aus der Kasse als Gehaltsanteil bezogenen Betrag gesetzlichen Anspruch habe, oder ob er denselben der Kasse ersetzen müsse. Hier wurde der RW. mit Rücksicht auf die — durch Ges. v. 24. Mai 1861 aufgehobene — AKO. v. 7. Juli 1830 für unstatthaft erklärt.] Vgl. ferner EK. 13. Mai 1871 (JMBl. S. 215); ebenso v. Brauchitsch 3 S. 586 zu § 2. Über den Begriff „Defekt" im allgemeinen vgl. ferner OT. 4. Febr. 1858 (Strieth. 29 S. 65). Diesem Erk. zufolge muß mit Rücksicht auf die VO. insbesondere § 10 und auf die §§ 15, 16 I. 45 AGO. unter Defekt alles verstanden werden, was vom Rechnungsleger verwaltungsgemäß seinem Herrn zu gewähren ist, aber nicht gewährt wird, — ohne Rücksicht auf die Art und den Grund der dabei obwaltenden Verschuldung (mithin nicht etwa bloß doloser Weise unterschlagene Gegenstände), und zwar selbst dann, wenn der Verwalter nicht bestimmte einzelne Sachen, sondern nur Sachen derselben Gattung nachzuweisen hat.

5. Hat die Behörde von der Befugnis, einen auf Ersatz gerichteten Defektenbeschluß zu erlassen, Gebrauch gemacht, so kann nicht gleichzeitig im RW. von dem Beamten Schadensersatz verlangt werden; der Beschluß äußert seine Wirkung auch

dann, wenn bei seinem Erlaß eine solche Klage von der geschädigten Kasse bereits erhoben war; der RW. für diese wird damit ausgeschlossen. Vgl. RG. 8. Okt. 1900 (Gruchot 45 S. 84). Die Behörde ist andererseits nicht verpflichtet, den Defekt gemäß dieser VO. festzustellen, sondern kann die Ersatzsumme auch im RW. von dem verantwortlichen Beamten einfordern bezw. einfordern lassen, ohne daß aus dem Mangel des Defektenbeschlusses ein Einwand gegen die Zulässigkeit des RW. hergeleitet werden könnte. Denn Ersatzansprüche aus Kassendefekten sind, weil durchaus privatrechtlicher Natur, der Regel nach dem RW. unterworfen, und dieser letztere wird durch die VO. weder zu Gunsten der ausschließlichen Zuständigkeit einer Verwaltungsbehörde ausgeschlossen, noch von der vorgängigen Entscheidung der Aufsichtsbehörde abhängig gemacht, sondern nur insoweit beschränkt, als gewisse Maßnahmen der Aufsichtsbehörde nur nach Maßgabe der VO. angefochten werden können; als bürgerlicher Rechtsstreit gehört daher der Ersatzanspruch selbst gemäß § 13 GVG. vor die ordentlichen Gerichte; vgl. EK. 13. Febr. 1886 (VMBl. S. 242); RG. 23. Jan. 1890 (Gruchot 34 S. 1119: dem Recht der Aufsichtsbehörde entspreche allerdings die Pflicht, in geeigneten Fällen Defektenbeschlüsse zu erlassen; ob aber im einzelnen Fall ein Anlaß zu solchem Vorgehen vorliege, unterliege lediglich dem pflichtgemäßen Ermessen der Behörde); OLG. Cöln 21. Juni 1898 (Rh. A. 94, I. 76); Stölzel S. 62.

6. An die Stelle der in den §§ 1—4 genannten Behörde ist für die Verwaltung der Kreise und Stadtgemeinden der Bezirksausschuß, für die Amtsverbände und Landgemeinden der Kreisausschuß getreten; deren Beschluß (über den Betrag des Defekts und die Ersatzpflicht) ist im Verwaltungswege nicht anfechtbar: §§ 55b Nr. 2, 128a KreisO. v. 13. Dez. 1872, § 73 KreisO. f. d. Rheinprovinz, §§ 17 Nr. 5, 32 Nr. 5, 161 ZustGes., § 121 Nr. 1 LandgemO. v. 3. Juli 1891 usw.

7. Bez. der Defekte bei der Preuß. Zentral-Genossenschaftskasse s. A. 55.

8. Die Fortdauer des persönlichen Dienstverhältnisses des betreffenden Beamten bildet keine Bedingung für die Anwendbarkeit der VO.; ihre Vorschriften kommen vielmehr auch dann zur Geltung, wenn der Beamte aus dem Dienste bereits ausgeschieden oder gar verstorben ist, und können daher, insoweit sie die Einziehung des Defekts bezw. die Sicherstellung des Ersatzes betreffen, auch gegen den Nachlaß eines solchen Beamten gehandhabt werden: MVfg. 20. Aug. 1845 (VMBl. S. 282); EK. 17. Apr. 1858 (JMBl. S. 243); RG. 31. Mai 1880 (E. 2 S. 188).

9. Doch kann ein Beschluß im Sinne der §§ 4ff. nicht wider die Erben eines Beamten oder gar gegen dritte Personen gerichtet werden, selbst wenn die vom Beamten bestellte Kaution noch fortbesteht, welche letztere nur ein Mittel zur Befriedigung des fiskalischen, auf dem richtigen Wege zu verfolgenden Anspruchs bildet: OT. 14. Sept. 1857 (E. 36 S. 383). Ebenso Stölzel S. 63. Im entgegengesetzten Sinne entschied bezüglich der Erben RG. 3. Juli 1882 (E. 7 S. 335): die Verpflichtung zum Ersatz des Defektes gehe auf die Erben über, und wenn auch § 10 nur den Beamten als denjenigen erwähne, gegen den der Beschluß gerichtet werden könne, so dürfe man doch bei dem Mangel besonderer innerer Gründe dem Gesetzgeber nicht unterstellen, daß er durch Unterlassung des Zusatzes „und seine Erben" eine Abweichung von der allgemeinen Regel habe festsetzen wollen, daß die Vorschriften über Rechtsverhältnisse, die auf die Erben übergehen, auch als für die Erben bestimmt anzusehen seien; aus dem von gen. OT. aufgestellten, nicht zu bestreitenden Satze, daß die Verwaltungsbehörde nicht berufen sei zu bestimmen, wer der Erbe des ehemaligen Beamten sei, folge nur, daß, wenn die Erbeneigenschaft der als Erben wegen des Defektes in Anspruch genommenen Personen bestritten wird, darüber im ordentlichen RW. zu entscheiden sei, und daß der Defektenbeschluß gegen solche Personen nicht vor der richterlichen Feststellung der Erbeneigenschaft vollstreckt werden könne. Vgl. ferner RG. 21. Mai 1880 (E. 2 S. 188).

10. Wie bei Feststellung der Defekte zu verfahren, wenn ein Einschreiten im Sinne der VO. gegen bestimmte Personen nicht gerechtfertigt erscheint, und inwieweit alsdann von den dort vorgeschriebenen Formen Gebrauch gemacht werden könne, darüber haben sich verschiedene Ansichten gebildet. Jedoch ist als zweckmäßig befunden worden, daß selbst dann der Defekt in Form eines begründeten, der Ober-Rechnungskammer sofort mitzuteilenden Beschlusses von der im § 1 d. G. genannten Behörde festgestellt werde; doch darf dieser Beschluß, welcher zwar der vorgesetzten Provinzialbehörde zuzufertigen, nicht aber von ihr zu genehmigen ist,

§ 5. Hat diese Behörde die Eigenschaft einer Zentral- oder Provinzialbehörde, so ist der Beschluß ohne weiteres vollstreckbar.

§ 6. In allen andern Fällen unterliegt der Beschluß der Prüfung der vorgesetzten Provinzialbehörde und wird erst nach deren Genehmigung vollstreckbar.

§ 7. Der vorgesetzten Zentralbehörde bleibt jedoch in allen Fällen unbenommen, einzuschreiten und den Beschluß selbst abzufassen oder zu berichtigen.

§ 8. Nach Befinden der Umstände kann die Behörde auch mehrere Beschlüsse abfassen, wenn ein Teil des Defekts sofort klar ist, der andere Teil aber noch weitere Ermittelungen notwendig macht, imgleichen, wenn unter mehreren Personen die Verpflichtung der einen feststeht, die der andern noch zweifelhaft ist.

---

nichts enthalten, was der weiteren Verfolgung des Defekts wider einen etwa später zu ermittelnden Beamten entgegenstehen könnte, wie z. B. der Ausspruch, daß niemand ersatzpflichtig sei, obschon die Erörterung auf die zur Schuldfrage in Beziehung stehenden Tatumstände mit zu richten ist. So: die an die Gerichte ergangene JMVfg. 15. Okt. 1853 (JMBl. S. 362) und die auf sie bezugnehmende Verf. des Gen.-Steuer-Dir. an die Prov.-Steuer-Direktionen usw. v. 15. März 1854 (VMBl. S. 91).

11. Im übrigen wird bezüglich der an die Ober-Rechnungskammer zu machenden Mitteilungen auf den StMBeschl. v. 11. Juni 1847 (JMBl. S. 197, VMBl. S. 184) und die FMVfg. 9. März 1854 (VMBl. S. 110) verwiesen.

12. Insofern durch die vollstreckbaren Beschlüsse die unmittelbare Verpflichtung zum Ersatz eines Defekts ausgesprochen wird, ist in ihnen gemäß StMBeschl. v. 31. Aug. 1863 (JMBl. S. 222) auch über die Verbindlichkeit der für ersatzpflichtig erklärten Beamten zur Tragung der durch die Ermittelung des Defekts erwachsenen Kosten Festsetzung zu treffen.

13. Bez. der Vollstreckung der von den Justizbehörden gefaßten Defektenbeschlüsse vgl. JMVfg. v. 19. Nov. 1886 (das. S. 322). (Daß die VO. auch für die Gerichtsbeamten ihre Geltung bewahrt hat, ist in § 82 AG. z. GVG. ausdrücklich hervorgehoben.)

14. Die Defektsbeschlüsse gehören zu den amtlichen Ausfertigungen im Sinne des Stempelges. v. 1822 und sind daher bei Defekten von mindestens 50 Talern in der Regel stempelpflichtig: FMVfg. 3. Sept. 1850 (VMBl. S. 301). Vgl. jetzt Nr. 10 des Tarifs z. Stempelsteuerges. v. 31. Juli 1895.

15. Über die Rangordnung der Gläubiger von Forderungen aus einem dem Gemeinschuldner zur Last fallenden Defekt im Konkursverfahren gab die Pr. KonkursO. v. 8. Mai 1855 §§ 78, 79 besondere Bestimmungen; nach der RKonkursO. v. 10. Febr. 1877 stehen diese Forderungen den übrigen nicht bevorrechtigten Forderungen gleich.

16. Zustellung des Beschlusses ist nicht erforderlich: RG. 29. Nov. 1892 (E. 31 S. 309).

§§ 5—7.

17. In den Fällen der A. 6 kommen die §§ 5—7 nicht zur Anwendung; der Beschluß des Bezirks-(Kreis-)Ausschusses ist ohne weiteres vollstreckbar; v. Brauchitsch 1 S. 248 A. 48, Illing 1 S. 181.

18. Der Vorstand der kommunalen Provinzialverwaltung (Landeshauptmann) hat nicht die Stellung einer Provinzialbehörde im Sinne des § 5. RG. 14. Dez. 1893 (E. 32 S. 267) hielt die entgegengesetzte Auffassung für nicht bedenkenfrei, entschied die Frage indessen nicht, da es sich nur darum handelte festzustellen, daß der Leiter einer einzelnen Provinzialanstalt (Generaldirektor der Feuersozietät) in seiner Eigenschaft als Vertreter des Landeshauptmanns selbst dann nicht als Provinzialbehörde im obigen Sinne anzusehen sei, wenn man jene Frage zu Gunsten des

§ 9. In dem abzufassenden Beschlusse ist zugleich zu bestimmen, ob der Beamte zum Ersatz des Defekts oder nur zur Sicherstellung anzuhalten, und im ersten Falle, ob die Exekution unbedingt oder mit welchen näher zu bestimmenden Modifikationen zu vollstrecken.

§ 10. Der abzufassende Beschluß kann auf die unmittelbare Verpflichtung zum Ersatz gerichtet werden,

1. sofern der Defekt nach dem Ermessen der Behörde durch Vorsatz bewirkt worden,

   gegen jeden Beamten, welcher der Unterschlagung oder Veruntreuung als Urheber oder Teilnehmer geständig ist oder für überführt erachtet wird;

2. sofern der Defekt nach dem Ermessen der Behörde durch grobes Versehen entstanden ist,

   a) gegen diejenigen, welchen die Kasse usw. zur Verwaltung übergeben war, auf Höhe des ganzen Defekts,

   b) gegen jeden andern Beamten, der an der Einnahme oder Ausgabe, der Erhebung, der Ablieferung oder dem Transport von Kassengeldern oder andern Gegenständen vermöge seiner dienstlichen Stellung teilzunehmen hatte, nur auf Höhe des in seine Gewahrsam gekommenen Betrages.

Eben dies gilt gegen die § 3 genannten Beamten in den daselbst bezeichneten Fällen.

§ 11. Der abzufassende Beschluß kann ferner auf Beschlagnahme des Vermögens oder Gehalts zur Sicherung des demnächst im Wege Rechtens auszuführenden Anspruchs, sofern der Defekt aus dem Vermögen der § 10 genannten zunächst verantwortlichen Beamten und deren Dienstkaution nicht zu decken sein sollte, gerichtet werden

gegen diejenigen, welche zwar die defektierten Gelder oder andere Gegenstände nicht in ihrer Gewahrsam gehabt, aber an deren Vereinnahmung, Verausgabung oder Verschlusse in der Weise unmittelbar teilzunehmen hatten, daß der Defekt ohne ihr grobes Verschulden nicht hätte entstehen können.

Landeshauptmanns selbst bejahen würde. Vgl. auch EK. 14. Febr. 1880 (JMBl. S. 77), das bei dem gleichen Wortlaut („Zentral- oder Provinzialbehörde") in § 5 VO. v. 1. Aug. 1879 (bezw. § 3 Ges. v. 8. Apr. 1847) dem Landeshauptmann die dort gegebene Befugnis abspricht; vgl. VO. v. 1879 zu § 5.

19. § 6 erleidet durch § 14 (Schlußsatz) keine Änderung, indem jener die Vollstreckbarkeit des Beschlusses, dieser dagegen die Verfügung der Vollstreckung betrifft. Daher ist inbetreff eines nach § 6 vollstreckbaren Beschlusses niemals noch eine gerichtliche Vollstreckbarkeits-Erklärung erforderlich, damit jener in Vollzug gesetzt werden könne: AH. Cöln 10. Nov. 1851 (Rh. A. 47, I. 204).

§§ 10 und 11.

20. Die VO. unterscheidet zwischen zwei Arten von Beamten insofern, als die Beamten der ersten Art von der Verwaltung zum Ersatze unmittelbar für verpflichtet erklärt und zwangsweise angehalten werden können, wogegen wider diejenigen der zweiten Art auf dem Verwaltungswege nur Sicherungsmaßregeln zu treffen sind, und die Ersatzpflicht immer durch den Richter festgestellt werden muß. Auf erstere beziehen sich die §§ 10, 12—14, 16, auf letztere die §§ 11 und 17. — § 15 ist gemeinschaftlich für beide Arten: EK. 17. Apr. 1858 (JMBl. S. 241).

21. § 10 hat nur den Zweck, die Voraussetzungen zu bezeichnen, unter welchen der Defektenbeschluß gegen bestimmte Personen auf die unmittelbare Verpflichtung

§ 12. Sind Beamte, gegen welche die exekutivische Einziehung des Defekts zulässig ist, in der Verwaltung ihres Amtes, wofür sie eine Amtskaution bestellt haben, belassen worden, so ist die Exekution nicht zunächst in diese Kaution, sondern in das übrige Vermögen zu vollstrecken, jedoch so weit die bestellte Kaution reicht, nur auf Sicherstellung eines gleichen Betrages zu richten.

§ 13. Bei Gefahr im Verzuge kann die unmittelbar vorgesetzte Behörde, auch wenn sie nicht die Eigenschaft einer Provinzialbehörde hat, oder der unmittelbar vorgesetzte Beamte vorläufige Sicherheitsmaßregeln durch Beschlagnahme des Vermögens oder Gehalts gegen die nach § 10 der Exekution unterworfenen Beamten ergreifen; es muß aber davon der vorgesetzten Provinzialbehörde ungesäumt Anzeige gemacht und deren Genehmigung eingeholt werden.

§ 14. Die Verwaltungsbehörde kann den zur Vollstreckung geeigneten Beschluß selbst zur Ausführung bringen, so weit dieselbe nach

---

zum Ersatz gerichtet werden kann; dagegen ist der Umfang der Vertretungspflicht der Kassenbeamten für die Folgen ihres Verhaltens überhaupt nach den allgemeinen gesetzlichen Bestimmungen zu beurteilen. Vgl. OT. 2. Juli 1878 (Rh. A. 69, II. 150).

22. Die **Vollstreckung** der Beschlagnahmeverfügung (§§ 11, 13) erfolgt gemäß § 14 entweder durch die Verwaltungsbehörde nach der VO. betr. das Verwaltungszwangsverfahren v. 1899 (vgl. § 53) oder durch das zu ersuchende Gericht nach den Vorschriften der ZPO. Ob, da diese nur die Pfändung usw. einzelner Vermögensstücke kennt, die Beschlagnahme des „Vermögens" als solchen heute noch zulässig ist, erscheint zweifelhaft; jedenfalls kann die Vollstreckung nur einzelne Vermögensstücke umfassen und entsprechend muß das Ersuchen an das Gericht diese einzeln aufführen. Vgl. RG. 29. Nov. 1892 (E. 31 S. 309).

§ 12.

23. Die Schlußworte des § 12 sind wohl dahin zu verstehen, daß in dem dort vorgesehenen Falle für den der Kautionssumme gleichen Betrag eine **eigentliche Vollstreckung** gar nicht stattfinden, sondern nur **Sicherungsmaßregeln** ergriffen werden sollen. Ist diese Deutung richtig, so dürfte, wenn für jenen Betrag trotzdem die Vollstreckung betrieben, z. B. zum Verkaufe von Pfandstücken geschritten werden sollte, der Beamte hiergegen nach allgemeinen Grundsätzen die richterliche Hülfe ansprechen können; vgl. VO. v. 1808 A. 486.

§ 13.

24. Die Zulässigkeit der hier fraglichen Sicherheitsmaßregeln wird nicht durch den **vorherigen Erlaß** eines **Beschlusses** im Sinne des § 4 bedingt. Ihre **Aufhebung** kann im Prozeßwege nur durch Anfechtung des demnächst zu erlassenden Defektenbeschlusses nachgesucht werden: RG. 31. Mai 1880 (E. 2 S. 188).

25. Die Sicherheitsmaßregeln des § 13 werden auch bei Kreisen und Gemeinden von der unmittelbar vorgesetzten Behörde ergriffen; dem Bezirks-(Kreis-) Ausschusse ist Anzeige zu erstatten und seine Genehmigung ist einzuholen. Vgl. A. 6, v. **Brauchitsch** 1 S. 248 A. 48; 3 S. 589 A. 1 zu § 13; **Illing** 1 S. 184.

26. Besondere Bestimmungen für Reichsbeamte sind enthalten in den §§ 146, 147 RBeamtenges.

27. Im übrigen vgl. A. 21, 28ff., 31, 41.

§ 14.

28. Wie der **Beschluß** über den Defekt nur wider den **Beamten** selbst erlassen werden kann (A. 9), ebenso kann die **Vollstreckung** eines solchen Beschlusses

den bestehenden Gesetzen Exekution zu verfügen befugt ist. Außerdem ist das betreffende Gericht dieserhalb zu requirieren.

§ 15. Die Gerichte und Hypothekenbehörden sind verpflichtet, den an sie ergehenden Requisitionen zu genügen, die Exekution gegen die benannten Personen ohne vorgängiges Zahlungsmandat schleunig zu vollstrecken, die Beschlagnahme der zur Deckung des Defekts erforderlichen Vermögensstücke zu verfügen und die in Antrag gebrachten Eintragungen, wenn sonst kein Anstand obwaltet, im Hypothekenbuche zu veranlassen, ohne auf eine Beurteilung der Rechtmäßigkeit einzugehen.

§ 16. Gegen den Beschluß, wodurch ein Beamter zur Erstattung eines Defekts für verpflichtet erklärt wird (§ 10), steht demselben sowohl hinsichtlich des Betrages als hinsichtlich der Ersatzverbindlichkeit, außer dem Rekurse an die vorgesetzte Behörde, die Berufung auf rechtliches Gehör zu.

Von dieser Befugnis muß jedoch innerhalb eines Jahres, vom Tage der dem Verpflichteten geschehenen Bekanntmachung des vollstreckbaren Beschlusses, oder wenn der Verpflichtete ausgetreten ist, vom Tage

---

oder die Anordnung von Sicherungsmaßregeln auf Grund der §§ 13, 14 und 15 nur wider das eigne Vermögen des Beamten gerichtet werden.

29. Demzufolge ist gegen dritte Personen, die als Bürgen oder Besitzer eines zur Kaution gestellten Grundstücks verhaftet sind, immer nur auf dem RW. vorzugehen und jenen dritten gestattet, ein trotzdem von der Verwaltung unmittelbar oder im Wege der Rechtshülfe (§ 15) betriebenes Vollstreckungsverfahren vor dem Richter anzufechten: EK. 20. Okt. 1855 (JMBl. 56 S. 69).

30. Dasselbe gilt von den Erben des Beamten, und zwar nicht allein von den Wohltats-, sondern auch von den unbedingten Erben, insofern es sich um ihr persönliches Vermögen handelt, und dies selbst dann, wenn dieselben sich angeblich bereit erklärt haben, mit diesem Vermögen für den Defekt aufzukommen. — Dagegen besteht für den Nachlaß des Beamten das Recht der sofortigen Vollstreckung fort; es ist daher den Erben nicht verstattet, wider die auf Nachlaßgegenstände beschränkten Vollstreckungs- oder Sicherungsmaßregeln den RW. zu beschreiten; dieselben können vielmehr, dem § 16 zufolge, nur die Ersatzpflicht selbst zum Gegenstande einer gerichtlichen Erörterung machen; vgl. EK. 17. Apr. 1858 (JMBl. S. 243); RG. 31. Mai 1880 (E. 2 S. 188); v. Brauchitsch 3 S. 589 zu § 14 und unten A. 41.

§ 15.

31. Die Worte „ohne auf eine Beurteilung der Rechtmäßigkeit einzugehen" wiederholen im Grunde genommen nur die allgemeine Regel, welche für das Verhältnis zwischen der um Rechtshülfe ersuchenden und zum Ersuchen berechtigten Behörde einer- und der ersuchten andererseits besteht (VO. v. 1808 A. 675), sie sind daher für die Frage bedeutungslos, ob, nachdem dem Ersuchen genügt worden, wider die desfalls getroffenen Anordnungen der RW. beschritten werden könne. Diese Frage beantwortet sich vielmehr ebenso wie die entsprechende Frage, ob gegen die unmittelbar von der Verwaltung selbst ergriffenen Vollstreckungs- oder Sicherungsmaßregeln der RW. stattfinde, aus dem § 16 Abs. 2. Vgl. A. 41.

32. Die auf Grund des § 15 erfolgende Beschlagnahme von Grundstücken ist in Abteilung II des Grundbuchs einzutragen; vgl. RG. 29. Nov. 1892 (E. 31 S. 311). Vgl. ferner § 39 RGrundbuchO.

33. Im übrigen wird auf die A. 19, 20, 24—30 verwiesen.

§ 16.

34. Bez. Reichsbeamte vgl. A. 1, bez. Kreis- und Gemeindebeamte A. 6.

35. Der Beschluß über den Defekt (§§ 4, 10) ist nicht etwa der Ausfluß eines eigentlichen Entscheidungsrechts im Sinne der A. 287 zur VO. v. 1808, son-

des abgefaßten Beschlusses an Gebrauch gemacht werden. Die Exekution behält, des eingeschlagenen Rechtsweges ungeachtet, bis zur rechtskräftigen Entscheidung nach Maßgabe des Beschlusses ihren Fortgang, wenn nicht von der Verwaltung davon Abstand genommen wird.

In der etwa eingeleiteten Untersuchung bleiben dem Verpflichteten, insofern es auf die Bestrafung ankommt, seine Einreden gegen den abgefaßten Beschluß auch nach Ablauf des Jahres, wenn gleich sie im Zivilprozeß nicht mehr geltend gemacht werden können, vorbehalten.

---

dern eine Verfügung im Sinne des § 41 dieser VO.; demzufolge enthält die im § 16 nachgelassene Berufung auf rechtliches Gehör nur eine Anwendung des in jenem § 41 aufgestellten allgemeinen Satzes, welcher jedoch durch § 16 insofern beschränkt wird, als die Betretung des RW. wider einen solchen Beschluß an eine Ausschlußfrist geknüpft ist und keine aufschiebende Wirkung auf die Vollstreckung des letzteren ausübt. Vgl. EK. 13. Febr. 1886 (VMBl. S. 243); RG. 23. Jan. 1890 (Gruchot 34 S. 1122). Auf einer anderen Auffassung beruhen AH. Cöln 10. Juli 1845 (A. 38) und OT. 6. Okt. 1857 (Strieth. 26 S. 262), ungeachtet das letztere Erk. anerkennt, daß die §§ 41, 42 der VO. v. 1808 für die VO. v. 1844 die Quelle bilden.

36. Hieraus folgt, daß der RW. selbst dann noch offen steht, wenn der Beamte zuvor den Beschwerdeweg betreten hat.

37. Ferner, daß das Prozeßverfahren sich nicht völlig unabhängig von der administrativen Feststellung bewegt, sondern daß bei der Erörterung über das Vorhandensein und den Betrag des Defekts der Beschluß der Verwaltung die Grundlage bildet, und dem betreffenden Beamten obliegt, seine Einwendungen wider den Beschluß vorzubringen, sowie erforderlichenfalls zu beweisen; vgl. AH. Cöln 10. Nov. 1852 (Rh. A. 47, I. 205 ff.).

38. Wie weit die richterliche Zuständigkeit reiche, ist nicht unbestritten. OT. 23. März 1855 (Strieth. 17 S. 99) nahm an, daß, weil § 16 den RW. nur über den Betrag und die Ersatzpflicht zulasse, auch nur ein solches gerichtliches Verfahren statthaft sei, durch welches diese beiden Fragen entschieden würden, welches also zu dem Ergebnisse führe, daß entweder der Kläger von dem wider ihn erhobenen und vorläufig schon festgestellten Anspruche befreit oder daß festgestellt werde, wie viel derselbe zu ersetzen habe, daß dagegen eine gerichtliche Erörterung darüber, ob die Verwaltung ihre Zuständigkeit überschritten und die VO. in einem unbehörigen Falle zur Anwendung gebracht habe, nicht stattfinde, mithin z. B. auf Erstattung der von der Verwaltung bereits eingezogenen Summen aus jenem formellen Grunde nicht geklagt werden könne. In gleichem Sinne sprach sich AH. Cöln 10. Juli 1845 (Rh. A. 39, I. 69) aus. Die Anwendbarkeit der VO. war damals aus dem doppelten Grunde bestritten worden, einmal weil die Kasse keine öffentliche und sodann, weil über den Defekt bereits vor Erlaß der VO. ein Rechtsverfahren anhängig gewesen sei (§ 21); außerdem behauptete Kläger, daß ein anderer die Kasse in Gewahrsam gehabt und die fehlende Summe, einem gerichtlichen Straferkenntnisse zufolge, unterschlagen habe, gegen ihn (Kläger) daher höchstens nach § 11, und nicht nach § 10 hätte verfahren werden dürfen. Der AH. verwarf jedoch diese Anfechtungsgründe, erwägend, daß die Gerichte nicht über die formelle oder materielle Gesetzmäßigkeit des Defektsbeschlusses zu erkennen, sondern die Sache, um welche es sich handle, einer selbständigen Prüfung zu unterwerfen und ein Urteil zu erlassen hätten, durch welches der bloß als vorläufige Maßregel zu betrachtende Beschluß der Verwaltung sich von selbst erledige. Vgl. ferner Rh. A. 47, I. 201 (Anm.). Die spätere Rechtsprechung hatte diese Ansicht mit Recht verworfen und statt dessen wiederholt anerkannt, daß die Unverbindlichkeit des Beschlusses der Verwaltung vor Gericht auch um deswillen geltend gemacht werden könne, weil die betreffende Kasse nicht zu den in der VO. genannten gehöre, oder weil die letztere überhaupt in einem durch dieselbe ausgeschlossenen Falle, z. B. dem des § 21 a. E. zur Anwendung gebracht worden, oder weil der Beschluß doch wenigstens wider Personen ergangen sei, wider welche er der VO. gemäß nicht hätte ergehen dürfen; vgl. OT. 4. Sept. 1857, 2. Juli 1878, AH. Cöln 10. Nov. 1851 (E. 36 S. 390; Rh. A. 62, II. 150; 47, I. 201). Allerdings kann die richterliche Zuständigkeit in-

betreff der letzteren Anfechtungsgründe nicht aus dem Wortlaute des § 16 hergeleitet werden; dieser § setzt aber eben nur solche Fälle voraus, wo die Verwaltung sich innerhalb der Grenzen ihrer Zuständigkeit bewegt hat. Jene Zuständigkeit folgt aber aus der allgemeinen Bestimmung des § 41 der VO. v. 1808. Dagegen hat die neueste Rechtsprechung diesen Standpunkt wieder verlassen und ist dem OT. 23. März 1855 wieder beigetreten: RG. 5. Febr. 1885, 9. Febr. 1892 (E. 12 S. 143; JurWoch. 92 S. 173), OLG. Cöln 19. Okt. 1891 (Rh. A. 83, I. 235). Während ROHG. 26. Mai 1876 (E. 20 S. 156) in einem nach dem RBeamtenges. zu beurteilenden Falle die Befugnis der Gerichte, die Frage der Statthaftigkeit eines Defektenbeschlusses für sich allein zu prüfen, nach den Grundsätzen des Landesrechts beurteilt wissen will, führt das RG. (für preußisches und Reichsrecht) die Unzulässigkeit des RW. darauf zurück, daß die Frage nach den formellen Voraussetzungen des Defektenfestsetzungsverfahrens dem öffentlichrechtlichen Verhältnis des Staates zum Beamten angehöre. Diese Erwägung würde allerdings die Anwendbarkeit des § 41 VO. v. 1808 ausschließen; darf man aber mit RG. 3. Juli 1882 (E. 7 S. 336) annehmen, daß bei Beurteilung des rein vermögensrechtlichen Anspruchs auf Defektenersatz die Beamteneigenschaft völlig in den Hintergrund trete, so liegt lediglich eine von der Regierung in ihrer Eigenschaft als Finanzbehörde erlassene Verfügung vor, gegen die der RW. durch § 41 ausdrücklich nachgelassen ist.

39. [Nach der hier vertretenen Auffassung kommt folgeweise auch bei der prozessualischen Geltendmachung der letzterwähnten Anfechtungsgründe die Frist des § 16 nicht in Betracht. Verwaltungsbeschlüsse, welche unzuständigerweise erlassen werden, erlangen niemals die Rechtskraft.

40. Ja es kann aus obigen Gründen sogar wider die in vermeintlicher Handhabung der §§ 13, 14 getroffenen Maßregeln der RW. beschritten bezw. vom Richter, wenn er die VO. überhaupt auf den Fall für nicht anwendbar erachtet, die Einstellung oder Aufhebung jener Maßregeln ausgesprochen werden. Vgl. auch A. 28—30.]

41. Betrifft der Streit dagegen lediglich die im § 16 ausdrücklich zum RW. verstatteten Fragen, so ist ein prozessualischer Einspruch wider das Verwaltungszwangsverfahren dem Abs. 2 dieses § zufolge unstatthaft: A.H. Cöln 16. Okt. 1852 (Rh. A. 47, I. 209); dieses nimmt trotz der Klage seinen Fortgang; bez. der Reichsbeamten s. A. 1. Auch gilt dasselbe, was dem § 16 Abs. 2 zufolge von dem Verwaltungszwangsverfahren gilt, von den an jener Stelle nicht erwähnten Sicherungsmaßregeln des § 13: EK. 17. Apr. 1858 (JMBl. S. 242).

42. Will der Beamte von der im § 16 erwähnten Befugnis Gebrauch machen, so genügt nicht etwa eine der beschließenden Behörde gegenüber abgegebene Erklärung, daß auf rechtliches Gehör angetragen werde, damit diese nunmehr den RW. betrete; ebensowenig steht ihm das Recht zu, dieserhalb wider jene Behörde die Provokationsklage anzustellen; er muß vielmehr in dem auf Grund des § 16 einzuleitenden Rechtsverfahren selbst die Rolle des Klägers übernehmen (vgl. OT. 6. Okt. 1857, Strieth. 26 S. 261), und er wahrt nur durch Anstellung einer förmlichen Klage die dort bestimmte Ausschlußfrist. Ebenso v. Brauchitsch 3 S. 591 A. 5 zu § 16. Vgl. jetzt § 1 AG. z. ZPO.

43. Doch soll er diese Klage nach A.H. Cöln 18. Mai 1852 (Rh. A. 47, I. 120) in seinem persönlichen Gerichtsstande anstellen können, mithin nicht genötigt sein, beim Gerichte des Sitzes der betreffenden Behörde zu klagen, indem er doch immerhin nicht der fordernde, sondern der sich verteidigende Teil sei.

44. Die Befugnis auf rechtliches Gehör anzutragen (§ 16), steht auch den Erben des Beamten und anderen an seine Stelle getretenen Personen, z. B. auch dem Konkursverwalter zu; dies folgt unmittelbar aus den Quellen: EK. 17. Apr. 1858 (JMBl. S. 243);

45. — desgleichen den Nebenverpflichteten, z. B. den Bürgen und Eigentümern von Pfandstücken.

46. Läuft die Frist des § 16 ab, ohne daß von jener Befugnis von der einen oder anderen Seite Gebrauch gemacht wurde, so steht die Ersatzpflicht der Beamten nach Grund und Betrag auch den Bürgen usw. gegenüber fest, und können die letzteren ihre Verbindlichkeit nur noch aus besonderen, sie persönlich betreffenden Gründen von sich ablehnen: A.H. Cöln 23. Nov. 1848 (Rh. A. 43, I. 259).

47. Übrigens fällt es lediglich der richterlichen Beurteilung anheim, in-

§ 17. Gegen einen Beschluß, wodurch die Beschlagnahme des Vermögens oder Gehalts nach § 11 angeordnet worden, steht dem Beamten die Berufung auf rechtliches Gehör in derselben Weise zu, wie dies gegen einen gerichtlich angelegten Arrest zulässig ist.

§ 18. Das gegenwärtige Gesetz findet auf sämtliche öffentliche Kassen und Verwaltungen und deren Beamte, einschließlich der gerichtlichen, sowie auf die Militärkassen, Magazine und Verwaltungen aller Art, und nicht nur auf Militärbeamte, sondern auch auf Militärpersonen Anwendung.

---

wieweit im Prozesse mit den Bürgen usw. auf die den Defekt selbst betreffenden Einreden Rücksicht genommen werden könne: EK. 20. Okt. 1855 (JMBl. 56 S. 69).

48. Dasselbe gilt von der Frage, ob die Frist des § 16 gewahrt sei. Auf die Verabsäumung der letzteren kann daher kein KK. gegründet werden: EK. 30. Jan. 1858 (JMBl. S. 112).

49. Die Frist des § 16 beginnt auch für die Erben, Bürgen usw. von dem Tage, wo der Beschluß der Behörde dem Beamten bekanntgemacht worden, oder wenn dieser ausgetreten ist, vom Tage des Beschlusses selbst an zu laufen. Doch dürfte, wenn die Frist bei Lebzeiten des Beamten noch nicht verstrichen war, seinen Erben die Überlegungsfrist nicht mit anzurechnen sein.

50. Eine Klage, welche bezweckt, dem Defektenbeschlusse durch richterliches Urteil die ihm an sich nicht beiwohnende Vollstreckbarkeit außerhalb des preußischen Staats zu verschaffen, wird von der VO. v. 1844 überhaupt nicht betroffen und ist daher auch nicht durch den Ablauf der Frist des § 16 ausgeschlossen; denn hierdurch ist nur das rechtliche Gehör des Beamten und dessen Erben gegen den Defektenbeschluß, nicht aber der RW. für eine den Defektenbeschluß selbst ganz unberührt lassende Klage des durch den Defekt Geschädigten ausgeschlossen: RG. 3. Juli 1882 (E. 7 S. 335).

51. Die Festsetzung des Defekts durch die Behörde bindet den Strafrichter in keinem Falle: Oppenhoff StGB. § 350 A. 18. Namentlich hat auch nicht etwa § 16 Abs. 3 die allgemeinen strafrechtlichen Grundsätze über die Beweisführung dahin geändert, daß dem angeschuldigten Beamten immer der Beweis seiner Einrede, d. h. des Nichtvorhandenseins des durch die Verwaltung festgestellten Defekts obläge, es muß vielmehr der Beweis des Defekts selbständig vor dem Strafrichter geführt werden, dessen Ermessen es in jedem einzelnen Falle überlassen ist, welche Bedeutung in dieser Hinsicht dem Beschlusse der Verwaltung beizulegen sei.

§ 17.

52. Der grundsätzliche Unterschied zwischen den Fällen des § 17 und denen des § 16 tritt namentlich in dem Punkte klar hervor, daß, während der auf Grund des letzteren § die richterliche Hülfe anrufende Beamte als Kläger auftreten und seine Beschwerden gegen den Beschluß der Verwaltung nachweisen muß, in den Fällen des § 17 die Behörde zur Rechtfertigung der Beschlagnahme verpflichtet ist: OT. 6. Okt. 1857 (Strieth. 26 S. 262). Vgl. ferner A. 20.

53. Aus dem Schlußsatz des § 17 folgt nicht, daß die auf Grund eines Defektenbeschlusses erfolgte Beschlagnahme in ihrer Wirkung mit dem gerichtlich angelegten Arrest zusammenfalle; vgl. RG. 12. Jan. 1892 (ZfVR. 34 S. 115: die Beschlagnahme eines Grundstücks auf Grund der VO. v. 1844 stehe derjenigen gleich, die gemäß §§ 16, 139 Zwangsvollstreckungsges. v. 23. Juli 1883 behufs Einleitung der Zwangsversteigerung an deren Gegenstande durch den Richter erfolgt.)

§ 18.

54. Den Quellen zufolge wählte der Gesetzgeber den Ausdruck „öffentliche Kassen und Verwaltungen" absichtlich zu dem Behufe, um die VO. auch auf Gemeinden und andre Korporationen, selbst, wenn deren Kassen nicht für

Wegen Ausführung des Gesetzes in der Militärverwaltung wird Unser Kriegsminister eine Instruktion erteilen, welche namentlich die Behörden zu bezeichnen hat, die den nach §§ 5 und 6 an die Provinzialbehörde zur Abfassung oder Bestätigung verwiesenen Beschluß zu erlassen befugt sind.

§ 19. Wenn infolge besonderer Gesetze den Behörden oder einzelnen Instituten bereits ein Exekutionsrecht gegen ihre Beamten zusteht, ohne daß es eines von der Provinzialbehörde abzufassenden oder zu bestätigenden Beschlusses bedarf, so behält es dabei sein Bewenden.

§ 20. Ebenso bleiben die Gesetze in Kraft, wodurch die Exekution gegen Erhebungsbeamte wegen gewisser an öffentliche Kassen abzuliefernder Einnahmen ohne Zulassung des Rechtsweges angeordnet ist.

§ 21. Auf Defekte, welche bei Publikation der gegenwärtigen Verordnung bereits zur Kenntnis der Behörden gekommen sind, soll die

---

Rechnung des Staats verwaltet werden und die Verwaltung nur unter entfernterer Aufsicht des Staats steht, zur Anwendung zu bringen, und zwar besonders aus der Rücksicht, weil die mittelbaren Staatsbeamten in allen übrigen allgemeinen Dienstverhältnissen, insbesondere inbetreff ihrer Anstellung und Absetzung den unmittelbaren Staatsbeamten gleichgestellt sind. So: MVfg. 17. Apr. 1844 (VMBl. S. 122), die in dem damals gerade vorliegenden, einen städtischen Kassenbeamten betreffenden Falle mit Rücksicht auf die StädteO. v. 19. Nov. 1808 § 178ff., für genügend hielt, wenn die Festsetzung des Defekts durch den Magistrat allein bewirkt werde. — Obiger Auffassung entsprechend betrachtete A.H. Cöln 10. Nov. 1852 (Rh. A. 47, I. 201ff.) als öffentliche Kassen im Sinne des § 18 die Kassen der zum Vorteile der Armen errichteten, unter Aufsicht der städtischen Armenverwaltung stehenden Leihhäuser und Gemeindesparkassen. Bez. der Knappschaftskassen vgl. Oppenhoff, Berggef. A. 933.

55. Durch die VO. über die Rechtsverhältnisse der Beamten der Preußischen Zentral-Genossenschaftskasse v. 2. Aug. 1899 (GS. S. 397) § 6 ist die VO. v. 1844 auch auf die bei der genannten Kasse vorkommenden Defekte ausdrücklich für anwendbar erklärt. Die Feststellung der Defekte erfolgt unbeschadet der Bestimmung in § 7 VO. v. 1844 durch den Direktor, der die Stellung einer Zentralbehörde (§ 5) hat.

56. Gehören zu den öffentlichen Verwaltungen der VO. auch die des Vermögens katholischer Kirchen, und ist ein bischöfliches Generalvikariat als die mit der Oberaufsicht über die Verwaltung des Kirchenvermögens betraute Behörde nach den §§ 1, 13 und 18 zur Festsetzung des Defekts und zur Anordnung von Beschlagnahmen usw. befugt? Gelegentlich des im JMBl. 58 S. 112 mitgeteilten Konfliktsverfahrens wurde die bejahende Ansicht von dem betreffenden Generalvikariate unter Bezugnahme auf Art. 15 der Verf.-Urk.; § 17 II. 11; § 169 I. 14 ALR.; § 405 I. 50 AGO. und § 79 der Konkurs-O. v. 8. Mai 1855 geltend gemacht und durch den Kultusminister in seinem Schreiben an den KompGH. aufrecht erhalten, wogegen letzterer die Frage unentschieden ließ, indem er den KK. aus andern Gründen verwarf.

57. Die im § 18 in Aussicht gestellte Kr.-Min.-Instruktion inbetreff der Militärkassen usw. ist unterm 26. Juni 1844 und ein durch die seitdem in den Ressortverhältnissen eingetretenen Änderungen gebotener Nachtrag unterm 24. Febr. 1857 ergangen; vgl. JMBl. 44 S. 276; 58 S. 306. — Über die Feststellung der Defekte in der Kassenverwaltung in der Landgendarmerie vgl. die MVfg. 26. Aug., 15. Sept. 1868 (VMBl. S. 278).

§ 21.

58. Da § 21 von einem zu erhebenden Anspruche schlechthin, ohne Rücksicht auf eine bestimmte verpflichtete Person spricht, so kommt es da, wo der Anspruch wider mehrere Personen verfolgbar ist, nicht darauf an, ob derselbe

gegenwärtige Verordnung ebenfalls angewandt werden, sofern der zu verfolgende Anspruch nicht bereits in den Rechtsweg eingeleitet ist.

---

gerade gegen denjenigen, dessen Verpflichtung im Beschlusse der Verwaltungsbehörde festgestellt werden soll, bei Erlaß der VO. bereits in den RW. eingeleitet war. Vielmehr wird die Anwendbarkeit der VO. überhaupt und inbezug auf alle ausgeschlossen, wenngleich nur gegen einen einzigen von mehreren Verpflichteten eine Verfolgung im RW. stattgefunden hat. Auch ist eine Streitverkündung als „Einleitung in den RW." anzusehen. Vgl. OT. 4. Sept. 1857 (E. 36 S. 386).

Gesetz
über die Polizeiverwaltung.
Vom 11. März 1850.

[GS. Nr. 3256, S. 265.]

(Literatur: v. Rönne, die Gemeinde-, Kreis-, Bezirks- und Provinzial-Ordnung nebst dem Ges. über die Polizeiverwaltung. 1850 (S. 395 bis 422, enth. vorzugsweise die Quellen). — v. Rönne, das Staatsrecht der Preuß. Monarchie, 1 S. 381 ff. — Oppenhoff, das Strafgesetzbuch für die Preußischen Staaten (6. Aufl., in den Anmerkungen zu §§ 332 ff.) — Oppenhoff, das Strafgesetzbuch für das Deutsche Reich (14. Aufl., in den Anmerkungen vor § 360). — Rosin, der Begriff der Polizei usw. im Verwaltungsarchiv 3 S. 249 ff. (auch gesondert erschienen). — Rosin, das Polizeiverordnungsrecht in Preußen. 2. Aufl. 1895. — v. Brauchitsch 1 S. 165 ff.)

Wir Friedrich Wilhelm, von Gottes Gnaden König von Preußen usw. verordnen, unter Zustimmung beider Kammern, was folgt:

Zum Eingange.

1. Die Vorschriften des Gesetzes scheiden sich, von dem § 20 abgesehen, in solche, welche bestimmen, von wem, in wessen Namen und auf wessen Kosten die Ortspolizei verwaltet wird (§§ 1—4), und in solche, welche einen einzelnen Zweig der Polizeiverwaltung überhaupt, nämlich den Erlaß allgemeiner orts- wie bezirkspolizeilicher Verordnungen betreffen (§§ 5—19). Eine grundsätzliche Regelung dessen, was der Polizei-, insbesondere der Ortspolizeiverwaltung obliegt und zusteht, ist im Gesetze mithin nicht zu finden.

2. Das Gesetz wurde durch VO. v. 24. Jan. 1859 (GS. S. 72) auf das Jadegebiet ausgedehnt. Für die Hohenzollernschen Lande ist es zwar nicht förmlich publiziert; doch rechnet das OT. mindestens die §§ 11, 12 zu denjenigen, die Reg.-Instr. v. 1817 ergänzenden und abändernden Bestimmungen, welche durch VO. v. 7. Jan. 1852 auch dort Geltung erlangt haben; Oppenhoff, PrStGB., § 332 A. 6, v. Rönne, Staatsrecht 1 S. 385 A. 4. Das Gesetz gilt ferner in Helgoland: § 4 Ges. v. 18. Febr. 1891 (GS. S. 11). Mit seinen Bestimmungen im wesentlichen gleichlautend sind die Vorschriften der VO. v. 20. Sept. 1867 (GS. S. 1529) für die 1866 erworbenen Landesteile und des Ges. v. 7. Jan. 1870 für den Kreis Herzogtum Lauenburg. Eine einschneidende Änderung erfuhr das Gebiet dieses Gesetzes durch die Verwaltungsgesetzgebung, beginnend mit der KreisO. v. 13. Dez. 1872; das nähere hierüber s. in den Erläuterungen zu den §§ 5 ff.

3. Die Materialien des Gesetzes sind neuerdings veröffentlicht worden von Rosin, Polizeiverordnungsrecht, Anhang S. 304 ff. Vgl. ferner, insbesondere über den Polizeibegriff im Ges. selbst, Rosin, Begriff der Polizei (Sonderausgabe) S. 99 ff., besonders S. 107.

§ 1. Die örtliche Polizeiverwaltung wird von den nach den Vorschriften der [Gemeinde-Ordnung] Gesetze dazu bestimmten Beamten [(Bürgermeistern, Kreis-Amtmännern, Oberschulzen)] im Namen des Königs geführt — vorbehaltlich der im § 2 des gegenwärtigen Gesetzes vorgesehenen Ausnahme.

Die Ortspolizeibeamten sind verpflichtet, die ihnen von der vorgesetzten Staatsbehörde in Polizeiangelegenheiten erteilten Anweisungen zur Ausführung zu bringen.

Jeder, der sich in ihrem Verwaltungsbezirke aufhält oder daselbst ansässig ist, muß ihren polizeilichen Anordnungen Folge leisten.

§ 2. In Gemeinden, wo sich eine Bezirksregierung, ein Land-, Stadt- oder Kreisgericht befindet, sowie in Festungen und in Gemeinden von mehr als 10000 Einwohnern kann die örtliche Polizeiverwaltung

§ 1.

4. Das Gesetz und die Gemeinde-Ordn. vom demselben Tage stehen untereinander, und beide wieder mit den Art. 42 und 114 der Verf.-Urkunde in engem Zusammenhange. Zur Zeit der Publikation dieser Gesetze wurde die Ortspolizei in den östlichen Provinzen bald von besonderen Staatsbehörden oder von den städtischen Magistraten als Staatsbehörden, bald von den Gutsherrschaften gehandhabt. Ersteres war durchweg in den Städten, wo die StädteO. v. 19. Nov. 1808 und 17. März 1831 galten, letzteres in den übrigen Städten und auf dem Lande der Fall. Der gen. Art. 42 erklärte nun, in Anerkennung des Grundsatzes, daß die Ortspolizei- ebensowohl wie die Landespolizeiverwaltung einen Ausfluß der landesherrlichen Gewalt bilde, und daher im Namen des Königs ausgeübt werden müsse, die gutsherrliche Polizei und obrigkeitliche Gewalt für aufgehoben, indem er gleichzeitig die weitere Ausführung dieser Bestimmung besonderen Gesetzen vorbehielt, während der gen. Art. 114 verfügte, daß es bis zum Erlaß der neuen GemeindeO. bei den bisherigen Bestimmungen hinsichtlich der Polizeiverwaltung verbleiben solle. Gleichwohl wurde jener Zweck durch die Gesetzgebung v. 11. März 1850 nur unvollkommen erreicht. Da nämlich die neue GemeindeO. erst dann in Wirksamkeit treten sollte, wenn ihre Einführung in den einzelnen Gemeinden beendigt sein werde (§ 156 das.), dieser Zeitpunkt aber für die östlichen Provinzen bis zu ihrer Aufhebung (durch das Ges. v. 24. Mai 1853) niemals eingetreten ist, so blieb die gutsherrliche Polizeiverwaltung da, wo sie früher bestand, tatsächlich auch fernerhin bestehen. Erst durch die beiden Ges. v. 14. April 1856 (GS. S. 353 ff.) bekam dieses Verhältnis auch einen gesetzlichen Charakter, indem jene Gesetze einesteils die gen. Artikel der Verf.-Urk. aufgehoben, andernteils aber die gutsherrliche Polizeigewalt, oder wie das Ges. selbst sich ausdrückt, die nach §§ 18—22 II. 17 ALR. aus dem landesherrlichen Hoheitsrechte abgeleitete, in der Regel mit dem Besitze eines Guts verbundene orts- und polizeiobrigkeitliche Gewalt als in den östlichen Provinzen fortbestehend anerkannt und für die Zukunft aufrecht erhalten haben. Erst durch die KreisO. v. 13. Dez. 1872 ist die gutsherrliche Polizeigewalt endgültig weggefallen. Vgl. v. Rönne, Staatsr. 1 S. 559 ff., 571 ff.

5. In den westlichen Provinzen unterlag seit Einführung der GemeindeO. v. 1850 die Anwendbarkeit der bezüglichen Vorschriften des Gesetzes über die Polizeiverwaltung mit allen ihren Folgen keinem Bedenken; sie ist auch nicht etwa stillschweigend, durch Aufhebung jener GemeindeO. wieder weggefallen, nur üben dort selbstredend, statt der gemäß letzterer, die gemäß der neueren Städte- und Gemeinde-Ordnungen angestellten Kommunalbehörden die Ortspolizei.

6. Der Ausschluß jeder Befreiung von der ortspolizeilichen Gewalt (§ 1 Abs. 3) ist eine Folge des Grundsatzes, daß auch die Ortspolizei im Namen des Königs gehandhabt werden soll; vgl. v. Rönne, Staatsr. 1 S. 561.

§§ 2—4.

7. Wenn der Staat oder ein anderer aus besonderen Rechtstiteln verpflichtet war, zu den Lasten der örtlichen Polizeiverwaltung beizutragen, so ist in

durch Beschluß des Ministers des Innern besonderen Staatsbeamten übertragen werden. Auch in anderen Gemeinden kann aus dringenden Gründen dieselbe Einrichtung zeitweise eingeführt werden.

§ 3. Die Kosten der örtlichen Polizeiverwaltung sind, mit Ausnahme [der Gehälter der von der Staatsregierung] im Falle der Anwendung des § 2 [angestellten besonderen Beamten,] von den Gemeinden zu bestreiten.

§ 4. Über die Einrichtungen, welche die örtliche Polizeiverwaltung erfordert, kann [die Bezirksregierung] der Regierungspräsident besondere Vorschriften erlassen. Die für den Bezirk des [Appellations-Gerichtshofes] Oberlandesgerichts zu Cöln bestehenden gesetzlichen Bestimmungen wegen Anstellung von Polizei-Kommissarien werden hierdurch nicht berührt. Ebenso bleiben vorläufig die Distrikts-Kommissarien in der Provinz Posen in Wirksamkeit.

Die Ernennung aller Polizeibeamten, deren Anstellung den Gemeindebehörden zusteht, bedarf der Bestätigung der Staatsregierung.

dieser Hinsicht durch § 3 nichts geändert (vgl. v. Rönne, Staatsr. 1 S. 562); desfallsige Streitigkeiten unterliegen der richterlichen Entscheidung ebensowohl, wie Streitigkeiten, wo das Gegenteil in Frage steht, ob nämlich die Verpflichtung der Gemeinde auf Grund älterer Titel, und selbst landesherrlicher Erlasse weiter reiche, als nach § 3, ob solche Erlasse unter der Herrschaft des § 3 noch in Kraft seien usw. Vgl. EK. 14. April 1855 (JMBl. S. 307 a. E.). Vgl. ferner OVG. 12. Juli 1893 (E. 25 S. 140: § 3 habe die Verpflichtung der Gemeinden nur als eine subsidiäre für den Fall begründet, daß ein anderer, nach öffentlichem Recht Verpflichteter nicht vorhanden ist). Solche ältere Titel sind gemäß § 7 Abs. 2 Ges. v. 20. Apr. 1892 (A. 8) von diesem Gesetz unberührt geblieben.

8. Inzwischen hat § 3 eine Abänderung erfahren durch das Ges. betr. die Kosten Königlicher Polizeiverwaltungen in Stadtgemeinden v. 20. Apr. 1892 (GS. S. 87). Nach § 1 dieses Ges. bestreitet der Staat im Falle der Anwendung des § 2 Ges. v. 1850 alle durch die Polizeiverwaltung entstehenden Ausgaben, während die einzelnen Gemeinden einen festen nach der Kopfzahl der Zivilbevölkerung bestimmten jährlichen Beitrag zahlen. Dadurch fällt in § 3 die Beschränkung der Ausnahme auf die Gehälter fort, während im übrigen § 3 bestehen bleibt.

9. Streitigkeiten, welche die Auslegung des § 3 und des Ges. v. 1892 selbst, d. h. den Umfang der dort den Gemeinden bezw. dem Staat auferlegten Verbindlichkeit zur Kostentragung betreffen, sind im RW. zu entscheiden, — vorausgesetzt, daß nicht wider die Aufsichtsbehörde als solche, sondern wider den Fiskus oder den sonstigen angeblich Verpflichteten geklagt wird. Vgl. OVG. 2. Juli 1879 (VMBl. S. 242).

10. So namentlich Streitigkeiten darüber, ob gewisse Kosten überhaupt Polizeiverwaltungskosten seien, bezw., seit Erlaß des Ges. v. 1892, ob sie zu den im Schlußsatz des § 2 das. genannten „besonderen Ausgaben im Interesse der örtlichen Polizeiverwaltung" gehören; vgl. EK. 5. Apr. 1856, 8. Jan. 1881; OT. 14. Juli 1859 (JMBl. 56 S. 179; VMBl. 81 S. 54; Strieth. 34 S. 185. Im ersten Falle handelte es sich darum, ob die Kosten der Reinigung eines Grabens, im letzten, ob die Kosten der durch einen Brand nötig gewordenen Reparaturen des Polizeigefängnisgebäudes zu den Polizeiverwaltungskosten zu rechnen seien, oder ob sie dem Fiskus als Eigentümer jenes Grabens bezw. Gebäudes zur Last fielen), ferner RG. 24. Juni 1895 (E. 35 S. 296; hier handelte es sich um die Kosten der Zwangsheilung prostituierter geschlechtskranker Frauenspersonen). Dieses Erk. gibt eine eingehende Darstellung der Entstehungsgeschichte des Ges. v. 1892. Vgl. auch OLG. Cöln 1. Juni 1895, RG. 20. Nov. 1895 (Rh. A. 89, I. 80; II. 74).

11. Die Frage nach der Verpflichtung zur Tragung der Kosten kann auch im Verwaltungsstreitverfahren zur Entscheidung kommen. Wenn nämlich von der Polizeibehörde im Wege der polizeilichen Verfügung festgestellt worden ist, daß und welche bezügliche Leistung Gemeinde oder Gutsbezirk im Einzelfalle zu bewirken haben (z. B. die Anstellung eines Nachtwächters), so hat die Gemeinde usw. hiergegen

die auf Aufhebung der polizeilichen Verfügung hinzielenden Rechtsmittel der §§ 127, 128 LVG. Doch wird durch diese Rechtsbehelfe der in Anspruch Genommene nicht behindert, nachher noch den ordentlichen RW. zu beschreiten (§ 5 Ges. v. 11. Mai 1842). Vgl. OVG. 12. Juli 1893 (E. 25 S. 140).

12. Jedoch tritt die richterliche Zuständigkeit bei diesen und ähnlichen Fällen nur insoweit ein, als durch die Klage nicht, dem § 36 der VO. v. 1808 und § 4 d. G. zuwider, in die der Aufsichtsbehörde zustehenden Befugnisse eingegriffen wird; es bildet daher namentlich die Notwendigkeit oder Nützlichkeit der auf administrative Anordnung für die Polizeiverwaltung ausgelegten Kosten keinen Gegenstand prozessualischer Anfechtung; vgl. EK. 11. Dez. 1852 (JMBl. 53 S. 88), OT. 28. März 1854 (E. 29 S. 209).

13. Aus gleichem Grunde kann auch darüber kein Richterspruch verlangt werden, daß die Gemeinde zur Leistung von Polizeiverwaltungskosten über einen bestimmten Betrag hinaus nicht verpflichtet sei, indem auf solche Weise das der Aufsichtsbehörde zustehende Recht zur Festsetzung dessen, was für die Polizeiverwaltung erforderlich ist, umgangen werden würde: EK. 4. Febr. 1854 (Rechtspr. S. 284).

14. Eben um deswillen ist der Widerspruch wider die von der Aufsichtsbehörde als nötig befundene und auf Grund des § 4 d. G. angeordnete Erhöhung des aus Gemeindemitteln zu bestreitenden, im Dienstvertrage festgesetzten Gehalts eines Polizeibeamten nicht prozeßfähig: *EK. 5. Apr. 1856, *24. Jan. 1857 (JMBl. 56 S. 186; 57 S. 243) und VO. v. 1808 A. 168, Ges. v. 11. Mai 1842 A. 14. [In jenen Entscheidungen wird noch auf die GemeindeO. v. 1850 Bezug genommen. Die Grundregel ist jedoch im § 36 der VO. v. 1808 zu suchen.]

15. Sind einer Gemeinde (im Falle der Anwendung des § 2) einzelne Zweige der Polizeiverwaltung belassen, so ermäßigt sich der an den Staat zu zahlende Betrag; gegen den diesbezüglichen Festsetzungsbeschluß des Oberpräsidenten findet nur die Klage bei dem Oberverwaltungsgericht statt; §§ 5, 6 Ges. v. 1892.

16. *OT. 6. Mai 1856 (Rh. A. 52, II. 10) folgert aus der der Staatsregierung durch § 4 verliehenen Befugnis, daß jene Behörde nicht nur über das Bedürfnis solcher Einrichtungen, sondern auch über die Art und den Umfang derselben, mithin z. B. auch darüber zu entscheiden habe, ob hinsichtlich der gemäß § 3 von der Gemeinde zu tragenden Kosten die Zahlung eines Bauschbetrages oder Einzelvergütung auf Grund einer besonderen Kostenberechnung stattfinden solle, daß aber diese Befugnis, die Bedürfnisfrage nach solchem Umfange zu entscheiden, das Recht der Gemeinde von selbst ausschließe, derartigen, im dienstlichen Interesse getroffenen Anordnungen der Aufsichtsbehörde zuwider, Rechnungsablage oder Erstattung eines Überschusses zu fordern. Der AH. Cöln hatte in entgegengesetztem Sinne erkannt; vgl. Rh. A. 51, I. 98ff. [Mit obigem Erk. des OT. steht EK. 14. Apr. 1855 (JMBl. S. 305) nicht in Widerspruch; letzteres Urteil hebt vielmehr ausdrücklich hervor, daß in dem damaligen Falle der allerdings unstatthafte Antrag auf Justifikation der durch die Ortspolizeiverwaltung entstandenen Kosten gar nicht gestellt, sowie überhaupt nicht auf eigentliche Rechnungsablage geklagt worden sei, gleichwohl erkennt dasselbe an, daß der Anspruch auf Rechnungslegung unter Umständen, sofern er nämlich in einem privatrechtlichen Verhältnisse seinen Grund habe, selbst wider eine fiskalische Verwaltungsbehörde im RW. geltend gemacht werden könne, ohne daß hiermit allgemeinen Grundsätzen oder dem § 1 der Instr. für die Ob.-Rechn.-Kammer v. 18. Dez. 1824 zu nahe getreten werde.]

17. Zur Erläuterung des § 3 in sachlicher Hinsicht wird im allgemeinen auf den Kommentar von v. Rönne verwiesen. Den Gemeinden fallen, diesem § zufolge, namentlich zur Last die Kosten der pol. Anstalten, z. B. für Straßenbeleuchtung, Straßenreinigung, Feuerlöschwesen usw., vgl. OVG. 29. Nov. 1876, 8. Apr. 1885 (E. 1 S. 271; 12 S. 400; aM. bez. Reinigungskosten: KG. 12. Juni 1899, DJurZtg. 5 S. 50), — die für Einrichtungen und Maßregeln, welche aus sanitätspolizeilichen Gründen zur Überwachung der gewerbsmäßigen Prostitution getroffen werden, z. B. die desfallsige Bezahlung des ärztlichen Personals, vgl. MVfg. 6. Aug. 1853, 11. April 1854 (VMBl. 53 S. 166; 54 S. 99); *OT. 11 Nov. 1856 (Strieth. 23 S. 46), RG. 24. Juni 1895 (E. 35 S. 396), — die Kosten der pol. Revisionen des Gewerbebetriebes, vgl. MVfg. 3. Apr. 1877, 4. Okt. 1878, OVG. 2. Juli 1879 (VMBl. 77 S. 117; 78 S. 232; 79 S. 238), — alle Ausgaben für den Geschäftsbetrieb der Polizeibeamten, zur Beschaffung von Bureaugelassen für die Polizei-Kommissarien, vgl. MVfg. 12. Juni 1854 (VMBl. S. 139), — ferner die Kosten

§ 5. Die mit der örtlichen Polizeiverwaltung beauftragten Behörden sind befugt, nach Beratung mit dem Gemeindevorstande, ortspolizeiliche, für den Umfang der Gemeinde gültige Vorschriften zu erlassen und gegen die Nichtbefolgung derselben Geldstrafen bis zum Betrage von [3 Rtlr.] 9 Mark und in Stadtkreisen bis zum Betrage von 30 Mark anzudrohen.

Die Strafandrohung kann auch im übrigen bis zu dem Betrage von [10 Rtlr.] 30 Mark gehen, wenn [die Bezirksregierung ihre] der Regierungspräsident die Genehmigung dazu erteilt hat.

LVG. § 142. Der Landrat ist befugt, unter Zustimmung des Kreisausschusses nach Maßgabe der Vorschriften des Ges. usw. v. 11. März 1850 bezw. der VO. v. 20. Sept. 1867 und des Lauenburgischen Ges. v. 7. Jan. 1870 für mehrere Ortspolizeibezirke oder für den ganzen Umfang des Kreises gültige Polizeivorschriften zu erlassen und gegen die Nichtbefolgung derselben Geldstrafen bis zum Betrage von 30 Mark anzudrohen.

[Die Bezirksregierungen haben] Der Regierungspräsident hat über die Art der Verkündigung der orts- und kreis-polizeilichen Vorschriften, sowie über die Formen, von deren Beobachtung die Gültigkeit derselben abhängt, die erforderlichen Bestimmungen zu erlassen.

§ 6. Zu den Gegenständen der ortspolizeilichen Vorschriften gehören:

a) der Schutz der Personen und des Eigentums;

b) Ordnung, Sicherheit und Leichtigkeit des Verkehrs auf öffentlichen Straßen, Wegen und Plätzen, Brücken, Ufern und Gewässern;

---

der Ermittelungen zur Herbeiführung der Bestrafung eines Verbrechens, vgl. MVfg. 22. Okt. 1898 (BMBl. S. 226: § 153 GVG. treffe keine Bestimmung darüber, wem die fraglichen Kosten zufallen); vgl. ferner MVfg. 21. Okt. 1872, 23. Sept. 1878 (das. 72 S. 299; 78 S. 251, betr. die durch Bewachung, Verpflegung usw. der polizeilich Verhafteten bezw. der der Landespolizeibehörde behufs Festsetzung einer Nachhaft überwiesenen Personen bis zur Einleitung ihrer Überführung entstehenden Kosten).

18. Von den Einnahmen aus der örtlichen Polizeiverwaltung, z. B. für Erteilung von Dienstscheinen, Aufenthaltskarten, Inlandspässen, baupolizeilichen Genehmigungen, redet § 3 zwar nicht; jedoch fallen dieselben unbedenklich demjenigen zu, der die Kosten der Polizeiverwaltung trägt, mithin der Gemeinde, bezw. wenn die Verwaltung besonderen Staatsbeamten übertragen ist, dem Staat. Ausdrücklich ausgesprochen ist dies für den letzteren Fall in § 1 Ges. v. 1892 (früher standen auch in diesem Fall die Einnahmen der Gemeinde zu, vgl. OT. 12. Jan. 1858, E. 38 S. 224), und inbetreff der vom Polizeiverwalter nach Maßgabe des Ges. v. 23. Apr. 1883 festgesetzten Geldbußen und eingezogenen Gegenständen in § 7 Abs. 1 dieses Gesetzes. § 7 Abs. 3 das., wonach die eine anderweitige Regelung enthaltenden Vorschriften und vertragsmäßigen Bestimmungen aufrecht erhalten sind, ist auch vom Ges. v. 1892 unberührt geblieben.

§§ 5—17.

19. Die §§ 5—17 sind an die Stelle der älteren Gesetzgebung über die Befugnis der Verwaltungsbehörden zum Erlasse allgemeiner Polizeiverordnungen getreten, vgl. § 14 d. G. und VO. v. 1808 A. 610ff., Rhein. Ress.-Regl. A. 240ff. Diese ältere Gesetzgebung ist nicht etwa schon infolge der Art. 8 und 62 der Verf.-Urk. außer Kraft getreten. Einer solchen Auffassung (vgl. v. Rönne 1 S. 387 A. 3) stehen, von dem in A. 25 gesagten abgesehen, auch die §§ 14 und 19 d. G. ent-

c) der Marktverkehr und das öffentliche Feilhalten von Nahrungsmitteln;
d) Ordnung und Gesetzlichkeit bei dem öffentlichen Zusammensein einer größeren Anzahl von Personen;
e) das öffentliche Interesse inbezug auf die Aufnahme und Beherbergung von Fremden, die Wein-, Bier- und Kaffee-Wirtschaften und sonstige Einrichtungen zur Verabreichung von Speisen und Getränken;
f) Sorge für Leben und Gesundheit;
g) Fürsorge gegen Feuersgefahr bei Bau-Ausführungen, sowie gegen gemeinschädliche und gemeingefährliche Handlungen, Unternehmungen und Ereignisse überhaupt;
h) Schutz der Felder, Wiesen, Weiden, Wälder, Baumpflanzungen, Weinberge usw.;
i) alles andere, was im besonderen Interesse der Gemeinden und ihrer Angehörigen polizeilich geordnet werden muß.

§ 7. Zu Verordnungen über Gegenstände der landwirtschaftlichen Polizei ist die Zustimmung der Gemeindevertretung erforderlich. Die Beratung erfolgt unter dem Vorsitze des mit der örtlichen Polizeiverwaltung beauftragten Beamten.

LVG. § 143. Ortspolizeiliche Vorschriften (§§ 5 ff. des Ges. v. 11. März 1850 usw.), soweit sie nicht zum Gebiete der Sicherheitspolizei gehören, bedürfen in Städten der Zustimmung des Gemeindevorstandes. Versagt der Gemeindevorstand die Zustimmung, so kann dieselbe auf Antrag der Behörde durch Beschluß des Bezirksausschusses ergänzt werden.

In Fällen, welche keinen Aufschub zulassen, ist die Ortspolizeibehörde befugt, die Polizeivorschrift vor Einholung der Zustimmung des Gemeindevorstandes zu erlassen. Wird diese Zustimmung nicht innerhalb vier Wochen nach dem Tage der Publikation der Polizeivorschrift erteilt, so hat die Behörde die Vorschrift außer Kraft zu setzen.

§ 8. Von jeder ortspolizeilichen Verordnung ist sofort eine Abschrift an die zunächst vorgesetzte Staatsbehörde einzureichen.

gegen, letzterer § insofern, als er zwischen den vor und den nach Publikation der Verf.-Urk. erlassenen Pol.-VO. nicht unterscheidet.

20. Die Hauptpunkte, in denen obige §§ von der älteren Gesetzgebung abweichen, bestehen, abgesehen von dem Strafmaße, darin, daß jene die Wirksamkeit der von der Bezirksregierung zu erlassenden Pol.-VO. nicht mehr von einer höheren Genehmigung abhängig sein lassen, und daß sie, nach dem Vorbilde der bisherigen rheinischen Gesetze, die oben erwähnte Befugnis, bezüglich der Gegenstände der Ortspolizei, auch den Ortspolizeibehörden verleihen. Vgl. auch Rosin, Begriff der Polizei (Sonderausgabe) S. 112.

21. Das durch das Ges. v. 1850 geregelte Gebiet, das Strafverordnungsrecht der Polizeibehörden, hat eine einschneidende Änderung und Umgestaltung erfahren durch die Verwaltungsgesetzgebung, beginnend mit der KreisO. v. 13. Dez. 1872 und endigend mit der im LVG. enthaltenen Zusammenfassung der neuen Bestimmungen. Das Ges. v. 1850 ist insofern eingeschränkt worden, als die mit den neueren Gesetzen nicht zu vereinbarenden Vorschriften außer Kraft getreten sind; es hat eine Erweiterung erfahren dadurch, daß jene ausdrücklich auf seine Vorschriften verweisen. Diese neuen Bestimmungen sind enthalten in den (zum Teil nur noch für ältere PolVO. in Betracht kommenden, vgl. A. 28) §§ 62, 78 KrO. v. 1872, §§

§ 9. [Der Regierungspräsident ist befugt, jede ortspolizeiliche Vorschrift durch einen förmlichen Beschluß unter Angabe der Gründe außer Kraft zu setzen.

Dem Beschlusse muß, mit Ausnahme dringender Fälle, eine Beratung mit dem Bezirksrate vorangehen. Die Erklärung des letzteren ist entscheidend:

1. wenn eine ortspolizeiliche Vorschrift außer Kraft gesetzt werden soll, weil sie das Gemeindewohl verletzt;
2. wenn es sich darum handelt, eine Verordnung über Gegenstände der landwirtschaftlichen Polizei wegen ihrer Unzweckmäßigkeit aufzuheben.]

LVG. § 145 Abs. 1. Die Befugnis, orts- oder kreispolizeiliche Vorschriften außer Kraft zu setzen, steht dem Regierungspräsidenten zu. Mit Ausnahme von Fällen, welche keinen Aufschub zulassen, darf diese Befugnis nur unter Zustimmung des Bezirksausschusses ausgeübt werden.

§ 10. Die Bestimmungen der §§ 8 und 9 finden auch auf die Abänderung oder Aufhebung ortspolizeilicher Vorschriften Anwendung.

§ 11. [Die Bezirksregierungen sind befugt, für mehrere Gemeinden ihres Verwaltungsbezirks oder für den ganzen Umfang desselben gültige Polizeivorschriften zu erlassen und gegen die Nichtbefolgung derselben Geldstrafen bis zu dem Betrage von 10 Rtlr. anzudrohen.

Der Minister des Innern hat über die Art der Verkündigung solcher Vorschriften, sowie über die Formen, von deren Beobachtung die Gültigkeit derselben abhängt, die erforderlichen Bestimmungen zu erlassen.]

§ 12. Die Vorschriften [der Bezirksregierungen (§ 11)] des Oberpräsidenten und des Regierungspräsidenten können sich auf die im § 6 dieses Gesetzes angeführten und alle anderen Gegenstände beziehen, deren polizeiliche Regelung durch die Verhältnisse der Gemeinden oder des Bezirks erfordert wird.

[§ 13. Zum Erlasse solcher Vorschriften der Bezirksregierungen, welche die landwirtschaftliche Polizei betreffen, ist die Zustimmung des Bezirksrates erforderlich.]

§ 14. Die Befugnis der Bezirksregierungen, sonstige allgemeine Verbote und Strafbestimmungen in Ermangelung eines bereits bestehenden gesetzlichen Verbotes mit höherer Genehmigung zu erlassen, ist aufgehoben.

LVG. § 136. Soweit die Gesetze ausdrücklich auf den Erlaß besonderer polizeilicher Vorschriften (Verordnungen, Anordnungen, Reglements usw.) durch die Zentralbehörden verweisen, sind die Minister befugt, innerhalb ihres Ressorts dergleichen Vorschriften für den ganzen Umfang der Monarchie

76—85 ProvO. v. 29. Juni 1875, §§ 58, 115 Ges. v. 26. Juli 1876, §§ 72—81 Ges. v. 26. Juli 1880 und endlich §§ 136—145 LVG. Die Bedeutung der Neuordnung zeigt sich hauptsächlich in zweifacher Richtung: 1. in der Ausdehnung des Verordnungsrechts auf alle mit Polizeigewalt ausgestattete Behörden vom Minister bis zur Ortspolizeibehörde, 2. in der strengen Durchführung des Grundsatzes, daß die Polizeibehörde an die Zustimmung des auf derselben Verwaltungsstufe bestehenden Kollegiums der Selbstverwaltung gebunden ist. Vgl. Rosin, Polizeiverordnungsrecht S. 52f.

22. Anlangend den ersten Punkt, die Ausdehnung des Verordnungsrechts auf alle Polizeibehörden, so ist zu bemerken, daß mit Publikation des Ges. v. 1850 insbesondere auch die Befugnis der Ministerien, allgemeine Polizeistrafverordnungen unmittelbar selbst zu erlassen, weggefallen war, insofern diese Befugnis lediglich auf den §§ 40, 45 VO. v. 1808 und dem § 11 der Reg.-Instr. v. 1817 beruhte (vgl. VO. v. 1808 A. 612). Vgl. jetzt §§ 136, 138 LVG. — Zum Erlaß von Pol.-VO. waren nach dem Ges. v. 1850 außer der Ortspolizeibehörde (zu der auch)

oder für einzelne Teile derselben zu erlassen und gegen die Nichtbefolgung dieser Vorschriften Geldstrafen bis zum Betrage von 100 Mark anzudrohen.

Die gleiche Befugnis steht zu:

1. dem Minister der öffentlichen Arbeiten inbetreff der Übertretungen der Vorschriften der Eisenbahnpolizei-Reglements;
2. dem Minister für Handel und Gewerbe inbetreff der zur Regelung der Strom-, Schiffahrts- und Hafenpolizei zu erlassenden Vorschriften, sofern dieselben sich über das Gebiet einer einzelnen Provinz hinaus erstreken sollen.

Zum Erlasse der im § 367 Nr. 5 des StGB. gedachten Verordnungen sind auch die zuständigen Minister befugt.

§ 137. Der Oberpräsident ist befugt, gemäß §§ 6, 12 und 15 des Ges. usw. v. 11. März 1850 bezw. der §§ 6, 12 und 13 der VO. v. 20. Sept. 1867 und des Lauenburgischen Ges. v. 7. Jan. 1870 für mehrere Kreise, sofern dieselben verschiedenen Regierungsbezirken angehören, für mehr als einen Regierungsbezirk oder für den Umfang der ganzen Provinz gültige Polizeivorschriften zu erlassen und gegen die Nichtbefolgung derselben Geldstrafen bis zum Betrage von 60 Mark anzudrohen.

Die gleiche Befugnis steht dem Regierungspräsidenten für mehrere Kreise oder für den Umfang des ganzen Regierungsbezirks zu.

Die Befugnis der Regierung zum Erlasse von Polizeivorschriften wird aufgehoben.

§ 139. Die gemäß §§ 137, 138 von dem Oberpräsidenten zu erlassenden Polizeivorschriften bedürfen der Zustimmung des Provinzialrats, die von dem Regierungspräsidenten zu erlassenden Polizeivorschriften der Zustimmung des Bezirksausschusses. In Fällen, welche keinen Aufschub zulassen, ist der Oberpräsident sowie der Regierungspräsident befugt, die Polizeivorschrift vor Einholung der Zustimmung des Provinzialrats bezw. des Bezirksausschusses zu erlassen. Wird diese Zustimmung nicht innerhalb drei Monaten nach dem Tage der Publikation der Polizeivorschrift erteilt, so hat der Oberpräsident bezw. der Regierungspräsident die Vorschrift außer Kraft zu setzen.

---

die Inhaber der orts- bezw. polizeiobrigkeitlichen Gewalt im Sinne des Ges. v. 14. Apr. 1856, GS. S. 354 gehörten; vgl. OT. 7. Okt. 1858, JMBl. S. 369), nur die Regierungen befugt; diese waren nicht ermächtigt, ihre diesbezüglichen Befugnisse auf die Landräte zu übertragen; vgl. gen OT. 1858. An ihre Stelle ist der Regierungspräsident getreten, außerdem ist das Verordnungsrecht des Oberpräsidenten und des Landrats hinzugekommen. — — Anlangend den zweiten Punkt, die Teilnahme der Selbstverwaltungskörper, vgl. die A. 37 ff.

23. Die HMVfg. 28. Nov. 1855, 19. März und 3. Apr. 1856 (Achenbach, Rhein. Berg-Pol.-Vorschr. S. XXIX ff.) hielten dafür, daß nach dem damaligen Stande der Gesetzgebung, wenn von den linksrheinischen Landesteilen abgesehen werde, allgemeine bergpolizeiliche Strafverordnungen von den Oberbergämtern gleichfalls nur nach Maßgabe des Ges. v. 11. März 1850, bezw. unter Mitwirkung der betr. Bezirksregierung erlassen werden könnten; vgl. jedoch Achenbach aaO. Später ist dieses Gebiet gesetzlich in anderer Weise geregelt worden und zwar zunächst durch

§ 140. Polizeivorschriften der in den §§ 136, 137 und 138 bezeichneten Art sind unter der Bezeichnung „Polizeiverordnung“ und unter Bezugnahme auf die Bestimmungen des § 136 bezw. der §§ 137 oder 138, sowie in den Fällen des § 137 auf die in demselben angezogenen gesetzlichen Bestimmungen durch die Amtsblätter derjenigen Bezirke bekannt zu machen, in welchen dieselben Geltung erlangen sollen.

§ 15. Es dürfen in die polizeilichen Vorschriften (§§ 5 und 11) keine Bestimmungen aufgenommen werden, welche mit den Gesetzen oder den Verordnungen einer höheren Instanz im Widerspruche stehen.

§ 16. Der Minister des Innern ist befugt, soweit Gesetze nicht entgegenstehen, jede (orts-, kreis-, bezirks- oder provinzial-) polizeiliche Vorschrift durch einen förmlichen Beschluß außer Kraft zu setzen. Diese Befugnis geht hinsichtlich der Strom-, Schiffahrts- und Hafenpolizeivorschriften (§ 138 LVG.) auf den Minister für Handel und Gewerbe über.

Die Genehmigung des Königs ist hierzu erforderlich, wenn die polizeiliche Vorschrift von dem Könige oder mit dessen Genehmigung erlassen war.

§ 17. Die Polizeirichter haben über alle Zuwiderhandlungen gegen polizeiliche Vorschriften (§§ 5 und 11) zu erkennen, und dabei nicht die Notwendigkeit oder Zweckmäßigkeit, sondern nur die gesetzliche Gültigkeit jener Vorschriften nach den Bestimmungen der §§ 5, 11 und 15 dieses Gesetzes in Erwägung zu ziehen.

---

die §§ 8—11 Ges. v. 10. Juni 1861 (GS. S. 427) und gegenwärtig durch § 197 Bergges. v. 24. Juni 1865 (ergänzt durch Art. IV—VI Ges. v. 24. Juni 1892, GS. S. 131). Hiernach sind die Oberbergämter für sich allein befugt, solche bergpolizeilichen Vorschriften, sei es für den ganzen Umfang ihrer Bezirke, sei es für einzelne Teile derselben, zu erlassen. Doch sollen zu den Gegenständen jener Vorschriften lediglich gehören a) die Sicherheit der Baue, b) die Sicherheit des Lebens und der Gesundheit der Arbeiter, c) die Aufrechterhaltung der guten Sitten und des Anstandes durch die Einrichtung des Betriebs, d) den Schutz der Oberfläche im Interesse der persönlichen Sicherheit und des öffentlichen Verkehrs, e) den Schutz gegen gemeinschädliche Einwirkungen des Bergbaus. Die Verkündigung dieser Verordnungen erfolgt durch das Amtsblatt der Regierung, in deren Bezirk sie Gültigkeit erlangen sollen. Ob die Vorschrift des § 193 Abs. 3 Bergges. beobachtet ist, hat der Richter zu prüfen; vgl. A. 37 ff. Vgl. auch Oppenhoff, Bergges. A. 1052, 1092 ff.; StGB. A. 26 vor § 360.

24. Inbetreff der Mitwirkung der Militär-Kommandanturen beim Erlasse ortspolizeilicher VO. vgl. MVfg. 21. Aug. 1852 (VMBl. S. 218).

25. Mit Rücksicht auf § 6 II. 13 ALR. könnte man versucht sein, in den gemäß §§ 5 ff. d. G. usw. ergangenen Pol.-VO. eine Art legislativer Akte, mithin Akte zu erblicken, welche in Ausübung eines auf die Verwaltungsbehörden übertragenen Hoheitsrechts erlassen, nach § 36 der VO. v. 1808 beurteilt werden müßten. In der Tat haben dieselben große Verwandtschaft mit eigentlichen Gesetzen, was sich praktisch namentlich auch dadurch äußert, daß die unterlassene oder unrichtige Anwendung einer Pol.-VO. im Wege der Revision geltend gemacht werden kann (vgl. RG. 14. Jan. 1887, EStrafſ. 15 S. 207), und daß sowohl das Publikum wie der Richter solche VO. gleich den Gesetzen kennen muß, letzterer mithin ihr Dasein und ihre Anwendbarkeit niemals zum Gegenstande einer Beweisauflage für eine der Parteien machen darf; vgl. Oppenhoff, StGB. aaO. A. 62. Dessenungeachtet sprechen dringende Gründe dafür, daß jene VO. nach dem Willen und der Anschauung des Gesetzgebers doch nur eine Unterart polizeilicher Verfügungen im Sinne des Ges. v. 11. Mai 1842 bilden. Diese Gründe sind bereits in A. 48 zu

letzterem Gesetz besprochen. Ebenso: Oppenhoff, aaO. A. 57, Berggef. A. 1056, Brassert S. 509, OT. 5. Febr. 1863 (Rechtspr. 3 S. 264). Es tritt hinzu, daß die §§ 5ff. d. G. nur bei solcher Deutung mit dem im Art. 62 der Verf.-Urk. ausgesprochenen Grundsatze in Einklang zu bringen sind. Vgl. jedoch die Darlegung bei Rosin, Polizeiverordnungsrecht S. 55ff.

26. Hiernach dürfte ein aus dem Erlasse einer gesetzwidrigen Pol.-VO. hergeleiteter Regreßanspruch gegen den betr. Beamten dann und nur dann im RW. geltend zu machen sein, wenn jene VO. von der höheren Verwaltungsbehörde als gesetzwidrig aufgehoben worden ist, vgl. Ges. v. 1842 § 6; ebenso EK. 11. Apr. 1896 (Rechtspr. S. 473). Ebenso wird, wenn jemand behauptet, durch eine Pol.-VO. einen solchen Eingriff in seine Privatrechte erfahren zu haben, daß ihm nach den Vorschriften über die von einzelnen zum gemeinen Besten gebrachten Vermögensopfer Entschädigung gebühre, der desfallsige Anspruch gemäß § 4 das. der richterlichen Entscheidung unterliegen. Vgl. Ges. v. 28. Febr. 1843 § 12, EK. 13. Okt. 1866 (JMBl. 67 S. 38), KG. 10. Nov. 1881, 25. Mai 1891 (Johow 3 S. 340; 11 S. 266), Oppenhoff, StGB. A. 45 vor § 360. Das Gegenteil würde der Fall sein, wenn eine Pol.-VO. in allen und jeden Beziehungen einem Gesetze gleichgestellt werden müßte; vgl. VO. v. 1808 A. 131.

27. Nach § 17 hat der Richter nicht die Notwendigkeit oder Zweckmäßigkeit, sondern nur die gesetzliche Gültigkeit einer Pol.-VO. zu prüfen. Aus der Hinzufügung der Worte: „nach den Bestimmungen der §§ 5, 11 und 15 dieses Gesetzes" hat man früher wohl geschlossen, daß dem Richter die Prüfung nur soweit zustehe, als die Beobachtung dieser §§ in Frage komme; vgl. z. B. OT. 19. Sept. 1866, 26. Sept. 1860 (Rechtspr. 7 S. 490; JMBl. 60 S. 410), Oppenhoff, Berggef. A. 1100 (oben VO. v. 1808 A. 478 bez. des einen solchen Zusatz nicht enthaltenden § 209 Abs. 3 Berggef.). Später ist diese Auffassung verlassen und das richterliche Prüfungsrecht der Rechtsgültigkeit einer Pol.-VO. ausnahmslos nach allen Richtungen anerkannt worden; vgl. OT. 8. Nov. 1864, (Pl.) 8. Mai 1865 (Rechtspr. 5 S. 237; 6 S. 91), KG. 5. Juli 1883 (Johow 4 S. 259), OVG. 14. Juni 1882 (E. 9 S. 367), Rosin aaO. S. 282ff. — Das Prüfungsrecht steht sowohl dem Strafrichter als dem Zivilrichter zu; wenn § 17 d. G. und § 15 VO v. 20. Sept. 1867 (im Gegensatz zu § 209 Abs. 3 Berggef.) nur vom Polizeirichter sprechen, so ist darin lediglich die Anerkennung des allgemeinen Grundsatzes des richterlichen Prüfungsrechts zu finden und nicht etwa eine den Zivilrichter von dieser Prüfung (nach dem Beweis aus dem Gegenteil) ausschließende Sondervorschrift für den Strafrichter; dieser ist offenbar nur genannt, weil er am häufigsten mit der Prüfung von Pol.-VO. befaßt zu sein pflegt: RG. 26. Jan. 1900 (E. 45 S. 271). — Auch der Verwaltungsrichter darf nicht die Notwendigkeit oder Zweckmäßigkeit einer Pol.-VO. prüfen: OVG. 5. Dez. 1881 (E. 8 S. 331), Rosin, aaO. S. 298. — Daß auf Pol.-VO. Art. 106 Abs. 2 Verf.-Urk. keine Anwendung finde, ist in OT. 3. Mai 1854, 6. Sept. 1855 (JMBl. 54 S. 268; E. 31 S. 314) ausdrücklich anerkannt worden; vgl. v. Rönne 1 S. 411 A. 5.

28. Bei der Prüfung ist natürlich das bei Erlaß der Pol.-VO. geltende Recht anzuwenden, da sich, wie bereits erwähnt, sowohl die Zuständigkeit zum Erlaß einer Pol.-VO. als die sonstigen Voraussetzungen ihrer Rechtsgültigkeit im Laufe der Zeit wiederholt geändert haben. In diesem Sinne kommen auch die eingeklammerten Vorschriften d. G. noch vielfach in Betracht; bez. der vor dem Ges. v. 1850 erlassenen Pol.-VO. s. VO. v. 1808 A. 610ff. — Die Prüfung umfaßt insbesondere drei Punkte: die Zuständigkeit der Behörde (A. 29ff.), die Erfüllung der vorgeschriebenen Form sowie die gehörige Publikation (A. 35ff.) und die Beobachtung des § 15 (A. 43).

29. Der Richter hat zunächst zu prüfen, ob der die VO. erlassenden Behörde zur Zeit des Erlasses das Verordnungsrecht überhaupt zustand (vgl. A. 21, 33, 34), und sodann, ob sie es inbezug auf einen solchen Gegenstand ausgeübt hat, für den ihr das Verordnungsrecht gegeben ist, d. h. ob der Gegenstand zu den in den §§ 6, 12 d. G., § 136 LVG. (oder einem anderweiten Sondergesetz) aufgezählten gehört. Vgl. OT. 8. Mai 1865, 10. Jan. 1878 (Rechtspr. 6 S. 91; VMBl. 78 S. 54), OVG. 14. Juni 1882 (E. 9 S. 363), Oppenhoff, StGB. A. 58 vor § 360, v. Rönne 1 S. 412. Diese Prüfung wird auch nicht dadurch überflüssig oder ausgeschlossen, daß die erlassende Behörde einen der im § 6 aufgeführten Gegenstände als den Grund oder Zweck der Pol.-VO. bezeichnet hat; dies gilt insbesondere auch von

der allgemein gehaltenen Nr. i des § 6; vgl. gen. OT. 8. Mai 1865 (besonders S. 101). § 6 bildet auch die Grenze für die Pol.-VO. der Regierungen bezw. des Oberpräsidenten und Regierungspräsidenten: KG. 17. Dez. 1896, 16. Jan. 1899 (DJurZtg. 2 S. 205; 4 S. 338). Nicht nachzuprüfen ist, ob der angegebene Beweggrund einer VO. richtig ist oder nicht, oder ob ein Grund zum Erlaß der VO. vorlag; vgl. OT. 5. Nov. 1857, v. Rönne 1 S. 413 A. 1, ferner gen. OT. 10. Jan. 1878.

30. Die Benutzung des Eigentums und der Realrechte kann durch Pol.-VO. beschränkt werden, wenn diese das öffentliche Interesse zu fördern bestimmt sind und sich auf eine gesetzliche Ermächtigung stützen. Doch darf die Befugnis zum Erlasse solcher VO. nicht so weit ausgedehnt werden, daß dadurch der richterlichen Entscheidung über Eigentum und Besitz vorgegriffen würde. Vgl. Oppenhoff, aaO. A. 45 und die Belege, ferner OVG. 4. Okt. 1892 (E. 23 S. 351), Rosin, aaO. S. 145. Darüber, ob und inwieweit durch Pol.-VO. rechtliche Verpflichtungen begründet oder abgeändert werden können, vgl. KG. 29. Mai 1899 (DJur.-Ztg. 5 S. 50).

31. Fiskalische Maßregeln sind nicht im Wege einer Pol.-VO. anzuordnen; ebenso kann die Nichtleistung der Gemeindedienste nicht durch eine Pol.-VO. mit Strafe bedroht werden, wenn das Gesetz selbst für einen solchen Fall nur Beitreibung des Geldwerts im Zwangswege anordnet: Oppenhoff, aaO. A. 40. Vgl. jedoch VO. v. 1808 A. 619.

32. Eine Pol.-VO. kann auch die Teilnahme an der von ihr verbotenen Handlung mit Strafe bedrohen, nicht aber die zivilrechtliche Haftbarkeit dritter Personen für Geldbuße und Kosten anordnen: Oppenhoff, aaO. A. 42, 43.

33. Aus dem Polizeiverordnungsrecht für den ganzen Umfang einer Gemeinde folgt zugleich die Berechtigung der Ortspolizeibehörde zum Erlasse gültiger Vorschriften lediglich für räumlich ausgesonderte, bestimmte Teile des Gemeindebezirks: OVG. 21. Okt. 1889 (E. 18 S. 302). Auch schließen die §§ 5, 11 nicht aus, daß von einer Behörde, der die örtliche Polizeiverwaltung über mehrere Gemeinden aufgetragen ist, Polizeivorschriften für mehrere oder alle ihr untergeordneten Gemeinden in einzelnen, für jede Gemeinde besonders zu formulierenden und zu verkündigenden VO. erlassen werden können. So: MVfg. 1. Juli 1860 (VMBl. S. 146).

34. Auch die Regierung war befugt, für die Wirksamkeit einer von ihr erlassenen Pol.-VO. eine andere örtliche Begrenzung anzuordnen, als die im § 11 bezeichnete, z. B. eine Pol.-VO. nur für einen einzelnen Forst zu erlassen: OT. 26. Sept. 1860 (JMBl. S. 410). Die gleiche Befugnis steht heute dem Oberpräsidenten oder Regierungspräsidenten nicht zu; vgl. MVfg. 25. Aug. 1878 (VMBl. 79 S. 161).

35. Inbetreff der für die Gültigkeit einer Pol.-VO. zu beobachtenden Formen unterscheidet das Gesetz nicht zwischen den eine dauernde Bestimmung habenden Pol.-VO. und denen, die bloß vorübergehender Natur sind: KG. 23. Dez. 1851 (Tr. A. 7, I. 133). Doch setzt es selbstredend immer eine allgemeine VO. voraus. Pol.-Verf., welche für einen besonderen Fall und einer einzelnen Person gegenüber eine Strafe (als Exekutionsmittel) androhen, fallen überhaupt nicht unter die §§ 5ff. d. G. bezw. §§ 136ff. LVG., sondern unter § 20 d. G. bezw. § 48 der VO. v. 1808 und §§ 132ff. LVG. Vgl. EM. 3. Mai 1856, 7. Nov. 1857 (JMBl. 56 S. 206; 58 S. 32).

36. In den durch §§ 5ff. vorgeschriebenen Formen waren auch die Lokalpol.-VO. zu erlassen, auf welche die FeldpolizeiO. v. 1. Nov. 1847 verweist: Min.-Instr. v. 1. Juli 1856 (JMBl. S. 198). Dasselbe gilt jetzt von den auf Grund des Feld- und Forstpolizeiges. v. 1. Apr. 1880 zu erlassenden Pol.-VO.; vgl. OVG. 28. Febr. 1895 (E. 27 S. 287).

37. Zur formellen Gültigkeit einer älteren ortspol. VO. gehört insbesondere auch die vorherige Beratung mit dem Gemeindevorstand (§ 5), nicht aber dessen Zustimmung. Auch genügt es, wenn der Entwurf dem Gemeindevorstande vorgelegt worden ist und letzterer unterlassen hat, sich über denselben zu erklären. Vgl. Oppenhoff, PrStGB. § 332 A. 17, v. Rönne 1 S. 382 A. 4, OT. 7. Okt. 1858 (JMBl. S. 366). Jenes Erfordernis fällt ganz weg, wenn ein solcher Vorstand neben dem die Ortspolizei handhabenden Gemeindevorsteher usw. nicht besteht, wie es z. B. gemäß § 108 der Rhein. GemeindeO. v. 1845 für deren Gebiet der Fall

ist. Das Erfordernis der Beratung (bezw. jetzt der Zustimmung, § 143 LVG.) ist hier nur dann gegeben, wenn die Polizeiverwaltung Königlichen Beamten übertragen ist. Vgl. Oppenhoff, aaO., KH. 1. Mai 1852 (JMBl. S. 251).

38. § 7 gilt selbst für solche VO., die nur teilweise Gegenstände der dort gedachten Art betreffen, sofern nicht ausdrücklich hervorgehoben ist, daß einzelne der ergangenen Bestimmungen auf rein polizeilichen Erwägungen beruhen; vgl. OT. 15. Mai 1856, 6. Juni 1863 (Rechtspr. 3 S. 487). (Der dem § 7 entsprechende § 13 und die MVfg. 13. März 1852, wonach die Generalkommissionen bis zur Einrichtung der Bezirksräte deren Stelle vertreten sollten, sind seit Erlaß des Ges. v. 24. Mai 1853 (GS. S. 238) außer Kraft.) OT. 26. Sept. 1860 (JMBl. S. 410) nimmt übrigens an, daß die Frage, ob die Zustimmung der Gen.-Komm. nötig gewesen, gar nicht zur richterlichen Prüfung gehöre, da § 17 auf § 13 nicht mitverweise; vgl. jedoch oben A. 27.

39. Es ist schon oben erwähnt, daß die spätere Gesetzgebung die im Ges. v. 1850 nur in den ersten Anfängen enthaltene Beteiligung der Gemeindeverwaltung usw. allgemein durchgeführt und die Zustimmung (nicht nur die Beratung) des Kreisausschusses, Bezirksausschusses und Provinzialrats zur Bedingung für die Gültigkeit einer Pol.-VO. der entsprechenden Behörde gemacht hat. Nach § 62 KrO. v. 13. Dez. 1872 ist stets die Zustimmung des Amtsausschusses notwendig. Besteht ein Amtsbezirk nur aus einer Gemeinde, so ist die Zustimmung von der Gemeindevertretung bezw. dem Gemeindevorsteher zu erteilen; besteht er nur aus einem Gutsbezirk, so ist der Amtsvorsteher allein zum Erlaß der Pol.-VO. befugt: OT. 16. Juni 1876 (JMBl. S. 149), KG. 27. Sept. 1897 (Goltd. Arch. 45 S. 379), Oppenhoff, StGB. A. 29 vor § 360. Soweit nach diesen Bestimmungen die Zustimmung des Gemeindevorstands nicht erforderlich ist, bedarf es nach wie vor der im § 5 Abs. 1 d. G. angeordneten Beratung mit demselben: v. Brauchitsch 1 S. 172. — Nur in Fällen, die keinen Aufschub zulassen, kann die Pol.-VO. ohne die Zustimmung des betreffenden Kollegiums erlassen werden; wird letztere nicht nachträglich erteilt, so hat die Behörde die VO. außer Kraft zu setzen; bis dies geschehen ist, hat der Richter sie als zu Recht bestehend anzusehn, vorausgesetzt, daß, was er selbständig zu prüfen hat, ein Notfall im Sinne des Gesetzes vorgelegen hat.

40. Zur Gültigkeit einer Pol.-VO. gehört ferner die ordnungsmäßige Verkündigung. Die diesbezüglichen Vorschriften für die Pol.-VO. des Ministers, des Oberpräsidenten und des Regierungspräsidenten sind in § 140 LVG. enthalten. Art und Form der Verkündigung orts- und kreispolizeilicher Vorschriften hatte früher die Regierung und hat jetzt der Regierungspräsident zu bestimmen, § 5 Abs. 3 d. G., § 144 Abs. 2 LVG.; bez. älterer, vor dem Ges. v. 1850 erlassener VO. s. VO. v. 1808 A. 616. Über die Art und Form der von den Bezirksregierungen erlassenen Pol.-VO. (§ 11 d. G.) vgl. die Min.-Instr. v. 6. Juni 1850, 16. Nov. 1867 (VMBl. 50 S. 176; 67 S. 364). Diese Anordnungen über Art und Form sind zwingender Natur und müssen beobachtet werden. So muß z. B. gemäß Nr. 1 der Instruktion v. 6. Juni 1850 die Pol.-VO. ausdrücklich auf § 11 Bezug nehmen; es genügt nicht die allgemeine Bezugnahme auf das Ges. v. 1850: OVG. 15. Sept. 1881 (VMBl. 82 S. 72). Dasselbe gilt, wenn von der Regierung oder dem Regierungspräsident für eine ortspolizeiliche VO. die Bezugnahme auf § 5 d. G. vorgeschrieben ist: OVG. 14. Dez. 1895 (DJurZtg. 1 S. 244), sowie von der im § 140 LVG. vorgeschriebenen Bezugnahme. Vgl. ferner MVfg. 9. Jan. 1894 (VMBl. S. 30), OT. 14. Nov. 1872 (Rechtspr. 13 S. 593), RG. 7. Juli 1882, 13. Jan. 1886 (Gruchot 27 S. 1108, 1113; 30 S. 1006), KG. 20. März 1884 (Johow 4 S. 329), OVG. 26. Sept. 1881 (VMBl. 82 S. 75); abweichend: OVG. 24. Okt. 1894 (E. 27 S. 416: nicht jede geringfügige Abweichung mache die VO. ungültig).

41. Die über die ordnungsmäßig erfolgte Verkündigung anzustellende Prüfung kann dem Richter nicht durch eine allgemeine Bescheinigung der Polizeibehörde, daß die Verkündigung vorschriftsmäßig erfolgt sei, entzogen werden. Vielmehr muß die Bescheinigung ergeben, daß und welche einzelnen zur Verkündigung erforderlichen Akte stattgefunden haben. Vgl. Oppenhoff, StGB. A. 59 vor § 360.

42. Die Beobachtung des § 8 ist für die Rechtsgültigkeit der VO. nicht wesentlich, sie ist demnach der richterlichen Prüfung entzogen. Übrigens ist der Vorschrift des § 8 genügt, wenn die VO. der vorgesetzten Behörde überhaupt eingereicht worden ist; der Zweck der Einreichung ist gleichgültig. Vgl. OT. 19. Sept. 1866 (Rechtspr. 7 S. 490, JMBl. S. 303), Rosin, aaO. S. 279, 294.

43. Endlich hat der Richter vor Anwendung einer Pol.-VO. zu prüfen, ob sie keine Bestimmungen enthält, die mit den Gesetzen oder den Verordnungen einer höheren Instanz im Widerspruch stehen (§ 15 d. G.). Vgl. MVfg. 13. Febr. 1855 (VMBl. S. 55: gesetzlich verpönte Handlungen können nicht anderweitig zum Gegenstand polizeilicher Strafandrohung gemacht werden). Zu dieser bereits im § 15 enthaltenen Schranke ist seit Gründung des Deutschen Reichs noch die im Art. 2 der Reichsverfassung enthaltene Bestimmung hinzugekommen, daß die Landesgesetzgebung hinter der Reichsgesetzgebung zurücktreten muß. Auf Gebieten, die reichsgesetzlich erschöpfend geregelt sind, können daher keine Pol.-VO. erlassen werden. Vgl. RG. 20. Febr. 1880 (EStraff. 1 S. 113). Darüber, ob und inwieweit es statthaft ist, daß Gegenstände, die an sich gesetzlich usw. geregelt sind, mit Rücksicht auf örtliche Bedürfnisse noch eine ergänzende Regelung durch Pol.-VO. erfahren, vgl. Oppenhoff, aaO. A. 44. — Pol.-VO. aus § 6c sind durch das Nahrungsmittelges. v. 14. Mai 1879 nicht unbedingt ausgeschlossen; vgl. KG. 10. Febr. 1895 (Zeitschr. d. Rheinpr. Amtsrichter-Vereins 13 S. 93).

44. Nimmt der Richter die Ungültigkeit einer Pol.-VO. an, so hat er sich darauf zu beschränken, die Anwendung der VO. auf den vorliegenden Fall abzulehnen, also in Strafsachen den Angeklagten freizusprechen; er darf nicht etwa die VO. aufheben; vgl. OT. 1857 (Rh. A. 53, II. 35), Oppenhoff, aaO. A. 60. Die Entscheidung des Richters ist für andere Behörden nicht bindend; vgl. OVG. 7. Sept. 1889 (PrVerwBl. 11 S. 97), v. Brauchitsch 1 S. 167.

45. Die §§ 5ff. d. G. und §§ 136ff. LVG. erheischen zur Anwendbarkeit einer Pol.-Straf-VO. eine ausdrücklich in derselben enthaltene Strafandrohung. Für Bezirks-Pol.-VO. schreibt die Min.-Instr. v. 6. Juni 1850 noch besonders vor, es solle entweder ein bestimmtes Strafmaß oder ein Maximum und Minimum angedroht werden; vgl. Oppenhoff, aaO. A. 49.

46. Die Befugnis, innerhalb der in den §§ 5 und 11 bestimmten Grenzen das Strafmaß beliebig festzusetzen, ist den Polizeibehörden durch das StGB. nicht geschmälert worden, nur muß der Mindestbetrag wenigstens eine Mark (§ 27 das.) betragen; es kann jedoch auch ein höherer Mindestbetrag festgesetzt werden; vgl. OT. 23. Apr. 1857, 11. Juni 1863 (Goltd. Arch. 5 S. 412; Rechtspr. 3 S. 493), KG. 7. Nov. 1887 (Johow 7 S. 242), Oppenhoff, StGB. A. 50 vor § 360. AM. MVfg. 19. Juli 1888 (VMBl. S. 178, betr. Schulversäumnisstrafen; es könne auch eine Strafe unter einer Mark angedroht werden); vgl. hierzu RG. 9. Juni 1887 (Rechtspr. 9 S. 369 betr. Zolldefraudationsstrafe: die Umwandlung einer, weniger als eine Mark betragenden Strafe findet nicht statt). Überschreitet die Pol.-VO. das gesetzliche Strafmaß, so ist doch auf Strafe zu erkennen, aber nur in dem vom Gesetze gestatteten Maße; ebenso: Oppenhoff, aaO. A. 53, OT. 14. Okt. 1864 (Rechtspr. 5 S. 174). Gefängnis und Einziehung einzelner Gegenstände können durch eine Pol.-VO. nicht angedroht werden; vgl. Oppenhoff, aaO. A. 52, KG. 7. Apr. 1898 (Goltd. Arch. 46 S. 142).

47. Das Strafmaß der §§ 5, 11 kommt selbstredend nicht zur Anwendung, wenn die Strafgesetzgebung selbst das Strafmaß bestimmt hat, wie es z. B. in den §§ 366 Nr. 1, 10, 367 Nr. 2, 368 Nr. 1, 2 StGB. geschieht, welche sämtlich den Erlaß und die Publikation von Pol.-VO. im Sinne des Ges. v. 1850 voraussetzen, insofern Verordnungen solchen Inhalts nicht schon in besonderen Gesetzen oder älteren Pol.-VO. enthalten sind. Vgl. Oppenhoff zu diesen §§, ferner A. 41 vor § 360. Ebenso MVfg. 8. Nov. 1872 (VMBl. S. 334).

48. Anlangend die Aufhebung von Pol.-VO. durch eine höhere Instanz vgl. KrO. v. 13. Dez. 1872 § 78, ProvO. v. 29. Juni 1875 § 83, § 145 LVG. Durch letzteren § ist § 9 d. G. aufgehoben und § 16 d. G. abgeändert worden. (§ 9 Abs. 2 und die darauf bezügliche Vorschrift der MVfg. 13 März 1852, VMBl. S. 84, sind schon länger außer Kraft: MVfg. 22. Nov. 1853, VMBl. S. 280). Ebenso tritt eine Pol.-VO. außer Kraft, wenn eine ihr widersprechende oder sie ersetzende VO. von der höheren Polizeibehörde innerhalb ihrer Zuständigkeit erlassen wird. Dagegen kann die höhere Polizeibehörde nicht eine nachgeordnete ermächtigen, die von jener erlassenen VO. aufzuheben oder abzuändern; vgl. OVG. 12. Dez. 1893 (E. 26 S. 380).

49. Kann eine Polizeibehörde die von ihr erlassene Pol.-VO. selbst wieder aufheben? Die Frage wurde inbetreff älterer, auf Grund der Rhein. Gesetzgebung ergangenen Ortspol.-VO. durch KH. 27. Jan., 10. Juli 1849 (Rh. A. 44, II. 33, 36)

§ 18. Für den Fall des Unvermögens des Angeschuldigten ist auf verhältnismäßige [Gefängnisstrafe] **Haftstrafe** zu erkennen. [Das höchste Maß derselben ist 4 Tage statt 3 Rtlr. und 14 Tage statt 10 Rtlr.]

§ 19. Die bisher erlassenen polizeilichen Vorschriften bleiben so lange in Kraft, bis sie in Gemäßheit dieses Gesetzes aufgehoben werden.

§ 20. Die den Polizeibehörden nach den bisherigen Gesetzen zustehende Exekutionsgewalt wird durch die vorstehenden Bestimmungen nicht berührt.

Jede Polizeibehörde ist berechtigt, ihre polizeilichen Verfügungen durch Anwendung der gesetzlichen Zwangsmittel durchzusetzen.

Wer es unterläßt, dasjenige zu tun, was ihm von der Polizeibehörde in Ausübung dieser Befugnis geboten worden ist, hat zu gewärtigen, daß es auf seine Kosten zur Ausführung gebracht werde — vorbehaltlich der etwa verwirkten Strafe und der Verpflichtung zum Schadensersatze.

§ 21. Alle diesem Gesetze entgegenstehenden Bestimmungen sind aufgehoben.

---

ausdrücklich bejaht, und dürfte inbetreff der gemäß § 5 d. G. erlassenen VO. auf gleiche Weise zu beantworten sein, es sei denn, daß zur Gültigkeit der VO. eine höhere Genehmigung oder die Zustimmung der Gemeindevertretung erforderlich und erteilt ist (vgl. § 5 Abs. 2 und § 7 d. G.), in welchen letzteren Fällen wohl auch die Zurücknahme durch eine entsprechende Genehmigung bezw. Zustimmung bedingt wird. Vgl. auch §§ 10, 19. Die Frage ist heute nicht mehr zweifelhaft. Die Aufhebung ist aber selbst wieder eine Pol.-VO. und muß deshalb unter Beobachtung derselben Formen erfolgen, die beim Erlaß von Pol.-VO. überhaupt zu beobachten sind. Vgl. gen. OVG. 12. Dez. 1893, Rosin, Polizeiverordnungsrecht S. 270 ff., v. Rönne 1 S. 414.

50. Die Polizeibehörde kann nicht einzelnen Personen gestatten, einer gehörig verkündeten Pol.-VO. zuwider zu handeln; vgl. Cass. 12. Jan. 1846 (Sir. 47, I. 478). Wohl können in der Pol.-VO. Ausnahmen zugelassen werden: OT. 1879 (Goltd. Arch. 27 S. 243), Oppenhoff, aaO. A. 38.

§ 18.

51. Statt § 18 kommen gegenwärtig die §§ 28, 29 StGB. zur Anwendung, ohne daß der Strafrichter an die im zweiten Satz des § 18 enthaltenen Zahlenverhältnisse gebunden wäre. Diese Zahlenverhältnisse sind augenscheinlich nach dem im § 88 II. 20 ALR. enthaltenen, bereits durch die §§ 17, 335 des PrStGB. beseitigten Komputationsmaßstabe bemessen. Dagegen sind die entsprechenden Höchstzahlen gemäß § 16 VO. v. 20. Sept. 1867 für das Anwendungsgebiet dieser VO. noch heute zu beachten, da diese VO. erst nach Inkrafttreten des PrStGB. erlassen ist. Vgl. Oppenhoff, aaO. A. 51, Rosin, aaO. S. 183, Illing 1 S. 291.

§ 19.

52. Einer nochmaligen Publikation älterer Pol.-VO. bedarf es nicht: KH. 20. Apr. 1852 (Rh. A. 47, II. 49).

§ 20.

53. Der Wortlaut des § 20 sowohl wie die Quellen ergeben klar, daß es bezüglich der polizeilichen Exekutionsgewalt lediglich bei den desfalls bereits bestehenden Grundsätzen und Gesetzen sein Bewenden behalten sollte. Vgl. Rosin, Begriff der Polizei (Sonderausgabe) S. 112. Daß dessenunerachtet § 20 zu den am meisten bezogenen Gesetzesstellen gehört, daß derselbe namentlich angerufen zu werden pflegt, wenn von dem vermeintlichen Rechte der Ortspolizeibehörden zur Verhängung

von Exekutionsstrafen die Rede ist (vgl. z. B. EK. 13. Febr. 1864, JMBl. S. 129), daß endlich gegen polizeiliche Exekutionen, einschließlich der polizeilichen Exekutionsstrafen der RW. nicht stattfindet, ist bereits an verschiedenen anderen Stellen besprochen. Vgl. VO. v. 1808 A. 12, 483 ff., 658 und Ges. v. 11. Mai 1842 A. 43 ff.

54. Polizeibehörde im Sinne des Abs. 2 ist auch ein Polizeidiener: EK. 12. Febr. 1870 (JMBl. S. 102).

55. Die Verpflichtung zum Schadensersatze, deren § 20 Abs. 3 a. E. gedenkt, kann auch von der Polizeibehörde nur auf dem RW. geltend gemacht werden.

Gesetz,
betreffend die Konflikte bei gerichtlichen Verfolgungen wegen Amts- und Diensthandlungen.
Vom 13. Februar 1854.

[GS. Nr. 3944, S. 86.]

(Literatur: Abh. von Koch in Gruchots Beitr. 5 S. 249 ff. — Abh. von Stiwe in der Zeitschrift f. Gesetzgebung u. Rechtspflege 3 S. 45 ff. — v. Brauchitsch 1 S. 605 ff. — v. Rönne, Das Staatsrecht der Preuß. Monarchie, 4. Aufl., 3 S. 571 ff. — Schulze, Preuß. Staatsrecht 2 § 275.)

Wir Friedrich Wilhelm, von Gottes Gnaden König von Preußen usw. verordnen, mit Zustimmung der Kammern, was folgt:

Zum Eingange.

Allgemeine Bemerkungen.

1. Das richterliche Entscheidungsrecht erlitt früher inbezug auf Entschädigungsforderungen, welche wider Beamte aus der Verletzung ihrer Amtspflichten hergeleitet und im Wege des Zivilprozesses geltend gemacht wurden [von den Fällen des Ges. v. 11. Mai 1842 § 6 abgesehen], keinerlei Beschränkungen. Nur war den Gerichten in gewissen Fällen, wo amtliche Verhältnisse zur Erörterung kamen, die Einholung eines Gutachtens der Verwaltung als konsultativen Votums zur Pflicht gemacht (§§ 101—103 des Anh. z. AGO). — Strafgerichtliche Untersuchungen wegen Dienstvergehen konnten dagegen in der Regel nur auf den Antrag bezw. mit Genehmigung der vorgesetzten Dienstbehörde stattfinden. Vgl. § 47 der VO. v. 1808 (§ 252 des Anh. z. AGO. und § 36 des Rhein. Ress.-Regl.), Ges. v. 25. Apr. 1835, Ges. v. 29. März 1844. — Letztere Beschränkung fiel durch die Gesetzgebung der Jahre 1848 und 1849 weg; — vgl. VO. v. 6. Apr. 1848 § 3; Verf.-Urk. v. 5. Dez. 1848 Art. 95; VO. v. 10. und 11. Juli 1849 §§ 6, 84 bezw. §§ 7, 105; — auch wiederholt der Schlußsatz des Art. 97 der Verf.-Urk. v. 31. Jan. 1850, daß eine vorgängige Genehmigung der vorgesetzten Dienstbehörde [zur gerichtlichen Verfolgung von Beamten] nicht gefordert werden dürfe. Gleichzeitig verfügt derselbe Art. jedoch im Eingange, und zwar, ohne zwischen strafrechtlichen Verfahren und Zivilklagen zu unterscheiden, „daß die Bedingungen, unter welchen Beamte wegen der durch Überschreitung ihrer Amtsbefugnisse verübten Rechtsverletzungen in Anspruch genommen werden könnten, das Gesetz bestimme". Diese letztere Vorschrift auszuführen, und hiermit das Amt wider frivole Angriffe auf dessen Träger zu schützen, ist die Aufgabe des Ges. v. 13. Febr. 1854. (Dieses gilt gemäß Art. IV VO. v. 16. Sept. 1867, GS. S. 1516 auch in den 1866 erworbenen Landesteilen, gemäß § 3 Ges. v. 25. Febr. 1878 im Herzogtum Lauenburg, und gemäß Nr. 4 VO. v. 22. März 1891, GS. S. 39 in Helgoland.) Das Gesetz knüpft, soweit es von strafrechtlichen Verfolgungen handelt, an die Ges. v. 28. Juni 1834 (§ 9) und 31. März 1837 (§ 7) an, indem es das dort inbezug auf den Waffengebrauch der Grenzaufsichts- und Forstbeamten be-

stimmte gewissermaßen für alle Beamtengattungen und Amtshandlungen verallgemeinert. Vgl. die Materialien, ferner OVG. 4. Okt. 1881 (E. 8 S. 399), Löning im Verwaltungsarchiv 3 S. 510ff.

2. Das Ges. v. 1854 weicht von den bezüglichen Vorschriften obiger Ges. v. 1834 und 1837, deren andauernde Geltung wohl keinem Zweifel unterliegt (vgl. Oppenhoff, Strafverf. S. 11, CK. 9. Juni 1866, 8. Jan. 1876, JMBl. 66 S. 255, VMBl. 76 S. 79), darin ab, daß seine Anwendung auf einen bestimmten Fall durch förmliche Konfliktserhebung seitens der betreffenden Dienstbehörde bedingt wird, während nach jenen Vorschriften das Konfliktsverfahren schon durch die bloße Tatsache geboten ist, daß das Gericht die Eröffnung der strafgerichtlichen Untersuchung gegen den Widerspruch der dem angeschuldigten Beamten vorgesetzten Provinzialbehörde beschließt. — Außerdem enthält das Ges. v. 1854 keine denen v. 1834 und 1837 entsprechende Bestimmungen, insofern diese den unmittelbaren Vorgesetzten der angeschuldigten Beamten eine gewisse Mitwirkung bei Feststellung des Tatbestandes und der sonstigen vorläufigen Untersuchung dadurch einräumen, daß sie deren Zuziehung zu dieser vorläufigen Untersuchung sowie die Berücksichtigung der von denselben zur Aufklärung der Sache gestellten Anträge vorschreiben. [Übrigens ist der Tatbestand auch in den nach obigen Gesetzen zu beurteilenden Fällen vom Gerichte des Orts, und nicht etwa von der Polizeibehörde aufzunehmen; vgl. MVfg. 12. März 1847 (VMBl. S. 67). — Über die Anwendbarkeit des Ges. v. 1837 auf Korpsjäger s. AKO. v. 6. Okt. 1837, 21. Mai 1840 und 19. Febr. 1842 (GS. 38 S. 258; 40 S. 129; 42 S. 111), MVfg. 2. März 1842, 13. Juni 1843 (VMBl. 42 S. 95; 43 S. 204).]

3. Bei der Beratung der Reichsprozeßgesetze war die in § 11 Abs. 1 EG. z. GVG. enthaltene Aufhebung aller Landesgesetze, durch welche die strafrechtliche oder zivilrechtliche Verfolgung von Beamten an bestimmte Voraussetzungen gebunden ist, von der Reichstagskommission und vom Reichstage selbst in der zweiten Lesung beschlossen worden. Bei dem Widerspruch des Bundesrats einigte man sich in der dritten Lesung dahin, daß dem schon beschlossenen Abs. 1 der Abs. 2 hinzugefügt wurde, durch welchen für Preußen dem Ges. v. 1854 seine fortdauernde Geltung belassen blieb. Vgl. RG. 26. Apr. 1887, 16. Febr. 1888 (E. 18 S. 124; 20 S. 296). Dieser Abs. 2 des § 11 lautet:

> „Unberührt bleiben die landesgesetzlichen Vorschriften, durch welche die Verfolgung der Beamten entweder im Falle des Verlangens einer vorgesetzten Behörde oder unbedingt an die Vorentscheidung einer besonderen Behörde gebunden ist, mit der Maßgabe
> 1. daß die Vorentscheidung auf die Feststellung beschränkt ist, ob der Beamte sich einer Ueberschreitung seiner Amtsbefugnisse oder der Unterlassung einer ihm obliegenden Amtshandlung schuldig gemacht habe;
> 2. daß in den Bundesstaaten, in welchen ein oberster Verwaltungsgerichtshof besteht, die Vorentscheidung diesem, in den anderen Bundesstaaten dem Reichsgerichte zusteht."

Das Ges. v. 1854 ist hierdurch in zweifacher Hinsicht abgeändert worden. Nach § 1 hatte bisher die Vorentscheidung auch darüber Festsetzung zu treffen, ob die vorliegende Amtsüberschreitung „zur gerichtlichen Verfolgung geeignet" sei; das ist durch Nr. 1 weggefallen; vgl. A. 25. Sodann ist durch Nr. 2 die Vorentscheidung dem in Preußen schon bestehenden obersten Verwaltungsgerichtshof, nämlich dem Oberverwaltungsgericht übertragen worden, wodurch auch Änderungen im Verfahren herbeigeführt wurden; vgl. A. 39.

4. Über die Nichtanwendbarkeit des Gesetzes auf Reichsbeamte vgl. A. 11.

5. Das Ges. v. 1854 wurde vom KompGH. auch auf solche Rechtsstreitigkeiten für anwendbar erachtet, deren Entstehungsgrund in die Zeit vor dem Inkrafttreten desselben fällt; ebenso vom OVG. 13. Juni 1883 (E. 10 S. 384, betr. Schleswig-Holstein); v. Brauchitsch A. 2.

6. Die auf Grund desselben erhobenen Konflikte sind keine eigentlichen KK., und daher auch nicht als solche im Konfliktsbeschlusse zu bezeichnen. Zwischen Konflikten der einen und andern Art besteht der wesentliche Unterschied, daß KK. wider die ungesetzliche, Konflikte im Sinne des Ges. v. 1854 wider die bloß mißbräuchliche Angehung des Richters gerichtet sind, daß bei jenen die Zuständigkeitsfrage, bei diesen dagegen die zur Sache selbst gehörige Frage zu entscheiden ist, ob die rechtlichen und tatsächlichen Voraussetzungen zu einer an sich

statthaften gerichtlichen Verfolgung im vorliegenden Falle fehlen. Vgl. EK. 6. Okt. 1855, 7. März 1857 (JMBl. 55 S. 409; 57 S. 365); KMBfg. 20. Juli 1856 (VMBl. S. 180) und unten A. 33.

7. Infolgedessen liefern die gemäß dem Gef. v. 1854 ergehenden Erkenntnisse durchweg keinen Beitrag zur Auslegung der Ressort-Gesetzgebung, sondern kommen, sofern sie überhaupt einen Satz von grundsätzlicher Bedeutung aussprechen, und nicht rein tatsächlich gehalten sind, fast nur für das materielle, insbesondere das Strafrecht in Betracht.

8. Bis zum 1. Okt. 1879 hatte der KompGH. sowohl über KK., als über Konflikte aus dem Gef. v. 1854 zu entscheiden. Über das Verhältnis der beiden Arten zueinander bildeten sich verschiedene Grundsätze, die ihre unmittelbar praktische Bedeutung heute verloren haben. [So war es zulässig, daß ein Konflikt gleichzeitig auf das Gef. v. 8. Apr. 1847 und auf das v. 1854 gestützt, d. h. also in beiderlei Sinne erhoben werde. Erachtete der KompGH. denselben in solchem Falle schon als KK. begründet, so fiel für ihn die Verpflichtung, jenen noch überdies vom Gesichtspunkte des letzterwähnten Gef. zu prüfen, fort. Wurde ein Konflikt nach der unzweideutigen Absicht der Behörde nur als KK. oder nur als Konflikt im Sinne des Gef. v. 1854 erhoben, so war der KompGH., falls er denselben in dem Sinne, wie er erhoben worden, für unbegründet erachtete, weder verpflichtet noch berechtigt, noch außerdem zu prüfen, ob jener nicht wenigstens als Konflikt im andern Sinne aufrecht zu erhalten sei, da alle Bestimmungen, welche den RW. beschränken, selbst diejenigen, die bloß formeller Natur sind, eng ausgelegt werden müssen, überdies aber auch das den Privatparteien in beiden Gesetzen zugestandene Recht, sich über den Konflikt, wie er erhoben worden, zu erklären, durch eine der entgegengesetzten Ansicht huldigende Praxis beeinträchtigt worden wäre. Dies galt selbst dann, wenn der Konflikt im Konfliktsbeschlusse irrig bezeichnet gewesen sein sollte, z. B. als KK., obgleich die Absicht dahin ging, einen Konflikt nach dem Gef. v. 1854 zu erheben. Die irrige Bezeichnung des Konflikts war einflußlos; der KompGH. hatte nur den Konflikt zu entscheiden, dessen Erhebung nach der Begründung als gewollt erschien. — War der Konflikt nur in dem einen Sinne erhoben worden, so konnte derselbe nicht erst im Laufe des desfallsigen Verfahrens im anderen Sinne mit der Wirkung erhoben werden, daß nunmehr über beide in einem Urteile erkannt werde, sofern nicht bezüglich des zuletzt erhobenen Konflikts sämtliche in den §§ 5 ff. des Gef. v. 1847 vorgeschriebenen Förmlichkeiten nachgeholt worden waren. Es genügte daher z. B. nicht, um den KompGH. mit der Entscheidung über einen KK. zu befassen, wenn der Verwaltungschef in seiner Zuschrift an diesen GH. (§ 12 das.) erklärte, daß er den bisher bloß nach Maßgabe des Gef. v. 1854 erhobenen Konflikt auch als KK. aufrecht erhalte bezw. neuerdings den letzteren Konflikt erhebe. AM. war der Minister bei dem im JMBl. 58 S. 93 mitgeteilten Falle. Doch fand der KompGH. keinen Anlaß, sich über die Zulässigkeit eines solchen Verfahrens auszusprechen. In dem umgekehrten Falle, wo der Verwaltungschef erklärt hatte, an Stelle des KK. den „einfachen“ (?) Konflikt treten zu lassen, erachtete EK. 13. Febr. 1864 (JMBl. S. 94) dies für zulässig, weil § 11 Gef. v. 1847 den Chef sogar ermächtige, den einen wie den andern Konflikt fallen zu lassen, das größere Recht aber das kleinere in sich schließe (?); er entschied demgemäß ohne Wiederholung des vorbereitenden Verfahrens.]

9. Für das heutige Verhältnis zwischen den beiden Arten von Konflikten ist zunächst entscheidend, daß über die verschiedenen Konflikte verschiedene Behörden zu befinden haben. Hieraus folgt, daß die gleichzeitige Erhebung oder Entscheidung der Konflikte, wie sie in A. 8 besprochen ist, nicht mehr möglich ist. Ist nur der KK. erhoben, so hat der Verwaltungschef, wenn er außer dem KK. auch den Konflikt aus dem Gef. v. 1854 für begründet hält, nach der (den RW. für zulässig erklärenden) Entscheidung des KompGH. ein gesondertes Konfliktsverfahren herbeizuführen (vgl. A. 10). Hält der Verwaltungschef nicht den erhobenen KK., wohl aber den Konflikt aus dem Gef. v. 1854 für begründet, so nimmt er damit gemäß § 11 Abs. 3 VO. v. 1. Aug. 1879 den KK. zurück, und der KompGH. hat die Akten dem Justizminister zurückzusenden. Dieser hat sodann die Entscheidung des OVG. über den Konflikt herbeizuführen. Das OVG. kann aber erst dann eine Entscheidung treffen, wenn das im Gef. v. 1854 vorgeschriebene Verfahren nachgeholt worden ist. Vgl. OVG. 13. Dez. 1884 (E. 11 S. 401; über das eingehaltene Verfahren ist nichts

§ 1. Wenn gegen einen Zivil- oder Militärbeamten wegen einer in Ausübung oder in Veranlassung der Ausübung seines Amtes vorgenommenen Handlung oder wegen Unterlassung einer Amtshandlung eine gerichtliche Verfolgung im Wege des Zivil- oder Strafprozesses eingeleitet worden ist, so steht der vorgesetzten Provinzial- oder Zentralbehörde des Beamten, falls sie glaubt, daß demselben eine [zur gerichtlichen Verfolgung geeignete] Überschreitung seiner Amtsbefugnisse oder Unterlassung einer ihm obliegenden Amtshandlung nicht zur Last fällt, die Befugnis zu, den Konflikt zu erheben.

Auf einen solchen Konflikt finden die Vorschriften des Gesetzes vom 8. April 1847, (GS. S. 170) Anwendung.

Ges. v. 8. April 1847. § 2. In rechtskräftig von den Gerichten entschiedenen Sachen kann der [Kompetenz-]Konflikt nicht mehr erhoben werden; ebensowenig findet derselbe noch statt, wenn in einem Prozesse, bei welchem eine Verwaltungsbehörde als Partei beteiligt ist.

---

mitgeteilt; anscheinend ist, wie vorstehend angegeben, verfahren worden, da die Gutachten der Gerichte über den „Konflikt" berücksichtigt werden). Dasselbe ist natürlich der Fall, wenn umgekehrt nicht der Konflikt, wohl aber der KK. vom Verwaltungschef für begründet erachtet wird. Ebenso liegt endlich die Sache, wenn ein irrtümlich als KK. bezeichneter Konflikt aus dem Ges. v. 1854 an den KompGH. oder umgekehrt ein KK. unter der Bezeichnung „Konflikt" an das OVG. geleitet worden ist. Nur hat hier der angerufene Gerichtshof seine Unzuständigkeit durch Beschluß auszusprechen, da er formell mit der Angelegenheit befaßt ist.

10. Dagegen steht bei dem völlig verschiedenen Inhalte der durch die Erhebung des KK. und des Konflikts aus dem Ges. v. 1854 herbeigeführten Vorentscheidungen dem nichts entgegen, daß beide Konflikte nacheinander erhoben werden, daß also, nachdem der KK. bereits als unbegründet verworfen worden ist, die Erhebung eines Konflikts nach Maßgabe des Ges. v. 1854 noch immer statthaft bleibt, und umgekehrt, daß ein KK. noch statthaft und angebracht ist, nachdem und trotzdem der Konfliktsrichter den RW. für zulässig erklärt hat; vgl. z. B. § 6 Ges. v. 11. Mai 1842 und A. 178 dazu.

§ 1 Abs. 1.

11. Das Gesetz findet nur auf den preußischen Staatsdienst und die in ihm stehenden Beamten Anwendung. Ausgeschlossen ist die Konfliktserhebung im Interesse des Reichsdienstes bei der gerichtlichen Verfolgung von Reichsbeamten; auch können nur preußische Behörden den Konflikt erheben. Als preußisches Gesetz könnte das Gesetz auf den Reichsdienst und die Reichsbeamten nur angewendet werden, wenn seine Gültigkeit durch ein Reichsgesetz entsprechend ausgedehnt worden wäre. Eine solche gesetzliche Bestimmung könnte lediglich in dem RBeamtenges. v. 31. März 1873 zu suchen sein, ist aber nicht darin enthalten, vielmehr läßt dessen Entstehungsgeschichte klar erkennen, daß die Anwendung des Ges. v. 1854 gerade ausgeschlossen werden sollte. Vgl. OVG. 13. Juni 1883, 24. Jan. 1885 (E. 10 S. 385; 11 S. 403, wo auch die einschlägige Literatur angegeben und ferner, S. 404, EK. 13. Sept. 1879 abgedruckt ist, das mit Rücksicht auf § 19 RBeamtenges. sich für das Gegenteil entschieden und auch bei Reichsbeamten die Konfliktserhebung für zulässig erklärt hatte). Die Eigenschaft als Reichsbeamter steht der Konfliktserhebung natürlich nicht entgegen, wenn der in Anspruch Genommene gleichzeitig preußischer Beamter ist oder früher war (§ 4) und die fragliche Handlung in dieser zuletzt genannten Eigenschaft vorgenommen hat; vgl. OVG. 26. Febr. 1897 (E. 32 S. 452).

12. Über die Frage, wer als Beamter anzusehen sei, s. im allgemeinen Oppenhoff, StGB. § 359 A. 1 ff.

13. Daß das Ges. v. 1854 auf Geistliche anwendbar sei, sofern es sich um Rechtsverletzungen handelt, die sie bei Verrichtung ihrer mit bürgerlicher Wirkung und bürgerlichem Glauben bekleideten Amtshandlungen verschuldet haben sollen, leuchtet sofort ein; vgl. auch Vfg. des Ob.-Kirchenrats v. 14. Nov. 1850 (JMBl. 51 S. 4). Das gilt heute insbesondere von der Stellung der Geistlichen als Orts-

die von derselben aufgestellte Präjudizialeinrede der Unzulässigkeit des Rechtsweges rechtskräftig verworfen worden ist.

§ 4. Die Erhebung des [Kompetenz-]Konflikts erfolgt durch Übersendung eines darüber abzufassenden motivierten Beschlusses der Verwaltungsbehörde an das Gericht, mit der Erklärung, daß der [Kompetenz-] Konflikt erhoben werde, und mit dem Antrage, das Rechtsverfahren bis zur Entscheidung über denselben einzustellen.

Besteht die Provinzialbehörde, welche den Konflikt erheben will, aus mehreren Abteilungen, so muß der Beschluß vom Plenum derselben gefaßt werden.

§ 5. Sobald der Konflikt auf diese Weise (§ 4) erhoben ist, stellt das Gericht das Rechtsverfahren durch einen Bescheid, gegen welchen kein Rechtsmittel zulässig ist, einstweilen ein, und fertigt diesen Bescheid nebst einer Abschrift des Beschlusses der Verwaltungsbehörde den bei der Sache beteiligten Privatparteien mit dem Eröffnen zu, daß ihnen freistehe, sich binnen einer Präklusivfrist von vier Wochen über den [Kompetenz-]Konflikt schriftlich zu erklären. Eine solche Erklärung muß von einem Rechtsanwalte unterzeichnet sein und nebst einer Abschrift derselben eingereicht werden.

§ 6. Nach dem Eingange der Erklärungen der Parteien läßt das Gericht die Abschriften derselben der Verwaltungsbehörde (§ 4) zustellen und reicht sodann die Akten mit seinem Gutachten dem Justizminister ein.

Ist binnen der vierwöchigen Frist (§ 5) keine Erklärung eingegangen, so hat das Gericht hiervon die Verwaltungsbehörde zu benachrichtigen und erst alsdann die Akten an den Justizminister zu befördern.

§ 7. Ist die Sache bei einem Untergerichte anhängig, so erstattet dasselbe den gutachtlichen Bericht (§ 6) an das vorgesetzte Landes-Justizkollegium, welches ihn unter Beifügung seines Gutachtens dem Justizminister überreicht.

§ 8. Im Bezirke des Appellationsgerichtshofes zu Cöln treten in dem vorstehend (§§ 4—7) angeordneten Verfahren folgende Abweichungen ein.

Wird in einer bei einem Friedensgerichte anhängigen Sache der [Kompetenz-]Konflikt erhoben, so ist der im § 6 gedachte Bericht von

---

schulinspektoren. Inzwischen zählte der KompGH. die Geistlichen auch als Seelsorger zu den Beamten im Sinne des § 1, weil ihnen nach §§ 19, 96 II. 11 ALR. die Rechte der Staatsbeamten zuständen, was selbst für das außerlandrechtliche Gebiet gelte, da obige §§ nicht als privatrechtliche Bestimmungen, sondern als ein staatsrechtlicher Grundsatz, als Verfassungsprinzip aufzufassen seien; vgl. EK. 7. März 1857, 23. Juni 1858, 13. Okt. 1860 (JMBl. 57 S. 430; 59 S. 238; 61 S. 225). Dagegen hat das OVG. die Konfliktserhebung bei der gerichtlichen Verfolgung eines Geistlichen der anerkannten Religionsgesellschaften wegen einer von ihm in Ausübung des kirchlichen Amtes vorgenommenen Handlung für unzulässig erklärt: das Gesetz beziehe sich nur auf (mittelbare oder unmittelbare) Staatsbeamte; zu diesen gehörten die Geistlichen nicht, indem nach den Grundsätzen der Verfassungsurkunde, der Grundlage des Ges. v. 1854, die Religionsgesellschaften ihre Angelegenheiten selbständig ordnen sollten und ihre Angestellten in die staatliche Beamtenhierarchie nicht aufgenommen seien; die Unzulässigkeit folge aber auch aus dem Gesetz selbst, indem das für anwendbar erklärte Verfahren überall erkennbar den Organismus der Staatsverwaltung voraussetze und deshalb auf Geistliche nicht passe. Vgl. OVG. 4. Okt. 1881, 7. Febr., 11. Dez. 1889 (E. 8 S. 390; 19 S. 422, 435).

dem Friedensrichter an den Oberprokurator des Landgerichts zu erstatten und von diesem alsdann gutachtlich an den Justizminister zu berichten.

Ist das Rechtsverfahren bei einem Landgerichte oder bei dem Appellationsgerichtshofe anhängig, so hat die Verwaltungsbehörde das Schreiben, mit welchem sie den Beschluß über die Erhebung des Konflikts mitteilt (§ 4), nicht an das Gericht, sondern an den bei demselben angestellten Oberprokurator oder Generalprokurator zu richten, welcher dem Gerichte sofort davon Mitteilung zu machen und, nach Abfassung des gerichtlichen Bescheides, durch den das Rechtsverfahren eingestellt ist (§ 5), alle übrigen in den §§ 5 und 6 den Gerichten vorgeschriebenen Handlungen vorzunehmen hat.

Dem an den Justizminister zu erstattenden Berichte hat der Oberprokurator oder Generalprokurator [statt der Gerichtsakten die von den Parteien einzufordernden Akten derselben oder wenigstens die Ladung], ferner den Beschluß der Verwaltungsbehörde über die Erhebung des Konflikts (§ 4), den Bescheid des Gerichts (§ 5), die etwa eingegangenen Erklärungen der Parteien und die mit der Verwaltungsbehörde nach § 6 geführte Korrespondenz beizufügen.

§ 9. Die Provinzial-Verwaltungsbehörde ist verpflichtet, sobald sie von dem Gerichte entweder die Erklärungen der Parteien oder die Benachrichtigung empfangen hat, daß dergleichen Erklärungen nicht eingegangen sind (§ 6), unter Überreichung der Akten an den beteiligten Verwaltungschef gutachtlich zu berichten.

§ 10. Der Justizminister sendet die ihm eingereichten gerichtlichen Akten (§§ 6, 8) nebst seinen Bemerkungen über den Konflikt, wenn er solche beizufügen für nötig erachtet, an den [in § 1 genannten] Gerichtshof und setzt davon den beteiligten Verwaltungschef unter Mitteilung jener Bemerkungen in Kenntnis.

§ 11. Erachtet der Verwaltungschef den von der Provinzialbehörde erhobenen [Kompetenz-]Konflikt für nicht begründet, so hat er davon den Gerichtshof [(§ 1)] mit der Erklärung, daß der Antrag auf Einstellung des Rechtsverfahrens zurückgenommen werde, zu benach-

---

Dies trifft auch dann zu, wenn der Geistliche, z. B. als Superintendent, ein kirchenregimentliches Amt bekleidet: OVG. 27. Sept. 1890 (E. 20 S. 451). Vgl. Oppenhoff, StGB. § 359 A. 28, 29.

14. Zu den Beamten gehören die öffentlichen Lehrer gemäß Art. 23 der Verf.-Urk.: EK. 3. März 1857 (JMBl. 58 S. 77), OVG. 18. Nov. 1882 (E. 9 S. 436), die Lehrer an gewerblichen Fortbildungsanstalten (§ 120 Abs. 2 Gew.-O.): OVG. 9. Juni 1896 (E. 30 S. 439) und die Mitglieder des Schulvorstandes: OVG. 12. Apr. 1882 (PrVerwBl. 3 S. 395).

15 . . . . . ebenso die Feuerlöschdirigenten in Westfalen: OVG. 16. Nov. 1881 (E. 8 S. 403).

16. Ferner ist das Gesetz auch anwendbar auf nur vorübergehend und außerordentlich berufene Beamte, da es zwischen diesen und den dauernd, innerhalb der gewöhnlichen Ämterverfassung angestellten Beamten nicht unterscheidet: OVG. 13. Juni 1883 (E. 10 S. 399).

17. Über die von dem Gesetze nicht betroffenen Beamten s. § 7. — Ferner findet dasselbe keine Anwendung auf Staatsminister, da es eine diesen „vorgesetzte Provinzial- oder Zentralbehörde" im Sinne des § 1, die den Konflikt erheben könnte, nicht gibt: Arndt, die Verfassungs-Urkunde f. d. Preuß. Staat (Guttentagsche Ausgabe) § 61 A. 1.

18. Zur Erhebung eines Konflikts sind nach den übereinstimmenden Vorschriften der Ges. v. 1847 und 1854 bezw. der VO. v. 1. Aug. 1879 nur die Zentral- und Pro-

richtigen. Der Gerichtshof sendet alsdann die Akten dem Justizminister zurück, und dieser veranlaßt den Fortgang des Rechtsverfahrens.

§ 12. Hält dagegen der Verwaltungschef den [Kompetenz-]Konflikt für begründet, so steht ihm frei, dem Gerichtshofe auch seine Bemerkungen zu übersenden; er hat dieselben aber dann auch dem Justizminister mitzuteilen.

§ 13. Die bei dem Gerichtshofe eingegangenen gerichtlichen Akten (§ 10) werden dem Referenten zugestellt, sobald entweder eine Erklärung des beteiligten Verwaltungschefs eingegangen, oder eine achtwöchentliche Frist seit dem Tage verflossen ist, an welchem der Verwaltungsbehörde die zuletzt eingegangene Erklärung der Parteien oder das Benachrichtigungsschreiben des Gerichts, daß keine solche Erklärungen eingegangen sind (§ 6), zugestellt worden ist.

§ 17. Das Erkenntnis des Gerichtshofes ist mit den Entscheidungsgründen unter der Unterschrift des Vorsitzenden auszufertigen und dem Justizminister sowie dem beteiligten Verwaltungschef zur Mitteilung an das Gericht und die Verwaltungsbehörde zuzustellen. Das Gericht hat den Parteien das Erkenntnis bekannt zu machen. Die Veröffentlichung solcher Erkenntnisse bleibt dem Ermessen des Justizministers, sowie der Verwaltungschefs überlassen.

§ 18. Ist die Entscheidung (§ 17) gegen die Zulassung des Rechtsweges ausgefallen, so hat das Gericht das Rechtsverfahren aufzuheben, die gerichtlichen Kosten niederzuschlagen und die etwa schon bezahlten zu erstatten. Zur Erstattung außergerichtlicher Kosten ist in einem solchen Falle keine der Parteien verpflichtet.

§ 19. Durch Erhebung des [Kompetenz-]Konflikts wird der Lauf der Präklusivfristen im Prozesse gehemmt, auch ist die Exekution bis zur Entscheidung über den [Kompetenz-]Konflikt unzulässig.

LVG. § 114. Die gemäß § 11 EG. z. GVG. v. 27. Jan. 1877 (GS. S. 77) dem Oberverwaltungsgerichte zustehenden Vorentscheidungen erfolgen in dem durch den letzten Absatz des § 113 dieses Gesetzes vorgeschriebenen Verfahren, für welches im übrigen die Vorschriften über das Verwaltungsstreitverfahren entsprechende Anwendung finden.

§ 113, letzter (5.) Absatz: Haben sich in derselben Sache die zur Entscheidung im Verwaltungsstreitverfahren berufene Behörde und

---

vinzialbehörden befugt. Doch besteht zwischen beiden Vorschriften der wesentliche Unterschied, daß diese Befugnis nach dem Ges. v. 1854 immer nur einer dem Beamten vorgesetzten, nach der VO. v. 1879 aber derjenigen Behörde zusteht, deren Ressort durch das eingeleitete Rechtsverfahren berührt wird. Vgl. VO. v. 1879 A. 112.

19. Hiernach ist die Möglichkeit gegeben, daß inbezug auf dasselbe Rechtsverfahren eine Behörde den KK., eine andere den Konflikt nach dem Ges. v. 1854 zu erheben das Recht hat. Ein Beispiel dieser Art liefert der Fall, wo ein Polizeibeamter auf Ersuchen der Staatsanwaltschaft in einer strafgerichtlichen Untersuchung tätig gewesen ist und aus Anlaß dieser Tätigkeit belangt wird. Alsdann kann der betr. Oberstaatsanwalt den KK. erheben (vgl. VO. v. 1879 A. 107, 112), wogegen die zur Konfliktserhebung nach § 1 d. G. berufene Provinzialbehörde die jenem Beamten im Hauptamte vorgesetzte Regierung ist. Ebenso erkannte OVG. 12. März 1892 Nr. I. 286 (v. Brauchitsch A. 4).

20. Die Gendarmen sind zwar in Beziehung auf Ökonomie, Disziplin und übrige innere Verfassung militärisch organisiert und dem Kriegsministerium, in Ansehung ihrer Wirksamkeit und Dienstleistung aber den betr. Zivilbehörden, sowie

eine andere Verwaltungsbehörde für zuständig erklärt, so entscheidet auf Grund der schriftlichen Erklärungen der über ihre Kompetenz streitenden Behörden und nach Anhörung der Parteien in mündlicher Verhandlung das Oberverwaltungsgericht. Das gleiche gilt in dem Falle, wenn beide Teile sich in der Sache für unzuständig erklärt haben. In beiden Fällen werden weder ein Kostenpauschquantum noch baare Auslagen erhoben. Ebensowenig findet eine Erstattung der den Parteien erwachsenden Kosten statt.

dem Minister des Inneren untergeordnet. Folgeweise ist in den wider sie aus Anlaß ihrer polizeilichen Wirksamkeit angestrengten Prozessen die Regierung bezw. der Minister des Inneren zur Konfliktserhebung nach § 1 d. G. unbedenklich befugt: EK. 9. Jan. 1858, 22. Sept. 1860, 12. Okt. 1872 (JMBl. 58 S. 93; 61 S. 230; VMBl. 72 S. 300). Ebenso OVG. 22. Dez. 1896 (E. 31 S. 438, mit eingehender Begründung), v. Brauchitsch A. 4. [In dem durch EK. 1860 entschiedenen Falle war der Konflikt zunächst vom Chef der Land-Gendarmerie, und erst, nachdem der Justizminister sich der Ansicht angeschlossen hatte, daß jener hierzu nicht befugt sei, von der Regierung erhoben worden.]

21. Nach OVG. 24. Apr. 1880, 4. Okt. 1881 (VMBl. 80 S. 162; E. 8 S. 401) ist bei Zentral- und Provinzialbehörden nur an Staatsbehörden gedacht, da das Gesetz ein so schwer wiegendes Recht, wie es die Hemmung eines eingeleiteten gerichtlichen Verfahrens darstellt, auf dem allein in Betracht kommenden Gebiete der Staatsverwaltung unzweifelhaft nur denjenigen Behörden habe übertragen wollen, die nach der Organisation derselben vornehmlich mit der Wahrnehmung staatlicher und Aufsichtsrechte betraut seien. Demnach ist der Landesdirektor nicht zur Konfliktserhebung befugt; vgl. EK. 14. Febr. 1880 (VMBl. S. 77), VO. v. 1. Aug. 1879 A. 103. Desgleichen nicht die Behörden der land- und ritterschaftlichen Kreditinstitute: OVG. 5. Juli 1895, Nr. I. 941; 15. Nov. 1895 (DJurZtg. 1 S. 184), v. Brauchitsch aaO.; vgl. VO. v. 1. Aug. 1879 A. 104.

22. Die Befugnis, den Konflikt zu Gunsten ländlicher Gemeindebeamten und Amtsvorsteher zu erheben, ist nicht etwa durch die KreisO. v. 1872 (oder die späteren Verwaltungsgesetze) auf den Kreisausschuß übertragen, sondern bei der Bezirksregierung verblieben; vgl. MVfg. 11. Juni 1874 (VMBl. S. 151).

23. [Inbetreff katholischer Geistlichen galten die Erzbischöfe und Bischöfe bezw. deren Generalvikariate und Ordinariate als die Provinzialbehörden im Sinne des § 1, so z. B. der Erzbischof von Freiburg für die Geistlichen der Hohenzollernschen Lande: EK. 23. Juni 1858, 13. Okt. 1860 (JMBl. 59 S. 238; 61 S. 225), OT. 21. März 1862 (Rechtspr. 2 S. 310). — Der Kultusminister ist keine zur Überwachung der Dienstführung eines katholischen Geistlichen und insofern zur Konfliktserhebung berufene Zentralbehörde: EK. 30. Jan. 1858. — Vgl. oben A. 13.]

24. Bei Beurteilung der Frage, welche Behörde nach § 1 die vorgesetzte Provinzial- oder Zentralbehörde sei, kommt es (vgl. § 4) nicht auf die Zeit der Konfliktserhebung, sondern auf die Zeit an, wo sich der den Anlaß zum gerichtlichen Verfahren bildende Vorgang zugetragen hat. Ebenso OVG. 2. Juli 1897 (DJurZtg. 2 S. 495: durch die Erhebung des Konflikts sollen nicht nur die Person des verfolgten Beamten, sondern ebenso und vornehmlich auch die Interessen des von ihm bekleideten Amtes geschützt werden); vgl. ferner OVG. 16. Jan. 1900 (das. 5 S. 398). Dagegen erachten OVG. 17. Dez. 1890, Nr. I. 1299 und 11. März 1891, Nr. I. 284 beide Behörden zur Konfliktserhebung für befugt, sowohl diejenige, welche zur Zeit der fraglichen Amtshandlung, als auch diejenige, welche zur Zeit der Konfliktserhebung vorgesetzte Behörde des Beamten war bezw. ist; v. Brauchitsch 1 S. 606 A. 4.

25. Bis zum 1. Okt. 1879 konnte der Konflikt mit Erfolg auch dann erhoben werden, wenn zwar eine Amtsüberschreitung vorlag, diese aber nicht zur gerichtlichen Verfolgung geeignet erschien. Diese Worte „zur gerichtlichen Verfolgung geeignet" deuteten nach dem Vortrage des Reg.-Kommissars (in der Komm. der 2. K.) für den Strafprozeß auf den gesetzlich begründeten Unterschied derjenigen Fälle, welche sich nur zum Disziplinarverfahren eignen, von denen, die eine gerichtliche Strafverfolgung nach sich ziehen, wogegen sie in ihrer Anwendung auf das Zivilverfahren den Beamten gegen Prozesse schützen sollten, die zwar an

Unregelmäßigkeiten und Überschreitungen im Amte anknüpfen, in Wirklichkeit aber nichts anderes als bloße Vexationen darstellen. Gleichwohl hatte sich die Rechtsprechung des KompGH. dahin fixiert, daß die Konfliktserhebung nur dann stattfinden könne, wenn der Beamte nach der Ansicht der betr. Provinzial- oder Zentralbehörde innerhalb der Grenzen seiner Amtsbefugnisse wirklich gehandelt oder eine ihm obliegende Amtshandlung nicht unterlassen habe, und es ist diese Praxis durch einen Staats-Min.-Beschluß gebilligt worden. Auf Grund des letzteren Beschlusses verordnen die MVfg. 5. Okt., 3. Dez. 1860 (VMBl. S. 197; JMBl. S. 426), daß da, wo die Behörde das Vorhandensein einer Amtsüberschreitung oder Pflichtversäumnis anerkenne, und nur den Fall zu einer gerichtlichen Verfolgung nicht geeignet halte, von der Konfliktserhebung abgesehen, ja daß die desfallsige Befugnis nur dann gehandhabt werde, wenn es ganz unzweifelhaft erscheine, daß eine Amtsüberschreitung nicht stattgefunden habe. Auch soll, weil die Ermittelung der erheblichen Tatsachen durchaus erforderlich sei, sowohl zur Prüfung, ob der Konflikt überhaupt zu erheben, als für die Beurteilung des KompGH., ob derselbe begründet sei, die Konfliktserhebung erst nach Ausmittelung jener Tatsachen und nötigenfalls erst in zweiter Instanz erfolgen. Vgl. ferner A. 37, 66ff.; v. Brauchitsch A. 5. — Dieser Praxis entspricht jetzt die gesetzliche Vorschrift selbst. Nach Abs. 2 Nr. 1 § 11 EG. z. GVG. ist die Vorentscheidung auf die Feststellung beschränkt, „ob der Beamte sich einer Überschreitung seiner Amtsbefugnisse oder der Unterlassung einer ihm obliegenden Amtshandlung schuldig gemacht habe". Demnach hat das OVG. lediglich darüber zu entscheiden, ob der Beamte diejenigen Amtsbefugnisse überschritten habe, die er im vorliegenden Fall auszuüben hatte. Diese Frage schließt die andere in sich ein, ob die betreffende Handlung überhaupt als eine amtliche anzusehen ist (A. 27). Wird jene Frage bejaht, so kommt es nicht weiter darauf an, ob die Amtsüberschreitung zur gerichtlichen Entscheidung geeignet sei. Ebenso: v. Rönne 3 S. 579 A. 2, Löwe A. 5 zu § 11 EG. zu GVG.

26. Doch soll das Gesetz die Beamten nicht bloß da schützen, wo ungerechte Angriffe wider ihre Autorität versucht werden, sondern auch da, wo es sich bloß um eine privatrechtliche Verpflichtung aus einem Rechtsirrtume handelt. Dasselbe findet mithin auch dann Anwendung, wenn ein frivoler Angriff mittels solcher Ansprüche versucht wird, die auf eine angeblich durch Nachlässigkeit oder Irrtum also unabsichtlich begangene Gesetzwidrigkeit gestützt werden. Vgl. EK. 7. Mai 1859 (JMBl. 60 S. 107).

27. Das Gesetz kommt zur Anwendung sowohl bei Zivilprozessen als bei der strafrechtlichen Verfolgung eines Beamten. Voraussetzung ist dabei in beiden Fällen, daß die fragliche Handlung von dem Beamten in der Absicht und mit dem Bewußtsein, einer Pflicht zu genügen, vorgenommen worden ist; es darf sich also nicht etwa um Privatangelegenheiten handeln. Vgl. EK. 14. Nov. 1873 (JMBl. 74 S. 47) und A. 33. Ob eine Amtshandlung vorliegt, hat der Konfliktsrichter nach dem von ihm festgestellten objektiven Befund zu entscheiden. Vgl. OVG. 18. Okt. 1901 (E. 41 S. 447) und A. 29. Bei zweifelhaftem Tatbestand ist der Konflikt erst in zweiter Instanz zu erheben; vgl. MVfg. 5. Okt. 1860 (A. 25).

28. Bei Zivilprozessen ist weitere Voraussetzung, daß die Klage gegen den Beamten für seine Person gerichtet ist, nicht gegen ihn als gesetzlichen Vertreter des Amts oder einer Gemeinde usw.: OVG. 25. Nov. 1893 (E. 25 S. 425; hier war geklagt gegen den Gemeindevorsteher „für die Landgemeinde A."; der Konflikt wurde für unzulässig erklärt.)

29. Nicht notwendig ist, daß die Klage ausdrücklich auf Amtsüberschreitung gegründet wird; ob der Kläger die seinem Anspruch zugrunde liegende Handlung des Beamten als eine Amtshandlung ansieht oder nicht, ist unerheblich. Vgl. OVG. 24. Jan., 3. Juni 1885, 15. Febr. 1890 (E. 11 S. 404; 12 S. 418; 19 S. 439).

30. Ebenso kommt es nicht darauf an, ob der RW. an sich zulässig ist oder nicht. Eine derartige Voraussetzung ist dem Gesetz fremd; vgl. OVG. 16. Juni 1886, 8. Mai 1896 (E. 14 S. 423; PrVerwBl. 18 S. 164), oben A. 8ff.

31. Auch gegenüber einer negatorischen Klage (z. B. auf Unterlassung des Betretens eines Weges) kann der Konflikt erhoben werden: OVG. 15. Febr. 1890 (E. 19 S. 439), v. Brauchitsch A. 6.

32. Wird in einem Zivilprozeß einem Beamten der Streit verkündet, so liegt darin noch keine gerichtliche Verfolgung des Beamten. Der Konflikt ist daher unzulässig und zwar auch dann, wenn der Beamte dem Prozeß beigetreten ist

und dadurch die Stellung eines Nebenintervenienten erhalten hat (§ 74 ZPO.). So: OVG. 11. Mai 1897 (E. 32 S. 434).

33. Das Gesetz ist, bei strafrechtlichen Verfolgungen, nicht auf solche Fälle beschränkt, wo dem Beamten ein eigentliches Amtsverbrechen oder Amtsvergehen zur Last gelegt wird. Es kommt vielmehr auch bei Untersuchungen wegen gemeiner Vergehen zur Geltung, vorausgesetzt, daß die unter Anklage gestellte Handlung sich als eine im Amte vorgenommene darstellt. Vgl. EK. 13. Nov. 1858 (Sydow S. 66), welches jedoch die letztere Voraussetzung als nicht zutreffend bei einer Anklage wegen Anstiftung der Kontrebande erkannte, die wider einen Zollbeamten erhoben worden war, weil er jemandem Geld gegeben hatte, um Kontrebande einzubringen und zu gewissen, des Schmuggels verdächtigen Personen zu tragen. — Zu den strafrechtlichen Verfolgungen gehören auch Privatklagen.

34. Der Konflikt kann erst nach Einleitung der gerichtlichen Verfolgung erhoben werden. Welcher Zeitpunkt hiermit gemeint ist, ist im Gesetze selbst nicht gesagt; doch geht aus den Materialien hervor, daß es dem gesetzgeberischen Willen entspricht, für die Zeit zur Erhebung des Konflikts den denkbar weitesten Spielraum zu gewähren. Nach der Praxis des OVG. ist die Verfolgung eingeleitet

a) bei Zivilprozessen mit der Zustellung der Klage (§ 253 ZPO.); mit dieser wird der Rechtsstreit eingeleitet, vorher ist also kein Verfahren vorhanden, in dem der Konflikt erhoben werden könnte. Die vor oder zum Zwecke der Zustellung erfolgende Mitwirkung des Gerichts (§§ 261, 262 Abs. 2, 199—202 ZPO.) ermöglicht nur die Einleitung des Rechtsstreits, ist aber nicht selbst die Einleitung. Vgl. OVG. 25. Nov. 1893, 26. Febr. 1897 (E. 25 S. 428; 32 S. 453). Doch wird man die Zustellung eines Zahlungsbefehls im Mahnverfahren der Zustellung der Klage gleichstellen müssen; vgl. VO. v. 1. Aug. 1879 A. 32.

b) bei Strafsachen mit dem ersten im Vorbereitungsverfahren gerichtsseitig gegen den Beschuldigten getanen Schritte; bei Privatklagen ist dies schon die vonseiten des Gerichts erfolgte Mitteilung der Anklageschrift an den Beschuldigten zur Herbeiführung seiner Gegenerklärung (§ 422 StPO.): OVG. 28. März 1888 (E. 16 S. 419).

35. Eine den erhobenen Konflikt für unzulässig erklärende Entscheidung steht der erneuten Erhebung des Konflikts in demselben Verfahren nicht entgegen, wenn in diesem eine wesentliche Änderung eingetreten ist. Eine solche würde nach dem in A. 28 erwähnten OVG. 25. Nov. 1893 (E. 25 S. 430) z. B. dann vorliegen, wenn in jenem Falle die Klage im Laufe des Prozesses als gegen den Gemeindevorsteher persönlich gerichtet aufgefaßt würde.

36. Die Erhebung des Konflikts ist auch dann noch zulässig, wenn die Verwaltungsbehörde vorher (z. B. auf Anfrage der Staatsanwaltschaft) erklärt hatte, den Konflikt nicht erheben zu wollen; eine solche stets widerrufliche Erklärung hebt die Befugnis zur späteren Erhebung des Konflikts nicht auf. Vgl. EK. 14. Sept. 1878 (VMBl. S. 246).

37. Sollte ein reines Disziplinarvergehen als solches vor dem Strafrichter verfolgt werden, so würde kein Konflikt nach Maßgabe des Ges. v. 1854, sondern ein wirklicher KK. zu erheben sein, da die Gerichte zur Aburteilung über bloße Disziplinarvergehen der Verwaltungsbeamten — mag die desfallsige Anschuldigung als begründet oder unbegründet erscheinen — nie zuständig sind; vgl. EK. 2. Nov. 1848, 5. Apr. 1851, 3. Apr. 1858 (JMBl. 51 S. 205; 58 S. 371). [Das erste dieser Erk. betraf einen Fall, wo ein Gutsbesitzer als Polizei-Obrigkeit zwei des Diebstahls verdächtige Personen mißhandelt hatte. Der KompGH. entschied wider die Zulässigkeit des RW., weil jenes Amtsvergehen mit Rücksicht auf die Individualität des Falles keine Amtsentsetzung nach sich ziehen könne, die Sache daher nach dem (seitdem weggefallenen) § 7 Ges. v. 29. März 1844 im Disziplinarwege zu erledigen sei. Beim letzten Erk. handelte es sich um die Frage, ob die im Ges. v. 5. Juni 1852 § 45 a. E. angedrohte Strafe von den Gerichten oder von der Disziplinarbehörde zu verhängen sei. Der GH. erwog hier ausdrücklich, die Behauptung, daß die Bestrafung der betr. Amtsüberschreitung nur zum Ressort der Disziplinarbehörde gehöre, charakterisiere den Konflikt als einen KK.] Wird trotzdem der Konflikt erhoben, so ist derselbe jetzt (im Gegensatz zu früher) für unbegründet zu erklären, da mit Rücksicht auf § 11 Abs. 2 Nr. 1 EG. z. GVG. beim Vorhandensein einer Amtsüberschreitung nicht mehr geprüft werden kann, welche Behörde zur Verfolgung derselben berufen ist. Vgl. OVG. 18. Nov. 1882 (E. 9 S. 436). (Das

ist insbesondere der Fall, wenn ein Schullehrer wegen Überschreitung des Züchtigungsrechts verfolgt wird. Hier war früher der KK. und nicht der Konflikt im Sinne dieses Gesetzes am Platze, wenn die Anschuldigung nicht behauptete, daß dem Kinde eine Verletzung zugefügt worden sei, da dergleichen unschädliche Überschreitungen gemäß der AKO. v. 14. Mai 1825 nur disziplinarisch geahndet werden sollen. War dagegen die Anschuldigung auf eine mit Verletzung verbundene Züchtigung gerichtet, während die vorgesetzte Behörde dafür hielt, daß entweder gar keine Überschreitung jenes Rechts, oder doch keine Verletzung stattgefunden habe, so kam das Ges. v. 1854 zur Geltung, indem alsdann die gerichtliche Zuständigkeit an sich durch den Gegenstand der Anschuldigung begründet wurde, und die Entscheidung von der sachlichen Würdigung des Falles abhing. Der KompGH. hat dementsprechend die in Untersuchungen wider Lehrer erhobenen Konflikte bald als KK., bald als Konflikte im Sinne des § 1 d. G. aufrecht erhalten, ohne sich jedoch hierbei durch die eben gemachte Unterscheidung leiten zu lassen; vgl. EK. 7. März 1857, 5. Apr. 1856, 7. Mai 1859 (JMBl. 58 S. 77, 67; 59 S. 444), ferner OT. 3. Jan. 1877 (Rechtspr. 18 S. 9). — Jene zwischen disziplinarischer Ahndung und strafgerichtlicher Verfolgung unterscheidende Bestimmung (Nr. 6 AKO. v. 1825) ist heute für die Entscheidung des Konflikts nach dem obengesagten nicht mehr maßgebend; vgl. besonderes gen. OVG., welches aus diesem Grunde unentschieden ließ, ob die Nr. 6, wie das RG. annimmt (vgl. Oppenhoff, StGB. § 223 A. 9), noch geltendes Recht ist oder nicht, ferner OVG. 17. Okt. 1888 (E. 16 S. 414).

[Zur Erläuterung der gen. AKO. v. 14. Mai 1825 ist noch folgendes zu bemerken. Die nur disziplinarisch zu ahndenden Überschreitungen können nicht einmal im Zivilwege verfolgt werden. Die AKO. findet auch auf geistliche Schulaufseher und den Präses des Schulvorstandes Anwendung. Sind bei einer Schule mehrere Lehrer angestellt, so kommt jene nicht bloß dem Lehrer der Schulklasse, zu welcher das gezüchtigte Kind gehört, sondern allen Lehrern zugute, da die Schulzucht ein gemeinsames Recht des ganzen Lehrerpersonals ist, sofern nicht die betr. Dienstinstruktion das Gegenteil vorschreibt. Die Schulzucht erstreckt sich auch auf die außer der Schule verübten Ungebührlichkeiten und kann auch außerhalb der Schule geübt werden. Ebenso OVG. 26. Nov. 1887 (E. 15 S. 455). Ob zur Züchtigung genügende Veranlassung vorgelegen habe, berührt die Kompetenzfrage nicht. Unter „Verletzung“ ist nicht jede sichtbare Spur einer Züchtigung, sondern nur eine die Gesundheit gefährdende Beschädigung zu verstehen. Die bei Handhabung der Schuldisziplin vorgekommenenen Verbalinjurien fallen der AKO. gleichfalls anheim, und sind daher nur disziplinarisch zu ahnden, sofern sie gegen das Kind selbst und nicht etwa wider andere Personen, z. B. dessen Angehörige, gerichtet waren. Vgl. Oppenhoff StGB. §§ 185 A. 8, 223 A. 9, EK. 5. Apr., 22. Nov. 1856, 24. Jan., 18. Apr. 1857, 30. Jan. 1858 (JMBl. 58 S. 70, 76ff., 283), EK. 9. Jan. 1858.]

38. Ein Konflikt kann in einem administrativen Strafverfahren nicht erhoben werden, wohl aber in dem gerichtlichen, welches durch die eigne Berufung des Beamten auf rechtliches Gehör einzutreten hat. Den Interessen des Beamten wird durch die Konfliktserhebung nicht zu nahe getreten, da ein etwa schon ergangener administrativer Strafbescheid durch jene Berufung schon von Rechtswegen wegfällt; vgl. EK. 25. Okt. 1856 (JMBl. 57 S. 109).

§ 1 Abs. 2, Ges. v. 8. April 1847 und LVG.

39. Zu § 114 LVG. und allgemeine Bemerkungen. Die Entscheidung der Konflikte erfolgte früher auf Grund des Abs. 2 § 1 d. G. durch den KompGH. An dessen Stelle trat mit dem 1. Okt. 1879 in Gemäßheit des § 11 Abs. 2 Nr. 2 EG. z. GVG. das OVG. Hierzu erging die Bestimmung des (§ 83a Ges. v. 2. Aug. 1880 und des) § 114 LVG., wonach die in Rede stehende Vorentscheidung in dem durch § 113 Abs. 5 LVG. vorgeschriebenen Verfahren erfolgen soll und im übrigen die Vorschriften über das Verwaltungsstreitverfahren entsprechende Anwendung finden sollen. Unter diesen entsprechend anzuwendenden Vorschriften können nach OVG. 17. Mai 1893 (E. 25 S. 420) nur diejenigen, welche die Vorbereitung und Abhaltung der mündlichen Verhandlung, die Abfassung und Verkündigung der Ent-

scheidung, nicht aber diejenigen gemeint sein, welche die gegen Endurteile zulässigen Rechtsmittel oder sonstigen Rechtsbehelfe regeln. Aus diesem Grunde wurde in jenem Falle die Klage auf Wiederaufnahme des Verfahrens (§ 100 LVG.) gegen Vorentscheidungen über Konflikte für unzulässig erklärt.

40. Die Vorschrift des § 114 LVG. bedarf noch einer weiteren einschränkenden Auslegung. Wenn nach dem für anwendbar erklärten § 113 Abs. 5 LVG. das OVG. „auf Grund der schriftlichen Erklärungen der über ihre Kompetenz streitenden Behörden und nach Anhörung der Parteien" zu entscheiden hat, so könnte hierin eine vollständige Neuregelung des Konfliktsverfahrens auch insoweit erblickt werden, als die Entscheidung des OVG. vorbereitet wird. Dies ist jedoch nicht der Fall; vielmehr hat das vorbereitende Verfahren anerkanntermaßen auch heute noch nach dem in § 1 Abs. 2 d. G. angezogenen Vorschriften des Ges. v. 8. Apr. 1847 zu erfolgen (A. 41). So die Praxis des OVG.; vgl. ferner JMBl. 1888 S. 6, v. Brauchitsch A. 8, Löwe A. 8, 9 zu § 11 EG. z. GVG. § 114 LVG. ist daher nur so zu verstehen, daß die Vorschriften des Verwaltungsstreitverfahrens Anwendung finden, soweit es sich um die Entscheidung des OVG. selbst handelt.

41. Abgesehen hiervon kommt bei Konflikten aus dem Ges. v. 1854 auch heute noch das Ges. v. 8. Apr. 1847 und nicht etwa die VO. v. 1. Aug. 1879 zur Anwendung. Ein Gesetzentwurf der die Bestimmungen dieser VO. über das vorbereitende gerichtliche Verfahren auch in den Fällen des Ges. v. 1854 zur Anwendung gebracht wissen wollte, ist vom Abgeordnetenhause abgelehnt worden (Drucks. d. HH. 1878/79 Nr. 9 und 42, des AbgH. Nr. 89 und 271; Stenogr. Berichte des AbgH. vom 18. und 19. Febr. 1879). Vgl. JMBl. 88 S. 7 Nr. 2 und Anmerkung, JMVfg. 25. Okt. 1880 (i. S. Mengelbier g. v. Harff), Droop S. 108 A. 1, v. Brauchitsch A. 8, OVG. 29. Okt. 1884 (PrVerwBl. 6 S. 79), OLG. Cöln 30. Okt. 1895 (Rh. A. 89, I. 219).

42. Bez. der Auslegung des Ges. v. 1847 wird im allgemeinen auf die Erläuterungen zu den entsprechenden §§ der VO. v. 1. Aug. 1879 verwiesen; im nachfolgenden werden hierzu einige Abänderungen und Ergänzungen gegeben.

43. Bez. des von den Gerichten zu beobachtenden Verfahrens vgl. die Zusammenstellung im nichtamtlichen Teile des JMBl. 1888 S. 6 III.

44. Zu § 2 Ges. v. 1847. Nach § 2 Satz 1 ist die Konfliktserhebung in rechtskräftig entschiedenen Sachen nicht mehr zulässig. Über den Begriff „rechtskräftig" vgl. VO. v. 1. Aug. 1879 A. 39ff. Voraussetzung des § 2 ist ein über einen Anspruch oder einen Teil eines solchen, wie er in der Klage oder der Widerklage erhoben worden ist, entscheidendes Endurteil. Daher stehen der materiellen Rechtskraft nicht fähige Zwischenurteile (§ 322 ZPO.), wodurch z. B. die Einrede der Unzulässigkeit des Rechtsweges oder der mangelnden Passivlegitimation verworfen werden, der Konfliktserhebung nicht entgegen. Vgl. OVG. 8. Nov. 1884 (PrVerwBl. 6 S. 108). Eine Ausnahme hiervon ist im Satz 2 enthalten, wonach die rechtskräftige Verwerfung der von einer als Partei beteiligten Verwaltungsbehörde vorgeschützten Einrede der Unzulässigkeit des RW. die Konfliktserhebung hindert. (Satz 2 findet, trotz dem in A. 30 gesagten, auch bei Konflikten aus dem Ges. v. 1854 Anwendung, da dieses Gesetz in Abs. 2 § 1 von der Anwendbarkeit des Ges. v. 1847 keine Ausnahme macht; vgl. die unten genannten Entscheidungen des OVG., während gen. OVG. 8. Nov. 1884 die Frage unentschieden ließ.) Der Natur der Sache gemäß wird aber dieser Fall, der für das frühere Verfahren bei KK. von großer Bedeutung war, bei Konflikten aus dem Ges. v. 1854 nur höchst selten vorkommen (z. B. dann, wenn eine Klage gleichzeitig gegen den Fiskus und den Beamten persönlich gerichtet ist). So ist insbesondere die notwendige Voraussetzung, daß eine Verwaltungsbehörde als Partei die Einrede erhoben hat, nicht schon dann erfüllt, wenn der mit der Syndikatsklage belangte Beamte die Einrede macht. Denn in diesem Fall ist nicht eine Behörde, sondern der zwar aus Amtshandlungen in Anspruch genommene, aber nur als Privatperson haftende Beamte Partei (vgl. auch A. 28); ebenso OVG. 12. Nov. 1884, 11. Febr. 1893, PrVerwBl. 6 S. 174; E. 24 S. 418). AM. EK. 12. Jan. 1867 (JMBl. S. 150). Vgl. VO. v. 1879 A. 62.

45. Zu § 4 Ges. v. 1847. Eine Ausnahme von der Bestimmung des § 4, daß der Konfliktsbeschluß dem Prozeßgericht zu übersenden ist, enthält § 8; vgl. A. 53b. — § 4 Abs. 2 kommt auch heute noch zur Anwendung: OVG. 18. Jan. 1890 (VMBl. S. 46).

46. Zu § 5 Ges. v. 1847. Sobald der Beschluß der Verwaltungsbehörde über die Erhebung des Konflikts bei dem Gericht eingegangen ist, stellt dieses das Rechtsverfahren ein; (vgl. hierzu A. 138 zur VO. v. 1. Aug. 1879). Die Einstellung geschieht durch einfachen Bescheid, d. h. durch bloße Verfügung; der Ausfertigung eines förmlichen Beschlusses bedarf es nicht. So: JMinInstr. v. 2. Apr. 1856 (JMBl. S. 86).

47. Ein Einstellungsbescheid muß auch dann erlassen werden, wenn der Prozeß bei keinem Gericht gerade schwebt, also zwischen Erlaß eines Urteils und Einlegung eines Rechtsmittels. Das Gericht kann sich nicht etwa, solches zu tun, unter dem Vorwande weigern, es sei nicht mehr mit der Sache befaßt: AH. Cöln 12. Juni 1857 (Rh. A. 52, I 209). Zuständig ist das Gericht, welches das Urteil erlassen hat; vgl. VO. v. 1. Aug. 1879 A. 37.

48. Wie zu verfahren sei, wenn das Gericht aus irgend einem Grunde (vgl. A. 47 und VO. v. 1. Aug. 1879 A. 138) den Erlaß eines Einstellungsbeschlusses ablehnt, und die Verwaltungsbehörde sich hierbei nicht beruhigt, ist im Ges. v. 1847 nicht vorgesehen. Die Praxis hat diese Lücke in der Gesetzgebung auf die Weise ausgefüllt, daß sie der den Konflikt erhebenden Behörde [und in der Rheinprovinz früher dem öffentlichen Ministerium] das Recht zuerkennt, den ablehnenden Bescheid, welcher immerhin einen Zwischenbescheid im schwebenden Prozeßverfahren darstellt, vor dem unmittelbar höheren Richter im Wege der Beschwerde anzufechten; vgl. JMBl. 58 S. 294; 54 S. 187; Rh. A. 52, I. 208. Den Prozeßparteien als solchen steht (entsprechend § 5 Ges. v. 1847) ein Rechtsmittel wider den ablehnenden Bescheid nicht zu.

49. Eine Abschrift der Einstellungsverfügung ist nebst einer Abschrift des Beschlusses der Verwaltungsbehörde den bei der Sache beteiligten Privatparteien, in Strafsachen auch der Staatsanwaltschaft, zuzustellen. Die Parteien sind dabei auf die Befugnis, einen dem Schlußsatz des § 5 Ges. v. 1847 entsprechenden Schriftsatz einzureichen, hinzuweisen. Öffentliche Behörden und zum Richteramt befähigte Personen können die Schrift ohne Zuziehung eines Rechtsanwalts einreichen, wenn dies in § 5 auch nicht ausdrücklich gesagt ist. So wenigstens die Praxis des KompGH., der den allgemeinen Grundsatz, wie er in § 21 VO. v. 21. Juli 1856, § 51 Ges. v. 21. Juli 1849 und Art. 110 Ges. v. 3. Mai 1852 Ausdruck gefunden hatte, auch beim Konfliktsverfahren anwenden zu müssen glaubte: EK. 12. Okt. 1872 (JMBl. S. 298). Dasselbe wird man auch heute noch annehmen dürfen, um so mehr als obiger Grundsatz auch in § 9 VO. v. 1. Aug. 1879 und in § 53 AG. z. GVG. übergegangen ist.

50. Daß in der Einstellungsverfügung von der Erhebung des KK. gesprochen war, die Parteien auch zur Erklärung über einen solchen, statt zur Erklärung über den „Konflikt" aufgefordert worden waren, erachtete OVG. 8. Mai 1896 (PrVerwBl. 18 S. 164) für unerheblich, weil die Parteien aus dem ihnen abschriftlich mitgeteilten Beschlusse der Regierung hätten ersehen können, daß es sich um einen Konflikt im Sinne des Ges. v. 1854 handelte.

51. Zu §§ 6, 7 Ges. v. 1847. Die Abschrift der Parteierklärungen oder, wenn nur eine oder keine eingegangen ist, entsprechende Anzeige hat das Gericht der Verwaltungsbehörde einzusenden. Zustellung ist nicht erforderlich; jedoch haben die Gerichte mit Rücksicht auf die Frist des § 13 Ges. v. 1847, wie den Ablauf der Frist des § 5, so auch den Tag aktenkundig zu machen, an welchem die Parteierklärungen oder die entsprechende Benachrichtigung der Verwaltungsbehörde zugegangen ist. Vgl. JMVfg. 15. Nov. 1847, 28. Febr. 1851 (VMBl. 47 S. 344; 51 S. 58). Nach der Instr. v. 1856 ist zu diesem Behufe die Abschrift des Benachrichtigungsschreibens an die Verwaltungsbehörde, sowie die Empfangsbescheinigung der letzteren, aus welcher der Tag des Empfangs oder der Zustellung ersichtlich sein muß, den Akten beizufügen. Hierauf wird in JMVfg. 2. Jan. 1871 (JMBl. S. 2) besonders aufmerksam gemacht.

52. Das Gericht reicht sodann die Akten mit seinem Gutachten dem Justizminister ein, und zwar, wenn die Sache bei einem Amts- oder Landgericht anhängig ist, durch Vermittlung des Oberlandesgerichts, das ebenfalls ein Gutachten beifügt. In ihrem Gutachten haben sich die Gerichte darüber zu äußern, ob die Formvorschriften beobachtet sind, ob der Konflikt nach § 2 zulässig ist und ob er für begründet erachtet wird. Sind die Formvorschriften nicht ordnungsmäßig befolgt, so hat das Oberlandesgericht vor Einsendung des Berichts die Abstellung der wahr-

§ 2. Erachtet [der Gerichtshof zur Entscheidung der Kompetenzkonflikte] das Oberverwaltungsgericht vor Fällung seines Urteils noch tatsächliche

genommenen Mängel zu veranlassen. — Ist der Konflikt in einer Strafsache erhoben, so hat das Oberlandesgericht vor Erstattung des Gutachtens dem Oberstaatsanwalt Gelegenheit zur Äußerung zu geben: JMBl. 88 S. 7 Nr. 4b.

53. Zu § 8 Ges. v. 1847. Besondere Bestimmungen sowohl für Strafsachen als für bürgerliche Rechtsstreitigkeiten gelten gemäß § 8 Ges. v. 1847 und Art. VI VO. v. 16. Sept. 1867 (GS. S. 1515) im Bezirk des OLG. Cöln und in der Provinz Hannover, die ihren Grund in der früheren abweichenden Prozeßgesetzgebung hatten, aber auch heute noch fortbestehen. Vgl. JMBl. 88 S. 7 Nr. 5, OLG. Cöln 30. Okt. 1895 (Rh. A. 89, I. 219).

a) Ist die Sache bei einem Amtsgericht anhängig, so ist der gutachtliche Bericht von dem Amtsgericht an den Ersten Staatsanwalt des Landgerichts zu erstatten, und dieser hat durch Vermittlung des Oberstaatsanwalts an den Justizminister zu berichten. Die in den §§ 5 und 6 Ges. v. 1847 vorgeschriebenen Handlungen hat das Amtsgericht vorzunehmen (anders im Falle zu b).

b) Ist das Rechtsverfahren bei einem Landgericht oder Oberlandesgericht anhängig, so tritt (§ 8 Abs. 3) an die Stelle des Gerichts überall der Erste Staatsanwalt oder Oberstaatsanwalt, sogar darin, daß ihnen der Konfliktsbeschluß von der Verwaltungsbehörde übersandt werden muß. Nur die Einstellung des Verfahrens ist vom Gericht zu verfügen. Der Erste Staatsanwalt hat den gutachtlichen Bericht durch die Vermittlung des Oberstaatsanwalts an den Minister einzureichen. Vgl. gen. OLG. Cöln 30 Okt. 1895 (: die Regierung hatte den Konfliktsbeschluß an das Gericht geschickt, welches hierauf das Verfahren nach der VO. v. 1. Aug. 1879 einschlug; das OLG. sandte die Akten an das Landgericht zurück, um das Verfahren in die richtigen Wege zu leiten, insbesondere den Regierungspräsidenten zu benachrichtigen, daß der Konflikt bei dem Ersten Staatsanwalt zu erheben sei.)

c) Im übrigen trifft das in A. 52 gesagte auch hier zu. Der Oberstaatsanwalt hat sich in allen Fällen gutachtlich über den Konflikt zu äußern und seinem Bericht die Gerichtsakten beizufügen.

54. Im Falle des § 11 Ges. v. 1847 bedarf es einer förmlichen Zurücknahme des Einstellungsbescheides nicht.

55. § 13 Ges. v. 1847 hat noch insofern Bedeutung, als vor Ablauf der dort festgesetzten Frist die Entscheidung vom OVG. nicht gefällt werden darf.

56. Zu § 17 Ges. v. 1847. Die Entscheidung des OVG. wird von dem Justizminister durch Vermittlung des Oberlandesgerichts (bezw. des Oberstaatsanwalts, A. 53) dem Prozeßgericht zugesandt, welches die Zustellung an die Parteien zu veranlassen hat.

57. Zu § 19 Ges. v. 1847. Die Vorschrift des § 5 hat nur den Zweck, das weitere Vorschreiten des Prozeßverfahrens zu hindern, und den Parteien Gelegenheit zur Äußerung über den Konflikt zu geben. Die im § 19 angeordnete Suspension der Fatalien tritt daher nicht erst mit dem Erlasse des Einstellungsbescheides, sondern mit der Erhebung des Konflikts ein, die nach den §§ 4, 8 durch Übersendung des Konfliktsbeschlusses an das Gericht bezw. den Ersten Staatsanwalt erfolgt. So: *EK. 3. Apr. 1858 (JMBl. S. 342).

58. § 19 spricht zwar nur von Hemmung der Präklusivfristen im Prozesse; selbstredend ruht während des Konfliktsverfahrens aber auch die Verjährung des dem Prozesse zugrunde liegenden Anspruchs: agere non valenti non currit praescriptio. Auf die strafrechtliche Verjährung findet letzterer Grundsatz zwar keine unbedingte Anwendung; jedoch würde es offenbar dem Willen des Gesetzgebers widersprechen, wenn man dem Konfliktsverfahren die Wirkung versagen wollte, für die Dauer seines Laufs den Stillstand der Verjährung, namentlich von bloßen Übertretungen herbeizuführen.

59. Der Schlußsatz des § 19 hemmt namentlich auch die Vollstreckung aus vorläufig vollstreckbaren Urteilen.

§ 2.

60. Die im Gesetzentwurfe enthaltenen Worte „die Fortsetzung des gerichtlichen Verfahrens“ wurden auf den Vorschlag der Kommission der zweiten Kammer in die Worte „die Fortsetzung der gerichtlichen Instruktion oder

Ermittelungen für erforderlich, so ist [er] es befugt, solche durch die Verwaltungs- oder durch die Gerichtsbehörden zu veranlassen, insbesondere die Fortsetzung der gerichtlichen Instruktion oder Untersuchung bis zu einem zu bestimmenden Ziele anzuordnen.

Über das Ergebnis dieser Ermittelungen sind vor Fällung des Urteils die in der Sache beteiligten Privatparteien zu hören. Denselben ist zu diesem Zwecke zu eröffnen, daß ihnen freistehe, sich über die Verhandlungen, deren Einsicht ihnen bei dem Gerichte, bei welchem die Verfolgung eingeleitet ist, gestattet werde, binnen einer Präklusivfrist von vier Wochen zu erklären. Im übrigen kommen auch hierbei die Bestimmungen der §§ 5 ff. des Gef. v. 8. April 1847 zur Anwendung.

Untersuchung" umgewandelt, damit der Deutung begegnet werde, als ob der KompGH. (bezw. jetzt das OVG.) auch verlangen könne, daß das Gericht erst ein Urteil fälle, bevor er über den Konflikt erkenne. Ebenso ist der Abs. 2 erst auf den Vorschlag dieser Kommission in das Gesetz aufgenommen worden.

61. Befindet sich der betreffende Beamte in Untersuchungshaft, so dauert diese während des Konfliktsverfahrens fort, ungeachtet das gerichtliche Verfahren unterdessen vollkommen ruht. Dies wird nicht allein durch die Zwecke einer derartigen Haft geboten, sondern ist sogar die unmittelbare Folge der Konfliktserhebung, da der Entlassungsbefehl einen Akt der gerichtlichen Amtsgewalt, eine in der Untersuchung selbst getroffene Verfügung darstellt, mithin die in Aktivität befindliche Zuständigkeit der Justizbehörde voraussetzt.

62. Die Anschauung von der Parteistellung der beiderseitigen Behörden, welche dem Gef. v. 1847 zugrunde liegt, und die nach §§ 6, 9 das. zu erstattenden Gutachten gewissermaßen als Parteischriften charakterisirt, läßt sich bei Konflikten im Sinne des Gef. v. 1854 wohl schwerlich festhalten. Demgemäß würde es folgerichtig sein, wenn dieses Gesetz einen förmlichen Schriftenwechsel unter den beiderseitigen Behörden und die Erstattung fernerer Gutachten wenigstens von dem Zeitpunkte an, wo das OVG. die Sache bereits in Händen gehabt und lediglich zu seiner Aufklärung bezw. zur Vorbereitung der Endentscheidung einen Zwischenbescheid erlassen hat, nicht mehr erforderte, zumal solches nicht einmal bei eigentlichen KK. stattzufinden pflegt. Gleichwohl ist eine desfallsige Vorschrift im § 2 allerdings enthalten, da es bei dem engen Zusammenhange, in welchem § 6 Gef. v. 1847 mit den §§ 9, 10, und diese wieder mit den §§ 11—13 stehen, keinem Zweifel unterliegt, daß unter den im § 2 d. G. bezogenen „§§ 5 ff. des Gef. v. 8. April 1847" sämtliche §§ 5—13 das. zu verstehen sind, so daß inbezug auf derartige nachträgliche Ermittelungen, — mögen dieselben auch noch so geringfügige Nebenpunkte betreffen, — alle Formen und Fristen beachtet werden müssen, welche für das Hauptverfahren vorgeschrieben worden sind. (Ob die Vorschriften des Abs. 2 durch die §§ 114, 113 Abs. 5 LVG. ersetzt sind, erscheint zweifelhaft; vgl. A. 40. Der bejahenden Ansicht sind v. Brauchitsch und Illing; es erscheint jedoch folgerichtiger, da der Abs. 2 nur eine Ergänzung der in dem Verfahren des Gef. v. 1847 erfolgten Vorbereitung bezweckt, letzteres auch auf diese Ergänzung anzuwenden.)

63. Sind die nachträglichen Ermittelungen durch die Gerichtsbehörde veranlaßt, so muß die Verwaltungsbehörde davon in Kenntnis gesetzt, bezw. es müssen die desfallsigen Verhandlungen ihr mit den durch § 6 Gef. v. 1847 vorgeschriebenen Benachrichtigungen, sei es in Urschrift und unter Vorbehalt der Rücksendung, sei es in Abschrift, zugefertigt werden, damit dieselbe sich in der Lage befinde, den im § 9 vorgeschriebenen Bericht zu erstatten. Ähnlich hat die Verwaltungsbehörde selbst zu verfahren, wenn umgekehrt ihr die näheren Ermittelungen aufgetragen wurden.

64. Wird die Fortsetzung der gerichtlichen Instruktion oder Untersuchung (ersteres in Zivil-, letzteres in Strafsachen) verordnet, so bedarf es zur Erledigung dieses Zwischenbescheides keiner vorgängigen Zurücknahme des Einstellungsbescheides noch auch des Erlasses eines neuen Bescheides dieser Art, wenn die Instruktion usw. bis zu dem vom OVG. zu bestimmenden Ziele fortgesetzt ist.

65. Die Handhabung des § 2 bereitet Schwierigkeiten, falls das OVG., statt die tatsächlichen Ermittelungen der Verwaltung aufzugeben, die Fortsetzung der In-

§ 3. Befindet der Gerichtshof (§ 2), daß dem Beamten eine [zur gerichtlichen Verfolgung geeignete] Überschreitung seiner Amtsbefugnisse oder Unterlassung einer ihm obliegenden Amtshandlung nicht zur Last fällt, so entscheidet er, daß der Rechtsweg gegen den Beamten unzulässig sei, im entgegengesetzten Falle aber, daß derselbe zulässig sei. — Ein Urteil der letzteren Art präjudiziert weder dem Beamten in seiner weiteren Verteidigung vor dem Gerichte, noch dem Gerichte in seiner rechtlichen Entscheidung der Sache.

---

struktion eines Zivilprozesses verordnet, indem diese nach der jetzigen Gesetzgebung zunächst und vorzugsweise Sache der Parteien bezw. ihrer Anwälte ist. In der Regel kann darunter nur der nach § 272 ZPO. zu bewirkende Schriftenwechsel verstanden, und bloß ausnahmsweise, d. h. insofern die Anordnung bezw. Aufnahme von Zeugenverhören, Sachverständigengutachten, Ortsbesichtigungen usw. erforderlich erscheint, die richterliche Tätigkeit in Anspruch genommen werden. Wie man solches in jedem einzelnen Falle herbeiführen könne, ohne wider die obersten Grundsätze der der ZPO. überall zugrunde liegenden Verhandlungsmaxime und wider den ganzen Bau des Prozeßverfahrens zu verstoßen, läßt sich im allgemeinen schwerlich beantworten. Jedenfalls muß aber daran festgehalten werden, daß die Fortsetzung der Instruktion zunächst den Anwälten anheimzugeben sei, und daß höchstens, wenn diese sich dessen weigern, das Gericht den ihm gewordenen Auftrag etwa in ähnlicher Weise erledigt, wie die an dasselbe ergehenden Rechtshülfeersuchen anderer Gerichte, d. h. ohne dabei auf eine Beurteilung der Sache selbst einzugehen.

§ 3.

66. Nachdem die Worte „zur gerichtlichen Verfolgung geeignet" gemäß § 11 EG. z. GVG. fortgefallen sind (A. 25), hat das OVG. eine Vorentscheidung lediglich darüber zu treffen, ob objektiv eine Überschreitung der Amtsbefugnisse oder eine Unterlassung einer Amtshandlung vorliegt, die der in Anspruch genommene Beamte als seine eigene freie Handlung zu vertreten hat.

67. Nicht zu entscheiden hat demnach das OVG., ob eine tatsächlich vorliegende Amtsüberschreitung entschuldbar ist: OVG. 17. Febr. 1886, 16. Apr. 1890 (E. 14 S. 431; 19 S. 449); ebenso nicht, ob der Beamte in gutem Glauben gehandelt oder ihm der Gedanke einer Amtsüberschreitung fern gelegen habe: OVG. 16. Juni 1886 (E. 14 S. 431), gen. 17. Febr. 1886.

68. . . . desgleichen nicht darüber, welche Folgerungen aus der Amtsüberschreitung in Ansehung des erhobenen Anspruchs zu ziehen sind, ob nicht der letztere erheblichen Bedenken unterliegt, ob dem Beklagten in seinem Verfahren ein solches Versehen zur Last fällt, welches zum Anspruch auf Schadensersatz berechtigt (A. 74). Dasselbe gilt von den strafrechtlichen Wirkungen der Amtsüberschreitung, insbesondere von der Frage, ob die Handlung den Tatbestand eines Verbrechens oder Vergehens enthält oder nicht: OVG. 16. Juni 1886, 27. Okt. 1888, 8. Mai 1894 (E. 14 S. 421; 16 S. 416; VMBl. 94 S. 198).

69. . . . ob der angeklagte Beamte sich im Stande der Notwehr befand, ob er durch die Art der voraufgegangenen Realinjurien entlastet erscheint und ob er das Retorsionsrecht für sich hatte: OVG. 4. Okt. 1882 (das. 83 S. 8).

70. GK. 24. Okt. 1857, 9. Jan., 2. und 30. Okt. 1858 (JMBl. 59 S. 253, 275, 280, 285) entschieden, daß bei Beleidigungsklagen die Frage, ob eine an sich beleidigende Äußerung in beleidigender Absicht gebraucht worden, oder ob sie unter Personen des betreffenden Standes überhaupt als beleidigend anzusehen sei, der Prüfung des erkennenden Richters anheimfalle. Dies ist jedoch nur insoweit richtig, als nicht aus dem Mangel einer beleidigenden Absicht zu folgern ist, daß die Äußerung keine Überschreitung der Amtsbefugnisse enthalte. Vgl. OVG. 4. Mai 1881 i. S. Mengelbier g. v. Harff. Aus demselben Grunde hat das OVG. zu entscheiden, ob der Fall des § 193 StGB. vorliege: OVG. 16. Nov. 1881 (E. 8 S. 407); GK. 14. Nov. 1873, 11. März, 13. Mai 1876 (VMBl. 74 S. 5; 76 S. 110, 257).

71. Der KompGH. hatte angenommen, daß in den Bereich der von ihm vorzunehmenden sachlichen Prüfung auch die Frage gehöre, ob der Beamte, welcher wegen eines einen strafrechtlichen Dolus voraussetzenden Vergehens zur Untersuchung gezogen

wird, etwa bloß aus Irrtum gehandelt, sein Verfahren mithin höchstens zu einer disziplinarischen Ahndung Anlaß gegeben habe; vgl. EK. 12. Jan. 1856, 10. Okt. 1874 (JMBl. 56 S. 91; BMBl. 74 S. 258). Nach Wegfall der Worte „zur gerichtlichen Verfolgung geeignet" hat jetzt das OVG., wenn es eine Amtsüberschreitung annimmt, nicht mehr zu untersuchen, ob dieselbe vom Strafrichter oder von der Disziplinarbehörde zu ahnden sei, sondern nur den Konflikt für unbegründet zu erklären: OVG. 18. Nov. 1882 (E. 9 S. 436). Vgl. A. 37.

72. Aus gleichem Grunde kann ein Konflikt nicht um deswillen als begründet angenommen werden, weil der Fall verjährt (ebenso OVG. 15. Juni 1889, BMBl. S. 122), oder der Antrag auf Bestrafung verspätet sei, oder weil der Beamte sich in unzurechnungsfähigem Zustande befunden habe; ebensowenig deshalb, weil die den Anlaß zur Klage gebende polizeiliche Verfügung nicht aufgehoben worden ist (§ 6 Ges. v. 11. Mai 1842, vgl. A. 178 dazu und oben A. 10).

73. Unbedenklich gehört zu dem, was dem OVG. nach § 3 bei Zivilprozessen zu prüfen obliegt, auch die Passivlegitimation des Beklagten, insoweit es sich darum handelt, ob die betreffende Amtsüberschreitung gerade jenem und nicht etwa einem andern Beamten zur Last falle.

74. Dagegen fällt wiederum die Frage, ob dem Kläger durch die Handlung des Beklagten ein Vermögensschaden erwachsen sei, der Entscheidung des ordentlichen Richters anheim: EK. 22. Sept. 1860 (JMBl. 61 S. 232).

75. Bei Beantwortung der Frage, ob der Beamte sich einer Amtsüberschreitung schuldig gemacht habe, hat das OVG. sich in verschiedenen Entscheidungen dahin ausgesprochen, daß auch dann, wenn nach dem Urteil der zuständigen Instanz die amtliche Handlung des Beamten nicht mit dem objektiven Recht in Einklang steht, nicht notwendig eine Amtsüberschreitnng vorzuliegen braucht. Besonders ist dies der Fall bei allen den amtlichen Handlungen, bei denen das bestehende Recht dem Beamten in der Feststellung und Beurteilung rein tatsächlicher Verhältnisse zum Zwecke der Anwendung des objektiven Rechts auf dieselben eine pflichtmäßige Untersuchung und freies Ermessen einräumt, sodaß hierbei tatsächlich geirrt werden kann, ohne daß dadurch die Amtsbefugnisse überschritten werden: OVG. 16. Juni 1886, 22. Okt. 1887, 18. Jan. 1890 (E. 14 S. 424; 15 S. 448; BMBl. 90 S. 49). Ferner gehören hierhin die Fälle, wo ein Beamter nach der bestehenden Dienstverfassung Gehorsam in der Ausführung ihm gegebener Befehle schuldig ist und ihm nicht das Recht zusteht, letztere daraufhin zu prüfen, ob sie überall dem bestehenden Recht entsprechen: gen. OVG. 16. Juni 1886, — es sei denn, daß der befohlenen Handlung ein direktes (gesetzliches) Verbot entgegensteht: OVG. 10. Jan. 1883, 13. Apr. 1892 (PrVerwBl. 4 S. 192; E. 23 S. 422), v. Brauchitsch A. 11. Dagegen liegt eine Amtsüberschreitung vor, wenn der Beamte Normen anwendet, die in dem bestehenden Recht nicht enthalten sind und demselben widersprechen, oder wenn er bei einer Handlung aus Irrtum über das objektive Recht fehlt: OVG. 17. Febr. 1886, 22. Okt. 1887, 16. Apr. 1890, 13. Apr. 1892, 18. Jan. 1890 (E. 14 S. 431; 15 S. 450; 19 S. 449; 23 S. 422; BMBl. 90 S. 49); ebenso wenn er zwar nicht gegen das Gesetz selbst verstoßen, wohl aber Dienstinstruktionen und amtlichen Anweisungen zuwidergehandelt hat: OVG. 26. Nov. 1887, 3. Juni 1891 (E. 15 S. 453; PrVerwBl. 12 S. 617), v. Brauchitsch aaO. Ob der Rechtsirrtum entschuldbar ist, hat das OVG. nicht zu prüfen, A. 67.

76. Die Frage, ob eine objektive Überschreitung der amtlichen Befugnisse vorliegt, ist nach dem Gesamtergebnisse objektiver Prüfung aller der Umstände zu entscheiden, welche für die Entscheidung des Beamten bestimmend sein mußten. Es ist daher nicht zulässig, z. B. bei der Schadensersatzklage wegen einer polizeilichen Verfügung diese letztere ausschließlich nach dem Gehalte ihrer eignen, ursprünglichen Begründung zu beurteilen; es sind vielmehr auch die Umstände in Erwägung zu ziehen, welche, ohne daß sie in der Verfügung zum Ausdruck kamen, auf das Verhalten des Beamten mit Recht Einfluß üben konnten: OVG. 4. Febr. 1882 (BMBl. S. 95).

77. Erstreckt sich die Befugnis zur materiellen Prüfung der Sache soweit, daß dem OVG. eine Entscheidung auch darüber zusteht, inwiefern die der Anklage zugrunde liegenden Tatsachen, so wie sie sich nach der Untersuchung als Gegenstand der richterlichen Beurteilung darstellen, durch die Ergebnisse der Beweisführung genügend unterstützt seien, oder hat sich das OVG. vielmehr auf die Frage zu beschränken, ob die inkriminierte Tat, so wie sie durch die Beschuldigung und Vor-

untersuchung vorläufig festgestellt worden, — die Wahrheit der Beschuldigung vorausgesetzt, — eine Amtsüberschreitung darstellen würde? Für die letztere Ansicht spricht die *ME. 21. Nov. 1837 (Jbb. 50 S. 631, Rh. S. 6 S. 334), welche einen nach dem Ges. v. 31. März 1837 (vgl. A. 1) zu beurteilenden Fall betraf. Doch huldigte der KompGH. augenscheinlich der entgegengesetzten Ansicht, indem er sich nicht selten auf eine Prüfung der einzelnen Beweismittel als solcher, z. B. der Glaubwürdigkeit der Zeugen einließ; vgl. z. B. EK. 7. März 1857, 9. Jan. 1858 (JMBl. 57 S. 431; 58 S. 94). Ebenso auch das OVG., welches ausdrücklich betont, daß die Prüfung der Beweisfrage zweifellos mit zur Zuständigkeit des Konfliktsrichters gehöre: OVG. 9. Dez. 1893 (PrVerwBl. 15 S. 279), Illing 1 S. 1189. Charakteristisch bleibt immerhin, daß § 3 die Worte „zur Last fällt" und nicht die Worte „nachgewiesen ist" gebraucht.

78. Jedenfalls folgt sowohl aus der Fassung des § 3, wie aus der Absicht des Gesetzes im allgemeinen, daß in zweifelhaften Fällen nicht wider, sondern für die Zulassung des RW. zu erkennen ist, m. a. W., daß das OVG., um den RW. auszuschließen, überzeugt sein muß, daß dem Beamten eine Amtsüberschreitung nicht zur Last falle, daß es mithin keineswegs genügt, wenn er nur nicht vom Gegenteile überzeugt ist Ebenso früher der KompGH. (z. B. EK. 13. Mai 1865, BMBl. S. 306) und jetzt in feststehender Rechtsprechung das OVG., welche den Grundsatz u. a. aus dem Schlußsatz des § 3 und daraus folgern, daß das Ges. v. 1854, indem es die gesetzlich begründete Zuständigkeit der ordentlichen Gerichte für gewisse Fälle aufhebe, als Ausnahmegesetz anzusehn, mithin nicht weiter auszudehnen sei, als sein klar ersichtlicher Zweck erfordere; vgl. OVG. 1. März, 4. Okt. 1882, 29. Okt. 1884, 15. Juni 1889, E. 9 S. 440; BMBl. 83 S. 8; PrVerwBl. 6 S. 79; 10 S. 614), v. Brauchitsch A. 12.

79. Nach dem Schlußsatz des § 3 ist durch die den RW. für zulässig erklärende Entscheidung des OVG. weder der Beamte in seiner Verteidigung bezw. seiner Einlassung auf die Klage irgendwie behindert, noch das Gericht in der freien Beurteilung des Falles beschränkt. Die Entscheidung hat keine andere Wirkung als die, daß das gerichtliche Verfahren seinen Fortgang nehmen kann. Wird dagegen der RW. gegen den Beamten für unzulässig erklärt, so hat dies die Wirkung, daß nicht nur die im schwebenden Verfahren mögliche Verurteilung, sondern jede weitere Verfolgung des Beamten unzulässig wird; vgl. A. 83. Ebenso v. Rönne 3 S. 579 A. 3, Löwe A. 6 zu § 11 EG. z. GVG.

80. Jedoch ist die dem Beamten günstige Vorentscheidung nicht einem freisprechenden Erkenntnisse im Sinne des § 190 StGB. gleichzuachten; der einer Verleumdung des Beamten Angeklagte ist daher, jener Entscheidung ungeachtet, zum Beweise der betreffenden Tatsachen zuzulassen.

81. Ebenso begründet dieselbe kein Hindernis dafür, daß der vom Beamten auf Schadloshaltung wegen unbegründeter Denunziation oder unbegründeten Prozessierens Belangte der Klage den Einwand entgegensetze, Kläger habe sich doch einer Amtsüberschreitung schuldig gemacht und ihm daher gerechten Anlaß zur Klage usw. gegeben, und daß der Richter diesen Einwand seiner Prüfung unterwerfe.

82. Auch schließt dieselbe nicht Entschädigungsansprüche aus, die dem Beschwerdeführer selbst aus der Handlung des Beamten gegen den Staat oder sonstige Dritte erwachsen sein möchten, noch ihre Verfolgung auf dem RW. Gerade um einer solchen Deutung zu begegnen, hat der Gesetzgeber statt der ursprünglichen Fassung des § 3 „daß der RW. in dieser Sache unzulässig", die gegenwärtige „daß der RW. gegen den Beamten unzulässig sei" gewählt; vgl. den Kommissionsbericht der ersten Kammer v. 3. Febr. 1854.

83. [Ja es konnte vor dem 1. Okt. 1879 die Anstellung einer Entschädigungsklage gegen den Beamten selbst noch immer stattfinden, ungeachtet der KompGH. in einem wegen derselben Handlung eingeleiteten Strafverfahren den RW. für unzulässig erklärt hat, und umgekehrt die Strafklage, falls der Konflikt in Beziehung auf eine beim Zivilgerichte angestellte Entschädigungsklage für begründet erachtet ward, sofern die Begründung der Entscheidung auf den zivilrechtlichen Anspruch des Klägers oder im anderen Falle auf die Strafklage nicht paßten. So unterlag es z. B. keinem Zweifel, daß das oben A. 71 erwähnte EK. 1856, welches den RW. in einer wegen Mißbrauchs der Amtsgewalt eingeleiteten Untersuchung für unzulässig erklärte, weil der Beamte nicht in böser Absicht, sondern nur aus Irrtum und Übereilung gehandelt habe, der Anstellung einer Zivilklage seitens

§ 4. Vorstehende Bestimmungen sind auch anwendbar, wenn eine gerichtliche Verfolgung wegen Amtshandlungen (§ 1) gegen einen aus dem Dienste bereits ausgeschiedenen Beamten oder gegen die Erben eines Beamten anhängig wird.

§ 5. Unter den Beamten (§ 1) sind auch diejenigen, welche in mittelbarem Staatsdienste stehen, einbegriffen.

---

des in seinen Privatrechten Verletzten wider den Beamten früher nicht entgegenstanden haben würde]. Bei der heute allein noch zulässigen Entscheidung, ob objektiv eine Amtsüberschreitung vorliegt, wird die Begründung der Entscheidung stets sowohl auf einen zivilrechtlichen Anspruch als auf die Strafklage passen, sodaß jetzt beide Arten der Verfolgung durch die in dem einen Verfahren erfolgte dem Beamten günstige Vorentscheidung ausgeschlossen werden. Vgl. A. 71, 79.

§ 4.

84. Unter dem Ausdrucke „gerichtliche Verfolgung wegen Amtshandlungen" ist eine Verfolgung wegen Unterlassung von Amtshandlungen mitbegriffen.

85. § 4 unterscheidet nicht, ob der Beamte freiwillig ausgeschieden oder entsetzt ist. Auch paßt die ratio legis auf beide Fälle.

86. § 4 ist auf die Erben eines ausgeschiedenen Beamten mitzubeziehen.

87. Der Ausdruck „Erbe" ist bei der Ausnahmenatur des Gesetzes auf bloß verwandte Rechtsverhältnisse nicht auszudehnen, § 4 mithin nicht anwendbar, wenn z. B. die Witwe des Beamten lediglich für ihren Anteil an der aufgelösten Gütergemeinschaft in Anspruch genommen wird.

88. Inbetreff der Militärpersonen s. A. 98.

§ 5.

89. Das in der Kommission der zweiten Kammer angeregte Bedenken über die ungenügende Begrenzung des Begriffs „mittelbarer Staatsdiener" wurde auf die Erwägung hin fallen gelassen, daß eine begrenzte Begriffsbestimmung nicht gegeben werden könne, dem KompGH. vielmehr überlassen bleiben müsse, den einzelnen Fall seiner Entscheidung zu unterbreiten. Zufolge § 69 II. 10 ALR. sind übrigens als mittelbare Staatsdiener diejenigen Beamten anzusehen, welche in Diensten gewisser dem Staate untergeordneten Kollegien, Korporationen und Gemeinden stehen, und es umfaßt der hier gebrauchte Ausdruck „Korporation" nach der JMVfg. 18. Jan. 1843 (Jbb. 61 S. 92) nur solche Korporationen, welche als Behörden in die Verfassung des Staats organisch eingreifen. Vgl. Oppenhoff, StGB. § 359 A. 4, 31 ff.

90. Die MVfg. 16. Nov. 1839 (Ann. 23 S. 460) spricht den (Privat-)Eisenbahnpolizei-Beamten die Eigenschaft mittelbarer Staatsdiener ab. Inzwischen nehmen Bessel und Kühlwetter, Preuß. Eisenbahnrecht 2 S. 38, diese Eigenschaft, sofern es sich um die Anwendbarkeit des Ges. v. 1854 handelt, allerdings an; diese Ansicht verdient um so mehr Beifall, als auch das Diszipl.-Ges. v. 21. Juli 1852 jene Beamten seinen Bestimmungen unterwirft; ebenso Oppenhoff, aaO. A. 40ff.

91. Ebenso sind die Bureaubeamten der Provinzial-Feuersozietäten mittelbare Staatsbeamten; vgl. OT. 24. Okt. 1861 (Rechtspr. 2 S. 14), ebenso die landschaftlichen Beamten: OVG. 5. Juli 1895 Nr. I. 941, v. Brauchitsch A. 1, Oppenhoff, aaO. A. 31.

92. Dagegen sind die Grubenbeamten unzweifelhaft keine mittelbaren Staatsdiener, sondern bloße Privatverwalter; dies gilt selbst von Steigern auf fiskalischen Bergwerken. Vgl. Oppenhoff, aaO. A. 46. (Bis zum Erlaß des Ges. v. 12. Mai 1851, GS. S. 265, war dies streitig; vgl. Gräff, Handb. des Pr. Bergrechts S. 169). Wohl aber legt eine MVfg. 31. Juli 1857 Zeitschrift für das B. H. u. S.-Wesen 5 S. 146) den (an die Stelle der früheren kgl. Markscheider getretenen) Privat-Markscheidern gleich den Feldmessern im allgemeinen Beamten-

§ 6. Das gegenwärtige Gesetz findet auch Anwendung, wenn Personen des Soldatenstandes wegen Handlungen, welche von ihnen bei Ausübung oder in Veranlassung der Ausübung ihrer Dienstverrichtungen vorgenommen sind, oder wegen Unterlassung ihrer Dienstverrichtungen bei anderen als Militärgerichten belangt werden. — In diesen Fällen steht dem vorgesetzten Divisionskommandeur oder kommandierenden General die Befugnis zu, den Konflikt zu erheben. Die Verrichtungen des Gerichtshofes zur Entscheidung der Kompetenzkonflikte werden durch das Militär-Justizdepartement ausgeübt, welches unter Mitwirkung dreier höheren Offiziere, die von dem Könige jedesmal auf drei Jahre bezeichnet werden, zu entscheiden hat. Die Beschlußnahme erfolgt auf den schriftlichen Vortrag zweier rechtsverständiger Referenten, deren einer von dem Justizminister, der andere von dem Kriegsminister ernannt wird.

---

eigenschaft bei. Doch verdient die gegenteilige Auffassung den Vorzug. Vgl. VO. v. 1808 A. 475, Oppenhoff, Bergges. A. 1007, StGB. § 359 A. 45.

93. Im übrigen vgl. die A. 12 ff.

§ 6.

94. Das Gesetz findet inbetreff der Personen des Soldatenstandes, insoweit es sich um eigentliche Straf- oder Disziplinarsachen handelt, keinen Gegenstand, da jene Personen in diesen beiden Hinsichten nur dem Militärgerichtsstande unterworfen sind, und die Frage, ob eine strafgerichtliche oder eine disziplinarische Bestrafung herbeizuführen sei, nach § 25 der VO. v. 21. Okt. 1841 (GS. S. 325), sowie §§ 102, 87 der Mil.-StGerO. v. 1845 (GS. S. 329) entschieden wird. Seine Anwendbarkeit beschränkt sich daher auf diejenigen Fälle, in denen jene Personen wegen Handlungen des Dienstes durch Entschädigungsklagen oder durch die Beschuldigung einer auch hinsichtlich ihrer vor die bürgerlichen Gerichte gewiesenen strafbaren Handlung (§§ 2 ff. der Mil.-StGerO. v. 1. Dez. 1898, RGBl. S. 1189) verfolgt werden; vgl. Motive des Ges.-Entwurfs.

95. Welche Personen dem Soldatenstande angehören, besagt die Beilage A. zum Mil.-StGB. v. 20. Juni 1872 (RGBl. S. 204).

96. Hinsichtlich derjenigen Militärpersonen, welche nicht zum Soldatenstande gehören, selbst derer, die gleichwohl dem Militär-Gerichtsstande unterworfen sind (Militärbeamte), wird arg. e contrario des § 6 das OVG. zu erkennen haben. Ebenso Stölzel S. 60.

97. Die Beantwortung der Frage, welcher Gerichtshof zu erkennen habe, wenn der Konflikt in einem wider Gendarmen gerichteten Verfahren erhoben wird, scheinen bei dem im JMBl. 58 S. 92 erörterten Falle sowohl der Minister des Innern als der KompGH. (EK. 9. Jan. 1858) davon abhängig zu machen, ob die Zivil- oder Militärbehörde den Konflikt erhebe, — was wohl damit zusammenhängt, daß § 6 als die Behörde, welche den von dem dort erwähnten Gerichtshofe zu schlichtenden Konflikt zu erheben habe, nur die Militärbehörde bezeichnet. Soviel ist wenigstens durch EK. 9. Jan. 1858 ausdrücklich anerkannt, daß, wenn der Konflikt von der Zivilbehörde ausgeht, oder doch wenigstens vom Minister des Innern aufgenommen wird, der KompGH. (also jetzt das OVG.) gemäß §§ 1 ff. die zuständige Stelle sei. Vgl. OVG. 22. Dez. 1896 (E. 31 S. 438).

98. Auch § 4 findet auf Personen des Soldatenstandes Anwendung. Inbetreff eines Gendarmen wurde dies ausdrücklich anerkannt durch EK. 22. Sept. 1860 (JMBl. 61 S. 230).

99. Wird in einem gegen Personen des Soldatenstandes eingeleiteten Verfahren ein wirklicher KK. erhoben, so ist immer nur der KompGH. und niemals der Gerichtshof des § 6 zur Entscheidung berufen.

100. Der Schlußsatz des § 6 verdankt seine Entstehung einem in der zweiten Kammer gestellten Abänderungsantrag.

101. Ob die im zweiten Teil des § 6 geschaffene Behörde auch noch nach Erlaß der RProzeßgesetze fortbesteht, erscheint angesichts der Bestimmungen in den

§ 7. Ausgeschlossen von dem gegenwärtigen Gesetze bleiben die Fälle, in denen die gerichtliche Verfolgung eingeleitet ist:

1. gegen richterliche Beamte,
2. gegen andere Justizbeamte, mit Ausnahme der Beamten der Staatsanwaltschaft und der gerichtlichen Polizei,
3. gegen die Bezirke des Appellationsgerichtshofes zu Cöln angestellten Hypothekenbewahrer und Zivilstandsbeamten.

---

§ 14 EG. z. ZPO., § 6 EG. z. StPO., § 16 GVG. zweifelhaft. Ist die Behörde durch diese §§ aufgehoben, so ist jetzt das OVG. zuständig; will man aber die Militärpersonen, soweit sie nicht in einem besonderen Anstellungsverhältnisse stehen, nicht als Beamte ansehen, so ist bei diesen die Konfliktserhebung überhaupt nicht mehr zulässig. Jedenfalls erachtet die Preußische Staatsregierung die Behörde des § 6 auch heute noch als fortbestehend, indem die Ernennung der zur Mitwirkung berufenen Offiziere noch jetzt erfolgt. Der entgegengesetzten Ansicht ist Jastrow im Verwaltungsarchiv 4 S. 336 ff., der eine eingehende Darstellung aller einschlägigen Verhältnisse gibt. Nach Stölzel S. 60 hat § 11 EG. z. GVG. für Soldaten an dem Gef. v. 1854 nichts geändert; er hält demnach den RW. auch dann für ausgeschlossen, wenn die Amtsüberschreitung nicht zur gerichtlichen Verfolgung geeignet ist (vgl. oben A. 25). Ebenso: Löwe A. 4a zu gen. § 11.

§ 7.

102. Die Ausdehnung der Bestimmungen des Gesetzes auf die Beamten der Staatsanwaltschaft [und die (rheinischen) Beamten der gerichtlichen Polizei] rührt daher, daß dieselben im Gegensatze zu den übrigen Justizbeamten Organe der Verwaltung sind, und die Vorschrift der Nr. 3 daher, daß die Beurteilung der Amtshandlungen der rheinischen Hypothekenbewahrer und Zivilstandsbeamten durch die bestehende Gesetzgebung ohnehin den Gerichten überwiesen war; vgl. Motive des Gef.-Entwurfs. — Die Bestimmung des § ist bez. der (rhein.) Beamten der gerichtlichen Polizei seit der RProzeßgesetzgebung und bez. der rheinischen Zivilstandsbeamten seit Erlaß des Personenstandsgef. v. 6. Febr. 1875 gegenstandslos. Bez. der Hypothekenbewahrer vgl. Gef. v. 18. Juli 1896 (GS. S. 165).

Gesetz
wegen Verschaffung der Vorflut in den Bezirken des Appellationsgerichtshofes zu Cöln und des Justizsenates zu Ehrenbreitstein, sowie in den Hohenzollernschen Landen.
Vom 14. Juni 1859.

[GS. Nr. 5082, S. 325.]

Im Namen Sr. Majestät des Königs.

Wir Wilhelm, von Gottes Gnaden Prinz von Preußen, Regent, verordnen, nach Anhörung des Provinziallandtages der Rheinprovinz, mit Zustimmung beider Häuser des Landtages der Monarchie, was folgt:

Zum Eingange.

1. Das im Gebiete des Justizsenats zu Ehrenbreitstein sowie in den Hohenzollernschen Landen geltende gemeine Recht und der code civil (deren hier in Betracht kommende Bestimmungen durch das BGB. unberührt geblieben sind, vgl. Begründung z. Entwurf e. AG. z. BGB. S. 215, RG. 94. Nov. 1902, Rh. A. 99, II. 79), erkennen zwar die natürliche Dienstbarkeit der unterhalb belegenen Grundstücke zur Aufnahme des von den oberen abfließenden Wassers an; doch fehlt es in beiden Gesetzgebungen an Bestimmungen, wonach diese Pflicht zur Gestattung der Vorflut im Interesse der Bodenkultur erweitert und namentlich die Anlage künstlicher Wasserleitungen über Nachbargrundstücke gefordert werden könnte. Im Gegenteil verbot das Römische Recht, womit Art. 640 c. c. im wesentlichen übereinstimmt, jede Abänderung der hergebrachten oder vermöge der natürlichen örtlichen Lage gegebenen Abflußverhältnisse, insbesondere jede Anlage und Erweiterung von Gräben usw., sogar auf den eignen Grundstücken, wodurch die bisherigen Abflußverhältnisse des Regen- und wilden Wassers zum Nachteile oberer oder unterer Nachbarn verändert würden. — Das linksrheinische Ges. v. 16. Sept. 1807 traf zwar Verordnung über das Austrocknen der Sümpfe, aber nur aus dem allgemein landespolizeilichen Gesichtspunkte der Landeskultur und ohne Rücksicht auf etwaige Anträge oder auch nur auf Zustimmung der Eigentümer der zu verbessernden Grundstücke. Das Recht der Grundbesitzer, Bewässerungen im Interesse der Bodenkultur mittels Benutzung der Wasserschätze von Privatflüssen einzurichten (vgl. Art. 644, 645 c. c.), erfuhr in der Rheinprovinz durch Einführung des Ges. v. 28. Febr. 1843 eine erhebliche Umgestaltung und Erweiterung. Inbetreff der Entwässerungen kam jedoch bloß dessen § 7 in Betracht. Ein wichtigerer Schritt zur Ausfüllung der hinsichtlich der Entwässerungen bestehenden Lücke in der Gesetzgebung erfolgte durch das Ges. v. 11. Mai 1853, dessen Art. 2 für das gesamte Staatsgebiet, einschließlich der Hohenzollernschen Lande, die §§ 56—59 Ges. v. 1843, betr. die Bildung von Genossenschaften zu Bewässerungsanlagen, auf Genossenschaften zu Entwässerungsanlagen ausdehnte. Immerhin fehlte es aber noch an einer Bestimmung zu Gunsten von Entwässerungsanstalten, die nur einzelnen Grundstücken Nutzen gewähren. Außerdem erwies sich Art. 3 jenes Ges. v. 1853, indem

Erster Abschnitt.
Gemeinsame Bestimmungen.

§ 1. In den Bezirken des Appellationsgerichtshofes zu Cöln und des Justizsenates zu Ehrenbreitstein, sowie in den Hohenzollernschen Landen kann jeder Eigentümer, welcher sein Grundstück entwässern oder Teiche und Seen ablassen will, in Fällen des überwiegenden Landeskulturinteresses verlangen, daß ihm gegen vollständige Entschädigung das Servitutsrecht eingeräumt wird, das Wasser von seinem Boden in offenen Gräben oder bedeckten Kanälen (Röhren) durch fremde Grundstücke, welche sein Grundeigentum von einem Wasserlaufe oder einem anderen Abflußwege trennen, auf seine Kosten abzuleiten oder zu diesem Ende vorhandene Gräben und Fließe zu erweitern und zu vertiefen.

er, bei Ausdehnung der Vorschriften inbetreff des Anlegens von Entwässerungsgräben über fremde Grundstücke auf unterirdische Wasserleitungen, die bestehenden Vorflutgesetze in Bezug nimmt, bei dem Mangel solcher Gesetze für die hier fraglichen Landesteile als vollkommen wirkungslos. — Diesen Mängeln abzuhelfen und namentlich die Erreichung derjenigen Zwecke zu vermitteln, denen für das Gebiet des ALR. die §§ 14ff. des Vorflutges. v. 15. Nov. 1811 dienen, ist die Bestimmung des Ges. v. 14. Juni 1859. Vgl. die Begründung des Ges.-Entwurfs und Komm.-Ber. d. AbgH.

2. Gemäß § 65 EG. z. BGB. ist das Ges. v. 1859 durch das BGB. nicht berührt worden.

3. Vorschriften, die den §§ 1—9 des Ges. v. 1811 entsprächen, sind im Ges. v. 1859 nicht enthalten, anscheinend weil angenommen wurde, daß der Gegenstand dieser §§ für die Rheinprovinz im wesentlichen schon durch § 2 Nr. 3 und 4 des Ress.-Regl. und die §§ 27ff. der Pr.GewO. v. 17. Jan. 1845, für das Fürstentum Sigmaringen aber durch die bezüglichen, im § 10 d. G. auch für Hechingen anwendbar erklärten Bestimmungen der Mühlen-O. v. 8. Nov. 1845 geregelt sei. — Eine dem § 10 jenes Ges. entsprechende Bestimmung findet sich im Ges. v. 1859 zwar vor (§ 11), aber nur für die Hohenzollernschen Lande. Bezüglich der Rheinprovinz ist wohl der in jenen Landen nicht geltende § 7 des Ges. v. 1843 als ausreichend erschienen. Inbetreff der §§ 11, 12 des Ges. v. 1811 s. unten A. 10.

4. Die Zuständigkeit der Verwaltungsbehörden (§§ 4ff.) ist durch § 68 ZustGes. neu geregelt worden; die Abänderungen, die das Ges. v. 1859 hierdurch erfahren hat, sind durch den Druck kenntlich gemacht.

§ 1.

5. Das im § 1 zugesicherte Recht bietet zwar manche Seiten, die sich dem Rechtsgrundsatz einer Servitut nicht einordnen lassen. So tritt z. B. der Belastete, welcher an den Vorteilen der Anlage teilnimmt und zu deren Errichtung bezw. Unterhaltung beisteuert, zum Berechtigten in eine Art Gesellschaftsverhältnis. Der Begriff einer servitus necessaria paßt insofern nicht, als es sich nur um bloße Bodenbesserungen handelt. Dennoch fand die Bezeichnung „Servitutsrecht" bei der Kommission des AbgH. Billigung, weil sie als unentbehrlich betrachtet ward, damit jenes Recht dem Systeme der geltenden Gesetzgebung angeschlossen und etwaigen Unsicherheiten in der Auslegung vorgebeugt werde. Die Begründung des Ges.-Entwurfs stellt dasselbe dem Rechte auf einen Notweg gleich, und macht darauf aufmerksam, daß durch obige Bezeichnung die Frage, ob der Antragsteller Eigentümer der Grabenfläche werde, verneinend entschieden sei.

6. Die Worte „in Fällen des überwiegenden Landeskulturinteresses" sind aus dem Ges. v. 1843 § 24 entlehnt und beibehalten, damit nicht die Meinung erweckt werde, als habe inbetreff der Entwässerungen etwas anderes, als inbetreff der Bewässerungen bestimmt werden sollten. Forstkultur ist in der Landeskultur einbegriffen. — Auf Anlagen für industrielle Zwecke findet § 1 keine Anwendung. Vgl. den gen. Komm.-Ber.

7. Der Zwischensatz „welche sein Grundstück von einem Wasserlaufe trennen" ist nach dem Vorbilde des franz. Ges. v. 10. Juni 1854 auf den Vor-

§ 2. Die Entwässerungsanlage darf nur an der Stelle des belasteten Grundstücks ausgeführt werden, wo sie dem Eigentümer desselben, unbeschadet ihres Zweckes, am wenigsten lästig ist. Durch Gebäude nebst den damit in Verbindung stehenden Hofräumen kann das Recht (§ 1) gar nicht, durch Gärten und eingeschlossene Parkanlagen nur mittels bedeckter Kanäle oder Röhren ausgeübt werden, insoweit es sich nicht bloß um Erweiterung und Vertiefung vorhandener offener Gräben und Fließe handelt.

Einer vorhandenen gewerblichen Anlage darf durch die Entwässerungsanlage das zum Betriebe des Werkes in dem bisherigen Umfange notwendige Wasser nicht entzogen werden.

Eine Abänderung gewerblicher Anlagen, wodurch ihr Betrieb in dem bisherigen Umfange in anderer Weise möglich gemacht wird, muß sich der Besitzer gefallen lassen.

schlag der Kommission des AbgH. eingeschaltet worden, um die Möglichkeit auszuschließen, daß das Servitutrecht des § 1 auch solchen Grundbesitzern gegenüber begehrt werde, welche das Wasser infolge natürlicher Hindernisse nicht weiter abzuleiten vermögen.

8. Nach § 1 ist es gleichviel, ob die Teiche und Landseen geschlossen sind oder Abfluß haben, sobald nur durch Ablassung oder Senkung ihres Wasserspiegels die umliegenden Grundstücke von kulturschädlicher Nässe befreit, oder aus See- bezw. Teichgrunde Äcker usw. gewonnen werden sollen; vgl. den gen. Komm.-Ber.

§ 2.

9. Eine dem § 2 Abs. 1 entsprechende Vorschrift ist in dem Ges. v. 1811 nicht enthalten. Vgl. die Entstehungsgeschichte des § 2 in OVG. 23. Okt. 1879 (E. 6 S. 228).

10. Auch durch § 2 Abs. 2 weicht das Gesetz sehr wesentlich von den §§ 11, 12 Ges. v. 1811 und den §§ 25 (Nr. 4), 36, 37 Ges. v. 28. Febr. 1843 ab. Vgl. gen. OVG. 1879. Selbstredend ist jedoch die Beschränkung und Wegräumung von Triebwerken auch im Gebiete dieses Gesetzes zulässig, wenn eine große Meliorationsgenossenschaft [durch landesherrliches Statut] gebildet, und dieser, sei es im Statute selbst, sei es durch besondre AKO. das Enteignungsrecht verliehen wird. Vgl. die Begründung des Ges.-Entwurfs.

11. Hinter den Worten „einer vorhandenen gewerblichen Anlage" fanden sich im Entwurfe die Worte „welche auf einem Triebwerke beruht". Sie wurden gestrichen, weil anderen wasserbedürftigen Gewerbs-Anlagen, z. B. Gerbereien, Bleichen usw. derselbe Rechtsschutz gebühre. Vgl. den gen. Komm.-Ber. und OVG. 1879.

12. Da Abs. 2 nur eine für die Festsetzungen der Regierung über den Entwässerungsplan maßgebende Vorschrift, und keine präjudizielle Bestimmung über ein etwa abweichendes Teilnahmerecht und dessen Maß enthält, so bleiben Ansprüche und Einwendungen aus Verträgen oder anderen speziellen Rechtstiteln, durch welche die Wassernutzung von Gewerbsanlagen, abweichend von Abs. 2 ausdrücklich näher bestimmt wird, in der Regel dem Entschädigungsverfahren der §§ 5, 6 vorbehalten, und zwar ebensowohl zu Gunsten der Gewerbs- wie des Grundbesitzers. Hätte z. B. eine Gewerbsanlage das Recht, ihr Gewässer bis auf 20 Fuß Pegelhöhe aufzustauen, durch spezielle Rechtstitel erworben, davon aber bisher keinen Gebrauch gemacht, vielmehr den Umfang ihres Betriebs nur für eine Aufstauung bis zu 10 Fuß eingerichtet, so würde zwar der Entwässerungsplan nur diese letztere Höhe zu berücksichtigen haben; dagegen bliebe jenes größere Recht im Entschädigungsverfahren insoweit zu würdigen, als es anderweit ausgeglichen und dafür eine Geldentschädigung gewährt werden müßte. Vgl. den gen. Komm.-Ber.

13. An Abs. 2 schließt sich Abs. 3 als eine den Gewerbsanlagen unschädliche Einschränkung jener Bestimmung an; daß dergleichen Abänderungen, z. B. die Verbesserung des Gerinnes oder Rades, die Verwandlung einer unterschlächtigen

§ 3. Der Eigentümer des von der Entwässerungsanlage durchschnittenen Grundstücks kann deren Mitbenutzung in Anspruch nehmen. Dasselbe Recht steht unter den Bedingungen des § 1 auch den Eigentümern benachbarter Grundstücke zu.

Wer die Mitbenutzung in Anspruch nimmt, muß einen verhältnismäßigen Beitrag zu den Kosten der Anlage und Unterhaltung, insoweit er Nutzen davon zieht, leisten und die Kosten der in seinem Interesse etwa erforderlichen Abänderung der Anlage allein tragen.

Wenn die Servitut später den Eigentümer des belasteten Grundstücks an nützlichen Verbesserungen hindert oder ihn sonst mehr als anfangs belästigt, so kann derselbe eine Verlegung der Anlage an eine andere Stelle auf seine Kosten vornehmen, falls dadurch die Ausübung der Servitut nicht wesentlich erschwert wird.

§ 4. In Ermangelung gütlicher Einigung entscheidet [die Bezirksregierung] der Kreis-(Stadt-)Ausschuß — nach Anhörung der Beteiligten und [nach vorheriger Lokaluntersuchung durch sachkundige Kommissarien] nach einer vorgängigen, von ihm anzuordnenden örtlichen Untersuchung — mit Ausschluß des Rechtsweges durch einen mit Gründen versehenen Beschluß:

1. über das Vorhandensein der Bedingungen, unter welchen die in §§ 1—3 erwähnten Rechte in Anspruch genommen werden können, über den Entwässerungsplan, sowie über die Art und Weise der Ausführung und späteren Abänderung der Anlagen;
2. wenn mehrere Teilnehmer vorhanden sind (§ 3), über den Beitrag eines jeden zu den Kosten der Anlage und deren Unterhaltung nach Verhältnis des Vorteils;
3. desgleichen über die künftige Unterhaltung alter Wasserläufe, welche nur erweitert oder vertieft sind. Wenn dabei die Unterhaltung demjenigen verbleibt, welcher den alten Wasserlauf bisher zu unterhalten hatte, so muß bei Bestimmung der ihm zu

---

Mühle in eine oberschlächtige, auf Kosten des Antragstellers zu treffen sind, ergibt sich schon aus § 1; vgl. den gen. Komm.-Ber.

§ 3.

14. Der Eigentümer des durchschnittenen Grundstücks kann die Mitbenutzung der Entwässerungsanlage nicht nur zur Entwässerung dieses Grundstücks, sondern auch zu anderen Zwecken, z. B. zur Viehtränke, zur Berieselung, zum Bleichen in Anspruch nehmen. Doch ist es Aufgabe der den Plan feststellenden Behörde, vorsorgliche Bestimmungen zu treffen, damit durch die Art des Mitgebrauchs der Zweck der Servitut nicht beeinträchtigt werde; vgl. den gen. Komm.-Ber.

15. Abs. 3 ist dem Art. 701 c. c. nachgebildet. Eine entsprechende Bestimmung findet sich weder im Ges. v. 1811 noch im Ges. v. 1843.

§ 4.

16. Bez. der Abänderungen im Text der §§ 4ff. s. oben A. 4.

17. Indem das Ges. v. 1859 bei der Regelung der Zuständigkeit in § 4 denselben Grundsätzen huldigt, welche den Ges. v. 1811 und 1843 zugrunde liegen, weicht es von den für Bestellung notwendiger Servituten bestehenden Normen sowohl des früheren preußischen und französischen Rechts, als des jetzt geltenden BGB. ab; vgl. VO. v. 1808 A. 127, Vorflutges. v. 1811 A. 58, Art. 682ff. c. c., § 917 BGB.

18. Da zu den Bedingungen, unter denen die in den §§ 1—3 erwähnten Rechte geltend gemacht werden können, auch die gehört, daß der Antragsteller der

leistenden Entschädigung auch auf die mehreren ihm in der Folge zur Last fallenden Unterhaltungskosten billige Rücksicht genommen werden.

Gegen [die Entscheidung der Regierung ist binnen sechs Wochen nach deren Zustellung an die Beteiligten Rekurs an das Ministerium für die landwirtschaftlichen Angelegenheiten zulässig] den Beschluß findet innerhalb zwei Wochen der Antrag auf mündliche Verhandlung im Verwaltungsstreitverfahren statt.

§ 5. Mit Vorbehalt der Berufung auf den Rechtsweg wird von [der Bezirksregierung] dem Kreis-(Stadt-)Ausschusse die zu gewährende Entschädigung festgestellt auf Grund einer Schätzung durch Sachverständige, welche [die Regierung] der Kreis-(Stadt-)Ausschuß ernennt, wenn sich die Beteiligten über deren Person nicht geeinigt haben. Insofern die Beteiligten sich nicht einigen, können die sachkundigen Kommissarien, welche die Untersuchung des Entwässerungsplans bewirken, zugleich mit der Abschätzung der Entschädigungen beauftragt werden, wenn [die Regierung] der Kreis-(Stadt-)Ausschuß das für angemessen erachtet.

[Die Regierung] Der Kreis-(Stadt-)Ausschuß kann die Festsetzung der Entschädigung ausdrücklich für eine vorläufige erklären und eine nähere Feststellung bis nach Beendigung der Anlage vorbehalten. Die nähere Feststellung muß aber jedenfalls binnen Jahresfrist nach Beginn der Arbeiten auf dem belasteten Grundstück erfolgen.

Eigentümer des zu entwässernden Grundstücks sei, so würde aus einer streng wörtlichen Auslegung des § 4 folgern, daß, wenn jenem diese Eigenschaft bestritten werde, dem Kreisausschuß die desfallsige Entscheidung, und zwar mit Ausschluß des RW. zustehe. Offenbar würde ein solcher Schluß jedoch der Absicht des Gesetzes zuwider sein; es unterliegt vielmehr keinem Zweifel, daß derartige streitige Vorfragen privatrechtlicher Natur, wie die eben erwähnte und die über die Verfügungsfähigkeit des Antragstellers, ausschließlich auf dem RW. und zwar in der Regel vor dem Erlasse eines Beschlusses im Sinne des § 4 festzustellen sind.

19. Die Streitigkeiten über das Vorhandensein oder den Umfang privatrechtlicher Widerspruchsrechte der Antragsgegner fallen zwar gleichfalls nicht der im § 4 den Verwaltungsbehörden erteilten Entscheidungsbefugnis anheim, sie sind aber auch nicht für die Zulassung der Entwässerungsanlage bezw. für die Einräumung des im § 1 erwähnten Servitutrechts, sondern nur für die Entschädigungsfrage von Bedeutung, und kommen daher bei der nach § 4 zu treffenden Entscheidung nicht in Betracht. Das nähere s. unten A. 23.

20. Dem § 4 zufolge gehört auch die Frage wegen Verlegung der Anlage (§ 3 Abs. 3) zur Zuständigkeit der Verwaltung. Die Beschränkung des § 4 auf Abs. 1 und 2 des § 3 wurde zwar bei der Gesetzesberatung in Vorschlag gebracht, aber verworfen. Vgl. den gen. Komm.-Ber.

21. Unter Umständen genügt die Zuziehung nur Eines sachkundigen Kommissars (Abs. 1). Der Kreisausschuß hat dies nach Maßgabe des Gegenstandes und der Befähigung des Beauftragten zu bemessen. Vgl. den gen. Komm.-Ber.

22. Quelle für die im § 4 Nr. 3 hinsichtlich der Kosten den Grundsatz des § 1 abändernde Bestimmung sind die §§ 113—116 I. 8. ALR. Vgl. die Begründung des Ges.-Entwurfs.

§ 5.

23. § 5 weicht sehr wesentlich von den Bestimmungen der Ges. v. 1811 und 1843 ab, welche letzteren die richterliche Zuständigkeit für die Ermittelung der Entschädigung gänzlich ausschließen. Nur insofern, als die privatrechtlichen Grundlagen für die Bemessung der Entschädigung streitig sind, oder wie das Ges. v. 1811 im § 20 sich ausdrückt, insofern als über den Umfang der Rechte gestritten wird,

[Sie] Er kann die Ausführung der Anlage, der Berufung auf den Rechtsweg ungeachtet, gegen Zahlung oder Deposition der vorläufig festgestellten Entschädigung gestatten.

Entsteht über die Existenz oder den Umfang eines Rechtes, auf welches ein Widerspruch oder ein Entschädigungsanspruch gegründet wird, Streit, so ist bei Feststellung der Entschädigung der bisherige Besitzstand oder auch das Maß der Berechtigung, soweit solche nach dem Ermessen [der Regierung] des Kreis-(Stadt-)Ausschusses nachgewiesen ist, vorbehaltlich des Rechtsweges, zum Grunde zu legen.

[Die Regierung] Der Kreis-(Stadt-)Ausschuß kann aber auch in solchem Falle das weitere Verfahren so lange aussetzen, bis darüber von den Gerichten rechtskräftig entschieden ist.

§ 6. Gegen [das Resolut der Regierung, welches] den Beschluß des Kreis-(Stadt-)Ausschusses, welcher die Entschädigung feststellt, ist binnen

---

die jede Partei zur Ausgleichung bringt, treten nach jenen Gesetzen die allgemeinen Regeln über die Zuständigkeit ein. Diesem § 20 und der entsprechenden Bestimmung des Ges. v. 1843 § 23 Abs. 1 entspricht Abs. 4, welcher mit Abs. 5 auf den Vorschlag der Kommission des AbgH. in den § 5 aufgenommen wurde. Im übrigen vgl. Vorflutges. v. 1811 A. 71, Ges. v. 28. Febr. 1843 A. 64 und unten A. 34.

24. Die fortdauernde Geltung des § 5 ist nicht zweifelhaft, insbesondere ist auch Abs. 4 durch § 71 ZustGes. nicht berührt worden, sodaß sowohl über die Festsetzung der Entschädigung als über die Existenz und den Umfang von Widerspruchsrechten auch heute noch der RW. stattfindet. Ebenso Brandts, Die neuen preuß. Verwaltungsgesetze für die Rheinprovinz S. 343. AM. Stölzel S. 241.

25. Wenn § 5 Abs. 4 darin von den bezüglichen Bestimmungen der Ges. v. 1811 und 1843 abweicht, daß er die Feststellung der privatrechtlichen Grundlagen für die Bemessung der Entschädigung nicht von dem eigentlichen Ermittelungsverfahren trennt, sondern als einen wesentlichen Teil desselben behandelt, mithin auch insofern die vorläufige Entscheidung der Verwaltung zuläßt, so erklärt sich dies durch die allgemeinen Verschiedenheiten, welche zwischen der Zuständigkeit der Verwaltung auf Grund des § 5 und derjenigen auf Grund der Ges. v. 1811 sowie 1843, dem oben (A. 23) gesagten gemäß, bestehen.

26. Beziehen sich die für den Entschädigungspunkt ausschlaggebenden Streitigkeiten auf die Höhe des Wasserstandes, so wird für den Bezirk des früheren AH. Cöln in denjenigen Fällen, wo die Regierung zufolge § 2 des Ress.-Regl. endgültig zu entscheiden hat, ihre desfallsige Entscheidung auch in dem nach § 5 stattfindenden Entschädigungsverfahren ohne Vorbehalt des RW. ergehen. Abs. 4 macht zwar keine solche Unterscheidung, wie § 20 des Ges. v. 1811. Es ist indessen klar, daß die bestehenden Kompetenzbestimmungen in dieser Hinsicht nicht geändert werden sollten.

27. § 5 bezieht sich nicht bloß auf die Entschädigung des mit der Servitut zu Belastenden, sondern kommt auch bei Ermittelung der Entschädigung für mittelbar berührte Grund- und Triebwerksbesitzer zur Anwendung. Die im Entwurfe hinter dem Worte „Entschädigung" befindlichen Worte „des mit der Servitut Belasteten" sind eben um deswillen bei der Gesetzesberatung gestrichen worden.

28. Kommen jedoch Entschädigungsansprüche jener Art erst nach dem Abschlusse des Entschädigungsverfahrens (§ 5) und nach Ausführung der Anlage zur Sprache, so ist hinsichtlich ihrer nicht etwa das Verfahren des § 5 zu erneuern, sondern es tritt sofort die richterliche Zuständigkeit ein. Vgl. auch A. 34.

29. Unter „Entschädigung" ist übrigens nicht bloß das damnum emergens, sondern auch das lucrum cessans zu verstehen; vgl. den gen. Komm.-Ber.

§ 6.

30. Die im Entwurfe stehenden Worte „durch förmliche Klage" sind in Folge der Beratung der Kommission des AbgH. gestrichen worden, weil geltend

sechs Wochen nach der Zustellung an die Beteiligten die Betretung des Rechtsweges bei dem ordentlichen Gericht der belegenen Sache zulässig. Wird innerhalb dieser Frist die Klage von der einen Partei beim Gericht angestellt, so kann die Gegenpartei im Wege der Widerklage die Abänderung der Entscheidung [der Regierung] des Kreis-(Stadt-)Ausschusses auch ihrerseits noch nach Ablauf von sechs Wochen geltend machen.

§ 7. Wenn durch eine Entwässerungsanlage Grundstücke in den Bezirken mehrerer [Regierungen] Kreise betroffen werden, so bestimmt [das Ministerium für die landwirtschaftlichen Angelegenheiten, welche Regierung] der Regierungspräsident oder der Oberpräsident, jenachdem die betreffenden Bezirke demselben oder verschiedenen Regierungsbezirken angehören, welcher Kreis-(Stadt-)Ausschuß das Verfahren zu leiten und die Entscheidungen abzufassen hat.

§ 8. Die Kosten des [Verfahrens der Verwaltungsbehörde] Beschlußverfahrens werden ebenso aufgebracht, wie die Kosten der Anlage. Die Kosten [der Rekursinstanz] des Verwaltungsstreitverfahrens sowie des gerichtlichen Verfahrens, treffen den unterliegenden Teil nach Verhältnis der Sukkumbenz.

§ 9. Das Gesetz, betreffend das für Entwässerungsanlagen einzuführende Aufgebots- und Präklusionsverfahren vom 23. Januar 1846 (Ges.-Samml. S. 26) wird in den Bezirken des Appellationsgerichtshofes zu Cöln und des Justizsenats zu Ehrenbreitstein, sowie in den Hohenzollernschen Landen für anwendbar erklärt.

---

gemacht wurde, daß der Antragsgegner nach Rhein. Rechte eigentlich nicht als Kläger anzusehen sei und daher auch nicht dessen Rolle, z. B. für den Sühneversuch, zu übernehmen habe. Gleichwohl verstand sich von selbst, daß die Betretung des RW. in der durch die Prozeßgesetzgebung vorgeschriebenen Weise, mithin im Bezirke des A.H. Cöln, durch Gerichtsvollzieherakt erfolgen mußte und daß die bloße Erklärung bei der Regierung, daß man auf rechtliches Gehör antrage, völlig wirkungslos war. Vgl. VO. v. 1808 A. 290. Die Notwendigkeit der Erhebung einer Klage ist jetzt in § 1 AG. z. ZPO. ausdrücklich ausgesprochen. Bez. des Gerichtsstands vgl. § 24 ZPO.

31. Der Beschluß des Kreisausschusses kann nicht mit der Beschwerde oder mit der Klage im Verwaltungsstreitverfahren angefochten werden.

§ 7.

32. § 7 ist aus der AKO. v. 1. Dez. 1843 (GS. 44 S. 43) entlehnt. Die oben mitgeteilte Fassung beruht auf § 58 LVG. Vgl. auch v. Brauchitsch 1 S. 69, A. 95 zu gen. § 58.

§ 8.

33. Die Bestimmung hinsichtlich der Kosten des gerichtlichen Verfahrens lautete im Entwurfe, entsprechend dem § 48 Ges. v. 1843, dahin, daß diese Kosten dem Kläger zur Last fallen sollten, wenn er im RW. nicht mehr erstreite, als ihm von der Verwaltung bewilligt worden. Die Fassung wurde geändert, damit der Entscheidung des Richters über den Kostenpunkt nicht vorgegriffen werde; vergl. den gen. Komm.-Ber. Jetzt sind die §§ 91 ff. ZPO. und bez. der Kosten des Verwaltungsstreitverfahrens die §§ 102 ff. LVG. maßgebend.

§ 9.

34. Der Antragsteller ist zwar befugt, nicht aber verpflichtet, ein Ausschlußverfahren nach Maßgabe des Ges. v. 1846 durchzuführen; macht er von dieser

Zweiter Abschnitt.
Besondere Bestimmungen für die Hohenzollernschen Lande.

§ 10. Rücksichtlich der Hohenzollernschen Lande sollen die in den Abschnitten X (§§ 23—27 einschließlich), XI (§ 28) und die in den daselbst unter Nr. 6 bezogenen Abschnitten II (§§ 5—7 einschließlich), III (§ 8) und IV (§ 9) enthaltenen Vorschriften der Mühlen-Ordnung für das Fürstentum Hohenzollern-Sigmaringen vom 8. Nov. 1845 (Gesetz-Sammlung für dasselbe Bd. VII S. 157ff.), soweit sie dort noch Gültigkeit haben und mit dem gegenwärtigen Gesetze nicht im Widerspruch stehen, fortan auch in dem Gebiete des Fürstentums Hohenzollern-Hechingen Anwendung finden.

Ein Abdruck dieser Vorschriften ist dem gegenwärtigen Gesetze beigefügt.

§ 11. In Ansehung der Räumung der Gräben und anderer Wasserabzüge werden die Bestimmungen der Mühlen-Ordnung vom 8. Nov. 1845 dahin erweitert, daß überhaupt jeder, welchem die Unterhaltung eines Grabens oder Wasserabzugs obliegt, zu dessen Auskrautung oder Räumung polizeilich angehalten werden kann, sobald aus der Vernachlässigung derselben oder aus Mangel an der erforderlichen Tiefe Nachteil für die Besitzer anderer Grundstücke oder nutzbarer Anlagen oder auch für die Gesundheit der Anwohner entsteht.

Die Bestimmung, wann und wie die Auskrautung oder Räumung bewirkt werden soll, gehört dabei lediglich zur Kognition der Polizeibehörden, und jeder Unterhaltungspflichtige muß sich derselben unbedingt unterwerfen.

Befugnis keinen Gebrauch, so hat dies nur die Folge, daß der Widerspruch oder Entschädigungsanspruch eines übergangenen Beteiligten durch das Verwaltungsverfahren nicht erledigt wird: LMBfg. 13 Mai 1861 (BMBl. S. 111). Vgl. auch Ges. v. 28. Febr. 1843 A. 32, 52; Vorflutges. v. 1811 A. 66, 67.

§§ 10, 11.

35. Vgl. A. 3 und Vorflutges. v. 1811 A. 36ff.

Gesetz,
betreffend die Erweiterung des Rechtsweges.
Vom 24. Mai 1861.

[GS. Nr. 5369, S. 241.]

Wir Wilhelm, von Gottes Gnaden König von Preußen usw. verordnen, mit Zustimmung der beiden Häuser des Landtages der Monarchie, was folgt:

Erster Abschnitt.

In Beziehung auf die Ansprüche der Staatsbeamten wegen ihrer Diensteinkünfte.

§ 1. Über vermögensrechtliche Ansprüche der Staatsbeamten aus ihrem Dienstverhältnis, insbesondere über Ansprüche auf Besoldung, Pension oder Wartegeld, findet mit folgenden Maßgaben der Rechtsweg statt.

Zum Eingange.

1. Da das Gesetz, an die bisherige Gesetzgebung anknüpfend, nur einzelne Vorschriften der letzteren teils aufhebt, teils abändert, so ist seiner Bestimmungen sowie ihrer Bedeutung für das Ressortwesen schon früher vielfach gedacht worden. Die folgenden Anmerkungen enthalten um deswillen keine erschöpfende Erläuterung des Gesetzes, sondern vervollständigen nur dasjenige, was über jenes an anderen Stellen dieser Schrift bereits gesagt worden ist.

2. Dem Gesetz liegt als leitender Gesichtspunkt die Erwägung zugrunde, daß die Zulässigkeit des RW. überall da die Regel bilde, wo jemand in seinen Privatrechten, d. h. in seiner individuellen Rechtssphäre, dem Gesetz gegenüber verletzt zu sein behaupte, und daß, wo das bestehende Recht nach dieser Seite hin Beschränkungen enthalte, solche soweit zu beseitigen seien, als dies mit dem öffentlichen Wohle vereinbar erscheine. Vgl. Anlagen zu den Verhandlungen des Abg.H. 1861, I S. 537 ff., III S. 944 ff.

3. Das Gesetz hat rückwirkende Kraft. EK. 8. Febr., 13. Apr. 1862 (JMBl. 62 S. 224; 63 S. 35) wandten dasselbe sogar auf einen Fall an, wo schon vor seiner Publikation das Rechtsverfahren eingeleitet und inbezug auf letzteres ein KK. erhoben worden war. Vgl. auch § 7 d. G.

4. Die Vorschriften des Ges. v. 1861 finden gemäß Art. I der VO. v. 16. Sept. 1867 (GS. S. 1515) auch in den 1866 erworbenen Landesteilen Anwendung; (die in Nr. 4 des Art. V enthaltenen besonderen Bestimmungen sind inzwischen weggefallen); ferner gemäß Ges. v. 25. Febr. 1878 (GS. S. 97) im Kreis Herzogtum Lauenburg und gemäß Nr. 4 der VO. v. 22. März 1891 (GS. S. 39) in Helgoland.

5. Ueber die Vorgeschichte des Gesetzes s. Löning im Verwaltungsarchiv 3 S. 534 ff.

§ 1.

6. Die Vorschriften der Landesgesetze über die vermögensrechtlichen Ansprüche der Beamten, der Geistlichen und der Lehrer an öffentlichen Unterrichtsanstalten aus

dem Amts- oder Dienstverhältnisse, mit Einschluß der Ansprüche der Hinterbliebenen, sind vom BGB. unberührt geblieben, soweit nicht im BGB. eine besondere Bestimmung getroffen ist: Art. 80 EG. z. BGB. — Daß auch § 9 GVG. das Ges. v. 1861 unberührt gelassen hat, ist schon in A. 27a zur VO. v. 26. Dez. 1808 gesagt.

7. Während in der ältesten Zeit allen Staatsbeamten der RW. für die Geltendmachung ihrer Gehaltsansprüche unbeschränkt offen stand, unterschied die spätere Gesetzgebung, was die Geltendmachung vermögensrechtlicher Ansprüche der Beamten betraf, scharf zwischen unmittelbaren und mittelbaren Staatsdienern, d. h. also zwischen den eigentlichen Staatsbeamten und den Beamten der Gemeinden, Korporationen usw. Die Prozeßfähigkeit der vermögensrechtlichen Ansprüche der letzteren, insbesondere der Ansprüche auf die im Dienstvertrage zugesicherte Besoldung und Pension wurde grundsätzlich allgemein anerkannt (vgl. Löning, aaO. S. 121); dagegen war die gerichtliche Verfolgung derartiger Ansprüche den ersteren Beamten durch verschiedene Gesetze allgemein abgeschnitten. — Die §§ 1—8 d. G. heben diesen Unterschied im wesentlichen auf, indem sie jene Vorschriften außer Kraft setzen und auch zu Gunsten der unmittelbaren Staatsdiener den RW. eröffnen.

8. Die älteren Vorschriften über die Verfolgung vermögensrechtlicher Ansprüche der Beamten lassen sich nach den in A. 11 aufgestellten Gesichtspunkten in drei Gruppen teilen. Zur ersten derselben gehört namentlich die AKO. v. 7. Juli 1830 (Jbb. 36 S. 294). Sie bestimmt, daß, wenn ein Zivil-Staatsbeamter vermeine, ihm sei an seinen Diensteinkünften (Gehalt oder Emolumenten) etwas unrechtmäßig entzogen, oder an Diäten und Auslagen ein unbegründeter Abzug gemacht, hierüber nicht der RW., sondern nur der Rekurs an das vorgesetzte Ministerium, und demnächst an das Staats-Ministerium bezw. des Königs Majestät stattfinde. [Wie diese AKO. zu handhaben, wenn ein Beamter durch eine Festsetzung der Ober-Rechnungskammer in seinem Diensteinkommen verkürzt sein will, regelte die AKO. v. 12. April 1835 (Jbb. 45 S. 469).] Ferner gehören dahin das Zivil-Pens.-Regl. v. 30. April 1825 § 20 und die AKO. v. 21. Mai 1825 (Ann. 16 S. 843, GS. S. 147), welche alle Streitigkeiten über die Berechtigung zu einer Pension und deren Betrag vom RW. ausschließen. Den Vorschriften von 1830 und 1825 entsprechen diejenigen der AKO. v. 28. Okt. 1836 (Jbb. 48 S. 433), betr. die an den Staat aus militärischen Dienstverhältnissen wegen Gehalts- oder anderweitiger Dienstkompetenzen und Pensionen zu erhebenden Ansprüche. Schon früher, nämlich durch AKO. v. 4. März 1833 (Jbb. 41 S. 213), war ausgesprochen worden, daß im allgemeinen die Ansprüche von Militärpersonen auf Gehalt während der Kriegsgefangenschaft nicht anzuerkennen seien, und daß, wenngleich Seine Majestät sich vorbehalte, unter Umständen Inaktivitätsgehälter zu bewilligen, desfallsige Ansprüche zufolge der obigen AKO. v. 1830 dennoch niemals zum Gegenstande gerichtlicher Entscheidung gemacht werden könnten. Endlich bleibt zu erwähnen die AKO. v. 24. Juli 1838 (GS. S. 385), betr. das Verfahren behufs Wiedereinziehung von Mil.-Gnadengehältern und Wartegeldern, welche von Invaliden nach ihrer Anstellung im Zivildienste unrechtmäßigerweise erhoben worden sind. Nach dieser AKO. soll die Wiedereinziehung im Disziplinarwege und ohne ein prozessualisches Verfahren stattfinden, und falls sie nicht zu bewirken, wider den Beamten, dem bei der Überhebung ein Versehen zur Last fällt, von der vorgesetzten Behörde der Regreß im Wege des Disziplinarverfahrens durch Gehalts-Beschlagnahme geltend gemacht werden. Doch wurde dem letzteren Beamten außer dem Rekurse die Befugnis vorbehalten, rechtliches Gehör hinsichtlich seiner Verbindlichkeit zum Ersatze binnen einer Ausschlußfrist von 3 Jahren zu verlangen, ohne daß jedoch das Disziplinarverfahren schon durch die Beschreitung des RW. suspendiert werde. Das Verwaltungsverfahren soll gar nicht stattfinden, vielmehr nur auf dem RW. vorgeschritten werden, wenn der ersatzpflichtige Beamte aus dem aktiven Dienste geschieden ist, oder seine Erben in Anspruch zu nehmen sind.

9. Die Bestimmungen der zweiten Gruppe betreffen die Entschädigung vormals fremdherrlicher Beamten. Dahin gehört die im Gnadenwege erlassene AKO. v. 1. Aug. 1817 (Rh. S. 1 S. 471 ff.), welche die hierbei maßgebenden Gesichtspunkte normiert, und die in der JMVfg. 4. Febr. 1828 (JMBl. 3 S. 239; Jbb. 31 S. 155) wiedergegebene AKO. v. 10. Nov. 1827, wonach über die Auslegung jener ersteren AKO. ein Rechtsverfahren nicht zulässig ist, etwaige Zweifel wegen einzelner Bestimmungen derselben vielmehr der Allerh. Entscheidung unter-

worfen werden sollen. Für die Anmeldung der aus jener AKO. herzuleitenden Forderungen ordnete überdies die AKO. v. 30. Juli 1822 (GS. S. 205) einen Präklusivtermin an, welcher nur auf die durch den Reichsdep.-Schluß v. 25. Febr. 1803 oder durch Verträge mit anderen Mächten begründeten, damals noch ruhenden und erst bei dereinstiger Versetzung in den Ruhestand erwachenden Pensionsansprüche keine Anwendung finden soll. Daß die hier gemachte Unterscheidung auch für die Frage der Prozeßfähigkeit von Einfluß sei, ergibt sich aus der Wortfassung nicht, und wird vom *OT. 6. Dez. 1853 (Strieth. 11 S. 98) ausdrücklich verneint, wie denn auch die oben gen. MVfg. v. 1828 die Gerichte anweist, selbst die noch nicht präkludierten Ansprüche als zur richterlichen Entscheidung ungehörig zurückzuweisen. Inzwischen besagt die Instr. v. 30. Mai 1820 im § 65 d (GS. S. 100) ausdrücklich, daß Streitigkeiten über die Anwendung der Grundsätze des Reichsdep.-Hauptschlusses zwischen den Pensionsberechtigten und den Standesherren, oder zwischen diesen und dem Fiskus zur Entscheidung der Gerichte gehören.

10. Unter den Bestimmungen der dritten Gruppe ist vorzugsweise die in der JMVfg. 17. Nov. 1834 (Jbb. 44 S. 381) wiedergegebene AKO. v. 18. Okt. 1834 zu nennen, welche zwar anerkennt, daß die AKO. v. 1830 (vgl. A. 8) keine Anwendung finde, wenn ein Beamter als Sachverständiger, sei es von den Interessenten, sei es von einer Behörde zugezogen, über die Festsetzung der Gebühren, Diäten und Auslagen Beschwerde führe, dessenungeachtet aber vorschreibt, daß auch in solchen Fällen kein Prozeß zwischen dem Beamten und der Behörde stattfinden, gegen das Festsetzungsdekret vielmehr nur der Rekurs an die vorgesetzte Behörde oder die Bitte um Allerh. Entscheidung zulässig sein solle. Aus derselben Anschauung, auf welcher diese AKO. beruht, und welche nicht ausschließlich auf die Ansprüche unmittelbarer Staatsdiener passend erscheint, sind noch mehrere andere Erlasse hervorgegangen, so die JMVfg. 3. Okt. 1835 (s. VO. v. 1808 A. 65) und die bezüglichen Bestimmungen des Feldmesser-Regl. v. 1. Dez. 1857 (GS. 58 S. 234).

11. Die Frage, ob und welche von den in den A. 8—10 genannten Bestimmungen durch das Ges. v. 1861 außer Kraft getreten seien, beantwortet letzteres selbst nicht unmittelbar. In den Motiven des Entwurfs wurden nur die bezüglichen Bestimmungen der AKO. v. 1830 und 1825 (s. A. 8) als mit Erlaß des Gesetzes wegfallend besonders aufgeführt. Die Kommissionsberichte beider Häuser verweisen einfach auf Sydow S. 6—8, wo außer jenen AKO. die v. 12. April 1835, 28. Okt. 1836, 24. Juli 1838 (s. A. 8), ferner die AKO. v. 18. Okt. 1834 u. §§ 53—55 des Feldm.-Regl. v. 1. Dez. 1857 (s. A. 10) aufgezählt sind. Die Antwort dürfte von den Gesichtspunkten abhängen, unter denen die betreffenden Gesetze ergangen sind. Die Vorschriften der ersten Gruppe (A. 8) beruhen augenscheinlich auf dem früher vielfach angenommenen Satze, daß das Verhältnis der Staatsbeamten zum Staate selbst in vermögensrechtlicher Beziehung dem öffentlichen Rechte angehöre und um deswillen keinen Gegenstand richterlicher Erörterung bilden könne. Diejenigen der zweiten Gruppe (A. 9) betreffen Rechte und Pflichten, die noch in der fremdherrlichen Zeit wurzeln, deren Dasein und Umfang daher mit der Frage zusammenhängt, inwieweit die Verbindlichkeiten der Fremdherrschaft auf den preuß. Staat übergegangen seien, eine Frage, deren Erörterung auch in manchen anderen Fällen der gerichtlichen Entscheidung entzogen wurde (vgl. AKO. v. 4. Febr. 1823). Denen der dritten Gruppe (A. 10) endlich liegt die Anschauung zugrunde, daß die Festsetzung des Betrags der Gebühren usw. der Natur der Sache und der amtlichen Verhältnisse nach zu den Befugnissen der vorgesetzten Dienstbehörde gehöre und von denselben nicht getrennt werden könne, ohne daß die Autorität der Dienstbehörde sowie die Dienstordnung darunter leide. Der Gesichtspunkt nun, welcher bei dem Erlasse jener Vorschriften der ersten Gruppe leitend gewesen ist, erscheint unzweifelhaft als gegenwärtig beseitigt. Das Gegenteil ist von dem Gesichtspunkte anzunehmen, aus welchem die Vorschriften der zweiten Gruppe hervorgegangen sind. Anlangend schließlich die Vorschriften der dritten Gruppe, so ist die Anschauung, auf welcher sie beruhen, zwar nicht völlig aufgegeben, aber auch nicht völlig beibehalten worden. Sie erweist sich vielmehr nur noch wirksam bei solchen Fällen, wo es zur Bemessung des Anspruchs an einem voraus bestimmten Maßstabe fehlt; vgl. § 5.

12. Die Anwendung des eben im allgemeinen gesagten auf die einzelnen bezüglichen Bestimmungen ergibt folgendes. Diejenigen der ersten Gruppe, ins-

besondere die den RW. hindernden Vorschriften der AKO. v. 1830, 1836 und 1825, sowie des Pensions-Regl. v. 1825 sind unbedenklich außer Kraft getreten. (Selbst der durch die AKO. v. 1830 zugelassene Rekurs von der Entscheidung des Departements-Chefs an das Staats-Ministerium findet nicht weiter statt, da derselbe eben die Stelle des nunmehr gestatteten Antrags auf rechtliches Gehör vertreten sollte: Komm.-Bericht des AbgH., Verhandlungen 1861 Nr. 132 S. 948.) Dasselbe gilt von der AKO. v. 1838, jedoch wohl nur insofern, als sie zwischen den Invaliden und den ersatzpflichtigen Beamten unterscheidet und nur den letzteren die Befugnis, gerichtliches Gehör anzusprechen, zuerkennt, indem das Recht des vorgängigen Verwaltungszwangsverfahrens, wie es in jener AKO. sowohl den einen wie den andern gegenüber begründet wird, mit den Grundsätzen des Ges. v. 1861 nicht durchaus unvereinbar ist. Zweifelhafter erscheint es dagegen, ob die AKO. v. 4. März 1833 sich noch in Kraft befinde. Die dortige Hinweisung auf die AKO. v. 1830 scheint wenigstens für die Verneinung zu sprechen. Da jedoch der Eingang der AKO. jede rechtliche Verpflichtung des Staats zur Zahlung der dort erwähnten Gehälter in Abrede stellt, und die Bewilligung der letzteren dem Staatsoberhaupte vorbehält, so dürfte doch wohl das Richtige sein, daß die Einklagung solcher Gehälter auch gegenwärtig nicht stattfinde. — Die Vorschriften der zweiten Gruppe (A. 9) sind durch das Ges. v. 1861 offenbar unberührt geblieben. — Die AKO. v. 1834 (A. 10) ist wenigstens für solche Streitigkeiten außer Kraft gesetzt, welche den Betrag gesetzlich oder anderweit vorher tarifierter Gebühren usw., mithin die Anwendbarkeit und Auslegung der desfallsigen Bestimmungen betreffen, oder welche das Vorhandensein eines Gebührenanspruchs überhaupt zum Gegenstande haben, insofern nicht etwa angenommen werden muß, daß die AKO. schon von vornherein auf Streitigkeiten der letzteren Art nicht zu beziehen gewesen sei. Soviel steht jedenfalls fest, daß die AKO. zu keiner Zeit zur Anwendung kam, wenn die Zuziehung eines Beamten als Sachverständigen mit seiner amtlichen Stellung in keinem ursächlichen Zusammenhang stand, und die Tätigkeit eines Sachverständigen außerhalb seiner Berufspflichten lag, oder wenn der zugezogene Sachverständige gar jeder amtlichen Stellung entbehrte, weshalb z. B. die Ansprüche der zur Abschätzung von Mobilmachungs-Pferden aus dem Zivilstande zugezogenen Taxatoren von jeher prozeßfähig waren; vgl. EK. 7. Okt. 1854 (JMBl. 55 S. 8). Ähnlich ist auch die MVfg. 3. Okt. 1835 (A. 10) nur noch in beschränktem Umfange zur Anwendung zu bringen bezw. die dort erwähnte administrative Feststellung unter den oben erwähnten Voraussetzungen für den Richter nicht bindend, und zwar, obschon das Ges. v. 1861 zunächst nur unmittelbare Staatsdiener im Auge hat, auch insofern, als dieselbe sich auf mittelbare Staatsdiener miterstreckt, da kein Grund zu einer desfallsigen Unterscheidung zwischen jenen und diesen Beamten vorliegt, und jene Verfügung kein verbindliches Gesetz ist, sondern nur als Ausdruck der bestehenden Rechtsgrundsätze in Betracht kommt. Größere Bedenken bietet das Feldmesser-Regl. v. 1857; einesteils ist nämlich die Stellung der Feldmesser ihrem Grundcharakter nach immerhin die von Gewerbetreibenden, anderenteils dürften die bezüglichen Bestimmungen, insofern sie wider die administrative Festsetzung der Gebühren usw. den RW. ausschließen, durch die Eigentümlichkeit der Tätigkeit der Feldmesser mit begründet werden. Demzufolge dürfte wohl an der Geltung jener Vorschriften als derer einer Spezialverordnung keine Änderung durch das allgemeine Ges. v. 1861 herbeigeführt sein. Diese Auffassung wird bestätigt durch das unter Aufhebung des Regl. v. 1857 ergangene Reglement v. 2. März 1871 (GS. S. 101), welches in den §§ 55 ff. die gleichen Vorschriften wiederholt. [Diese Bestimmungen legen die Festsetzung der von den Feldmessern für die Ausführung von Aufträgen der Staatsbehörden (insofern abweichend von den Bestimmungen des Regl. v. 1857, die auch bei von Privatpersonen erteilten Aufträgen zur Anwendung kamen) aufgestellten Liquidationen ihrer Gebühren, Diäten oder Auslagen, wenn über deren Richtigkeit Zweifel entstehen, sei es weil die angesetzten Sätze an sich bestritten, sei es weil die ungenügende Beschaffenheit der abzuliefernden Gegenstände oder ungenügende Leistungen in der verwendeten Zeit behauptet werden, ohne Unterschied, ob für die anzufertigenden Arbeiten besondere Gebühren- und Diätensätze vereinbart worden sind oder nicht, in die Hände der Regierungen bezw. Auseinandersetzungsbehörden, und gestatten wider diese Festsetzung lediglich den Rekurs an das betreffende Ministerium, wider dessen Entscheidung keine Berufung stattfindet. Nur, wenn besondere Gebühren- und Diätensätze vereinbart worden sind, soll es zulässig sein, auf einen Sachverständigen, der die Feldmesserprüfung bestanden hat, unter gewissen Voraussetzungen zu kompromittieren. Das frühere Regl. v. 29. April 1813 überwies gleichfalls die Gebührenfestsetzung mit Ausschluß des RW. den Verwaltungsbehörden, jedoch nur insofern, als es sich um die Festsetzung nach den Bestimmungen des Regl. handelte, weshalb da, wo die Entschädigung vertragsweise geregelt war, die über Auslegung oder Erfüllung des Vertrags entstehenden Streitigkeiten zum RW. gehörten; vgl. JMVfg. 26. Febr. 1841 (JMBl. S. 115). Übrigens werden auch gegenwärtig noch alle Streitigkeiten, welche die Auslegung und Rechtsbeständigkeit eines solchen Vertrags zum Gegenstande haben, sowie überhaupt alle Streitpunkte, die sich nicht auf die Höhe der liquidierten Sätze noch auf den Wert der betreffenden Leistungen beziehen, und zwar seit dem Ges. v. 24. Mai 1861 selbst dann, wenn der Feldmesser im Auftrage einer Behörde und gewissermaßen als unmittelbarer Staatsbeamter gehandelt hat, der richterlichen Entscheidung unterliegen. Unter der Herrschaft der AKO. v. 7. Juli 1830 wurde im letzterwähnten Falle das Gegenteil angenommen; vgl. EK. 8. Apr. 1854 (JMBl. S. 356). Ja sogar der Wert der Leistungen kann vom Richter geprüft werden, wenn die Mangelhaftigkeit derselben die Grundlage einer gegen den Feldmesser angestellten Entschädigungsklage bildet. Jene reglementarischen Vorschriften bleiben ganz außer Betracht, wenn die Feldmesser in Zivilprozeß- und Strafsachen als Sachverständige auf Grund eines Gerichtsbeschlusses tätig gewesen sind. Alsdann ist vielmehr die GebührenO. v. 20. Mai 1898 maßgebend, nach der auch die Gebührensätze bemessen werden müssen; vgl. A. 38. — Sind zur Feststellung der Gebühren die Karten und Papiere des Feldmessers zwangsweise abgefordert worden (§ 55 d. Regl.), so ist weder die Klage auf Rückgabe, noch die gegen den ausführenden Beamten gerichtete Klage auf Schadensersatz zulässig: EK. 5. Juli 1884 (Rechtspr. S. 34).]

13. Die bisherige Gesetzgebung über die Geltendmachung von Gehalts-, Pensions- und ähnlichen Forderungen mittelbarer Staatsdiener, wie z. B. der Kommunal- und kirchlichen Beamten ist im allgemeinen durch das Ges. v. 1861 unberührt geblieben; das Gesetz kommt bei solchen Forderungen überhaupt nicht zur Anwendung. Vgl. MVfg. 18. Sept. 1890 (VMBl. S. 204), RG. 3. Jan. 1898 (E. 42 S. 281), KG. 11. Dez. 1900 (Rechtspr. d. OLG. 2 S. 246), OVG. 24. Mai 1895 (E. 28 S. 186), v. Rönne 1 S. 495 A. 1e, Schulze 1 S. 330, Stölzel S. 82. Namentlich gilt dies von den in A. 169 zur VO. v. 1808 bezogenen Bestimmungen. Müßte jedoch mit AH. Cöln 4. Aug. 1841 (Rh. A. 31, I. 172) angenommen werden, daß die AKO. v. 1830 nicht ausschließlich auf die Gehaltsansprüche usw. der unmittelbaren Staatsdiener, sondern z. B. auch auf die einem katholischen Pfarrer vom Staate zugesicherte Gehaltszulage anwendbar gewesen sei, so würde freilich auch hier das Ges. v. 1861 seine Wirksamkeit bewähren. Im übrigen wird auf das hinsichtlich der MVerf. v. 1835 in A. 12 gesagte und bez. des heutigen Rechts auf A. 14b—e verwiesen.

14. Inzwischen ist auf dem hier behandelten Gebiete eine Reihe von Gesetzen ergangen, die sich im wesentlichen eng an das Ges. v. 1861 anschließen oder auf dieses verweisen, zugleich aber auch dessen Anwendbarkeit über seinen ursprünglichen Rahmen hinaus erweitern, insofern sie nämlich seine Vorschriften auch bei mittelbaren Staatsdienern zur Anwendung bringen. Die wichtigsten sind folgende:

a) Unmittelbare Staatsbeamte. Durch das wiederholt abgeänderte Ges. betr. die Pensionierung der unmittelbaren Staatsbeamten sowie der Lehrer und Beamten an den höheren Unterrichtsanstalten mit Ausschluß der Universitäten, v. 27. März 1872 (GS. S. 268) ist der RW. in Pensionssachen neu geregelt worden (§ 23), jedoch im engsten Anschluß an das Ges. v. 1861, auf dessen Vorschriften die älteste Fassung sogar lediglich verwies. Das Gesetz findet ebenso wie das Ges. v. 1861 auf alle, aber auch nur auf unmittelbare Staatsbeamte Anwendung (auch in der Fassung v. 30. Apr. 1884); vgl. RG. 19. Mai 1892 (Gruchot 36 S. 1178). Eine Ergänzung findet das Gesetz in dem Ges. betr. die Fürsorge für die Witwen und Waisen der unmittelbaren Staatsbeamten. v. 20. Mai 1882 (GS. S. 298), § 20 Abs. 2, und in dem Ges. betr. die Fürsorge für Beamte infolge von Betriebsunfällen v. 18. Juni 1887 (GS. S. 282).

b) Mittelbare Staatsbeamte. Bezüglich der Kommunalbeamten gilt jetzt das Ges. v. 30. Juli 1899 (GS. S. 141), das den RW. in ähnlicher Weise beschränkt wie das Ges. v. 1861; vgl. VO. v. 1808 A. 169.

c) Ferner sind hier zu nennen das Ges. betr. das Diensteinkommen der Lehrer und Lehrerinnen an den öffentlichen Volksschulen, v. 3. März 1897 (GS. S. 25), das in § 23 die Anwendung des Ges. v. 1861 mit einigen besonderen Maßgaben vorschreibt; (dieses Gesetz findet auf die Lehrer an sog. Mittelschulen keine Anwendung: RG. 11. Dez. 1900, Rechtspr. d. OLG. 2 S. 246); ferner das Ges. betr. die Pensionierung der Lehrer und Lehrerinnen an den öffentlichen Volksschulen, v. 6. Juli 1885 (GS. S. 298), das in den §§ 13 ff. dem Ges. v. 1861 nachgebildete Bestimmungen enthält. Auf die Vorschriften des Ges. v. 1885 bezieht sich wiederum das Ges. betr. das Ruhegehalt der Lehrer und Lehrerinnen an den öffentlichen nichtstaatlichen mittleren Schulen und die Fürsorge für ihre Hinterbliebenen, v. 11. Juni 1894 (GS. S. 109). Dasselbe gilt von dem Ges. betr. die Fürsorge für die Witwen und Waisen der Lehrer an öffentlichen Volksschulen, v. 4. Dez. 1899 (GS. S. 587).

d) Bezüglich der Geistlichen sind ergangen die beiden Ges. betr. das Diensteinkommen der evangelischen bezw. katholischen Pfarrer, v. 2. Juli 1898 (GS. S. 155, 260); das Ges. betr. das Ruhegehalt der emeritierten Geistlichen, v. 15. März 1880 (GS. S. 216) und die Ges. betr. die Fürsorge für die Witwen und Waisen der Geistlichen v. 15. Juli 1889 und 31. März 1895 (GS. 89 S. 139; 95 S. 95). In allen ist die entsprechende Anwendung des Ges. v. 1861 vorgesehen.

e) Bezüglich aller andern, in den einschlagenden Gesetzen nicht genannten Ansprüche von mittelbaren Beamten ist nach wie vor der RW. unverschränkt. Es ist dabei jedoch zu beachten, daß nach den allgemeinen Grundsätzen auch bei mittelbaren Beamten die Entscheidungen der (staatlich anerkannten) Disziplinarbehörden (ähnlich wie nach § 5 d. G.) für die Gerichte bindend sind; vgl. OLG. Cöln 19. Febr. 1898, RG. 30. Sept. 1898 (Rh. A. 93, I. 178; 94, II 91), VO. v. 1808 A. 620 ff., 633.

f) Übrigens kommt neben den in a—e genannten Gesetzen überall das Ges. v. 1861 ergänzend zur Anwendung; vgl. RG. 4. Dez. 1896 (E. 38 S. 293).

g) Reichsbeamte. Das Ges. v. 1861 hat zum Vorbild gedient den §§ 149 ff. RBeamtenges. v. 31. März 1873 (RGBl. S. 61). Dieses ist ergänzt durch die RGes. betr. die Fürsorge für die Witwen und Waisen der Reichsbeamten der Zivilverwaltung, v. 20. Apr. 1881 (RGBl. S. 85) und betr. die Fürsorge für Beamte und Personen des Soldatenstandes infolge von Betriebsunfällen, v. 15. März 1886 (RGBl. S. 53).

h) Dasselbe gilt von dem RGes. betr. die Pensionierung und Versorgung der Militärpersonen usw. v. 27. Juni 1871 (RGBl. S. 275), ergänzt durch die beiden Hinterbliebenen-Fürsorgeges. v. 17. Juni 1887 (RGBl. S. 237) und 13. Juni 1895 (RGBl. S. 261) und das zu g genannte RGes. v. 15. März 1886, ferner dem RGes. betr. Gewährung von Unterstützungen an Invalide aus den Kriegen vor 1870 und an deren Hinterbliebene, v. 14. Jan. 1894 (RGBl. S. 107) usw. Ob auch der Gehaltsanspruch der Offiziere diesen Bestimmungen unterliegt, ist zweifelhaft. Wie schon erwähnt (A. 11, 12) ist die AKO. v. 28. Okt. 1836 als durch das Ges. v. 1861 aufgehoben und ersetzt zu erachten; ebenso v. Rönne 1 S. 494 A. 1b, EK. 13. Aug. 1870 (JMBl. S. 310), RG. 1. Febr. 1894 (E. 32 S. 118). Da nun die Offiziere gegenwärtig jedenfalls keine Staatsbeamte mehr sind, sondern Reichsbeamte (vgl. Stölzel S. 68), kann auf sie das Ges. v. 1861 keine Anwendung mehr finden; andererseits verneint das RBeamtengesetz in § 157 die Anwendbarkeit der §§ 149 ff. auf die Personen des Soldatenstandes, zu dem die Offiziere gehören. Dies führt zu dem allerdings auffallenden Ergebnis, daß für Gehaltsansprüche der Offiziere (und Soldaten) der RW. uneingeschränkt offensteht, für ihre Pensionsansprüche dagegen die Beschränkungen des RGes. v. 27. Juni 1871 gegeben sind. Vgl. die Darlegung bei Stölzel aaO., der selbst den RW. für gänzlich verschlossen erachtet.

15. Für die Anwendbarkeit der Vorschriften dieses Gesetzes und der ihm nachgebildeten ist es gleichgültig, ob der Beamte noch im Dienst ist oder nicht. Auch der Anspruch der Erben eines verstorbenen Beamten auf Auszahlung rückständigen Gehalts oder des Gnadenquartals ist unter Anwendung dieser Vorschriften im RW. zu verfolgen, wenn auch das Gesetz nur von Beamten selbst spricht; vgl. EK. 14. Mai 1870 (JMBl. S. 270), RG. 1. März 1886 (E. 15 S. 274).

16. § 1 bezieht sich auf alle vermögensrechtlichen Ansprüche aus dem Dienstverhältnisse, mithin auch auf Tagegelder, Reisekosten, Umzugsgelder, Wohnungsgeldzuschuß und jede andere Art dienstlicher Remunera-

tionen; vgl. Komm.-Bericht des AbgH. Hierhin gehört z. B. der Anspruch eines Gendarmen auf den Taxwert seines bisherigen Dienstpferdes, welches er seinem Nachfolger zu überlassen hat; die Feststellung des Taxwertes kann daher im RW. angefochten werden, auch wenn es sich bei derselben um die Durchführung von Verwaltungsgrundsätzen handelt: EK. 11. Sept. 1875 (BMBl. S 237); ferner der Anspruch auf Portovergütungen: RG. 23. März 1893 (BMBl. S. 124), und auf Schreiblohn: EK. 10. Okt. 1868 (JMBl. 69 S. 2). — Wegen des Anspruchs auf Rückgabe des den gesetzlichen Betrag übersteigenden Teils der bestellten Amtskaution war der RW. schon früher zulässig. So: OT. 10. April 1854 (Strieth. 14 S. 15). [Dort wird u. a. erwogen: „ob es lediglich vom Ermessen der Dienstbehörde abhänge, in Fällen, wo es bei Übertragung eines anderen Amts nur einer geringeren Kaution bedürfe, die höhere Kaution des früheren Amts auf das neue zu übertragen, sei in den bezüglichen Gesetzen (vgl. AKO. v. 11. Febr. 1832, 15. Apr. 1837) nirgends gesagt, noch weniger den Verwaltungsbehörden darüber die Entscheidung beigelegt und der RW. ausgeschlossen. — Untergebens war übrigens nicht vom Beamten selbst, sondern von einem Gläubiger desselben geklagt worden.]

17. § 1 gestattet zwar den RW. auch demjenigen Beamten, welcher ein niedrigeres Gehalt bezieht, als das im Etat für seine Stelle bestimmte, und nun das etatsmäßige höhere fordert; doch würde ein solcher Anspruch materiell unbegründet sein; vgl. Komm.-Bericht des HH. (Stenogr. Berichte 1861 Bd. 2 S. 235); § 8 Ges. betr. den Staatshaushalt, v. 17. Mai 1898 (GS. S. 77); MVfg. 9. März 1894 (BMBl. S. 55); RG. 22. Febr. 1901 (E. 48 S. 321); OVG. 24. Mai 1895 (E. 28 S. 187); v. Rönne 3 S. 505. Eine Ausnahme besteht nur für die Richter; diese (und gegebenenfalls ihre Erben) haben einen Rechtsanspruch auf Verleihung der Gehaltszulage: § 7 Ges. betr. die Regelung der Richtergehälter v. 31. Mai 1897 (GS. S. 157), der die feststehende Rechtsprechung des Reichsgerichts auch gesetzlich anerkannt hat; vgl. Vierhaus in DJurZtg. 2 S. 232. — Einen Anspruch auf Gehalt kann der Beamte im RW. nur hinsichtlich desjenigen Amtes geltend machen, welches ihm verliehen ist, nicht auch hinsichtlich eines solchen, welches ihm vermöge seiner Befähigung oder der Art seiner Dienstleistungen hätte verliehen werden können oder sollen; vgl. RG. 18. Juni 1901 (PrVerwBl. 23 S. 73).

18. Ein „Rechtsanspruch" auf Pension (im Sinne des § 113 Mil.-Pensionsges. v. 1871) liegt auch dann vor, wenn der erhobene Anspruch den Streit betrifft, ob die Pension (nach § 33 das.) ruht: RG. 28. Nov. 1895 (E. 36 S. 74). — — Die Festsetzung der auf Grund des RGes. v. 15. März 1886 und des preuß. Ges. v. 18. Juni 1887 (betr. Fürsorge für Beamte infolge von Betriebsunfällen) zu zahlenden Summen erfolgt nach Maßgabe der einschlagenden Pensions- und Hinterbliebenen-Fürsorgegesetze. Es muß mithin auch vor ihrer gerichtlichen Verfolgung der administrative Instanzenzug erschöpft sein, ebenso müssen die Fristen dieser Gesetze eingehalten werden; ferner ist die Vorentscheidung der Verwaltungsbehörde, ob ein Beamter dauernd dienstunfähig (§ 1 Abs. 1) und deshalb aus seinem Amte zu entlassen sei, für die Gerichte maßgebend (anders bei § 1 Abs. 2; die Erwerbsunfähigkeit ist vom Gericht festzustellen); vgl. RG. 9. Juli 1897, 26. Juni 1899, 15. Dez. 1891 (E. 39 S. 254; 44 S. 35; Rh. A. 84, II. 23, dieses hinsichtlich der Erwerbsunfähigkeit abweichend), OLG. Cöln 20. März 1896 (das. 90, I. 151), Stölzel S. 82. — — Das der Pensionsberechnung zugrunde liegende „zuletzt bezogene" Gehalt ist dasjenige, welches der Beamte zu beanspruchen hatte; unerheblich ist, ob er es bei seiner Pensionierung bereits bezog, sofern er nur nachträglich das Recht zum Bezuge erworben hat; vgl. RG. 26. Nov. 1896 (E. 38 S. 286). — — Bei der Berechnung des der Pension zugrunde zu legenden Diensteinkommens der Lehrer ist für den Richter die durch die Schulaufsichtsbehörde erfolgte Festsetzung des Wertes der Dienstwohnung, der Feuerung, der Naturalien und des Ertrags von Dienstländereien maßgebend, so daß er von der administrativen Berechnung nicht abgehen kann. Die abweichende Entscheidung (hinsichtlich des § 4 Ges. v. 6. Juli 1885) in RG. 23. Febr. 1891 (E. 28 S. 196) hat für die neue Fassung im § 8 Ges. v. 23. Juli 1893 keine Geltung mehr.

19. Über den Anspruch auf Witwen- und Waisengeld ist der RW. zulässig, auch wenn dies im Gesetz selbst nicht ausdrücklich gesagt sein sollte; vgl. z. B. RGes. v. 20. April 1881 und die Begründung zum Entwurf desselben, Stölzel S. 506. — — Die Gesetze über die Hinterbliebenenfürsorge enthalten sämtlich den Satz, daß die oberste Verwaltungsbehörde zu bestimmen hat, an wen die Zahlung

§ 2. Die Entscheidung des Verwaltungschefs muß mit Ausnahme des Falles, wo ein Beamter durch eine von der Ober-Rechnungskammer getroffene Festsetzung verkürzt zu sein glaubt, der Klage vorhergehen, und letztere sodann bei Verlust des Klagerechts innerhalb sechs Monaten, nachdem dem Beamten die Entscheidung des Verwaltungschefs oder die Festsetzung der Ober-Rechnungskammer bekannt gemacht worden, angebracht werden.

gültig zu leisten ist. Trotzdem in der Begründung zum Entwurf des gen. RGes. v. 1881 und des Ges. v. 20. Mai 1886 gesagt ist, daß diese Entscheidung nicht im RW. anfechtbar sei, ist das Gegenteil anzunehmen, da sich die eine Feststellung, ob und in welcher Höhe Witwen- und Waisengeld zu zahlen ist, nicht von der anderen trennen läßt, wer dasselbe zu beanspruchen und demgemäß in Empfang zu nehmen hat. Ebenso: Stölzel S. 79. Eine Ausnahme hiervon enthalten die Ges. v. 15. Juli 1889 und 31. März 1895 betr. Fürsorge für die Hinterbliebenen der Geistlichen, die den RW. gegen die diesbezügliche Entscheidung des Oberkirchenrats ausdrücklich ausschließen.

20. Der Ausdruck „vermögensrechtliche Ansprüche aus dem Dienstverhältnis" ist nicht dahin auszudehnen, daß darunter alle auch rein privatrechtlichen Ansprüche zu verstehen wären, die einem Staatsbeamten bei Gelegenheit und aus Anlaß seiner Diensttätigkeit gegen den Staat erwachsen; es handelt sich vielmehr im § 1 nur um die, ihrem wesentlichen Charakter nach dem öffentlichen Recht angehörigen Ansprüche der Staatsbeamten auf die mit ihrem Amte als solchen verbundenen, durch die Anstellung begründeten Bezüge. Nicht unter § 1 fallen demnach z. B. Schadenersatzansprüche, die sich auf ein grobes Verschulden des Staats bezw. seiner Behörden stützen. Vgl. RG. 18. Mai 1893 (E. 31 S. 255).

21. Aus demselben Grunde gehören nicht dahin Ansprüche, die dem Beamten nicht gegen den Staat und aus Staatsmitteln, sondern gegen einen dritten, z. B. eine Beamten-Pensions- und Unterstützungskasse zustehen. Derartige Ansprüche sind rein privatrechtliche, die dem Beamten aus dem durch seinen Beitritt zur Kasse begründeten Rechtsverhältnisse zwischen ihm und der Kasse erwachsen sind; unerheblich dabei ist, ob die Kasse unter der Verwaltung staatlicher Behörden steht, daß das Vermögen der Kasse auf den Staat übernommen ist usw. Vgl. RG. 6. Apr. 1891, 16. Febr. 1885 (Gruchot 35 S. 1091; 29 S. 883). Die letztere Entscheidung betraf eine Elementarlehrer-Witwen- und Waisenkasse; vgl. in dieser Hinsicht §§ 16 ff. Ges. v. 4. Dez. 1899 (GS. S. 587). Anders liegt die Sache bei den auf Grund von Gesetzen gebildeten Ruhegehaltskassen; vgl. das letztgenannte Gesetz und A. 28.

22. Obschon § 1 nur die Leistungsklage im Auge hat, sind doch auch Feststellungsklagen über Fragen der Anstellung, Besoldung usw. möglich, wenn der Beamte ein Interesse an der alsbaldigen Beantwortung hat; solche Klagen fallen nicht unter das Ges. v. 1861 und die ihm nachgebildeten. Voraussetzung für die Zulässigkeit einer Feststellungsklage ist, daß die beantragte Feststellung die notwendige Vorentscheidung für einen dem Beamten zustehenden vermögensrechtlichen Anspruch bildet oder bilden kann. Denn nur solche Ansprüche aus seinem Dienstverhältnis kann der Beamte gegen den Staat im RW. geltend machen; ist aber für die Leistungsklage der RW. nicht zulässig, dann ist auch die Feststellungsklage ausgeschlossen (VO. v. 1808 A. 97). Vgl. RG. 19. Okt. 1899 (Gruchot 46 S. 417: zulässig ist die Klage auf Feststellung, ob ein Beamter lebenslänglich oder auf Kündigung angestellt ist), 22. Febr. 1901 (E. 48 S. 321: unzulässig ist die auf Feststellung des Besoldungsdienstalters gerichtete Klage, da dieses im vorliegenden Falle nur für die Verleihung der Gehaltszulagen maßgebend ist, auf diese aber der Beamte keinen Rechtsanspruch hat; vgl. A. 17).

§ 2.

23. Die Frage, wer nach den bestehenden Amts-Einrichtungen als der Verwaltungschef (§ 2) anzusehen sei, fällt gegebenenfalls der richterlichen Entscheidung mit anheim; vgl. Komm.-Bericht d. AbgH. Nach feststehender Rechtsprechung ist Verwaltungschef der betreffende Fachminister und nicht etwa diejenige Behörde, die den Fiskus im späteren Rechtsstreit zu vertreten hat: RG. 4. Febr. 1902 (PrVerwBl. 23 S. 458).

§ 3. Die Klage ist gegen diejenige Provinzialbehörde des betreffenden Verwaltungsressorts und in Ermangelung einer solchen, sowie seitens der Justizbeamten im Bezirke des Appellations-Gerichtshofes zu Cöln, gegen diejenige Bezirksregierung zu richten, in deren Amtsbezirk der Beamte zu der Zeit, wo der streitige Anspruch entstanden ist, vermöge seines dienstlichen Wohnsitzes seinen persönlichen Gerichtsstand gehabt hat. Der Stadtbezirk von Berlin wird in dieser Beziehung zum Bezirk der Regierung zu Potsdam gerechnet.

Für Prozesse von Beamten in den Hohenzollernschen Landen ist die Regierung in Sigmaringen zur Vertretung des Fiskus befugt.

---

24. Der im § 2 bezüglich der Festsetzungen der Ober-Rechnungskammer gemachte Vorbehalt ist auf den Vorschlag der Kommission des AbgH. in das Gesetz aufgenommen worden.

25. Der Klage des Beamten muß die Entscheidung des Verwaltungschefs vorangehen; die Klage muß sodann innerhalb sechs Monaten nach der Bekanntmachung jener Entscheidung erhoben werden. Vor Einholung der Entscheidung des Verwaltungschefs und nach Ablauf der Frist ist der RW. unzulässig (und nicht etwa nur die Klage als zur Zeit unstatthaft bezw. als unbegründet abzuweisen; doch ist die Frage bez. des zweiten Falles streitig). Ebenso z. B. RG. 9. Juli 1897 (E. 39 S. 254), GK. 10. Okt. 1868, 14. Mai 1881, 25. Juni 1898 (JMBl. 69 S. 2; Rechtspr. S. 48; Nachtr. S. 4), Stölzel S. 72ff.; aM. z. B. RG. 28. Nov. 1895 (E. 36 S. 74); GK. 12. Apr. 1861 (Rechtspr. S. 31), OLG. Cöln 20. März 1896 (Rh. A. 90, I. 151). Die Nichtbeobachtung der Frist ist daher von Amtswegen zu rügen und zu berücksichtigen: OLG. Cöln 28. Dez. 1897 (das. 93, I. 95). Andererseits genügt es, wenn die Entscheidung der Verwaltungsbehörde zwischen der ersten und zweiten Instanz eingeholt wird, da es ausreicht, wenn die allgemeinen Prozeßvoraussetzungen, hier die Zulässigkeit des RW., in der Berufungsinstanz gegeben sind; so: RG. 3. Nov. 1898 (E. 42 S. 281); aM. OLG. Cöln 30. Dez. 1896 (Rh. A. 91, I. 167).

26. Darüber, was als „Entscheidung" im Sinne dieser Vorschriften anzusehen ist, vgl. RG. 11. Okt. 1900 (E. 47 S. 41), Stölzel S. 71. Nach RG. 3. Nov. 1898 (A. 25) ist eine „Entscheidung" auch dann ergangen, wenn der Verwaltungschef es ablehnt, eine Entscheidung zur Sache zu treffen, da hierdurch feststeht, daß die berufene Verwaltungsinstanz dem Anspruch des Beamten keine Anerkennung verschaffen werde.

27. Die abgelaufene Frist von sechs Monaten wird nicht dadurch wieder eröffnet, daß der Beamte nachträglich eine andere Entscheidung des Verwaltungschefs herbeizuführen gesucht und letzterer eine nochmalige Prüfung des Anspruchs des Beamten vorgenommen hat, oder dadurch, daß der Verwaltungschef die getroffene Entscheidung freiwillig in einer Beziehung mildert. Denn die Verwaltungsbehörde ist nicht imstande, die vom Gesetz mit ihrer ersten endgültigen Entscheidung verknüpften Rechtsfolgen aufzuheben und so den Beamten gegen den erlittenen Verlust des Klagerechts gleichsam zu restituieren; vgl. RG. 12. Mai 1890, 25. Sept. 1893, 28. Nov. 1895 (E. 26 S. 20; 31 S. 130; 36 S. 74), OT. 7. März 1879 (JMBl. S. 101).

§ 3.

28. Bei Reichs- und Staatsbeamten ist die Klage gegen den Fiskus zu richten, der nach Maßgabe des § 3 vertreten wird. Eine Ausnahme gilt für die Beamten der Preuß. Zentral-Genossenschaftskasse, deren Klage gemäß § 7 VO. v. 2. Aug. 1899 (GS. S. 397) gegen die genannte Kasse zu richten ist. In diesen Fällen kommt überall nur eine Klage des Beamten gegen den Staat in Frage, während bei mittelbaren Beamten auch die zahlungspflichtige Korporation in die Lage kommen kann, sich gegen die Festsetzung der Gehaltsansprüche usw. durch die Aufsichtsbehörde zu beschweren. Dies kann natürlich niemals durch eine Klage gegen die Aufsichtsbehörde geschehen; gegen diese ist nur die Beschreitung des Beschwerdeweges zulässig (vgl. z. B. § 11 des Kommunalbeamtenges. v. 30. Juli 1899); vgl. VO. v. 1808 A. 165ff. Anders liegt der Fall im Verhältnis zum Beamten. Be-

§ 4. [Das Rechtsmittel der Appellation und der Nichtigkeitsbeschwerde beziehungsweise der Kassationsrekurs steht beiden Teilen auch dann zu, wenn der Betrag der streitigen Forderung die für jene Rechtsmittel sonst vorgeschriebene Summe nicht erreicht.]

§ 5. Die Entscheidungen der Disziplinar- und Verwaltungsbehörden darüber, ob und von welchem Zeitpunkte ab ein Beamter aus seinem Amte zu entfernen, einstweilen oder definitiv in den Ruhestand zu versetzen oder zu suspendieren sei, über die Verhängung von Ordnungsstrafen, sowie darüber, ob und wie weit eine geforderte Vergütigung in Ermangelung eines vorher bestimmten Betrages oder Maßstabes derselben mit der betreffenden Leistung im Verhältnis stehe, sind für die Beurteilung der vor den Gerichten geltend gemachten vermögensrechtlichen Ansprüche maßgebend.

§ 6. Ingleichen sind bei der richterlichen Beurteilung nächst den, dem Beamten besonders erteilten Zusicherungen und den Bestimmungen

---

züglich der Kommunalbeamten vgl. VO. v. 1808 A. 169. Bezüglich der Pensionsansprüche der Lehrer ist die Beschreitung des RW. dem zur Unterhaltung der Schule Verpflichteten (§ 15 Ges. v. 6. Juli 1885, Art. IV Ges. v. 25. Apr. 1896, GS. S. 87, betr. Abänderung des Pensionsges. v. 27. März 1872) und dem Kassenanwalt (§ 17 Ges. v. 23. Juli 1893) ausdrücklich nachgelassen; die Klage ist gegen den Lehrer zu richten und nur mit denselben Maßgaben zulässig, wie die vom Lehrer erhobene. Der Lehrer muß die Klage gegen die Ruhegehaltskasse, vertreten durch den Kassenanwalt (und nicht etwa gegen die Aufsichtsbehörde oder gegen die in der Kasse vereinigten Schulverbände) erheben; vgl. RG. 26. Nov. 1896, 25. März 1889 (E. 38 S. 279; 23 S. 261). (Bezüglich des Gehaltes der Lehrer ist die Klage des Schulverbandes gegen den Lehrer nicht zulässig; vgl. § 25 Ges. v. 3. März 1897). — Dagegen kann das Presbyterium die durch das Konsistorium erfolgte Festsetzung der Pension eines Küsters weder gegen diesen noch gegen das Konsistorium im RW. angreifen; vgl. OVG. 30. Apr. 1884 (E. 10 S. 140).

§ 4.

29. Durch § 4 war der RW. bis zur dritten Instanz ohne Unterschied des Wertes des Streitgegenstandes gegeben, mit Rücksicht auf das Interesse, welches der Staat an der Wahrung einheitlicher Grundsätze bezüglich der dienstlichen Rechtsverhältnisse hat. Auf demselben Grunde beruhen die jetzt geltenden Vorschriften § 547 Z. 2 ZPO., § 70 GVG. und § 39 Nr. 1 AG. z. GVG., wonach für die Ansprüche der Reichsbeamten gegen den Reichsfiskus und der Staatsbeamten gegen den Landesfiskus aus ihrem Dienstverhältnis die Landgerichte ohne Rücksicht auf den Wert des Streitgegenstandes zuständig sind und deshalb die Revision unbedingt zulässig ist. § 70 und § 39 unterscheiden nicht hinsichtlich der Parteirolle, so daß ihre Vorschriften auch im Falle einer Kondiktion des Fiskus gegen den Beamten oder dessen Erben Platz greifen: RG. 1. Febr. 1894 (E. 32 S. 118). Sie kommen ferner zur Anwendung bei den von den Hinterbliebenen eines Beamten angestellten Klagen. Bezüglich der Hinterbliebenen der Reichsbeamten folgt dies aus der allgemeinen Bezugnahme des § 70 auf das RBeamtenges. v. 31. März 1873, doch gilt der Satz auch für die Hinterbliebenen der Staatsbeamten. Ebenso: Illing 1 S. 173, RG. 17. Juni 1885 (E. 14 S. 366; hier wird der Satz ausdrücklich zwar nur für den Fall ausgesprochen, daß die Hinterbliebenen eines Staatsbeamten das Gnadenquartal einklagen, doch paßt die Begründung auf alle Ansprüche derselben); aM. hinsichtlich der Hinterbliebenen von Staatsbeamten v. Wilmowski-Levy A. 6 zu § 70 GVG., Struckmann-Koch A. 7 das.

§§ 5 und 6.

30. Unter den im § 5 gedachten Verwaltungsbehörden sind auch die Justizbehörden einbegriffen, insofern diese nicht bloß eine richterliche, sondern auch eine verwaltende Tätigkeit zu üben haben; vgl. Komm.-Bericht des HH.

der allgemeinen Landesgesetze, die zur Zeit der Entstehung des streitigen Anspruchs in Kraft gewesenen Königlichen Anordnungen, sowie die seitens der Zentralbehörden ergangenen, den Provinzialbehörden mitgeteilten und die mit Genehmigung der Zentralbehörden von den Provinzialbehörden erlassenen allgemeinen Verfügungen, soweit solche nicht den Gesetzen oder Königlichen Anordnungen zuwiderlaufen, zum Grunde zu legen.

§ 7. Soweit über vermögensrechtliche Ansprüche der Staatsbeamten bereits vor dem Eintritt der Gesetzeskraft des § 1 von dem Könige oder dem Staatsministerium entschieden worden ist, können dieselben bei den Gerichten nicht weiter verfolgt werden.

§ 8. Alle den §§ 1—7 entgegenstehenden Bestimmungen sind aufgehoben.

31. Indem die §§ 5 und 6 das richterliche Entscheidungsrecht gegenüber gewissen Anordnungen und Verfügungen der Verwaltung einschränken, bezwecken sie nach der Begründung des Gesetzentwurfs die Ordnung in der Verwaltung und die Aufrechterhaltung einheitlicher Grundsätze in derselben. § 6 hat allgemeine Anordnungen und Verfügungen im Auge, welche diese Verwaltungsgrundsätze aufstellen, und bestimmt, daß sie der richterlichen Beurteilung zugrunde zu legen sind. Liegen solche allgemeine Verfügungen der Zentral- bezw. Provinzialbehörden vor, so hat sich der Richter auf die Prüfung der Frage zu beschränken, ob diese Verfügungen den Gesetzen oder Königlichen Anordnungen zuwiderlaufen; wird diese Frage verneint, so ist die Verfügung für den Richter maßgebend. Vgl. RG. 22. März 1893 (Gruchot 37 S. 1081), Stölzel S. 78 A. 72. Dagegen spricht § 5 von solchen Entscheidungen, die sich nur auf den einzelnen Beamten beziehen. Sie sind für den Richter bindend, berühren aber die Zulässigkeit des RW. nicht, sondern haben nur die Wirkung, daß ihnen widersprechende Ansprüche des Beamten als unbegründet abzuweisen sind; vgl. z. B. RG. 18. Febr. 1897 (JurWoch. 97 S. 180 Nr. 56).

32. Wenn § 5 d. G. bezw. § 155 RBeamtenges. bestimmen, daß die Verwaltungsbehörde darüber zu entscheiden habe, ob und von welchem Zeitpunkte ab ein Beamter aus seinem Amt zu entfernen, einstweilen oder endgültig in den Ruhestand zu versetzen oder zu suspendieren sei, so ist damit klar ausgedrückt, daß auch die Entscheidung über die Vorfrage, ob die Voraussetzungen für die Amtsenthebung oder Pensionierung gegeben seien (also z. B. darüber, ob ein Beamter „dienstunfähig" und deshalb in den Ruhestand zu versetzen sei), der richterlichen Nachprüfung entzogen sein soll. Vgl. RG. 9. Jan. 1880, 14. Nov. 1884 (E. 1 S. 34; 12 S. 70), EK. 10. Mai 1884 (BMBl. S. 192). Über den Zeitpunkt der Pensionierung hat die Verwaltungsbehörde auch dann zu entscheiden, wenn die Pensionierung auf Antrag des Beamten erfolgt; vgl. RG. 4. Dez. 1896 (E. 38 S. 293). Als „Verhängung einer Odnungsstrafe" im Sinne des § 5 d. G. ist auch die von der Aufsichtsbehörde auf Grund des § 8 Disziplinarges. v. 21. Juli 1852 angeordnete Entziehung des Diensteinkommens anzusehen, so daß eine Klage auf Auszahlung des zurückbehaltenen Gehalts zurückzuweisen ist, ohne daß der Richter nachzuprüfen hätte, ob die Voraussetzungen des § 8 vorliegen; vgl. RG. 13. Juni 1902 (E. 52 S. 20), VO. v. 1808 A. 638.

33. Der in § 5 usw. genannten (disziplinarischen) Entfernung aus dem Amt steht die auf Grund des vertraglich ausbedungenen Kündigungsrechts erfolgte Kündigung nicht gleich; der durch Kündigung entlassene Beamte ist also nicht gehindert, etwaige Ansprüche, die er trotz der Kündigung erheben zu können glaubt, im RW. geltend zu machen. Eine Pension steht ihm aber (abgesehen von anderen Voraussetzungen) nur dann zu, wenn seine Dienstunfähigkeit von der Behörde anerkannt ist; wird sie von dieser verneint, so ist seine Klage unbegründet. Die Kündigung selbst kann nicht im RW. als zu Unrecht erfolgt angefochten werden. Vgl. RG. 9. Jan., 24. Nov. 1880, 2. Okt. 1891, 13. März 1903 (E. 1 S. 34; 3 S. 91; Rh. A. 83, II. 86; Gruchot 47 S. 1098), Stölzel S. 76.

34. Die der ausschließlichen Entscheidung durch die Verwaltungsbehörde vor-

behaltenen Fragen sind in den einzelnen Gesetzen erschöpfend aufgezählt, so daß die richterliche Entscheidung über dort nicht genannte Punkte unbeschränkt ist; vgl. z. B. RG. 24. März 1882 (E. 6 S. 105: der Richter hat zu entscheiden, ob und von welchem Zeitpunkt an ein Reichsbeamter früher im Dienste eines Bundesstaats gestanden habe, § 46 Z. 2 RBeamtengeſ.). Dies gilt insbesondere auch von § 115 RMil.-Pensionsges. v. 27. Juni 1871, der bei Aufzählung der maßgebenden Entscheidungen von den anderen Gesetzen erheblich abweicht; vgl. z. B. RG. 27. Mai 1895 (E. 35 S. 97, betraf die Frage, ob ein Offizier durch einen Krieg usw. Invalide geworden ist; die Frage ist auch jetzt noch vom RW. nicht ausgeschlossen, jedoch ist der Anspruch seit Erlaß des abändernden Ges. v. 22. Mai 1893 dann unbegründet, wenn er nicht binnen bestimmter Frist von der obersten Verwaltungsbehörde als begründet anerkannt worden ist), Stölzel S. 80.

35. Die Bestimmung, daß die Verwaltungsbehörde unter Umständen den Betrag der Gebühren festzusetzen habe (§ 5 d. G.) ist im § 155 RBeamtenges. nicht enthalten. Vgl. ferner Ges. betr. die den Medizinalbeamten usw. zu gewährenden Vergütigungen, v. 9. März 1872 (GS. S. 265), dessen § 10 in Übereinstimmung mit § 5 d. G. den Regierungen die endgültige Festsetzung der Gebühren zuweist, wenn deren Höhe nicht nach festbestimmten Sätzen geregelt ist. An Stelle der Regierung entscheidet heute der Regierungspräsident. Diese Bestimmungen beziehen sich übrigens nur auf die Vergütigung; sind daneben Auslagen zu ersetzen, so finden jene bei deren Festsetzung keine Anwendung, insbesondere ist auch die Festsetzung im RW. anfechtbar. Vgl. JMVfg. 7. Okt. 1899 Nr. I. 4405 b (betr. die Gebühren der als Sachverständige vernommenen Chemiker).

36. Ist über eine geforderte Vergütigung ein Rechtsverfahren ungeachtet des Mangels eines vorher bestimmten Maßstabs eingeleitet, ohne daß die Verwaltungsbehörde sich darüber ausgesprochen hat, inwieweit jene mit der betreffenden Leistung im Verhältnis stehe (§ 5), wie es namentlich vorkommen wird, wenn die Verwaltung den Anspruch als überhaupt unbegründet zurückgewiesen hat, so hat der Richter diesen Mangel nicht etwa nach seinem Ermessen zu ergänzen, sondern die Verwaltungsbehörde um eventuelle Festsetzung des Betrags zu ersuchen und hierauf sein Urteil zu stützen. Dies folgt zwar nicht unmittelbar aus dem Wortlaute des § 5, wohl aber aus der ratio legis und den Materialien. Vgl. Komm.-Bericht des HH. aaO. (A. 17).

37. Wird die Vergütigung nach Maßgabe eines gesetzlichen Tarifs gefordert, so kommt die betr. Vorschrift des § 5 nicht zur Anwendung, mag nun die Anwendbarkeit des Tarifs auf den vorliegenden Fall, oder die Auslegung desselben streitig sein. Ja die richterliche Entscheidung ist selbst dann unbeschränkt, wenn der Tarif bloß einen Mindest- und Höchstbetrag bestimmt, mithin dem Ermessen innerhalb dieser Grenzen Raum läßt. AM. die in A. 35 gen. JMVfg. 7. Okt. 1899, die auch im letztgenannten Falle die Entscheidung des Regierungspräsidenten eintreten läßt.

38. Die betreffende Bestimmung des § 5 d. G. und des § 10 Ges. v. 1872 kommt gegenwärtig nicht mehr zur Anwendung, soweit der Sachverständige in einer vor die ordentlichen Gerichte gehörigen Rechtssache, auf welche die ZPO., die StPO. und die KonkursO. Anwendung finden, tätig geworden ist. Die Festsetzung der dafür zu zahlenden Gebühren erfolgt ausschließlich nach der GebührenO. f. Zeugen und Sachverständige v. 30. Juni 1878/20. Mai 1898. Demnach hat auch in den Fällen des § 4 das., der (neben den festen Sätzen des § 3) eine Vergütung nach dem üblichen Preise der Leistung vorsieht, das Gericht die Vergütung festzusetzen, wodurch natürlich nicht ausgeschlossen wird, daß der Richter sich die zur Ermittelung des üblichen Preises erforderlichen Unterlagen durch eine Anfrage bei der Regierung oder sonst berufenen Stelle verschafft. § 13 Geb.-O. hat nur bestehende Taxen (z. B. § 3 Ges. v. 1872) aufrechterhalten, nicht aber Vorschriften über das bei Ermangelung von Taxen einzuschlagende Verfahren. Vgl. Drucksachen des AbgH. 1894, I. Session, Nr. 218 S. 3 (Kommissionsber. v. 24. Mai 1894) und oben A. 12 a. E. (betr. Feldmesserreglement). Die Anfechtung der gerichtlichen Festsetzung erfolgt nur im Beschwerdewege (§ 17 Geb.-O.); vgl. VO. v. 1808 A. 295, JMVfg. v. 7. Okt. 1899 (A. 35). Dagegen kommt, wie diese Vfg. hervorhebt, bei Sachverständigen, die nicht vom Gericht, sondern von der Staatsanwaltschaft um Abgabe des Gutachtens ersucht worden sind, nicht die Geb.-O. v. 1898, sondern § 5 d. G. bezw. § 10 Ges. v. 1872 zur Anwendung.

Zweiter Abschnitt.
In Beziehung auf öffentliche Abgaben im allgemeinen.

§ 9. Wegen allgemeiner Anlagen und Abgaben (§§ 36, 41 der Verordnung vom 26. Dezember 1808, GS. von 1817 S. 283, §§ 78, 79 Teil II Titel 14 Allgemeinen Landrechts) kann auf Grund der Behauptung, daß die einzelne Forderung bereits früher getilgt oder verjährt sei, die Klage auf Erstattung des Gezahlten angestellt werden, jedoch bei Verlust des Klagerechts nur binnen spätestens sechs Monaten nach erfolgter Beitreibung oder geleisteter Zahlung.

§ 10. Der Rechtsweg findet ferner statt, wenn der Herangezogene behauptet, daß die geforderte Abgabe keine öffentliche Abgabe sei, sondern auf einem aufgehobenen privatrechtlichen Fundamente, insbesondere einem früheren gutsherrlichen, schutzherrlichen oder grundherrlichen Verhältnisse beruhe.

Dritter Abschnitt.
In Beziehung auf die Stempelsteuer.

§ 11. Wer zur Entrichtung eines Wertstempels oder eines nicht nach dem Betrage des Gegenstandes zu bemessenden Vertragsstempels gar nicht oder nicht in dem geforderten Betrage verpflichtet zu sein vermeint, ist befugt, dies gerichtlich geltend zu machen.

§ 12. Die Klage ist bei Verlust des Klagerechts binnen sechs Monaten nach erfolgter Beitreibung oder mit Vorbehalt geleisteter Zahlung des Stempelbetrages anzubringen. Hinsichtlich der Stempel, welche zu Gerichtskassen eingezogen werden, ist die Klage gegen die betreffende Salarienkassenverwaltung, in allen übrigen Fällen gegen die zur Verwaltung der indirekten Steuern bestimmte Provinzialbehörde zu richten.

§ 13. [Das Rechtsmittel der Appellation und der Nichtigkeitsbeschwerde beziehungsweise der Kassationsrekurs steht beiden Teilen auch dann zu, wenn der Betrag der streitigen Abgabe die für jene Rechtsmittel sonst vorgeschriebene Summe nicht erreicht.]

§ 14. [Wenn gegen den Herangezogenen wegen Defraudation einer der im § 11 gedachten Stempelabgaben ein gerichtliches Strafverfahren anhängig wird und derselbe sich darauf beruft, daß er zur Zahlung der geforderten Steuer nicht verpflichtet sei, so hat der Strafrichter das Erkenntnis auszusetzen und dem Angeschuldigten eine, nach den Umständen abzumessende, höchstens zweimonatliche Frist zu bestimmen, binnen welcher derselbe von der im § 11 erteilten Befugnis, den Rechtsweg zu beschreiten, Gebrauch machen und, daß dies geschehen, nachweisen muß. Hält er diese Frist nicht inne oder steht er ausdrücklich oder stillschweigend von der Klage ab, in welchem Fall deren Wiederaufnahme oder wiederholte Anstellung nicht gestattet ist, so hat das Strafverfahren seinen Fortgang. Andernfalls ist das im Zivilprozeß ergangene Endurteil für die Untersuchung maßgebend.]

§§ 9, 10.

39. Die Erläuterungen zu den §§ 9 und 10 sind enthalten in den A. 242, 255 f. zur VO. v. 26. Dez. 1808.

§§ 11—14.

40. Die §§ 11 und 12 kommen noch zur Anwendung in den Hohenzollernschen Landen und bei Stempelabgaben für Urkunden, die vor dem 1. Apr. 1896 stempelpflichtig geworden sind. Vgl. VO. v. 26. Dez. 1808 A. 263 ff.

41. § 13 ist aufgehoben durch die ZPO., das GVG. und das AG. hierzu, § 14 durch die StPO.; vgl. VO. v. 1808 A. 269, 598.

Vierter Abschnitt.
In Beziehung auf Kirchen-, Pfarr- und Schulabgaben.

§ 15. Das rechtliche Gehör ist in Beziehung auf die in Nummer 1 der Allerhöchsten Order vom 19. Juni 1836 (GS. S. 198) aufgeführten Abgaben und Leistungen, welche für Kirchen und öffentliche Schulen oder für deren Beamte auf Grund einer notorischen Orts- oder Bezirksverfassung erhoben werden, desgleichen in Beziehung auf Forderungen öffentlicher Schul- und Erziehungsanstalten an Schul- und Pensionsgeld fortan unbedingt gestattet. In Beziehung auf solche Abgaben und Leistungen, welche auf einer allgemeinen gesetzlichen Verbindlichkeit, bezüglich auf einer, von der aufsichtführenden Regierung in Gemäßheit gesetzlicher Bestimmung angeordneten oder exekutorisch erklärten Umlage beruhen, findet der Rechtsweg aber nur insoweit statt, als dies bei öffentlichen Abgaben der Fall ist.

§ 16. Die Bestimmung in der Nummer 3 der Allerhöchsten Order vom 19. Juni 1836 wird aufgehoben.

§§ 15 und 16.

42. Die §§ 15 und 16 sind zugleich mit der AKO. v. 19. Juni 1836 (oben S. 305) besprochen worden.

Gesetz

über den Unterstützungswohnsitz.

Vom $\frac{\text{6. Juni 1870}}{\text{12. März 1894}}$.

(RGBl. 94 S. 262.)

Gesetz

betreffend die Ausführung des Bundesgesetzes über den Unterstützungswohnsitz. Vom 8. März 1871.

(GS. S. 130.)

(Literatur: Eger, Das RGes. über den Unterstützungswohnsitz. — Wohlers, Das RGes. über den Unterstützungswohnsitz v. 6. Juni 1870, erläutert nach den Entscheidungen des Bundesamts für das Heimatwesen, 8. Aufl. bearb. von Krech, 1898. — Droop S. 94. — Stölzel S. 190. — Schäfer, Die privatrechtlichen Beziehungen der Armenverbände zu dem Unterstützten und zu dritten Personen, in Gruchot 41 S. 90, 229. — Greve, Die Ersatzansprüche der Armenverbände, 1904. — Entscheidungen des Bundesamts für das Heimatwesen, herausgegeben von Wohlers-Krech. [BAfdHeim.])

Einleitung.

1. Das ALR. handelt im Tit. 19 T. II., welcher die Überschrift trägt „von Armenanstalten und anderen milden Stiftungen", nicht bloß von solchen Anstalten, sondern von der gesamten öffentlichen Armenpflege. Eignete sich jedoch dieser Gegenstand schon an sich zum erheblichen Teile nicht zur Aufnahme in ein allgemeines Gesetzbuch, so wurden die bezüglichen Bestimmungen auch zu einer Zeit getroffen, wo noch die Erbuntertänigkeit, sowie das Zunftwesen bestand, und die Kommunalverwaltung ganz von den Staatsbehörden geleitet wurde. Sie erwiesen sich daher, seitdem jene Verhältnisse zu bestehen aufgehört oder doch eine gänzliche Reform erlitten hatten, nicht mehr als den Bedürfnissen entsprechend. Seit längerer Zeit war man um deswillen mit einer verbesserten Einrichtung des Armenwesens beschäftigt, und es wurde die Verkündigung des zu diesem Behufe vorbereiteten Gesetzes nur dadurch verzögert, daß der Staatsrat die vorgängige Feststellung der Grundsätze über das Ansiedelungswesen für nötig hielt. So traten gleichzeitig das Ges. über die Aufnahme neu anziehender Personen (Heimatgesetz) und das Ges. über die Verpflichtung zur Armenpflege, beide vom 31. Dez. 1842, ins Leben und gaben in Verbindung mit dem, durch das PrStGB. weggefallenen Ges. über die Bestrafung der Landstreicher usw. v. 6. Jan. 1843 dem Armenwesen für das gesamte Staatsgebiet eine feste Grundlage; vgl. Ges.-Rev. XII S. 325 ff. Die beiden erstgenannten Ges. v. 1842 standen in der engsten Wechselbeziehung, sodaß sie sich gegenseitig ergänzten und erläuterten; das Gegenteil war der Fall hinsichtlich dieser beiden Gesetze einerseits und des Indigenatsges. von demselben Tage andererseits, insofern dieselben nicht ausdrücklich auf einander verwiesen: OT. 13. Okt. 1854 (E. 28 S. 428). — Das Armenpflegeges. legte die Fürsorge für die Armen den

RGes. § 2. Die öffentliche Unterstützung hülfsbedürftiger Norddeutscher wird nach näherer Vorschrift dieses Gesetzes durch Ortsarmenverbände und durch Landarmenverbände geübt.

Gemeinden oder Gutsherrschaften als örtlichen Armenverbänden, und in Ermangelung solcher, nach §§ 1—7 verpflichteter, den LandAV. zur Last; zur vorläufigen Unterstützung verbunden war derjenige OrtsAV., in dessen Bezirk das Unterstützungsbedürfnis hervorgetreten war. Streitigkeiten zwischen AV. entschied die Landespolizeibehörde und zwar teils endgültig, teils unter Vorbehalt des RW. Einen Anspruch auf Verpflegung konnte der Arme nicht im RW. geltend machen. — Sowohl das Armenpflegeges. als das Heimatges. erfuhren durch das Ges. v. 21. Mai 1855 (GS. S. 311) wesentliche Abänderungen und Ergänzungen, die den Materialien zufolge dreierlei bezweckten: a) eine gerechtere Verteilung der Armenlast unter den einzelnen Armenverbänden (Art. 1, 2, 4, 5); b) wirksameres Anhalten der zur Alimentation des Armen privatrechtlich Verpflichteten zur Erfüllung dieser Verpflichtung (Art. 6—10), c) Einführung besserer Maßregeln wider zuchtlose Arme (Art. 11 ff.).

[Das Heimatges. ist ersetzt durch das BGes. über die Freizügigkeit v. 1. Nov. 1867 (BGBl. S. 55). Nach § 3 das. kann die Landespolizeibehörde bestraften Personen den Aufenthalt verweigern; nach §§ 4, 5 kann die Gemeinde einen neu Anziehenden abweisen bezw. ihm die Fortsetzung des Aufenthalts versagen. Leistet der von dem Beschlusse der Gemeindebehörde betroffene keine Folge, so hat die Polizeibehörde seine Ausweisung zu bewirken; vgl. MVfg. 10. Jan. 1890 (BMBl. S. 35). Die Versagung des Aufenthalts trägt mithin immer den Charakter von polizeilichen Verfügungen im Sinne des Ges. v. 11. Mai 1842 an sich, weshalb weder der Anspruch auf Gestattung des Aufenthalts (§ 1), noch das Rückweisungsrecht (§§ 3 ff.) zum unmittelbaren Gegenstande eines Rechtsstreits gemacht werden können. Auch der Entschädigungsanspruch, welcher aus einer zu Unrecht erfolgten polizeilichen Ausweisung gegen den Fiskus hergeleitet wird, ist nicht prozeßfähig, da die Voraussetzungen, von denen § 4 jenes Gesetzes die Zulässigkeit der gerichtlichen Geltendmachung von Schadensersatzansprüchen abhängig macht, bei einer solchen Klage nicht zutreffen: EK. 5. Juni 1852 (BMBl. S. 289).]

2. Auf Grund des Art. 4 Nr. 1 der Reichsverfassung erging das Bundes- (jetzt Reichs-)Ges. v. 6. Juni 1870, das für das ganze Reich mit Ausschluß von Bayern, Elsaß-Lothringen und Helgoland Geltung besitzt. Dasselbe hat im wesentlichen die Grundsätze des preußischen Rechts angenommen. Seine Vorschriften zerfallen in drei Gruppen. Die der ersten bestimmen die zur Ausübung der öffentlichen Unterstützung berufenen Organe, deren Zusammensetzung und Einrichtung der Landesgesetzgebung überwiesen wird; die der zweiten bezeichnen im Anschluß an die Vorschriften über den Erwerb und Verlust des Unterstützungswohnsitzes das zur öffentlichen Armenpflege vorläufig und das endgültig verpflichtete Rechtssubjekt und regeln das Verhältnis zwischen beiden; die der dritten Gruppe endlich betreffen das Verfahren in Streitsachen der AV. — Das RGes. v. 1870 ist durch das RGes. v. 12. März 1894 (RGBl. S. 259) in einzelnen Punkten abgeändert und demnächst durch den Reichskanzler neu bekannt gemacht worden: RGBl. 94 S. 262.

3. Für Preußen ist zu dem RGes. v. 1870 das AG. v. 8. März 1871 (GS. S. 130) ergangen und hierzu die Min.-Instr. v. 10. Apr. 1871 (BMBl. S. 132) erlassen worden. Durch die neueren Verwaltungsgesetze ist jedoch das AG. in den das Verfahren betreffenden Punkten vielfach geändert und den veränderten Verhältnissen angepaßt worden, §§ 39 ff. ZustGes. Eine weitere Abänderung erfuhr das AG. durch das Ges. v. 11. Juli 1891 (GS. S. 300), das den LandAV. die Fürsorge für die Geisteskranken, Idioten, Epileptischen, Taubstummen und Blinden, soweit diese der Anstaltspflege bedürfen, in geeigneten Anstalten zur Pflicht macht und die Verteilung der hierdurch entstehenden Kosten regelt.

§§ 2, 8 RGes., §§ 2, 5, 6, 31 ff. AG.

4. Nach § 2 AG. bildet in der Regel jede Gemeinde einen OrtsAV.; die Verwaltung der öffentlichen Armenpflege steht den für die Verwaltung der Gemeinde-

§ 8. Die Landesgesetze bestimmen über die Zusammensetzung und Einrichtung der Ortsarmenverbände und Landarmenverbände, über die Art und das Maß der im Falle der Hülfsbedürftigkeit zu gewährenden öffentlichen Unterstützung, über die Beschaffung der erforderlichen Mittel, darüber, in welchen Fällen und in welcher Weise den Ortsarmenverbänden von den Landarmenverbänden oder von anderen Stellen eine Beihülfe zu gewähren ist, und endlich darüber, ob und inwiefern sich die Landarmenverbände der Ortsarmenverbände als ihrer Organe behufs der öffentlichen Unterstützung Hülfsbedürftiger bedienen dürfen.

AG. § 2 Abs. 1. Jede Gemeinde bildet für sich einen Ortsarmenverband, sofern sie nicht einem, mehrere Gemeinden oder Gutsbezirke umfassenden einheitlichen Ortsarmenverbande (Gesamtarmenverbande) schon angehört oder nach den folgenden Bestimmungen einzuverleiben ist. Die Verwaltung der öffentlichen Armenpflege steht in den Gemeindebezirken überall den für die Verwaltung der Gemeindeangelegenheiten durch die Gemeinde-Verfassungsgesetze angeordneten Gemeindebehörden zu. Die Bestimmungen der Gemeinde-Verfassungsgesetze über die Verwaltung der Gemeindeangelegenheiten, insbesondere die Bestimmungen über die Zuständigkeit des Gemeindevorstandes und der Gemeindevertretung sind überall auch für die Verwaltung der öffentlichen Armenpflege maßgebend.

§ 5. Wer ohne gesetzlichen Grund die Übernahme oder fernere Wahrnehmung einer unbesoldeten Stelle in der Gemeinde-Armenverwaltung verweigert oder sich dieser Wahrnehmung entzieht, kann auf drei bis sechs Jahre des Rechts zur Teilnahme an den Gemeindewahlen und zur Wahrnehmung unbesoldeter Stellen verlustig erklärt und um ein achtel bis ein viertel stärker zu den direkten Gemeindeabgaben herangezogen werden. Die Beschlußfassung hierüber steht, sofern die Gemeinde-Verfassungsgesetze nicht etwas anderes bestimmen, der Gemeindevertretung zu; [der Beschluß bedarf der Genehmigung der Aufsichtsbehörde.]

§ 6. Die Vorsteher von Korporationen und anderen juristischen Personen sind verpflichtet, den Gemeindebehörden auf deren Erfordern Auskunft über den Betrag der Unterstützungen zu erteilen, welche einem Hülfsbedürftigen des Gemeindebezirks aus den unter ihrer Verwaltung stehenden, einem Zwecke der Wohltätigkeit gewidmeten Fonds gewährt werden. Vorsteher, welche diese Auskunft innerhalb einer 14tägigen Frist, vom Empfang der seitens der Gemeindebehörden ergangenen Aufforderung an gerechnet, zu erteilen unterlassen, werden mit einer Geldstrafe bis zu zehn Taler bestraft.

---

angelegenheiten durch die Gemeinde-Verfassungsgesetze angeordneten Gemeindebehörden zu. Infolgedessen folgen auch die Ressortverhältnisse bei der Armenpflege den entsprechenden Vorschriften für die Gemeindeangelegenheiten überhaupt. Dies gilt insbesondere für den Widerspruch gegen die Heranziehung zu den Kosten der öffentlichen Armenpflege, da diese als Gemeindesteuern aufgebracht werden. Vgl. VO. v. 1808 A. 376ff., RG. 20. Sept. 1881 (E. 5 S. 362), ferner MVfg. 26. Febr., 25. Okt. 1871 (VMBl. S. 147, 306).

5. Die Gemeinden sind berechtigt, für die Armenpflege besondere Deputationen zu bilden, in die einzutreten jeder Bürger verpflichtet ist (§§ 3, 4 AG.); im Weigerungsfalle kann gemäß § 5 das. auf Strafe erkannt werden. Der einer Ge-

§ 31 (Ges. v. 1891). Abs. 1. Die Landarmenverbände — in der Provinz Ostpreußen der Landarmenverband der Provinz — sind verpflichtet, für Bewahrung, Kur und Pflege der hülfsbedürftigen Geisteskranken, Idioten, Epileptischen, Taubstummen und Blinden, soweit dieselben der Anstaltspflege bedürfen, in geeigneten Anstalten Fürsorge zu treffen.

§ 31a (Ges. v. 1891). Die allgemeinen Verwaltungskosten der Anstalten und die Kosten der von der Anstalt selbst bewirkten Beerdigung trägt der Landarmenverband. Der Landarmenverband ist berechtigt, sofern es sich nicht um einen landarmen Hülfsbedürftigen handelt, vorbehaltlich anderweitiger Vereinbarung Ersatz der sonstigen Kosten von dem endgültig unterstützungspflichtigen Ortsarmenverband zu verlangen. Die Erstattung erfolgt durch Vermittelung des Kreises, welchem dieser Ortsarmenverband angehört; der Kreis ist verpflichtet, dem Ortsarmenverbande mindestens zwei Drittel der von letzterem aufzubringenden Kosten als Beihülfe zu gewähren.

Unberührt bleiben alle auf besonderen gesetzlichen Bestimmungen oder Titeln beruhenden Verpflichtungen.

§ 31c (Ges. v. 1891). Streitigkeiten zwischen den Ortsarmenverbänden und den zur Beihülfe verpflichteten Kreisen unterliegen der Entscheidung im Verwaltungsstreitverfahren. Zuständig in erster Instanz ist der Bezirksausschuß, in zweiter das Oberverwaltungsgericht.

Im übrigen behält es bei den Bestimmungen des Reichsgesetzes über den Unterstützungswohnsitz vom 6. Juni 1870 sein Bewenden.

§ 31d (Ges. v. 1891). Abs. 1. Land- nnd Stadtkreise, sowie Ortsarmenverbände, welche für einen der von den Landarmenverbänden unmittelbar zu übernehmenden Zweige der Armenpflege bisher schon in ausreichender Weise gesorgt haben, können, so lange dies der Fall ist, nicht gegen ihren Willen verpflichtet werden, an der betreffenden Einrichtung des Landarmenverbandes teilzunehmen oder zu den Kosten derselben beizutragen.

Abs. 3. Die infolge der Ausführung der vorstehenden Vorschriften erforderliche Regelung der Verhältnisse ist, unbeschadet aller Privatrechte dritter, durch den Oderpräsidenten zu bewirken.

Abs. 4. Streitigkeiten, welche hierbei entstehen, unterliegen der Entscheidung des Oberverwaltungsgerichts.

Abs. 5. In den Fällen der Absätze 1 und 2 tragen die Landkreise die allgemeinen Verwaltungskosten allein und dürfen die Ortsarmenverbände höchstens bis zu einem Drittel der sonstigen Kosten heranziehen (§ 31a).

---

nehmigung durch die Aufsichtsbehörde jetzt nicht mehr bedürfende diesbezügliche Beschluß der Gemeindevertretung ist nur mit der Klage im Verwaltungsstreitverfahren anfechtbar: ZustGes. §§ 10 Nr. 3, 11, 21, 27 Nr. 3, 28, 37; LandgemO. §§ 66, 67.

6. Dagegen ist die im § 6 AG. den Vorstehern von Korporationen und anderen juristischen Personen für den Fall der Auskunftsverweigerung angedrohte Strafe keine Exekutivstrafe und kann daher nicht von der Aufsichtsbehörde, sondern nur von den ordentlichen Gerichten ausgesprochen werden: Instr. v. 10. Apr. 1871 § 6.

7. Nach § 7 AG. werden den Gemeinden die außerhalb des Gemeindeverbandes stehenden Gutsbezirke gleich geachtet. Die §§ 9 ff. das. regeln die Schaffung von GesamtAV., die §§ 26 ff. diejenige der LandAV. Die in den §§ 8, 9 10, 12 vorgesehene Bestätigung bezw. Feststellung der zwischen den verschiedenen Gemeinden

RGes. § 37. Streitigkeiten zwischen verschiedenen Armenverbänden über die öffentliche Unterstützung Hülfsbedürftiger werden, wenn die streitenden Teile einem und demselben Bundesstaate angehören, auf dem durch die Landesgesetze vorgeschriebenen Wege entschieden.

Gehören die streitenden Armenverbände verschiedenen Bundesstaaten an, so finden die nachfolgenden Vorschriften der §§ 38—51 dieses Gesetzes Anwendung.

---

maßgebenden Statuten, sowie die Genehmigung zur Wiederauflösung von GesamtAV. (§ 14 AG.) erfolgt nach Maßgabe des § 40 ZustGes. durch den Bezirks- bezw. Kreisausschuß. Auch bei GesamtAV., Gutsbezirken und LandAV. ist die Verteilung der Lasten der Armenpflege nur im Verwaltungsstreitverfahren gemäß § 44 ZustGes. anfechtbar. Für den RW. ist überall kein Raum. Vgl. die Instr. v. 10. Apr. 1871 zu den genannten §§, MVfg. 30. Aug. 1871 (VMBl. S. 250).

8. Die §§ 16—24 AG. behandeln die Umwandlung der dem RGes. nicht entsprechenden OrtsAV. sowie die Aufhebung örtlicher Armenbehörden. Die hier angeordneten Entscheidungen der Verwaltungsbehörden ergingen hinsichtlich des Vermögens der aufzuhebenden AV. und Behörden unter Vorbehalt des RW. Diese Bestimmungen werden heute kaum noch zur Anwendung gelangen.

9. § 31 AG. (in der ursprünglichen Fassung) legte den LandAV. die Befugnis bei, die Kosten der öffentlichen Armenpflege, welche die Fürsorge für Geisteskranke usw. verursachte, unmittelbar zu übernehmen. Da diese Vorschrift nicht den beabsichtigten Erfolg hatte, die außerordentlichen Armenlasten der einzelnen OrtsAV. zu verringern, erging das Ges. v. 11. Juli 1891 (GS. S. 300), welches an die Stelle des früheren § 31 die §§ 31, 31a—e setzte und den §§ 65 und 68 Zusätze hinzufügte. Vgl. die Vorgeschichte des Ges. v. 1891 bei RG. 23. Juni 1898 (E. 41 S. 336).

10. § 31a regelt die Verteilung der für die Verpflegung eines Geisteskranken usw. aufgewendeten Kosten. Die hierbei zwischen dem endgültig unterstützungspflichtigen OrtsAV. und dem zur Beihülfe verpflichteten Kreise entstehenden Streitigkeiten unterliegen nach § 31c der Entscheidung im Verwaltungsstreitverfahren. Aus den Worten „zur Beihülfe verpflichtet" ergibt sich, daß nur solche Streitigkeiten von § 31c getroffen werden, welche die vom Kreis dem OrtsAV. zu gewährende oder gewährte Beihülfe zum Gegenstande haben. Dagegen sind alle anderen Ansprüche zwischen Kreis und AV., insbesondere auch solche, welche etwa aus der in § 31a dem Kreise auferlegten Verpflichtung, die Erstattung der Pflegekosten zu vermitteln, entspringen könnten, dem ordentlichen RW. verblieben. Vgl. OVG. 24. Mai 1895 (E. 28 S. 141), gen. RG. 23. Juni 1898. Diese Entscheidungen betrafen den Fall, daß ein Kreis, statt die Kostenerstattung zu „vermitteln", selbst den Betrag vorschußweise dem LandAV. gezahlt hatte und jetzt ein Drittel desselben vom OrtsAV. zurückforderte; der RW. wurde für zulässig erachtet, weil der Kreis gegen den OrtsAV. nur einen privatrechtlichen Anspruch aus der nützlichen Verwendung oder der Geschäftsführung hätte; gegen den LandAV. sei unter Umständen die condictio indebiti gegeben. — Für die Anwendbarkeit des § 31c ist die Parteirolle ohne Einfluß. Dem Verwaltungsstreitverfahren unterliegen sowohl die Ansprüche des OrtsAV. auf Gewährung der verweigerten, als die Ansprüche des Kreises auf Rückgewähr der zu Unrecht geleisteten Beihülfe. Auch gehört hierhin der Anspruch auf anteilweise Herausgabe des (dem Kreis oder dem OrtsAV.) von einem dritten (privatrechtlich Verpflichteten) geleisteten Ersatzes: OVG. 18. Febr. 1902 (E. 41 S. 196).

11. Streitigkeiten über die in § 31d vorbehaltenen Privatrechte dritter unterliegen dem ordentlichen RW.

§§ 37 ff. RGes., § 39 ZustGes., § 57 AG.

12. Das RG. unterscheidet hinsichtlich des bei Streitigkeiten zwischen verschiedenen AV. einzuhaltenden Verfahrens, je nachdem die streitenden AV. demselben oder verschiedenen Bundesstaaten angehören; für den ersteren Fall überläßt es seine Regelung der Landesgesetzgebung; für den letzteren Fall schreibt es ein hinsichtlich der Vorinstanzen von den Landesgesetzen näher festzusetzendes Verwaltungsverfahren

§ 38. Lehnt ein Armenverband den gegen ihn erhobenen Anspruch auf Erstattung der Kosten oder auf Übernahme eines Hülfsbedürftigen ab, so wird auf Antrag desjenigen Armenverbandes, welcher die öffentliche Unterstützung vorläufig zu gewähren genötigt ist, über den erhobenen Anspruch im Verwaltungswege durch diejenige Spruchbehörde entschieden, welche dem in Anspruch genommenen Armenverbande vorgesetzt ist.

Die Zuständigkeit, den Instanzenzug, sowie das Verfahren regelt innerhalb jedes Bundesstaates, vorbehaltlich der Vorschriften dieses Gesetzes, die Landesgesetzgebung.

§ 41. Soweit die Organisation oder örtliche Abgrenzung der einzelnen Armenverbände Gegenstand des Streites ist, bewendet es endgültig bei der Entscheidung der höchsten landesgesetzlichen Instanz. Im übrigen findet gegen deren Entscheidung nur die Berufung an das Bundesamt für das Heimatwesen statt.

ZustGes. **§ 39.** Streitigkeiten zwischen Armenverbänden wegen öffentlicher Unterstützung Hülfsbedürftiger werden im Verwaltungsstreitverfahren entschieden.

Zuständig in erster Instanz ist der Bezirksausschuß.

Im übrigen behält es bei den Bestimmungen des Reichsgesetzes über den Unterstützungswohnsitz vom 6. Juni 1870 sein Bewenden.

AG. **§ 57.** Soweit die Organisation oder die örtliche Abgrenzung der einzelnen Armenverbände Gegenstand des Streites ist, bewendet es endgültig bei der Entscheidung [der Deputation.] des Bezirksausschusses. Im übrigen findet gegen [deren] dessen Entscheidung, unter Ausschluß aller sonstigen Rechtsmittel, die Berufung an das Bundesamt für das Heimatwesen statt.

---

vor, gegen dessen letztinstanzliche Entscheidung die Berufung an das Bundesamt für das Heimatwesen zulässig ist. Dieses Verfahren kann durch die Landesgesetzgebung auch für die erstgenannten Fälle vorgeschrieben werden.

13. In Preußen bestand bei Erlaß des AG. keine einheitliche Regelung des Verfahrens. Das Armenpflegeges. v. 1842 überwies die Entscheidung derartiger Streitigkeiten der Landespolizeibehörde. Betraf der Streit die Frage, welcher von den streitenden Verbänden die Verpflegung der Armen zu übernehmen habe, so stand gegen jene Entscheidung der RW. offen; über den Betrag der Verpflegungskosten war dagegen der RW. unzulässig. — In Schleswig-Holstein und Hannover war der RW. durchweg ausgeschlossen. — Das AG. v. 1871 hat, in Abweichung von den Vorschriften des Ges. v. 1842, für die Streitigkeiten zwischen AV. wegen öffentlicher Unterstützung Hülfsbedürftiger den ordentlichen RW. grundsätzlich ausgeschlossen. Es hat hierbei von der in A. 12 a. E. erwähnten Befugnis Gebrauch gemacht und, ohne die Unterscheidung des RGes. beizubehalten, für alle Fälle, wo ein preußischer AV. von einem deutschen, d. h. von einem dem Geltungsbereich des RGes. angehörenden AV. belangt wird, ein gleichmäßiges Verwaltungsverfahren vor einer neu geschaffenen Behörde (Deputation für das Heimatwesen) und gegen deren Entscheidung die Berufung an das Bundesamt für das Heimatwesen angeordnet (§§ 40 ff). Vgl. Min.-Instr. v. 10. Apr. 1871 zu §§ 40 ff. Mit der fortschreitenden Verwaltungsgesetzgebung sind die §§ 40 ff. wieder fortgefallen (§ 158 Z. 1 LVG.), an ihre Stelle ist § 39 ZustGes. getreten, wonach die genannten Streitigkeiten jetzt im Verwaltungsstreitverfahren entschieden werden. Für den Rechtsmittelzug ist § 57 AG. bestehen geblieben; danach geht die Berufung gegen die Entscheidung des in erster Instanz erkennenden Bezirksausschusses an das Bundesamt für das Heimatwesen, wenn

nicht einer der in § 57 aufgezählten Fälle vorliegt, wo jene Entscheidung endgültig ist.

14. Voraussetzung für die Zulässigkeit des Verwaltungsstreitverfahrens ist, daß der Streit zwischen zwei AV. im Sinne des RGes. schwebt. Der häufigste Fall wird der sein, daß der vorläufig unterstützungspflichtige AV. gegen den endgültig unterstützungspflichtigen auf Ersatz seiner Auslagen klagt. Doch gehören dahin z. B. auch Streitigkeiten zwischen einem Land- und einem OrtsAV. über die Ausübung der in § 34 Abs. 1 AG. dem ersteren, und in Abs. 2 dem letzteren erteilten Befugnis, sowie über die von dem einen oder von dem anderen AV. zu leistende Vergütung. Das Verfahren bei Streitigkeiten zwischen einem AV. und dem Kreis (§ 31a AG.) ist in § 31c das. besonders geregelt; vgl. A. 10. — Jedoch kann die Vorschrift des § 39 ZustGes. nicht durch Vorschieben einer anderen Person umgangen werden. So erklärte EK. 13. Nov. 1875 (JMBl. 76 S. 30) den RW. für unzulässig in einem Falle, wo nicht ein AV., sondern der Magistrat „in Vertretung des städtischen Krankenhauses" von einem AV. den Ersatz von Verpflegungskosten forderte. Der KompGH. stellte fest, daß der Verpflegte die öffentliche Armenpflege in Anspruch genommen habe, und daß diese von dem Kläger durch Aufnahme in das städtische Krankenhaus gewährt worden sei, indem die Verpflegungskosten aus der städtischen Armenkasse gedeckt wurde; mithin liege auf seiten des Klägers ein Akt der öffentlichen Armenpflege vor, und der Prozeß schwebe lediglich zwischen den AV. Nicht anerkannt wurde die Zuständigkeit der Verwaltungsgerichte zur Entscheidung über den Anspruch eines Privatmannes, der gegen einen AV. eine auf ihn übergegangene Forderung eines anderen AV. geltend machte: BAfdHeim. 20 S. 166, Illing 2 S. 118. Noch viel weniger kommen die §§ 37 usw. zur Anwendung, wenn es sich um Ansprüche eines AV. gegen dritte handelt, die das Gebiet der Armenpflege überhaupt nicht berühren; so wurde in EK. 8. Jan. 1881 (BMBl. S. 52) der RW. für zulässig erklärt für die Klage eines AV. gegen die Polizeibehörde, die darauf gestützt war, daß vom AV. verausgabte Pflegekosten keine Kosten der Armenpflege sondern der Polizeiverwaltung seien.

15. Weitere Voraussetzung für die Anwendbarkeit des § 39 ZustGes. ist, daß der Streit die öffentliche Unterstützung Hülfsbedürftiger betrifft, d. h. der erhobene Anspruch muß aus dem öffentlichen Armenrecht hergeleitet werden und der Streit muß nach den Grundsätzen des öffentlichen Rechts zu entscheiden sein. Dieser Charakter wird dem Rechtsstreit nicht dadurch entzogen, daß die Klage in die Form eines zivilrechtlichen Anspruchs eingekleidet wird, z. B. auf Rückerstattung des irrtümlich gezahlten oder aus nützlicher Geschäftsführung. Diese Form verdeckt nur den einen materiellen Standpunkt, welchem der AV. nach den Gründen des öffentlichen Rechts die Unterstützungspflicht obliege. Vgl. RG. 1. März 1889 (Rh. A. 80, III. 76). Angenommen wurde die Zulässigkeit des Verwaltungsstreitverfahrens für einen Fall, wo ein AV. seine Erstattungspflicht anerkannt und den Betrag bezahlt hatte, letzteren aber mit der Verwaltungsklage zurückforderte, weil die in Ansatz gebrachte Verpflegung gar nicht stattgefunden hatte: Illing 2 S. 118. — Die bloße Mitheranziehung eines dem öffentlichen Armenrecht nicht angehörigen Klagegrundes macht den RW. nicht zulässig; vgl. VO. v. 1808 A. 92, Wohlers-Krech S. 188 A. 7, Illing aaO.

16. Ist dagegen der Klagegrund nicht aus dem öffentlichen Armenrecht, sondern aus dem Zivilrecht genommen, so ist das Verwaltungsstreitverfahren unzulässig und auch zwischen zwei AV. nur der ordentliche RW. gegeben. Dies trifft z. B. zu, wenn sich der klägerische Anspruch auf einen mit dem beklagten AV. abgeschlossenen Vertrag stützt, wodurch besondere Vereinbarungen über den Betrag der zu erstattenden Unterstützungskosten getroffen sind, oder wonach der beklagte AV. die Armenlasten eines bestimmten Grundstücks tragen soll; oder auf einen vom letzteren ausgestellten Revers, worin er sich verpflichtet, die Armenpflegekosten einer Person zu tragen, auch nachdem diese den Unterstützungswohnsitz verloren habe; oder auf ein Zahlungsversprechen hinsichtlich der die Tarifsätze übersteigenden Auslagen; oder auf einen von dem Beklagten erteilten Auftrag (EK. 8. Jan. 1881, BMBl. S. 52), es sei denn, daß dieser sich lediglich auf das öffentliche Armenrecht stützte. Vgl. BAfdHeim. 2 S. 99; 8 S. 26, 109; 10 S. 134, 135; 12 S. 39, 76, 113; 13 S. 127; 16 S. 158; Wohlers-Krech S. 147 A. 51a S. 187 A. 6; Illing aaO.

17. Dasselbe (A. 16) gilt, wenn sich die Klage als Schadensersatzklage

RGef. § 61. Durch die Bestimmungen dieses Gesetzes werden Rechte und Verbindlichkeiten nur zwischen den zur Gewährung öffentlicher Unterstützung nach Vorschrift dieses Gesetzes verpflichteten Verbänden (Orts-, Landarmenverbände, Bundesstaaten) begründet.

Daher werden die auf anderen Titeln (Familien- und Dienstverhältnis, Vertrag, Genossenschaft, Stiftung usw.) beruhenden Verpflichtungen, einen Hülfsbedürftigen zu unterstützen, von den Bestimmungen dieses Gesetzes nicht betroffen.

AG. § 63. Einen Anspruch auf Unterstützung kann der Arme gegen einen Armenverband niemals im Rechtswege, sondern nur bei der Verwaltungsbehörde geltend machen, in deren Pflicht es liegt, keine Ansprüche zuzulassen, welche über das Notdürftige hinausgehen.

Beschwerden gegen Verfügungen der Vorstände der Ortsarmenverbände darüber, ob, in welcher Höhe und in welcher Weise Armenunterstützungen zu gewähren sind, [folgen dem durch die bestehenden Gesetze angeordneten Instanzenzuge mit der Maßgabe, daß an die Stelle der Bezirksregierung die Deputation für das Heimatwesen tritt, die endgültig entscheidet.] unterliegen:

1. sofern eine Stadt von mehr als 10000 Einwohnern an dem Armenverbande beteiligt ist, der endgültigen Beschlußfassung des Bezirksausschusses,
2. andernfalls der endgültigen Beschlußfassung des Kreisausschusses.

Desgleichen unterliegen Beschwerden von Armen gegen Verfügungen von Landarmenverbänden über die Art und Höhe der Unterstützung der endgültigen Beschlußfassung des Bezirksausschusses, sofern die Landarmenverbände nur aus einem Kreise bestehen.

darstellt, z. B. darauf gestützt, daß der beklagte AV. oder seine gesetzlichen Vertreter durch unwahre Angaben über die Hülfsbedürftigkeit einer Person usw. den klagenden AV. getäuscht und zur Unterstützung der Person veranlaßt habe: RG. 1. März 1889 (Rh. A. 80, III. 76), oder darauf, daß bei rechtzeitiger Anzeige des Unterstützungsbedürfnisses die Pflegekosten geringer geworden seien: OT. 3. Juli 1855 (Strieth. 17 S. 319), oder darauf, daß der beklagte AV. durch ein nachher widerrufenes Zahlungsversprechen den vorläufig unterstützungspflichtigen, jetzt klagenden AV. davon abgehalten hätte, den Pflegefall rechtzeitig gemäß § 34 RGef. anzumelden, oder darauf, daß der beklagte AV. durch eine ungerechtfertigte Fortweisung die Hülfsbedürftigkeit der betreffenden Person erst hervorgerufen habe; vgl. BAfdHeim. 10 S. 134; 12 S. 119; 22 S. 51; Wohlers-Krech S. 187, 188.

§ 61 RGef., § 63 AG.

18. Das Armenpflegegef. v. 1842 enthielt keine dem § 61 RGef. entsprechende Bestimmung, doch lag auch ihm der hier ausgesprochene Grundsatz zugrunde, wie in der MVfg. 9. Dez. 1843 (VMBl. 44 S. 200) ausdrücklich anerkannt ist. Die aus Abf. 1 sich ergebenden Folgerungen sind bereits in A. 15ff. besprochen.

19. Das RGef. enthält keine Kompetenzvorschriften hinsichtlich des Verhältnisses des AV. zum hülfsbedürftigen Armen. In dieser Beziehung trifft § 63 AG. Bestimmung, indem er in Abf. 1 den schon im Gef. v. 1842 niedergelegten Grundsatz des preußischen Rechts wiederholt. Hiernach liegt die den AV. auferlegte Pflicht ihnen nicht dem Armen, sondern dem Staat gegenüber ob; der Arme hat daher keinen Rechtsanspruch auf die öffentliche Fürsorge, sondern muß die Unterstützung als eine Wohltat hinnehmen; vgl. die Begründung zum Entwurf des Gef. v. 21. Mai 1855 (A. 1). Dagegen zählt Koch, Preuß. Privatrecht § 50, das Recht, in der Heimat Armenunterstützung zu fordern, zu den auf Herkunft beruhen-

den Berechtigungen des preußischen Untertanen. — Die Vorschrift, daß nur das Notdürftige bewilligt werden soll, läßt den Unterschied zwischen der öffentlichen und der auf privatrechtlicher Grundlage beruhenden Unterhaltspflicht scharf hervortreten (vgl. §§ 252 ff. II. 2 ALR., Art. 208 c. c., § 1610 BGB.).

20. Abs. 2 des § 63 AG. regelt das den Armen gegenüber ablehnenden Bescheiden der AV. zustehende Beschwerderecht; er ist durch § 41 ZustGes. entsprechend der neuen Verwaltungsorganisation geändert worden. Abs. 1 des § 41 betrifft die Beschwerden gegen Verfügungen der OrtsAV.; er kommt auch dann zur Anwendung, wenn es sich um Landarme handelt, die vorläufig von einem OrtsAV. unterstützt werden, oder die dem OrtsAV. vom LandAV. überwiesen worden sind. Die Beschwerde gegen Verfügungen der LandAV., soweit diese die Armen unmittelbar unterstützen, ist in Abs. 2 des § 41 für den Fall geregelt, daß der LandAV. nur aus einem Kreise bestehe. In allen anderen Fällen hat über die Beschwerde diejenige Behörde zu befinden, welche die Staatsaufsicht über den Kommunalverband führt, dem die Verwaltung der Angelegenheiten des LandAV. obliegt, bezw. der den LandAV. bildet; fällt dieser mit der Provinz zusammen, so geht die Beschwerde an den Oberpräsidenten und zuletzt an den Minister des Innern. Vgl. Stenogr. Ber. 1880/81 d. AbgH. S. 1035, d. HH. S. 82, v. Brauchitsch 1 S. 295.

21. Durch § 63 wird nicht etwa die Polizeibehörde gehindert, gegen den AV. in solchen Fällen vorzugehen, wo ein schleuniges Eingreifen aus Gründen der öffentlichen Ordnung oder zur Verhütung eines sonst unabwendbaren Schadens geboten erscheint. Ebenso liegt der Aufsichtsbehörde von Amts wegen die Pflicht ob, den Armen unbegründeten Weigerungen der AV. gegenüber zu ihrem Rechte zu verhelfen. Beschwerden der AV. gegen solche Verfügungen werden nicht von § 63 bezw. § 41 betroffen, sondern folgen dem sonst geordneten Instanzenzug. Vgl. MVfg. 21. Dez. 1846, 1. Febr., 19. Aug. 1872, 21. März 1874 (VMBl. 46 S. 241; 72 S. 46, 223; 74 S. 102), v. Brauchitsch, aaO. A. 11 und die dort genannten Entscheidungen des OVG. Daß wider die Verfügung der Polizeibehörde der Gemeinde die Beschreitung des RW. nicht zusteht, folgt schon aus dem Ges. vom 11. Mai 1842: EK. 13. Nov. 1858 (JMBl. 59 S. 154).

22. Erhebt jemand als Armer nicht wider einen AV., sondern wider eine Armenstiftung Ansprüche, so kommt § 63 selbstredend nicht in Betracht; vielmehr ist die Prozeßfähigkeit solcher Ansprüche nach den für Stiftungen geltenden Grundsätzen zu beurteilen und daher wenigstens bei Familien- oder gemischten Stiftungen (vgl. VO. v. 1808 A. 81 ff.) in der Regel begründet; vgl. EK. 26. Apr. 1850 (Rechtspr. S. 479), ferner A. 28.

23. Es wird allgemein anerkannt, daß, wenn ein Armer beim Mangel privatrechtlich Verpflichteter von einem dritten verpflegt worden ist, letzterer wider den betreffenden AV. einen Ersatzanspruch auf den Grund nützlicher Verwendung habe. Die Frage, ob und inwieweit dieser Anspruch im RW. geltend gemacht werden könne, wird jetzt wohl allgemein zu Gunsten des unbeschränkten RW. entschieden werden, nachdem RG. (Pl.) 27. Apr. 1898 (E. 41 S. 267; JMBl. S. 187) sich der dahingehenden Auffassung des KompGH. angeschlossen hat. Ebenso RG. 4. März 1903 (DJurZtg. 8 S. 370), Stölzel S. 195, Droop S. 95, Schäfer in Gruchot 41 S. 269, Halbey im Verwaltungsarchiv 4 S. 145. Früher war diese Frage streitig. OLG. Hamm 3. März 1847 und OT. 28. Okt. 1847 (Arnsb. Arch. 14 S. 469 ff.), desgleichen Sommer (das. 15 S. 667) und das durch OT. 21. Febr. 1853 (Strieth. 8 S 320) vernichtete Erk. des AppG. Naumburg bejahten diese Frage ganz allgemein, namentlich auch, insofern über den Betrag der Verpflegungskosten gestritten werde; OT. 17. Aug. 1849 (Strieth 1 S. 43) verneinte dieselbe nicht minder allgemein; OT. (Pl.) 21. Febr. 1853 (E. 24 S. 250) endlich sprach eine in der MVfg. 29. Nov. 1861 (VMBl. S. 288) adoptierte Mittelmeinung aus, indem es zwar jenen Anspruch für an sich prozeßfähig, die Feststellung der Hülfsbedürftigkeit aber und des Betrags der Verpflegungskosten als zum administrativen Ressort gehörig erachtete. Diese Mittelmeinung hat das OT. auch unter dem geltenden Recht (§ 63 AG.) festgehalten; vgl. OT. 27. Nov. 1874, 29. Juni 1878 (E. 73 S. 239; 82 S. 53). Denselben Standpunkt nehmen bis zu der erwähnten Plenarentscheidung von 1898 das RG. und ihm folgend mehrere OLG. ein; vgl. die Belege in E. 41 S. 267. Demgegenüber hat der KompGH. sich durchweg für die unbeschränkte Zulassung des ordentlichen RW. ausgesprochen: EK. 13. Jan. 1872, 14. Dez. 1889, 10. Nov. 1894, 8. Dez. 1877, 11. Apr., 10. Okt. 1896, 16. Jan.,

13. Nov. 1897 (JMBl. 72 S. 58; 90 S. 84; 94 S. 26; VMBl. 78 S. 14; Rechtspr. S. 487, Nachtr. S. 21 f.). Hier wird zutreffend hervorgehoben, daß keine der bestehenden Behörden berufen ist, die von OT. und RG. verlangte Feststellung zu treffen. Das Verwaltungsstreitverfahren ist mit Rücksicht auf § 54 LVG. unzulässig, weil keine dasselbe anordnende gesetzliche Vorschrift vorhanden ist. § 41 ZustGes. ist nicht anwendbar, weil es sich hier nur um noch laufende Unterstützung handelt und mit der Befriedigung des Bedürfnisses, wenn auch von anderer Seite, auch der Grund für ein Einschreiten des AV. wegfällt. Fehlt es aber an einer Verwaltungsbehörde, vor welche die maßgebende Vorfrage, ob und inwieweit dem Armen ein Anspruch auf öffentliche Unterstützung zugestanden habe, gebracht werden könne, so folgt hieraus, daß auch über diese die Gerichte zu entscheiden haben, da der aus der nützlichen Verwendung oder auftraglosen Geschäftsführung hergeleitete Anspruch zweifellos eine privatrechtliche Grundlage hat (§ 13 GVG). Für die Ansicht des KompGH. spricht auch folgende Erwägung: Sowohl das OT. als auch das RG. gehen davon aus, daß der dritte nur ein aus dem Rechte des von ihm unterstützten Armen abgeleitetes Recht geltend mache. Diese Voraussetzung trifft jedoch schon um deswillen nicht zu, weil der Arme einen rechtlichen Anspruch auf die öffentliche Unterstützung überhaupt nicht besitzt (vgl. A. 19), der dritte vielmehr ex versione in rem für Leistungen klagt, die der AV. dem Staat gegenüber zu bewirken schuldig war. Außerdem würde obige Argumentation, wenn sie richtig wäre, den RW. unbedingt und nicht bloß inbetreff der Frage der Armut und des Kostenbetrags ausschließen, da dem Armen der RW. gegen den AV. niemals offen steht. Vgl. auch in diesem Punkt RG. (Pl.) 1898. Übrigens läßt dieses Erk. die Frage unentschieden, ob dann, wenn eine die Verpflichtung des beklagten AV. feststellende Entscheidung der Verwaltungsbehörde nicht vorliege, aus diesem Grunde der Anspruch des Klägers als materiell unbegründet zu erachten sei (so z. B. gen. EK. 13. Jan. 1872). Doch ist diese Frage zu verneinen, da es sich bei der Entscheidung über die Unterstützungspflicht um eine maßgebende Vorfrage handelt, die von den Gerichten zu beantworten ist, wenn sie in der Sache selbst zuständig sind; vgl. VO. v. 1808 A. 93; ebenso: gen. KG. 4. März 1903.

24. Anlangend insbesondere die Forderungen eines Arztes an einen AV. für den einem Armen geleisteten Beistand, so sprach schon eine MVfg. 21. Mai 1842 (VMBl. S. 282) aus, daß hierüber, gleichwie über dergleichen Forderungen an Privatpersonen nur der Richter zu entscheiden habe, da eine desfallsige Zuständigkeit der Verwaltungsbehörde und die Befriedigung des Gläubigers auf administrativem Wege durch kein Gesetz gerechtfertigt werde. Diese Ansicht ist aber auch nach Erlaß des Ges. v. 1842 festgehalten worden; vgl. MVfg. 20. Aug. 1845, 23. Apr. 1847 (VMBl. 45 S. 257; 47 S. 168), und muß ebenso für das heutige Recht gelten. Ebenso verweisen die MVfg. 29. Aug. 1841 und 31. Mai 1842 (VMBl. 41 S. 233; 42 S. 418) die Apotheker wegen ihrer Forderungen für gelieferte Arzneien auf den RW. Nur dann soll eine Ausnahme eintreten, mithin die administrative Einziehung des Sostrums usw. statthaft sein, wenn der Arzt usw. auf Anordnung der Polizeibehörde gehandelt hat; vgl. MVfg. 14. Juni 1843 (VMBl. S. 197). Ein solcher Fall liegt jedoch da nicht vor, wo die kurative Behandlung eines einzelnen Kranken sich nur als die mittelbare Folge allgemeiner polizeilicher Anordnungen darstellt, weshalb alsdann wieder obige Regel zur Anwendung kommt, daß der Arzt oder Apotheker, welcher sich nicht vorher mit dem Ortsvorstande über die ärztliche Behandlung oder die Lieferung der Arznei verständigt hat, den RW. beschreiten muß: gen. MVfg. 20. Aug. 1845. Auch die Krankenkassen können den Ersatz der von ihnen gewährten Unterstützung vom AV. nur im RW. fordern; ebenso Stölzel S. 195 A. 32, aM. Droop S. 96.

25. Selbstverständlich kann die Verpflichtung des AV. nicht dadurch erschwert werden, daß ein dritter die Unterstützung des Armen unternommen hat. Denn wenn der AV., etwa durch Naturalverpflegung, mit geringeren Aufwendungen seiner Verbindlichkeit zur Unterstützung des Armen hätte genügen können, so liegt darüber hinaus auch keine Verwendung in den Nutzen des AV. vor. Dies ist bei der Feststellung, inwieweit eine nützliche Verwendung stattgefunden hat, vom Richter zu berücksichtigen: EK. 10. Nov. 1894 (JMBl. S. 26). Vgl. auch A. 31.

26. Über die Frage, ob der Unterstützte dem AV. für die gespendete Fürsorge ersatzpflichtig, sei vgl. A. 34.

RGes. **§ 62.** Jeder Armenverband, welcher nach Vorschrift dieses Gesetzes einen Hülfsbedürftigen unterstützt hat, ist befugt, Ersatz derjenigen Leistungen, zu deren Gewährung ein dritter aus anderen, als den durch dieses Gesetz begründeten Titeln verpflichtet ist, von dem Verpflichteten in demselben Maße und unter denselben Voraussetzungen zu fordern, als dem Unterstützten auf jene Leistungen ein Recht zusteht.

Der Einwand, daß der unterstützende Armenverband den Ersatz von einem anderen Armenverbande zu fordern berechtigt sei, darf demselben hierbei nicht entgegengestellt werden.

AG. **§ 68.** Die Erstattung bereits verausgabter Unterstützungskosten kann ein Armenverband, soweit nicht [die §§ 40ff., betreffend das Verfahren in Streitsachen der Armenverbände] § 39 ZustGes. zur Anwendung [kommen] kommt, nur im gerichtlichen Verfahren beanspruchen.

(Ges. v. 1891.) Der Erstattungsanspruch im gerichtlichen Verfahren steht in den Fällen der §§ 31, 31a, d und e auch den Kreisen und den anderen daselbst bezeichneten Kommunalverbänden zu. Die Klage ist gegen den Unterstützten und gegen seine alimentationspflichtigen Angehörigen zulässig.

. . . . .

§ 62 RGes., § 68 AG.

27. Wenn § 62 RGes. seinem Wortlaut nach den AV. nur das Recht gibt, für bereits geleistete Unterstützungen Ersatz von unterhaltspflichtigen dritten Personen zu fordern, so ist damit nicht gesagt, daß die AV. gegen solche Personen nicht auch wegen der laufenden und der zukünftigen Unterstützung des Armen vorgehen könnten. Denn über diese enthält § 62 überhaupt keine Bestimmung. Sein Hauptzweck war, die auf dem Grundsatze, daß der Unterhalt nicht für die Vergangenheit gefordert werden könne, beruhende Einrede, der Arme bedürfe der Unterstützung nicht, für alle Rechtsgebiete Deutschlands zu beseitigen. Andererseits hat in § 62 der Grundsatz Anerkennung gefunden, daß die Unterstützung durch den AV. im Verhältnis zu privatrechtlich Verpflichteten nur vorläufig und zur Aushülfe, infolgedessen nur vorbehaltlich aller Ansprüche an die Unterhaltungspflichtigen erfolgt. Daraus folgt weiter, daß auch eine Klage des AV. auf Leistung der laufenden und zukünftigen Unterstützung gegen dritte zuläßig ist. Vgl. OT. 25. Okt. 1875 (Strieth. 94 S. 220), RG. 9. Apr. 1881 (E. 4 S. 149), OLG. Cöln 23. Dez. 1899 (Rh. A. 96, I. 42), ferner OT. 18. Febr. 1859 (Strieth 32 S. 276). — § 68 AG. verweist den Anspruch der AV. gegen dritte (d. h. in allen Fällen, wo der Gegner nicht gleichfalls ein AV. ist) auf Ersatz der bereits geleisteten Unterstützung ausschließlich auf den ordentlichen RW.; auch aus ihm ist kein Grund dafür zu entnehmen, daß Ansprüche auf laufende Unterstützung nicht im ordentlichen RW. verfolgt werden könnten; er drückt vielmehr im Gegensatz zu den §§ 65, 67 (A. 35ff.) im wesentlichen nur aus, daß das dort angeordnete Verwaltungsverfahren nicht auch über bereits verausgabte Unterstützungen Platz greift: gen. OLG. Cöln 1899. Vgl. auch MVfg. 26. Okt. 1872 (VMBl. S. 297).

28. Der gegen den privatrechtlich Verpflichteten klagende AV. macht nur ein aus den Rechten des Armen selbst hergeleitetes Recht geltend. Demgemäß steht ihm ein Klagerecht nur dann zu, wenn auch der Arme zur Klage berechtigt ist, bezw. berechtigt gewesen wäre. So wies das AppG. Königsberg die Klage eines AV. wider einen kirchlichen Armenfonds, ungeachtet der auf § 9 II. 19 ALR. beruhenden Verpflichtung des verklagten Kirchenkollegiums als nicht zum RW. geeignet ab, weil auch dem Armen selbst, welchem die Unterstützung versagt worden, nur der Weg der Beschwerde bei der vorgesetzten Verwaltungsbehörde offen gestanden habe, und OT. 23. Nov. 1855 (Strieth. 19 S. 123) verwarf die wider dieses Urteil erhobene Nichtigkeitsbeschwerde. (Die Gründe des letzteren Erk. sind minder klar. Namentlich erhellt nicht, weshalb dort mit solchem Nachdrucke betont wird, daß Kläger nichts aus einem privatrechtlichen Verhältnisse geleistet, sondern nur seine Verpflichtung als AV. erfüllt habe. Sollte, wie es nach dem Schlußsatze des

Erk. fast den Anschein gewinnt, angenommen worden sein, daß dieser Umstand allein die Anwendbarkeit des § 35 Ges. v. 1842 ausschließe, und den AV. lediglich den Vorschriften der §§ 33, 34 das. unterwerfe, so ist dagegen zu bemerken, daß eine solche Argumentation jede Klage wider die privatrechtlich Verpflichteten ausschließen würde, da ein AV. doch wohl immer nur als solcher die Armenpflege leistet. Offenbar kommt es aber weniger auf den Titel an, auf dessen Grund der Kläger leistet, als auf den, vermöge dessen der Beklagte zur Leistung in erster Linie verpflichtet sein soll.) Vgl. übrigens A. 22.

29. Eben um deswillen muß sich der klagende AV. den Einwand eines früher zwischen dem Armen und dem privatrechtlich Verpflichteten abgeschlossenen Vergleichs oder der Verjährung des Alimentationsanspruchs gefallen lassen: OT. 18. Okt. 1860 (E. 41 S. 424), RG. 21. Nov. 1885 (JMBl. 86 S. 13). Auch muß er bei der Einklagung dieselbe Ordnung beobachten, die der Arme selbst zu beobachten hätte, und darf nicht gegen einen unter mehreren Verpflichteten solidarisch klagen (§ 1606 BGB.): OT. 31. Okt. 1859 (Strieth. 38 S. 10).

30. Die Klage des AV. setzt voraus, daß der belangte Verwandte zur Zeit des hervorgetretenen Bedürfnisses die Mittel zu dessen Befriedigung bereits gehabt habe; eine spätere Verbesserung seiner Verhältnisse verpflichtet ihn nicht zum Kostenersatz: OT. 26. Apr. 1852 (E. 23 S. 299). Über die Frage, ob der AV. zu beweisen habe, daß der Beklagte zur Zeit der Verausgabung der Unterhaltskosten schon vermögend gewesen sei, oder ob dem letzteren der Beweis des Gegenteils obliege, vgl. OT. 1. Febr. 1861 (Strieth. 40 S. 227), RG. 9. Apr. 1881 (E. 4 S. 149).

31. Der AV. tut nicht genug, wenn er beweist, daß die Kosten inbezug auf den Armen nützlich verwendet seien; er muß überdies beweisen, daß der Aufwand zugleich für den beklagten Verwandten ein nützlicher gewesen. Ist letzterer daher zuvor nicht aufgefordert worden, entweder den Armen in eigne Pflege zu nehmen, oder dieselbe dem Kläger zu überlassen, so muß noch ferner dargetan werden, daß zur Zeit des Eintritts der Pflege keine anderen zahlungsfähigen Verwandten vorhanden, und daß eine Aufnahme des Armen in die Familie, oder eine billigere Verpflegung seitens derselben unmöglich gewesen sei. So: OT. 24. Nov. 1856 (Strieth. 23 S. 77). Andererseits ist der AV. nicht an die Beschränkungen gebunden, die seine gegen andere AV. gerichteten Ansprüche betreffen; er kann daher die wirklich verausgabte Unterstützung einklagen, d. h. den Gesamtaufwand einschließlich seiner allgemeinen Verwaltungskosten und ohne an die Taxen gebunden zu sein (§ 30 Abs. 3, 4 RGes.) und die Krankheitskosten für die ersten dreizehn Wochen (§ 29 Abs. 2, 3 RGes.). Vgl. MVfg. 26. Apr. 1850 (VMBl. S. 174), BAfdHeim. 9 S. 113, Wohlers-Krech S. 141 A. 34, S. 144 A. 48.

32. Nach RG. 21. Okt. 1887 (E. 19 S. 186) müssen die Leistungen, zu welchen der dritte verpflichtet ist, mit denjenigen Leistungen, welche der AV. auf Grund des RGes. gemacht hat, gleichartig sein; das RG. versagte deshalb dem AV. das Klagerecht gegen den Fiskus, der dem unterstützten Armen, einem früheren Beamten, Ruhegehalt zu zahlen verpflichtet war. RG. 30. Juni 1880 (E. 2 S. 45) verlangt keine völlige Gleichartigkeit der Leistungen und erachtete deshalb die dem Unterstützten auf Grund des Haftpflichtgesetzes zustehende Rente als eine solche Leistung, die der AV. nach § 62 RGes. fordern kann. — Erstattungsansprüche der AV. gegen Krankenkassen oder Berufsgenossenschaften werden im Verwaltungsstreitverfahren entschieden: §§ 57 Abs. 2, 58 Abs. 2 Ges. v. 10. Apr. 1892, §§ 25 Abs. 2, 26 Abs. 2 Gewerbe-Unfallversicherungsges. v. 30. Juni 1900.

33. Nach Abs. 2 des § 62 RG. darf dem klagenden AV. nicht der Einwand entgegengestellt werden, daß er Ersatz von einem anderen AV. zu fordern berechtigt sei; ebensowenig kann dem gegen den endgültig unterstützungspflichtigen AV. im Verwaltungswege vorgehenden vorläufig pflichtigen AV. entgegengehalten werden, er solle erst von dem verpflichteten dritten Ersatz zu bekommen suchen: der letztgenannte AV. hat die Wahl, ob er im RW. den dritten, oder im Verwaltungswege einen anderen AV. belangen will. Hat er letzteres mit Erfolg getan, so tritt der endgültig verpflichtete AV. an seine Stelle gegenüber den aus anderen Titeln verpflichteten Personen. Vgl. BAfdHeim. 20 S. 74; 25 S. 125 ff.; 26 S. 118, Wohlers-Krech S. 100, 218.

34. Die Frage, ob auch der Unterstützte, wenn er nur vorübergehend oder nur teilweise hülfsbedürftig ist, dem AV. für die gespendete Fürsorge ersatz-

AG. § 65. Auf den Antrag des Armenverbandes, der einen Hülfsbedürftigen unterstützen muß, können durch einen mit Gründen versehenen Beschluß der Verwaltungsbehörde nach Anhörung der Beteiligten der Ehemann, die Ehefrau, die ehelichen Eltern, die uneheliche Mutter sowie die ehelichen Kinder und die unehelichen Kinder in Beziehung auf die Mutter angehalten werden, dem Hülfsbedürftigen nach Maßgabe ihrer gesetzlichen Verpflichtung die erforderliche laufende Unterstützung zu gewähren.

Die Beschlußfassung steht dem [Landrate] Kreis-(Stadt-)Ausschusse desjenigen Kreises, und im Regierungsbezirke Sigmaringen dem Oberamtmanne desjenigen Oberamtsbezirkes zu, in welchem der in Anspruch genommene Angehörige des Hülfsbedürftigen seinen Wohnsitz hat, [beziehungsweise, wenn die Gemeinde des Wohnsitzes weder in Kommunal- noch in Polizeiangelegenheiten der Aufsicht des Landrates unterworfen ist, dem Gemeindevorstand.]

Hat der gedachte Angehörige im Inlande keinen Wohnsitz, so treten an die Stelle der Behörden des Wohnsitzes die Behörden des Aufenthaltsortes.

(Ges. v. 1891.) In den Fällen der §§ 31, 31a, d und e sind auch die Kreise und die anderen daselbst bezeichneten Kommunalverbände berechtigt, die Gewährung der erforderlichen laufenden Unterstützung von den im Absatz 1 aufgeführten Personen nach Maßgabe ihrer gesetzlichen Verpflichtung zu fordern. Findet eine Vereinbarung über

pflichtig sei, ist weder im RGes. noch im AG. beantwortet; vielmehr sind die in dieser Richtung in den Gesetzentwürfen enthaltenen Vorschläge, sowie die bei der Beratung gestellten Anträge sämtlich abgelehnt worden. Erst das Ges. v. 11. Juli 1891 hat in dem dem § 68 hinzugefügten Abs. 2 der Klage gegen den Unterstützten Erwähnung getan. Schäfer (in Gruchot 41 S. 129) sieht in dieser beiläufigen Erwähnung die Schaffung eines neuen zivilrechtlichen Anspruchs der AV. gegen den Unterstützten; ebenso das bei Greve S. 12 gen. OLG. Frankfurt 24. Okt. 1900. Mit Recht faßt jedoch die überwiegende Praxis jene Bestimmung als rein prozessual auf (vgl. Greve S. 12 ff.) und überläßt nach wie vor die Beantwortung unserer Frage der allgemeinen Zivilgesetzgebung. Nach dieser wurde sie bejaht für das Gebiet des ALR. (z. B. RG. 27. Nov. 1879, Gruchot 24 S. 513), verneint für das Gebiet des gemeinen und des rheinischen Rechts (z. B. RG. 20. Okt. 1885, E. 14 S. 197; OLG. Cöln 4. Febr. 1885, 8. Mai 1891, Rh. A. 75, I. 107; 83 I. 54). Seit dem 1. Jan. 1900 sind die Grundsätze des BGB. zur Anwendung zu bringen, da eine landesgesetzliche Regelung im Sinne des § 103 EG. z. BGB. nach dem obengesagten nicht vorliegt. Wie die Frage hiernach zu beantworten ist, ist streitig; vgl. die Erörterung bei Greve S. 18 ff., der selbst die Frage bejaht, indem er in der Gewährung öffentlicher Armenunterstützung eine Geschäftsführung ohne Auftrag sieht. Bedenklicher erscheint es, ob auch der spätere Erwerb von Vermögen durch den Unterstützten die Geltendmachung eines Erstattungsanspruchs rechtfertige; doch wird auch diese Frage meist bejaht; vgl. z. B. gen. RG. 1879, OT. 5. Sept. 1845 (E. 11 S. 410), Min.-Instr. 10. Apr. 1871 (BMBl. S. 145), Greve S. 34. — Übrigens sind solche Ansprüche beim Mangel einer das Verwaltungszwangsverfahren gestattenden Vorschrift nur auf dem RW. geltend zu machen; vgl. MVfg. 18. Febr., 25. Okt. 1861 (BMBl. S. 117, 271) und jetzt § 68 Abs. 2 AG.

§§ 65 ff. AG.

35. Während § 62 RGes. und § 68 AG. nur von bereits geleisteten Unterstützungen sprechen (A. 27), beziehen sich die §§ 65 ff. ausschließlich auf die künftige Verpflegung des Armen. Inbetreff des Ersatzes bereits verwandter Kosten kommt auch bei den hier genannten Angehörigen § 68 zur Anwendung; vgl. auch MVfg. 7. Okt. 1861 (BMBl. S. 231).

die Höhe dieser Kosten nicht statt, so beschließt auf den Antrag der Berechtigten nach Anhörung der Beteiligten der Bezirksausschuß endgültig, vorbehaltlich des ordentlichen Rechtsweges.

Die in schriftlicher, von beiden Teilen vollzogener Fassung vereinbarten und die von dem Bezirksausschusse festgesetzten Beträge unterliegen der Beitreibung im Verwaltungszwangsverfahren.

§ 66. [Gegen die Entscheidung der Verwaltungsbehörde (§ 65) steht innerhalb zehn Tagen nach deren Zustellung sowohl dem in Anspruch genommenen Angehörigen wie dem beteiligten Armenverbande der Rekurs an die Deputation für das Heimatwesen zu, welche letztere nach Anhörung der Gegenpartei im Verwaltungswege endgültig entscheidet.] Der Beschluß des Kreis-(Stadt-)Ausschusses ist endgültig. Beiden Teilen bleibt [überdies] die Verfolgung ihrer Rechte im gerichtlichen Verfahren vorbehalten.

§ 67. Die Entscheidungen der Verwaltungsbehörde (§§ 65, [66]) sind vorläufig und so lange vollstreckbar, bis [auf erhobenen Rekurs im Verwaltungswege oder] mittels rechtskräftigen gerichtlichen Urteils eine abändernde Entscheidung erfolgt ist.

Im letzteren Falle hat der Armenverband dem in Anspruch genommenen Angehörigen das bis dahin geleistete beziehungsweise das zu viel geleistete zu erstatten; im Weigerungsfalle ist er hierzu im Aufsichtswege anzuhalten.

Hatte jedoch der eine solche Erstattung Fordernde die gerichtliche Klage nicht innerhalb sechs Monaten nach Zustellung des von ihm angefochtenen Beschlusses der Verwaltungsbehörde angebracht, so kann er nur dasjenige zurückfordern, was er für den Zeitraum seit Anbringung der Klage zu viel geleistet hat.

---

36. Die §§ 65 ff. enthalten eine Ausnahme von der Regel, daß ein AV. gleich dem Armen selbst die privatrechtlich Verpflichteten nur gerichtlich in Anspruch nehmen könne (A. 27). Die Beschränkung der bezüglichen Befugnis auf die nächsten Angehörigen rührt daher, weil die Verpflichtung der letzteren an leicht erkennbare Merkmale geknüpft, und ihnen gegenüber das Bedürfnis wirksamerer Zwangsmittel am dringendsten hervorgetreten ist: Begründung z. Entwurf des Ges. v. 21. Mai 1855 (A. 1).

37. Die §§ 65 ff. haben im RGes. keine Grundlage; sie enthalten vielmehr einen besonderen partikulären Grundsatz, der im wesentlichen in gleicher Weise schon in Art. 6 ff. Ges. v. 21. Mai 1855 aufgestellt war und sich bewährt hatte; vgl. RG. 8. Okt. 1881 (E. 5 S. 159). An Stelle des Landrats und des Gemeindevorstands beschließt heute der Kreis-(Stadt-)Ausschuß: § 43 Z. 2 ZustGes. — Durch das Ges. v. 11. Juli 1891 ist das in § 65 bisher nur den AV. gegebene Recht der Antragstellung auch den Kreisen usw. verliehen worden; die Beschlußfassung erfolgt durch den Bezirksausschuß, Abs. 4. Neu hinzugekommen ist auch die Bestimmung, daß die von beiden Teilen schriftlich vereinbarten Beträge der Beitreibung im Verwaltungszwangsverfahren unterliegen, Abs. 5.

38. Der gegen die Festsetzung der Verwaltungsbehörde nach § 66 zugelassene Rekurs an die Deputation für das Heimatwesen ist durch § 43 Z. 2 ZustGes. weggefallen; der Beschluß des Kreis- bezw. Bezirksausschusses ist im Verwaltungswege nicht anfechtbar. Er hat aber nur die Bedeutung einer vorläufigen Regelung bis zur endgültigen Feststellung der Unterhaltsverbindlichkeit des in Anspruch genommenen Verwandten. Diese kann nur im ordentlichen RW. erfolgen, der beiden Teilen, sowohl dem AV. als dem Verwandten offen steht; die Klage des Verwandten ist gegen den AV. bezw. Kreis zu richten und der Antrag muß auf Aufhebung oder Abänderung jener vorläufigen Entscheidung der Verwaltungsbehörde lauten. Dagegen kann im RW. nicht die Zurückzahlung des auf Grund der vorläufigen Anordnung gezahlten oder beigetriebenen verlangt werden, da diese nach § 67 Abs. 2 nur im Aufsichtswege erzwungen werden kann.

39. Hat der AV. die Wahl, ob er zunächst gemäß § 65 die Hülfe des Kreisausschusses angehen, oder sofort den RW. beschreiten will (A. 27), oder muß das Verwaltungsverfahren dem gerichtlichen immer vorausgehen? Die Analogie der übrigen Fälle einer eigentlichen Verwaltungsgerichtsbarkeit spricht für die letztere, die Fassung und der Zweck des Gesetzes sprechen für die erstere Möglichkeit. Doch sind die Gründe für das Wahlrecht des AV. die überwiegenden.

40. Die Aufzählung der Verwandten in § 65 ist erschöpfend; die dort nicht genannten können nicht durch vorläufigen Beschluß des Kreis- oder Bezirksausschusses, sondern nur im RW. herangezogen werden. Insbesondere sind auch die Ausdrücke „Eltern" und „Kinder" nicht auf Aszendenten und Deszendenten entfernterer Grade mitzubeziehen. Vgl. RG. 8. Okt. 1881 (E. 5 S. 159), v. Brauchitsch 3 S. 869 A. 2.

Gesetz
über die Enteignung von Grundeigentum.
Vom 11. Juni 1874.

(GS. S. 221.)

(Literatur: Stölzel S. 262. — Angeführt sind die Kommentare von Eger (2. Aufl., 1902), Löbell (1884) und Seydel (2. Aufl., 1887). Weitere Literaturangaben s. bei Eger 1 S. VII.)

§ 2. Abs. 1. Die Entziehung und dauernde Beschränkung des Grundeigentums erfolgt auf Grund Königlicher Verordnung, welche den Unternehmer und das Unternehmen, zu dem das Grundeigentum in Anspruch genommen wird, bezeichnet.

§ 5. Abs. 1. Handlungen, welche zur Vorbereitung eines die Enteignung rechtfertigenden Unternehmens erforderlich sind, muß auf Anordnung [der Bezirksregierung] des Bezirksausschusses der Besitzer auf

---

Einleitung.

1. Die Vorschriften des Gesetzes zerfallen in sechs Titel: der 1. Titel (§§ 1—6) handelt von der Zulässigkeit der Enteignung, der 2. Titel (§§ 7—14) von der Entschädigung; der 3. Titel (§§ 15—43) regelt das Enteignungsverfahren, der 4. Titel (§§ 44—49) die Wirkungen der Enteignung; der 5. Titel (§§ 50—53) enthält besondere Bestimmungen über Entnahme von Wegebaumaterialien, der 6. Titel (§§ 54 bis 58) Schluß- und Übergangsbestimmungen. Der 3. Titel zerfällt wieder in vier Unterabteilungen: die Feststellung des Plans, die der Entschädigung, die Vollziehung der Enteignung und allgemeine Bestimmungen. Für die hier behandelte Frage kommt hauptsächlich die zweite Abteilung des dritten Titels, die Feststellung der Entschädigung, in Betracht, doch enthalten auch die übrigen Titel und Abteilungen mehrere zu besprechende Vorschriften.

2. Die infolge der neuen Verwaltungsordnung notwendig gewordenen Abänderungen des Gesetzes sind in den §§ 150, 151 ZustGes. enthalten und oben im Text durch den Druck kenntlich gemacht.

§§ 2, 5.

3. Nach § 2 erfolgt die Entziehung und dauernde Beschränkung des Grundeigentums auf Grund Königlicher Verordnung; ausnahmsweise wird die Zulässigkeit der Enteignung vom Bezirksausschuß ausgesprochen, nämlich wenn es sich um Geradelegung oder Erweiterung öffentlicher Wege und um Umwandlung von Privatwegen in öffentliche Wege handelt, soweit das dafür in Anspruch genommene Grundeigentum außerhalb der Städte und Dörfer gelegen und nicht mit Gebäuden besetzt ist, § 3. Vorübergehende Beschränkungen werden vom Bezirksausschuß

seinem Grund und Boden geschehen lassen. Es ist ihm jedoch der hierdurch etwa erwachsende, nötigenfalls im Rechtswege festzustellende Schaden zu vergüten. Zur Sicherstellung der Entschädigung darf [die Bezirksregierung] der Bezirksausschuß vor Beginn der Handlungen vom Unternehmer eine Kaution bestellen lassen und deren Höhe bestimmen. [Sie] Er ist hierzu verpflichtet, wenn ein Beteiligter die Kautionsstellung verlangt.

Abs. 2. Die Gestattung der Vorarbeiten wird von [der Bezirksregierung] dem Bezirksausschusse im Regierungsamtsblatt generell bekannt gemacht. Vor jeder Vorarbeit hat der Unternehmer unter Bezeichnung der Zeit und Stelle, wo sie stattfinden soll, mindestens zwei Tage zuvor den Vorstand des betreffenden Guts- oder Gemeindebezirks in Kenntnis zu setzen, welcher davon die beteiligten Grundbesitzer speziell oder in ortsüblicher Weise generell benachrichtigt. Dieser Vorstand ist ermächtigt, dem Unternehmer auf dessen Kosten einen beeidigten Taxator zu dem Zwecke zur Seite zu stellen, um vorkommende Beschädigungen sogleich festzustellen und abzuschätzen. Der abgeschätzte Schaden ist, vorbehaltlich dessen anderweiter Feststellung im Rechtswege, den Beteiligten (Eigentümer, Nutznießer, Pächter, Verwalter) sofort auszubezahlen, widrigenfalls der Ortsvorstand auf den Antrag des Beteiligten die Fortsetzung der Vorarbeiten zu hindern verpflichtet ist.

---

angeordnet, § 4. Wie schon in A. 103 ff. zur VO. v. 1808 ausgeführt, ist das Enteignungsrecht des Staates (d. h. das Recht, einem anderen die Befugnis zur Wegnahme fremden Eigentums, das Enteignungsrecht im engeren Sinne, zu verleihen) ein Hoheitsrecht, über dessen Ausübung nach § 36 VO. v. 1808 der RW. unzulässig ist; es kann mithin weder die Verbindlichkeit der Königlichen Verordnung, noch die der Anordnung des Bezirksausschusses vor Gericht angefochten werden, etwa unter dem Vorwande, daß dadurch wohlerworbene Rechte beeinträchtigt würden; vgl. VO. v. 1808 A. 114. Daß dagegen über die dem Enteigneten zu leistende Entschädigung grundsätzlich der RW. zulässig ist, ist ebendaselbst A. 126 dargelegt. Vgl. Eger 1 S. 4.

4. Die Sonderbestimmung des rheinischen Rechts, daß die Regierung (bezw. jetzt der Regierungspräsident) ohne förmliches Enteignungsverfahren das zur Erbreiterung von Wegen erforderliche Grundeigentum mittels einfachen Beschlusses wegnehmen kann, ist von § 3 unberührt geblieben; vgl. Ress.-Regl. A. 36.

5. Nach § 5 muß auf Anordnung des Bezirksausschusses der Besitzer auf seinem Grund und Boden die Handlungen geschehen lassen, die zur Vorbereitung eines die Enteignung rechtfertigenden Unternehmens erforderlich sind. Die Anordnung des Bezirksausschusses kann nur im Aufsichtswege, nicht aber im RW. angefochten werden, ebenso ist die Besitzklage gegen die auf deren Grund erfolgenden Arbeiten ausgeschlossen; dies gilt selbst dann, wenn die Anordnung auf irrigen Voraussetzungen oder auf einer Kompetenzüberschreitung beruht oder wenn der Unternehmer die ihm gewährten Befugnisse überschreitet. Vgl. OT. 9. März 1874 (Strieth. 91 S. 175), Eger 1 S. 93, 95. Darüber, daß bei Weigerung des Besitzers der Verwaltung die Vollstreckung der gedachten Anordnung zusteht, vgl. VO. v. 1808 A. 483 ff., Eger 1 S. 94.

6. Für den bei den Vorarbeiten entstehenden Schaden muß der Unternehmer Vergütung leisten, die nötigenfalls, d. h. wenn eine gütliche Einigung nicht erfolgt, im RW. festzustellen ist. Abweichend Eger 1 S. 96, 101, der als die Regel ein administratives Festsetzungsverfahren und zwar durch den in Abs. 2 des § 5 genannten Taxator annimmt, dementsprechend den Vorstand zur Ernennung des Taxators (nicht nur für berechtigt, sondern) für verpflichtet erklärt und gegen dessen Festsetzung beiden Parteien die Beschreitung des RW. zuläßt. Jedoch wird beim Mangel einer vorherigen administrativen Festsetzung der RW. nicht für unzulässig erklärt werden dürfen; der Wortlaut des Gesetzes gibt hierfür nicht genügende Anhaltspunkte.

§ 9. Abs. 1. Wird nur ein Teil von einem Grundstück in Anspruch genommen, so kann der Eigentümer verlangen, daß der Unternehmer das Ganze gegen Entschädigung übernimmt, wenn das Grundstück durch die Abtretung so zerstückelt werden würde, daß das Restgrundstück nach seiner bisherigen Bestimmung nicht mehr zweckmäßig benutzt werden kann.

§ 11. Der Betrag des Schadens, welchen Nutzungs-, Gebrauchs- und Servitutberechtigte, Pächter und Mieter durch die Enteignung erleiden, ist, soweit derselbe nicht in der nach § 8 für das enteignete Grundeigentum bestimmten Entschädigung oder in der an derselben zu gewährenden Nutzung begriffen ist, besonders zu ersetzen.

§ 14. Der Unternehmer ist zugleich zur Einrichtung derjenigen Anlagen an Wegen, Überfahrten, Triften, Einfriedigungen, Bewässerungs- und Vorflutsanstalten usw. verpflichtet, welche für die benachbarten Grundstücke oder im öffentlichen Interesse zur Sicherung gegen Gefahren und Nachteile notwendig werden. Auch die Unterhaltung dieser Anlagen liegt ihm ob, insoweit dieselbe über den Umfang der bestehenden Verpflichtungen zur Unterhaltung vorhandener, demselben Zwecke dienender Anlagen hinausgeht.

Über diese Obliegenheiten des Unternehmers entscheidet [die Bezirksregierung] der Bezirksausschuß (§ 21).

§ 9.

7. Das Recht des Eigentümers, die Übernahme auch des Restgrundstücks zu verlangen, bildet einen Teil der ihm zustehenden Entschädigung. Daraus folgt, daß, nachdem der Bezirksausschuß über den diesbezüglichen Antrag des Eigentümers gemäß § 29 entschieden hat, nunmehr die Frage der Übernahme in ihrem ganzen Umfange der Entscheidung der ordentlichen Gerichte (§ 30) unterliegt. Es kann mithin bei Gericht nicht nur der Unternehmer den Antrag stellen, seine Nichtverpflichtung zur Übernahme auszusprechen, sondern auch der Eigentümer seinen Antrag auf Übernahme des Restgrundstücks zurückziehen und Rückübertragung bezw. Wiederausschließung des Restgrundstücks von der Enteignung beantragen. An dieser Befugnis wird auch dadurch nichts geändert, daß die Verwaltungsbehörde schon vor der Entscheidung im RW. wegen Dringlichkeit die Enteignung des ganzen Grundstücks ausgesprochen hat; denn dieser Ausspruch ergeht hinsichtlich der Entschädigungsfrage nur vorbehaltlich der Entscheidung im RW. Vgl. RG. 11. Okt. 1898, 29. Mai 1891 (E. 42 S. 225; Rh. A. 83, II. 51), OLG. Cöln 12. Jan. 1891, 1. Febr. 1898 (das. 82, I. 91; 93, I. 131).

8. Der Antrag aus § 9 muß spätestens in dem gemäß § 25 anberaumten Termine gestellt werden, Abs. 5 des § 25. Hat der Eigentümer dies unterlassen, so kann er den Anspruch auf vollständige Übernahme des Grundstücks auch im späteren gerichtlichen Verfahren (§ 30) nicht mehr erheben; vgl. RG. 27. Mai 1891 (Gruchot 35 S. 1116); ebenso: v. Brauchitsch 4 S. 403 A. 77, Eger 1 S. 297; 2 S. 232, aM.: Stölzel S. 263 A. 12.

§ 11.

9. Der Nebenberechtigte (§ 11) verwirkt seinen Anspruch nicht dadurch, daß er sich trotz erfolgter Ladung bei den administrativen Vorverhandlungen nicht beteiligt; die Folge der Nichtbeteiligung ist nur die, daß die Entschädigung ohne Zutun des Ausbleibenden festgestellt wird. Im übrigen vgl. A. 23.

§ 14.

10. § 14 wiederholt im wesentlichen die Vorschriften des § 14 Eisenbahnges. v. 3. Nov. 1838; er bezieht sich aber nur auf die im Enteignungsverfahren zu treffenden Anordnungen, so daß neben ihm § 14 Ges. v. 1838 in Eisenbahn-

angelegenheiten noch zur Anwendung kommt, soweit es sich um später notwendig werdende Anordnungen handelt. Vgl. VO. v. 1808 A. 306 und außer den dort genannten Belegstellen: OLG. Cöln 7. Apr. 1886 (Rh. A. 76, I. 74), Löbell A. 2, 3, Seydel A. 1 zu § 14, Eger 1 S. 483, 537.

11. Nach Abs. 2 des § 14 d. G. hat über die Obliegenheiten des Unternehmers der Bezirksausschuß zu entscheiden (vgl. hierzu MVfg. 18. Okt. 1874, 5. März 1875, 12. Okt. 1892, VMBl. 74 S. 241; 75 S. 90; 93 S. 6). Hierdurch ist der RW. über die Verpflichtung des Unternehmers zur Herrichtung oder Unterhaltung einer der im Abs. 1 erwähnten Anlagen ausgeschlossen, und zwar auch insoweit, als es sich um Anlagen zum Schutz des Privateigentums benachbarter Grundbesitzer handelt. Ebenso die ständige Rechtsprechung, schon auf Grund des Ges: v. 1838; vgl. OT. 7. März 1851 (Strieth. 1 S. 295), EK. 25. Juni 1898, 14. Jan. 1854, 11. Okt. 1862, 11. Juni 1864 (Rechtspr., Nachtr. S. 20; JMBl. 54 S. 139; 63 S. 47; 64 S. 316), RG. 20. Sept. 1882, 29. Mai 1883, 13. Mai 1893 (E. 7 S. 266; 31 S. 285; Rh. A. 73, III. 112), ferner Eger 1 S. 497. Beispielsweise ist hiernach der Antrag der Grundstückseigentümer auf Einhegung der Bahn usw., auf Herstellung oder Erbreiterung von Wegen, Gräben, Triften usw. bei der Verwaltungsbehörde anzubringen, und ausschließlich von dieser über die Breite sowie die Steigungsverhältnisse der durch das Unternehmen nötig werdenden Wege usw. zu entscheiden. Hierbei ist es gleichgültig, ob die Schutzvorrichtungen usw. auf dem Eigentum des Unternehmers selbst oder außerhalb desselben, auf dem Eigentum des angeblich Geschädigten beansprucht werden. Vgl. z. B. EK. 14. Jan. 1854, 9. Juni 1855, 18. Apr. 1857 (JMBl. 54 S. 139; 55 S. 330; 57 S. 445), OLG. Cöln 2. Nov. 1882 (Rh. A. 73, I. 30). Natürlich kann auch die Wegschaffung einer vom Bezirksausschuß angeordneten Anlage nicht im RW. verlangt werden; vgl. gen. RG. 13. Mai 1893. Die Wiederherstellung der z. B. bei einem Eisenbahnbau unterdrückten Wege, Gräben usw. kann ebenfalls nicht im RW. nachgesucht werden; doch greift hier nicht § 14 d. G., sondern das Ges. v. 11. Mai 1842 (vgl. A. 18ff. dazu) Platz, da die Unterdrückung eine polizeiliche Verfügung darstellt; auf Grund des § 14 kann die Regierung nur die Anlage von neuen Wegen, nicht aber die Unterdrückung vorhandener Wege fordern; vgl. z. B. EK. 19. Okt. 1872, 11. März 1899 (JMBl. 73 S. 65; Rechtspr., Nachtr. S. 20).

12. Dagegen ist hinsichtlich solcher die Nachbarinteressen schädigenden Anlagen, die der Unternehmer ohne Anordnung der Verwaltungsbehörde errichtet hat, der RW. unverschränkt; es kann je nach Lage des Falles sowohl die Wegschaffung der Anlage, als die Errichtung schadenverhütender Vorkehrungen verlangt werden. Hierbei ist es unerheblich, ob der Klage die Behauptung entgegengesetzt wird, daß die Anlage ein Zubehör der genehmigten Anlage, z. B. des Bahnkörpers bilde; denn nicht der Unternehmer, sondern nur die Behörde kann einer Anlage die Zubehöreigenschaft verleihen: RG. 5. Jan. 1886, 13. Mai 1893 (Rh. A. 77, III. 33; E. 31 S. 285; ersteres Erk. betraf die Wegschaffung einer zu nahe an die Nachbargrenze gesetzten Hecke, letzteres die Regelung des Wasserabflusses).

13. Wie die Entscheidung über die Verpflichtung zur Errichtung von Schutzanlagen nur der Verwaltung zusteht, ebenso ist eine Klage auf Zahlung oder Erstattung der Kosten für eine solche von der Verwaltung nicht angeordnete Anlage zum RW. nicht geeignet. Denn es macht rechtlich keinen Unterschied, ob auf Herstellung der Einrichtung in der Weise geklagt wird, daß der Unternehmer dieselbe herstelle, oder auf die Mittel, damit der Kläger die Arbeiten selbst ausführen könne; in beiden Fällen soll derselbe Zweck erreicht werden, auch würden auf diese Weise das Gesetz und seine Zweckbestimmung ohne weiteres zu umgehen sein. Vgl. RG. 19. Sept. 1884, OLG. Cöln 7. Dez. 1883 (Rh. A. 75, III. 99; 74, I. 50), EK. 16. Dez. 1854, 9. Juni 1855 (JMBl. 55 S. 89, 330), Eger 1 S. 502.

14. Streitigkeiten zwischen dem Unternehmer und dritten Personen über das Eigentum an den Anlagen des § 14 oder über die zu diesem Eigentum gehörigen Nutzungsrechte sind privatrechtlicher Natur und daher im RW. zum Austrag zu bringen. Doch wird durch die richterliche Entscheidung den Anordnungen nicht vorgegriffen, welche die Verwaltung zufolge der ihr nach § 14 zustehenden Befugnisse hinsichtlich der Benutzung jener Anlagen zu erteilen für nötig erachten möchte: EK. 30. Okt. 1852 (JMBl. 53 S. 92).

15. Wird die Errichtung einer der im Abs. 1 gedachten Anlagen auf Grund eines speziellen Rechtstitels, z. B. eines mit dem Unternehmer abgeschlossenen

§ 16. Eine Einigung zwischen den Beteiligten über den Gegenstand der Abtretung, soweit er nach dem Befinden der zuständigen Behörde zu dem Unternehmen erforderlich ist, kann zum Zwecke sowohl der Überlassung des Besitzes, als der sofortigen Abtretung des Eigentums stattfinden. Es kann dabei die Entschädigung nachträglicher Feststellung vorbehalten werden, welche alsdann nach den Vorschriften dieses Gesetzes oder auch, je nach Verabredung der Beteiligten, sofort im Rechtswege erfolgt. Es kann ferner dabei behufs Regelung der Rechte dritter die Durchführung des förmlichen Enteignungsverfahrens, nach Befinden ohne Berührung der Entschädigungsfrage vorbehalten werden.

Vertrags, verlangt, so ist selbstverständlich der RW. zulässig: EK. 25. Juni 1898, 25. Juni 1853, 11. Juni 1864 (Rechtspr., Nachtr. S. 26; JMBl. 53 S. 337; 64 S. 316), OLG. Cöln 2. Nov. 1882 (Rh. A. 73, I. 30).

16. Ebenso ist der RW. unverschlossen für den Anspruch auf Entschädigung wegen der durch den Mangel oder die mangelhafte Instandhaltung jener Schutzanlagen hervortretenden Nachteile: RG. 1. Okt. 1881, 20. Sept. 1882, 13. Mai 1893 (JMBl. 82 S. 301; E. 7 S. 266; 31 S. 285), EK. 16. Dez. 1854 (JMBl. 55 S. 88). Die Prozeßfähigkeit und Existenz eines solchen Entschädigungsanspruchs, z. B. eines Anliegers wegen der ihm durch eine Eisenbahn verursachten Wirtschafts-Erschwernisse, ist nicht davon abhängig, daß Kläger zuvor bei der Verwaltungsbehörde einen Beschluß über Herrichtung der im § 14 erwähnten Anlagen beantragt habe, durch welche dem eingetretenen Nachteil hätte vorgebeugt werden können: OT. 22. Okt. 1855, 28. Febr. 1878 (Strieth. 18 S. 225; 98 S. 329), Eger 1 S. 532.

17. Ebensowenig steht die von der Verwaltung wirklich gemäß § 14 getroffene Bestimmung etwaigen Entschädigungsforderungen in der Weise entgegen, daß, wenn die Gesellschaft den ihr gemachten Auflagen vollständig nachkommt, sie aller Verantwortlichkeit den Anliegern gegenüber enthoben wäre. Vielmehr erleiden die in der allgemeinen Gesetzgebung begründeten Entschädigungsansprüche der Anlieger durch § 14 keine Beschränkung oder Abänderung zum Vorteile des Unternehmers: OT. (Pl.) 20. Okt. 1851 (Strieth. 3 S. 302). (In früheren Entscheidungen war die entgegengesetzte Ansicht ausgesprochen worden). Nach RG. 27. Nov. 1893 (E. 32 S. 286) ist es zwar als Regel zu betrachten, daß eine Haftung des Unternehmers für den Schaden dann nicht stattfindet, wenn er den Anordnungen der Verwaltung genügt hat, jedoch läßt das Erk. eine Ausnahme von dieser Regel nicht nur dann zu, wenn der Unternehmer die von der Verwaltung nur allgemein angeordneten Anlagen in einer dem Zwecke der Sicherung der Anlieger nicht entsprechenden Weise ausführt und so durch sein Verschulden den Schaden herbeiführt, sondern auch dann, wenn er gewußt hat oder bei gehöriger Aufmerksamkeit wissen mußte, welche Anlagen oder Einrichtungen zum Schutze der Anlieger gegen Nachteile in der Benutzung ihrer Grundstücke erforderlich, zugleich auch technisch ausführbar und mit den Zwecken des Unternehmens verträglich waren, und gleichwohl diese Einrichtungen unterlassen hat, weil sie von der Verwaltung nicht angeordnet waren. AM. v. Schilgen in Gruchot 41 S. 503. Vgl. Eger 1 S. 509ff. OT. 7. März 1851 (Strieth. 1 S. 298) wies eine Entschädigungsklage ab, weil Kläger keinen privatrechtlichen Anspruch auf den durch eine Bahnanlage unterdrückten Weg gehabt, denselben vielmehr nur als öffentlichen Weg benutzt habe. Ob der auf Anordnung der Verwaltung an dessen Stelle angelegte Weg seinen Zweck erfülle, gehöre ausschließlich zur Beurteilung der Verwaltungsbehörden.

§ 16.

18. § 16 enthielt im Entwurfe des Gesetzes nur die Bestimmung, daß im Falle der Einigung die Entschädigung im RW. festzustellen sei. Im AbgH. erhielt § 16 seine jetzige Fassung, weil den Beteiligten die Wohltat einer kostenfreien administrativen Festsetzung nicht entzogen werden sollte. Haben die Parteien nicht die sofortige Beschreitung des RW. vereinbart, so muß der Unternehmer die Einleitung des Verfahrens gemäß §§ 24ff. beantragen; unterläßt er dies, so kann der Gegner seine Verurteilung zur Stellung dieses Antrags im ordentlichen RW. verlangen. Vgl. A. 21, RG. 15. Jan. 1880 (E. 1 S. 171). — Die Vereinbarung über die so-

§ 30. Abs. 1. Gegen die Entscheidung der Regierung steht sowohl dem Unternehmer als den übrigen Beteiligten innerhalb sechs Monaten nach Zustellung des [Regierungsbeschlusses] Beschlusses des Bezirksausschusses die Beschreitung des Rechtsweges zu. Ein Streit über das Anteilsverhältnis eines Nebenberechtigten an der für das Eigentum festgestellten Entschädigungssumme ist lediglich zwischen dem Nebenberechtigten und dem Eigentümer auszutragen.

Abs. 3. Zuständig ist das Gericht, in dessen Bezirk das betreffende Grundstück belegen ist.

Abs. 5. Wird von dem Unternehmer auf richterliche Entscheidung angetragen, so fallen ihm jedenfalls die Kosten der ersten Instanz zur Last.

---

fortige Zulässigkeit des RW. braucht nicht ausdrücklich ausgesprochen zu werden, sie kann auch stillschweigend erfolgen, z. B. in der Einlassung auf die Klage liegen: RG. 7. Juni 1895 (Rh. A. 89, II. 16).

19. Die Vorschrift des § 16 kann nicht analog auf andere, als die in ihm genannten Fälle angewandt werden. Vgl. RG. 29. März 1901 (Gruchot 46 S. 1163: Ansprüche eines Nebenberechtigten aus § 11 waren im Planfeststellungsbeschluß vorbehalten geblieben; der Unternehmer weigerte sich, das Verfahren gemäß §§ 24 ff. zu beantragen. Der Vorderrichter erklärte die unmittelbar auf Zahlung gerichtete Klage für zulässig, weil die Sache nicht anders läge, als wenn die Parteien gemäß § 16 vereinbart hätten, daß über die Entschädigung sofort im RW. entschieden werden solle. Das RG. dagegen erachtete nur den Antrag auf Verurteilung des Unternehmers zur Stellung des Antrags aus § 24 für zulässig.)

§ 30.

20. Das im dritten Titel (§§ 15 ff.) geordnete Enteignungsverfahren weist die Feststellung des Planes (§§ 15—23) und die Vollziehung der Enteignung (§§ 32—34) ausschließlich der Verwaltung (Regierungspräsident bezw. Bezirksausschuß) zu; die Gerichte haben nur (unter gewissen Voraussetzungen) über die dem Enteigneten zu leistende Entschädigung zu befinden. Letztere sind daher nicht zuständig, diejenigen Maßnahmen, Erklärungen und Beschlüsse der Verwaltungsbehörde, welche nicht die Entschädigung, sondern unmittelbar die Entziehung oder Beschränkung von Grundeigentum oder Rechten am Grundeigentum zum Gegenstand haben, nachzuprüfen und formell oder sachlich zu ändern, gleichviel ob der dagegen gerichtete Angriff die Nichtbeobachtung des vorgeschriebenen Verfahrens oder eine materiell unrichtige oder unzweckmäßige Entscheidung behauptet. Vgl. RG. 15. März 1890, 6. Okt. 1899 (Gruchot 34 S. 742; E. 44 S. 329), OT. 20. Nov. 1877 (Strieth. 98 S. 129). (Nimmt der Unternehmer ein Grundstück in Besitz, bevor ein förmlicher Enteignungsbeschluß ergangen ist, so kann natürlich der Grundstückseigentümer im Wege der Besitzklage gerichtlichen Schutz beanspruchen; vgl. GK. 12. Nov. 1859, Rechtspr. S. 463.)

21. Die Zuständigkeit der Gerichte zur Entscheidung über die Entschädigung ist von verschiedenen Voraussetzungen abhängig. Nur gegen die Entscheidung des Bezirksausschusses (§ 29) steht der RW. offen. Diese muß in allen Fällen vorausgehen, sonst ist der RW. unzulässig, (ausgenommen, wenn im Fall des § 16 die Beteiligten die Festsetzung der Entschädigung im RW. vereinbart haben, vgl. A. 18); auch die sich am Verwaltungsverfahren nicht beteiligenden müssen dessen Beendigung abwarten, bevor sie den RW. beschreiten können. Der Wortlaut der §§ 24 und 30 läßt klar erkennen, daß das Gesetz das administrative Feststellungsverfahren für alle Beteiligte obligatorisch machen und den RW. über die Entschädigung vor Durchführung des Verwaltungsverfahrens nicht zulassen wollte. Die Notwendigkeit des letzteren ist insbesondere auch dann gegeben, wenn der Unternehmer sich bereits im Besitze des zu enteignenden Grundstücks befindet, z. B. auf Grund des § 16, oder infolge tatsächlicher vom Eigentümer nicht angefochtener Inbesitznahme, wie sie namentlich bei Straßenerbreiterungen auf Grund des Fluchtliniengess. v. 2. Juli 1875 vorzukommen pflegen. Da das Verwaltungsverfahren nach § 24 Enteignungsgesetzes nur auf Antrag des Unternehmers eingeleitet wird, muß der Enteignete das Recht haben, die Verurteilung des Unternehmers zur

Stellung des Antrags aus § 24 im RW. zu verlangen. Vgl. RG. 15. Jan. 1880, 29. März 1901, 3. Apr. 1894 (E. 1 S. 171; Gruchot 46 S. 1163; Rh. A. 87, II. 48; hier wird zugleich ausgesprochen, daß wenn zuerst unmittelbar auf Zahlung der Entschädigung geklagt und später abändernd auf Verurteilung zur Stellung des Antrags aus § 24 angetragen werde, hierin keine unzulässige Klageänderung liege), OLG. Cöln 13. Dez. 1895, 29. Jan. 1894 (das. 87, I. 17, 21).

22. Die Beschreitung des RW. muß innerhalb sechs Monaten nach Zustellung des vom Bezirksausschusse über die Entschädigung erlassenen Beschlusses erfolgen. Nach Ablauf der Frist ist der RW. unzulässig; ebenso: Stölzel S. 264. Jedoch ist die Zustellung selbst nicht notwendige Voraussetzung für die Beschreitung des RW., die Klage kann auch erhoben werden, bevor und ohne daß überhaupt der Beschluß zugestellt wird: RG. 28. Okt. 1884 (Rh. A. 75, III. 145). Um den Lauf der Frist zu eröffnen, ist (nach § 39 d. G.) eine förmliche Zustellung im Sinne der §§ 166—213 ZPO. nötig; (das auf Grund des § 56 LVG. erlassene Regulativ v. 28. Febr. 1884 kommt nicht zur Anwendung.) Doch kann von den im Enteignungsverfahren beteiligten Parteien auf die Beobachtung der Formvorschriften mit der Wirkung verzichtet werden, daß auch eine unförmliche Zustellung den Lauf der Frist eröffnet; dieser Verzicht (im Sinne des § 295 ZPO.) kann auch stillschweigend erfolgen; so: RG. 13. Juli 1897 (E. 39 S. 359), OLG Cöln 31. März 1897 (Rh. A. 92, I. 54). Die Frist von 6 Monaten ist gemäß § 188 BGB. zu berechnen; vgl. RG. 23. Sept. 1882 (E. 7 S. 277).

23. Der RW. steht allen Beteiligten offen, und zwar, entgegen dem früheren Recht (vgl. § 11 Abs. 3 Ges. v. 3. Nov. 1838) auch dem Unternehmer. Unter den „Beteiligten" sind nicht etwa nur die am Verfahren Beteiligten, sondern die materiellrechtlich Beteiligten zu verstehen, d. h. alle diejenigen, deren rechtliches Interesse durch die Entscheidung der Verwaltungsbehörde getroffen wird. Hierzu gehören außer Unternehmer und Grundeigentümer insbesondere die Hypothekengläubiger und die Nebenberechtigten des § 11, mögen sie im Beschluß namentlich aufgeführt sein oder nicht. Unerheblich ist auch, ob ein Berechtigter sich auf die ergangene Ladung hin, am Verfahren beteiligt hat oder nicht. Denn nach § 25 Abs. 5 erfolgt die Ladung unter der Verwarnung, daß beim Ausbleiben der Geladenen die Entschädigung ohne deren Zutun festgestellt werde; hieraus ergibt sich, daß der ergehende Beschluß auch gegen diejenigen wirksam ist, die sich am Verfahren nicht beteiligt haben. Ist das aber der Fall, so muß auch ihnen ein Rechtsmittel gegen den Beschluß, d. h. der RW. offen stehen. Andererseits sind aber auch sie an die sechsmonatige Frist gebunden, deren Lauf mit der Zustellung des Beschlusses an den Grundeigentümer beginnt. Vgl. RG. 30. Juni 1881, 11. März 1889, 25. Apr. 1891 (E. 5 S. 281; 24 S. 205; 28 S. 263).

24. Dadurch, daß eine Partei den RW. beschreitet, ist nicht auch für die Gegenpartei das gerichtliche Verfahren über die Entschädigung eröffnet, letztere muß vielmehr ebenfalls innerhalb der Frist Klage bezw. Widerklage erheben, falls sie Beschwerden gegen den Feststellungsbeschluß geltend machen will; vgl. OLG. Cöln 18. Nov. 1882 (Rh. A. 73, I. 34). Läßt der Unternehmer die Frist verstreichen, so ist das Gericht an die administrative Feststellung als untere Grenze der Entschädigung gebunden; umgekehrt stellt die festgesetzte Summe die obere Grenze dar, wenn nur der Unternehmer auf Herabsetzung geklagt hat. Vgl. RG. 26. Apr. 1881 (E. 4 S. 386).

25. Sind mehrere Teile eines im Zusammenhange stehenden Grundbesitzes desselben Eigentümers durch einen Beschluß enteignet worden, so erscheint rechtlich die Summe der für die einzelnen Teile festgesetzten Beträge als eine einheitliche, nämlich als die Entschädigung für das gesamte, dem zusammenhängenden Grundbesitz entzogene Areal, mögen auch die einzelnen Teile verschieden bewertet sein. Es ist deshalb unzulässig, einen Teil herauszugreifen und für diesen eine höhere oder geringere Entschädigung zu fordern; der sich benachteiligt glaubende kann vielmehr nur die Gesamtentschädigung anfechten und muß eine neue, der von ihm behaupteten Sachlage entsprechende Berechnung aufstellen. Hieraus ergibt sich, daß bei Beschreitung des RW. nur von einer Seite das Gericht die einzelnen Ansätze auch zum Vorteil derjenigen Partei, die den Verwaltungsbeschluß nicht angefochten hat, abändern kann, sofern nur die Gesamtentschädigung keine Änderung zum Vorteile derselben erleidet (A. 24). Dieser Grundsatz kommt auch zur Anwendung, wenn in dem Gesamtbetrag eine Entschädigung für den Minderwert des zurückbleibenden

§ 37. Abs. 1. **Der Unternehmer ist verpflichtet, die Entschädigungssumme zu hinterlegen:**

Teils enthalten ist. Vgl. RG. 26. Mai 1880, 24. Juni 1885 (E. 2 S. 243; 14 S. 267).

26. Im ordentlichen Rechtsstreit über die Entschädigung kann der beklagte Unternehmer nicht die Aktivlegitimation des im Verwaltungsverfahren von der Verwaltungsbehörde als entschädigungsberechtigt angenommen anzweifeln; ebensowenig kann er seine eigne Passivlegitimation etwa unter der Behauptung bestreiten, die für ihn erfolgende Enteignung liege nicht oder nicht wesentlich in seinem Interesse, sondern in dem eines andern. Denn die stillschweigenden oder ausdrücklichen Feststellungen der Verwaltungsbehörde bezüglich der Person des Entschädigungsberechtigten und des Entschädigungsverpflichteten bilden die Stützpunkte und Voraussetzungen des Verwaltungsverfahrens, deren Anfechtung oder Nachprüfung im RW. ausgeschlossen ist (A. 20). So: RG. 20. Apr. 1882, 6. Okt. 1899 (E. 7 S. 225; 44 S. 330).

27. Ist die Klage rechtzeitig erhoben, so steht der demnächstige Ablauf der Frist der nachträglichen Erhöhung des Klageanspruchs nicht entgegen: RG. 14. Jan. 1885 (E. 12 S. 299).

28. Der Beschluß des Bezirksausschusses ist gemäß § 150 Abs. 3 ZustGes. im Verwaltungswege nicht anfechtbar. Eine trotzdem angebrachte Beschwerde an den Minister würde die sechsmonatige Frist nicht unterbrechen; vgl. MVfg. 24. Juni 1879, 29. Apr. 1878 (EisenbVOBl. 79 S. 113; 78 S. 159).

29. Das in Abs. 3 bezeichnete Gericht der belegenen Sache ist für die Entschädigungsklage ausschließlich zuständig: RG. 4. Nov. 1880 (E. 3 S. 303).

30. Abs. 5 steht mit § 91 ZPO. insofern in Widerspruch, als er bestimmt, daß der Unternehmer auch dann, wenn er mit seiner Klage durchdringt, die Kosten des Rechtsstreits zu tragen hat; er ist jedoch nicht etwa durch § 91 aufgehoben worden, da nach § 15 Nr. 2 EG. z. ZPO. die landesgesetzlichen Vorschriften über das Verfahren bei Streitigkeiten, welche die Zwangsenteignung und die Entschädigung wegen derselben betreffen, unberührt geblieben sind; vgl. RG. 19. Okt. 1894 (Rh. A. 88, II. 24).

31. Die Bestimmung des Abs. 5 findet keine Anwendung, vielmehr sind die allgemeinen Vorschriften der §§ 91 ff. ZPO. maßgebend, wenn der Enteignete gegenüber der Klage des Unternehmers eine Widerklage erhebt oder wenn der Unternehmer in dem vom Enteigneten anhängig gemachten Verfahren seinerseits Widerklage erhebt. Es folgt dies, in Verbindung mit der eine enge Auslegung verlangenden Ausnahmenatur des Abs. 5, aus der vom Gesetzgeber bei Schaffung des Abs. 5 verfolgten Absicht. Es wurde nämlich für billig erachtet, dem Enteigneten, der sich seinerseits bei der administrativen Festsetzung der Entschädigung beruhigen wolle, für die erste Instanz von den Kosten eines Rechtsstreits zu befreien, den er nicht begonnen habe und den von sich abzuwenden er nicht in der Lage sei. Vgl. gen. RG. 19. Okt. 1894, ferner 28. Okt. 1884 (Rh. A. 75, III. 145); teilweise aM. Löbell A. 14, Eger 2 S. 311.

32. Als der für die Kostenfestsetzung maßgebende Wert des Streitgegenstands erscheint nicht die ganze Entschädigungssumme, sondern nur der Betrag, um den der Unternehmer die von der Verwaltung festgesetzte Summe verringert, bezw. um den der Enteignete sie erhöht haben will; haben beide Teile geklagt, so ist die Summe dieser beiden Beträge maßgebend. Vgl. RG. 26. Apr., 2. Sept. 1881 (E. 4 S. 386; Rh. A. 73, II. 23; die hier gegebene Fassung der Entscheidung [maßgebend sei „der Betrag, um welchen das Gericht die Administrativtaxe erhöht hat"] ist irreführend; sie trifft nur zu, wenn nur der Enteignete geklagt und, ohne eine bestimmte Summe zu nennen, Erhöhung der Taxe beantragt hat).

33. § 31. Stellen sich nachteilige Folgen der Enteignung erst nach dem im § 25 gedachten Termine heraus, so ist der Benachteiligte gemäß § 31 hierfür Entschädigung vom Unternehmer im RW. zu verlangen berechtigt. Eine administrative Festsetzung dieser Entschädigung findet nicht statt.

§ 37.

34. Die Verwaltungsbehörde kann die Enteignung nach § 32 aussprechen, u. a. wenn die Entschädigungssumme rechtsgültig hinterlegt ist. Da hiernach

1. wenn neben dem Eigentümer Entschädigungsberechtigte vorhanden sind, deren Ansprüche an die Entschädigungssumme zur Zeit nicht feststehen;
2. wenn das betreffende Grundstück Fideikommiß- oder Stammgut ist oder im Lehn- oder Leiheverbande steht;
3. wenn Reallasten, Hypotheken oder Grundschulden auf dem betreffenden Grundstück haften.

Abs. 3. Über die Rechtmäßigkeit der Hinterlegung findet ein gerichtliches Verfahren nicht statt. Jeder Beteiligte kann sein Recht an der hinterlegten Summe gegen den dasselbe bestreitenden Mitbeteiligten im RW. geltend machen. Soweit nach dem Rechte einzelner Landesteile ein gerichtliches Verteilungsverfahren in derartigen Fällen stattfindet, behält es dabei sein Bewenden.

---

die Rechtsgültigkeit der Hinterlegung Voraussetzung für die Enteignungserklärung ist, so steht die Entscheidung über die Rechtsgültigkeit selbstredend nur der Verwaltungsbehörde zu. Etwas anderes soll auch der erste Satz des § 37 Abs. 3 nicht besagen. Nach der Begründung des Gesetzentwurfs ist dieser Satz nur von dem Wegfall der nach allgemeiner Gesetzesvorschrift (z. B. Art. 815 ff. c. de proc. civ.) erforderlichen gerichtlichen Entscheidung über die Rechtsbeständigkeit der Hinterlegung zu verstehen und sein Zweck offensichtlich nur der, die Enteignung nicht durch die Notwendigkeit der vorherigen Erwirkung einer solchen aufzuhalten. Jedenfalls steht er dem nicht entgegen, daß in einem Rechtsstreit über die Entschädigung, der die Enteignungserklärung unberührt läßt, der Richter prüft, ob der Unternehmer nach § 37 Abs. 1 zur Hinterlegung befugt war oder nicht, und verneinendenfalls dem Enteigneten den höheren Zinssatz des § 36 Abs. 2 anstatt der Hinterlegungszinsen zubilligt. Vgl. RG. 7. Juli 1893, OLG. Cöln 22. Dez. 1890, 6. Apr. 1892 (Rh. A. 86, II. 82; 82, I. 72; 85, I. 142 Anmerkung), Eger 2 S. 415. Im entgegengesetzten Sinne entschieden RG. 12. Juni 1900 (E. 45 S. 382 Anmerkung; die Gründe sind nicht abgedruckt), OLG. Cöln 29. Nov. 1892 (Rh. A. 85, I. 142).

35. Zum Schlußsatze des Abs. 3 vgl. Art. 35 ff. AG. z. RGes. über die Zwangsversteigerung und die Zwangsverwaltung v. 23. Sept. 1899 (GS. S. 291).

36. Der 5. Titel enthält besondere Bestimmungen über Entnahme von Wegebaumaterialien. Auch hier ist der RW. über die zu leistende Entschädigung zulässig; jedoch muß vorher eine administrative Feststellung durch den Kreis-(Stadt-) Ausschuß erfolgt sein, § 53. (Nach früherem rheinischen Recht war der RW. auch über die Entschädigung verschlossen, vgl. § 12 Ress.-Regl.)

Verordnung

betreffend die Kompetenzkonflikte zwischen den Gerichten und den Verwaltungsbehörden. Vom 1. August 1879.

[GS. S. 573.]

(Literatur: Hartmann, das Verfahren bei Kompetenzkonflikten usw., 1860; Nachtrag 1863. — Sydow, die Zulässigkeit des Rechtswegs und die Kompetenzkonflikte in Preußen, 1860. — Ulrich, die Präjudizien des Kompetenz-Gerichtshofs, 1850. — Kosmann, die Erkenntnisse des Gerichtshofs zur Entscheidung der Kompetenzkonflikte usw., 1856. — Primker, die Kompetenzkonflikte in Preußen, 1861. — Hilse, die Rechtsprechung des Gerichtshofes zur Entscheidung der Kompetenzkonflikte, 1874. — Parey, die Rechtsgrundsätze des Kgl. Preuß. Gerichtshofes zur Entscheidung der Kompetenzkonflikte, 1889. — Stölzel, Rechtsprechung des Gerichtshofs zur Entscheidung der Kompetenzkonflikte, 1897; Nachtrag 1899. — Droop, der Rechtsweg in Preußen, 1899, S. 105ff. — Stölzel, Rechtsweg und Kompetenzkonflikt, 1901, S. 344ff. — v. Sarwey, das öffentliche Recht und die Verwaltungsrechtspflege, 1880, S. 673ff. — v. Rönne, das Staatsrecht usw., 4. Aufl., 1 S. 519ff. — v. Brauchitsch, 1 S. 610ff. — Dalloz, répert., m. conflit. — Cormenin, questions de droit administratif, m. conflits.)

Inhaltsverzeichnis.

Einleitung.

1. Der Ausdruck „Kompetenzkonflikt" wird im weiteren und engeren Sinne gebraucht. Im weiteren Sinne umfaßt derselbe überhaupt alle und jede Ressortstreitigkeiten unter verschiedenen Behörden, namentlich also auch solche der Gerichte unter sich, — vgl. §§ 131 I. 2 AGO.; VO. v. 2. Jan. 1849 §§ 16, 17; Ges. v. 26. Apr. 1851 Art. V.; c. de proc. civ. Art. 363ff. (Zivilsachen betr.); Ges. v. 3. Mai 1852 Art. 9; c. d'instr. crim. Art. 525ff. (Strafsachen betr.); Ges. v.

2. Mai 1853 (Zivil- wie Strafsachen betr.), Ges. v. 7. Mai 1851 § 22 (Disziplinarsachen betr.), — desgleichen diejenigen, welche zwischen zwei Verwaltungsbehörden entstehen, — vgl. Instr. für die Ob.-Präs. v. 31. Dez. 1825 § 11; Discipl.-Ges. v. 21. Juli 1852 § 28; LVG. § 113. — Im engeren Sinne dagegen begreift jener Ausdruck nur Konflikte zwischen den Gerichten einer- und den Verwaltungsbehörden bezw. Verwaltungsgerichten andererseits. Die VO. v. 1879 handelt ebenso wie das Ges. v. 1847 (A. 2) ausschließlich von KK. der letzteren Art, wenn von der Vorschrift des § 22 bezw. § 21 abgesehen wird. (Bei Kompetenzstreitigkeiten zwischen Verwaltungsbehörden und Verwaltungsgerichten entscheidet das Oberverwaltungsgericht: § 113 LVG.)

2. In älterer Zeit wurden Jurisdiktions-Streitigkeiten zwischen den Landesjustiz- und Kammerkollegien zur Entscheidung des Justiz-Departements und General-Direktoriums, seit 1756 zur Entscheidung einer besonderen Behörde, der sog. Jurisdiktions-Kommission, gebracht, welche jedoch in zweifelhaften Fällen an des Königs Majestät berichten mußte. Der Charakter der damals zu schlichtenden Konflikte war übrigens von dem der gegenwärtigen wesentlich verschieden, da die Kriegs- und Domänenkammern eine bestimmt geordnete Gerichtsbarkeit hatten, bei einem Kompetenzstreit zwischen ihnen und den Justizkollegien mithin weniger die Verwaltung den Gerichten als zwei ebenmäßig mit einer Jurisdiktions-Gewalt bekleidete Behörden einander gegenüberstanden. Diese Auffassung, wie sie noch den §§ 134, 135 I. 2; § 7 I. 16 AGO. zugrunde liegt, erwies sich seit dem Erlasse der VO. v. 26. Dez. 1808 nicht mehr als passend. Außerdem hörte jene Kommission bei der um dieselbe Zeit erfolgten Neuordnung der Behörden zu bestehen auf. Seitdem fehlte es, von der Schlußbestimmung des § 51 der gen. VO. (vgl. VO. v. 1808 A. 11) abgesehen, an besonderen Vorschriften über die Art, wie entstehende Ressortstreitigkeiten zum Austrage zu bringen seien, bis die AKO. v. 30. Juni 1828 (GS. S. 86) diese Lücke in der Gesetzgebung ausfüllte. Sie berief zunächst die beteiligten Minister zur Entscheidung, und behielt dieselbe in Ermangelung einer Einigung unter jenen dem Staatsoberhaupte selbst vor, sofern dieses sie nicht dem höchsten Gerichtshofe auftragen sollte. Da sich jedoch die Vorschriften der AKO. in mancherlei Hinsicht als unzweckmäßig, ja selbst nachteilig erwiesen, so erging endlich das Ges. v. 8. April 1847 (GS. S. 170), welches nach dem Vorbilde der franz. Gesetzgebung, insbesondere der ord. regl. v. 1. Juni 1828, zur Schlichtung solcher Streitigkeiten einen besonderen Gerichtshof bestellte und überdies dem Bedürfnisse nach formellen Vorschriften über das der Entscheidung vorhergehende Verfahren Rechnung trug; vgl. Hartmann S. 5ff., Stölzel S. 344ff., Löning im Verwaltungsarchiv 3 S. 158ff.

3. Der Grundsatz, daß KK. der hier fraglichen Art durch einen vom Gesetze bestellten Gerichtshof geschlichtet werden sollen, ist überdies durch Art. 96 der Verf.-Urk. ausdrücklich sanktioniert worden. Gleichwohl hat der KompGH. in einzelnen Fällen, wo sein gesetzliches Fortbestehen in Zweifel gezogen wurde, sich für die Bejahung nicht auf diesen Art. 96, sondern auf Art. 110 das. berufen, sich mithin nicht darüber ausgesprochen, ob er sich als den im Art. 96 gemeinten Gerichtshof betrachte, oder ob letzterer Art. die Errichtung eines anderen Gerichtshofes verheiße; vgl. Hartmann S. 10, v. Rönne 1 S. 522. Dagegen wird z. B. in EK. 7. Nov. 1857 (JMBl. 58 S. 146) ausdrücklich auf Art. 96 Bezug genommen.

4. Seit dem 1. Okt. 1879 ist an die Stelle des Ges. v. 8. Apr. 1847 die VO. v. 1. Aug. 1879 getreten, welche erforderlich war, um das bisher geltende Recht mit den Bestimmungen der Reichsprozeßgesetze in Einklang zu bringen. Es bestimmten nämlich § 17 GVG.

„Die Gerichte entscheiden über die Zulässigkeit des Rechtswegs.

Die Landesgesetzgebung kann jedoch die Entscheidung von Streitigkeiten zwischen den Gerichten und den Verwaltungsbehörden oder Verwaltungsgerichten über die Zulässigkeit des Rechtswegs besonderen Behörden nach Maßgabe der folgenden Bestimmungen übertragen:

1. Die Mitglieder werden für die Dauer des zur Zeit ihrer Ernennung von ihnen bekleideten Amts oder, falls sie zu dieser Zeit ein Amt nicht bekleiden, auf Lebenszeit ernannt. Eine Enthebung vom Amte kann nur unter denselben Voraussetzungen wie bei den Mitgliedern des Reichsgerichts stattfinden.
2. Mindestens die Hälfte der Mitglieder muß dem Reichsgerichte oder

dem obersten Landesgerichte oder einem Oberlandesgerichte angehören. Bei Entscheidungen dürfen Mitglieder nur in der gesetzlich bestimmten Anzahl mitwirken. Diese Anzahl muß eine ungerade sein und mindestens fünf betragen.

3. Das Verfahren ist gesetzlich zu regeln. Die Entscheidung erfolgt in öffentlicher Sitzung nach Ladung der Parteien.

4. Sofern die Zulässigkeit des Rechtswegs durch rechtskräftiges Urteil des Gerichts feststeht, ohne daß zuvor auf die Entscheidung der besonderen Behörde angetragen war, bleibt die Entscheidung des Gerichts maßgebend."

und § 17 Abs. 2 EG. z. GVG:

„Für diejenigen Bundesstaaten, in denen die im § 17 des GVG. bezeichneten Behörden bestehen und nach Maßgabe der Vorschriften im § 17 Nr. 1—4 einer Veränderung ihrer Einrichtung und des Verfahrens bedürfen, kann die Veränderung, sofern sie nicht bis zum Inkrafttreten dieses Gesetzes landesgesetzlich getroffen ist, durch landesherrliche Verordnung eingeführt werden."

In Preußen bestand die in § 17 GVG. bezeichnete Behörde. Da die zur Abänderung ihrer Einrichtung und des Verfahrens erforderliche gesetzliche Regelung nicht zustande kam, erging auf Grund des § 17 Abs. 2 EG. die VO. v. 1879, welche das Ges. v. 1847 nicht aufgehoben (vgl. auch Ges. v. 13. Febr. 1854 A. 41), sondern nur seine Bestimmungen entsprechend dem § 17 GVG. umgewandelt hat. Vgl. Droop S. 105ff., wo auch die Entstehungsgeschichte jener §§ dargestellt ist, Stölzel aaO., Delius in Gruchot 40 S. 264. — (Abs. 1 des § 17 EG. ist für Preußen nicht in Frage gekommen.) — Der durch das Ges. v. 1847 geschaffene Gerichtshof besteht auch heute noch; seine Neuordnung im Jahre 1879 hatte nicht die Folge, daß er seitdem als ein neuer Gerichtshof erscheint: EK. 10. Febr. 1883 (Rechtspr. S. 19), Droop S. 108, 109 A. 3; aM. v. Rönne aaO. — Das Ges. v. 1847 ist oben S. 398ff. auszugsweise abgedruckt; die dort nicht wiedergegebenen Paragraphen sind jedesmal vor den entsprechenden §§ der VO. v. 1879 mitgeteilt. Über die späteren Abänderungen der VO. v. 1879 vergl. die §§ 4, 21 und die A. 30, 38, 173, 196ff.

5. Das Ges. v. 1847 bezw. die VO. v. 1879 gilt auch für die Hohenzollernschen Lande (vgl. das in Abs. 3 gen. EK. 7. Nov. 1857), die 1866 mit Preußen vereinigten Landesteile (VO. v. 16. Sept. 1867, GS. S. 1515), das Jadegebiet (Ges. v. 23. März 1873, GS. S. 107), Lauenburg (Ges. v. 25. Febr. 1878, GS. S. 97) und Helgoland (VO. v. 22. März 1891, GS. S. 39).

6. Inbetreff negativer KK. wird auf die A. 178ff. verwiesen.

7. Über den Unterschied zwischen KK. und Konflikten im Sinne des Ges. v. 13. Febr. 1854, sowie die Beziehungen zwischen beiden s. das letztere Gesetz A. 6ff.

8. Das Recht zur Erhebung eines KK. ist kein wechselseitiges, es steht vielmehr nur den Verwaltungsbehörden, nicht auch den Gerichten zu; vgl. § 4; (ebenso in Frankreich; vgl. Dalloz, m. conflit n. 25). Die frühere Gesetzgebung kannte diese Beschränkung nicht, wie namentlich § 51 der VO. v. 1808 ergibt. Ja es waltete früher die Auffassung vor, daß die förmliche Erhebung eines KK. gar nicht erforderlich sei, damit das Konfliktsverfahren eintrete, daß zu diesem Behufe vielmehr das bloße Hervortreten von Zweifeln oder Meinungsverschiedenheiten hinsichtlich der Zuständigkeit unter den betreffenden Behörden oder gar nur die bloße Tatsache einer unzuständiger Weise über einen Gegenstand des anderen Ressorts ergangenen Entscheidung genüge; vgl. VO. v. 20. Juni 1817 § 23; VO. v. 30. Juni 1834 § 9; VO. v. 14. Dez. 1833 § 5 Nr. 8; ferner unten A. 204ff. und Ges. v. 13 Februar 1854 A. 2. In den für das Verfahren bei KK. ergangenen MInstr. v. 1. Juli 1835 und 30. März 1836 (Jbb. 46 S. 106; Rh. S. 5 S. 155, 362) ist jedoch diese Auffassung bereits aufgegeben und den Verwaltungsbehörden die Erhebung des KK. in bestimmten Formen zur Pflicht gemacht worden. Beiden Instruktionen liegt ferner bereits die Voraussetzung zugrunde, daß den Gerichten eine gleiche Befugnis nicht zustehe. Dessenungeachtet werden dem gen. § 51 gemäß die Gerichte, mit Ausnahme derjenigen der Rheinprovinz und Neuvorpommerns, wo jener § nicht publiziert ist, noch jetzt befugt und verpflichtet sein, vermeintliche Übergriffe der Verwaltung in das richterliche Gebiet, falls die dagegen gemachten Vorstellungen erfolglos bleiben, höheren Orts wenigstens zur Sprache zu bringen.

Ges. v. 1847. § 1. Die Entscheidung der Kompetenzkonflikte zwischen den Gerichten und den Verwaltungsbehörden wird einer aus bleibenden Mitgliedern zu bildenden Behörde übertragen, welche unter dem Titel „Gerichtshof zur Entscheidung der Kompetenzkonflikte" bestehen soll,

1. aus dem Präsidenten des Staatsrats,
2. aus dem Staatssekretär und neun anderen Mitgliedern des Staatsrats, von denen fünf Justizbeamte, die übrigen vier aber Verwaltungsbeamte sein müssen. Diese Mitglieder werden von Uns auf den Vorschlag des Präsidenten des Staatsrats ernannt.

§ 1. Die Entscheidung von Streitigkeiten über die Zulässigkeit des Rechtswegs erfolgt in den durch diese Verordnung bestimmten Fällen durch den Gerichtshof zur Entscheidung der Kompetenzkonflikte.

---

9. Die VO. v. 1879 kommt nur da zur Anwendung, wo es sich um preußische Gerichte und preußische Verwaltungsorgane handelt; vgl. A. 29, 73, 90, 185, Ges. v. 13. Febr. 1854 A. 11, OVG. 24. Jan. 1885 (E. 11 S. 403) und die Abhandlungen von Hilse in DJurZtg. 1 S. 292, Gruchot 35 S. 800; 37 S. 312.

§ 1.

10. Der in § 1 der VO. genannte Gerichtshof ist eingerichtet und hat seinen Titel erhalten durch § 1 Ges. v. 1847; s. A. 4 a. E. Derselbe ist eine eigentlich richterliche Behörde, welche eine Art Gerichtsbarkeit ausübt, und daher nicht nach Verwaltungsnormen und -rücksichten, sondern nach Gesetz und Recht zu entscheiden hat; vgl. EK. 22. Nov. 1851 (JMBl. 52 S. 103). [In Frankreich hatte nach der Ord. v. 1828 der Staatsrat, welcher gleichzeitig die zweite Instanz für alle der Administrativ-Jurisdiktion anheimfallenden Sachen bildete bezw. der König en conseil d'état über KK. zu erkennen. Seit 1848 ist hierfür jedoch ein eigenes, teils mit richterlichen, teils mit Verwaltungsbeamten besetztes Gericht, le tribunal spécial des conflits, bestellt; vgl. constit. v. 4. Nov. 1848, Ges. v. 3.—8. März 1849, 4.—8. Febr. 1850.] Da hiernach die im einzelnen Falle ergangene Entscheidung des KompGH. einen wirklichen Richterspruch darstellt, so kann ihre Geltung und Wirksamkeit durch einen Akt der vollziehenden Gewalt niemals aufgehoben werden.

11. Von den übrigen Gerichten unterscheidet sich der KompGH. wesentlich dadurch, daß er der bei diesen bestehenden Hierarchie nicht eingeordnet ist. Wie kein anderes Gericht [selbst nicht früher das Obertribunal], über demselben steht, so bildet er selbst weder der höchsten, noch der untersten Gerichtsstelle gegenüber eine höhere Instanz; vgl. A. 172. Das Verhältnis zum Reichsgericht hat inzwischen eine neue Regelung erfahren; vergl. A. 30.

12. Wenn bei dem Verfahren über den KK. von einer Parteistellung überhaupt die Rede sein kann, so sind es jedenfalls nicht die Prozeßparteien, oder diese einer- und die den KK. erhebende Behörde andererseits, sondern die beiderseitigen Behörden, welche als Parteien einander gegenüberstehen. (In der Begründung des Entwurfs zum Ges. v. 13. Febr. 1854 heißt es geradezu: bei wirklichen KK. sei zwischen den beiden über ihre Kompetenz streitenden Behörden zu erkennen; ebenso in § 113 LVG.) Daß zufolge § 9 den Prozeßparteien Gelegenheit gegeben werden muß, über den KK. ihre Erklärung abzugeben, welche folgeweise der KompGH. zu prüfen hat, ist ein bloßes Zugeständnis, vom Ges. v. 1847 und der VO. v. 1879 im Widerspruch mit der früheren Gesetzgebung dem Interesse gemacht, das jene Parteien an dem Ausfalle des Verfahrens immerhin haben.

13. [Der Wirkungskreis des KompGH. war durch das Ges. v. 13. Febr. 1854 erheblich erweitert worden. Schon früher hatte derselbe, auf Grund der Ges. v. 28. Juni 1834 und 31. März 1837 zu entscheiden, ob den einer körperlichen Verletzung bezichtigten Grenzaufsichts- und Forstbeamten ein Waffenmißbrauch zur Last liege, wenn nach desfallsiger vorläufiger Untersuchung die Eröffnung der strafgerichtlichen Untersuchung gegen den Widerspruch der vorgesetzten Dienstbehörde beschlossen wird, da die Sache alsdann, dem § 9 bezw. § 7 das. zufolge, nach Anleitung der über KK. zwischen den Verwaltungsbehörden und Gerichten erteilten Vorschriften erledigt werden soll. Vgl. Ges. v. 1854 A. 1, 2. Seit 1. Okt. 1879

§ 2. Der Gerichtshof besteht aus elf Mitgliedern, von denen sechs dem Oberlandesgericht zu Berlin angehören müssen. Die anderen fünf Mitglieder müssen für den höheren Verwaltungsdienst oder zum Richteramt befähigt sein. Zum Mitgliede kann nur ernannt werden, wer das fünfunddreißigste Lebensjahr vollendet hat.

Die Mitglieder werden für die Dauer des zur Zeit ihrer Ernennung von ihnen bekleideten Amtes oder, falls sie zu dieser Zeit ein Amt nicht bekleiden, auf Lebenszeit ernannt. Eine Enthebung vom Amte kann nur unter denselben Voraussetzungen wie bei den Mitgliedern des Reichsgerichts stattfinden.

Der Vorsitzende und die übrigen Mitglieder werden vom Könige auf den Vorschlag des Staatsministeriums ernannt.

§ 3. Der Gerichtshof entscheidet in der Besetzung von sieben Mitgliedern.

Die Geschäftsordnung, insbesondere die Befugnisse des Vorsitzenden und die Reihenfolge, in welcher die Mitglieder an den einzelnen Sitzungen Teil zu nehmen haben, werden durch ein Regulativ geordnet, welches der Gerichtshof zu entwerfen und dem Staatsministerium zur Bestätigung einzureichen hat.

§ 4. Der Gerichtshof entscheidet, wenn die Verwaltungsbehörden den Rechtsweg in einem bei den Gerichten anhängigen bürgerlichen Rechtsstreite für unzulässig erachten und deshalb der Kompetenzkonflikt erhoben wird.

—

erfolgt jedoch die Entscheidung der aus dem Ges. v. 1854 erhobenen Konflikte nicht mehr durch den KompGH., sondern durch das OVG.; vgl. A. 3 zu diesem Gesetz.]

14. § 1 verweist für die Zuständigkeit des KompGH. auf die §§ 4 (positiver KK.) und 21 (negativer KK.).

§§ 2 und 3.

15. § 2 regelt die Zusammensetzung des Gerichtshofs, indem er sich bez. der Zahl der Richter (elf) an das Ges. v. 1847 anschließt und unter Berücksichtigung der Bestimmungen des § 17 GVG., ebenso wie § 3, im wesentlichen die für das Reichsgericht im 9. Titel des GVG. gegebenen Vorschriften wiederholt. Die Änderungen gegenüber der Organisation des Ges. v. 1847 bestehen darin, daß die Verbindung des Gerichtshofs mit dem Staatsrat gelöst und dem richterlichen Element das Übergewicht über die Verwaltungsbeamten eingeräumt ist [d. h. in der Zusammensetzung des Gerichtshofs; für die einzelnen Spruchkollegien ist eine bestimmte Zahl von Mitgliedern der einen oder andern Art nicht vorgeschrieben], sowie daß die Entscheidungen von sieben, statt von mindestens sieben Mitgliedern erlassen werden. — Die Bestimmungen über die Enthebung vom Amte sind in den §§ 128—131 GVG., die über die Fähigkeit zum Richteramt und für den höheren Verwaltungsdienst in den §§ 2—5 das. und §§ 1ff. Ges. v. 11. März 1879 (GS. S. 160) enthalten. — Das OLG. Berlin hat durch Erlaß v. 1. Sept. 1879 (GS. S. 587) den historischen Namen „Kammergericht" erhalten. — Vgl. Droop A. 4ff., Rintelen in Gruchot 40 S. 774.

16. Das in § 3 Abs. 2 erwähnte Regulativ ist am 20. Febr. 1880 vom Staatsministerium bestätigt worden; es ist teilweise abgedruckt bei Droop A. 8, 47, 51.

§ 4.

17. § 4 enthält die Voraussetzungen für die Erhebung des positiven KK. Eine dem § 4 entsprechende Bestimmung fehlte im Ges. v. 1847. Dessen Vorschriften waren, von § 2 abgesehen, rein formeller Natur; sie bezogen sich nur auf das Verfahren und ließen die Fragen, wo, wann und aus welchen Gründen

Der Kompetenzkonflikt kann nicht erhoben werden, wenn die Zulässigkeit des Rechtswegs in der Sache durch rechtskräftiges Urteil des Gerichts feststeht. (Ges. v. 1902.) Das gleiche gilt, wenn ein mit der Revision anfechtbares Urteil des Gerichts ergangen ist.

[Text des § 2 Ges. v. 1848 s. oben S. 398.]

---

ein KK. erhoben werden könne, unberührt. Letztere waren nach allgemeinen Grundsätzen, sowie aus der Absicht und dem Zweck des Gesetzes zu beantworten. § 4 der VO. beantwortet diese Fragen dahin, daß ein KK. erhoben werden kann in bürgerlichen Rechtsstreitigkeiten, die bei einem Gericht (I), anhängig sind (II), weil der RW. für unzulässig erachtet wird (III).

I. In welchen Rechtssachen kann ein KK. erhoben werden?

a) vor dem 1. Okt. 1879.

18. Ein KK. kann nur in solchen Rechtssachen erhoben werden, wo zweierlei Erfordernisse zusammentreffen, wo es sich nämlich um eine richterliche Tätigkeit im engeren Sinne, um ein eigentliches Rechtsprechen handelt, und wo ferner diese Tätigkeit einer wirklichen richterlichen Behörde gegenüber in Anspruch genommen wird.

19. Demgemäß war schon unter der Herrschaft des Ges. v. 1847 die Erhebung eines KK. in Sachen, bei welchen die Tätigkeit der Gerichte nicht richterlicher, sondern administrativer Natur ist, wie z. B. in Hypotheken-, Lehns- und Vormundschaftssachen sowie überhaupt bei allen Akten der freiwilligen Gerichtsbarkeit ebensowenig statthaft, wie in denjenigen Angelegenheiten, mit denen eine Verwaltungsbehörde befaßt wird, um kraft einer ihr ausnahmsweise verliehenen Gerichtsbarkeit (VO. v. 1808 A. 286; Rh. Ress.-Regl. §§ 2 ff.) eine Art richterlicher Tätigkeit zu entwickeln. Für Kompetenzstreitigkeiten der letzteren Art ist heute § 113 LVG. maßgebend.

20. Ein KK. war zunächst und vor allem bei eigentlichen Zivilprozessen zulässig. Er konnte insbesondere auch gegen eine bloße Litisdenunziation und provocatio ad agendum gerichtet werden: EK. 24. Juni 1851, 4. Okt. 1856 (JMBl. 51 S. 272; 56 S. 364). Der gegen eine Provokationsklage gerichtete KK. war nach letzterem Erk. begründet, wenn der Anspruch selbst, dessen gerichtliche Geltendmachung provoziert wird, nicht prozeßfähig war. — Desgleichen war die Erhebung eines KK. in einem nach der Rhein. Gesetzgebung vor dem Gerichtspräsidenten schwebenden Referé-Verfahren statthaft: *EK. 24. Juni 1851 (JMBl. S. 267), — desgleichen wider das von einem Rhein. Gerichtsvollzieher auf Grund eines Urteils betriebene Exekutionsverfahren: *EK. 2. Nov. 1850 (JMBl. 51 S. 14).

21. Ein KK. konnte ferner in einem strafgerichtlichen Verfahren erhoben werden, letzteres mochte gegen Beamte oder Private gerichtet sein; EK. 5. Apr. 1851, 8. März 1856, 6. Juni 1866 (JMBl. 51 S. 205; 56 S. 138; 66 S. 255). Vgl. Droop S. 115 A. 20.

22. — desgleichen in einem gerichtlichen Disziplinar-Verfahren. (Die diszipl. Ges. v. 1851 und 1852 sehen im § 22 bezw. § 28 nur solche Konflikte vor, welche sich zwischen zwei Gerichten oder zwischen zwei Verwaltungsbehörden erheben.)

23. Das in den beiden vorigen Anmerkungen gesagte erlitt jedoch anscheinend inbetreff der bei den Militärgerichten anhängigen Sachen eine Ausnahme. Hätte das Gegenteil in der Absicht des Gesetzgebers gelegen, so würde dies sicher ausdrücklich bestimmt worden sein. Für Konflikte im Sinne des Ges. v. 1854 folgt dasselbe unmittelbar aus § 6 das.

24. Da das Ges. im übrigen zwischen ordentlichen und Ausnahmegerichten nicht unterscheidet, so kam es auch inbezug auf die Sachen, welche bei letzteren schweben, zur Anwendung. Unter der Herrschaft der AKO. v. 30. Juni 1828 wurde dies inbetreff der damals noch bestehenden Berggerichte durch JMVfg. 31. Dez. 1837 (Ergänz. zu §§ 156, 157 II. 16 ALR.) ausdrücklich anerkannt. Gleiches galt von den bei den Rhein. Handels- und Gewerbe-Gerichten anhängigen Sachen; vgl. Perrot 1 S. 223. Daß Gerichte dieser Art in den Bestimmungen über die formelle Behandlung der KK., namentlich im § 8, nicht berücksichtigt

werden, erklärt sich einfach daraus, daß der Gesetzgeber dort nur die gewöhnlichen Fälle vor Augen gehabt hat, und berechtigt keineswegs zu dem Schlusse, daß ein KK. bei anderen Sachen nicht stattfinden solle. [In Frankreich folgert man freilich aus dem Umstande, daß die daselbst vorgeschriebenen Formen für jene Gerichte, und selbst für die Friedensgerichte nicht überall passen, und daß namentlich bei diesen Gerichten kein öffentliches Ministerium tätig ist, die Unstatthaftigkeit eines KK., solange das gerichtliche Verfahren bei denselben schwebt, und keine Berufung eingelegt ist; vgl. Cormenin s. v. conflits, Dalloz n. 61 ff.].

24a. Doch wurde immer eine ständige richterliche Behörde, vor welcher der Rechtsstreit anhängig ist, vorausgesetzt, weshalb z. B. bei dem Verfahren vor Zwangsschiedsrichtern von der Erhebung eines KK. keine Rede sein konnte, wogegen wider die Klage auf Bestellung eines Schiedsgerichts ein solcher allerdings stattfand; vgl. *EK. 13. Okt. 1860 (JMBl. 61 S. 210).

b) heutiges Recht.

25. Durch § 4 der VO. v. 1879 ist der Kreis der Rechtssachen, in welchen die Erhebung des KK. zulässig ist, erheblich enger gezogen worden, indem heute ein KK. nur noch in bürgerlichen Rechtsstreiten erhoben werden kann. Ausgeschlossen ist der KK. daher, abweichend vom früheren Recht, insbesondere in Strafsachen, (hierzu gehören auch die Privatklagen: EK. 9. Okt. 1880, 8. Jan. 1881, Rechtspr. S. 3), ferner übereinstimmend mit dem früheren Recht (s. A. 19) in allen Angelegenheiten der freiwilligen Gerichtsbarkeit. Über den Begriff „bürgerlicher Rechtsstreit" s. VO. v. 26. Dez. 1808 A. 45.

26. Der KK. kann nach wie vor auch gegen eine bloße Streitverkündung gerichtet werden; vgl. A. 20, Droop S. 114 A. 17.

27. Hat der Strafrichter gemäß § 261 StPO. dem Angeklagten eine Frist zur Erhebung der Zivilklage bestimmt, so steht der Erhebung des KK. in dem demnächst angestrengten Zivilprozesse nichts entgegen; vgl. EK. 14. Okt. 1865 (JMBl. 66 S. 7), ferner RG. 9. Apr. 1884 (E. 11 S. 92, s. VO. v. 1808 A. 28), Droop S. 115 A. 19.

28. Der Rechtsstreit muß bei einem Gericht anhängig sein. Unerheblich ist, ob das Gericht ein ordentliches oder ein besonderes (§ 14 GVG.) ist. Die VO. v. 1879 unterscheidet ebensowenig wie das Ges. v. 1847 zwischen ordentlichen und besonderen Gerichten, und demgegenüber kann der Umstand, daß die VO. aus Veranlassung des § 17 GVG. erging, dieses letztere aber sich gemäß § 2 EG. z. GVG. nur auf die ordentlichen Gerichte bezieht, nicht ausschlaggebend sein; vgl. A. 24. AM. Droop S. 115 A. 18, Stölzel S. 455, Delius in Gruchot 40 S. 266 (: das Ges. v. 1847 könne nicht mehr herangezogen werden, weil der dort genannte Gerichtshof nicht mehr bestehe; vgl. hiergegen oben A. 4 a. E.). Bez. der bei den Auseinandersetzungsbehörden schwebenden Sachen s. A. 211.

29. Der Rechtsstreit muß bei einem preußischen Gericht anhängig sein. In Sachen, die bei den Gerichten eines anderen Bundesstaates schweben, kann kein KK. erhoben werden, da dem KompGH. selbstredend nur solche Gerichte unterstellt werden können, die ihre Gerichtsbarkeit von derselben Staatsgewalt herleiten, wie er selbst: RG. 10. Juni 1899, 22. Mai 1901 (E. 44 S. 383; 48 S. 198).

30. Zu den „Gerichten" im Sinne des § 4 gehört nicht das Reichsgericht. Die Frage, ob ein KK. auch in solchen Sachen erhoben werden könne, die bereits beim Reichsgericht anhängig sind, sowie hinsichtlich der negativen KK. (§ 21) die Frage, ob die Entscheidung des KompGH. auch für das Reichsgericht bindend sei (A. 192), wurde früher verschieden beantwortet. Der KompGH. selbst hat stets den KK. auch in den beim Reichsgericht anhängigen Sachen für zulässig erachtet und bei negativem KK. das Recht für sich in Anspruch genommen, die Entscheidung des Reichsgerichts aufzuheben und die Sache an das Reichsgericht zurückzuverweisen. Dagegen hat das Reichsgericht in jüngster Zeit die entgegengesetzte Auffassung vertreten. Ausgehend von negativen KK., also in Sachen, wo das Reichsgericht den RW. für unzulässig erklärt hatte, hat das Reichsgericht die entgegengesetzt lautende Entscheidung des KompGH. für unverbindlich und unwirksam erklärt und es deshalb abgelehnt, der Sache ihren Fortgang zu geben; vgl. RG. 4. Mai, 10. Juni 1899 (E. 44 S. 4, 378). Weiterhin hat das Reichsgericht sodann auch den positiven KK. für unzulässig erklärt, wenn die Sache bereits bis an das Reichsgericht gediehen war; vgl. RG. (Pl.) 22. Mai 1901 (E. 48 S. 195). Das Reichsgericht stützt seine

Ansicht im wesentlichen darauf, daß eine für das Reichsgericht bindende Entscheidung nicht von einem Landesgericht erlassen werden könne. Vgl. die Literaturangaben in E. 44 S. 386, Anm.; 48 S. 192, 206, ferner Stölzel S. 355ff., 387. Da dieser Zwiespalt in der Rechtsprechung der beiden Gerichtshöfe für den davon betroffenen Fall geradezu eine Rechtsverweigerung darstellte (vgl. DJurZtg. 4 S. 333: „Rechtlosigkeit der Partei nach elf Urteilen") so wurde Abhülfe auf dem Wege der Gesetzgebung versucht und es erging das preußische Ges. v. 22. Mai 1902 (GS. S. 145), das der Auffassung des Reichsgerichts Rechnung tragend, die Vorschriften der VO. v. 1879 durch Zusätze zu den §§ 4 und 21 änderte und in zwei weiteren Artikeln die sich hieraus ergebenden Folgerungen regelte. Vgl. A. 38, 173, 196ff., Begründung z. Gesetzentwurf in Drucksachen des AbgH. 1902 Bd. 4 S. 2677ff., Stölzel in PrVerwBl. 23 S. 449, Lövinson in DJurZtg. 7 S. 385.

II. In welcher Lage muß sich das Rechtsverfahren befinden, damit ein KK. erhoben werden könne?

31. Der Ausdruck „Konflikt" scheint zwar darauf hinzudeuten, daß es zur Erhebung eines KK. nicht genüge, wenn ein Rechtsverfahren bei Gericht anhängig geworden sei, daß vielmehr außerdem eine Meinungsverschiedenheit über die Zulässigkeit des RW. zwischen den Behörden bereits hervorgetreten und namentlich die richterliche Zuständigkeit durch eine richterliche Entscheidung oder Verfügung wenigstens mittelbar schon anerkannt sein müsse. (So z. B. MVfg. 22. Aug. 1853, gen. bei Oppenhoff, Berggef. A. 180.) Die Rechtsprechung des KompGH. knüpfte jedoch auch vor 1879 die Zulässigkeit eines KK. an letztere Bedingung nicht, sondern gestattete denselben schon sofort nach Anstellung der Klage, welche wenigstens im Gebiete des Rhein. Rechts ohne alle richterliche Mitwirkung erfolgte. In demselben Sinne haben sich inbezug auf das früher geltende Verfahren die MVfg. 2. Apr. und 16. Sept. 1838 (Rh. S. 6 S. 451, 595) ausgesprochen. [Ein gleiches war nach der älteren franz. Gesetzgebung der Fall; vgl. Arr. v. 13. Brum. X. Art. 4. Dagegen schreibt die Ord. v. 1828 vor, daß ein KK. nicht erhoben werden könne, bevor der Präfekt die gerichtliche Inkompetenz durch Vermittelung des öffentlichen Ministeriums vor Gericht geltend gemacht, und dieses den desfallsigen Antrag verworfen habe.]

32. Auch die VO. v. 1879 hat diesen Standpunkt festgehalten. Nach § 4 Abs. 1 genügt es für die Zulässigkeit des KK., daß ein Rechtsstreit überhaupt anhängig ist. Anhängig wird ein Rechtsstreit, abgesehen von den Bestimmungen der §§ 281, 500, 510 Abs. 3 ZPO., gemäß §§ 263, 253, 261 das. Durch Erhebung der Klage, d. h. durch die Zustellung der mit der Terminsbestimmung versehenen Klageschrift. Jedoch hat der KompGH. entschieden, daß auch vor der Erhebung der Klage das Arrestverfahren und das Verfahren wegen Erlassung einer einstweiligen Verfügung (§§ 916ff., 935ff. ZPO.) zu den anhängigen bürgerlichen Rechtsstreiten gehören, der KK. mithin zulässig ist: EK. 14. Jan. 1882, 13. Juni 1891 (Rechtspr. S. 6, 458). Auch im Mahnverfahren kann mit Rücksicht auf § 693 ZPO. der KK. erhoben werden.

33. Vor der Zustellung der Klage ist hiernach die Erhebung der KK. unzulässig. Jedoch verlangt der KompGH., wenn der KK. zwar nach der Terminsbestimmung, aber vor dem ersten Verhandlungstermin erhoben ist, nicht einen Nachweis darüber, daß die Klage dem Gegner bereits zugestellt ist, sondern nimmt, wenn keine Zweifel obwalten, an, daß der Rechtsstreit anhängig ist: Beschl. v. 14. Mai 1887, mitgeteilt bei Droop S. 113 A. 14.

34. Die bloße Vorladung zum Sühneversuch (§ 510 Abs. 1 ZPO., SchiedsmannsO. v. 29. März 1879, GS. S. 321) kann die Erhebung eines KK. nicht rechtfertigen.

35. Dagegen gehört nicht zu den Vorbedingungen eines KK., daß über den Klagegegenstand ein Verfahren bei den Verwaltungsbehörden gerade anhängig sei.

36. Ob ein Rechtsstreit zur Zeit der Konfliktserhebung schon anhängig war, hat der KompGH. von Amtswegen zu prüfen; ebenso Droop aaO.; vgl. A. 33, 41.

37. Ein Rechtsstreit bleibt (von der in A. 38 besprochenen Ausnahme abgesehen), wenn die Klage nicht zurückgenommen wird, solange anhängig, bis er rechtskräftig entschieden ist; insbesondere gilt dies auch für die Zeit zwischen Erlaß eines

Urteils und Einlegung eines Rechtsmittels, und zwar ist der Prozeß bis zu letzterem Zeitpunkt bei dem Gericht anhängig, welches die letzte Entscheidung erlassen hat. Wird ein der Zustellung bedürfendes Urteil überhaupt nicht zugestellt, so bleibt der Prozeß immer anhängig. Vgl. RG. 30. Mai 1891 (JMBl. S. 221), GK. 14 März 1891, 8. Nov. 1890 (Rechtspr. S. 413; Rh. A. 82, II. 43). (Auch die frühere Praxis hat nicht gefordert, daß ein gerichtliches Verfahren über die Prozeßsache bei irgend einer Instanz gerade schwebe; so *GK. 10. Jan. 1852, JMBl. S. 94, für das rheinische Rechtsgebiet; im Gebiet der AGO. blieb die Prozeßsache bis zur rechtskräftigen Entscheidung von selbst bei den Gerichten anhängig. AM. war die französische Jurisprudenz: Dalloz n. 77).

38. Eine wesentliche Einschränkung des in A. 37 gesagten ist durch den neuen, auf dem Ges. v. 22. Mai 1902 beruhenden Satz 2 des § 4 Abs. 2 herbeigeführt worden. Da die Neuregelung von dem Grundsatze ausgeht, daß der KompGH. lediglich für die Landesgerichte bindende Entscheidungen abgeben könne, ist es nur folgerichtig, wenn nach genanntem Satz 2 die Konfliktserhebung mit dem Zeitpunkte unzulässig wird, wo die Sache der weiteren Entscheidung oder Einwirkung durch ein Landesgericht entzogen wird, d. h. mit dem Erlaß eines mit der Revision anfechtbaren Urteils. Gegenwärtig ist demnach die Konfliktserhebung nur noch bis zur Verkündung des zweitinstanzlichen Urteils zulässig; denn in amtsgerichtlichen Sachen ist dieses mit der Verkündung rechtskräftig (Abs. 1), und in landgerichtlichen Sachen ist es mit der Revision anfechtbar (Abs. 2 Satz 2). Wird die Sache vom Reichsgericht an die zweite Instanz zurückverwiesen, so lebt auch das Recht zur Konfliktserhebung wieder auf; so: die ausdrückliche Erklärung des Justizministers bei der ersten Lesung des Gesetzentwurfs und verschiedener Kommissare in der Kommissionsberatung, der die Mehrheit der Kommission beitrat. Vgl. Stenographische Berichte des AbgH. 1902 Bd. 4 Sp. 4488; Drucksachen des AbgH. 1902 Bd. 4 S. 2804. In der Kommission wurde auch der Einwand erhoben und zurückgewiesen, daß durch die Entscheidung des Reichsgerichts mittelbar auch die Zulässigkeit des RW. bereits feststände und damit die Konfliktserhebung ausgeschlossen werde (Abs. 2 Satz 1). Ein Regierungskommissar insbesondere hat ausgeführt, dieser Auslegung des § 17 Nr. 4 GVG. könne nicht zugestimmt werden; nicht jedes zurückverweisende Urteil enthalte den Ausspruch, daß der RW. zulässig sei, so z. B. nicht diejenigen, welche die Feststellung von Tatsachen herbeiführen wollten, von denen erst die Entscheidung über die Zulässigkeit abhänge. Vgl. A. 46.

39. Die Vorschrift des § 4, daß nur in „anhängigen" Prozessen der KK. erhoben werden kann, deckt sich demnach inhaltlich in gewisser Hinsicht mit der Bestimmung im Eingang des § 2 Ges. v. 1847, daß in rechtskräftig entschiedenen Sachen der KK. nicht mehr erhoben werden kann. [Diese Bestimmung des § 2 hat eine ehedem lebhaft bestrittene Frage entschieden; vgl. Ergänzungen zu § 1 AGO. Die Ansicht, daß ein KK. selbst nach rechtskräftig entschiedener Sache noch erhoben werden könne, war die bei den Ministerien herrschende und hat sogar in die Gesetzgebung Eingang gefunden, vgl. OVG. 4. Mai 1896 (E. 30 S. 449), Löning im Verwaltungsarchiv 3 S. 164ff. und unten A. 204, 211.]

40. Eine weitere Beschränkung der Zulässigkeit der Konfliktserhebung enthält Abs. 2 Satz 1 des § 4: der Konflikt kann nicht mehr erhoben werden, wenn die Zulässigkeit des RW. durch rechtskräftiges Urteil feststeht. Die Praxis hat diese Bestimmung dahin ausgelegt, daß auch ohne ausdrückliche Entscheidung über die Zulässigkeit des RW. diese mittelbar festgestellt ist, wenn das Gericht durch rechtskräftiges Urteil zur Sache selbst entschieden hat, z. B. in einem früheren, zwischen denselben Parteien schwebenden Prozesse. Vgl. RG. 11. Nov. 1889 (E. 45 S. 417), Stölzel S. 361, v. Wilmowski-Levy A. 4 zu § 17 GVG. und unten A. 46, 49ff. (Die sich hiermit deckende ältere Praxis des KompGH. ergab sich unmittelbar aus der Fassung des § 2 Ges. 1847.)

41. Ob ein Prozeß schon vor Erhebung des KK. rechtskräftig entschieden gewesen sei, hat im Zweifelsfalle der KompGH. zu entscheiden; vgl. AH. Cöln 13. Mai 1852 (Rh. A. 47, I. 147), GK. 10. Dez. 1859, 12. März 1870, 8. Dez. 1883, 14. Febr. 1892 (JMBl. 61 S. 190; 70 S. 212; Rechtspr. S. 15, 380). Diese Ausnahme von der Regel, wonach der KompGH., ungeachtet er grundsätzlich nur über den Kompetenzpunkt zu entscheiden berufen ist, dennoch in die Lage kommen kann, eine recht eigentlich der sachlichen Seite des Streits angehörige Frage seiner Prüfung zu unterwerfen, gilt jedoch selbstredend nur soweit, als der Zweck des KK.-

Verfahrens es erheischt. Demzufolge steht, wenn der KompGH. einen KK. als unstatthaft verworfen hat, weil der Prozeß schon rechtskräftig entschieden sei, den Prozeßparteien und selbst der Verwaltung, wenn sie zu diesen gehört, noch immer frei, die Rechtskraft eines Urteils vor Gericht zu bestreiten. Ebenso können sie umgekehrt die Rechtskraft behaupten, auch wenn der KompGH. den RW. für zulässig erklärt und damit den Prozeß als noch schwebend bezeichnet hat; denn die eingetretene Rechtskraft wird natürlich nicht durch die Entscheidung des KompGH. rückgängig gemacht. In beiden Fällen ist der Richter weder der Prüfung der Frage, ob die Rechtskraft eines Urteils schon vor Erhebung des KK. eingetreten sei, überhoben, noch in der eigenen Beurteilung dieser Frage beschränkt. Vgl. RG. 30. Mai 1891 (JMBl. S. 222), ferner A. 12.

42. Für den Begriff „rechtskräftig" bezw. für die Entscheidung der Frage, ob ein Prozeß noch anhängig ist, sind die Bestimmungen der ZPO. (§ 705) maßgebend, hinsichtlich deren auf die einschlägige Jurisprudenz verwiesen wird. An dieser Stelle werden vorzugsweise nur diejenigen Sätze mitgeteilt, die bei der Entscheidung von KK. bereits zur Sprache gekommen sind.

43. [Nach Rhein. Rechte trat die Rechtskraft des Urteils auch dadurch ein, daß die Parteien sich bei demselben förmlich beruhigten (acquieszierten), z. B. durch freiwillige Vollziehung; im Gebiete der AGO. war es bestritten, ob die vor Gericht abgegebene Erklärung, sich beim Urteile beruhigen zu wollen, dessen Rechtskraft zur Folge habe, oder innerhalb der zur Ergreifung eines Rechtsmittels verstatteten Frist zurückgenommen werden könne: vgl. OT. (Präj. 1279) 6. März 1843, (Pl.) 18. Febr. 1856 (JMBl. S. 94).] Nach heutigem Recht tritt (vor Ablauf der Rechtsmittelfrist) die Rechtskraft nur durch ausdrücklichen Verzicht auf das zulässige Rechtsmittel oder durch Zurücknahme des letzteren ein. Vgl. EK. 8. Dez. 1883 (Rechtspr. S. 15), v. Wilmowski-Levy § 645 A. 3, ferner unten A. 57. (In dem in der Rechtspr. S. 380 ohne Angabe der Gründe mitgeteilten entgegengesetzt entscheidenden EK. 14. Mai 1892 wird wohl anzunehmen sein, daß die Zurücknahme der Berufung erst nach Erhebung des KK. erfolgt ist; vgl. in dieser Beziehung A. 56.)

44. Ob das rechtskräftige Urteil vor oder nach Erlaß des Ges. v. 1847 bezw. der VO. v. 1879 ergangen ist, begründet keinen Unterschied: EK. 12. Jan. 1848 (JMBl. S. 159).

45. Nicht die Begründung, sondern nur der entscheidende Teil des Urteils wird rechtskräftig, — vgl. EK. 14. Apr. 1855 (JMBl. S. 201); OT. 14. Febr. 1854, 7. Apr. 1856 (Strieth. 11 S. 362; 21 S. 52), — und selbst dieser nur in Beziehung auf das, was er als Entscheidung ergibt, nicht das, worüber er zu entscheiden ablehnt; vgl. *EK. 7. Okt. 1854 (JMBl 55 S. 19; hier war in erster Instanz eine in Form einer Adzitation gegen den Fiskus angestellte Gewährleistungsklage, weil Kläger gegen den Hauptbeklagten obsiegte, für erledigt erklärt, Fiskus aber in die Adzitationskosten verfälligt worden, weil der Richter den Anspruch auf Gewährleistung an sich für begründet erachtete. Wider den in der Berufungsinstanz hinsichtlich der Gewährleistungsklage erhobenen KK. machte Kläger geltend, daß über die Pflicht zur Gewährleistung bereits rechtskräftig erkannt sei, weil Fiskus sich beim Urteil 1. Instanz beruhigt habe, was jedoch aus dem angegebenen Grunde beim KompGH. keine Billigung fand. Doch dürfte diese Entscheidung bezw. die Anwendbarkeit des obigen Satzes auf den vorliegenden Fall erheblichen Bedenken unterliegen.)

46. Nicht jedes rechtskräftige Urteil schließt das Recht der Konfliktserhebung aus, sondern nur dasjenige, welches endgültig zur Sache entscheidet. Ein rechtskräftiges Urteil, welches statt dessen die erst künftig zu treffende Entscheidung von einer noch vorzunehmenden neuen Erörterung abhängig macht, steht mithin der Erhebung eines KK. nicht im Wege: EK. 12. Febr. 1859 (JMBl. S. 361). Dies trifft insbesondere die Fälle, wo ein Urteil von der höheren Instanz aufgehoben und zur anderweiten Entscheidung in die frühere Instanz zurückgewiesen worden ist; vgl. A. 38 a. E. Eine Ausnahme hiervon tritt ein, wenn durch das höhere Urteil die Einrede der Unzulässigkeit des RW. rechtskräftig verworfen ist, § 538 Nr. 2 ZPO., Abs. 2 Satz 1 § 4 d. G. Teilweise abweichend Stölzel S. 362, der in allen Fällen der Zurückverweisung (§§ 538, 565 ZPO.) den KK. für unzulässig erklärt, da durch die zweit- oder drittinstanzliche Entscheidung mittelbar die Zulässigkeit des RW. bejaht sei; vgl. A. 40, 61 und besonders A 38 a. E.

47. Ist jedoch über den Gegenstand eines Rechtsstreits rechtskräftig erkannt,

und erheischt nur noch die Ausführung des Urteils, bezw. die Umwandlung des Zuerkannten in Geldsummen ein ferneres Verfahren, so kann dieses den Gerichten nicht um deswillen mehr streitig gemacht werden, weil jener Gegenstand nicht prozeßfähig gewesen sei; demzufolge ist z. B., wenn auf Rechnungsablage [im Sinne der Art. 527 ff. c. de proc. civ.] rechtskräftig erkannt, oder ein Entschädigungsanspruch dem Grunde nach rechtskräftig festgestellt worden ist (§ 304 ZPO.), ein KK. nicht etwa noch in dem gerichtlichen Rechnungs- oder Liquidations-Verfahren zu erheben: *EK. 12. Nov. 1859, 11. Febr. 1865, *18. Dez. 1852 (JMBl. 60 S. 356; 65 S. 102; Rh. A. 48, II B. 16), Dalloz n. 86.

48. Das Gegenteil ist jedoch der Fall, wenn der KK. nicht wider das, was urteilsmäßig festgestellt wurde, sondern wider die Ausführung des Urteils als solche gerichtet wird, weil diese gerade kraft Gesetzes zum Geschäftsbereich der Verwaltung gehören soll. Beispiele dieser Art enthalten EK. 24. Juni 1851, 10. März 1860 (JMBl. 51 S. 267; 61 S. 267; bei dem einen handelte es sich um Geltendmachung der Kompetenzbestimmung des § 25 des Rhein. Ress.-Regl., beim andern um die des Vorflutges. v. 1811 § 10). Ebenso OVG. 4. Mai 1896 (E. 30 S. 450). Vgl. auch Dalloz n. 87.

49. Wie schon in A. 40 erwähnt, ist die Erhebung eines KK. selbst in einem noch schwebenden (neuen) Prozesse unstatthaft, wenn dieser lediglich einen unter denselben Parteien schon früher rechtskräftig entschiedenen Streitpunkt zum Gegenstande hat. Ein solcher Fall liegt z. B. vor, wenn das frühere Urteil nicht mehr exekutionsfähig ist, und nunmehr ex iudicato geklagt wird; vgl. z. B. EK. 23. Dez. 1847, 8. Dez. 1861 (Rechtspr. S. 8; JMBl. 61 S. 233).

50. Auf diesem Grundsatze, daß die rechtskräftige Entscheidung über die konkrete Tat- und Rechtsfrage nicht notwendig in dem gerade schwebenden Prozesse ergangen sein muß, um die Konfliktserhebung auszuschließen, beruhen ferner EK. 5. Mai 1853 (JMBl. S. 178: eine Gemeindebehörde hatte bei Festsetzung der Mietsteuer eine andere Mietentschädigung als die vertragsmäßig vereinbarte angenommen, worauf der Vermieter ein rechtskräftiges Urteil erwirkte, das den Mietpreis als maßgebend für die Steuerberechnung erklärte; als jene Behörde im nächsten Jahre dennoch in derselben Weise, wie früher verfuhr und deshalb vom Vermieter von neuem belangt wurde, erhob die Regierung den KK., den der KompGH. jedoch als unstatthaft verwarf); EK. 9 März 1867, 7. Juli 1883 (JMBl. 67 S. 171; Rechtspr. S. 15: in diesen Fällen war rechtskräftig festgestellt, daß Kläger eine Summe nicht zu leisten schuldig sei; trotzdem wurde sie im Verwaltungszwangsverfahren von ihm eingezogen. Der gegen die Klage auf Erstattung des gezahlten, [die im ersten Falle gegen den Empfänger, im zweiten Falle gegen die durch jenes Urteil für zahlungspflichtig erklärten Personen gerichtet war,] erhobene KK. wurde für unstatthaft erklärt.) Aus gleichem Grunde nahmen EK. 12. Febr. 1859, 14. Apr. 1855 (JMBl. 59 S. 435; 55 S. 203) an, daß, wenn in einem Defraudationsprozesse der Strafrichter, wiewohl unter Überschreitung seiner Befugnisse, im Tenor seines rechtskräftig gewordenen Urteils ausdrücklich den betr. Gegenstand für nicht steuerpflichtig erklärt hätte, in dem wegen Erstattung der eingezogenen Gefälle angestrengten Prozesse ein KK. nicht mehr erhoben werden könne.

51. Selbstredend bildet jedoch ein Urteil, welches die Befreiung von der Steuerpflicht ausspricht, kein Hindernis bezüglich eines neuen Prozesses über jene Pflicht, wenn letztere aus einem erst nach dem Richterspruche verkündeten Gesetze hergeleitet wird. Alsdann ist alia causa, mithin keine res iudicata vorhanden. Vgl. EK. 10. Dez. 1859 (JMBl. 61 S. 189).

52. Ebenso wird, wenn bei jährlich zu zahlenden Abgaben die Befreiung von der Zahlungspflicht für ein Jahr rechtskräftig festgestellt ist, dadurch die Erhebung des KK. in einem Prozesse, der eine Entscheidung über die dauernde Befreiung von der Beitragspflicht bezweckt, nicht gehindert, auch wenn die rechtlichen Gründe in beiden Prozessen dieselben sind: EK. 7. Juli, 13. Okt. 1883 (Rechtspr. S. 15).

53. Ferner ist der KK. für zulässig erklärt worden in einem Falle, wo Klage erhoben war gegen eine polizeiliche Verfügung, die einem rechtskräftigen Erkenntnisse widersprechend einen Durchgang sperrte, und die Klage gerade die Vollstreckung jenes Urteils bezweckte. Der KompGH. erwog, daß die Polizeibehörde ihre Verfügung auch trotz jenes Erkenntnisses wiederholen könne, wenn nach ihrem Ermessen die Zweckmäßigkeit oder Notwendigkeit sich von neuem ergebe: EK. 14. Sept. 1878 (Rechtspr. S. 257).

54. Überhaupt bezieht sich § 4 nur auf rechtskräftige Urteile, die denselben Streitgegenstand betreffen, worüber der Richter zu befinden gerade gehindert werden soll, nicht also auf solche, die im schwebenden Prozesse als Titel, gleichwie ein Vertrag angerufen werden: EK. 12. Jan. 1856 (JMBl. S. 80).

55. Ein rechtskräftiges Teilurteil hindert natürlich die Konfliktserhebung nur bez. des Anspruches, über den entschieden ist. Ein rechtskräftiges Zwischenurteil über ein einzelnes Verteidigungsmittel (§§ 303, 274 Nr. 2, 275 ZPO.) steht der Konfliktserhebung inbetreff der Hauptsache nicht entgegen. Vgl. EK. 10. Nov. 1894, 10. Mai. 1884 (Rechtspr. S. 556, 315), Droop A. 15.

56. Ist ein KK. vor dem Eintritte der Rechtskraft eingelegt worden, so kann das der Verwaltung gemäß § 4 erworbene Recht der Willkür der Parteien nicht mehr unterliegen und demnach durch spätere Handlungen der letzteren, z. B. dadurch, daß diese das ergangene Urteil als rechtskräftig anerkennen oder die Berufung zurückziehen, nicht beseitigt werden: EK. 12. März 1859, 15. Apr. 1882, 14. Mai 1892 (Rechtspr. S. 333, 457, 380). Vgl. A. 154, 155.

57. In einem Falle, wo das den KK. erhebende Schreiben der Regierung bei dem Oberlandesgericht an demselben Tage einging, wo die Zurücknahme der Berufung erfolgte, wurde der KK. für ungültig erklärt; ob jenes zeitlich vor der Zustellung der Zurücknahmeerklärung an den Prozeßgegner eingegangen war, hatte nicht festgestellt werden können: EK. 8. Dez. 1883 (Rechtspr. S. 15). Vgl. A. 43.

58. Der rechtzeitig bei dem zuständigen Gericht erhobene KK. wird auch dadurch nicht wirkungslos, daß die höhere Instanz in Unkenntnis von der geschehenen Konfliktserhebung ein nicht mehr anfechtbares Urteil erläßt; vgl. EK. 12. März 1870 (JMBl. S. 212). Die hier gegebene Begründung paßt für die heutige Gesetzgebung nicht ganz, insofern als das höhere Gericht das „zuständige" ist, der beim Untergericht eingelegte KK. also als nicht rechtzeitig erhoben erachtet werden müßte; vgl. A. 134. Doch ist ebenso zu entscheiden, wenn der Konfliktsbeschluß beim Berufungsgericht ordnungsmäßig eingegangen ist, aber dem erkennenden Senat vor der Urteilsverkündung nicht mehr bekannt geworden ist.

59. Die Grundsätze von der Rechtskraft der Entscheidungen gelten auch für das Verfahren vor dem KompGH. Ist demnach in einer Sache ein Urteil dieses GH. ergangen, so hat es auch bei neuer Klage und wiederholter Konfliktserhebung bei dem ersten Urteil zu verbleiben, ohne daß die Kompetenzfrage einer nochmaligen sachlichen Prüfung zu unterziehen ist. So: EK. 7. Nov. 1857, 8. Nov. 1862, 10. Apr. 1874, 10. Febr. 1883 (JMBl. 58 S. 193; Rechtspr. S. 184, 19). Vgl. ferner A. 127, EK. 12. Okt. 1861, 14. März 1896 (JMBl. 62 S. 100; Rechtspr. S. 318), Droop A. 16, Stölzel S. 375.

60. § 4 ist auf negative KK. unanwendbar; vgl. A. 180.

61. Nach § 2 Satz 2 Ges. v. 1847, (der übrigens bei Konflikten aus dem Ges. v. 1854 noch zur Anwendung kommt, vgl. dort A. 44), war die Konfliktserhebung auch dann unzulässig, wenn die Präjudizialeinrede der Unzulässigkeit des RW. rechtskräftig verworfen worden war, vorausgesetzt, daß diese Einrede von der im Prozeß als Partei beteiligten Verwaltungsbehörde geltend gemacht worden war. Arg. e contrario stand die rechtskräftige Entscheidung über die Einrede der Erhebung eines KK. nicht im Wege, wenn keine Verwaltungsbehörde im Prozesse Partei war oder wenn sie wenigstens jene Einrede nicht vorgeschützt hatte: EK. 12. Mai 1855, 9. Okt. 1869, 8. Okt., 10. Dez. 1870 (JMBl. 55 S. 239; 69 S. 237; 71 S. 353, 58). So war es allerdings möglich, daß, nachdem die Inkompetenzeinrede in allen Instanzen geltend gemacht und schließlich auch vom OT. verworfen worden war, dessenunerachtet noch ein KK. erhoben und vom KompGH. für begründet angenommen wurde, und zwar selbst da, wo eine Verwaltungsbehörde Partei im Prozesse war, und sie gerade zu Gunsten des RW. gestritten hatte. Die Fassung des § 4 Abs. 2 Satz 1 der VO. v. 1879, die durch § 17 Nr. 4 GVG. bedingt war, hat diese Möglichkeit beseitigt und die Unstatthaftigkeit des KK. für alle Fälle festgesetzt, wo das Gericht gemäß §§ 274, 275 ZPO. rechtskräftig die Zulässigkeit des RW. ausgesprochen hat. Dies dürfte der eigentliche Sinn des Abs. 2 Satz 1 sein, während allerdings, wie oben A. 40 bereits erwähnt, die Praxis es als ausreichend erachtet, daß das Gericht zur Sache selbst entschieden und dadurch mittelbar die Zulässigkeit des RW. ausgesprochen hat. EK. 8. Jan. 1898 (Rechtspr., Nachtr. S. 4: es sei nicht notwendig, daß die Einrede der Unzulässigkeit des RW. im Tenor verworfen werde; es genüge, wenn dies

aus den Gründen zweifellos hervorgehe), steht der hier vertretenen Ansicht nicht entgegen, da in dem dort entschiedenen Fall das Berufungsgericht nur über die Zulässigkeit des RW. zu erkennen hatte.

62. Die rechtskräftig erfolgte Feststellung der Zulässigkeit des RW. muß vom KompGH. beachtet werden, auch wenn nach den von ihm anerkannten Grundsätzen der Konflikt vollkommen begründet sein werde: EK. 14. Okt. 1865 (JMBl. 66 S. 92).

63. Über den zweiten Satz des Abs. 2 s. A. 38.

III. Aus welchen Gründen kann ein KK. erhoben werden?

64. Der KK. kann nach § 4 erhoben werden, wenn die Verwaltungsbehörden den RW. für unzulässig erachten. Eine den KK. begründende Unzulässigkeit des RW. liegt aber nur dann vor, wenn die betreffende Angelegenheit verfassungsgemäß dem RW. entzogen (A. 65 ff.) und der Verwaltung überwiesen ist (A. 71 ff.): EK. 6. Okt. 1855 (JMBl. S. 409).

65. Hiernach kommt bei KK. nur diejenige Unzuständigkeit in Betracht, die eine absolute ist, die mithin die Vereinbarung des Gerichtsstandes, ja die richterliche Entscheidung überhaupt, und nicht etwa bloß die des einen oder des andern Gerichts ausschließt. — Vgl. jedoch A. 66, 202.

66. Doch ist nicht gerade erforderlich, daß der vor Gericht geltend gemachte Anspruch für alle Zeit und unter allen Umständen nicht prozeßfähig sei; vgl. VO. v. 1808 A. 635 und unten A. 85.

67. Ferner folgt aus dem in A. 64 gesagten, daß die Erhebung eines KK. nicht am Platze ist, wenn die Unzulässigkeit nicht unmittelbar aus dem Gesetze oder aus allgemein feststehenden Rechtsgrundsätzen, sondern aus einer Privatübereinkunft hergeleitet wird: EK. 11. Dez. 1852, 14. April 1855 a. E., 12. Febr. 1859 (JMBl. 53 S. 56; 55 S. 224; 59 S. 295). [In letzterem Erk. heißt es: der KompGH. habe nur mit der Schlichtung solcher KK. zu tun, deren Begründung aus den über die Ressort- und Kompetenzverhältnisse der öffentlichen Behörden gegebenen positiven Gesetzen hergeleitet werde, nicht mit solchen, die nicht in dieser Sphäre des öffentlichen Rechts, sondern in Privat-Kompromissen und Verträgen ihren Ursprung nähmen. EK. von 1852 sagt: der angebliche Verzicht des Klägers auf den RW. falle, wie jede peremtorische Einrede wider eine der richterlichen Kognition anheimfallende Klage, der Jurisdiktion der Gerichte anheim]. Vgl. VO. v. 1808 A. 40.

68. Dies gilt selbst dann, wenn der Staat oder eine zur Erhebung von KK. an sich befugte Behörde Partei bei jener Übereinkunft war, oder wenn letztere gar die landesherrliche Genehmigung erhalten hat, wenn z. B. nach den vom Landesherrn genehmigten Statuten einer Korporation usw. der RW. hinsichtlich gewisser, dieselbe betreffenden Streitigkeiten ausgeschlossen wird, indem diese Genehmigung, obgleich sie zur Gültigkeit der Statuten nötig ist, darum dennoch den durch letztere zwischen der Korporation usw. und den Beteiligten geregelten Rechtsverhältnissen den Charakter von vertragsmäßigen sowie privatrechtlichen nicht benimmt, und daher z. B. die Vereinbarung eines satzungswidrigen Gerichtsstandes nicht ausschließt. — Ja der privatrechtliche Charakter solcher Verhältnisse wird sogar dadurch nicht beseitigt, daß der Staat für die Korporation usw. ein besonderes Interesse an den Tag gelegt, daß er ihre Gründung angeregt und erleichtert, ihr Privilegien und zugleich eine Verfassung verliehen hat, die in ihren organischen Einrichtungen der Verfassung von Staatsinstituten gleichen, daß er endlich über die Verwaltung durch Königliche Kommissare eine besondere Aufsicht führen läßt, und zwar alles dies, weil er anerkennt, daß die Zwecke jener Korporation auch für den allgemeinen Verkehr und daher mittelbar für alle Klassen der bürgerlichen Gesellschaft heilsam seien. So: EK. 12. Februar 1859 (JMBl. S. 296), welches demgemäß einen auf die Allerh. bestätigten Beschlüsse der Schles. General-Landschaft gestützten KK. verwarf.

69. Doch betrachtet der KompGH. die Reglements der verschiedenen Prov.-Feuerversicherungs-Sozietäten nicht als landesherrlich bestätigte Sozietätsverträge, sondern als landesherrliche VO. bezw. Spezialgesetze und daher zur Begründung eines KK. wohl geeignet; vgl. *EK. 13. Okt. 1860, 25. Juni 1853 (JMBl. 61 S. 210; 53 S. 338), — wogegen freilich OT. 12. Dez. 1854 (Strieth. 16 S. 92) die Vereinbarung eines satzungswidrigen Gerichtsstandes für statthaft hielt.

Vgl. jedoch VO. v. 1808 A. 405 und die das. A. 35 mitgeteilten Entscheidungen des Reichsgerichts.

70. In mehreren Entscheidungen wird die Begründung eines KK. aus den Statuten einer Genossenschaft zu Be- und Entwässerungs-Anlagen hergeleitet: EK. 18. April 1857, 10. Okt. 1868, 10. Dez. 1870, 11. Jan. 1873, 22. Juni 1889 (JMBl. 57 S. 388; 68 S. 348; 71 S. 75; 73 S. 131; Rechtspr. S. 269).

71. Des zweiten Haupterfordernisses für die Zulässigkeit eines KK., daß nämlich die Beschreitung des RW. bezw. die gerichtliche Verhandlung selbst einen Eingriff in den Wirkungskreis der Verwaltungsbehörden (oder der Verwaltungsgerichte, A. 79) darstelle, wird zwar weder im § 5 Nr. 8 a. E. der VO. v. 14. Dez. 1834 noch in der VO. v. 1879 erwähnt. Sein Bestehen ergibt sich jedoch aus dem Begriffe des Worts „Konflikt" und aus dem Zwecke sowie der Überschrift des Gesetzes v. 1847 und der VO. v. 1879 und aus einzelnen Bestimmungen der letzteren, vgl. z. B. § 5 Abs. 2.

72. Damit ein solcher Eingriff vorliege, ist nicht immer erforderlich, daß die Verwaltungsbehörde gerade die Entscheidung der Angelegenheit für sich in Anspruch nimmt, es genügt, daß sie sonst ausschließlich zuständig ist, soweit überhaupt die Staatsgewalt angerufen werden kann; so: EK. 14. Jan. 1882 (Rechtspr. S. 6, Gruchot 26 S. 298: der Minister der auswärtigen Angelegenheiten hatte den KK. erhoben in einem Prozesse, in dem gegen eine nichtdeutsche Regierung ein vermögensrechtlicher Anspruch geltend gemacht wurde; die Befugnis des Ministers, den KK. zu erheben, wurde damit begründet, daß für derartige Ansprüche nicht die Hülfe der Gerichte, sondern nur die Vermittelung des Ministers angerufen werden könne).

73. Der Eingriff muß in den Wirkungskreis einer preußischen Verwaltungsbehörde oder eines preußischen Verwaltungsgerichts geschehen. Wird die Entscheidung für die Verwaltung eines anderen Bundesstaats oder des Reichs in Anspruch genommen, so ist die Konfliktserhebung unzulässig. Ebenso: EK. 14. März 1891 (Rechtspr. S. 4), RG. 22. Mai 1901 (E. 48 S. 198), Droop A. 13, v. Rönne 1 S. 523 A 1 b.

74. Dem in A. 71 gesagten zufolge können diejenigen Bestimmungen, welche den RW. ausschließen, weil der betr. Anspruch gesetzlich gar nicht vorhanden ist oder vom Staate nicht anerkannt wird (VO. v. 1808 A. 285), einem KK. nicht zur Grundlage dienen. Bez. negativer KK. s. A. 193.

75. Desgleichen nicht solche Bestimmungen, welche die Entscheidung, mit Ausschluß des RW., Schiedsrichtern übertragen (vgl. Ges. v. 15. Febr. 1840 § 18, GS. S. 23; Ges. v. 12. Mai 1851 § 8, GS. S. 266), es sei denn, daß das schiedsrichterliche Verfahren nach dem Willen des Gesetzes nur den wesentlichen Teil eines Verwaltungsverfahrens ausmachte, oder doch gänzlich unter die Leitung und Aufsicht der Verwaltung gestellt wäre, und diese die Rekursinstanz für die gefällten Sprüche bildete (vgl. Vorflutges. v. 1811 §§ 21 ff., ferner die Satzungen von Wassergenossenschaften und die in A. 70 gen. Entscheidungen, sowie bez. Gewerbestreitigkeiten EK. 13. Sept. 1879, Rechtspr. S. 562).

76. Dahingegen wurde freilich ein nach Maßgabe der AKO. v. 30. Juni 1828 erhobener KK. durch *ME. 28. Febr. 1839 (Rh. A. 33, III. 12) aufrecht erhalten, weil über die Frage, wem die wider den Fiskus eingeklagte, an sich prozeßfähige Forderung zur Last falle, zwischen zwei Bundesgliedern Streit bestehe, welcher gemäß § 30 der Wiener Schlußakte v. 15. Mai 1820 (GS. S. 122) durch ein Austrägalgericht geschlichtet sein müsse, bevor der gewöhnliche RW. Platz greifen könne [?].

77. Der Eingriff in den Wirkungskreis der Verwaltungsbehörden muß ein unmittelbarer und nicht erst durch das Eintreffen dieser oder jener Möglichkeit bedingter sein. Demzufolge genügt nicht schon die bloße Besorgnis, das zu erwartende Urteil könne unter dieser oder jener Voraussetzung die Rechte der Verwaltung beeinträchtigen; vgl. Dalloz n. 43. Gleichwohl erhielt EK. 30. Jan. 1858 (JMBl. S. 287) den damals in Frage stehenden KK. aufrecht, weil ein Klageantrag von zu unbestimmter Allgemeinheit vorliege und das danach ergehende Urteil, obschon es vom richtigen Gesichtspunkte aus betrachtet ganz wirkungslos sein würde, später dennoch zu Streitigkeiten über seine Auslegung Anlaß bieten könne, deren Ergebnis möglicherweise eine Benachteiligung der Verwaltungsbehörde herbeiführe.

78. Übrigens ist in A. 71 der Ausdruck „Verwaltungsbehörde" in dem weiteren Sinne gebraucht, wonach er auch die geistlichen Oberen und die Justizbehörden, letztere bezüglich ihres administrativen Wirkungskreises, insbesondere ihrer Tätigkeit in Lehnssachen und in Verwaltung des Justizfiskus mitumfaßt. Vgl. EK. 5. Juni 1852, 30. Mai 1857, 12. März 1859, 12. Okt. 1872 (JMBl. 52 S. 323; 58 S. 132; 59 S. 343; 72 S. 295). Ja es ist sogar der KK. wider eine Klage nicht beanstandet worden, welche gegen die im Laufe einer Untersuchung zur Sicherstellung der dereinstigen Entscheidung getroffenen, der Beurteilung des Strafrichters anheimfallenden Maßregeln gerichtet war: EK. 3. Nov. 1847. Ob zu den gerichtlichen Verwaltungssachen, die gegen prozessualische Schritte durch Erhebung eines KK. geschützt werden können, auch das Vormundschaftswesen gehöre, insofern hier der eigentliche RW. versperrt ist, erscheint jedenfalls als höchst zweifelhaft. Denn, wenngleich dieser Geschäftszweig, im Gegensatz zur wirklichen Rechtsprechung, der Verwaltungstätigkeit der Gerichte zugerechnet zu werden pflegt, so hat er dennoch mit der sonstigen verwaltenden Tätigkeit der Gerichte so geringe Verwandtschaft und bezieht sich so ausschließlich auf privatrechtliche Interessen, daß das Ges. v. 1847 und die VO. v. 1879 ihn wohl schwerlich mit im Auge gehabt haben.

79. Das Recht zur Erhebung des KK. stand auch früher den Verwaltungsbehörden nicht bloß gegen solche Eingriffe zu, welche die Verwaltung im engeren Sinne betreffen, sondern auch wider diejenigen, welche das jenen Behörden für gewisse streitige Angelegenheiten ausnahmsweise verliehene Entscheidungsrecht beeinträchtigen; vgl. VO. v. 1808 A. 286ff. In § 5 Abs. 2 ist dies nunmehr ausdrücklich ausgesprochen.

80. Die Zulässigkeit eines KK. wird nicht dadurch bedingt, daß die bei Gericht anhängig gemachte Angelegenheit verwaltungsseitig noch unerledigt sei. Der KK. kann vielmehr auch dann noch erhoben werden, wenn eine endgültige Entscheidung der Verwaltungsbehörde bereits vorliegt, für ein ferneres Verwaltungsverfahren mithin kein Raum bleibt; vgl. Dalloz n. 48.

81. Gegenüber den Fällen der unbedingten Unzulässigkeit des RW. stehen diejenigen, in denen die gerichtliche Entscheidung zu Gunsten der Verwaltung wenigstens beschränkt oder an gewisse Bedingungen geknüpft ist. Hierher gehören namentlich die Fälle, wo die Gerichte verbunden sind, eine an sich prozeßfähige Klage als unbegründet, unstatthaft oder voreilig abzuweisen, sei es, weil eine dem Klageanspruch entgegenstehende Verfügung der Verwaltung für sie maßgebend ist, sei es, weil die Beobachtung gewisser Förmlichkeiten versäumt wurde die der Verwaltung gegenüber vor Einleitung des Prozesses zu erfüllen waren. Daß hinsichtlich solcher Fälle die Erhebung eines KK. nicht an ihrer Stelle ist, geht bereits aus A. 71 hervor. Vgl. ferner *EK. 24. Juni 1851, 13. Jan. 1872 (JMBl. 51 S. 267; 72 S. 58); Cormenin 2 S. 9.

82. Demgemäß verwarf EK. 21. Nov. 1857 (JMBl. 58 S. 206) einen auf § 23 der allg. Bestimmungen zu den Deichstatuten v. 14. Nov. 1853 (GS. S. 942) gegründeten KK., weil aus der Nichterfüllung der dort für die Beschreitung des RW. über die betr. Entschädigungsansprüche vorgeschriebenen Bedingungen nicht die Unzuständigkeit des Gerichts, sondern höchstens die Notwendigkeit folgen würde, daß der Richter den Klageantrag zur Zeit abweise.

83. Desgleichen kann ein KK. der eben aufgestellten Regel gemäß nicht um deswillen erhoben werden, weil eine der Parteien der nach der bestehenden Gesetzgebung erforderlichen, administrativen Ermächtigung zur Klage usw. ermangle (vgl. z. B. Rhein. Ress.-Regl. §§ 5, 7): *ME. 28. Juli 1841 (Tr. A. 2, I. 40).

84. Ob ein KK. auf § 6 des Ges. v. 11. Mai 1842 gegründet werden könne, hängt von der Art und Weise ab, wie die in A. 165 zu jenem Ges. erörterte Streitfrage zu beantworten ist. Der KompGH. ist hiernach für die Bejahung.

85. Jedenfalls liegt einer der in A. 81 gedachten Fälle wohl nicht vor, wenn es sich um eine Angelegenheit handelt, in welcher der Verwaltung das Recht der vorläufigen Entscheidung zusteht und die richterliche Entscheidung nur einzutreten hat, sofern auf rechtliches Gehör angetragen wird. Bevor letztere Bedingung erfüllt ist, erscheint allerdings der RW. als unbedingt unzulässig und die Zuständigkeit der Verwaltung als so durchgreifend und erschöpfend, daß dieser der Schutz der Konflikts-Gesetzgebung schwerlich versagt werden kann. [Nur hinsichtlich des auf § 45 der VO. v. 1808 beruhenden Entscheidungsrechts war früher das Gegenteil

Ges. v. 1847. § 3. Zur Erhebung des Kompetenzkonflikts sind nur die Zentral- und die Provinzial-Verwaltungsbehörden befugt. Hält eine untere Verwaltungsbehörde in einer zu ihrer Kenntnis kommenden Rechtssache die Erhebung des Kompetenzkonflikts für erforderlich, so hat sie hiervon sofort der vorgesetzten Dienstbehörde Anzeige zu machen.

§ 5. Zur Erhebung des Kompetenzkonflikts ist nur die Zentral- und die Provinzial-Verwaltungsbehörde befugt.

Dieselben können den Kompetenzkonflikt auch dann erheben, wenn die Zuständigkeit zur Entscheidung der Sache für die Verwaltungsgerichte in Anspruch genommen wird.

Hat die Provinzialbehörde mehrere Abteilungen, so steht die Erhebung des Kompetenzkonflikts dem Plenum zu.

anzunehmen, zumal seitdem nicht bloß der Behörde selbst die Befugnis, sich jenes Rechts im einzelnen Falle zu begeben, sondern auch dem Angeschuldigten die Befugnis, schon vor dem Ausspruche der Verwaltung auf rechtliches Gehör anzutragen, in der unumschränktesten Weise verliehen, bezw. die ehedem dieserhalb bestehenden Beschränkungen sämtlich hinweggeräumt waren. Diese letztere Befugnis ist zwar durch das Ges. v. 26. Juli 1897 beseitigt worden; doch ist dadurch das Recht zur Konflikterhebung nicht wieder entstanden, da KK. in Strafsachen überhaupt nicht mehr erhoben werden können.]

86. Ferner begründet da, wo der Antrag auf rechtliches Gehör an Ausschlußfristen gebunden ist, die Verspätung dieses Antrags kein Recht zur Erhebung eines KK.; so: EK. 30. Jan. 1858 (JMBl. S. 112 betr. die Frist des § 16 der VO. v. 24. Jan. 1844, oben S. 368 A. 48). Vgl. jedoch die abweichende Auffassung hinsichtlich der Fristen der §§ 2 und 9 Ges. v. 24. Mai 1861 in A. 243 zur VO. v. 1808 und A. 25 zum Ges. v. 1861.

87. Desgleichen kann die Frage, ob eine an sich zulässige Klage wider den richtigen Beklagten angestellt sei, da sie überhaupt nicht den Kompetenz-, sondern den Legitimationspunkt betrifft, der richterlichen Entscheidung nicht durch Erhebung eines KK. entzogen werden: EK. 8. Juni 1848 (JMBl. S. 306); VO. v. 1808 A. 90.

88. — es sei denn, daß die Beschreitung des RW. nur ausnahmsweise wider gewisse Personen gestattet oder gewissen Personen gegenüber ausdrücklich versagt wäre; vgl. z. B. VO. v. 1808 A. 248, 417.

89. Ebenso liegt kein Anlaß zur Erhebung eines KK. vor, wenn der Streitgegenstand an sich prozeßfähig ist, auch der Tenor des bereits ergangenen Urteils über diesen Gegenstand allein lautet, und nur in den Entscheidungsgründen, obschon ungehöriger Weise, ein den Verwaltungsbehörden vorbehaltener Punkt erörtert wird; vgl. EK. 12. Jan. 1867 (JMBl. S. 102), Dalloz n. 70.

§ 5.

90. Während die franz. Gesetzgebung nur den Präfekten zur Konflikterhebung ermächtigt, beruft § 5 dazu alle Zentral- und Provinzial-Verwaltungsbehörden. Ob hierunter, wie EK. 14. Febr. 1880 (VMBl. S. 77) annimmt (vgl. A. 103, Ges. v. 13. Febr. 1854 A. 21), nur die unmittelbaren Staatsbeamten gemeint sind, d. h. diejenigen Behörden, welche die allgemeinen Interessen des Staates und der Provinzen zu wahren und zu überwachen, die allgemeinen Landesangelegenheiten zu verwalten haben, erscheint mit Rücksicht auf das in A. 106 gesagte zweifelhaft. — Bez. der Behörden, welche die Befugnis zur Erhebung des KK. in Anspruch genommen haben, und der entsprechenden Entscheidung des KompGH. siehe die Zusammenstellung in Rechtspr. d. KompGH. S. 611. — — Zur Konflikterhebung sind nur preußische Verwaltungsbehörden befugt, nicht etwa auch Reichsbehörden oder Behörden eines anderen Bundesstaats. Vgl. EK. 8. März 1884 (Rechtspr. S. 114), Droop A. 13, v. Wilmowski-Levy A. 2 zu § 17 GVG.

91. Zentral-Verwaltungsbehörden sind alle diejenigen Behörden, deren Wirkungskreis das ganze Staatsgebiet umfaßt. Ob ihnen andere Behörden unterstellt sind oder nicht, ist gleichgültig. Vgl. EK. 16. Febr. 1895 (JMBl. S. 426), Droop A. 2, Stölzel S. 364.

92. Zu den Zentralbehörden gehören außer den Ministerien auch einzelne Ministerialabteilungen, so die Abteilung des Kriegsministeriums für das Invalidenwesen: EK. 13. Aug. 1870 (JMBl. S. 310), der Generaldirektor der indirekten Steuern: EK. 14. Apr. 1866 (das. S. 179).

93. Ebenso der Chef der Landgendarmerie, der den Konflikt aber nur erheben kann, soweit das militärische Verhältnis der Gendarmen in Frage steht; handelt es sich lediglich um eine polizeiliche Wirksamkeit derselben, so ist nur die betreffende Zivilbehörde zur Konfliktserhebung befugt: EK. 11. Sept. 1875, 13. Apr. 1878 (VMBl. 75 S. 236; 78 S. 124).

94. Der Kultusminister ist als die mit Wahrnehmung der Beziehungen zwischen dem Staate und der katholischen Kirche betraute Zentralbehörde in den dieses Ressort berührenden Angelegenheiten den KK. zu erheben befugt: EK. 30. Jan. 1858 (JMBl. S. 111). Vgl. jedoch Ges. v. 13. Febr. 1854 A. 23.

95. Der Minister des Königlichen Hauses ist zur Konfliktserhebung in Adelssachen befugt, soweit sie seiner alleinigen Entscheidung unterliegen: EK. 16. Febr. 1895 (JMBl. S. 426: wenn auch das Ministerium des Kgl. Hauses, als eine zum Kgl. Hofe gehörige Behörde, sich in staatsrechtlicher Beziehung von den sonstigen Staatsbehörden unterscheidet, so steht es doch insoweit diesen letzteren gleich, als es mit Bearbeitung staatlicher Angelegenheiten ressortmäßig befaßt ist; da ihm in Adelssachen die Wahrnehmung staatlicher Hoheitsrechte übertragen ist, kann es auch in diesen Sachen zur Wahrung staatlicher Hoheitsrechte den KK. erheben; der Umstand, daß in Adelssachen die staatsrechtliche Verantwortlichkeit im Sinne des Art. 44 Verf.-Urkunde nicht von dem Minister des Kgl. Hauses getragen wird, ändert hieran nichts.) Ebenso EK. 14. Okt. 1899 (Rechtspr. Nachtr. S. 3). In solchen Adelssachen, die nach der AKO. v. 16. Aug. 1854 von dem Minister des Kgl. Hauses, dem Minister des Innern und dem Justizminister gemeinschaftlich zu bearbeiten sind, wird auch die Konfliktserhebung nur gemeinschaftlich erfolgen können: gen. EK. 1895.

96. Aus der Befugnis der Zentralbehörden, den KK. selbst zu erheben, folgert der KompGH., daß, wenn der betreffende Verwaltungschef dem von einer andern Behörde erhobenen KK. in seiner Mitteilung an den KompGH. (§ 11) beitrete, die Frage, ob jene andre Behörde zur Konfliktserhebung legitimiert gewesen sei, nicht weiter in Betracht komme, daß also der von einer nicht legitimierten Behörde ausgehende KK. durch den nachträglichen Beitritt des Ministers wirksam werde; vgl. z. B. EK. 9., 30. Jan. 1858, 3. Jan. 1857, 9. Apr., 10. Sept. 1864, 10. Febr. 1866, 13. Jan. 1877 (JMBl. 58 S. 93, 111; 57 S. 249; 64 S. 193; 65 S. 19; 66 S. 177; Rechtspr. S. 472). Diese Ansicht unterliegt jedoch erheblichen Bedenken, einmal schon aus formellen Gründen (vergl. §§ 7ff.), sodann aber, weil mit derselben die Garantien schwerlich bestehen können, welche § 5, indem er das Recht der Konfliktserhebung nur gewissen höheren Verwaltungsbehörden vorbehält, wider den Mißbrauch dieses Rechts den Prozeßparteien hat gewähren wollen. Es waltet ein wesentlicher Unterschied vor, wenn es in Frage steht, ob der Minister selbst in den Rechtsgang durch Konfliktserhebung eingreifen soll, oder wenn ein KK. längst vorliegt, das Prozeßverfahren infolgedessen seit Monaten ruht, das Konfliktsverfahren fast zu Ende geführt ist, und es sich nunmehr darum handelt, die Maßnahme einer anderen Behörde entweder zu billigen oder zu mißbilligen. (Im Erk. v. 30. Jan. 1858 erwägt übrigens der GH., daß die nochmalige Vernehmung der Parteien nicht erforderlich sei, weil der Minister keine neuen Umstände angeführt habe; er trägt daher dem § 7 wenigstens insofern Rechnung, als er anerkennt, daß im entgegengesetzten Falle jene Vernehmung habe erfolgen müssen. Der durch Erk. v. 9. Jan. 1858 entschiedene Fall unterscheidet sich von den übrigen dadurch, daß der Minister des Innern einen Konflikt aufnahm, welchen eine von ihm gar nicht ressortierende Behörde, der Chef der Gendarmerie, erhoben hatte; der KompGH. erwog hier, daß dieser Umstand das Interesse der Parteien gar nicht berühre.) Vgl. hierzu Stölzel S. 365 A. 25.

97. Welche Behörden als Provinzial-Verwaltungsbehörden zu betrachten seien, beantwortet sich vorzugsweise aus der AKO. v. 31. Dez. 1825 und § 24 des Diszipl.-Ges. v. 21. Juli 1852. Vgl. Droop A. 22, Stölzel S. 364.

98. Namentlich gehören dahin die Oberpräsidenten (EK. 11. März 1848, 11. Okt. 1862, 14. Nov. 1863, JMBl. 48 S. 184; 63 S. 88; 64 S. 66), die Regierungen (EK. 28. Okt. 1882, 13. Nov. 1875, 7. Okt. 1854, * 12. Mai 1855, 13. Febr.

1864, Rechtspr. S. 7; JMBl. 76 S. 30; 55 S. 18, 239; 64 S. 230), die Provinzial-Steuerdirektionen (EK. 2. Nov. 1850, 13. Aug. 1870, 14. Juni 1884, das. 51 S. 44; 70 S. 298; Rechtspr. S. 504), die Intendanturen der Armeekorps (EK. 22. Nov. 1851, 9. Dez. 1865, 14. Juli 1866, 10. Okt. 1874, JMBl. 52 S. 18; 66 S. 98, 265; Rechtspr. S. 132), die Provinzial-Schulkollegien (EK. 13. Aug. 1870, 12. Juni 1875, JMBl. 70 S. 290; Rechtspr. S. 291), die Oberbergämter (Rechtspr. S. 492ff., Oppenhoff, Berggeſ. A. 1015) und das Polizeipräsidium zu Berlin (EK. 10. März 1888, Rechtspr. S. 433).

99. — ferner die Ministerial-Baukommission als selbständige, unmittelbar unter der Aufsicht des Oberpräsidenten stehende Verwaltungsbehörde des Stadtkreises Berlin: EK. 10. Apr. 1897, 28. Dez. 1850 (VMBl. 97 S. 127; JMBl. 51 S. 67).

100. Ebenso ist zur Konfliktserhebung befugt die Direktion der Rentenbank in Schlesien: EK. 5. Apr. 1884 (Rechtspr. S. 7);

101. — ferner die zu ständigen Eisenbahnkommissaren bestellten Eisenbahndirektions-Präsidenten: EK. 11. März 1899 (Rechtspr. Nachtr. S. 20; bez. der Eisenbahnkommissariate hatte EK. 3. Jan. 1857, JMBl. S. 250, die Frage unentschieden gelassen);

102. — nicht aber die königl. Direktionen einer Staats- oder vom Staate verwalteten Privatbahn, da diese nicht zu den Behörden gehören, welche in die Verfassung des Staats organisch eingreifen und mit einer auf den Hoheitsrechten des Staats beruhenden Gewalt bekleidet sind; vgl. Bessel und Kühlwetter, Eisenbahnrecht 2 S. 62. Der KompGH. hat sich anscheinend noch nicht in der Lage befunden, diese Frage zu entscheiden. Die königl. Direktion einer Rheinischen Bahn erhob zwar vor mehreren Jahren einen KK.; derselbe wurde jedoch auf Anordnung des Handelsministers zurückgenommen;

103. — desgleichen nicht der Landeshauptmann: EK. 14. Febr. 1880 (VMBl. S. 77: bei „Zentral- und Provinzial-Verwaltungsbehörden" sei nur an die Behörden der allgemeinen Landesverwaltung gedacht, welche die allgemeinen Interessen des Staats zu wahren hätten; dies treffe bei Behörden, deren Tätigkeit sich hauptsächlich und zunächst auf die Wahrung korporativer Interessen beziehen, auch dann nicht zu, wenn ihnen einzelne in das Rechts- und Verwaltungsgebiet des Staats einschlagende Handlungen übertragen sein möchten). Vgl. Ges. v. 13. Febr. 1854 A. 21;

104. — desgleichen nicht die General-Landschafts und Haupt-Ritterschafts-Direktionen; dieselben werden zwar im § 24 des Diszipl.-Ges. v. 1852 bezüglich der Disziplin über die ihnen untergeordneten Beamten den Provinzial-Verwaltungsbehörden gleichgestellt, vertreten aber keine allgemeinen Staatsinteressen, sondern nur die besonderen Interessen ihres ständischen Kreditvereins und seiner Mitglieder: EK. 23. Juni 1858 (JMBl. S. 296).

105. Die Medizinalkollegien sind zwar Provinzial-, aber keine eigentlich verwaltenden, sondern nur wissenschaftliche und technisch beratende Behörden, und um deswillen zur Konfliktserhebung nicht befugt.

106. Unter Provinzial-Verwaltungsbehörden sind übrigens nicht bloß die Staatsbehörden im engern Sinne, sondern auch die kirchlichen Provinzial-Verwaltungsbehörden zu verstehen, zumal auch die Unabhängigkeit der geistlichen Oberen nach denselben Grundsätzen beurteilt wird, wie die Unabhängigkeit der zur Ausübung landesherrlicher Hoheitsrechte berufenen Staatsbehörden; vgl. VO. v. 1808 A. 107, 180. Demgemäß ist denn auch die Zulässigkeit der von den Konsistorien erhobenen KK. bis 1880 nicht bezweifelt worden; vgl. z. B. EK. 3. Juni 1848, 14. Juni 1866 (JMBl. 48 S. 285; 66 S. 274). Seit 1880 ist eine Entscheidung über die Befugnis nicht erfolgt, weil der Kultusminister den KK. auch seinerseits aufrecht erhalten hatte; vgl. z. B. EK. 8. Jan. 1881 (Rechtspr. S. 191), ferner Droop A. 23e, Stölzel S. 612. Dasselbe gilt von der Befugnis des evangelischen Oberkirchenrats: EK. 9. Dez. 1865 (JMBl. 66 S. 78). Die Befugnis der katholischen Bischöfe ist in EK. 24. März 1849 (das. S. 280) anerkannt, in EK. 9. Apr. 1864 (das. S. 191) unentschieden gelassen, dagegen in EK. 10. März 1900 (DJurZtg. 5 S. 399) verneint worden. Hinsichtlich der bischöflichen Generalvikariate und Ordinariate ist die Befugnis in der Regel unentschieden gelassen, in EK. 15. Okt. 1859, 10. Febr. 1866 (Rechtspr. S. 5; JMBl. 66 S. 167) dagegen nicht anerkannt worden. Vgl. Rechtspr. d. KompGH. S. 612, Droop

A. 23d; ferner OVG. 4. Okt. 1881 (E. 8 S. 390, 401) und Ges. v. 13. Febr. 1854 A. 23.

107. Der Ausdruck „Provinzial-Verwaltungsbehörde" umfaßt ferner die Justizbehörden mit, insofern diesen eine administrative Tätigkeit zugewiesen ist, weshalb auch früher die Appellations-Gerichte, die Oberstaatsanwälte und der General-Prokurator des Ah. Cöln zur Erhebung von KK. befugt waren, letzterer als Provinzialchef der gerichtlichen Polizei, jene, die Oberstaatsanwälte, z. B. bezüglich der der richterlichen Entscheidung entzogenen Amtshandlungen der Polizeianwälte; vgl. oben A. 78, JMBl 5. März 1853 (Goltd. Archiv 1 S. 369), GK. 26. Nov. 1853, *7. Juni 1856 (JMBl 54 S. 16; 56 S. 323). Nach der heutigen Organisation sind zur Konfliktserhebung befugt der Oberlandesgerichtspräsident (GK. 10. Febr. 1883, Rechtspr. S. 19) und der Oberstaatsanwalt (vgl. Ges. v. 13. Febr. 1854 A. 19).

108. Der Ehrenrat der Rechtsanwälte und Notare gehört nicht zu den gemäß § 5 zur Konfliktserhebung befugten Behörden: AppG. Münster 19. Juni 1850 (Arnsb. Jur. Monatsschr. 1 S. 36).

109. Die standesherrlichen Regierungen sind nach der Instr. v. 30. Mai 1820 §§ 45, 51 als untere Verwaltungsbehörden zu betrachten, und daher nur befugt, die Erhebung eines KK. bei den höheren Behörden anzuregen (A. 128); vergl. MVfg. 13. April 1840 (VMBl. S. 142), GK. 10. Jan. 1863 (Rechtspr. S. 5, betr. die Stolbergsche Regierung zu Wernigerode).

110. Inbetreff der Auseinandersetzungsbehörden s. § 22 d. G., und inbetreff der Befugnis der Behörden überhaupt, Konflikte nach Maßgabe des Ges. v. 1854 zu erheben, die Erläuterungen zu § 1 das.

111. Zur Konfliktserhebung ist im konkreten Falle nur diejenige Zentral- oder Provinzialbehörde befugt, deren Ressort durch das gerichtliche Verfahren berührt wird, da jede Behörde, wie zu anderen Amtshandlungen, so auch zur Konfliktserhebung nur in dem durch die amtliche Stellung gezogenen Geschäftskreise befugt ist. Vgl. GK. 25. Juni 1853 (Rechtspr. S. 4; hier war die Steuerbehörde Partei in einem Prozeß, der einen gesperrten Weg betraf; der Provinzial-Steuerdirektor erhob den KK., stützte ihn aber auf eine in Mitte liegende polizeiliche Verfügung des Landrats. Der KompGH. lehnte die Entscheidung ab, da der Provinzial-Steuerdirektor, sofern er sich auf eine Verfügung der Polizeibehörde stütze, nicht anders als eine Privatperson stehe), 30. Jan. 1858, 14. Jan., 14. Febr. 1880 (JMBl. 58 S. 111; Rechtspr. S. 6; VMBl. 80 S. 77), ferner 13. Jan. 1877 (Rechtspr. S. 472; hier wird der Einwand, daß die Regierung zur Erhebung des KK. örtlich unzuständig sei, durch die Erklärung des Ressortministers, den KK. aufrecht zu erhalten, für behoben erklärt), Droop A. 13, MinInstr. v. 1. Juli 1835 § 3 (A. 8).

112. Doch ist nicht erforderlich, daß, wenn die Klage gegen eine Behörde und aus Anlaß einer von ihr ausgegangenen Amtshandlung angestellt wird, der KK. gerade von der dieser Behörde vorgesetzten Zentral- oder Provinzialbehörde erhoben werde. (Insofern besteht zwischen dem Ges. v. 1847 bezw. der VO. v. 1879 und dem Ges. v. 1854 ein wesentlicher Unterschied; vgl. A. 18ff. zum Ges. v. 1854.) Vgl. *GK. 24. Jan. 1857 (JMBl. S. 338; hier war gegen eine Steuerkasse geklagt, und von einer Generalkommission der KK. eingelegt worden. Das wider dessen Zulässigkeit erhobene Bedenken, ob nicht statt der Generalkommission die Regierung als vorgesetzte Behörde des Steuerempfängers den KK. habe einlegen müssen, beseitigte der KompGH. damit, daß der Steuerempfänger nur auf Ersuchen der Generalkommission, mithin als deren Organ tätig gewesen sei.)

113. Demzufolge sind z. B. die Oberstaatsanwälte befugt, den KK. in Prozessen zu erheben, zu denen die Amtshandlungen der Polizeibeamten in einer die Strafverfolgung betreffenden Angelegenheit Anlaß gegeben haben, sofern jene Beamten lediglich im Auftrag der Justizbehörde handelten, indem entgegengesetzten Falls obige Befugnis freilich nur der Regierung bezw. dem Minister des Innern zustehen würde. Vgl. A. 107.

114. Die den Provinzialbehörden gemäß § 3 zustehende Befugnis ist nicht auf Prozesse beschränkt, welche bei Gerichten ihres Verwaltungsbezirks schweben: GK. 22. Okt. 1853 (JMBl. S. 144). [Das Gegenteil wird in Frankreich angenommen; vgl. Dalloz n. 35.]

115. Auch wird die Ausübung jener Befugnis dadurch, daß die betreffende Zentral- oder Provinzialbehörde im Prozesse Partei ist, weder bedingt noch aus-

geschlossen (vgl. EK. 9. Juni 1864, JMBl. S. 192); ebensowenig ist erforderlich, daß die Behörde von einer der Parteien um Einlegung des KK. angegangen worden sei. Ja die Befugnis kann sogar gegen den ausgesprochenen Willen beider Parteien, z. B. wenn der Beklagte auf die Einrede der Unzulässigkeit des RW. ausdrücklich verzichtet haben sollte, gehandhabt werden; vgl. EK. 22. Okt. 1853, *3. April 1858 (JMBl. 53 S. 144; 58 S. 344; MBfg. 25. März 1858 (Rh. S. 12 S. 11).

116. Doch wird erfordert, daß der Konfliktserhebung ein rechtliches Interesse zugrunde liege; vgl. EK. 30. Jan. 1858, 8. Febr. 1862 (JMBl. 58 S. 287; 62 S. 240 a. E.). Dieselbe ist daher unstatthaft, wenn die Klage bereits als zum RW. ungeeignet abgewiesen worden ist, so lange gegen das desfallsige Urteil kein Rechtsmittel ergriffen wird; vgl. Dalloz n. 67, 130. Anders verhält es sich freilich mit dem Falle, wo die Klage als unbegründet verworfen wurde, da ein solches Urteil allerdings einen Eingriff in den Wirkungskreis der Verwaltungsbehörde enthält; vgl. *EK. 10. Jan. 1852 (JMBl. S. 92.)

117. Die auf § 5 beruhende Befugnis kann nicht an eine andere Behörde delegiert noch der Auftrag zur Erhebung eines KK. einer anderen an sich nicht legitimierten Behörde erteilt werden; vgl. Bessel und Kühlwetter, Eisenbahnrecht 2 S. 43.

118. Der Befugnis entspricht nicht eine deren Ausübung erheischende Pflicht. Das Gesetz stellt es vielmehr in das Ermessen der dort bezeichneten Behörden, ob sie von derselben Gebrauch machen, oder die Entscheidung über die Kompetenzfrage dem Prozeßrichter belassen wollen. Unter der Herrschaft der AKO. v. 1828 wurde freilich das Gegenteil angenommen; vgl. oben A. 8 und JMBfg. 2. Apr. 1838 (Rh. S. 6 S. 451).

119. Andererseits kann auf die Befugnis ebensowenig wie auf die eigne Kompetenz verzichtet werden, weshalb die im § 5 genannten Behörden den KK. selbst dann noch erheben können, wenn sie zuvor auch die Zulässigkeit des RW. ausdrücklich anerkannt, z. B. die Parteien selbst zum RW. verwiesen haben: *EK. 11. März 1848, 9. Apr. 1864 (JMBl. 48 S. 200; 64 S. 191; im letzteren Falle hatte dies sogar der dem KK. beitretende Ressortminister getan), RG. 6. Apr. 1888 (E. 21 S. 192).

120. Ja die Konfliktserhebung ist sogar dann gestattet, wenn die betreffende Behörde selbst als klagender Teil bei Gericht aufgetreten oder in einen schwebenden Prozeß, um die Vertretung des Beklagten zu übernehmen, interveniert ist; vgl. ME. im Arnsb. Arch. 6 S. 525 und EK. 12. Dez. 1852.

121. Macht die Verwaltung von jenem Rechte keinen Gebrauch, so ist dies ohne jede Bedeutung für die alsdann vom Richter ausschließlich zu beurteilende Kompetenzfrage. Entweder ist die richterliche Unzuständigkeit keine absolute und alsdann liegt ein gegründeter Anlaß zur Konfliktserhebung gar nicht vor, oder es ist das Gegenteil der Fall, und alsdann muß der Richter unter allen Umständen schon von Amtswegen den RW. für unzulässig erklären; vgl. A. 119, 64ff. und VO. v. 1808 A. 38ff. Es kann daher den Entscheidungsgründen eines OT. 8. Febr. 1854 (Strieth 12 S. 118) nicht beigepflichtet werden, wenn es dort heißt, die vorgeschützte Einrede der Unzulässigkeit des RW. sei um so weniger zu berücksichtigen, als die Behörde einen KK. nicht erhoben habe, noch den Entscheidungsgründen eines OT. 9. März 1855 (das. 17 S. 74), sofern daselbst gesagt wird, daß, falls die Verwaltungsbehörde, indem sie unter dem ausdrücklichen Vorbehalte des RW. entschied, etwas von ihren Befugnissen aufgegeben haben möchte, es nicht Sache des Richters sei, diese Befugnisse zu supplieren, und jenen Vorbehalt als nicht geschehen zu erachten; vgl. ferner OT. 27. Nov. 1857 (das. 28 S. 109). Unhaltbar ist auch EK. 13. Jan. 1872 (JMBl. S. 99), sofern hier gesagt wird, in der vorliegenden Sache liege umsoweniger Veranlassung vor, den Rechtsweg auszuschließen, als die streitige Frage schon einmal vom Richter zum Nachteil der beklagten Gemeinde entschieden worden sei, ohne daß die Regierung sich bewogen befunden habe, den KK. zu erheben.

122. Die Befugnis kann nicht bedingungsweise ausgeübt, ein KK. z. B. nicht etwa bloß für den Fall erhoben werden, daß der Richter sich nicht für unzuständig erklären möchte. Dies folgt nicht allein aus der ganzen Struktur des in den §§ 6ff. vorgezeichneten Verfahrens, sondern auch aus einer richtigen Würdigung der Stellung der Gerichte, denen das Eingehen auf dergleichen Vereinbarungen nicht zugemutet werden kann. Auch ist nicht etwa die beigefügte Bedingung als nicht

beigefügt, der KK. mithin als unbedingt erhoben zu behandeln, sondern er gilt als gar nicht erhoben, da ja sonst die Gerichte über die ausgesprochene Absicht der Verwaltung hinausgehen würden. In dieser Weise wurde denn auch, wie es scheint, in dem im JMBl. 54 S. 187 erwähnten Falle von den Gerichten verfahren; vgl. ferner AH. Cöln 10. Dez. 1825 (Rh. A. 8, I. 77). AM. ist freilich, im Hinblick auf die frühere Gesetzgebung und die in A. 8 gen. Min.-Instr. v. 30 März 1836, die JMVfg. 2. April 1838 (Rh. S. 6 S. 451), indem sie vorschreibt, daß, wenn eine Behörde, jener Instr. zuwider, statt sofort den KK. zu erheben, dies nur bedingungsweise tue und zunächst die Prozeßeinrede der mangelnden Zuständigkeit vor Gericht vorschütze, letzteres, ohne jene Einrede zu prüfen, das gerichtliche Verfahren sofort einstellen solle.

123. Dagegen ist es unbedenklich gestattet, bei Klagen, die mehrere Anträge umfassen, selbst wenn sie bloß wahlweise neben einander gestellt sind, den KK. nur auf einen derselben zu beschränken. In gleicher Weise kann im Fall einer Widerklage der KK. nur gegen die Klage oder nur gegen die Widerklage erhoben werden.

124. Ja es kann sogar, wenn nur ein Antrag vorliegt, dieser aber gleichzeitig auf mehrere Klagefundamente gestützt wird, der KK. nur wider das eine oder andere dieser Fundamente gerichtet werden; vgl. *EK. 22. Sept. 1860 (JMBl. 61 S. 221).

125. Ebenso ist es zulässig, den KK. nur insoweit zu erheben, als die Klage gegen einen von mehreren, wenn auch in gleicher Weise und aus denselben Gründen in Anspruch genommenen Beklagten gerichtet ist; vgl. A. 88.

126. Kann ein einmal eingelegter KK. von der Behörde, von welcher derselbe ausgegangen ist, wieder zurückgenommen werden? Den Zentralbehörden dürfte dieses Recht arg. § 11 allerdings zustehen; dasselbe kann aber, wie es scheint, auch den Provinzialbehörden nicht abgesprochen werden, es sei denn, daß das Verfahren schon bis zu dem Punkte gediehen wäre, wo der Verwaltungschef sich gemäß § 11 darüber zu entscheiden hat, ob er den KK. für begründet erachte oder nicht. Keinenfalls ist die Wirksamkeit der Zurücknahme an die Zustimmung der Prozeßparteien gebunden. Vgl. A. 12, Droop A. 13. [In Frankreich wird jenes Recht dem Präfekten nicht eingeräumt; vgl. Cormenin 2 S. 10 (V).]

127. Die Frage, ob ein einmal verworfener KK. wiederholt eingelegt werden könne, ist bald zu bejahen, bald zu verneinen, je nachdem die Verwerfung wegen formeller Mängel, oder aber wegen mangelnder Begründung des KK. erfolgt ist; vgl. EK. 12. Febr. 1859, 14. Nov. 1863, 12. Okt. 1861 (JMBl. 59 S. 294; 64 S. 62; 62 S. 100) und Dalloz n. 88. [In den beiden ersten der vom KompGH. entschiedenen Fälle war ein KK., nachdem derselbe, als von einer hierzu nicht legitimierten Behörde erhoben, verworfen worden, seitens des Ministers des Innern bezw. der zuständigen Provinzialbehörde wieder aufgenommen worden. Der GH. erkannte den Konflikt als an sich statthaft an. Die dritte Entscheidung betraf einen Fall, wo der GH. den früheren KK. als materiell unbegründet verworfen hatte. Hier ging der GH. zwar auf eine materielle Prüfung des zweiten Konflikts ein, erklärte denselben aber nicht allein für unbegründet, sondern auch für schlechthin unzulässig.] Wird ein KK. wegen mangelnder Begründung verworfen, so muß selbst einer anderen und zwar höheren Behörde, als derjenigen, welche den KK. erhoben hatte, das Recht der erneuten Konfliktserhebung versagt werden, sollte der zweite KK. auch auf ganz andere Gründe gestützt werden, vorausgesetzt natürlich, daß der Prozeßgegenstand derselbe geblieben ist. Vgl. A. 59. Dagegen wurde in EK. 14. März 1896 (Rechtspr. S. 318) die erneute Erhebung des KK. für zulässig erachtet, weil sie auf eine erst nach der ersten Entscheidung des KompGH. ergangene polizeiliche Verfügung gestützt war, durch welche die Befugnis, das streitige Privatrecht zu entscheiden, für die Polizeibehörde in Anspruch genommen wurde; (hierin liege der Unterschied von dem durch gen. EK. 12. Okt. 1861 entschiedenen Falle, wo zwar auch eine neue polizeiliche Verfügung die Veranlassung zur wiederholten Erhebung des KK. gegeben habe, diese Verfügung aber gegen die Ausführung des richterlichen Urteils gerichtet gewesen sei, nicht aber die Entscheidungsbefugnis in Anspruch genommen habe).

128. Eine dem 2. Satze des § 3 Ges. v. 1847 entsprechende Bestimmung ist zwar in die VO. v. 1879 nicht übergegangen; doch wird die Verpflichtung der unteren Verwaltungsbehörden, ihrer vorgesetzten Dienstbehörde Anzeige zu machen,

§ 6. Die Erhebung des Kompetenzkonflikts erfolgt bei dem Gerichte, bei welchem die Sache anhängig ist, durch die schriftliche Erklärung der Verwaltungsbehörde, daß der Rechtsweg für unzulässig erachtet werde.

Der Erklärung soll eine Begründung beigefügt werden.

Wird die Erklärung bei einem Gerichte, bei welchem die Sache nicht anhängig ist, abgegeben, so hat dieses die Erklärung an das zuständige Gericht zu übersenden.

[Text des § 4 Ges. v. 1847 s. oben S. 399.]

---

wenn sie die Erhebung des KK. für erforderlich halten, auch heute noch fortbestehen. Ebenso Droop A. 27, v. Rönne 1 S. 525 A. 4a.

129. § 5 Absatz 2. Bez. des Abs. 2 s. A. 79. Vgl. ferner LVG. § 113 Abs. 1, v. Brauchitsch 1 S. 124 A. 207, Droop A. 25.

130. § 5 Absatz 3. Die Bestimmung des Abs. 3 (entsprechend dem Abs. 2 des § 4 Ges. v. 1847), daß die Erhebung des KK. dem Plenum zustehe, bezieht sich insbesondere auf die Regierungen und zwar auch hinsichtlich derjenigen Sachen, deren Entscheidung gemäß § 18 LVG. dem Regierungspräsidenten allein zusteht. Ebenso Droop A. 22b, Stölzel S. 366, v. Brauchitsch 1 S. 612 A. 5. — *EK. 8. Dez. 1860 (JMBl. 62 S. 13) erachtet es für nicht durchaus nötig, daß der Beschluß als Plenarbeschluß bezeichnet werde, und findet in der Unterschrift des Präsidenten unter der im Beschlusse enthaltenen Erklärung, daß die Regierung die Erhebung des KK. beschlossen habe, eine genügende Bürgschaft dafür, daß dieser Beschluß vorschriftsgemäß vom Plenum ausgegangen sei. Ebenso EK. 11. Sept. 1869 (das. S. 225: es müsse vermutet werden, daß die Erhebung des KK. auf einem Plenarbeschlusse beruhe, auch wenn dies nicht ausdrücklich im Anschreiben der Regierung erwähnt sei). In Fällen, wo der Beschluß einer Regierung ausdrücklich unter der Unterschrift „Abteilung des Innern" ausgefertigt worden war, erklärte der KompGH. den desfallsigen Einwand durch die nachträgliche Erklärung jener Abteilung, daß der Beschluß dennoch in pleno gefaßt sei, für erledigt; vgl. EK. 17. Febr. 1855, 8. Jan., 3. Mai 1876 (das. S. 136; VMBl. 76 S. 78, 234). In dem letzten Falle hatte der Kläger den Antrag gestellt, ihm eine neue Frist zur Erklärung zu geben, weil des Plenum dem Konfliktsbeschluß erst nachträglich beigetreten sei; der Antrag wurde jedoch abgelehnt, weil das Plenum dem genannten Beschluß keineswegs nachträglich beigetreten, der Beschluß vielmehr vom Plenum selbst gefaßt worden sei, während in dem Anschreiben lediglich ein Schreibfehler vorgelegen habe.

§ 6.

131. Über die Anwendbarkeit der §§ 6ff. bei negativen KK. s. § 21 Abs. 3 und A. 179ff.

132. Die Erklärung der Verwaltungsbehörde braucht in ihrem Wortlaut nicht genau mit § 6 Abs. 1 (Schlußsatz) übereinzustimmen, auch ist nicht erforderlich, daß sie ausdrücklich von Erhebung des KK. spricht; es genügt, daß die Absicht der Konfliktserhebung zweifellos erscheint; so EK. 11. Juni 1881 (Rechtspr. S. 538, Nr. 2055; hier hatte die Generalkommission erklärt, sie nehme die Kompetenz in dem Prozeß für sich in Anspruch und beantrage, das gerichtliche Verfahren einzustellen und ihr die Akten zur weiteren Erörterung und Entscheidung zugehen zu lassen.) Über die Konfliktserhebung durch Generalkommissionen vgl. auch RG. 30. Mai 1891 (JMBl. S. 219).

133. Absatz 2. Nach § 4 Ges. v. 1847 erfolgte die Konfliktserhebung durch Übersendung eines motivierten Beschlusses. Damit der Beschluß als motiviert erscheine, mußte derselbe auch die gesetzliche Vorschrift, auf welche er gestützt wurde, beziehen. [Nach Art. 8 der franz. Ordn. v. 1828 war sogar der Text des betreffenden Gesetzes in den Beschluß aufzunehmen.] — Die gesetzlichen Bestimmungen, auf die der KK. gestützt wird, in die Begründung aufzunehmen, ist jedenfalls zweckmäßig, wenn dies heute auch nicht mehr notwendig ist; Droop A. 28. Überhaupt erscheint die Vorschrift des Abs. 2 mit Rücksicht auf den Wortlaut nicht als zwingend; doch wird im Interesse der Parteien die Beifügung einer Begründung als festzuhaltende Regel bezeichnet werden müssen.

134. Auch in den Fällen des Absatz 3 ist der KK. erst erhoben (und damit

§ 7. Das Prozeßverfahren wird durch die Erhebung des Kompetenzkonflikts für die Dauer des denselben betreffenden Verfahrens unterbrochen (§ [226] 249 ZPO.). Durch die nach dem Schlusse einer mündlichen Verhandlung eintretende Unterbrechung wird auch die Verkündung einer Entscheidung gehindert.

Das Gericht hat die Verwaltungsbehörde von dem Eingange der Erklärung und die Parteien von der Erhebung des Kompetenzkonflikts von Amtswegen zu benachrichtigen.

Den Parteien ist zugleich eine Abschrift der Erklärung zu übersenden.

[Text des § 5 Ges. v. 1847 s. oben S. 399.]

das Prozeßverfahren unterbrochen, § 7), wenn die Erklärung der Verwaltungsbehörde bei dem Gericht eingeht, bei welchem der Prozeß anhängig ist.

§ 7 Abs. 1.

135. Die Bestimmungen über das bei KK. von den Gerichten zu beobachtende Verfahren sind zusammengestellt im nichtamtlichen Teil des JMBl. 1888 S. 4ff.

136. Das in den §§ 7ff. vorgezeichnete Verfahren greift zwar in das bei Gericht anhängige Verfahren ein, bildet aber doch keinen wesentlichen Teil desselben; es sind daher die allgemeinen für gerichtliche Prozeduren bestehenden Vorschriften auf jenes nicht etwa in subsidium ohne weiteres anwendbar.

137. Beim Erlaß von Vorschriften über die Einstellung oder Unterbrechung des Verfahrens bei KK. ist die Landesgesetzgebung durch die ZPO. nicht behindert: § 15 Nr. 1 EG. z. ZPO.

138. [Nach § 5 Ges. v. 1847 stellte das Gericht nach Erhebung des Konflikts durch nicht anfechtbaren Bescheid das Rechtsverfahren ein. § 5 kommt auch heute noch zur Anwendung beim Konfliktsverfahren in Gemäßheit des Ges. v. 13. Febr. 1854 (vgl. dort A. 41, 46ff.), sodaß nachstehende Bemerkungen für dieses ihre Bedeutung nicht verloren haben. Daß das Gericht bei Fassung des Beschlusses bezüglich der Einstellung des Rechtsverfahrens sich nicht mit der Prüfung des streitigen Kompetenzpunkts befassen darf, versteht sich von selbst. Eine andere Frage ist es jedoch, ob dem Gericht nicht wenigstens insoweit eine selbständige Prüfung und Entscheidung zusteht, als es sich um die Zulässigkeit und formelle Gültigkeit des KK. handelt, oder ob auch nach dieser Richtung hin der Entscheidung des KompGH. in keiner Weise vorgegriffen werden darf. Anscheinend muß hier zwischen den verschiedenen Erfordernissen, wie sie aus den §§ 2—4 Ges. v. 1847 hervorgehen, unterschieden werden. Daß die Entscheidung darüber, ob die Sache schon rechtskräftig entschieden, der KK. mithin verspätet sei, dem KompGH. gebühre, ist bereits in A. 41 gesagt. Der Richter wird daher aus § 2 keinen Grund entlehnen können, um den Erlaß des Einstellungsbescheides abzulehnen. Wohl aber dürfte er befugt und den Prozeßparteien gegenüber verpflichtet sein, die Legitimation der den KK. erhebenden Behörde (§ 3 Ges. v. 1847) sowohl als die formelle Gültigkeit des Konfliktsbeschlusses (§ 4 das.) zu prüfen. Hiermit stimmt die Min.-Instr. v. 2. Apr. 1856 (JMBl. S. 86) insofern überein, als sie die Gerichte anweist, da, wo die betreffende Provinzialbehörde aus mehreren Abteilungen bestehe, das Rechtsverfahren nur auf solche Beschlüsse einzustellen, bei denen § 4 Abs. 2 Ges. v. 1847 beobachtet worden. Ohne die obige Ansicht inbetreff des Legitimationspunkts grundsätzlich zu verwerfen, verfügte jedoch das OT. in dem im JMBl. 58 S. 294 mitgeteilten Falle, daß bei der Zweifelhaftigkeit der Frage, ob die betreffende Behörde (eine Gen.-Landsch.-Direktion, s. A 104) zu den im § 3 erwähnten Provinzialbehörden gehöre, und da die letzte endgültige Entscheidung darüber dem KompGH. zustehe, es nicht angemessen erscheine, den KK. durch einfachen Beschluß abzuweisen, daß vielmehr das gesetzliche Verfahren einzuleiten sei. Vgl. auch EK. 9. Apr. 1864 (JMBl. S. 191; hier hatte das Gericht den KK. zurückgewiesen, weil es die betreffende Behörde, als Partei im Prozesse, für nicht befugt zur Konfliktserhebung hielt, wurde aber auf Beschwerde durch Verfügung des Appellationsgerichts angewiesen, das Konfliktsverfahren einzuleiten). (In Frankreich hat der Staatsrat durch eine Reihe von Entscheidungen ausgesprochen, daß der Richter auf die bloße Mitteilung des Konflikts-

beschlusses das Rechtsverfahren immer einstellen müsse, indem nur ihm, dem Staatsrate, die Entscheidung über die Gültigkeit des KK., namentlich darüber zustehe, ob derselbe verspätet oder wegen Nichtbeobachtung wesentlicher Formvorschriften unwirksam sei. Inzwischen ist diese Ansicht, welche mit der schroffen Weise zusammenhängt, wie der Grundsatz der Trennung der Gewalten, sowie der Unanfechtbarkeit von Verwaltungshandlungen dort gehandhabt zu werden pflegt, (vgl. Ges. v. 21. Fruct. III. Art. 27) von der Doktrin und Jurisprudenz vielfach angefochten worden; vgl. Dalloz n. 94 ff.).] Für die VO. v. 1879 ist die vorstehende Frage gegenstandslos geworden, da nach § 7 Abs. 1 das Prozeßverfahren unterbrochen wird, die Einstellung des Verfahrens also kraft Gesetzes erfolgt und ein Einstellungsbeschluß nicht erlassen wird. Der Richter hat, ohne dabei die Zulässigkeit der Konfliktserhebung zu prüfen, nur festzustellen, ob die Erklärung einer Verwaltungsbehörde eingegangen ist, daß der RW. für unzulässig erachtet werde, und bejahendenfalls nach § 7 Abs. 2 zu verfahren. Den Parteien steht das Recht des Widerspruchs hiergegen nicht zu; ihnen bleibt überlassen, ihre Bedenken gegen die Berechtigung der den KK. erhebenden Behörde usw. beim KompGH. anzubringen. Anscheinend aM. ist EK. 10. Apr. 1897 (VMBl. S. 127. Hier hatte der Kläger beim Prozeßgericht den Antrag gestellt, die Erklärung der Verwaltungsbehörde für unbeachtlich zu erklären und das gerichtliche Verfahren fortzusetzen, weil die Behörde keine Provinzialbehörde sei. Das Prozeßgericht hat den Antrag durch Beschluß zurückgewiesen, weil die betreffende Behörde zur Erhebung des KK. befugt gewesen sei. Der KompGH. hat dieses Verfahren nicht gerügt, trotzdem der Richter die Berechtigung der den Konflikt erhebenden Behörde geprüft hat, wobei er gegebenenfalls in die Lage hätte kommen können, dem klägerischen Antrag stattzugeben und den Konfliktsbeschluß unbeachtet zu lassen). Vgl. ferner (das in einer nichtpreußischen Sache ergangene) RG. 11. Nov. 1889 (E. 25 S. 416), sowie (hinsichtlich der von einer Reichsbehörde erhobenen KK.) Hilse in Gruchot 35 S. 800 ff.

139. Die Unterbrechung tritt ein, sobald die Erklärung der Verwaltungsbehörde beim Prozeßgericht eingeht. Sie hat nach § 249 ZPO. die Wirkung, daß der Lauf einer jeden Frist aufhört und nach Beendigung der Unterbrechung die volle Frist zu laufen beginnt; die während der Unterbrechung von einer Partei in Ansehung der Hauptsache vorgenommenen Prozeßhandlungen sind der anderen Partei gegenüber ohne rechtliche Wirkung. Abweichend von gen. § 249 Abs. 3 bestimmt Satz 2 des § 7 Abs. 1, daß auch die Verkündung von Entscheidungen durch die nach dem Schlusse einer mündlichen Verhandlung eintretende Unterbrechung gehindert wird.

140. Wird ein KK. nur inbetreff einzelner unter mehreren Streitpunkten erhoben, so wird das Rechtsverfahren auch nur inbetreff dieser unterbrochen; inbetreff der anderen kann das Verfahren fortgesetzt werden. Vgl. § 145 ZPO., Droop A. 32.

141. Während des Konfliktsverfahrens ruht auch die Verjährung des dem Prozesse zugrunde liegenden Anspruchs: agere non valenti non currit praescriptio.

142. Ist in dem Rechtsstreit schon ein vorläufig vollstreckbares Urteil erlassen, so hat nach Erhebung des KK. das Gericht von Amtswegen die einstweilige Einstellung der Zwangsvollstreckung anzuordnen: § 19 Abs. 1.

143. Die Unterbrechung des Prozeßverfahrens dauert bis zur Erledigung des KK., d. h. bis zu der gemäß § 11 Abs. 3 erfolgenden Anzeige, daß der KK. zurückgenommen sei, oder bis zu der nach § 17 Abs. 2 erfolgenden Zustellung des Urteils, wodurch der KompGH. den KK. für unbegründet erklärt hat. Nach diesem Zeitpunkt kann jede Partei das Verfahren durch Zustellung eines Schriftsatzes gemäß § 250 ZPO. wieder aufnehmen. Hat dagegen der KompGH. den RW. für unzulässig erklärt, so ist eine eigentliche „Unterbrechung", ein zeitweiliges Aufhören des Prozeßverfahrens überhaupt nicht eingetreten, da durch dieses Urteil das ganze vor Gericht verhandelte Verfahren wirkungslos wird. Vgl. RG. 30. Mai 1891 (JMBl. S. 219), besonders auch über den Unterschied bei den von der Generalkommission erhobenen KK., A. 206.

144. Bez. des Fortgangs der Zwangsvollstreckung aus einem vorläufig vollstreckbaren Urteil nach Beendigung des Konfliktsverfahrens vgl. § 19 Abs. 2.

§ 7 Abs. 2 und 3.

145. Zu den Parteien im Sinne des § 7 Abs. 2 gehört jede Partei außer der den KK. erhebenden Behörde. Das Erfordernis der beiden Parteien zu erteilen-

§ 8. Ist die Sache bei einem Gericht höherer Instanz anhängig, so sind die Prozeßakten, unter Beifügung der Erklärung der Verwaltungsbehörde und der Zustellungsurkunden über die Benachrichtigung der Parteien, dem Gerichtsschreiber des Gerichts erster Instanz zurückzusenden.

§ 9. Innerhalb der Frist eines Monats, die mit der Zustellung der Benachrichtigung beginnt, können die Parteien bei dem Gericht erster Instanz einen Schriftsatz über den Kompetenzkonflikt einreichen.

Der Schriftsatz muß von einem Rechtsanwalt unterzeichnet sein. Öffentliche Behörden, sowie Personen, welche zum Richteramt befähigt sind, können den Schriftsatz ohne Zuziehung eines Rechtsanwalts einreichen.

Das Gericht hat der Verwaltungsbehörde und der Gegenpartei den Schriftsatz in Abschrift mitzuteilen. Die erforderliche Zahl von Abschriften ist von der Partei einzureichen.

Sind innerhalb der Frist Schriftsätze nicht eingegangen, so hat das Gericht der Verwaltungsbehörde davon Anzeige zu machen.

[Text der §§ 5, 6 Ges. v. 1847 s. oben S. 399.]

den Benachrichtigungen erleidet demnach nur dann eine Ausnahme, wenn jene Behörde selbst als Partei bei der Sache beteiligt ist, indem dieser gegenüber die Empfangsanzeige genügt. Vgl. die Instr. v. 1856. In zwei anderen für die Rheinprovinz erlassenen JMVfg. 5. Dez. 1851 und 11. Dez. 1853 (Rh. S. 10 S. 394, 623) wird gesagt, und zwar im ersteren, daß als Privatparteien (wie sie in § 5 Ges. v. 1847 genannt werden), auch Behörden betrachtet werden müßten, sofern sie befugt seien, ihre Interessen im Prozeßwege selbständig zu verfolgen, wie dies z. B. bei den Rheinischen Gemeindebehörden zutreffe, daß daher das Erfordernis der Zustellung nur bei solchen Behörden wegfalle, für deren Verhalten im Prozesse die Bestimmungen der den KK. erhebenden Behörde maßgebend seien, und in dem letzteren, daß Gemeinden zu den Privatparteien gehörten. *EK. 9. Juni 1855 nahm in einer Sache, betr. die Anfechtung einer polizeilichen Verfügung, die ein Bürgermeister auf Anordnung der Regierung erlassen hatte, ebenfalls an, daß die Zustellungen dem beklagten Bürgermeister hätten gemacht werden müssen, erwog jedoch gleichzeitig, daß über diesen Formmangel hinweggegangen werden könne, da der KK. ohnehin begründet sei.

146. Die Benachrichtigung für die Parteien ist diesen von Amtswegen zuzustellen; vgl. § 9. Die Urschrift des Benachrichtigungsschreibens an die Verwaltungsbehörde, sowie die Zustellungsurkunden, aus denen ersichtlich sein muß, daß auch eine Abschrift der Erklärung der Verwaltungsbehörde den Parteien zugestellt ist, sind zu den Prozeßakten zu bringen: JMBl. 1888 S. 5.

147. Den Parteien ist mit der Erklärung der Verwaltungsbehörde auch die nach § 6 Abs. 2 beigefügte Begründung zuzustellen, da sie einen Teil der Erklärung bildet.

§ 8.

148. Im Falle des § 8 hat das Gericht höherer Instanz die Benachrichtigungen des § 7 zu erlassen. Die Parteien müssen aber auch in diesem Falle gemäß § 9 ihre Schriftsätze bei dem Gerichte erster Instanz einreichen.

§ 9.

149. Daraus, daß die Prozeßparteien trotz des § 9 beim Konfliktsverfahren nicht Partei sind (A. 12), erklärt sich, daß unter ihnen selbst nicht kontradiktorisch verhandelt wird, mithin keine derselben Gelegenheit erhält, die Erklärungen der anderen zu beantworten; (nach dem Ges. v. 1847 lernten sie diese Erklärung überhaupt nicht kennen.) Andererseits ist auch der den KK. erhebenden Behörde nicht die Befugnis verliehen, eine Prozeßschrift zur Widerlegung der Gegenerklärungen

der Parteien zu den Akten zu geben; eine solche Schrift ist daher vorkommenden Falls vom KompGH. nicht zu beachten: EK. 9. Apr. 1864 (JMBl. S. 192).

150. Wird die schriftliche Erklärung der Partei nicht in gehöriger Form eingereicht, z. B. nicht mit den erforderlichen Abschriften oder ohne Unterschrift eines Rechtsanwalts, so ist sie der Partei zurückzugeben, damit dem Mangel, soweit wie möglich, innerhalb der Frist des § 9 noch abgeholfen werde; vgl. Instr. v. 1856. Eine nicht von einem Rechtsanwalt unterzeichnete Schrift hat der KompGH. nicht zu berücksichtigen: EK. 13. Mai 1871, 19. Okt. 1872 (JMBl. 71 S. 232; 73 S. 115).

151. Bez. des 2. Satzes des Abs. 2 vgl. § 53 AG. z. GVG., sowie Ges. v. 13. Febr. 1854 A. 49. Zu den Behörden gehören außer den Staatsbehörden die Kommunal-, Kirchenbehörden usw., z. B. Pfarrer in ihrer Eigenschaft als Verwalter des Pfarramts: KG. 15. März 1880 (Johow 1 S. 3, Droop A. 39.

152. Eine erst nach Ablauf der Frist des § 9 eingereichte Erklärung ist nicht zu den Akten zu verstatten, und selbst, wenn dies geschehen wäre, vom KompGH. nicht zu berücksichtigen: EK. 5. Apr. 1851, *7. Okt. 1854 (JMBl. 51 S. 191; 55 S. 36).

153. Die vom Gericht nach Abs. 3 und 4 zu machenden Mitteilungen bedürfen nicht der Zustellung; doch sind die Urschriften der betreffenden Schreiben zu den Akten zu bringen: JMBl. 1888 S. 5.

154. Die Parteien können in ihrer Erklärung über den KK. nur solche Gründe geltend machen, welche mit dem unterbrochenen Prozeßverfahren im Einklang stehen; es ist nicht statthaft, zur Beseitigung des KK. der ursprünglichen Klage eine ganz andere Grundlage oder einen ganz anderen Gegenstand unterzuschieben, nicht etwa, wie z. B. EK. 13. Nov., 11. Dez. 1858, 9. März 1872 (JMBl. 59 S. 218, 372; 72 S. 127) annehmen, weil darin eine unzulässige Klageänderung liegen würde, — einen solchen Grund hätte nur der Prozeßrichter, nicht der KompGH. zu würdigen, — sondern, weil, nachdem das gerichtliche Verfahren einmal unterbrochen wurde, der Rechtsstreit, insoweit er bei Beurteilung des KK. in Betracht kommt, der Einwirkung der Parteien ebensowohl wie der des Gerichts einstweilen entzogen ist, derselbe mithin vom KompGH. so genommen werden muß, wie er bei der Unterbrechung vorlag. Vgl. auch EK. 11. Sept. 1869, 13. Okt. 1883 (das. 69 S. 216; Rechtspr. S. 380), § 249 ZPO.

155. Jedoch erachtet der KompGH. die nachträgliche Beschränkung des Klageantrags für statthaft und wirksam; vgl. EK. 3. Juni 1848, 16. Dez. 1854 (JMBl. 48 S. 290; 55 S. 88); und in EK. 3. Jan. 1857 (das. S. 346) wird mit der Zurückziehung der Klage der KK. für beseitigt erachtet. Doch wird mit Rücksicht auf das in A. 154 gesagte richtiger auch in diesen Fällen das Konfliktsverfahren seinen Fortgang nehmen, wenn nicht auch der Konflikt zurückgenommen wird. Vgl. A. 56, Droop A. 31.

156. Ob es prozessualisch zulässig sei, nach Erhebung eines KK. und während des Stillstandes des Prozeßverfahrens in dasselbe zu intervenieren, mag dahin gestellt bleiben. Keinenfalls kann hierdurch auf das Schicksal eines KK. eingewirkt werden; vgl. A. 154. Ausdrücklich anerkannt wird letzteres bezüglich einer bloß akzessorischen Intervention durch EK. 26. Nov. 1853 (JMBl. 54 S. 22), aber freilich wiederum aus Gründen, die nicht den Vorschriften des Konfliktsverfahrens, sondern dem Prozeßrechte entlehnt sind, und ebensowohl auf den Fall passen, wo vor, wie auf den, wo nach Erhebung des KK. interveniert wurde. (Hier heißt es nämlich, die erst nach Erhebung des KK. erfolgte Anmeldung der akzessorischen Intervention könne für die Entscheidung des KompGH. umsoweniger von Einfluß sein, als bei einer solchen Intervention der Intervenient kein wahrer Streitgenosse des Klägers werde, und die rechtliche Stellung des letzteren unberührt bleibe.)

157. Müssen die Verwaltungsbehörden während des Konfliktsverfahrens, gleichwie unterdessen die gerichtliche Prozedur ruht, auch ihrerseits das administrative Verfahren ruhen lassen, welches zu dem Prozesse die Veranlassung gegeben hat, z. B. eine Exekution, wider welche die Klage gerade gerichtet ist? So mancherlei Billigkeitsgründe der bejahenden Ansicht auch das Wort reden mögen, so läßt sie sich dennoch nicht begründen, indem es an einer desfallsigen Gesetzesvorschrift mangelt, wie sie hinsichtlich des gerichtlichen Verfahrens eben besteht und in der älteren Gesetzgebung, welche jedoch zwei ebenmäßig mit Jurisdiktions-Gewalt bekleidete Kollegien voraussetzte, allerdings für beide Teile gegeben war; vgl. Zirk. v. 25. Mai 1786 (N. C. C. M. IV. S 3079). — Insbesondere wird die ad-

§ 10. Nach Eingang der Schriftsätze der Parteien oder, wenn Schriftsätze nicht eingegangen sind, nach Ablauf der im § 9 bestimmten Frist sendet das Gericht die Akten mittels gutachtlichen Berichts an das Oberlandesgericht, welches ihn unter Beifügung seines Gutachtens dem Justizminister überreicht.

Der Justizminister sendet die Akten und die Gutachten der Gerichte an den Gerichtshof zur Entscheidung der Kompetenzkonflikte und setzt davon den beteiligten Verwaltungschef in Kenntnis.

[Text der §§ 6, 10 Ges. v. 1847 s. oben S. 399, 400.]

§ 11. Die Provinzial-Verwaltungsbehörden haben an den beteiligten Verwaltungschef Anzeige von der Erhebung des Kompetenzkonflikts zu erstatten und unter Vorlegung der Erklärungen der Parteien gutachtlich zu berichten.

Der Verwaltungschef kann dem Gerichtshof eine schriftliche Erklärung über den Kompetenzkonflikt mitteilen.

Er ist befugt, den Kompetenzkonflikt zurückzunehmen. In diesem Falle werden die Akten von dem Gerichtshof an den Justizminister und

---

ministrative Exekution entweder schon durch die Beschreitung des RW., mithin nicht erst infolge des Konfliktsverfahrens gehemmt, oder die Beschreitung des RW. hat jene Wirkung nicht (VO. v. 26. Dez. 1808 § 42; Ges. v. 11. Mai 1842 § 3) und alsdann kann letztere um soviel weniger einer Maßregel beiwohnen, welche von der Verwaltung selbst ausgeht und dem gerichtlichen Verfahren gerade entgegentritt. Eine MVfg. 31. Dez. 1841 (VMBl. 42 S. 2) wies, unter Bezugnahme auf die AKO. v. 31. Dez. 1825 D. XII. b die Rhein. Regierungen sogar ausdrücklich an, die administrative Exekution während des Konfliktsverfahrens vorangehen zu lassen. — Ein Fall, wo dies geschah und einen neuen Einspruch bei Gericht, wie letzterer einen neuen KK. hervorrief, lag dem *EK. 24. Okt. 1857 (JMBl. 58 S. 109) zugrunde. Der KompGH. hatte hier jedoch selbstredend nicht über die Frage der Zulässigkeit oder Unzulässigkeit des fortgesetzten Zwangsverfahrens, sondern nur über die Prozeßfähigkeit dieser Frage zu entscheiden. Die Entscheidung fiel dahin aus, daß, da in den Gesetzen keine Behörde besonders bestimmt werde, um darüber zu befinden, ob während des Konfliktsverfahrens das begonnene Verwaltungszwangsverfahrens fortgesetzt werden dürfe, diese Behörde keine andere sei als diejenige, die überhaupt über die Befugnis zur Anordnung des eingeleiteten Zwangsverfahrens zu entscheiden habe. Vgl. übrigens A. 201 a. E.

§ 10.

158. Der Bericht des Gerichts erster Instanz hat die Beobachtung der Formvorschriften (§§ 7—9) nachzuweisen. Die Gutachten haben, wenn bereits ein Erkenntnis ergangen ist, auch die Frage zu erörtern, ob die Zulässigkeit des RW. in der Sache durch rechtskräftiges Urteil des Gerichts feststeht: JMBl. 1888 S. 5.

159. Die gen. Instr. v. 1856 macht den Obergerichten zur Pflicht, vor Einsendung der Gerichtsakten an den Justizminister sorgfältig zu prüfen, ob die in der Instr. enthaltenen Vorschriften gehörig befolgt worden und gegebenenfalls die Beseitigung etwaiger Mängel zu veranlassen, auch im Einsendungsbericht zur leichteren Übersicht die Seitenzahlen anzugeben, aus denen die Beobachtung obiger Vorschriften sich ergebe.

160. § 10 Ges. v. 1847 gab dem Justizminister das Recht, seine Bemerkungen, wenn er es für nötig hielt, dem KompGH. mitzuteilen; diese Bestimmung ist in die VO. v. 1879 nicht übergegangen.

§ 11.

161. Der Verwaltungschef kann selbstredend die Zurücknahme des KK. auf einzelne Teile des Klageantrags beschränken. Vgl. EK. 13. Febr. 1864, 13. Okt. 1866 (JMBl. 64 S. 129; 66 S. 326), ferner oben A. 126.

von diesem an das Gericht, bei welchem die Sache anhängig war, zurückgesandt. Das Gericht hat den Parteien die Zurücknahme des Kompetenzkonflikts von Amtswegen anzuzeigen.

[Text der §§ 9, 11, 12 Ges. v. 1847 s. oben S. 400, 401.]

Ges. v. 1847. **§ 14.** Die Entscheidung des Gerichtshofes erfolgt auf den schriftlichen Vortrag eines Referenten und eines Korreferenten. Zum Referenten kann einer der beim Staatsrate angestellten Geheimen Referendarien oder kommissarischen Hülfsarbeiter ernannt werden; ein Stimmrecht steht jedoch einem solchen Referenten nicht zu.

§ 15. Zur Abfassung gültiger Erkenntnisse des Gerichtshofes ist die Teilnahme von wenigstens sieben Mitgliedern, mit Einschluß des Vorsitzenden, erforderlich.

§ 16. Der Justizminister, sowie jeder der beteiligten Verwaltungschefs ist befugt, zu den Beratungen des Gerichtshofes einen Rat seines Departements abzuordnen, welcher nötigenfalls über die Sache nähere Auskunft zu geben hat, an der Entscheidung aber nicht teilnimmt.

§ 12. Die Entscheidung des Gerichtshofes über den Kompetenzkonflikt erfolgt auf Grund mündlicher Verhandlung in öffentlicher Sitzung. Die Vorschriften der §§ 170—185 des Gerichtsverfassungsgesetzes über Öffentlichkeit und Sitzungspolizei, sowie die Vorschriften der §§ [145] 159ff. der Zivilprozeßordnung über die Aufnahme eines Protokolls finden entsprechende Anwendung.

§ 13. Der Termin zur mündlichen Verhandlung wird von dem Vorsitzenden von Amtswegen bestimmt.

Die Parteien sind zu dem Termin von Amtswegen zu laden. Das Erscheinen der Parteien oder eines Vertreters ist nicht erforderlich.

Die Parteien müssen sich, wenn sie in dem Termin verhandeln wollen, durch einen Rechtsanwalt vertreten lassen. Diese Vorschrift findet auf öffentliche Behörden und auf Personen, welche zum Richteramt befähigt sind, keine Anwendung.

Die Bestimmung des Termins ist dem beteiligten Verwaltungschef anzuzeigen, derselbe kann einen Beamten mit seiner Vertretung beauftragen.

§ 14. In dem Termin zur mündlichen Verhandlung gibt ein von dem Vorsitzenden beauftragtes Mitglied des Gerichtshofes eine Darstellung der bisher stattgefundenen Verhandlungen. Sodann werden die Vertreter der Parteien und der von dem Verwaltungschef abgeordnete Beamte gehört.

---

162. Mit der Zustellung der Anzeige an die Parteien (Abs. 3) ist das Konfliktsverfahren beendet, und das Prozeßverfahren kann von jeder Partei wieder aufgenommen werden; vgl. A. 143.

163. Im übrigen vgl. A. 96.

§§ 12—16.

164. Das Verfahren vor dem KompGH. ist den Vorschriften der ZPO. nachgebildet; insbesondere erfolgt die Entscheidung (im Gegensatz zum Ges. v. 1847) auf Grund mündlicher Verhandlung. Bez. der Einzelheiten vgl. die Bestimmungen des bei Droop A. 47ff. abgedruckten Regulativs v. 20. Febr. 1880.

165. Die Erhebung eines KK. hat die Folge, daß, während sonst der Prozeßrichter seine Kompetenz selbst zu prüfen gehabt hätte, diese Prüfung nunmehr, wenigstens zunächst, dem KompGH. anheimfällt. Letzterer hat sich daher jeder Entscheidung zur Sache zu enthalten, und tritt hinsichtlich der Kompetenzfrage

§ 15. Das Urteil kann nur von denjenigen Mitgliedern gefällt werden, welche der dem Urteil zugrunde liegenden Verhandlung beigewohnt haben.

Die Verkündung des Urteils erfolgt in dem Termin, in welchem die mündliche Verhandlung geschlossen wird, oder in einem sofort anzuberaumenden Termin, welcher nicht über eine Woche hinaus angesetzt werden soll.

In dem Urteil sind die Namen der Mitglieder, welche bei der Entscheidung mitgewirkt haben, anzugeben.

§ 16. Die Ausfertigungen der Urteile sind von dem Vorsitzenden zu unterschreiben und mit dem Gerichtssiegel zu versehen.

insofern an die Stelle des ordentlichen Richters, als er bei Beurteilung dieser Frage nur solche Gründe berücksichtigen kann, welche der Richter selbst hätte berücksichtigen müssen, falls ein KK. nicht erhoben worden wäre; vgl. A. 121.

166. Hieraus folgt, daß der KompGH. sich nicht auf eine Prüfung der rechtlichen Deduktionen der den KK. erhebenden Behörde und der Prozeßparteien zu beschränken hat, den KK. vielmehr aus ganz anderen Gründen, als den von der einen oder anderen Seite geltend gemachten für begründet annehmen kann, ebenso wie ja auch der Prozeßrichter, insofern es sich um die Zulässigkeit des RW. handelt, an die rechtlichen Ausführungen der Parteien nicht gebunden ist; vgl. EK. 3. Juni 1854, 14. Juli 1866 (JMBl. 54 S. 384; 66 S. 265).

167. Das Gegenteil gilt, wie ebenfalls aus dem in A. 165 gesagten folgt, bezüglich der rein tatsächlichen Umstände; ja, was diese betrifft, darf sogar den Aufstellungen der den KK. erhebenden Behörde kein Gehör geschenkt werden, insofern sie den eigentlichen Streitgegenstand in einer von der Klage und den Parteivorträgen abweichenden Weise darlegen; vgl. EK. 22. Sept. 1855 (JMBl. 56 S. 6). Ist eine Auslassung des Beklagten über die Klage gar nicht erfolgt, so kann der Entscheidung des GH. nur das Klagefundament zugrunde gelegt werden: EK. 30. Okt. 1853 (das. S. 36). Vgl. jedoch VO. v. 1808 A. 91 ff. Bez. vom Tatbestande abweichender Erklärungen der Parteien s. A. 154, Droop A. 31.

168. Eng verwandt mit der eben erörterten, aber in entgegengesetztem Sinne zu lösen ist die fernere Frage, ob der KompGH. das Material zur Prüfung der unter den Prozeßparteien streitig gebliebenen tatsächlichen Verhältnisse nur aus demjenigen zu entnehmen habe, was von jenen zum Nachweise ihrer Behauptungen vorgebracht worden ist, oder ob derselbe auch auf solche Nachweise rücksichtigen könne, welche die den KK. erhebende Behörde oder der Verwaltungschef nachträglich beibringt. Eine strenge Folgerichtigkeit scheint zwar das erstere zu fordern. Inzwischen läßt sich nicht verkennen, daß bei einer strengen Durchführung dieser Ansicht der Zweck des Gesetzes in vielen Fällen vereitelt werden würde, indem die Rechtskraft eines richterlichen Erkenntnisses, welches zur Sache entscheidet, weil die vom Beklagten zur Begründung der Unzuständigkeitseinrede vorgebrachten Tatsachen beweislos geblieben sind, nicht dadurch beseitigt wird, daß der erforderliche Beweis von der Verwaltung hätte geliefert werden können, obiger Ansicht zufolge mithin sehr wohl möglich wäre, daß der Wirkungskreis der Verwaltungsbehörde einen Eingriff erleide, ohne daß ihr freigestanden hätte, hiergegen vor rechtskräftig entschiedener Sache mit Erfolg vorzugehen. Demgemäß hat denn auch der KompGH. in vielen Fällen kein Bedenken getragen, auf nachträgliche Ermittelungen der Verwaltungsbehörde und namentlich auf nachträglich von ihr beigebrachte Urkunden Rücksicht zu nehmen; vgl. EK. 14. Jan., 11. Febr. 1854, 12. Jan., 8. März 1856, 8. Jan. 1876, 11. Mai 1878 (JMBl. 54 S. 180, 244; 56 S. 71 a. E., 140; VMBl. 76 S. 78; 78 S. 103).

169. Ja es ist allgemein anerkannt, daß der KompGH. sogar selbst noch derartige nachträgliche Ermittelungen veranlassen könne. Daß einer solchen Befugnis im § 2 des Ges. v. 13. Febr. 1854 (oben S. 408) ausdrücklich gedacht wird, ist nach der Begründung des Gesetzentwurfs nicht um deswillen geschehen, weil der KompGH. einer gleichen Befugnis bei eigentlichen KK. entbehre, sondern weil derselbe bei Konflikten im Sinne des Ges. v. 1854 voraussichtlich am häufigsten in die Lage kommen werde, von jener Befugnis Gebrauch zu machen.

§ 17. Eine Ausfertigung des Urteils ist dem Verwaltungschef, eine andere mit den gerichtlichen Akten dem Justizminister mitzuteilen.

Der Justizminister übersendet die Ausfertigung des Urteils mit den Akten an das Gericht, bei welchem die Sache anhängig war. Das Gericht hat den Parteien das Urteil von Amtswegen zustellen zu lassen.

[Text des § 17 Ges. v. 1847 s. oben S. 401.]

§ 18. Ist der Rechtsweg für unzulässig erkannt, so werden Gerichtskosten nicht erhoben und die bereits erhobenen zurückgezahlt; eine Erstattung der den Parteien erwachsenen Kosten findet nicht statt.

[Text des § 18 Ges. v. 1847 s. oben S. 401.]

Gesetz vom 22. Mai 1902. Artikel 2. Hat in einer Sache der Gerichtshof zur Entscheidung der Kompetenzkonflikte auf Grund des § 4 oder des § 21 der Verordnung vom 1. August 1879 den Rechtsweg für zulässig erklärt, so ist die Zuständigkeit der Verwaltungsbehörden oder der Verwaltungsgerichte ausgeschlossen.

---

170. Daher mag auch, — beim Mangel formeller Vorschriften für das bei Handhabung dieser Befugnis zu beobachtende Verfahren sowohl im Ges. v. 1847 als in der VO. v. 1879, — eine entsprechende Anwendung der desfallsigen Bestimmungen des gen. § 2 auf eigentliche KK. insofern gestattet sein, als dort dem KompGH. freigestellt wird, die Erledigung des betreffenden Zwischenbescheides entweder der Verwaltungs- oder der Justizbehörde aufzutragen. Bedenklicher erscheint es, ob ebenso auch Abs. 2 des § 2 auf KK. entsprechend zur Anwendung zu bringen sei, da diese Bestimmung schwerlich auf einer inneren Notwendigkeit beruhen dürfte. Selbstredend steht es jedoch dem GH. zu, wenn er aus besonderen Gründen für angemessen erachtet, daß die Prozeßparteien vom Ergebnisse der nachträglichen Ermittelungen in Kenntnis gesetzt werden, solches anzuordnen. Ein Beispiel, wo der GH. von obiger Befugnis bei einem wirklichen KK. Gebrauch machte, liefert EK. 12. Febr. 1859 (JMBl. S. 364). Aus dem dort mitgeteilten geht hervor, daß die Beantwortung der durch den Zwischenbescheid der Regierung vorgelegten Frage dem Kläger mitgeteilt, und daß des letzteren Erwiderung angenommen und geprüft worden ist.

171. Für die Beurteilung eines KK. macht es keinen Unterschied, wenn in dem bisherigen Prozeßverfahren vorläufig nur Präjudizialfragen, wie z. B. der Legitimationspunkt und nicht die Hauptsache zur richterlichen Entscheidung gestellt waren. Es ist vielmehr auch dann immer der Gegenstand der Hauptsache ins Auge zu fassen. weil das, was rücksichtlich dieses über die Zulässigkeit des RW. befunden wird, notwendig von den Vorfragen gleichfalls gilt, die die Entscheidung der Hauptsache näher oder entfernter bedingen und keinen selbständigen Streitgegenstand bilden: EK. 30. Jan. 1858 (JMBl. S. 319).

§§ 17 und 18, sowie Art. 2 Ges. v. 1902.

172. Wenngleich der Gegenstand eines KK. durch den Prozeßgegenstand, wie dieser durch die Anträge und Aufstellungen der Prozeßparteien begrenzt wird (A. 165, 167), so ist dennoch der KK. kein Rechtsmittel im prozessualischen Sinne des Wortes und das über denselben ergehende Erkenntnis kein Urteil einer höheren Instanz, welches im Prozesse selbst und unter den Prozeßparteien gefällt wird (A. 12). [Unter der Herrschaft der AKO. v. 30. Juni 1828 wurde dieser Gesichtspunkt nicht selten außer acht gelassen. Indem man nämlich davon ausging, daß ein KK. schon dann vorliege, wenn bloße Meinungsverschiedenheiten inbetreff der Zulässigkeit des RW. hervorträten, insbesondere aber, wenn das Gericht in einer zum RW. nicht geeigneten Sache entscheide, daß mithin das betreffende Verfahren in solchen Fällen immer einzutreten habe, ohne daß es einer förmlichen Konfliktserhebung bedürfe (A. 8), so kam man schließlich dahin, den KK. als das einzige Mittel zur Abhülfe, ja gewissermaßen als förmliches Rechtsmittel wider unzuständiger Weise ergangene Richtersprüche zu betrachten. Am bestimmtesten ist letztere

Anschauung im § 52 der VO. v. 30. Juni 1834 ausgedrückt. Sie liegt aber nicht minder dem § 5 Nr. 8 Abs. 2 der VO. v. 14. Dez. 1833 und dem § 3 der AKO. v. 15. März 1834 zugrunde].

173. Demzufolge ist der KompGH. nicht befugt, ein im Prozesse ergangenes Erkenntnis aufzuheben oder abzuändern, noch begründet seine Entscheidung unter den Prozeßparteien rem iudicatam. Wird also dieselbe Klage noch einmal erhoben, so kann sich der Richter nicht darauf beschränken, auszusprechen, daß die Unzulässigkeit des RW. bereits ausgesprochen sei; Stölzel S. 375. Daß die Entscheidung des KompGH., falls sie den KK. aufrecht erhält, die Interessen jener Parteien wesentlich berührt, ist nur die unmittelbare Folge der durch sie begründeten Verpflichtung des Richters, sich der weiteren Entscheidung zur Sache gänzlich zu enthalten. Diese Pflicht des Richters ist zwar nicht ausdrücklich in der VO. v. 1879 ausgesprochen; sie ergibt sich aber mit zwingender Notwendigkeit sowohl aus der Natur der Sache, als aus der Bestimmung des § 4, daß der KompGH. zu „entscheiden" habe; im § 18 Ges. v. 1847 war außerdem dem Richter die Pflicht auferlegt, „das Rechtsverfahren aufzuheben". Vgl. Stölzel S. 374. Ist dagegen der KK. als unbegründet verworfen worden, so tritt aus dem in A. 172 genannten Grunde das Entscheidungsrecht des Richters wieder in seinem vollen Umfange ein. Namentlich war dies bisher auch hinsichtlich des Kompetenzpunktes der Fall, d. h. das Gericht konnte trotz der Entscheidung des KompGH den RW. für unzulässig erklären. Ebenso RG. 25. März 1884, 20. Jan. 1886 (E. 11 S. 391; 15 S. 239), Droop A. 46, v. Brauchitsch A. 8, v. Wilmowski-Levy A. 4 zu § 17 GVG., Struckmann-Koch das. A. 7; aM. A.H. Cöln 12. Mai 1842 (Rh. A. 35, I. 98), Stölzel S. 376, Wach, Handbuch d. deutschen Zivilprozeßrechts 1 S. 105, Bornhak, Preuß. Staatsrecht 2 S. 497. Dies ist erst geändert durch Art. 2 Ges. v. 22. Mai 1902 (A. 30), der dem Richter die Möglichkeit, sich trotz der Entscheidung des KompGH. für unzuständig zu erklären, entzogen hat. Dieser Artikel, — der nur dann zur Anwendung kommt, wenn der KompGH. bereits gesprochen hat, bevor die Sache an das Reichsgericht gelangt, vgl. Art. 3, unten S. 494, und A. 196, — wurde notwendig, weil Art. 1 jenes Ges. den Grundsatz anerkannt hat, daß die Entscheidungen des KompGH. für das Reichsgericht nicht bindend seien. Die Veranlassung zu diesem Artikel 3 liegt weniger in der Natur des positiven, als in der des negativen KK. Hier war bisher die Rechtslage so, daß die den RW. für zulässig erklärende Entscheidung des KompGH. für die sämtlichen ordentlichen Gerichte bindend war, vgl. A. 192. Seitdem aber das Reichsgericht diesen Grundsatz verneint hat, konnte es vorkommen, daß die zwei landesgerichtlichen Instanzen zur Sache erkennen mußten, das Reichsgericht aber in dritter Instanz endgültig den RW. für unzulässig erklärte und damit das Eingreifen des KompGH. nachträglich unwirksam machte, während gleichzeitig der Verwaltungsweg durch die Entscheidung des KompGH. verschlossen war. Hatte in einem positiven KK. der KompGH. den RW. für zulässig erklärt, so konnten zwar die Gerichte nach dem oben gesagten trotzdem den RW. für unzulässig erklären; eine solche Entscheidung führte aber regelmäßig demnächst zu einem negativen KK., sodaß sich auch hier die gleichen unerträglichen Folgen ergaben. Um solche widerstreitenden Entscheidungen des KompGH. und des Reichsgerichts zu vermeiden, mußte den auf positiven oder negativen KK. ergehenden Entscheidungen des KompGH., soweit sie den RW. für zulässig erachten, bindende Kraft auch für das Reichsgericht beigelegt werden, und dies ist der Zweck des Art. 2 Ges. v. 1902. Allerdings hat der Gesetzgeber mit Rücksicht auf die vom Reichsgericht vertretene Auffassung des § 17 GVG. zu einem außergewöhnlichen Mittel greifen müssen: während bisher die Entscheidung des KompGH. eine Anwendung des geltenden Rechts enthielt, ist ihr jetzt die Wirkung beigelegt, das geltende Recht zu ändern, allerdings nur hinsichtlich des einzelnen, gerade vorliegenden Falles; statt deklaratorisch, wirkt sie jetzt konstitutiv. Vgl. Stölzel im PrVerwBl. 23 S. 450. Hat der KompGH. den RW. für zulässig erklärt, so ist dadurch die an sich vielleicht gesetzlich begründete Zuständigkeit einer Verwaltungsbehörde oder eines Verwaltungsgerichts für den vorliegenden Fall beseitigt, die Gerichte einschließlich des Reichsgerichts können mithin den RW. für einen bürgerlichen Rechtsstreit nicht mehr aus dem Grunde ausschließen, weil eine Verwaltungsbehörde oder ein Verwaltungsgericht zuständig sei (§ 13 GVG.) Dieser Notbehelf versagt übrigens, wenn die Zuständigkeit der Verwaltungsbehörde auf einem Reichsgesetz beruht; vgl. z. B. § 58 Abs. 1 Krankenversicherungsges. v.

§ 19. Ist zur Zeit der Erhebung des Kompetenzkonflikts ein in dem Rechtsstreit erlassenes Urteil vorläufig vollstreckbar, so hat das Gericht, bei welchem die Sache anhängig ist, die einstweilige Einstellung der Zwangsvollstreckung von Amtswegen anzuordnen. Gegen diese Entscheidung findet kein Rechtsmittel statt.

Wird der Rechtsweg für zulässig erkannt oder der Kompetenzkonflikt zurückgenommen, so ist die Entscheidung von Amtswegen wieder aufzuheben.

[Text des § 19 Ges. v. 1847 s. oben S. 401.]

§ 20. Das durch die Erhebung eines Kompetenzkonflikts veranlaßte Verfahren ist gebühren- und stempelfrei. Bare Auslagen werden nicht in Ansatz gebracht. Eine Erstattung der den Parteien erwachsenen Kosten findet nicht statt.

---

10. Apr. 1892, Begründung des Gesetzentwurfs in Drucksachen des AbgH. 1902 Bd. 4 S. 2679. Ebenso sind die Gerichte nicht gehindert, den RW. deshalb für unzulässig zu erklären, weil der Streit kein bürgerlicher Rechtsstreit sei; vgl. A. 74 und VO. v. 1808 A. 45 ff.

174. Die oben (A. 172, 173 a. A.) angedeuteten Gesichtspunkte sind unverkennbar auch bei der Redaktion des § 18 leitend gewesen, und äußern ihre Wirksamkeit daher insofern selbst da, wo der KK. als begründet erkannt wird. Eben weil nämlich der KompGH. nicht zur Sache selbst und unter den Prozeßparteien entscheidet, der Prozeß selbst daher in dem zuletzt gedachten Falle, sogar bezüglich des Kompetenzpunkts, unentschieden bleibt, so fehlt es an einem unterliegenden Teile, dem die gerichtlichen und außergerichtlichen Kosten (§ 91 ZPO.) nach prozessualischen Grundsätzen zur Last zu legen wären. Nicht minder würde es aber auch an einer zur Entscheidung über die Kosten geeigneten Behörde mangeln, indem der KompGH. aus dem bereits angegebenen Grunde, und der Prozeßrichter um deswillen damit nicht befaßt werden könnte, weil jene Entscheidung die dem letzteren gerade entzogene Prüfung des Kompetenzpunkts und der merita causae voraussetzt. (Gleichwohl kann die Vorschrift des § 18 zu großen Härten führen, da dem Beklagten nicht selten bis zur Erhebung des KK. beträchtliche Kosten erwachsen. § 18 Schlußsatz des Ges. v. 1847 lautete bestimmter: „zur Erstattung außergerichtlicher Kosten ist in einem solchen Falle keine der Parteien verpflichtet"; doch ist der Sinn beider §§ derselbe.) — [In Frankreich ist dieser Gegenstand durch kein Gesetz geregelt; doch verwies ein Arr. v. 8. Flor. VIII. (Dalloz m. compét. n. 44) die Parteien eines Prozesses, der auf erhobenen Konflikt der administrativen Jurisdiktion zurückgegeben war, hinsichtlich der Bestimmung über die vor Gericht aufgegangenen Kosten an den Präfekturrat, weil die Kompetenz zur Entscheidung der Hauptsache die zur Entscheidung über die Kosten als das accessorium nach sich ziehe.]

175. Nach Zustellung des Urteils (§ 17 Abs. 2 Satz 2) kann jede Partei das Prozeßverfahren wieder aufnehmen; vgl. A. 143.

§ 19.

176. Zu § 19 vgl. A. 142, 144, und über die Frage, ob auch das Verwaltungszwangsverfahren während des Konfliktsverfahrens unzulässig sei, A. 157.

§ 20.

177. Das Gesetz v. 1847 bestimmte über die Kosten des Konfliktsverfahrens selbst nicht. Doch unterlag es auch früher wohl keinem Zweifel, daß diese Kosten nicht den Prozeßparteien, sondern dem Fiskus zur Last fielen. Die MVfg. 19. Aug. 1848 (Rh. S. 9 S. 325) setzte dies als selbstverständlich voraus. Diese frühere Praxis hat in § 20 Ausdruck gefunden. Vgl. Droop A. 57.

Ges. v. 1847. **§ 20.** Der im § 1 angeordnete Gerichtshof hat auch über solche Streitigkeiten zwischen den Gerichts- und Verwaltungsbehörden zu entscheiden, bei welchen eine jede der beiden Behörden sich in der Sache für inkompetent und dagegen die andere für kompetent hält.

§ 21. Haben in einer Sache einerseits die Gerichte und andererseits die Verwaltungsbehörden oder Verwaltungsgerichte ihre Unzuständigkeit endgültig ausgesprochen, weil von den Gerichten die Verwaltungsbehörden oder Verwaltungsgerichte und von diesen die Gerichte für zuständig erachtet sind, so entscheidet der Gerichtshof über den Kompetenzkonflikt auf Antrag einer bei der Sache beteiligten Partei.

Der Antrag ist bei dem Gericht anzubringen, bei welchem die Sache in erster Instanz anhängig war. Der Antrag ist der Gegenpartei von Amtswegen zuzustellen. Diese kann innerhalb der Frist eines Monats einen Schriftsatz über den Kompetenzkonflikt einreichen.

Im übrigen finden die Vorschriften der §§ 9—17, 20 dieses Gesetzes entsprechende Anwendung.

Der Gerichtshof hat in seinem Urteil die demselben entgegenstehenden Entscheidungen aufzuheben und die Sache zur anderweiten Verhandlung und Entscheidung an die betreffende Instanz zu verweisen.

(Ges. v. 1902:) Diese Vorschriften finden keine Anwendung, wenn die Unzuständigkeit der Gerichte von dem Reichsgericht ausgesprochen ist.

Gesetz vom 22. Mai 1902. Artikel 3. Hat in einer Sache das Reichsgericht die Unzulässigkeit des Rechtswegs ausgesprochen, so können die Verwaltungsbehörden oder Verwaltungsgerichte sich nicht deshalb für unzuständig erklären, weil sie den Rechtsweg für zulässig erachten.

Hatten vor der Entscheidung des Reichsgerichts die Verwaltungsbehörden oder Verwaltungsgerichte sich aus dem bezeichneten Grunde endgültig für unzuständig erklärt, so hat auf Antrag einer bei der Sache beteiligten Partei diejenige Instanz, von welcher die Unzuständigkeit endgültig ausgesprochen worden ist, die frühere Entscheidung aufzuheben und nach Maßgabe der Vorschrift des Abs. 1 anderweitige Entscheidung zu treffen; die Sache kann zur anderweitigen Entscheidung an eine Vorinstanz zurückverwiesen werden.

§ 21 Abs. 1—4.

178. § 21 regelt das Verfahren zur Entscheidung eines sog. „negativen" KK., dessen Begriff in Abs. 1 festgestellt ist. Zwischen positiven und negativen KK. besteht der wichtige Unterschied, daß bei jenen unter den Behörden selbst gestritten wird, deren eine förmlich als klagender Teil, als Vindikant auftritt, während diese zunächst und vorzugsweise im Interesse der Privatparteien zu schlichten sind, und durch die bloße Tatsache entstehen, daß die beiderseitigen Behörden eine Entscheidung zur Sache ablehnen.

179. Während das Ges. v. 1847, wie der Wortlaut des § 20 und die dort gegebene Umschreibung für den Begriff eines negativen KK. zeigen, unter dem Ausdruck „KK." nur positive KK. verstand, seine Vorschriften daher, wenn überhaupt, höchstens analog auf negative KK. zur Anwendung kommen konnten, bezeichnet § 21 VO. v. 1879 zwar auch Streitigkeiten der letzteren Art ausdrücklich als KK., bestimmt aber gleichzeitig, daß einzelne der vorhergehenden §§ überhaupt nicht, andere nur entsprechend Anwendung finden sollen.

180. Nicht anwendbar ist vor allem § 4. Bei negativen KK. wird vielmehr umgekehrt ein rechtskräftig gewordener Urteilsspruch notwendig vorausgesetzt; vgl. die Fassung des § 21: „endgültig", ferner JMVfg. 18. Aug. 1848, Gutachten

des KompGH. v. 10. März 1848, EK. 14. Sept. 1848 (Nr. 14), 8. Febr. 1862, 11. März, 14. Sept. 1848 (Nr. 45), 20. Apr. 1850, 13. Juni 1885, 8. Juni 1895 (JMBl. 48 S. 273 ff., 421; 62 S. 261; Rechtspr. S. 20 ff.), RG. 26. Mai 1899 (JurWoch. 99 S. 460 Nr. 83), Stölzel S. 378 ff., wo auch der neuerdings aufgetretene Einwand, ob das Wort „endgültig" durch die VO. v. 1879 in die Vorschriften über das Konfliktsverfahren hätte hineingetragen werden können, zurückgewiesen wird.

181. Andererseits muß aber auch eine „endgültige", d. h. in höchster Instanz aufrecht erhaltene Unzuständigkeitserklärung der Verwaltung oder doch wenigstens eine solche Entscheidung vorliegen, daß die Erledigung der Sache im Verwaltungswege auf dem geordneten Instanzenzuge nicht zu erlangen ist; vgl. das (A. 180) gen. Gutachten und z. B. EK. 4. Okt. 1856, 14. Sept. 1848, 10. Apr. 1886, 16. Febr. 1895, 13. Juni 1896 (JMBl. 57 S. 14; Rechtspr. S. 20 ff.); ferner EK. 11. Juni 1864, 14. Okt. 1865 (JMBl. 64 S. 248; 66 S. 48): hier erklärte der Minister, der Kläger habe den Instanzenzug im Verwaltungswege nicht erschöpft, indem er noch Rekurs an den Minister einlegen könne; im vorliegenden Fall sei dies aber kein Hindernis für die zu erlassende Entscheidung des KompGH., da er, der Minister, den Rekurs doch zurückgewiesen haben würde; der KompGH. hielt durch diese Erklärung des Ministers jedes (aus der MVfg. v. 1848 [s. A. 180] zu unternehmende) Bedenken für behoben. Dagegen erachtete (nach Droop A. 61c) EK. 13. Jan. 1894 (Rechtspr. S. 164) die Entscheidung der Regierung als „endgültig", trotzdem die Beschwerde an den vorgesetzten Minister nicht erhoben war.

182. Das rechtskräftige Urteil (A. 180) muß die Klage wegen Unzulässigkeit des RW., nicht aus sachlichen oder prozessualen Gründen abweisen; die gen. MVfg. empfiehlt um deswillen und zur Vermeidung von Mißverständnissen, bei jeder wegen Mangels der Kompetenz erfolgenden Zurückweisung den Anspruch im Tenor als „nicht zum RW. geeignet" zu bezeichnen. Vgl. EK. 10. Mai, 13. Dez. 1884, 14. Mai 1892 (Rechtspr. S. 21 f.) Dasselbe gilt auch von den Entscheidungen der Verwaltungsbehörden und Verwaltungsgerichte. Vgl. EK. 16. Febr. 1895, 13. Juni 1896 (das. S. 24 f.)

183. Weitere Voraussetzung ist, daß von den Gerichten die Verwaltungsbehörden oder Verwaltungsgerichte, und von den letzteren die Gerichte für zuständig gehalten werden. So lag kein negativer KK. vor in EK. 8. Juli 1893 (das. S. 24), wo die Verwaltungsbehörde eine andere Verwaltungsbehörde für zuständig erklärt hatte, desgleichen nicht in EK. 14. März 1896 (das. S. 25), wo die Verwaltungsgerichte nicht die ordentlichen Gerichte für zuständig erklärt, sondern ein Streitverfahren vor den ordentlichen wie vor den Verwaltungsgerichten für unzulässig gehalten hatte; (außerdem war die vom Gericht für zuständig gehaltene Verwaltungsbehörde noch nicht gehört worden, A. 181).

184. Selbstredend gilt auch hier das in A. 9 gesagte; § 21 kommt nur zur Anwendung, wenn sowohl die Gerichte als die Verwaltungsinstanzen preußische sind, nicht also wenn Organe des Reichs oder eines anderen Bundesstaats in Frage stehen. Vgl. auch RG. 10. Juni 1899 (E. 44 S. 384).

185. In solchen Fällen, wo kein negativer KK. vorliegt, ist der Antrag als unzulässig zurückzuweisen; vgl. Droop A. 62.

186. Der in A. 178 erwähnte Unterschied bedingt fernere Verschiedenheiten, welche die formelle Behandlung der KK. betreffen. In Frankreich wird die Verfolgung eines negativen KK. geradezu als Parteisache der Privatinteressenten betrachtet und daher den letzteren überlassen, welche sich zu diesem Behufe mit einer von einem Anwalte unterzeichneten Bittschrift an das betr. Spezialgericht zu wenden haben; vgl. Regl. v. 26.—28. Okt. 1849 Art. 17. Dementsprechend entscheidet jenes Gericht unter den Parteien selbst, woraus die Doktrin gefolgert hat, daß der gefällte Spruch sogar durch die Rechtsmittel der Opposition, der Drittopposition und der requête civile angefochten werden könne; vgl. Dalloz n. 229. Die preuß. Gesetzgebung erteilte für die formelle Behandlung negativer KK. keine Vorschriften, da die §§ 4 ff. Ges. v. 1847 auf negative KK. keine Anwendung fanden. Doch war es herrschende Ansicht, daß die Schlichtung negativer KK. von Amtswegen zu vermitteln bezw. in Anregung zu bringen sei. Namentlich liegt diese Ansicht der JMVfg. 18. Aug. 1848 (JMBl. S. 274) zugrunde. (In dieser Verfügung behält sich der Justizminister vor, inbetreff der Art, wie die Entscheidung der höheren Verwaltungsbehörde herbeizuführen sei, für jeden einzelnen Fall das erforderliche zu veranlassen, und weist gleichzeitig die Gerichte an, sowohl da, wo die Verwaltung sich zuvor für inkom-

petent erklärt habe, und demnächst eine ähnliche Entscheidung seitens der Gerichte im geordneten Instanzenwege ergehe, als wo, nachdem die letzterwähnte Entscheidung vorangegangen sei, die Inkompetenzerklärung der Verwaltung durch wiederholtes Anrufen der Partei zu ihrer (der Gerichte) Kenntnis komme, die Angelegenheit an ihn, den Minister, zu befördern, da der KompGH. nur die ihm durch seine Vermittelung zugehenden Sachen annehmen könne.) — Ja es wird in dem (A. 180) erwähnten Gutachten des KompGH. nicht einmal für erforderlich erachtet, daß die Privatparteien zu dem Konfliktsverfahren zugezogen werden, sofern dieselben nur früher Gelegenheit gehabt hätten, sei es beim Rekurs an die höhere Behörde, sei es im gerichtlichen Verfahren, sich über den Kompetenzpunkt zu erklären. — Diesen Standpunkt der früheren preußischen Praxis hat die VO. v. 1879 wieder verlassen und in Abs. 1 des § 21 bestimmt, daß die Entscheidung des KompGH. nur auf Antrag einer bei der Sache beteiligten Partei zu erfolgen hat. [Dagegen ist die Entscheidung eines negativen KK. zwischen der zur Entscheidung im Verwaltungsstreitverfahren berufenen Behörde und einer anderen Verwaltungsbehörde (§ 113 Abs. 5 LVG.) durch das OVG. im Gesetz nicht von einem Antrag der Parteien abhängig gemacht, kann daher auch von Amtswegen herbeigeführt werden: OVG. 19. Sept. 1895 (E. 28 S. 268).]

187. Das weitere Verfahren richtet sich nach Abs. 2 und nach den gemäß Abs. 3 „entsprechend" anzuwendenden §§ 9—17 und 20 der VO. (Abs. 3 sagt irriger Weise „dieses Gesetzes"), wobei diejenigen Bestimmungen auszuscheiden haben, welche durch die Beteiligung der Verwaltungsbehörde bei positiven KK. bedingt sind und daher, nach dem in A. 178 gesagten, entbehrlich erscheinen. Bez. des Verfahrens s. die Zusammenstellung im JMBl. 1888 S. 6.

188. § 9 findet auch schon auf den von der Partei zu stellenden Antrag Anwendung, indem dieser, auch wenn in erster Instanz das Amtsgericht angegangen war, von einem Rechtsanwalt unterzeichnet sein muß; auch muß eine Abschrift für die Gegenpartei beigefügt werden: EK. 11. Okt. 1885, 23. März 1893 (Rechtspr. S. 16 f.), JMBl. aaO. Nr. 2, Stölzel S. 384.

189. Die Abschrift dieses Schriftsatzes hat das Gericht der Gegenpartei zustellen zu lassen; die Zustellungsurkunde ist zu den Akten zu bringen. Die Abschrift eines rechtzeitig eingegangenen Schriftsatzes der Gegenpartei, welcher ebenfalls den Bestimmungen des § 9 Abs. 2 und 3 entsprechen muß, hat das Gericht dem Antragsteller mitzuteilen; eine Zustellung erscheint nicht erforderlich, A. 153; aM. JMBl. aaO. (Mitteilung der Schriftsätze an die beteiligte Provinzial-Verwaltungsbehörde erfolgt nicht; vgl. A. 187, JMBl. aaO. Nr. 3; aM. Droop A. 60a, Stölzel S. 385.)

190. Nach Ablauf der Frist des Abs. 2 sendet das Gericht die Akten durch das Oberlandesgericht an den Justizminister, § 10. Die Gutachten haben sich insbesondere darüber zu äußern, ob die Voraussetzungen des negativen KK. vorliegen und ob die Gerichte oder die Verwaltungsbehörden für zuständig zu erachten sind: JMBl. aaO.

191. Das Urteil des KompGH. wird durch Vermittelung des Justizministers dem Gericht zugesandt, bei welchem die Sache zuletzt anhängig war und ist von diesem den Parteien von Amtswegen zuzustellen: § 17 Abs. 2. Ebenso Stölzel S. 385; aM. JMBl. aaO., Droop A. 60a, die ohne Angabe eines Grundes die Akten dem Gericht erster Instanz zugesandt wissen wollen.

192. Fernere, bei negativen KK. hervortretende Eigentümlichkeiten, welche mehr oder weniger gleichfalls mit dem in A. 178 gesagten zusammenhängen, bestehen darin, daß der KompGH. befugt ist, die vom Prozeßrichter ergangene Entscheidung über seine Unzuständigkeit förmlich aufzuheben, und daß dieser (der Prozeßrichter) sich demnächst nicht wiederum für unzuständig erklären kann. Ersteres folgt aus den allgemeinen Grundsätzen des Prozeßrechts, welche die Wiederaufnahme des gerichtlichen Verfahrens nicht gestatten, so lange eine rechtskräftige Inkompetenz-Erklärung in Mitte liegt, und ist jetzt in Abs. 4 auch ausdrücklich vorgeschrieben; letzteres wird durch den Zweck des Konfliktsverfahrens geboten, welcher sonst in vielen, wo nicht den meisten Fällen völlig vereitelt werden würde. Vgl. RG. 25. März 1884 (E. 11 S. 394), v. Rönne 1 S. 528, v. Brauchitsch A. 9, Droop A. 63, Stölzel S. 387 und neuerdings Art. 2 Ges. v. 22. Mai 1902 (A. 173), der diesen zweiten Satz auch gesetzlich festgelegt hat. — Dasselbe gilt natürlich auch, wenn der KompGH. die Verwaltungsbehörden oder Verwaltungsgerichte für zu-

Ges. v. 1847. **§ 21.** Den Verwaltungsbehörden sind in den vorstehenden Bestimmungen (§§ 1—20) die Auseinandersetzungsbehörden gleich zu achten.

§ 22. Bei Anwendung der Vorschriften dieser Verordnung gelten die Auseinandersetzungsbehörden als Verwaltungsbehörden.

---

ständig erklärt hat. — Nach Aufhebung des gerichtlichen Urteils ist dem Prozeßverfahren nach den Regeln der ZPO. Fortgang zu geben, d. h. jede Partei kann die Anberaumung eines neuen Verhandlungstermines beantragen. Die „betreffende Instanz", an welche die Sache gemäß Abs. 4 zu verweisen ist, ist diejenige, welche zuerst den RW. für unzulässig erklärt hatte; bei dieser ist der Prozeß nunmehr wieder anhängig. (Da die Aufhebung auch auf denjenigen Teil des Urteils zu beziehen ist, welcher über die Prozeßkosten verfügt, so muß der für zuständig erklärte Richter selbst noch darüber Entscheidung treffen, wem die im früheren Prozeßverfahren aufgegangenen Kosten zur Last fallen.)

193. Ergibt die Prüfung des KompGH., daß dem Kläger überhaupt und unter allen Umständen kein verfolgbarer Anspruch zustehe, so ist der negative KK. im Hinblick auf die Unzuständigkeit sowohl der Gerichte als der Verwaltungsorgane für unbegründet zu erklären; so: EK. 14. Dez. 1889 (JMBl. 90 S. 88). Vgl. A. 74.

194. Daß die Entscheidung des KompGH., soweit sie den RW. für zulässig erklärt, mittelbar auch das Reichsgericht bindet, ist schon oben A. 173 gesagt.

195. Bez. der Kosten dieses Verfahrens entscheidet § 20.

§ 21 Abs. 5 und Art. 3 Ges. v. 1902.

196. Abs. 5 und Art. 3 beziehen sich nur auf den Fall, wo die Sache ans Reichsgericht gelangt, ohne daß sie bis dahin dem KompGH. vorgelegen hat; über den umgekehrten Fall s. Art. 2 und A. 173.

197. Abs. 5 ist durch Art. 1 Ges. v. 1902 hinzugefügt worden, nachdem die Meinungsverschiedenheit zwischen Reichsgericht und KompGH. eine gesetzliche Neuregelung des Verhältnisses zwischen diesen beiden Gerichten notwendig gemacht hatte; vgl. A. 30. Das preußische Gesetz hat auch hier der Auffassung des Reichsgerichts über § 17 GVG. nachgegeben und den § 21 für unanwendbar erklärt, wenn die Unzulässigkeit des RW. vom Reichsgericht ausgesprochen worden ist. Abs. 5 machte wiederum neue Bestimmungen nötig darüber, wie in diesem Falle zu verfahren ist. Diese Bestimmungen sind in Art. 3 Ges. v. 1902 enthalten und dahin geregelt, daß die Entscheidung des Reichsgerichts auch für die Verwaltungsbehörden und Verwaltungsgerichte maßgebend ist. Hatten die letzteren noch nicht gesprochen, so können sie sich nicht deshalb für unzuständig erklären, weil sie den RW. für zulässig erachten (Abs. 1); liegt dagegen bereits eine endgültige Entscheidung der Verwaltungsinstanzen, daß der RW. zulässig sei, vor, so muß auf Antrag einer Partei diese Entscheidung aufgehoben und unter Berücksichtigung des Abs. 1 eine neue Entscheidung getroffen werden (Abs. 2). Wenn hiernach die Verwaltungsorgane tatsächlich hinter dem Reichsgericht zurücktreten und dessen Auffassung sich aneignen müssen, so ist nach den Quellen doch hierin keine wesentliche Benachteiligung der ersteren zu finden, da sie nicht eine Einschränkung, sondern eine Erweiterung ihrer Befugnisse erfahren.

198. Die bindende Kraft der Entscheidung des Reichsgerichts beschränkt sich auf die Frage, ob der RW. zulässig ist. Nicht maßgebend ist die Auffassung des Reichsgerichts darüber, ob Verwaltungsbehörden oder Verwaltungsgerichte und gegebenenfalls, welche von ihnen zuständig sind. Die um Entscheidung angerufenen Behörden sind in der Beurteilung dieser Fragen vollständig frei, sodaß zwischen ihnen ein nach § 113 LVG. zu entscheidender KK. nicht ausgeschlossen erscheint. Vgl. Begründung zum Gesetzentwurf, Drucksachen des AbgH. 1902, Bd. 4 S. 2679.

199. Art. 3 hat rückwirkende Kraft; er findet also auch auf solche endgültige Entscheidungen Anwendung, die bei seinem Inkrafttreten bereits ergangen waren; so: die Feststellung in der Kommission des AbgH., vgl. Kommissionsbericht, aaO. S. 2805.

§ 22.

200. Die Auseinandersetzungsbehörden sind bekanntlich weder ausschließlich Justiz- noch Verwaltungsbehörden, vielmehr vereinigen sie für die ihnen

überwiesenen Angelegenheiten die Befugnisse beider Ressorts. Diese Doppelstellung kann sie ebensowohl mit den ordentlichen Gerichten, wie mit den eigentlichen Verwaltungsbehörden in Konflikte verwickeln, und zwar auf zweifache Art. § 22 bezieht sich nun zwar bloß auf Konflikte mit den Gerichten. Inzwischen möge den Erläuterungen über diese (vgl. A. 201 ff.) des Zusammenhanges wegen dasjenige folgen, was von den Konflikten zwischen jenen und den Verwaltungsbehörden zu sagen ist (vgl. A. 211 ff.). — Die älteren Bestimmungen über diese Materie sind in der VO. v. 20. Juni 1817 §§ 9, 23, der VO. v. 30. Juni 1834 §§ 9, 52 und der AKO. v. 15. März 1834 § 3 enthalten. Von diesen können diejenigen der VO. v. 1817 außer Betracht bleiben, da sie durch § 9 der VO. v. 1834 aufgehoben bezw. in demselben aufgegangen sind (vgl. jedoch A. 205). Inbetreff des letzteren §, des § 52 daselbst und des § 3 der AKO. v. 1834 sowie ihres Verhältnisses zu den §§ 21, 23 Ges. v. 1847 bezw. § 22 VO. v. 1879 vgl. A. 201 ff.

[Bez. der Zuständigkeit der Auseinandersetzungsbehörden vgl. die Zusammenstellung der Gesetze und Verordnungen bei Droop § 46, Stölzel S. 303 ff. und die Entscheidungen des KompGH. in Rechtspr. S. 507 ff.].

201. Während das Verhältnis der Auseinandersetzungsbehörden zu den Gerichten, was den administrativen Teil der Tätigkeit der ersteren anbelangt, dem Verhältnisse gewöhnlicher Verwaltungsbehörden zu den Gerichten entspricht, stehen jene, insofern sie eigentlich richterliche Funktionen auszuüben haben, den ordentlichen Gerichten als Ausnahmegerichte, „besondere Gerichte" (§ 14 GVG) gegenüber. Eine folgerichtige Durchführung dieser Gesichtspunkte müßte wohl dahin führen, daß von Anwendbarkeit der VO. v. 1879 nur da die Rede sein könne, wo der KK. sich auf Angelegenheiten der ersteren Art beziehe, wogegen KK. zwischen jenen Behörden als richtenden Kollegien und den ordentlichen Gerichten nach der Gesetzgebung über KK. zwischen zwei Gerichten zu schlichten wären, zumal, da das Reichsgericht ebensowohl in Auseinandersetzungs- wie in anderen Prozessen die Revisionsinstanz bildet. Dessenunerachtet ergibt eine Vergleichung des § 22 mit § 9 der VO. v. 30. Juni 1834 das Gegenteil. Daß der § 9, indem er im Abs. 1 wegen etwaiger Ressortzweifel bezüglich der vor die ordentlichen Gerichte oder die Generalkommissionen gehörigen Angelegenheiten allgemein auf das durch AKO. v. 30. Juni 1828 vorgeschriebene Konfliktsverfahren hinweist, hierbei sowohl Konflikte der einen wie der andern Art vor Augen habe, folgt aus dem Abs. 2 auf das unzweideutigste. Das Ges. v. 1847 und die VO. v. 1879 haben nun aber diese Anomalie, die eine MVfg. 24. Mai 1841 (VMBl. S. 182) dadurch zu erklären sucht, daß die streitigen Ressorts von zwei verschiedenen Ministerien überwacht würden, nicht allein nicht ausdrücklich aufgehoben, sondern durch die gleich allgemein gehaltene Fassung des § 21 bezw. 22 klar zu erkennen gegeben, daß sie auch fernerhin fortbestehen solle. Hiermit stimmt denn auch die Praxis des KompGH. überein. Ebenso Droop A. 64, v. Rönne 1 S. 528 A. 1. (Die gen. MVerf. scheint übrigens anzunehmen, daß bis zur Erledigung des Ressortzweifels die Sache überhaupt, also bei beiden Behörden, mithin nicht bloß das beim ordentlichen Gerichte schwebende Verfahren ruhen bleiben müsse; vgl. A. 157). [Von verschiedenen Schriftstellern ist die Rechtsgültigkeit des § 22 beanstandet worden, weil sie im § 17 EG. z. GVG. keine Grundlage finde; § 17 GVG. treffe nur Bestimmung über Kompetenzstreitigkeiten zwischen den ordentlichen Gerichten und den Verwaltungsbehörden. Nach § 14 das. seien die Auseinandersetzungsbehörden „besondere Gerichte", und, dieser reichsgesetzlichen Bestimmung entgegen, ihnen die Eigenschaft von Verwaltungsbehörden beizulegen, sei die Landesgesetzgebung durch § 17 EG. nicht ermächtigt worden. Vgl. Munk, preuß. Gerichtsverfassung (1880) S. 48, 371, Jastrow, Handbuch f. amtsgerichtl. Geschäfte (1893) S. 495 A. 1, Delius in Gruchot 40 S. 263 ff. Vgl. hiergegen Rintelen, das. S. 217 ff.: § 22 der VO. beruhe nicht auf § 17 GVG., da er nicht die Frage der Zulässigkeit des RW., sondern die Frage betreffe, welches von mehreren Gerichten zuständig sei; diese letztere Frage sei reichsgesetzlich nicht geregelt, sodaß die Landesgesetzgebung freie Hand hätte, eine Behörde mit der Entscheidung solcher Streitigkeiten zu beauftragen. Daß die, eine Wiederholung des § 21 Ges. v. 1847 darstellende Bestimmung nicht in einem Gesetze, sondern in einer VO. enthalten sei, könne vom Richter mit Rücksicht auf § 106 Verf.-Urkunde nicht beachtet werden. Jedenfalls hat der KompGH. obige Auffassung unberücksichtigt gelassen.]

202. Erscheint hiernach das in A. 64 ff. gesagte auf die von Auseinander-

setzungsbehörden ausgehenden KK. nicht überall als passend, so ist dennoch die durch solche Konflikte geltend zu machende Unzulässigkeit des RW. keine bloß relative, sondern eine absolute, welche nicht im Interesse der Parteien, sondern aus Gründen des allgemeinen Interesses der Landeskultur angeordnet wurde; demzufolge kann das Recht der Konfliktserhebung jenen Behörden ebensowenig wie den eigentlichen Verwaltungsbehörden dadurch verkürzt werden, daß die beteiligten Privatinteressenten die Zuständigkeit der ordentlichen Gerichte ausdrücklich anerkennen, oder auf die Einrede der Unzuständigkeit verzichten: *EK. 3. April 1858 (JMBl. S. 344).

203. Eine MVfg. 2. Febr. 1837 (Ann. 21 S. 66) tadelt es als dem § 9 Abs. 1 der VO. v. 1834 widerstreitend, wenn ein Revisionskollegium durch Erkenntnis ausspreche, daß es zur Entscheidung der an dasselbe gediehenen Streitigkeit nicht zuständig, diese vielmehr dem gewöhnlichen Gerichte zu überlassen sei; das Kollegium habe sich vielmehr, wenn ihm seine Zuständigkeit zweifelhaft erscheine, zunächst mit der betreffenden Generalkommission (oder Regierung) zu verständigen, und in Ermangelung einer Einigung an die Ministerien behufs der Entscheidung über die Ressortfrage (nach Maßgabe der AKO. v. 30. Juni 1828) zu berichten. Diese Verfügung, die augenscheinlich noch auf der in A. 8 erwähnten Auffassung beruht, ist gegenwärtig nicht mehr maßgebend, da, von negativen KK. abgesehen, deren Voraussetzungen in dem oben gedachten Falle nicht zutreffen, der KompGH. nur durch förmliche Konfliktserhebung mit der Entscheidung befaßt, ein Konflikt aber selbstredend nicht von derjenigen Behörde erhoben werden kann, bei welcher die betreffende Sache eben schwebt.

204. Der (A. 203) gen. § 9 Abs. 1 erklärt die Vorschriften über KK. sogar auf solche Fälle für anwendbar, in denen eine vor die ordentlichen Gerichte gehörige Sache vor die Auseinandersetzungsbehörden gebracht wird. Dies folgt zwar nicht unmittelbar aus jener Gesetzesstelle selbst, wohl aber aus der AKO. v. 12. April 1844 (GS. S. 119), welche die dem § 9 Abs. 2 entsprechende Bestimmung trifft, daß, wenn von der Auseinandersetzungsbehörde bei einem Falle dieser Art in erster Instanz erkannt, demnächst aber die Unzuständigkeit jener Behörde auf dem durch § 9 Abs. 1 vorgeschriebenen Wege festgestellt werde, der Prozeß in den höheren Instanzen von den Gerichten fortzusetzen und zu entscheiden sei, ohne daß es also einer nochmaligen Entscheidung in erster Instanz durch das zuständige Gericht bedürfe. In diesem Punkte ist § 9 Abs. 1 aus ähnlichen wie den in A. 203 entwickelten Gründen nicht mehr zu handhaben. Denn auch hier würde, dem Ges. v. 1847 bezw. der VO. v. 1879 zufolge, eine förmliche Konfliktserhebung erforderlich sein, diese aber nur von dem zuständigen Gerichte ausgehen können, welches als solches zur Konfliktserhebung nicht befugt ist (vgl. A. 8). Hiermit fällt denn freilich auch die praktische Bedeutung der AKO. v. 1844 weg, es sei denn, daß letztere nicht ausschließlich in dem dort besonders vorgesehenen Falle einer Regelung der Kompetenz durch die zur Entscheidung über KK. berufene Behörde, sondern auch da zur Anwendung zu bringen ist, wo die Auseinandersetzungsbehörde selbst nachträglich zu der Überzeugung gelangt, daß nicht sie, sondern der ordentliche Richter zur Entscheidung berufen gewesen sei. In der Tat scheint die letztere Auffassung einem EK. 3. Mai 1856 zugrunde zu liegen. (Eine Generalkommission hatte in erster Instanz entschieden, demnächst aber in Übereinstimmung mit den ihr vorgesetzten Behörden die ordentlichen Gerichte für zuständig erachtet. Das AppG. Ratibor sprach sich als prozeßleitende Behörde in gleichem Sinne aus, lehnte jedoch als erkennende Behörde die Entscheidung ab, weil die richterliche Kompetenz unter den obwaltenden Umständen nur durch den KompGH. festgestellt werden könne. Obiges EK. widerlegte diese Ansicht aus dem gen. § 9 in Verbindung mit der AKO. v. 1844.) Vgl. auch Delius, aaO. S. 270 (die AKO. sei durch die RProzeßgesetze aufgehoben) und Rintelen, aaO. S. 274.

205. Dagegen sind die Vorschriften des gen. § 9 Abs. 2 als vereinbar mit denen des Ges. v. 1847 bezw. der VO. v. 1879 in Kraft geblieben. Demzufolge ist auch gegenwärtig noch, wenn ein Gericht in einer zum Ressort der Auseinandersetzungsbehörde gehörigen Sache erkannt hat, zu unterscheiden, ob nach den für Auseinandersetzungssachen geltenden Vorschriften die Berufung oder die Beschwerde wider das Erkenntnis zulässig gewesen sein würde, und im ersteren Falle die Sache, sofern sie nicht schon rechtskräftig entschieden ist, sondern noch schwebt, zur weiteren Entscheidung an das Oberlandeskulturgericht bezw. das Reichsgericht, im letzteren

Falle aber an die Generalkommission zu bringen, damit diese, nach gänzlicher Beseitigung der bereits abgefaßten Erkenntnisse, in erster Instanz entscheide. (In diesem letzteren Falle läßt § 9 die Entscheidung der Generalkommission auch dann eintreten, wenn schon ein rechtskräftiges Urteil vorliegt; das trifft heute mit Rücksicht auf § 4 der VO. v. 1879 nicht mehr zu. Vgl. EK. 8. Dez. 1860, JMBl. 61 S. 234.) [Gemäß § 14 der VO. v. 22. Nov. 1844 soll zwar der Rekurs an das Ministerium nicht ferner stattfinden, das Revisionskollegium vielmehr in allen Fällen die höhere Entscheidung treffen. Gleichwohl ist hierdurch der unter den Fällen der einen und anderen Art bestehende Gegensatz nicht beseitigt worden.] Nach RG. 30. Mai 1891 (JMBl. S. 220) kommt neben § 9 der VO. v. 1834 auch § 9 der VO. v. 20. Juni 1817 noch zur Anwendung. Hiernach haben die Gerichte, wenn eine wegen Konnexität des Rechtsstreits mit der Auseinandersetzung zum Ressort der Generalkommission gehörige Sache bei ihnen anhängig ist, die Akten sofort (also wenn der Prozeß bei dem ordentlichen Gericht zur Zeit des Anhängigwerdens der Auseinandersetzung schon schwebte, sogleich nach Anhängigmachung der Auseinandersetzung, sonst sogleich bei Anhängigmachung der Sache bei Gericht) an die Generalkommission abzugeben. Das Gericht stellt hierbei, wenn über die Zuständigkeit der Auseinandersetzungsbehörde kein Zweifel besteht, das Verfahren durch einfachen Beschluß ein. Vgl. Droop A. 65. AM. ist Delius, aaO. S. 267, der Einstellung durch Urteil für nötig erachtet mit Rücksicht auf § 467 ZPO. (a. F.; vgl. jedoch jetzt § 506), auch das Wort „sofort" in § 9 der VO. v. 1817 durch die neuere Prozeßgesetzgebung für modifiziert erachtet und die Rechtshängigkeit bei der Auseinandersetzungsbehörde nicht vor der Rechtskraft des Überweisungsurteils eintreten lassen will. — In solchen Fällen ist daher die Konfliktserhebung nur dann erforderlich, wenn das Gericht die Akten auf das Ersuchen der Generalkommission usw. nicht abgibt. Durch LMVfg. 5. Juli 1899 (den Gerichten zur Kenntnisnahme mitgeteilt durch JMVfg. 2. Aug. 1899, JMBl. S. 245) sind die Generalkommissionen angewiesen, in allen Fällen, wo nicht etwa wegen bevorstehenden Ablaufs der Rechtsmittelfrist Gefahr im Verzuge obwaltet, das Gericht unter Bezugnahme auf obige Gesetzesvorschriften und mit dem ausdrücklichen Hinweis auf die erwähnte Reichsgerichtsentscheidung um Einstellung des Verfahrens und Abgabe der Akten zu ersuchen und erst, wenn diesem Ersuchen nicht stattgegeben wird, den KK. zu erheben. Vgl. die ähnliche MVfg. 16. Jan. 1893 (Gruchot 40 S. 279).

206. Auch dann, wenn der RW. für unzulässig erklärt worden ist, wird das bisherige Verfahren vor dem Gericht nicht wirkungslos; die Auseinandersetzungsbehörde setzt den durch das Zwischenverfahren unterbrochenen Prozeß in der Lage fort, wie er bei der Unterbrechung sich befand. Hier tritt also, abweichend von dem in A. 143 gesagten, eine eigentliche Unterbrechung (§ 249 ZPO.) des Prozesses auch dann ein, wenn der RW. für unzulässig erklärt wird. Vgl. gen. RG. 30. Mai 1891.

207. Die auf § 4 beruhende Unzulässigkeit eines KK. fällt selbst dann nicht weg, wenn zwischen dem rechtskräftigen Erkenntnis des Gerichts und einer gleichfalls rechtskräftigen Entscheidung der Auseinandersetzungsbehörde ein Widerspruch obwaltet; was hieraus für einen im Wege der Judikatsklage geltend gemachten Anspruch folge, hat vielmehr der befaßte Richter zu entscheiden: EK. 8. Dez. 1860 (A. 205).

208. Als Auseinandersetzungsbehörden sind zur Konfliktserhebung vor allem die Generalkommissionen befugt. (In EK. 13. Febr. 1892, Rechtspr. S. 520, hatte die den beklagten Forstfiskus vertretende Regierung den KK. erhoben, weil ein Auseinandersetzungsverfahren schwebe. Das Bedenken, ob die Regierung zur Erhebung des KK. zuständig sei, wurde für erledigt erachtet, weil der der Generalkommission vorgesetzte Minister für Landwirtschaft usw. denselben aufrecht erhalten hatte. Vgl. A. 96 und bez. der untergebens mangelnden Befugnis der Regierung A. 111.) — Ferner steht das Recht der Konfliktserhebung wie früher dem die Appellations- und Rekursinstanz in Auseinandersetzungssachen bildenden Revisionskollegium für Landeskultursachen, so jetzt dem Oberlandeskulturgericht zu.

209. Beteiligter Verwaltungschef im Sinne der §§ 11 ff. ist seit Erlaß der AKO. v. 25. Juni 1848 der Minister für Landwirtschaft, Domänen und Forsten (früher der Minister des Innern), welcher aber auch als Zentralbehörde im Sinne des § 5 zur eigenen Konfliktserhebung befugt erscheint.

---

210. Ein **negativer** KK. ist auch hier nur dann vorhanden, wenn nicht allein die bezügliche richterliche Entscheidung rechtskräftig geworden, sondern auch der Ausspruch der Auseinandersetzungsbehörde in höchster Instanz bestätigt oder in anderer Weise unanfechtbar geworden ist. Bei dem im JMBl. 62 S. 22 mitgeteilten Falle war zwar der Minister für Landwirtschaft augenscheinlich anderer Ansicht, indem derselbe in einem Inkompetenzbescheide, den eine Generalkommission der durch rechtskräftiges Erkenntnis an sie verwiesenen Partei erteilt hatte, die Erhebung eines KK. erblickte und sich in seinem Schreiben an den KompGH. darauf beschränkte, zu erklären, daß er zur Zurücknahme dieses KK. keinen Anlaß finde. Der GH. (EK. 12. Okt. 1861) erachtete gleichwohl die Sache als zu seiner Entscheidung reif, da nach jenem Schreiben angenommen werden müsse, daß der Minister die Verfügung der Generalkommission gebilligt habe.

211. Kommt nach dem obigen (A. 201) die **Doppelstellung** der Auseinandersetzungsbehörden bei KK. mit den Gerichten inbezug auf die Anwendbarkeit der VO. v. 1879 nicht in Betracht, so dürfte das Gegenteil bei KK. mit den eigentlichen **Verwaltungsbehörden** der Fall sein. Solcher KK. gedenkt jenes Gesetz nicht ausdrücklich; die Frage, inwiefern letzteres auch bei ihnen zur Anwendung komme, ist daher nach seinen Zwecken im allgemeinen und aus der für Auseinandersetzungssachen bestehenden Sondergesetzgebung zu beantworten. Steht eine Auseinandersetzungsbehörde in ihrer Eigenschaft als **verwaltende Behörde** einer anderen Behörde des Verwaltungsressorts gegenüber, so fehlt es an allen und jeden Voraussetzungen für die Anwendbarkeit der VO. v. 1879, weshalb etwaige KK. in solchen Fällen unzweifelhaft ebenso zum Austrage zu bringen sind, wie wenn zwei sonstige Verwaltungsbehörden über ihre beiderseitige Kompetenz in Meinungsverschiedenheit geraten. (Vgl. § 113 Abs. 5 LVG., OVG. 17. März 1891, E. 21 S. 276: das OVG. ist zuständig zur Entscheidung von KK. zwischen Auseinandersetzungs- als Verwaltungsbehörden und Verwaltungsgerichten.) Entstehen dagegen Kompetenzstreitigkeiten zwischen der eigentlichen Verwaltung und den Auseinandersetzungs- als **richterlichen Behörden**, so fehlt es umgekehrt an jedem **innern** Grunde, hierfür eine Ausnahme von demjenigen eintreten zu lassen, was oben A. 24, 28 inbetreff der Befugnis der Verwaltung, einen KK. in den bei besonderen Gerichten anhängigen Sachen zu erheben, gesagt ist. Außerdem wird aber auch die Anwendbarkeit der Gesetzgebung über KK. auf letztere Fälle durch § 52 der VO. v. 30. Juni 1834 ausdrücklich anerkannt. Dort heißt es, wenn eine von den Revisionskollegien oder in dritter Instanz ergangene Entscheidung wegen Unzuständigkeit angefochten werde, so finde das durch AKO. v. 30. Juni 1828 vorgeschriebene Verfahren statt; sei hiernach die Unzuständigkeit festgestellt, so müsse die Sache, mit Beseitigung des Erkenntnisses der unzuständigen Behörde, zur anderweitigen Entscheidung an die geeignete Instanz der Verwaltungsbehörden abgegeben werden. Eine gleiche Vorschrift findet sich zwar inbetreff der Entscheidungen und des Verfahrens erster Instanz nicht; auch ist zuzugeben, daß hier eine formelle Schwierigkeit darin besteht, daß bei den Generalkommissionen über die Rechts- und die administrativen Punkte nicht getrennt verhandelt zu werden pflegt. Diese Umstände dürften indessen schwerlich genügen, um für das letztere Verfahren eine Ausnahme zu begründen. Der KompGH. hat freilich in zwei Erk. v. 14. April und 6. Okt. 1855 (Rechtspr. S. 1, 2) wider die Zulässigkeit solcher Konflikte entschieden, ja er scheint die Erhebung eines KK. selbst in den höheren Instanzen für unstatthaft, mithin den gen. § 52 für nicht mehr anwendbar zu halten, indem er aus der im § 21 (Gef. v. 1847) ausgesprochenen Gleichstellung der Auseinandersetzungs- und Verwaltungsbehörden allgemein folgert, daß das Ges. v. 1847 auf KK. zwischen jenen und andern Verwaltungsbehörden keine Anwendung finde. [In dem einen der dort entschiedenen Fälle schwebte ein Auseinandersetzungsprozeß bei der landwirtschaftlichen Abteilung der Regierung zu Frankfurt bezw. bei dem dasigen, durch Min.-Verf. mit Abfassung des Erkenntnisses erster Instanz beauftragten Spruchkollegium. Der andere Fall betraf eine bei einer Generalkommission anhängige Ablösungssache, in welcher eine Regierung den KK. erhoben hatte.] Hierauf ist jedoch zu erwidern, daß § 21 die Auseinandersetzungs- den Verwaltungsbehörden nur bezüglich der in den §§ 1—20 (Ges. v. 1847) enthaltenen Bestimmungen gleichstellt, daß ihm daher wohl keine weitergehende Bedeutung beigelegt werden kann, als daß inbetreff des Rechts, selbst den KK. zu erheben, und inbetreff der bei, sowie infolge der Handhabung dieses Rechts zu beobachtenden Formvorschriften von den

Ges. v. 1847. § 22. Alle bei Publikation dieses Gesetzes noch nicht entschiedenen Kompetenzkonflikte werden dem im § 1 angeordneten Gerichtshofe zur Entscheidung überwiesen. Die Vorschriften der §§ 5—13 finden jedoch nur auf diejenigen von diesen Sachen Anwendung, in welchen die Akten bei dem Justizminister noch nicht eingegangen sind.

§ 23. Alle diesem Gesetze entgegenstehende Vorschriften werden hiermit aufgehoben.

§ 23. Auf die Erledigung der vor dem Inkrafttreten dieser Verordnung anhängig gewordenen Kompetenzkonflikte finden die bisherigen Bestimmungen über das Verfahren Anwendung.

§ 24. Diese Verordnung tritt gleichzeitig mit dem Gerichtsverfassungsgesetze in Kraft.

---

beiderseitigen Behörden ein gleiches gelten solle. — Keinesfalls besteht aber der gen. § 52 auch insofern noch in Kraft, als er das Konfliktsverfahren selbst dann noch für statthaft erklärt, wenn in einem Auseinandersetzungsprozesse bereits in dritter Instanz, mithin vom Reichsgericht erkannt worden ist; alsdann kommt vielmehr der Grundsatz des § 4 zur Anwendung (vgl. A. 205 und das dort gen. EK. 8. Dez. 1860) sowie neuerdings das Ges. v. 22. Mai 1902.

212. Muß hiernach gegen die Ansicht des KompGH. angenommen werden, daß ein KK. auch in den bei den Auseinandersetzungsbehörden schwebenden Prozessen erhoben werden könne, so entsteht die fernere Frage, ob die desfallsige Befugnis auch in den im § 3 der AKO. v. 15. März 1834 vorgesehenen Fällen zutreffe, bezw. ob die anomale Bestimmung dieses § noch gelte, wonach das Konfliktsverfahren sogar dann Platz greifen soll, wenn es sich bloß um die Unzulässigkeit eines gerichtlichen Verfahrens in den höheren Instanzen handelt, wenn also weniger das Ressort als die Statthaftigkeit eines Rechtsmittels streitig ist, und dieser Streit nicht zwischen der Verwaltung einer- und einer Auseinandersetzungsbehörde andererseits, sondern im eignen Kreise und unter den verschiedenen Instanzen dieser letzteren obwaltet. Für die verneinende Ansicht pflegt man sich auf das Ges. v. 26. März 1855 (GS. S. 189) zu berufen. Dieses Gesetz dehnt jedoch lediglich die VO. v. 21. Juli 1846 auf das Verfahren dritter Instanz in Auseinandersetzungssachen aus, es regelt bloß die Art, wie eine Entscheidung höchster Instanz zur Sache und unter den dabei beteiligten Privatparteien zu erzielen sei, und betrifft daher einen ganz anderen Gegenstand, da ein KK. keinen Streit zwischen jenen Parteien, sondern zwischen den Behörden darstellt, und seine Zulässigkeit (insoweit dies nicht durch § 4 eine Ausnahme erleidet) nicht nach der Prozeßgesetzgebung, sondern nach besonderen Vorschriften zu bemessen ist. Eher ließe sich obige Ansicht auf die letzteren selbst, nämlich auf diejenigen des Ges. v. 1847 zurückführen, da der gen. § 3 allerdings aus einer Anschauung hervorgegangen ist, welche in jenem Gesetz vollkommen fallen gelassen ist; vgl. A. 8, 172. Gleichwohl erscheint es immerhin als bedenklich, ob § 3 schon allein um deswillen zu den dem Ges. v. 1847 entgegenstehenden Vorschriften (§ 23) gezählt werden müsse. Jedoch ist gegenwärtig die VO. jedenfalls, soweit das Reichsgericht beteiligt ist, durch das Ges. v. 22. Mai 1902 außer Kraft gesetzt.

§§ 23 und 24.

213. (§ 23 Ges. v. 1847.) Die älteren Gesetze über KK. sind teils in der AKO. v. 30. Juni 1828, teils in den in A. 200 erwähnten Bestimmungen enthalten. Daß das Ges. v. 1847 jene AKO. vollkommen, und die letzteren Bestimmungen wenigstens teilweise außer Kraft gesetzt habe, geht bereits aus dem früher gesagten hervor. Im Gebiete des Rhein. Rechts war die einschlägige franz. Gesetzgebung bereits früher, eben durch die AKO. v. 1828, fast gänzlich beseitigt worden. [Die andauernde Geltung der Art. 1, 2 des Arr. v. 13. Brum. X. wird zwar in der JMVfg. 4. Aug. 1828 (Rh. S. 3 S. 244) noch vorausgesetzt; gleichwohl dürfte unter der Herrschaft des Ges. v. 1847 das Gegenteil anzunehmen sein. Denn obschon jene Artikel das Konfliktsverfahren nicht unmittelbar betreffen und mit dem Ges.

v. 1847 in keinem direkten Widerspruche stehen, so ist obiges Verfahren und die inbezug auf dasselbe vom öffentlichen Ministerium zu entwickelnde Tätigkeit in letzterem Gesetz dennoch so genau geregelt, daß die Aufrechterhaltung jener nur für einen einzelnen Landesteil ergangenen Bestimmungen schwerlich beabsichtigt wurde.] Im übrigen vgl. A. 4.

214. (§ 24 VO. v. 1879.) Demnach ist die VO. am 1. Oktober 1879 in Kraft getreten.

Verordnung

betreffend das Verwaltungszwangsverfahren wegen Beitreibung von Geldbeträgen. Vom 15. November 1899.

[GS. S. 545.]

Wir Wilhelm, von Gottes Gnaden König von Preußen usw. verordnen in Gemäßheit des § 5 des Ausführungsgesetzes zur Zivilprozeßordnung an Stelle der Verordnungen vom 7. September 1879 (GS. S. 591) und vom 4. August 1884 (GS. S. 321) was folgt:

Zum Eingange.

1. Die VO. v. 26. Dez. 1808 enthielt über das bei administrativen Zwangsvollstreckungen zu beobachtende Verfahren keine näheren Bestimmungen, sondern verwies im allgemeinen auf die für gerichtliche Zwangsvollstreckungen geltenden Vorschriften bezw. sie setzte die Anwendbarkeit dieser in der AGO. enthaltenen Vorschriften auf administrative Zwangsvollstreckungen als selbstverständlich voraus (vgl. § 48 das.). Eine Folge hiervon war, daß im Gebiete des Rheinischen Rechts, wo zwar der gen. § 48 durch das Ress.-Regl. Geltung erlangt hatte, die AGO. aber für gerichtliche Zwangsvollstreckungen keine Gesetzeskraft besaß, mannigfache Unzuträglichkeiten sich herausstellen mußten. Dies hat zweifellos den ersten Anlaß dazu gegeben, daß der Gesetzgeber für das bei administrativen Exekutionen zu beobachtende Verfahren eine Exekutionsordnung zu erlassen für nötig erachtete. Jedoch erstreckte sich die Rhein. ExekutionsO. v. 24. Nov. 1843 (GS. S. 351) nicht nur auf den Bezirk des früheren AH. Cöln, sondern auch auf die übrigen Teile der Provinz, und diente außerdem zum Vorbilde für die späteren ExekutionsO., so für diejenige der Provinz Westfalen v. 30. Juni 1845 (GS. S. 444), für die der östlichen Provinzen v. 30. Juli 1853 (GS. S. 909) und für die von Neuvorpommern und Rügen v. 1. Febr. 1858 (GS. S. 85). Sämtliche Verordnungen stimmen fast überall wörtlich untereinander überein. — An die Stelle dieser ExekutionsO. trat am 1. Okt. 1879 die VO. v. 7. Sept. 1879 (GS. S. 591), die im § 14 AG. z. ZPO. angekündigt war, um das, von der ZPO. unberührt gebliebene und der Landesgesetzgebung überlassene Verwaltungszwangsverfahren mit den Vorschriften der ZPO. in Einklang zu bringen. Über die Beitreibung der Geldbeträge in Angelegenheiten der Justizverwaltung erging die besondere VO. v. 4. Aug. 1884 (GS. S. 321). — Die im Ges. v. 17. Mai 1898 enthaltenen Abänderungen der ZPO. machten auch neue Bestimmungen für das Verwaltungszwangsverfahren nötig, und so erging auf Grund desselben § 14, jetzt § 5 AG. z. ZPO. in der Fassung v. 6. Okt. 1899 die gegenwärtig geltende VO. v. 15. Nov. 1899.

2. Bei Erlaß sowohl der gen. ExekutionsO., insbesondere derer von 1845, 1853 und 1858, als der VO. v. 1879 bezw. 1899 hat im allgemeinen die Absicht fern gelegen, das materielle Recht zu ändern und inbezug auf die Befugnis zur administrativen Zwangsvollstreckung neue gesetzliche Normen einzuführen; (dies gilt insbesondere auch von § 3 der VO. v. 1899, der nicht etwa ein neues Vollstreckungsrecht gegen die dort genannten Personen einführt; vgl. A. 489 zur VO. v. 1808). Es handelte sich vielmehr nur um die Herstellung eines einfachen

I. Allgemeine Bestimmungen.

§ 1. Die Zwangsvollstreckung wegen aller derjenigen Abgaben, Gefälle und sonstigen Geldbeträge, welche nach den bestehenden Vorschriften der Beitreibung im Verwaltungszwangsverfahren unterliegen, erfolgt ausschließlich nach den Vorschriften dieser Verordnung.

§ 2. Inwieweit über die Verbindlichkeit zur Entrichtung der geforderten Geldbeträge der Rechtsweg stattfindet, richtet sich nach den hierüber bestehenden Vorschriften.

Wegen vermeintlicher Mängel des Zwangsverfahrens, dieselben mögen die Form der Anordnung oder die der Ausführung oder die Frage betreffen, ob die gepfändeten Sachen zu den pfändbaren gehören, ist dagegen, unbeschadet der besonderen Vorschriften über die Rechtsmittel im Falle der zwangsweisen Ausführung polizeilicher Verfügungen, nur die Beschwerde bei der vorgesetzten Dienstbehörde des Beamten zulässig, dessen Verfahren angefochten wird.

---

und gleichmäßigen Verfahrens auf der Grundlage der bestehenden Gesetze. Die ExekutionsO. v. 1853 und 1858 sind darum auch als bloße Ausführungsverordnungen im Sinne des Art. 45 der Verf.-Urk. angesehen und demgemäß ohne Mitwirkung des Landtags erlassen worden. Für die VO. v. 1879 und 1899 ergibt sich obiger Satz unmittelbar aus der Fassung des § 14 bezw. § 5 AG. z. ZPO.

3. Im übrigen wird hinsichtlich des Verhältnisses der VO. zu den §§ 42, 48 der VO. v. 1808 und zu den §§ 16—18 des Rhein. Ress.-Regl. auf die Erläuterungen zu diesen Gesetzesstellen und unten A. 6 ff., 19 verwiesen.

4. Die Vorschriften der VO. v. 1899 sind, wie schon in A. 1 angedeutet, denen der ZPO. nachgebildet. Sowohl die Anordnung als die Durchführung der Vollstreckung geschieht im allgemeinen ohne Mitwirkung der Gerichte; an die Stelle des Vollstreckungsgerichts tritt nach § 4 diejenige Behörde oder derjenige Beamte, dem die Einziehung des betreffenden Geldbetrags zusteht; statt des Gerichtsvollziehers sind besondere Vollziehungsbeamte tätig. Die Gerichte treten nur in einzelnen Fällen in Tätigkeit, so bei Leistung des Offenbarungseids (§§ 21, 40), beim Verteilungsverfahren (§§ 35, 48), bei Bestellung eines Sequesters (§ 45); vgl. ferner A. 20, 23 ff., 26.

§ 1.

5. § 1 bestimmt, daß die administrative Zwangsvollstreckung in allen Fällen, wo sie überhaupt zulässig ist, ausschließlich nach den Vorschriften dieser VO. erfolgt. Sie unterläßt es dabei, diese Fälle aufzuzählen, sondern verweist, ebenso wie § 1 VO. v. 1879, auf die „bestehenden Vorschriften", während die ExekutionsO. v. 1843—1858 im § 1 die einzelnen Abgaben usw. ausdrücklich aufzählen. Diese Aufzählung ist durch Abs. 2 des § 1 VO. v. 1879 aufrecht erhalten worden und, wenn auch dieser Abs. 2 nicht in die VO. v. 1899 übergegangen ist, im allgemeinen noch heute geltendes Recht. Im übrigen ist die Zulässigkeit der Beitreibung einer Forderung im Verwaltungszwangsverfahren meist in den einzelnen über die betreffende Abgabe usw. handelnden Gesetzen ausdrücklich ausgesprochen. Von den älteren Bestimmungen kommen besonders die §§ 42, 48 der VO. v. 1808 und die §§ 16—18 des Rhein. Ress.-Regl. in Betracht.

§ 2 Abs. 1.

6. Indem § 2 Abs. 1 die bestehenden Vorschriften über die Zulässigkeit des RW. aufrecht erhält, spricht er etwas selbstverständliches aus, da eine nur zur Regelung des Zwangsverfahrens ermächtigte VO. die auf Gesetz beruhende Zulässigkeit oder Unzulässigkeit des RW. nicht ändern könnte.

7. Die dem § 2 Abs. 1 entsprechende Bestimmung im § 3 der ExekutionsO. v. 1843 usw. lautet:

> „Über die Verbindlichkeit zur Entrichtung der geforderten Abgaben und die Befugnis zur Anordnung des eingeleiteten Zwangsverfahrens findet der RW., wo er bisher zulässig war, auch ferner statt."

Der Zusatz „und die Befugnis zur Anordnung des eingeleiteten Zwangsverfahrens" ist sowohl in der VO. v. 1879 als in der v. 1899 weggelassen, weil er überflüssig und zweideutig war; jedoch sollte die Weglassung keine materielle Änderung des bestehenden Rechts bezwecken. So: die Motive zur VO. von 1879, OVG. 9. Febr. 1880 (E. 6 S. 132); vgl. A. 6. Über die Befugnis zur Einleitung des Zwangsverfahrens kann also auch unter der Herrschaft der VO. v. 1899 gestritten werden, wo dies nach den bestehenden Gesetzen bisher zulässig war. Dieser Satz ist nicht so zu verstehen, als ob die gedachte Befugnis geeignet sei, den selbständigen Gegenstand einer gerichtlichen Entscheidung zu bilden; vielmehr ist der RW. nur insofern gestattet, als die Befugnis zur Anordnung des Zwangsverfahrens mit der Verbindlichkeit zur Entrichtung der geforderten Abgabe in einem unzertrennlichen Zusammenhange steht; vgl. gen. OVG. Jedoch ist nicht notwendig, daß die Verbindlichkeit selbst als Gegenstand der Klage erscheint; der Klageantrag wird vielmehr in der Regel dahin lauten: zu erkennen, daß das eingeleitete Zwangsverfahren unwirksam sei und die Fortsetzung desselben zu unterbleiben habe. Eine so gefaßte Klage ist, (wie schon an mehreren Stellen dieses Buches besprochen), dann zum RW. nicht geeignet, wenn die Verwaltung die Vollstreckungsbefugnis hat, d. h. also dann, wenn über die Verbindlichkeit zur Entrichtung der geforderten Abgabe selbst der RW. nicht stattfindet oder, wenn zwar der RW. zulässig ist, der Verwaltung jedoch trotzdem das vorläufige Vollstreckungsrecht verbleibt (§ 42 VO. v. 1808). In allen diesen Fällen ist dem Richter jeglicher Eingriff in das Zwangsverfahren (auch eine vorläufige Einstellung für die Dauer des Rechtsstreits), untersagt. Ebenso z. B. EK. 12. Juni 1875, 8. Okt. 1887 (Rechtspr. S. 291; VMBl. 87 S. 261). (Über die Form des Klageantrags vgl. z. B. RG. 15. März 1894, 19. Okt. 1896, E. 33 S. 34; Gruchot 41 S. 417.) Zulässig dagegen ist die Klage überall da, wo die Verwaltung das Zwangsverfahren zur Beitreibung einer Forderung anordnet, deretwegen ihr die Vollstreckungsbefugnis nicht oder nur bis zur Erhebung der ordentlichen Klage verliehen ist. Vgl. A. 483 ff. zur VO. v. 1808, A. 150 zum Rhein. Ress.-Regl. Ebenso: EK. 18. März 1865, 13. Okt. 1873, 11. Juni 1881 (JMBl. 65 S. 119; 73 S. 325; VMBl. 81 S. 180). Die Zulässigkeit dieser Klage ist neuerdings bestritten worden von RG. 11. Nov. 1902 (Gruchot 47 S. 695) und OLG. Marienwerder 29. Apr. 1902 (Rechtspr. d. OLG. 5 S. 14), indem diese Entscheidungen, ohne zu unterscheiden, ob der Verwaltung die Vollstreckungsbefugnis zusteht oder nicht, jeglichen richterlichen Eingriff in ein Verwaltungszwangsverfahren für unzulässig erklären. Wenn gen. RG. sagt, nach der VO. v. 1899 könne das Verlangen einer Einstellung oder Aufhebung des Verwaltungszwangsverfahrens nicht auf die Behauptung gestützt werden, daß es nach Beschaffenheit der den Gegenstand desselben bildenden Forderung nicht zulässig sei, so ist dies unzweifelhaft, allerdings in anderm Sinne, richtig, da obige Klage sich auf das materielle Recht, nicht aber auf die nur das Verfahren regelnde VO. v. 1899 stützt. Wenn aber das Reichsgericht eine Bestimmung vermißt, wonach das unmittelbare Eingreifen der Gerichte in amtliche Akte der Verwaltungsbehörden gestattet sei, so ist diese Bestimmung in der VO. v. 1808 vorhanden, die anordnet, daß die Verfügungen der Regierung als Finanzbehörden insoweit im RW angefochten werden können, als nicht in der VO. selbst oder in späteren Gesetzen ausdrücklich Ausnahmen hiervon zugelassen sind. Hierdurch widerlegt sich zugleich die Begründung des OLG. Marienwerder. Auch beruft sich diese Entscheidung mit Unrecht auf EK. 12. Juni 1875 (s. o.); denn hier ist im Schlußsatz ausdrücklich betont, darüber, ob die Voraussetzungen der Zulässigkeit des Verwaltungszwanges vorliegen, hätte deshalb die Verwaltungsbehörde zu entscheiden, weil ihr das Vollstreckungsrecht zustehe. Ebenso betreffen die dort angezogenen RG. 20. März 1890, 15. März 1894, 19. Okt. 1896 (E. 25 S. 406; 33 S. 34; Gruchot 41 S. 417) solche Fälle, wo das Vollstreckungsrecht der Verwaltungsbehörde nicht zweifelhaft ist. Die Berufung endlich auf Abs. 2 des § 2 der VO. v. 1899 ist deshalb unhaltbar, weil die Worte „Form der Anordnung" doch offenbar nur die Art und Weise, wie die Anordnung ergeht, nicht aber das Recht, ob die Anordnung ergehen darf, betreffen.

8. Der in manchen Gesetzen sich findende Satz, daß eine gewisse Abgabe „wie Gemeindeabgaben beigetrieben" werden solle, hat nicht die Bedeutung, daß jetzt alle bezüglich der Gemeindeabgaben geltenden Gesetzesvorschriften auch für jene Abgabe maßgebend sein sollten, daß namentlich nach diesen Vorschriften auch die Zulässigkeit des RW. über die Frage zu beurteilen sei, ob ein eingeforderter Betrag geschuldet

werde oder nicht. Vielmehr äußert auch hier § 2 Abs. 1 seine Wirkung; nur muß der Richter (entsprechend dem in A. 7 gesagten) das Vollstreckungsrecht der Verwaltung beachten und darf daher keine Entscheidung (z. B. über vorläufige Einstellung des Zwangsverfahrens) erlassen, mit der ein unmittelbarer Eingriff in dieses Vollstreckungsrecht verknüpft sein würde: RG. 15. März 1894 (E. 33 S. 37).

§ 2 Abs. 2.

9. § 2 Abs. 2 ist eine fast wörtliche Wiederholung des § 3 Abs. 2 der früheren ExekutionsO. Dieser letztere war dadurch ins Leben gerufen worden, daß nach der Gesetzgebung im Bezirk des früheren AH. Cöln über alle die formelle Seite von Zwangsvollstreckungen betreffenden Beschwerden, und über die Frage, ob die gepfändeten Gegenstände pfändbar seien, die Gerichte selbst dann entscheiden mußten, wenn hinsichtlich der durch die Zwangsvollstreckung einzuziehenden Forderung der RW. nicht stattfand; vgl. Ress.-Regl. A. 191. Für die übrigen Landesteile enthielt § 3 Abs. 2 ebensowenig eine neue Kompetenzbestimmung, wie (der dem § 2 Abs. 1 dieser VO. entsprechende) § 3 Abs. 1, indem das dort gesagte schon aus den allgemeinen Grundsätzen folgt, die den §§ 41, 42 der VO. v. 1808 zugrunde liegen; vgl. VO. v. 1808 A. 486. Dasselbe gilt jetzt allgemein von § 2 Abs. 2 der VO. v. 1899.

10. Ist die Entscheidung über die formelle Gültigkeit eines Zwangsverfahrens bloß insofern ausschließlich vor die vorgesetzte Dienstbehörde verwiesen, als das Verfahren selbst den unmittelbaren Gegenstand der Anfechtung bildet, oder auch insofern, als aus den bei der Vollstreckung angeblich vorgekommenen Formmängeln ein Schadensersatzanspruch gegen den die Vollstreckung anordnenden bezw. ausführenden Beamten hergeleitet wird? Da § 2 Abs. 2 offenbar nur den ersteren Fall betrifft, Ersatzansprüche gegen Beamte aber nach Lage der gegenwärtigen Gesetzgebung in der Regel prozeßfähig sind, und namentlich die Ausnahmevorschrift des § 6 Ges. v. 11. Mai 1842 keiner erweiternden Auslegung empfänglich ist, so muß wohl der ersteren Alternative der Vorzug für alle diejenigen Fälle gegeben werden, wo nicht eben jener § 6 zur Anwendung gelangt, wo es sich also nicht um die Ausführung einer polizeilichen Maßregel durch einen Polizeibeamten handelt. Ebenso EK. 9. Okt. 1886 (Rechtspr. S. 136).

11. Wohl aber ist zufolge § 2 Abs. 2 in Verbindung mit § 1 die Klage auf Erstattung der bereits zwangsweise eingezogenen Beträge und Vollstreckungskosten gleich dem Einspruche wider die Vollstreckung selbst, unzulässig, wenn diese Klage darauf gestützt wird, daß nicht nach den formellen Vorschriften dieser VO. verfahren, z. B. keine Mahnung erfolgt bezw. keine Kostenrechnung zugestellt sei: EK. 22. Nov. 1856 a. E., 11. Febr. 1882 (JMBl. 57 S. 160; Rechtspr. S. 292).

12. Zu den nach § 2 Abs. 2 nicht prozeßfähigen Beschwerden rechnen *EK. 18. Apr. 1857, *7. Mai 1859 (JMBl. 57 S. 389; 60 S. 116) auch solche Einwendungen, welche sich auf die Art der Feststellung der beizutreibenden Geldbeträge beziehen, z. B. den Einwand, daß die Feststellung vorschriftswidriger Weise ohne vorherige Anhörung der Beteiligten erfolgt sei. Jedoch dürfte die Frage der Prozeßfähigkeit solcher Einwendungen nicht nach Abs. 2, sondern nach Abs. 1 zu beurteilen sein, da sie weder die Anordnung der Zwangsvollstreckung noch die ihrer Ausführung, sondern das Materielle der Sache, das rechtliche Vorhandensein der beizutreibenden Forderung betreffen.

13. Ebenso ist die Frage, ob der Einwand der Zahlung, Aufrechnung usw. prozeßfähig sei, nicht nach Abs. 2, sondern nach Abs. 1 zu beurteilen.

14. — — desgleichen die Frage, ob das Zwangsverfahren wider die richtige Person gerichtet sei, z. B. ob ein Erbe des Schuldners in Anspruch genommen werden könne, sei es überhaupt, sei es für einen größeren Teil, als sein Erbanteil betrage. Vgl. VO. v. 1808 A. 489. AM. scheint zu sein *EK. 24. Jan. 1857 in S. Müller g. Steuerkasse zu Eitorf.

15. Dagegen fällt der Einwand, die Zwangsvollstreckung sei in einen anderen Gegenstand zu richten gewesen, der Bestimmung des Abs. 2 anheim und unterliegt daher niemals der richterlichen Entscheidung. Vgl. EK. 18. Apr. 1857 (JMBl. 58 S. 6; hier hatte ein Gemeindebeamter wider den auf ein ihm zustehendes Guthaben für Disziplinar-Untersuchungskosten angelegten Arrest eingewandt, daß jene Kosten nach dem Ges. v. 21. Juli 1852 § 53 aus der ihm angeblich noch zukommenden während der Untersuchung innebehaltenen Gehaltshälfte zu bestreiten

II. Zwangsvollstreckung in das bewegliche Vermögen.

Allgemeine Bestimmungen.

§ 18. (Abs. 1.) Gegen die Pfändung kann sich der Schuldner nur schützen, wenn derselbe entweder eine Fristbewilligung vorzeigt oder die vollständige Berichtigung des beizutreibenden Geldbetrags durch Quittung oder durch Vorlegung eines Postscheins nachweist, aus welchem sich ergibt, daß der beizutreibende Geldbetrag an die für die Einziehung zuständige Stelle eingezahlt ist.

§ 19. Behauptet ein dritter, daß ihm an dem gepfändeten Gegenstand ein die Veräußerung hinderndes Recht zustehe oder werden nach

---

seien), 13. Nov. 1880 (Rechtspr. S. 291, betr. die Frage, ob Gegenstände „unentbehrlich" seien), 5. Apr. 1884 (das. S. 292, betr. die Frage, ob Alimente pfändbar seien), RG. 20. März 1890 (E. 25 S. 334).

16. EK. 15. Dez. 1849, 18. März 1865 (Rechtspr. S. 90; JMBl. 65 S. 119) erblickten in dem Einwand, daß das Verwaltungszwangsverfahren zu Unrecht auf unbewegliche Gegenstände (einen eingemauerten Branntweinkessel, eine Dampfmaschine) ausgedehnt worden sei, einen wider die formelle Seite der Zwangsvollstreckung gerichteten und darum nicht prozeßfähigen Einwand.

17. Dasselbe ist anzunehmen, wenn die Berechtigung des die Vollstreckung ausführenden Beamten bestritten wird. Wenn von KH. 19. Juni 1843 (Volkmar S. 173) die Prozeßfähigkeit eines hierauf gestützten Einspruchs anerkannt wurde, so beruhte dies auf der älteren, durch den § 3 Abs. 2 der ExekutionsO. v. 1843 eben abgeänderten Rhein. Gesetzgebung; vgl. oben A. 9. Dadurch, daß die Verwaltungsbehörde sich statt des Vollziehungsbeamten eines Gerichtsvollziehers bedient und daß dieser gemäß § 6 Abs. 4 der VO. die für den Zivilprozeß geltenden Vorschriften beobachten muß, wird keine Zuständigkeit des Vollstreckungsgerichts begründet, der vollziehende Beamte bleibt vielmehr Organ der Verwaltungsbehörde: OLG. Cöln 28. Okt. 1896 (Rh. A. 91, I. 92).

18. Die Ausschließung des RW. über die Frage der Pfändbarkeit bezieht sich selbstredend nur auf den Fall, wo der Schuldner selbst widerspricht, nicht also auch auf den, wo ein dritter hinsichtlich des gepfändeten Gegenstands Eigentumsansprüche erhebt (§ 19 der VO.): *EK. 24. Juni 1851 (JMBl. S. 268).

§ 18.

19. § 18 (der sich fast gleichlautend schon in den ExekutionsO. v. 1843 usw. § 13 findet) entspricht dem § 775 Nr. 4, 5 ZPO. und enthält lediglich eine Anweisung an den Vollziehungsbeamten. Nicht dagegen kann aus ihm (wie dies zuweilen geschieht) der Schluß gezogen werden, daß in ein Verwaltungszwangsverfahren nicht durch gerichtliche Entscheidungen oder Verfügungen eingegriffen werden könne (A. 7). Die VO. soll und kann nicht das geltende Recht über die Verwaltungszwangsvollstreckung ändern, und ebensowenig, wie, wenn etwa der § 18 den Satz enthielte, daß die Pfändung auch dann zu unterbleiben habe, wenn der Schuldner ein dies anordnendes gerichtliches Urteil vorlegt, ebensowenig wie dieser Satz die Wirkung haben könnte, jetzt allgemein den RW. über die Vollstreckungsbefugnis zuzulassen, ebensowenig kann das Fehlen eines solchen Satzes den RW., soweit er bis dahin zulässig war, verschließen. RG. 20. März 1890 (E. 25 S. 406) läßt sich für die gegenteilige Meinung nicht heranziehen. Diese Entscheidung geht von der richtigen Annahme aus, daß im vorliegenden Falle das Verwaltungszwangsverfahren, trotz der Beschreitung des RW. über die Verbindlichkeit selbst, zulässig sei und spricht lediglich den sich aus den allgemeinen Grundsätzen der VO. v. 1808 ergebenden Satz aus, daß in ein solches zulässiges Zwangsverfahren ohne eine besondere, dies erlaubende gesetzliche Ermächtigung ein richterlicher Eingriff nicht stattfinde. Vgl. auch die in A. 7 gen. EK., besonders EK. 13. Okt. 1873.

§ 19.

20. Wie schon in A. 489 zur VO. v. 1808 gesagt, hat das Recht des Fiskus, gewisse Forderungen im Verwaltungswege zwangsweise beizutreiben, seine Bedeu-

Maßgabe der §§ 772, 773 oder 774 der Zivilprozeßordnung Einwendungen erhoben, so ist der Widerspruch gegen die Pfändung erforderlichenfalls im Wege der Klage geltend zu machen.

Auf die Einstellung weiterer und die Aufhebung bereits erfolgter Vollstreckungsmaßregeln finden die Vorschriften der §§ 769, 770 der Zivilprozeßordnung Anwendung.

Die Pfändung einer Sache kann ein dritter, welcher sich nicht im Besitze der Sache befindet, auf Grund eines Pfand- oder Vorzugsrechts nicht widersprechen; er kann jedoch seinen Anspruch auf vorzugsweise Befriedigung aus dem Erlös im Wege der Klage geltend machen, ohne Rücksicht darauf, ob seine Forderung fällig ist oder nicht.

In den im Abs. 1 und 3 bezeichneten Fällen ist die Klage ausschließlich bei dem Gerichte zu erheben, in dessen Bezirke die Pfändung erfolgt ist. Wird die Klage gegen denjenigen, für dessen Rechnung die Zwangsvollstreckung stattfindet, und den Schuldner gerichtet, so sind diese als Streitgenossen anzusehen.

III. Zwangsvollstreckung in das unbewegliche Vermögen.

§ 51. (Abs. 1—3.) Die Zwangsvollstreckung in das unbewegliche Vermögen erfolgt nach den für gerichtliche Zwangsvollstreckungen bestehenden Vorschriften. Die erforderlichen Anträge sind durch die Vollstreckungsbehörde zu stellen.

Anträge auf Zwangsversteigerung oder Zwangsverwaltung sind nur zulässig, sobald feststeht, daß durch Pfändung die Beitreibung des Geldbetrags nicht erfolgen kann.

Die Vollstreckbarkeit der Forderung und die Zulässigkeit der Zwangsvollstreckung nach Maßgabe des Abs. 2 unterliegen nicht der Beurteilung des Gerichts oder Grundbuchamts.

---

tung nur dem Schuldner, nicht aber auch dritten Personen gegenüber, mit denen er bei Ausübung dieses Rechts in Berührung kommt, sei es, daß diese mit ihm aus demselben Gegenstand ihre Befriedigung suchen, sei es, daß sie an dem gepfändeten Gegenstand ein die Veräußerung hinderndes Recht für sich in Anspruch nehmen. In solchen Fällen steht der Fiskus nicht anders da, als jeder Privatmann, und folgeweise steht die Entscheidung der sich hieraus ergebenden Streitigkeiten ausschließlich dem Gerichte zu. Die ersten Fälle (Befriedigung aus demselben Gegenstand) sind geregelt in den §§ 35, 48; für die letzteren trifft § 19 Bestimmungen, die den §§ 771—774, 805 ZPO. entsprechen.

21. Die in Abs. 2 genannten Maßregeln (Einstellung usw.) sind von dem angegangenen Prozeßgericht zu erlassen und nicht etwa, wie RG. 7. Nov. 1893 (EStraff. 24 S. 379) annimmt, von der Vollstreckungsbehörde.

22. Abs. 4. Als Beklagter steht dem dritten in der Regel derjenige gegenüber, für dessen Rechnung die Zwangsvollstreckung stattfindet; gegen den Schuldner braucht die Klage nur dann erhoben zu werden, wenn er das Recht des dritten bestreitet. Gegen die Vollstreckungsbehörde ist die Klage nur dann zu richten, wenn diese denjenigen, für dessen Rechnung die Zwangsvollstreckung stattfindet, im Prozesse zu vertreten befugt ist.

§ 51.

23. Da die Gerichte bei Erledigung von Anträgen auf Zwangsversteigerung oder Zwangsverwaltung unbeweglicher Sachen nicht in Vertretung und an Stelle der Verwaltungsbehörden, sondern kraft ihrer eigenen ausschließlichen Zuständigkeit handeln, so haben sie selbständig zu prüfen, ob die für die Zulässigkeit des beantragten Verfahrens gesetzlich bestehenden Voraussetzungen im gegebenen Falle zutreffen; dagegen dürfen sie selbstredend nicht das Vorhandensein

IV. Arrest.

§ 53. Soweit ein Arrest zur Sicherung der Zwangsvollstreckung wegen einer im Verwaltungszwangsverfahren beizutreibenden Geldforderung zulässig ist, erfolgt die Vollziehung desselben unter entsprechender Anwendung der Vorschriften dieser Verordnung. Die Vorschriften der Zoll- und Steuergesetze über die Beschlagnahme zoll- und steuerpflichtiger Gegenstände werden hierdurch nicht berührt.

---

des zu verwirklichenden Anspruchs, falls dieser nicht prozeßfähig ist, in Frage ziehen. Vgl. VO. v. 1808 § 48 Nr. 4 und A. 666 dazu. Eine fernere Einschränkung des richterlichen Prüfungsrechts enthält Abs. 2 des § 51.

24. Ebenso sind alle inbezug auf die Form des beobachteten Verfahrens entstehenden Streitigkeiten auf dem für das gerichtliche Verfahren vorgeschriebenen Wege zu entscheiden; § 2 Abs. 2 kommt mithin hier nicht zur Anwendung.

25. Überhaupt steht die Verwaltungsbehörde jedem anderen Antragsteller gleich. Sie tut daher nicht genug, wenn sie die Zwangsversteigerung im allgemeinen beantragt, sondern sie muß sich auch im Laufe des Verfahrens zu allen denjenigen Schritten verstehen, die anderen Antragstellern obliegen.

§ 53.

26. Beim Arrest ist zu unterscheiden die Anordnung und die Vollziehung. Die Anordnung erfolgt in der Regel gemäß §§ 916 ff. ZPO. durch das Gericht, das selbständig zu prüfen hat, ob die Voraussetzungen für die Zulässigkeit des Arrestes vorliegen; nur wenn die Anordnung des Arrestes ausdrücklich der Verwaltung zugewiesen ist, fällt die Mitwirkung des Gerichts fort (vgl. z. B. VO. v. 24. Jan. 1844 betr. Kassendefekte) Vgl. KG. 5. Jan. 1883 (Johow 3 S. 151). Dagegen erfolgt die Vollziehung nach § 53 unter entsprechender Anwendung der Vorschriften dieser VO., d. h. hinsichtlich des beweglichen Vermögens gemäß §§ 17 ff. durch die Verwaltungsbehörde, hinsichtlich des unbeweglichen Vermögens gemäß § 51 durch das Gericht.

Berichtigungen und Zusätze.

S. 15. Z. 7. v. o. ist hinter „416)." zuzusetzen: Ebenso RG. 28. Mai 1903 (E. 55 S. 61).

S. 16. A. 32 Z. 2 v. o. st. „Kommunalverwaltung" l. „Landes- und Kommunalverwaltung".

S. 21. Z. 2. v. o. st. „A. 92" l. „A. 121".
Z. 19 v. u. st. „A. 48" l. „A. 67".

S. 25. A. 46 Z. 1 v. u. ist hinter „318)." zuzusetzen: ferner RG. 15. Febr. 1904 (JMBl. S. 146).

S. 28. Z. 1 v. u. ist hinter „1896" zuzusetzen: 23. Okt. 1901 (PrVerwBl. 23 S. 567).

S. 29. Z. 1 v. o. ist hinter „833" zuzusetzen: Jedoch muß der Antrag auf Beseitigung des Hindernisses und darf nicht etwa dahin lauten, der Beklagte sei zu verurteilen, anzuerkennen, daß der fragliche Weg der öffentlichen Benutzung offenstehe; denn hiermit würde nicht bloß die Entscheidung über die Öffentlichkeit des Weges als Urteilselementes (A. 93), sondern eine, wenn auch nur unter den Parteien rechtskräftige unmittelbare Sachentscheidung über die Öffentlichkeit eines Weges im Tenor des Urteils verlangt, zu der die Gerichte nicht zuständig sind: RG. 7. Mai 1903 (Gruchot 47 S. 1198).

S. 31. A. 62 Z. 8 v. o. st „KrOrdn." l. „KriminalO".

S. 34. Am Schlusse der A. 74 ist zuzusetzen: Teilweise hiervon abweichend hat RG. 19. Nov. 1903 (DJurZtg. 9 Sp. 170) ausgesprochen, daß auch dann, wenn zu weltlichen Zwecken, z. B. bei Feuersgefahr, geläutet werde, eine im Interesse der Allgemeinheit liegende, also öffentlichrechtliche Befugnis ausgeübt werde. Das Recht, die Kirchenglocken zu gottesdienstlichen Zwecken zu läuten, gehöre unzweifelhaft dem öffentlichen Recht an; zu einer örtlichen oder zeitlichen Einschränkung des Glockengeläuts seien daher in der Regel (nach gemeinem Recht) nicht die Gerichte, sondern nur die zur Überwachung des öffentlichen Rechts bestellten Behörden berufen. (Die Klage war auf Unterlassung des Geläutes gerichtet, weil dieses den Kläger in der Benutzung seines Hauses erheblich beeinträchtige.)

S. 35. Am Schlusse der A. 78 ist zuzusetzen: Vgl. auch RG. 3. Dez. 1903 DJurZtg. 9 Sp. 265, betr. den Streit um die Aufbewahrung einer Aschenurne; die Zulässigkeit des RW. war anscheinend nicht angezweifelt worden.)

S. 38. Am Schlusse der A. 90 ist zuzusetzen: A. 87.

S. 57. Z. 4 v. u. ist hinter „sein" zuzusetzen: Ebenso RG. 27. Mai 1903 (E. 55 S. 55).

S. 65. Z. 2 v. o. ist hinter „begründet ist" zuzusetzen: auch RG. 20. Apr. 1903 (Gruchot 47 S. 1098) gibt dem ausgeschlossenen Mitglied die Befugnis, den Ausschließungsbeschluß aus materiellen Gründen im RW. anzufechten.

S. 67. A. 69 Z. 5 v. u. ist hinter „erfolgt" zuzusetzen: vgl. jedoch Gef. v. 24. Mai 1861 (A. 25 a. E., 26).

S. 70. Hinter A. 179 ist zuzusetzen:

179a. Dagegen ist der Anspruch einer Gemeinde gegen den Staat auf Auszahlung der nach § 27 des Lehrerbesoldungsgef. v. 3. März 1897 von ihm zu machenden Zuschüsse und Leistungen im RW. verfolgbar, soweit es sich nicht um die Ermittelung und Feststellung des zu zahlenden Betrages handelt: RG. 15. Febr. 1904 (JMBl. S. 146).

S. 99. A. 293 Z. 14 v. o. st. „389" l. „389). Vgl. ferner OLG. Dresden 22. Nov. 1902 (Rechtspr. d. OLG. 8 S. 413)."

Am Schlusse der A. 293 ist zuzusetzen: Ansprüche des Vormunds auf Ersatz von Aufwendungen einschließlich gewerblicher oder beruflicher Dienste (§ 1835 BGB.) sind im ordentlichen RW. zu verfolgen; eine Festsetzung, wie § 1836 sie für die Vergütung vorsieht, findet nicht statt: KG. 27. Apr. 1903 (Rechtspr. d. OLG. 8 S. 361).

S. 100. Am Schlusse der A. 294 ist zuzusetzen: Der Nacherbe kann gegen den Vorerben die Errichtung eines Inventars (§ 2121 BGB.) nur im ordentlichen RW. geltend machen; das Nachlaßgericht kann weder selbst das Inventar aufnehmen oder aufnehmen lassen, noch den Vorerben durch Zwangsmittel zur Errichtung des Inventars anhalten: OLG. Stuttgart 14. Mai 1903 (Rechtspr. d. OLG. 8 S. 274).

S. 105. Z. 14 v. o. st. „A. 53" l. „A. 90".

S. 110. A. 311 Z. 5 v. u. ist hinter „können" zuzusetzen: AM. OVG. 9. Febr. 1903 (E. 43 S. 296).

S. 121. Am Schlusse der A. 339d ist zuzusetzen: Ob es sich um eine Streitigkeit zwischen der Versicherungsanstalt und dem Bauherrn handelt, ob also die gen. §§ zur Anwendung kommen, hat das durch Klageerhebung mit der Sache befaßte ordentiche Gericht selbst zu prüfen und zu entscheiden; es genügt für den Ausschluß des RW. nicht die Tatsache, daß jemand von der Versicherungsanstalt als „Bauherr" in Anspruch genommen worden ist: OLG. Hamburg 24. Sept. 1903 (Rechtspr. d. OLG. 8 S. 184).

S. 145. A. 417 Z. 5 v. o. ist hinter „§ 4" zuzusetzen: A. 88.

S. 146. A. 419. Am Schlusse ist hinter „§ 4" zuzusetzen: A. 85.

S. 153. A. 474 Z. 9 v. o. ist hinter „§ 5" zuzusetzen: A. 98.

S. 172. A. 544. Am Schlusse ist hinter „§ 4" zuzusetzen: A. 85.

Hinter A. 546 ist zuzusetzen:

546a. Der Antrag auf gerichtliche Entscheidung braucht nicht persönlich gestellt und unterschrieben, sondern kann auch durch den Verteidiger wirksam angebracht werden: RG. 29. Febr. 1903 (EStrafs. 36 S. 90).

S. 176. Am Schlusse der A. 570 ist zuzusetzen: Insbesondere steht ihr das Recht der Strafverfolgung auch dann zu, wenn mit der Zuwiderhandlung gegen ein Steuergesetz eine andere, ein Steuergesetz nicht verletzende strafbare Handlung in Tateinheit zusammentrifft (vgl. A. 543); jedoch kann dies Recht nur bezüglich des Steuervergehens, nicht auch bezüglich der anderen Straftat ausgeübt werden: RG. 23. Jan. 1903 (EStrafs. 36 S. 83).

S. 177. A. 573 Z. 16 v. o. ist hinter „§ 23" zuzusetzen: ferner FMVfg. 28. Mai 1903 (JMBl. S. 142).

S. 206. Hinter A. 18 ist zuzusetzen:

18a. § 51 ermächtigt die Polizeibehörde zu Zwangsmaßregeln nur gegen das Gesinde, nicht auch gegen dritte, die das Gesinde in Dienst genommen haben: OVG. 13. März 1903 (E. 43 S. 428).

S. 253. Hinter A. 81 ist zuzusetzen:

81a. Von Gemeindegliedervermögen verschieden ist das Vermögen einer Realgemeinde als Restes der alten Markgenossenschaft; die Nutzungsrechte hieran können nicht durch Beschluß der politischen Gemeinde geschmälert werden; Streitigkeiten unterliegen dem RW. Vgl. OLG. Cöln 9. Dez. 1903 (Rh. A. 100, I. 162).

S. 259. A. 119. Am Schlusse ist hinter „§ 4" zuzusetzen: A. 81, 83.

S. 266. A. 161 Z. 1 v. o. st. „1843" l. 1847".

S. 298. A. 258 Z. 3 v. o. st. „hinter § 24" l. „A. 213".

S. 323. Z. 5 v. o. st. „A. 23" l. „A. 25".

S. 344. A. 165. Am Schlusse ist hinter „§ 4" zuzusetzen: A. 84.

S. 345. Am Schlusse der A. 174 ist zuzusetzen: Vgl. auch OVG. 17. Dez. 1903 (DJurZtg. 9 Sp. 606).

S. 372. A. 18. Am Schlusse ist hinter „§ 5" zuzusetzen: A. 108.

S. 480. A. 17 Z. 1 v. o. st. „17. Mai" l. „11. Mai".

Sachverzeichnis

nach der Buchstabenfolge.

(Die beigefügte Zahl bedeutet die Seite.)

Verzeichnis
der besprochenen und erwähnten Gesetze
in der Zeitfolge.

(Die beigefügten Zahlen bezeichnen die Seiten.)

Kolibri 360 GmbH
Ferdinand-Jühlke-Straße 7
99095 Erfurt, Deutschland
produktsicherheit@kolibri360.de